中国教育年鉴

1993年

《中国教育年鉴》编辑部

人民教育出版社

（京）新登字 113 号

图书在版编目（CIP）数据

中国教育年鉴　1993/《中国教育年鉴》编辑部编. 北京：人民教育出版社，1994
ISBN 7-107-11169-8

Ⅰ. 中…　Ⅱ. 中…　Ⅲ. 教育-中国-1993-年鉴
Ⅳ. G4-54

中国教育年鉴
（1993）
《中国教育年鉴》编辑部　编
*
人民教育出版社出版
新华书店总店科技发行所发行经销
华云电子数据中心照排
人民教育出版社印刷厂印装
*
开本 787×1092　1/16　印张 57.25　插页 6　字数 1,280,000
1994 年 8 月第 1 版　1994 年 8 月第 1 次印刷
印数　1—5,000
ISBN 7—107—11169—8
G·3749　定价 ¥100.00元

1．江泽民总书记在中南海怀仁堂同首都高校应届毕业生代表座谈　　全国高校毕业生就业指导中心供稿

2．国务院总理李鹏在国家教委 1992 年工作会议上讲话　　韩树民摄

3．国务委员兼国家教委主任李铁映在全国成人高校工作会议上讲话　　刘全聚摄

4

5

6

4．1992 年 3 月，国家教委副主任何东昌在哈尔滨出席小学语文教改经验推广工作座谈会期间，与教师们交谈。　　史习江供稿

5．1992 年 12 月，国家教委副主任朱开轩（中）在安徽大学考察时与安徽省副省长杜宜瑾（左）一起听取学校领导汇报。张继栋供稿

6．国家教委副主任滕藤（左二）在中国纺织大学参观计算机房　　马胜杰供稿

7

8

9

7．国家教委副主任柳斌在河南信阳考察农村小学教学情况　　马建华供稿

8．国家教委副主任邹时炎在武汉工学院检阅一年级学生军训汇报表演　　陈建华供稿

9．国家教委副主任王明达在黑龙江省视察龙江县农民中专果园　　孟庆宏供稿

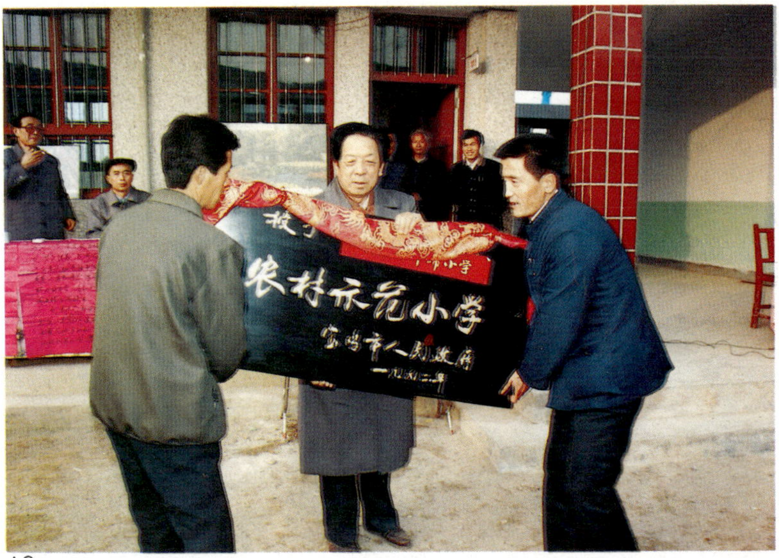

10

10．陕西省宝鸡市市长代表市政府为农村示范小学授匾
孙峰供稿

11．天津市北辰区南仓小学科技小组的同学在进行科学种田实验
天津市教育局供稿

12．青海省西宁市晓泉小学组织小学生学习电脑　　李晓南摄

13．四川省自贡市举行1992年儿童现场绘画大奖赛
四川省教委供稿

11

12

13

14

17

15

16

14．天津聋哑学校分类教学低智力班学生在老师辅导下学习

天津市教育局供稿

15．青海省循化撒拉族自治县撒拉族女子中学的学生在做化学实验

邵维善摄

16．天津市杨村三中学生在练习微机操作

天津市教育局供稿

17．陕西省南郑县教研室负责人在师生中了解教与学的情况　孙峰供稿

18

19

20

21

18．在北京市举行的中小学青年教师向特级教师拜师会上，青年教师同老教师合影

北京市教育志办公室供稿

19．新疆伊宁市第九小学在举行升国旗仪式　　刘全聚摄

20．青海省西宁市虎台小学邀请解放军学雷锋标兵给学生讲雷锋的故事　　雷国奇摄

21．内蒙古自治区西乌珠穆沁旗的草原流动幼儿园

内蒙古自治区教育厅供稿

22

22．出席全国筹措教育经费改善办学条件河南现场会的代表在河南登封一中参观　　韩树民摄

23．浙江省温岭县松门镇中学的新建校舍　　浙江省教委供稿

24．河北省曲阳县石雕职业中学学生在上专业课

河北省教育科学研究所供稿

25．湖南株洲环保职业中专汽车维修专业学生在工厂实习

石谋军摄

23

24

25

26

27

28

26．中山大学生物工程研究中心实验室一角　　周滋麟摄

27．山西医学院博士生导师在实验室同学生讨论科研设计　　李换玢供稿

28．北京建筑工程学院学生在汽车运用工程课上进行模拟驾驶练习　　北京市高教局供稿

29．河北农业技术师范学院农学系学生在科技试验田向农民传授科学种田知识　　河北省教育科学研究所供稿

29

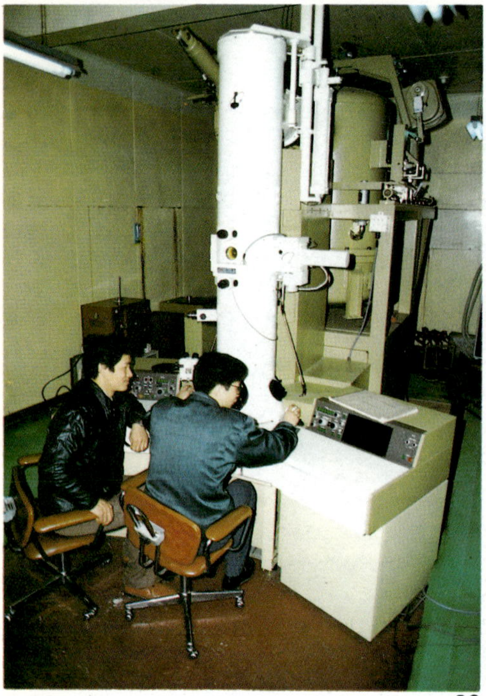

30

31

32

33

30．南京大学科研人员在固体微结构物理实验室利用高分辨电子显微镜进行实验　　周滋麟摄

31．东北农学院院长为使学校教学与生产劳动紧密结合，深入到双城农家与农民交谈

黑龙江省教委供稿

32．浙江农业大学畜牧兽医宽口径专科试点班学生在富阳县实习

方旭升摄

33．河南师范大学师生参加新乡市清理河道义务劳动

河南师范大学供稿

34．河南许昌师范专科学校食堂连年荣获“河南高校文明食堂达标先进单位”

孙昌、梁申成摄

35．北京语言学院的外国留学生在老师辅导下练习中国书法

北京市高教局供稿

36．新疆阿尔泰市牧区教学点的老师巡回教授牧业科学知识，并进行扫盲。　刘全聚摄

37．成都实验小学开展丰富多彩的课外活动

四川省教委供稿

34

35

36

37

38．河南省实验小学学生参加1992年世界环境日郑州市少儿百米长卷绘画活动　白春源摄

39．太原女子职业中学自编自演团体操“青春的活力”　李玉未摄

40．哈尔滨师范大学附中初中艺术教育改革实验班的管弦乐队在演出　王殿安摄

41．中国科技发展基金会、国家教委、国家自然科学基金会举行庆祝会，祝贺参加国际数学、化学、信息学奥林匹克竞赛的中国代表队取得优异成绩。　刘全聚摄

38

39

40

41

编 辑 说 明

一、《中国教育年鉴》是一部资料性工具书。它是各级教育行政部门、各级各类学校认真执行党和国家的教育方针政策，努力做好教育工作的经验总结，是我国教育事业不断发展和改革的忠实记录。该书是教育战线的管理、研究人员沟通信息，交流经验的窗口和园地。

二、年鉴的基本栏目有：党和国家有关教育工作的重要文件，党和国家领导人有关教育工作的重要讲话，国家教委负责人的讲话或专文，教育综合改革与管理，基础教育，职业技术教育，普通高等教育，成人教育，师范教育与师资管理，民族教育，学校体育、卫生与国防教育，教育财务与基本建设，教材建设，教育技术装备建设与勤工俭学，教育国际交流和与香港、澳门、台湾地区的合作，教育科学研究与学术活动，教育报刊，各省、自治区、直辖市教育（按行政区划顺序排列），文件选编，教育大事记和教育资料等。

三、按目前国际国内通例，当年的年鉴，反映上一年教育工作的基本情况。某些多年才能完成的工作任务，主要突出记述当年此项工作进展情况。

四、国家教委各司局、各直属单位，各省、自治区、直辖市教育行政部门是本年鉴的主要撰稿单位。

五、全国性统计数字，由统计部门提供，引用应以此为准。某些条目中的数字，因统计口径不一，可能有不尽一致之处，望读者使用时注意。

六、台湾省教育事业发展情况和数据，暂缺。

七、编纂过程中，虽力求做到内容全面系统，资料准确无误，文字简明精炼，但由于我们水平有限，因而肯定还存在许多需要改进之处，希望读者批评指正。

《中国教育年鉴》编辑部

1993年10月

目　录

YEARBOOK OF EDUCATION IN CHINA

CONTENTS

加快改革开放和现代化建设步伐 夺取有中国特色社会主义事业的更大胜利

——江泽民总书记在中国共产党第十四次全国代表大会上的报告(节选)(1992年10月12日)

一、十四年伟大实践的基本总结

十四年来,我们从事的事业,就是坚持党的基本路线,通过改革开放,解放和发展生产力,建设有中国特色的社会主义。就其引起社会变革的广度和深度来说,是开始了一场新的革命。它的实质和目标,是要从根本上改变束缚我国生产力发展的经济体制,建立充满生机和活力的社会主义新经济体制,同时相应地改革政治体制和其他方面的体制,以实现中国的社会主义现代化。

在我们党的历史上,以毛泽东同志为核心的第一代中央领导集体,领导全党和全国各族人民,经过长期奋斗,夺取了新民主主义革命的胜利,进而建立起社会主义基本制度,解放和发展了生产力,把一百多年来受尽外国侵略欺凌的半殖民地半封建的旧中国,变成了独立的人民当家做主的社会主义新中国。这场中国有史以来最伟大的革命,开辟了中国历史的新纪元。以邓小平同志为核心的第二代中央领导集体,领导全党和全国各族人民开始的又一次伟大革命,是要进一步解放和发展生产力,经过长期奋斗,把中国由不发达的社会主义国家变成富强民主文明的社会主义现代化国家,使社会主义优越性在中国充分体现出来。这场新的革命,是在过去革命取得成功和社会主义建设取得巨大成就的基础上进行的,是在我们党领导下有秩序有步骤地进行的。它不是要改变我们社会主义制度的性质,而是社会主义制度的自我完善和发展。它也不是原有经济体制的细枝末节的修补,而是经济体制的根本性变革。原有经济体制有它的历史由来,起过重要的积极作用,但是随着条件的变化,越来越不适应现代化建设的要求,十四年改革带来的最深刻的变化,就是摆脱了许多思想上和体制上的禁锢,调动起广大人民群众的积极性,拥有十一亿人口的中国正在创造着充满活力的社会主义。

在这次党的全国代表大会上,对十四年来党领导人民进行的伟大实践作一个历史的回顾,对党在实践过程中形成的基本理论、基本路线和一系列战略决策作出郑重的结论,是非常必要的。这对于进一步统一全党思想,坚持党的基本理论和基本路线不动摇,把有中国特色社会主义的伟大事业继续推向前进,具有重大的现实意义和长远意义。

大家都记得,粉碎"四人帮"的胜利从危难中挽救了党和国家,但"文化大革命"遗留下来的政治、思想、组织和经济上的混乱还极其严重。那时要摆脱困境,打开局面,是多么不容易。1978年召开的十一届三中全会和全会形成的以邓小平同志为核心的中央领导集体，承担起艰巨的使命，实现了伟大的历史性转折，开创了我国社会主义事业发展的新时期。

我们党在十一届三中全会前后领导和支持了关于实践是检验真理唯一标准的大讨论。这场讨论冲破个人崇拜和“两个凡是”的束缚，重新确立了解放思想、实事求是的思想路线。这是思想路线的拨乱反正。

我们党在十一届三中全会上毅然抛弃“以阶级斗争为纲”这个不适用于社会主义社会的“左”的错误方针，把党和国家的工作中心转移到经济建设上来。这是政治路线的拨乱反正。在确定工作中心转移的同时，作出了实行改革开放的伟大决策，并针对拨乱反正过程中出现的错误思潮，旗帜鲜明地强调必须坚持社会主义道路、坚持人民民主专政、坚持中国共产党的领导、坚持马克思列宁主义毛泽东思想。“一个中心、两个基本点”的思想开始形成，奠定了新时期党的基本路线的基础。

我们党强调必须以正确的组织路线来保证正确的思想路线和政治路线的实现。根据历史转折的新要求，加强党的组织建设，逐步调整和充实各级领导班子，提出干部队伍革命化、年轻化、知识化、专业化的方针，废除干部领导职务实际存在的终身制，实行新老干部的合作与交替。

我们党对重大历史是非作了认真的清理。采取一系列措施，平反冤假错案，落实了有利于增强党的团结和调动一切积极因素的各项政策。十一届六中全会专门作出关于建国以来党的若干历史问题的决议，根本否定了“文化大革命”和“无产阶级专政下继续革命”的理论，同时坚决顶住否定毛泽东同志和毛泽东思想的错误思潮，维护了毛泽东同志的历史地位，肯定了毛泽东思想的指导作用。随着国内局势的发展和国际局势的变化，越来越显示出党作出这个重大决策的勇气和远见。

在拨乱反正基本完成的基础上，1982年召开了党的第十二次全国代表大会。这次大会提出“把马克思主义的普遍真理同我国的具体实际结合起来，走自己的道路，建设有中国特色的社会主义”的思想，确定分两步走在本世纪末实现国民生产总值翻两番的目标。随后又提出第三步到下世纪中叶基本实现社会主义现代化的战略。我们党举起了一面引导全国各族人民迈向二十一世纪的伟大旗帜。

新时期最鲜明的特点是改革开放。改革开放从十一届三中全会起步，十二大以后全面展开。它经历了从农村改革到城市改革，从经济体制的改革到各方面体制的改革，从对内搞活到对外开放的波澜壮阔的历史进程。

改革从农村开始，这是符合中国国情的战略决策。实行家庭联产承包，是中国农民的伟大创造。党中央尊重群众愿望，积极支持试验，几年功夫在全国推开。废除人民公社，又不走土地私有化道路，而是实行家庭联产承包为主，统分结合、双层经营，解决了我国社会主义农村体制的重大问题。八亿农民获得对土地的经营自主权，加上基本取消农产品的统购派购，放开大部分农产品价格，从而使农业生产摆脱长期停滞的困境，农村经济向着专业化、商品化、社会化迅速发展，广大城乡人民得到显著实惠，带动了整个改革和建设事业。乡镇企业异军突起，是中国农民的又一个伟大创造。它为农村剩余劳动力从土地上转移出来，为农村致富和逐步实现现代化，为促进工业和整个经济的改革和发展，开辟了一条新路。

适应改革从农村向城市发展的新形势，

十二届三中全会通过了关于经济体制改革的决定。这个决定提出我国社会主义经济是公有制基础上的有计划商品经济，突破把计划经济同商品经济对立起来的传统观念，是对马克思主义政治经济学的新发展，为全面经济体制改革提供了新的理论指导。接着，党相继决定对科技体制和教育体制进行改革，并进一步提出政治体制改革的目标和任务。

兴办深圳、珠海、汕头、厦门四个经济特区是对外开放的重大步骤，是利用国外资金、技术、管理经验来发展社会主义经济的崭新试验，取得了很大成就。实践证明，经济特区姓“社”不姓“资”。在兴办经济特区之后，又相继开放沿海十几个城市，在长江三角洲、珠江三角洲、闽东南地区、环渤海地区开辟经济开放区，批准海南建省并成为经济特区。对外开放不断扩大，两亿人口的沿海地带迅速发展，有力地推动了全国的改革开放和经济建设。

改革和建设的顺利进行，需要强有力的思想和政治保证。党提出一系列“两手抓”的战略方针，强调一手抓改革开放，一手抓打击犯罪；一手抓经济建设，一手抓民主法制；一手抓物质文明，一手抓精神文明。十二届六中全会专门作出决议，指出我们的精神文明建设必须是推动社会主义现代化建设的精神文明建设，是促进全面改革和实行对外开放的精神文明建设，是坚持四项基本原则的精神文明建设。党还强调在整个社会主义现代化建设进程中都要进行反对资产阶级自由化的教育和斗争。

1978 年召开了党的第十三次全国代表大会。这次大会的主要历史功绩，是比较系统地论述了我国社会主义初级阶段的理论，明确概括和全面阐发了党的“一个中心、两个基本点”的基本路线。大会高度评价十一届三中全会以来开始找到建设有中国特色社会主义道路的伟大意义，强调指出，这是马克思主义与中国实践相结合的过程中，继找到中国新民主主义革命道路、实现第一次历史性飞跃之后的第二次历史性飞跃。

十三大以来的五年，是我们沿着有中国特色的社会主义道路继续前进的五年。在国际国内的复杂艰难情况下，党团结和领导全国各族人民，克服种种困难，实现了社会稳定、政治稳定和经济发展。我国经济从 1984 年到 1988 年经历了一个加速发展的飞跃时期，展现了农业和工业、农村和城市、改革和发展相互促进的生动局面，整个国民经济提高到一个新的水平。同时在前进中也出现了一些问题，主要是物价波动大了一点，重复建设比较严重。党决定用一段时间治理经济环境、整顿经济秩序，以利于更好地推进改革和建设。1989 年春夏之交发生了一场政治风波，党和政府依靠人民，旗帜鲜明地反对动乱，平息在北京发生的反革命暴乱，捍卫了社会主义国家政权，维护了人民的根本利益，保证了改革开放和现代化建设继续前进。与此同时，中央明确宣告，党的基本路线和十三大的决策是正确的，绝不因为发生这场政治风波而动摇。十三届四中全会选出新的中央领导集体。党中央全面坚持党的基本路线，继续抓住经济建设这个中心，努力纠正“一手比较硬，一手比较软”的现象，加强思想政治工作和党的建设工作。在国际局势剧变的情况下，党按照冷静观察、沉着应付的方针，坚持把注意力集中在办好我们自己的事情上，相继作出关于加强廉政建设的决定，关于进一步治理整顿、深化改革的决定，关于加强党同人民群众联系的决定，关于上海浦东开发开放的决策，关于国民经济和社会发展十年规划和“八五”计划的建议，关于搞好国营大中型企业的决定，关于进一步加强农业和农村工作的决定。党在历史关键时刻作出的这些重大决策，是完全正确的。

今年初邓小平同志视察南方发表重要谈话，精辟地分析了当前国际国内形势，科学地总结了十一届三中全会以来党的基本实践和基本经验，明确地回答了这些年来经常困扰和束缚我们思想的许多重大认识问题。谈话强调基本路线要管一百年，动摇不得，要求我们思想更解放一点，改革开放的胆子更大一点，建设的步子更快一点，千万不可丧失时机。今年三月中央政治局召开全体会议，完全赞同邓小平同志的重要谈话，认为谈话不仅对当前的改革和建设，对开好党的十四大，具有十分重要的指导作用，而且对整个社会主义现代化建设事业具有重大而深远的意义。接着，党中央和国务院作出关于加快改革开放和经济发展的一系列决定。以邓小平同志的谈话和今年3月中央政治局全体会议为标志，我国改革开放和现代化建设事业进入了一个新的阶段。

回顾十四年走过的道路，我们在工作中也发生过失误和偏差，现在还面临着很多困难和问题，人民群众还有不少意见和一些不满意的地方。但是总起来说，全党全国人民公认的事实是：这十四年是真正集中力量进行社会主义现代化建设的十四年，是人民生活水平提高最快的十四年，开创了历史的新局面，取得了举世瞩目的成就，党赢得了广大人民群众的拥护。

我们党所以能够取得这样的胜利，根本原因是在十四年的伟大实践中，坚持把马克思主义基本原理同中国具体实际相结合，逐步形成和发展了建设有中国特色社会主义的理论。从《共产党宣言》发表以来一百几十年间，俄国十月革命、中国革命和其他一些国家革命的胜利，证明无产阶级领导人民夺取政权是能够成功的。至于如何建设社会主义，也取得了巨大成就和宝贵经验，但是总的来说还需要很好地探索。近几年国际上发生的急剧变化，使这个问题更加引人深思。中国共产党历来坚持独立自主地进行革命和建设，历来认为中国社会主义的命运归根到底取决于我们自己，取决于党的理论和路线，取决于党同人民的团结奋斗。十四年来，社会主义在中国的新局面和新成就，更使我们从历史的比较和国际的观察中认识到，我们党建设有中国特色社会主义的理论是正确的，是符合最广大人民的利益和要求的。这个理论，第一次比较系统地初步回答了中国这样的经济文化比较落后的国家如何建设社会主义、如何巩固和发展社会主义的一系列基本问题，用新的思想、观点，继承和发展了马克思主义。

建设有中国特色社会主义理论的主要内容是：

在社会主义的发展道路问题上，强调走自己的路，不把书本当教条，不照搬外国模式，以马克思主义为指导，以实践作为检验真理的唯一标准，解放思想，实事求是，尊重群众的首创精神，建设有中国特色的社会主义。

在社会主义的发展阶段问题上，作出了我国还处在社会主义初级阶段的科学论断，强调这是一个至少上百年的很长的历史阶段，制定一切方针政策都必须以这个基本国情为依据，不能脱离实际，超越阶段。

在社会主义的根本任务问题上，指出社会主义的本质是解放生产力，发展生产力，消灭剥削，消除两极分化，最终达到共同富裕。强调现阶段我国社会的主要矛盾是人民日益增长的物质文化需要同落后的社会生产之间的矛盾，必须把发展生产力摆在首要位置，以经济建设为中心，推动社会全面进步。判断各方面工作的是非得失，归根到底，要以是否有利于发展社会主义社会的生产力，是否有利于增强社会主义国家的综合国力，是否有利于提高人民的生活水平为标准。科学技术是第一生产力，经济建设必须依靠科技进步和劳动者素质的提高。

在社会主义的发展动力问题上，强调改革也是一场革命，也是解放生产力，是中国现代化的必由之路，僵化停滞是没有出路的。经济体制改革的目标，是在坚持公有制和按劳分配为主体、其他经济成分和分配方式为补充的基础上，建立和完善社会主义市场经济体制。政治体制改革的目标，是以完善人民代表大会制度、共产党领导的多党合作和政治协商制度为主要内容，发展社会主义民主政治。同经济、政治的改革和发展相适应，以“有理想、有道德、有文化、有纪律”为目标，建设社会主义精神文明。

在社会主义建设的外部条件问题上，指出和平与发展是当代世界两大主题，必须坚持独立自主的和平外交政策，为我国现代化建设争取有利的国际环境。强调实行对外开放是改革和建设必不可少的，应当吸收和利用世界各国包括资本主义发达国家所创造的一切先进文明成果来发展社会主义，封闭只能导致落后。

在社会主义建设的政治保证问题上，强调坚持社会主义道路、坚持人民民主专政、坚持中国共产党的领导、坚持马克思列宁主义毛泽东思想。这四项基本原则是立国之本，是改革开放和现代化建设健康发展的保证，又从改革开放和现代化建设获得新的时代内容。

在社会主义建设的战略步骤问题上，提出基本实现现代化分三步走。在现代化建设的长过程中要抓住时机，争取出现若干个发展速度比较快、效益又比较好的阶段，每隔几年上一个台阶。贫穷不是社会主义，同步富裕又是不可能的，必须允许和鼓励一部分地区和一部分人先富起来，以带动越来越多的地区和人们逐步达到共同富裕。

在社会主义的领导力量和依靠力量问题上，强调作为工人阶级先锋队的共产党是社会主义事业的领导核心，党必须适应改革开放和现代化建设的需要，不断改善和加强对各方面工作的领导，改善和加强自身建设。执政党的党风，党同人民群众的联系，是关系党生死存亡的问题。必须依靠广大工人、农民、知识分子，必须依靠各民族人民的团结，必须依靠全体社会主义劳动者、拥护社会主义的爱国者和拥护祖国统一的爱国者的最广泛的统一战线。党领导的人民军队是社会主义祖国的保卫者和建设社会主义的重要力量。

在祖国统一的问题上，提出“一个国家、两种制度”的创造性构想。在一个中国的前提下，国家的主体坚持社会主义制度，香港、澳门、台湾保持原有的资本主义制度长期不变，按照这个原则来推进祖国和平统一大业的完成。

建设有中国特色社会主义的理论还有其他许多内容，还要在研究新情况、解决新问题的过程中，在实践检验中继续丰富、完善和发展。

在建设有中国特色社会主义理论的指导下，我们党形成了社会主义初级阶段的基本路线，这就是：领导和团结全国各族人民，以经济建设为中心，坚持四项基本原则，坚持改革开放，自力更生，艰苦创业，为把我国建设成为富强、民主、文明的社会主义现代化国家而奋斗。“一个中心、两个基本点”，是这条路线的简明概括。同这条路线相适应，我们党还形成了包括经济、政治、科技、教育、文化、军事、外交等各方面的一整套方针政策。这条路线和这些方针政策也都要在实践中继续丰富、完善和发展。

建设有中国特色社会主义的理论，是在和平与发展成为时代主题的历史条件下，在我国改革开放和社会主义现代化建设的实践过程中，在总结我国社会主义胜利和挫折的历史经验并借鉴其他国家社会主义兴衰成败历史经验的基础上，逐步形成和发展起来的。它是马克思列宁主义基本原理与当代中国实际和时代特征相结合的产物，是毛泽东思想的继承和发展，是全党全国人民集体智慧的结晶，是中国共产党和中国人民最可珍贵的精神财富。邓小平同志是我国社会主义改革开放和现代化建设的总设计师。他尊重实践，尊重群众，时刻关注最广大人民的利益和愿望，善于概括群众的经验和创造，敏锐地把握时代发展的脉搏和契机，既继承前人又突破陈规，表现出了开辟社会主义建设新道路的巨大政治勇气和开拓马克思主义新境界的巨大理论勇气，对建设有中国特色社会主义理论的创立做出了历史性的重大贡献。

十四年伟大实践的经验，集中到一点，就是要毫不动摇地坚持以建设有中国特色社会主义理论为指导的党的基本路线。这是我们事业能够经受风险考验，顺利达到目标的最可靠的保证。

坚持党的基本路线不动摇，关键是坚持以经济建设为中心不动摇。社会主义基本制度建立后，由于国内因素和国际影响，阶级斗争还将在一定范围内长期存在，在某种条件下还有可能激化，我们必须清醒地认识和正确地处理这方面的问题。但是，我国社会的主要矛盾已经不是阶级斗争，经济建设已经成为我们的中心任务。除非发生大规模外敌入侵，无论在什么情况下都不能动摇这个中心。在历史上，由于没有能够清醒对待国际国内某些事件，我们有过离开经济建设这个中心的严重教训。这十四年，尽管国际国内发生了这样那样的重大事件，我们都没有动摇这个中心，今后还必须坚定不移地这样做。

坚持党的基本路线不动摇，必须把改革开放同四项基本原则统一起来。有中国特色的社会主义所以具有蓬勃的生命力，就在于它是实行改革开放的社会主义。我们的改革开放所以能够健康发展，就在于它是有利于巩固和发展社会主义的改革开放。坚持四项基本原则，坚持改革开放，都是为了更好地解放和发展生产力。在把握"一个中心、两个基本点"的问题上，在党内特别是领导干部中要警惕右，但主要是防止"左"。右的表现主要是否定四项基本原则，搞资产阶级自由化，甚至制造政治动乱。"左"的表现主要是否定改革开放，认为和平演变的主要危险来自经济领域，甚至用"阶级斗争为纲"的思想影响和冲击经济建设这个中心。右可以葬送社会主义，"左"也可以葬送社会主义。在我们党的历史上，"左"的思想根深蒂固。"左"带有革命色彩，拿大帽子吓唬人，好象越"左"越革命。在建设社会主义的进程中，从1957年起的二十年间出现的错误，主要都是"左"。改革开放要探索和开辟新的道路，突破束缚生产力发展的体制和观念，阻力主要来自"左"。现在明确要警惕右但主要是防止"左"，目的在于使全党同志特别是领导干部深刻吸取历史教训，密切结合当前实际，联系自己的思想和工作，提高贯彻执行党的基本路线的自觉性和坚定性，解放思想，同心同德，把经济建设和各项事业搞上去。对思想认识问题和工作实践中的不同意见以至偏差，要实事求是地具体分析，不要随意说成是政治倾向上的"左"或右。

坚持党的基本路线不动摇，必须巩固和发展团结稳定的政治局面。没有政治稳定，社会动荡不安，什么改革开放，什么经济建设，统统搞不成。必须坚持四项基本原则，坚决排除一切导致中国混乱甚至动乱的因素。同时，如果不坚持经济建设为中心，不实行改革开放，没有经济的发展，也不可能有巩固的团结和稳定。基本路线不变，社会政治稳定，有了这两条，我们就能够不断地胜利前进。

二、九十年代改革和建设的主要任务

我们要在九十年代把有中国特色社会主义的伟大事业推向前进，最根本的是坚持党的基本路线，加快改革开放，集中精力把经济建设搞上去。同时，要围绕经济建设这个中心，加强社会主义民主法制和精神文明建设，促进社会全面进步。

我国近代的历史和当今世界的现实都清楚表明，经济落后就会非常被动，就会受制于人。当前国际竞争的实质是以经济和科技实力为基础的综合国力较量。世界上许多国家特别是我们周边的一些国家和地区都在加快发展。如果我国经济发展慢了，社会主义制度的巩固和国家的长治久安都会遇到极大困难。所以，我国经济能不能加快发展，不仅是重大的经济问题，而且是重大的政治问题。

九十年代我国经济的发展速度，原定为国民生产总值平均每年增长百分之六，现在从国际国内形势的发展情况来看，可以更快一些。根据初步测算，增长百分之八到九是可能的，我们应该向这个目标前进。在提高质量、优化结构、增进效益的基础上努力实现这样的发展速度，到本世纪末我国国民经济整体素质和综合国力将迈上一个新的台阶。国民生产总值将超过原定比1980年翻两番的要求。主要工农业产品产量显著增加。产业结构和地区经济布局比较合理。科学技术和管理水平有较大提高，一批骨干企业接近或达到国际先进水平。人民生活由温饱进入小康。建议国务院对“八五”计划做出必要的调整，并着手研究制订“九五”计划。

当前要紧紧抓住有利时机，加快发展，有条件能搞快一些的就快一些，只要是质量高、效益好、适应国内外市场需求变化的，就应当鼓励发展。要坚持从实际出发，注意量力而行，搞好综合平衡，不要一讲加快发展，就一哄而起，走到过去那种忽视效益，片面追求产值，争相攀比，盲目上新项目，一味扩大基建规模的老路上去。要真抓实干，大胆而又细致地工作，齐心协力办好几件大事，走出一条既有较高速度又有较好效益的国民经济发展路子。

加快我国经济发展，必须进一步解放思想，加快改革开放的步伐，不要被一些姓“社”姓“资”的抽象争论束缚自己的思想和手脚。社会主义要赢得同资本主义相比较的优势，必须大胆吸收和借鉴世界各国包括资本主义发达国家的一切反映现代社会化生产和商品经济一般规律的先进经营方式和管理方法。国外的资金、资源、技术、人才以及作为有益补充的私营经济，都应当而且能够为社会主义所利用。政权在人民手中，又有强大的公有制经济，这样做不会损害社会主义，只会有利于社会主义的发展。

我国经济体制改革确定什么样的目标模式，是关系整个社会主义现代化建设全局的一个重大问题。这个问题的核心，是正确认识和处理计划与市场的关系。传统的观念认为，市场经济是资本主义特有的东西，计划经济才是社会主义经济的基本特征。十一届三中全会以来，随着改革的深入，我们逐步摆脱这种观念，形成新的认识，对推动改革和发展起了重要作用。十二大提出计划经济为主，市场调节为辅；十二届三中全会指出商品经济是社会经济发展不可逾越的阶段，我国社会主义经济是公有制基础上的有计划商品经济；十三大提出社会主义有计划商品经济的体制应该是计划与市场内在统一的体制；十三届四中全会后，提出建立适应有计划商品经济发展的计划经济与市场调节相结合的经济体制和运行机制。特别是邓小平同志今年初重要谈话进一步指出，计划经济不等于社会主义，资本主义也有计划；市场经济不等于资本主义，社会主义也有市场。计划和市场都是经济手段。计划多一点还是市场多一点，不是社会主义与资本主义的本质区别。这个精辟论断，从根本上解除了把计划经济和市场经济看作属于社会基本制度范畴的思想束缚，使我们在计划与市场关系问题上的认识有了新的重大突破。改革开放十多年来，市场范围逐步扩大，大多数商品的价格已经放开，计划直接管理的领域显著缩小，市场对经济活动调节的作用大大增强。实践表明，市场作用发挥比较充分的地方，经济活力就比较强，发展态势也比较好。我国经济要优化结构，提高效益，加快发展，参与国际竞争，就必须继续强化市场机制的作用。实践的发展和认识的深化，要求我们明确提出，我国经济体制改革的目标是建立社会主义市场经济体制，以利于进一步解放和发展生产力。

我们要建立的社会主义市场经济体制，就是要使市场在社会主义国家宏观调控下对资源配置起基础性作用，使经济活动遵循价值规律的要求，适应供求关系的变化；通过价格杠杆和竞争机制的功能，把资源配置到效益较好的环节中去，并给企业以压力和动力，实现优胜劣汰；运用市场对各种经济信号反应比较灵敏的优点，促进生产和需求的及时协调。同时也要看到市场有其自身的弱点和消极方面，必须加强和改善国家对经济的宏观调控。我们要大力发展全国的统一市场，进一步扩大市场的作用，并依据客观规律的要求，运用好经济政策、经济法规、计划指导和必要的行政管理，引导市场健康发展。

社会主义市场经济体制是同社会主义基本制度结合在一起的。在所有制结构上，以公有制包括全民所有制和集体所有制经济为主体，个体经济、私营经济、外资经济为补充，多种经济成分长期共同发展，不同经济成分还可以自愿实行多种形式的联合经营。国有企业、集体企业和其他企业都进入市场，通过平等竞争发挥国有企业的主导作用。在分配制度上，以按劳分配为主体，其他分配方式为补充，兼顾效率与公平。运用包括市场在内的各种调节手段，既鼓励先进，促进效率，合理拉开收入差距，又防止两极分化，逐步实现共同富裕。在宏观调控上，我们社会主义国家能够把人民的当前利益与长远利益、局部利益与整体利益结合起来，更好地发挥计划和市场两种手段的长处。国家计划是宏观调控的重要手段之一。要更新计划观念，改进计划方法，重点是合理确定国民经济和社会发展的战略目标，搞好经济发展预测、总量调控、重大结构与生产力布局规划，集中必要的财力物力进行重点建设，综合运用经济杠杆，促进经济更好更快地发展。

建立和完善社会主义市场经济体制，是一个长期发展的过程，是一项艰巨复杂的社会系统工程。既要做持久的努力，又要有紧迫感；既要坚定方向，又要从实际出发，区别不同情况，积极推进。在建立社会主义市场经济体制的过程中，计划与市场两种手段相结合的范围、程度和形式，在不同时期、不同领域和不同地区可以有所不同。要大胆探索，敢于试验，及时总结经验，促进体制转换的健康进行。建立社会主义市场经济体制，涉及到我国经济基础和上层建筑的许多领域，需要有一系列相应的体制改革和政策调整，必须抓紧制定总体规划，有计划、有步骤地实施。我们相信，社会主义条件下的市场经济，应当也完全可能比资本主义条件下的市场经济运转得更好。

为了加速改革开放，推动经济发展和社会全面进步，必须努力实现十个方面关系全局的主要任务。

第一，围绕社会主义市场经济体制的建立，加快经济改革步伐。

建立社会主义市场经济体制，要认真抓好几个相互联系的重要环节。

一是转换国有企业特别是大中型企业的经营机制，把企业推向市场，增强它们的活力，提高它们的素质。这是建立社会主义市场经济体制的中心环节，是巩固社会主义制度和发挥社会主义优越性的关键所在。通过理顺产权关系，实行政企分开，落实企业自主权，使企业真正成为自主经营、自负盈亏、自我发展、自我约束的法人实体和市场竞争的主体，并承担国有资产保值增值的责任。当前实行的经营承包制应当进一步完善，股份制有利于促进政企分开、转换企业经营机制和积聚社会资金，要积极试点，总结经验，抓紧制定和落实有关法规，使之有秩序地健康发展。鼓励有条件的企业联合、兼并，合理组建企业集团。国有小型企业，有些可以出租或出售给集体或个人经营。

二是加快市场体系的培育。继续大力发展商品市场特别是生产资料市场，积极培育包括债券、股票等有价证券的金融市场，发展技术、劳务、信息和房地产等市场，尽快形成全国统一的开放的市场体系。加强市场制度和法规建设，坚决打破条条块块的分割、封锁和垄断，促进和保护公平竞争。价格改革是市场发育和经济体制改革的关键，应当根据各方面的承受能力，加快改革步伐，积极理顺价格关系，建立起以市场形成价格为主的价格机制。

三是深化分配制度和社会保障制度的改革。统筹兼顾国家、集体、个人三者利益，理顺国家与企业、中央与地方的分配关系，逐步实行利税分流和分税制。加快工资制度改革，逐步建立起符合企业、事业单位和机关各自特点的工资制度与正常的工资增长机制。积极建立待业、养老、医疗等社会保障制度，努力推进城镇住房制度改革。

四是加快政府职能的转变。这是上层建筑适应经济基础和促进经济发展的大问题。不在这方面取得实质性进展，改革难以深化，社会主义市场经济体制难以建立。转变的根本途径是政企分开。凡是国家法令规定属于企业行使的职权，各级政府都不要干预。下放给企业的权利，中央政府部门和地方政府都不得截留。政府的职能，主要是统筹规划，掌握政策，信息引导，组织协调，提供服务和检查监督。进一步改革计划、投资、财政、金融和一些专业部门的管理体制，同时强化审计和经济监督，健全科学的宏观管理体制与方法。合理划分中央与省、自治区、直辖市的经济管理权限，充分发挥中央和地方两个积极性。

第二，进一步扩大对外开放，更多更好地利用国外资金、资源、技术和管理经验。

对外开放的地域要扩大，形成多层次、多渠道、全方位开放的格局。继续办好经济特区、沿海开放城市和沿海经济开放区。扩大开放沿边地区，加快内陆省、自治区对外开放的步伐。以上海浦东开发开放为龙头，进一步开放长江沿岸城市，尽快把上海建成国际经济、金融、贸易中心之一，带动长江三角洲和整个长江流域地区经济的新飞跃。加速广东、福建、海南、环渤海湾地区的开放和开发。力争经过二十年的努力，使广东及其他有条件的地方成为我国基本实现现代化的地区。

利用外资的领域要拓宽。采取更加灵活的方式，继续完善投资环境，为外商投资经营提供更方便的条件和更充分的法律保障。按照产业政策，积极吸引外商投资，引导外资主要投向基础设施、基础产业和企业的技术改造，投向资金、技术密集型产业，适当投向金融、商业、旅游、房地产等领域。经济技术开发区和高新技术产业开发区的建设，要合理布局，认真办好。

积极开拓国际市场，促进对外贸易多元化，发展外向型经济。扩大出口贸易，改善出口商品结构，提高出口商品的质量和档次，同时适当增加进口，更多地利用国外资源和引进先进技术。深化外贸体制改革，尽快建立适应社会主义市场经济发展的、符合国际贸易规范的新型外贸体制。赋予有条件的企业、科技单位以外贸自营权。积极扩大我国企业的对外投资和跨国经营。

第三，调整和优化产业结构，高度重视农业，加快发展基础工业、基础设施和第三产业。

根据我国经济的现实情况和发展趋向，应当着力提高第一产业即农业的质量，稳步增加产量；继续发展第二产业，积极调整工业结构；大力促进第三产业的兴起。

农业是国民经济的基础，必须坚持把加强农业放在首位，全面振兴农村经济。树立大农业观念，保持粮食、棉花稳定增产，继续调整农业内部结构，积极发展农、林、牧、副、渔各业，努力开发高产优质高效农业。坚持依靠科技、教育兴农，多形式、多渠道增加农业投入，坚持不懈地开展农田水利建设，不断提高农业的集约经营水平和综合生产能力。继续大力发展乡镇企业，特别要扶持和加快中西部地区和少数民族地区乡镇企业的发展。必须全面贯彻十三届八中全会的决定，深化农村经济体制和经营机制的改革。要把家庭联产承包为主的责任制，统分结合的双层经营体制，作为一项基本制度长期稳定下来，并不断充实完善。积极发展多种形式的农业社会化服务体系。从各地实际出发，逐步壮大集体经济实力。抓紧进行农产品价格和农村流通体制的改革，继续强化市场在农村经济中的调节作用。

加快交通、通信、能源、重要原材料和水利等基础设施和基础工业的开发与建设。这是当前加快经济发展的迫切需要，也是增强经济发展后劲的重要条件。集中必要的力量，高质量、高效率地建设一批重点骨干工程，抓紧长江三峡水利枢纽、南水北调、西煤东运新铁路通道、千万吨级钢铁基地等跨世纪特大工程的兴建。加强地质勘探。振兴机械电子、石油化工、汽车制造和建筑业，使它们成为国民经济的支柱产业。不失时机地发展高新技术产业。轻工、纺织等一般加工工业主要通过联合、改组和技术改造，提高素质和水平。高度重视节约能源和原材料，提高资源利用效率。固定资产投资的重点应当放在加强基础设施、基础产业，以及现有企业的技术改造和改建扩建上，尤其要重视老工业基地和大型骨干企业的技术改造。

第三产业的兴旺发达，是现代化经济的一个重要特征。目前我国第三产业在国民生产总值中的比重，大大低于发达国家和许多发展中国家。发展我国商业、金融、保险、旅游、信息、法律和会计审计咨询、居民服务等第三产业，不仅有利于促进市场发育，提高服务的社会化、专业化水平，提高经济效益和效率，方便和丰富人民生活，而且可以广开就业门路，为经济结构调整、企业经营机制转换和政府机构改革创造重要条件。要发挥国家、集体、个人三方面的积极性，加快第三产业的发展，使之在国民生产总值中的比重有明显提高。

第四，加速科技进步，大力发展教育，充分发挥知识分子的作用。

科学技术是第一生产力。振兴经济首先要振兴科技。只有坚定地推进科技进步，才能在激烈的竞争中取得主动。当前，我国经济正面临着加速发展、调整结构、提高效益的重大任务，尤其需要全社会提高科技意识，多方面增加科技投入，真正依靠科技进步。科技工作要面向经济建设主战场，在开发研究、高新技术及其产业、基础性研究这三个方面合理配置力量，确定各自攀登高峰的目标。在世界高科技领域中，中华民族要占有应有的位置。通过深化改革，建立和完善科技与经济有效结合的机制，加速科技成果的商品化和向现实生产力转化。不断完善保护知识产权的制度，认真抓好引进先进技术的消化、吸收和创新。努力提高科技进步在经济增长中所占的含量，促进整个经济由粗放经营向集约经营转变。

科技进步、经济繁荣和社会发展，从根本上说取决于提高劳动者的素质，培养大批人才。我们必须把教育摆在优先发展的战略地位，努力提高全民族的思想道德和科学文化水平，这是实现我国现代化的根本大计。要优化教育结构，大力加强基础教育，积极发展职业教育、成人教育和高等教育，鼓励自学成才。各级政府要增加教育投入。鼓励多渠道、多形式社会集资办学和民间办学，改变国家包办教育的做法。各级各类学校都要全面贯彻党的教育方针，全面提高教育质量。到本世纪末，基本扫除青壮年文盲，基本实现九年制义务教育。进一步改革教育体制、教学内容和教学方法，加强师资队伍的培养和建设，扩大学校办学自主权，促进教育同经济、科技的密切结合。知识分子是工人阶级中掌握科学文化知识较多的一部分，是先进生产力的开拓者，在改革开放和现代化建设中有着特殊重要的作用。能不能充分发挥广大知识分子的才能，在很大程度上决定着我们民族的盛衰和现代化建设的进程。要努力创造更加有利于知识分子施展聪明才智的良好环境，在全社会进一步形成尊重知识、尊重人才的良好风尚。下决心采取重大政策和措施，积极改善知识分子的工作、学习和生活条件，对有突出贡献的知识分子给予重奖，并形成规范化的奖励制度。我们热情欢迎出国学习人员通过多种方式关心、支持和参加祖国的现代化建设。不论他们过去的政治态度如何，都欢迎回来参加社会主义建设，给予妥善安排，并实行出入自由、来去方便的政策。广大知识分子在社会主义现代化事业中已经做出巨大贡献，今后一定会不辜负国家和人民的厚望与重托，更加振奋精神，做出新的贡献。

第五，充分发挥各地优势，加快地区经济发展，促进全国经济布局合理化。

我国地域广阔，各地条件差异很大，经济发展不平衡。应当在国家统一规划指导下，按照因地制宜、合理分工、各展所长、优势互补、共同发展的原则，促进地区经济合理布局和健康发展。东部沿海地区要大力发展外向型经济，重点发展附加值高、创汇高、技术含量高、能源和原材料消耗低的产业和产品，多利用一些国外资金、资源，求得经济发展的更高速度和更好效益。中部和西部地区资源丰富，沿边地区还有对外开放的地缘优势，发展潜力很大，国家要在统筹规划下给予支持。这些地方应当根据市场经济的要求，加快对内对外开放的步伐，加强基础设施建设，促进资源的开发和利用，努力发展优势产业和产品，有条件的也要积极发展外向型经济，以带动整个经济发展。各地都要从国家整体利益出发，树立全局观念，不应追求自成体系，竭力避免不合理的重复建设和重复引进。积极促进合理交换和联合协作，形成地区之间互惠互利的经济循环新格局。要根据自然地理特点和经济的内在联系，充分发挥中心城市作用，努力发展各具特色的区域经济。

加快少数民族地区经济发展，对于加强民族团结，巩固边防，促进全国经济发展，具有极为重要的意义。贫困地区尽快脱贫致富，是实现第二步战略目标的重要组成部分。对少数民族地区以及革命老根据地、边疆地区和贫困地区，国家要采取有效政策加以扶持，经济比较发达的地区要采取多种形式帮助他们加快发展。

第六，积极推进政治体制改革，使社会主

义民主和法制建设有一个较大的发展。

同经济体制改革和经济发展相适应，必须按照民主化和法制化紧密结合的要求，积极推进政治体制改革。我们的政治体制改革，目标是建设有中国特色的社会主义民主政治，绝不是搞西方的多党制和议会制。我国宪法规定，中华人民共和国国家机构实行民主集中制的原则。这是我们的一项根本制度。人民民主是社会主义的本质要求和内在属性。没有民主和法制就没有社会主义，就没有社会主义的现代化。我们应当在发展社会主义民主、健全社会主义法制方面取得明显进展，以巩固和发展稳定的社会政治环境，保证经济建设和改革开放的顺利进行。

进一步完善人民代表大会制度，加强人民代表大会及其常委会的立法和监督等职能，更好地发挥人民代表的作用。完善共产党领导的多党合作与政治协商制度，巩固和发展新时期的爱国统一战线，充分发挥人民政协在政治协商和民主监督中的作用。坚持"长期共存、互相监督、肝胆相照、荣辱与共"的方针，加强同民主党派协商议事，支持民主党派和无党派人士在国家机关担任领导职务，进一步巩固我们党同党外人士的联盟。我国是统一的多民族国家，各民族的大团结是维护祖国统一、实现社会主义现代化的重要保证。全面贯彻党的民族政策，坚持和完善民族区域自治制度，坚持平等、互助、团结、合作，以促进各民族的共同繁荣。认真贯彻党的宗教政策、侨务政策，为社会主义现代化建设服务。

决策的科学化、民主化是实行民主集中制的重要环节，是社会主义民主政治建设的重要任务。领导机关和领导干部要认真听取群众意见，充分发挥各类专家和研究咨询机构的作用，加速建立一套民主的科学的决策制度。加强基层民主建设，切实发挥职工代表大会、居民委员会和村民委员会的作用。强化法律监督机关和行政监察机关的职能，重视传播媒介的舆论监督，逐步完善监督机制，使各级国家机关及其工作人员置于有效的监督之下。

高度重视法制建设。加强立法工作，特别是抓紧制订与完善保障改革开放、加强宏观经济管理、规范微观经济行为的法律和法规，这是建立社会主义市场经济体制的迫切要求。要严格执行宪法和法律，加强执法监督，坚决纠正以言代法、以罚代刑等现象，保障人民法院和检察院依法独立进行审判和检察。加强政法部门自身建设，提高人员素质和执法水平。要把民主法制实践和民主法制教育结合起来，不断增强广大干部群众的民主意识和法制观念。

搞好社会治安，是关系广大群众切身利益，保证社会稳定和经济发展的大事。必须采取有力措施，认真改变有些地方治安不好的状况。要强化人民民主专政职能，依靠专门机关和广大群众的紧密结合，坚持综合治理，坚决打击敌对势力和各种刑事犯罪活动，伸张正义，保护人民。

第七，下决心进行行政管理体制和机构改革，切实做到转变职能、理顺关系、精兵简政、提高效率。

机构改革，精兵简政，是政治体制改革的紧迫任务，也是深化经济改革、建立市场经济体制和加快现代化建设的重要条件。目前，党政机构臃肿，层次重叠，许多单位人浮于事，效率低下，脱离群众，障碍企业经营机制的转换，已经到了非改不可的地步。各级党委和政府必须统一认识，按照政企分开和精简、统一、效能的原则，下决心对现行行政管理体制和党政机构进行改革。综合经济部门的工作重点要转到加强宏观调控上来。撤并某些专业经济部门和职能交叉重复或业务相近的机构，大幅度裁减非常设机构。精减机关人员，严格定编定员。机构改革、精兵简政是一项艰巨任务，必须统筹规划，精心组织，上下结合，分步实施，三年内基本完成。要把人员精减同提高工作效率和发展社会生产力结合起来，既改善机关人员结构，提高人员素质，又使大批人才转移到第三产业和其他需要加强的工作岗位上去，成为现代化建设的生力军。

加快人事劳动制度改革，逐步建立健全符合机关、企业和事业单位不同特点的科学的分类管理体制和有效的激励机制。这方面的改革要同机构改革、工资制度改革相结合。尽快推行国家公务员制度。

第八，坚持两手抓，两手都要硬，把社会主义精神文明建设提高到新水平。

改革开放和现代化建设，有力地推动着我国人民解放思想、开阔眼界、面向世界、走向未来，焕发出自强不息、奋力拼搏的精神，同时也对精神文明建设提出了更高要求。物质文明和精神文明都搞好，才是有中国特色的社会主义。精神文明建设必须紧紧围绕经济建设这个中心，为经济建设和改革开放提供强大的精神动力和智力支持。

精神文明重在建设。应当高度重视理论建设，保障学术自由，注重理论联系实际，创造性地开展研究，繁荣哲学社会科学，坚持和发展马克思主义。加强理论队伍建设，重视中青年理论工作者的培养和提高。坚持“为人民服务、为社会主义服务”的方向和“百花齐放、百家争鸣”的方针。积极推进文化体制改革，完善文化事业的有关经济政策，繁荣社会主义文化。要重视社会效益，鼓励创作内容健康向上特别是讴歌改革开放和现代化建设的具有艺术魅力的精神产品。加强新闻、出版、广播、电视和文学艺术等方面的工作。发挥思想政治工作的优势，激发广大群众投身社会主义建设的积极性。在全国各族人民特别是青少年中，进一步加强党的基本路线教育，爱国主义、集体主义和社会主义思想教育，近代史、现代史教育和国情教育，增强民族自尊、自信和自强精神，抵御资本主义和封建主义腐朽思想的侵蚀，树立正确的理想、信念和价值观。各行各业都要重视职业道德建设，逐步形成适合自身特点的职业道德规范，坚决纠正利用职权谋取私利的行业不正之风。加强社会公德教育，大力表彰具有时代精神的模范人物。搞好社区文化、村镇文化、企业文化、校园文化的建设，进一步开展军民共建、警民共建文明单位等群众性活动，把精神文明建设落实到城乡基层。精神文明建设要有相应的物质保障，要通过各种渠道增加投入，并把这方面的设施建设纳入城乡建设总体规划。

社会丑恶现象的滋长蔓延，毒害人们特别是青少年的身心健康，妨碍现代化建设和改革开放，损害社会主义形象，人民对此深恶痛绝。扫除各种丑恶现象，切不可手软，必须长期坚持，抓出成效。

各级党委要认真总结改革开放以来的新经验，加强和改进对精神文明建设的领导。我们要继承和发扬中华民族优良的思想文化传统，吸收人类文明发展的一切优秀成果，在生动丰富的社会主义实践中，创造出人类先进的精神文明。我们要为改革开放和现代化建设创造有利环境，培养一代又一代有理想、有道德、有文化、有纪律的新人。

第九，不断改善人民生活，严格控制人口增长，加强环境保护。

加快改革开放和经济发展，目的都是为了满足人民日益增长的物质文化需要。随着生产发展和社会财富的增加，城乡居民的实际收入、消费水平和生活质量要有明显提高。衣食住行尤其是居住条件，应有较多改善。文化生活更加丰富，体育、卫生事业进一步发展，人民健康水平继续提高。在我们这个占世界人口五分之一的国家里，人民过上小康生活，是一件了不起的大事。同时应当指出，我国底子薄，目前处在实现现代化的创业阶段，需要有更多的资金用于建设，一定要继续发扬艰苦奋斗、勤俭建国的优良传统，提倡崇尚节约的社会风气。

认真执行控制人口增长和加强环境保护的基本国策。计划生育工作决不能放松，必须确保实现既定的人口控制目标，坚持优生优育，提高人口质量。重视研究人口老龄化问题，认真做好这方面的工作。要增强全民族的环境意识，保护和合理利用土地、矿藏、森林、水等自然资源，努力改善生态环境。

第十，加强军队建设，增强国防实力，保障改革开放和经济建设顺利进行。

中国人民解放军是人民民主专政的坚强柱石，是捍卫社会主义祖国的钢铁长城，是建设有中国特色社会主义的重要力量。在当前和今后相当长的时期内，我国社会主义现代化建设仍将在复杂多变的国际环境中进行。必须始终不渝地坚持党对军队的绝对领导，必须按照邓小平同志关于新时期军队建设的思想，走有中国特色的精兵之路，把人民解放军建设成为强大的现代化正规化革命军队，不断增强我国国防实力，为改革开放和经济建设提供坚强有力的安全保证。我国已经裁军百万，今后军队要努力适应现代战争的需要，注重质量建设，全面增强战斗力，更好地担负起保卫国家领土、领空、领海主权和海洋权益，维护祖国统一和安全的神圣使命；同时，要自觉服从国家经济建设的大局，积极支持和参与改革开放和现代化建设，为国家的发展和繁荣贡献力量。军队要努力搞好各项建设和改革，切实把教育训练摆到战略地位，全面提高官兵素质，使全军部队做到政治合格、军事过硬、作风优良、纪律严明、保障有力。重视国防科技研究和国防工业，逐步改善武器装备。各级党组织、政府和全国人民要一如既往地关心国防建设，支持军队完成各项任务。抓好全民国防教育，广泛深入持久地开展拥政爱民、拥军优属活动，发展军政军民相互团结、相互支持的大好局面。做好民兵、预备役工作，不断加强国防后备力量建设。中国人民武装警察部队是保卫社会主义现代化建设的一支重要力量。要继续加强人民武装警察部队和公安、安全等部门的建设，更加有力地维护国家安全和社会稳定。

同志们！改革开放和现代化建设是人民群众的伟大事业。我们要胜利实现九十年代的繁重任务，必须全心全意依靠工人阶级和广大劳动群众，充分发挥全体人民的积极性和创造性。只要我国各族人民紧密团结，奋发图强，我们的社会主义现代化事业就一定会无往而不胜。

政府工作报告(节选)

李鹏(1992 年 3 月 20 日)

二、抓紧有利时机,加快经济发展

现在,我国国内条件具备,国际环境有利,再加上发挥社会主义制度能够集中力量办大事的优势,在今后现代化建设的长过程中,出现若干个发展速度比较快、效益比较好的阶段,是必要的,也是能够办到的。机不可失,时不我待。我们要抓紧时机,集中力量,进一步加快国民经济的发展。1992 年经济工作的重点,是抓紧调整结构和提高效益,特别是要在搞好农业和国营大中型企业方面取得更大的成绩。

今年计划要求,在保持社会总需求与总供给基本平衡的基础上,国民生产总值增长 6%,全社会固定资产投资增长 8%。投资要符合产业政策,避免盲目发展和重复建设。社会商品零售总额增长 12.3%,货币发行和信贷规模与去年大体持平,零售物价上涨幅度控制在 6%以内。考虑到治理整顿刚刚结束,经济发展中还存在着一些不稳定因素,当前经济工作的重点是调整结构和提高效益,因此在今年经济增长速度的计划安排上,是留有余地的。我们要努力做好工作,力争实际执行的结果更好一些。有条件的地区,能够快的一定要搞得快一些。如果今年各方面的工作都能够做得更好一些,"八五"计划后三年经济的加快发展就有了更为坚实的基础。

继续下大力气抓农业,争取农村经济更快发展。今年的农村工作,要全面贯彻落实党的十三届八中全会的决定,继续稳定以家庭联产承包为主的责任制,不断完善统分结合的双层经营体制,积极发展农业社会化服务体系,逐步壮大集体经济实力。采取坚决有力的措施,把科技、教育兴农的战略落到实处。要有计划地改造中低产田,在保持农产品总量稳定增加的基础上,逐步调整农业生产结构,大力发展高产优质高效农业。有效地控制农业生产资料价格,坚决制止乱摊派、乱收费,切实减轻农民负担。继续发挥各方面的积极性,努力搞好扶贫工作。

深化农产品价格和流通体制改革,是进一步发展农村商品经济的关键。要积极推进粮食购销价格体制改革,进一步建立和完善粮食、棉花、食油等重要农产品的储备调节制度,发展批发市场和期货市场。实行多渠道流通,在发挥国营和合作社商业主渠道作用的同时,支持农民从事商品流通活动,积极发展第三产业。

乡镇企业在农村经济中具有十分重要的作用,并已成为整个国民经济的重要组成部分。要根据国家的产业政策、市场需求和资源条件,鼓励它们继续发展。国家和地方都要大力帮助中西部地区和经济不发达地区、贫困地区发展乡镇企业,以尽快改变落后面貌,改善农民生活。

大灾之后,应当更加重视水利建设。当前的重点是加快淮河、太湖的综合治理。各地要加强中小河流的治理，开展农田水利基本建设。去冬今春以来部分地区旱情严重，必须认真加强抗旱工作，同时也要注意做好防汛准备。搞好城乡节水，缓解水资源紧张的矛盾。改革土地使用制度，合理利用土地，切实保护耕地，有步骤地开发宜农荒地、宜牧荒原和滩涂。进一步搞好水土保持，保护森林和草原植被。全民植树造林活动，功在当代，福及子孙，要长期不懈地坚持下去。

努力搞好国营大中型企业，大力调整经济结构和提高经济效益。我国经济要上一个新的台阶，必须加快调整经济结构，不断促进科技进步和提高经济效益，切实增强国营大中型企业的活力。去年提出的关于搞好国营大中型企业的20条措施，正在逐步落实，已经收到初步效果，继续扎扎实实抓下去是大有希望的。所有的企业，特别是国营大中型企业，都要深化改革，严格管理，挖掘内部潜力，加速资金周转，提高产品质量，降低生产成本，并且十分注意安全生产，努力增加盈利，使企业经济效益状况在今年有一个明显的好转。

近年来市场供求关系和消费结构发生了很大变化，调整结构势在必行。第一、第二、第三产业的结构以及各产业的内部结构都需要调整。今年调整的重点，要紧紧围绕企业产品结构和企业组织结构进行。对那些生产能力过剩、产成品积压、技术落后、长期亏损的企业，逐步实行关停并转。继续开展质量、品种、效益年活动，鼓励企业通过技术革新，开发新产品，提高产品质量档次和增加花色品种，以适应市场需求。今年要继续清理三角债，认真解决前清后欠的问题，继续限制滞销积压产品的生产，压缩不合理库存，大力扭亏增盈。努力开拓国际国内两个市场。要积极开拓新的国际市场，更多地开拓农村市场。要继续组建企业集团，增强自我发展能力和市场竞争能力，以发挥企业更大的综合经济效益。要把产品结构和企业结构的调整结合起来，提倡多并转少关停，以利于职工队伍的稳定。

固定资产投资，主要用于能源、交通、通信、原材料和农业、水利等基础产业，支持高新技术产业的发展，加快居民住宅的建设。积极开发中、西部地区的丰富资源，促进这些地区的经济发展。基本建设和技术改造都要抓住重点，集中投资，形成规模经济。加工工业主要是通过技术改造来求得发展。对于目前已经出现的盲目争投资、上项目的现象，必须通过严格执行国家产业政策，加强项目的科学论证和管理，控制信贷规模，切实加以制止，否则势必造成严重浪费，破坏整个国民经济的总量平衡，给今后的经济发展带来困难。今年全国固定资产投资总规模为5700亿元。要千方百计多渠道筹集资金，努力提高建设的速度和效益。在全国各地，都要十分注意积极保护和合理利用矿产资源。

积极发展科技和教育事业，提高国民经济的整体素质。我们要认真贯彻邓小平同志提出的科学技术是第一生产力的指导思想，依靠科技进步和提高劳动者素质来促进经济的发展。必须坚持经济建设依靠科学技术，科技工作面向经济建设的方针，促进科技与经济有机结合。

企业技术进步要围绕提高经济效益，大力推广先进适用的科技成果。现在我国每年有省部级以上的重大科技成果几万项，其中国家级的重大科技成果数千项，当前的主要任务是认真做好科技成果的推广应用，尽快形成科学技术能够较快地转化为现实生产力的机制。要积极扩大电子技术的应用，改造传统产业，促进节能降耗，开发新产品，提高产品质量。

要推动农科教的结合，逐步建立起有利于农村科技进步、教育发展、农业振兴的机制。继续实施“星火计划”、“燎原计划”和“丰收计划”，并使之更好地结合起来，发挥综合效益。

为了实现现代化的宏伟目标，必须认真执行高新技术研究和发展计划，充分重视科研院所、高等学校和重点企业的作用，努力办好高新技术产业开发区，促进高新技术产业化。在高新科技领域，中国也要在世界上占有一席之地。这样人民高兴，国家实力也才能增强。必须继续加强基础性研究，增强科技实力与发展后劲。要增加科技投入，健全和完善保护知识产权的制度，发挥专利制度在发展科技事业和经济建设中的作用。

发展教育事业，提高全民族素质，是社会主义现代化建设的根本大计。教育要深化改革，适应改革开放和现代化建设的需要。要认真贯彻德智体全面发展的方针，不断提高教育质量。要在全社会形成尊师重教的良好风尚。继续重视和改进德育工作，对学生认真进行我国历史和国情教育，激发爱国主义热情，坚定建设有中国特色社会主义的信念。高等教育要稳定规模，优化结构，进一步面向经济建设。继续推广农村教育综合改革，搞好城市教育综合改革的试点。有步骤地改革中小学升学考试制度，以利于教育方针的贯彻。继续采取有效措施，进一步完善基础教育、职业技术教育、高等教育和成人教育体系。增加对教育的投入，改善办学条件。各级各类学校都要抓紧改革内部管理体制和分配制度，提高办学效益，充分调动广大教师的办学积极性。

充分发挥广大工人、农民和知识分子的积极性和创造性。社会主义现代化建设是亿万人民群众自己的创造性事业。我国经济建设和各项社会事业要有大的进步和发展，必须在各条战线上充分走群众路线，发挥人在生产力发展中的决定性作用，切实保障广大人民群众的主人翁地位，调动和发挥工人、农民、知识分子和其他劳动群众的主动精神和创造精神。各级政府要为知识分子创造必要的工作条件和生活条件，鼓励知识分子面向实际，深入工农，更好地发挥聪明才智。海外留学人员是国家的宝贵财富。不管过去的政治态度如何，我们都欢迎他们回来，参加社会主义现代化建设，报效祖国，回来后要妥善安排。继续大力宣传工农劳动模范、先进工作者和优秀知识分子的模范事迹，在全社会提倡无私奉献精神，进一步树立尊重知识、尊重人才的良好风尚。

各位代表！我们进行经济建设和改革开放，目的是不断改善人民的物质和文化生活。今年计划安排职工工资有适度的增长。企业职工要在提高效益的基础上增加工资收入，适当提高行政事业单位职工的工龄工资和奖金水平，继续对有突出贡献的知识分子给予特殊津贴。要通过发展农村经济和适当调高粮食购价，增加农民收入。我们继续执行提倡和鼓励一部分地区、一部分人先富起来的政策，同时通过国家的宏观调控和发展地区间各种不同形式的互利支援，逐步实现共同富裕。我国现代化建设还处在创业阶段，人口众多，经济发展很不平衡，要实现现代化的目标任重而道远，因此要在全社会长期树立自力更生，艰苦奋斗，勤俭建国，勤俭办一切事业的良好风尚。要千方百计增收节支，加强税收征管和审计监督，严肃财经纪律，压缩集团购买力，严格控制国家行政事业机构和人员编制。要逐步减少国家财政赤字，今年要做到赤字不突破国家预算。

计划生育和环境保护是我国的两项基本国策。去年由于各方面的努力，人口出生率有所降低。各级政府要继续加强领导，落实控制人口的法规和政策。坚持环境保护与经济建设协调发展的方针，加强环境监督、管理和服务，使更多的地区和城市环境质量得到改善。

在过去的三年中，国务院和各部委以及地方各级政府为了进行治理整顿发布了一些文件，起了积极的作用。现在治理整顿已经结束，国务院和各部委以及地方各级政府要对这些文件认真进行一次清理。现在仍然起积极作用的要继续贯彻执行，不符合当前情况和经济发展需要的要修订或取消。

各位代表！全国人民非常关心的三峡工程，是一项具有防洪、发电、航运、供水等综合效益的巨大工程，论证工作已经进行多年，权衡利弊，认为兴建三峡工程是必要的，技术上是可行的，经济上是合理的，随着经济的发展，国力也是可以承担的。国务院向本次大会提出专门议案，建议将兴建三峡工程列入国民经济和社会发展十年规划，由国务院根据国民经济的实际情况，选择适当时机组织实施。请审议。

三、加快改革步伐，扩大对外开放

改革是从根本上改变束缚生产力发展的经济体制，建立起充满生机和活力的社会主义经济体制，促进有计划商品经济的发展。这些年来我国社会政治的稳定，经济的持续发展，治理整顿任务的顺利完成，为进一步深化改革和扩大开放创造了更为有利的条件。我们要认真总结经验，进一步解放思想，大胆创新，把改革开放的步子迈得更大一些。加快改革开放的关键在于各级干部进一步提高贯彻执行党的基本路线的自觉性，要警惕右，但主要是防止“左”。

积极推进企业改革，转换和完善经营机制。企业改革是今年经济体制改革的重点。所有国营大中型企业都要在转换和完善经营机制上下硬功夫。政府部门要下决心消除对企业生产经营活动的不必要干预，真正把企业推向市场，使企业逐步成为自主经营、自负盈亏、自我发展、自我约束的社会主义商品生产者和经营者。在这方面，今年应当迈出更大的步伐，取得比较显著的成效。国务院正着手制定有关全民所有制工业企业转换经营机制的暂行条例，落实企业经营权，保障国家所有权，促进企业法的贯彻执行。要继续完善各种形式的承包经营责任制，改革企业劳动人事制度、工资分配和社会保障制度。继续贯彻按劳分配原则，完善工资总额同经济效益挂钩办法，积极稳妥地进行以岗位技能工资制为主要形式的企业内部分配制度改革，进一步打破平均主义。完善企业领导体制，进一步发挥党组织的政治核心作用，坚持和完善厂长负责制，全心全意依靠工人阶级。

实行股份制是筹集建设资金和监督企业管理的一种有效方式，并有利于促进企业机制的转变。要积极进行发行股票和证券交易市场的试点工作，抓紧人员培训，完善规章制度，健全交易秩序，使股份制经济为社会主义建设服务。

积极推进其他方面的配套改革，加强和完善宏观管理。今年着重进行的与企业改革相配套的改革，主要是物价和流通体制的改革，财政金融和计划体制的改革，以及住房和社会保障制度的改革。

通过改革理顺价格关系，建立合理的价格形成机制，对整个国民经济的发展具有十分重要的意义。这项改革关系到广大人民群众的切身利益，应当在保持物价基本稳定的前提下，既积极而又谨慎地加以实施。要努力把零售物价总水平上升幅度控制在国家、企业和群众能够承受的范围内，以保持市场的稳定。

加快流通体制改革，促进货畅其流，是整个经济体制改革的一个重要方面。要进一步培育市场体系，发展消费资料和生产资料批发市场，试办期货市场和为企业服务的原材料配送中心。探索多种途径和办法，促进资金市场、技术市场、信息市场、房地产市场和劳务市场的发展。加强市场法规建设和监督管理，完善交易规则，反对不正当竞争，促进各类市场规范化，以保持良好的流通秩序。深入开展打击制造、销售伪劣商品活动，保护消费者利益。第三产业是我国经济的薄弱环节，潜力很大，要大力加以发展。

从今年开始国家财政实行复式预算制，这是财政管理制度的重要改革。实行复式预算必须严格区分收支性质。经常性预算实行硬约束，不能打赤字。建设性预算的支出作为国家资本金，主要用于支持国家重大项目的建设。应当根据资金筹集的实际情况，合理安排建设规模。加快分税制和税利分流改革试点的步伐，探索理顺中央和地方、国家和企业分配关系的途径。要进一步深化金融体制改革，坚持“控制总量、调整结构”的货币信贷政策。加强中央银行的宏观调控能力，改善专业银行的经营机制，积极开拓和发展金融市场。

按照计划经济和市场调节相结合的原则，进一步改革计划体制和管理方式。计划和市场都是调控经济的手段，不是区别社会主义和资本主义的标志，社会主义和资本主义都可以用。我们应当根据经济发展的客观需要，进一步调整指令性计划、指导性计划和市场调节的范围，更好地发挥市场机制的作用。政府机构要按照政企职责分开、所有权和经营权适当分离的原则，继续转变职能，加强和改善宏观调控，同时改革国有资产管理体制，加强国有资产管理，巩固和发展公有制经济，并引导其他经济成分健康发展，继续发挥个体经济、私营经济有益的补充作用。

住房和社会保障制度的改革要迈出较大步伐。进行这些方面的改革，人民群众既是受益者，也要承担相应的义务，难度比较大，但经过前一段的试点，已经逐渐为广大群众理解和接受。由于各地经济发展水平不同，在进行这些改革时，国家只提出统一的方针，各地可因地制宜地制定具体政策，不搞“一刀切”。各种社会保险事业对促进经济发展和保障社会稳定具有重要意义，应当更加积极地加以发展。

继续扩大对外开放，更好地促进国内经济发展。我国经过十多年的努力，对外开放已经全面展开。要进一步扩大开放的范围，注重效益的提高，把对外开放提高到一个新的水平。

继续采取措施和完善政策，办好深圳等经济特区、经济技术开发区，以及开放城市和开放地区。努力使这些地区不但在经济和城市建设上有较快的发展，而且在改革开放事业中，更好地发挥窗口作用和辐射作用，加快外向型经济的发展。上海浦东新区是今后十年开放开发的重点。要进一步加强基础设施建设，创造良好的投资环境，建设一些投资效益好的项目，通过上海浦东的开放开发带动长江三角洲地区乃至整个长江流域经济的发展，逐步使上海发展成为远东地区经济、金融、贸易的中心之一。最近国务院批准海南省吸收外商投资开发洋浦经济开发区，批准黑河、绥芬河、珲春和满洲里作为边境地区新的开放城市，这些地区要抓紧规划，培训人才，把对外开放工作搞得更好。

我们欢迎更多的外商来华投资，同时要继续改善投资环境，对投资方向加以正确的引导。吸引外资的重点要放在先进技术以及在国际市场适销对路、有竞争能力的项目上，并注意同加快我国企业的技术改造结合起来。中国愿意以各种方式包括使用国际经济组织、外国政府贷款和买方信贷的方式，购买国外先进技术与设备。中国是一个发展潜力很大的市场，我们愿意与国外进行广泛的经济、贸易和技术合作。

今年要努力巩固和发展去年外贸体制改革的成果，进一步扩大对外贸易。深化外贸体制改革，重点是改革进出口管理办法，推进外贸市场的多元化，努力适应国际市场的需要，提高出口产品质量，加强销售和服务工作。对有出口条件的企业集团和工业企业要给予外贸自主权，逐步建立一批工贸、技贸、农贸、内外贸结合的经济联合体。努力扩大对外工程承包和劳务输出，稳步发展跨国经营。有步骤地推进内陆边境、民族地区的对外开放和边境贸易。积极扩大与世界各国的科技合作与文化交流。加快旅游业的发展，办好中国友好观光年，欢迎更多的外国朋友以及台湾、港澳同胞和海外侨胞来旅游。

四、为经济建设和改革开放创造更好的社会政治环境

1992年，政府工作要更好地体现现代化建设的全面要求，在抓好经济建设的同时，巩固和发展安定团结的政治局面，继续保持社会稳定，努力使精神文明建设、民主与法制建设和各项社会事业有一个新的进步。

按照政企职责分开的原则，积极推进政府机构改革。随着经济体制改革的深化、对外开放的扩大和现代化建设的发展，必须积极而又稳步地推进政府机构改革。目前各级政府机构庞大，人浮于事，办事手续繁琐，效率低下，对经济建设和改革开放产生了许多不利的影响。今年要在深入调查研究的基础上，按照政企分开、转变职能、精兵简政、提高效率的原则，提出各级政府精简机构、减少人员和建立公务员制度的方案，并逐步付诸实施。湖南省华容县、山西省隰县等县级政府，已经在实践中取得了精简机构、改善服务的宝贵经验，要认真加以总结和推广。各级政府要逐步建立和健全民主的、科学的决策制度和程序。要自觉地接受人民代表大会及其常委会的监督，充分发挥人民政协、各民主党派、无党派人士、人民团体在政治协商和民主监督中的作用。要从民主党派和无党派人士中，继续选拔优秀分子担任各级领导职务和各种民主监督工作。要加强基层民主政治建设，健全企业民主管理制度和居民、村民自治制度，进一步活跃基层民主生活。在推进民主政治建设的同时，必须加强社会主义法制建设。抓紧起草有关法律（草案）和制定有关行政法规，改善行政执法活动，完善行政执法监督机制。深入开展法制宣传教育，提高全民法律意识，努力把各项工作纳入法制轨道。

做好思想文化工作，推进社会主义精神文明建设。在深化改革、扩大开放的条件下，无论是思想理论战线，还是教育文化战线，都遇到许多新情况和新问题。因此，我们应当在不同的层次，运用不同的方法，对广大的干部群众特别是青年，深入持久地进行坚持四项基本原则的教育。各级领导要长期坚持物质文明建设和精神文明建设一起抓的方针，教育我国一代又一代人坚持走有中国特色的社会主义道路。要大力宣传各条战线的英雄模范人物和先进事迹，激励人们发扬爱国主义、集体主义和社会主义的热情，发扬自力更生、艰苦创业的传统，遵守职业道德和社会公德。正在全国农村开展的社会主义思想教育，目的是使党的基本路线进一步深入农村，加强基层组织建设，促进农村经济的发展，要继续抓紧抓好。

文化建设是精神文明建设的重要方面。要坚持“为人民服务、为社会主义服务”和“百花齐放、百家争鸣”的方针，弘扬中华民族的优秀传统文化，汲取世界先进文明成果。进一步加强文化市场管理和文化设施建设，积极促进各项文化事业的繁荣兴旺。广大文艺工作者要深入生活、深入群众，创作更多无愧于伟大时代的作品，丰富人民群众的文化生活。新闻出版、广播影视要努力反映社会主义现代化建设的新成就新面貌，发挥团结、鼓舞和教育人民的作用。社会科学工作者要坚持以马列主义、毛泽东思想为指导，深入研究中国现代化建设中经济、政治、文化等领域的理论和实际问题，为改革和建设作出贡献。

要加强农村卫生工作和医疗预防保健工作，重视对各种严重危害人民群众健康的疾病的防治，加强药品管理和卫生监督工作。大力发展群众体育运动，增强人民体质，进一步提高我国竞技运动水平。中国政府支持北京市申办2000年奥运会。

继续搞好社会治安综合治理，努力维护社会稳定。社会治安是当前人民群众普遍关心的一个问题。去年在这方面虽然取得了一定的成绩，但目前一些地方社会治安状况仍然不好，各种刑事犯罪活动还比较严重，各级政府都要继续采取坚决有力的措施，加强综合治理，使治安状况较快较明显地得到改善。对卖淫嫖娼、拐卖妇女儿童和吸毒贩毒等犯罪活动，坚决依法严惩。对危害国家安全的活动和黑社会势力，要坚决予以打击。

深入开展反腐败斗争，加强廉政建设。党和政府十分重视廉政建设。前几年在反腐败斗争方面虽然取得了一定成效，但现在问题还相当严重。必须从国家生死存亡的高度来认识拒腐防变的重要性，坚持不懈地开展反腐败斗争。今年工作的重点，是继续坚决打击贪污受贿和纠正行业不正之风，推进廉政建设。廉政建设既要靠教育，靠民主监督，更要靠法制。各部门各行业要选准那些人民群众最不满意的热点问题，集中力量进行专项治理，务求取得实效。对贪污盗窃、索贿受贿的腐败分子，不论职务高低，都要坚决绳之以法，决不姑息。各级领导机关和领导干部都要模范遵守党和国家的规章制度，以身作则，廉洁奉公。要充分发挥执法部门和监督机关的作用，鼓励和支持各民主党派、人民团体、舆论机关和人民群众进行监督，依靠人民群众同各种腐败现象作斗争。

发扬我军优良传统，加强国防现代化建设。中国人民解放军、武警部队和公安干警是保卫祖国的坚强柱石，始终不渝地实践着全心全意为人民服务的宗旨，在社会主义建设和改革开放中立下了不朽的功勋。哪里有困难，哪里有危险，他们就出现在哪里，为保卫国家财产和人民的生命安全作出了重大贡献。军队要进一步注重质量建设，走有中国特色的精兵之路。要努力做到政治合格，军事过硬，作风优良，纪律严明，保障有力，全面提高战斗力，为保卫国家主权和现代化建设再立新功。进一步发展国防科技，搞好民兵预备役等国防后备力量建设。加强边防海防工作。增强全民国防意识，依靠群众保护好军事设施。继续加强拥政爱民、拥军优属工作，深入开展创建双拥模范城（县）和军民共建精神文明活动，把军政军民团结提高到新的水平。

加强民族团结，促进各民族共同繁荣。我国是统一的多民族国家。在经济建设和改革开放的伟大实践中，各族人民同心同德，为维护祖国统一，促进国家的安定团结和繁荣昌盛，作出了巨大贡献。坚持各民族平等、团结、互助的原则，坚持实行民族区域自治制度，促进各民族的团结进步和共同繁荣，是我们坚定不移的方针。去年底，国务院发出《进一步贯彻实施民族区域自治法若干问题的通知》，提出了促进民族地区经济和社会发展的具体措施。今年初，中共中央、国务院召开民族工作会议，总结民族工作基本经验，提出了九十年代民族工作的主要任务和政策。各地要全面贯彻落实，进一步加强全国各族人民的大团结。促进民族地区经济和社会发展，是各民族的共同任务，国家要加以扶持，经济较发达地区要给予支援，民族地区要发扬自力更生精神，增强自我发展的活力。继续坚定不移地执行民族区域自治法，充分保障自治地方的自治权利和少数民族的平等权利，尊重少数民族的风俗习惯。在少数民族地区和非少数民族地区，都要全面贯彻国家的宗教政策，保障公民宗教信仰自由，依法加强对宗教事务的管理。坚决维护祖国统一，反对任何分裂祖国的行为。西藏是中国神圣领土不可分割的部分，藏族是中国56个民族大家庭中的一员，任何敌对势力制造民族分裂、搞“西藏独立”的图谋都是注定要失败的。不管国际形势如何变化，我国各族人民一定能够排除一切内外干扰，同呼吸，共命运，心连心，团结一致，为共建现代化大业而奋斗。

各位代表！ 加快经济发展和改革开放，为现代化建设和改革开放创造更好的社会政治环境，任务都是十分艰巨的。这次大会之后，国务院和各级政府都要本着狠抓实干的务实精神，进一步认真研究和制定具体的政策和有力的措施，以保证各项任务的落实。

大力改革和发展民族教育
促进各民族的共同繁荣

——李铁映在全国民族教育工作会议上的讲话（1992 年 3 月 15 日）

国家教委和国家民委联合召开的第四次全国民族教育工作会议今天开幕了，这是我国教育工作的大事，也是民族工作的大事。这次大会的主要任务是，认真学习领会邓小平同志的重要谈话，贯彻中央民族工作会议的精神，总结交流民族教育工作的经验，明确今后改革和发展民族教育的方针和任务。会上，还要表彰为发展民族教育事业作出突出贡献的先进集体和先进个人，我代表党中央和国务院，向他们表示热烈的祝贺。

下面，我就大力改革和发展民族教育的有关问题讲几点意见。

一、充分认识民族教育的重要地位

我国是统一的多民族的社会主义国家。55 个少数民族有 9120 万人口，民族区域自治地方的面积占全部国土的 64%，地域辽阔，资源丰富。加快少数民族和民族地区的经济和社会发展，维护 56 个民族的大团结，不仅关系到少数民族的繁荣和幸福，而且关系到我国现代化建设的全局。根据党的"一个中心、两个基本点"的基本路线，加快改革开放的步伐，尽快把少数民族和民族地区的经济搞上去，是民族工作的根本任务。要完成这一任务，就必须依靠科技和教育，从培养人才、提高劳动者的素质入手。这是少数民族和民族地区经济振兴的必由之路，也是维护民族团结和祖国统一，建设有中国特色的社会主义的根本大计。

正是由于民族教育具有如此重要的地位和作用，新中国成立以后，特别是党的十一届三中全会以来，党和政府采取了一系列措施，使我国民族教育事业得到了前所未有的大发展。少数民族在校学生和教师队伍以高于全国平均速度大幅度增长。1991 年与建国初期的 1950 年相比，全国在校生平均增长了 3.38 倍，少数民族在校生增长了 13.15 倍；全国大中小学教师平均增长了 4.3 倍，少数民族大中小学教师增长了 10.21 倍。旧中国一些处于刻木结绳记事的民族，如今不但办起了中小学校，而且有了自己的大学生。西藏的现代教育也从无到有，得到迅速发展。40 多年来，全国共培养了 200 多万名少数民族干部和专业技术人才，他们为少数民族和民族地区乃至全国的各项建设事业作出了重大贡献。特别是党的十一届三中全会以来，各地从少数民族和民族地区的实际出发，不断深化民族教育改革，在实践中，涌现出一批典型，总结出一套行之有效的办法，积累了许多宝贵的经验，不仅使民族教育改革与发展的路子越走越宽，而且丰富了我国社会主义教育事业的实践和理论，这是民族教育的丰功伟绩。

我国民族教育工作的巨大成就，是在党中央、国务院正确领导下，通过各地特别是民族地区广大干部群众、各界人士和广大教育工作者的辛勤劳动所取得的，也是同全国各个地区、各民族的相互支持与帮助分不开的。特别应该强调指出的是，我国民族教育取得的成就，得益于改革开放。在肯定成绩的同时，我们还必须清醒地看到，由于历史和自然条件等方面的原因，不少地方的少数民族和民族地区，特别是一些边远山区、牧区的教育，还很不适应当地建设的需要，教育脱离实际、脱离生产、脱离群众需要的现象还不同程度地存在。我们要抓住当前有利时机，加快改革开放的步伐，在已有成就的基础上，努力开创民族教育工作的新局面。

二、改革与发展民族教育的基本原则

我国的民族教育，就其范围来说，是指对汉族以外的55个少数民族成员所实施的教育。做好民族教育工作，集中到一点，就是必须把贯彻执行党和国家统一的教育方针同贯彻执行党和国家的民族政策有机地结合起来，坚持从少数民族的特点和民族地区的实际出发，发展民族教育事业。这既是过去改革与发展民族教育的基本经验，也是今后必须始终坚持的基本方针。在贯彻执行这一方针时，一定要把握好以下几项原则：

（一）　坚持社会主义办学方向。民族教育作为我国社会主义教育的重要组成部分，必须为社会主义现代化建设服务，必须同生产劳动相结合，培养德、智、体全面发展的建设者和接班人。必须在马克思主义的指导下，结合少数民族和民族地区特点，向学生进行党的基本路线教育，进行历史和国情教育，进行发扬爱国主义、维护民族团结和祖国统一的教育，使他们确立坚定正确的政治方向。

（二）　坚持为当地经济建设和社会发展服务。民族教育要面向现代化、面向世界、面向未来，确立为当地经济建设和社会发展服务、为人民群众文明富裕服务的指导思想，努力深化教育改革，不断提高教育质量和办学效益。

（三）　坚持一切从实际出发。在党和国家统一的大政方针指导下，民族地区要根据各自的特点和实际，确定本地区教育发展的规划、政策和办学形式，通过深化改革，逐步走出符合本民族和本地区实际的办学路子。学习和借鉴其他民族的经验，也必须与自己的实际结合，防止生搬硬套，搞"一刀切"。

（四）　坚持开放，扩大交流。在继承发扬本民族优秀文化传统的同时，要扩大民族间地区间的交流，大胆吸收和借鉴人类社会创造的一切文明成果。在使用本民族语言文字教学的地区，要因地制宜地搞好双语教学，大力推广普通话。民族学校教学使用的语言和文字，要由各省（区）根据有关法律，按照有利于民族的长远利益、有利于提高民族教育质量、有利于各民族的科学文化交流的精神以及当地的语言环境，充分尊重多数群众的意愿来确定。在多民族居住的地区，提倡和鼓励不同民族学生合校分班或合校合班，特别是高中和大中专院校，要积极创造条件，合校合班上课。还要提倡汉族学生学习少数民族的语言文字、文学艺术、历史、医学等。要使各族学生增进了解，广交朋友，团结互助，共同进步。

（五）　坚持教育与宗教分离。依据我国宪法，任何人不得利用宗教干预学校教育和社会公共教育，不得利用宗教进行妨碍实施义务教育的活动，不得在校内进行宗教活动。学校要向学生进行有关自然现象、社会进化和人的生老病死、吉凶祸福的科学教育，使他们逐步确立科学的世界观。在群众普遍信教的民族地区，要注意发挥宗教界爱国人士关心和支持民族教育的积极性。

（六）　坚持国家帮助与自力更生相结合。国家和经济发达地区，要从促进各民族共同繁荣的伟大目标出发，在财力、物力、智力等方面，支持少数民族和民族地区加快发展经济和教育事业。同时，更需要少数民族和民族地区发扬自力更生、艰苦奋斗的精神，实现本地区的发展，获得本民族的进步。

今后，在民族教育的改革与发展中，我们要进一步解放思想，勇于创新，敢于试验，在实践中不断发展和丰富这些原则，使民族教育充满生机与活力。

三、九十年代民族教育工作的任务

九十年代，是我国加快改革开放步伐，实现第二步战略目标的关键时期，也是民族教育发展的重要时期。各级党委和政府，要努力完成十年规划和“八五”计划所确定的教育发展任务。九十年代，民族教育工作一要打好基础，在数量和质量上有一个新的发展和提高；二要坚持改革开放，进一步明确办学的路子，使民族教育更好地为当地经济建设和人民群众文明富裕服务；三要努力缩小目前困难较大的民族地区同全国教育发展平均水平的差距。

——在发展民族教育的过程中，要把加强基础教育摆在突出的战略位置。要积极创造条件，有步骤地实施九年义务教育。到本世纪末，民族地区要努力普及初等教育；城区和现在经济中等发达的民族地区，要普及初中阶段的教育；有特殊困难的地方，首先要办好小学，杜绝新文盲的产生；基础教育的整体水平，要有一个较大的提高。

——大力发展多层次、多形式的职业技术教育和成人教育。“八五”期间，大部分少数民族聚居县(旗)，要集中力量办好一所起骨干示范作用的职业技术中学；大部分少数民族聚居乡(镇)，要办好一所农(牧)民文化技术学校。民族地区的中小学，要更加积极地引进职业技术教育因素，使学生既学到科学文化知识，又能掌握一两门实用技术。民族地区的县、乡两级政府，要积极实行“三教统筹”和“农科教结合”，实施“燎原计划”，通过多种形式的实用技术培训，大面积提高劳动者的文化技术素质，增强他们吸收运用科学技术的能力，落实“科技教育兴农”的战略，充分发挥科技、教育在推动民族地区社会主义“两个文明”建设中的作用。

——重视和发挥民族地区高等院校在当地经济和社会发展中的重大作用。“八五”期间，要把工作重点放在稳定规模、优化结构、改善条件、深化改革、提高质量上，要特别重视培养大专层次的经济、科技、管理方面的人才。国家教委和中央部委所属的高等院校，要继续有计划地招收少数民族学生，根据需要与可能，进行对口培养。从现在起，每年都要选拔一定数量有实践经验的少数民族优秀青年到高等院校学习，为把他们培养成各项建设事业的骨干，打好坚实的基础。

民族学院在历史上为培养民族干部发挥了重要作用。今后，要深化改革，扩大开放，不断提高教育质量，为民族地区的经济建设培养更多更好的人才。当前，除重点办好具有民族特色的学科、专业和对少数民族干部进行培训外，还要办好大学预科。民族地区急需的一些专业，要在统筹规划和充分论证的基础上，努力创造条件，有计划地设置。

——对散杂居地区的少数民族教育，各级政府要给予足够重视，切实帮助解决办学中的实际问题。

四、完成九十年代任务的主要措施

近些年来，我国民族教育取得显著的成就，得益于改革开放，今后民族教育的发展和提高，还要进一步依靠改革开放。从少数民族和民族地区的实际出发，当前要进一步落实“教育必须为社会主义建设服务，社会主义建设必须依靠教育”的办学指导思想，努力改变教育脱离实际的现象，切实把民族教育的重心转到为当地经济建设和社会发展服务的轨道上来，走出一条符合少数民族和民族地区实际的办学路子。要进一步调整和改革教育结构、教学内容和课程设置，大力发展职业技术教育，把学习文化与学习技术结合起来。在办学体制上，要坚持“依靠人民办教育，办好教育为人民”，实行地方负责，分级管理，明确省(区)、地(州)、县(旗)的职责，立足自力更生，调动广大人民群众办学的积极性，确立多渠道筹措教育经费的体制，积极发展校办企业，广泛开展勤工俭学，增强自身发展的能力。要在进一步深化改革、扩大开放的过程中，努力转变观念，加强与各地的交流。在此基础上，要为改革和发展民族教育办好几件实事：

——要提倡经济发达地区的县(市)，与国家确定的143个少数民族贫困县，开展多种形式的结对支持。双方通过协商，经济发达的县(市)定向招收贫困县学生，尽量帮助他们多培养一些初中级技术骨干，接收教师进修提高，派优秀教师去讲课。

——要鼓励经济发达地区的师范院校，与民族地区现有百所中师和师专，开展对口支援，尽量为民族地区多培养一些急需的合格教师。民族地区的师范，要针对当地需要，深化改革，培养既能教文化课、又会实用技术、一专多能的教师。特别要重视双语教师的培养。各地政府，在经费使用上，要优先考虑师范的需要，国家拨给的教育专款补助经费，对百所民族师范，要适当给予支持。要关心教师的工作、学习和生活，形成全社会尊师重教的社会风尚。

——开展对口智力支援是促进民族教育发展较好的形式，高等院校、中专、职业中学都可以采用。为了更加有效地做好这项工作，今后要采取多种形式进一步扩大对口支援协作，建立起双方直接联系的渠道，国家教委要积极协调和指导。

——要在国家教委的安排下，依托全国重点大学，为民族高等院校培训专业技术骨干教师。每年要选拔一定数量的少数民族优秀大学毕业生到党校学习，为少数民族和民族地区培养一批跨世纪的建设骨干。

——国家对发展民族教育要继续给予扶持。特别是对有特殊困难的西藏地区，要继续给予帮助。国务院要召开第三次智力援藏会议，研究如何从西藏的实际出发，发展西藏教育，促进当地经济和社会的发展。其他困难较多的少数民族和民族地区，除国家继续给予必要的支持外，主要由所在省、自治区、直辖市组织力量予以扶持。可参照办内地西藏班的办法，选择一些条件较好的学校，招收这些地区的少数民族学生，帮助培养人才。

——国家设立民族教育专项补助奖励经费，采取以奖代补、奖补结合的办法，主要用于支持一些地区的少数民族和少数民族贫困县教育事业的发展。“八五”期间，视经济发展的情况，经费还可适当增加。各省、自治区、直辖市要根据本地区的实际情况，相应地设立民族教育专项补助奖励经费。要立足多渠道筹措教育经费，力争“八五”期间，使绝大部分民族地区中小学的办学条件有较大的改善。

——认真抓好民族文字教材编译出版和审定工作。民族文字教材的编译出版，除省(区)拨款给予一定的支持外，还要改革管理体制，按照以教材养教材的原则以盈补亏。跨省(区)使用的教材，由国家教委组织审定；本省(区)使用的教材，由省(区)教委负责组织审定。未经审定，不得作为教材。

——要根据民族地区的特点，引进现代化教育手段，运用好卫星电视。“八五”期间，争取安排卫星转发器，以开通民族教育专用频道，并抓紧编制一批与文字教材配套的音像教材，丰富教学内容，提高民族教育质量。

——要重视民族教育领域的科学研究。“八五”期间，要在若干重大理论与实践问题的研究方面，取得显著成果。

五、加强党和政府对民族教育工作的领导

各级党委和政府要高度重视民族教育工作，进一步加强对民族教育工作的领导，这是做好民族教育工作的根本保证。

各地党委和政府的主要领导，特别是民族区域自治地方的主要领导同志，要亲自过问民族教育工作，把民族教育纳入当地经济和社会发展的总体规划，摆在优先发展的战略地位。有关领导同志要及时研究民族教育中的新情况、新问题，努力探索教育与经济发展相互促进的新路子。

要加强教育行政管理干部队伍和学校领导班子的建设。“八五”期间，采取分工负责、分级实施的办法，对教育部门和学校的领导干部进行普遍培训，并要形成制度。省、自治区、直辖市要做出规划，把那些坚持改革开放并有政绩的民族教育管理干部，充实到各级教育的领导岗位上来，从中造就一批少数民族的教育家。

要加强民族学校党组织的建设，加强师生员工的思想政治工作，重视和加强热爱祖国、维护民族团结的教育，增强抵制资产阶级自由化，反对民族分裂的能力。

要组织教育战线的广大干部和师生，认真学习邓小平同志最近的重要谈话和中央政治局全体会议精神。要贯彻中央民族工作会议和这次会议的精神，深刻理解我们党在几十年的实践中，运用马列主义、毛泽东思想观察处理民族问题所形成的一系列基本观点和政策，充分认识包括民族教育在内的民族问题的长期性、复杂性、重要性，进一步明确民族教育的光荣任务。

同志们，党中央最近强调指出，必须坚定不移地贯彻执行党的“一个中心、两个基本点”的基本路线，抓住当前有利时机，加快改革开放的步伐，集中精力把经济建设搞上去，沿着有中国特色的社会主义道路继续前进。只要我们坚决按中央的指示办事，团结奋斗，开拓进取，真抓实干，我国民族教育就会出现一个崭新的局面，就会为各民族的共同繁荣作出新的更大的贡献。

在国家教委 1992 年工作会议上的总结讲话

何 东 昌

一、关于这次会议

刚才，国务院常务会议组成人员看望了大家，李鹏同志作了重要讲话。铁映同志在大会期间与各省、区、市领导同志座谈时作了重要讲话。各位兼职委员非常重视和支持我们的工作，有 6 位同志讲了话。会议期间，各省、区、市的副省长、副主席、副市长和其他代表就本省、区、市的教育工作作了各有侧重的经验总结，汇报了今后工作的思路。

总结经验是我们这次会议的重点内容。大家听了，反映很有启发。总结的主要内容包括：如何搞好基础教育，这方面的经验比较系统一些；如何搞好农村教育的综合改革；如何加强德育工作；如何加强教师队伍的建设；如何针对藏族和其他少数民族地区的特殊情况，从实际出发，发展民族教育等等。大家认为，这次会议是围绕建设有中国特色的社会主义教育体系的一次层次比较高的交流会，相信对我们今后指导教育工作会起积极的作用。

努力建设有中国特色的社会主义教育体系，是十三届七中全会提出的战略任务。完成这一历史性的任务，在许多问题上没有先例可循，需要我们在党中央提出的建设有中国特色的社会主义的理论指导下，不断地实践，在实践的基础上不断地总结。在这个过程中，我们要逐步写出一篇有中国特色的社会主义教育学，由谁来写呢？由大家一起来写。

这次会议时间有限，初步考虑，把会议交流的经验汇编成一本书，供大家参考。还可以考虑，分几个方面，如基础教育的发展和改革、农村教育综合改革、中小学德育、中小学教师队伍建设等等，出几个册子，更具体地总结一些经验，用我们自己的经验培训我们的干部，使校长、县级以上各级教育部门的领导干部都能掌握这些经验，这是一笔财富。这样就可能使我们的工作做得更好一些。

二、关于教育形势问题

去年 11 月，铁映同志提出要对教育形势作些分析，在肯定成绩的前提下，着重研究存在的问题。国家教委政策法规司作了初步分析，起草了一份材料，已经提请同志们讨论，希望大家多提意见。对形势的估计是我们部署工作、作出决策的依据。昨天铁映同志在同省、区、市领导座谈时，也建议各地都分析一下本地区的教育工作形势，这是很必要的。我们既要看到成绩和进展，增强我们的信心，同时又要看到存在的问题，保持清醒的头脑。

下面谈谈我对教育形势的看法。

我们的教育工作是在“文化大革命”期间受到严重破坏的情况下，通过拨乱反正和恢复调整，逐步走上改革和发展轨道的。近十年来，教育事业有了很大发展，特别是十一届三中全会以后成绩更为显著。我认为主要表现在三件大的事情上：

一是随着全党全国的工作重点转移到经

济建设上来，客观上建设需要教育，需要人才，这对教育事业的发展是一个极大的推动力。根据客观需要，党中央特别是小平同志对教育工作作了一系列重要的决策和指示，把教育提到现代化建设战略重点之一的地位，优先发展的战略地位。“百年大计，教育为本”这个思想经过十几年的工作已经变成和正在变成全党和全社会的共同认识。事实充分说明先进的思想一旦被群众掌握了，就会变成巨大的物质力量，推动教育事业的迅速发展。

二是党中央为教育事业的发展制定了一系列正确的方针政策，提出了教育为社会主义现代化建设服务，与生产劳动相结合，把德育放在首位，培养社会主义的建设者和接班人的方针。前几年，由于资产阶级自由化的影响，这个方针在贯彻中受到了干扰，有的地方受到的干扰很严重，引起了许多同志的忧虑。1989 年政治风波以后，在以江泽民同志为首的党中央领导下，整个政治思想战线出现了转机。这几年，各级各类学校的党的工作、思想政治工作以及对学生的德育工作受到了重视。现在教育战线的形势是稳定的，而且继续向好的方向发展。

三是十几年来，在注意与经济体制和科技体制改革相结合的前提下，教育体制改革逐步深入。这一改革推动了教育结构的调整，教育思想的转变和教育的其它改革。经验证明，教育体制改革促进了“教育必须为社会主义建设服务，社会主义建设必须依靠教育”的方针的落实，调动了各级政府、群众 、企业兴办教育的积极性，给教育事业带来生机和活力。

当前，教育界的同志普遍认为，教育战线的形势是好的，事业有很大发展，改革取得了成效。但是我们也要看到，教育真正要做到“三个面向”，要胜利地迎接世界经济竞争和技术革命的挑战以及和平演变的挑战，存在的问题还是很多的，面临的任务还是很艰巨的。对存在的问题我们不能有任何忽视，因为我们不仅要培养九十年代需要的人才，而且要为下个世纪上半叶，至少是世纪初培养人才。而那一时期对人才素质的要求要比现在更高。江泽民同志在国庆四十周年的讲话中对教育工作有一个估计，他说中国的教育还是比较落后的。我自己理解所谓落后就是落后于社会主义建设的需要，落后于小平同志“三个面向”的战略思想的要求。这种状况虽然正在变化，但是到目前为止还没有根本的变化，而且也不可能在很短的时间内根本改变。我们今后面临着很大的发展任务，今后十年中间只就学校教育而言，学生人数将增长 4500 万，如果每 20 个学生需要 1 个教师的话，就需要新增教师 200 万，这是很重的一个任务。“七五”期间，中小学的办学条件比起八十年代初存在的“土台子、黑屋子”的状况有了很大改变。到 1991 年底统计，全国中小学危房比例已下降到 2.7%，许多地方最好的房子是学校。但总的讲这还只是最基本的办学条件的改善，并且带有“还债”的性质。特别是严重洪涝灾害以后，许多地方危房大量增加，更多的地方的多数学校，内部最基本的教学设施还很缺乏，实验室、图书、仪器等很不健全，更不要说搞电子计算机一类的设备了。

办好教育，从根本上讲需要建设一支又红又专的教师队伍。现在教师这一职业吸引力不强，教师队伍的素质还要花很大的气力加以提高。从教师学历达标来看，不仅总体水平不高，而且小学、初中、高中之间差距很大。至于提高教育质量，任务就更重了。仅从文化水平看，据浙江的统计，进入重点大学的学生中有近 10%的人历史和地理知识的贫乏是惊人的。七中全会提出要把提高教育质量问题放在更加突出的位置来抓。九十年代我们要一手抓发展，另一手抓质量，而且更突出地抓质量，全面提高质量。因此，总体看我们的成绩很大，困难也很大。在分析形势时除了充分肯定成绩外，要更多地看到存在的问题和面临的任务。

三、关于教育的战略地位问题

过去十几年教育事业有很大发展，很重要的原因就是把教育放在重要的战略地位了，这是中央的决策。但还不能说这个问题已经完全解决了，还存在认识不足，发展不平衡的现象，还要继续做工作。昨天铁映同志提议要写一批文章，从道理上继续阐述教育的战略地位。基层单位有许多县、乡、企业和城市确实对教育非常重视，可以说凡是综合改革搞得好的地方，除改革本身外，前提就是当地的领导同志对教育的重视。科技要真正转化为现实生产力，必须抓教育。小平同志在1977年就提出，抓科技必须抓教育。生产力诸要素中包括劳动者、劳动工具和劳动对象，而科学技术只有与劳动者结合起来，与劳动工具、劳动对象结合起来，才能成为现实的生产力。其中首要的是通过教育武装劳动者。

关于教育集资的问题，刚才李鹏同志讲得很明确。昨天铁映同志提出，我们作为教育工作者，有责任来讲清这件事，取得全社会的共识和支持。

四、关于德育工作

李鹏同志在讲话中强调了德育工作，我想具体再谈点想法。第一件事，中小学的德育工作要研究解决领导管理体制的问题。天津市从市党政各部门，到街道、乡，建立了一套学校外部的领导管理体系，教育内部从教育局到学校，组织上都比较健全，为落实德育首位提供了保证。七部委关于优化育人环境的文件涉及到好多部门和系统，也需要健全体制，这样才能保证德育工作的落实。这件事要抓好。

第二件事是抓好教师和干部队伍的思想工作。德育工作要依靠德育骨干去进行，包括思想政治课的教师、党支部干部、学校教导处等等，但是根本的要依靠全体教师。而要做好这方面的工作，一方面是提高大家对社会主义的信念，另外一方面要提高师德。我们中小学的校长绝大多数是党员，对他们和其他党员有一个不断教育提高的问题。对非党的同志，也要在政治上关心他们的提高。

第三件事是关于总结经验和研究新情况。多年来我们的德育工作已经积累了很多很好的经验，要把这些经验加以推广，同时还要研究新情况。在改革开放和发展商品经济的条件下，我们的教育环境与历史上相比，已经有很大的不同了。西方的多种舆论宣传会对青少年有很大影响，包括我们自己进口的一些影视、音像作品、文艺作品等，其中一些是有消极作用的，甚至传播了一些腐朽思想，对我们青少年儿童的人生观、价值观的形成，会产生不良的影响。这种情况不可能完全避免，但要尽量减少。这种新情况就需要我们不断地创造出新的经验，德育才能落到实处，收到实效。对青少年儿童主要是进行正面教育，同时也必须有反面例子作教材，增强他们辨别是与非、美与丑的能力。

第四件事是刚才柳斌同志讲的升学制度改革问题。在普及初中的地方，小学生毕业直接升初中，取消升学考试，实行就近入学。辽宁、吉林已在全省大中小城市全面推开了，效果是好的。全国70%左右的地级市也已经推开。目前要下决心积极推广这个经验，这样能够首先把小学生负担过重的问题解决好，以利于全面贯彻教育方针。特大城市可能困难多一些，但是也要进行改革。上海市已经下决心分三年实施这项改革。初中升高中的改革在点上有突破，也有了一定的经验，对于这项改革我们要采取积极的态度，建议各省、自治区、直辖市都能抓一些点，作些试验，以便将来更好地推广。对实行高中毕业会考制度，还有些不同的认识。但是凡是已经试验的地方大家意见逐步一致了。浙江、上海搞得时间长些，海南、云南、湖南等几个省也搞了一轮。去年在昆明开了总结会，到会同志认为好处很大，但也有一些问题需要继续完善。这次会上发了经验材料。这件事要花些本钱，要增加工作量，昨天铁映同志讲要下决心推广。现在出问题不是出在会考上，而是出在高考上。主要问题是高考科目怎样设置，这是另外一个问题，要仔细研究论证。我认为普通高中毕业恐怕要实行文凭制度。合格的高中毕业生是一个宝贵的人才来源，不能光看大学生。如果高中毕业生文化是合格的，品德也是合格的，身体也是合格的，那么将来招工、参军或从事其他工作，包括报考成人高等学校，都是一个有用的证书。这个证书应由政府来发而不是学校来发，就象大学毕业有文凭一样。这对调动升学希望不大的学生的积极性，对调动升学人数不多的学校的积极性有很大好处。绝大多数学生都可以达到这一点。这种办法对于促进基础教育的健康发展，保证教育方针的全面贯彻，有重要意义，否则德智体全面发展就落实不好。除此以外，高中升大学的制度还要改革，突破，作试验。

第五件事是德育要落实，学制、教学计划、课程等都要相应改革。柳斌同志讲了“五四”学制的问题，许多专家都赞成“五四”为基本学制。但改起来困难是很大的，目前很多学校是“五三”学制，延长一年就要多建一年校舍，多一批教师。这不是容易办到的，所以我们制定“八五”计划和十年规划时，关于普及初中阶段的义务教育，没有一律要求九年。再一点，目前实行“六三”学制的学校很多，再变为“五四”学制会有很大的变动，同志们希望稳定，这也是可以理解的。现在的问题是初中学生负担太重。怎么办？能否作点试验，把初中一年级的一些课程移到小学六年级完成一部分，这样至少可以松动一些，也是为落实德育创造条件。

德育中还有两个问题，一个是关于宗教问题。宗教工作，中央有明确的方针政策。我们尊重宗教人士的感情，政治上团结，共同搞社会主义。但还有一点，就是宗教不能妨碍教育。国家教委党组发过一个文件，有15个省、区、市给我们回了话，有的还专门汇报了情况和工作措施，还有15个省、区、市没回话。我们做过一些典型调查，加上其他材料，汇总发给了同志们。从我们调查的省市来看，1985年到1990年，东部地区有的省大约天主教徒增加两倍，基督教徒增加了五倍，发展得比较猛。现在境外、西方利用多种途径搞宗教宣传，在北京可以收听到布道的电台不少。在华工作的外籍教师偷偷地传教，也有发现。还有的使馆人员、经商者擅自传道，私自招募我国人员到伊斯兰国家去接受宗教教育。国外、境外势力通过宗教进行渗透是相当活跃的。从学校思想政治教育角度看，对这个问题必须引起高度重视。有的地方小学生参加宗教活动的占学生数的11%，说明情况是严重的。要加强学校特别是中小学的无神论教育。再一个就是民族团结的教育问题。学校教育中要联系实际进行民族团结、民族政策教育。有些地方更要针锋相对地、有针对性地加强反对境外敌对势力煽动民族分裂的教育。

五、关于教育综合改革问题

从几年的实践看，城乡教育综合改革有利于带动整个教育事业的健康发展。关于农村教育综合改革，八中全会提出了加快农村学校教育改革，举办农民技术学校，要使农业、林业等高等学校和中等专业学校，通过改革招生和毕业生分配制度，加快人才通向农村等任务。这些任务要逐一落实。再就是要考虑农村教育改革的步子问题。“燎原计划”现在已在955个县近4000个乡进行了示范试点，“八五”期间能够扩大多少?如果这些县每县有一所面向农村的职业中学，就可以承上启下。全国6万个乡里已经有3.3万个乡各有一所农民技术学校，加上初中，那么基本条件就初步具备了。如果“燎原计划”搞到2万个乡，就占全国1/3的乡，成效就大大可观了，建议各省区做一下规划。这几天，国务院有关部门正在召开农科教结合座谈会。会后我估计各地的动作会比较大，教育部门应当积极配合。河北省的材料上说，去年259个示范乡一年的效益是4.5亿元，平均每乡170万元，经济效益是明显的。同时，实施“燎原计划”可以推动整个农村教育的改革。到现在为止，还没有听说搞了“燎原计划”或者农村教育综合改革而影响了基础教育发展的，都是促进了基础教育，促进了扫盲教育的开展，看法比较一致，这是一项很重要的改革。我们一方面要在“八五”期间在面上有比较大的扩展，另一方面在示范点上要进一步深化，搞得更好，在配套改革、提高质量上下功夫。

关于城市教育综合改革，去年年底在常州开了经验交流会，可以说，这几年城市教育综合改革有很大进展。从试点经验看，城市教育综合改革大体上要解决几个问题：第一个是管理体制问题，即建立综合部门由市政府统筹协调的体制，包括人事、计划、劳动、教育等。第二个是高中阶段教育结构要调整，要与当地建设的需要结合起来。第三个是在服务与依靠之间、教育内部之间建立起比较可行的运行机制。第四是教育教学要进行相应的改革。第五是行业和企业在职前和职后的职业技术教育中要充分发挥作用。搞好城市教育综合改革，关键是市级领导对教育要真正重视，确实把城市教育作为城市经济建设的基础工程来抓，而且市一级要用好用够统筹权、决策权。城市教育综合改革起步虽晚，但步子可能比农村快，我们建议各省、区都能确定一些试点城市。当然个别地方如西藏，要再稳妥一些。现在大城市中沈阳市搞了，至于三大直辖市怎么搞，可能更为复杂，请三大市的同志自己研究考虑。

六、关于教师和干部队伍建设问题

今年国家教委将配合人事部门，在前一段工作的基础上，进一步把教师工作好好研究一下。主要是三方面的问题：一是关心和改善他们的生活工作条件。高等学校要把住房问题突出解决一下，采取一些有力措施，投资要继续倾斜。教学、科研等用房能推迟的就推迟建设，首先把教师住房这个紧迫问题解决好。像山东、河北等都做了一些倾斜，各地区、各部门都要研究采取措施。要关心和解决好城镇中小学教师住房。全国城市人均住房是7.1平方米，教师是6.1平方米，要继续解决。二是职称问题要考虑。要建立和完善正确的政策导向。建立正确的政策导向应处理好几个方面的关系：政治和业务的关系，不能只看业务不看政治；理论和实践的关系，不能光看论文；教学和科研的关系，高等学校要重视教学，不能只强调提高科研水平。这些关系处理不好，导向不正确，会引起不良后果，其中政治导向问题是前提。三是要不失时机地加强教师政治思想工作，重视教师的业务培训。重点高等学校的一项任务就是：要担负提高整个高等学校师资水平的任务，成为进修培训的中心。现在青年教师不够稳定，要引起足够的重视，尽快加以解决。组织教师参加实践，是青年教师成长的必由之路。有的学校认识还不太足，强调教学科研任务重，走不开。要抽调一点人参加社教或到基层参加实践，教研室往往不重视，有些同志思想上还有些不同看法。如果现在不抓，将来教师年龄大了，就越不好抓。这件事今年不能再犹豫了，要作为重点工作研究一下。

九十年代，要大力强化质量意识。教育战线要抓发展和改革，发展中更要重视质量。由于历史的原因，这十几年我们着重解决办学条件的问题，影响了抓教育质量，而质量问题是相当突出的。教育要贯彻“三个面向”，迎接“两个挑战”，质量停留在现状是过不了关的。首先我们的校长、教师应把质量意识强化起来，这样教师的问题就突出了。也就是说，要真正把质量全面搞上去，关键是要提高全体教师的水平，包括思想政治觉悟和业务基本功。现在有的教师基本功训练较差。有的地方正在抓，中小学教师天天早晨对着镜子练普通话，天天练板书，每天一刻钟，人人都练。我看了一些技工学校，有的实习车间里，机床有的朝东，有的朝西，地面坑洼不平，学生阅览室里只有几本电影杂志，教育环境不好。所以仔细一查，问题是很多的。质量问题要引起高度重视，这就要特别抓好青年教师基本功的培训。具体怎么做要仔细研究。这次会上北京、福建等地都介绍了抓教师队伍建设的经验，值得参考。中小学校长培训要按照有关部署，继续抓好。

七、关于高等教育的问题

首先要继续抓好党的建设。今年将召开第三次党建工作会议。铁映同志提议，要组织一些同志包括老同志，对教委、其他部委和地方的 109 所学校的党建工作情况进行一次检查，了解这两年工作的效果和存在的问题，以便确定今年党建工作会议解决什么问题。这件事很快就要部署下去。同时要继续调整领导班子，今年上半年基本完成。现职领导干部和后备领导干部的马克思主义理论培训要继续落实。

第二，调整学校布局问题。主要靠各省、市、自治区来抓，国家教委参加研究。成人高等学校办学的出发点，已与 80 年代初有很大不同。那时候由于“文化大革命”的破坏，人才青黄不接，又有一大批青年没有机会上大学。十年后，急需人才的问题已经缓解，因此，成人高等学校也面临着提高质量的问题。关键是否在于发挥它的优势，办出特色。成人高教的优势就是理论与实践容易结合，学生可以干什么学什么。现在各种形式的成人高教，包括厂办的、夜大的、函授的、电视的等等，都要根据其优势办，使培养出来的学生在某些方面比普通高校的学生有长处。可否根据这个指导思想，明确成人高等学校的地位和作用，然后提高其办学质量，满足社会需要。其中自然也有个布局调整问题。今年准备召开成人高等教育工作会议，专门研究这些问题。

第三，改革问题。高等教育各科类的改革，多数已有初步部署。八中全会作出加强农业和农村工作的决定，农、医、师等科类专业如何贯彻全会的精神，要进一步通盘研究。管理学科的改革正在做调查，今年要开座谈会研究。高等教育的共性问题是解决不同程度脱离实际的问题。文科有两个问题要研究，一是哲学社会学科中马克思主义的指导问题，再一个是联系实际的问题。铁映同志指出，哲学社会学科要招收一些先进模范人物，补习半年文化，然后参加高考。这项工作去年已经试点，今年要继续进行。

八、关于工作方法问题

教育工作的面很广，要真正把中央的决策落实到教育教学的最基层单位，中间的层次是非常多的，这就要讲究和改进工作方法。总的说，一是要坚持实事求是的思想路线，一切从实际出发。国家教委的文件如果不符合实际，请同志们提出来，我们改进。从总结经验角度看，我们过去分类指导做得不够。比如小学教材，全国都一样，很难切合各地的实际情况，现在搞了五六套，看样子还不够。二是要发动群众，总结几年来的经验。教育要搞上去，关键是要把当地群众发动起来。群众积极性调动起来了，最困难地区的教育也能够迅速出现新面貌。同时，教育要与当地干部群众的生产、生活实际紧密联系。如果教育不能给当地人民带来好处，发动群众是困难的。青海、西藏有的地方教育困难多，要更多地注意这个问题。三是要抓“点”。有“点”才能取得经验，才能有说服力。国家教委和省级教育行政部门要帮助县、市的干部把发展教育、改革教育的思路搞对头，分析一下基层领导对教育的思路究竟明确到什么程度，不明确的要帮助他们搞明确，这样，下去的文件才能得到很好的执行。我们自己则要抓“点”，抓典型，用不同类型的典型，推动全局。

同志们对国家教委草拟的《工作要点》提了些修改意见，将在修改后下发。大家还批评我们教委会议太多，批评得对，首先我有责任。我考虑，今后凡是请省教委干部开会，无论是主任、处长，还是科长、科员，会议通知一律由国家教委主任、副主任签发，把批准开会的权力统统收到委一级。（1992 年 1 月 10 日）

认真贯彻十四大精神，加快改革和积极发展普通高等教育

朱开轩

刚刚结束的党的第十四次全国代表大会，是动员全党同志、全国人民在小平同志建设有中国特色社会主义理论的指导下，加快改革开放和现代化建设步伐、夺取有中国特色社会主义事业更大胜利的大会。在这样的形势下，我们召开建国以来全国第四次高等教育工作会议，研究如何落实党的十四大精神，抓住时机加快改革和发展步伐，把社会主义高等教育事业推向前进，这是一次具有十分重要意义的盛会。

会议的主要议题有三项：

1. 学习党的十四大精神和小平同志建设有中国特色社会主义的理论，提高对高等教育面临形势和任务的认识；

2. 总结交流各地区、各部门、各高等学校在高等教育改革和发展方面的经验；

3. 研究在新形势下，高等教育如何深化改革、进一步发展，全面提高教育质量和办学效益的思路与政策、措施。

为了开好这次会议，国家教委和中央有关部委、省市教育部门、高等学校的同志进行了半年多的准备。大家结合高等教育战线的实际，反复学习了小平同志视察南方的重要谈话和中央政治局全体会议公报，领会党的十四大精神。在此基础上起草了会议主文件《关于加快改革和积极发展高等教育的意见》和六个子文件。党中央和国务院高度重视教育工作与本次会议的召开。最近，中央政治局常委会、国务院常务会议和总理办公会，连续四次讨论了教育工作，作了一系列重要指示，使我们进一步明确了高等教育改革和发展的方向。

对今后一段时期我国高等教育改革和发展的方针、政策及主要措施，在会议文件中已经作了阐述，我这里仅对其中几个主要问题讲一些意见。

一、高等教育改革和发展的历史回顾

党的十一届三中全会以后，我国高等教育事业，无论在改革还是发展方面，都取得了很大成绩。1978年到1982年，我国高等教育事业从十年动乱的破坏和灾难中走出来，进行了拨乱反正，调动了广大教职员工的积极性，逐步恢复学校的办学条件和正常教育秩序。1983年第二次全国高等教育工作会议提出大力发展高等教育的方针，推动了高等教育事业的迅速发展。1985年中共中央作出了《关于教育体制改革的决定》，高等教育改革进一步展开。1988年初，根据党的十三大精神，召开了第三次全国高等教育工作会议，提出了深化和加快高等教育改革、持续而稳步地发展高等教育事业的工作任务。1989年春夏之交的政治风波以后，根据中央作出的治理整顿、深化改革的重要决策，我们及时调整了有关工作部署，提出了“坚持方向，稳定规

模，调整结构，改善条件，深化改革，提高质量”的工作方针。按照第三次全国高教工作会议精神和上述工作方针，在三年的治理整顿工作中，我们注意了继续坚持改革的方向，稳步地把高等教育事业继续推向前进，避免了历史上曾经出现过的大起大落。可以说，这一阶段的工作，巩固了前十年的成绩，着力解决十年大发展过程中出现的一些问题，为高等教育的进一步改革和发展打下了比较好的基础。近五年来，乃至十四年来所取得的成就，归纳起来有以下一些方面：

——思想政治教育工作明显加强。在党中央和各级党委领导下，高校党的建设和思想政治工作取得了明显成效，思想政治教育工作一度薄弱的状况有了很大改变，高校呈现了安定团结的政治局面。

——高等教育事业有了较大发展，初步形成了多种层次、多种形式、学科门类基本齐全的高等教育体系。在规模和数量上，14 年来，普通高校在校本专科学生数，从 1978 年的 86 万人增加到 1991 年的 205 万人，平均年增长率达到 6.5%。在层次结构上，通过调整，改变了普通高等教育集中在本科层次的情况；在专业结构上，正在逐步改变本科专业划分过细、适应性不强的情况；在业务培养质量上，通过教学改革，学生的基础知识比较扎实，外语和计算机应用水平普遍提高，知识能力结构有所改善；在改善办学条件上，校舍总面积已从 1980 年的约 4000 万平方米增加到 1991 年的 1 亿多平方米，仪器设备总值已超过 110 亿。

——高等教育改革正在全面展开。十一届三中全会以后，高等教育改革取得了很大进展。尽管这几年治理整顿的任务比较繁重，高等教育的改革仍然在继续前进。特别是在高校加强与社会的联系和联合办学、改革毕业生就业制度以及学校内部管理体制改革的试点等方面，都取得了一定进展或明显成绩。今年年初小平同志视察南方发表重要讲话以后，高等教育战线改革形势出现了新的局面，形势喜人。

——高等教育的对外开放与国际交流合作逐步扩大。通过对外开放，广泛地吸取了国外特别是发达国家的有益经验，促进了我国高等教育的改革和发展。

——高等学校的科学研究继续呈向上发展趋势。基础研究、应用研究、高技术研究等方面都取得了许多重要成果；科研工作面向经济建设主战场，取得了明显的社会经济效益，同时促进了学校科学水平和教育质量的提高；以高科技为主、多方面发展的校办产业，在近年来迅速兴起。

高等教育的改革和发展已经取得的成绩，为我们进一步发展打下了很好的基础。但是，我们也要看到我们的缺点和不足，看到我们继续前进所遇到的困难，看到我们的工作和社会主义现代化建设需求之间存在着差距。

——高等教育事业的发展还不适应经济建设和社会发展的要求，特别是广大农村地区、乡镇企业、第三产业、边远地区、艰苦行业难以得到所需人才。学校的学科建设、专业设置、教学内容、教学方法以及学生的知识能力结构还不能很好地适应社会主义经济建设以及科技、文化和社会发展的要求；现有学校的平均规模偏小，师生比还较低，学校与专业重复设置过多，机构臃肿、人浮于事的情况普遍存在，学校的办学潜力没有充分发挥。

——高等教育体制改革还没有从根本上改变国家“包”得过多、“统”得过死的不合理局面，高校缺乏面向社会自主办学的活力和动力，地方、学校和教职工的积极性没有充分发挥，政府宏观管理的体系还没有完全建立。

——高等教育经费紧缺，办学条件亟待

改善。为了办好高等教育，国家尽了很大的努力，使教育经费不断增长，但和学校的需求相比，差距在迅速扩大。学校用于教学经常费的比例逐步减少，基建投资连年下降，一批学校尚未达到国家规定的基本办学条件，许多学校处于赤字运转情况，维持现状已感困难。教师待遇偏低，教师队伍不稳，流失严重。

这些虽是前进中的困难和问题，但我们一定要正视它，各级政府及其教育部门、高等学校，都要认真贯彻党的十四大精神，真正把教育摆在优先发展的重要战略位置，抓住时机，真抓实干，把高等教育事业进一步推向前进。

二、认真学习领会党的十四大精神，用以指导高等教育的改革和发展

党的十四大精神，是加快高等教育改革和发展步伐、建设有中国特色社会主义高等教育事业的强大思想武器。我们一定要在十四大文件精神指引下，使高等教育改革和发展沿着正确方向胜利前进。

1.深入学习小平同志建设有中国特色社会主义理论，用以指导我们建设有中国特色社会主义高等教育事业。

学习理论，一定要和学习小平同志对教育工作的一系列重要指示结合起来。小平同志对教育工作的指示是建设有中国特色社会主义理论的重要组成部分，我们要认真学习，深刻领会，用以指导我们总结党的十一届三中全会以来14年高等教育改革和发展的实践经验；正确地确定今后高等教育改革和发展的方向、任务、方针、政策；正确地处理好改革与发展的关系，经济、政治、科技、文化体制改革和高等教育改革的关系，政府宏观管理和学校自主办学的关系，以及高等教育与整个教育的关系等。

学习理论，要加强对高等教育的历史任务、发展道路和发展动力的认识。高等教育肩负着培养社会主义事业建设者、接班人和发展科学技术、文化的重大使命，对解放和发展生产力起着重要的促进作用，对未来经济繁荣、社会进步和综合国力的提高负有战略重任。为此，我们必须在小平同志建设有中国特色的社会主义理论的指导下，从中国实际出发，积极吸收和利用世界各国所创造的一切先进文明成果，走自己的路，建设有中国特色的社会主义高等教育。14年来我国高等教育发展的成就，就是坚持改革的成果，我国高等教育的进一步发展，根本的动力也在于深化改革，必须以改革促发展。

学习理论，还应在总结14年来实践经验的基础上，明确高等教育改革与发展的指导思想。建设有中国特色社会主义高等教育，必须坚持党对高等教育的领导，坚持社会主义办学方向；必须坚持教育为社会主义现代化建设服务，促进高等教育同经济、科技的密切结合；必须坚持教育的改革开放，勇于创新，适应建立社会主义市场经济体制和政治、科技体制改革，逐步建立高等教育自身的新体制；必须全面贯彻党的教育方针，遵循教育规律，依靠广大教职员工，全面提高教育质量和办学效益；必须从我国国情出发，调动社会各方面的办学积极性，探索多种形式发展高等教育的新路子。

2.要坚持党的基本路线不动摇，高等教育必须为经济建设这个中心服务，把改革开放同四项基本原则有机统一起来。

坚持基本路线一定要以经济建设为中心，这是各条战线的共同任务，也是高教战线的任务。高等教育为经济建设这个中心服务，要处理好当前与长远、直接与间接的关系。我们培养人才和进行科学研究，从总体上说首先要满足经济建设主战场的需要；同时，我们还要注意培养文化、教育、国防、政法和基础科学研究等各类人才，促进各条战线和各项事业发展，为经济建设创造更好的条件，为两个文明建设贡献我们的力量。

高等教育的改革和发展，必须把改革开放同四项基本原则有机地统一起来。没有改革开放，就没有生命力；不坚持四项基本原则，就会迷失方向。十四大报告再次指出，在把握"一个中心、两个基本点"的问题上，要警惕右，但主要是防止"左"。在历史上，"左"的思想根深蒂固，"左"的错误对教育战线、特别是高教战线的破坏很大、影响很深，我们要进一步解放思想，摆脱"左"的思想束缚，加快高等教育改革开放的步伐，使高等教育更好地为以经济建设为中心的社会主义现代化建设服务。

3. 要主动适应社会主义市场经济体制的建立和完善，改革高等教育体制。

教育制度是由经济基础决定的，教育体制必须与经济体制相适应。我国原有的高等教育体制主要是在单一的高度集中的计划经济体制下形成的，基本上是国家集中计划和政府直接管理的体制。这种体制曾在我国高等教育事业发展的一定历史阶段起了重要作用，但随着我国经济体制的改革和社会的发展，这种体制的弊端日益明显，主要表现在：国家"包"得过多、"统"得过死，学校缺乏面向社会自主办学的活力。在经济体制逐步实行根本性改革的情况下，高等教育的体制也必须有一个大的变革。

高等教育体制改革要与经济体制改革相适应，首先必须对社会主义市场经济有比较深入的认识，还要认真学习、研究经济体制和教育体制的关系。要结合高等教育的实际情况和高等教育自身的规律来研究、确定改革的方案和措施，实事求是地进行具体分析研究，只能借鉴而不能简单地照搬经济体制改革的所有具体做法。同时，我们还要研究高等教育体制与政治、科技、文化体制的相互关系，与这些领域的改革相适应。

4. 适应加快经济发展的需要，必须积极探索发展高等教育的新路子。

为了实现加快经济建设的要求，九十年代高等教育必须有一个相应的较大发展，发展的关键是要改革原有单一由国家包办高等教育的做法。通过大胆探索、试验，走出一条多种形式、多种途径发展高等教育的新路子。

高等教育要适应加快经济发展的需要，必需重视教育的全面协调发展，正确确定高等教育和基础教育、职业技术教育、成人教育之间的合理比例和关系，正确处理高等教育内部规模与结构、质量、效益的关系。要有积极的、全面的发展观。

总之，高等教育的改革和发展，体制改革是关键，教学改革是核心，发展规模、提高质量和效益是目的。我们要抓紧当前有利时机，以十四大精神为强大的理论和思想武器，加快改革和发展步伐，开创我国高等教育新局面。

三、要使我国高等教育在九十年代有一个较大的发展

我国高等教育在九十年代发展的目标是：规模有较大发展，结构更加合理，质量上一个台阶，效益有明显提高，到本世纪末，使高等教育能够适应加快经济建设和社会发展的需要，并为下一世纪初的发展打下坚实的基础。

1. 改变高等教育由国家包下来的旧格局，调动社会各方面办学的积极性，积极探索多种形式和途径，发展高等教育。

要充分调动社会投资和办学的积极性，在以国家投资为主的同时，开辟社会企业事业单位集资、民间集资、吸引外资和侨资、收取学费、学校办产业等多种渠道，逐步形成多种形式办学的新格局：高等学校有的以国家投资为主，学生缴费和社会集资为辅；有的以学生缴费和社会集资为主，国家资助为辅；有的实行民办自费；有的由企事业单位集资办学；还可以发展国际合作办学，等等。这些模式，要在改革和发展的实践中逐步形成。

要相应地改变社会对高等教育的观念，明确高等教育是非义务教育，学生上大学原则上都要缴费。根据我国的实际，除自费生以外，对大部分学生来说，收费的标准应考虑人民群众的实际承受能力，同时，要完善奖学金、贷学金制度，开展多种形式的勤工助学，使贫困地区和家庭经济有困难的学生也能够上大学。

2.发展高等教育要因地制宜、合理布局、优化结构。根据我国地区经济发展不平衡、教育基础和办学条件差异较大的情况，高等教育的发展要从各地的实际情况出发，根据需要和可能条件，分别确定发展的规模、速度、目标和重点。要特别重视民族地区高等教育事业的发展，国家要给予积极扶持，内地重点高校要给予大力支援。各地区的发展，既要考虑本地区经济和社会发展的需要，也要注意地区之间的合作和优势互补。中央各部委所属高校的发展，要考虑和学校所在地区的合作。为促进全国的合理布局和健康发展，国家要加强宏观的统筹规划和指导。

高等教育合理的层次结构、学科专业结构和人才培养的不同规格，是高等教育适应经济和社会发展所需人才合理结构的保证，是提高办学效益和促进高教事业发展的重要条件。根据当前情况，我们要大力发展专科教育，适当扩大研究生特别是博士生的培养数量；要基本稳定基础学科规模，适当发展新兴和边缘学科，重点发展应用学科。

3.坚持走内涵发展为主的道路。目前我国高等教育的规模效益还不高，普通高等本科院校在校学生校均规模只有2500人，专科院校校均人数只有1000人，不少高等学校发展的潜力还很大。我们希望，在九十年代，本科院校规模能提高到校均3500人左右，专科院校能提高到校均2000人左右。走内涵发展为主的道路，是一条快、好、省的路子，是在当前情况下发展高等教育切实可行的主要途径。目前，兴办普通高等学校的审批权仍归中央教育部门，国家教委已成立了高等学校设置评议委员会，凡申请新设高校一律由评议委员会评议，国家教委审批。积极鼓励和大力支持社会力量兴办民办的高等学校，并准备制定有关政策条例，以加强引导和管理。

4.国家要集中力量，重点办好一批大学和学科，实施“211工程”计划。我们这么大的国家，总要有一批高等学校首先跻身世界先进行列，并为全国高等学校的发展起带头和示范作用。因此，我们提出了“211工程”计划，即面向21世纪重点办好100所大学和一批重点学科、专业。这个计划已得到党中央和国务院的原则批准。我们要争取经过十年左右的努力，使我国有一批高等学校和重点学科、专业，在教育质量、科研水平和学校管理等方面能与国际著名大学相比拟。

总之，我们要充分解放思想，转变观念，加大改革步伐，力求我国高等教育在九十年代有一个新的发展；同时也要充分吸取我国高等教育发展历史上的经验和教训，在更高的水平上走出一条健康协调的发展新路子。

四、建立和完善国家统筹规划和宏观管理、学校面向社会自主办学的高等教育新体制

体制改革是各项改革和发展的关键，这是十一届三中全会以来，我国社会主义事业改革和发展的一条重要经验。几年来，高等教育战线的改革实践也证明了这一点。在新的形势下，应加快、加大高等教育体制改革的步伐与力度。

1.改革高等教育的体制，理顺政府、社会

和学校三者之间的关系。

一是要扩大学校的办学自主权，使学校真正成为面向社会自主办学的法人实体，而不是行政部门的附属单位。学校要善于行使自己的权力，承担好自己的责任，建立起主动适应经济建设和社会发展需要的自我激励、自我发展、自我约束的运行机制。

二是政府要转变职能，由对学校的直接行政管理转变为统筹规划和宏观管理。属于学校办学自主权范围的事，政府不要去干预，政府的职责是统筹规划、政策指导、组织协调、筹措经费、信息服务和检查监督等；管理的方法和手段也要由直接行政管理，转变为运用立法、经济、评估、信息以及某些必要的行政手段。政府要精简机构，逐步建立和完善宏观管理体系，提高管理水平。

三是要加强立法工作。学校依法自主办学，政府依法管理，把新的办学体制用法律的形式固定下来。我们要及时总结改革的经验，首先抓紧修改和制订各项工作条例等行政法规，同时积极研究制订高等教育投资法、高等学校组织法、高等教育法等国家法规。

四是要积极研究、探索，努力创造条件，逐步建立学校面向社会、加强与社会直接联系，并使社会各界能积极支持和主动参与高等教育办学的有效机制。

2.改革高等教育的管理体制。

实行中央与省(自治区、直辖市)两级管理、两级负责为主的管理体制。国务院各部、委重点管理好直接关系国家经济、社会发展全局并在高等教育中起示范作用的骨干学校和行业性强、地方不便管理的学校。中央管理部门要简政放权，加强地方政府的管理职能，对地方举办的高等学校，除大政方针和宏观规划由中央决定外，具体政策、制度、计划的制定和实施以及对学校的领导和管理，责任和权力都交给省、自治区、直辖市，并进一步加强地方对设在本地区的国务院各部委所属高等学校的协调作用。

在国家教委和国务院各主管部门的关系上，国家教委负责统筹规划、政策指导、组织协调、监督检查；各部门所属学校的专业设置、招生计划、经费筹措、学生就业等管理的责任和权限逐步归国务院各主管部门。国务院有关部门要加强对本行业专门人才的需求预测，协助国家教委指导本行业全国专门人才的规划和培养工作。

随着国务院各部、委职能的转变和直属企业的下放，部门所属的高等学校的办学体制和管理体制，要区别不同情况，采取继续由中央部门办、中央部门与地方政府联合办、下放给地方政府办、企业集团参与和管理等不同办法，进行改革试点。下放给地方办的，要将学校事业费和基建投资基数划拨给地方政府，并继续保持下放高校与原主管部委之间在教育、科研等方面的密切联系。这项改革涉及面广、难度大，要吸取历史的经验教训，要有利于调动社会各方面的办学积极性，有利于促进高等教育事业的发展，采取既积极又稳妥的步骤，先在若干部门试点，成熟一个改革一个，并在今后一段时间内作为一项重要改革，认真做好。

3.逐步推行学校内部管理体制改革。

学校内部管理体制改革的要点，是根据高等学校的特点进行的以人事、分配制度改革为主要内容，包括住房、医疗、退休保险诸方面的系统改革。通过改革，达到逐步理顺校内管理机制、改善队伍结构、逐步改善教职工待遇和调动工作积极性、提高办学效益的目的。各高等学校要在学校主管部门的领导和当地政府的支持下从实际出发，总体设计，逐步展开，积极稳妥地进行。

4.进一步改革招生和毕业生就业制度。这方面的改革工作，近几年一直在进行，今后要加大改革的力度和步伐。

一是要进一步改革单一集中的国家任务招生计划的体制，实行国家任务计划和调节性计划相结合。国家任务计划主要保证国家重点项目、国防建设、文化教育、基础学科、高技术以及边远地区、某些艰苦行业等方面的人才需求。国家任务计划由学校主管部门提供足够的培养经费并报国家教委核定后下达。在保证国家任务计划的前提下，要逐步扩大委托培养和自费生的比重，所需费用由委托单位或学生家庭负担。这部分调节性计划由学校主管部门，在核定的学校办学规模内根据需要和实际办学条件确定。要防止历史上出现过的乱办学、乱招生、乱收费、乱发文凭的现象重新出现。随着改革的深化和社会主义市场经济的发育，要逐步缩小国家任务计划。

二是在统一考试录取工作上，地方招生部门要转变职能，由行政管理为主转变为组织、服务和监督，逐步把选拔新生的职权放给学校，考试方法上要在高中毕业会考的基础上逐步减少高考统考科目。

三是进一步改革高校毕业生“包当干部”和由国家“统包统配”的就业制度。近期内，国家任务计划招收的学生，原则上仍由国家负责在一定范围内安排就业，实行学校与用人单位“供需见面”落实毕业生就业方案，并普遍推行毕业生与用人单位“双向选择”的办法，委托和定向培养的学生按合同就业；自费生自主择业。随着社会主义市场经济体制的建立和劳动人事制度的改革，要逐步实行在国家政策指导下，毕业生自主择业的新的就业制度，除对师范学科和到某些艰苦行业、边远地区的毕业生，实行在一定范围内定向就业外，大多数毕业生实行自主择业的就业办法。有关部门和高等学校要加强毕业生就业的指导和服务工作，用人部门应该逐步建立大学毕业生公平择业的机制，为毕业生就业创造良好的条件。

五、深化教学与科研改革，全面提高教育质量和科学水平

深化教学改革，提高教育质量，是高等教育改革的核心。各级教育管理部门和高等学校都应把深化教学改革摆在突出的重要位置。同时，科学研究工作和其他各项改革也要不失时机地推向前进。

1.深化教学改革的思路和主要目标。总的来说，是要按照“面向现代化，面向世界，面向未来”的要求，全面贯彻执行党的教育方针，加大教学内容、教学方法改革的力度，重视德育与体育教学，改进教学管理制度，大力推进现代化教学手段的应用，全面提高人才的培养质量。

深化教学改革的目的，是要不断提高教育质量，使我们培养的人才能更好地适应未来经济建设和社会发展的需要，在激烈的国际政治、经济、科技、文化的竞争中担负起社会主义现代化建设的重任，成为实现我国经济建设第二步、第三步战略目标的骨干。我们必须研究新的形势和未来发展对人才提出的新的要求，使学生的思想政治素质、科学文化知识和能力结构以及身体素质更好地适应新的形势的需要。为了适应对外开放和国际竞争的需要，适应中小企业、乡镇企业、三资企业、第三产业的多种服务方向，应进一步拓宽专业范围，建立多样化的培养规格、模式和合理的知识能力结构。

2.加强和改进德育工作。当前和今后一段时期，加强和改进德育工作的重点，应当放在贯彻党的十四大精神，加强党的基本路线教育，用建设有中国特色社会主义基本理论武装学生。这不仅是思想政治教育、形势政策教育的重点，也是马克思主义理论教育的重点。要按照小平同志“学习马列要精，要管用”的指示精神，着重加强理论与实际的结合。要通过实践，不断探索和总结在改革开放条件下加强德育工作的经验，继续加强和改进思想政治工作体系，努力建设好一支以精干的专职人员为骨干、专兼职相结合、又有广大教师积极参与的思想政治工作队伍与育人队伍。

3. 放宽专业设置审批权限。国家教委要定期修订研究生与本科基本专业目录，修订专业设置条例。新设本科基本专业目录内的专业，全国重点高等学校按学校的性质，在上级核定的本校专业总数和相近学科范围内，由学校按一定的程序自行调整或确定，报学校主管部门和国家教委备案，其他本科学校由学校主管部门研究确定审批办法；新设本科基本专业目录以外的专业，由学校主管部门组织论证并审批后，报国家教委备案。专科专业的审批办法由学校主管部门自行研究确定。

4. 进一步改革教学内容、教学方法与教学管理制度。教育工作是一个复杂的体系，范围很广，业务性很强，各高校在自主进行教学改革时，既要从各项具体教学环节入手，又要着眼于整个教学体系。新中国成立初期，我们主要学习苏联，近年来，又吸收了美、英等国高等教育的一些经验。借鉴外国固然重要，但一定要从中国的实际出发，认真总结自己的历史经验，逐步建立和完善适应我国社会主义建设和现代科技、文化发展趋势的教学体系，着重在培养素质和能力上下功夫。应当鼓励学校根据社会的需求，遵循教学规律，有针对性地、灵活地调整专业服务方向，修订教学计划，更新课程内容，改革教学方法，实行必要的淘汰制，充分调动学生学习的积极性和主动性。

我们要继续探索教育、科研、生产(社会实践)三结合的制度。三结合是教学制度改革的重要方向，也是建立学校面向社会自主办学的新的高等教育制度的一种重要形式。我们要采取多种形式，大力加强学校与科研部门、企事业单位等的密切联系和合作，争取社会更多地参与高等学校人才培养工作。要进一步巩固和发展生产实习基地、三结合基地、厂校合作委员会、联合董事会、产学研联合体等，把三结合提高到一个新的水平。

各高校要认真探索并逐步完善既有严格管理又有利于调动教与学两方面积极性和主动性的教学管理制度，形成符合教学规律又充满活力的教学运行机制。政府对学校的教学工作，要变微观的过程管理为宏观的目标管理，建立高等学校教学工作和人才质量的评价体系，对教学工作进行宏观指导。

5. 关于研究生教育和专科教育改革。研究生教育改革的重点：一是要根据社会对高层次人才的需求，在培养教学、科研岗位所需人才的同时，继续大力培养经济建设和社会发展所需的应用性人才；二是鼓励有实践经验的优秀在职人员采用多种形式攻读硕士、博士学位；三是加快专业学位的试点；四是要扩大学校在研究生培养和学位授予方面的权限，通过试点逐步下放硕士学位授权点和博士生导师的审核权，同时加强质量监督和评价制度。关于专科教育改革，1990 年专科教育工作座谈会已有初步意见，指出高等专科教育和本科教育、研究生教育一样，是高等教育的一个重要组成部分，要着重发展。当前的任务，是要经过深入改革的试点，认真总结经验，形成使人才能通向农村与基层单位，广泛适应社会主义建设需要的专科教育模式，进一步推进普通专科与高等职业技术教育的改革和发展。各部门、各地方都要着力办好几所有水平、有特色、有示范性的专科学校。

6. 关于科技工作改革。高校科技工作要认真贯彻国家的科技方针，坚持科技面向经济建设，坚持同教育相结合，努力攀登科技高峰。高校科技工作的改革，必须适应形势的变化。一是要进一步改革科技工作体制，努力建立能主动适应社会主义市场经济发展并符合学校特点的科技管理和运行体制；二是要在大力调整科技工作结构的同时，持续稳定地开展基础研究、高技术研究和重大科技攻关，巩固并发展一批重点实验室，充分发挥高校优势；三是要引导一批科技人员分流并走向社会、面向市场，积极开展经济和社会发展中急需的应用开发研究，大力加强科技成果推广应用工作，建设一批工程研究中心和中试基地，积极承担“产学研联合开发工程”项目，促进科技成果商品化、产业化和国际化；四是要有重点、有选择地发展校办科技产业，特别是高新技术为主的产业，融科研、生产、经营、服务、教育等多种功能于一体，互相促进。

哲学社会科学研究要在马克思主义和建设有中国特色社会主义理论的指导下，贯彻理论与实际结合的方针，把社会主义建设和改革中急需解决的重大理论和实际问题作为主攻方向。

7. 加强教师队伍建设。提高教师的思想政治和业务素质是深化教学改革、提高教育质量和科学水平的关键。当前，教师队伍正进入新老交替的关键时期，学术带头人和骨干教师的培养补充迫在眉睫，应根据高等教育改革和发展的形势，加强教师队伍建设。一是要采取各种有效措施，以稳定与加强中青年骨干和学术带头人的培养为重点，优化教师队伍结构；二是要采取多种形式，促进教师和社会的密切联系，聘请实际工作部门有较高水平的专家到学校任教或联合培养研究生；三是下决心采取重大政策和措施，积极改善教师的工作、学习和生活条件，对有突出贡献的教师要给予特殊津贴和重奖，并形成规范化的奖励制度。国家将制订高等学校教师的基本工资标准，学校主管部门和学校有权适当增加地区和校内津贴；四是要改进职称评审和职务评聘工作，进一步下放教师任职资格评审权，并制定有关政策，引入竞争机制和激励机制。

8. 进一步扩大对外开放。积极开展国际交流与合作，是我国高等教育事业发展的一项重要方针。要加强和重视对国外高等教育的考察和研究，大胆吸收和借鉴世界各国发展和管理高等教育的成功经验。要积极创造有利于国际合作与交流的条件与环境，进一步制定和完善有关政策，改进教育外事工作管理办法；要根据我国高等教育改革发展的需要，扩大和搞活国际教育、学术和科技交流、合作；要继续改进并完善派遣留学、进修人员的政策，支持留学，鼓励回国，来去自由；积极创造条件，适当扩大和加强接受来华留学生、选派出国任教教师和对外汉语教学工作；欢迎和鼓励境外机构和个人，依照我国的法律和方针政策，来华捐资助学和联合举办培训中心、研究中心和校内分院等。

9. 关于后勤工作改革。随着高等学校办学体制的改革和第三产业的发展，高校后勤工作改革的方向，是认真总结、逐步推广多种形式的承包制，试验由单纯服务型向服务经营型转化；依靠当地政府的领导与支持，探索后勤工作社会化发展的途径。

各位代表：为了使高等教育更快、更好地改革与发展，必须加强党的领导。在今年六月召开的全国第三次高校党建工作会议上，提出教育管理部门和高等学校党的组织，要把促进高等教育改革作为自己的一项重要任务，加强对改革工作的领导。党对高等教育改革的领导，主要有以下几个方面：一是各级党的组织要坚决贯彻党的十四大精神，认真以小平同志建设有中国特色社会主义理论武装全党，牢牢把握住党的基本路线，深入研究本地区、本部门以及本学校改革和发展中的重大问题，坚持改革的正确方向；二是要充分发动群众，组织学习讨论十四大文件，做好思想工作，把群众的认识统一到十四大精神上来；三是要发挥党的基层组织作用，动员广大党员积极投身改革，发挥先锋模范作用，密切党员和群众的联系，充分听取广大师生员工对学校改革和发展的意见，带动群众深化改革。经过近几年的工作，党的队伍在思想上、组织上、作风上已有很大的进步与提高。我们相信，在新的形势面前，高校党组织一定能在高等教育改革和发展中继续发挥党的先锋队和核心作用，作出应有的贡献。

在党的十四大精神的指导和鼓舞下，当前全国的形势和高等教育战线的形势都很好，是我们高等教育改革和发展难得的好时机。摆在我们面前的重要任务就是要经过我们这一代人或几代人的努力实践，形成具有中国特色的社会主义高等教育理论、方针、政策和体制。这是我国高等教育理论研究人员、高等学校的校长、教师、职工和各级高等教育行政管理部门面临的光荣而艰巨的任务，任重而道远。我们要向历史负责，向人民负责，紧紧抓住有利时机，振奋精神，扎实工作，克服困难，把高等教育的改革和发展推上一个新的台阶。完全可以相信，在党中央和国务院的正确领导下，我们一定能够为夺取有中国特色社会主义事业的更大胜利作出应有的贡献。

（1992 年 11 月 14 日）

依靠人民群众
把教育事业推上一个新台阶

柳　斌

"依靠人民办教育"给我们的启示

"依靠人民办教育，办好教育为人民"，这是有中国特色的社会主义教育制度的一个重要特色，这是中国基础教育近十年来面貌发生巨大变化的最根本的原因，对于中国基础教育来说，这是一条历史必由之路。这条道路可以给我们多方面的深刻的启示。第一，这是一条符合我国国情的办学之路。教育是兴国之本，但是长期以来，我国中小学校舍缺乏，危房比例甚大，办学条件差，教育投入严重不足。这就使得教育问题一度变成了各级人民代表大会、各级政协、各级政府以及社会各界十分关注和焦虑的政治问题。出路在哪里?除了国家财政逐年增加对教育的拨款之外，出路在于依靠人民办教育。不依靠人民群众，就会困难重重，一筹莫展，穷了学校，苦了孩子，最终是阻碍了经济和社会发展；依靠人民群众，则是前途光明，大有作为。由于教育的发展，人口素质的提高，必然会带来百业兴旺，社会繁荣。近十年来，尤其是近五年来，人民群众办教育的无数生动事迹已经汇成了一曲壮丽的凯歌。人口大省山东在短短五年内，集资35.5亿元，率先实现了校舍设施的全面配套建设。河南是又一个人口大省，十年之内集资70亿元，使办学条件得到明显改善。其他各省、区、市也在你追我赶。从全国情况估算，按改造危房的政府正常预算经费需要一百年才能完成的校舍改造任务，有可能在近几年内完成。因此，完全可以自豪地说，依靠人民办教育，在我国教育史上写下了十分光辉灿烂的一页。第二，社会主义制度的优越性是取得成功的关键因素。在社会主义社会中，生产资料主要为国家所有或者为劳动群众集体所有，人民群众成为国家真正的主人。人民群众的主人翁精神使他们一旦认识到教育事业的重要性，认识到多渠道筹措教育经费、改善办学条件的目的是为广大人民服务，为发展经济服务，取之于民，用之于民，符合广大人民群众的当前和长远的利益之后，便产生了巨大的办学积极性。在社会主义社会中，干部是人民的公仆。各级党政干部在集资办学过程中发挥了重要作用。一方面，他们以身作则，带头捐钱捐物，发挥了表率作用；另一方面，他们深入群众，做了大量的宣传动员工作和组织实施工作，把群众的愿望变成了现实。第三，集资办学的重大意义远远超过了改善校舍条件本身。人们，尤其是农民的社会观念开始发生变化，教育意识大大增强。他们开始认识到，留给子女的最好的东西不是金钱、财物，而是科学文化知识和建设国家的本领。而要做到这一点，就必须给子女提供接受良好教育的机会。

毛泽东同志1956年在《中国农村的社会主义高潮》中预言："随着经济建设高潮的到

来，不可避免地要出现一个文化建设的高潮。”目前农村的办学热潮，就意味着中国农村的文化建设高潮开始到来。在集资办学热潮的推动下，教育事业的发展，人口素质的提高，人们社会观念的改变，以及由此带来的思想的、智力的解放，将大大促进各项事业的发展，大大提高我国的综合国力；对于我们加速发展经济，建设高度民主、高度文明的社会主义强国，也将产生重大而深远的影响。

进一步加快教育的改革和发展

九十年代是实现我国社会主义现代化建设战略目标的关键时期。全面贯彻执行党的以经济建设为中心、坚持四项基本原则、坚持改革开放的基本路线、坚持把教育放在优先发展的战略地位，进一步加快教育的改革和发展，关系到现代化建设的进程。特别是小平同志今年年初在南方谈话精神和中央政治局全体会议精神传达之后，全国人民解放思想，振奋精神，加快改革开放步伐，集中精力把经济建设搞上去，力争经济建设更快地上一个新台阶。全国加快改革开放和现代化建设的新形势，对教育的改革和发展提出了新要求。面对日趋激烈的国际竞争，面对国内改革开放的新形势，我们应当对教育的改革和发展具有紧迫感，要进一步树立“教育必须为社会主义建设服务，社会主义建设必须依靠教育”的思想，下决心尽快改变我国教育落后于社会主义现代化建设需要、落后于人民日益增长的文化教育的需要的状况。

国家教委最近多次讨论，认为九十年代我国各类教育事业要有一个新的发展。到本世纪末要建成具有中国特色的、适应经济、政治、科技体制改革要求的、面向二十一世纪的社会主义教育体系。现在看来，对原来确定的各类教育事业发展的具体目标要做适当的调整。

基础教育的目标，原定到本世纪末，全国城镇和经济比较发达的农村地区，基本普及初中阶段义务教育，在大城市试行普及高中阶段教育，现在调整为在全国范围内基本普及九年义务教育（包括初中阶段的职业技术教育），在大城市和有条件的经济发达地区积极普及高中阶段教育。

职业技术教育，要继续坚持大力发展的方针。要充分调动企事业单位、行业和社会各界的积极性，形成全社会兴办职业技术教育的局面。要更多地利用贷款发展校办产业，逐步做到以厂养校，改变单纯依赖财政拨款发展职业技术教育的办法。

高等教育，原来提“八五”期间基本稳定规模，“九五”期间适度发展。现调整为九十年代要根据经济发展的需要适当加快发展速度。要集中力量办好一批重点大学和重点学科。

成人教育要适应经济建设、社会发展和从业人员的实际需要，积极发展。到本世纪末，全国基本扫除青壮年文盲。成人教育的重点转到大力开展岗位培训和继续教育上来。要鼓励社会力量举办成人职业技术教育、基础教育、社会文化生活教育以及各种岗位的继续教育。

上述各类教育事业，不仅要加快发展，使教育规模适应经济建设的需要，而且要全面贯彻教育方针，全面提高教育质量，切实把教育质量、办学水平和效益提高到一个新水平。

随着经济体制、政治体制和科技体制改革的深化，教育体制改革也要加快步伐。教育体制改革总的原则要做到三个有利：1. 要有利于坚持教育的社会主义方向，培养德智体全面发展的社会主义建设者和接班人；2. 有利于调动各级政府、全社会以及广大师生员工的积极性，提高教育质量、科研水平和办学效益；3. 有利于促进教育更好地为以经济建设为中心的社会主义现代化建设服务。

教育体制改革要进一步确立中央与省(自治区、直辖市)分级管理、分级负责的体制。扩大省、自治区、直辖市的教育决策权和领导权。

要进一步确立高等学校的法人地位,明确高等学校的权利和义务,利益和责任,进一步扩大高等学校的办学自主权。政府要转变职能,由对学校的直接行政管理,转变为运用立法、经济、评估、提供信息以及其他必要的行政手段进行宏观管理。学校内部的管理体制改革,高等学校的招生和毕业生就业制度的改革也要积极推进。

为造就一支素质优良的教师队伍,要制订新的教师工资标准和津贴制度,逐步使教育系统的平均工资达到十二个国民经济部门的中等偏上水平。

解决教育经费,要进一步完善以财政拨款为主,多渠道筹集资金的体制。采取财政增加拨款,征收城乡教育费附加,非义务教育阶段实行收费制度,大力发展校办产业,鼓励社会和个人增加对教育的投入,利用金融、信贷手段融通资金等办法确保教育经费的稳定来源和增长。

九十年代基础教育的主要任务

基础教育当前和今后一个时期的主要任务是:实现"两个基本",做到"两个全面"。即到本世纪末,在全国范围内基本实现普及九年义务教育和基本扫除青壮年中的文盲;全面贯彻党和国家的教育方针,全面提高教育质量。

(一) 本世纪末实现"两个基本",是落实经济建设依靠科技进步和劳动者素质提高的战略措施,关系到我国在本世纪末和下世纪初能否在激烈的国际竞争中处于主动地位,也关系到我国在九十年代实现小康社会的目标。

小康社会的生活水平对基础教育提出的要求是什么?我们认为有几个基本指标:

1. 全国人均受教育年限由现在的平均5年左右提高到7—8年;

2. 15岁以上人口中的文盲降到10%左右;

3. 基本普及初中阶段的义务教育。

显然,实现这一任务十分艰巨,困难很多。但具体分析一下我国基础教育的实际情况,我们认为通过努力奋斗,在本世纪末实现"两个基本"是完全可行的。具体讲有以下几点根据:

1. 六年义务教育的实施已有了很好的工作基础。广大干部群众对义务教育工作的认识有了很大的提高;义务教育的工作开始走上了依法治教的轨道;基础教育由地方负责的分级办学、分级管理的体制已经确立;多渠道筹措教育经费的机制已初步形成;大多数地方"一无两有"的历史性任务已基本完成;与实施义务教育相适应的师范教育体系和师资培养能力也已初步形成。

2. 小学教育普及取得了突破性进展。学龄儿童入学率已达97.8%,全国有91%的人口地区普及了初等教育。初中教育稳步发展,小学毕业升初中的比例已达77.7%,大中城市已基本普及初中。

3. 经济的迅速发展既对义务教育的工作提出了新的要求,同时也为义务教育的实施创造了现实的物质条件。

4. 普及初中阶段义务教育所需要的师资和充实办学条件的资金,只要各级党委、政府重视,坚决贯彻"依靠人民办教育"的方针,随着经济的发展和高等教育的发展,也是完全可以解决的。

(二) "两个基本"、"两个全面"的内涵是什么?这还要论证,并制订具体标准。现将我们研究这一问题的思路讲讲,供各地同志参考。

就全国讲，实现“两个基本”的主要要求是：

1. 全国在 90%的人口覆盖地区普及初级中等义务教育。12—15 周岁的适龄少年初中阶段入学率达 90%。

2. 大多数残疾儿童、少年受到一定年限的义务教育。

3. 15 岁以上人口中的文盲降至 10%左右，其中 15 岁人口中的文盲降至 1—2%。

4. 小学、初中的专任教师数量足够，学历均符合义务教育法规定的要求。

5. 小学、初中的校舍、教学仪器、音体美设备和图书分别达到省级规定的标准。

6. 小学、初中的生平均经费和生年均公用经费均达到省级规定的标准。

县级实现“两个基本”的主要要求，要从义务教育的普及程度、扫盲程度、师资水平、办学条件、经费、教育质量和办学效益等几个方面提出一些具体指标体系。

以上只是提出一个大致思路框架，如何制定提出县级实现“两个基本”的指标体系请各地积极探索，提出方案。

（三）　如何实现“两个基本”，做到“两个全面”，完成九十年代基础教育的根本任务？我想从以下七个方面谈点意见。

1. 要实现两个基本，做到两个全面，关键的问题是依法治教。当前，要着重抓好乡以上干部的义务教育法和实施细则的学习、培训工作，大力增强广大干部、群众的执法意识。明确政府各职能部门执法的责任，使义务教育法真正做到有法可依，有章可循，严格执法。

2. 要把实现两个基本，做到两个全面的目标要求落实到每一个县、市、区。要对各县、市、区实现“两基”，做到“两全”的指标体系期限提出明确要求。建立评估、检查、验收及表彰、奖励制度。各省、区、市每年要组织对县、市、区的验收工作，验收检查的结果，都要通过新闻媒介向社会公布，以得到社会各界的监督。

3. 要进一步改革办学体制。

在新的形势下，除了要继续搞国家办的学校以外，各地要继续鼓励、支持各种社会力量，或集体，或个人举办中小学校。这些学校一方面补充了国家办学的不足；另一方面，由于有更多的办学自主权，有利于办出一批有特色的学校，满足社会各方面的不同需求。各地教育行政部门应积极给予这些学校以扶持，要结合实际认真研究这类学校办学的有关政策，抓紧地方性法规、规章的建设，加强管理。

4. 坚持发展并完善多渠道筹措资金，改善办学条件的机制，实现办学条件标准化。在当前，各省、自治区、直辖市应根据义务教育法实施细则，抓紧制定校舍建设标准；教学仪器，音、体、美器材，劳动技术教育设备和图书等配置标准，教职工编制标准；生年均经费定额和生平均公用经费开支标准。在此基础上，要根据实现两基、做到两全的目标要求，以县为单位制定办学条件标准化建设的规划，并将其纳入每年两个基本、两个全面的评估内容，进行检查验收。

5. 最根本的一条还是要依靠广大中小学教师，因此，必须加强教师队伍的建设，实现队伍素质优良化。各地必须优先发展师范教育，加强师范院校的标准化建设，有计划地扩大师范专科教育的招生规模。对在职教师，除加强思想政治工作、加强业务进修外，要特别注意抓紧解决教师的工资、住房、医疗等问题。各地还要注意落实民办教师的同工同酬和老有所养的问题。

6. 要深化教学改革。深化教学改革，首先要促进办学指导思想的转变。义务教育要坚持对中小学生进行全面发展的教育，要坚持面向全体学生。政府和主管教育的部门有责任办好每一所学校，使每一个受教育者都能根据自身的情况，得到较好的发展。

深化教学改革，必须抓好教材建设。明年秋季，就要从起始年级开始有计划地实行新教学计划、新教学大纲、使用新教材。各地要做好宣传教育、人员培训、教材选用、教材出版发行，以及充实办学条件等各项准备工作。

深化教学改革，还要高度重视、大力推广成功的教改经验。

深化教学改革，还要特别注意发挥各地教研室的作用，发挥教育科学研究机构的作用。

7. 大力加强中小学干部队伍建设，实现学校管理的科学化、规范化。当前要根据国家教委的安排，在近几年中将中小学校长普遍轮训一遍，提高他们的政治理论、教育理论和管理的水平。

此外各地还要有计划地深化中小学校内部管理体制的改革，推行校长负责制、教师聘任制、岗位责任制。在有条件的地方还可试验实行学校内部结构工资制度。要强调常规管理的建设，使每一所学校都能有良好的校风、良好的育人环境和良好的教育教学秩序。

让我们为实现这个目标做出积极的巨大的努力，使我国的教育事业上一个新台阶。

在全国筹措教育经费改善办学条件河南现场会上的讲话

邹时炎

这次会议是继山东现场会和北京表彰会之后，又一次抓好多渠道筹措教育经费改善基础教育办学条件工作的会议。下面，我代表国家教委，对全国十年来多渠道筹措教育经费改善基础教育办学条件的工作情况，以及今后一个时期的主要任务，讲几点意见。

一、十年来取得的伟大成就

党的十一届三中全会以后，全党实现了工作重点的重大转移，小平同志率先提出“尊重知识、尊重人才”。在党和政府的关怀和重视下，教育在社会主义经济建设中的战略地位和重要作用日益突出，我国教育事业出现了勃勃生机。经过全党全国人民十多年的共同努力奋斗，我们在多渠道筹措教育经费改善办学条件的工作中，取得了举世瞩目的伟大成绩。

（一） 初步建立了具有中国特色的多渠道筹措教育经费的新机制

十多年来，在党的十一届三中全会以来的路线、方针、政策指引下，全国各地有关部门对如何筹措教育经费等问题，进行了深入的调查研究和积极探索。党中央、国务院确定了关于教育改革和发展的一系列方针、政策，使我们顺利地进行了筹措教育经费渠道机制的大胆改革和实践，逐步地建立了具有中国特色的解决教育经费的新机制。新机制所包含的筹措教育经费的主要渠道有：(1)国家财政拨款；(2)征收城乡教育费附加；(3)收取学费、杂费等；(4)发展校办产业、勤工俭学；(5)社会集资、捐资（包括港澳台同胞、海外侨胞捐款）；(6)建立人民教育基金。

新机制的建立，有效地增加了全社会对教育的投入。据统计，1991年，全国教育经费总额达到731.50亿元，比1981年112.50亿元增加近6倍，年平均增长速度为20.56%。这十年是建国四十多年来教育经费增长最快的历史时期，不仅国家财政增加了对教育的投入，而且其它渠道筹措的教育经费也获得巨大增长。1991年国家财政预算内教育经费达到482.2亿元，比1981年增加近3倍，国家财政预算外筹措的教育经费249.3亿元，比1981年增加近10倍，占全社会教育经费总额的34%。1981年至1991年的十年，全国累计筹措国家财政预算以外的教育经费共708.46亿元，已成为我国教育经费的一个重要组成部分。新机制的建立，彻底改变了由于历史原因形成的我国教育经费来源渠道单一和完全依靠国家财政包下来的办法，使教育经费供需尖锐矛盾得到了一定程度的缓解，为从根本上改变我国基础教育的办学条件提供了物质基础，使我国对教育的投入走上了新路，这对教育事业的发展和改革产生了重大深远的影响。

（二） 基础教育的办学条件发生了历史

性的根本变化

多渠道筹措教育经费新机制的建立，大大加快了学校建设的步伐，使我国基础教育的办学条件发生了翻天覆地的变化。1981 年至 1991 年，全国共新建中小学校舍 2.75 亿平方米，改造中小学旧房 1.6 亿平方米，中小学生平均占有校舍面积由 1981 年的 2.4 平方米，增加到 1991 年的 4.5 平方米，增长了 88%。全国共消除中小学危房 4.23 亿平方米，危房比重由 1981 年前的 15.9%下降到 1.6%。使由于校舍倒塌而造成的师生伤亡事故明显减少；使由于办学条件差造成的一些疾病，如近视眼、皮肤病等发病率明显降低；同时，全国还添置课桌凳 1.16 亿单人套，教学仪器设备总值 48.7 亿元，图书资料总值 11.98 亿元。

目前，全国绝大多数地区已基本完成了“一无两有”的历史任务。许多地方在切实巩固“一无两有”的基础上，还基本完成了校舍、教学设备、图书资料及其它附属设施的“六配套”建设。

（三） 初步形成了全社会重视和关心教育的良好风气

过去，在社会上形成了一个概念：办教育是国家的事，改善学校的办学条件，是政府和教育部门的事。十多年来，我们通过改革，依靠人民办教育，动员全社会的力量对教育进行投入，使我国人民具有的集资兴学的优良传统，在新的历史条件下得到了发扬光大。人民群众在参与对教育投入的过程中，不断增强了对教育重要性的认识，关心教育发展的人愈来愈多，涌现出大批捐资兴教的先进人物和动人事迹。全国各省、自治区、直辖市的各级领导干部带头捐资兴教者数以万计，干部、教师、职工，特别是农民群众为教育慷慨解囊者如雨后春笋。他们中有许多可歌可泣的事迹。许多港澳台同胞和海外侨胞也为我们改善办学条件做出了贡献。我在这里，特向许许多多为我国教育事业发展做出贡献的各界人士，表示衷心感谢！

（四） 中小学教师待遇有所改善，教师队伍建设得到加强

十年来，中小学教师按照国家规定逐步提高了工资，教师的工资待遇有较大幅度的提高。十年来国家共下达五十万名民办教师转公办教师的指标，并较好地解决了民办教师工资的筹措与按时发放等问题。一些地方对公办教师和民办教师退休后的待遇问题也进行了一些改革和探索，对稳定教师队伍，形成全社会尊师重教的风气起到了积极的作用。

各级政府和各级教育主管部门重视改善中小学教职工的住房条件。国家每年安排补助专款，各级政府又采取多渠道筹集资金的办法，争取为中小学教职工多建住房，工作取得了很大的成绩。据统计，1981 年至 1990 年全国城市共投资 49.92 亿元，建成住房 2111.6 万平方米（建筑面积），计 40.61 万套。城市中小学教职工的住房状况有了明显的改善：有 40 万户乔迁新居，有约相同的户数扩大了住房面积，改善了居住条件；教职工家属人均居住面积已由 1981 年末的 3.8 平方米，提高到了 1990 年末的 6.12 平方米，使许多教师实现了“居有室，教无忧”的愿望。这对教职工队伍的稳定，教师水平的提高都起到了很好的作用。

为从根本上加强中小学教师队伍建设，提高教师队伍素质，国家努力加强师范院校的建设，使师范院校的办学水平、管理水平和教育质量有了明显的提高。近十年来，各级各类师范院校共培养了 410 万中小学教师，为教师队伍输送了新的血液。与此同时，国家还采取了种种措施，包括脱产进修、在职培训、利用电视教育等多种手段，培训了 330 万名

中小学教师，使中小学教师学历合格率分别由1981年的17.6%和51.8%上升到1991年的51.8%和80.7%。

为了形成尊师重教的社会风气，国家采取了各种措施和实际步骤提高教师的社会地位。1978年建立了特级教师评定制度，几年来共评出特级教师七千多名；1985年建立了教师节；同年国家成立了中国中小学幼儿教师奖励基金会，全国28个省、自治区、直辖市，12个计划单列市，600多个县(市)也都相继成立了奖励教师的基金会等组织，几年来各基金会共筹措奖励基金8亿多元，共表彰奖励了中央和省、地(市)、县级优秀中小学教师近百万名，极大地调动了广大教师的积极性。

(五)　基础教育事业得到较快发展，教育质量有了明显提高

基础教育管理体制改革的成功，多渠道筹措教育经费新机制的形成，师范教育体系的充实与完善，以及办学条件改善，有力地促进了基础教育事业的发展。特别是1986年《中华人民共和国义务教育法》的颁布实施，使我国基础教育的事业走上了依法治教的轨道，九年制义务教育正在按地区分阶段有步骤地在全国实行。

目前，我国小学生的入学率已由1981年的93%上升到1991年的97.87%，为建国以来的最高点；小学在校学生的辍学率为2.35%，为建国以来的最低点；全国已有91%以上的地区完成了基本普及小学教育的历史任务；小学学生学业考试及格率达到85.8%，从根本上改变了七十年代90%的学生入学，60%的学生巩固，30%的学生学业及格的落后状态。同时，初中教育也在稳步发展，小学毕业生升学率已由1981年的68.5%上升到1991年的77.7%。

十年来，我国中小学教育改革不断深入，正在由应试教育的模式向全面提高社会公民素质的教育转化，我国中小学的教育质量普遍得到明显的提高，学生在德、智、体、美、劳几个方面得到了较好的发展。

二、基本经验和体会

十多年来，全国各地在多渠道筹措教育经费，改善办学条件的工作中，创造并积累了很多行之有效的经验。

(一)　各级党委和政府高度重视教育工作

党的十一届三中全会以后，党的工作重点转移到社会主义经济建设上来，小平同志首先提出要抓教育工作，教育在社会主义现代化建设中的地位和作用日益受到全社会重视。党的十二大把教育列为我国经济发展的战略重点之一，党的十三大又明确提出要把经济建设转移到依靠科技进步和提高劳动者素质轨道上来，把教育放到优先发展的首要地位。为解决教育经费的供需矛盾，尽快改善办学条件，推动教育事业进一步改革和发展，党中央、国务院先后发布了一系列重要文件，如1980年12月《中共中央、国务院关于普及小学教育若干问题的通知》；1984年《国务院关于筹措农村学校办学经费的通知》；1985年5月《中共中央关于教育体制改革的决定》；1986年7月全国人大通过的《义务教育法》等等，都在政策上作出了政府增加教育经费的决定，并且明确提出了多渠道解决我国教育经费的办法和思路。1989年底，李铁映同志在国家教委、财政部、国家计委联合召开的山东现场会议上首次提出“人民教育人民办，办好教育为人民”的方针。这些重要的决定和指示，是我们工作中的重要政策依据和强大思想武器，为逐步建立多渠道筹措教育经费新机制，加快改善办学条件的步伐，实行依法治教，起了决定性作用。

十多年来，各级党委、政府认真贯彻落实

党中央、国务院关于教育改革和发展的一系列方针、政策，高度重视多渠道筹措教育经费、改善办学条件工作，并采取措施，狠抓落实，推动了教育事业的改革和发展。在各级党委和政府的领导下，在人民群众和社会团体的大力支持下，多渠道筹措教育经费的工作顺利开展，并创造了许多奇迹。山东、河南和这次会议表彰奖励的省、市党委、政府始终都把多渠道筹措教育经费、改善办学条件工作列入重要议事日程，当做大事来抓。各级领导高度重视，率先垂范，带头集资，在群众中引起了强烈的反响，有力地推动了筹措教育经费、改善办学条件的工作。历史的经验和十年的实践证明，党和政府的重视，是我国教育事业得以发展的首要条件。

（二） 实行基础教育由地方负责、分级管理的体制

我们在多渠道筹措教育经费改善办学条件方面能取得成就，我国的基础教育事业能有较快发展，根本原因是党的十一届三中全会以来路线、方针、政策正确。改革，发展了经济，提高了人民的生活水平；改革，也给中国的教育事业带来了生机和活力。1985 年 5 月公布实施的《中共中央关于教育体制改革的决定》中明确提出："实行九年制义务教育，实行基础教育由地方负责、分级管理的原则。"教育体制的改革，犹如强劲的春风吹遍全国，使集资办学在全国很快形成热潮，有力地推动了基础教育事业的发展。

实行基础教育由地方负责，分级办学，分级管理，中央下放了权力，地方承担了责任，明确了任务。这就由原来中央的一个积极性，变为省、地（市）、县（市）、乡（镇）地方各级政府多方面办学的积极性。全民素质的提高和国家未来兴衰的总体目标和责任，得到科学的分解，易于执行和落实。全国的整体利益同各地的局部利益，全民的共同利益同个人的利益都得到了有机的结合。我国这一教育体制的重大改革，使各级地方政府感到重任在肩，责任重大，进一步增强了各级地方政府兴办教育的责任感和紧迫感，千方百计、多渠道筹措教育经费，他们"为官一任，兴教一方"，使全国各地中小学的办学条件得到了根本的改善。改善办学条件的成就是我们党实行改革开放政策的巨大成果，是中国社会主义制度优越性的具体表现。

（三） 依靠人民群众的力量办教育

办教育既是党和政府的责任，也是人民群众应尽的义务，尤其像我们这样一个人口众多的穷国办大教育，要想快一些解决教育发展的问题，更需要依靠国家、集体和全民的共同努力。我国的情况如此，世界各国的情况也是如此，即使是西方的工业发达国家，也没有一个是国家包办教育的。

多渠道筹措教育经费改善办学条件工作，是一项改革，需要人民群众的理解、赞同和支持。十多年来，通过大量的宣传教育工作，使人民群众认识到：教育不仅关系到国家和民族的前途命运，也关系到千家万户子孙的成长，关系到人民群众自己的富裕、利益和幸福。人民群众发扬了尊师重教的优良传统，以极大的热情和无私的奉献，支持了教育的发展，我们从国情出发，提出的依靠人民办教育的路子，得到广大群众的支持和拥护，这就有了坚实的基础。

（四） 有关部门密切合作，共同奋斗

各地在开展多渠道筹措教育经费改善办学条件的工作中，各级财政、计划、建设、物资等部门，工会、共青团和妇联等群众团体，新闻和电影宣传单位，同教育部门密切配合，做了大量艰苦的工作。计划、财政等部门在连续几年国家财政十分紧张的情况下，千方百计挤出了改善办学条件的资金、物资，并会同教育部门为政府提出了很好的建议和方案，保

证了这项工作的顺利开展。各级人大、政协的同志多年来一直在会议上及各种场合，提出许多宝贵的意见、建议和提案，向党、政府和社会呼吁要重视教育，为教育排忧解难，向人民群众做了大量宣传工作。此外，为贯彻实施义务教育法还对各地进行了有效监督检查，推动了普及义务教育工作的顺利开展。共青团等群众团体开展了希望工程捐款、捐书、捐物等动员全社会支持和赞助教育的活动。报刊、广播、电视、电影、出版等新闻文化宣传单位，在动员、鼓舞和激励广大人民群众参加集资兴学活动方面，利用各自的手段和工具，大造舆论，产生了很好的效果。我谨向人大、政协和各群众团体，新闻、文化及财政、计划建设等部门的同志表示感谢！

（五） 树立榜样，奖励先进，宣传典型

全国各地在促工作抓落实方面都积累了不少好的经验。如培养典型、树立榜样，以点带面推动工作等。尤其是各地普遍采用奖励先进、鞭策后进的办法，督导检查的办法，利用各种形式和手段宣传推广先进地方和部门的典型经验等，是搞好多渠道筹措教育经费，改善办学条件的有效措施。

榜样的力量是无穷的。1989 年，国家教委等中央部门决定对山东省进行表彰，予以重奖，并通过各种手段，宣传推广他们的典型经验，在全国引起了极大反响。1990 年，国家教委等部门对河南等七省、区进行了表彰奖励，进一步推动全国多渠道筹措教育经费、改善办学条件工作健康地向前发展。在这次河南现场会上，我们又决定拿出 5000 万元经费对近两年取得优异成绩的 14 个省、市进行奖励。经验证明，我们实行树立榜样、奖励先进的办法，对促进我国基础教育事业的发展起了重要作用。

三、今后的任务和要求

当前，全国上下都在认真学习、落实小平同志南巡重要谈话和中央政治局全体会议的精神。九十年代，是世界经济竞争、科技竞争更趋激烈的时期，是我国社会主义现代化建设的关键时期。面对这样一个重要的历史时期，我们教育部门和教育工作者要自觉肩负起历史赋予的责任，解放思想，转变观念，明确任务，抓住有利时机，把教育搞上去，使我们的教育适应社会主义现代化建设需要，适应世界经济和科技竞争挑战的需要。

（一） 要进一步重视教育，认真落实教育的战略地位

据初步预测，按照完成“两基”、“两全”和标准化学校建设的任务要求，到 2000 年，全国一年的教育经费约需要 1800 亿元—2000 亿元。而 1991 年的教育经费是 730 多亿元，其中基础教育 440 亿元，到那时都还要翻一番多，平均每年要增加 130 亿到 150 多亿元，其中基础教育每年要增加 80 亿到 90 多亿元，任务十分艰巨。这就要求各地进一步重视教育，认真落实教育优先发展的战略地位，坚持多渠道筹措教育经费的方针，努力增加对教育的投入。各地还必须十分明确：实现“一无两有”仅仅是完成了改善办学条件中的第一步。没有实现的要限期尽快实现，已经实现了的要进一步充实学校的教学仪器设备和图书资料。整个办学条件的根本改善，还有许多艰苦的工作要做，下一步目标，是要实现办学条件标准化、管理规范化和教学质量上新水平。即要求学校的硬件、软件和质量都基本符合国家的有关规定和标准。

目前，多渠道筹措教育经费的机制已基本形成，但在不少方面还有待于完善。今后的工作就是要尽快地把现有的经费渠道以法规的形式确定下来，使之有法可依，有章可循。要把政策性的东西变为可操作和监督的制度及法规。同时，我们要深化改革，不断开拓新的经费渠道。根据中共中央确定的基础教育

由地方负责，分级办学、分级管理的体制，各省（区、市）、各县、各乡有权按照中央和上级政府的方针、政策和规定精神，结合本地的实际情况，制定具体的、可行的制度和法规，实现权责结合，发展本地教育事业。

（二） 全面提高教育质量

如何才能全面提高教育质量呢？我们认为必须做好几项工作。(1)全面贯彻党和国家的教育方针，增强质量意识；(2)深化教育、教学改革；(3)采取切实可行的措施，减轻学生负担；(4)更好地适应社会和经济发展的需要，为经济建设培养质量合格的人才，更好地为经济建设服务。

要做好教育为社会主义经济建设服务的工作，这就对我们教育工作者提出了更新更高的要求，我们不仅要熟悉教育，还要学习和了解经济，努力做好教育与经济结合的工作。因此，我们要不断加强学习，深入了解社会与经济生活实际，扩大知识面，及时掌握信息，开阔视野，以不断适应教育和经济工作的需要，把办好教育为人民的工作做得更好。

（三） 进一步提高中小学教师的素质和待遇，加速建设一支高水平的教师队伍

党中央、国务院历来重视教师队伍的建设，并为此制订一系列方针、政策和措施。各级教育部门做了大量工作。尽管如此，由于我国教育规模大，教师数量多，分布又极不平衡，师资队伍的建设仍存在许多问题和困难。如，现在没有达到国家规定学历的教师，小学有 19.3%，初中有 48.2%，高中有 52.8%。学历不合格、能力不适应教育教学需要的教师数量还不少。这就要求各级教育行政部门要切实办好各级各类师范院校，努力培养合格的新师资；同时，加速培训在职中小学教师，提高他们的政治、业务素质。各级各类师范院校都要重视对学生进行思想品德教育，重视进行教育理论和教育实践的教学和训练，加强教师基本功培养，使教师具有一定教育理论功底，掌握教师职业技能，使多数教师走上教育教学第一线后，既能较快适应工作，又有长远发展的潜力。在职中小学教师的培训工作要加快步伐，在继续做好学历培训的同时，积极创造条件，从各地实际出发，有针对性地做好继续教育工作，努力提高他们的教学水平。

青年教师占全国教师总数的 50%以上，他们是继往开来的一代，担负着承上启下的重任，实践证明，在他们中已经涌现出一批能够挑起重担的优秀人物。各级教育行政部门和各级各类学校，一定要重视对青年教师的培养，千方百计为他们创造条件，使他们尽快成长，脱颖而出。

现在，我国中小学教师的平均工资比工业企业职工低 11%以上。福利待遇差、住房紧张，城市中小学教师平均住房面积低于当地职工平均住房面积。教师的医疗费、班主任津贴、超课时酬金等在一些地方没有完全落实，老有所养问题没得到很好解决，这些已影响到教师队伍的稳定。

为了调动广大教师的积极性，要采取切实可行的措施，进一步提高教师的待遇和地位。要使教师的实际工资收入逐步达到全民所有制 12 个行业中居中等偏上水平。要通过人事分配制度改革，使教师的待遇，包括工资收入、医疗、保险、福利、退休和住房等各个方面逐步得到改善；建立激励机制，对教师进行奖励；并通过完善立法，保障教师的权益，提高教师社会地位，使教师这一职业成为社会上令人羡慕、受人尊敬的职业。

总之，我们希望各级教育行政部门和各级各类学校，一定要下大决心来抓教师队伍的建设，把这一工作摆上重要的议事日程，而不能有丝毫的怠慢和放松。

（四） 加强管理工作

学校管理是一项很重要的基础工作，管理出效益，管理出水平。各级各类学校一定要增强管理意识，重视和加强管理工作。

加强学校管理工作的关键是校长。要做好校长培训工作，建立校长责任制，充分发挥校长的作用。要搞好学校内部管理的改革，建立包括常规管理在内的一整套科学管理制度，严格执行。

校风建设也是管理，要通过管理努力形成良好校风校貌。

(五)完善监督体制

我们今后的任务和目标已经确定。为保证这一任务的顺利完成和实现，各级政府和教育部门有责任加强检查、监督工作。各级教育部门要加强审计工作，把社会和群众捐款兴办教育的钱管好、用好。

根据李铁映同志的指示，从明年起，我们的督导和义务教育工作检查要以“两基”、“两全”和学校标准化建设为主要内容，并形成制度。同时，我们要尽快建立一套可以评估各省(区、市)教育工作情况的指标体系，通过科学的评估来了解和掌握一个省、一个区、一个市的教育工作任务完成的情况，以及教育工作目标实现的情况。对教育工作成绩显著的省(区、市)，以后还要继续给予表彰，通过表彰，鼓励先进，促进和帮助工作落后的地区，推动整个教育事业的发展。

(1992 年 9 月 8 日)

加快改革与发展贫困地区教育

王明达

近十年我国扶贫工作取得了很大成绩，但任务仍很艰巨。专业人才缺乏，劳动者素质不高是制约贫困地区经济发展的很重要因素。因此发展教育事业，对贫困地区经济开发十分重要。我们当前的任务就是要根据小平同志南巡讲话精神，研究加快贫困地区教育改革与发展的路子，使教育更好地为当地建设服务，加快脱贫致富的步伐。贫困地区大多分布在老、少、边、山地区，是有特殊困难的农村地区。贫困地区的教育是我国农村教育困难较多的一部分。贫困地区和全国农村教育改革与发展的路子，在大原则上虽是相同的，但有很多特殊困难，因此，需要专门研究。从1987年以来，国家教委每年都召开农村教育工作会议，农村教育改革与发展的大思路已基本清楚。但我国农村发展水平差别较大，今后农村教育改革要加强分类指导、分区推进。

总结经验，解放思想，加快农村教育改革和发展步伐

江泽民总书记在中央党校的重要讲话中强调指出：现在从中央到地方各级党委的一个重要任务，就是要深刻领会、全面落实邓小平同志最近的重要谈话精神。小平同志在南巡的重要讲话中指出，要坚持党的基本路线，解放思想，实事求是，抓住有利时机，加快改革开放步伐，集中精力把经济建设搞上去。

国家教委根据邓小平同志重要谈话和中央政治局会议精神，对教育工作的一系列重大问题作了部署，进一步修订了我国教育改革和发展的纲要。纲要提出了加快我国教育事业发展的目标和加快教育改革的要求。到本世纪末，要在全国基本扫除青壮年文盲，基本普及九年制义务教育，大城市市区和有条件的经济发达地区基本普及高中阶段教育，大力发展职业技术教育和成人教育，高等教育也要有较大发展。要全面贯彻教育方针，全面提高教育质量。农村教育是我国教育的大头。这些年我国农村教育的改革和发展都取得了很大成绩。在新形势下，我们要认真总结经验，进一步解放思想，加快我国农村教育改革和发展的步伐。

多年来我们在改革和发展农村教育中积累了一些经验。最基本的经验就是“依靠人民办教育，办好教育为人民”。这是紧密相关的上下两篇文章，要写好这篇文章，必须进行农村教育综合改革。在改革中要着重抓好几个方面的工作：首先要转变观念，提高对教育的认识，落实教育的战略地位。各级主要领导要亲自抓教育，要尽可能增加对教育的投入，还要教育动员群众支持教育，在此基础上才有可能做到多渠道筹措教育经费，改善办学条件，提高教师待遇。其次要抓农村教育的办学方向。农村教育必须为当地建设服务，为当地培养专业人才和提高广大劳动者素质，为此就必须改革教育结构和教学内容，实行三教统筹。抓基础教育的同时必须抓成人教育和职业技术教育。在基础教育中必须转变片面追求升学率的应试教育模式，要从各地实际出发，充分考虑不能继续升学的人的教育问题，使教育和人民的生活幸福紧密结合。第三，要抓教育体制改革，要充分发挥教育在当地建设中的作用，必须在政府统筹下搞好农科教结合。在教育内部要落实分级办学分级管理的体制。在学校内部要进行校内管理体制改革。第四，在工作方法上要抓好典型，以点带面积极推进面上的改革。这些年国家教委在全国宣传了一批教育改革的好典型，有省的、地区的、县的和各类学校的典型，召开了多次现场经验交流会，产生了很好的影响。全国还确定了116个农村教育综合改革实验县。“燎原计划”从方法上看是推广先进典型的计划，是在大范围内推动农村教育改革深入发展的重要措施。实施“燎原计划”是农村教育改革的重要经验。各地在农村教改实践中还有很多经验，希望结合本地情况认真总结，在新形势下有更进一步的发展。

今年6月，国家教委在山东召开了办好教育为人民的研讨会。李铁映同志对农村教育综合改革提出要在点上大胆突破，在面上积极推广。在新形势下，加快农村教改的步伐，就是要在点上突破面上推广方面有较大的进展。农村教改实验县要在点上突破方面下功夫，起示范带头作用。从当前农村教育的实际出发，应着重在以下几方面突破：在教育思想上要继续突破旧的传统影响。我国封建社会历史很长，教育脱离生产的旧影响很深。现在很多地方在突破旧教育思想影响方面，虽已取得可喜进展，但就全国讲转变教育思想的任务仍很艰巨。要充分认识到实现教育思想转变是很不容易的，必须坚持不懈，抓紧工作，长期奋斗，才能真正实现农村教育思想的根本转变。加强教育与生产劳动的结合，与社会生活的联系，学校积极参与社会生活的变革，使教育在农村社会全面进步中发挥更大作用。搞好农科教结合、三教统筹，建立有效的基础教育体系和包括成人与职业技术教育的专业技术教育培训网络，是实现这一突破的重要内容。在教育发展目标上要有新的突破。国家教委调整了原定的“教育改革与发展纲要”的目标。实验县要带头高标准扫除青壮年文盲，积极推进九年义务教育的实施，大力发展成人教育和职业技术教育。为保证目标的实现，要建立鼓励学习的制度，如先培训后就业制度、绿色证书制度。对劳动者的教育程度应根据经济发展水平，逐步提出新的要求。在经济较发达的地区还应着手考虑普及初中后乃至高中阶段的教育。在教师任职资格上也要随着经济发展水平的提高，逐步提高学历层次。在教育的投入和教师的待遇上也要有新的突破。除国家财政要继续增加对教育的投入外，还要积极发展校办产业，动员社会各方面集资。非义务教育阶段受教育者承担部分费用。要积极使用贷款发展职教。鼓励各地积极提高教师的待遇，使教师待遇高于当地各行业的平均水平。在办学体制和办学形式上也要突破。要积极提倡和支持社会力量包括公民个人办学。“五·四”学制的推行步子可以快一点。在城镇人口密集地区高中阶段可以实行二部制。小学后、初中后教育的分流形式，可以更灵活，更多样化。要重视建设骨干职业学校，同时大力发展多种形式的成人与职业技术培训。此外，高校和中专的招生分配制度应加快改革，使专业人才通向农村。在学校内部的管理体制上也要积极改革，建立一个能充分发挥大家积极性的更有效的体制。总之，希望各实验县结合实际情况，认真研究，大胆突破，加快步伐，把教改引向深入。

面上的推广工作比点上的深化工作难度更大。许多先进的典型在面上推广很不容易。因此在抓点上实验时要高度重视面上的推广。我们在基层调查发现，一些讲了多年的教育改革的思路和先进典型，很多地方并不清楚。这个问题要引起各地的重视。培训干部加强信息交流是面上推广的重要环节。面上推广还有个方法问题。一般号召动员效果不大。认真组织实施"燎原计划"是面上推广的一项重要措施。"燎原计划"要求落实到乡,同时对全县的教育也有明确要求。因此,各地要继续积极抓好"燎原计划"的实施,促进农村教育改革在面上的推广。

提高认识,明确思路,是贫困地区农村教育改革与发展的关键问题

贫困地区是我国困难较多的农村地区,经济发展水平较低,教育的基础比较差。和一般农村地区相比,教育中的困难更大。经费不足,师资缺乏,办学条件较差,这些物质方面的困难确实存在,也容易看到。现在的问题是,如何才能改变这种状况?国家已做了很大努力,从各方面帮助贫困地区发展。我们的任务是要充分利用现有的条件,使贫困地区的经济发展得更快一些。经济发展了,支持教育的物质基础也会改善。贫困地区教育改革就要研究,在困难较多的情况下,如何办好教育,使教育为当地脱贫致富发挥较大的作用,实现教促富、富促教的良性循环。一些先进的典型已经在这方面闯出了路子。总结各地的典型经验,我们认为提高认识,明确思路,是贫困地区教育改革与发展的关键问题。其中有三个问题尤为重要:一是教育能否促进脱贫致富;二是如何办贫困地区教育,使教育发挥更大的效益;三是如何解决办教育中的困难。

第一个问题的实质,是对教育和经济关系的认识问题。贫困地区要根本改变面貌就要有自我发展能力,这就要提高人的素质。实践证明,经济发展的快慢与人才和劳动者素质高低有关。在相同条件下,有的地方资源较富,而人的素质不高,经济发展上不去。有的地方虽然资源不足,而人的素质较高,经济发展较快。

中央虽然很早就明确指出:经济建设必须转到依靠科学进步和提高劳动者素质的轨道上来。但由于各地对这一方针认识理解的程度不同,具体执行过程中有较大差异。即使在同一类型地区,交通、资源等大体相同情况下,在依靠科技和提高劳动者素质上措施是否得力,经济发展水平差异明显。在贫困地区由于困难多,当务之急是要尽快脱贫,多搞一些能见效快的经济开发项目,这是完全正确的。问题在于如何能使项目尽快见到经济效益,特别是那些能使绝大多数人都能脱贫的好的开发项目,如何才能尽快见效,让群众得到实惠,这是贫困地区经济开发中大家都十分关心的。在这方面已经有很多好的经验,也有一些教训。好的经验都是在依靠科技和提高劳动者素质上抓得比较好。有些开发项目效益不高的教训,往往也是缺乏人才,广大农民技术素质低,吸收科技能力差,不能实现原来的设想。现在对科技和人才的作用一般都能认识到它的重要性,但人才从哪里来?如何让农业生产中最需要的科技进入千家万户,农村教育在脱贫致富培训人才,传播科技方面能否起重要作用?在贫困地区对这些方面还存在一些认识问题。有的人认为普通教育周期长,远水解不了近渴,经济开发钱还不够,哪顾得上办教育,把教育看成是和脱贫无关的事。这样带来的后果是,当地教育不易受到重视,教育很难发展,更谈不上战略地位的落实。有的地方教育部门也自认为是面对未来服务的,对当地现实经济发展的问题不太关心,按传统模式办教育,对当地建设直接发挥作用不大,这就使教育和经济"两张皮"离得更远了。

有的地方在经济开发中,重视引进外来能人,对本地人才的培养重视不够,使外来人才的重要作用也难以发挥。从近几年农村教改的实践看,只要认真改革农村教育,明确思路，真正转到为当地建设服务，农村各类教育不仅是为未来服务，为将来的建设打下人才的基础，而且对当前农村两个文明建设同样可以做出贡献。尤其是贫困地区人才缺乏，学校与当地环境比较有较强的智力和技术的相对优势，因此农村学校对当前脱贫致富可以起很重要的作用。

首先是成人教育，对农民开展实用技术培训可以很快见效，对普及农业的先进技术作用十分明显。其次是职业技术教育，有的职业学校有较强的师资，还具有一定的开发能力，对贫困地区发展经济，建立社会服务体系，也可起较大作用。普通中小学中一些典型说明，在传播科技信息，推广实用技术方面也可发挥作用。只要妥善安排，学生学技术还会促进学文化，在贫困地区学技术就更加有用。学了技术不仅可以帮助农民增加收入，文化成绩也会提高。如辽宁海城市王家堡村靠学习技术致富，陕西丹凤县商镇中学、山西方山县圪杈咀小学、黑龙江龙江县八村小学为当地脱贫致富做出的贡献等典型都有力地说明了这个问题。

如何看待引进外来人才和培养本地人才的关系？引进外来人才是必要的，但一定要重视培养本地人才，不仅是几个专门人才，要特别重视提高普通劳动者的素质。先进农业技术一定要大家都学会，才能推广。我国现在有大批的农业技术推广不了，主要原因就在于劳动者素质低，吸收能力不强。要长远发展，就要求本地有自我发展的能力。技术可以引进，但劳动者素质不能引进。总之，教育要积极改革，多做贡献，争取支持，地方领导也要多关心，向教育提出要求，加快其改革，实现教促富，富促教，使人民得利，国家得益，社会进步加快。

第二，贫困地区如何办教育，关键是明确办学方向。在办学方向上，值得注意的问题是，越是贫困的地方片面追求升学率的情况往往越严重。有些地方至今衡量学校办得好坏的标准主要还是看升入高一级学校的人有多少，至于培养的人是否适应当地经济和社会发展的需要，则关心不够。有些地方至今还没有花力气发展职业技术教育和成人教育。大批中小学毕业生缺乏适应农村商品经济所需求的各种专业知识和技能。他们回到农村后，思想素质、技术素质都不适应，缺乏建设社会主义新农村的思想准备，吸收运用科学技术的能力比较低。贫困地区农村有大批初高中毕业生，但农村中一些常规技术却推广速度慢，这里的关键是农村教育的办学方向问题。农村劳动者除了思想道德好外，还应有良好的文化和必要的从事生产经营的专业技术，只有文化知识的教育是不完全的。现在贫困地区教育结构上，一些地方还没有摆脱旧影响，成人和职业教育薄弱，这是影响贫困地区农村经济发展的一个突出问题。

改革的思路，一是要紧密结合脱贫致富，狠抓教育结构的改革。贫困地区教育的重心要放在中等和中等以下的教育上面。要在大力加强基础教育的同时，大力发展职业技术教育和成人教育。要特别重视实用技术培训，使农民掌握致富的门路，尽快做到每户都有会科学从事农业生产的明白人。县职业学校，乡、村农民学校的教学内容要紧紧围绕当地生产需要，要努力建成县、乡、村成人与职业技术教育网络。要加快扫除青壮年文盲。二是在普通教育中要积极引进职教因素。我们培养的劳动者既要有文化，又要有技术，这是必须坚持的。但文化技术的教育程度随经济发展水平来定。贫困地区有的只能普及小学，很多人小学后就劳动，就要考虑学技术，条件再差的地方，小学高年级都应学一些技术。贫困地区的学校，学文化、学技术要因地制宜早期结合，形式可以多种多样，使学生掌握当地需要的一定的生产技能。这方面抓好了会产生很好的效益。

第三，怎样解决贫困地区办学的困难，也需要提高认识。贫困地区发展教育最大的困扰是经费不足，师资紧缺，办学条件上困难很大。过去国家和各级政府已尽了很大努力来扶助贫困地区。国家将继续支持和帮助贫困地区，每年用于贫困地区的经费不少，但国家财政支持是有限的，中国地大，落实到每一个地区国家扶助的和当地的财力相比仍是很有限的。从长远来讲，只有真正有了自我发展的能力，才能从根本上摆脱经济落后的状况，赶上较发达地区。所以，对贫困地区教育还要提倡自力更生，要依靠当地人民办教育，用多种方式动员教育群众尽可能支持教育。在具体做法上，要充分挖掘各地教育资源的潜力。在办学形式上灵活多样，一校多功能，可以利用中小学办星期日学校、节假日学校学技术。专业课师资不足要强调能者为师。在学校布局上要从当地实际出发，考虑投资效益。如骨干职业学校的布点，在人口稀少地区就不一定在县，应在地区，甚至在省里考虑。在民族地区应集中力量办一些重点骨干学校。

采取措施，扎扎实实地推进贫困地区农村教育改革和发展

第一，加强领导，全面规划，建立制度。由于贫困地区基础差、困难多、交流少，突破旧的影响，难度要比一般地方大得多。所以，特别是起步阶段，一定要主要领导同志亲自抓才能打开局面。也只有领导同志从全局出发，站得比较高，才能发现教育当中更深层次的问题，才有利于农村教育改革同当地经济社会发展紧密结合。当然，教育部门要主动积极争取领导，当好参谋。要在自己的职责范围内，努力改革，抓好典型，做出样子，使领导群众看到教育在当地的作用。在加强领导的同时，必须认真做好规划，对教育的要求，普及的年限等等，都要做出规划。同时，还要加强与各部门的联系，建立必要的规章制度。

第二，认真学习先进经验，积极实施“燎原计划”，抓好面上推广。现在各地涌现出一批先进典型，但是信息交流不够。每个地区都要认真总结典型经验，使之在面上推广。国家教委近几年每年都要开会或通过报刊，宣传一些典型。这些典型起了很好的作用，今后还要继续抓好先进典型。但是抓点不是目的，是为推动面上的工作，所以在抓点的同时，要花大气力抓面上的推广。面上推广比点上工作难度大。能够成为典型都有一些特定的原因，或者是当地领导比较重视，干部比较强，或者是校长思路比较开阔，还有其它一些条件。而面上难以推广的原因往往就在于领导不大重视，校长不大得力。我们要花大气力来解决面上推广的实际问题。同时也要看到，面上推广不能急于求成，不能希望好的典型很快在全国都得到推广。国家教委对面上推广也有一些考虑，一是逐步扩大试点数量，二是要扩大试验点的范围。现在实验县已达116个，加上省抓的有200多个，试验的范围要从县扩大到地区。现在，已经有少数地区进行综合性的改革试验，比如：商洛地区要求进行综合改革试验，我们非常支持，希望更多地区进行试验，甚至于在全省进行试验。每一个省、每个地区、每一个县也应该有面上推广的规划。根据过去的经验，实施“燎原计划”是推广教育改革典型很重要的措施，大家要高度重视“燎原计划”的实施。“燎原计划”的实施就是要通过提高劳动者素质，增强当地吸收运用科技的能力，来促进农村经济的发展，要一个乡一个乡地落实。

第三，在县级政府统筹下，认真推进农科教结合。在贫困地区怎样把各个方面的力量集中起来，紧紧围绕当地的经济开发服务，是一个很重要的课题。农业、科技、教育部门都有力量，如果各自为战，效益就会受到影响，这就要求农科教结合。当前，农科教结合除了认识以外，在实际做法上，一定要尊重各部门的职责和权益，这是关键。各部门该办什么事继续办，只不过是三家要合作起来，围绕当地的经济发展，各尽其力，各计其功。先不要在机构上轻易变动，多在协调、结合上下功夫，这样就可以充分发挥各部门的积极性。教育部门要虚心地、主动地和各部门配合，推动结合，这样农科教结合就能顺利地发展。结合的形式可以因地制宜，有的搞农科教结合综合服务站，有的搞服务大院，有的是以学校为依托，开展培训。农科教结合在贫困地区更为重要。在建立农村社会服务体系上，农科教结合也可以发挥有效的作用。

第四，大力培训干部，这是一个十分重要的环节。几年的实践证明，培训与不培训大不一样。好的典型，首先有一批认识高、有开拓精神的干部，会管理的校长。今后干部的培训主要还是靠各省、地来部署，国家教委将对一些试验区、试验县干部有计划地进行培训，其中包括组织出国考察，吸收国外好的经验。将来要多组织一些国内交流，各地应做出规划，建立干部培训制度，任职以前，或任职过程中都要有计划地培训。

第五，重视和扶持贫困地区少数民族发展教育事业。全国334个国家级贫困县，少数民族贫困县有143个。这些少数民族贫困县，发展教育事业更为困难。除了国家要增加民族教育补贴费外，还要组织各个方面力量来帮助少数民族贫困地区的教育。全国为西藏办了内地班的教育，少数民族比较多的一些省区也应该采取类似做法，组织本地区内有条件的城市来帮助贫困地区教育的发展，形式可以灵活多样。

第六，多渠道筹措教育经费，增加对贫困地区教育的投入。对贫困县，特别是国家重点扶持的贫困县的教育，中央和地方政府都要在经费上给予必要的倾斜。贫困地区要开源节流，把一切可以节省下来的钱用来发展教育。要有一些政策，鼓励群众往教育投入。现在经济水平在逐步提高，群众收入与过去相比有很大变化，增加投入是可能的。关键在于做好工作，一方面是讲道理，另一方面用事实来说明办教育的作用。集资办学要继续开展，对于非义务教育阶段，可以适当收费。要积极发展校办产业，大力开展勤工俭学。贫困地区自然资源比较丰富，当地政府要给学校划拨土地或山林，并在政策上给予支持。职业技术学校要坚持走产教结合的道路。可使用贷款来发展职业技术教育的校办企业。国务院关于贫困地区经济开发工作明确规定，从支援不发达地区的资金中，拿出相当于扶贫贷款额度的5%用于与项目有关的培训。教育部门要积极参与培训。

动员各方面力量，关心支持贫困地区的教育工作

贫困问题是个综合性的社会问题，党和国家都很关心，各个部门也要关心。

首先，在教育内部，各级教育行政部门要重视、关心贫困地区的教育工作。近几年来，国家教委、各省、市、自治区教委(厅、局)做了大量工作，已经取得了初步的成效。教育内部各业务部门要在业务范围内支持贫困地区，在经费、信息交流、培训师资等方面，注意向贫困地区倾斜。

其次，要动员高等院校、中等专业学校和教育科研单位开展智力扶贫。提倡高等院校、中等专业学校、教育科研单位与贫困县、乡或贫困地区的学校挂钩。可选派科技副县长、副乡长，选派教师或科技开发服务组，帮助贫困县制定发展规划和进行教育改革。也可以提供科技信息，开展技术咨询，帮助进行科技开发，转让项目产品，帮助搞勤工俭学。省、自治区应根据需要，划拨一定的大、中专招生指标，为贫困地区定向培养学生，为贫困地区乡镇企业和农村培养技术骨干。

第三，进一步搞好对口支援协作。组织发达地区与贫困地区建立经济、科技、教育等方面的对口协作关系。交流领导管理干部和教师，交流经验，帮助培训在职教师或选派优秀教师到贫困县进行农村教育综合改革实验和实施“燎原计划”。

第四，欢迎民主党派、社会团体和各种社会力量关心支持贫困地区发展教育。这几年来，各民主党派、社会团体和各种社会力量做了大量工作，取得了成效。各民主党派开展“智力支边”，许多老同志到贫困地区进行考察，帮助办学，深受贫困地区干部和群众欢迎。团中央的“希望工程”，全国妇联的“双学双比”、“巾帼扫盲奖”，对于农村扫除文盲，提高文化技术素质，减少学龄儿童的流失都起了很好的作用。中国农业银行过去对于发展职业技术教育、校办产业，给予贷款的支持，效果很好。我们希望今后进一步加强合作，共同努力，加快贫困地区的经济发展。

全国教育事业十年规划和“八五”计划要点

一、80年代教育事业的发展，为今后十年教育的发展和改革奠定了良好的基础

党的十一届三中全会以来，在党中央、国务院的正确领导下，经过全党全社会各方面的共同努力，我国教育事业取得了巨大的成就。

各级各类教育事业都有不同程度的发展和提高。

——九年义务教育开始有计划、有步骤地实施。普及小学教育取得突破性进展。1990年，全国小学在校生12241万人，全国76%的县基本普及了小学教育；初中在校生3917万人，多数城市普及了初中教育；幼儿教育和特殊教育稳步发展。

——职业技术教育规模迅速扩大，中等教育结构发生可喜变化。1990年，全国高中阶段职业技术学校在校生总数605万人，是1980年在校生总数的2.7倍，占整个高中阶段在校生总数的比例已从1980年的18.9%提高到45.8%。全国各类培训机构十年培训近亿人次，其中2000个就业训练中心，十年培训待业青年1500万人。

——高等教育培养出大批专门人才，初步形成多层次、多形式、学科门类基本齐全的体系。1990年，全国高等教育在校生总数382万人。其中普通高等学校在校本、专科学生206万人，在校(所)研究生9.3万人；成人高等学校在校本、专科学生167万人。1981—1990年十年中，全国培养本、专科毕业生784万人，硕士毕业生17.7万人，博士毕业生0.6万人。财经、政法、师范及一些新兴、边缘学科得到了加强。十年动乱造成的各条战线人才匮乏、青黄不接的局面已经得到很大缓解。

高等学校科技工作有了很大发展，几乎涉及到国家科学技术的各个层次和所有领域，与各地区、各行业建立了广泛的联系。在基础研究、应用研究、高技术研究、推广应用等方面取得了许多令人瞩目的成果，高等学校已成为国家科学技术发展的重要方面军。

——成人教育和岗位培训得到前所未有的发展，为提高劳动者素质、培养急需的建设人才、实现我国干部队伍“四化”做出了重大贡献。十年中，扫除文盲3850万人，近3千万职工补习了初中文化和初级科学技术知识；有2亿农民接受了各种类型的文化技术教育和实用技术培训；数以千万计的干部、职工接受了各种形式的岗位培训。自学考试制度建立以来，到1990年底，已有53万人获得了大专以上毕业证书。

教育体制改革和教学领域改革取得了初步成效。基础教育实行地方负责、分级管理的体制，在全国，尤其在农村调动了社会各方面的积极性，涌现出一批重视教育并取得显著成绩的地区、部门和单位。在全国三分之一县的3千多个乡带头实施燎原计划，推动了教育同科技、农业的结合。城市、农村、企业的教育综合改革取得了初步成效。各级各类学校积极改革教学内容、课程设置和教育方法,高等和中等专业教育在改革招生、毕业生分配制度等方面也进行了有益的尝试。

党的十三届四中全会以来,加强和改进了学校的思想政治工作和品德教育,德育在学校工作中的首要位置正在得到落实,促进了学校安定团结和整个社会的稳定。

各级各类学校师资队伍经过整顿、充实、培训,政治、业务素质明显提高。1990年,全国教师队伍已达到1077万人。教师学历达标率小学为74%,初中为47%,高中为46%。

中央和地方各级政府努力增加教育投入,社会各界多渠道筹措教育资金,使各级各类学校办学条件有了不同程度的改善。1989年国家财政预算内教育经费支出占国家财政支出的比例达到13.19%。中小学危房比例由1980年的17%下降到1990年的3.07%。

国际教育交流和合作不断扩大。重视国外教育的研究,积极参加国际教育学术交流活动,聘请了一批外国专家和华裔学者,接收了一批来华留学生。改革开放以来,已有5万多出国留学人员学成回国。

八十年代我国教育工作取得的巨大成就,是我国现代化建设巨大成就的重要组成部分,为九十年代教育事业的发展和改革奠定了良好的基础。

在充分肯定十年来教育事业取得显著成绩的同时,还必须清醒看到,目前我国教育在总体上还比较落后,还不能很好地适应社会主义建设的需要,一些地方教育在实际工作中还没有摆到应有的位置。当前比较突出的问题是:在办学指导思想上,一度发生的忽视思想政治教育的失误虽然有所改变,但思想政治教育薄弱的状况尚未根本扭转,教育思想、教学内容和教学方法脱离社会实际需要的现象不同程度地存在;在教育事业发展方面,基础教育仍然比较薄弱,职业技术教育还不发达,高等教育的学校布局、层次及科类(专业)结构不尽合理,成人教育转向以岗位培训为重点的轨道还需要有一个过程;教育管理水平较低,教育质量、办学效益亟待提高;教育投入仍然不足,学校办学经费紧张,影响教学质量和师生生活;教师工资待遇低,住房短缺,一些地方青年教师队伍不够稳定,人才流向不合理。

二、九十年代教育工作的基本指导方针

(一)充分认识九十年代是我国教育事业发展非常关键的时期,努力把教育工作提高到一个新水平

党的十三届七中全会指出,在我国社会主义现代化建设的历史进程中,本世纪最后十年是非常关键的时期。国家的强盛、民族的振兴靠人才,人才的培养靠教育。发展教育事业,提高全民族素质,是建设社会主义的根本大计。在九十年代能否改变教育事业落后于社会主义现代化建设需要的状况,不仅关系到本世纪末我国现代化建设的第二步战略目标的实现,还关系到21世纪的建设大业。当今世界政治风云变幻多端,经济、科技竞争日趋剧烈。我们既要粉碎国际敌对势力对我国实行“和平演变”的图谋,高举社会主义旗帜,又要迎接世界经济竞争、科技革命的挑战,把经济建设搞上去,发挥社会主义的优越性。历史赋予教育战线以艰巨而又紧迫的任务。我们要面向现代化、面向世界、面向未来,坚持“教育必须为社会主义建设服务,社会主义建设必须依靠教育”的指导思想,振奋精神,埋头苦干,把教育工作提高到一个新水平,为提高全民族素质,促进经济建设和社会进步做出更大的贡献。

(二)坚定不移地把教育放在优先发展的战略地位,使教育同经济协调发展并适当超

前

把科学技术和教育事业放在优先发展的战略地位，使经济建设转到依靠科技进步和提高劳动者素质的轨道上来，是我国社会主义建设指导思想上的一个重要发展。确立教育的战略地位，对我国的现代化建设至关重要。从根本上说，教育是社会主义现代化的基础工程，也是促进国民经济持续、稳定、协调发展的重要保证。教育的周期长，因此必须适度超前。十一届三中全会以来，党中央关于加强教育工作的战略决策，正在逐步成为各级领导的共识，成为全社会和广大人民群众的积极行动。各级政府在考虑今后十年经济和社会发展总体规划时，必须认真确立党中央关于把教育放在优先发展的战略地位的指导思想，增强发展和依靠教育的紧迫感，纠正一些同志中存在的对优先发展教育的模糊认识，在实际工作中，努力增加对教育的投入，同时要加强领导，使教育更好地为社会主义建设服务，使教育与经济相互促进、协调发展。

（三）坚持教育的社会主义方向，把培养社会主义事业的建设者和接班人作为学校的根本任务

今后十年，各级各类学校都要全面贯彻教育必须为社会主义现代化服务，必须同生产劳动相结合，培养德、智、体全面发展的建设者和接班人的方针，把坚定正确的政治方向放在第一位，以此作为学校的共同任务和学校各项工作的依据和出发点。

在我国，坚持四项基本原则同资产阶级自由化的斗争将长期存在，“和平演变”与反“和平演变”的斗争将长期存在，学校是抵御国内外敌对势力向我们争夺接班人的前沿阵地。能否坚持教育的社会主义方向，关系国家的前途和命运。在办学指导思想上，要认真吸取过去一度忽视德育的教训，花大力改变学校思想政治和品德教育薄弱的状况，有针对性地采取各种形式的教育，提高广大师生坚持四项基本原则的自觉性和抵制资产阶级自由化思想侵蚀的能力。坚持在马列主义、毛泽东思想指导下，按照年龄特点对学生进行爱国主义、集体主义、社会主义和国情教育，实行理论与实践相结合，脑力劳动与体力劳动相结合，知识分子与工农群众相结合，使广大学生逐步提高社会主义觉悟，确立正确的政治方向，树立科学世界观和正确人生观，努力成长为有理想、有道德、有文化、有纪律的社会主义新人。

（四）把提高教育质量放在突出地位，协调稳定地发展教育事业，保证教育更有效地为社会主义现代化服务

今后十年，要采取得力措施，把全面提高教育质量作为整个教育工作的重点，力争上一个新台阶。发展教育事业要正确处理数量与质量的关系，坚持在保证质量的前提下有步骤地发展。

要坚持把深化改革、治理整顿和发展结合起来，根据社会主义事业的需要，大力调整教育结构和专业结构，理顺各个教育层次的关系，以形成基础教育、职业技术教育、普通高等教育和成人教育协调发展的格局。

坚持从我国国情和各地实际出发，因地制宜、分区规划、分类指导、分步推进，保证教育事业持续、稳定、协调发展，促进教育在党的领导下，主动适应现代化建设的实际需要，不断提高教育质量。要切实重视支持少数民族地区和边远地区、山区教育事业发展，使其逐步缩小同沿海、发达地区的差距。民族地区和经济落后的边远地区、山区应当从本地区的经济、地理和教育基础出发，制定切合实际的教育规划，把发展民族教育同振兴当地经济、治穷脱贫紧密结合起来，把国家的扶持和教育发达地区的支援同发扬本民族、本地区

人民自力更生、艰苦奋斗优良传统结合起来，促进民族地区和贫困地区教育事业的发展和教育质量的不断提高。

（五）高度重视师资队伍建设和学校管理队伍建设，充分发挥广大教职工的办学积极性

教育发展和改革归根结底要依靠广大教师和干部的智慧和力量。不断加强师资队伍建设，充分发挥广大教师和干部的积极性，是振兴教育的根本所在，也是我们制定教育政策的一个基点。今后，要把师资队伍建设摆在突出的位置，采取有效措施全面提高教育者的思想政治水平和业务素质。在全社会发扬尊重知识、尊重人才和尊师重教的良好风尚，不断提高教师的社会地位和生活待遇，在逐步改善他们的工作和生活条件方面做一些切切实实而有成效的工作，鼓励广大教师为发展教育事业，提高全民族素质，推进社会主义事业作出更大贡献。

新时期教育的发展和改革对各级各类学校的领导干部提出了新的更高要求，造就一批又红又专的教育管理专家，是发展社会主义教育事业的可靠保证。要重视学校领导班子的建设，坚持德、才兼备，完善学校领导干部的遴选、任用、考评、监督等项制度。要采取多种途径对学校领导干部和各级教育行政管理干部进行培训，提高他们的思想政治素质、业务能力和管理水平。

（六）坚持多渠道筹措教育经费，努力改善办学条件

我国是世界上教育规模最大的国家，但国家财力有限。从我国的实际出发，筹措教育经费是教育发展与改革所面临的一个重大课题。要确立以国家财政拨款为主，多渠道筹措教育经费的体制，牢固树立“人民教育人民办，办好教育为人民”的观念。

今后十年，中央和地方各级政府都要逐步增加教育投入，完善多渠道筹措教育经费的体制，使各级各类学校的办学条件有显著改善。各级教育行政部门和学校，都要努力使教育更好地为发展社会主义事业，为繁荣经济，提高群众物质文化水平服务。

（七）坚定不移地推进改革、开放，不断增强社会主义教育的生机与活力

九十年代要在认真总结过去十年改革开放经验的基础上，坚定不移地进一步推进教育的改革开放，同时，要坚持改革开放的社会主义方向，使改革开放成为促进教育事业发展的强大动力。今后十年，要随着国家经济体制、政治体制改革的深化，坚持从我国国情和各地实际出发，围绕坚持社会主义办学方向，全面贯彻教育方针，坚持教育同生产劳动、社会实践相结合，提高教育质量，更有效地为社会主义建设服务等核心问题，深化教育思想、教学内容和教学方法的改革。要继续推进教育体制改革，加强国家宏观调控机制，增强地方政府对教育的决策权和统筹权。同时，要进一步发动社会各界、人民群众支持教育，办好教育，充实改善学校的办学条件。要全面落实党的知识分子政策，发挥学校办学的主动性和教职工的积极性。教育改革要与国家劳动、人事、工资制度改革配套进行。

既要坚持国际教育交流与合作，又要认识到国际上渗透与反渗透、“和平演变”与反“和平演变”的复杂斗争。在对世界各国已有了解的基础上，要区别不同情况，有针对性地扩大国际交流与合作，切实做到以彼之长补我之短，改进智力援外工作，并通过教育和学术交流，广交朋友。

三、九十年代教育发展的主要目标

到本世纪末，我国教育工作奋斗的总目标是：初步建立起适应社会主义现代化需要、面向二十一世纪、具有中国特色的社会主义教育体系。今后十年，全国教育发展的主要目

标是：

——在全国普及初等义务教育的基础上，大部分地区，即城镇以及目前经济中等发达的农村地区，基本普及九年（或初中阶段）义务教育，小学和初中合格毕业生在同龄人口中的比例有较大提高。在有条件的大城市市区试行普及高中阶段教育。

——大力发展职业技术教育，使农村绝大多数新增劳动力接受程度不同的职业技术教育或培训；企业新增职工接受必需的职前教育和岗位培训。到本世纪末，建设一批水平较高的、能起骨干和示范作用的职业技术学校，每县一般都要办好一所综合性的骨干职业技术学校，大力发展多种形式的短期职业技术培训，逐步形成具有中国特色的职业技术教育体系的框架，走出适合国情的发展职业技术教育的路子。

——高等教育要根据社会需要，在合理调整结构，大力提高质量的基础上适度发展，积极为城乡经济、社会发展培养专门人才。高级专门人才的培养基本满足经济建设和社会发展的需要，国家制定高等学校分类原则和相应的政策措施，使各种类型的学校各有侧重、相互衔接、合理分工，在各自的层次上办出特色和水平。今后十年或更长时间，中央要集中投资办好若干所重点高等学校，部委和省也要重点投资办好一、两所代表本行业、本地区先进水平的高等学校。要加强一批重点学科点的建设，使其在科学技术水平上达到或接近发达国家同类学科水平，做到博士生的培养立足于国内。同时，使一批高等专科学校办出自己的特色。

——积极发展成人教育。加强思想政治和职业道德教育，提高全体劳动者的社会主义觉悟和道德水准。要坚持多种形式、多种途径的办学路子，大力开展岗位培训和继续教育，不断提高企业职工队伍的技术和专业水平，提高广大农民运用农业新技术的能力。要在继续整顿成人高等学历教育的基础上，办好成人高等学校，切实提高教育质量。要十分重视扫盲工作，争取到2000年全国基本上扫除青壮年文盲。

——建设好一支具有良好政治、业务素质的各级各类学校教师队伍。通过培训提高和补充新的合格教师，使绝大多数中小学教师和中等职业技术学校教师具有合格的政治素质和国家规定的学历标准，并能够更好地胜任教育教学工作，形成骨干教师队伍。在大城市和部分经济发达地区的小学和初中教师中具有专科和本科学历的教师比例要逐步提高。

——大力改善各级各类学校的办学条件，使其分期分批达到国家和地方规定的设置标准。

今后十年，教育事业的发展规模是：

到2000年，全国各级各类学校在校生总规模将由1990年的1.8亿人增加到2.2亿多人，十年净增加学生4500万人左右。其中小学在校生将达到1.45亿人，十年增加2300万人左右；初中在校生将达到5500万人，十年增加1600万人左右；各类中等职业技术学校在校生将达到1240万人（中等技术学校240万人，中等师范学校60万人，成人中等专业学校150万人，职业高中550万人，技工学校240万人），十年增加500万人左右；普通高中在校生将达到800万人，十年增加80万人左右；普通高等学校在校生将达到280万人，十年增加65万人左右；成人高等学历教育，“九五”期间招生略有增加，到2000年在校生将达到170万人。在各级各类教育中，在校生人数增加最多的是小学和初中。发展速度最快的是职业高中和技工学校，十年中在校生分别年平均递增8.3%和6.1%，“九五”期间分别为9.3%和7.0%以上。高等教育前五年在校生规模基本稳定，后五年适当发展，年平均递增5%左右。

按照这个设想，经过十年的努力，高等学校将为国家培养输送毕业生1097万人(其中研究生32万人，本科生375万人，专科生690万人)，各类中等职业技术学校将培养毕业生3019万人(其中，中等技术学校毕业生604万人，中等师范学校毕业生225万人，成人中等专业学校毕业生460万人，职业高中毕业生1200万人，技工学校毕业生530万人)。到本世纪末，全国专门人才队伍将明显扩大，结构趋于合理，素质和水平将有显著提高，教育事业大体适应我国经济和社会发展的需要。

四、“八五”期间教育发展的基本任务

“八五”期间，教育事业要把重点放在调整内部结构、深化教育改革、充实改善办学条件和大力提高教育质量上，经过调整、改革、充实、提高和有选择地发展，使教育事业走上持续、稳定、协调发展的轨道，为“九五”时期的发展和提高打好坚实基础。

(一)基础教育

要积极贯彻落实《中华人民共和国义务教育法》和本地区实施义务教育的规划目标。“八五”期间，占全国人口80%以上的地区普及初等义务教育，占全国人口40%左右的地区普及初中阶段义务教育。

已经普及小学教育的地方，小学教育的主要任务是充实完善学校设施，提高师资素质和教育质量。尚未普及小学教育的地区，首先要扎扎实实地普及小学教育，切实解决辍学问题，堵住新文盲的产生。对经济文化落后、办学困难较多的边远山区、民族聚居地区，中央和地区都要采取扶持政策，积极创造条件，首先认真抓好普及初小义务教育。到1995年，全国小学在校生将由1990年的1.2亿人增加到1.3亿人。

“八五”期间，初中教育要在办好现有学校的基础上，有计划稳步发展。大城市要着力解决好普及九年义务教育中遇到的“入学双高峰”问题，控制城区二部制比例上升。一般农村地区要搞好学校布局调整，充实办学条件，提高师资水平，并积极创造条件加以发展。在有条件的地区进行小学初中教育阶段“五四”学制试验。到1995年，全国初中在校生将由1990年的3917万人增加到4512万人。

普通高中现有的总规模原则上稳定，着重提高教育质量。已经普及初中的大城市，普通高中规模偏小的可以适当发展。普通高中办得过多和经济落后的地区，应适当调减规模，或实行高三分流。坚持抓好升学制度的改革，继续扭转片面追求升学率和偏科现象。1995年全国普通高中计划招生257万人，在校生将达到750万人。

要坚持动员社会力量，进一步办好和发展大中城市幼儿教育；有条件的农村要积极发展学前教育。

要重视盲、聋、哑和弱智儿童少年教育，并在适当阶段实行文化教育和技术教育相结合。

(二)职业技术教育

要统筹安排，大力发展城乡职业技术教育。普通中等专业教育，要充分利用现有办学条件，调整服务面向和专业结构，扩大招生，达到规定的办学规模。职业高中要积极发展，专业设置通过调整，逐步适应当地的实际需要。技工教育要根据城市就业结构和大中型企业需要调整布局，积极发展，扩大规模，改善条件，提高质量。要认真实行“先培训、后就业”的原则，使从业者岗前受到必需的职业培训，某些技术性强的岗位必须持技术证书上岗。“八五”期间，各类普通中等职业技术学校在校生人数占高中阶段在校生的比重，要由

1990年的45.8%提高到50%以上,同时要广泛开展灵活多样的短期技术培训,继续办好职业培训中心,重视学徒培训。1995年,全国中等专业学校招生88万人,在校生将达到254万人;全国职业高中计划招生145万人,在校生将达到350万人;全国技工学校计划招生65万人,在校生将达到171万人。

(三)普通高等教育

"八五"期间,要坚持方向,稳定规模,优化结构,深化改革,改善条件,提高质量。研究生教育、本科教育和专科教育在"八五"前期基本稳定现有规模,"八五"后期根据需要和可能,适当发展专科教育,逐步提高专科教育的比重。重点抓好普通院校的调整,优化高等教育的布局和专业结构,力争五年内使高教结构和办学条件有明显改善,教学质量和办学效益得到提高。要继续重点建设好若干所高等学校和一批重点学科,适当扩大博士生的培养能力。本科专业要进一步拓宽专业服务范围,减少专业种类,增强适应性。一部分理论性强的专业要拓宽服务方向,在继续重视培养理论研究人才的同时,将重点放在培养应用型人才上。专科专业主要面向实际应用,办出特色。"八五"期间,全国研究生每年招生3万人左右,1995年计划招收硕士生2.9万人、博士生0.6万人;全国在校(所)研究生将达到10万人左右。1995年全国普通高等学校年度本专科计划招生约65万人,在校生将达到210万人左右。

(四)成人教育

要根据调整产业结构和提高企业素质的要求,对在岗和转换工作岗位的人员大力开展岗位培训和继续教育。在90%左右的乡(镇)和80%左右的行政村建立和办好农民文化技术学校,使1.5亿青壮年农民接受并熟练掌握一至两项实用生产技术。对广大农民进行社会主义教育。计划扫除文盲2000万人,同时,搞好脱盲学员的巩固、提高工作。

要总结各种办学形式的办学规律,按照扬长避短和学用一致的原则改进成人高等学历教育。进一步调整结构和布局,改善办学条件,保证必要的教学环节配套,努力办好一批成人高等学校,保证培养规格和教育质量。"八五"期间,全国成人高等学历教育每年招生安排40万人左右,以逐步提高生源质量。成人中专学校要调整布局,充实条件,提高质量,1995年全国招生安排50万人左右,在校生预计达到150万人左右。

要进一步完善自学考试制度,稳妥地发展自学考试教育。

(五)民族教育

要根据民族区域自治法的有关规定,从民族地区的实际出发,把加强基础教育、办好师范教育、发展职业技术教育和成人教育作为工作重点,努力提高民族教育质量,培养适量的高级人才。除文化教育水平较高的地区外,大部分少数民族聚居地区,应集中力量重点抓好小学教育,注意提高女儿童的入学率。从有利于民族发展和相互交流出发,重视双语教学,并从小学适当年级开始,学习汉语文。认真办好寄宿制中小学校、民族预科班和民族高等院校,培养适应民族地区需要的各类人才。

加强沿海和经济发达地区、内地学校对民族地区的对口协作支援,选调一些民族学生、教师和管理干部到内地学校进修提高。继续开展内地教师支边,为民族地区对口培养师资。要进一步做好智力援藏工作。

(六)坚持开放方针,促进国际教育交流与合作的进一步发展

要坚持中央提出的"按需派遣,德才兼备,保证质量,学用一致"的方针,继续完善有关政策法规,做好出国留学人员的选派、管理工作和留学回国人员的招聘和安置工作。积

极开展国际交流与合作，加强智力援外工作，选派一批教师出国任教。积极做好来华留学生的接受、培养工作和在华留学生的管理、教育工作。

五、着重抓好的几项主要工作和采取的措施

为了落实九十年代教育工作的基本指导方针和实现上述奋斗目标，需要着重抓好的几项工作和采取的措施是：

（一）加强学校党的思想和组织建设，理顺和完善学校思想政治工作的领导体制

要进一步明确学校党组织和校长的职责分工，配备好领导班子，发挥基层党组织的战斗堡垒作用和共青团、工会、学生会等群众组织的积极作用，建立、健全学生和教职工思想政治工作体制。高等学校原则上实行党委领导下的校（院）长负责制，中小学实行校长负责制，上级党委要加强对中小学党的工作和教育工作的领导。

要从管理机制上引导和促进加强学校思想政治工作，调整和完善招生、毕业生分配、职务评聘、工资晋级和出国留学的政策和规定，坚持正确的政策导向，切实体现培养德才兼备人才的精神。

建立、健全各项规章制度，从严治校，形成良好的校风和学风。要动员全社会关心和爱护青少年的健康成长，形成社会教育、家庭教育和学校教育相结合的新格局。

（二）深化教育改革，建立有活力的办学体制和管理机制

为满足社会对教育日益增长的需求，要逐步建立以政府办学为主体的社会各界共同办学体制。这种办学体制大体设想为：学前教育以社会各界办学为主；中小学教育以地方政府办学为主；职业技术教育和成人教育，除部分骨干学校由政府办学外，在当地政府统筹、支持下，城市主要由行业、企业、事业单位办学和各方面联合办学，农村由多方集资办学；高等教育以中央和省、自治区、直辖市两级政府办学为主。在加强和改善中央宏观管理的前提下，要加强地方管理职能，发展中央主管部门行业职能。中等以下的各类教育要给地方以更多的统筹权、决策权。高等教育要由中央和省级政府实行宏观管理和指导。通过立法和政策、计划、拨款、评估等手段，引导高等学校建立主动适应社会实际需要、自我约束的机制。

各省（自治区、直辖市）和有关部门要加强对城市、农村、企业、高等学校的综合改革，以及其他教育改革实验工作的领导，组织各部门密切合作，积极实施，认真总结、推广成功经验。继续推进农村“三教统筹”、“农科教结合”和“燎原计划”，把科教兴农落到实处。

要重视学校体育卫生国防教育工作，提高学生健康水平，增强国防观念。尤其要把小学、初中阶段学校的体育卫生工作抓好，采取措施保护学生视力，尽快使各地农村学校学生都能接受体育、卫生教育。

要加强教育与生产劳动相结合、学校同社会相结合，推动教育改革和教育质量的提高。企业和有关单位要支持帮助学校，尤其要帮助高等学校解决生产实习、社会实践活动中遇到的实际问题，共同担负起培养社会主义接班人的社会责任。

要根据现代化建设的实际需要，努力做好专门人才教育的层次、学科结构和专业结构的调整工作。专业结构调整是高等学校改革的重要内容，要在修订高等学校专业目录和做好专业点清理工作的基础上，统筹规划，合理调整。

要进一步完善相应的政策和办法，推动中央有关部门和各省、自治区、直辖市所属高等学校完成治理整顿任务，合理布局和结构调整，促进跨地区、跨部门的联合办学和校际

合作。中央部门要与地方协商，将其高等院校可为各省、自治区、直辖市培养人才的数量、科类告知地方，由地方根据人才需求和地方高等学校培养能力，统筹规划，制定适合地方需要的招生来源方案，通过招生和毕业生分配等环节，调整学校培养与社会需求的关系。

继续有步骤地推进大中专招生、毕业生分配制度的改革。在高中会考基础上，稳步推进高考制度改革。对由国家分配的高等学校毕业生，在人事制度未作相应改革前，仍实行按计划为主的分配办法；同时要在国家计划指导下，逐步实施在一定范围内，学校推荐、学生选报志愿、用人单位择优录用办法。高等学校、中等专业学校及技工学校，在保证全民所有制企事业单位用人需要的同时，要面向非全民所有制单位培养人才，积极进行毕业生不包分配的改革试点。

制订和健全有关教育法规，引导社会力量兴办职业技术教育和成人中小学教育、岗位培训和继续教育。

（三）加强高等学校科学技术工作，提高教育科学研究水平，努力为社会、经济发展服务

高等学校要充分发挥学科门类齐全、专家学者集中、新生力量聚集的优势，组织精干力量从事基础科学和应用科学的研究，积极承担国家科技攻关项目和提高科学技术水平的任务，为我国科学技术的发展做出更大的贡献。要面向经济建设，大力开展技术开发、推广应用和咨询服务，发展与地方、产业部门、研究机构的横向联系，建立多种形式的教学、科研、生产联合体，通过多种途径，努力为我国社会、经济发展服务。

要充分发挥重点高等学校教学、科研的骨干作用，使其在整体水平上逐步达到或接近世界水平。要加快国内研究生培养基地和大学教师进修基地的建设，特别是博士点建设。调整学位授权点的学科结构和地区布局，提高博士和硕士的培养数量和质量。要继续试行博士后教育，办好博士后流动站，造就高级专门人才。加强导师队伍建设，培养和造就新一代学术带头人和指导教师。

进一步加强高等学校社会科学学科的建设，充分发挥高等学校社会科学研究力量在国家政治、经济和思想文化建设中的作用。要坚持以马克思主义为指导，重点加强对建设有中国特色的社会主义重大理论问题和实际问题的研究，特别要加强对九十年代我国经济和社会发展以及改革开放中重大问题的研究，为社会主义物质文明和精神文明建设服务。切实加强哲学、社会科学研究队伍，尤其是中青年队伍的建设。

教育科学研究要以马克思主义为指导，加强对教育发展和改革中重大理论和实际问题的研究，加强对教育实践和历史经验的总结，继承和发扬教育的优良传统。密切教育科研同教育决策、教育实践的联系，发挥教育科研对教育改革实践的指导作用，逐步建立有中国特色的社会主义教育理论。

（四）切实加强教师队伍建设，认真办好师范院校

各地要制定教师队伍建设规划，健全教师管理法规，使管理工作有正确的导向，逐步法制化、科学化。要重视和解决高等学校骨干教师断层问题，加强中青年教师培养和学术梯队建设，坚持和完善教师参加社会实践的制度。办好教师进修院校，搞好继续教育。中小学教师培训以提高教育教学能力为主，同时重视学历达标，提高政治思想素质和业务能力。争取绝大多数小学教师到1993年，多数初、高中教师到1995年，都能达到国家要求的学历标准或取得专业考核合格证书。

各地应抓紧做好高等和中等师范院校的建设规划和基础教育、职业技术教育师资的

供需平衡工作。在安排"八五"计划时，要把加强师范教育和师资培训工作作为发展教育工作的战略措施，继续增加师范教育专款，加强师范院校建设，力争用五年或者再长一些时间实现师范院校办学条件标准化，在有条件的大城市和经济发达地区，试办面向小学的五年制师范。

师范院校要为基础教育服务。加强思想政治工作和学生专业思想教育，采取措施解决师范生生源和招生地区结构问题，培养合格的中小学教师。综合性大学和其他有关院校也应承担一定的师资培养、培训任务，鼓励非师范院校的大学毕业生到中、小学任教。建立相应的政策机制，提高毕业生的到岗率。

"八五"期间，有条件的高等院校应设立职业技术师范部(系)。各省、自治区、直辖市及有关部委要指定一批高等职业技术专科学校和普通中专学校，作为职业技术学校实习指导教师的培养和培训基地。要积极试办技艺型的高级职业学校，以培养高级操作人才和技能教师。

要逐步改善教师的工资、住房、医疗、保险状况，今后一个时期，尤其要在提高工资水平和改善住房条件方面取得实效。要改革教育系统工资制度，逐步建立符合教育特点的新的教师工资序列。要允许各省、自治区、直辖市根据国家的规定，制定本地区提高教师工资待遇的补充规定。鼓励学校根据自身条件，积极试行校内工资待遇改革。各级政府要制定改善本地区教师住房计划，采取优惠政策，逐步解决教师住房低于当地居民平均居住水平的问题。

改革教师职称制度，引导教师在本职岗位上教书育人，勤奋工作，积极奉献。对职业技术教育的技能师资，应视其特点制定相应的职称评审办法。中央和地方要制定奖励条例，开展尊师重教活动，对做出贡献的教师，给予精神和物质奖励。

要严格控制并逐步减少民办教师数量，给优秀的民办教师提供培训、深造的机会，杜绝新的不合格教师的产生。"八五"期间，国家和地方要采取措施，将一部分考核合格的民办教师转为公办教师。

(五)加强校舍和教学设施建设，改善办学条件

"八五"期间，各级政府要把改善学校和办学条件，首先是校舍建设列为重要工作，抓紧抓好，并在投资安排上实行倾斜政策，使教育基建投资有较多增加，使学校尽快达到规定的设置标准。各级各类学校要将教师住房，尤其要把高等学校中青年教师住房建设放在突出位置，并注意基础设施的建设和维护，消除隐患，确保教学秩序、工作秩序和师生安全。中小学校兴建新校舍、改造旧校舍的任务仍然十分繁重，要继续动员各方面的力量，增加教育基建投资。要做到新增危房当年解决。

中小学实验室建设，要视不同地区的财力和实施义务教育的进度进行规划。高等学校要加强基础实验室建设，购齐基本实验装备，力争开出基础课及专业基础课规定的全部教学实验。加强学生的基本功训练，提高实验操作能力，要重视教学仪器设备的开发生产，提高教学仪器的国产化水平。提倡自制教具，注意提高制作质量。

大力发展电化教育和远距离教学手段，国家计划发射一颗教育卫星，各地要积极建立卫星地面接收站，装备录、放像设备，逐步形成覆盖全国县、乡的电视教育网络。地方政府和有关部门应帮助中小学办好一批勤工俭学基地，并在生产经营劳动中给予必要的支持。高等学校要办好校办产业，重点发展高新技术产业，促进高校科技成果的商品化和产业化。

学校要继续改善后勤管理，提高服务水

平，保证各项任务的顺利完成。

（六）加强教材建设，重视图书管理工作

“八五”期间，高等教育教材工作要着重提高质量，适当发展品种，力争系统配套。要抓好高等专科教育各科的基础课和主要专业课教材的编审出版，坚持优秀教材的评奖制度。要继续做好中小学教材的编写、出版、发行工作，保证“课前到书，人手一册”。1995年前，国家教委要推荐几套适合不同学制、不同层次要求，各具特色的九年义务教育教材和若干种单科教材。编辑出版一批职业技术教育的系列教材。各地要注意加强乡土教材、地方性教材建设。

争取五年左右时间，城市中小学和农村完小以上学校都建立图书馆（室），高等学校图书馆要保证教学参考书的收藏并提供优质服务，逐步提高图书管理水平。

（七）努力增加教育收入，切实加强经费管理

根据《中共中央关于教育体制改革的决定》中提出的“两个增长”的原则和中央关于增加对教育投入的方针，中央和地方财政预算内安排的教育经费（含基建投资）应当逐年增长，并切实保证生均公用经费同步增长。“八五”期间，各级政府财政预算支出中教育经费所占比例，都应当逐步提高。中央部委和地方政府，也要根据教育事业发展的实际情况，建立教育专项资金，有计划、有重点地解决一些突出的问题。

继续调动社会各方面办学积极性，多渠道筹措教育资金。各地要加强城乡教育费附加征管工作。在严格执行国家政策原则前提下，继续提倡、鼓励群众捐资助学，设立各种教育基金。各地应按照学校的不同情况，适当调整学费、杂费标准。

要切实加强对教育经费的管理，认真贯彻勤俭办学的方针，厉行节约，反对铺张浪费，健全和完善财务管理法规、制度，把有限的教育经费管好用好，努力提高学校经费的使用效益。

（八）完善教育法规，加强评估和督导

要从我国的实际出发，总结历史的经验，加快教育立法步伐，制订出基本的教育法律和法规，争取到本世纪末，初步建立起具有我国特色的教育法规体系的框架。地方要从各自的实际出发，制定相应的地方性教育法规。要建立、健全教育评估、督导制度和教育行政复议制度，加强教育法制宣传，完善教育立法和执法监督系统，使教育工作逐步走上依法治教的轨道。

（九）加强对教育工作的领导和管理

各地方、各部门应当根据《中国教育发展和改革纲要（草案）1990—2000年（送审稿）》和本规划要点精神，结合各自的实际，在认真调查研究的基础上，制订好本地区、本部门教育事业十年规划和“八五”计划，并把它纳入地区、部门的经济建设和社会发展的中长期规划和年度计划，认真组织实施，加强检查和监督，在执行中发现问题及时解决，使教育规划真正成为对教育事业进行宏观调控的有力手段。

教育事业是全党全民的事业，必须得到各级政府和各部门、社会各方面的全力支持。各级政府要像抓经济工作那样抓教育、保教育，进一步加强对教育工作的领导和管理。各级教育领导部门应更加自觉地贯彻执行党的基本路线，努力落实各项方针政策和具体措施，加强教育管理改革和宏观指导工作，增强教育管理决策的科学性，使我国的教育事业沿着持续、稳定、协调发展的轨道前进。

国家教委 1992 年工作要点

一、关于 1992 年工作的基本思路

党的十一届三中全会以来，党中央、国务院对我国教育事业的改革和发展作出了一系列重要决定和指示，教育工作的主要方针、任务和政策已经明确。教育事业“八五”计划和十年规划已经制定并开始实施。九十年代，教育战线要适应社会主义现代化建设的需要，要迎接世界经济竞争和科技革命的挑战以及和平演变战略的挑战。各部门、各地区要密切结合实际，扎扎实实地抓好各项工作的落实，进一步深化改革，以促进教育事业在“八五”期间和九十年代有一个新的发展，并且将提高教育质量放到突出位置，把整个教育工作提高到一个新水平。

1992 年，各地各级教育行政部门要认真贯彻执行党的基本路线和中央工作会议以及八中全会的精神，全面组织实施教育事业“八五”计划和十年规划，保证教育事业持续、稳步、协调发展。

近两年来，各级各类学校的德育和思想政治工作有所加强，师生思想政治面貌发生了可喜的变化，但还要作长期艰苦的努力。一定要进一步加强教育战线党的建设和思想政治工作，进一步落实德育在学校工作中的首要位置，从根本上保证教育的社会主义方向，保证教育改革和教育事业发展顺利进行。

根据中央关于加强大中型国营企业、农业和农村工作的精神，要结合经济体制改革和科技体制改革的进展，扩大并深化城市、农村教育体制的综合改革和高等教育体制的改革，并相应深化各级各类教育的改革。

要继续落实教育的战略地位，继续增加对教育的投入，坚持多渠道筹措教育经费，进一步改善办学条件和教师待遇，保证教育事业优先发展。要增强质量意识，抓紧各级各类学校教师、干部队伍的建设，加强教材和教学条件等的建设，加强管理工作，以保证教育质量的提高。

各级教育行政部门要改进工作作风和工作方法，善于深入实际，抓住教育工作前进中出现的关键问题加以解决。对发展教育困难较多的地方，要加强调查研究，给以支持和指导。要认真实行分类指导，抓好典型，推动全局。

二、关于农村教育综合改革和城市教育综合改革

1．召开全国第三次实施“燎原计划”和河北农村教育改革试验区工作会议，广泛推广“农科教统筹结合”和“三教统筹”的经验，提高 116 个农村教育综合改革实验县水平，扩大实施“燎原计划”县、乡的范围。推广云南等地的做法，促进西部、西南部地区的农村教育综合改革。研究支持贫困县教育发展的有关方针和政策。修定《农村教育综合改革实验区工作指导纲要》。

2．落实全国城市教育综合改革经验交流会的精神，进一步总结推广沈阳、常州、无锡、苏州等市的综合改革经验，推动各省、自治区城市教育综合改革工作的开展。制定《城市教育综合改革工作指导纲要》。

3. 总结101个国营大中型企业教育改革试点经验，不断提高试点水平，稳步扩大试点范围。制定《企业教育综合改革工作指导纲要》。

三、关于基础教育

1. 进一步加强中小学德育和教职工的思想政治工作。

开展调查研究，总结推广经验，理顺各地加强中小学干部、教师思想政治工作的领导管理体制。研究制定中小学干部、教师学习马列主义基本理论的方案。继续推动中小学干部、教师学习社会主义理论。贯彻《中小学教师职业道德规范》，加强师德教育。

继续落实中小学加强中国近代史、现代史及国情教育的各项措施。颁布中学和小学德育纲要。制订新的中小学思想政治课教学大纲。深入研究提出加强重点高中学生思想政治教育的意见。对中小学生加强无神论教育和民族团结的教育。

贯彻国务院批转的关于创造良好社会教育环境保护中小学生健康成长的文件，发布国家教委表彰中小学德育工作先进市的决定，交流加强中小学德育工作的经验，推动各地加强校外教育和综合治理，使在校学生犯罪率继续下降。

组织各省、自治区、直辖市对中小学德育工作落实情况进行督导检查。

2. 积极推动九年义务教育的实施。

配合全国人大完成对《义务教育法》贯彻情况的检查。

宣传贯彻《义务教育法》及即将颁布的《细则》，组织各地对教育行政部门有关人员进行贯彻《细则》的培训。积极推动不同类型地区因地制宜地实施不同阶段的义务教育。重点支持和推动困难地区实施初等义务教育。完成九年义务教育教学计划和教学大纲的修订及有关教材的审定，做好1993年全面推行的各项准备工作。

3. 深化基础教育改革，大力提高教育质量。

有计划地扩大“五四”学制的区域性试验，做好基本学制的论证工作。研究在实行“六三”学制地区，将初中部分课程转到小学六年级讲授的方案，并组织试验。

大力推广沈阳等地初中招生改革的经验和有关省高中招生改革的经验，完善并全面推行高中毕业会考制度。研究相应改革高考制度的方案。

推广一批教学改革的成功经验。

加强重点高中的工作，研究重点高中端正办学指导思想，全面贯彻教育方针，提高教育质量等有关问题。

总结推广典型经验，推动农村初中的改革，促进农村初中教育适应当地经济和社会发展的需要。

协助山东等地，研究全面提高教育质量的措施。

继续加强艺术教育。

4. 检查对幼教法规及《关于加强与改进学前班工作的意见》的贯彻落实情况。

落实八部委关于切实做好“八五”期间残疾人教育工作的通知精神，交流盲童与弱智儿童随班就读经验，采取措施，努力提高残疾儿童入学率。

5. 认真贯彻落实《教育督导暂行规定》。继续健全县以上各级督导机构。在督导评估的基础上，总结表彰一批认真贯彻教育方针，全面提高教育质量的先进学校。

6. 进一步加强教师、干部工作和师范教育。

开展调查研究，筹备召开中小学教师和干部工作会议。

制定《关于加强中小学师资队伍建设的意见》和《关于进一步改善和加强民办教师工

作若干问题的意见》。

继续开展对全国百万中小学校长的培训。继续有计划地对在职中小学教师进行业务培训。

继续深化教师职称改革工作。制定《中小学教师职级条例》,选择并指导有条件的地区进行试点。

加强师范学校的建设,重点改善师范专科学校的办学条件,加快培养合格的初中教师。深化师范院校公共教育课程的改革,制定《教育学教学指导纲要》和《高等师范院校学生的教师职业技能基本要求》,颁发中等师范学校和师范专科学校规程。加强对学生的师德教育和作为教师的基本功训练。

四、关开职业技术教育

1. 修订发布《关于加强中等职业技术学校德育工作的意见》,在学生中深入开展中国近代、现代史教育和国情教育以及职业道德教育。研究并组织中等职业技术学校政治课新教材的编写工作。加强学生实习与社会实践活动。继续开展“学雷锋为民服务周”活动。

2. 贯彻落实《国务院关于大力发展职业技术教育的决定》,制定贯彻《决定》的具体意见。草拟《中国职业技术教育条例》。

3. 在继续推进中专学校招生、毕业生分配制度改革的同时,全面深化中专教育改革。制定《中专学校专业目录》。深化城乡职业技术教育改革。

4. 制定标准,开展评估检查,促进各类骨干职业技术学校的建设。研究制定职业技术教育师资培养培训规划。依托高等学校,建立职业技术教育师资和干部培养培训基地。制定中等职业技术教育“八五”教材建设规划。总结推广职业技术学校生产实习基地建设的经验。

5. 总结试点经验,对举办高等职业技术教育进行调查研究,提出改进意见。

五、关于成人教育

1. 根据成人学历教育的特点,研究加强学员所在单位对学员加强思想政治工作和职业道德教育的原则与措施。

在调查研究的基础上,规范成人高、中等学校政治理论课的设置。

2. 认真贯彻《关于进一步加强扫除文盲工作的意见》,坚持不懈地抓紧、抓实扫盲工作。年内完成扫除400万青壮年文盲的任务。重点抓好几个任务比较重、困难比较大的地区和经济文化发达地区高标准扫盲试点工作。研究配套措施,把扫盲工作落实到村。在调查研究的基础上,向国务院提出关于《扫除文盲工作条例》的补充意见,提高对扫盲工作的要求。

3. 贯彻《关于大力发展乡(镇)、村农民文化技术学校的意见》,总结交流办学经验,重点推动乡级农民文化技术学校的建设。

4. 大力推动岗位培训工作。贯彻《关于加强岗位培训管理工作的意见》,修改颁发《建立岗位培训制度的总体规划和实施意见》。研究岗位分类及管理分工,会同国务院各综合部门和行业主管部门研究在岗位培训中的职责分工与配合。制定岗位培训考核发证和岗位培训教材编写原则意见,开展关于建立职业资格证书考核制度的试点。

5. 召开全国成人高等教育工作会议,总结经验,表彰先进,进一步明确成人高等教育的特点及其在整个高等教育中的地位和作用,端正各种形式的成人高等教育的办学指导思想,促进成人高等教育面向实际需要,提高质量,健康发展。

在合理调整成人高、中等教育布局的基础上,开展评估工作,充实办学条件,保证培养规格和质量。加强成人高教管理,完善规章制度,制定颁发有关文件。

调整函授教育布局和专业设置,加强函

授站的建设和管理。

在总结《专业证书》教育复查清理工作的基础上，研究改进继续试点的实施意见。

6. 加强对社会力量办学的指导和管理，起草《社会力量办学条例》。

贯彻全国高等教育自学考试指导委员会第三次会议精神，搞好自学考试工作。研究提出解决自考、函授、电大相互沟通问题，并搞好试点。

六、关于高等教育

1. 进一步加强高等学校党的建设和思想政治工作。

召开第三次高校党建工作会议。继续加强高校领导班子的思想作风建设和教师党支部的建设。抓好 109 所高校领导班子的调整和领导干部及后备干部的政治轮训。

充分利用我国人民建设有中国特色的社会主义的成就和前苏联、东欧演变的后果，以正面教育为主，重点加强社会主义信念的教育。引导师生提高对垄断资本主义和民主社会主义本质的认识，加深对反对资产阶级自由化和抵御和平演变的认识。

制定加强高校教师思想政治工作和青年教师思想政治培训的意见，以及高校教师思想政治考核标准。高度重视并采取有力措施，缓解高校教师住房紧张的状况。制定《高等学校教师职务条例》，研究职务岗位宏观控制办法，深化职称等项改革，完善政策导向。

研究进一步加强高校学生思想教育课程建设的意见，拟定高校学生德育考核办法。继续促进高校学生社会实践活动和创“三好”活动的开展。继续做好稳定学校局势的工作。

2. 研究落实“八五”期间重点高校、重点学科建设的规划和实施方案。

进一步调整高校布局，重点会同 15 省市做好调整方案。

检查验收普通高等学校充实整顿工作，公布全国普通高等学校名单。组建高等学校设置评议委员会，提出工作方案。抓紧研究高等学校的审批工作。

修定汇总普通高等学校本科专业目录，并提出实施意见。

3. 进一步深化高教领域的各项改革。交流校内管理体制改革试点工作经验，稳步扩大试点学校。

加快文科教学改革。调整文科教学方案，修定文科教学指导纲要，抓好文科骨干课程教材的统编工作。在依靠教师自觉地进行学科清理的同时，加强学科建设。进一步提出深化普通高等学校管理类专业改革的意见。进一步加强全国高等农林教育工作，加快农、林、医和师范教育主动适应农村经济发展的改革步伐。

积极推进普通高校教育评估试点工作。组织直属高校办学水平的综合评估试点。

继续在部分高校进行招收劳动模范和有实践经验学生的试点和调研工作，改革招生与毕业生分配制度，解决专科学校毕业生面向农村、面向基层以及为乡镇企业服务的问题。

进一步推进研究生教育和学位工作改革。切实抓好高校博士点和重点学科建设。积极推进研究生兼任助教、助研、助管的试点工作。开展对前三批博士、硕士学位授权点的工作质量核查与评估。

4. 筹备召开全国高等教育工作会议，总结经验，进一步推动“二十四字”工作方针的贯彻落实，研究高校如何进一步坚持社会主义办学方向，大力提高教育教学质量等“八五”计划确定的任务。

5. 贯彻落实国务院批转的《关于加强高等学校科学技术工作的意见》，进一步组织高校投入国民经济建设的主战场。积极促进科技成果的转化，制定颁发《关于加强高等学校科技成果推广应用工作的决定》。

贯彻《高校校办产业若干问题暂行规定》。制订委属高校"八五"科技产业发展计划。

组织高等学校积极参与科技经济开发区和科技园区的工作，参与上海浦东的开发。推动高校参与国营大中型企业的技术开发、技术改造和引进项目的消化工作。研究推动高校科技力量参与农业现代化建设的有关工作。筹建中国高校科技开发集团公司。

七、关于教育对外交流合作和留学生工作

1. 进一步加强教育外事干部队伍的建设，统一广大干部在对外交流中，面对急剧变化的国际形势，坚持社会主义方向问题的认识。

2. 继续贯彻中央关于对非洲智力援助的方针，落实对非洲高校的智力援助项目，制定有关文件。

3. 积极开展对国外教育界友好人士的工作，有计划地邀请国外重点大学校长、教授及重点知名人士来华访问。在来华专家和留学人员中加强友好工作。加强对国外汉学家的友好工作。

4. 总结试点单位的选派工作经验，完善选拔出国留学人员的政治、业务综合考核办法，继续切实贯彻"按需派遣，德才兼备，保证质量，学用一致"的出国留学工作方针。

5. 加强对国外留学人员的服务、教育、管理工作。在几个主要国家筹建留学服务中心。

商人事部筹备召开留学人员回国工作会议，重点研究制定留学回国人员安置中的有关政策及其具体措施。

6. 贯彻落实来华专家教师管理规定。制定来华留学生管理规定。

7. 进一步完善对外汉语教师的资格审查工作，扩大派遣，在国外举办汉语教学点。

8. 支持国内一批重点研究单位，加强对俄、东欧及第三世界和发达资本主义国家的研究。

八、关于综合性工作

1. 加强教育立法和执法工作。贯彻实施《未成年人保护法》。争取发布《特殊教育条例》。修改《教育法》草案，草拟《普通高等学校工作条例》及其它行政法规。

2. 制定关于表彰优秀教师和举行庆祝教师节活动的规范性文件。会同有关部门提出解决教育系统工资、住房、医疗和退休问题的方案或思路。

3. 总结推广多渠道筹措教育经费的做法与经验，召开第三次全国多渠道筹措教育经费、改善中小学办学条件现场会。抓好灾区和城镇中小学校舍的重建与改造工作。加强对中小学校舍、设备的维护、管理工作。

4. 会同民委召开全国民族教育工作会议，并做好会议精神的贯彻落实工作。召开第三次智力援藏工作会议。继续加强对民族地区教育工作的调查研究和指导，开展对民族贫困县的教育扶贫试点。进一步加强和完善对内地西藏班的管理，作好西藏班首届毕业生分配和首届高中毕业生升学工作。

5. 加强党的纪检、行政监察和教育审计工作。

继续贯彻党的纪检工作的有关文件，建立、健全各级纪检机构；贯彻《中华人民共和国行政监察条例》，充分发挥纪检监察部门的职能作用，加强教育系统的党风与廉政建设。继续抓好治理"三乱"、纠正行业不正之风工作。

召开教育审计工作会议，全面贯彻落实《教育系统内部审计工作规定》，切实加强对各项办学资金收支管理及使用效益的监督。

6. 重视和加强教育科研工作，使教育科

研和教育改革与发展的重大理论及实际问题结合起来。进行关于地方政府教育统筹权决策权、大专毕业生面向农村、初中后教育结构体系、高等教育为地方经济社会发展服务等课题的调研。

进一步完善和认真执行新的教育统计指标体系，加强教育统计信息工作。

7. 加强各类电教教材建设，争取开通卫星教育电视三频道，推动地方加强教育电视台网的建设。

8. 会同卫生部召开全国学校卫生工作会议，加强对学生视力低下、肠道寄生虫、贫血、龋齿等常见病的防治工作。根据全国学生体质健康小样本监测结果，加强学校体育卫生的科学研究工作，提出改进学校体育与卫生工作的措施。

检查委属高校《大学生体育合格标准》试行情况，制订高校体育课程教学纲要。总结推广《中学生体育合格标准》和中考加试体育的试点经验。筹备并召开第四届全国大学生运动会。

修订颁布《学校国防教育条例》，加强对学生的国防教育。

国家教委 1992 年工作会议

国家教委 1992 年工作会议于 1992 年 1 月 7 日至 10 日在北京召开。这次会议的重要任务是：交流省、自治区和直辖市在改革发展教育方面成功经验；研究讨论国家教委关于教育事业十年规划和“八五”计划；部署国家教委 1992 年主要工作。

参加会议的人员有：各省、自治区、直辖市和计划单列市人民政府主管教育工作的负责同志，教委主任，部分省、市委教育工委、高校工委书记及国务院有关部委教育司(局)长和国家教委的兼职督学，共 120 余人。

中共中央政治局委员、国务委员兼国家教委主任李铁映出席了这次会议，并就今后教育改革与发展的指导思想作了重要谈话。李铁映强调指出：教育是关系国家前途、民族命运的大事，要向社会进一步做好宣传工作；办教育，不是给人民加负担，而是给人民造福；要进一步深化教育改革，教育改革要坚持具有中国特色的社会主义方向，要有利于坚持四项基本原则，有利于培养社会主义事业的建设者。高等学校的改革要在地方党委和所属部委的领导下，积极地、有计划地进行。一定要保证高校的稳定，这是国家建设的需要。

1 月 9 日下午分组讨论。1 月 10 日上午，兼任国家教委委员的国务院有关部委的领导作了专题发言。人事部副部长程连昌介绍了近年来在改善教师待遇方面已采取的措施及今后工作的思路；国务院生产办公室副主任张彦宁谈了职工在职培训问题；劳动部副部长李沛瑶讲了劳动制度改革和发展技工教育的有关问题；国家民委副主任江家福介绍了几年来我国民族地区教育工作的成就和今后的工作任务；国家体委副主任刘吉就学校体育和竞技体育工作谈了意见；受国家科委副主任朱丽兰的委托，国家科委基础研究与高技术司副司长冯思健作了关于高等学校在发展我国科技方面的重要地位和作用的发言。

1 月 10 日下午，李鹏、姚依林、田纪云、邹家华、朱镕基、李铁映、王丙乾、陈俊生、陈希同等国务院领导同志到会看望了出席国家教委 1992 年工作会议的全体同志。李鹏总理作了重要讲话。在同日下午的会议闭幕式上，国家教委副主任王明达、柳斌分别就燎原计划的有关问题和基础教育工作、语言文字工作等做了讲话。国家教委党组书记、副主任何东昌作了会议总结。

会后，国家教委印发了《国家教委 1992 年工作要点》和《何东昌同志在国家教委 1992 年工作会议上的总结讲话》。

撰稿人　海　滨

审稿人　张保庆

教育综合改革与管理

教育事业在改革中蓬勃发展

1992年，教育战线积极贯彻邓小平同志南巡谈话和党的十四大精神，改革开放步伐加快，各级各类教育蓬勃发展。统计结果表明，1992年我国教育发展势态良好，研究生和本专科教育发展明显加快；职业技术教育有所加强；职工、农民职业技术培训迅速发展；普及九年义务教育稳步推进；高中教育的普及面扩大；特殊教育得到较大发展；幼儿教育取得可喜进展；扫盲教育成果继续巩固。

一、普通高等教育

普通高等教育发展加快，1992年招收本专科学生75.41万人，比上年增加13.43万人，年增长率为21.66%。其中：本科招生34.98万人，专科招生40.43万人，本专科招生比例由上年的1∶0.88提高到1∶1.15。本专科在校生218.44万人，比上年增加14.07万人，年增长率6.89%。其中：本科生132.95万人，专科生85.49万人，本专科在校生的比例由上年的1∶0.55提高到1∶0.64。本专科毕业生共60.42万人，其中：本科33.21万人，专科27.21万人。

研究生教育有所发展，1992年招生达3.34万人（博士生0.5万人，硕士生2.83万人），比上年增加0.37万人，增长率为12.5%。在校生9.42万人，毕业生2.57万人。

普通高校招生数中，国家计划招生55.30万人，与上年基本持平。招收自费生和委培生20.12万人，比上年增长1.9倍，占招生总数的比例由上年的11.2%提高到26.6%。

本专科招生的科类结构有变动。招生比例提高的科类是：财经、文科、工科、艺术；降低的科类是农科、林科、医药、师范、理科、体育，政法与上年基本持平。各科招生人数增减情况如下表：

单位：%

	1991年	1992年	1992年比1991年增减
总计	100	100	0
工科	34.61	34.95	+0.34
农科	4.04	3.82	−0.22
林科	0.99	0.94	−0.05
医药	7.89	7.81	−0.08
师范	29.64	27.61	−2.03
文科	4.57	4.96	+0.39
理科	3.95	3.82	−0.13
财经	10.83	12.53	+1.70
政法	1.92	1.92	0
体育	0.62	0.60	−0.02
艺术	0.94	1.04	+0.10

1992年全国普通高等学校教职工101.36万人，比上年增加0.47万人。其中，

专任教师由上年的39.08万人减少到38.76万人，减少0.32万人。师生比由上年的1∶5.23提高到1∶5.64，专任教师中高级职称比例由上年的25.46%提高到26.86%。

由于招生增加，学校在校生规模由上年的1901人/校增加到2074人/校。其中高等专科学校从953人/校增加到1051人/校；本科院校从2542人/校增加到2677人/校。普通高校校舍建筑面积增加524.42万平方米，生均校舍面积由1991年的44.3平方米减少到40.13平方米（用折合学生数计算）。

统计结果表明，1992年高等教育的形势是好的，不仅规模增大、层次结构、科类结构趋于合理，而且委托培养、自费生的比例和师生比都有提高。但是也存在若干值得注意的问题，如：有些地区扩招人数较多，增长过快，校外办学点增多；有的不顾客观实际，盲目扩大招生，招生秩序比较混乱，宏观上失控；教师队伍流失严重等。

二、基础教育

1992年全国有小学712973所，小学入学人数达到2183.2万人，比上年增加110万人。7～11周岁学龄儿童入学率达到97.95%，比上年提高0.11个百分点。女儿童入学率为96.98%，比上年提高0.02个百分点。小学在校学生数达到12201.28万人，毕业生为1872.35万人。初中招生1491.70万人，其中：普通初中招生1465.01万人，比上年增加53.7万人，职业初中招生26.68万人，比上年增加近3万人，初中招生比上年增加56.54万人，12～15周岁学龄人口入学率达66.91%。初中女学生入学率为64.01%。初中在校学生达到4122.29万人，其中，普通初中4065.91万人，职业初中56.38万人；初中在校生比上年增加109.31万人。小学毕业生升学率达到79.67%，比上年提高1.96个百分点。普通初中学生辍学率为5.78%，比上年度的5.38%增加0.4个百分点。1992年高中阶段教育共招收学生426.91万人（未包括技工学校），比上年增加10.33万人。普通高中招生由上年的243.82万人减少到234.73万人，减少9万人；在校生为704.89万人，毕业生226.13万人。

中小学办学条件进一步改善，全国中小学（含职业中学）校舍建筑面积达到75845.09万平方米，其中1992年新建校舍2831.84万平方米；危房比例由上年的2.75%下降到1.96%。

中小学教职工增加，小学教师减少。全国普通中学教职工数达411.26万人，比上年增加5.81万人；其中：专任教师314.11万人（初中256.5万人，高中57.61万人），比上年增加5.11万人。小学教职工数略有增加，达到619.9万人，比上年增加0.55万人；其中：专任教师略有减少，由上年的553.22万人减少到552.65万人，减少0.57万人。

幼儿教育有所发展，全国有幼儿园17.25万所，比上年增加0.8万所。在园幼儿达到2428.21万人，比上年增加218.92万人。幼儿园教职工达112.14万人，比上年增加近6万人，专任教师81.5万人，比上年增加4.6万人。

特殊教育有较大发展，全国特殊教育学校达到1077所，比上年增加191所；当年招生2.95万人，比上年增加0.97万人；在校生12.95万人，比上年增加4.45万人。特殊教育教职工为2.7万人，比上年增加0.4万人；其中，专任教师1.85万人，比上年增加0.25万人。

三、职业技术教育

中等职业技术教育进一步发展，占整个高中阶段教育的比重继续增加。1992年高中阶段职业技术教育招生占高中教育的比重已达到53.8%，在校生比重达到49.2%。其中：

中等专业学校招生87.92万人(中等技术学校63.84万人,中等师范学校24.08万人),比上年增加9.93万人,增长12.72%;在校生为240.84万人(中等技术学校174.28万人,中等师范学校66.56万人),比上年增加13.1万人,增长5.75%。技工学校招生60.18万人,比上年增加5.73万人,增长10.52%;在校生155.6万人,比上年增加13.39万人,增长9.4%。职业高中招生125.46万人,比上年增加11.46万人,增长10.05%;在校生286.38万人,比上年增加23.16万人,增长8.8%。职业初中招生26.68万人,比上年增加2.86万人,增长12.01%;在校生56.38万人,比上年增加4.05万人,增长7.74%。

中等专业学校招生科类结构有所调整。招生比例提高的科类是财经、工科、农科、林科、艺术,降低的科类是师范、医药、政法、体育。各科招生变动情况如下表:

单位:%

	1991年	1992年	1992年比1991年增减
工科	24.28	25.11	+0.83
农科	6.26	6.59	+0.33
林科	1.10	1.12	+0.02
医药	12.15	12.01	-0.14
财经	19.40	20.25	+0.85
政法	2.82	2.77	-0.05
体育	1.28	1.27	-0.01
艺术	1.78	1.82	+0.04
其它	1.00	1.17	+0.17
师范	29.93	27.89	-2.04

职业高中招生科类结构也有所调整,招生比例提高的科类是:财经、医药、其他。降低的科类是:农科、林科、政法、体育、艺术、师范。各科招生变动情况如下表:

单位:%

	1991年	1992年	1992年比1991年增减
工科	27.36	27.25	-0.11
农科	20.33	16.96	-3.37
林科	4.08	3.07	-1.01
医药	4.81	5.81	+1.00
财经	13.21	15.65	+2.44
政法	0.29	0.24	-0.05
体育	0.47	0.45	-0.02
艺术	3.23	3.20	-0.03
其它	22.68	23.84	+1.16
师范	3.54	3.53	-0.01

中等专业学校教职工数继续增加,达到50.3万人,比上年增加0.91万人,专任教师达到23.51万人,比上年增加0.28万人。其中:中等师范学校专任教师略有减少,由上年的5.72万人减少到5.7万人。

职业中学教职工数达到37.63万人,比上年增加1.79万人,其中:专任教师24.8万人,比上年增加1.33万人。

四、成人教育

成人高等学校共1198所,招生数达到59.17万人(包括成人学校普通专科班招生3.57万人),比上年增加12.62万人,增长27.11%,其中:本科5.55万人,专科53.61万人。成人高等学校在校生达147.87万人;毕业生51.77万人。

各类成人高校招生与上年比较：

单位：万人

	1991年	1992年	1992年比1991年增减
总　　计	46.55	59.17	+12.62
广播电视大学	8.63	11.61	+2.98
职工高等学校	8.65	8.46	−0.19
农民高等学校	0.01	0.02	+0.01
管理干部学院	2.48	3	+0.54
教育学院	6.03	7.65	+1.62
独立函授学院	0.34	0.52	+0.18
高校函授部	13.22	17.46	+4.24
夜大学	4.82	6.23	+1.41
干部专修科	0.47	0.64	+0.17
普通专科班	1.90	3.57	+1.67

从上表可以看出：在成人学历教育中电大、函授、夜大招生增长比较快，职工高校比上年略有减少。

成人高校教职工数为20.6万人，与上年基本持平，其中：专任教师也有减少，由上年的8.92万人减少到8.89万人。

成人中等专业学校招生有较大增加，招收学生71.31万人，比上年增加6.11万人，增长率为9.39%；在校生达174.43万人，比上年增加6.39万人；毕业生48.66万人。成人中等学校中，教师进修学校、函授中专、农民中专、干部中专分别比上年增招3.59万人、2.49万人、1.14万人、0.98万人；电视中专、职工中专分别比上年少招1.92万人、0.24万人。

成人技术培训学校继续快速发展，招生4541.84万人次（其中：职工技术培训学校招生585.31万人次，农民技术学校招生3956.53万人次），比上年增加1074.21万人次，增长31%。

成人文化补习学校相应减少，成人中学学校数为6071所，比上年减少660所；招生人数53.99万人，比上年减少22.18万人；在校生68.82万人，比上年减少21.05万人。成人小学校数为45639所（未包括扫盲），比上年增加654所；招生243.40万人，比上年减少19.46万人；在校生276.18万人，比上年减少14.52万人。

扫盲教育成果继续巩固，全年扫除文盲523.31万人，目前有552.71万人参加扫盲学习。扫盲教育教职工数达9.65万人，其中：专任教师2.79万人。

撰稿人　林志华

审稿人　徐敦潢

附 1992年各级各类教育发展统计

1992年各级各类普通学校基本情况 单位：万人

	学校数（所）	毕业生数	招生数	在校学生数	教职工数 计	其中：专任教师
普通高等学校	1053	60.42	75.41	218.44	101.36	38.76
普通中等学校	102271	1545.31	2000.19	5510.49	533.2	377.44
中等专业学校	3903	74.3	87.92	240.84	50.3	23.51
技工学校	4392	45.70	60.18	155.60	33.65	14.86
普通中学	84021	1328.38	1699.74	4770.8	411.26	314.11
职业中学	9860	96.72	152.14	342.76	37.63	24.8
工读学校	95	0.21	0.21	0.49	0.36	0.16
小学	712973	1872.35	2183.20	12201.28	619.90	552.65
特殊教育学校	1077	0.89	2.95	12.95	2.70	1.85
幼儿园	172506	1348.44	1627.55	2428.21	112.14	81.50

1992年各级各类成人学校基本情况 单位：万人

	学校数（所）	毕业生数	招生数	在校学生数	教职工数 计	其中：专任教师
成人高等学校	1198	51.77	59.17	147.87	20.59	8.89
成人中等学校	294959	5055.72	4667.15	3934.45	54.77	24.72
成人中等专业学校	4776	48.66	71.31	174.43	20.49	10.54
成人中学	6071	48.55	54.0	68.82	3.91	2.19
成人技术培训学校	284112	4958.51	4541.84	3691.2	30.37	11.99
成人初等学校	157038	755.35	727.78	828.89	14.01	4.54

1992年普通高等学校规模 单位：所

学校数	300人及以下	301人至500人	501人至1000人	1001至1500人	1501人至2000人	2001人至3000人	3001人至4000人	4001人至5000人	5001人及以上
1053	43	54	202	219	152	184	88	36	75

1992年普通高等学校设置专业数 单位:个

	合计	工科	农科	林科	医药	师范	文科	理科	财经	政法	体育	艺术
种数	812	366	53	17	25	42	69	123	45	12	13	47
个数	13556	4830	679	152	585	3079	1031	879	1597	200	60	464

1992年普通高等学校校数和教职工数 单位:人

	学校数	教职工数						
		计	其中:专任教师					
			小计	教授	副教授	讲师	助教	教员
总计	1053	1013553	387585	18559	85548	157343	103681	22454
综合大学	59	122302	46785	3032	11881	19195	10438	2239
理工院校	288	409803	142872	7307	34795	60823	32498	7449
农业院校	58	67710	23435	1158	5285	9169	6584	1239
林业院校	11	10551	4144	180	999	1676	1172	117
医药院校	121	110556	43169	3421	8338	16037	12511	2862
师范院校	253	170584	75060	1916	14596	29787	23957	4804
语文院校	14	11125	4541	188	1069	2013	1073	198
财经院校	82	48093	20204	581	3539	7964	6805	1315
政法院校	25	12584	4686	163	767	1960	1430	366
体育院校	15	7470	3360	137	760	1487	910	66
艺术院校	31	12220	5551	296	1277	2057	1417	504
民族院校	11	10570	4332	92	834	1916	1209	281
短期职业大学	85	19985	9446	88	1408	3259	3677	1014

1992年各级普通学校中女学生数和女教师数 单位:万人

	女学生		女教师	
	人数	占学生总数的%	人数	占学生总数的%
普通高等学校	73.6	33.7	11.6	29.9
中等技术学校	74.5	42.7	7.2	40.4
中等师范学校	36.6	55	2.1	36.8
普通中学	2056.5	43.1	104.5	33.3
职业中学	158.2	46.1	8.3	33.5
小学	5685.6	46.60	245.9	44.50

1992年各级普通学校中少数民族学生数和教师数

单位:万人

	少数民族学生		少数民族教师	
	人　数	占学生总数的%	人　数	占学生总数的%
普通高等学校	15.3	7	1.9	4.9
中等技术学校	12.7	7.3	1.1	6.2
中等师范学校	7.1	10.7	0.5	8.8
普通中学	320.9	6.7	20	6.4
职业中学	18.4	5.4	1.3	5.2
小学	1122.3	9.20	47.6	8.60

1992年分科类研究生数

单位:人

	毕业生数	招　生　数	在学研究生数
总　计	25692	33439	94164
其中:博士生	2528	5036	14558
硕士生	23015	28312	79417
研究班学生	149	91	189
哲　学	387	449	1372
经济学	1524	2191	6202
法　学	918	1399	3928
教育学	544	604	1683
文　学	1331	1647	4731
历史学	437	603	1669
理　学	5243	6509	18737
工　学	11642	15477	43195
农　学	921	1197	3248
医　学	2745	3363	9399

1992年普通高等学校分科学生数

单位:人

	毕业生数	招　生　数	在校学生数
总　计	604223	754192	2184376
工　科	207007	263580	802366
农　科	24922	28833	88193
林　科	5467	7046	21001
医　药	45664	58915	214285
师　范	179343	208260	547199
文　科	28674	37423	101375
理　科	25877	28802	88885
财　经	65749	94508	244414
政　法	12404	14494	42849
体　育	3869	4523	13834
艺　术	5247	7808	19975

1992年普通高等学校工科分大类学生数 单位:人

	毕业生数	招生数	在校学生数	
			人数	比例
总计	207007	263580	802366	100.00%
地质	6563	8839	24608	3.07%
矿业	6281	10906	27554	3.43%
动力	9209	10777	35157	4.38%
冶金	5682	6177	21373	2.66%
机械	49162	59776	193035	24.06%
电机、电器	6254	8556	24188	3.01%
无线电技术及电子学	39706	55588	159986	19.94%
化工	17175	21812	68271	8.51%
粮食食品	5542	6368	20153	2.51%
轻工	7013	8753	26587	3.31%
测绘、水文	1999	2493	7312	0.91%
土木建筑	34815	38696	121986	15.20%
运输	4710	6617	20309	2.53%
通讯	3370	4715	13508	1.68%
其他	9526	13507	38339	4.78%

1992年中等专业学校分类别学校数和教职工数 单位:人

	学校数(所)	教职工数					
		计	其中:专任教师				
			小计	高级讲师	讲师	助理讲师	教员
总计	3903	503000	235134	22374	73020	97451	42289
中等技术学校	2984	396626	178086	16838	57920	73077	30251
工业学校	908	161813	68658	7234	23457	28910	9057
农业学校	377	50041	21685	2321	6345	8753	4266
林业学校	52	8166	3491	402	1019	1547	523
医药学校	551	67387	30562	3243	10449	11891	4979
财经学校	550	58960	27999	1791	8201	12657	5350
政法学校	133	13423	5633	348	1628	2506	1151
体育学校	168	13913	7172	432	2299	2465	1976
艺术学校	146	14466	8751	759	3261	2569	2162
其他学校	99	8457	4135	308	1261	1779	787
中等师范学校	919	106374	57048	5536	15100	24374	12038
其中:幼儿师范学校	65	7738	4060	419	1145	1702	794

1992年中等专业学校分科学生数

单位：人

	毕业生数	招生数			在校学生数
		计	招高中毕业生的	招初中毕业生的	
总计	742957	879242	211988	667254	2408365
工科	167888	220777	49440	171337	643610
农科	44951	57965	9960	48005	159152
林科	7824	9847	1502	8345	29652
医药	93771	105626	11083	94543	309281
师范	239945	245217	33525	211692	677092
财经	142568	178025	78269	99756	433887
政法	20873	24356	21909	2447	49222
体育	8799	11143	110	11033	37854
艺术	10145	15985	1659	14326	46609
其他	6193	10301	4531	5770	22006

1992年普通中学分城镇农村的学校数和学生数

单位：人

	学校数（所）	学生数		
		毕业生数	招生数	在校学生数
总计	84021	13283736	16997449	47707984
城市	11715	2555428	2989097	8787512
县镇	16772	3544991	4301477	12435570
农村	55534	7183317	9706875	26484902
高中	14850	2261252	2347321	7048933
城市	4830	705377	713364	2152531
县镇	5989	1087955	1153334	3439110
农村	4031	467920	480623	1457292
初中	69171	11022484	14650128	40659051
城市	6885	1850051	2275733	6634981
县镇	10783	2457036	3148143	8996460
农村	51503	6715397	9226252	25027610

1992年普通中学分办别教职工数

单位：人

	合计	专任教师数			行政人员数	工勤人员数	校办工厂农场职工数
		计	初中	高中			
总计	4112560	3141132	2564987	576145	515235	369840	86353
教育部门办	3316891	2565276	2066236	499040	442820	259735	49060
其它部门办	448063	321000	245316	75684	62780	57356	6927
民办	347606	254856	253435	1421	9635	52749	30366

1992 年职业中学分城镇农村的学校数和学生数 单位：人

	学校数（所）	学生数		
		毕业生数	招生数	在校学生数
总计	9860	967229	1521377	3427628
城市	2887	333413	485554	1163669
县镇	2820	288012	463920	1024590
农村	4153	345804	571903	1239369
高中	8267	826228	1254589	2863780
城市	2848	327750	479016	1148906
县镇	2705	263646	421065	936991
农村	2714	234832	354508	777883
初中	1593	141001	266788	563848
城市	39	5663	6538	14763
县镇	115	24366	42855	87599
农村	1439	110972	217395	461486

1992 年职业中学分办别教职工数 单位：人

	合计	专任教师数			行政人员数	工勤人员数	校办工厂农场职工数
		计	初中	高中			
总计	357675	247932	31977	215955	64592	45151	18593
教育部门办	288909	203833	26915	176918	53257	31819	10578
其它部门办	56447	36509	245	36264	10721	9217	3178
民办	12319	7590	4817	2773	614	4115	4837

1992 年小学分城镇农村的学校数和学生数 单位：人

	学校数（所）	学生数		
		毕业生数	招生数	在校学生数
总计	712973	18723520	21832000	122013442
城市	27823	2185811	2391922	14230745
县镇	72469	2848743	3071375	17182063
农村	612681	13688966	16368703	90600634

1992 年小学分办别教职工数 单位：人

	合计	专任教师数	行政人员数	工勤人员数	校办工厂农场职工数
总计	6199027	5526491	487132	155826	29578
教育部门办	3648985	3134452	410806	87873	15854
其它部门办	417465	347080	37219	30854	2312
民办	2132577	2044959	39107	37099	11412

1992 年小学初中毕业生升学率

单位：万人

	小学毕业生升学率			初中毕业生升学率		
	小学毕业生数	初级中等学校招生数	升学率 %	初中毕业生数	高级中等学校招生数	升学率 %
1992	1872	1491.7	79.7	1102.3	478.1	43.4

1992 年小学学龄儿童入学率及在校学生巩固率

单位：万人

	学龄毕业入学率			初中毕业生升学率		
	全国学龄儿童总数	已入学学龄儿童数	入学率 %	学年初学生数	学年末学生数	巩固率 %
1992	1156.2	10845.5	97.2	12163.6	11908.5	97.9

1992 年幼儿园基本情况

单位：万人

	园数（所）	幼儿数	教职工数	
			计	其中：专任教师
总计	172506	24282145	1121377	815014
教育部门办	20938	6662087	221054	170786
其他部门办	28167	3719095	419744	209741
民办	123401	13900963	480579	434487

1992 年盲聋哑学校和弱智儿童附读学校基本情况

单位：人

	学校数（所）	毕业生数	招生数	在校学生数	教职工数	
					计	其中：专任教师
总计	1027	8936	29545	129455	26978	18537
一、盲聋哑学校合计	754	5405	13633	63979	21011	13595
1、盲聋哑学校	86	1136	2295	10907	3413	2306
盲生部		152	415	1614	546	393
聋哑生部		984	1880	9293	2867	1913
2、聋哑学校	642	3791	9977	47988	16276	10431
3、盲校	26	328	529	1886	1077	643
4、普通学校附设		150	832	3198	245	215
二、弱智儿童附读学校	273	3531	15912	65476	5967	4942

1992年成人高等学校基本情况 单位:万人

	学校数(所)	毕业生数	招生数	在校学生数	教职工数	
					计	其中:专任教师
总计	1198	51.77	59.17	147.87	90.59	8.89
广播电视大学	44	12.22	14.58	33.55	3.86	1.56
职工高等学校	726	6.34	8.46	23.01	78.07	3.61
农民高等学校	5	0.01	0.02	0.03	0.03	0.01
管理干部学院	168	2.39	3	5.68	3.88	1.38
教育学院	251	7.65	7.65	17.92	4.66	2.28
独立函授学院	4	0.48	0.52	1.25	0.09	0.05
普通高校举办函授部		16.58	17.81	48.4		
夜大学		5.52	6.49	16.81		
干部专修科		0.58	0.64	1.22		

1992年成人中等专业学校和技术培训学校基本情况 单位:万人

	学校数(所)	毕业生数	招生数	在校学生数	教职工数	
					计	其中:专任教师
一、成人中等专业学校	4776	48.66	71.31	174.43	20.49	10.54
广播电视中等专业学校	108	8.92	16.42	45.43	1.34	0.61
职工中等专业学校	1853	12.51	19.46	45.86	7.87	3.8
干部中等专业学校	338	2.18	3.54	7.6	1.43	0.67
农民中等专业学校	386	4.13	6.46	13.81	1.49	0.87
函授中等专业学校	58	5.98	7.73	18.22	0.84	0.37
教师进修学校	2033	14.94	17.7	43.51	7.52	4.22
二、成人技术培训学校	284112	4958.51	4541.84	3691.2	30.37	11.99
职工技术培训学校	12659	498.41	585.31	346.69	8.15	4.11
农民技术培训学校	271453	4460.1	3956.53	3344.51	22.22	7.88

1992年成人中学基本情况 单位:人

	学校数(所)	毕业生数	招生数	在校学生数	教职工数	
					计	其中:专任教师
成人中学总计	6071	485481	539992	688207	39103	21898
职工中学	2954	232772	308345	364842	27015	14337
高　中	2522	199635	268237	315090	24073	12941
初　中	432	33137	40108	49752	2942	1396
农民中学	3117	252709	231647	323365	12088	7561
高　中	499	31947	50991	55907	3609	1970
初　中	2618	220762	180656	267458	8479	5591

1992年成人初等学校基本情况

单位：万人

	学校数（所）	毕业生数	招生数	在校学生数	教职工数	
					计	其中：专任教师
成人初等学校总计	157038	755.35	727.78	828.89	14.01	4.54
职工小学	1385	13.92	12.48	12.83	0.28	0.18
农民小学	155653	741.43	715.3	816.06	13.73	4.36
其中：扫盲班	111399	523.31	484.38	552.71	9.65	2.79

1992年城市教育综合改革实验工作

1992年，贯彻邓小平同志南巡谈话和党的十四大精神，城市教育综合改革各实验城市加快了改革步伐，加大了改革力度，进一步促进了教育事业和经济建设与社会发展的紧密结合，改革实验在广度和深度上都有新的发展。

一、扩大实验城市，综合改革继续深化

1992年国家教委根据各地申报，经商有关省、自治区同意，在原有15个实验城市和5个联系城市的基础上，又从计划单列市和省会城市中确定32个城市作为全国城市教育综合改革实验城市。各省、自治区也确定了55个试点城市。至此，全国已有102个城市进行教育综合改革实验。新确定的实验城市改革实验工作已经起步。多数省、自治区、直辖市成立了领导机构；在进行调查研究的基础上，制定了实验城市教育综合改革的实验方案，并确定了起步项目。

各实验城市在省（市）政府的直接领导下，有关部门通力合作，依靠广大群众，继续深入开展教育综合改革实验：

面向社会主义市场经济，加大改革步伐。各实验市认真贯彻邓小平同志南巡谈话和十四大精神，在转换观念的基础上，对改革思路进行了调整，为适应社会主义市场经济对人才培养的要求，普遍做出了一些重大决策，采取了相应的措施。苏州市委、市政府制定了加快教育发展和改革的30条决定；沙市市委、市政府召开教育工作会议，制定了加快教育改革和发展的决定；沈阳市提出教育综合改革要四个转变：变教育被动适应经济建设为主动为建立社会主义市场经济服务；变政府独家办教育为大家办教育；变政府单纯以行政计划手段调控教育为辅之以市场调节手段；变片面应试教育为全面素质教育。各实验市面对教育改革与发展的任务，加强政府的统筹功能，从宏观上重新调整了教育发展的规模与速度，确立了更高的标准，苏州、沙市已于1992年底经省政府验收合格，全面实施普及九年义务教育；无锡、烟台普及九年义务教育计划于1993年达标。

进一步改革城市教育体制、运行机制和教育结构。实验市进一步启动各部门、学校的办学活力，深化教育管理体制改革，积极探索以政府为主、社会力量参与的办学体制。自贡、佳木斯、锦州、威海、烟台、洛阳、芜湖等城市在办学中改变了国家对教育包办过多的状况，在发展职业技术教育和成人教育中广泛发动社会力量，国家、集体、个人多种渠道起上，形成全社会兴办职业技术教育和成人教育的新局面。自贡市在实践中已基本形成职能部门参与、厂矿企业和农村乡镇参与、社团参与和社会力量参与的全方位参与办学体制。沈阳市在金融、服装、医药、旅游等四大行业及部分机械制造企业形成了行业与学校联合办学的格局。

各实验市基本都实行了校长负责制、教师聘任制、岗位责任制、奖励考核制，以提高办学效益和教职工待遇为主要目的的学校内部运行机制改革，促进了学校校长法人地位

的逐步落实，调动了教职工的积极性，给学校带来了蓬勃生机。苏州市还决定在 3 所职业学校实行企业化管理的试点，主要内容是学校实行“自主办学、自我发展、自我约束、自负盈亏”，政府并从四个方面给学校放权，探索产教结合、企校结合的新路子。

继续优化教育结构，加快职业技术教育和成人教育的发展，使其与经济、社会发展需求的人才结构相适应。长沙市成立了由经委、劳动、财政、教育部门组成的职业技术教育协调委员会，使职教体系日臻完善，1992 年向社会输送 13000 多名各行业需要的中初级人才。一些实验市继续推进“双元制”职业教育的试点工作，无锡市在技工学校、职业高中、职业大学等学校分别办了“双元制”试点班，受到企业欢迎。一些实验市，已不拘泥于普通高中生和职业技术教育学生 1∶1 的结构比例，从本市具体情况出发确定适应本城市经济和社会发展，特别是发展第三产业需要的比例。芜湖市的应届初中毕业生三分之二报考职业高中，其比例与普通高中比已达到 1∶2.8。各实验市在成人教育中将企业教育综合改革作为重点，各自确定了一批教育综合改革的企业试点，把企业教育纳入城市教育综合改革整体部署。

进一步拓宽经费渠道，深化教育投资体制改革。各实验市普遍增强了“人民教育人民办，办好教育为人民”的意识，并根据“自愿、量力、群众受益”的原则，对单一的国家投资体制进行改革，形成了具有地方特色，富有活力的多渠道筹措教育经费的机制：一是确保政府对教育的投入，各实验市对教育投入的增长率都超过 8%；二是增加专项经费，洛阳市增拨 50 万元用于城区教育部门专项职业教育补助费；三是广泛开展社会集资，烟台、威海市在依靠人民办教育方面做出了贡献；四是引进国外资金发展教育，常州等市争取到世界银行贷款；五是设立教育基金会，江门市组织了“教育基金万人行”活动，9 月举行了 1 万多人参加的游行，近 300 多名港澳嘉宾和省市领导走在队伍的前列，筹集到教育经费 2500 多万元；六是在用好教育费附加和勤工俭学资金的同时，适当提高非义务教育阶段收费标准，一些城市在高中阶段和地方大学增加了自费生走读比例。

普遍重视在提高劳动者的思想道德和文化技术素质上下工夫。通过改革的实践，越来越多的城市领导认识到，城市的发展与进步，要转到依靠科技进步和提高劳动者素质的轨道上来。北京市宣武区委和区政府，针对该区是商业区，文化教育基础薄弱，劳动者的文化技术素质较低等特点，从整体出发，长远考虑，实施了提高劳动者素质工程。从幼儿园的娃娃到在岗职工，全方位设计，制定了到本世纪末全面提高本区劳动者素质的综合改革方案。经过一段时间的实施，效果较好，光明日报介绍了他们的经验。

召开全国城市教育综合改革交流研讨会暨研究会首届年会。为了交流改革实验的经验，研讨在新形势下深化改革的诸多问题，1992 年 11 月 16 日至 20 日在四川省自贡市召开了全国城市教育综合改革交流研讨会暨研究会首届年会。国家教委副主任王明达为大会发来贺信。会议交流了一年来贯彻邓小平南巡谈话和常州会议精神，进行城市教育综合改革取得的新进展、新经验；研讨了深化城市教育改革的新思路、新作法。与会代表就解放思想，转变观念，加快改革步伐，适应建立社会主义市场经济体制等问题提出：转变观念，最根本点就是把城市教育改革放在建立和发展社会主义市场经济体系这一大背景下进行研究和实践，加快教育事业的发展。当前要重点探讨九年义务教育在城市市区分级办学、分级管理的体制。在大力发展职业技术教育和成人教育中，要继续探讨以行业、企事业单位办学和各方面联合办学为主的体制；切实加强地方政府对教育的统筹权和决策权。深化城市教育综合改革的核心问题是要解决好服务和依靠的关系。因此，教育部门和教育工作者要了解经济，了解市场，转变职能。要以实事求是的科学精神和扎扎实实深入调查研究，走出传统教育小天地，走向经济社会生动活跃的广阔天地，学习吸收新知识，转变旧观念，转变工作方法、工作作风，保证教育为经济提供最好的服务。会议期间，代表们还学习考察了自贡市有特色的职业技术学校和企业教育。

二、企业教育综合改革实验继续发展

1992 年，国家教委确定的全国百家实验企业在建立社会主义市场经济体制的新形势下，继续转变观念，深化改革，企业教育综合改革实验继续深入发展。

企业教育综合改革实验积累了宝贵经验。(1)教育在企业中的战略地位得到进一步落实。各试点企业普遍增强了依靠科技进步和提高劳动者素质的自觉性和紧迫感，努力做到生产开发、技术开发、智力开发一起抓，进一步落实了教育在企业中的战略地位。(2)企业教育的管理体制得到了进一步的理顺和优化。各试点企业教育管理体制的改革围绕转变职能加强统筹进行，呈现出三方面的特点：一是统筹的层次提高了，企业对教育的自主权和决策权得到初步落实，使企业教育同企业发展目标做到统筹考虑，有机结合。二是企业主要领导人全面统筹，人事、劳动、财务、教育等部门负责人参与，在企业内部建立了协调一致的教育领导体制。三是在教育内部，初步形成了具有多功能作用全方位统筹的管理模式，约有一半的试点企业按照这种模式健全了本企业的管理体系。(3)企业教育机制进一步完善和发展。各试点企业逐步建立起能动的教育机制。鞍山钢铁公司从企业实际出发，建立以“一证三挂钩”为内容的职工教育动力机制，制定并实行了厂(矿)长(经理)任期内职工教育工作考评制度的规定及相应的考核标准，推动了企业教育综合改革的发展。(4)进一步优化了企业教育结构。大部分试点企业根据企业对各类人才的需求，统筹考虑企业内各类教育，优化教育结构，在学校布局、专业设置、办学规模、硬件建设等方面都有了明显的改善，并初步形成了具有自己特点的教育体系或模式。在职工教育中，突出岗位培训；在职业技术教育方面实行变招工为招生，突出技能培训的配套改革。在基础教育中，渗透职业技术教育因素，使基础教育和职业技术教育相互沟通和衔接。华北石油管理局和中国华北电力联合公司实行高中教育分流，使一部分不报考高校的学生接受职业技术教育，受到学生和家长的欢迎。(5)企业教育综合改革促进了企业对教育的投入。为支持教育综合改革的实施，大多数企业都增加了对企业教育的投入。天津碱厂除工资总额的 1.5%以外，决定将企业留利的 3～5%(100—150 万元)作为教育专项基金，为综合改革创造条件；广州铁路局为保证改革实验顺利进行，从运营留利和多种经营中提取 10%作为教育基金。(6)企业教育综合改革促进了企业经济效益提高。企业教育综合改革的实施，提高了劳动生产率，使企业获得了更大的经济效益。无锡国棉二厂前几年生产经营曾一度陷入“举步维艰，难以为继”的境地，全厂上下坚持“百年大计，教育为本”的方针，切实实施教育改革实验，为提高企业整体素质服务，促使生产经营步入良性循环。北京西郊粮库狠抓“培训—考核—使用—效益—待遇”一体化，大大改变了装卸工作的面貌。该库两年来库容量增加 2 亿公斤，不增加人和设备，圆满完成任务，质量好于往年，工伤事故下降7%。

部分省、市、部门积极扩大企业教育综合改革实验范围。百家试点企业教育综合改革实验所取得的成效，特别是对企业经济效益明显的促进作用，受到企业主管部门的重视，也引起其他企业的普遍注意。一些省、市和部门相继确定了直接指导的教育综合改革实验企业，并按照国家教委对百家企业改革实验的部署，开始进入制定改革方案等起步阶段。辽宁、山东、江苏、陕西、安徽、甘肃、中国石油天然气总公司、建设部和铁道部等地方和部门，以及上海、广州、吉林等一些城市，都陆续启动了本地区本部门的企业教育综合改革实验。据不完全统计，地方和部门的大中型企业试点单位总数已达到近300个。

开展企业教育综合改革的理论研究。1992年，我国经济体制改革确定了建立社会主义市场经济的总目标，改革进入了一个新的发展阶段，企业的整体改革也加大了改革的步伐，给企业教育提供了巨大的动力和机遇。要求加强企业教育的研究工作，从理论和实践的结合上，探讨深入企业教育综合改革的途径和方法，转变观念，提高认识，使企业教育的改革与发展紧紧围绕企业的整体改革进行。各试点企业普遍加强了研究工作，上海、天津、广州、四川、轻工业部、建设部等地方和部门都多次组织了研讨会。由国家教委城改办申报并承担的国家级研究课题"企业教育综合改革的理论与实践"已进入实质性的研究阶段，各承担子课题的企业投入了必要的人力和经费，一些子课题已有阶段成果，为企业领导的决策提供了科学依据。

召开全国企业教育综合改革实验经验交流会暨研究会年会。为了总结交流三年来企业教育综合改革实验的经验，研究在新形势下如何加快企业教育改革与发展问题，国家教委于1992年8月在大庆石油管理局召开了企业教育综合改革实验经验交流会暨研究会年会。

国家教委副主任王明达在会议主报告中指出，企业教育综合改革总的目标是建立适应企业发展需要的充满活力的企业教育培训体系。国家教委应为企业实现这个目标创造条件，为企业服务，使企业尽快建立一个充满活力的教育体系。为此，企业教育改革要注意：(1)要统筹安排基础教育、职业教育和成人教育，重点要突出接班人的培养，并抓好劳动后备队伍的教育；(2)要制定一个向国内外先进企业看齐的高标准，要大胆地吸收国外发达资本主义国家在企业培训中的经验。要继续组织企业到国外考察，和国外一些教育机构建立固定联系，开阔视野，提高教育水平。(3)要保证培训的内容和企业的发展目标紧密结合，让企业有安排自已教育培训的自主权。(4)要建立一个充满活力的教育机制，使厂长愿意办学，职工愿意学习，形成一系列的教育培训制度。(5)要重视培训的质量和效益，关键是要严格要求，不走过场，不搞形式主义。(6)要加强企业和社会的联系，共同搞好企业教育。国家教委专职委员郭福昌主持会议并作总结。

会议取得了很好的效果：进一步提高了认识，增强了改革的紧迫感和责任感；进一步明确了企业教育综合改革的基本思路；学习了大庆经验，受大庆精神鼓舞，增强了与会者搞好企业教育综合改革的信心。

撰稿人　李一扬
审稿人　郭福昌

农村教育综合改革为农村经济和社会发展服务

一、农村教育综合改革点上深化，面上扩展

1992年，全国实施燎原计划的县达1232个，占全国2834个县数的43.5%；实施燎原计划的示范乡达5838个，占全国5万余乡的10.7%。

在1991年国家公布的“中国综合实力百强县”中，有教改实验县18个。这些县的农村经济、农民生活接近或达到小康水平，因此，农村教育一扫昔日黑屋子土台子的旧貌，校舍是楼房、教室设备完善，新建起一所所农科教中心、职教中心，教育呈现一派欣欣向荣的景象。

1992年，高校参与了农村教育综合改革，推动了农村教育和科技的发展；同时也为师生深入农村、深入生产实际提供了广阔天地，为高校教学内容、教学方法改革起到了积极的作用。据清华大学、天津大学、南开大学、北京农业大学、北京师范大学以及河北农业大学等42所大专院校和科研单位参与河北省农村教改工作，取得的成效总结表明：一是帮助实验县(市)制定和优化经济和社会发展规划；二是帮助培养、培训师资和技术、管理人才。据河北省12个全国教改实验县统计，12个县的全员培训率达81%，初级技术员达50626人，中级达11646人，有803800人掌握一二门实用技术。三是促进了农民脱贫致富。据12个教改县统计，1992年，建科技示范村942个，示范户20120个，开发项目972个，围绕项目开展培训11.3万人次，获经济效益5.74亿元。涌现出393个人均收入超千元的村，四是帮助县办企业和乡镇企业进行技术改造，转亏为盈；五是帮助普通中小学培训师资，开展多种类型的先进教学方法试验，提高了教育教学质量。

1992年，全国农村教育综合改革实验工作成效显著。以江苏省为例，实验县数量由1991年的12个县(市)、203个乡镇，分别增加到1992年的28个县(市)、401个乡镇。该省紧紧围绕教育为经济建设服务这个中心，从本省实际出发，把全省划分为三个经济类型，分析了三个地区各自经济特征和对劳动者素质的需要，提出了“抓住结合部，选准突破口，注意配套性，提高综合度”的要求：(1)抓住结合部。农村经济发展迫切需要一批基础知识宽厚，又有一定职业技能的高中毕业生，综合实验区创办了综合高中这一新的高中阶段教育模式。它是在职业技术教育和普通教育两类教育之间结合部上产生的教育事业的新的增长点。1992年底，综合高中实验，在无锡县已扩展到除3所重点中学以外的所有乡镇办乡镇管的31所完全中学。张家港、常熟市也在大面积推开。(2)选准突破口。武进县针对本县以工业为主的产业特征，在搞好为家庭传授技术，让农民致富的同时，面向创汇农业、现代化农业和乡镇企业，努力培养各级各类人才，直接参与经济建设，使全县经(农)科教结合有了具体目标，使教育服务经济在较高层次上得到发展。(3)注意配套性。在部署全省农村教育综合改革工作时，注意到目标、内容、措施的相互配套，从而使教育改革与教育外部、教育内部、学校内部的各项工作协调进行。(4)提高综合度即是要综合设计，综合实施，提高改革的整体效益，为最终建立适应当地农村经济建设和社会发展需要的教育体系框架而探索。

三年来，江苏全省共有 214 个贷款项目，使用贷款 963 万元，创产值 8362 万元，创利税 788 万元；围绕项目共办培训班 2528 期，培训技术骨干 109657 人；有 418 项实用技术在农村得到推广，直接受益农户达 77779 户，产生社会经济效益 14947.26 万元。

二、大力开展调查研究

为了充分了解贫困地区农村教育改革的好经验、好典型以及存在的问题，为召开全国贫困地区农村教育综合改革工作会议作准备，1992 年上半年，由国家教委副主任邹时炎、王明达主持，成立以专职委员郭福昌和司长宋成栋为组长的四个调查组，分赴山东、河北、陕西、甘肃、贵州等五省，深入地、县(市)乡、村和各类学校进行调查研究。通过调查看出：

(一)农村教育分级办学分级管理的管理体制得到落实，多渠道筹措教育经费使教育投入增加，办学条件有较大改善。

1985 年《中共中央关于教育体制改革的决定》、1990 年国家教委《全国农村教育综合改革实验区工作指导纲要(试行)》相继发布后，农村教育转向主要为当地经济建设服务兼顾升学的转轨思想，在许多地方形成共识。多数地、县(市)、乡建立了经、科、教协调发展领导小组和教育委员会，实行了县、区、乡镇、村“三级办学”，和县区、乡镇、“两级管理”体制，密切了教育与本地区社会经济发展之间的联系，为多渠道筹措经费，改善办学条件起到了保证作用。陕西商洛地区的领导近几年一直把教育发展和改革放在重要的位置上，1987 年地委、行署决定，除县财政要积极支持外，每年从地方“两扶”资金中划出 5%，老区补助款中划出 20%，“双扶”资金回收款县留的 30%中划出 1/3，用于发展职业技术教育。

(二)坚持三教统筹和农科教结合，振兴农村经济。

发展与改革农村教育，迫切需要“三教”的协调与沟通，关键一环是要实现政府管理的统筹，使办学条件互补，发挥教育投入的整体效益。陕西省洛川县、甘肃省陇西县、贵州省丹寨县等都成立了教育经济一体化统筹管理委员会，县长任主任委员，坚持扎扎实实抓好基础教育的同时，理顺职业技术教育管理体系，实行政府统筹，农(林)科、教、经、工等部门联合办职教和成人教育的格局。贵州省丹寨县在政府统筹下，各业务部门定期开会研究本县职业技术教育的专业设置、师资配备、经费筹措、招生和毕业生使用等问题。陕西省商洛地区在坚持“三教”统筹工作中，确定了对基础教育要“稳步实施，超前安排，坚持标准，严格验收”的工作思路。从 1989 年起，每年抓 35 个乡镇，现已有 115 个乡镇实施六年义务教育，占全区乡、镇总数的 32%。全区小学入学率已达 97.6%，升学率达 83.3%，小学毕业合格率稳定在 95%以上。全区农村教育初步形成了以县职业高中为骨干，多种形式职业教育渗透，乡镇农技校为重要阵地，部门联合办职中互为补充的多规格、多形式发展职教的教育框架结构。

(三)燎原计划的实施，促进“星火”、“丰收”与“燎原”三个计划的结合，促进农(牧)工商综合发展，为教促富、富促教找到了一条重要途径。

陕西省府谷县职业中学实行产教结合，工(农)学结合，教学、实习、生产、科技推广和社会服务融为一体，使一、二年级学生月收入可分别达70—90元、90—120元，激发了学生学习科学技术的积极性。甘肃省陇西县由于农村教育综合改革和“燎原计划”的实施，1991年全县农业总产值达到17148.92万元，全县的贫困面由1989年的15.8%下降到7.77%。

在调查中，也了解到尚存在的问题：(1)有些地方的领导，教育思想尚未转轨；(2)地、县政府统筹功能尚未充分发挥，农、科、教尚未形成合力；(3)教育投入不足，农民负担过重等。

三、召开全国贫困地区农村教育综合改革工作会议

1992年9月26日至30日，国家教委和国务院贫困地区经济开发领导小组办公室在陕西省商洛地区联合召开了全国贫困地区农村教育综合改革工作会议。国家教委副主任王明达、专职委员郭福昌以及国务院的负责人到会并讲话。

据有关方面统计，目前全国有699个贫困县，其中国家级贫困县有331个。会议强调必须贯彻邓小平同志南巡讲话的精神，抓住机遇，将农村教育搞上去，为农民脱贫致富作贡献。会议提出发展贫困地区教育的基本指导思想是：总结经验，解放思想，加快农村教育改革和发展步伐；坚持从贫困地区的实际出发，因地制宜，努力探索有自己特色的办学路子，努力提高办学效益；坚持自力更生与国家扶持相结合，国家办学与社会力量办学相结合。

关于贫困地区教育事业发展的主要目标和任务是：(1)到本世纪末，要力争基本扫除青壮年文盲。在扫盲中要把识字与学习科普知识、实用技术结合起来。(2)到本世纪末，城镇和有条件的乡、村要基本普及九年义务教育；一般地区要普及小学阶段的义务教育。农村要从小学高年级开始引进职业技术教育内容。(3)到本世纪末，要力争使所有技术性较强岗位的从业者都能受过必要的职业技术教育和培训。为此，要广泛发动社会各方面力量，以多种形式积极兴办职业技术教育、成人教育和各种培训。“八五”期间，大多数贫困县(人口稀少的可在地、州范围)要办好一所起示范和骨干作用的职业技术学校，乡镇要办好一所农(牧)民文化技术学校，村要办好一所农民业校或利用村小开展农民技术培训，逐步形成技术人才的教育培训网络。(4)到本世纪末，大多数贫困县要建立教育电视台或收转站，乡(镇)中学、中心小学、职业技术学校和农民文化技术学校要普遍建立放像点，逐步形成电教网络。要充分利用现代化教育手段，在开阔眼界、转变观念、培养师资、开展技术培训及沟通信息、移风易俗等方面发挥作用。

会后，国家教委向各地转发了领导同志的讲话，会同国务院贫困地区经济开发领导小组和财政部发出《关于大力改革与发展贫困地区教育，促进经济开发，加快脱贫致富步伐的意见》。

根据国务院总理李鹏指示，1992年10月11日下午，国务委员陈俊生在北京主持会议，听取了商洛地区扶贫开发工作汇报。国家计委、财政部、交通部、水利部、农业部、林业部、卫生部、国家农业综合开发办、国务院贫困地区经济开发办的领导同志参加了会议，各自提出扶持商洛地区的意见和措施。

四、抓好“老三县”深化农村教育改革的经验

为进一步推动贫困地区农村教育综合改革和燎原计划工作的“点上深化，面上扩展”，落实商洛会议精神，根据国家教委"要抓住老三县不放"的指示，1992 年 10 月 26 日至 31 日，以农村教育综合改革办公室、中国教育报、支教办和河北省教委综合改革办公室联合赴河北省完县、阳原县、青龙满族自治县进行了为期一周的调查研究。

该三县是在全国首批实行农村教育综合改革的实验县，经过五年教育综合改革和燎原计划的实施，取得显著成效。

第一、广大干部群众的教育观念发生了深刻变化，科教意识显著提高。阳原县进行教育综合改革以来，广大干部和群众更新了观念，"要致富，学技术"已成为农民的自觉行动，学科学、用科学蔚然成风。马圈堡乡的岳家庄村共 181 户，其中 6 人被评为农民技术员，6 人正在农技校学习，120 人掌握了一技之长。55 亩低产果园经过改造和科学管理，1992 年产量达 6 万公斤，全村人均收入达到 600 元。完县杨家台乡自 1989 年以来，县农业局和乡政府实施"温饱工程"和"燎原计划"，推广地膜覆盖栽培玉米等项实用技术，亩产达 464.6 公斤，最高达 525 公斤，比一般地增产 200 多公斤。广大农民群众立志靠科技教育兴农，走出一条自力脱贫之路。

第二、教育结构、学校布局趋于合理，"三教"相互沟通、协调发展。职业技术教育的迅速发展，对本县经济发展的作用日益明显。青龙职业中学专业设置由 2 个发展到 8 个，班级由 2 个增加到 19 个，学生由 68 名增加到 864 名，巩固率 97.5%。1992 年报考职校的竟达一千人以上。已毕业的学生，每年收入万元以上者已达 50 多人。目前，学校提出：一年巩固、二年提高、三年争创国家一流，并将带动全县经济、社会全面发展，成为全县各级各类人才培养的基地。

第三、劳动者素质显著提高，吸收和应用科学技术的能力明显增强，推动了农村物质文明和精神文明建设。阳原县在清华大学的大力支持下，全县工农业总产值、财政收入出现了持续、稳定、大幅度增长。据 1991 年统计，工农业总产值由 1986 年的 9793 万元增加到 30742 万元；财政收入由 496.2 万元增加到 1357.5 万元；人均收入 1992 年达 560 元。1991 年全县有 97 个村被评为文明村，占行政村的 32%，95%的示范乡跨进双文明村的行列。

通过调查，形成调查报告，得到了国家教委副主任王明达的肯定，并在《中国教育报》上刊载。

撰稿人　张玉兰
审稿人　郭福昌

教育立法

1992年，根据教育改革和发展的需要，国家教委加强了教育立法工作，并取得了新的进展。

已发布的教育法规、规章。1992年，国家发布教育法规、规章共12项。经国务院批准，1992年3月14日国家教委以第19号令发布了《中华人民共和国义务教育法实施细则》。《实施细则》对义务教育法的法律原则，对我国实施九年义务教育的具体步骤、实施义务教育的基本条件，对适龄儿童、少年入学接受义务教育以及因残疾或其他特殊原因需申请缓学、免学的程序都做了明确的规定，并对义务教育的教育教学、经费、师资保障，以及地方各级人民政府、教育行政部门在实施义务教育方面的责任等做了明确规定。这部实施细则的发布，增强了义务教育法的可操作性，是保障我国义务教育实施的重要法规，将会对我国实现在本世纪末基本普及九年义务教育的目标起重要推动作用。1992年，国家教委发布其它11项教育行政规章有：《高等学校招生全国统一考试管理处罚暂行规定》、《普通高等学校学生安全教育及管理暂行规定》、《高等学校实验室工作规程》、《高等教育自学考试命题工作规定》、《小学生体育合格标准实施办法》、《中小学校园环境管理的暂行规定》、《小学、初中国防教育纲要（试行）》、《中国汉语水平考试（HSK）办法》、《职业高级中学学生学籍管理暂行规定》、《学校国防教育常规》、《教师和教育工作者奖励暂行规定》等。

正在起草的教育法律、法规和规章。为了保障残疾人的受教育权利，促进残疾人的身心健康及工作能力的提高，国家教委起草了《残疾人教育条例（草案）》；为促进民办学校的发展，加强民办学校的管理，维护民办学校的合法权益，国家教委起草了《民办学校条例（草案）》；为加强和完善对境外民间组织和个人捐资助学工作的管理，促进境外民间组织和个人捐助我国教育事业，国家教委起草了《境外民间组织和个人捐资助学条例（草案）》。以上三个条例（草案）在起草过程中经过多次征求各部门、各地区和各方人士的意见，反复修改，已基本完成了起草工作，计划于1993年上半年报国务院审议。关于《中华人民共和国教师法（草案）》，全国人大常委会正在审议中。国家教委还正在抓紧起草《教育法》、《职业技术教育法》、《高等教育法》等法律草案。

地方教育立法。1992年，地方的教育立法也有了较大进展，全国各省、自治区、直辖市制定教育法规、规章共20多项，涉及基础教育、高等教育、职业技术教育和成人教育各个方面。黑龙江省制定了《职业技术教育条例》和《教育督导暂行规定》，广西壮族自治区制定了《广西壮族自治区教育条例》和《实施〈扫除文盲工作条例〉办法》，上海市制定了《幼儿园管理办法》，内蒙古自治区制定了《关于进一步扩大高等学校办学自主权的若干规定》等等。这些地方性教育法规、规章对于深化地方教育改革，促进本地区教育发展，起到了重要作用。

撰稿人 张 文 王晓泉

审稿人 邵金荣

教育督导工作

一、积极开展教育督导实践

在1991年检查18个省、自治区、直辖市贯彻实施《义务教育法》情况的基础上，1992年继续配合全国人大教科文卫委员会完成对11个省、直辖市的检查，推动了义务教育的实施。

为了对中小学德育工作有关法规、文件的落实情况和小学生课业负担过重问题开展督导检查，国家教委下发了《关于中小学教育工作两项督导检查的通知》，召开全国教育电视会议，要求各地按中共中央、国务院和各有关部委下发的有关法规、文件，认真自查；强调自查或上级组织抽查，都应查落实、查实效。1992年10月至11月，在各地自查的基础上，国家教委组织10个督导检查组，分别对北京、上海、辽宁、河北、山东、福建、广东、广西、四川(重庆)、陕西等10个省、自治区、直辖市的中小学德育工作有关法规、文件的落实情况和小学生课业负担情况进行了抽查。这次督导检查自部署至实施期间，全国正在学习贯彻邓小平同志南巡重要谈话和中共中央政治局全体会议的精神，各地普遍反映：国家教委按照“坚持两手抓，两手都要硬”的精神，从抓实入手，统一认识，推进工作，是很必要的。通过督导检查，进一步增强了各地贯彻执行教育工作法规、文件的自觉性，也澄清了关于中小学德育工作方面的一些模糊认识，促进了各方面更加重视和加强德育工作。

各地的自查和国家教委的抽查结果还表明，近年来，小学生过重课业负担问题已引起各级党政领导、教育行政部门及学校的重视，采取了一些措施，在一些地方小学生过重课业负担略有缓解。但从总体上看，问题还远未得到解决。通过督导检查，分析了存在问题的原因，提出了一些有针对性的措施和建议。

继续推动各地按《普通中小学校督导评估工作指导纲要》精神，进一步加强试点工作。有20个省(自治区、直辖市)、13个计划单列市制定或修订了中小学督导评估方案。有19个省(自治区、直辖市)、10个计划单列市开展了试点工作。对端正办学方向，加强学校常规管理工作，全面贯彻教育方针，全面提高教育质量起了积极推动作用。

二、加强督导机构和队伍建设

1992年，全国教育督导机构和队伍有新的发展。全国已有94.8%的地(市)和83.9%的县(区)建立了教育督导机构，分别比1991年增长2.4和10.1个百分点。有20个省(自治区、直辖市)的地(市)级督导机构达到100%，有11个省(直辖市)的县(区)级督导机构达到100%。

全国教育督导人员总数已由1991年的11731人发展到14148人，其中专职督导人员8645人，兼职督学5503人(含从民主党派人士中聘任的特约教育督导员58人)，分别比1991年增加1147人和1270人。

1992年，继续委托国家教委华北、华东教育管理干部培训中心举办教育督导人员培训班5期，共培训督学296人。各省(自治区、直辖市)也举办20多期县(区)督导人员培训班。各地还广泛开展在岗学习和以会代训，提高督导人员的素质。

为了改进督导人员培训工作，提高培训质量，国家教委督导司于1992年5月会同两个培训中心对督导培训工作和教学计划、课程设置等进行了专题研讨。5月底，在洛阳召开了河南、湖南、四川、江苏、吉林、甘肃等省教育督导室主任和培训单位负责人参加的研讨会，就加强和改进县(区)教育督导人员的培训工作进行了研讨。

三、召开全国教育督导评估研讨会

为进一步加强督导工作，国家教委督导司于1992年7月26日至30日在沈阳市召开了全国教育督导评估研讨会。国家督学、省(自治区、直辖市)、计划单列市和部分地(市)、县(区)督导机构代表，国家教委华北、华东教育管理干部培训中心和新闻单位共96人出席了研讨会。辽宁省各市督导室负责人列席了会议。

会议学习了邓小平同志南巡谈话和中共中央政治局全体会议精神；传达了李铁映在国家教委"办好教育为人民"研讨会上的讲话；回顾了发布《教育督导暂行规定》和召开第一次全国教育督导工作会议以来取得的成绩，总结交流了经验。会议围绕如何适应加快教育改革和发展新形势，进一步加强教育督导工作，提出了以下意见和建议：(1)要进一步明确教育督导工作的指导思想。要以邓小平同志重要谈话和中共中央政治局全体会议精神为指针，解放思想，转变观念，深化改革，锐意创新。要把促进教育的改革和发展，在本世纪末实现"两个基本"、"两个全面"的任务，使教育更好地为我国社会主义物质文明和精神文明服务，作为督导工作的出发点和归宿。联系教育工作和教育督导工作的实际，以国家的教育方针、政策、法规为准绳，全面、系统地开展教育督导工作。要从各地的实际出发，因地制宜，分类指导，总结经验，改进方法，搞好服务，不断提高教育督导工作的质量和效益，在教育督导实践中逐步完善具有中国特色的教育督导制度。(2)要明确教育督导的任务、范围和重点。教育督导的任务是：对下级人民政府的教育工作、下级教育行政部门和学校的工作进行监督、检查、评估、指导，保证国家有关教育的方针、政策、法规的贯彻执行和教育目标的实现。当前，教育督导应以基础教育为主要范围，以贯彻《义务教育法》及其《实施细则》作为重点，并兼顾其它有关的教育工作。(3)要理顺教育督导的体制。国家一级督导机构，根据国务院授权，主要督导省、自治区、直辖市的教育工作。地方县以上均设教育督导机构，其组织形式及职责由各省、自治区、直辖市人民政府确定。(4)要加强督导队伍的建设。除保证必要的督导人员编制外，应采取聘任督学的办法充实督导队伍。要坚持督学的基本条件，严格遴选，并进一步加强对督学的培训工作，提高督学的政治、业务素质。(5)要加强教育督导法规和工作制度建设。要在总结各地实施《教育督导暂行规定》经验的基础上，尽快制订《教育督导条例》。要进一步加强教育督导的法规和工作制度的建设，逐步配套，使教育督导工作逐步做到规范化、制度化、科学化。要继续实施国家教委制订的《普通中小学校督导评估工作指导纲要》及试点的意见，进一步深入开展中小学督导评估工作。(6)要加强教育督导工作的对外交流与合作。

会议期间，国家教委副主任邹时炎与到会的国家督学进行了座谈并在会议结束时讲了话。研讨会收到经验材料50余篇，已汇编成《教育督导新进展》一书。

撰稿人　洪煜亮　吴国栋
陈卫军　崔立双
审稿人　张永彪

教育审计工作

1992年，全国教育审计工作贯彻邓小平同志南巡重要谈话精神和党的十四大精神，紧密联系教育实际，解放思想、更新观念、实事求是、开拓进取，在促进教育内部财经管理、强化和完善内控制度、维护财经法纪和深化教育改革、提高办学效益等方面，发挥了重要作用。

一、转变观念、主动适应教育改革发展的需要

邓小平同志南巡重要谈话回答了这些年来经常困扰和束缚我们思想的许多重大认识问题。这就要求教育审计工作者更好地解放思想，转变观念，使审计工作主动适应改革开放的形势，发挥为经济、教育体制改革服务与监督的作用。1992年8月，国家教委发出了《关于学习、贯彻邓小平同志重要谈话精神，加强和改进教育内部审计工作的意见》，指出进一步加强改进教育内部审计工作是深化教育改革和加速教育发展的客观需要。一些省、自治区、直辖市教育行政部门和院校转发了这个文件，并结合本地区、本单位的实际，制定了实施细则和试行意见，按照国务院领导同志关于要切实加强对教育经费使用的管理和审计监督，杜绝挪用、浪费现象的指示，建立健全内部审计制度，充实审计人员，加强基础建设，同时从开源、节流和强化科学管理等3个方面入手，不断拓宽审计领域，积极探索内审工作的新路子，使教育审计工作更好地服从和服务于深化教育改革和加速教育事业发展的需要。

党的十四大以后，教育审计工作者通过认真学习江泽民总书记的报告和认真总结几年教育审计工作经验，进一步认识到，在深化政治、经济体制改革、大力发展市场经济和加速教育发展的过程中，强化审计和经济监督，建立健全宏观管理体系与方法，是实施现代化科学管理的重要保证。从而大大增强了审计工作者的责任感和紧迫感。

二、积极探索和实践，开拓审计工作新领域

维护财经法纪，促进廉政建设。根据审计署关于下达审计署驻国务院派出机构1992年审计项目计划的通知和驻国家教委审计局1992年的工作安排，审计局共派出13个审计小组，对中国教学仪器设备公司、北京大学、上海交通大学、清华大学、吉林大学、中国人民大学、教育图书进出口公司、考试中心、国家教委出国人员提货处、高等教育出版社、中国驻德国使馆教育处、联合国教科文常驻代表团等单位1991年度财务收支、基本建设情况进行了就地审计，并下达审计结论和决定，共审计资金总额21058万元，查出违纪违规金额1756万元，提出合理化建议44条，被有关单位采纳33条。

各级教育部门和院校的审计机构1992年继续开展财务收支审计及专项审计。审计的重点逐步转移到二、三级企事业单位和新办经济实体。通过审计，加强了财务管理和会计核算的基础工作，使违规违纪金额逐年下降。1992年，山东省各级教育审计机构共开展各类财务收支审计1936项，纠正财务差错1982万元，查出违纪金额1485万元，其中已纠正956万元。据黑龙江省教委1992年统计，凡实行定期审计的单位，财务管理和会计核算工作都不同程度地得到了加强和改进，违规违纪现象明显减少。

积极开展效益审计。广大教育审计工作者，通过对投入、产出综合分析，在财务收支审计的基础上，突出内审特点，积极向效益审计延伸。从资金使用、投向、经营管理、成本费用等方面的查证、评价，并针对审计中发现的问题，分析原因，提出改进意见和建议，促进被审计单位加强管理，增收节支，提高经济效益。湖南省教育系统各单位审计机构1992年共开展141个项目的效益审计，促进增收节支232.20万元。上海教育局审计室开展对中小学勤工俭学周转金使用效益的审计，为校办企业解决资金困难、提高经济效益发挥了积极作用。北京市朝阳区审计科紧紧围绕教育、教学这个中心，以电教效益审计为突破口，进行了大胆的尝试，取得了较好的效果。

深化厂长(经理)经营承包审计和离任审计。1992年委属院校中有13所院校进行了厂长(经理)离任审计。大连理工大学审计处，对校属9个单位负责人的离任进行了审计。通过审计，对干部任期内各项经济责任目标执行和完成情况，用事实和数据进行了评价，增强了干部的责任心和遵纪守法的自觉性。有些省对60%以上的所属大专院校的校办厂厂长、经理按照先审计后承包、先审计后离任、先审计后兑现的原则，进行了经营承包审计或离任审计。通过审计，既划清了责任，又做到心中有数，使上任者放心，离任者松心，领导和群众满意。

积极开展基本建设审计。根据国家计委、审计署的要求，1992年国家教委审计局共审计委属院校和企事业单位自筹基建项目108项，验证资金7963万元；审计在京单位的基建工程开工前项目18项，建筑面积78240平方米，投资计4926万元，基本上控制了计划外工程或资金不落实现象的发生。1992年大部分委属院校已将基建部门列为定期审计单位，并逐步开展了对基建财务决算的审计及修缮工程的审计。上海交通大学1992年审计基建修缮工程项目共11项，被审计项目的资金总额为82.8万元，审计后核减资金总额11.6万元，核减资金占被审计资金总额的14%。许多省市教育行政部门和院校也积极开展了基建审计工作。

计算机审计工作取得可喜进展。委属院校在总结了几年来开展计算机审计研究的基础上，不断探索，大胆研制，将成果在审计实务中加以运用，提高了工作效率和质量。华南理工大学研制的“计算机审计文件处理系统”经专家评审，于1992年底通过了委级科学技术成果鉴定。清华大学撰写的《关于开展计算机审计的情况和设想》一文和3个实用审计程序，在1992年审计署首次召开的内审部门计算机审计座谈会上进行了交流。华中理工大学进行了“计算机经济效益审计分析”的开发工作，并同湖北省审计局合作，共同开发“计算机审计专家辅助系统”。上海交通大学开发研制了“基建概预算审计(水电)系统”、“基建概预算审计(土建)系统”，以上两个软件通过了专家鉴定，并在校有关单位配合下，正在开发“校财务综合预算审计分析系统”。计算机审计工作的开展，为审计工作电算化、规范化、科学化提供了广阔的前景。

开展各类专题审计调查，为领导宏观决策，提供参考依据。驻国家教委审计局组织各地开展教育费附加征收、管理、使用情况的调查，撰写了调查报告，在审计署1992年9月3日的《值班简报》登载。国务院办公厅认为《报告》重点突出，综合性强，有分析，有建议，信息层次比较高，在宏观经济调控中发挥了一定的作用。部分省市、院校针对教育经济活动中存在的问题，开展了对外（境外）投资、公司合同、教育经费等30多个方面的专题审计调查，撰写了审计报告。清华大学审计室《对82个独立银行帐户单位对外投资的审计调查》，摸清了学校所属单位的对外投资情况，针对调查中发现的问题提出建立健全投资前的论证、审批，资金投出后的监督检查等建议。同时对逾期未收回的投资逐项跟踪检查，配合投资单位收回三笔投资共计46万元。华东化工学院审计处改变工作作风，面向基层，点面结合，对教学、科研、试验材料的供求情况，后勤承包经营效果，企业生产销售情况等进行了调查，并对审计调查资料进行综合分析，及时向有关部门反馈信息，提出建议，帮助校办企业用活用足有关优惠政策。促进了校办产业的发展。黑龙江、江苏、山西等省还在全省范围内开展了各级各类教育经费的审计（检查）调查。通过对教育经费管理和使用的审计检查，严肃了财经纪律，改善了内部管理，堵塞了漏洞，提高了经费使用效益。

三、开展学术研讨活动，加强审计队伍培训

1992年驻国家教委审计局委托中国教育审计学会于5月初在安徽举办了教育审计工作领导干部学习班，有50多位厅局、院校级主管审计工作的领导同志参加。通过学习，更加系统地了解了审计的产生与发展、审计与经济管理的关系、内审的基本特征和作用及审计的基本模式，从而增强了审计意识，提高了领导审计工作的本领。

贵州、湖南等省也举办了主管审计工作领导干部培训班。

在加强审计队伍建设和提高审计人员政治业务素质方面，各级教育行政部门和院校领导一方面要求教育内审人员认真学习党的方针、政策，学习熟悉有关财经审计法规和审计专业知识，另一方面要求审计机构举办审计人员培训班或派人参加各级各类培训班学习，以提高审计人员的业务素质。据不完全统计，1992年各省、自治区、直辖市教育行政部门都举办过1—2期培训班。上海市高教局，山东、湖北、贵州、安徽、湖南等省教委还分别组织本地区的审计干部到深圳、北京、上海、黑龙江等地参观、学习、考察。上海市高教局关于《高校审计干部赴广东考察报告》，得到了市高教局领导的好评。

随着改革开放的不断深化，审计干部还利用一切机会，学习西方会计、企业财务会计、经济管理、新会计制度改革等专业知识。

经国家教委报请审计署批准，1992年8月成立了中育审计事务所。上海、新疆、广西、云南、山东等省相继建立了教育审计事务所。有些地区和院校正在筹办此事。

撰稿人　王祖怡　刘　宜

审稿人　高　环　韩　存

教育监察工作

1992年的教育监察工作，坚持为教育的改革和发展服务，围绕国家教委中心工作开展执法监察。2月，在北京召开了1992年教育监察工作会议。国家教委副主任邹时炎到会讲话，监察局局长郝维谦作了工作报告。会议根据国家教委、监察部的部署，确定当年教育监察工作的指导思想是：坚定不移地贯彻党的基本路线，全面贯彻国家的教育方针，全面发挥监察职能作用，加强执法监察，坚持反腐败斗争，推进廉政建设，为维护政治稳定、促进经济发展和教育的改革和发展服务。会议确定了全年的4项工作任务：(1)围绕国家教委的中心工作开展执法监察；(2)深入开展反腐败斗争，纠正行业不正之风；(3)进一步加强廉政建设；(4)加强教育监察队伍自身建设。会后，国家教委监察局发出《关于印发1992年教育监察工作会议文件的通知》，要求教育系统各有关单位贯彻会议精神，切实抓好教育监察各项工作的落实。一年来，此次会议确定的指导思想得到了认真贯彻，各项工作的内容不断充实，各项任务得到了较好的完成。

一、以学习贯彻邓小平同志重要讲话、中央政治局会议精神和党的十四大文件为首要任务

邓小平同志视察南方重要讲话发表后，各级教育监察机构立即组织了深入的学习，提高认识、统一思想。教育监察干部通过学习着重解决了3个方面的问题：(1)明确了一切工作都要服从于经济建设这个中心，解决了教育监察工作要为教育的改革和发展服务的问题；(2)明确了贯彻党的基本路线必须全面，必须两手抓、两手都要硬，解决了在整个改革开放过程中都要坚持反腐败斗争的问题；(3)明确了要抓紧当前有利时机加快改革开放步伐，解决了真抓实干加快工作节奏、强化监督职能的问题。国家教委监察局提出，教育监察工作应结合教育战线的实际，在观念上实现几个转变：由单纯办案转变为全面发挥监察职能作用；在全面发挥监察职能作用中逐步转变为以执法监察、效能监察为主；执法监察的重点要转变到以监督检查改革政策措施是否贯彻畅通为主。为实现观念转变，解决面临新形势所产生的思想问题，国家教委监察局于5月、6月、11月分别召集国家教委直属企事业单位、直属高校监察机构负责人学习、座谈，统一思想，并且通过下发文件材料等形式进行宣传教育，使多数教育监察干部得到了思想上的提高，决心在有中国特色社会主义理论指导下开创教育监察工作的新局面。

二、突出重点，围绕改革开展执法监察

把监督检查的重点放在党和政府有关深化改革、加快开放的决策、措施是否得到贯彻落实上，是全年开展执法监察工作的重要特点。国家教委第三次直属高校工作咨询会议上宣布，全面展开委属高校内部管理体制改革，并发布了《关于国家教委直属高校内部管理体制改革的若干意见》和《关于国家教委直属高校深化改革，扩大办学自主权的若干意

见》。为配合这一重大改革举措，适时调整了下半年的工作安排，决定投入主要力量围绕这一改革进行执法监察。先后组成4个小组分别到12所委属高校，对各校贯彻咨询会议精神进行改革的进展情况、出现的问题以及改革的具体措施进行了监督检查，听取了学校领导和广大教职工对国家教委上述两个"若干意见"的反映。对监督检查中发现值得重视的问题，以及群众提出的关于改革的意见要求，监察局及时与校领导交换了意见，并提出了改进工作的建议。其后，监察局向国家教委党组作出《关于对部分委属高校深化改革情况进行执法监察的报告》，得到了委领导和有关方面主管部门的重视。

在国家教委监察局的带动下，大多数委属高校监察机构也把工作重点转到了围绕本校的改革进行执法监察。在校长的领导和支持下，他们主动参与学校的改革，为深化改革服务，其主要做法，一是加强调查研究，从本校实际出发，协助有关部门制订规章制度，使新的改革措施有章可循；二是向广大教职工提供法纪方面的咨询服务，对改革措施的落实情况进行监督检查；三是积极开展反腐败斗争，为改革创造良好的内外部环境。西南师范大学监察处积极支持校办产业和有偿服务活动，尽力为校办产业排忧解难。他们参与研究学校关于校办产业问题的决策，协助制订校办产业的改革、承包方案，对真心实意搞改革但出现失误的同志满腔热情帮助教育，对直接破坏改革、损害人民利益的违法违纪行为则坚决查处，为深化校内管理体制改革做出了贡献。

1992年在全国教育系统继续开展了对普通高等学校招生工作的专项执法监察。经过两年的实践，各地对招生监察工作总结了经验，有的形成了一套比较完整的作法。国家教委监察局推广了黑龙江、吉林、河南等省的有关作法，促进了这项工作的规范化和制度化。国家教委监察局和各地教育监察机构分别派出人员到招生工作现场监督检查，协助建立和完善内部制约监督机制，坚决查处违纪案件，取得了比较显著的效果。

国家教委监察局和有关省教委监察机构还参与、配合全国人大常委会教科文卫委员会对11个省实施《义务教育法》的情况进行了检查。各地各校教育监察机构也根据本地本校中心工作的需要或针对群众关心的"热点"问题开展了其他方面的专项执法监察工作。

三、坚持两手抓，查办案件

惩治腐败是一项长期的任务，各级教育监察机构始终把查办案件作为重点工作来抓。

国家教委监察局全年接受群众来信来访和举报电话480件次，其中属教育监察业务范围的342件次。按照分级负责的原则，监察局分别以直接查办、转办、督办等形式进行了处理。监察局直接查办的案件共25件(包括上年未结的7件)，其中所涉及的7名司局级以上干部，查清事实后，澄清问题的2人，批评教育的2人，违反财经纪律通报批评的1人，待处理的1人。还有1人因严重官僚主义失职造成重大经济损失已被立案调查。为加强信访工作，监察局成立了信访小组，并定期汇总情况，写出信访分析报告。

委属高校监察机构接受信访共约1341件次，各单位均能认真对待，恰当处理，并注意从中发现重大案件线索，及时立案查处。重庆大学监察处受理并查处22件群众举报的问题，共查处违法违纪金额122913.62元，为国家挽回经济损失88913.62元。

中共中央办公厅、国务院办公厅发出《关于认真检查对严禁用公款吃喝送礼等有关规定执行情况的通知》后，国家教委监察局2月转发了监察部办公厅《关于开展对用公款吃喝送礼专项举报的通知》,7月印发了关于继续认真贯彻中办国办《通知》的情况通报,对教委系统各单位及其监察机构的贯彻工作进行了督促和检查,对群众举报的委机关个别单位和干部违反规定的两起问题做了调查处理。

各级教育监察机构继续参加了教育系统治理"三乱"、纠正行业不正之风的工作。国家教委监察局配合国家教委治理"三乱"、纠正行业不正之风办公室(简称"纠风办")对8个省(区)教育系统治理"三乱"和纠正行业不正之风的情况进行了检查。这8个省(区)教育系统的"治乱纠风"工作都通过了省(区)纠风办的验收。国家教委监察局代委纠风办起草了给中共中央、国务院的关于国家教委治理"三乱"情况的总结报告和纠正行业不正之风的汇报。

在总结委属高校连续两年开展廉政大检查工作的基础上,国家教委监察局于7月印发了《关于国家教委直属高等学校廉政检查制度化的意见》,同时还印发了《关于国家教委直属高等学校开展第二次廉政大检查的总结报告》。《意见》要求委属高校今后每年进行一次廉政自查工作,形成制度,持之以恒。要求各校每年定期报送校领导自查总结报告。年底前,各校按照新的要求开展了第三次廉政大检查。使各校逐步健全了"两公开一监督"的办事制度,走上廉政建设制度化的轨道。

四、教育监察队伍的自身建设得到加强

至1992年,教育系统已逐步建立起相对稳定的教育监察网络。为加强制度建设,国家教委监察局结合贯彻执行《行政监察条例》,修订印发了《关于国家教委直属高等学校监察工作若干问题的意见》,编辑出版了《教育监察必备》一书。各级教育监察机构根据具体情况,制定了一系列工作制度,有的制定了贯彻《条例》的实施办法。

各级教育监察机构面对新的形势,都把调查研究工作摆到了重要位置。国家教委监察局先后召开了专题研讨会或地区性座谈会,研讨了监察工作如何为深化改革服务、如何提高办案水平、如何贯彻十四大提出的"强化行政监察机关的职能"以及教育执法监察工作的重点等方面的问题,交流了工作经验和研究成果,促进了教育监察队伍的业务建设。11月,在监察局召开部分省市和委属高校教育监察办案研讨会,交流了教育监察机构组建以来的办案经验和体会,讨论了新形势下的办案特点和案件定性量纪标准。经过讨论并结合学习十四大报告,大家进一步认识到:越是改革开放越是要坚持反腐败斗争,在改革开放的整个过程中都要反腐败,坚持两手抓,两手都要硬。教育监察办案要着重于教育、防范,使违法违纪问题在萌芽状态时早发现早解决,防患于未然。

为突出教育监察行业的特点,便于信息交流,国家教委监察局将原办内部刊物《监察工作简报》更名为《教育监察简报》,并更加注意增强简报的指导性、时间性和扩大信息量,全年共印发了10期简报。在全国普通高校招生统一考试前,监察局通过简报连续转发了一些省市加强招生监督机制的具体措施以及查处河南省冒名顶替上学等舞弊问题的情况通报。

撰稿人 高海涛 钟 燕
审稿人 郝维谦

国家高级教育行政学院用建设有中国特色的社会主义理论培训领导干部

1992年，国家高级教育行政学院贯彻党的十四大精神，在培训工作中注意用邓小平同志建设有中国特色的社会主义理论武装高校党政领导干部和各级教育行政领导干部，深入研讨高校深化教育改革问题，推动教育事业的发展。为此，学院开办了第四期、第五期高校领导干部马克思主义理论进修班，第二期、第三期高校党政干部培训班，第一期委属高校中青年干部培训班，以及与加拿大阿尔伯特大学合办的高等教育质量的提高与高教管理、高等教育管理理论、继续教育管理研讨班、讲习班等共14个班，培训学员688人。其中培训高等学校校级领导干部119人，高校校级后备干部109人，各级教育行政干部和教育管理专业人员460人。

一、高校领导干部马克思主义理论进修班

1992年9月15日至12月15日，国家高级教育行政学院开办了第五期高校领导干部马克思主义理论进修班。培训对象主要是全国重点高校正副校长、党委正副书记和国家教委部分司局级领导干部，共47人。着重学习邓小平同志视察南方的重要谈话和江泽民总书记在党的十四大上作的《加快改革开放和现代化建设步伐，夺取有中国特色社会主义事业的更大胜利》的报告，选读马克思、恩格斯、列宁和毛泽东的有关著作，结合对改革开放形势的实地考察，理论联系实际，加深对建设有中国特色的社会主义理论和党的基本路线的理解；学习全国高等教育工作会议文件和教育理论，结合高校实际研究如何加快高教改革和发展问题，熟悉教育政策法规，掌握教育基本规律，提高领导能力与管理水平。

进修班教学安排分四个阶段进行：第一阶段学习马克思主义哲学。组织学员学习马克思主义基本哲学著作，并请有关专家、学者作了“马克思主义哲学引论”、“马克思主义哲学与党的思想路线”、“马克思主义哲学与新科技革命”、“西方哲学思潮对高校青年学生的影响及其批判”等专题报告，使学员掌握马克思主义的立场、观点和方法，弄清党的基本路线和思想路线的哲学基础，加深对党的基本路线和思想路线的理解。第二阶段，学习建设有中国特色的社会主义基本理论和基本实践。组织学员学习邓小平同志视察南方的重要谈话和邓小平同志其他有关著作，听了北京大学校长吴树青作“建设有中国特色的社会主义理论和基本实践”、国家体改委副主任高尚全作的“我国的经济体制改革”、经贸部

部长李岚清作的"我国的对外开放"等专题报告,加深学员对建设有中国特色的社会主义理论的了解。并请外交部、中共中央政策研究室的有关同志作了"当前国际形势"和"新的历史时期中国共产党的建设"的专题报告,从国际形势和新历史时期党的建设角度加深对党的基本路线的理解。第三阶段,进行社会考察,组织学员参观考察了上海和苏南地区。考察结束后,正值党的十四大闭幕,集中组织学员学习了江泽民总书记的十四大报告。结合理论学习和实地考察,学员从理论与实际的结合上进一步加深了对党的基本路线和建设有中国特色的社会主义理论的全面、深刻的理解。第四阶段进行"坚持社会主义方向,加快改革步伐,办好有中国特色的社会主义大学"的学习与研讨。

学员经过学习理论、社会考察、研讨问题,在更新思想观念、提高思想认识和理论水平上取得了较大收获。(1)认识到建设有中国特色的社会主义理论是当代中国的马克思主义,是指导我们思想和工作的理论基础,党的十四大的重大历史意义就是全面确立了建设有中国特色的社会主义理论在全党全国的指导地位。解放和发展生产力是建设有中国特色的社会主义理论的一条主线,科学技术是第一生产力。振兴经济首先靠科技,而科技进步、经济繁荣和社会发展靠教育。高等学校要明确办学指导思想,全面贯彻党的教育方针,面向经济建设,努力培养更多的建设人才,为解放和发展生产力服务。(2)认识到党的"一个中心,两个基本点"的基本路线是建设社会主义现代化强国的生命线,必须坚持一百年不动摇。高等学校要始终不渝地坚持党的基本路线,全面贯彻党的教育方针,深化改革,培养高质量的社会主义建设者和接班人。(3)认识到党的十四大明确提出把建立和完善社会主义市场经济作为我国的新经济体制目标,是关系到整个社会主义现代化建设的一个重大问题。通过对苏南地区的考察,从理论和实践的结合上证明这一新的经济体制是正确可行的。(4)认识到社会主义的根本任务就是解放和发展生产力,加快发展是我国社会主义建设的一个长期战略方针。当前国际竞争的实质是以经济和科技实力为基础的综合国力的较量。我国是发展中的国家,必须抓住时机,加快发展,极大地增强综合国力。(5)通过学习讨论,感到高等教育必须加快改革和发展的步伐。科技进步、经济繁荣和社会发展,从根本上说取决于提高劳动者的素质和培养大批人才。当前国内改革开放和经济的迅速发展,形势逼人,高等教育面临着挑战和机遇。必须适应社会主义市场经济要求,加快改革和发展步伐,规模要有较大发展,质量要上新台阶,结构要更加合理,效益要有明显提高。改革的思路必须从计划经济下培养国家干部的模式转变到市场经济下的人才资源配置的轨道上来,从单纯学者型人才模式转变到能力应用型的人才模式上来,从传统专业和学科逐步转变到现代专业和新的学科方面上来。从三个转变入手,对高等教育进行体制改革、教学改革、招生与分配制度等一系列改革,使高等教育真正适应解放和发展生产力的社会主义这一根本任务,促进和推动经济繁荣、社会进步和综合国力的提高。

在学习研讨的基础上,学员专题讨论了高等教育和高校改革开放问题,并提出 7 个改革方案供国家教委参考。

二、高校党政干部培训班和委属高校中青年干部培训班

(一)高校党政干部培训班

1992 年 9 月 15 日至 12 月 26 日,学院举办了第三期高校党政干部培训班。培训对象主要是委属和中央部委直属院校的中青年干部。培训学员 37 人。

办班指导思想与高校领导干部马克思主义理论进修班一致，教学安排在前四个阶段与进修班同步进行，增加了第五阶段，即“高校领导干部的素质要求与管理职责”的学习。这一阶段请有关专家、学者作了“高等教育管理”等专题报告，并请中国人民大学党委书记李文海、对外经贸大学校长孙维炎等介绍了当好党委书记和当好校长的体会，使参加培训的中青年干部学习了管理高校的理论和高校领导工作的宝贵经验。

（二）委属高校中青年干部培训班

1992年11月27日至12月26日，学院开办了第一期委属高校中青年干部培训班。培训对象主要是国家教委直属高校50岁以下，1989年以来未在国家高级教育行政学院或中央党校学习过的副职校级干部和按国家教委人事司要求选拔的中青年干部。培训学员39人。

在一个月的培训中，组织有关中央部委领导和专家、学者作专题报告、讲座20次（其中录像2次，录音报告2次）。在学习的基础上，组织学员考察了北京吉普车厂和首都钢铁公司。参加培训的中青年干部经过认真学习和社会考察，加深了对党的十四大精神的理解，对建设有中国特色的社会主义理论有了深刻的认识。同时还学习了全国高等教育工作会议精神及教育理论、教育管理知识和办好社会主义大学的经验，明确了校长的岗位职责，提高了管理水平，增长了才干。

中共中央政治局委员、国务委员、国家教委主任兼国家高级教育行政学院院长李铁映、国家教委党组书记、副主任何东昌、国家教委副主任朱开轩、滕藤等对学院的干部培训工作极为重视，对办班工作给予指示，出席开班典礼和结业典礼，为学员作报告，并与学员进行了座谈。学员们认为，国家教委党组关于培训高校党政领导干部及其后备干部的决定十分重要，对于促进高校领导班子的“四化”建设，进一步提高其全面贯彻党的十四大精神和党的“一个中心，两个基本点”的基本路线，深刻领会邓小平同志建设有中国特色的社会主义理论，大力促进高等学校改革的深化和推动教育事业的发展，有着积极的意义。

撰稿人　柴玉彬
审稿人　来汉宣

信访工作

一、来信来访情况

国家教委信访办公室1992年受理人民来信21436件，比上年下降5%，接待来访6659人次，比上年下降12%，其中集体上访11批(比上年下降40%)269人(比上年下降40%)，经常在京滞留的上访老户59人。编发信访简报、摘报42期，发函89件，其中，要求报处理结果的57件，已回报52件，结案率90%以上。

来信反映的主要问题是：(1)举报揭发信件3889件，占来信总量19%；(2)关于招生、学籍、毕业分配方面的2257件，占来信总量10.5%；(3)关于民办、代课教师工作待遇方面的1538件，占来信总量7.1%；(4)建议和意见的信件1306件，占来信总量6.4%；(5)申诉信1293件，占来信总量6.3%；(6)关于工资福利方面的1285件，占来信总量5.9%；(7)关于职称方面的1056件，占来信总量4.9%。来信较多的省份是：山东、四川、河南、江苏、湖南、北京、安徽等省。

来访反映的主要问题是：(1)落实知识分子政策后的工资待遇、职称、住房和子女农转非等问题；(2)六十年代初精简下放问题；(3)民办教师转正、老有所养等问题；(4)中小学教师医疗费包干后医疗费偏低问题；(5)教育经费包干到乡镇后，中小学教师工资不能按时发放问题；(6)一些教师在优化组合中被解聘后的工作安排问题；(7)师生被殴打后的处理问题；(8)揭发个别干部违纪问题；(9)各类申诉案件，如学籍、学历、受行政处分、经济和学校场地纠纷等问题。来访较多的地区是：河南、山东、辽宁、四川、江苏。

二、处理来信与接待来访情况

在1992年群众来信来访中反映出三个特点：一是建议和意见的信访问题增多，其信访量比上年增加2%，如教育如何为经济建设服务，怎样深化教育改革等建议；二是改革开放中出现的新情况新问题增多；三是反映的问题涉及部门多，处理难度增大。

国家教委信访办公室本着全心全意为人民服务、实事求是和秉公办事的原则，按照“归口办理，分级负责”的规定，做到逐件进行处理。有些来信采取转给省、自治区、直辖市教育部门处理；来信中反映的一些重要问题，采取发函将其交给地方有关部门办理，三个月内报查处结果，并加强催办、协调。

对群众来访一般性问题，由接待人员耐心做好上访人员的思想疏导工作，动员其回当地，向政府反映请求处理；对群众来访的重要问题，发函将其交给地方有关部门办理，三个月内报查处结果，对其中个别突发事件由国家教委信访办公室与有关单位协商处理。

认真处理好集体上访工作。1992年3月，一批六十年代精简下放的中专学生60多人来京集体上访，要求安排工作。按现行政策规定，这批中专学生的问题不能解决。国家教委信访办公室接待人员配合中共中央办公厅、国务院办公厅信访局和公安部门，耐心地对其做思想教育和疏导工作，使他们较快地离京返回原籍。

认真做好信访信息工作。通过信访摘报、呈阅信件等方式上报重要信息100余件，为领导及时妥善处理教育战线在改革开放中出现的一些问题提供依据。1992年10月30日，针对来信来访中反映的一些中小学乱收费问题，国家教委办公厅发出了《关于立即检查处理中小学收费问题的紧急通知》，使有些学校的乱收费得到控制。

对来信来访中举报的以权谋私等重大问题，抓紧配合当地部门查处，并要求有关方面加强廉政建设。如湖北一学生会干部来信，揭发该校有关领导以权谋私，食堂管理混乱等问题，经湖北省教委调查属实，使当事人受到处分，该校后勤工作有了改进。

做好党的十四大期间的信访工作。为此，国家教委信访办公室发出了《关于进一步做好信访工作以保证党的十四大顺利召开的通知》，并配合公安部门清理了滞留在京的上访老户，又在东北、华北、西北地区14省市第二次教育系统信访工作协作会上，同与会同志认真研究了把上访老户稳定在基层、控制来京上访的落实措施。各级教育部门上下配合，较好地完成了任务。

三、培训信访干部、提高信访干部素质

1992年5月，国家教委在中共中央办公厅、国务院办公厅信访局丹东信访干部培训中心举办了培训班。参训学员134名，来自28个省、自治区、直辖市教育部门。大家学习了信访工作基本理论和基本知识，总结交流了工作经验。

撰稿人　李　经

审稿人　郑树山

关心下一代工作委员会工作情况

一、成立国家教委关心下一代工作委员会(简称国家教委关工委)

1982年中共中央实行干部离退休制度后,许多经过历次革命时期考验和建国创业的老同志从工作岗位上退下来。他们当中有一批人热心于青少年教育事业,自愿组织起来,深入学校、街道、家庭开展各种形式的关心下一代活动。这一举动在社会上引起强烈反响,得到中央有关领导的肯定。经中共中央批准,1990年2月,中国关心下一代工作委员会成立之后,经国家教委党组批准,1991年4月9日国家教委发出《关于成立国家教委关心下一代工作委员会的通知》,同月16日召开了成立大会。

教育系统关工委是在各级教委、教育厅(局)领导下,以本系统离退休干部、教师为主体,并有本系统各级领导干部和相关职能部门同志参加的工作机构。

国家教委关工委的任务是对全国教育系统关心下一代工作进行宏观指导和管理。教育系统各级关工委负责动员、组织本系统、本单位离退休的专家、教师、干部和职工,配合学校、社区、家庭,对青少年儿童进行思想政治、道德品质、科学文化知识、职业技术等方面的教育。从德、智、体、美、劳诸方面入手,全面关心青少年的健康成长。

国家教委关工委的组成:顾问刘皑风、张承先、周林、黄辛白、臧伯平,名誉会长何东昌,会长张文松,第一副会长邹时炎,副会长李琦涛、杨蕴玉、李传信、韩作黎、陶端予、田光涛。委员会下设秘书处为办事机构。

二、工作开展情况

国家教委关工委成立后,在国家教委党组的直接领导下,认真开展各项工作,积极推动各级关工委的组织建设,坚持从实际出发,进行分类指导,把组织建设落实到基层,把工作落到实处。

自1991年10月至1992年底,分别召开了东北、中南、华北、西北、华东地区的关心下一代工作研讨会,总结、交流、推广了先进经验,扎扎实实地推动了组织建设。到1992年底,已有25个省、自治区、直辖市和13个计划单列市教委、教育(厅)局成立了关工委组织。吉林、河南、甘肃、河北等省及哈尔滨、武汉、沈阳、青岛、南京等市关工委组织已发展到县、乡、校。全国教育系统关心下一代的工作网络基本形成。

注意发挥高等院校老同志的优势,加强高校关工委的组织建设。1992年8月上旬,国家教委关工委与中国关工委在大连市联合召开了高等学校关心下一代工作座谈会。中国关工委主任康世恩给大会发来贺辞,国家教委关工委会长张文松在会上讲话,中国关工委常务副主任王照华作了大会总结。会议就高等学校动员、组织离退休老干部、老教师配合学校开展对大学生、青年教师的培养、教育工作交流了经验,并就如何在关工委的工作中贯彻邓小平同志南巡重要讲话精神进行了研讨。会后,国家教委发出《关于印发国家教委关工委〈关于高等学校关心下一代工作情况的报告〉的通知》，推动了全国高等学校关心下一代工作的开展。到 1992 年底，32 所国家教委直属高校和一些部委、地方所属高校成立了关工委。据不完全统计，到 1992 年底已有 400 余所高校建立了关心下一代工作机构。

把关心下一代工作重点放在基层。各地关工委在不断推动组织建设的同时，扎扎实实，紧密配合教育主渠道，围绕全面贯彻教育方针，全面提高教育质量这个中心任务，坚持对学生进行创业精神教育和爱国主义、集体主义、社会主义思想教育。因地制宜，开展了形式多样、内容丰富的教育活动。主要有以下 6 个方面：(1)参与学校教育工作。许多老同志接受大、中、小学校的聘任，担任班级、团支部、少先队中队、课外小组或教研组的辅导员。在学校统一安排下，参与各类专题性教育、调研活动。开展“忘年交”活动。其中较突出的有清华大学教授邢家鲤、兰州大学教授张淑民、天津市 18 中退休教师冯贵珍等。(2)参与社区教育活动。开拓校外教育阵地，优化育人环境，举办校外辅导站、文化图书室，帮教失足青少年，促进学校教育、社区教育和家庭教育的结合。象湖北随州市的陈名俊、武汉市新洲县的李平、甘肃省西和县的王钧、哈尔滨市的杨晓初等人的事迹都十分感人。仅山东莱西一个县级市关工委就组织离退休教师建立少年之家 269 个，家庭图书馆 183 个。沈阳市等地的老同志还开设了小饭桌，为少年儿童的健康成长办实事，办好事。(3)在家庭教育领域发挥作用。举办家长学校，开展家庭教育研讨、咨询，推广科学的家庭教育方法。南京鼓楼区关工委的家长学校、吉林省长春市全国优秀校外辅导员曹魁珍的家教咨询等都作出了突出的贡献。(4)开展教育咨询活动。发挥老教育工作者的潜力，帮助中小学提高办学水平和师资水平。哈尔滨市教委关工委开展的教育咨询活动很有特色，为转变差校，提高办学水平，培养青年教师，加强师资队伍建设发挥了作用。(5)依照法规开展关心下一代工作。参与《义务教育法》、《未成年人保护法》等法规的宣传教育和贯彻执行，维护青少年的正当权益，保护青少年健康成长。厦门市教委关工委与市未成年人保护法委员会相结合做了许多有益的工作。(6)根据各地教育、经济与社会发展的实际需要，兴办各类教育实体、经济实体，开展职业技术教育，为当地经济建设服务。武汉市教委关工委创办的培能高级职业中学，成都的余晖学校，安徽庐州的中华职业学校，以及河北省肥乡县张达乡的离休教师程万里、河南省信阳地区淅川县上集乡的退休教师侯殿华等人的大胆探索，为当地的教育发展、经济建设作出了积极贡献。

加强宣传工作。通过各种形式宣传关心下一代工作的重要意义，探讨关心下一代工作的理论，研究关心下一代工作的方式和方法，总结推广先进经验，介绍先进典型事迹，以此推动关心下一代工作的深入开展。1991 年 8 月 28 日，中组部、中宣部等 11 个部门联合发出向关心下一代的光荣标兵张培英学习的通知。为了推动这一学习，1992 年 2 月 12 日国家教委关工委与中华老年报社联合举行向关心下一代的光荣标兵张培英学习座谈会。通过宣传，调动了广大离退休老同志的积极性。关心下一代的工作队伍不断发展壮大。据 1992 年底统计，全国参加关心下一代活动的离退休人员有 170 多万，其中教育系统占 70%以上。

抓住教育时机，结合节假日开展教育活动。各级关工委充分发挥老同志的优势，利用本地德育教育基地，结合各个重大节日和纪念日对青少年进行“两史一情”和革命传统教育，收到了很好的实效。1991 年“七一”前，国家教委关工委下发了《关于开展纪念中国共产党成立70周年活动的通知》。各地关工委开展了内容丰富、形式多样的纪念活动。国家教委关工委与中国关工委、团中央在人民大会堂联合举办了老一辈无产阶级革命家和知名人士与首都大学生共庆建党70周年的座谈会。

在1991年底中国关工委召开的全国关心下一代工作先进集体、先进个人表彰会上，全国教育系统的程万里、田丽景、冯贵珍、邢家鲤、姚逸仙、侯殿华、张淑民、孙岩等8名同志受到表彰，荣获"全国关心下一代先进个人"称号。南京市教育系统关心下一代协会荣获"全国关心下一代先进集体"称号。

撰稿人　郭春开

审稿人　李蒙恩

基础教育

发布《义务教育法实施细则》与培训干部

《义务教育法实施细则》经国务院批准，国家教委已于1992年3月14日发布施行。通过《实施细则》的制定与施行，完善了实施义务教育的法规，推动了九年义务教育的实施。

一、结合全民普法教育规划，做好《实施细则》的群众宣传和落实工作

为了推动不同地区义务教育的实施，1992年4月国家教委办公厅召开了《义务教育法实施细则》新闻发布会，有关新闻媒介陆续做了报道，人民日报、光明日报、法制日报、中国教育报等7家报纸刊登了《实施细则》全文。为了推动各地做好《实施细则》的学习、宣传、落实工作，国家教委召开了贯彻《义务教育法实施细则》电视工作会，会上国家教委副主任柳斌做工作部署，吉林省教委主任陈谟开介绍吉林省依法实施义务教育的经验，全国人大常委、全国人大教科文卫委员会副主任委员张承先讲了话。各省、自治区、直辖市及地、市、县人民政府分管教育工作的负责人、教委（厅、局）主任和分管副主任（厅、局长），以及督导机构负责人与会。有关新闻单位对会议精神做了宣传报道。

二、做好《实施细则》的干部培训工作

为贯彻《义务教育法实施细则》，为在本世纪末实现基本普及九年义务教育，国家教委组织30个省、区、市教委普教处长参加学习《实施细则》的培训班，又分三类地区组织地、市教育局长培训班，各省、自治区、直辖市也分期、分批举办了乡镇以上主管教育工作的干部和校长、教师培训班。通过培训统一思想认识，增强依法治教的观念。各省人民政府从本省的实际出发对原有义务教育实施规划进行了修订和调整。初步统计，到本世纪末约有90%左右人口地区可以基本普及九年义务教育（包括初中阶段职业技术教育）。通过多层次组织《实施细则》的干部培训，也进一步明确了各级政府和有关部门在实施义务教育工作中的职责，促进了实施义务教育进程中存在问题的解决，增强了干部、群众守法、执法的自觉性。

撰稿人　张杰仲

审稿人　陈德珍

《九年义务教育全日制小学、初级中学课程方案(试行)》的发布及实施工作

1992年8月6日，国家教委发布《九年义务教育全日制小学、初级中学课程方案(试行)》。这个《课程方案》由《九年义务教育全日制小学、初级中学课程计划(试行)》和小学思想品德、语文、数学、自然、社会、音乐、美术、体育、劳动等9科，初级中学思想政治、语文、数学、英语、俄语、日语、物理、化学、生物、历史、地理、音乐、美术、体育、劳动技术等15科(共24科)教学大纲(试用)组成。

《课程方案》自1993年秋季起在全国逐步试行。1993年秋季开学，全日制小学的起始年级均应开始执行《课程方案》。有条件的地区，初级中学的起始年级可同时开始执行《课程方案》，条件不具备的地区，要积极准备，创造条件，在2—3年内，使本地区全日制初级中学的起始年级开始执行《课程方案》。

实行《课程方案》是普及九年义务教育，全面贯彻教育方针，全面提高教育质量的一项重要工作。1992年11月，国家教委就《课程方案》的实施提出以下意见：

一、《课程方案》是国家对义务教育阶段教学工作的指导性文件，各地要认真组织学习和宣传，进一步端正办学指导思想，增强执行《课程方案》的自觉性。要明确实施《课程方案》是落实十四大提出的“大力加强基础教育”，“基本实现九年制义务教育”，“全面贯彻党的教育方针，全面提高教育质量”的一项重要措施。

地方各级教育行政部门要组织好教育系统的全员培训工作。中小学教育行政管理干部、教研人员和校长、教师要学好《课程方案》，并联系实际，研究贯彻落实的具体办法。重点是抓好教师和教研人员的培训。在今后逐年开始使用新教材前，均要对担任教学任务的教师进行一定时间的培训，学习新大纲，掌握新的教材，研究改进教学方法。国家教委已于1992年底以前组织了对省级有关人员的培训，并将通过教育电视台播放有关的电视讲座。

二、各省、自治区、直辖市教委、教育厅(局)可根据《课程方案》，结合本地区经济、文化发展的需要，对《课程计划》作必要的调整和补充。调整后的《课程计划》要报国家教委备案，并要求学校严格执行。

三、各省、自治区、直辖市要有计划、有步骤地组织实施《课程方案》，要从本地实际情况出发，提出具体安排意见，并对城市、农村或教育基础不同的地区的工作实行分类指导。

四、各省、自治区、直辖市要根据《课程计

划》的要求，加强师资队伍建设，分析各科师资的现状，做好任课教师的需求量的测算和师资的培养及培训工作。要加强校舍、场地和仪器设备的配套建设，保证《课程方案》的顺利实施，满足教学活动的需要。要加强教材建设，组织力量编写好地方安排课程的教材或教学参考资料，编写乡土教材。做好各科教材的印刷、发行工作。教师用书要做到寒、暑假前到人，学生用书要做到开学前到校。各地要加强教材选用的指导和管理。

五、各级教育行政部门和学校要依据《课程方案》，认真做好教学管理工作。应把学校执行《课程方案》的情况作为教育评估督导的重要内容，定期检查，加强指导，逐步建立教育教学的督导评估制度。在实施过程中要注意抓好典型，及时总结经验，以点带面，推动教学改革的不断深入，完成全面贯彻教育方针，全面提高教育质量的任务。

撰稿人　沈白榆
审稿人　马　立

推广教学改革试验项目

1992年，由国家教委推广的基础教育的教改试验项目有："愉快教育"，"注音识字、提前读写"，"上海市青浦数学教改经验"等。在国家教委的指导下，推广工作取得了进展。1992年10月21日至27日在江苏省南京、无锡两市召开了第三次全国"愉快教育"研讨会。研讨会的议题是从主要特征和指导原则等方面研讨"愉快教育"的基本规律，总结"愉快教育"实验的经验并上升到理论。会议指出，"愉快教育"实验的推广，重要的在于教师自身要更新观念和提高素质。

1992年3月，国家教委基础教育司、国家语委文字应用研究所和普通话推广司在黑龙江省哈尔滨市召开了小学语文"注音识字、提前读写"教改经验推广工作座谈会。7月24日国家教委发布《关于推广小学语文"注音识字、提前读写"教改经验的若干意见》和《小学语文"注音识字、提前读写"教学改革实验纲要(试用稿)》，肯定小学语文"注音识字、提前读写"的实验取得了可喜的成果，显示了它的可行性和适应性。要求各地积极推广这项教改经验。此后，国家教委基础教育司发出《关于印发〈小学语文"注音识字、提前读写"教改实验纲要教学建议(试用稿)〉的通知》，把"注音识字、提前读写"的基本思想、要求和作法进一步具体化，增强它的可操作性。国家教委基础教育司、黑龙江省教委和九省实验教材编写协作组分别组织编写了小学语文《"注音识字、提前读写"实验课本》，并列入1993年秋季《小学教学用书目录》，供全国各地选用。

中国教育学会数学教育研究发展中心于1992年4月23日在上海市召开了学习上海市青浦县数学教改经验现场研讨会，国家教委副主任柳斌在会上作了题为《学习和推广青浦的教学改革经验》的讲话。青浦县数学教改实验小组负责人以《努力探索教育规律，大面积提高教育质量》为题，介绍了十几年来坚持教改实验的艰辛历程和所探索总结出的行之有效的教学经验。5月8日国家教委办公厅印发了《关于转发〈学习上海市青浦县数学教改经验现场研讨会纪要〉的通知》，进一步在全国范围内传播这一经验。

撰稿人 杨 帆
审稿人 马 立

初中、高中招生考试制度改革

1992年1月11日，国家教委在北京举行全国升学、考试制度改革工作会议，邀请各省（自治区、直辖市）教委、教育厅（局）负责人就实行高中会考制度及其它招生考试制度改革等问题进行研讨，对1992年改革工作作了部署。会议传达了李铁映关于会考制度的指示。国家教委副主任何东昌、滕藤、柳斌、邹时炎等出席会议并讲话。会议肯定实行会考制度是普通高中考试制度的一项重大改革，目前已初见成效，并且发挥了积极导向作用。从已经完成一至四轮会考的省的实践经验看，会考的积极作用主要是：(1)有利于人们转变教育观念，面向全体学校和全体学生，全面贯彻教育方针；(2)有利于全面执行教学计划，克服偏科现象，加强教学管理；(3)有利于调动大多数学校办学积极性和大多数师生教与学的积极性，从而大面积提高普通高中的教育质量。会议认为明确实施会考制度的目的，分清会考与高等院校招生考试两种不同性质的考试是至关重要的。只有统一思想，转变观念，提高认识，才能坚定实行会考制度的信心。会议要求各地加强领导、精心组织施工，不断完善会考制度。1992年秋季始，西藏自治区也开始实行普通高中毕业会考制度。至此，会考制度已在全国30个省、自治区、直辖市全面推开。

会议还就继续深化初中招生考试制度改革进行了部署，要求各地积极推进这项改革工作。自1985年以来各地逐步推行以“取消初中升学统一考试，凡准予毕业的小学毕业生，实行划片就近升入初中，并逐步取消重点初中”为主要内容的初中招生考试制度改革，取得了成绩，积累了经验。1992年，全国29个省、自治区、直辖市已经进行这项改革的地级市148个，占地级市总数的79%；县级市172个，占县级市总数的59%。

为加强对升学、考试制度改革的统一领导，国家教委决定成立以何东昌任组长、朱开轩、柳斌任副组长的领导小组。小组成员包括基础教育司、督导司、高校学生司、财务司和国家教委考试管理中心等有关单位的负责人，领导小组负责协调国家教委升学、考试制度改革的有关工作。各省、自治区、直辖市根据国家教委的指示，也相继成立了考试制度改革领导小组。协调本地高中会考等项考试制度改革的工作。

撰稿人　雷启之　刘江平

审稿人　陈德珍

在贫困地区加强初等教育项目计划

我国普及义务教育的重点在农村，而难点则是“老、少、山、边”地区。针对这种情况，从1990年开始，基础教育司与联合国儿童基金会合作，在陕西、甘肃、宁夏、青海、云南、贵州、四川、广西、山东、安徽10个省(区)，101个县，896所学校开展了一项为期4年的加强贫困地区小学教育项目计划。该项目的宗旨是：鼓励和帮助社区探索一系列加强贫困乡村学校的方法和机制。并通过社区参与、开办家长学校、培训校长和教师、开展教研活动、自制教具、举办学前班等多种形式达到项目目标要求。

经过3年的努力，到1992年，大部分项目学校已在当地率先达到普及初等教育的标准要求，其中有的成为示范性学校。

项目计划的实施，推动了贫困地区普及初等义务教育的进程，普及程度有了明显提高，项目效益比较明显。1992年7—11周岁学龄儿童入学率达到97%，比1989年(实施项目前)提高4.4个百分点；其中女儿童入学率从1989年的90.3%提高到95.6%。辍学率在下降。1992年小学在校学生辍学率为1.2%，比1989年下降1.2个百分点。1992年12—15周岁儿童初等教育普及率为92.46%，比1989年提高2.76个百分点。

通过开展培训活动，普遍提高了项目学校校长、教师的文化、业务素质。(1)项目工作把培训干部和教师放在首位，截止到1992年，项目学校已有10635名人员接受了不同层次的培训，受训人数占教职工总数的54.12%。(2)项目学校校长、主任学历达标率已从1989年的86%提高到90.33%。(3)项目学校专任教师学历达标率已从1989年的74.3%提高到85%。

改善办学条件，创设良好的育人环境。(1)1992年省、县、乡为项目学校共投资1367.46万元。新建校舍74923平方米，维修校舍95800平方米，危房占校舍总面积比例已从1989年的11.4%下降到4.34%。(2)开展了自然、文体等科自制教具活动。据不完全统计，自制教具总价值约40万元。通过举办各级自制教具教师培训班，形成了一支事业心强、积极性高、已掌握了必要的制作技巧的骨干教师队伍。自制教具对改进教学方法、提高教学质量起到了促进作用。(3)实施项目3年中共购置数学、自然、电化教具、文体器材折价506.85万元，比1989年增加382.95万元。(4)生均图书由1989年的2册提高到4.6册，相当一部分项目学校已达到生均5册的最低要求。

社会参与办学，密切了学校同社区、家长的联系。(1)项目学校所在地已建立社区支持组织919个，家长学校或家长委员会1059个，开展各类活动3939次。(2)项目的实施，激发了社区、家长的办学积极性，各地呈现出自愿捐资助学的好势头，捐资总额已从1989年的109.6万元增加到768.9万元，改善办学条件，为学校创设了良好的育人环境。

开展学前教育，提高了幼儿入园(班)率。据统计，学前一年幼儿入园(班)率已从1989

年的59.8%提高到91.5%。学前班数也从1989年的618个增加到1202个。

深化教学改革，提高了教育质量。项目工作从贫困地区的实际出发，组织开展了教学研究和改革工作，在改进教学方法和手段等方面进行了有益的探索。山东、宁夏等省(区)项目学校在低年级引进"注音识字、提前读写"教学方法，普遍提高了儿童识字、阅读及表达能力。云南省项目领导小组开展省编教材实验，加强了少数民族儿童的语言训练。安徽省枞阳县、岳西县充分利用地理优势，编写了劳动课补充教材《养鱼常识》和《作物种植》，促进教育与当地经济发展相结合，更好地为经济发展服务。各省(区)还普遍重视了教学的常规管理，普遍提高了教学质量。项目学校学生毕业率上升为96.5%，比1989年提高4.5个百分点。小学生按时毕业率已从1989年的69%提高到84.35%。小学生留级率已从1989年的7.6%下降到4.7%。

撰稿人　陈　俐

审稿人　陈德珍

召开全国中小学德育工作会议

为了认真学习贯彻邓小平同志南巡重要谈话精神，进一步明确在改革开放形势下中小学德育工作的指导思想和任务，推动地方政府切实加强中小学德育工作的领导，中宣部和国家教委于1992年5月21日至25日在福建省三明市联合召开全国中小学德育工作会议。各省、自治区、直辖市党委宣传部长和主管德育工作的教委主任、处长，北京、上海、天津市和陕西省教育工委书记，计划单列市党委宣传部长，计划单列市和省会城市主管教育工作的市长、教委主任以及部分高中校长共200余人参加会议。国家教委副主任何东昌、柳斌，中宣部原副部长曾德林出席会议并讲话。

会议总结推广了三明市在共建社会主义精神文明过程中，优化社会育人环境，全面加强和改进中小学德育工作的经验。北京、天津、辽宁、上海、广东等地的中学校长介绍了加强高中学生德育工作的经验。代表们还分别参观了三明市的中小学和“共建片区”等。国家教委对在全面加强中小学德育工作方面取得显著成绩的南京、潮州、抚顺、三明4个城市授予“全国中小学德育工作先进市”称号。

撰稿人　唐淑芬
审稿人　陈德珍

发布《全日制中学思想政治课教学大纲》

经过长达6年的思想政治课改革实验，国家教委在总结经验的基础上，根据邓小平同志建设有中国特色的社会主义理论和《中小学加强中国近代现代史及国情教育的总体纲要（初稿）》精神，制定了《全日制中学思想政治课教学大纲（试用稿）》并于1992年3月4日正式发布试行。与此同时，按照新编的思想政治课教学大纲组织编写思想政治课新教材。这套教材已于1992年秋季经审定出版，供全国中学各年级使用。

新大纲和新教材同旧的大纲和教材相比，有以下三个特点。

一、进一步完善了初、高中年级教学内容的整体设计

首次按初中阶段和高中阶段分别规定了教学目标要求；为了便于教师和学生综合考虑各年级的教学内容，增强整体教育的效果，决定各年级不再分列课名，统称《思想政治》。

二、重视对学生进行基本观点的教育

在初中一年级，保留了原《公民》课的基本内容，进一步强化了以"五爱"为基本要求的社会主义公德教育，增强了有关公民的国家观念和公民的权利义务观念的教育。将初中二年级与三年级的"社会发展简史"与"中国社会主义建设常识"两部分内容打通。初中侧重讲授人类社会由低级到高级发展的一般常识，重点进行社会发展史首先是生产发展的历史、生产关系一定要适应生产力的发展是客观规律和社会主义必然代替资本主义的历史趋势的教育；并删减了与历史课重复的内容。原"社会发展简史"的社会主义部分内容主要放在初三年级讲授，并侧重讲我国社会主义初级阶段的基本国情、党的基本路线和建设有中国特色社会主义的有关常识。法律常识的教育，重点教育学生知法和树立依法办事、依法治国的观念。

在高中一年级，加强了马克思主义关于商品、货币、价值规律以及资本主义经济制度的本质及其发展趋势的教育内容，突出了社会主义经济的本质特征、经济发展规律以及只有改革开放才能发展社会主义的内容。在高中二年级，构建了以世界观为主线，把世界观常识中辩证唯物主义与历史唯物主义的有关内容与人生观常识的内容有机联系在一起的教学体系，力求体现世界观与人生观两部分教育内容的内在联系。在高中三年级，保留了《政治常识》的基本内容，突出了社会主义制度与资本主义社会制度对比的教育内容，修改了原大纲的教材中有关国际关系的教学内容，加强了我国对外政策的教育内容。

三、引导学生理解基本原理，帮助学生形成基本观念

《全日制中学思想政治课教学大纲（试用稿）》汲取了已往教学成功的经验，按照1985年中共中央《关于改革学校思想品德和政治理论课程教学的通知》精神，注意从学生熟悉的基本事实、材料、例证出发，使学生从感性认识入手，引导学生对基本事实、材料、例证进行分析，把其中共性的东西归纳形成基本观点。各地在进行教学时还可以进行事例的补充或调整。

撰稿人　周长祜
审稿人　姬君式

加强中小学校园环境管理

为了加强中小学校校园环境的管理，创设良好育人环境，保证学校教育教学活动的正常进行，国家教委于 1989 年着手起草《中小学校园环境管理的暂行规定》。在调查研究的基础上，经反复征求有关方面的意见，并多次进行修改，于 1992 年 6 月 10 日正式发布《中小学校园环境管理的暂行规定》。

《规定》指出，学校是教职工和学生工作、学习、生活的主要场所，应做到环境整洁优美，风气积极向上，设施完好，秩序正常，成为社会主义精神文明建设的阵地。在学校创设良好的育人环境，建立正常的教育教学秩序，维护教职工和学生的合法权益，是校长工作的重要职责。校长应负责将校园环境建设列入工作计划，采取措施，组织实施。上级教育行政部门应将学校校园环境的管理状况列为对校长工作考核的一项重要内容。

《规定》对校园内建设布局、校舍建筑质量、校园绿化、校风校纪、教学秩序及规章制度建设等方面都作出了具体的要求。强调不允许在学校中进行宗教活动和向学生宣传宗教；严禁宣扬暴力、凶杀、色情、恐怖、迷信的图书报刊、音像制品在学校传播。坚决抵制赌博、酗酒、不健康的歌曲和封建迷信活动对学生的影响；不允许任何单位或个人在校园内从事以师生为消费对象的营利性活动；严禁在校园内建造、恢复祠堂、庙宇、坟茔等。

《规定》提出对违反该《规定》的有关责任人员进行处理的具体办法，对认真执行和维护《规定》成绩显著的单位和个人，应由当地人民政府或教育行政部门予以表彰和奖励。

国家教委发布《规定》后，改变了学校长时期以来在维护校园环境，保障学校和教职工、学生合法权益方面无法可依，无章可循的状况，使中小学校园环境管理开始走上正轨。各地教育行政部门及时转发了《规定》，一些地方人民政府和教育行政部门还结合当地实际情况，提出了相应的具体要求。

撰稿人　刘江平
审稿人　陈德珍

校外教育工作

开展少年儿童校外教育工作情况的调查研究。1992年，为贯彻落实1991年国务院办公厅转发国家教委等部门《关于创造良好社会环境保护中小学生健康成长若干意见的通知》精神，由国家教委、文化部、国家体委、广播影视部、全国总工会、团中央、全国妇联、中国科协等部门联合组成少年儿童校外教育工作调查组，分别到上海、江苏、辽宁、黑龙江、陕西、四川等省、市进行调研，总结经验，为制订《少年儿童校外教育机构工作规程》作准备。

表彰全国少年儿童校外教育工作先进集体、先进工作者。1992年6月1日，国家教委、文化部、全国总工会、团中央、全国妇联、中国科协在北京中南海怀仁堂联合召开了全国少年儿童校外教育工作先进集体、先进工作者表彰大会，对100个少年儿童校外教育先进集体和500名少年儿童校外教育先进工作者进行了表彰，向他们授予了奖章和证书。

举办中小学生近现代史、国情知识竞赛。为进一步落实江泽民总书记关于向学生进行近现代史和国情教育的指示精神，国家教委、文化部、团中央、新闻出版署和中央电视台联合举办了全国中小学近、现代史、国情知识竞赛，全国共有25个省、市报名参赛，北京队获得中学组第一名，吉林队获得小学组第一名。现场竞赛实况已在中央电视台向全国播放。

召开全国家庭教育工作表彰会和经验交流会。为进一步促进全国家庭教育工作的开展，国家教委与全国妇联于1992年9月在北京联合召开了全国家庭教育工作先进单位和先进工作者表彰会和经验交流会。在会上，表彰100个“全国家庭教育工作先进单位”，50所“全国优秀家长学校”，100名“全国家庭教育先进工作者”。会上，有15个先进单位和个人介绍了经验。

纪念全国红领巾读书读报奖章活动10周年。“全国红领巾读书读报奖章活动”自1982年开展至今已整整10年，为总结10年来所取得的成绩与经验，鼓励各地开展活动好的单位和个人，国家教委、文化部、团中央、新闻出版署于1992年12月在北京召开了全国红领巾读书读报奖章活动先进集体、先进个人表彰会，对全国500个先进集体、1000名先进指导者、10000名读书积极分子进行了表彰和奖励，各地先进集体代表在会上交流了经验，并对今后读书活动如何适应当前改革开放的形势，加强对中小学生的思想教育进行了研讨。

撰稿人　陈　纲
审稿人　姬君式

特殊教育事业取得突破性进展

一、发展概况

1992年，全国已有盲、聋、弱智学校1077所，在普通小学附设特殊教育班1555个，在校学生达12.94万人。全国聋儿语训机构已发展到1280个，已训和在训聋儿3万人左右；视力和智力残疾儿童的早期教育也已在一些地区开展。1992年全国残疾人职业培训机构已发展到393所，培养、培训人员近2万名。残疾人高等教育，除4所专门招收残疾人的院校（专业）外，普通高校招收残疾青年已达6000多人。在特教师资培训方面，全国已有5所高等师范院校设立了特殊教育专业，中等特教师资培训机构已达24所。一年来各地积极开展特殊教育工作，取得了显著成绩。吉林省积极发挥教育行政部门的职能作用，坚持多种形式发展特殊教育，到1992年底，全省盲、聋、弱智三类残疾儿童平均入学率已达84%。

二、中央领导同志关心特殊教育

1992年，党和国家领导人多次视察特殊教育学校。中共中央总书记江泽民、中央政治局常委乔石先后视察了江苏省常州市聋哑学校。江泽民还题词："特殊教育，造福后代。"国务委员兼国家教委主任李铁映于春节前夕前往北京市的特殊教育学校看望教职工，并在座谈会上讲话指出：特殊教育事业是教育事业的重要组成部分，它不仅关系到千百万家庭和几千万残疾人的幸福和富裕，也关系到我国各项事业的发展。发展特殊教育要把残疾儿童、少年的义务教育作为重点，各级政府和教育行政部门要切实把残疾儿童、少年的教育纳入实施义务教育的轨道。省、市（地）、县、乡各级政府和教育行政部门都要重视这项工作，积极行动起来。特殊教育要全面贯彻党的教育方针，注重残疾人劳动技能的培养。特殊教育学校应成为教育、康复、职业技术教育、师资培训和特教科研的基地。举办特教学校的同时，大量举办特教班和开展随班就读，是提高适龄残疾儿童入学率的重要途径。

三、制定并发布《残疾儿童、少年义务教育“八五”实施方案》

1992年5月，国家教委和中国残疾人联合会联合发布《残疾儿童、少年义务教育“八五”实施方案》，对各省、自治区、直辖市“八五”期间残疾儿童义务教育的发展指标作了规定，其中北京、天津、上海和计划单列市视力、听力语言和智力残疾儿童少年初等教育的入学率要达到80%；江苏、山东、辽宁、浙江、黑龙江、吉林、广东等省和其他省、自治区的经济比较发达的地区及所有城市（地级市）达到60%左右；河北、湖北、湖南、河南、安徽、福建、江西、海南、四川、山西、陕西等省达到30%；广西、贵州、云南、内蒙古、宁夏、甘肃、青海、新疆、西藏等省、自治区在现有的基础上有较大的提高。

《方案》要求各地首先要对本地区的视力、听力语言、智力残疾儿童、少年的数据进行摸底调查，进一步完善对残疾儿童少年入学情况的统计，要制定或修订本地的残疾儿童少年教育“八五”规划，并将建设特殊教育学校、办特教班和随班就读一起布局，对视力、听力语言和智力残疾儿童少年教育一起抓，省、市（地）、县、乡一起动手。《方案》要求各地认真贯彻执行《中华人民共和国义务教育法》和《中华人民共和国残疾人保障法》及有关法规，同时制定本省的有关法规，加强对师资和管理人员的培训，加强课程建设和教具、学具的研制、配备以及教材编写，并加强对残疾儿童少年教育的督导检查。

四、残疾儿童随班就读工作

视力残疾儿童随班就读工作。1992 年，视力残疾儿童随班就读工作又有较大发展。据不完全统计，全国已有 20 多个省、自治区、直辖市开展这项工作，随班就读的视力残疾儿童已达 1000 多名。其中黑龙江省已使适龄视力残疾儿童的入学率达到 90%以上。为了进一步推动视力残疾儿童随班就读工作，1992 年 9 月，国家教委在黑龙江省佳木斯市召开了盲童（视力残疾儿童）随班就读现场会。会议代表参观了桦南县的盲童随班就读工作，该县除对盲童进行文化知识教育外，还进行编织、饲养、种植等劳动技术教育，使盲童学到一技之长，为他们将来自食其力打下基础。会议要求已开展这项工作的地区要进一步解放思想，探索新的经验，积极开展这项工作。

弱智儿童随班就读工作。1992 年，全国智力残疾儿童随班就读已达 34418 人。为总结和进一步推动这项工作，1992 年 4 月，国家教委基础教育司在山东省昌乐县召开了智力残疾儿童随班就读现场会，观摩了昌乐县开展弱智儿童随班就读的经验，并对有关问题做了研讨。会后，国家教委基础教育司印发《弱智儿童随班就读现场会纪要》指出：随班就读是对弱智儿童实施初等义务教育的一种重要形式，要求各地从实际出发，勇于实验，积极开展弱智儿童随班就读工作。1992 年，国家教委基础教育司委托北京师范大学、浙江大学、重庆师范学院举办了弱智儿童的筛查与鉴定培训班，为各省、区、市培训筛查骨干。

五、深入进行教学改革，开展分类教学工作

1992 年 6 月，国家教委基础教育司和全国特殊教育研究会在天津联合召开全国聋校分类教学工作研讨会。会议讨论了在聋校中开展分类教学的内涵、意义及其迫切性。会议指出，在当前教育如何适应经济改革和社会发展需要的新形势下，分类教学是聋校教学改革的一项重要课题，各地教育行政部门、聋校干部及教师必须提高认识，解放思想，勇于实践，进一步搞好分类教学工作。

撰稿人　王　洙
审稿人　李仲汉

检查《幼儿园管理条例》和《幼儿园工作规程（试行）》实施情况

1989年发布的《幼儿园管理条例》和《幼儿园工作规程（试行）》（以下简称“两个法规”）正式实施已两年。1992年，各省、自治区、直辖市对实施情况进行了自查。国家教委组织检查组对四川、湖北两省进行了抽查。

检查结果表明，各地认真实施“两个法规”，推动了幼儿教育的改革和发展。各级政府越来越重视幼儿教育，许多地方已把幼儿教育工作纳入本地区经济和社会发展规划，使之与当地经济和社会发展以及普及九年制义务教育相适应，并逐步建立和健全了管理机构，在多数省、自治区、直辖市建立了省、地（市）、县（区）、乡（镇、街）四级幼儿教育行政管理、教研和培训网络，初步形成“地方负责、分级管理和各有关部门分工负责”的幼儿教育管理体制。各地依据“两个法规”，结合本地实际，制定和发布各种配套的地方性法规和规章制度，依法行政，幼儿教育管理工作逐步走上规范化、制度化和科学化轨道。

各地坚持国家、集体、个人一起办的多渠道、多形式发展幼儿教育事业的方针，积极依靠和动员各种社会力量办园，逐步扭转了靠国家“包”的思想，全国的幼儿教育事业稳步发展。据统计，1992年全国各类幼儿园在园幼儿共2428万人，比1991年增加9.9%，全国3—6岁幼儿入园率达31.5%，比1991年增长3.5个百分点。

在经费方面，各地采取政府拨款、主办单位和个人投资、幼儿家长缴费、社会资助及幼儿园自筹等办法，拓宽了经费渠道，使幼儿园的办园条件得到显著改善。

各地教育行政部门重视师资队伍建设，坚持多渠道、多形式、多规格培养幼儿师资，幼儿教师合格率有较大提高。据1992年统计，全国81万幼儿教师中，高中毕业以上的占69.2%，受过学前教育专业培训者占38.5%。一些社会力量办园的主办单位，开始注重选配和聘用合格教师，有计划地选送在职教师进修，过去社会力量办的幼儿园教师素质低的状况得到改善。

撰稿人　姜　瑾
审稿人　姬君式

贯彻《幼儿园工作规程(试行)》试点工作

《幼儿园工作规程(试行)》发布后,国家教委基础教育司曾确定北京、天津、上海、沈阳、南京、武汉、广州、昆明、福州、重庆等城市的10所幼儿园为全面贯彻《规程》试点园。经这两年多的实践,到1992年,试点幼儿园在教育、卫生保健、科学管理等多方面进行了全面的改革和探讨,积累了经验。

建立新的教育观、儿童观。在实践《规程》的教育思想的探索中,树立明确的目标意识。10所试点园尝试建立了幼儿园教育目标体系,研究和制订了观察评估儿童的方法和工具,探索了多种形式的教育活动,增加了幼儿间及师生间交往的机会,注重了教育环境的创设、利用以及活动过程的指导,更新了教师的教育观念,丰富了他们的教育技能,提高了幼儿园的教育质量。

坚持保教结合,互相渗透。10所试点园普遍重视对幼儿进行安全和自我保护意识的教育,重视幼儿的体育锻炼,采取了多种措施加强对幼儿的卫生保健和心理教育,促进了保教质量的提高。

加强科学管理。在实施目标管理的同时,建立和健全了幼儿园的各项规章制度和岗位职责,使幼儿园的管理工作逐步制度化、规范化。重视对教师进行职业道德教育,特别是更新和提高了园内教研活动的内容与质量,各园均建立了与完成教育任务紧密配合的教育研究制度,旨在提高教师的专业水平和教育质量,改革调动了广大教职工办园的积极性、主动性和创造性,增强了凝聚力,提高了工作效率。

撰稿人　姜　瑾

审稿人　陈德珍

职业技术教育

全国职业技术教育发展概况

1992年，全国职业技术教育战线在邓小平同志南巡谈话和党的十四大精神鼓舞下，努力贯彻落实国务院《关于大力发展职业技术教育的决定》，使我国职业技术教育的发展步伐进一步加快。

职业技术学校规模不断扩大。1992年全国各类中等职业学校（不含中师，下同）为17236所，比1991年增加418所；在校生为672.64万人，比1991年增加53.28万人；招生数为276.16万人，比1991年增加28.82万人；毕业生为193.15万人，比1991年增加4.15万人；教职工总数为111.94万人，比1991年增加4.77万人；专任教师为53.69万人，比1991年减少1.65万人；根据专兼职教师结合的原则，兼职教师不断增加。

1992年全国各类职业学校情况统计 单位：万人

	学校数（所）	毕业生数	招生数	在校生数	教职工数	专任教师数
普通中专（不含中师）	2984	50.73	63.84	174.28	39.66	17.81
职业中学	9860	96.72	152.14	342.76	37.63	24.8
技工学校	4392	45.7	60.18	155.60	33.65	14.68
短期职业大学	85	2.03	2.71	6.62	2	0.95

1992年中等专业学校招生比1991年增加8.77万人，增长15.9%；专业结构进一步适应社会、经济发展的需要，财经、工科、农科招生比例继续增长，比上年分别增长0.85%、0.83%、0.33%。全国职业中学比1991年增加288所；专业点28457个，比上年增加2768个；招生比上年增加14.32万人，增长10.4%；在校生比上年增加27.25万人，增长8.6%。全国技工学校比1991年增加123所；招生数比上年增加5.73万人；在校生比上年增加13.39万人。教职工总数比1991年增加1.13万人。全国职业大学比1991年减少29所；招生数比1991年增加4123人；在校生比1991年增加近3000人。

中等教育结构发生了根本改变。1992年

各类中等职业学校(含中师)高中阶段在校生为686.82万人,占高中阶段在校生总数的49%,比1991年增加2.3个百分点。招生数为273.56万人,占高中阶段招生总数的54%,比1991年增长5个百分点。随着社会主义市场经济的逐步形成,职业学校的招生比例将不断增长,以适应我国经济、社会发展的需要。

发展职业技术学校校办产业,增强自我发展的能力。据统计,全国普通中等专业学校和职业中学校办产业产值合计约为22亿元;纯收入为3亿多元;校均创收为6万多元,生均创收约150多元。技工学校创收约6000多万元,生均创收约50元。校办产业的创收,在一定程度上改善了部分职业学校的办学条件和师生福利。

撰稿人 李　鑫 张东英

审稿人 王文湛 陈德才

职业技术教育师资队伍建设稳步发展

一、师资队伍现状

1992年职业技术教育共有专任教师57.46万人，其中职业中学专任教师24.79万人，比1991年增加1.32万人；技工学校专任教师14.86万人，增加0.5万人；中等技术学校专任教师17.81万人，增加0.3万人。职业中学兼职教师2.06万人，技工学校兼职教师1.47万人，中等技术学校兼职教师3710人。职业中学专任教师中，具有高级职称的为8045人，中级职称的为5.31万人，初级职称的为13.22万人。技工学校文化技术理论课教师中，具有高级职称的为5465人，中级职称的为3.33万人，初级职称的为5.98万人；生产实习课教师中高级实习教师为369人，一级4170人，二级9337人，三级6753人。中等技术学校专任教师中，具有高级职称的为1.68万人，中级职称的为5.79万人，初级职称的为10.34万人。

为解决水平较高青年教师的职务晋升问题，各地都采取了一些相应的措施。1991年北京市政府提出，40岁以下的中小学教师晋升高级职务不占指标，不受名额限制。1992年又决定，40岁以下青年教师晋升高级职务实行“计划单列”，并改革评审办法，由过去背靠背看材料，改为面对面考实绩。专家对申请晋级的教师综合考评后，进行答辩并提交论文。北京市昌平县农村职业学校黑山寨分校年仅28岁的青年教师杨艳，就以教学和帮助贫困山区科教兴农方面的优异成绩，晋升为高级教师。北京32中职业高中烹饪教师邓伯庚，一再放弃出国赚钱的机会，教出的学生被星级饭店一抢而光，被晋升为高级教师时年仅32岁。

二、职业技术教育培训基地建设

1992年，国家教委职业技术教育培训基地共举办职教管理干部、师资培训班20期，培训774人。

为使职业技术教育培训基地更好地发挥作用，1992年6月23日至25日，国家教委职教司在北京召开了委属职业技术教育师资培训基地讨论会。国家教委副主任王明达到会并作了讲话。会议总结交流了培训基地工作情况，研究了在委属大学筹建第二批职业技术教育学院等问题，同时，对委属高校如何更好地为职业技术教育服务提出了很好的建议。两年多来，委属培训基地举办各种培训班共69期，培训2855人，提高了受训职教管理干部和专业课师资的政策水平、理论水平及管理水平。同时，为省市及部门搞好培训工作起到了积极示范作用。

会上对普通高校要为职教培养、培训师资的问题进行了深入讨论。大家一致认为，要加快职业技术教育师资培养、培训工作，分级实施，主要靠地方、部门，同时也要在委属大学建立几个水平较高、能起示范作用的培训基地。会议对今后职业技术教育师资、管理干部培养、培训基地建设提出了建设性的意见。

三、职业技术学校教师出国进修

为提高职业技术学校教师的业务水平，1992年国家公派职业技术学校教师出国进修共32人。专业为：电子技术、工业自动化、电子通讯、机械制造、淡水养殖、模具设计、医疗卫生、口腔、农学、服装设计、职教管理等。派往国家有英国、日本、澳大利亚、比利时等。

撰稿人　高　瑛

审稿人　王文湛　陈德才

修订普通中等专业学校专业目录

中专专业目录是中专教育行政管理和学校教学工作的基本文件，是国家根据需要对人才培养进行统筹规划，对人才供求关系和结构比例进行宏观调控的依据，对学校办学起着指导与服务的作用。

1963年教育部发布的《普通中等专业学校专业目录》，列有8科348种专业。随着国家经济建设和社会的发展，特别是由于改革开放的需要，中专专业种类逐步增加。据统计，1985年中专专业已达608种，1992年达1500余种。实际上，教育部1963年发布的专业目录已失去了应有的作用。80年代初，教育部会同国务院有关部委为中专专业目录的修订做了基础工作，形成了专业汇总稿，但未最后完成修订工作。

目前，中专专业及其设置存在的主要问题是：缺乏统一的设置规范，有些专业的划分和命名不够科学，专业内涵不够明确，专业口径过窄，近十几年的教育改革成果在专业设置上缺乏应有的体现。总之，原有的专业目录和现设专业都难以较好地适应经济、社会以及科学技术发展的要求。

国务院《关于大力发展职业技术教育的决定》提出："要面向社会实际需要，合理规划职业技术学校的布局和专业设置。"根据这一精神，为使中专教育更主动地适应改革开放和社会主义现代化建设步伐的需要，1992年1月27日，国家教委发出《关于修订普通中等专业学校专业目录的通知》。并将此项工作列入1992年工作计划。

中专专业目录修订工作在国家教委统一领导下，由国家教委职业技术教育司负责组织实施，成立了国家教委中等专业学校专业目录修订工作委员会，负责修订工作有关政策的研究、指导和协调工作。委员会下设第一工科、第二工科、农林科、医药卫生科、财经政法科和艺术、体育科6个协调小组，各小组负责组织并协调有关部委作好相关科类的专业目录修订工作。同时，工作委员会下设了由27位专家组成的专家咨询委员会，负责初审和有关协调、统一体例及文字加工工作。

经各有关方面和专家的共同努力，中专专业目录修订工作于1992年6月中旬形成了新目录初稿，汇总出专业及其简介610个；9月初形成了征求意见稿；在广泛征求有关方面意见和反复修改后，于1992年底形成了专业目录送审稿，并于1993年1月中旬在山东省济南市召开审议会对新修订的专业目录进行审议。通过后，于1993年3月由国家教委发布。

新目录由专业名称"目录"、"专业简介"和"新旧专业名称对照表"三部分组成。《目录》内列有9科49类515种专业，其中新增专业约占30%左右。与1963年的专业目录相比，工科专业所占比例由70%降至56.2%，财经管理专业所占比例由10%上升到19.4%，第三产业的专业占30%以上，调整后的科类比例基本反映了我国产业结构变化的实际情况。"专业简介"扼要介绍了专业的培养目标、业务范围、理论教学主要课程和实践教学主要项目，是今后制定或修订各专业教学计划和进行专业教育质量评估的主要依据，对各地各部门进行人才预测、人才招聘和人才的合理使用，都具有重要参考价值。“新旧专业名称对照表”确定了修订后的专业与现设专业之间的依属关系，是下一步进行专业整理的依据，也是今后进一步研究专业发展的重要基础资料。

撰稿人　刘玉林　杨　建

审稿人　王文湛　陈德才

利用国内外资金发展职业技术教育

一、利用中国人民银行贷款发展职业中学校办产业

为支持职业技术教育发展，加强职业中学校办工厂和生产实习基地建设，提高职业中学自我发展能力，经国家教委与中国人民银行总行协商，决定从1991年度开始，为职业中学安排一定额度的职教专项贷款。

为做好1991年度的2000万元职教专项贷款发放工作，国家教委职教司与中国科技财务公司签定了《委托协议书》，中国科技财务公司制定了详细的贷款发放办法。经国家教委和中国科技财务公司严格审查，贷款从1992年5月开始发放，到1992年底，已基本发放完毕，共装备了河北、山东、江苏、安徽、湖南、湖北、四川、浙江、广西、河南10个省、自治区的59所职业中学的校办产业，并已初步发挥效益。

二、世界银行贷款职教项目进人执行中期，取得成效

1992年，世界银行贷款第一个职教项目进入执行中期。为了进一步做好项目的执行与管理工作，1992年由国家教委贷款办组织，国家教委职教司、国家计委社会事业司、财政部世行司有关人员参加的世界银行贷款职教项目中期检查组分成两组赴山东、江苏和四川、上海检查了项目省市和院校的执行情况。同时，国家教委贷款办、职教司和师范司先后在丹东市和苏州市联合召开了项目执行工作经验交流会，有20多个项目院校和湖北、北京两省市在会上发言。项目执行情况良好，取得初步成效。

改善了办学条件。71所项目院校共新建教学楼、实验实习楼等39.4万平方米，校均5500多平方米；经两次招标共添置设备价值3570多万美元，校均50多万美元。尚有1000万美元待第三次招标后采购；共培训了专业教师1135.6人次，约有2000名教师参加培训，校均28人；培训了管理人员857.3人次。为办好学校创造了条件。

提高了管理水平和办学效益。项目学校建立了一系列的规章制度，提高了管理水平。扩大了办学规模，发挥了辐射作用，特别注意加强短期培训。普遍提高了教师的工作量，平均周课时中专10节以上，职高12节以上，技校11节以上。项目学校利用贷款设备加强了实践性教学环节，提高了学生动手能力；大量实验实习设备的购进，为项目学校走“产教结合”、“工学结合”的路子充实了条件。

推动了骨干学校建设。59所中等项目学校中(其中18所中专、37所职业高中、4所技工学校)有30所职业高中被国家教委认定为省级重点职业高中，18所中专经过评估被评为省、部级重点学校。59所中等项目学校均已建成职教中心，在地区内发挥示范辐射作用。

三、华夏基金会捐赠设备陆续到校

华夏基金会为帮助我国农村(业)职业技术教育发展，向我国11所农村职业院校捐赠的75万美元设备已陆续到达各项目院校。这些设备主要用于农学、果林专业、办公自动化和电化教育等方面，约60个品目。多数设备已开始发挥效益。

撰稿人　富祥武

审稿人　王文湛　陈德才

加强农村职业技术教育工作

党的十一届三中全会以来，我国农村职业技术教育有了很大发展。1992年，农村职业学校已发展到6973所，在校生达到226.4万人，比1984年的129.7万人增加74.6%。1984年以来，共为社会输送428.4万名毕业生，这些毕业生多数已成为科技致富的带头人和农村各行各业的技术骨干，对农村经济发展起到了很好的推动作用。

为加强农村职业技术教育，尤其是加强老、少、边、山、穷地区的职业技术教育，根据《国务院关于大力发展职业技术教育的决定》中提出的"我国职业技术教育要走符合国情的发展路子。要坚持分区规划，分类指导，因地制宜地确定具体发展目标。要重视并积极帮助老、少、边、山、穷地区发展职业技术教育"的精神，国家教委职业技术教育司于1991年11月20日至24日在云南省泸西县召开了少数民族与边远地区职教座谈会。会上交流了少数民族和边远地区职业技术教育改革与发展的经验和做法。会后，国家教委于1992年4月8日发出了《关于加强少数民族与民族地区职业技术教育工作的意见》，进一步明确了少数民族与民族地区职业技术教育改革与发展的方向和路子。

一、要坚持为当地经济建设和社会发展服务的办学方向。在培养目标上，应把培养有较高政治、文化和技术素质的新型农(牧)民和农(牧)业技术骨干作为主要任务；在专业设置上，要首先注重办好直接为农、林、牧业服务的专业。同时，根据当地经济建设和产业结构调整的需要，逐步发展为第二、三产业服务的有关专业。职业技术学校要坚持人才培养、科技实验、生产示范、技术推广和经营服务相结合，发挥上挂横联下辐射(即挂靠有关高校和科研单位，横联有关业务部门和企事业单位，向广大农村和农户推广实用技术)的作用。

二、要坚持多层次、多规格、灵活多样的办学形式，建立职业技术教育培训网络。在教育层次上，以中等职业技术教育为骨干，初等职业技术教育为主体，广泛开展各种实用技术短期培训；在学制上可长可短；在招生上，可采取定向及推荐与考试相结合的办法，既可招职前的，也可招职后的；在教学内容和教学方法上，要加强针对性和适用性，适当拓宽专业面，加强实践性教学环节和技能训练。要加强三教统筹，逐步建立起以职业技术学校为骨干，农民技术学校为阵地，普教引进职教因素为辅助的培训网络，以提高办学的总体效益。

三、要加强农科教结合，依靠社会各方面力量兴办职业技术教育。充分发挥各级政府对农科教的统筹决策权，积极发展各种形式的联合办学，统筹解决经费、师资、教材、基地、仪器设备和培训项目等问题

四、要积极发展校办产业，开展勤工俭学，走产教结合、工学结合的道路。对校办厂和生产实习基地建设在起步资金、项目选择、产供销渠道等方面，各地政府和有关部门要予以支持，还可通过银行筹措部分贷款解决。

《意见》对少数民族地区职业技术教育的发展起到了很好的推动作用。内蒙古自治区奈曼旗八仙筒蒙古旗职业高中成立了由分管旗长任主任，农业、畜牧、科委、教育等有关部门负责同志参加的办学委员会，定期研究解决学校在办学中遇到的实际问题。各业务局还帮助学校制定教学计划，选派专业课师资，提供生产实习基地，提供科研项目和科研经费。旗财政每年每班增拨 2000 元办学经费，镇政府无偿划拨治沙基地 200 亩，饲草基地 1000 亩，为学校创造了良好的办学条件。经验收，该校已被区政府认定为区级重点校。为贯彻落实文件精神，新疆维吾尔自治区教委委托中华职教社举办了由 40 名少数民族职业学校校长参加的职业技术教育培训班，以端正办学指导思想，加快改革步伐。吉林省延边朝鲜族自治州召开了全州职业技术教育工作会议，会后州政府下发了《关于进一步巩固和发展中等职业技术教育的若干规定》。

撰稿人　王兰英

审稿人　王文湛　陈德才

职业中学教育

1992年，由于大力宣传和认真贯彻第二次全国职业技术教育工作会议精神和《国务院关于大力发展职业技术教育的决定》，职业中学教育呈现十分可喜的发展势头。据统计，到1992年底，职业中学在校生占中等职业技术学校在校生的比例，由46.03%增至46.37%，职业高中在校生占高中阶段在校生的比例也由19.41%增至20.64%。

1992年职业中学教育的工作重点是：

一、制订并发布《职业高级中学学生学籍管理暂行规定》

为建立健全职业高级中学学生学籍管理制度，加强学籍管理工作，全面贯彻国家的教育方针，促进职业中学教育的健康稳定发展，国家教委于1992年制订并发布了《职业高级中学学生学籍管理暂行规定》(以下简称《暂行规定》)，要求各地教育行政部门根据本地实际情况，制定实施细则，贯彻执行。

《暂行规定》包括十一章，总则、入学与注册、成绩考核、纪律考勤、升级与留级、休学与复学、转学与转专业、退学、毕业与结业、奖励与处分，以及附则等，对职业高级中学学生学籍管理的各项工作都做出了严格而明确的规定。

二、组织省级重点职业高级中学的评估、认定和检查工作

根据《国务院关于大力发展职业技术教育的决定》中“要有计划地对现有各类职业技术学校加强规范化建设，并集中力量办好一批起示范和骨干作用的学校”的要求，国家教委把省级重点职业中学的评估、认定工作作为加强职业中学建设的一项重要内容。在认定第一批省级重点职业高级中学的基础上，1992年又审查认定249所职业高中为省级重点职业高级中学，连同第一批认定的206所，全国有省级重点职业高级中学455所。这些学校办学方向端正，能主动为当地经济建设和社会发展服务，办学条件较好，教育质量较高，办学成绩显著，在省内外有一定声誉。

为进一步加强省级重点职业高级中学的建设，以促进职业中学教育质量的提高，推动职业技术教育的发展，国家教委于1992年7月29日发出《关于搞好省级重点职业高中评估工作总结并进行抽查的通知》。《通知》要求各省、自治区、直辖市教委、教育厅(局)认真组织各级教育部门、参评学校对两次省级重点职业高中评估认定工作进行全面认真的总结，写出专题报告，并决定由国家教委组织省级重点职业高级中学检查组，从下半年开始、分期分批去各地检查。检查活动主要包括：听取省、地、县及学校关于省级重点职业高级中学评估工作情况的介绍，到被认定的省级重点职业高级中学实地检查；同学校所属的省、地领导交换意见等。由于各地有关领导的重视，检查工作收到较好效果，促进了职业中学教育的发展。

三、开展“双元制”试点工作总结和研讨

为学习和借鉴德国职业教育的成功经验，探讨符合中国国情的职教发展模式和路子，1989年国家教委批准在苏州、无锡、常州、芜湖、沙市和沈阳6城市进行德国“双元制”职教模式试点工作。选择了苏州丝绸职业中学，无锡油泵油嘴厂技工学校、芜湖市第一职业高中、常州刘国钧职教中心、沙市湖北汽车电机厂技工学校和沈阳市高级技工学校等14所职业技术学校和工厂，按德国“双元制”职教模式，以企业为主，技能教学为主进行试验。在省市政府的直接领导下，教育、劳动、计划、经济等部门密切配合，试点工作进展顺利，取得较大进步和成绩：试点班毕业生的素质高，在动手能力和竞争意识方面尤为突出，1991和1992年两届毕业生537人（其中1991年25人），经评估和考核100％达到三级工水平，68.3％达到四级工水平，还有9.1％达到五级工水平。“双元制”的核心之一是校企合作，企业为主，试点中，各市均制订许多优惠政策，采取各种措施调动企业的办学积极性。如无锡油泵油嘴厂为试点班新建了1500平方米的实习车间，增添了60多台实习设备。到1992年，开展试验的单位又从14个增至29个，专业（工种）从10个扩展到20个左右。许多企业要求试办“双元制”试点班，苏州市还准备将试点扩大到10个行业。试点工作以一校一个企业，或一校几个企业相互协作进行，为探讨“产教结合”、“工学结合”提供可行性研究。试点班按照德国模式，以技能教学为主，开设3门专业课程——专业理论、专业计算、专业制图，文化课程只开政治、语文和体育，打破了我国传统的课程体系和教材体系，为教学领域的深化改革做了有益尝试。“双元制”职教模式的试点，对我国职业技术教育改革与发展起了一定的促进作用。

四、组织职业高中部分专业（工种）教学计划、教学大纲、教材和专业（工种）目录的编写和审定

1992年，国家教委职业技术教育司根据国家教委《关于制定职业高级中学（三年制）教学计划的意见》，组织编写和审定了职业高中建筑施工、电子电器、服装制作、畜禽养殖、种植（二年制）、种植（三年制）、商品经营、饭店服务、中餐烹饪、文秘档案、财经类专业等专业（工种）教学计划，专业设备目录和教材。在编写和审定上述专业（工种）教学计划、教学大纲、专业设备目录和教材时，突出下述三个方面的问题：

（一）拓宽专业面

职业中学毕业生国家不包分配，按“三结合”的就业方针，由劳动部门推荐就业。为适应广泛就业的需要，改变了过去按某一专业或工种设置的办法，而采用了按专业类设置的办法。如电子电器专业，就包括了“视听设备维修”和“电热、电动、制冷空调设备维修”及“电子电器行业工业化生产”等若干专业，拓宽了专业面。

（二）着重职业技能训练

职业高中的培养目标是为各行各业培养中级技术工人、中等技术人员、管理人员和从业人员。因此，加强技能训练对职业高中来说至关重要。在这次制定的教学计划中，调整了课时比例，政治和文化课、专业课和实习的比例，文科为4：3：3，工科为3：3：4，技能比较强的专业为2.5：2.5：5，加大了实习课的比例，着重职业技能训练。

（三）加强德育工作

思想政治课是职业高中的必修课程，用马克思主义、毛泽东思想和建设有中国特色的社会主义理论教育学生，把坚定正确的政治方向摆在首位，以培养有理想、有道德、有文化、有纪律的接班人。职业道德是德育的重要组成部分，进行以为人民服务思想为核心的职业道德常识教育，为学生形成良好的职业道德和职业行为习惯奠定基础。为此，要求职业高中及各类职业技术学校均应开设职业道德课，切实加强职业道德教育。

撰稿人　王孟春

审稿人　王文湛　陈德才

普通高等教育

普通高等教育改革和发展工作

一、召开全国普通高等教育工作会议

1992年11月14日至18日，国家教委全国普通高等教育工作会议在北京召开。会议学习贯彻党的十四大精神，研究加快高等教育改革和发展问题。各省、自治区、直辖市教委主任、高教(教育)厅(局)长，部分省、自治区、直辖市主管教育工作的副省(市)长、高校(教育)工委负责人，国务院有关部委教育司(局)长，160多所高校的校院长以及部分高教研究专家和大中企业的代表共370多人出席会议。

国务委员兼国家教委主任李铁映主持了会议开幕式并致词，国家教委常务副主任朱开轩作题为《认真贯彻十四大精神，加快改革和积极发展高等教育》的报告。与会代表认真学习邓小平同志视察南方重要谈话和党的十四大精神，总结14年来我国高等教育改革和发展的经验，研究和探讨在新形势下高等教育如何进一步发展和深化改革，全面提高教育质量和办学效益的思路与政策措施。有20位代表在大会上介绍了本部门、本地区或本校高等教育改革的经验，有50多个单位提供了书面交流材料。

这次会议研究的主要问题是：(1)高等教育的发展问题；(2)高等教育体制改革问题；(3)教育教学改革问题。会议强调，为适应我国社会主义现代化建设的需要，普通高等教育要有一个较大的发展，根本出路在于深化改革；而在高等教育的改革中，体制改革是关键，教学改革是核心，全面提高教育质量和办学效益是根本目的。

关于高等教育发展问题。要遵循党的十四大精神，以建设有中国特色社会主义的理论和“一个中心、两个基本点”的基本路线为指针，为适应改革开放和现代化建设的需要，适应社会主义市场经济体制和政治、科技、文化体制改革的要求，解放思想，加快改革开放的步伐，探索办好有中国特色的社会主义高等学校的新路子，在90年代高等教育发展的质量、数量、结构和效益等方面要达到一个新的水平，并为下世纪的更大发展和提高打下坚实基础。高等教育的发展目标是，通过改革达到：规模有较大发展，结构更加合理，质量上一个台阶，效益有明显提高，到本世纪末，初步建立起有中国特色的社会主义高等教育体系。

关于高等教育体制改革问题。要从五个方面进行：(1)改革原有国家集中计划和政府直接管理的办学体制，理顺国家(政府)、社会、学校三者之间的关系，逐步建立和完善国

家统筹规划和宏观管理、学校面向社会自主办学的新体制；(2)改革高等教育的管理体制，逐步实行中央与省(自治区、直辖市)两级管理、两级负责为主的管理体制；(3)改革高等教育投资体制，逐步建立财政拨款为主、多渠道筹措经费的投资体制；(4)改革招生和毕业生就业制度，高等学校招生计划体制，实行国家任务计划和调节性计划相结合，逐步扩大调节性计划，扩大招收自费生和委托培养的比重，毕业生由国家“统包统配”的就业制度，逐步改为多数毕业生国家不包分配、实行自主择业的制度；(5)积极稳妥地推进高等学校内部管理体制改革。

关于教育和教学改革问题。深化教育教学改革、提高教育质量，是高等教育改革的核心，其主要内容是：(1)坚持社会主义办学方向，加强和改进德育工作，进一步提高广大学生的思想政治素质；(2)全面贯彻执行党的教育方针，逐步建立与社会主义市场经济体制相适应、符合学生成长规律、具有竞争活力的教学制度，努力提高教育质量；(3)继承和发扬我国高等教育的优良传统，大胆吸收和借鉴当今世界先进的教育经验，进一步转变教育思想，更新教育观念；(4)进一步贯彻教育与生产劳动相结合的方针，大力加强学校与社会的联系，实行教学、科研、生产(社会实践)三结合，促进学校教育和教学过程与社会主义建设实际的紧密结合；(5)继续推进教学管理制度的改革；(6)深化研究生教育改革；(7)加强教师队伍建设，改善办学条件。

会议主文件《关于加快改革和积极发展普通高等教育的意见》经大会讨论修改后由国务院于1993年1月转发。会议的6个子文件：《关于中央部门所属普通高等学校领导管理体制改革的若干意见》、《关于普通高等学校招生和毕业生就业制度改革的意见》、《关于进一步深化普通高等学校教学改革的意见》、《关于普通高等学校内部管理体制改革的意见》、《关于学位与研究生教育改革和发展的若干意见》、《关于深化普通高等学校科技工作改革的若干意见》，由国家教委、国务院学位委员会联合于1993年2月印发。

二、部委和地方所属高校改革

自1992年初起，一些部委和省市在高等教育管理体制及学校内部管理体制等方面进行了改革。

部委高等教育改革主要从改革管理体制、改善投资环境和开展高校内部综合改革的试点等三个方面进行。

在管理体制方面，一些部委改变过去直属高校由部门直接行政管理的体制，采取由中央部门继续办、中央部门与地方政府联合办、下放地方办和企业集团参与办等“分级管理，分级负责”、多种形式管理模式。能源部在已将所属的4所专科学校划归网、省局管理的改革基础上，又提出进一步深化改革的措施，即：两所重点大学和长沙水电师范学院由部里直接管理；部分电力学院与电力企业集团联合办学，共同管理；专科学校全部参加电力企业集团。化工部、冶金部、铁道部、农业部等部委也相继推出所属高校领导管理体制的改革措施。概括起来可分为三种管理形式：个别重点院校仍由部里直接管理，一部分院校采取部与企业或地方联合办学，一部分院校完全下放，由企业或地方管理。

在现有的管理体制下，一些部委提出高校内部综合改革方案或试点工作。6、7月间，文化部和商业部分别发文，批准在上海戏剧学院和杭州商学院进行学校内部管理体制改革的试点工作。这两所院校的改革方案的主要内容是：从人事、分配(包括定编、聘任、考核、工资等方面)的管理改革入手，有步骤地优化劳动组合，完善人事结构，建立良性的竞争机制，合理而较大幅度地提高劳动报酬，以调动教职工的积极性、创造性，促进教学水平和人才培养质量的提高。还有一些部委，如林业部、经贸部、铁道部、能源部等，提出建立校董事会等改善学校投资环境的新举措。

地方所属高校高等教育改革最先在高校比较集中的省市开始。上海、江苏、吉林、辽宁、北京、湖南等省市，先后推出高等教育改革方案，随后又有广东、陕西、福建等省市相继召开全省高教工作会议，贯彻落实十四大和全国普通高等教育工作会议精神，研究本省深化高等教育改革的思路与措施。省市高等教育改革的突出特点是：从管理体制的改革入手，简政放权，在人、财、物等诸方面给高等学校以更大的自主权，从而积极推进本地区高等教育改革的全面发展。

撰稿人 阎志坚

审稿人 周远清

高校建立文科文献信息中心

为了加强高等学校文科文献信息工作的整体化建设，建立现代化的文献信息检索系统，实现联机检索，提高文科高层次人才的培养和科学研究所必需的文献保障能力，国家教委于1992年1月发出《关于批准在北京大学等十五所高校建立文科文献信息中心及有关事项的通知》，批准北京大学、复旦大学、南开大学、武汉大学、四川大学、吉林大学、中国人民大学、南京大学、中山大学、厦门大学、北京师范大学、华东师范大学、北京外国语学院、上海外国语学院、中央民族学院等15所高校建立文科文献信息中心（以下简称“中心”）。

为加强对各“中心”的领导，国家教委成立了文科文献信息中心领导小组，各学校的“中心”主任由主管文科教学或科研工作的校长兼任。各“中心”受国家教委文科文献信息中心领导小组及所在学校的双重领导。

“中心”的主要任务是：(1)按照分工及时采集有关文献资料，力争完备，并根据需要和本校的优势，突出重点，形成特色。(2)根据国家有关规定、标准和规范，对采集的文献信息进行加工，及时报道，尽快流通使用。同时，建立健全通用性目录体系和各种书目数据库。(3)分阶段逐步建立比较完整的文献信息服务体系，按分工的学科范围和服务地区，提供文献报道、流通、阅览、参考咨询、复制等服务，提高服务质量和文献利用率。(4)分工搜集国外有关学科的研究信息和动态，开展信息调研，为高校制定文科规划、论证科研课题、开展教学和科学研究提供专题服务。(5)逐步建立现代化的文献信息检索系统，努力实现联机检索。

1991年下半年和1992年初，国家教委高教司和研究生工作办公室联合召开两次“中心”建设工作会议，会后，各“中心”做了以下几项工作：(1)北京大学、复旦大学等15所高校召开了校务会，专门研究如何建设好“中心”问题。(2)确定了各“中心”主任与副主任人选。(3)各校都把建设“中心”列入本校“八五”计划，并准备进行重点投资。北京大学已决定拿出10万元作为“中心”建设开办费。其它14所高校也为“中心”拨付一定数额的开办费。(4)各“中心”都配备了5至10名专职或兼职的管理人员和技术人员。(5)各“中心”都成立了由专家教授组成的学术咨询委员会，提供学术上的咨询意见，检查“中心”的管理及服务情况，对图书采集、加工、管理等方面定期提出建议。(6)各“中心”研究了所侧重的学科范围。四川大学服务于西南地区和西北地区，他们根据本校实际和所服务地区的特色，提出了侧重的学科范围是：中国古代史、民族史、博物馆学、中国古代文学、语言学、敦煌学等。北京大学、复旦大学受国家教委“中心”领导小组委托，分别举办了西文图书、期刊的编目标准化培训研讨班，对各“中心”编目人员进行培训，讨论确定目录数据库建设方案及相应的工作细则、质量要求等等。(7)为保持“中心”的相对独立性，各校都为“中心”在图书馆准备了单独的书库、阅览室和相应的设备。

撰稿人　刘凤泰
审稿人　周远清

国家教委直属高校工作咨询委员会1992年工作

1992年，国家教委直属高校工作咨询委员会(以下简称咨询委员会)围绕高校改革与发展的有关问题开展咨询活动，推动了委属高校的改革步伐。

5月中旬，咨询委员会邀请9所正在进行综合改革和校内管理体制改革试点委属高校的咨询委员，在北京就学习领会邓小平同志视察南方重要谈话和中共中央政治局全体会议精神，加快高等学校改革与发展的步伐，努力办好有中国特色的社会主义大学等问题进行了专题咨询。国务委员兼国家教委主任李铁映，国家教委副主任何东昌、朱开轩等与委员们共同进行了讨论。委员们在咨询中交流了所在学校进行校内管理体制改革的进展情况，在加快确定高校改革与发展的战略目标，确立高校法人地位，扩大办学自主权，明确政府与学校关系等方面形成了基本思路。

1992年7月16日至19日，咨询委员会在天津召开第三次全体(扩大)会议。委属高校的党委书记和校长参加了会议。国务委员兼国家教委主任李铁映，国家教委副主任滕藤、朱开轩，国务院副秘书长徐志坚，国家科委副主任朱丽兰，人事部副部长程连昌以及中共中央办公厅、国家计委、财政部、人事部、国家税务局和国家教委有关司局负责人等出席。

会议的中心议题是学习和贯彻邓小平同志南巡重要谈话和江泽民同志在中共中央党校讲话的精神，交流、研究教委直属高校深化改革的思路，咨询、讨论国家教委提出的《关于国家教委直属高校内部管理体制改革的若干意见》和《关于进一步扩大国家教委直属高校办学自主权的若干意见》，听取了第一、二批校内管理体制改革试点学校的工作进展情况和下一步深化改革的思路；朱丽兰、程连昌、徐志坚等向与会代表介绍了国家在经济、科技、人事、工资制度改革方面的总体思路和实施情况；朱开轩就委属高校改革及委员们所关心的问题谈了国家教委的思路。李铁映就如何深化高等教育改革作了重要讲话，他希望大学的校长和党委书记要知全局，学经济，抓改革，促发展，深入探讨高等教育管理体制及整个高等教育改革与发展的路子，在改革的实践中研究和回答高校在新的经济体制下所面临的新问题，努力把学校办成国家高水平的重点大学。会后，国家教委根据咨询委员们的意见，修改、印发了《关于国家教委直属高校内部管理体制改革的若干意见》和《关于国家教委直属高校深化改革，扩大办学自主权的若干意见》两个文件。

在中国共产党十四大召开期间及全国高教工作会议后，咨询委员会又相继邀请有关咨询委员在北京、上海、杭州等地围绕高校改革与发展如何与社会主义市场经济相适应，新的经济体制下对高等教育的投入、高校办学体制改革、中青年骨干教师队伍建设、校办科技产业的发展、招生就业制度的改革、“211”工程计划等当前高教界的热点问题进行了专题咨询。

撰稿人　马　涛　陈小娅
审稿人　温　纯

委属高校全面推行校内管理体制改革

在1991年南京大学、东南大学进行校内管理体制改革试点的基础上，1992年，国家教委直属高校内部管理体制改革已全面推开。

1月，国家教委在南京召开了直属高校1992年工作会议，36所委属高校的党委书记和校长参加了会议。与会代表对南京大学、东南大学的校内管理体制改革试点工作进行了实地考察，并给予了较高评价。代表们认为，当前，随着现代化建设和改革开放步伐进一步加快，对高等学校主动适应经济和社会的发展，多出人才，出高质量人才和发展科学技术的要求更加迫切，对高校的改革与发展也提出了更高更新的要求，而学校内部管理体制长期积累下来的矛盾和问题日益影响着学校改革的深入，因此，近期内必须突出抓好校内管理体制改革，着力转换运行机制，增强内部活力，提高办学效益。

会后，国家教委决定把这项改革的试点扩大到清华大学、浙江大学、南开大学、天津大学、上海交通大学、华东化工学院和东北师范大学等7校，并在取得学校所在省市人民政府的支持后，正式批复了7所学校的改革方案。至此，进行校内管理体制改革试点的委属高校总数达到了9所。

国家教委对高等学校校内管理体制改革的指导思想是：在党的基本路线指导下，逐步建立和完善与国家经济和社会发展相适应的校内管理体制和运行机制。要充分运用正确的政策导向、思想教育和物质激励手段，最大限度地调动广大教职工的积极性和创造性。通过深化改革，调整结构，转换机制，优化队伍，增强活力，改善教职工待遇，达到不断提高教育质量、科研水平和办学效益的目的。

新扩大的试点学校积极组织实施改革方案，其它部分委属高校也主动参与此项改革，已初步取得成效。

清华大学根据教学、科研、校办产业、后勤等不同工作的性质和特点，采取“分流”管理的办法，实行不同的管理体制和运行机制，对不同类型的岗位和单位，有不同的目标要求、评价标准、政策措施和分配办法，使其按各自工作特点开展工作。他们把学校工作岗位分为教学、基础研究和党政管理、应用研究和技术开发、科技产业、后勤等四类，明确学校和系的投入主要用于占教工总数35%的从事教学、基础研究的人员身上，对他们按工作任务定岗聘任，学校保证其相应待遇和生活条件有较大幅度提高，鼓励其集中精力提高教育质量和科研水平，对其他人员，学校主要是在政策和管理办法上创造条件，支持和鼓励他们面向社会及市场，承担更多的任务，支持和鼓励他们为社会和学校多做贡献，而学校不再全包全管。

东南大学对学校实行“三大块”的管理体制，把学校工作分为教学科研、校办产业、后勤服务三大块，教学、科研的主要任务是提高教学质量和科研水平，在学科建设、人才培养、队伍建设、科学研究等方面深化改革，上层次，上台阶；校办产业则要加速发展，深化其管理体制改革，组建校产集团公司，实行企业化管理；后勤服务要转换机制，实行“小机关，大实体”，推动其向社会化发展。

天津大学在进一步压缩编制的基础上，适当加大了专任教师的工作量，相应减少专任教学人员，专任教师从 1746 人压缩到 1558 人，同时在教师中增加科研编制，在校内建立浮动科研编制，使教师队伍在结构上接近于学校教学、科研工作的实际情况，为师资队伍结构的合理化奠定了基础。

东北师范大学在改革中合理调整各类人员比例，压缩管理人员，提高工作效率，同时把一些能够转变职能的行政管理部门从机关转化出去，尽量压缩二线人员的比例，切实做到按需上岗，择优聘任，保证各支队伍精干优化，实行满负荷工作，提高了办学效益。

华东化工学院实行校内收益分配改革后，使教职工收入有了较大幅度提高，其中 10%的贡献突出的教授月收入达到 1000 余元。在该校基础教育部，学校在生活待遇、职称评定方面给予必要的政策倾斜，为教师创造了一个安居乐业的良好环境。基础课教师安于和乐于教书育人，他们不但承担着繁重的教学任务，还担任着班导师或第二课堂指导教师的工作，使教书育人贯穿于整个教学过程，教育质量明显提高。不久前，基础教育部被评为上海市劳动模范集体。

国家教委在总结 9 所试点学校校内管理体制改革经验的基础上，进一步提出了《关于国家教委直属高校内部管理体制改革的若干意见》，并于 1992 年 7 月提交直属高校工作咨询委员会第三次全体会议进行咨询。会后国家教委对文件进行了修改，于 1992 年 8 月正式下发委属各高校。自此，校内管理体制改革由 9 所试点学校全面推开到 36 所教委直属高校。

撰稿人　马　涛　陈小娅
审稿人　温　纯

清华大学等六校校园、学生学习和生活环境建设取得突出成绩

国家教委在1991年对华中理工大学、西南师范大学和中山大学的校园、学生学习和生活环境检查评估的基础上，根据部分高校的申请，又于1992年10月至11月继续对清华大学、北京大学、中国人民大学、华东师范大学、华中师范大学、重庆大学等6校进行了检查评估，其中清华大学、北京大学、中国人民大学3校由国家教委和北京市高教局共同组成检查组进行了联合检查评估。检查评估的结果是6校全部获得了校园、学生学习和生活环境优秀奖。国家教委除对各校进行了表彰外，还区别各校实绩，分别拨给6校各35—40万元奖金。并决定对9校均授予《国家教委1991(或1992)年度校园、学生学习和生活环境优秀奖》奖牌。北京市高教局已另对清华大学、北京大学、中国人民大学、北京语言学院4校授予了北京市“文明校园”奖牌。

各校通过抓校园、学生学习和生活环境建设，取得了突出的成效：

第一、校园面貌发生了显著变化，不仅优化了育人环境，师生员工的精神面貌焕然一新，凝聚力和向心力及各校师生的主人翁和参与意识大为增强，如以“清华人”、“师大人”自豪，愿为之作贡献。“做重大人、塑重大魂”、“校兴我兴、校衰我衰”，华中师范大学师生已把“爱在华师”变为“我爱华师”等，这些已成为师生员工的共识，普遍增强了争办社会主义一流大学的决心和信心。

第二、学校党政领导普遍认为，抓以育人为中心、以学生参与为重点的文明校园建设，实际上已成为学校思想政治工作的“载体”，特别是学校党委和学生工作部门认为，这是学校思想政治工作理论联系实际的有效途径。

第三、广大学生通过积极参与以育人为中心的环境建设，充分发挥了他们自我管理、自我服务、自我教育的主人翁作用。使他们的思想感情、精神面貌发生了深刻变化，有力地促进了校风、学风的转变和校园的文明、文化建设。

第四、健全了规章制度，提高了学校综合管理能力和水平。各校在抓育人环境综合治理的工作中突出了以学生宿舍为重点和突破口，硬件软件一起抓，使学生宿舍整洁、安静、文明、秩序；不少学校把开展“文明宿舍”、“乐雅寝室”、“星级宿舍”评选活动，与评选优秀班集体、三好学生、奖学金等有机的结合起来，使学生中勤奋学习、遵守纪律、团结互助、开展群众性文体活动等大大得到加强，受到学生、教职工和家长的普遍赞赏。

撰稿人　董长侠
审稿人　温　纯

国家教委在浙江大学、四川大学进行学校办学水平综合评估试点工作

根据国家教委发布的《普通高等学校教育评估暂行规定》，1992 年，国家教委在浙江大学、四川大学两校进行办学水平综合评估的试点。2 月，直属高校工作司下发了《关于在浙江大学、四川大学进行学校办学水平综合评估试点工作的通知》，并同时下发了《国家教委直属高校办学水平综合评估方案》（试行）。《通知》要求学校要加强对试点工作的领导，有组织、有计划地做好这项工作；要引导广大干部和教职工正确认识综合评估的目的、作用，了解评估工作的要求，使做好评估工作成为全校教职员工的共识；要认真做好学校的自我评估工作，将其同学校的改革与发展结合进行，努力做到边评边改，促进学校教育改革的深化和教育质量、办学水平的提高。《评估方案》将办学指导思想、学校内部的政治体制与领导班子建设、党的建设与思想政治工作、本专科生培养、研究生培养、成人教育、科学研究与科技产业、师资队伍建设、办学条件与校园环境建设、学校管理与办学效益等十个方面的内容列入评估范围。

浙江大学、四川大学积极组织学校办学水平综合评估试点的实施。1992 年 8 月底，浙江大学初步完成了自我评估工作。9、10 月间，浙江大学、四川大学根据学校综合改革及校内管理体制改革进展等情况，向国家教委提出了延长学校办学水平综合评估试点期限。国家教委直属高校工作司从学校实际情况出发，同意两校适当延长办学水平综合评估试点期限。

撰稿人　陈志龙
审稿人　温　纯

北京大学、复旦大学1992级新生军政训练

1992年，北京大学和复旦大学仍有3339名1992级学生在石家庄、信阳、大连、南昌4所陆军学院进行为期一年的军政训练。

1月，国家教委和解放军总参谋部联合下发了《北京大学、复旦大学学生军政训练期间学籍管理暂行规定》，对学生在军校军训期间的入学与注册，考勤考绩，奖惩与结业等问题作出规定。

1992年3月15日，国务委员兼国家教委主任李铁映为大连陆军学院题词："为中华之崛起而奋斗"。

7月7日和10日，石家庄、信阳、大连、南昌4所陆军学院分别举行北京大学、复旦大学1991级学生军政训练结业典礼。李铁映和国家教委副主任朱开轩，中国人民解放军副总参谋长韩怀智，沈阳军区司令员刘精松、政委宋克达，辽宁省委书记全树仁、副省长闻世震等有关负责同志应邀出席了大连陆军学院的结业典礼并讲话，观看了阅兵式和射击表演，参加了军训学生座谈会、视察了学生宿舍等。国家教委副主任滕藤、柳斌等出席了南昌、信阳、石家庄陆军学院的结业典礼。国家教委分别表彰了4所军校在承担北京大学、复旦大学1991级新生军政训练工作中成绩突出的各10名工作人员，并向他们颁发了奖状和奖品，同时，向陆军学院赠送了总价值为40万元人民币的电教设备。

在4所陆军学院接受军政训练的北京大学、复旦大学学生，经过一年的军训，在政治觉悟、思想品德、理想信念、集体主义精神、作风纪律、劳动观念、军事技能以及文化知识和身体素质都有很大提高。1992年8月17日，国家教委向中共中央办公厅、国务院办公厅报送了《关于北京大学、复旦大学新生到军校试行军政训练情况的报告及今后工作的建议》。

撰稿人　石耀初

审稿人　温　纯

高等学校学生工作

一、普通高等学校招生

1992 年，总结了招生改革 15 年来的经验，研究了深化招生改革的思路，对招收有实践经验青年和高考科目设置改革进行了试验，加强了对招生工作的管理，抓了对入学新生资格的复查。(1)举行纪念邓小平同志关于招生改革指示发表 15 周年的活动，表彰招生系统的先进工作者。经过自下而上的评选，1992 年在 1.7 万名专职招生工作者中评定 151 个先进集体和 339 名先进个人，以国家教委名义予以表彰。许多省市也相继表彰了一批先进典型。(2)通过调查研究和总结经验，形成深化招生改革的思路。在坚持德智体全面考核、择优录取的原则，实行以统一考试为主要形式的入学考试，体现学校的公正选拔和考生的公平竞争的前提下，招生制度要随着国家经济体制、政治体制和社会各方面的改革而相应改革。在招生工作方面，在统考为主体的情况下，可区别不同学校、不同科类、不同层次，对有特殊要求的，批准其联合或单独组织入学考试和录取工作；结合高中毕业会考的推行，改革高考科目设置办法，在近期适当减少科目数，高校录取时参考高中会考成绩；地方招生行政部门转变职能，主要负责为当地考生报考和学校录取提供服务；高等学校建立和完善自我约束机制以及接受社会监督的机制，保证录取的公正；监察部门负责对高校和招生部门执行方针、政策情况的监督。(3)国家教委高校学生司、师范教育司与国土资源开发利用促进会联合奖励在中学阶段品学兼优、德智体全面发展、当年第一志愿报考师范院校成绩优秀并被师范院校录取的新生。全国 24 个省市的 29 名新生受到表彰和奖励。(4)招收有实践经验学生的试点。在农、林、师范部分院校继续招收少量有实践经验的青年入学。同时，在部分高校招收具有地区级先进或模范称号的青年，全国共有 927 人报考，参加全国统考 5 个科目的考试(其中外语不计分)，总分达到 200 分的共 383 人，由中国人民大学、北京师范大学、中南工业大学、华东师范大学、上海工业大学等 15 所大学录取。(5)总结近几年来在上海、湖南、云南和海南的试点经验，形成了在高中会考基础上的高考科目设置改革方案。新的方案根据高校专业的文、理倾向，设置两个科目组，其中第一组(文)设：语文、数学、历史、政治、外语；第二组(理)设：语文、数学、物理、化学、外语。两个组的语文和数学在试题内容方面各自应适当加以区别。高校在录取时，在同等情况下可参考考生的高中会考成绩。(6)加强招生管理，做好录取工作。1992 年全国报考普通高等学校并参加统一考试的人数为 302.6 万人，录取新生 75 万余人，其中党团员占 92%，地区级以上三好学生或优秀学生干部共 2.1 万余人。通过加强管理，基本保证了考生的公平竞争和录取学校的公正选择。

二、新生资格复查

1992 年 11 月 12 日，国家教委办公厅发出《关于认真进行新生资格复查的通知》(以下简称《通知》)。《通知》指出，各省(自治区、直辖市)和中央各部门根据本地和本部门经济发展的实际情况,在需要和可能的条件下,当年在国家下达的招生计划之外增加了一些招生计划,遵循国家的招生制度,完成了招生工作。但有少数高等学校不顾实际情况,盲目突破国家、省和部门决定的招生数量,甚至不通过正常招生手续,不经招生部门,不向社会公开,私自招收学生。这种做法是违背国家有关规定的,必须认真核查,及时处理。《通知》要求各高等学校做好以下工作:(1)严格按照《普通高等学校学生管理规定》(国家教委第7号令),对新生资格进行认真复查。只有按照国家招生规定,经省(自治区、直辖市)招生委员会审核录取的新生方能取得学籍。(2)凡未经省(自治区、直辖市)招生委员会审核,高等学校擅自招收的学生,不能取得学籍。招有此类学生的高等学校,要尽快研究妥善处理。对确有必要留校学习的,只能进行短期培训,学习时间不得超过一年半,学习结束只发学习证明,不得发给任何形式的学历文凭。(3)高等学校要严格学籍管理,保证教学质量,维护信誉。学生毕业时要严格进行毕业资格审查。国家教委必要时将采取措施,进一步加强对学历文凭的管理。

三、制定普通高等学校学生安全教育及管理暂行规定

为了加强高等学校管理,维护正常的教学和生活秩序,保障学生人身和财物的安全,促进身心健康发展,1992 年 4 月 15 日国家教委发布《普通高等学校学生安全教育及管理暂行规定》(以下简称《暂行规定》),《暂行规定》分别对高等学校学生安全教育及管理的任务、管理原则、事故处理等方面作了规定。

在安全教育方面,要求高等学校应将对学生进行安全教育作为一项经常性工作,列入学校工作的重要日程,加强领导。

在安全管理方面,要求学校建立健全规章制度,严格管理,并要把安全教育及管理工作纳入领导任期的责任目标,落实到年级、班主任。

事故处理规定:(1)学生人身和财产发生一般伤(损)害后,学校要及时调查处理,根据当事人或他人的过错,责令其赔偿损失,并给于批评教育或相应的行政、纪律处分。(2)重大事故学校有关领导应亲自参与调查工作,及时处理。(3)重大事故发生后,学校应在一天内向所在省(自治区、直辖市)有关主管部门报告。并及时通知学生家长。事故处理结束后,一周内书面报告有关主管部门。(4)学生在教学、实习过程与日常生活中,因学校或有关单位责任发生死亡、重伤或残疾,由学校或有关单位承担责任,做好处理及善后工作。(5)学生未经批准擅自离校不归发生意外事故的,学校不承担责任。(6)学生假期或办理离校手续后发生意外事故的,学校不承担责任。(7)在校内正常生活及由学校在校外组织的活动中,由于不能避免的原因或因自然灾害而发生的事故,由学校视具体情况处理。(8)凡经学校指定的专业医院确诊为精神病、癫痫病患者的学生退学后,由其监护人员负责领回。此外,学生对事故处理不服或持有异议者,可向学校或学校上一级部门申诉,或者依法提起民事诉讼。《暂行规定》对因保护国家财产和他人人身安全,见义勇为而致残或英勇牺牲的学生,学校应报请所在省、自治区、直辖市人民政府授予荣誉称号,并给予相应的待遇。

四、高等学校学生毕业分配

1992 年由国家统一分配的普通高校本专科毕业生 559124 人,其中国家教委直属学校 60272 人,国务院其它部委所属学校 173632 人,地方所属学校 325220 人。由国家统一分配的毕业研究生共有 23264 人(含博士生 2073 人），其中国家教委直属学校 9610 人，国务院其它部委和地方所属学校及科研单位共有 13654 人。

为做好上述毕业生的分配工作，1991 年底，经国务院同意，国家教委发出了《关于做好 1992 年全国普通高等学校毕业生和毕业研究生分配工作的通知》，通知提出，1992 年毕业生（含研究生，下同）分配要继续贯彻执行近两年中共中央、国务院有关毕业生分配工作的规定，坚持改革方向，稳定现行政策，加强宏观管理，完善分配办法。

根据这一指导思想，1992 年毕业生分配计划仍然是在国家分配方针政策指导下，通过上下结合的办法制订，即一部分由高等学校的主管部门下达分配计划，一部分由高等学校提出建议分配计划，然后通过多种形式的“供需见面”活动进行协商落实。从分配结果看，1992 年毕业生的分配较好地贯彻了“统筹安排、合理使用、加强重点、兼顾一般和面向基层、充实生产、科研、教学第一线的方针”和“学以致用”、“择优分配”的原则。

1992 年分配工作具有以下几个特点：(1)认真贯彻国务院《关于进一步增强国营大中型企业活力的通知》精神，把保证国家重点单位的急需，为大中型企业输送合格的人才，列为工作重点。在国家教委直属 36 所高校和部委所属高校中，选调 6516 名本专科毕业生和 650 名毕业研究生作为重点计划下达到 438 个国家重点单位，部委和地方主管毕业生分配部门也采取了相应措施保证其重点单位的需要。(2)进一步改进完善毕业生分配的管理体制。在管理权限上，扩大学校在分配工作中的计划建议权，强化学校在分配工作中的主导作用；高校的主管部门则在下放权力的同时，加强对分配工作的监督、检查和指导，尤其是注重对分配建议计划的审核，逐步形成各级分配部门“有权有责，职责分明，自我约束”的良性循环系统。(3)分配工作逐步向信息化发展。积极培育毕业生就业市场。为把分配计划落到实处，各级主管毕业生分配部门和高等院校做了大量的信息交流工作，组织开展了各种类型的毕业生“供需见面”会和多种形式的就业招聘活动，广泛征集社会信息，保证了毕业生分配计划制订的科学性，为实现毕业生分配管理职能的转变、逐步适应市场经济机制进行了有益尝试。(4)加强毕业生思想教育，引导毕业生走正确的成长之路。1992 年 5 月 20 日国家教委和北京市人民政府在北京联合召开了应届高校毕业生代表座谈会，江泽民总书记等党和国家领导人出席了座谈会。江泽民总书记鼓励毕业生深入实际、深入群众、艰苦创业、自强不息，使自己更快地成熟起来，为建设有中国特色的社会主义贡献力量。(5)不断改进管理办法，注重应用科学管理手段进行目标管理，并在全国各级分配部门中，推广使用“全国毕业生分配信息管理及决策支持系统”，建立全国毕业生分配信息管理网络，从而逐步实现毕业生分配工作管理手段的现代化、信息化。

撰稿人　赵亮宏　张浩明　陈　曦
审稿人　王炽昌　焦述清

研究生教育

一、发布《关于学位与研究生教育改革和发展的若干意见》

国务院学位委员会在第十一次会议上、国家教委在全国普通高等教育工作会议上，讨论了《关于学位与研究生教育改革和发展的若干意见》稿(并于1993年2月8日联合发布实施)。其基本内容是：(1)适应经济建设和社会发展的需要，九十年代的研究生教育要在保证必要的办学条件和培养质量的前提下，有一个较大的发展，其中博士生数量要有更大的发展。(2)学位和研究生教育发展应侧重于内涵的发展。要提高研究生培养单位的规模效益、培养质量和办学水平，重点建设一批高等学校和重点学科点，优化学科结构和改善地区布局。在此基础上实现学位和研究生教育的较快发展。(3)加快学位和研究生教育管理体制的改革。在试点的基础上，逐步扩大学位授权审核范围，同时建立相应的宏观调控和自我约束机制。国家教委、国务院学位委员会要转变职能，加强宏观管理和政策指导；各省、自治区、直辖市和中央各部委要规划、管理和推进本地区、本部门的研究生教育和学位工作的改革与发展；研究生培养单位应在国家有关法规和政策规定的职权范围内，充分行使办学自主权。(4)改革研究生招生和就业制度。选择少数培养单位进行研究生招生、培养和管理的综合改革试点。在改进国家招生计划工作的同时，学校可根据社会需求增加委托培养、定向培养和自筹经费招生的数量。进一步改革毕业研究生的就业制度，完善毕业生自主择业和用人单位择优录用的“双向选择”办法。(5)改革研究生的培养方式，增强学位和研究生教育适应需要的能力。改变学位和研究生培养规格、类型单一的状况，发展应用人才的培养，加快专业学位的试点；要适应现代化建设的需要，注意吸收世界科技和文化发展的最新成果，积极研究、合理设置和调整学科、专业，促进新兴学科和交叉学科的成长，拓宽人才培养的口径；要进一步改革研究生的培养方式和方法，如实行学分制、灵活的学制、硕士生和博士生连读，继续推行研究生兼做教学、科研、管理工作等；继续加强和改进研究生的思想政治工作和管理工作，加强研究生教育与科研、生产(社会实践)相结合，改进和加强在职人员以同等学力申请硕士、博士学位的工作；进一步扩大对外开放，积极引进国外的人才、资金、教材、设备，进一步改善研究生教育的办学条件，扩大国际交流与合作。(6)逐步改革研究生教育经费拨款和投资机制，实行国家财政拨款为主与多渠道筹措经费相结合的办法，实行研究生奖学金制度。结合国家人事制度的改革，可逐步试行将获得博士、硕士学位与评聘高级专业技术职务挂钩的办法，在部分行业将获得专业学位作为具备上岗资格的条件之一。

二、召开文科和工科研究生教育改革座谈会

1992年8月9日至13日在大连市召开全国文科应用类研究生培养工作座谈会。会议的主要任务是：学习贯彻邓小平同志重要

谈话和中央政治局全体会议的精神，总结交流近五年来文科应用类研究生培养工作的经验，研讨在新形势下如何进一步深化和扩大文科研究生教育改革，更好地为社会主义现代化建设事业服务。会议认为，文科应用类研究生的培养要为发展社会主义市场经济服务，不同的学科要有不同的要求和重点，要从教学内容、专业设置、课程设置到培养规格、培养方式等方面都进行相应的系统改革，适应社会对人才需要趋势，探索培养复合型人才的途径。会议在听取试点单位的经验并在研讨的基础上，建议具备条件的单位和专业都尽快开展应用类硕士研究生的培养工作，同时希望中央各部委和省市高教主管部门大力支持和积极指导这项工作。国家教委研究生工作办公室已决定，除史论专业外，财经、政法其他专业均应开展应用类硕士生的培养工作，并提供若干的参考性培养方案。

1992 年 8 月 24 日至 29 日在大庆市召开工科研究生教育改革座谈会。会议的主要任务是：研究改革措施，使工科研究生教育更好地适应经济建设发展的需要。会议在总结培养工程类型硕士研究生经验的基础上，就如何进一步解放思想，深化改革工科硕士研究生教育，更好地面向经济建设，更主动地为经济建设主战场服务进行了研讨。会上宣布成立工科研究生教育改革研究小组，并召开了第一次小组会议。研究小组聘请清华大学张光斗教授、上海交通大学翁史烈教授为顾问。

三、印发《非英语专业研究生英语（第一外语）教学大纲（试行稿）》

国家教委研究生工作办公室于 1992 年 11 月 14 日印发了《非英语专业研究生英语（第一外语）教学大纲（试行稿）》，该大纲是为了贯彻实施学位条例，保证研究生英语教学质量，提高研究生运用英语的实际能力而制订的。《大纲》要求硕士生、博士生英语教学应以培养学生较熟练的阅读能力，一定的写、译能力和基本的听说能力，能够以英语为工具进行本专业的学习和研究并能进行本专业的学术交流为目的。《大纲》特别强调培养研究生实际运用英语的能力以及落实专业英语的教学，正确处理了基础英语与专业英语的关系，恰当地确定了硕士生、博士生两个阶段英语教学的目标和重点，注意了坚持统一教学基本要求与灵活的教学安排相结合，并允许有一定程度的差异性。

四、表彰"七五"学位与研究生教育科研优秀成果

全国"七五"研究生教育和学位制度科学研究重点课题研究自 1988 年部署以后，经过五年努力，取得了可喜成绩。国务院学位委员会办公室、国家教委研究生工作办公室组织专家对 19 项重点研究课题进行验收。经专家的评审认为，这些成果既有一定的理论意义，又有一定的实际价值，对不断发展和完善具有中国特色的研究生教育体系和学位制度作出了贡献。1992 年 3 月 23 日至 24 日，国务院学位委员会办公室和国家教委研究生工作办公室，在京联合召开学位和研究生教育研究"七五"成果表彰暨"八五"工作座谈会。对"七五"科研课题完成较好的单位颁发了奖励证书，并交流了完成科研课题工作的经验。国务院学位委员会副主任张光斗和朱开轩参加了会议并向获奖者颁奖。

会议还部署了"八五"学位和研究生教育科学研究计划。

撰稿人　范文曜　吴　南
审稿人　王忠烈　奚广庆　谢桂华

附

“七五”学位和研究生教育研究获奖成果名单

获奖成果名称	主要完成单位
一等奖3项：	
1. 中国农科研究生教育发展战略研究	农业部教育宣传司
2. 研究生思想政治工作概论	江苏省研究生教育研究会
3. 当代发达国家研究生教育的综合比较研究	华南师范大学
二等奖5项：	
1. 研究生需求发展预测与可选方案	上海市智力开发研究所
2. 工科研究生发展战略研究	哈尔滨工业大学
3. 美国和苏联学位制度比较研究	华东师范大学
4. 国外研究生教育研究	北京师范大学
5. 我国医学研究生教育和学位质量检查与评价制度的研究	同济医科大学
三等奖11项：	
1. 中国研究生教育的宏观发展战略研究	上海交通大学
2. 关于建立我国军队研究生教育和学位质量检查制度的研究	国防科技大学
3. 建立我国研究生教育和学位质量检查和评价制度的研究	西北工业大学
4. 苏、美、英、法、德、日六国研究生培养制度的比较研究	南开大学
5. 工学硕士生培养的系统分析与研究	吉林工业大学
6. 借鉴国外经验，发展具有中国特色的研究生教育	国防科技大学
7. 改进和加强研究生业务培养工作的研究	西北工业大学
8. 工学学科硕士研究生培养途径的研究	南京航空学院
9. 我国研究生业务教育管理的研究	武汉大学
10. 我国硕士研究生能力培养管理体系的研究	山东大学
11. 对加强和改进硕士研究生马克思主义理论课的探讨	华南理工大学

学 位 工 作

一、召开国务院学位委员会第十一次会议

国务院学位委员会第十一次会议于1992年11月9日至10日在京召开。34位委员出席了会议。主任委员何东昌在会上作了讲话，副主任委员张光斗、胡绳、周光召、朱开轩出席并主持了会议。

会议的主要议题是：学习贯彻党的十四大精神，讨论学位工作改革和发展的问题；审议关于增列博士生导师和审核少量学位授权点的有关文件；布置1993年的主要工作。

主任委员何东昌在讲话中指出，贯彻党的十四大精神，深化学位工作的改革，更好地为经济建设这个中心服务是这次会议的重点。学位工作的改革和发展要全面贯彻党的基本路线，围绕把国民经济搞上去这个中心任务来进行。要在保证方向、保证质量和提高效益的前提下，与经济、科技、人事体制等改革相配合，加快改革和发展，建立起主动适应经济建设和社会发展需要的有中国社会主义特色的学位制度。学位工作的发展，一要在保证质量的前提下发展；二要调整学科结构和地区布局，走以提高规模、效益为主的发展路子。学位工作的改革，要按照经济、社会发展的需要，深化教学改革；要稳妥地调整学位规格，同时加强侧重于应用的高层次专门人才的培养；要在加强宏观调控和管理的同时，逐步分权放权。

会议原则通过了《关于学位与研究生教育改革和发展的若干意见》中涉及学位工作方面改革与发展的有关意见与措施、《建筑学专业学位设置方案》及《国务院学位委员会1993年工作要点》，批准了军队系统新增2个硕士学位授予单位及其学科、专业授权点。

二、国务院学位委员会学科评议组换届

根据《国务院学位委员会学科评议组组织章程》的规定，1992年经过换届，组成国务院学位委员会第三届学科评议组。新一届学科评议组共有56个组，由712位专家、学者组成。其中哲学、法学、经济学、教育学、文学、历史学等6个学科门类分设11个评议组，共124人； 理科学科门类分设8个评议组，共121人；工学学科门类分设22个评议组，共273人；农学学科门类分设6个评议组，共76人；医学学科门类分设8个评议组，共99人；军事学学科门类设1个评议组，共19人。第三届学科评议组与第二届学科评议组相比，共增加成员68人。评议组成员中，续聘第二届的成员311人，占新一届成员的43.7%；博士生指导教师644人，占总数的90.45%。

根据组织章程的有关规定，换届后不再担任学科评议组工作的一些著名老专家，由国务院学位委员会从中聘请44人担任第三届学科评议组的特约成员，发挥他们的咨询作用。

新一届学科评议组的组成有三个主要特点：第一，选聘了近70位在实际工作部门的专家、学者为学科评议组成员；第二，评议组成员分布全国23个省、自治区、直辖市和中央主要部委的学位授予单位；第三，在选聘哲

学社会科学的某些评议组成员时，注意了学术成就与政治水平的统一。

□国务院学位委员会第三届学科评议组成员名单

哲　学

黄楠森　邢贲思　罗国杰　靳辉明　陈先达　陶德麟　楼宇烈
方克立　陈昌曙　刘放桐　汝　信　杜继文

经济学

黄　达　刘国光　吴树青　厉以宁　卫兴华　王林生　朱光华
熊性美　张维达　苏东水　钱伯海　何建章　周叔莲　张卓元
李京文　王积业　乌家培　黄菊波　赵海宽

法　学

高铭暄　王叔文　沈宗灵　罗豪才　曾宪义　冯大同　陈光中
李双元　王家福　江　流　许征帆　张汉清　张静如　王惠岩
赵　曜　郑杭生　刘　铮　宋蜀华　姜　琦

教育学

潘懋元　顾明远　王适贤　史慧中（女）　汪永铨　王炳照
张人杰　金一鸣　匡培梓（女）　朱祖祥　邵　郊
张厚粲（女）　沈德立　杨治良　荆其诚　陆少中　田继宗
周西宽　许豪文　王步标　邓树勋　周百之　田麦久　陈安槐

文　学

叶子铭　李　荣　李　准　郭豫适　严家炎　袁行霈　郭志刚
章培恒　钱中文　陆梅林　裘锡圭　戴庆厦　哈米提
确精扎布　张永言　刘　坚　方汉奇　王佐良　胡孟浩
桂裕芳（女）　陈嘉厚　王福祥　徐烈炯　钱佼汝　董衡巽
桂诗春　赵　沨　桑　桐　张道一　常沙娜（女）　于润洋
靳尚谊　徐晓钟　沈嵩生　童忠良　郭绍纲　沈达人

历史学

宿　白　戴　逸　龚书铎　邹逸麟　李学勤　田余庆　李文海
齐世荣　魏宏运　朱　寰　姜伯勤　张岂之　林甘泉

理　学

谷超豪	张恭庆	杨　乐	潘承洞	姜伯驹	李岳生	刘应明
齐民友	石钟慈	李　忠	陈天权	严士健	史树中	王仁宏
伍卓群	李大潜	严绍宗	肖　刚	仇庆久	陈翰馥	冯　端
唐孝威	高崇寿	杨福家	霍裕平	王忠烈	陈佳洱	甘子钊
顾秉林	张光寅	邹广田	华中一	龚昌德	吴培亨	吴伯僖
王承瑞	杨　正	李家明	杨国桢	关定华	唐有祺	张存浩
徐如人	汪尔康	朱道本	孙家钟	陈　懿	林祖赓	孙亦樑
刘元方	戴树桂	沈之荃	（女）	卓仁禧	愈汝勤	林尚安
鄢国森	王佛松	游效曾	刘有成	吴毓林	王绥琯	曲钦岳
孙义燧	周又元	张和祺	叶叔华	（女）	陈吉余	赵柏林
曾庆存	伍荣生	秦曾灏	杨吾杨	王华东	陈　才	沈焕庭
冯士筰	李吉均	黄荣辉	方国洪	安芷生	周秀骥	苏纪兰
王德滋	孙　枢	钱祥麟	张贻侠	汪品先	施央申	徐世浙
刘本培	翟裕生	薛祥煦	（女）	谢先德	欧阳自远	
曾融生	丁国瑜	邹承鲁	杨弘远	苏德明	刘泰槰	翟中和
孙儒泳	张自立	郝　水	朱德煦	罗　鹏	潘金培	施立明
张新时	杨雄里	许根俊	沈允钢	赵寿元	方福康	彭斐章
周文骏	倪　波	严怡民	王毓云	孟广均	刘昭东	

工　学

黄克智	周　恒	是勋刚	诸德超	钟万勰	黄文虎	王光远
刘延柱	叶天麒	白以龙	张涵信	胡海昌	史维祥	路甬祥
杨叔子	蒋孝煜	王占林	陈先霖	闻邦椿	庄继德	蔡鹤皋
范祖尧	朱剑英	桑正中	周泽华	谢友柏	叶尚辉	吕维雪
王之江	李达成	严普强	母国光	张以谟	林钧岫	赵新民
黄尚廉	郑崇勋	潘际銮	王　润	黄树槐	左铁镛	曹起骧
刘庆国	霍立兴	金俊泽	杜鹤桂	雷廷权	吴　林	林栋梁
刘业翔	徐楚韶	涂铭旌	顾海澄	周尧和	叶恒强	蔡其巩
张孝文	阙端麟	金日光	吴科如	吴人洁	应圣康	袁润章
蔡兴贤	郭景坤	王补宣	翁史烈	过增元	赵奎翰	陆钟武
李培宁	陈之航	徐益谦	岑可法	程尚模	蒋德明	苗永淼
蔡睿贤	高景德	韩祯祥	严陆光	卢　强	杨以涵	王宗培
陈伯时	陈德树	解广润	任　震	徐传骧	徐士珩	吴佑寿
柯有安	保　铮	李志坚	袁保宗	陈俊亮	高攸纲	刘永坦
林争辉	童勤义	韦　钰	（女）	李再光	徐秉铮	黄香馥

刘盛纲	姚　熹	王守觉	柴振明	徐家福	李三立	
杨芙清	(女)	王　选	李　未	王光兴	刘叙华	胡铭曾
孙永强	孙钟秀	何志钧	张江陵	刘锦德	康继昌	董韫美
陈火旺	高为炳	李衍达	吴沧浦	柴天佑	蒋慰孙	冯纯伯
孙优贤	彭嘉雄	胡保生	戴冠中	戴汝为	常文森	汪应洛
郑绍濂	傅家骥	顾昌耀	顾培亮	王众讬	黄梯云	沈荣芳
王浣尘	许庆瑞	刘源张	齐　康	孙　钧	熊　明	李道增
陈肇元	彭一刚	沈世钊	王宝贞	高廷耀	郭湖生	成文山
黄光宇	梅占馨	张维嶽	钱七虎	窦国仁	刘光廷	邱大洪
赵人俊	薛鸿超	吴世明	刘祖德	宁津生	李德仁	朱伯芳
陈俊勇	高　俊	袁　一	陈敏恒	滕　藤	金　涌	朱鹤孙
麻德贤	陈洪钫	吴平东	林世雄	林维明	袁　权	许志宏
赵鹏大	陈至达	王淀佐	廖国华	徐小荷	林学钰	(女)
钱鸣高	牟永光	沈照理	鲜学福	罗平亚	张倬元	陈毓川
刘天泉	黄第藩	程庆国	朱照宏	沈志云	胡安洲	郝荣泰
陈祖慰	高延令	邓学钧	周劲南	万复光	张登良	周宏业
盛振邦	杨士莪	许步文	朱绍庐	吴德铭	郑际嘉	吴秀恒
吴有生	董世汤	郭日修	伦世仪	王善元	安瑞风	陈　明
丁霄霖	陈嘉翔	姚汝华	吴大诚	姚　穆	陆元九	夏人伟
陈矛章	胡恒章	郭荣伟	杨庆雄	蔡体敏	陈怀瑾	王永志
陈定昌	闵桂荣	苏恩泽	汪　浩	丁　儆	李鸿志	周立伟
郭　治	匡定波	朱春华	(女)	王哲荣	叶平贤	高伯龙
商燮尔	胡仁宇	钱皋韵	王大中	应纯同	金景福	席德明
阮可强	王方定	戴受惠	(女)	李德平	陶祖聪	朱国玺
王定选	顾正平	史济彦	华毓坤	李忠正	鲍甫成	

农　学

卢永根	王连铮	陈子元	韩雅珊	(女)	景士西	刘大钧
盖钧镒	刘祖生	陈振光	孙济中	官春云	郑学勤	
刘佩瑛	(女)	向仲怀	荆家海	胡恒觉	李振声	袁隆平
庞雄飞	曾士迈	石元春	毛达如	李正名	汤祊德	刘孝义
王金生	谢联辉	李阜棣	青长乐	(女)	李振歧	赵其国
刘更另	汪懋华	朱道华	沈达尊	余　群	程悦苏	蒋亦元
顾焕章	袁　飞	邵耀坚	王锡桐	熊运章	魏正果	余开德
任继周	吴常信	何志辉	韩友文	骆承庠	孟庆闻	(女)
李德尚	熊远著	曾凡同	孔繁瑶	秦鹏春	杨传任	刘忠贵
陈　杰	蔡宝祥	刘福安	钱菊汾	(女)	殷　震	周以良

王明庥　沈国舫　董乃钧　王礼先　苏雪痕　邵力平　马建章
姜志林　张建国　蒋建平　胡芳名　蒋有绪

医　学

吴　旻　吴秉铨　闻玉梅（女）　何维为　李　璞　王一飞
金正均　祝家镇　杨光华　曾　毅　管惟滨　鞠　躬　林克椿
姚　泰　沈玥琲（女）　韩济生　钱振超　刘树铮　顾天爵
刘天培　徐有恒　姚开泰　潘启超　张立藩　孙曼霁　陈灏珠
陆道培　戴玉华（女）　汤晓芙（女）　徐文严
王海燕（女）　江载芳（女）　宁寿葆　林祥通　张茂宏
杨德森　陈文彬　周殿元　曲绵域　吴孟超　邱蔚六　凌诒淳
殷蔚伯　徐恒昌　刘　铤　盛卓人　陈中伟　杜子威
郑　树（女）　罗丽兰（女）　王新房　李绍珍（女）
唐孝达　李秉琦　卞度宏　王正国　杨伟炎　詹承烈　程天民
庄　辉　叶广俊（女）　杨建伯　俞顺章　王家玲（女）
胡孟璇（女）　鲁长豪　陈孝曙（女）　何凤生（女）
吴德昌　王永炎　于致顺　顾伯康　王灿晖　周仲瑛　张六通
熊曼琪（女）　靳　瑞　刘敏如（女）　雷载权　时振声
陈可冀　吴咸中　贲长恩　廖家祯　曹小定（女）　柴本甫
赵伟康　张代钊　姚新生　张礼和　肖培根　周同惠　李家实
孙毓庆　朱家璧　徐国钧　谢宗万　许文思　秦伯益

军事学

糜振玉　林　虎　王厚卿　郭其侨　李乃奎　郭安华　贾树德
丁宜兴　曹贤美　曾昭兴　杨少俊　许心文　熊吉光　杨振玉
裘克人　容嘉信　黄次胜　李　惠　雷渊深

□国务院学位委员会第三届学科评议组特约成员名单

肖　前　任继愈　宋　涛　藤维藻　钱荣堃　陶大镛　韩德培
赵宝煦　刘佛年　陈　立　李赋宁　张　仃　程民德　胡济民
卢嘉锡　文圣常　张宗祜　张龙翔　庄逢甘　郭可信　王启东
严东升　徐　僖　史绍熙　江泽佳　叶培大　陈　珽　吴良镛
汪家鼎　池际尚　曹建猷　严灏景　李季伦　刘崧生　安　民
杨贵贞　刘约翰　沈渔邨　程莘农　刘渡舟　辛育龄　尚天裕
沈家祥　赵安然

三、试行建立地方学位委员会　　根据国务院学位委员会关于试行建立地方学位委员会的决定，经与有关省、市政府协商，决定在江苏、四川、上海、陕西等，在这些学位和研究生教育工作任务比较繁重又具有一定工作基础的省市，试行成立地方学位委员会并建立办事机构。更好地发挥地方学位委员会的作用，推行学位工作三级管理体制。1992年5月11日至12日在北京召开地方学位委员会工作座谈会。会议着重研究地方学位委员会的工作职责和业务范围，并就已开展的工作进行交流。国务院学位委员会办公室主任王忠烈在会上讲了话。与会代表对国务院学位委员会委托地方学位委员会对部分一级学科的硕士点组织质量评估的工作进行了认真的讨论，表现了极大的热情和责任感。代表们还就学位和研究生教育深化改革、主动适应经济建设需要等问题进行了讨论，提出了积极建议。

四、设置建筑学专业学位，开展工商管理硕士学位的试点

1992年4月23日至25日，在郑州工学院召开了建筑学专业学位研究工作组第二次会议，针对专业学位设计方案、学士和硕士学位标准等问题进行了研讨。国务院学位委员会办公室在研究工作的基础上拟订了《建筑学专业学位设置方案》，经征求意见并修改后，提交国务院学位委员会第十一次会议审议通过。设置方案中提出建筑学专业学位分建筑学学士、建筑学硕士两级。均由国务院学位委员会授权的高等学校授予。授予建筑学专业学位的试点工作从1992年开始，由已通过全国建筑学高等教育评估的清华大学、天津大学、同济大学、东南大学从九二级毕业生开始授予建筑学专业学位。

1992年10月20日至24日，在上海财经大学召开了第二次工商管理硕士学位协作小组试点工作会，会议交流了各试点院校工商管理硕士的招生、培养工作情况，提出了《工商管理硕士生培养管理的若干规定（征求意见稿）》，并建议扩大试点范围。现在扩大试点工作正在进行中。

五、正式开展在职人员申请学位工作

1991年3月，国务院学位委员会发布了《国务院学位委员会关于授予具有研究生毕业同等学力的在职人员硕士、博士学位暂行规定》及其实施细则。按照《暂行规定》第3条，国务院学位委员会批准13个博士学位授予单位为有权授予在职人员硕士、博士学位的单位（即硕士、博士免验的单位），批准53个博士学位授予单位为有权授予在职人中硕士学位的单位（即硕士免验的单位），其中52个单位可有条件地开展授予在职人员博士学位的工作，但需参加验收；批准101个博士学位授予单位为有权授予在职人员硕士学位的单位，但这些单位必须参加汇报验收。

1992年2月28日至3月2日在西安召开了1991年度在职人员申请硕士、博士学位汇报验收会。经过会议验收，通过申请博士学位6人，暂缓4人；申请硕士学位153人，暂缓82人。这次验收通过的博士、硕士人员，有许多在本职岗位上取得了突出成就，成为实际部门的业务骨干，充分证明开展向在职人员授予学位的工作为优秀在职人员开辟了一条成才之路。

会议要求，积极稳妥地开展这一工作，保证学位授予质量，维护我国学位制度的声誉，认真加强领导和管理工作，特别要把好资格审查、课程考核、论文答辩三关，以更好地促进我国高级专门人才的成长。

六、学士学位证书与大学本科毕业证书分开制发

根据《中华人民共和国学位条例暂行实施办法》第二十二条、1991年国家教委和国务院学位委员会联合发出《关于普通高等学校本科毕业证书与学士学位证书分开制发的通知》,规定从1992年应届毕业生开始,学士学位证书与普通高等学校本科毕业证书分开制发。学士学位证书由国家教委学位办公室会同国务院学位委员会办公室统一印制。分为"普通高校本科毕业生"、"成人高等教育本科毕业生"和"来华留学本科毕业生"三种。其中"来华留学本科毕业生"使用的证书配发英文、法文副本。学士学位证书与本科毕业证书分开制发,进一步加强了学士学位证书的管理,有利于保证学士学位的授予质量。

七、批准学士学位授予单位

1992年6月12日,国务院学位委员会、国家教委批准9所高等学校为学士学位授予单位。

□批准列为学士学位授予单位的高等学校及专业名单

学校名称	专业	主管部门
天津城市建设学院	建筑学	天津市高教局
	工业与民用建筑工程	
	城镇建设	
	供热通风与空调工程	
	城市燃气工程	
	给水排水工程	
	建筑材料与制品	
	建筑管理工程	
长治医学院	临床医学	山西省教委
	妇产科学	
沈阳黄金学院	地质矿产勘查	国家黄金管理局
	采矿工程	
	选矿工程	
	矿业机械	
	金属压力加工	
沈阳医学院	预防医学	辽宁省教委
	临床医学	
扬州大学(注)	工业与民用建筑工程	江苏省教委
	机械制造工艺与设备	
常州技术师范学院	无线电技术	江苏省教委
	机械制造工艺与设备	
济宁医学院	预防医学	山东省教委
	临床医学	
中国民航飞行学院	飞机驾驶	中国民用航空局
新疆中医学院	中医针灸	新疆维吾尔自治区教委
	中医医疗	

注:扬州大学由扬州工学院等校联合组建,其中原江苏农学院、扬州师范学院、扬州医学院等学士学位授予单位的有权授予学士学位的专业,可继续授予学士学位。

八、首期学位和研究生教育管理干部研修班结业

1992年11月2日至21日，国务院学位委员会办公室和国家高级教育行政学院联合举办了首期学位与研究生教育管理干部研修班。部分省市、高等学校和科研机构从事学位与研究生教育管理工作的负责同志共30多人参加学习。研修班采取讲课、自学、研讨相结合的方式进行。学员围绕学位授权审核，在职人员以同等学力申请学位、博士研究生的培养，学位和研究生教育质量评估，以及学位工作和研究生教育改革如何适应社会主义市场经济需要等问题进行了研讨，并撰写了论文。

九、《中国学位十年》和《华夏沃土育英才》出版

为纪念《中华人民共和国学位条例》实施十周年，广泛宣传我国学位工作和研究生教育坚持走独立自主道路所取得的重大成就，进一步加强国际交流，国务院学位委员会、国家教委编辑出版了《中国学位十年》纪念画册。画册分：亲切关怀、创立发展、学科集萃、悉心育人、风华正茂、名誉博士、国际交往、十年大事等8部分。全面介绍了我国学位制度的沿革、体系和最有代表性的授予学位的学科、专业点的情况，反映十年来学位工作和研究生教育取得的成果以及国际交流的有关情况。李鹏、李铁映、方毅、胡乔木、严济慈、苏步青、何东昌等领导为画册分别题词。

《华夏沃土育英才》一书，是由国务院学位委员会办公室编辑的1991年1月受表彰的中国博士、硕士学位获得者的事迹册。该书从不同的角度介绍了中国博士、硕士热爱党，热爱祖国，坚持四项基本原则，在导师指导下立足国内勤奋学习，在工作中为实现社会主义现代化拼搏奉献的感人事迹和所做的突出贡献。何东昌为本书题词："热爱祖国和人民的中国博士、硕士生"。该书是一部对在学研究生、广大青年知识分子进行爱国主义教育和坚持四项基本原则教育，立足国内成才，为社会主义祖国奉献的好教材。

十、1992年全国学位授予情况

（一）名誉博士学位的授予

1992年，经国务院学位委员会批准共授予了四位著名的科学家、社会活动家名誉博士学位。北京大学授予香港著名实业家李嘉诚先生名誉博士学位，授予南非非洲人国民大会主席纳尔逊·曼德拉名誉法学博士学位；南开大学授予著名物理学家吴大猷教授名誉博士学位；中国科学技术大学授予著名物理学家丁肇中教授名誉博士学位。

（二）博士学位的授予

1992年，共授予2540人博士学位（见附一），使我国授予的博士学位人数达12095人。

（三）硕士学位的授予

1992年，共授予25276人硕士学位（见附二），使我国授予的硕士学位人数达234613人。

撰稿人　吴　南　施太庚
郭新立
审稿人　王忠烈　奚广庆
谢桂华

附一

□1992年授予博士学位人员统计表

学科门类	合　计	普通高等学校	其　它
总　计	2540(37)	2069(35)	471(2)
哲　学	46(1)	37(1)	9
经济学	86	61	25
法　学	50(1)	39(1)	11
教育学	17	17	
文　学	53	51	2
历史学	66(2)	64(2)	2
理　学	697(12)	477(10)	220(2)
工　学	1049(18)	964(18)	85
农　学	80(1)	72(1)	8
医　学	396(2)	287(2)	109

注:括弧中数字为总数中在职人员申请博士学位的授予人数

附二

□1992年授予硕士学位人员统计表

学科门类	合　计	普通高等学校	科研机构
总　计	25276(1656)	22026(1602)	3250(54)
哲　学	433(76)	417(74)	16(2)
经济学	1628(302)	1528(298)	100(4)
法　学	1132(211)	1035(204)	97(7)
教育学	529(28)	524(28)	5
文　学	1327(139)	1272(139)	55
历史学	403(21)	399(21)	4
理　学	4605(141)	3693(132)	912(9)
工　学	11318(589)	10053(583)	1265(6)
农　学	821(17)	774(16)	47(1)
医　学	2924(132)	2331(107)	593(25)
军事学	156		156

注:括弧中数字为总数中在职人员申请硕士学位的授予人数。

高等学校科技工作改革与发展

1992年，高等学校科技工作着重在调整运行机制、改变工作模式、转换任务渠道、优化政策环境等方面加大改革的力度，为提高国家科学技术水平，促进经济发展，提高人才培养质量做贡献，也为高等学校内部综合改革探索和积累经验。

一、研究深化改革的思路与措施

1992年2月至10月，国家教委科技司围绕建立与经济、科技、教育体制改革相适应的高等学校科技工作新体制和运行机制的问题，组织校、处系两级科技管理干部和专家，产业部门与企业的管理人员300余人，分别赴广东、上海、南京、天津和北京进行一系列的调查、研讨、经验交流活动，对高校科技发展形势、现状与改革目标等，基本上达成共识。

自1985年贯彻《中共中央关于科技体制改革的决定》以来，高校科技工作有了很大的发展，科技体制改革也取得了很大的成绩，但是科技与经济脱节问题仍然没有根本解决；与已经进行6年改革的中国科学院和产业部门的研究院(所)相比，高等学校还没有真正建立起能充分调动和发挥高校科技优势和巨大潜力的，主动适应经济发展的科技工作新体制；国家经济加速发展要求高校必须成为我国重要科技方面军和国家队，原有的学院式教学和事业单位的管理体制已经不能适应。少数科技实力雄厚、领导得力的学校实际上已冲破某些束缚，初步形成校内的科技新体制和运行机制，显示出高校科技为经济服务和自身发展的活力，并已取得成效。对此，高等学校强烈要求对高校科技体制和运行机制进行认真的大胆的改革。

在充分调研和分析的基础上，结合学习贯彻中共十四大精神，1992年11月国家教委提出了《关于深化普通高等学校科技工作改革的若干意见》(已于1993年1月作为国家教委全国高教工作会议的子文件和贯彻《中国教育改革和发展纲要》的辅助文件下发)。其主要内容包括：积极开拓、探索，建立主动适应社会主义市场经济需要的科技工作新体制；调整科技工作组织结构，形成合理的运行机制；充分发挥高等学校在基础性研究、高技术研究和重大科技攻关方面的优势，努力攀登科学技术高峰；大力加强科技成果转化工作，形成与经济建设紧密结合的新局面；根据市场需求和学校实际，有重点有选择地发展校办科技产业；改善科技工作管理，强化支持服务体系。

二、科技成果转化与开发推广应用

1992年，国家教委对高等学校科技成果转化和开发、推广应用工作主要从宏观上抓住三个环节进行推动，一是增强转化意识，二是创造和改善转化的中间环节与条件，三是积极组织推动高校科技成果向社会转移。

宣传和交流经验信息，增强转化意识。针对一些陈旧观念对高校成果转化的影响，1992年国家教委科技司会同中共中央办公厅研究室，并组织委内科技发展中心、科技委秘书处参加，开展了系统或专题性的调研，于

6月、12月先后形成两个综合调研报告，明确了抓好转化工作新的基本思路，并在6月、8月分别召开有校长、知名教授参加的高层次研讨会，组织撰写研究报告、论文和典型案例分析。1992年国家教委在《科技日报》、《中国教育报》开辟专栏，组织高校科技成果转化专题讨论以及有奖征文评选活动。同时，还通过科技司主办的《高教科技信息》和科技发展中心主办的《中国高校技术市场》(月刊)进行交流经验与改革探索，发布成果信息。此外，还利用常年开放的科委技术市场发布厅，分期分批发布142所高校的2000多项成果信息，出版了有重大经济效益的成果选编，积极向社会介绍和推荐技术成果。以上活动对宣传高校科技成就、交流经验、增强转化意识、增加社会各界的理解和支持等都产生了积极的影响。

创造和改善转化的中间环节与条件。当前高校每年有8000项以上具有国际水平和国内先进水平的科技成果，但据初步统计，能实现转化为产品、商品并形成规模经济的只有10%左右。究其原因，从我国企业情况看，尚缺乏对科技的内在需求，缺少动力、压力和活力；从高校自身看，科技成果工程化成熟度较低，大多数属于知识型、技术型成果，需要进行二次开发，解决工程化、产业化过程中的各种工艺技术问题，多数学校在经费、设备方面不具备这种条件。针对这一情况，国家教委在1992年下大力组织高校确有优势的学科点争取进入国家的“工程研究中心”、“工业性试验基地”，并鼓励和引导有条件的学校根据市场导向，有选择地为一些成果创造二次开发条件或推动与企业共建中间试验基地、工艺实验室等多种形式的转化、孵化通道。1992年在国家工程研究中心计划中，浙江大学“工业自动化工程研究中心”已正式立项实施；北京大学“电子出版新技术”和南开大学“农药”等两个项目原则通过立项。

组织推动高校科技成果向社会转移。从1992年起，国家教委与国家科委共同在国家“火炬计划”中设“高校专项”，用以支持高校的一批比较成熟的高新技术成果尽快产业化。当年高校进入“火炬计划”的项目共有69个，占计划总项目数的20.5%，贷款额为1.9亿元，占总金额的12.3%；其中属于“高校专项”的项目32个，贷款额为0.96亿元。

进一步加强推动高校科技转移工作的协调组织。1992年3月，国家教委与国务院经贸办、中国科学院共同建立并实施了“产学研联合开发工程”，成立了相应的联合协调办公室，起草了有关文件，编制了年度实施方案，当年即推荐了一批高校科技成果与产业界合作。在已经启动的5个国家级项目中，高校承担2.5项，当年拨款510万元；在各专题项目中，高校承担30项，拨款约800万元，均占总数的三分之二左右。

推动高校科技更多地进入技术市场。1992年，各省、自治区、直辖市教委(高教局)会同本地经济、科技部门组织高校科技成果主办或参加各种技术成果交易或展览活动，取得了很好的效益。在深圳举办的高校成果发布会上，一天接待洽谈厂商2000余家；在黑龙江省的技术展览会上，高校与企业签定意向合同166项，金额7000多万元；在辽宁省的技术成果发布会上，高校介绍项目600余项，已有近300个项目与企业达成合作协议，成交金额近3000万元；四川省1992年举办全省综合性技术交易会，省教委组织省地区高校组成单独展团，推出适合本地经济特点的249项技术成果，有三分之二项目成交，总金额达1.4亿元，占全省31个展团总成交金额约25%。

三、基础、高技术研究与科技攻关

根据国家科技工作“稳定加强一头，放开

放活一片”的改革原则，国家教委结合高校实际，于1992年9月起草了“关于加强高校基础性研究工作的意见”(征求意见稿)，针对国内“产业化”的进程，从工作部署上提出措施，把加强基础研究与加强学科建设，提高人才培养质量，特别是造就跨世纪的年轻学科带头人，为国家经济发展提供长远知识储备等任务结合起来。

当年执行国家各重大科技计划情况如下：

(一)国家重大科技攻关任务

在1991年落实国家教委合同经费2.2亿元的基础上，1992年新落实合同经费0.4亿元。已开始实施的项目进展顺利，陆续取得了阶段成果。其中：

“增压流化床联合循环发电技术及装备研究”，1992年4月通过中试电站概念设计审查，9月通过锅炉方案设计审查，12月中试电站的方案设计、审查、转入施工实施阶段。全面安排了各系统的关键的技术模拟、放大工作。

“220吨/时平面流分离循环锅炉研制”，已完成了各种工作状态的实验和部分系统的小型试验。

“低温供热堆综合技术研究”，分别于1992年4月和9月通过了热电联供和大面积制冷的国家技术鉴定。

“聚醚砜等类树脂专用料及其加工技术”，年产30吨溶液型涂料的生产线已建成并投入试生产。其中，“二苯砜”和“二氟二苯酮”在试生产基础上通过了中试放大技术鉴定。

“国产汽轮发电机组运行稳定，可靠性综合研究”，已经进入在线实际测试阶段，并提出工艺改进方案和测试系统的设计方案。

“激光技术实用化研究”在车身视觉检测系统方面有了突破性进展。

“高密度燃料研制”，“碳铜复合材料电刷中试”，“大型货物在线检测用加速器”等项研究也取得一系列阶段性成果。

此外，1992年新签合同的“高清晰电视”，“CAD培训中心”，“新能源开发”，“海洋技术”，“光电二级管传感器”，“新型高档皮革化工材料”，“聚苯硫醚工程塑料制品开发”，“非晶硅液晶显示投影电视”，“大面积高稳定太阳能电池”，“塑料电磁成型加工”等项目已全面实施。

(二)“863”高技术计划任务

1992年国家教委协调高校进入“863”的课题，据动态累计，项目已超过300个，获得总经费3500万元，分别占全国总数约33%和23%。

在自动化、信息和材料三个领域，高校的实力比较强，课题数和经费数都超过总数的三分之一。

能源领域两个“反应堆”，高校承担的“高温气冷堆”，9月通过预审，12月通过终审，已正式立项，落实总投资1.2亿元，目标是在本世纪末建成10兆瓦实验堆。

国家专项任务“计算机集成制造系统”各子项目已如期完成验收，为总项目验收打好了基础。

编写了国家海洋高技术领域项目建设报告，并在高校范围内作了论证。

扩大了军口高技术的研究范围，并使任务成倍增加。

为高技术各领域和各专家组推荐评审专家候选人300多名，在16个主题专家组中，已确定的高校专家平均占总人数的三分之一。

(三)基础研究

在国家重大基础研究“攀登计划”30项中，由国家教委主持6.5项，已分解并落实课题40余个。在其他部委主持的项目中，一些高校也参与实施并承担了约30个课题。当年共获项目经费近千万元。

在国家教委负责的“生命化学”、“光电功能材料”和“非线性科学”等课题全部完成开题报告和专家委员会的设立，聘出首席科学家。

在1992年新落实的课题中，由国家教委负责实施或参加实施的有“稀土科学”、“功能体系分子工程学”、“煤、石油高效低污染燃烧”、“天体活动多波段观测”、“认知科学”等近10项。在今年进一步组织的“攀登计划”工程类项目中，组织高校20多个学科领域的专家提出近50项建议报告，论证筛选13项，参加全国评审竞争。

向基金委员会和国家科委推荐具有重要价值的重点研究课题34项，其中17项已被接受并获得支持。

(四)国家重点实验室建设和运行

国家重点实验室建设和运行管理，一年中国家教委完成6个建成项目的验收，7个在建项目的检查，2个项目的评估和3个新上项目的论证。审批并执行了重点实验室国际合作交流专项64个项目，77人次。国家教委划出科研经费680万元，同时组织有关开放实验室竞争国家运行费1400万元，总计支持近50个实验室运行费2000余万元，共开列开放研究课题近400个。

(五)博士点基金

1992年经专家评审共资助512个项目，比1991年增加5.7%；单划出250万元资助重点项目37项；划出250万元资助有关博士学科点45岁以下的副教授57项。

四、部署高校科技产业规划工作

1992年，国家教委根据高等学校科技产业发展的势头，特别和实践探索，按照“一个学校、两种运行机制”的改革框架，于10月分别在南京、天津、北京分片召开了高校科技产业规划座谈会，对高校科技产业的规划工作进行了部署。

转变观念，明确校办科技产业的指导原则。高校科技产业是为我国“发展高科技、实现产业化”服务，为整个国民经济的发展做贡献。为此，国家教委提出校办科技产业深化改革要遵循下列原则：(1)坚持从实际出发，有计划、有重点、有选择地逐步发展的方针。要根据国情和学校与学科特点，根据市场需要，选择有优势有发展前景的领域作为重点，与本学校科技发展的重点相衔接，与实验室建设、学科建设和校办工厂的技术改造相结合，发展各种类型的产业，但应以创办实业为主，着重发展科技产业，(2)坚持与高校的基本任务密切结合，努力把科技产业办成教学、科研、生产三结合基地。(3)坚持改革开放，促进社会经济发展。校办科技产业要不断创新，努力成为孕育新技术、新产品的源头，积极向社会扩散、辐射，起技术先导作用。要面向行业，与社会上企业合作，互相取长补短，共同促进产业发展，力争办好一个，带动一片。

认真做好“八五”科技产业发展规划。“八五”期间，高校要继续发展科技产业，办好一批布局合理，效益较好的科技企业。科技企业的产值和利润力争增长两倍左右。计划到1995年，委属高校科技企业年销售额20亿元左右，年利润4亿元左右。全国高校年销售额约45亿，年利润9亿元。并形成一批有拳头产品、系列产品和一定规模的重点科技企业。1992年，委属高校初步论证提出重点发展120个科技企业项目。各部委和地方的高校也依据学科优势，论证了各自的重点项目。国家教委在学校规划的基础上，从计算机技术与软件、电子技术、生物技术、能源技术、医药与医疗器械、新材料、精细化工等重要领域，选择50个左右作为重点扶植的科技企业项目。

建立适合校办科技产业发展的运行机制和管理体制。高等学校科技企业要按其不同于教学、科研工作的特点，以独立法人资格参与市场经济活动。要在实践中探索完善科技企业的运行机制，理顺管理关系。

制定大力支持科技产业发展的合理政策。这些政策主要有：(1)积极开拓资金渠道，多方面争取资金发展校办科技产业。(2)积极争取财政支持，建立风险投资基金。(3)鼓励以股份制形式，与社会企业广泛合作，以吸收资金和其他各种有利条件，互相取长补短，互惠互利。(4)完善鼓励政策，校办科技企业从业人员的职称、职务和待遇，按企业方式解决。(5)国家教委向有关部门为具备条件的科技企业争取对外经贸自主权，生产许可证等有关的优惠政策。

五、高校与大中型企业对口考察加强科技合作

1991～1992年，高等学校与相当数量的大中型企业在各级政府的组织协调下，开展了多层次多形式的产学合作与联系，一批企业的课题任务进入大学的实验室被开发催熟，一批大学的高技术成果已经为企业的工艺改造和新产品开发带来了效益。这种合作的途径和组织形式有以下几个特点。

各级政府管理部门进行宏观推动与组织协调工作，从整体上促进产学双方的接触。陕西省科委、省教委等部门从1991年起采用供需见面，相互考察的办法，先后组织了省内机械、电子等15个工交部门，400多家大中型企业的538名厂长、经理、总工程师分4批考察了西安交通大学等30余所高校和一批科研院所；随后又陆续组织60多所高校和院所的专家教授，分批考察了省内300多家大中型企业。作为这类考察的直接结果有：企业与高校签订的成果转让和委托开发协议共达540项，合作开发50项，其中大部分项目在1992年开始执行。江苏省从1991年11月开始把企业与高校的科技协作作为实施科技兴省战略，促进科技长入经济，推动企业技术进步的重要部署和长期任务，省领导直接抓，计经委和教委配合做好组织服务，先后有1600多位企业与高校人员参与了对口交流考察活动，高校介绍了成熟技术898项，企业推出了难题招标695项。经对口考察直接洽谈，到1992年2月，共签订合作开发、委托研究和成果转让合同与协议近700个。仅扬州市的企业与高校签订的首批20个合作项目，1992年即新增销售收益上亿元，利税近2000万元。

根据产学双方长远利益，交流合作向制度化发展。高校承担企业的研究课题开始由小型化向综合型大课题发展，科技成果由单项转让向综合配套技术、工程总承包的方式转变，合作领域从单学科向多学科发展，合作对象从一校一厂变为一校多厂或一厂多校。清华大学先后与一千多家企业建立了各种形式的联系，其中包括与一汽、二汽、宝钢等企业集团的技术、人才一揽子合作协议，近两年从企业获得的科技经费已占全校科技经费总数的50%。天津大学研制的13个系列90多种新型填料向多家大型石化企业集团推广、已累计获经济效益3亿元。二汽集团共与100多所高校建立了较稳定的合作渠道，实验室的新成果和生产线上的急迫技术需求都通过这条捷径反馈到对方。

探索一些新的合作形式。1992年高校与企业的合作向深层次发展，开始突破原有的一次性转让的低层次模式，出现了技术入股、合资办厂、共建科研基地、共建教育科技发展基金等形式。较好地解决了合作中的知识产权和利益分配问题，使高校和企业共同面对市场优化资源配置，真正形成了优势互补、风险共担、互利互惠，共同发展的良性循环运行机制。与此同时,许多高校寻求与地方、行业的全方位长期合作,高科技开发杭州、嘉兴、湖州、绍兴是由国家教委和浙江省政府共同推动和支持的,1992 年进入该地区的高校超过 100 所,带给企业的技术成果与合作项目逾 300 项,使该地区新增工业产值中依靠科技进步的比例上升到 40%以上。

高校与企业合作,促进了高校自身改革。通过高校与企业合作的实践,高校已开始把与社会的结合作为带动校内综合改革的突破口,通过输送人才和传递技术自觉与市场经济接轨,对专业调整、课程设置、人员分流、成果评价、职称评定、分配制度等作了一系列的适应性调整和改革。1992 年 2 月,国家教委应广东省政府的邀请,组织 20 多所国内著名大学校长参加的考察团,对广州、深圳、珠海和中山等 4 个市的社会、经济发展的政策环境与高科技产业开发区的建设作了全面考察,系统地了解和学习了当地经济改革与发展的实践、探索经验,结合经济快速发展对高等教育的种种需求,探讨了变挑战为机遇的对策,并在考察后修改或补充了学校的综合改革方案。1992 年 4 月,由深圳市主要领导率领的 20 多位当地支柱产业的厂长、经理,到北京、天津、南京、成都回访考察高校,介绍合作内容、方式和前景。1992 年 6 月,国家教委组织 60 多所高校在深圳发布 600 多项成果信息,参加信息介绍和洽谈活动的各类厂商达 3000 家,一天多的时间即有近半数成果项目达成合作意向。同时开辟买方和卖方两类市场以适应技术市场不同的需求类型,标志着高校科技人员在观念和工作模式上有了根本性的转变。

六、高校科技工作主要数据指标

1992 年全国高校理、工、农、医学科领域科技工作主要数据指标如下:

科技人力。全国高校从事科技活动的人员 60 万人,其中科学家和工程师 50 万人,占 83%;研究与发展人员 22 万人,其中科学家和工程师 20 万人,占 91%;全时研究与发展人员 13 万人,其中科学家和工程师 12 万人,占 92%。

研究与发展经费。当年,全国高校从各种渠道获得的研究与发展经费共 19.2 亿元,比上年增加 20%;其中,预算内拨款 4.2 亿元,预算外收入 15 亿元,比上年增加 26%。预算内拨款占总经费的比重为 22%,比上年减少 3 个百分点。

研究与发展机构。全国高校现有经上级主管部门批准的理、工、农、医学科领域的研究与发展机构 1700 个,研究与发展人员 3.3 万人,就读的研究生 1.6 万人,其中博士生 3500 人。

研究与发展课题。1992 年高校正在开展的研究与发展课题有 80900 项。当年拨入经费 15 亿元,比上年增加 17.5%。拨入经费中用于基础研究的占 12%,应用研究的占 50%,试验发展的占 38%。

国际科技交流。当年高校共派遣 1000 人出国攻读学位,其中攻读博士学位 700 人,硕士学位 300 人。全国高校共出席国际学术会议 4000 人次,交流论文 4500 篇。出席在国内召开的国际学术会议 10500 人次,交流论文 9000 篇。

研究与发展成果及技术转让。1992 年,高校共出版科技专著(不包括大专院校教科书)4500 部,发表学术论文 14 万篇,鉴定成果 9000 项。全年共签订技术转让合同 6000 项,当年实际收入 1.5 亿元,比上年增加 40%。

附

□1992年高校获国家级科技奖项目名单

一、获1992年度国家级科技进步奖项目

特等奖1项

大瑶山长大铁路隧道修建新技术 (西南交通大学、北方交通大学)

一等奖11项

国产反渗透膜装置及工程技术开发(天津纺织工学院等)

武钢大型板坯连铸机的研制与生产(北京科技大学等)

锂盐阳极糊节能技术 (中南工业大学、东北工学院)

地下厂连续开采工艺技术和装备的研究(中南工业大学等)

常用中药材品种整理和质量研究 (中国医科大学、北京医科大学、沈阳药学院、第二军医大学、上海医科大学)

25.5米空调双层旅客列车 (西南交通大学等)

高坝坝基岩体稳定性评价及可利用岩体质量研究 (清华大学、成都地质学院、天津大学、成都科技大学、河海大学)

广东核电站港口和取排水口布置方案的研究 (河海大学)

5兆瓦低温供热实验堆 (清华大学)

(另两项略)

二等奖48项

蒸空锤改为电液锤 (北京理工大学等)

稀土镁球墨铸铁型材水平连续铸造装备、工艺及组织性能的研究 (陕西机械学院、西安交通大学、清华大学)

装潢图案创作智能CAD系统的研究(浙江大学等)

毫米波仪器的频率扩展技术 (中国科技大学)

XJS—I型激光扫描显微镜系统 (南京大学)

对流层散射传输损耗统计预测方法(石油大学)

分布式飞机静态强度试验系统 (电子科技大学)

面向DP/MIS的软件开发环境EASYCO(华东化工学院)

天然碱制普通重制纯碱和优质粒状重质纯碱工业技术 (内蒙古工学院等)

B—02无铬铁系催化剂绝热固定床丁烯氧化脱氢制丁二烯工业化新技术开发 (华东化工学院等)

Cu—P系列不同强度级别耐大气腐蚀钢的开发应用 (北京科技大学、东北工学院)

铝电解槽数学模拟及计算机仿真研究(中南工业大学、华中理工大学等)

油藏描述技术研究 (石油大学、西安石油学院)

大型露天铁矿陡帮开采技术研究 (东北工学院、北京科技大学等)

露天开采设计规划综合优化的理论与应用 (中国矿业大学)

溶剂—超声波协同成核起晶法 (华南理工大学)

D301A型自动缫丝机 (浙江丝绸工学院等)

起低甲醛叩功能整理 (中国纺织大学)

烧伤肠源性感染的研究 (第三军医大学)

萎缩性胃炎与胃癌关系的研究 (第三军医大学)

脾虚重症肌无力的临床与实验研究

（广州中医学院）

烧伤休克的研究　（第二军医大学）

颈椎病与腰椎椎管狭窄症发病机制及诊治技术的研究　（第二军医大学）

长江三峡地区燃煤污染氟中毒防治措施研究　（哈尔滨医科大学）

冬小麦精播高产栽培的理论与实践（山东农业大学）

不结球白菜丰产、多抗、优质"矮抗1、2、3号"系列新品种选育、推广和育种技术的研究　（南京农业大学）

多效唑在苹果和桃树上的应用及其机制研究　（北京农业大学）

西藏珍稀野生动物的考察　（西藏大学）

全国森林资源连续情况技术体系的研建（北京林业大学、南京林业大学等）

毛白杨优良基因资源收集保存利用研究（北京林业大学、河南农业大学）

长白落叶松种源试验研究　（东北林业大学）

广东国际大厦主楼结构设计与施工技术（华南理工大学等）

冷轧螺纹钢筋应用研究　（东北工学院等）

大城市综合交通体系规划模式研究（北京工业大学、上海城建学院等）

喷灌技术研究和推广　（武汉水利电力学院、北京水利水电学院、北京农业工程大学等）

激发极化法找水的研究和推广　（中国地质大学等）

内河浅吃水大径深化推轮开发研制（武汉水运工程学院等）

N1602型铁路起重机　（西南交通大学）

北京市城市交通综合体系规划研究（清华大学、北京工业大学、北方交通大学等）

叶轮机叶片颤振研究　（北京航空航天大学）

东北电网仿真系统　（清华大学）

多大区互联系统频率动态过程的分析及低频减载装置的整定　（清华大学）

高混凝土拱坝防裂技术及其在东风工程中的应用　（清华大学、天津大学、大连理工大学、河海大学）

东北电网实时状态分析　（清华大学等）

旋转喷雾干法烟气脱硫技术研究　（华东化工学院、浙江大学等）

开封淀粉厂生态经济示范工程建设研究（河南农业大学等）

（另两项略）

二、获1992年度国家发明奖项目

二等奖6项

碘化汞单晶体的制备　（四川大学）

双层辉光离子渗金属技术　（太原工业大学）

"正值"分度锥综合变位曲线齿锥齿轮副（洛阳工学院）

（另三项略）

三、获1992年度国家级星火奖项目

二等奖9项

华丰系列高效采暖炉的研制开发与推广应用　（清华大学等）

太行山枣树丰产综合技术开发　（河北农业大学、保定农业专科学校等）

娃哈哈儿童营养液　（浙江医科大学等）

用铁砂制备永磁铁氧体　（安徽大学等）

山东省220万亩吨粮田科技开发　（山东农业大学等）

巴戟天高产栽培技术推广　（中山大学等）

杂交稻"三系七圃法"原种生产技术的应用、推广（南京农业大学等）

瘦肉型湖北白猪推广应用（华中农业大学等）

冀麦23号、24号及其配套技术的推广（河北农业大学）

撰稿人　高文兵

审稿人　陈清龙

高等学校科技推广与转化工作

一、推动高校科技成果进入国家科技推广计划

进入国家级“火炬计划”项目情况。1992年度，国家级“火炬计划”全国共批准336项。高等学校批准进入“火炬计划”的项目有692项。获贷款总额19179万元，占国家贷款总额度的12.3%。其中，委属院校有42项，共计贷款12022万元，非委属院校27项，共计贷款7157万元。但由于种种原因，计划下达到地方后，相当部分的贷款得不到落实，现正在寻求解决的办法。

进入国家级科技成果重点推广计划情况。国家科委编制的1992年度重点推广计划中，工业类项目142项，其中，高校有34项；农业类项目64项，其中，高校有8项。国家为了进一步推动这项计划的实施，对部分技术依托单位给予了政策调节费，主要用于支持技术的推广和完善推广的运行机制。1992年高校有5个项目得到了政策调节费80万元。

1992年，对高校十余个1991年以前列入国家级重点成果推广计划的项目进行了检查和验收。山东大学的“中性清洗剂”项目，1990年列入国家重点成果推广计划，1992年11月由国家教委、国家科委、机电部联合在济南召开全国性行业现场推广会，进一步促进该项目在行业的应用。该项成果已在全国130家企业得到应用。

积极参与国家级“星火计划”情况。“八五”期间，国家级“星火计划”以有利于增加农副产品和短线产品的有效供给，发展以当地资源为原料的深加工及为大工业配套服务为主要目标。高等学校积极参与了这项计划。1992年国家共批准“星火计划”项目700项，高校列入32项，占总数的4.6%。

参与国家科委实施的新产品试制鉴定计划情况。1992年全国共批准新产品试制鉴定计划2045项。其中高校列入89项。申报项目经评审合格后，由国家科委、国家税务局、国家物价局、中国人民银行、物资部、国家技术监督局联合下达计划。

参与国务院经贸办实施的“八五”国家重点新技术推广项目计划情况。1992年度，“八五”国家重点新技术推广项目计划全国共批准108项，511个子项。高校列入126个子项。

积极争取进入行业部门计划情况。轻工部设立的轻工发展基金。1992年度高校列入5个项目，得到57万元的资助。

二、积极促进高校科技力量与地方经济发展结合

利用宣传阵地介绍高校科技成果。1992年，《中国高校技术市场》继续坚持该刊创刊以来的项目公开原则，即公开项目的开发单位、联系人、通讯地址等，让读者与高校直接见面，减少了不必要的中间环节，为用户节省了时间和经费。读者称赞该刊物真正为科技与经济结合牵线搭桥。许多地方经委以该月刊作为技术指导参考。通过多渠道刊登广告，扩大了刊物的社会影响，订户和购买者逐年增加，1992年，月刊发行量已达每月807份。

积极参加全国技术市场发布厅(以下简称“发布厅”)活动。1992年又有黑龙江、河北、福建三省教委组织参加了发布厅活动。至此,全国共有26个省、市、自治区教委分期组织参加了发布厅活动,共计有142所高校参加发布2000多项成果。国家教委科技发展中心从发布的这些成果中精选出200项汇编成册,以进一步向社会扩散。

大力推荐科技兴农成果。1992年,国家教委科技发展中心征集了高校469项有关农业的科技成果,将用科教兴农专集或专题形式向农业部门或农业战线推荐。《中国高校技术市场》编辑部从1992年起,每年第十二期月刊定为“科技兴农专刊”。

促进高校科技力量与大中型企业的结合,参与传统产业的技术改造。国家教委科技发展中心与国家科委技术市场办公室共同组织了沈阳市政府大中型企业技术采购团到北京大学、清华大学、北京科技大学等8所在京高校对口采购,仅在清华一校当场签订了意向合同38项。沈阳市政府通过采购,得到了所需的技术,参观了解了学校的有关实验室,为今后的进一步合作打下了基础。

有选择地组织参加地方举办的技术市场交易活动,为“科技兴省”、“科技兴市”作贡献。1992年,黑龙江全国技术交易会,有20所高校组团参加,展出成果600多项,会上签定了意向合同166项,意向合同金额达7848万元,正式合同20个,成交金额达1062万元。高校展团获交易会组织奖。

把科技成果管理与向社会扩散结合起来。1992年,向《中国技术成果大全》推荐高校成果126项;向国家专利局报送重大实施项目31项;向《中国药学年鉴》推荐5项获1991年国家科技进步奖项目。在1992年北京国际发明展览会上,高等学校共展出项目220项,国家教委设立的“耕耘奖”第二届奖杯经专家评审,授给了清华大学“动力轮毂式轻便车辆”项目。

三、加强专利工作

为加强高等学校专利工作,增强知识产权保护意识,1992年,国家教委召开了第一次高校专利工作研讨会,会上表彰了高校专利工作的先进集体4个,先进个人7名;在北京农业工程大学举办了有60多人参加的专利代理人考前辅导班;由国家教委科技发展中心与北京大学专利事务所联合对高等学校有关专利的教学研究工作进行了问卷调查,以推动高校的专利教学与研究工作;制定了《高等学校专利工作“八五”工作要点》。

截止1991年底,委属高等学校共申请专利3682项,已授权1725项,其中,发明专利占35.7%。

第二届中国专利奖共评出金奖10项,优秀奖75项。全国高校有17项专利获奖,其中金奖4项,优秀奖13项。委属高校获金奖3项,优秀奖4项。

高校获第二届中国专利金奖项目名单如下:

反应堆控制棒用对孔式水力步进缸(清华大学)

离子注入半导体瞬时退火设备(清华大学)

步行坐底式钻井平台(胜利油田会战指挥部、上海交通大学)

作物增产菌及其选育与发酵工艺(北京农业大学)

四、利用各类基金培养学科带头人

第一、1992年,高等学校博士点专项科研基金评审适当向重点项目和培养年轻学科带头人倾斜。通过专家评审,理工口从申报的759项课题中评出面上资助的课题共499项,占申请课题的65.74%,比上年增加3.95个百分点,其中属重点学科和重点实验室的课题 277 项。另外，划出 250 万元资助重点项目 37 项，划出 250 万元资助博士学科点上 45 岁以下，具有副教授以上职称的年轻教师 57 个项目，约占申请者的 93.4%。资助的课题中，基础研究类占 52.7%，应用研究类占 44.3%，开发研究类占 3%。1992 年度卫生口资助课题 82 项，经费 238 万元；航空口资助 22 项，经费 74 万元；兵器口资助 13 项，经费 36 万元；农口资助 43 项，经费 130 万元。除文科口外，其它各口共资助经费 2271.8 万元。

第二、1992 年度国家教委优秀年轻教师基金经费由 500 万元增加到 600 万元，通过专家评审，共资助课题 108 项。

第三、国家教委重点跟踪资助年轻拔尖人才。1992 年，国家教委重点跟踪前三届共评出的 104 名年轻教师。通过对前两届评出的 57 人的跟踪调查来看，与得到重点资助前后相比：教授由 7 人增加到 32 人，副教授由 12 人增加到 23 人(2 人未确定职称)，博士导师从 2 人增至 6 人。由国务院学位委员会和国家教委授予的"做出有突出贡献的中国博士硕士学位获得者"19 人，"有突出贡献的留学回国人员"10 人。12 人获中国科协青年科技奖，30 人获霍英东教育基金会青年教师奖，1 人获联合国教科文组织"青年科学家奖"，46 人 84 项次获省部级以上科技奖励，其中获国家级科技奖励 9 人 11 项次；3 人进入"863"计划专家组，4 人进入国家自然科学基金会学科组，1 人为国务院学位委员会第三届学科评议组成员；在国内外学术刊物上发表论文 1167 篇，在国内外宣读论文 880 篇；有 38 人配备了助手，有 47 人实验场地与设备有所改善，其中 19 人有很大的改善。

第四、大力宣传优秀拔尖年轻教师的事迹，让社会更了解并让更多的人来关心支持年轻科学家的成长。国家教委科技发展中心从 104 名重点跟踪年轻拔尖教师中选出 33 名的事迹编辑了报告文学集《这里群星灿烂》，由高等教育出版社出版发行，国家教委主任朱开轩为此书作序。

五、成果奖励与管理工作

1992 年度，国家科技进步奖共评出获奖项目 649 项，其中，特等奖 3 项，一等奖 38 项，二等奖 195 项，三等奖 413 项。全国高校获奖 166 项，其中，特等奖 1 项，一等奖 11 项，二等奖 49 项，三等奖 105 项。在全国高校获奖项目中，委属高校获奖 53 项，其中一等奖 2 项，二等奖 15 项，三等奖 36 项。

1992 年度国家发明奖评出授奖项目共 170 项，其中，二等奖 10 项，三等奖 68 项，四等奖 92 项。全国高校获奖 74 项，其中，二等奖 6 项，三等奖 39 项，四等奖 29 项。在高校获奖项目中，委属高校获奖 36 项，其中，二等奖 2 项，三等奖 21 项，四等奖 13 项。获奖项目比较多的一些高校是：清华大学有 9 个项目获奖，吉林大学和华中理工大学分别有 4 个项目获奖。与 1991 年度相比，高校获奖比率提高 7.1 个百分点。

1992 年度，国家级"星火奖"评出授奖项目 161 项，其中，一等奖 1 项，二等奖 33 项，三等奖 78 项，四等奖 49 项。全国高校共有 22 个项目获奖，其中，二等奖 9 项，三等奖 10 项，四等奖 3 项。

1992 年，国家教委科技进步奖评审工作在原来的基础上作了两点改进。一是取消缓评。按新规定，对要缓评的项目专家可以提出异议，但专家组仍要对该项目提出评审意见。该异议成立，则取消该项目的授奖资格，如异议不成立，评审的意见有效。二是组织对新兴学科、交叉学科项目的联合评审。山东大学的一个项目曾多次申报国家教委科技进步奖，因学科和学术观点上不一致而未能进行评审，1992 年将该项目提交给学科组组长联合评审会进行讨论，经共同评审后，公正地作出了评审意见。另外，根据国家奖励办公室的规定，国家教委申报1993年度国家级“星火奖”的指标只有5项，为保证推荐项目的质量和推荐工作的公正性，也采取了学科组组长联合评审的办法，从312项获国家教委科技进步奖一、二等奖的项目中共同推荐5项上报。

1992年度国家教委科技进步奖授甲、乙、丙三类，共221所高校申报1926项。经专家评审会评审，共评出授奖项目771项，经异议处理后撤消3项，自动申请撤消9项(2项属重复报奖，7项认为所获奖励等级偏低)，最后授奖759项，其中一等奖84项，二等奖229项，三等奖446项，甲类项目591项，乙类项目120项，丙类项目42项。乙、丙类授奖项目累计经济效益达80亿人民币。

1992年度，全国高校获国家教委科技进步一等奖84个项目中，甲类68项，乙类12项，丙类4项。名单如下；

甲类一等奖68项：

1 细胞核骨架——核纤层——中间纤维体系的研究 (北京大学)
2 氮(碳)间隙原子效应与新型磁性材料研究 (北京大学)
3 1.5CHz铌腔射频超导实验研究(北京大学)
4 表面活性剂在固液界面上的吸附研究(北京大学)
5 经典约束系统动力学基本理论(北京大学)
6 涡度法的数学理论(北京大学)
7 动力系统的结构稳定性与吸引子(北京大学)
8 含铌、锰、磷及其他一些元素生铁冶炼技术的共同研究(北京科技大学)
9 华南铁矿冶炼脱砷的基础理论研究—钢铁脱砷及砷在铁液中的热力学行为(北京科技大学)
10 区域水盐运动监测预报(北京农业大学)
11 小麦育种亲本选配理论与方法的研究(北京农业大学)
12 手性化合物的结论、性能及合成的研究(北京农业大学)
13 al肾上腺素受体两种亚型的证实，在心血管的分布及其病理意义(北京医科大学)
14 中脑边缘镇痛回路的研究(北京医科大学)
15 早期T细胞的分化及细胞因子的诱导作用(北京医科大学)
16 抗绿脓杆菌抗生素对绿脓杆菌青霉素结合蛋白亲和力比较(北京医科大学)
17 新的十次对称准晶、相关合金相与它们间的相变(大连理工大学 中科院北京电子显微镜实验室)
18 电磁场边值问题泛函解法的研究(东南大学)
19 随机介质中矢量辐射传输和遥感理论(复旦大学)
20 非线性双曲型方程的整体解(复旦大学)
21 模糊随机振动理论 (哈尔滨建筑工程学院)
22 压电晶体液相振荡传感、药物电极的理论与应用研究(湖南大学)
23 中国蜘蛛分类区系和以蛛治虫应用基础研究(湖南师范大学)
24 血管紧张素转化酶抑制剂的心血管药理作用研究(湖南医科大学、衡阳医学院、中国医科院药物所)
25 微观辩证学之研究(湖南中医学院)
26 光学成像本征理论——光学信息论的一个范畴(华东工学院)
27 溶剂催取理论及应用研究(华东化工学院)

28 非线性分子激光光谱效应研究(华东师范大学)
29 新型微孔晶体的研究(吉林大学)
30 机械加工振动的诊断、识别与控制(吉林工业大学)
31 谷类作物品质性状遗传研究(江苏农学院)
32 古代藻类、生物标志物及现代藻类模拟试验研究(南京大学)
33 粤西金矿矿床地球化学(南京大学)
34 黄雨的蜜蜂粪便说(南京大学)
35 软件自动化的智能化技术研究(南京大学)
36 碱——集料反应理论及其工程应用(南京化工学院)
37 高含沙水流运动(清华大学)
38 表面形貌摩擦学效应研究(清华大学)
39 广义能量原理与新型有限元研究(清华大学)
40 生产过程故障诊断方法的研究(清华大学)
41 多孔介质热湿迁移特性与自然对流传热的研究(清华大学)
42 热力系统建模及其控制研究(清华大学)
43 农村能源系统分析与规划方法(清华大学)
44 高细度光纤环形谐振腔及系列应用的研究(清华大学)
45 沿染污介质表面放电的研究(清华大学)
46 三烷基(混合)氧膦(TRPO)的萃取性能及从高放废液中分离锕系元素的研究(清华大学)
47 金属摩擦副滑动磨损机理及固体润滑的效果(清华大学　兰州化学物理研究所)
48 股骨上段几何形态、生物力学及其骨折发生机理和治疗原理的研究(上海第二医科大学)
49 中国人体质调查(上海医科大学、第二军医大学、上海第二医科大学、第三军医大学、第四军医大学、河北医学院、重庆医科大学)
50 分形理论在分子科学中的应用研究(四川大学)
51 电力系统静态和动态安全域的研究(天津大学)
52 本原矩阵及一般布尔矩阵的组合理论(同济大学、华南师范大学、中国科技大学)
53 旋转薄壳自由振动的转点问题(同济大学、清华大学)
54 中国泽泻亚纲(Alismatidae)系统植物学和演化生物学研究(武汉大学)
55 异步并行算法(武汉大学)
56 受热沸腾管高压汽水两相流传热恶化规律的研究(西安交通大学)
57 机动目标跟踪(西北工业大学)
58 大体积液态金属深过冷及其快速凝固(西北工业大学)
59 韧性断裂细观力学的研究及其应用(西北工业大学)
60 计算机辅助优化数值试验(CAT)理论及在工程气固多相流动研究中的应用(浙江大学)
61 胶东金矿成因矿物学与找矿专著及中外论文集(中国地质大学(北京))
62 三维激光动光弹超动态岩石爆破机理模型试验研究(中国矿业大学)
63 潮湿细粒煤炭的透筛概率理论及其发展(中国矿业大学)
64 多功能催化烯烃配位共聚合及聚烯烃合成与改性(中山大学)
65 碳纤维及其复合材料显微图象(中山大学)
66 量子力学少体问题(中山大学)

67 小儿股骨头无菌性坏死(Legg—Perthes病)机理的研究(中山医科大学)

68 圈图效应(重庆大学)

乙类一等奖12项:

1 福建省湄州湾新经济开发区环境规划综合研究(北京大学、福建省环保所、厦门大学、北京师范大学、清华大学)

2 宁波市大气环境区域评价和规划研究(北京大学、清华大学)

3 SQL标准关系数据库管理系统ADB(华中理工大学)

4 地方环境管理信息系统的系列研究(清华大学)

5 长江三峡水利枢纽回水变动区重庆河段泥沙冲淤问题的试验研究(清华大学)

6 络合萃取法处理工业含酚废水技术(清华大学)

7 光谱法连续测量瞬态温度的装置(清华大学、西安高压电器研究所)

8 地下输油管堵点探测方法及仪器的研究(西安交通大学、五九二六四部队司令部、五九二六四部队后勤部、五九二四三部队)

9 圆柱齿轮减速器CAD/CAM系统(西安交通大学、西安重型机械研究所)

10 钢锭轧前处理过程计算机控制(浙江大学、鞍山钢铁公司第一初轧厂)

11 椰子深度加工技术(中山大学)

12 维多蚕宝(重庆大学)

丙类一等奖4项:

1 高产、优质、节粮型种草养鱼技术推广(华中农业大学、湖北省水产技术推广中心、湖北省水产科学研究所、湖北省孝感地区水产局、湖南湘阴县水产局、湖南沅江县水产局、湖南国营屈原农场、湖北洪湖县水产局、湖北仙桃市水产局等)

2 有机磷农药水胺硫磷的推广应用(华中师范大学、湖北仙桃市农药厂青岛第二农药厂、信阳化工总厂)

3 加长喷嘴牙轮钻头(石油大学(华东))

4 水田自然免耕技术的推广应用(西南农业大学、四川省农牧厅、四川省自然资源研究所、重庆市农业局土肥站)

撰稿人 刘剑平

审稿人 张秀梅

组建中国高科集团公司参与上海浦东开发

在党中央、国务院作出开放、开发浦东，进一步加快改革开放步伐的战略决策后，全国高校积极发挥学校人才培养和科技的优势，参与浦东开发。清华大学、北京大学、上海交通大学、复旦大学等著名高校率先在浦东开发区相继组建高技术产业。

国家教委积极支持高等学校参与浦东开发，自 1991 年起即着手酝酿、筹备组织高校“大兵团”进入浦东开发区的准备工作。国家教委提出了高校参与浦东开发方案，经过直属高校工作咨询委员会第二次全体会议的充分论证，国家教委和上海市人民政府于 1992 年 1 月联合发出了《关于积极组织高等学校参与浦东开发的意见》。

根据《意见》，上海市人民政府为高校参与浦东开发提供 4 条优惠扶植政策：(1)高校在浦东开发区开办的产业，享受国家有关校办产业和开发区企业的双重优惠政策；(2)支持高校在浦东开发区成立具有进出口权的高科开发公司，参与浦东开发的高校可在浦东注册设立窗口，实行“前店后厂”，以利于高等学校的高新技术及其产品尽快推向国内外市场；(3)浦东陆家嘴开发公司在该金融贸易区提供 0.7—1 公顷土地为高科集团公司兴建高科大厦，张江高科技园区为筹建中国高校科技开发园提供 7 公顷土地使用权；(4)近三年提供 6000 万元人民币低息贷款，用于支持高校在浦东进行高新技术开发，支持高科集团公司股票优先上市。

国家教委为组织高校参与浦东开发提供 4 条后援措施：(1)积极组织有条件的高校在浦东开发区建立科技开发产业，积极筹备在浦东开发区成立高科开发集团公司，配合浦东开发办为浦东开发区高新技术产业的形成做出贡献，同时为全国高校参与浦东开发做好组织、服务工作；(2)会同有关部门筹建高校浦东开发基金，并提供一定数量的贴息资金，用于支持高校在浦东进行高新技术开发；(3)积极组织有条件的高校以集资方式尽快兴建高科大厦，筹建中国高校科技开发园，为高校进入浦东开发创造条件；(4)在国家计划指导下组织高校为浦东开发区培养和输送所需高级专门人才，积极承担开发区在职人员的继续教育。

在双方的共同努力下，1992 年 5 月 28 日，由清华大学、北京大学、复旦大学、上海交通大学等 60 多所全国著名高校集资筹建中国高科集团公司，并在上海浦东新区正式注册，同时召开了首届股东大会，各股东单位在会上认股总额达到 7000 万元人民币。

公司的初步计划是：将于三五年内在浦东新区陆家嘴金融贸易区、金桥加工区、外高桥保税区相继兴建高科大厦、科技厂房和外向型企业，作为高校面向浦东的窗口，为高校科技开发、成果转让，吸引留学回国人员开发浦东和开发区专门人才培训创造条件、提供服务，并分步骤面向股东单位和社会发行股票。

1992年，中国高科集团公司组织三项科技产业进入浦东，12月11日举行了签字仪式暨高科大厦奠基典礼。国务委员兼国家教委主任李铁映，上海市市长黄菊，副市长谢丽娟到会并讲话。李铁映主任要求中国高科集团公司要以自己科技、人才、信息优势以及各方面的力量，按照建立社会主义市场经济体制的要求，尊重经济规律，大胆地、广泛地、多种形式地参与浦东的开发，大展宏图，以更高、更新的姿态屹立于浦东大地。

撰稿人 马 涛 陈小娅

审稿人 温 纯

高等学校思想政治教育工作

一、在加快改革开放和发展的形势下，进一步加强高等学校党的建设和思想政治工作

根据中共中央关于进一步加强高校党的建设和思想政治工作的精神，经中央批准，中央组织部、中央宣传部和国家教委党组于1992年6月28日至7月4日在北京召开1992年全国高等学校党的建设工作会议。会议的主要任务是，学习、贯彻邓小平同志重要谈话和中央政治局全体会议精神，总结交流近几年来的工作经验，明确在新形势下进一步加强和改进高校党的建设工作和思想政治工作的任务，研究在党的领导下深化高教改革的指导思想和基本方针，促进高教事业更好地为以经济建设为中心的社会主义现代化建设服务。各省、自治区、直辖市党委和政府主管教育的领导，国务院有关部委的领导，各省、自治区、直辖市党委组织、宣传、教育部门，政府教育行政部门和国务院有关部委教育部门负责人，以及108所高校党委书记出席了会议。中共中央政治局委员、国务委员兼国家教委主任李铁映在会上做了题为《加强党的建设，深化高教改革，为经济建设服务》的报告。中组部副部长赵宗鼐做了会议总结。会议期间，中共中央总书记江泽民、国务院总理李鹏、中央政治局常委宋平等接见了全体会议代表。宋平、李铁映等同部分代表座谈并发表了重要讲话。

会议结束后，各省(区、市)党委和政府以及国务院有关部委党组高度重视并认真贯彻落实会议精神。1992年，在会议精神指导下，经过高教战线各级党组织和全体党员、师生员工的共同努力，高校党的建设和思想政治工作取得了新的进展，总结出一些新的经验：一是各地党委和高校党组织，以邓小平同志建设有中国特色社会主义的理论和党的基本路线为指导，大力加强党的思想建设和师生员工的思想政治教育，党员队伍和师生员工的思想理论素质有了进一步提高。抓住机遇，深化改革，提高质量，促进发展，推动高教事业更好地为经济建设服务已成为共识。二是各地党委和高校党组织，坚持“两手抓、两手都要硬”的方针，加强对教育改革的领导，紧密结合改革与发展、教学与科研等业务工作做好党建工作和思想政治工作，有力地推动了改革的不断深化，保证了改革的正确方向。三是在党建工作和思想政治工作的推动下，各地涌现出大批在各方面均取得显著成绩的先进高校。这些高校在加强党的建设和思想政治工作，深化改革，扩大开放，加快发展，加强基层党支部建设，开展教书育人，加强队伍建设等方面创造出许多好的经验和做法，有力地促进了高校各项事业的全面发展。

二、高校学生社会实践活动取得新进展

1992年4月，中央宣传部、国家教委和共青团中央在河南省安阳市召开了高等学校学生社会实践活动联系点经验交流会。会议总结交流了近几年地、市、县级党委和政府，大、中型企业支持并组织大学生开展社会实践活动的经验。会议充分肯定了安阳市在回

乡度假大学生中开展“我把知识献家乡”活动的经验。会议决定，中宣部、国家教委、共青团中央在继续抓好原有的100个社会实践联系县(市)的基础上，再建50个联系县(市)，进一步推动学校与地方的联系。

为了组织好1992年高等学校学生暑期社会实践活动，4月，中央宣传部、国家教委、共青团中央联合发出《关于1992年暑期高等学校学生社会实践活动的意见》，要求在暑期大学生的社会实践活动中，在坚持党的“一个中心，两个基本点”的基本路线教育基础上，突出改革开放方面的教育内容，讲求实效，避免形式主义。

1992年6月25日，中共中央办公厅、国务院办公厅发出《关于转发中宣部、国家教委、共青团中央〈关于广泛深入持久地开展高等学校学生社会实践活动的意见〉的通知》。《通知》要求，“各级党委、政府应从培养社会主义事业建设者和接班人的战略高度予以足够的重视，把社会实践活动列入议事日程，切实加强领导。企事业单位和农村要积极支持大学生社会实践活动，并提供必要的条件。要通过各方面的共同努力，使大学生社会实践活动形成制度，长期坚持下去。”

1992年暑期高等学校学生社会实践活动成绩突出，其主要特点表现在三个方面：一是社会实践活动突出改革开放教育的主题，广大青年学生投身改革开放大潮，受到改革和发展形势的鼓舞，增强了信心，提高了对建立社会主义市场经济体制的认识和适应能力。二是社会实践活动面向经济建设主战场，突出了科技、文化服务，形式多样，效益显著。据对黑龙江、辽宁、内蒙古、浙江、山东、河南、河北、江西等8个省、区的不完全统计，大学生在社会实践活动中共完成科技攻关项目12000余项，发明创造500余项，提供信息和合理化建议5600余条，创直接经济效益3000多万元。三是社会实践活动的形式和途径适应加快改革开放和发展的形势，有了进一步的发展，社会实践活动基地建设得到加强，在建立和健全社会实践活动的制度方面取得新的进展。

三、思想政治教育专业建设取得重大进展

为深入研究新时期思想政治教育专业的改革和建设问题，进一步办好思想政治教育专业，1992年，国家教委组织有关专家、学者对43所高校的思想政治教育专业办学情况进行了调查研究。据统计，目前全国共有62所高校设置思想政治教育专业，覆盖全国24个省、自治区、直辖市。其中综合性大学18所，师范院校18所，理工科院校26所。举办四年制本科班的33所，大专起点本科班的24所，第二学士学位班的18所，拥有硕士学位授权点18个。八年来已毕业6届四年制本科生2000多人，7届大专起点本科生2000多人，7届第二学士学位生1600多人，4届硕士研究生300多人，共6000余人。各学历层次的在校生近3000人。

思想政治教育专业八年来从无到有，从小到大，稳步发展，取得明显的成绩和不少成功的经验。第一，办学规模和层次得到较大发展，成为高等学校文科、社会科学专业中有较大影响和一定水平的专业之一，为国家培养了一批思想政治工作专门人才。第二，建立了具有比较合理知识结构的课程体系，形成了主体一致，相关衔接，但要求不同的研究生、第二学士学位、四年制本科和大专起点本科三种层次、四种类型的课程设置方案；结合教学、科研编写了一批教材。第三，专业师资力量得到充实和加强，形成了一支职务结构比较合理、专兼职人员相结合的教师队伍和一批学术带头人，保证了专业建设和发展的需要。第四，教学内容和方法不断改进，教学水平明显提高，特别是注意了教育的实践环节，形成了第一学年安排学生参加一定时间的军训，第二学年组织学生进行一定的社会调查，第三学年安排学生担任见习辅导员，第四学年组织学生参加一个多月的毕业实习的教学实践模式。第五，党建工作和思想政治工作普遍受到重视，本科生中党员比例一般能达到30%左右，第二学士学位生和研究生能达到90%，逐步探索出一条以党建工作为龙头，以马列学习小组为阵地，坚持做深入细致思想政治工作的培养学生的路子。

四、发出《全国高校教书育人座谈会纪要》，推动教书育人工作深入开展

在1991年底中央宣传部、国家教委和全国教育工会在京联合召开的全国高等学校教书育人座谈会的基础上，1992年9月，中央宣传部、国家教委和全国教育工会联合印发了《全国高校教书育人座谈会纪要》和国家教委副主任、党组书记何东昌等在全国高校教书育人座谈会上的讲话。《纪要》要求各级党政教育工作部门和高等学校领导高度重视教书育人工作，进一步提高高校各级党政领导干部和教师对教书育人意义的认识，增强搞好教书育人工作的责任感和紧迫感，切实发挥教研室、党支部和党员教师、马克思主义理论课和思想政治教育课、知名专家学者在教书育人中的骨干作用，把思想政治教育贯穿到各科教学和科研活动之中，并提出要不断建立、完善和落实关于教书育人工作的制度和政策，大力宣传表彰教书育人的先进典型。

与此同时，中宣部、国家教委和全国教育工会有关部门将参加座谈会的10个先进集体和27名教师的事迹材料和《全国高校教书育人座谈会纪要》汇集成《红烛集》一书，在大、中学校广泛发行。《中国教育报》和其他一些报刊也大量刊发了有关教书育人事迹的文章、特写、报告文学等。《纪要》的发表和教书育人事迹材料的广泛传播，有力地推动了全国教书育人工作的深入广泛开展。

五、群众性思想政治教育科研活动活跃，评选出一批优秀论文

近些年来，群众性思想政治教育科研活动逐渐活跃起来，仅在1991年全国高校思想政治教育研究会大区片会上交流的论文就达500余篇。根据全国高校思想政治教育研究会提出的1990—1994年科研选题，各地研究会分会制定了科研计划和实施方案，并着手进行一些重大课题的研究。北京分会承担了国家教育科学“八五”规划中“高校德育大纲的研究”课题，其他一些研究会分会也承担了不少当地社会科学研究“八五”规划的研究课题。

在群众性科研活动的基础上，各地研究会分会从申报的2500多篇思想政治教育科研论文中评选、推荐出194篇，参加全国高校思想政治教育优秀论文评审。1992年7月，经全国高校思想政治教育研究会邀请有关专家、学者及部分理事32人组成的评委会评审，评出一等奖5篇，二等奖11篇，三等奖47篇，特别奖2篇，优秀论文99篇。

撰稿人　晋保平　俞亚东
陈　昆　安钰峰
审稿人　张晋峰

成人教育

在新形势下加快扫盲步伐

1992年，是我国扫盲教育事业继续发展的一年。全国扫盲入学人数达552万人，脱盲人数达523万人；脱盲人数超过年初国家教委制定的年均扫除400万文盲的目标，我国的扫盲工作进入了一个稳定发展的时期。1992年，新疆维吾尔自治区获得了联合国教科文组织颁发的野间国际扫盲奖；福建省制作的扫盲后巩固提高录像片《庭院经济》，在亚洲文化中心举办的扫盲后教材评选中获一等奖；湖北省编写的《苹果乔砧矮化密植技术》和全国妇联编写的《一个女孩生活的变化》也获了奖。

1992年，根据邓小平同志南巡讲话精神和党的十四大提出的到本世纪末基本扫除青壮年文盲的目标，国家教委通过贯彻全国扫盲与农村成人教育工作会议的要求，加快了扫盲工作的步伐，狠抓了各地规划和目标的落实。为保证扫盲质量，推动扫盲和扫盲后继续教育深入发展，国家教委在深入调查和广泛征求意见的基础上，于1992年10月下发了《扫除青壮年文盲单位考核验收办法》(试行)。《验收办法》对扫盲单位的考核验收标准、申报程序、组织领导等提出了明确的要求，特别制定了以村为单位计算其青壮年中非文盲率的办法。《验收办法》的发布以及全国扫盲与农村成人教育工作会议提出的要求，进一步促进了各省(区、市)的扫盲工作。各地按照国家教委的部署，把扫盲任务规划到村、落实到村、验收到村，努力消除扫盲的空白村，力争使村村达到基本或高标准扫盲的要求。经济、教育发达的省(区、市)都积极做好高标准扫盲的准备工作；一些省制订了高标准扫盲的验收办法和有关表册；福建等省举办了高标准扫盲验收人员培训班；四川、湖南、湖北、贵州等省进行了高标准扫盲工作的验收试点工作。高标准扫盲验收工作的迅速开展，在全国呈现出趁势而上的态势，对加速扫盲进程起到了推动作用。

在加快扫盲步伐的同时，为了保证扫盲教学质量，推动扫盲后教育的开展，国家教委于1992年10月，先后印发了《扫除文盲教育教学大纲》(试行)和农村成人初等文化技术教育《实用语文》、《实用数学》、《实用科技》三科教学大纲(试行)，对扫盲和扫盲后教育的教学目的、教学要求、教学内容和时间安排等作出了原则规定。这是建国以来我国第一次对扫盲和扫盲后教育制定出系统的教学大纲，推动了各地扫盲和扫盲后教育教学的深入开展和改革。此外，江西、浙江两省实施了香港著名爱国人士、全国政协常委安子介资助的《安子介现代千字文》扫盲试点，湖北省就全国政协委员、语言文字学家张毕来提出的四百字扫盲方法进行了试点，河南省马景武制作的扫盲教具在河南省逐步推广，都取得了较好的效果。

1992年，国家教委进一步加强了扫盲与农村成人教育教学和管理工作的研究与培训。中国扫盲教育研究被列入了国家哲学和社会科学"八五"重点研究课题，并已取得初步成果；在各地报送大量论文的基础上，中国成人教育学会扫盲研究会评选吴庆增等30位同志撰写的论文为优秀论文，进一步推动了全国扫盲与农村成人教育的研究工作。1992年6月，国家教委成人教育司与中央教育科学研究所联合举办了国家级扫盲后续教材编写人员培训班，交流了亚太地区和我国各省(区、市)扫盲及扫盲后教材编写情况，并拟订了后续活动计划。河南、广西等省(区)举办了全省扫盲与农村成人教育管理干部培训班。各种培训班的举办对提高扫盲管理和教学水平起到了重要作用。

继续开展了对全国扫盲先进单位和个人进行表彰奖励的活动。1992年11月，国家教委在湖北宜昌召开的全国扫盲与农村成人教育工作会议上，表彰了50个扫盲先进单位、50名扫盲先进工作者和81所农村成人教育先进学校。还与全国妇联一起联合授予30个先进集体"巾帼扫盲奖"荣誉称号和100名扫除妇女文盲先进个人。

在国际合作与交流方面，教科文组织亚太地区总办事处资助我国贵州省黎平县、广西壮族自治区龙胜各族自治县和甘肃省定西县实施促进青年和成人扫盲试点项目；法国反饥饿组织资助我国安徽省实施扫盲和扫盲后续教育项目。1992年10月，国家教委成人教育司和中国联合国教科文组织全委会秘书处及亚洲文化中心在大连联合举办了第十届亚太地区扫盲后教材编写人员培训班，对亚太地区和我国的扫盲后教材编写起到了积极推动作用。

撰稿人　王志伟
审稿人　李英惠

以岗位培训为重点的格局开始形成

1992年,行业制订岗位规范的数量有所增加,一些单位正在积极探索岗位培训管理的方法和动力机制。培训工作的制度化、规范化、科学化取得初步进展。成人教育以岗位培训为重点的格局已开始形成,其表现在:

一、全国职工参加岗位培训的人数稳步发展

据1992年对26个省、市、区的不完全统计,参加50学时以上学习培训的职工达4180万人,培训率为37.5%,其中参加岗位培训的占职工参加学习人数的84.74%。参加岗位培训的干部占干部参加学习人数的66.52%;参加岗位培训的工人约占工人参加学习人数的92%。

1992年,企业干部岗位培训进展较快。全国培训大中型企业领导干部22875名,小型企业领导干部103972名,其它各类干部岗位培训人数达658279名。

二、行业、地区、企事业单位制订岗位规范的数量有所增加

1992年底全国已有财政、冶金、机械、林业、农业、水利、邮电、卫生、交通、煤炭、石油、船舶、化工、工商、旅游、文物、广播、电影、电视、公安、铁道、银行等60%以上的行业制订或组织编写了本行业有关人员的岗位规范。另据江苏省1992年统计,全省各行业涉及岗位5000多个,已制订岗位规范的达3500个岗位,其中国务院部委制订的为2000个岗位,省及企业制订的为1500个岗位。作为岗位培训重要基础性工作的规范制订工作正在大部分行业和部分地区、企事业单位中逐步开展和完善。

三、岗位培训的教材编写取得初步进展

据不完全统计,已有邮电、旅游、工商行政、化工、机电、建设、船舶、农业等20个行业编印了模式多样化的培训教材。一些教材确立了以岗位(生产、工作任务)为中心的编写模式,实用性强;教材在技能和能力的培训环节上有一定突破;培训教材还体现了理论知识力求"因岗制宜",为提高工作能力和技能服务的精神。

四、资格性培训健康发展

据1992年统计,全国参加资格性培训的人数近875万人,占职工参加岗位培训人数的24.7%。公安、航空、建设、司法、旅游、体育、经贸、农业、会计、统计等行业对关键岗位逐步实行了岗位(职业)资格证书的培训、考核,推行持证上岗制度。仅农业部门,全国已有200多个县进行了农民技术资格证书培训、考核的试点,11万多农民参加了培训,近4万农民取得了"绿色证书"。

五、适应性培训更加活跃

围绕管理现代化和科技进步、设备更新、提高质量、提高经济效益和社会效益的需要而进行的适应性培训更加活跃。据不完全统计,1992年,全国参加适应性培训的企业干部达193.7万人次。安徽省1992年结合贯彻《全民所有制工业企业转换经营机制条例》、"关贸总协定"、"市场营销"、"股份制"等方面开展的适应性培训人数近10万人次。

目前，主要岗位的资格性培训正逐步走向规范化、制度化、科学化，适应性培训走向多样化、经常化。

撰稿人　瞿延东
审稿人　李英惠

召开全国成人高等教育工作会议

1992年8月11日至14日，国家教委在北京召开了建国以来全国第一次成人高等教育工作会议。出席会议的有：各省、自治区、直辖市和计划单列市教委主任，国务院有关部委教育司(局)长，部分省、市长，企业和学校负责人。会议由国家教委副主任王明达主持，国家教委常务副主任朱开轩作报告。国务委员兼国家教委主任李铁映作了重要讲话。会议总结了十一届三中全会以来成人高等教育工作的成绩、问题和基本经验，研究、部署了下一阶段成人高等教育改革与发展的方针和政策措施。会上还表彰了80所成人高等教育先进学校、40个普通高校成人教育先进单位和180所成人中专先进学校。

与会代表认为，党的十一届三中全会以来，成人高等教育事业有了很大发展，初步形成了调动社会各方面力量，多形式、多层次、多渠道办学的体系，出现了成人高等教育与普通高等教育"两条腿走路"共同发展的新格局。十几年来，成人高等教育为社会培养、培训400多万各类专门人才，对于提高劳动者的文化素质，建设社会主义精神文明，促进社会进步和经济发展起到了重要作用。

会议还认为：目前我国成人高等教育的基础还比较薄弱，布局和结构仍存在着脱离实际、重复设置的问题，办学质量和效益亦有待提高；有关法规和制度尚不完善，宏观指导、协调和服务工作亟待加强；地方、主管部门和学校的办学自主权还未得到充分保证。为此，需要明确进一步改革和完善的方针政策。

会后，国务院办公厅于1993年1月7日批转了国家教委《关于进一步改革和发展成人高等教育的意见》。《意见》提出了今后一个时期成人高等教育改革和发展的总体目标是：(1)动员社会各方面的力量大力支持、积极兴办多种形式、多种层次、多种规格的成人高等教育，进一步增加和拓宽社会成员接受高中后教育的机会和渠道，更好地为经济和社会发展服务；(2)把高等层次岗位培训、大学后继续教育作为重点，把学历教育作为重要组成部分，建立能适应社会主义市场经济和社会需求的办学机制；(3)建立分级管理、分级负责的管理体制，形成科学的管理、调控机制。为保证总体目标的实现，总方针是坚持社会主义方向，解放思想，深化改革，加强管理，增加投入，提高质量，办出特色。

撰稿人 张 科

审稿人 哈 玲

各类成人高校招生工作概况与特点

一、1992年全国各类成人高校招生基本情况

报名人数144.27万人，与1991年持平。录取52.73万人，比1991年增加9.35万人，与1989年持平。其中高中起点本、专科录取47.52万人，专科升本科录取5.21万人。

在录取的新生中，按层次统计：高中起点专科46.68万人，占88.5%；本科8400人，占1.6%。专科起点本科5.21万人，占9.9%。在5.21万人中，教师为4.4万人，占85%。按科类统计：理工类19.78万人，占37.51%；文史类32.95万人，占62.49%。按办学形式统计：脱产、半脱产的13.54万人，占25.7%；业余学习的39.19万人，占74.3%。按学校分类统计：普通高校举办的成人教育录取23.79万人，占45.12%(其中：函授16.3万人，占30.84%；夜大6.3万人，占12%；干部专修科5500人，占1.04%；教师班6500人，占1.24%)；独立设置成人高校共录取28.94万人，占54.88%(其中：电大11万人，占20.87%；教育学院6.1万人，占11.68%；职工高校8.4万人，占16%；管理干部学院2.9万人，占5.62%；独立设置函授学院3600人，占0.68%；农民高校128人，占0.03%)。按学生成分统计：工人20.48万人，占38.84%；干部15.29万人，占28.99%；教师12.75万人，占24.16%；从业人员2.71万人，占5.13%；待业青年1.52万人，占2.88%。按新生文化程度统计：高中毕业生28.9万人，占54.8%；中专毕业生17.1万人，占32.4%；同等学力者1.5万人，占2.84%；专科转本科者5.23万人，占9.9%。按新生性别统计：男生31.67万人，占60%；女生21万人，占40%。按新生年龄统计：30岁以上的4.7万人，占9%；25岁—30岁的9.7万人，占18.4%；25岁以下的38.3万人，占72.6%。录取新生中符合照顾条件的7.5万人，占14.2%。

从以上数字统计可以看出：录取新生中，工人、干部、教师占到92%；具有高中阶段文化程度的占到97%；25岁以下的占到72%；业余学习的占到74%；专科升本科中主要招收的是教师，占85%。

二、1992年招生工作的特点

成人高考在管理制度化、规范化、科学化方面又有较大进步。1992年2月，国家教委以18号令发布了《高等学校招生全国统一考试管理处罚暂行规定》，连同以前发布的普通、成人高等学校本、专科招生全国统一考试工作规则，加强了招生法规建设。各地结合本地情况，认真贯彻执行，制订规章制度，分解职责，确定管理目标，健全岗位责任制，狠抓薄弱环节，使成人高考在管理制度化、规范化、科学化方面有了较大提高。陕西、辽宁、江西、安徽、河南、福建等省，在考务工作中实行了“目标管理、责任到岗、量化评估”的办法。在考风考纪方面，吉林省制订了“纵向到底，横向连锁，层层负责”的岗位目标管理责任制；四川省录制了“考试指令”录音磁带，考前统一向考生播放；安徽省在成人高考期间，请

电台、报社等新闻单位到考点、考场现场采访，利用舆论工具做好宣传、教育工作；江西省开展了“创建文明考点，争做文明考生”的竞赛活动；河南省对准考证采取了压塑密封的办法，防止涂改和替考；陕西、江西、安徽、山东、河南等省实行轮换每科监考人员的做法，防止考生作弊、监考人员失职。岗位责任制和具体措施的实施，进一步加强了考纪，改进了考风，舞弊事件明显减少，招生、考试各个环节都走上制度化，规范化，保证了国家大考的严肃性。

各地认真抓了考生考前复习工作。成人高等学历教育给社会的政策导向和信号是，在工作岗位上努力工作的年轻人，只要有抱负、有理想、有志成才，国家为他们开辟了多种成人高等教育形式和渠道提供学习机会，使他们边工作边学习，提高自己的学历层次；上成人高校学习，接受高等学历教育要具备一定的高中文化基础，过考试关也是不容易的，必须复习高中文化课程，这既可提高考试成绩又便于今后的学习。同时，成人考生应考，是要克服许多困难的。因而各地招办在认真管考的同时，也努力为成人考生做好服务，组织学校和社会举办复习班，帮助他们提高考试成绩。

1992 年最低控制分数线与 1991 年相比，文科类有 5 个省提高 20 分，12 个省提高 10 分，2 个省提高 5 分。理工类有 1 个省提高 20 分，9 个省提高 10 分，2 个省提高 5 分。根据经济建设、社会发展的新形势，提高录取线的省、市调整了下达的招生计划，经同意，部委对达到录取分数线的考生也进行扩招。1992 年增招是在招办控制下的有条件的增招。这与学校不经批准自行招生不同。总的来看，在数量与质量关系上调控得比较好。

撰稿人　李英惠

自学考试发展情况

1992年，自学考试工作贯彻“改革、完善、提高、发展”的方针及国家教委《关于加强自学考试工作的意见》，使自学考试事业得到进一步发展。

考试规模继续稳步扩大。据不完全统计，高等教育自学考试1992年上半年报考人数为288万人，下半年报考人数为276万人，是历年报考人数最多的一年。全年共有12.3万人获得本、专科毕业证书，有270人获得自学考试学士学位。中等专业自学考试上半年报考人数为109770人，下半年报考人数为77958人，全年毕业生共17530人。为适应经济建设对人才的需要，1992年经全国高等教育自学考试指导委员会批准开考的专业，由1991年的11个增加到132个。

1992年，国家教委以国家教委令第22号发布了《高等教育自学考试命题工作规定》，对命题要求、考试标准等作出了明确规定，使自学考试的法规建设进一步加强。

为加强自学考试统计工作，1992年6月召开了全国高等教育自学考试第一次统计工作会议。决定自1992年10月起在全国使用3种统一表格(自学考试报考人员基本情况统计表、自学考试情况统计表、自学考试毕业生基本情况统计表)和数据统计管理软件。

1992年10月在南京市召开了首届中国高等教育自学考试国际学术研讨会，美国、英国、韩国、澳大利亚、香港等8个国家和地区的30多位考试方面的专家学者和80位国内代表参加。会上宣读和散发了有关自学和考试方面的论文60余篇，增进了国际间的交流与合作，向世界宣传了中国的高等教育制度。

考试职能进一步拓宽。除开考中专、大专、本科(含学士学位)等三个学历层次的考试外，1992年11月国家教委批准北京市自学考试办公室对社会力量举办的高等教育进行国家考试的试点工作。此外，北京市政府委托北京市自学考试办公室举办的英语水平考试，报名人数达到17000多人，最终通过笔试、口试的人有5200多人，受到了社会欢迎，为探索自学考试发展的新路子，建立更完备的国家考试制度作了有益的尝试。

撰稿人　张为舟

审稿人　李英惠

师范教育与师资管理

表彰普通高等师范院校优秀新生

为了鼓励更多的优秀高中毕业生报考师范院校，1992 年 9 月 7 日，国家教委、中国国土资源开发利用促进会在北京联合召开 1992 年全国普通高等师范院校优秀新生表彰会。全国各地 29 名本年第一志愿填报师范院校，并以优异成绩被录取的考生受到表彰和奖励。全国人大常委会副委员长严济慈出席了表彰会。全国政协委员、原教育部副部长张文松代表国家教委向受表彰的 29 名优秀学生表示祝贺，并作了题为《踊跃报考师范，献身教育事业》的讲话，希望更多的优秀青年报考师范院校，不断提高师范生源质量，稳步提高师范教育质量，为培养合格而优秀的教师奠定基础。他号召全国广大青年以这次受表彰奖励的高等师范院校优秀新生为榜样，把人民教师这一光荣职业作为自己的选择，为祖国的教育事业，为祖国未来的繁荣和昌盛奋发进取。北京师范大学学生纪学海代表受表彰的 29 名优秀新生在会上发言，表示决不辜负党和人民期望，坚持德、智、体全面发展，努力学好“教书育人”的本领，将来做一名合格的人民教师。

撰稿人　林奇青　赵建军

审稿人　金长泽

总结交流师范专科学校建设和改革经验

为了加速师范专科学校标准化建设，进一步深化教育教学改革，国家教委于1992年11月在江苏省召开了全国师范专科学校加速建设、深化改革座谈会。来自全国28个省、自治区、直辖市的90多所师专和有关教育行政领导部门的代表150多人参加了会议。江苏省副省长杨晓棠到会祝贺。国家教委师范司司长金长泽受邹时炎副主任的委托作了题为《加速建设，深化改革，全面提高初中教师的培养质量》的报告。

会议总结了近几年来师范专科学校建设和改革的经验，并充分肯定了成绩。这些成绩主要表现在：办学条件有了较大改善，大部分学校的校舍和师资条件已经达到国家规定的最低标准；坚持为基础教育服务的办学指导思想，主动适应当地经济建设对提高劳动力素质的需要，适应初中教育改革对提高教师培养质量的需要，调整专业设置，优化教学内容和改革教学方法；突出师范教育的特点，积极进行教育理论课程的改革，加强师范生的教师职业技能训练，全面提高师范教育水平；坚持社会主义方向，高度重视学校的德育工作，不断改进和加强对师范生的政治思想教育，两代师表一起抓，广大师生员工的精神面貌发生了可喜的变化。

会议代表考察了南京师范专科学校、淮阴师范专科学校、盐城师范专科学校、镇江师范专科学校、常熟高等专科学校、南通师范专科学校及5所实习中学，对江苏省政府和省教委重视师范专科教育和各校在建设和改革中所取得的成绩给予高度评价。江苏省各师专学校在办学上的共同特点是：两个“坚持”、两个“突出”、两个“重视”、两个“强化”。即坚持社会主义办学方向，坚持为基础教育，特别是为农村九年制义务教育服务的指导思想；突出师专培养规格和培养方案的研究和实践，突出教师基本功训练；重视实践环节，加强实习和实践基地的建设，重视教师队伍建设；强化学校管理；强化育人育师环境建设。

江苏省教委、四川省教委、零陵师范专科学校、宜昌师范专科学校、荆州师范专科学校、南平师范专科学校、西江大学、六安师范专科学校、临沂师范专科学校、邵阳师范专科学校等分别介绍了在加速师专建设，深化教育教学改革方面的经验。

会议提出加快师专建设和改革步伐必须实现五个观念的转变。即从适应计划经济的观念转变到适应社会主义市场经济的观念；从单一封闭式的办学模式转变为以服务于基础教育，特别是服务于九年义务教育为主，面向经济建设主战场，为社会服务为辅的办学模式；从单纯依靠国家投资转变为以国家拨款为主，多渠道筹措办学为辅的新的经费来源模式；打破师范院校办不了校办产业，没有条件搞科技开发的观念；转变教育思想，从适应中学的应试教育转变到适应中学素质教育上来，提高培养人才的质量。

撰稿人　林奇青　赵建军
审稿人　金长泽

制定高等师范院校学生的教师职业技能训练基本要求

为了提高高等师范学校的教育质量，培养学生从师任教素质，树立献身基础教育的专业思想，掌握教育教学必备的基本技能，1992年9月，国家教委制定并印发了《高等师范学校学生的教师职业技能训练基本要求(试行稿)》。

主要内容有：高等师范学校学生的教师职业基本技能训练包括讲普通话和口语表达、书写“三笔字”和书面表达、教学工作、班主任工作等方面。

讲普通话和口语表达技能训练的基本要求是：能说较标准的普通话，达到或接近国家语委制定的《普通话水平测试》二级标准；能用较标准的普通话进行交谈和朗读；能掌握各种教育教学口语形式的表达技能。

书写“三笔字”技能训练系指粉笔字、钢笔字、毛笔字规范书写技能的训练，其基本要求分别为：正确掌握3755个第一级汉字的字形、结构、笔画、笔顺，熟练掌握粉笔字、钢笔字、毛笔字的楷书或行书的书写技能；准确使用和书写标点符号，行文行款格式正确，行文内容符合相应文体的要求。

教学工作技能训练的基本要求是：能结合学科特点制订教案；能根据教学任务和学生特点应用导入、讲解、提问、应变、巩固、结束和板书设计等教学技能；能结合学生实际正确批改作业和合理评定学生成绩；能根据学科特点制作教学所需的简易教具，有一定的使用幻灯、投影、电视、微机等现代化教学手段的能力；能组织和指导与本专业有关的课外科技活动；能初步运用本专业知识和教育学、心理学原理进行教学研究。

班主任工作技能训练的基本要求是：能制订班级工作计划、组织与建设班集体、组织与指导班会和团队活动；能组织和指导学生参加有关课外活动、社会实践活动和校内外其他集体活动；能运用观察、谈话、分析书面材料和调查研究等方法了解中学生思想和心理变化；能对中学生进行日常行为规范的训练，正确对学生进行操行评定；在组织和指导学生开展课外音、体、美等活动中具有某一方面技能。

撰稿人　林奇青　赵建军

审稿人　金长泽

师范院校教育学教材改革

为实施师范院校教育学(教育系专业课除外,下同)教材改革方案,编写适合各级各类师范院校使用的教育学教材,1992 年 3 月在北京成立师范院校教育学系列教材编写委员会并召开首次工作会议。何东昌任主任委员,邹时炎、柳斌、王明达、瞿葆奎、黄济、卓晴君、金长泽任副主任委员。委员会由各级各类师范院校和教育科研单位的教育学教育理论专家、教育学教师、优秀的中小学校长和教师组成。会议讨论制定了《师范院校教育学系列教材编写委员会工作条例》,会后已由国家教委办公厅于 1992 年 5 月 16 日印发。《条例》规定编委会的工作职责是:(1)总结我国教育学课程、教材建设的经验与教训,确定教育学教材改革的总体目标。(2)开展调查研究,总结我国教育改革的成功经验,并上升到理论高度,开展有关教育理论的专题研究。(3)根据《教育学教学指导纲要》和师范院校教育学教学大纲,编写和审定教育学系列教材。《条例》指出教育学教材编写要遵循以下原则:(1)从我国的实际出发,适应建立中国特色社会主义教育体系的需要。(2)从教育对象的实际出发,适应中小学教育、教学改革的需要,适应各级各类师范院校培养目标的需要。(3)坚持整体性原则,以教科书为中心,论著选读、案例资料(包括文字和音像教材)、教学参考书密切配合,互为补充,形成一个有机的整体。同时兼顾本学科与心理学、学科教学法、教育实践等课程的联系与分工。(4)坚持理论联系实际和古为今用、洋为中用的原则。(5)贯彻“百花齐放、百家争鸣”的方针,提高教育学的科学水平。

与此同时,国家教委师范教育司在北京举办了《教育学教学指导纲要》高级研讨班,教育理论专家和教师等 40 余人参加了研讨活动。研讨班就《纲要》的性质、任务以及教育学中的有关理论和实践问题展开了研讨,落实了《纲要》的编写任务。会后,师范教育司组织了调查研究队伍,发出《关于改革教育学教材开展调查研究工作的通知》,要求参加调查的北京师范大学、华东师范大学、东北师范大学、上海市、江苏省、中央教科所、中央电教馆等 7 个调查组,从中国的实际出发,总结、研究我国城乡教育综合改革的实践及学校教育、教学改革的成功经验,掌握更多的第一手资料,增加更多的感性认识,为编写教育学系列教材作准备。

师范教育司在研究教育学教材改革的同时,委托北京师范大学、首都师范大学以及南京师范大学组织研究理科教学论、文科教学论和心理学课程、教材改革,为科学地确定这类课程的性质、任务,改革教学内容和教学方法作准备。

撰稿人　连秀云
审稿人　孟吉平

加强师范院校普及普通话工作

普通话是教师的职业语言。为加强师范院校普及普通话工作,1992年3～5月国家教委、国家语委组成检查组对29个省、自治区、直辖市的60所中等师范学校普及普通话工作进行抽查。检查组对学校开展推广普通话工作的情况进行了全面考核和了解,按《全国中等师范学校普及普通话检查评分标准》对学校普及普通话工作进行评估。抽查结果,60所学校全部合格。1992年12月,国家教委和国家语委发出《关于公布全国中等师范学校普及普通话工作抽查结果的通知》,并公布了合格学校的名单(名单附后)。同时,又联合下发《关于对高等师范院校普及普通话工作进行检查评估的通知》,部署1993年高等师范院校普及普通话的检查评估工作,以推动高等师范院校语言文字规范化工作。

根据国家教委1991年《关于全国教育系统进一步加强语言文字规范化工作的通知》的规定,各级各类师范院校都要开设普通话课程。为加强对这门新设课程的宏观指导,国家教委师范教育司在调查研究、征求意见的基础上,决定在各级各类师范院校开设由普通话训练、一般口语交际训练和教师口语训练等三部分有机组成的"教师口语"课程,以加强师范生和在职教师的职业技能训练,并组织了课题组,研究制定了《师范院校"教师口语"课程标准》送审稿。

撰稿人　连秀云

审稿人　孟吉平

附

□全国抽查普及普通话合格学校名单

北京市密云师范学校
北京市平谷师范学校
天津市第二师范学校
天津市武清师范学校
河北省石家庄市师范学校
河北省沧州师范学校
山西省太原师范学校
山西省大同师范学校
内蒙古自治区呼和浩特市师范学校
内蒙古自治区包头市师范学校
辽宁省艺术幼儿师范学校
辽宁省新民师范学校
吉林省吉林师范学校
吉林省永吉师范学校
黑龙江省海伦师范学校
黑龙江省黑河地区师范学校
上海市第一师范学校
上海市崇明师范学校

江苏省无锡师范学校
江苏省南通师范学校
浙江省奉化师范学校
浙江省诸暨师范学校
安徽省滁州师范学校
安徽省马鞍山师范学校
福建省福州师范学校
福建省厦门师范学校
福建省仙游师范学校
江西省南昌师范学校
江西省上饶师范学校
山东省牟平师范学校
山东省淄博师范学校
河南省新乡第一师范学校
河南省许昌师范学校
湖北省钟祥师范学校
湖北省沙洋师范学校
湖南省第一师范学校
湖南省岳阳师范学校
广东省广州师范学校
广东省韶州师范学校
广西壮族自治区兴安师范学校
广西壮族自治区南宁民族师范学校
广西壮族自治区博白师范学校
海南省琼台师范学校
海南省通什师范学校
四川省成都师范学校
四川省重庆幼儿师范学校
贵州省遵义师范学校
贵州省镇宁民族师范学校
云南省昆明师范学校
云南省玉溪师范学校
陕西省西安师范学校
陕西省凤翔师范学校
甘肃省兰州师范学校
甘肃省临洮师范学校
青海省湟中师范学校
青海省海北州民族师范学校
宁夏回族自治区银川师范学校
宁夏回族自治区吴忠师范学校
新疆维吾尔自治区乌鲁木齐市师范学校
新疆维吾尔自治区石河子师范学校

颁布中等师范学校教学大纲

为推动中等师范学校学科教学改革，提高教学质量，国家教委师范教育司根据1989年6月国家教委颁布的《三年制中等师范学校教学方案(试行)》的精神，组织人民教育出版社编审、大学教师、专家、中师教师经过两年多时间编写了中等师范学校思想政治、语文、数学、物理学、化学、生物学、历史、地理、心理学教程、小学教育学教程、音乐、体育、美术、劳动技术等14门必修学科的教学大纲，经有关专家审查通过，国家教委于1992年9月颁发试行。

新颁中等师范学校各必修学科教学大纲是编写中等师范教材、开展中等师范学科教学工作、对中等师范学校教学质量进行评估的依据。《大纲》突出了以下几个特点：第一，贯彻教书育人的原则，在传授文化知识的过程中进行思想政治、道德品质教育。第二，根据中等师范学校的性质和任务，突出培养小学教师的师范性。第三，贯彻为农村社会主义建设事业服务，为农村小学教育服务的指导思想。第四，贯彻教学方案的精神，突破单一的必修课模式，实现必修课、选修课、课外活动、教育实践的有机结合。第五，贯彻整体性原则。各科教学大纲注意与初中教学内容的衔接和相关学科内容的协调，避免不必要的重复，并参照普通高中文化课教学内容和要求确定文化课的教学内容和要求，以保证中等师范文化课规格要求的基本水准。

撰稿人　唐京伟

审稿人　孟吉平

加快中学教师学历培训步伐

我国教育事业在改革开放和现代化建设的新形势下，提出了 90 年代全国基本普及九年义务教育，大城市市区和沿海经济发达地区积极普及高中阶段教育的新任务。而目前我国中学师资培训与普及九年义务教育的要求还有一定的差距：中学教师队伍中学历不合格的教师仍占较大比例，且大部分农村教师又普遍存在“出不来、考不上、学不下去”的问题；培训内容、方法和渠道还不能适应学历不合格教师进修提高的要求；培训体制还未理顺，关系不够协调。

据测算，按现行的培训规模、速度、渠道和方法，需要 15 年左右的时间，才能使目前学历仍未达标的中学教师通过培训达到合格学历程度。根据现有的几种学历培训渠道看，只有将不同渠道打通，让各自的优势同时充分发挥出来，才能达到加快培训步伐的目的。为此，国家教委在总结长春、河南、湖北等地通过函授、卫星电视教育、自学考试相结合培训初中教师经验的基础上，1992 年 5 月制定下发了《关于加快中学教师学历培训步伐的意见》，提出建立函授、电视、自学三沟通培训教师的新模式。其具体做法是：(1)开设初中教师进修高等师范专科自学考试系列。建立函授、卫星电视教育、自学考试三沟通培训模式。(2)“三沟通”培训要采用国家统一规定的教学计划、教学大纲和教材。(3)参加学习的初中教师必须坚持“教什么，学什么”的原则，做到专业对口。入学要参加统一考试，合格后才能参加学习。学一门，考一门，结业一门。考试不及格者允许补考。(4)实行省级统一考试。在省教育行政部门领导下，自考部门、师训部门负责考试命题，省级教育学院或高等师范院校为主考院校，考试命题工作严格实行命题、助学分离的原则。(5)参加学习的教师要单独编班，地(市)教育学院或师专培训部是助学单位，教师进修学校协助管理。(6)参加学习的初中教师学完教学计划规定的各门课程，考试成绩全部及格，思想品德、教育教学能力考核亦合格者，颁发高等师范专科自学考试毕业证书，国家承认学历。各地在开展三沟通培训初中教师的同时，要继续抓好国家计划内的教师学历培训。

对高中教师学历培训的具体要求是：(1)有计划地扩大师范院校、省级教育学院培训高中教师规模。(2)要抓好教师的考前辅导工作，努力提高生源质量，扩大生源数量。(3)在初中教师达标率较高的地区，也可参照加快初中教师学历培训步伐的措施，进行函授、电化教育、自学考试相沟通培训高中教师的试点，试点要报国家教委备案。

撰稿人　谢敬仁
审稿人　金长泽

进行培养专科程度小学教师试验

为适应九年制义务教育对小学教师素质的要求，研究探索培养具有专科程度小学教师的规格和办学模式，经国家教委 1992 年 4 月批准，北京、上海、天津、黑龙江、吉林、辽宁、河北、山西、江苏、山东、福建、河南、湖北、湖南、广东、四川、陕西等 17 个省、直辖市和中国石油天然气总公司所属的 29 所学校进行培养专科程度小学教师的试验。试验的学校中有中等师范学校，也有师范专科学校。中等师范学校一般都与有关高等院校联合办学。招收中师毕业生实行“三·二”分段学制，招收初中毕业生实行五年一贯制。

国家教委在 1992 年 4 月发出的《关于批准部分省(直辖市)进行培养专科程度小学教师试验工作的通知》中提出几点要求：(1)培养专科程度小学教师的试验工作，应贯彻教育必须为社会主义现代化建设服务，必须同生产劳动相结合，培养德、智、体全面发展的建设者和接班人的方针，根据小学教育的实际需要，研究探索具有专科程度小学教师的培养规格和办学模式。(2)应切实加强中等师范学校与高等师范院校的协作，使其充分发挥各自的优势，以保证试验既要面向小学，突出师范教育特点，又具有专科教育的特点和水平。(3)培养专科程度小学教师的试验点，必须在省(直辖市)教育行政部门的领导下，制定出试验性教学计划并报国家教委备案。(4)五年一贯制和三·二分段制的后二年以及二年制试验班的招生计划按学校隶属关系列入有关地区和部门的普通高等学校招生计划，按高等教育事业计划管理的有关规定上报下达。(5)试验的经费应参照国家有关师范专科学校的经费规定，确定具体标准，学生在校期间享受的专业奖学金等待遇应按照国家教委有关规定执行。(6)凡纳入国家高教招生计划，进行培养专科程度小学教师试验的学生，毕业后职务评聘应根据《小学教师职务试行条例》中的有关规定，评聘小学教师职务。省(直辖市)可提出具体实施意见。(7)试验的省(直辖市)教育行政部门应切实加强对此项工作的领导和管理，把此项试验纳入本省(直辖市)师范教育发展改革的规划，提供经费保证，加强试验学校领导班子、师资队伍、办学条件等方面的建设。(8)试验的省(直辖市)教育行政部门、高等学校、教科所、试验学校和小学等各方面要加强试验工作研究指导，把此项试验作为“八五”期间的一项教育科研课题，使试验建立在科学研究论证的基础上。

撰稿人　唐京伟
审稿人　孟吉平

委属高校三千余名教师获政府特殊津贴

1992年国家教委直属高校又有3874名教师被批准享受政府特殊津贴，62名教师被选拔为1992年度有突出贡献的中青年专家。这一年度享受政府特殊津贴的人员中，在教学和科研第一线工作的中青年骨干教师所占比例明显增大，平均年龄为59.1岁，比前两年下降了7.4岁，50岁以下的教师358人，占当年享受津贴人数的9.2%，比前两年提高了7个百分点。至此，委属高校享受政府特殊津贴的教师总数已达4833人，占委属高校具有高级专业技术职务教师总数的16.4%，有突出贡献的中青年专家总数增加到286人。

撰稿人　李　凌

审稿人　温　纯

资助优秀年轻教师基金工作不断扩展

资助优秀年轻教师基金，是国家教委为培养和造就高等学校新一代又红又专的学术骨干和学科带头人的重要措施，是为回国留学人员充分发挥作用创造的条件之一。该基金的申报程序为：限额申报、专家评议、择优录取。

1992年该基金下达的计划申报数为200项，实际申报数为268项。按照《资助优秀年轻教师基金试行办法》规定，国家教委有关部门按申报人年龄是否符合要求，是否留学人员，申报材料是否齐全，申请经费是否超额等原则进行了初审，通过246个项目。此后，国家教委有关部门为每个项目聘请5位同行专家进行通信评审。共发出材料1230份，回收1137份，回收率为92.44%。评审结果，平均成绩在80分以上的项目有56项，75分到80分的有37项。

以同行专家评议平均分数为依据，国家教委有关部门遴选出95个项目作为正常录取项目予以资助。同时，在1991年与其它省、市、部委进行联合资助取得一定经验的基础上，1992年适当考虑学科分布面，“老少边穷”地区以及能直接为经济建设服务等因素，推选出13个专家评议分数接近正常录取标准的项目，作为与其主管部门联合资助项目予以资助。

在资助的108个项目中，资助人数为108人。其中：教授11人，副教授51人，占总人数的57%；讲师46人，占总人数的43%。高级职称比例高于上年的46%；年龄最大的46岁，最小的27岁。

按学科分类：自然科学项目为95项，占88%；社会科学项目为13项，占12%。各自所占比例与去年相同。

按课题类型分类：基础研究项目34项，占31%，应用和开发研究项目74项，占69%。

按部门分类：国家教委所属院校项目49项，占45%；其它部委院校41项，占38%；地方院校18项，占17%，这个比例与上年持平。

按《资助优秀年轻教师基金试行办法》规定，1992年，国家教委用下拨外汇额度的形式资助7名以往的基金获得者参加国际学术会议，以便他们开阔学术视野，掌握本学科最新动态，提高知名度。

1992年是该基金设立以来资助款额总数最多、资助项目数最多、项目获得者平均年龄最低(34.8岁)、应用和开发性研究课题所占比例最大的一年。同时，该基金的申报审核工作已进入程序化、规范化的轨道。

撰稿人　王悦殊

审稿人　张仁贤

组织高等院校专家到福建休假

1992年8月10日至20日，国家教委人事司组织国家教委直属高等院校的部分学部委员和有突出贡献的专家及配偶到福建的福州—武夷山—厦门休假。休假人员来自23所高校，其中专家27人，专家配偶19人，专家中有学部委员1人，有突出贡献专家22人（其中女专家1人），教授4人；年龄最大的69岁，最小的46岁。

参加休假的专家，在校时都担负着繁重的教学、科研任务，长期处在紧张超负荷状态，无暇得到休息和调节，同时，没有机会了解祖国改革开放的形势和现代化建设的面貌。国家教委为他们提供了这一机会。专家们在武夷山游览了集自然风光、历史文化、革命传统于一体的风景区；在厦门，专家们参观了港资企业宏泰公司、侨资企业厦华公司和东渡港码头；在泉州，游览了清源山老君岩，参观了海上交通博物馆。通过休假，使专家们充分领略了大自然的风光，放松了疲惫的身心，精神上得到调节，体力上得到休整。

为组织好这次专家休假活动，国家教委人事司进行了认真筹划。福建省政府、省教委给予了高度重视和支持。福建省省长贾庆林宴请了专家及夫人，并发表讲话热烈欢迎专家及夫人到福建来。《福建日报》于8月10日在头版进行了消息报道。专家们所到的各地市领导一致表示，知识分子是建设社会主义的重要力量，在现代化建设和改革开放事业中具有不可替代的作用，尊重知识、尊重人才，是党的知识分子政策的核心，接待好专家们来闽休假，使专家们更加精力充沛、心情舒畅地为高教事业作出贡献是我们的责任。专家旅游、参观之处，都有专人负责讲解。为保证专家及夫人休假旅游中的健康及安全，福建省教委、武夷山市还专为专家们安排了随队医生。接待服务工作做到了热情、周到、安全、舒适，受到了专家及夫人的好评。

休假活动使专家有机会了解社会，了解当地文化、经济的发展，深化了专家休假活动的意义。专家们在武夷山、石狮、厦门等地听了市政府领导作的当地加快改革开放发展经济的报告，看到了兴旺繁荣的商品市场和日新月异的建设风貌，加深了对党的基本路线和加快改革步伐的理解。专家们一路上看到了在邓小平同志南巡重要讲话发表后，福建进一步改革开放的大好形势，开阔了眼界，受到了教育，振奋了精神。专家们跃跃欲试，愿为当地经济社会发展出力献策。在武夷山市市长介绍了改革开放和经济发展的情况后，15位专家同武夷山市及有关部门的领导进行了座谈，专家们结合专业特长，为武夷山市的发展方向、旅游开发、办好教育、培养人才等问题提出了建设性的意见。专家们还就水资源的规划与污水处理问题，如何发展热能，解决供电不足问题，宾馆建设要有武夷山建筑风格问题等等，发表了非常有见解的意见。陕西师范大学郑哲民教授还就武夷山自然生态的保护开发、利用问题，青岛海洋大学苏育嵩教授就水文气象问题，单独向武夷山市的领导谈了建设性意见；华东师大桂世勋教授还就提高人口素质与经济开发问题给武夷山市人口学培训班讲了课。

撰稿人　孙霄兵

审稿人　刘来泉

总结推广评聘农业推广型教师职务工作

“农业推广型教师”是为高等农业院校从事农业科学技术推广工作的教师设置的专业技术职务。评聘农业推广型教师职务是农业院校完善教师职务评聘政策导向的举措。1991年国家教委在北京农业大学进行了评聘推广型教师职务的工作试点。

1992年5月，国家教委、农业部在北京农业大学联合召开农业院校评聘推广型教师职务工作座谈会，进一步总结经验，推动这项工作的开展。会后下发了《农业院校评聘推广型教师职务工作座谈会纪要》。《纪要》指出，科教兴农，农业院校负有重大责任。农业院校评聘推广型教师职务是推动和鼓励广大教师做好农业科学技术推广工作的必要措施。搞好这项工作，是当前加快改革开放和农村经济建设形势发展的需要，能促进农业院校进一步端正办学指导思想，全面贯彻党的教育方针，积极投入到农村经济建设的主战场，把农业科学技术由潜在生产力转化为现实生产力，自觉地为农村经济建设服务；搞好这项工作是农业院校教育改革的重要内容，能促进农业院校进一步完善办学功能，拓宽办学途径，扩大学校与社会的联系。

随着推广工作的逐步开展，必然带来教师队伍结构和素质的变化以及学校专业结构的变化，将有利于提高教育、科研水平，有利于提高教学质量，有利于教学、科研、推广协调发展；搞好这项工作还能促进农业院校内部深化职称改革，完善教师职务聘任制度，引导广大教师理论联系实际、面向生产建设实际，切实克服轻视实践的倾向。

《纪要》强调：评聘农业推广型教师职务既要坚持标准，保证质量，又要从实际出发，体现推广工作的特点。农业院校可根据教师的工作岗位和主要承担的任务，确定教师是否参加推广型教师职务评聘。对主要从事推广工作且已取得较好成绩的教师可以评聘推广型教师职务；对兼职从事推广工作的教师取得工作实绩也要在其评聘职务时予以科学评价和应有的重视。农业院校可以按照《高等学校教师职务试行条例》对各级教师职务的基本要求，根据推广工作的特点，制定评聘推广型教师职务的具体实施意见。

撰稿人 魏 国
审稿人 张仁贤

民办教师工作取得新进展

继1991年国家教委会同有关部委在河南郑州召开首次全国民办教师工作会议之后，国家计委、人事部、国家教委下发了《关于从优秀民办教师中选招公办教师问题的通知》，全国范围内中断达5年之久的“民转公”工作得以恢复。1992年各地继续贯彻落实河南会议精神，以“民转公”工作为契机，在民办教师管理整顿、提高待遇、选招等方面取得了较大进展。

一、四部委联合下发加强民办教师工作的文件

1992年8月，国家教委、国家计委、人事部、财政部联合下发《关于进一步改善和加强民办教师工作若干问题的意见》，明确当前和今后一定时期内民办教师工作总的指导思想是：“适应教育事业发展的需要，减少数量，提高质量，改善待遇，加强管理，统筹解决民办教师问题，进一步调动广大民办教师教书育人的积极性，促进我国农村基础教育事业的发展。”文件还就进一步搞好民办教师队伍的调整整顿、逐步减少数量，提高总体素质；加强制度建设，改善管理，使民办教师工作规范化；大力加强民办教师培训，不断提高民办教师的政治思想和业务素质；进一步提高民办教师的地位和待遇，逐步实现与公办教师同工同酬；认真做好从优秀民办教师中选招公办教师的工作等方面提出具体方针政策。

二、召开全国民办教师工作座谈会

为了交流和总结1991年民办教师选招工作的经验，国家教委人事司于1992年10月在江西召开了全国民办教师工作座谈会，各省(区)教委主管民办教师工作的人事处长参加了会议。国家教委副主任邹时炎到会讲话。国家教委人事司领导同志在会议总结时指出：要认真贯彻《关于进一步改善和加强民办教师工作若干问题的意见》的指导思想，继续坚持“‘关、招、转、辞、退’统筹安排，配套实施，综合治理”的工作方针。当前最迫切的是落实文件中规定的民办教师待遇问题，为此，(1)有条件的地方，争取真正做到民办教师与公办教师同工同酬；经济条件不具备的地方，同工同酬是目标，要朝这方面努力。(2)民办教师工资管理体制按文件规定逐步实行乡筹县管或全县统筹。(3)各地都要规定民办教师工资的最低保证数，可以考虑在一定范围内，各省(区)根据农民人均纯收入水平，分几类地区各定标准。(4)民办教师工资相当于不低于公办教师2/3的政策一定要落到实处，国家要增加补助费，但更重要的是用足用好教育费附加。(5)确立民办教师国家补助费总额包干制。

三、下达“民转公”专项指标

1991年度从优秀民办教师中选招公办教师的工作，在各级政府的重视和有关部门的共同努力下，已于1992年10月前圆满结束。根据《关于从优秀民办教师中选招公办教师问题的通知》和《关于进一步改善和加强民办教师工作若干问题的意见》精神，人事部、国家教委于1992年底再次下达本年度从优秀民办教师中选招公办教师的专项劳动指标

6万余名，并强调：各地要在总结经验的基础上，进一步全面贯彻“关、招、转、辞、退”五字方针，按文件规定，认真做好从优秀民办教师中选招公办教师的工作。据统计，1992年我国民办教师总数下降到229.98万（专任教师）人，比1991年又下降14.46万人。由于“民转公”工作的促进作用，民办教师积极钻研业务，总体素质不断提高。

撰稿人 管培俊 殷长春
审稿人 刘来泉

继续推进中小学校长培训

1991年5月国家教委在山东省莱芜市召开了全国中小学校长队伍建设与培训工作会议，交流各地贯彻《关于加强全国中小学校长培训工作的意见》的情况及开展岗位培训试点工作的经验，研究在新形势下加强中小学校长队伍建设与培训工作的有关问题，部署下一阶段工作。会后，许多省(市、区)成立了校长岗位培训工作领导小组，制定规划，抓好试点，摸索经验。不少地区多方筹措资金，为开展培训创造条件。乌鲁木齐市拨专款5万元资助试点班；内蒙古自治区规定地方教育费附加和师范教育专项补助费中有一定比例用于校长培训工作；湖北省从省财政和教育事业费中拨款支持校长岗位培训工作；青岛市拨款10万元为5处校长培训基地建立卫星地面接收站及配套放像设备，拨款7万元改善其他教学、生活设施等。

莱芜会议后，国家教委加快了教材和干训教师队伍建设。截止1992年底，先后出版发行了9本教材：《马克思主义哲学基本原理》、《马克思主义教育思想》、《教育政策法规》、《小学管理》、《中学管理》、《教育学专题》、《心理学专题》、《中国教育思想史专题》、《国外教育情况专题》。国家教委人事司还委托中国电视师范学院组织录制了与文字教材配套的录像教材。为了帮助教师明确培训的指导思想，掌握教学大纲和教材的重点、难点、要点，使用和处理好教材，还分别委托中国电视师范学院、江苏教育学院、辽宁教育学院、湖北教育学院和四川教育学院举办了各门课程的全国中小学校长岗位培训教材骨干教师备课班，共有600多人参加学习。

教材的出版发行和教师水平的提高，为中小学校长岗位培训在全国范围内逐步铺开奠定了基础。截止1992年底，全国有近20万校长接受了岗位培训，占应训校长的20%左右。有的省培训速度更快一些，江苏省接受岗位培训的中学校长4118人，占应训人数66%，培训小学校长11180人，占应训人数的52%；湖北已培训或正在培训的中小学校长8700多人，占总数25%。

总结一年多来校长培训工作的主要特点是：

第一、领导重视，建章立制。莱芜会议后，有20多个省、自治区、直辖市及计划单列市再次或多次召开专门会议，传达国家教委主任李铁映和国家教委其他领导关于落实校长培训和队伍建设的指示精神，交流试点工作经验，研究贯彻落实措施。明确了培训工作的主管机构和培训机构，形成了省、地、县“分工负责、分级培训”的管理体制和培训网络，许多省、市还下发了配套文件及实施细则，并逐步建立了“先培训，后上岗”的制度。

第二、步子比较扎实、稳妥。一些原来没有开展试点的省、市、区绝大部分都在进行试点的基础上逐步推开。四川、吉林、浙江、江西、湖南、广东、天津等省、市已经开展了试点的地区，多数都进行了扩大试点，然后全面铺开，如黑龙江、辽宁、湖北、山东、江苏等省；还有一些经济、文化比较落后的地区，在确保

1995年底以前完成培训任务的前提下，宁可让本省条件不具备的地区停办或委托别的地区举办，也不往前赶，以免流于形式。

第三、普遍重视抓教学质量。主要作法是：(1)举办教师备课班。在参加了国家教委人事司举办的骨干教师备课班之后，黑龙江、辽宁、湖北、广东等十几个省、市都举办了本省的教师培训班，其中湖北办了5期，培训干训教师432人次。(2)召开教学经验交流会或教学工作研讨会。广东中学校长培训指导中心组织了如何按教学计划的要求，组织好实践课程的教学专题研讨会。(3)成立学科中心教研室或备课组。湖北由教育学院和省干部培训中心牵头，成立了由省、地市州两级教育学院89名干部培训骨干教师参加的全省中小学校长岗位培训4门课程的中心教研室，各地区也相应成立了地区一级的干部培训中心教研室，吸收地、县两级干训教师参加，从而形成了全省干训教师的教研网络。(4)选择一批学校，作为校长培训固定的参观考察或见习基地，如黑龙江、河南、湖北等省。

第四、注意加强办班工作的统一管理。辽宁下发了《关于"实行举办中小学领导干部培训班审批备案制度"的通知》，规定从1992年4月起，各地举办任何形式的中小学领导干部培训班，均需按规定履行审批备案手续，未经批准均不得举办。

第五、改进学员学习考核办法。普遍重视对学员培训实效的考核，基本改变了以往只依据理论学习成绩确定学员培训是否合格的做法。山东省教育学院采用初始评估与终结评估相结合，座谈汇报与实地考察相结合的方法，对已受训的高中校长进行了实效考察。每到一处学校，先由参训校长作工作汇报，召开中层干部和教职工代表参加的座谈会，填写问卷调查表，然后对学校进行考察，并结合初始评估成绩，经过讨论，最后确定终结评估成绩。对终结评估成绩不合格的学员，限期改进合格，否则不发合格证书。

第六、开展培训工作的检查与指导。广东省拟订《校长培训班办学水平指标体系》，并通过组织自查和重点抽查等形式，对全省办学单位进行办学水平的检查评估。山东省组织人员赴各地进行检查，在验收合格的基础上发放合格证书。湖北省对校长培训，每年组织一次督导评估活动，既督导评估教育行政部门，又督导评估培训院校，在督导评估的基础上组织经验交流，表彰先进。

撰稿人　郑保国

审稿人　刘来泉

教育系统66个先进个人和集体荣获五一劳动奖章奖状

1992年"五一"国际劳动节前夕，中华全国总工会评选并授予1059名先进个人为"五一劳动奖章"获得者，授予351个先进集体获"五一劳动奖状"荣誉。

全国教育系统获"五一劳动奖章"的有60名先进个人，占获奖总数的5.67%。其中大中小学教师40名，院校党政及行政人员19名，县教育工会主席1名。获奖者在坚持党的教育方针、发展教育事业、为人师表、教书育人、培养社会主义事业接班人等方面作出了突出的贡献。

全国教育系统获"五一劳动奖状"的先进集体2个，先进班组4个，占获奖总数的1.7%。

附

□"五一劳动奖章"先进个人和"五一劳动奖状"先进集体、先进班组名单

先 进 个 人

北京市

潘文石　北京大学生物学系教授
胡正寰　北京科技大学所长
张明珠(女)　北京师范大学附中教师
陈章良　北京大学生物系教授

天津市

宋继昌　天津第二医学院附属河东医院院长
王嘉龄　天津师范大学外文系主任
董志刚　天津市第98中学高级教师

河北省

姬春海　赵县石塔实验学校教师
邱之乃　平泉县小寺沟中学高级教师

山西省

乔健天　山西医学院生理学教研室主任
王孝雄　山西太原工业大学建筑设计研究院院长

辽宁省

王阁文　沈阳市28中高级教师
苏福河　大连市116中学教师
毛惠敏(女)　抚顺市露天区新屯四校教师
李桂芹(女)　国营向东化工厂子弟小学教师

吉林省

王秀琴(女)　长春市朝阳区第51中学校医
尹　红(女)　四平市铁东区第三中学教师
张桂兰(女)　敦化市第一中学教师

黑龙江省

程晓莉(女)　哈尔滨市第18中学教师
石淑梅(女)　佳木斯市第三中学教师
徐明玉　德都县莲花山乡白凤山村教师

上海市

马在田　同济大学教授

江苏省

王来生　江苏工学院教授

侍　德　南通医学院附属医院教授
王伦元　南京市晓庄师范学校校长
盛福清　无锡县天一中学书记

浙江省

姚　克　浙江医科大学附属二院眼科副主任

安徽省

高同启　合肥经济技术学院机电工程系副主任

福建省

吴　东　宁德地区农业学校校长
尤团员　晋江县内坑中学教务员

山东省

沈廷年　章丘县第一中学特级教师
宋振骐　山东矿业学院矿山压力研究所所长
李锡林　山东菏泽市教育局局长

河南省

段伸眉(女)　平顶山第一高级中学教师
梁　平(女)　鹤壁市师范学校高级讲师
白红梅(女)　西华县第三高级中学教师
张举贤　河南大学化学化工系教授

湖北省

余世修　汉阳县蔡甸镇第三小学校长
李卫华　武汉大学计算机科学系教授

湖南省

杨培平　长沙市雅礼中学校长
贺学礼　桃江县教育工会主席

广东省

陈月清(女)　广州市东山区东方红幼儿园园长
李英贤(女)　中山市实验小学校长
李杏婵(女)　高明县高明镇第二小学教导主任
杨明汉　佛山兽医专科学校副研究员
林　虹　吴川县梅岭小学教师
王仁琴(女)　广东省省委党校党建室副主任

广西壮族自治区

韦贵康　广西中医学院院长

海南省

钟　义　海南师范学院热带生物资源所所长

四川省

张倬元　成都地质学院教授

云南省

马琼璇(女)　昆明市盲哑学校校长

西藏自治区

阿旺次仁　自治区教科委教材编译局副局长
李海俊　西藏大学语文系英语教研室主任

陕西省

王尚锦　西安交通大学动力机械系副教授

甘肃省

史长河　兰州第一中学教导处副主任

宁夏回族自治区

于书忠(女)　西吉县城关一小教师
戴寿芝　宁夏医学院免疫研究室主任

新疆维吾尔自治区

额尔德尼　新疆师范大学副校长

铁　路

吴鸿庆　兰州铁道学院教授

民　航

邹先明　中国民航学院电子系副主任

先进集体

清华大学核能技术设计研究院
广东省兴宁县新陂镇中心小学

先进班组

清华大学工程图学及计算机辅助设计教研组
上海市延安中学数学教研组
上海市长宁区江苏路第五小学低年级班组
湖北省华中师范大学第一附属中学高二年级组

民族教育

1992年民族教育发展基本情况

随着近几年我国少数民族和少数民族地区改革开放工作的深入和全国民族教育工作方针政策的贯彻落实，少数民族和民族地区教育事业有了长足的进步，主要综合指标已接近或达到全国少数民族人口总数的比重(8.04%，第四次全国人口普查指标)。

1992年全国各级普通学校少数民族学生总数为1576.41万人，与1991年相比，增长12.45%，占全国学生总数的7.73%，高于1991年0.71个百分点。其中，普通高等学校少数民族学生总数为15.30万人，比1991年增长7.90%，占全国普通高等学校学生总数的7.0%，略高于上年的6.94%；普通中等学校少数民族学生总数为359.11万人，比1991年增长4.47%，占全国普通中等学校学生总数的6.52%，高于上年的6.40%；少数民族小学生总数为1122.3万人，比1991年增长14.44%，占全国小学生总数的9.20%，高于上年的8.06%；特殊教育学校少数民族学生总数为0.3万人，比1991年增长66.67%，占全国特教学校学生总数的2.32%，高于上年的2.12%；幼儿园少数民族学生总数为79.4万人，比1991年增长24.45%，占全国幼儿园学生总数的3.27%，高于上年的2.86%。小学及其以下学校教育有了较快的发展，并且少数民族小学生的比重大大高于人口比重，高出1.16个百分点。

1992年全国少数民族教职工总数为93.91万人，比1991年增长3.12%，占全国教职工总数的7.03%，高于去年的6.73%，比学生总数的比重低0.7个百分点。其中，少数民族专任教师总数为74.98万人，比1991年增长3.07%，占全国专任教师总数的7.23%，高于上年的6.99%，占少数民族教职工总数的79.84%，低于去年的79.88%。少数民族教职工总数发展速度低于在校少数民族学生总数的增长，并且，少数民族专任教师的比重出现负增长。

撰稿人　卢胜华

审稿人　韦鹏飞

召开全国民族教育工作会议

国家教委和国家民委于1992年3月15日至18日，在北京召开了第四次全国民族教育工作会议。全国30个省、自治区和直辖市分管教育工作的副省长、副主席、副市长、教委(教育厅)主任(厅长)、民委主任、民族自治州州长、民族学院院长和先进集体、先进个人代表及国务院有关部委教育司负责人，共200多人出席了会议。

会议的主要任务是认真学习邓小平同志南巡重要谈话和建设有中国特色的社会主义理论，贯彻中央民族工作会议精神，总结交流民族教育工作经验，明确90年代及以后一个时期民族教育工作的方针和任务、有关政策和措施，表彰奖励民族教育先进集体先进个人(名单附后)。

中共中央政治局委员、国务委员兼国家教委主任李铁映在大会开幕式上作了题为《大力改革和发展民族教育，促进各民族的共同繁荣》的重要讲话。从充分认识民族教育的重要地位、改革与发展民族教育的基本原则、90年代民族教育工作的任务、完成90年代任务的主要措施加强党和政府对民族教育工作的领导等五个方面作了系统的阐述。全国政协副主席、国家民委主任司马义·艾买提作了题为《团结奋斗、继续前进、实现少数民族教育和全国教育的协调发展》的讲话。国家教委副主任何东昌在会议闭幕式上做了总结。

会议期间，云南省委书记普朝柱、内蒙古自治区副主席赵志宏、新疆维吾尔自治区副主席克尤木·巴吾东、西藏自治区副主席拉巴平措、贵州省副省长龚贤永、广西壮族自治区副主席李振潜、四川省委副书记冯元蔚以及宁夏、河南、北京、西南民族学院的代表共11人在大会上交流了这些地区和单位改革和发展民族教育的经验，并就《关于加强民族教育工作若干问题的意见》和《全国民族教育发展与改革指导纲要(试行)》等文件进行了认真讨论，提出了修改意见。

会议指出，90年代是我国加快改革开放步伐，实现第二步战略目标的关键时期，也是民族教育改革与发展的重要时期，各地各部门和各单位要明确90年代民族教育工作要完成的三项任务：一是要打好基础，在数量和质量上有一个新的发展和提高；二是要坚持改革开放，进一步明确办学的路子；三是要努力缩小目前困难较大的民族地区同全国教育发展水平的差距。

会议对完成上述任务提出了以下主要措施：民族教育的改革与发展，要进一步依靠改革开放，明确办学指导思想，切实把教育的重心转移到为当地经济建设和社会发展服务的轨道上来；进一步调整和改革教育结构、教学内容和课程设置；大力发展职业技术教育，把学习文化和学习技术结合起来；认真落实地方负责、分级管理的办学体制；立足自力更生和调动广大人民群众办学的积极性，确立多渠道筹措教育经费的体制；积极发展校办企业、广泛开展勤工俭学，增强自身发展能力；努力转变观念；加强与各地的交流；提倡经济发达地区与国家确定的少数民族贫困县开展多种形式的对口支援；鼓励发达地区的师范院校与百所民族师范学校和师专开展对口支援；依托全国重点大学为民族高等院校培养专业骨干教师；设立民族教育专项补助经费，用于支持一些地区的少数民族和少数民族贫困县教育事业的发展；搞好民族文字教材编译出版和审定工作；引进现代化教育手段，重视民族教育领域的科学研究等。

会后，国家教委、国家民委发出《关于加强民族教育工作若干问题的意见》和《全国民族教育发展与改革指导纲要(试行)》等10个文件。

撰稿人　杨祖湘

审稿人　韦鹏飞

附

□全国民族教育先进集体名单

内蒙古自治区

哲里木盟教育处

内蒙古师范大学

赤峰市蒙古族中学

东乌珠穆沁旗人民政府

鄂温克族自治旗巴彦嵯岗中心学校

内蒙古蒙古文专科学校

土默特左旗蒙古族学校

新疆维吾尔自治区

新疆石油管理局

新疆八一农学院

喀什地区莎车县

伊犁哈萨克自治州教育学院

阿克苏地区第一中学

温泉县哈尔布胡镇寄宿制学校

乌鲁木齐市第十四中学

广西壮族自治区

河池地区民族干部学校

广西民族学院预科部

柳州地区高级中学

南宁市第二中学

广西壮文学校

融水苗族自治县教育局

贵港市蒙公乡古山小学

宁夏回族自治区

银川市教育局

石嘴山市回民中学

同心县海如女子中学

固原师范专科学校

西藏自治区

拉萨市第一小学

日喀则地区中学

拉萨市堆龙德庆县

云南省

思茅地区民族中学

施甸县摆榔民族小学

陇川县民族小学

文山县攀枝花乡铜厂小学

楚雄彝族自治州民族师范学校

大理白族自治州民族中学

云南民族学院预科部

贵州省

贵州农学院

黔东南民族行政管理学校

铜仁民族师范学校

贵定县仰望民族小学

晴隆县学官民族职业中学

青海省

青海民族学院

青海湟源畜牧学校

海南藏族自治州教育局

刚察县泉吉乡寄宿小学
都兰县巴隆乡蒙古族小学

四川省

喜德县贺波洛乡中心校
甘孜藏族自治州康定中学
阿坝州寄宿制小学(若尔盖县民族寄宿制小学)
黔江土家族苗族自治县教育委员会
凉山大学

甘肃省

西北师范大学
甘肃农业大学
临夏回民中学
碌曲县藏族中学
肃北蒙古族自治县民族小学

辽宁省

沈阳市东陵区教育局
喀喇沁左翼蒙古族自治县蒙古族高中
抚顺市朝鲜族第一中学
本溪满族自治县农民中专

吉林省

吉林市朝鲜族中学
前郭尔罗斯蒙古族自治县人民政府
延边朝鲜族自治州人民政府

黑龙江省

杜尔伯特蒙古族自治县教育委员会
密山市朝鲜族职业高中
黑龙江省民族干部学院

广东省

广东民族学院
连南瑶族自治县民族小学

海南省

陵水黎族自治县群英中心小学
保亭黎族苗族自治县加茂中学
屯南县南坤小学
昌江县十月田小学

湖南省

吉首大学
江华瑶族自治县县委、县人民政府
芷江县民族职业中专
永顺县松柏园艺中学

湖北省

长阳土家族自治县教育委员会
利川市第一民族初级中学
咸丰县大路坝区民族小学
来凤县革勒车民族中学

河南省

郑州市回民中学
开封市民族事务委员会
河南省民族事务委员会民族一处
驻马店市回族小学

河北省

大厂回族自治县人民政府
青龙满族自治县教育委员会
藁城市九门回族乡人民政府

山东省

济南回民中学
济宁市教育局
临清市回民中学

北京市

北京西藏中学
北京市宣武区回民小学

天津市

天津红光中学
天津市红桥区教育局

上海市

上海市普陀区回民小学

江苏省

常州西藏民族中学

浙江省

景宁畲族自治县民族中学

福建省

福安市民族实验小学

安徽省

定远县二龙民族中学

江西省

铅山县太源畲族乡

陕西省

临潼县华清中学

山西省

山西大学附属中学

新疆生产建设兵团

农三师四十三团

国家教委

清华大学

大连理工大学

国家民委

中央民族学院民族语言文学三系、民族语言研究所

中南民族学院政法系

西南民族学院少数民族语言文学系

西北民族学院干训部

西北第二民族学院汉语言文学系

□全国民族教育先进个人名单

内蒙古自治区

方天祺　汉族

斯琴昭日格图　蒙古族

贺希格　蒙古族

索公孝(女)　达翰尔族

正月(女)　蒙古族

哈斯高娃(女)　蒙古族

李仁国　朝鲜族

乌云(女)　日本大和族

张宝成　蒙古族

布仁花(女)　蒙古族

额尔德尼花尔(女)　蒙古族

乌力吉巴图　蒙古族

孟和托雅　鄂温克族

山脉(女)

新疆维吾尔自治区

买买提·乌斯满　维吾尔族

木拉提汗　哈萨克族

阿力甫·拜克·羌塔尤夫　塔塔尔族

阿比西　哈萨克族

王丽容(女)　汉族

郑秀梅(女)　汉族

托合托库力·哈力迪巴依　柯尔克孜族

阿优喜　蒙古族

沙吾尔依明　维吾尔族

张绥英(女)　汉族

赛提汗·克力力(女)　维吾尔族

马兰(女)　回族

托乎提·达吾提　维吾尔族

顾宝昌　锡伯族

艾米尔江·格亚斯　塔吉克族

阿丽菲娅(女)　乌孜别克族

高举红(女)　俄罗斯族

广西壮族自治区

李仲年　汉族

何茂学　壮族

陈宗华　汉族

李学渊　壮族

罗教　汉族

农美皓　壮族

韦造祥　壮族

李守汉　壮族

韦启葵　壮族

牙美良　壮族

刘德名　毛南族

朱慧珍(女)　苗族

张自森　汉族

罗绍成　仫佬族

唐景勋　瑶族

黄永友	京族
宁夏回族自治区	
马世科	回族
纳建华	回族
常信工	汉族
罗国维	汉族
海学文	回族
韩溥	汉族
马维骧	回族
马清贵	回族
西藏自治区	
邓启斌	藏族
根堆扎西	藏族
班典	藏族
达娃玉珍(女)	藏族
贡噶吾美	藏族
嘎多	藏族
叶静(女)	汉族
梅米曲珍(女)	门巴族
云南省	
思庆章	傣族
尹助汤	汉族
罗桂标	白族
朱凤元	汉族
王天富	彝族
吴德光	苗族
苏国文	布朗族
张金华	白族
起进富	彝族
朱发虞	汉族
马秉福	回族
王志	汉族
蔡六斤	傈僳族
谭友胜	景颇族
王明宝	
赵家垒	阿昌族
李亚国	拉祜族
龙国华	佤族
李正德	哈尼族
和万锦	纳西族
李文胜	独龙族
和文炳	怒族
罗向东	基诺族
杨光泽	普米族
贵州省	
李国辉	彝族
张胜树	苗族
范红云	汉族
欧阳桓	侗族
向宗柏	汉族
笪宠舞(女)	汉族
王大刚	布依族
饶舞林(女)	
王瑛	汉族
杨会先(女)	苗族
韦备宜	水族
佘长文	仡佬族
青海省	
孟希元	回族
马幸福(女)	回族
巴桑	藏族
田才旦	藏族
切太	藏族
范子祥	汉族
巴扎	藏族
巴洛	藏族
韩国琼(女)	撒拉族
祁世明	土族
四川省	
杨伦友(女)	汉族
陈叔乾	汉族
田清玉	汉族
侯德基	汉族
邓生荣	苗族

敖良礼	汉族
王康乾	汉族
贺龄杊	汉族
杨思敬	回族
赵家骥	汉族
龙云宗	羌族
甘肃省	
尕藏阵来	藏族
颉敬宗	汉族
努尔兰	哈萨克族
马文奎	东乡族
杨德荣	回族
叶永德(女)	汉族
金兆骊	汉族
李兴仁	汉族
马明良	藏族
谢玉山	汉族
杜生德	裕固族
马俊武	保安族
辽宁省	
金竹花(女)	朝鲜族
保路德	蒙古族
张茂茹(女)	回族
宋镇河	朝鲜族
解本堂	满族
韩国珠	蒙古族
金锡宽	朝鲜族
吉林省	
金七星	朝鲜族
宋国恩	蒙古族
金炼丰	朝鲜族
郑惠媛(女)	朝鲜族
金晓旭	朝鲜族
金哲范	朝鲜族
黑龙江省	
金昌济	朝鲜族
尤玉镯	赫哲族

金惠淑(女)	朝鲜族
穆仁	达翰尔族
白元万	朝鲜族
广东省	
何宝玲(女)	回族
曾思汉	汉族
杨万飞	壮族
海南省	
刘崇惠(女)	黎族
曾宪勇	黎族
符传东	汉族
曾启明	苗族
符永胜	黎族
陈汉平	汉族
李爱卿(女)	汉族
张文昭	汉族
湖南省	
杨崇媛(女)	土家族
杨秀生	苗族
欧群阳(女)	汉族
扬太平	侗族
谷忠平	白族
杨亚非	苗族
周永生	苗族
吕声宏	汉族
湖北省	
卢阳	苗族
定光炽	回族
谭文森	土家族
王毓爱	土家族
戴英丽(女)	蒙古族
朱树铨	汉族
谭友礼	土家族
秦治英	土家族
河南省	
朱崇惠(女)	回族
马昌永	回族

于清朝	汉族	杨伯朝	回族
汤瑞桢	汉族	张向银	汉族
河北省		**浙江省**	
甘振林	回族	雷耀铨	畲族
白光宇	蒙古族	王溯素	汉族
张重吉	汉族	**福建省**	
傅中和	汉族	陈依珠(女)	汉族
马祥学	回族	丁清权	回族
尹毅	回族	潘志春(女)	高山族
山东省		**安徽省**	
王清汀	汉族	许占好	回族
杨谌山	回族	罗铁	汉族
赵潜	回族	**江西省**	
郝本贵	汉族	曹光发	汉族
蔺善荣	汉族	兰才鑫	畲族
北京市		**陕西省**	
苏宝生	回族	毕幼翔	汉族
尹式曾	回族	马仁国	回族
彭兴德	满族	谢福娟(女)	蒙古族
张承泽(女)	回族	**山西省**	
天津市		马茂荣	回族
刘宏泉	汉族	王新塘	汉族
上海市		**新疆生产建设兵团**	
彭存宣	汉族	亚生	维吾尔族
李亚娟(女)	汉族	沙发尔别克	哈萨克族
江苏省			

民族教育教学改革

近年来，民族教育教学改革取得进展，尤其是1992年3月第四次全国民族教育工作会议召开后，各地积极贯彻落实会议精神，结合地方实际开展教学改革，取得新成果。

一、转变观念，明确办学目标

1992年，各地政府和有关部门进一步提高了发展少数民族教育的认识，改革开放意识进一步增强。不少地方转变教学观念，逐步摆脱了片面追求升学率的困境，走上了以素质教育为主、兼顾升学教育的正常发展轨道。各地通过多种办学形式，努力把教育与当地少数民族经济和社会发展结合起来，把学校办成为农村脱贫致富、推动经济建设、树立精神文明的基地，着眼于为当地培养各类初中级人才。

二、继续在少数民族边、山、牧区兴办大批寄宿制、半寄宿制民族中小学

为进一步提高少数民族边、山、牧区的教学质量，近年来，各地纷纷举办了以集中为主、公办为主和全日制为主的寄宿制、半寄宿制民族中小学。地方政府拨出专款，重点扶持，采取特殊措施改善办学条件，稳定教师队伍，并制定了检查、评估办法，建立了一套教学、管理制度，使寄宿制、半寄宿制民族中学越办越好。1992年，新疆、四川、云南等省区专门召开研讨会，研究解决办学中的有关问题。截至1992年底，全国已有寄宿制民族中小学6000多所，这批学校已成为民族地区的骨干示范学校，对提高“三率”、促进民族地区普及义务教育起到了积极作用。

三、进行小学阶段文化教育与职业技术教育早期结合的实验

根据《全国少数民族教育发展与改革指导纲要》的要求，1992年，广西、湖南、四川等地在部分中小学进行了实验，结合当地经济、生产实际和民族学生年龄特点，在小学高年级开设劳动技术课，同时在各科教学中渗透职业技术教育因素，并把学技术与勤工俭学结合起来，增强教学的实践性、知识性和技术性，由教育部门组织编写专门教材，安排专门经费，乡、村为学校提供生产劳动和实验基地。通过这项实验，学生在毕业时既学到了教学大纲规定的文化知识，又学会一二门实用生产技术，为帮助当地群众脱贫致富发挥了作用。

四、开展民族教育综合改革实验

该项实验由当地政府牵头，建立基础教育、职业技术教育和成人教育统筹结合及农业、科技、教育协调发展的新机制，实现教育转轨，把学校办成传授文化知识、传播现代文明、学习实用技术的多功能中心。有的实行村校联姻，两块牌子一个基地，把学校教学与生产经营紧密挂钩；有的不拘形式，根据需要大胆改进教学内容和教学方法；有的把普教、成教、职教合为一校，结合项目开发进行“一条龙”教学。实验已取得初步成果，使一些少数民族贫困县迈入职教先进单位的行列。

五、教学研究和实验取得成果

近年来，随着民族语言文字政策的贯彻落实，双语教学的开展，各地的教学研究和实验也取得显著成果。广西自治区开办了壮文学校,开展壮汉语文早期对照教学,即"以壮为主,壮汉结合,以壮促汉,壮汉兼通"。湖南省湘西等地开展"双语双文四步转换"实验,采取"先语后文"的办法,让学生先学苗语文,然后用苗语拼音过渡到汉语拼音,再用汉语拼音学汉语汉文,充分发挥母语在初学阶段中的作用。云南省实行"三段制双语文教学"模式,第一阶段用民族语文教材,以母语授课为主;第二阶段双语文同步教学,以汉拼注音、民文释义为工具,双语文并重,逐渐过渡到学汉语文为主;第三阶段,双语文分课教学,民族语文教学侧重民族语文基础知识、民族文学等,汉语文采用统编教材,课时逐步增加。贵州根据成人扫盲、儿童启蒙、学校附加、业余自学等类型,开展了双语文教学试验,从民族语文启蒙向汉语文过渡,逐步达到"民汉兼通"的实验,是对双语教学研究的积极尝试。开展这方面的研究,对普及基础教育、推动扫盲工作、发展职业技术教育、振兴民族精神都有积极的作用。

六、高等学校民族预科教学形式多样化

自1980年在普通高等学校举办民族预科班以来,到1992年底,已在全国近20个部委、省、自治区的100多所高等学校有了布点。作为一种相间于高中与大学之间的教学层次,各院校结合学生实际进行教学改革。中央民族学院将单一课程变为多课型,积极开辟第二课堂,以丰富教学内容,增加教学深度。东北师范大学采取教学分层、设课分类的办法,根据学生不同水平,将教学班分为提高班、中等班、辅导班等层次,课程分大学课、提高课、基础课,把一年预科加进四年本科内,实行预科与本科直接衔接的一条龙教学形式。西南师范大学注重突出师范院校教学特点和与本科专业的衔接,安排了专业对口课和师范性课程,便于学生以后的学习和发展。通过各种改革,高等学校民族预科逐步改变了高中补习的旧模式,以新的办学形式和预科特色,在少数民族高等教育中更好地发挥了桥梁作用。

撰稿人 林仕梁

审稿人 韦鹏飞

教育援藏工作

在全国民族教育工作会议精神鼓舞下，1992 年，全国教育援藏工作特别是内地西藏班工作取得丰硕成果。

1992 年，内地西藏班的办班规模又有所发展。办有内地西藏中学班、中专班的各级各类学校已达 75 所，分布在全国 24 个省、自治区、直辖市。有预科、初中、高中、中师、中专等各类在校生 9000 余人。从 1985 年开始举办内地西藏班到 1992 年，已累计招收学生 10000 余人。

经过初中四年(含预科一年)、中专三年的学习，1992 年第一批高中、中师、中专毕业生共 950 余人完成了在内地 7 年的学业，除 278 名高中毕业生升入高等院校、近 200 名中师毕业生升入西藏大学进修藏语文外，其余 500 余名毕业生已返回家乡，走上了工作岗位，参加西藏的社会主义建设事业，许多人成为各条战线的骨干力量。

1992 年，北京西藏中学、天津红光中学、成都西藏中学等 3 所学校的 279 名高中毕业生参加了全国高等学校统一招生考试。与区内考生相比，文科考生平均分高 164 分；理科考生平均分高 141 分。除 21 名学生被西藏大学和西藏民族学院录取(1 人被安排上中专)外，其余的 257 名学生均被内地 44 所高校录取，与其它各族学生一起学习深造。

为了表彰内地西藏班优秀毕业生，激励更多的藏族学生努力刻苦学习，1992 年，经过各学校、各省市的推荐、选拔，有 39 名品学兼优的毕业生受到了国家教委、国家民委、中央统战部、西藏自治区人民政府的表彰，被授予“优秀毕业生”称号。

撰稿人　莫保文　张　强
审稿人　韦鹏飞

召开内地高等学校支援新疆第二次协作会议

为贯彻邓小平同志南巡重要谈话精神，适应加速改革开放形势的需要，促进新疆社会主义建设事业的发展，国家教委、国家民委、新疆维吾尔自治区人民政府于1992年9月联合召开了内地高等学校支援新疆第二次协作会议，参加会议的有国家计委、农业部等25个国务院部委教育司(局)，有关省、直辖市教委、高教局、民委、全国65所高等学校的负责人及特邀代表共200多人。会议总结了近几年来内地与新疆在高等教育方面开展支援协作的经验，肯定了国务院有关部委及其所属高校在承担与新疆高教支援协作中所取得的成绩。从1990年到1992年，国务院22个部委所属的50多所高校共招收新疆民族学生2600多人，定向研究生280多人，接受新疆高校进修教师400多人，培训新疆厂矿企业的厂长、经理300人。组织和支持新疆高校与国外高校建立校际交流关系，选派公费出国留学人员，广泛进行了学术交流和科研协作，促进了新疆教育事业和经济建设的发展。

会议进一步制订了搞好内地支援新疆高教事业的有关政策，落实了支援协作的措施，并制定了1993年至1995年支援协作规划。确定内地高校每年招收新疆少数民族本、专科学生800人左右；定向研究生150人(其中博士生20至30人)；接受高校进修教师200人；每年培训新疆民族经济、企业管理干部200人等。同时，内地有关高校要尽可能与新疆高校、科研部门及企事业单位合作，参与新疆的经济、技术开发。新疆对内地高校参与经济、技术开发要尽量提供方便，给予支持，逐步做到互利互惠，双向受益，变过去的“单向支援”为“双向协作”，以使内地与新疆高教支援协作工作深入持久地开展下去。

撰稿人 易先培 张 辉
曾 莉
审稿人 韦鹏飞

学校体育、卫生与国防教育

学校体育工作

一、中小学体育工作

为了贯彻《学校体育工作条例》，切实加强小学体育工作，国家教委于1992年2月24日印发了《小学生体育合格标准实施办法》。《实施办法》是衡量小学生体育状况的基本依据，共分十条。

为了实施《学校体育工作条例》中“体育课是学生毕业、升学考试科目”的规定，1992年8月17日国家教委印发了《关于初中毕业生升学考试体育试点工作的意见》，确定北京等9个省(市)为全国试点省(市)，要求这些地区全面、认真地推行初中毕业生升学考试体育。《意见》要求其他省、市、自治区教育行政部门，根据本地情况，选定若干地区进行试点，总结经验，逐步推开。《意见》还要求各地教育部门对试点工作加强领导和管理，并注意总结经验，使之不断完善。

1992年8月23—25日，国家教委体卫司在湖南省岳阳市召开了“初中毕业生升学考试体育”研讨会。会议交流了1992年的考试情况，并就《关于初中毕业生升学考试体育试点工作的意见》的措施与办法进行了讨论。会后，国家教委印发了研讨会纪要，要求各地结合本地实际情况，认真做好试点工作。

为使九年义务教育体育教学大纲能够顺利贯彻，国家教委办公厅于1992年4月23日下发了《关于继续做好九年义务教育体育教学大纲实验工作的通知》，要求各地提高认识，加强领导，把实验工作纳入九年义务教育各门课程整体实验中去，使之落到实处。

二、普通高校体育工作

国家教委体卫司于1992年2月5日印发了《关于检查〈大学生体育合格标准〉实施工作的通知》。《通知》指出：国家教委将在5月上旬到中旬对先行实施《大学生体育合格标准》的委属高校进行实施情况的检查，并在检查结束以后公布检查结果。1992年7月15日，国家教委决定，对直属高校的36个实施《大学生体育合格标准》的先进班集体予以表彰。为进一步推动《大学生体育合格标准》的实施，国家教委体卫司于10月11—14日在上海市召开了实施《大学生体育合格标准》经验交流会。会议总结了部分高校先期实施《大学生体育合格标准》的经验，研讨在全国普通高校全面实施《大学生体育合格标准》的有关问题。1992年8月5日，国家教委印发了《全国普通高等学校体育课程教学指导纲要》，指出《纲要》是编写普通高等学校体育教学大纲，进行体育课程的教学、评估和管理的依据。《纲要》分体育课的性质和任务、体育课程的设置和时数分配、体育课程教材的选编原则和要求、体育课程的评估、体育课程的管理和附则等6部分，共18条。

为了鼓励先进，进一步推动普通高校体育工作的开展，国家教委于1992年7月20日发出《关于表彰全国普通高等学校体育课程评估优秀学校和优秀老体育教师的决定》，对清华大学等106所全国普通高等学校体育课程评估优秀学校和王士林等50位优秀老体育教师予以表彰。随后，于9月30日，在湖北省武汉市召开了表彰大会(优秀学校及优秀老教师名单附后)。1992年12月12日，国家教委印发了《普通高等学校体育场馆设施器材配备目录》，供全国普通高等学校配备体育场馆、设施器材时使用(高等体育院校和普通高校的体育专业除外)，目的在于尽快改变我国高校体育设施落后状况。

三、体育师资培养工作

为了深化改革，不断提高体育师资的培养质量，国家教委于1992年1月6日印发了《高等师范专科学校体育教育专业教学计划》，要求从1992年秋季开始实施。同时，要求高等师范专科学校三年制体育教育专业要实行主辅修制，即学生在主修体育专业的同时，可根据地方的师资需要和学校的条件，辅修生理卫生、健康教育、国防教育(含军事训练)或外语等某一专业，使学生毕业后既能教体育课，又能兼教其它课程。

8月5日，国家教委印发了《普通高等学校本科体育教育专业十一门课程基本要求》。它是国家教委关于体育教育专业各门课程建设的指导性教学文件，是各校制定课程教学大纲、组织教学、开展教学评估、实施教学管理和教材建设的重要依据，也是国家教委对各体育教育专业点进行教育、教学评估的重要依据。

为了尽快改善普通高校体育教育专业的办学条件，保证体育师资的培养质量，国家教委办公厅于1992年12月4日印发了《关于对全国普通高校体育教育专业点的场馆设施、器材和实验室仪器、设备配备情况进行合格评估的通知》。要求各地教育行政部门按照教体〔1990〕016号文件精神，结合本地实际情况，制定具体评估办法，按合格、基本合格、不合格三档，确定评估结果。国家教委将对部分专业点的评估工作进行抽查，并发布评估结果。

撰稿人　何秀超
审稿人　宋尽贤

附

□全国普通高等学校体育课程评估优秀学校名单

清华大学
北京大学
北京科技大学
北京航空航天大学
中国人民大学
北京理工大学

南开大学
天津大学

河北农业大学
河北师范大学
河北医学院
河北师范学院
唐山师范专科学校

太原工业大学

山西大学

内蒙古财经学院
内蒙古师范大学

东北工学院
大连理工大学
辽宁师范大学
东北财经大学
辽宁大学
沈阳电力专科学校
抚顺石油学院

吉林工学院
东北师范大学
吉林工业大学
长春冶金地质专科学校

哈尔滨师范大学
东北农学院
黑龙江大学
哈尔滨电工学院

华东化工学院
同济大学
上海交通大学
上海工业大学
复旦大学
华东师范大学

东南大学
南京林业大学
南京航空学院
中国矿业大学
南京大学
华东工学院
苏州大学

浙江农业大学
绍兴师范专科学校
杭州大学

安徽师范大学
中国科学技术大学
淮北煤炭师范学院

华侨大学(福建)
厦门大学
宁德师范专科学校

华东交通大学
江西师范大学
吉安师范专科学校

石油大学(山东)
山东大学
烟台师范学院
青岛化工学院
曲阜师范大学

郑州大学
郑州工学院
焦作矿业学院
许昌师范专科学校

中国地质大学(湖北)
华中理工大学
武汉大学
华中师范大学
武汉工业大学
湖北大学

衡阳工学院
中南工业大学

中南林学院
湘潭大学

中山大学
暨南大学
华南理工大学
广东石油化工专科学校

广西大学
广西师范学院

通什师范专科学校

成都科技大学
四川大学
重庆大学
电子科技大学
四川农业大学
绵阳师范专科学校

遵义医学院
毕节师范专科学校

昆明工学院
云南师范大学
昆明师范专科学校

西藏民族学院

西北工业大学
西安交通大学
西北大学
陕西师范大学
西北农业大学

西北师范大学
兰州大学

青海师范大学

宁夏大学

新疆大学
新疆工学院

□全国普通高等学校优秀老体育教师名单

王士林(北京) 翟家钧(北京)
傅蕴珊(天津) 张长江(天津)
刘竞存(河北) 陈盛甫(山西)
樊振中(山西) 杨守文(内蒙古)
台赞良(内蒙古) 王迪光(辽宁)
刘宽谋(辽宁) 杨钟秀(吉林)
康绍远(吉林) 高　弼(黑龙江)
黄　震(上海) 李震中(上海)
厉鼎禹(江苏) 陈　陵(江苏)
蒋　新(浙江) 慕立基(安徽)
陶德悦(福建) 蔡金柏(福建)
黎振民(江西) 郭谨安(山东)
王浩生(山东) 戴利修(河南)
刘立亭(河南) 黎　平(女)(湖北)
温树朴(湖北) 龚家鹿(湖南)
李顾三(广东) 梁焯辉(广东)
陈传铭(广西) 叶秉光(广西)
伍建瑶(海南) 蒋美珍(四川)
董效曾(四川) 宋国栋(贵州)
杜化居(贵州) 陆乃雄(云南)
杨元坤(云南) 罗泰忠(陕西)
王耀东(陕西) 凌洪龄(甘肃)
柴森林(甘肃) 苟　惠(青海)
艾山铁木尔(新疆) 安祥瑞(新疆)
徐大植(西藏) 吕恒心(西藏)

学校卫生工作

一、公布全国学生体质健康监测结果

1992年5月16日，国家教委、国家体委、卫生部、国家民委、国家科委在京联合召开新闻发布会，公布1991年全国学生体质健康监测结果。

这次监测范围涉及全国29个省、自治区、直辖市的省(区、市)会城市及其郊区农村的汉族7—22岁大、中、小学生(西藏自治区未对汉族学生进行监测)及蒙古族、回族、维吾尔族、壮族、朝鲜族、藏族、苗族、布依族、侗族、白族、哈尼族、傣族、黎族、水族、纳西族、土族、撒拉族等17个少数民族7—18岁中小学生。监测指标包括身体形态、机能、素质及健康检查等26项，监测人数达242669人。监测结果表明：改革开放以来，随着政治和社会的稳定，经济建设和教育事业的不断发展，人民生活水平的普遍提高，我国学生的体质健康状况与1985年同类资料相比又有较为明显的改善。首先，学生身高体重明显增长。汉族7—22岁城市男、女生身高平均增长1.8厘米、1.15厘米，体重平均增长2.04千克、1.15千克；乡村男、女生身高平均增长2.09厘米、1.58厘米，体重平均增长1.34千克、0.80千克；藏族7—18岁男女生身高平均增长1.72厘米、1.04厘米，体重平均增长0.80千克、0.81千克。其次，反映速度、力量和爆发力的身体素质指标(50米跑、立定跳远、引体向上、仰卧起坐)成绩明显提高。三是学生健康状况得到了改善，学生肠道寄生虫、低血红蛋白、乳龋等几种主要常见病的发病率与1988年14省市学生体质健康监测资料相比均有不同程度的下降。

但是，学生耐力有所下降、视力不良率、龋齿患病率仍居高不下，农村及部分少数民族学生低血红蛋白检出率及蛔虫感染率较高，这些问题都有待于进一步改善。

针对学生体质健康存在的问题，国务委员兼国家教委主任李铁映指出：应大力加强学校体育卫生工作，学校体育卫生工作要抓得更实，更狠一些。1992年9月7日，国家教委、国家体委、卫生部、国家民委、国家科委联合发出《关于进一步加强学校体育卫生工作，提高学生体质健康水平的意见》，强调“青少年儿童体质健康状况的好坏是事关中华民族素质的大事，是衡量国家综合国力的重要指标之一，与社会主义现代化建设的成败关系密切”，“要求在各级政府的领导下，各部门形成合力，全社会予以关心，家庭高度重视，学校切实采取措施，共同把改善学生体质健康的工作落到实处”，并就加强学校体育卫生工作提出8点意见。

二、召开全国学校卫生防病工作会议

1992年6月24日至28日，卫生部、国家教委在京联合召开全国学校卫生防病工作会议。此次会议是建国以来的首次学校卫生防病工作会议。全国30个省、自治区、直辖市的卫生、教育行政部门及卫生防疫部门有关负责人共150人参加了会议。会议在总结经验、分析问题的基础上，明确了“八五”期间及2000年学校卫生防病工作的任务、措施和重点，国家教委副主任邹时炎、卫生部副部长何界生出席会议并讲话。会后国家教委、卫生部共同组成了由两部委主管领导任组长、有关部门负责人参加的全国学生常见病防治领导小组，并联合下发了《中小学生健康教育基本要求（试行）》、《全国学生贫血综合防治方案（试行）》、《全国学生营养不良综合防治方案（试行）》、《全国学生沙眼综合防治方案（试行）》及《全国学生常见病综合防治方案技术规范（试行）》。

三、中小学校近视眼防治工作

1992年2月，国家教委首次就1991年全国中小学近视眼防治工作情况发布公告认为1991年的“防近”工作在各地政府的领导和有关部门的支持下，各地教育行政部门和学校齐心协力，做了大量的工作，取得了初步成效。据不完全统计，各地在“防近宣传周”活动中，举办“防近”知识讲座7万余次，出“防近”宣传材料100多万份，在报刊杂志上发表“防近”文章1000余篇，约50万人参加了“防近”知识竞赛。《公告》还公布23个省、自治区、直辖市216所监测点校1991年视力监测结果，即监测人数193483人，视力不良率为36.79%，近视率为33.74%。其中男生视力不良率为33.83%，近视率为30.99%；女生视力不良率为39.82%，近视率为36.52%。公告还就做好1992年“防近”工作提出了意见：继续抓好“防近”宣传周活动；完善视力监测与公告制度；尽快落实不需要太多条件的各项“防近”措施；开展“防近”工作的督导检查。

撰稿人 张 芯

审稿人 宋尽贤

学校国防教育

一、印发《小学、初中国防教育纲要(试行)》及《学校国防教育常规》

为加强全国中、小学校的国防教育工作，国家教委于1992年2月印发了《小学、初中国防教育纲要(试行)》及《学校国防教育常规》。

(一)《小学、初中国防教育纲要》分教育目的、教育原则、教育内容和要求、组织实施4部分。

教育目的：通过教育使学生了解基本的国防知识，学习初步的军事技能，增强国防观念，为培养有理想、有道德、有文化、有纪律的社会主义建设者和接班人奠定初步基础。

教育原则：必须在贯彻教育方针的前提下，与学校德育及其它形式的教育、教学活动有机结合，并注意发挥国防教育的特点。要针对不同年级的特点，按照各级各类学校经常性的教育活动内容，由浅入深，由易到难，有计划地安排教育活动。

教育内容和要求：分阶段分年级提出不同要求，主要有：小学1—3年级在军事技能方面，要求认识一般的枪、炮、飞机、军舰等兵器。在国防观念方面，要求树立热爱家乡、热爱祖国的思想，尊敬国旗、国徽、党旗、军旗；热爱、尊敬中国人民解放军，热爱集体，艰苦朴素，关心他人。

小学4—6年级在国防教育方面，要求了解中国人民解放军在党的领导下推翻“三座大山”，建立新中国的斗争史；了解老一辈革命家的革命实践活动及历史上的一些少年英雄的事迹；了解中国人民解放军在社会主义建设时期的功绩。在军事技能方面，进行队列训练，培养令行禁止、一切行动听指挥的作风；了解常用兵器、弹药常识；初步体验站岗、集合、执勤等军事生活。在国防观念方面，要求了解历史上一些国家反抗外来侵略的正义斗争史，增强保家卫国的责任感；了解我国是一个统一的多民族国家，台湾是祖国领土不可分割的一部分，一定要实现祖国统一大业；理解集体力量大于个人力量的道理，培养自觉遵守校规校纪的品质和集体主义精神，养成良好的学习、生活习惯。

初中各年级在国防知识方面，要求了解国防、国防教育、战争、和平的含义，进行基本的国防理论教育；学习《兵役法》等基本的国防法规，了解公民应履行的国防义务；了解近代帝国主义列强发动的多次侵华战争和中国人民抗击外来侵略的斗争史。在军事技能方面，组织队列训练；学习军人的仪表和作风；学习投掷、攀登、越野、远足、制作航(船)模等军体活动的技能，培养学生机智勇敢、坚韧不拔和一不怕苦、二不怕死的精神。

组织实施：强调学校是实施《纲要》的基本单位，要有一位校领导专门负责此项工作，组织并协调年级组、共青团、少先队共同贯彻《纲要》；要组织各科教师认真学习《纲要》，把握教育起点，采取形象直观、自然渗透、寓教于乐、生动活泼的教育形式，不断提高教育效果；要积极与驻军、武警、公安、预备役部队、人民武装系统和其它军事部门开展军民共建活动，以建立少年军校，举办军事夏令营等方式，让学生体验军事化生活，学习军事知识和技能，培养良好的品质和作风。

(二)《学校国防教育常规》中有升降国旗等十项内容。主要有：中、小学校要严格执行升降国旗制度；要组织学生参加拥军优属工作，与当地驻军开展共建精神文明活动；有条件的学校应建立红十字青少年组织，本着“救死扶伤、扶危济困、敬老助残、助人为乐”的宗旨开展活动。学习战场救护知识，进行革命人道主义教育。《常规》还就庆祝重大节日、祭扫革命烈士与民族英雄陵墓、队列训练、歌咏活动及鼓号(军乐)队、服装、内务卫生、礼貌等项内容提出了要求。

二、检查高校学生军训工作

1992 年 3 月至 5 月，国家教委学校国防教育办公室组织对自 1985 年以来首次开展军训试点高校的学生军训工作进行检查。

检查工作分两个阶段进行。第一阶段，由各地教育行政部门组织对本省(市、区)试点高校进行自查。多数地区由教育行政部门领导牵头，军地双方业务部门参加，组织自查。第二阶段，在自查的基础上，国家教委学校国防教育办公室组织对 17 个省(市、区)的 42 所试点高校进行了检查，并委托其它 11 个省(区)的教育行政部门按《检查细则》组织自查。通过检查看到：由于军训在高校中取得的显著效果，很多试点校的领导、干部和教师越来越认识到实施军训的重要意义，将军训列入重要的议事日程，逐步建立了一套比较完善的军事课教学管理体系、教学手段、教材研究活动等都有较大发展。很多学校认真组织并集中军训；一些学校在有关部门的支持下，自筹经费建立了军训基地，保证了集中军训的效果。经过几年军训，很多学校都把巩固军训成果作为改革、完善本校管理工作的重要措施来抓，从思想政治教育、整顿教学秩序和治理生活环境等方面，建立健全了一些符合学校实际的管理教学制度，使校风校貌发生了明显变化。

存在的问题是：集中训练场地和军训教员问题难以解决。军事教师的职称系列、来源、培养渠道等问题尚无明确规定，影响了师资队伍的稳定和教学质量的提高。

根据对全国军训高校检查情况的综合评审，国家教委学校国防教育办公室于 1992 年 8 月 25 日对在这次检查中表现突出的 40 所院校进行表彰，对学校国防教育工作起到了良好的推动作用。

三、加强国防教育师资建设

目前，全国具有高级职称的专职军事教师有 8 名，中、初级专职军事教师有 400 余名。军事教师的教学水平、学历层次和职称结构都有了较大提高和改善。为加强国防教育师资建设，提高学校国防教育水平，完善师资队伍结构，1992 年 10 月，国家教委委托中国人民解放军军事教育学院和河北师范大学共同承办学校国防教育专业的大专起点教师本科班(学制两年)。教学工作由军事教育学院与河北师范大学共同负责，学籍管理按河北师范大学有关规定执行。学员学完规定的全部课程，考试及格，由军事教育学院发给相应毕业证书。

经统一考试，全国有 20 多个省、市、自治区的 50 余名工作在学校国防教育第一线的同志被录取。这是我国自 1985 年开展学生军训工作以来第一次举办的全国学校国防教育大专学历升本科师资培训班。

撰稿人　田建东

审稿人　宋尽贤

教材建设

人民教育出版社 1992 年继续抓好义务教育教材等建设工作

一、继续集中主要力量抓好义务教育教材编写和试验

人民教育出版社编辑出版的义务教育教材的试验工作已进入第三年，试验的年级已推进到小学和初中三年级。根据《九年义务教育课程计划（试行）》，初中地理和生物教材已完成了第一轮试验，小学社会和初中化学开始第一轮试验。为了把教材试验工作推向深入，1992 年 4 月人民教育出版社在海南召开了全国第三次义务教育教材试验工作会议，总结交流了两年来试验工作的经验，讨论研究了今后继续搞好试验的措施。5、6 月间，小学和初中 16 个学科分别举办了教材研讨班，直接培训省市一级教研员和骨干教师 2500 多人。并为各地二级培训提供了文字材料，编印《试教通讯》40 期。同时，应省、市的邀请，派出编辑干部 100 多人次参加省市的二、三级培训，协助各地培训师资，以保证试验工作顺利进行。

二、做好义务教育教材的送审工作，为 1993 年秋季在全国大面积选用做准备

主要措施有：

(1)按照国家教委对义务教育教材送审工作的部署，人民教育出版社将义务教育小学和初中一年级 18 个学科 69 种教材，送交全国中小学教材审定委员会学科审查委员会审查。为了做好这项送审工作，人民教育出版社各有关学科编辑室在认真研究各地试验情况和对教材评估材料的基础上，从定性和定量两方面对教材进行了评估，写出教材总体和学科送审报告，并根据试验反馈意见将教材实验本修订成送审本，连同送审报告一起送审。经过审查，所有送审教材都获得通过。(2)根据国家教委的部署，从 1993 年秋季起，全国小学一年级和初中一年级将全部使用义务教育新教材。为了保证义务教育教材的质量，便于各地能选用好人民教育出版社编的义务教育教材，人民教育出版社各有关编辑室，根据全国中小学教材审定委员会各学科审查委员会对教材送审本的意见，将供 1993 年秋季使用的教材又认真地进行了修订。并根据各地学制、师资水平、经济基础和办学条件的不同，将小学五年制和六年制、初中三年制和四年制分别编印为两种版本；小学语文和数学教科书又分别印制成彩色本和黑白本;初级中学的英语、历史、地理教科书印制成双色本和黑白本。这样,人民教育出版社1993年秋季拟供全国使用的小学和初中一年级教科书共48种,配套用书62种。(3)鉴于人民教育出版社编写的义务教育教材是供全国大多数地区大多数学校使用的教材,为保证各地选用和使用好人民教育出版社编的教材,1992年12月人民教育出版社在湖南召开了第四次义务教育教材工作会议,部署了使用新教材前的师资培训以及未上教学用书目录的教学辅助材料的出版、发行等事宜。此外,还组织编写出版了紧密配合义务教育各学科教学大纲的《学习指导》和教科书的《教学指导与参考》丛书,共33种,为各地培训教师,提供了文字材料。

三、新编普通高中、职业高中及培智学校等教材

1992年,人民教育出版社根据中学教学大纲的调整,新编和改编了高级中学单科选修课教材11种,从1992年春季供全国普通高中使用。根据职业高中教学改革的需要,新编了职业高级中学语文和数学教材6种,从1992年秋季供全国职业高中选用。适应弱智儿童教学的需要,编辑加工了我国第一套全日制培智学校7个学科的教材29种,拟从1993年秋季供全国培智学校使用。音像教材的编制工作也取得了新进展,一年中,编制教学录音带17种32盒,投影片(幻灯片)15种593张,录像带240分钟,还摄制了教学录像带20个课时。

四、图书编辑出版工作

在一般图书方面,主要抓了重点图书的编辑出版工作。出版了《毛泽东同志论教育》、《邓小平教育思想概述》、《中国教育年鉴(1991)》、《中国教育统计年鉴(1991)》、《美国成语词典》等重点图书。《教育学文集》和《外国教育名著丛书》等重点丛书即将出齐,《中国近代教育论著丛书》已出版6种。

五、获奖图书与教材

1992年人民教育出版社在各种评奖活动中共有11种图书获奖。其中,王道俊、王汉澜主编的《教育学》(新编本)获国家级优秀奖;潘菽著的《心理学简札》(上、下)获高校优秀学术著作特等奖。获奖书目如下:

首届高等学校出版社优秀学术著作奖

特等奖	心理学简札(上、下)	潘菽著
优秀奖	化学重要史实	袁翰青 应礼文合编
优秀奖	楚词校释	王泗源著
优秀奖	朱智贤心理学文选	朱智贤著
优秀奖	民主主义与教育	王承绪译

全国高等学校第二届优秀教材奖

国家级优秀奖	教育学(新编本)	王道俊 王汉澜主编
教委级一等奖	教育经济学导论	邱　渊著
教委级二等奖	学校管理学	萧宗六著

全国教材图书展

二等奖	学校心理咨询	郑日昌 陈永胜合著
二等奖	教育概论	叶　澜著

撰稿人　张月仙

审稿人　吴履平　陈宏伯

高等教育出版社1992年纪事

高等教育出版社(简称高教社)在1992年进一步深化改革，在调整、落实“八五”教材建设规划的基础上，调整全年出书结构，优化选题，提高质量，完成了教材出版任务以及各项经济计划指标。

一、制订出版社深化改革文件

为适应社会主义市场经济机制，制订出办好出版社的7个改革文件。在邓小平同志视察南方讲话以及有关中央文件精神的指引下，贯彻执行党的十四大提出的方针、政策、路线，高教社在社长亲自组织领导下，抽调社内各部门人员组成改革小组，研究、制订了“关于深化改革办好出版社的意见”、“关于编辑室改革和经营管理的暂行原则”、“关于选题管理的暂行条例”、“关于编辑室自行印制其他图书管理的暂行条例”、“关于编辑室自发行图书管理的暂行条例”、“关于编辑室经营活动中财务管理的暂行条例”、“关于编辑室目标管理责任制的奖罚暂行办法”等7个改革文件，提出了深化改革办好出版社的原则，近期发展战略，以及转变经营机制和经营观念、改进经营方式和管理方法，实现综合配套改革的具体要求。并提出加强队伍建设的方案，阐述了编辑室从选题到发行各项工作中的改革措施和管理办法。

二、完成教材出版任务及各项经济计划指标情况

1992年，高教社实行以质量为中心、以服务为手段的目标管理，经全社各部门的共同努力以及有关单位的配合，春秋两季教材保质、保量按时出书，准时出书率100%，为保证教材“课前到手、人手一册”创造了前提条件。全年出书1585种，总印数3441万册，其中发排新书436种、12107万字；出版发行教学录音带9种约28200盒，制作出版教学录像片8种约1600盒，出版发行教学软件4种460套。全年总码洋(产值)近12000万元，税前利润1400万元，这两项指标达到历史最高水平。

三、专业技术职务评聘工作走上正常化

根据国家教委和人事部关于专业技术职务评聘工作的有关文件，1992年高教社全面开展了各系列各级专业技术职务的评聘工作，在分析学科设置和现有队伍状况的前提下，着重进行了清理指标、设岗、考核办法的制定和重新组建评委会等基础工作，报国家教委认可后，7月初编辑系列专业技术职务评审工作正式启动、实施，10月又启动了其他系列专业技术职务评审工作。这次评审通过了36位同志晋升编辑的任职资格，14位同志晋升副编审的任职资格，8位同志晋升编审的任职资格；通过了5位同志晋升馆员、2位同志晋升会计师、2位同志晋升为一级校对、18位同志晋升技术编辑的任职资格，1位同志晋升研究馆员的任职资格；又委托外单位评审，通过了4位同志晋升工程师的任职、资格；还有一批同志分别通过了初级技术职称任职资格。

四、国际合作与交流取得新的进展

1992年，高教社先后组团或派员参加了

印度国际书展、新加坡华文书展、美国 ALA 书展，组织并参加了北京六一国际儿童书展、北京第四届国际图书博览会以及国内的第三届国际版权洽谈会，加强了国际合作和交流。在这一年中，先后向国外联系购买 17 种翻译书的中文版权，其中有 4 种正式签约；同时也向马来西亚、台湾等地转让中文版图书版权 11 种；此外，也开展了与台湾地区作者合作出书以及代译代排和图书外销活动。

五、1992 年高教社出版的图书获奖情况

（一）在第二届全国高等学校优秀教材评选中，共有 35 种教材获奖。其中

特等奖 4 种：

固体物理学	黄昆原著　韩汝琦改编
第四纪地质	杨怀仁主编
电子技术基础（数字、模拟部分）	华中工学院电子学教研室编　康华光主编
代数学引论	聂灵沼　丁石孙　编

优秀奖 31 种：

中国古代文学教程（上、下册）	于非主编　王树芳　傅治同副主编
水彩画	杨云龙编
中学历史教学法	于友西编
数学模型	姜启源编
代数拓扑基础讲义	陈吉象编
解析几何（第三版）	吕林根　许子道等编
理论力学基础教程	胡慧玲　林纯镇　吴惟敏编
数字逻辑电路	王　楚　沈伯弘编
有机化学	汪小兰编
金属有机化学	王积涛　宋礼成编
真菌学	周与良　邢来君编
发育生物学	丁汉波　仝允栩　黄　浙编
环境学导论	唐永銮　刘育民编
水环境化学	陈静生编
机械设计	邱宣怀（主编）等
机械原理	西北工大机原及机零教研室编　孙　桓　傅则绍主编
大气污染控制工程	郝吉明　马广大等编
普通化学（第三版）	浙江大学普通化学教研室
物理化学（上下册）	胡　英　吕瑞东　刘国杰　陆曜南编
模拟电子技术基础	清华大学电子学教研室编　童诗白主编
数字电子技术基础	清华大学电子学教研室编　闫　石主编
电子技术（电工学Ⅱ）	杨福生主编
生物医学电子学	王保华主编
数据结构	许卓群　张乃孝　杨冬青　唐世渭编
操作系统教程	孙钟季等编
计算机应用基础	程光钺　陈庚华　忻新泉编
研究与发展管理	许庆瑞编
变分法	吴迪光编
材料力学（上下册）（第二版）	天津大学材力教研室编　苏翼林主编
理论力学（上下册）（第二版）	南京工学院　西安交通大学主编
结构力学教程（上下册）	龙驭球　包世华编

（二）在国家教委第二届高等学校优秀教材评选中，共有 74 种教材获奖。其中

一等奖 24 种：

数学物理方程讲义	姜礼尚　陈亚浙编
数值试验	黄友谦（主编）　程诗杰　陈泽鹏编
实变函数简编（师专教材）	朱玉皆编

量子力学	张启仁编
量子力学	邹鹏程编
原子核理论（核结构与核衰变部分）	徐躬耦　杨亚天编
中级物理化学实验	项一非　李树家编
遗传学实验（第二版）	刘祖洞　江绍慧编
微生物学实验（第二版）	范秀容　李广武　沈　萍编
分子细胞生物学	韩贻仁编
电磁场与微波技术	陈孟尧（主编）　许昌永　赵克玉编
高等数学	西安交通大学高等数学教研室编
物理学基本教程（一）（二）（三）	张达宋主编
流体力学	张也影编
水力学（上下册）	武汉水利电力学院水利学教研室编　徐正凡主编
画法几何及机械制图（习题集）	华中理工大学等编
金属工艺学	钱增新　陈全明编
工程热力学	庞麓鸣　汪孟东　冯海仙编
电子电路基础	张凤言编
电子线路（线性部分）（非线性部分）	谢嘉奎　金宝琴　谢洪嘌　宣月清编
水污染控制工程（上下册）	高廷耀主编
中国近代中国经济史教程	赵德馨主编　李运元　张俊华副主编
大学核心英语（听说，读写，词汇 1—4，教师用书 1—4）	杨惠中　张彦斌编
运动生物力学	《运动生物力学》编写组

二等奖 50 种（略）

（三）在第一届全国高等学校出版社优秀学术著作评选中，有 9 种获优秀奖：

北美洲地理环境的结构	李春芬编著
瞬变电磁场	彭仲秋编著
量子生物学及其应用	刘次全编著
量子光学	郭光灿编著
性能—结构—化学键	杨　频等编著
中国古代物质文化	王玉哲编著
实验语音学概要	吴宗济等编著
共形映射与边值问题	闻国春编著
现代水力学（一、二）	夏震寰编著

（四）在省部委级高等学校优秀教材评选中，获一等奖 4 种，获二等奖 6 种。

六、举办大学生暑假见闻征文活动

在 1992 年，高教社与人民日报社教科文部联合举办了以“我所见到的改革开放”为内容的“大学生暑假见闻”征文活动，历时三个月，收到来自 20 多个省、市、自治区和解放军系统的 300 多所高等学校学生 2300 多篇征文，选出 30 篇予以发表，并经专家评选出一等奖 3 篇、二等奖 5 篇、三等奖 11 篇。这些征文反映了大学生们丰富多彩的假期生活，从不同侧面讴歌了我国改革开放的成就。征文刊出后，在社会各界特别是高等学校大学生中引起了巨大的反响。

撰稿人　蒋　鉴

审稿人　杨陵康　李永和

义务教育教学大纲和起始年级教材审查工作

为进一步贯彻《义务教育法》，确保1993年秋季开始在全国小学一年级、初中一年级执行义务教育教学大纲同时使用义务教育教材，中小学教材审定委员会办公室(1992年9月1日后改为基础教育课程教材研究中心)于1992年4月和5月在北京分别组织对义务教育文、理科教学大纲和起始年级教材进行了审查。

审查初中、小学教材审定委员会主任何东昌、副主任柳斌对审查工作提出了具体要求。大纲修订者、教材主编分别介绍了大纲修订情况、教材的特色和试验情况。教材实验区代表汇报了对大纲、教材的评价和修改意见。

按照审查要求，审查委员们审定了小学阶段开设的思想品德、语文、数学、社会、自然、体育、音乐、美术、劳动9个学科，初中阶段开设的思想政治、语文、数学、外语(英、俄、日)、历史、地理、物理、化学、生物、体育、音乐、美术、劳动技术13个学科共计24科教学大纲；审查了国家教委规划的人民教育出版社编写的义务教育"六·三"学制和"五·四"学制教材，北京师范大学编写的义务教育"五·四"学制教材，四川省教委和西南师范大学联合编写的义务教育"六·三"学制教材，广东省教育厅、福建省教委、海南省教育厅和华南师范大学联合编写的义务教育"六·三"学制教材，以及部分单科教材，共计108种，243册。

审查结果是：24科教学大纲经不同程度的修改全部通过，于1993年秋在全国实施。108种243册教材经过不同程度的修改，最后有89种214册通过，于1993年秋在全国中小学试用。

这套九年义务教育教学大纲和根据这套大纲编写出的多套教材，初步达到了在统一要求的前提下，实现了教材的多样化。与过去的教材相比较，在许多方面有了较大的改进，主要表现在以下几个方面：

一、体现了义务教育的性质和任务

义务教育教学大纲根据《义务教育法》的性质和任务，把提高全民族的素质，即把提高每个社会成员的思想道德素质、科学文化素质、身体心理素质和劳动技能素质作为主要任务，要求教育工作者转变教育观念，必须从着眼于少数学生转到面向全体学生，从应试教育转到素质教育，从淘汰教育转到合格教育上来。因此，义务教育教学大纲和教材从教学目的、教学要求、教学内容、教学中应注意的问题，以及实验要求、实验仪器和设备等方面都作了具体的说明和安排，同时注意了大纲和教材的弹性和可行性，使义务教育的性质、任务得到了比较充分的体现。

二、加强了思想性，使思想教育进一步落实

《义务教育全日制小学、初级中学课程计划》中规定：小学和初中对儿童、少年实行全面的基础教育，使他们在德、智、体几方面全面发展，为提高全民族素质，培养社会主义现代化建设的各级各类人才奠定基础。为此，在教学大纲中，明确提出要根据学科自身的特点进行思想政治教育，对学生进行爱祖国、爱人民、爱劳动、爱科学、爱社会主义的教育，进行党的基本路线教育、国情教育和近现代史教育。培养他们高尚的道德情操和审美情趣、良好意志品德和社会主义民主与法制的意识，以及基本的文明礼貌的行为习惯等要求。改变了过去思想教育形式主义的倾向或只注重知识、忽视思想教育的倾向。教学大纲注意根据教学内容和学生的年龄特点提出具体要求。教材能够充分发挥课文、插图等的思想教育因素，寓思想教育于教学之中。

三、重视选取社会主义现代化建设需要的教学内容

基础教育的内容具有相对的稳定性，必须打好基础。但随着社会的发展，有些内容必须更新，以适应社会主义建设的需要。义务教育课程和教材根据这些需要，对教学内容进行了调整，选择社会主义现代化建设最需要、最基础、学生能够接受、密切联系当今经济建设和社会生活的内容。如：自然学科注意了联系工农业生产、现代科技的发展和现代生活的实际。英语教学加强了日常交际用语的训练。数学中增加了经济核算中关于投入产出和利率计算。生物教学中增加了生态平衡和环境保护等。另外，各学科大纲和此次审查的教材都在教学时间上留有余地，让地方能够增加乡土地理、乡土历史，以及一些为当地经济建设所需要的简单劳动技术等内容。

四、注重了遵循学生的认知规律

义务教育的对象是少年儿童，以往的大纲和教材对少年儿童的心理、语言、思维等特点重视不够，此套大纲和教材在遵循学生的认知规律方面有了较大的改进。大纲对学生的认知特点的考虑明显加强，教材的结构、体系、文字，以及封面、插图等的可读性、趣味性、启发性都有很大改进，如：物理、化学、生物学科都从观察、实验出发，进行归纳、概括，形成基本的概念、定律，然后应用于实际，解决实际中的问题。改变了以往从定义概念出发的问题。

五、适当降低了难度，拓宽了知识面，减轻了过重的学习负担

当前，学生课业负担过重，严重影响了学生的全面发展和身心健康，有的教学内容难度过大是重要原因之一。义务教育教学大纲和教材在课时上能够与教学计划相适应，在体系结构上不过分追求本学科知识的完整性和系统性，在内容上删去了一些繁杂而无实际意义的计算，定量内容有所减少，难度适当降低，同时知识面有所拓宽。适当减少了必学内容，增加了选学内容，作业量有所减轻，提高了动手操作的要求，加强了实践环节，使学生有一定的自学时间和课外活动时间。例如：化学大纲降低了过高的理论要求和计算难度，适当拓宽了联系社会生活和生产实际方面的内容。

六、重视打好基础和培养能力

义务教育是基础教育，义务教育教学大纲和教材在精选内容的同时重视了基础知识、基本技能的培养，通过理论联系实际、加强实验教学、明确教学要求等来加强能力的培养，打好知识基础。例如：数学大纲强调了思维能力、运算能力、空间观念的培养。物理、化学大纲进一步强调了观察、实验、分析、概括能力和应用物理、化学知识解决简单问题的能力的培养。根据需要许多大纲都明确了知道、理解、掌握等教学要求的层次和具体含义。

七、改进了课本的印刷质量，加强了电化教材建设

长期以来，我国中小学课本开本小、纸张差、印刷质量低劣，既不能引起学生学习兴趣，又有损他们的视力。为改变这种状况，国家教委中小学教材审定委员会办公室从1985年起经不断努力争取，1988年取得有关部委同意，同22个省、自治区人民政府及人民教育出版社签定了协议，利用世界银行3400万美元软贷款和国内1.4亿元人民币配套资金，改变了人民教育出版社的编辑条件和各地34个印刷厂的排、印、装条件。这次送审教材的印刷质量都有所提高，如：生物、自然、美术课本生动活泼色彩丰富；历史、语文、思想品德课本图文并茂，学生爱读爱看。此外，在搞好文字教材建设的同时，同国家教委电教司、中央电教馆等单位协作正在抓紧电化教材建设，努力实现教学手段的现代化。

撰稿人　邱　宁

审稿人　游铭钧

审查通过小学自然电视教材

1992年8月，与教学大纲相配套的教学系列片《小学自然电视教材》经国家教委中小学教材审查委员会审查通过，将于1993年秋季开始在全国小学推广使用。

这套电视教材是九年义务教育全日制小学自然课用书。1988年5月经国家教委批准，成立了领导小组，责成中央电化教育馆组织落实，并贷款30万元开展此项工作。从1988年下半年起，全国27个省、自治区、直辖市的电教馆和部分师范院校电教中心等35个单位参加编制，历时两年多，共完成92集，近900分钟。根据国家教委的规定，在教材制作过程中，从1990年9月起先后在北京、山东、辽宁、河南等省的城市、郊区、农村60多所小学进行了试用。1992年6月在沈阳召开了《小学自然电视教材》的试用工作总结会。

国家教委中小学教材审查委员会于1989年12月至1992年8月对该教材进行了四次审查、复查，认为：(1)符合《九年义务教育小学自然教学大纲》的要求和自然学科的教学目标。(2)内容具有科学性，观点正确。(3)能结合教材内容进行思想品德、爱国主义教育和国情教育。(4)能体现时代精神，反映我国科技的新发展。(5)符合小学生的年龄特征，具有趣味性、启发性，做到了寓教于乐，有利于培养小学生的逻辑思维能力和动手能力。(6)体现了声像教材的特色，基本上做到了画面简洁、明快，音乐优美，解说亲切，三者和谐统一，给学生以美的教育。(7)发挥了声像教材能突破时间、空间局限的优势，突出了教学重点，解决了教学难点，弥补了其他教学手段的不足。(8)使用方便，有的可整体使用，有的则可分段或组合使用。但同时指出，应在今后的试用过程中不断修改完善不足之处。

1990年5月，在首届全国优秀电教教材评选中，该教材中的《青蛙》和《蚂蚁》被评为基础教育优秀电教教材一等奖和二等奖；1992年10月，在中央电化教育馆《电化教育》编辑部和日本索尼公司举办的'92"U—matic杯"电视教学节目编制技术竞赛和电教征文活动中，《牙齿》和《猫头鹰》获三等奖，《哺乳动物》和《食物链》获优秀奖。

撰稿人 丁 新 许 林

审稿人 周贵存

举办电视教学节目编制技术竞赛

中央电化教育馆《电化教育》编辑部与日本索尼公司于1992年2月至8月举办了'92"U—matic杯"电视教学节目编制技术竞赛活动。

此项活动采取按普教、高教、部委等系统报名、推荐的办法(除专业电视台和专业出版发行单位外),凡订阅《电化教育》杂志和使用U—matic格式录像机的单位均可参加。《电化教育》编辑部与索尼公司联合成立了竞赛组委会,评委会由中国电化教育和电视教材的专家组成。各系统推荐报名参赛共912个单位,实际收到的有效参赛作品758个。

经评审,南京市电教馆的《中华虎凤蝶》和南京农业大学的《鸡的胚胎发育》评为一等奖;桂林地质学院的《喀斯特洞穴的化学沉积物》等5部作品评为二等奖;浙江温州市电教馆的《初级食品切雕技艺》等10部作品获三等奖;另有40部作品获优秀奖。北京市电教馆、能源部电力电教中心等6个单位获组织奖。日本索尼公司为这次活动提供了经费和奖品。10月11日,竞赛组委会在北京举行了获奖作品揭晓暨发奖仪式。

撰稿人 陈庆贵
审稿人 孙天正

全国高等学校
第二届优秀教材评奖工作

1991年，国家教委发出《关于进行第二届全国高等学校优秀教材评奖工作的通知》。评奖范围是1986年至1989年四年期间新出版或修订再版的普通高等学校教材。评奖分三级进行，即学校级，省、市、自治区（中央部门）级及国家级。据统计，有41个部委、19个省市进行了评审和评奖，共评出部级和省、市级优秀教材1102种，占1986年至1989年出版的16000余种教材的6.9%。在部委级及省、市级优秀教材的评审基础上，国家教委于1992年9月24日至28日召开了全国高等学校第二届优秀教材（即国家级）评审会议，国家教委副主任朱开轩主持了评审会议并在会上讲话。经过各科类教授专家的评审，并经国家教委审核批准，全国共评出国家级优秀教材236种，其中特等奖21个，优秀奖207个，中青年优秀奖8个，占1986年至1989年期间出版教材总数的1.4%。1992年11月18日，国家教委在全国普通高等教育工作会议闭幕会上进行了颁奖。颁奖前国务院副总理邹家华、国务委员兼国家教委主任李铁映、国务委员王丙乾，国家教委副主任朱开轩、滕藤接见了特等奖的作者及中青年奖作者代表以及为教材出版作出重要贡献的出版社的代表。优秀教材评奖工作对加强高等学校教材建设，提高教育质量起到了很好的促进作用。

撰稿人　孟祖贵　董锦岐
宋　钢
审稿人　周远清

附

□第二届全国高等学校优秀教材获奖书目

特　等　奖

教材名称	编著者	编著者单位
固体物理学	黄　昆原著　韩汝琦改编	北京大学
第四纪地质	杨怀仁主编	南京大学

教材名称	编著者	编著者单位
中医内科学	张伯臾主编　董建华　周仲英副主编	上海中医学院
中国现代戏剧史稿	陈白尘　董　健	南京大学
电子技术基础(数字,模拟部分)	华中工学院电子学教研室编　康华光主编	华中理工大学
微体古生物学教程	郝诒纯　茅绍智主编	中国地质大学
农田水利学	郭元裕主编	武汉水利电力学院
代数学引论	聂灵沼　丁石孙	北京大学
国际贸易概论	姚曾荫	对外经济贸易大学
半导体物理学	刘恩科　朱秉升　罗晋生等	西安交通大学
中国古文字学通论	高　明	北京大学
文字学概要	裘锡圭	北京大学
中国刑法学	高铭暄主编　马克昌副主编	中国人民大学
生理学	周衍椒　张镜如(主编)等	湖南医科大学
数字化测量技术及仪器	尤德斐主编	中国计量学院
大学英语(文理科本科用)共44册	翟象俊等10人主编	复旦大学等6所院校
计算机组成原理教程	白中英　韩兆轩	西北工业大学
俄国文学史	曹靖华	北京大学
数据结构　数据结构题集	严蔚敏　吴伟民　米　宁	清华大学
儿童心理学史	朱智贤　林崇德	北京师范大学
武术	全国体育学院教材委员会审定	上海体育学院

优秀奖

教材名称	编著者	编著者单位
文学原理	王元骧	杭州大学
中西戏剧比较教程	饶芃子	暨南大学
中国现代小说流派史	严家炎	北京大学

教材名称	编著者	编著者单位
中国当代文学(1—3)	王庆生主编　王凤　李逸涛(1、2册)副主编　李逸涛(3册)副主编	华中师范大学
中国近代文学史	任访秋主编　关爱和　王杏根　张中　分编副主编	河南大学
中国古代文学教程(上下册)	于非主编　王树芳　傅治同副主编	哈尔滨师范专科学校
言语交际学(修订本)	刘焕辉	江西大学
壮族文学史(第1—3册)	欧阳若修　周作秋　黄绍清　曾庆全	广西师范大学
蒙古族现代文学史(蒙文)	乌·苏古尔	内蒙古师范大学
文学理论简编(蒙文)	巴·格日勒图　楚鲁	内蒙古大学
陶瓷造型设计	杨永善	中央工艺美术学院
和声的理论与应用(上下册)	桑桐	上海音乐学院
古典戏曲编剧六论	祝肇年	中央戏剧学院
基础汉语(1—4)	李祥瑞等	新疆大学
比较文学概论	陈惇　刘象愚	北京师范大学
中国现代散文史(含16家综论)	俞元桂主编　姚春树　王耀辉　汪文顶	福建师范大学
水彩画	杨云龙	南京师范大学
新编古代汉语(上下册)	汤可敬主编　匡裕群　朱维德	益阳师范专科学校
中国现代革命史史料学	张注洪	北京大学
中学历史教学法	于友西	北京师范学院
方志学综论	林衍经	安徽大学
图书馆学导论	黄宗忠	武汉大学
中国古代史学史略	陶懋炳	湖南师范大学
中国逻辑史教程	温公颐	南开大学
马克思主义哲学史(上中下册)	黄楠森　施德福　宋一秀	北京大学
法学概论(修订本)	吴祖谋主编　李双元副主编	河南大学

教材名称	编著者	编著者单位
专利法教程	汤宗舜	国家专利局
司法文书学	宁志远主编　率蕴铤副主编	中国政法大学
海商法学	吴焕宁(主编)　陈文秋　朱曾杰　张力行	中国政法大学
政治学原理	王惠岩	吉林大学
公安管理学概论	俞　雷主编　董剑秋副主编	公安部
政治学概要	王邦佐　孙关宏　王沪宁	上海师范大学等
中国地方国家机构概要	刁田丁主编　陈嘉陵　张厚安副主编	中南财经大学
中国外交史(1—3卷)	王绍坊(第1卷主编)　吴东之(第2卷主编)　谢益显(第3卷主编)	外交学院
犯罪学	刘灿璞	上海法律专科学校
世界经济统计概论	戴世光	中国人民大学
中华人民共和国经济史(1949—1984)	赵德馨	中南财经大学
审计学概论	娄尔行	上海财经大学
世界自由港和自由贸易区概论	郭信昌	天津财经学院
工业统计学	王持位	北京经济学院
发展经济学	陶文达	中国人民大学
发展经济学	谭崇台主编　薛进军　郭熙保　冯金华助编	武汉大学
当代帝国主义经济	宋　涛主编　陈耀庭副主编	中国人民大学
会计原理(修订本)	杨纪琬等	财政部等
当代西方货币金融学说	李　健	中央财政金融学院
马克思的货币金融理论与四化建设	周　骏	中南财经大学
比较银行学	白钦先	辽宁大学
1870年以来的西方经济学说	胡寄窗	上海财经大学

教材名称	编著者	编著者单位
社会主义政治经济学	蒋学模主编　伍柏麟副主编	复旦大学
中国社会主义建设	吴树青等	北京大学等
国际金融概论	陈彪如	华东师范大学
国际税收教程	葛惟熹	上海财经大学
明清经济史	李龙潜	暨南大学
成本会计	徐政旦　石人瑾　林宝瓌	上海财经大学
企业财务管理	王又庄	北京经济学院
商业企业经营学	边长泰	东北财经大学
工业经济管理学	塞　风	中国人民大学
投入产出分析	钟契夫主编　陈锡康副主编	中国人民大学
现代俄语理论教程(上下册)	王超尘等(上册)　王德孝等(下册)	北京第二外国语学院等
英语文体学引论	王佐良　丁往道(主编)　胡文仲等	北京外国语学院
交际英语教程(1—4)	李筱菊	广州外国语学院
新编英语教程(系列教材共15册)	李观仪(主编)　李珮莹　朱嫣华等	上海外国语学院
教育学(新编本)	王道俊　王汉澜	华中师范大学等
基础心理学	张述祖　沈德立	河北大学等
现代概率论基础	汪嘉冈	华东化工学院
数学模型	姜启源	清华大学
代数拓扑基础讲义	陈吉象	南开大学
分析动力学	陈　滨	北京大学
解析几何(第三版)	吕林根　许子道等	苏州大学
泛函分析讲义(上下册)	张恭庆　林源渠(上册)　张恭庆　郭懋正(下册)	北京大学
复变函数论	范莉莉　何成奇	复旦大学
广义相对论引论	俞允强	北京大学
群论	韩其智　孙洪洲	北京大学

教材名称	编著者	编著者单位
现代几何光学	易 明	南京大学
近代物理实验(一)(二)	吴思诚 王祖铨	北京大学
真空实验技术	华中一	复旦大学
理论力学基础教程	胡慧玲 林纯镇 吴惟敏	北京师范学院
数字逻辑电路	王 楚 沈伯弘	北京大学
原子核理论(一、二卷)	胡济民 杨伯秋 郑春开(一卷) 胡济民(二卷)	北京大学
长期数值天气预报	丑纪范	兰州大学
气候学	高国栋 陆渝蓉	南京大学
配位化学	戴安邦	南京大学
仪器分析	高 鸿等	南京大学
有机化学	汪小兰	南开大学
化学动力学基础	韩德刚 高盘良	北京大学
结构化学基础	周公度	北京大学
金属有机化学	王积涛 宋礼成	南开大学
动物生态学原理	孙儒泳	北京师范大学
真菌学	周与良 邢来君	南开大学
发育生物学	丁汉波 仝允栩 黄 浙	福建师范大学
环境学导论	唐永銮 刘育民	中山大学
水环境化学	陈静生	北京大学
机械设计(第三版)	邱宣怀(主编)等	天津大学
机械原理	西北工大机原及机零教研室编 孙 桓 傅则绍主编	西北工业大学
农业机械学(上下册)	桑正中主编(上册) 吴守一主编(下册)	江苏工学院
坦克系统设计	刘修骥	北京理工大学
蒸气轮机	蔡颐年主编	西安交通大学
柴油机增压及其性能优化	顾宏中 邬静川	上海交通大学

教材名称	编著者	编著者单位
金属塑性成形原理	汪大年主编	西安交通大学
焊接冶金与金属焊接性（第二版）	吉林工业大学　周振丰　天津大学　张文钺合编	
汽车拖拉机制造工艺学（第二版）	王宝玺主编	吉林工业大学
特种加工	刘晋春　陆纪培主编	哈尔滨工业大学
液压元件	浙江大学　林建亚　华中工学院　何存兴主编	
成组技术	重庆大学　许香穗　上海交通大学　蔡建国主编	
锅炉燃烧试验研究方法及测量技术	岑可法主编	浙江大学
电力系统稳定态分析	陈　珩	东南大学
过程控制工程	蒋慰孙　俞金寿	华东化工学院
轧制过程自动化	丁修堃　主编	东北工学院
线性系统理论	赵　玖	北方交通大学
电器理论基础	张冠生主编	福州大学
自动检测技术及仪表	陈守仁主编	哈尔滨工业大学
动态大系统方法导论	席裕庚	上海交通大学
最优控制的理论与方法	吴沧浦	北京理工大学
外国城市建设史	沈玉麟	天津大学
中国城市建设史	董鉴泓主编	同济大学
建筑热过程	彦启森　赵庆珠	清华大学
钢结构（上下册）	欧阳可庆主编	同济大学
工程结构可靠性设计	黄兴棣	东南大学
大气污染控制工程	郝吉明　马广大等	清华大学
普通化学（第三版）	浙江大学普通化学教研室	浙江大学
物理化学（上下册）	胡　英　吕瑞东　刘国杰　陆曜南	华东化工学院
高分子化学	潘祖仁主编	浙江大学

教　材　名　称	编　著　者	编　著　者　单　位
采油化学	赵福麟	石油大学
化学纤维实验教程	陈　稀　黄象安主编	中国纺织大学
纱线力学问题	陈人哲	中国纺织大学
食品工程原理	无锡轻工业学院　天津轻工业学院合编	
电化学测试技术	刘永辉	北京航空航天大学
模拟电子技术基础(第二版)	清华大学电子学教研室编　童诗白主编	清华大学
数字电子技术基础(第三版)	清华大学电子学教研室编　闫　石主编	清华大学
电子技术(电工学Ⅱ)	杨福生主编	清华大学
生物医学电子学	王保华主编	上海科技大学
数字系统设计基础	沈嗣昌主编	南京航空学院
短波通信	沈琪琪　朱德生	南京通信工程学院
物理电子技术中的材料与工艺	莫纯昌　倪明生	东南大学
光纤通信系统	顾畹仪　李国瑞	北京邮电学院
电信传输理论	王明鉴	北京邮电学院
现代时域测量	孙圣和　刘明亮　施正豪	哈尔滨工业大学
天线结构设计	叶尚辉　李在贵	西安电子科技大学
微波天线	张德齐	北京理工大学
离散数学	王湘浩等	吉林大学
数据结构	许卓群　张乃孝　杨冬青　唐世渭	北京大学
关系数据库的理论及应用	施伯乐　何继潮　崔　靖	复旦大学
计算机科学中的逻辑学	王元元	南京通信工程学院
纠错码与差错控制	王新梅	西安电子科技大学
分布式计算机控制与管理系统	王众托　杨德礼	大连理工大学
计算机网络	谢希仁	南京通信工程学院

教材名称	编著者	编著者单位
微型计算机控制技术	黄一夫主编	华中理工大学
操作系统教程	孙钟秀等	南京大学
计算机应用基础	程光钺　陈庚华　忻新泉	四川大学
开采方法(修订本)	张文生　王树仁	西安矿业学院
浮选	胡为柏主编	中南工业大学
工程地质学	陆兆溱主编	河海大学
石油地质学	潘钟祥主编　高纪清　陈荣书副主编	成都地质学院
金属矿床地下开采	解世俊主编	东北工学院
凿岩爆破	陶颂霖	中南工业大学
矿体几何学	朱晓岚　何新义　陈于恒	中国矿业大学
古生物学(上下册)	张永辂　刘冠邦　边立曾等	南京大学
实用矿山压力控制	宋振骐主编	山东矿业学院
沉积岩石学	曾允孚　夏文杰主编	成都地质学院
相图与相变	黄　勇　崔国文	清华大学
合金相与相变	肖纪美主编	北京科技大学
金属材料物理性能	王　润主编	北京科技大学
金属学与热处理	崔忠圻主编	哈尔滨工业大学
金属的晶体缺陷与力学性质	赖祖涵主编	东北工学院
冶金传递过程原理	梅　炽	中南工业大学
有色冶金概论	罗庆文主编	昆明工学院
金属腐蚀学	朱日彰等	北京科技大学
研究与发展管理	许庆瑞	浙江大学
机械工业企业生产管理学	马天超主编	哈尔滨工业大学
建筑企业管理学	关　柯主编	哈尔滨建筑工程学院
电航仪器	江德藩主编	上海海运学院

教材名称	编著者	编著者单位
图论	王朝瑞	北京理工大学
变分法	吴迪光	浙江大学
工程优化的算法与分析	张可村	西安交通大学
数学制图学原理	吴忠性　杨启和	解放军测绘学院
误差处理和可靠性理论	李德仁	武汉测绘科技大学
材料力学(上下册)(第二版)	天津大学材力教研室编　苏翼林主编	天津大学
理论力学(上下册)(第二版)	南京工学院　西安交通大学主编	
结构力学教程(上下册)	龙驭球　包世华	清华大学
板壳理论	黄克智　夏之熙　薛明德　任文敏	清华大学
非线性连续介质力学基础	匡震邦	西安交通大学
兴波阻力理论基础	李世谟	武汉水运工程学院
离心分离理论	张存镇主编	清华大学
波动光学	赵达尊　张怀玉	北京理工大学
摄影镜头的性能与选择	沙占祥	北京电影学院
航空燃气涡轮发动机结构设计	陈　光(主编)等	北京航空航天大学
火箭外弹道学	徐明友	华东工学院
空气动力学实验技术	王铁城(主编)等	南京航空学院
遗传学	季道藩(主编)　米景九　许启凤　戴景瑞(副主编)等	浙江农业大学
微生物学	陈华癸　樊庆笙主编	华中农业大学
茶叶育种学	陈兴琰(主编)等	湖南农学院
家畜传染病学	蔡宝祥(主编)等	南京农业大学
家畜繁殖学	董　伟(主编)　王丕建(副主编)等	北京农业大学
鱼类比较解剖学	孟庆闻　苏锦祥　李婉端	上海水产大学
测树学	关玉秀(主编)　林昌庚(副主编)等	北京林业大学

教材名称	编著者	编著者单位
木材运输学	东北林学院主编	东北林业大学
组织学与胚胎学	成令忠(主编)等	上海医科大学
人体组织学胚胎学彩色挂图	李珍年　王　序主编	中国医科大学
免疫学和免疫学检验	陶义训(主编)等	上海第二医科大学
环境卫生学	姚志麒　陈秉衡(主编)等	上海医科大学
人体解剖学	刘　方(主编)等	济宁医学院
药物化学	中国药科大学等校合编　彭司勋主编	中国药科大学
中药药理实验	陈　奇主编　沈映君　孙学蕙　张世玮副主编	江西中医学院
实验针灸学	汤德安	天津中医学院
田径(上下册)	全国体育学院教材委员会审定	
局部解剖学	徐恩多(主编)等	中国医科大学
口腔解剖生理学	皮　昕(主编)等	湖北医学院

中青年奖

教材名称	编著者	编著者单位
中国秘书史	杨剑宇	上海大学文学院
播音学简明教程	吴　郁	北京广播学院
文书学理论与文书工作	王　铭	苏州大学
宏观经济学	邹东涛主编　席　涛副主编	西北大学经济管理学院
饭店现代化经营管理	周　力	上海旅游高等专科学校
投资项目评估学	楼　远	浙江财经学院
食品加工机械	程凌敏等	黑龙江商学院
力学与结构(上下)	慎铁刚	天津大学

教育财务与基本建设

教育经费总投入与支出构成

1992年,国家教委财务司和地方教育财务部门,紧紧围绕全国教育工作重点,进一步贯彻多渠道筹措教育经费、“人民教育人民办,办好教育为人民”的方针,教育经费有较大幅度的增长,同时,进一步深化教育财务管理体制的改革,注意提高经费使用效益,在教育管理和宏观决策中发挥了积极作用。

一、教育经费总投入情况

1992年,全国教育经费总投入达到867.05亿元,比1991年增加135.55亿元,增长18.53%。详见下表:

项目	1992年金额(亿元)	1991年金额(亿元)	1992年比1991增长%
合计	867.05	731.5	18.53
一、预算内教育经费	564.94	482.18	17.16
其中:教育事业费和教育基建支出	487.73	412.31	18.29
各部门事业费中用于中专、技校和基建支出中用于大、中专、技校的支出	42.68	38.25	11.58
多种专项资金中用于教育的经费	1.37	1.18	16.10
学生课本价格补贴	0.27	0.35	-22.86
教育费附加	26.20	22.45	16.70
其他预算内用于教育的经费	6.69	7.64	-12.43
二、预算外教育资金	246.62	203.60	21.13
其中:社会服务及勤工俭学	46.72	37.22	25.52
各级政府征收用于教育的税费	61.61	52.71	16.88
学杂费	43.93	32.35	35.80
捐资、集资助学	69.63	62.82	10.84
其他收入	24.74	18.51	33.66
三、企业办学校教育经费	48.50	42.66	13.69
四、其他属于国家财政性质的教育经费	6.99	3.06	128.43

教育经费依靠国家财政主渠道，发挥多渠道筹措经费的积极性，促进了教育事业的改革和发展，使各级各类学校的办学条件得到了进一步改善。到1992年，我国绝大部分地区的中小学校已基本实现了“一无两有”(即校校无危房，班班有教室，学生人人有课桌凳)。全国中小学危房占校舍面积的比例已由1981年15.9%下降为1.18%，其中有13个省(区、市)下降到1%以下。我国80多万所中小学校的教学仪器、图书资料、文体器材和校园设施等得到不同程度的更新和补充。

二、教育事业费支出构成情况

(一)各级各类学校教育事业费支出

1992年，我国财政预算内教育事业费支出达464.05亿元，比上年增加388.70亿元，增长19.39%。情况如下表：

	金额(亿元)	构成(%)
合　计	464.05	100
高等教育	97.65	21.04
中等教育	161.36	34.77
初等教育	163.15	35.16
其他教育	41.89	9.03

(二)人员经费和公用经费

1992年，在教育事业费支出中，人员经费为338.90亿元，占全部教育事业费支出的73.03%；公用经费支出为125.15亿元，占26.97%。近年来，公用经费支出所占比例呈明显下降趋势(1992年比1991年下降3.31个百分点)。

(三)生均教育事业费支出

1992年，各级各类教育生均事业费支出均有较大幅度增长。各级各类学校生均事业费情况如下表：

	生均经费(元)	增长率(%)
普通高校	3987	15.16
中等师范学校	1586	12.32
普通中学	301	18.04
职业中学	526	13.36
小　学	139	20.87

三、各省、自治区、直辖市教育经费增长情况

(一)财政预算内教育经费增长情况

1992年，全国地方财政预算内教育经费支出为494.83亿元，比1991年增加72.92亿元，增长17.28%。地方财政预算内教育经费增长情况如下表：

地　区	金额(千元)	比上年增长%
合　计	49482816	17.28
北　京	1442020	12.88
天　津	826172	14.31
河　北	2125288	17.09
山　西	1445409	14.58
内蒙古	1206508	17.42
辽　宁	2561152	9.93
吉　林	1395341	12.98
黑龙江	1727742	11.16
上　海	1888329	17.75
江　苏	2759146	13.87
浙　江	1913277	17.42
安　徽	1537322	16.21
福　建	1601184	17.08
江　西	1273776	23.85
山　东	3246901	19.82
河　南	2508363	26.21

地　区	金额(千元)	比上年增长%
湖　北	1768125	17.28
湖　南	2240558	18.88
广　东	3522917	26.36
广　西	1803801	17.80
海　南	473576	23.15
四　川	3202081	16.23
贵　州	1049849	22.78
云　南	1965183	18.28
西　藏	187066	17.22
陕　西	1241011	11.58
甘　肃	872717	14.99
青　海	277606	20.94
宁　夏	290821	10.75
新　疆	1129575	12.47

(二)教育经费来源构成

1992年,全国地方教育经费总支出为612.27亿元,比1991年增加92.76亿元,增长17.86%。地方教育经费来源继续朝着多渠道的方向发展,其中,财政预算内教育经费支出494.83亿元,占全部教育经费支出的80.82%;地方政府征收用于教育的税费共61.61亿元,占全部教育经费支出的10.06%。地方教育经费来源构成情况如下表:

项　　目	金额(亿元)	构成(%)
地方教育经费总支出	612.27	100
一、财政预算内教育经费	494.83	80.82
教育事业费和教育基建支出	430.66	70.34
事业费中用于中专、技校和基建支出中用于大、中专、技校支出	31.08	5.08
各种专项资金中用于教育的经费	1.33	0.22
课本价格补贴	0.27	0.04
教育费附加	25.36	4.14
其他预算内用于教育的经费	6.11	1.00
二、各级政府征收用于教育的税费	61.61	10.06
三、企业办学教育经费	28.84	4.71
四、勤工俭学和社会服务收入	20.09	3.28
五、其他属于国家财政性质的教育经费	6.91	1.13

(三)各级各类教育事业费支出构成

1992年,全国地方教育事业费支出合计为416.12亿元,比1991年增加67.86亿元,增长19.49%。地方教育事业费支出构成情况如下表:

各级各类教育	金额(亿元)	构成(%)
地方合计	416.12	100
地方高等教育	43.85	10.54
中等教育	158.90	38.19
其中:中等专业学校	3.09	0.74
中等师范学校	9.98	2.40
职业教育	14.20	3.41
普通中学	131.63	31.64
小学	152.17	36.57
幼儿教育	6.21	1.49
地方成人教育(含广播电视)	26.85	6.45
特殊教育	1.69	0.41
其他	26.45	6.35

四、多渠道筹措教育经费,改善办学条件

中国有12亿人口,一方面,入学适龄儿童多,各类专门人才紧缺,制约着经济发展;

另一方面经济水平仍然比较落后，教育投入严重不足，这样，形成了经济不发达的穷国办大教育的局面，单纯依靠国家投资是不可能满足教育需要的，必须转变观念，实行多种渠道筹措教育经费。1992年，继续采取多渠道筹措经费的措施：

征收城乡教育费附加。1990年起，国务院决定将城市教育费附加计征率由按“三税”（产品税、增值税、营业税）的1%提高到2%，并将教育费附加纳入预算管理。1992年，各地加强了城乡教育费附加的征收工作，全年共征收26.20亿元。

社会集资、捐资。1992年，全国各地继续贯彻落实1989年山东和1990年北京集资办学现场会精神，进一步完善了政策，制订全面规划，千方百计拓宽筹资渠道，下大力气改善办学条件，取得了显著成绩。1992年，国家教委、财政部、国家计委又联合召开了全国多渠道筹措教育经费，改善办学条件河南现场会，表彰奖励了北京、河北、黑龙江、吉林、上海、天津、浙江、福建、广东、安徽、陕西、四川、山西、青海等14个省市人民政府，并嘉奖了河南省，有力地推动了各地集资办学活动的开展。这次会议，正式宣布了经过近十年的努力，我国中小学改造危房的任务已基本完成，今后将向新的目标迈进。

此外，我国继续有计划、有步骤地引进和利用外资。1992年，较好地完成了世界银行贷款师范教育项目的评估、可行性研究等工作，以及职业技术教育项目的立项和部门研究争取工作。同时，积极改革高等学校收取学费、杂费管理办法，加强中小学收取杂费的管理，增加了办学经费；积极建立教育基金，大力开展勤工俭学和社会服务。

撰稿人　张　勇　马文华

审稿人　王显明

教育财务管理和改革

1992年，全国广大教育工作者认真学习并贯彻了邓小平同志南巡重要谈话精神和党的十四大的方针，各级教育部门和学校大力加强教育经费管理，努力提高资金的使用效益，财务管理和改革取得了明显成效。

进一步拓宽筹措教育经费来源渠道，建立确保财政增长有效机制，确定教育经费应占合理比例；建立提高教育经费分配、使用效益评估指标体系，进行项目、定额、目标管理。

进一步改革高等学校奖学金、贷学金制度，实行国家、行业、部门、企业、个人奖学金及发放贷款新制度、新办法；建立普通高校综合预算管理体制，改变现行预算内、预算外分别管理办法；完成普通高等学校财务管理改革的调查研究工作，为今后加快改革，适应市场经济发展新形势的需要打下了基础。

加强了教育财会制度的改革研究工作。全国根据市场经济体制的建立和发展，研究了教育财务管理通则和会计准则。同时，有组织地进行了《直属高校校办企业会计制度若干问题规定》和《综合预算管理规程》试行工作。

加强了教育经费统计和综合分析工作。1992年，继续开展全国范围内的教育经费统计工作。同时认真分析经费收支和使用效益，撰写《中国教育经费年度发展报告(1992)》、《1991年教育经费统计报告》、《1978——1990年教育经费统计基本数据分析》和《“七五”时期教育投入实际与进一步完善教育投入的政策选择》等材料，从而为教育经费的管理和决策提供了有力的帮助。

完成清产核资工作。1992年3月，按照国务院清产核资领导小组的统一部署和安排，国家教委成立了清产核资领导小组和清产核资办公室，同时选定中国人民大学、华中理工大学为清产核资试点单位，并如期完成了试点任务，于11月中旬，向国务院清产核资领导小组办公室报送了《清产核资工作验收报告》和《清产核资试点工作总结》等有关材料，为1993年全国高等学校全面展开这项工作总结了经验，奠定了基础。

加强财会干部的培训工作。为适应新形势下财务工作的要求，为更新观念，学习新的财会知识，先后在青岛开办了财会培训班，对委属院校的财务人员进行了培训；举办了全国教育战线财务负责人参加的股票、证券学习班，以增强改革开放形势下的新知识；举办了委属高校财务处长培训班，分别到深圳和香港进行实地考察培训，为财会制度的改革，为尽快适应改革开放的形势奠定了基础。同时，成立了会计师事务所，使教育财务工作正规化，制度化，法制化。

进一步加强中小学收费管理，解决存在的问题，国家教委办公厅发出了《关于检查处理中小学收费问题的紧急通知》，随后，派工作组专程赴湖北、湖南调查中小学收费问题，检查落实《紧急通知》的情况。

撰稿人　马文华　张　勇

审稿人　王显明

国家教委、财政部、国家计委关于表彰多渠道筹措教育经费改善办学条件先进单位的决定

（1992年8月8日）

近十多年来，各级党委和政府认真贯彻党中央、国务院关于加强教育工作的一系列方针、政策，重视并优先发展教育事业，在多渠道筹措教育经费改善办学条件工作上取得了巨大的成绩。继在山东和北京开会表彰了8省（区）后，又有14个省（市、区）基本实现了“一无两有”（即校校无危房，班班有教室，学生人人有课桌凳），这是我国基础教育在改善办学条件方面所取得的历史性胜利。

为了鼓励先进，加快教育的改革和发展，国家教委、财政部、国家计委决定：对多渠道筹措教育经费改善办学条件成绩突出的北京、天津、河北、山西、吉林、黑龙江、上海、浙江、安徽、福建、广东、四川、陕西、青海等14个省、市人民政府予以表彰、奖励。

“一无两有”工作基本完成后，基础教育改善办学条件和提高教育质量的任务仍很艰巨。希望各地认真学习先进，总结经验，从实际出发，贯彻落实“人民教育人民办，办好教育为人民”的方针，不断完善多渠道筹措教育经费机制，进一步改善办学条件，把基础教育工作推上一个新台阶。

国家教委关于多渠道筹措教育经费改善办学条件的公告

（1992年9月8日）

党的十一届三中全会以来，特别是1985年发布《中共中央关于教育体制改革的决定》后，各级党委和政府高度重视教育工作，把改革和发展教育事业放在重要战略地位，认真贯彻“人民教育人民办，办好教育为人民”的方针，坚持多渠道筹措教育经费，使我国中小学校面貌发生显著变化，办学条件得到很大改善。现在，我国绝大部分地区的中小学校已基本实现了“一无两有”（即校校无危房，班班有教室，学生人人有课桌凳）。据不完全统计：1981年至1991年，多渠道筹措用于改善中小学办学条件的经费共1066亿元，其中国家财政拨款为357.5亿元，社会集资、捐资等各种渠道筹措教育经费为708.5亿元，共修缮、新建、改建中小学校舍总面积6.72亿平方米，使全国中小学危房占校舍面积的比例由1981年的15.91%下降到1991年的1.6%。其中有13个省（区、市）降到1%以下。添置课桌凳1.16亿套；并使我国八十多万所中小学校的教学仪器、图书资料、文化器材和校园设施等也有了不同程度充实。我国中小学面貌的改观，办学条件的改善，“一无两有”历史任务的实现，是各级党委、政府从战略高度重视教育做出的巨大努力，是社会各界、广大人民群众以及港澳台胞、海外侨胞支持教育做出的巨大贡献。这项伟大业绩将永载我国教育发展的史册。

90年代，我国基础教育面临着基本实现九年义务教育、基本扫除青壮年文盲，全面贯彻党的教育方针，全面提高教学质量的艰巨任务。目前我国基础教育的办学条件还不能适应完成上述任务的要求。为此必须认真贯彻小平同志南巡讲话精神，继续加快教育的改革和发展，继续完善筹措教育经费的机制，进一步改善办学条件。争取到本世纪末，使我国的基础教育再上一个新台阶。

附

□1981—1991 年多渠道筹资改善办学条件情况表

	用于改善办学条件资金			中小学校舍改造情况		
	合计（亿元）	国家财政（亿元）	其他渠道（亿元）	新建、改造、修缮校舍（万 M²）	1981 年危房比例	1991 年危房比例
合　计	1065.91	357.45	708.46	67188.63	15.91	1.60
北　京	24.57	10.91	13.66	737.80	0.00	0.00
天　津	18.87	6.99	11.88	502.96	16.65	0.43
河　北	39.76	8.72	31.04	3900.20	8.50	0.23
山　西	26.53	8.42	18.11	1999.38	13.00	0.48
内蒙古	15.37	7.65	7.72	1165.00	17.00	3.10
辽　宁	39.80	17.90	21.90	1932.00	11.96	1.09
吉　林	24.43	8.03	16.40	1561.90	8.50	0.71
黑龙江	23.22	6.30	16.92	950.00	10.20	1.52
上　海	39.35	18.95	20.40	681.72	5.40	0.34
江　苏	39.06	6.35	32.71	2986.00	15.20	1.30
浙　江	45.25	14.37	30.88	2412.33	11.68	0.51
安　徽	49.80	18.60	31.20	3411.85	32.00	8.40
福　建	35.95	11.60	24.35	2109.08	20.42	0.52
江　西	21.48	6.44	15.04	2118.36	15.00	0.39
山　东	55.00	7.28	47.72	4194.00	8.67	0.42
河　南	102.96	31.07	71.89	5190.07	24.00	0.29
湖　北	42.02	7.98	34.04	3983.61	19.70	2.26
湖　南	94.76	13.99	80.77	2298.00	11.42	1.55
广　西	35.48	9.19	26.29	3040.00	20.10	1.01
广　东	106.91	38.07	68.84	5155.08	16.31	0.32
海　南	6.09	3.87	2.22	108.30	22.80	15.40
四　川	58.00	24.00	34.00	7603.00	16.90	0.48
贵　州	16.77	13.67	3.10	1405.00	30.50	8.16
云　南	40.20	28.30	11.90	3169.00	18.12	2.98
西　藏	2.20	2.00	0.20	58.20	20.80	9.45
陕　西	25.07	3.98	21.09	2408.80	14.80	1.90
甘　肃	12.65	6.99	5.66	942.36	15.09	4.62
青　海	8.87	7.03	1.84	261.13	34.45	5.71
宁　夏	4.69	1.83	2.86	244.80	14.22	1.96
新　疆	10.80	6.97	3.83	658.70	12.58	2.96

注：海南省为 1988—1991 年数据。

教育基本建设

一、1990—1992 年教育事业基本建设投资完成情况

1990—1992 年国家预算内安排的教育事业基本建设投资仍按领导体制分为中央预算和地方预算两部分。国务院各部门所属院校国家预算内基建投资由中央预算安排，地方教育事业的国家预算内基建投资由地方预算直接安排。同时中央预算中还安排了一部分补助地方教育事业的基建投资。此外投资来源还有自筹、利用外资、无偿捐赠、地方和群众集资等。

1990—1992 年中央每年补助地方教育事业基建投资 26950 万元，其中补助老少边穷地区普及九年义务教育基建投资为 12500 万元，补助师范教育基建投资为 6700 万元，补助城市中小学教职工住房基建投资为 3850 万元，机动补助基建投资为 1900 万元。另有补助医学专科教育基建投资 1990 年为 2000 万元，1991 年为 1000 万元；补助职业教育基建投资 1991 年 1000 万元，1992 年 2000 万元。

根据国务院各部门和地方教育行政部门报送的教育基建统计年报汇总，全国普通高等学校和教育部门所属各类学校 1990 年共完成基建投资 83.82 亿元，竣工校舍建筑面积 2574 万平方米，其中普通高等学校投资 26.95 亿元，竣工校舍建筑面积 408 万平方米；教育部门所属除普通高等学校以外，其他教育事业投资 56.87 亿元，竣工校舍建筑面积 2165 万平方米(含中师投资 2.83 亿元，竣工校舍 87 万平方米；教育学院及教师进修学校投资 1.62 亿元，竣工校舍 53 万平方米；普通中学投资 22.38 亿元，竣工校舍 846 万平方米；职业中学投资 3.04 亿元，竣工校舍 109 万平方米；小学投资 21.49 亿元，竣工校舍 937 万平方米；其他投资 5.51 亿元，竣工校舍 133 万平方米)。

1991 年全国普通高等学校和教育部门所属各类学校共完成基建投资 96.98 亿元，竣工校舍建筑面积 2580 万平方米，其中普通高等学校投资 29.96 亿元，竣工校舍建筑面积 399 万平方米；教育部门所属除普通高等学校以外，其他教育事业投资 67.02 亿元，竣工校舍建筑面积 2181 万平方米(含中师投资 2.86 亿元，竣工校舍 76 万平方米；教育学院及教师进修学校投资 1.53 亿元，竣工校舍 38 万平方米；普通中学投资 29.15 亿元，竣工校舍 969 万平方米；职业中学投资 4.24 亿元，竣工校舍 114 万平方米；小学投资 24.29 亿元，竣工校舍 868 万平方米；其他投资 4.95 亿元，竣工校舍 116 万平方米)。

1992 年全国普通高等学校和教育部门所属各类学校共完成基建投资 130.18 亿元，竣工校舍建筑面积 3115 万平方米，其中普通高等学校投资 35.76 亿元，竣工校舍建筑面积 373 万平方米；教育部门所属除普通高等学校以外，其他教育事业投资 94.42 亿元，竣工校舍建筑面积 2742 万平方米(含中师投资 4.02 亿元，竣工校舍 86 万平方米；教育学院及教师进修学校投资 1.95 亿元，竣工校舍

45万平方米；普通中学投资43.17亿元，竣工校舍1205万平方米；职业中学投资6.72亿元，竣工校舍174万平方米；小学投资33.20亿元，竣工校舍1105万平方米；其他投资5.35亿元，竣工校舍127万平方米）。

上述完成投资及竣工校舍建筑面积中均未包括国务院各部门和各省、直辖市、自治区、业务厅（局）所属的中等专业学校、技工学校、职业学校以及企事业单位所属中学、小学、幼儿园的数字在内。

全国普通高等学校和教育部门所属其他教育事业基建投资按不变价格计算逐年有所增加，1990年比1989年增加1.94亿元，增长2.37%；1991年比1990年增加13.16亿元，增长15.71%；1992年比1991年增加33.20亿元，增长34.23%。但预算内投资有增有减，1990年比1989年减少10.22%；1991年比1990年增长6.66%；1992年比1991年增长14.07%。增加比较多的是中小学基建投资，特别是中学（包括普通中学和职业中学）基建投资，1990年比1989年增长20.17%，1991年比1990年增长31.33%，1992年比1991年增长49.43%，但预算内投资有的年份增加有的年份减少。

二、城市中小学教职工住房建设情况

1982年国家教委着手解决城市中小学教职工住房问题，11年来取得了很大成绩。据统计，1981年至1991年全国用于城市中小学教职工住房建设的投资近60亿元，建成住房建筑面积2410万平方米，近45万套。教职工家庭人均居住面积已由1981年末的3.8平方米提高到1991年末的6.39平方米。但是，由于历史上欠帐太多，城市中小学教职工的住房问题还未得到根本解决。据统计，1991年全国城市中小学教职工家庭人均居住面积仍然低于全国城镇居民0.81平方米，距“八五”期间要求达到的目标还差1.11平方米。城市中小学教职工中还有38万多缺房户，占总户数的25.16%；其中无房户17万多户，占总户数的11.51%；困难户21万户，占总户数的13.64%。另有等房结婚大龄青年7万多人。鉴于这种情况，国务院办公厅于1992年9月19日转发了国家教委、建设部、全国教育工会上报的《关于“八五”期间解决城市中小学教职工住房问题的意见》。该文件提出了“八五”期间城市中小学教职工住房建设工作的奋斗目标，即除部分经济困难的省、自治区及少数内地条件较差的城市可以推迟达到国家目标的时间外，其他城市都要争取达到人均居住面积7.5平方米及成套率40—50%的国家目标。明确了要以解危解困为主，重点要解决无房户及人均居住面积在3—4平方米以下的困难户。为实现奋斗目标，该文件还提出了7条措施。国家教委为了贯彻落实文件精神，于1992年12月在江西省南昌市召开了全国城市中小学教职工住房工作会议，对今后的工作做了布置。

撰稿人　朱宝铜
审稿人　王　华

附

□各类教育基本建设投资及建筑面积情况表

1990—1992年全国普通高等学校和教育部门所属其他教育事业基本建设投资

年份	总计（万元）	国家预算内投资（万元）	全国普通高等学校基建投资				教育部门所属其他教育事业基建投资			
			合计（万元）	占总计的%	其中：国家预算内投资		合计（万元）	占总计的%	其中：国家预算内投资	
					小计（万元）	占投资总额中预算内投资的%			小计（万元）	占投资总额中预算内投资的%
1	2=4+8	3=6+10	4	5=4/2	6	7=6/3	8	9=8/2	10	11=10/3
1990	838236	273417	269517	32.15	207134	75.76	568719	67.85	66283	24.24
1991	969882	291637	299636	30.89	222125	76.16	670246	69.11	69512	23.84
1992	1301851	332683	357608	27.47	256176	77.00	944243	72.53	76507	23.00

1990—1992年教育部门所属其他教育事业基本建设投资

单位：万元

年份	合计		中等师范学校		中学		小学		其他	
		预算内		预算内		预算内		预算内		预算内
1990	568719	66283	28267	8822	254229	25592	214886	20759	71337	11110
1991	670246	69512	28625	8203	333877	32780	242923	18864	64821	9665
1992	944243	76507	40247	9253	498908	37081	332028	20286	73060	9887

注：表中“其他”与文字叙述中的“其他”不同，表中“其他”多包含了教育学院和教师进修学校

1990—1992年全国普通高等学校和教育部门所属其他教育事业基本建设投资所占比重

年份	全国基本建设投资总额（万元）	国家预算内投资（万元）	文教、卫生、科研行业投资（万元）	全高普通高等学校和教育部门所属其他教育事业基建投资				
				合计（万元）	占全国基建投资总额的比重（%）	占文教、卫生、科研投资的比重（%）	其中：国家预算内	
							小计（万元）	占全国基建投资总额中国家预算内投资的比重（%）
1	2	3	4	5	6=5/2	7=5/4	8	9=8/33
1990	17038145	3635936	1351882	838236	4.92	62.01	273417	7.52
1991	21157985	3484454	1575376	969882	4.58	61.57	291637	8.37
1992								

1990—1992 年全国普通高等学校和教育部门所属其他教育事业竣工建筑面积

单位:万平方米

年份	总计		全国普通高等学校		教育部门所属其他教育事业					
		住宅		住宅	合计	住宅	中师	中学	小学	其他
1990	2574.08	595.96	408.21	160.46	2165.87	435.50	87.23	955.15	937.26	186.23
1991	2580.26	693.33	399.38	181.68	2180.88	511.65	75.52	1083.01	867.91	154.44
1992	3115.45	802.68	373.04	182.88	2742.41	619.80	86.50	1378.73	1105.37	171.81

实施委属高校教工住宅“解困”方案

到1990年底，国家教委所属高校实有教工住宅486万平方米（建筑面积，下同），其中，被离退休、调出等非在编人员住用123万平方米，危、旧平房67.6万平方米。在编教职工实际住用295.4万平方米，仅占住房总面积的61%。据统计，委属36所高校中青年教职工中有无房户1.8万户，严重拥挤户2.5万户，二者共计4.3万户，占总户数的45%。由此形成了委属36所高校教职工尤其是中青年教职工住房十分紧张的状况。住房问题已成为当前影响学校稳定、教职工积极性发挥和教育事业发展的突出问题。因此，解决委属高校教职工住房困难，特别是解决中青年教职工无房问题，就成为学校改善办学条件的首要任务。

为此，国家教委于1990年10月制定和下发了《“八五”期间缓解委属高校教职工住房困难的实施方案》，决定用3年时间基本解决中青年教职工无房问题，力争用5年或更长一点时间使大部分骨干教职工的住房能够达到国家规定的最低标准，从而使委属高校住房困难状况能够基本得到缓解。

根据上述目标，“八五”期间委属高校计划新建住房180万平方米，按当时建筑造价测算，共需安排住房建设投资10亿元，其中国家投资安排8亿元，学校自筹和教职工个人集资2亿元。

为完成“解困”方案提出的目标，从1991年开始，委属高校的基建投资开始向教工住房大幅度倾斜，仅1992年用于教工住房的投资就达2.5亿元，约占各高校年度正常投资的53%左右，由于对自筹资金建设住宅实行了投资奖励政策，充分调动了各高校和教职工的积极性，全年仅自筹用于住宅的投资就达5000万元。经过1991、1992两年的努力，委属高校共建成教职工住宅57万平方米，为“八五”“解困”目标的32%；共完成住宅基建投资4.1亿元。上述住宅的建成，使委属高校教职工住房尤其是中青年教职工住房困难有所缓解，也为以后几年“解困”目标的进一步实施打下了良好的基础。但由于1992年以来基建材料大幅度涨价，原测算投资已远远不够，也为以后实现原定“解困”目标带来很大的难度。

撰稿人　杨明奎

审稿人　王　华

利用世界银行贷款发展教育事业情况

1992年4月10日，我国政府与世界银行新签订了贷款金额为1.3亿美元的“贫困省教育发展项目”。1992年世界银行教育贷款正在执行的项目总数有7个，累计贷款金额6.83亿美元。

一、延期关闭的贷款项目

“第二个大学发展项目”。1992年的主要工作是继续修改项目《完工总结报告》，同时与财政部研究探讨本项目的还款问题。1991年利用余款采购约1440万美元的仪器设备已到货并投入使用。本项目的帐户已于1992年底关闭。

“地方大学发展项目”。1992年基本完成了《完工总结报告》。本项目的帐户已于1992年底关闭。

二、正在执行的贷款项目

“中学在职教师培训项目”。1992年是执行项目的第四年，几个主要的效益指标已接近预期目标。72所项目院校的总培训规模已达35万余人，教师的平均授课时数达到6.9课时/周；大部分项目院校都开展了双学科培训的试点，培训人数达1.16万余人；各项目院校在提高女生比例方面都采取了措施，女生比例达到38.9%。1992年，较发达地区为边远地区代培师资共培训3.62余万人。到年底，项目配套资金已累计完成17467.5万元。

本项目第二期招标采购的设备在1992年已到货并投入使用，设备完好率为99.9%。第三期设备招标工作已于1992年5月开始，11月开标，合同总金额为751.8万美元，总台件数为891件，预计到1993年3月完成签约。

“教材建设项目”。本项目实施近4年来，促进和推动了我国高等教育教材和中小学教材事业的建设和发展。我国高等学校使用的正式出版教材的比例已由1986年的50%增长到70%以上；油印讲义的比例也由1988年的60%以上减少到25%左右；1992年全国新出版的高等教育教材和相关的教学图书较1986年以前增长约1.5倍。

1992年11月，国家教委外资贷款办公室部署了本项目的中期检查工作，并会同委内有关司局、国家计委及专家，对上海、江苏、安徽、北京、辽宁、吉林等6省市所在的19个项目单位进行了实地检查。

本项目第二期国际招标采购的设备已于1992年8月以前全部到货。第三期设备招标采购工作已于1992年下半年开始准备。本项目只有人民教育出版社获得40万美元的图书采购款，到1992年底，实际用款约5万美元。

本项目在1992年共举办了8个讲习班(其中普教5个、高教3个)，参加讲习班学员达200余人次。已有35人通过语言考试合格后，由国家教委批准出国进修。

“职业技术教育项目”。1992年是项目执行的第三年。教师与其他人员比、师生比、教师周课时数等效益指标都分别完成了项目预期目标的98%、92%和93%。1992年，项目配套资金完成14700万元人民币，占计划总额的72%；土建工程完成33.8万平方米，约占计划的90%。

本项目第二期设备招标采购工作1992年共签定519个合同、3184台件，合同总金额2389.8万美元。

本项目计划在国外培训134人，到1992年底已派出23名教师，另有25名教师正在接受语言培训。本项目计划举办由国外专家参加的讲习班26个，到1992年底完成7个，共有1330名教师和636名管理人员参加了各种类型的国内培训。

"重点学科发展项目"。1992年是本项目执行的第二年，各方面都取得了实质性进展。1992年4月，国家教委外资贷款办公室制定了《重点学科发展项目财务管理办法》，并在天津举办了财务管理人员培训班。1992年1月和7月，由有关院校人员组成的两个实验室管理考察团分赴日本和美国考察。国家自然科学基金委员会于11月在西安召开了试点实验室工作研讨会，交流了各试点实验室的工作经验，并组织了专题讲座。中国科学院根据专家评议，增加开放9个实验室，中国科学院决定每年给每个开放实验室开放运行费35万元。

国家教委负责的本项目第一期国际招标设备采购工作，1992年，共与133个厂商签订607份合同，总金额6902.4万美元，其中国外厂商5477.1万美元，国内厂商1425.3万美元。中国科学院1992年完成了第一期国际招标，共签订合同197个，计235台件，总金额1308万美元。

本项目国家教委在1992年共录取出国培训人员127人，已派出63人。中国科学院1992年共派出出国培训人员193人，聘请3位外国专家；中国科学院共请进59批专家，计105人次。1992年建立了项目专家咨询组，12月在北京召开了第一次会议，讨论了咨询组的工作职责，国家教委副主任朱开轩到会并向该组的9名成员颁发了聘书。

三、新签约贷款项目

"贫困省教育发展项目"。1992年4月10日，我国政府与世界银行签订了援助我国"贫困省教育发展项目"的《开发信贷协定》，7月6日开始生效，至1998年6月30日完成。

本项目由世行贷款9320万特别提款权(折合13000万美元)。其中用于贫困省发展九年义务教育及教育管理信息系统建设11000万美元，用于调整改革高等教育2000万美元。

贫困省项目援助重点是支持山西、陕西、贵州、云南、湖北、湖南等6省的114个县发展九年义务教育。其中绝大多数为国务院或项目省1988年以前公布的贫困县。高等教育部分选定湖北工学院等9所院校为第一批子项目院校，第二批待定。

本项目的建设目标是：(1)项目覆盖的县区基本实现普及小学阶段义务教育，同时，适当发展初中阶段义务教育，赶上本省九十年代初平均发展水平；(2)调整项目省地方高等教育的布局和结构，改革办学模式，加强与实际的联系，提高办学质量和效益；(3)建立健全项目省、县两级教育管理信息系统，提高地方各级政府对教育的决策和管理水平。

1992年4月，国家教委外资贷款办公室、财务司召开6个项目省项目执行准备工作会议，讨论了管理办法、土建标准招标程序和实施办法、普教设备标准清单和采购方法、高教设备配置原则和采购办法以及技术援助计划和执行办法。7月，召集14所师专开会，对各校的建议书进行了修改。11月21日，国家计委正式批复修改后的项目可行性报告。

撰稿人　孙福秋　俞秀义
审稿人　汪原仁　尤少忠

教育技术装备建设与勤工俭学

教学仪器设备行业管理

一、生产发展情况

1992 年由于经济体制的变化,部分校办工厂转向科技开发,仅有 655 个工厂承担教学仪器设备生产任务,其中中小学校办工厂 596 个。职工总数 35605 人,其中中小学校办工厂职工为 30064 人。在职工总数中,技术人员为 4663 人。固定资产原值 36053.1 万元,其中中小学校办工厂为 23762.9 万元。完成工业总产值(1990 年不变价)78879.9 万元,其中中小学校办工厂完成 62941.8 万元。在工业总产值中,教学仪器设备产值为 48199.6 万元,其中中小学校办工厂为 40076.0 万元。利税总额 14913.8 万元,其中利润总额 11205.5 万元。不生产教学仪器设备的校办工厂均未统计在内。

普教按完成工业总产值(不变价)近 2000 万元以上的省(市)有:浙江省、上海市、四川省、江苏省、福建省、湖南省、广东省、湖北省、南京市、山东省、江西省、安徽省。

完成工业产值 500 万元以上的委属高校有:浙江大学、华南理工大学、清华大学、华东师范大学、山东大学、华中理工大学、东南大学、同济大学、北京大学、厦门大学、复旦大学、上海交通大学。

教学仪器设备全行业 1992 年实现的经济指标:工业产品销售率 93%,低于全国标准值;工业资金利税率 17.52%;工业净产值率 43.65%;工业成本利润率 20.52%;净产值工业全员劳动生产率 10000 元/人;流动资金周转次数 1.22 次,低于全国标准值。工业经济效益综合指数为 1.35。

二、研制新产品

青岛海洋大学研制的"SHC－2 型声波特性测试仪",可用连续波、脉冲波两种工作方式进行各种声学测量,方法形象、直观,在声学测量方面处于国内领先地位。

河北省涿州电教设备厂研制的"AV 型(视听型)语言教学系统",为全电脑控制,具有一般语言教学功能,考试、阅卷、评分、统计、分析、排名次等功能,可解除教师繁重的劳动。同时研制成功了教学软件。

辽宁新世界教具制品有限公司研制的"水溶性无尘粉笔"和与之配套使用的"中密度塑料书写板",达到了无尘效果。国家科委科研成果推广办公室和国家教委条件装备司曾联合发函,向全国各级各类学校推荐。

三、行业管理

根据《国家教委教学仪器设备生产定点厂考核条件(试行)》,在 1991 年第三季度先后对产品质量稳定,管理基础工作较好的工厂进行了检查验收。1992年10月国家教委确定了下列14家工厂为国家教委教学仪器设备生产首批定点厂：上海教学仪器厂、上海市卢湾电子教仪厂、杭州九二无线电厂、浙江省龙游县教学仪器总厂、宁波市教学仪器厂、浙江省宁海教学仪器厂、福建省泉州市无线电五厂、泉州市无线电七厂、福建民中电工仪器厂、武汉市大江电器仪表厂、武汉市江岸教学设备厂、湖南省教学仪器二厂、湖南省益阳市教学设备厂和四川省德阳市玻璃仪器厂。这些工厂将成为教学仪器设备行业的骨干厂。

经国家体改委和财政部核准，国家教委于1992年7月2日批复同意将武汉教学仪器厂下放给华中师范大学管理。1992年12月28日国家教委批复同意将沈阳教学仪器厂下放给北京师范大学管理。武汉教学仪器厂和沈阳教学仪器厂将作为校办工厂，执行国家教委、财政部印发的《普通高等学校校办工厂管理的规定》。武汉教学仪器厂的资产、计划、财务等关系从1992年1月1日起，劳动工资计划从1993年1月1日起，划转到华中师范大学。沈阳教学仪器厂的资产、计划、劳动工资等关系从1993年1月1日起划转到北京师范大学。

1992年3月27日国家教委办公厅向国家工商行政管理局发出《关于要求查处假冒订货会的函》，请求协助严厉查处不法商贩盗用国家教委名义举办所谓“订货会”。国家教委也要求各地教育行政部门和学校提高警惕，坚决揭露和抵制这类假冒订货会。同时重申：为理顺管理体制，加强教学仪器设备行业的归口管理和监督，整顿购销环节，保证订货质量，全国性的教学仪器设备订货会从1992年起改称教学仪器设备供应工作会并由国家教委条件装备司主办。

中国教学仪器设备行业协会第二届第二次常务理事(扩大)会议于3月10日至12日在北京举行。会议讨论通过1991年工作总结报告，重点讨论了“质量、品种、效益年”和“中国质量万里行”的活动等问题。

为改变少年儿童课堂教学比重过大，课外活动单调的局面，创造良好的课外活动环境，由国家教委条件装备司、基础教育司、教学仪器研究所和中央教育科学研究所牵头承担的“八五”教育科研课题“中小幼科学教育及其器材的发展与对策”，于1992年2月28日至3月1日在珠海召开了开题研讨会。会上拟定了《中、小学幼儿科学教育及其器材的发展与对策研究工作纲要》。

四、质量管理

1992年下半年，国家教委对26个品种共370件产品进行了监督检验，平均合格率为75.41%。

1992年新发生产许可证的产品有“碰撞实验器”等6种；1987年发证到1992年有效期满换证的产品10种；1991年未结束有效期证的，到1992年补检继续发证的产品10种。

为更好地推行生产许可证制度，保证发证工作的质量，实行了委级审查员制度。1992年聘请王庚等46位同志为国家教委生产许可证工厂审查员。

1992年1月14日至17日，在哈尔滨市召开了第二届全国教学仪器标准化技术委员会成立会。通过了《全国教学仪器标准化技术委员会章程》、《教学仪器标准订标补助费使用管理办法》、《全国教学仪器标准化技术委员会会费管理暂行办法》和会议纪要。

五、技术改造与销售

1992年技术改造更新措施投资计划为2000万元，仅完成60%。

1992年，产品销售收入74574.7万元，其中科教仪器为45800.2万元。4月份的杭州订货会成交额为1.73亿元；10月份的大连仪器供应工作会议成交额为1.05亿元。两次普教仪器供应工作会成交总计2.78亿元，在科教仪器销售中所占比例为60.7%。

正常贸易出口额创汇241万美元。另外，参加世界银行贷款项目投标，有300万美元中标。

撰稿人 张润兴

审稿人 周克平

高等学校实验室工作

据1992年7月的不完全统计，全国(除西藏、台湾外)1033所普通高等学校中有实验室35806个，使用面积686.37万平方米。拥有教学科研仪器设备467.62万台(件)，原值123.39亿元。实验室工作人员为13.58万人。1992年开设教学实验685371个项目；完成636414万个学时的工作量；承担科研课题51600项，完成16030万个机时的工作量；开展社会服务37373项，完成2816万个机时的工作量。

1991年10月国家教委在清华大学召开第二次全国高等学校实验室工作会议之后，国家教委于1992年6月和7月，发出《关于加强高等学校实验室工作的意见》和《高等学校实验室工作规程》。各部委、各地区及各高等院校积极贯彻会议和文件精神，纷纷研究改革方案，部署下一步的工作。纺织部、建设部、中国天然气总公司、能源部、交通部等单位召开了高等学校实验室工作会议，确定了“八五”期间的主要任务。北京、天津、上海、河北、湖北、新疆等20多个省、自治区、直辖市以各种形式学习领会文件精神，提出“八五”期间高等学校实验室工作的指导思想和基本任务。决定对重点学科实验室和基础课教学实验室建设投资采取倾斜政策。山东省决定每年拿出1千万元扶植本省高校的实验室建设；广东省1992年拨款6000万元支持省属24所高等学校的实验室建设。北京大学、上海交通大学、北京理工大学等一批高等院校通过机构改革，强化了实验室管理部门，以实际行动落实第二次全国高等学校实验室工作会议精神，取得了很好的成效。

为加快高等师范专科学校各学科教学仪器设备的全面配备，国家教委于1992年5月印发了《师范专科学校教学仪器设备配备方案》，根据师范专科学校的教学要求，配齐了学生基本教学实验用仪器设备，同时配备了教学研究、教育方法改革、学校管理所需的仪器设备。

为了使高等学校分析测试中心更具备向社会开放的条件，经国家技术监督局同意，国家教委条件装备司于1992年12月成立了高等学校分析测试中心计量认证评审组，并完成了对中山大学、兰州大学、清华大学的分析测试中心的计量认证工作。

撰稿人　陈小平
审稿人　周克平

中小学实验教学普及县工作

1992年3月，国家教委条件装备司对全国(除台湾外)30个省、自治区、直辖市及14个单列市的中小学实验教学普及县工作进展情况进行了统计汇总，并印发了《全国中小学实验教学普及县工作进展情况汇报》和《全国中小学实验教学普及县情况调查汇总表》，反映出1991年底，全国有205个县(市、区)普及了中小学实验教学。1992年，普及工作又有新进展，至1992年12月，全国(除西藏、台湾)29个省、自治区、直辖市以及14个计划单列市的县(市、区)中，已全面普及中学实验教学县的达496个，普及小学实验教学县的达404个。据统计的764855所中小学校中，已有262395所中小学按各地制定的验收标准实现了中小学实验教学达标。其中，一类达标73012所，二类达标76632所，三类达标的91472所，其它类达标的21279所。

目前，全国的中小学校已有物理、化学、生物、自然课教学仪器金额24.2亿元；其它各学科教学设备金额41.9亿元。

1992年，为普及中小学校实验教学，各地用于购置各类仪器设备的经费达8亿元，其中3亿元为财政拨款，5亿元为社会集资。

撰稿人　陈小平

审稿人　周克平

全国中小学勤工俭学

1992 年，全国中小学勤工俭学在改革开放中迅速发展，总产值达 393.4 亿元，提前三年实现“八五”全国中小学勤工俭学的基本目标。全年总收益 59.9 亿元。学生生均收入 34.14 元，生均收入最高的是上海市，达 138.23 元。总收益超 2 亿元的省市有江苏、辽宁、山东、河北、浙江、四川、吉林、黑龙江、广东、湖北、上海、河南、北京、广西壮族自治区、湖南；其中超 4 亿元的有江苏、辽宁、山东、河北 4 省。国家教委对上述 15 个勤工俭学先进省市给予表彰。总收益增长幅度最高的是福建省，达 47.85％；勤工俭学普及率最高的是吉林省，达 98.94％；接纳学生参加劳动基地数比例最高的是山东省，达 89.25％。

全国勤工俭学已经初步建立起校办产业体系。截止 1992 年底，全国各类中、初等学校勤工俭学基地有 73 万多个，共有固定资产净值 82.8 亿元，流动资金 140.3 亿元。在勤工俭学职工队伍中，有 13.25 万教师从事勤工俭学工作，有 1 亿多学生参加了各种形式的勤工俭学活动。

1992 年全国各类中、初等学校勤工俭学发展概况

	教育部门办							其它部门办						
	合计	中等技术学校	中等师范学校	普通中学	农业、职业中学	小学	特殊教育学校	合计	中等技术学校	中等师范学校	普通中学	农业、职业中学	小学	特殊教育学校
开展勤工俭学校数（所）	720245	277	831	72465	7026	639051	595	14794	979	16	4274	881	8593	51
勤工俭学开展率（％）	91.84	27.45	93.37	94.16	84.74	91.80	59.44	60.01	49.80	66.67	61.08	56.19	61.28	67.11
校办产业基地数（个）	713431	657	2852	130102	17973	560888	959	11470	1438	37	4346	713	4919	17
工　业	81028	271	1022	31547	4799	42765	624	3911	608	11	1737	256	1287	12
农　业	519476	167	554	60277	7895	450475	108	3792	187	3	1135	272	2195	
第三产业	112927	219	1276	38278	5279	67648	227	3767	643	23	1474	185	1437	5

	教育部门办							其它部门办						
	合计	中等技术学校	中等师范学校	普通中学	农业、职业中学	小学	特殊教育学校	合计	中等技术学校	中等师范学校	普通中学	农业、职业中学	小学	特殊教育学校
接纳学生参加劳动基地数(个)	549769	314	935	73263	10276	464527	454	6751	736	6	2186	473	3339	11
工业总产值 (万元)	2514925	15431	47337	1068584	162243	1197317	24013	140322	35235	637	59308	10578	33394	1170
农业总产值 (万元)	161840	469	912	52093	15567	92435	364	4531	1193	38	1736	553	1011	
第三产业营业额及其它勤工俭学收入(万元)	755045	4833	14776	343275	53207	334906	4048	48993	16474	517	16806	2715	12379	102
全年总收入 (万元)	533427	3357	10678	228679	36076	249478	5159	36541	10666	385	14023	2466	8909	92
工业	272221	2333	5969	130621	19275	109650	4373	20736	4651	81	9284	1582	5054	84
农业	63028	156	208	19391	4181	39050	42	1602	312	5	654	199	432	
第三产业利润及其它勤工俭学收入	198178	868	4501	78667	12620	100778	744	14203	5703	299	4085	685	3423	8
税金 (万元)	98343	546	2035	44430	6215	14311	806	5283	1331	27	2379	462	1082	2
其中:上缴所得税	4912	17	73	2123	581	2106	12	500	127	22	200	65	85	1
固定资产原值 (万元)	896187	7546	18572	390552	89134	378387	11996	100806	30301	461	36680	7204	25730	430
固定资产净值 (万元)	697472	6380	13295	299126	64277	305231	9163	69245	23130	342	20075	5153	20136	409
流动资金年末占用数(万元)	1209938	6939	22693	547980	83286	531399	17641	75038	18061	295	28560	5070	22455	597
学生人均收入 (元)	33.67	59.10	164.29	51.11	120.08	22.82	443.28	21.43	91.01	283.21	47.73	58.26	7.13	70.38

勤工俭学的不断发展,为推动教育事业发挥了积极的作用。1992 年,在全国勤工俭学总收益分配中用于补助教育经费达 32.9 亿元,占勤工俭学总收益的 54.92%,其中,用于修建教学用房资金 6.37 亿元,购置教学仪器设备资金 5.33 亿元,补助公用经费资金

8.4亿元；用于教职工福利12.69亿元，其中修建教师住房2.5亿元，用于学生个人补贴1.3亿元。

1992年，全国校办企业安排教职工子女、家属以及社会待业人员162万人，补充了教育经费。校办企业上缴税金11.2亿元，比1991年增长31.18%。

实践证明，勤工俭学有利于教育与生产劳动相结合，有利于促进教育的各项改革，有利于促进教育更好地为经济建设服务，它必将显示出越来越大的生命力。

撰稿人　邹　晶

审稿人　高炳章

首届高校出版社优秀学术著作评奖

为检阅高校出版社出版学术著作的成绩，表彰先进，进一步发挥广大教师和编辑、出版人员的积极性和创造性，推进出版学术著作工作，提高出版社的管理水平和促进图书质量的优化，国家教委于1991年5月28日发出《关于做好第一届全国高等学校出版社优秀学术专著评奖工作的通知》，要求对十多年来高校出版的7000多种学术著作进行评选和奖励。《通知》规定评选工作划为申报、审读和审定三个阶段。

申报工作。各出版社按照出版学术著作总数2%的比例申报，并有两位专家教授提出推荐意见。截止到1991年9月30日止，全国高校70个出版社报来200种备选专著，其中社会科学类103种，自然科学及工程技术类97种。1991年底才新建的出版社，也拿出了高水平，高质量的备选专著。

审读工作。从1991年9月开始，分别于北京、上海两地进行。北京片审读东北、华北、西北、北京地区的大学出版社申报的128种样书；上海片审读华东、中南、西南、上海地区的大学出版社申报的72种样书。聘请北京大学、人民大学、清华大学、上海交通大学、华东师范大学、复旦大学等15所院校的36位具有副编审以上职称的专家教授组成审读组，每本著作至少有2人审读，主要审查备选著作的评选资格、出版质量及学术水平。

审定工作。(1)国家教委分别组织了自然科学和社会科学优秀学术著作评选领导小组和评选委员会，领导小组组长分别由国家教委副主任朱开轩和滕藤担任。自然科学优秀学术著作评委会共有评委12人，由苏步青教授和高景德教授任正副主任委员；社会科学优秀学术著作评委会共有评委9人，罗国杰教授和蒋学模教授任正副主任委员。(2)审定工作分两步进行。第一步：抽查样书，草拟评审意见；第二步：召开评选会议。

自然科学评选会和社会科学评选会分别于1992年6月和7月在北京召开。朱开轩副主任和滕藤副主任均亲自到会指导并讲话，要求评选工作要实事求是，尤其是社会科学类学术著作有很强的时代感，注意用马列主义的观点进行分析、评审。在严肃认真的前提下，获特等奖的书应“宁缺勿滥”，严格按照评选条件定，不受学科、出版社和其它条件的限制。

经过反复分析、比较，逐书讨论，最后以无记名投票确定特等奖18个，其中社科类学术著作10种，自然科学学术著作8种；共评出优秀学术著作149种，其中社科类学术著作74种，自然科学类学术著作75种。

首届高校出版社优秀学术著作获特等奖书目如下：

书　名	著　者	著者单位	出版单位	出版时间
高含沙水流运动	钱　宁等	清华大学	清华大学出版社	1989.9
分子反应动力学	唐敖庆 李前树	吉林大学	吉大出版社	1989.12
摄影测量原理(英文版)	王之卓	武汉测绘科技大学	武汉测绘科技大学出版社	1990.5
示波滴定	高　鸿	南京大学	南京大学出版社	1990.3
粘虫生理生态学	林昌善等	北京大学	北京大学出版社	1990.11
新一代计算技术前沿研究(英文版)	慈云桂 张晨曦	国防科技大学	清华大学出版社	1989.10
问题求解理论及应用	张　钹 张　铃	清华大学	清华大学出版社	1990.12
函数逼近论(上　下)	孙永生等	北京师范大学	北师大出版社	1989
中国诗歌艺术研究	袁行霈	北京大学	北京大学出版社	1987
意大利文学史	张世华	上海外院	上海外语出版社	1986.10
东晋门阀政治	田余庆	北京大学	北京大学出版社	1989.1
敦煌吐鲁番文书初探(一．二编)	唐长孺	武汉大学	武汉大学出版社	1983.10 1990.2
中国哲学范畴发展史(天道篇)	张立文	人大哲学系	人大出版社	1988.1
亚里士多德全集(第一卷)	苗力田	人大哲学系	人大出版社	1990.9
秦汉经济政策与经济思想史稿	谢天佑	华东师大	华东师大出版社	1989.3
比较法总论	沈宗灵	北京大学	北京大学出版社	1987.11
犯罪主体论	赵秉志	人民大学	人民大学出版社	1989.9
心理学简札(上、下)	潘　菽	中国科学院	人民教育出版社	1984.3

撰稿人　魏小波

审稿人　王　富

教学仪器研究和技术管理工作

一、评选教学仪器优秀研究成果

1992年7月，受国家教委委托由国家教委教学仪器研究所在吉林省长春市举办第二届全国基础教育教学仪器优秀研究成果评选活动。聘请全国40多位专家组成评选委员会，经过认真评议，共评出获奖项目146项。其中一等奖8项，二等奖44项，三等奖94项(一、二等奖获奖名单附后)。

参加本届评选的研究成果，水平明显高于上届，在技术原理和结构工艺等方面都有所创新，不少是我国特有的，有的具有国际水平。这些研究成果大部分已经投入生产。

二、制定教学仪器十年规划和“八五”计划

国家教委教学仪器研究所于8月在吉林省长春市、11月在北京市分别召开了《全国基础教育教学仪器研究十年规划和“八五”计划纲要》及《全国高等教育基础实验教学仪器研究十年规划纲要》审议会。参加两个规划审议会的有教学仪器研究人员、学校教师和生产制造方面的专家、教授200多人。国家教委副主任邹时炎在高教规划审议会上讲话指出：教学仪器研究要解放思想、转换观念。必须联系生产、销售、管理各个环节来系统地考虑问题。

《全国基础教育教学仪器设备研究十年规划和“八五”计划纲要》及《全国高等教育基础实验教学仪器研究十年规划纲要》对今后我国教学仪器研究工作提出的奋斗目标和主要任务：一是贯彻《义务教育法》，全面落实教育方针，适应我国基础教育由应试教育到素质教育的转变，拓宽研究范围，由以理科为主转为向全学科发展，加速文科、劳动技术、体育、音乐、美术和特殊教育器材的研究；高等教育仪器由物理单科发展成物理、化学、生物、地理、心理、电子技术等多科。二是适应我国依靠科技进步发展经济的需要，使学生在学校学的和今后在生产岗位用的尽量衔接，要提高教学仪器的科技含量，注意发展反映新科技成果实验内容和实验方法的仪器，以及用高新技术充实和改造传统实验仪器。三是针对我国教学仪器产品与国外发达国家产品相比，主要是设计工艺落后的差距，提出了大量的对原有产品进行优化和标准化的任务。与此相应，两个规划均把开展新技术、新材料、新工艺的研究和推广应用，抓研究成果的二次开发和促使科研成果转化为现实生产力等提到重要位置，提出了依靠科技进步提高产品质量必须的互相配套的政策和具体措施(以上两个教学仪器研究规划，基础教育的于1993年2月8日，高教的于1993年2月10日，由国家教委分别发布)。

1992年7月，在长春规划审议会上，还审议通过了《中学理科教学仪器配备目录》和《小学数学自然教学仪器配备目录》(国家教委已于1993年2月25日发布)。它反映了教学大纲与教材对仪器设备的要求，体现了国家对学校实验室建设的宏观指导，是检查验收实验室达标的主要依据，是推行国家技术政策，鼓励技术进步，推广优秀新产品，限制淘汰落后产品的有力杠杆。

三、召开教具中心项目主任会

国家教委北京教具中心项目主任会于9

月在河南信阳召开。吉林等10个分中心的项目主任和部分省、自治区教委有关负责同志45人出席了会议。会议总结了1991年9月湖南长沙会议以来项目执行情况，交流了经验，研究了全国儿童教具开发网的发展工作。会议着重讨论了如何抓住时机，积极主动开展工作，掌握服务方向，加速开发新产品，开辟玩教具市场，充分发挥教具开发网的作用等问题。

会议期间举办了1992年新开发的教玩具展览和评选活动，从84件新教玩具中评选出26件优秀教玩具作品(其中一等奖4项、二等奖8项、三等奖14项)，浙江分中心获团体总分第一名。

此外，1992年度国家教委共安排高教、普教教学仪器年度研究计划73项(其中高教32项、普教41项)，另有63个研究成果通过鉴定。

国家教委各检测站还对65个品种规格的教学仪器产品进行了监督检验和许可证检验，涉及662个生产单位，平均合格率为79.8%。

撰稿人　王长毅
审稿人　冯振家

附

□第二届全国基础教育教学仪器优秀研究成果评选一、二等奖获奖名单

项目名称	研制单位	研制者
一等奖		
J2459-1型学生示波器	杭州市教学仪器研究所	董服侗
	杭州九二无线电厂	何振华
水波实验演示仪	华南师范大学附中	吴澧扬
J2551型直读式分光镜	江苏省教学仪器公司	李伯明
	国家教委教学仪器研究所	顾敏
	江苏靖江县季市光学仪器厂	刘坤　梅永华
电火花计时器	四川师范大学	李俊伦　施明德
	国家教委教学仪器研究所	金毅　冯立
验证遗传三大规律标本(玉米)	沈阳大学农业分校	赵文耀
眼球仪	温州师院教学仪器研究室	李若由
	国家教委教学仪器研究所	宋美伦
	温州五星教学仪器厂	陈锡春
小学数学、汉语拼音磁性教具	北京市智发教学用品厂	张文瑞　郑玉田　尚冠军
ZZ－1小学自然教具箱	国家教委教学仪器研究所	刘济昌　金林
	福建泉州无线电五厂	林江红　黄维明　戴炳辉　陈颖慧

二等奖

初中物理力、热、光学学生实验箱	国家教委教学仪器研究所	金毅 冯立 顾敏 张智 郑小利
	河南商城教学仪器厂	曹元安 陈启才
演示斜面小车	四川省自贡高压电气厂	尹崇荣
多功能实验支架	河南商城教学仪器厂	桂尊三 曹元安 陈启才 张宜科 刘家悦
	河南省教育生产供应公司	温正印 刘利生
浮力原理演示仪	湖南湘潭市实验电机厂	周名川
J2131 型向心力实验器	东北师大科教仪器技术开发公司	韩长明 白建英
普教演示电表	湖南省教学仪器二厂	吴敏 李永耀
J2434 电磁振荡演示仪	四川省内江市教学仪器三厂	欧国钧
	四川省教育技术装备处	刘成林
高压静电电源及静电演示教具	昆明陆军学院	邓鸿模 孙庆滨 盛卫才 冯振兰
新型光具盘	陕西兰田光学仪器厂	段稼祥
	陕西省教学仪器供应管理站	卢诗勇
	国家教委教学仪器研究所	顾敏
SSY 型声速测量仪	天津市教学仪器公司	傅光华
	天津市耀华电子仪器厂	吕涛
力学轨道小车	齐齐哈尔师范学院教仪所	刘云起
	国家教委教学仪器研究所	冯立
多用大屏幕数字显示测试仪	成都市教学设备厂	李宏恕
磁力线演示板	国家教委教学仪器研究所	冯振家 刘凯
J2368、J2369 线路实验板（演示、分组）	国家教委教学仪器研究所	沈英琪 刘凯 杨树苹
	杭州解放电子仪器厂	袁宝奎
教学用 Q 表（高、低频）	浙江金华市教学仪器设备厂	胡志荣
J2458－1 型教学示波器	杭州九二无线电厂	唐丰
J2469 型教学扫频仪	杭州九二无线电厂	厉鲁卫 周征帆 何振华
中学物理教学电源	国家教委教学仪器研究所	沈英琪 郑小利
	北京市教育局教育技术装备部	冯永泉
	福建省泉州无线电七厂	林荣通 郑星辉
	福建省教育生产供应管理办公室	陈鸿
夫兰克－赫兹实验装置	浙江大学光学仪器厂	董永斌 李珠海 孙百诚 陈进勇
250－C 型及同类硬封接可伐可调氦氖激光管	浙江余杭县教师进修学校教学仪器厂	郑建华 田宝华 周奔
J2705 正像大视场解剖镜	江苏省教育技术装备处	李伯明 陈湘华
	江苏靖江县季市光学仪器厂	赵玉方 肖和珍 梅永华 刘坤 朱福海
初中化学演示箱	西北师范大学化学系	张文礼 崔咏梅
初中化学实验箱	华东师范大学化学系	吴天龙 朱兵 朱绮琴 朱文姝
	北京市智发教学用品厂	张文瑞 尚冠军
	国家教委中小学教材办公室	于慧颖
氢氯闪光引爆演示器		凌云清
	浙江省嘉兴南湖教仪厂	叶秀娥
珍稀动物仿真标本	浙江省教学仪器公司	张道禹
	温州市标本模型厂	夏年熊 蔡卓明
心脏解剖放大模型	福建医学院教学模型厂	黄瑞庆

生物玻片标本塑料包埋新技术	洛阳市教学仪器厂	王小遂　顾吉林　莫安义
	河南省医科大学	任知春
初中人体生理卫生彩色挂图	国家教委教学仪器研究所	宋美伦
	福建医学院标本厂	黄瑞庆
高中生物彩色教学挂图	国家教委教学仪器研究所	宋美伦
	福建医学院标本厂	黄瑞庆
心脏搏动与血循环模型	国家教委教学仪器研究所	宋美伦
	温州师范学院	黄曾明　李若由
	温州五星教学仪器厂	陈锡春
月球运行仪	北京市朝阳区电化教育馆	方展江
初中地理教学挂图	国家教委教学仪器研究所	刘强
	福州教学仪器厂	
平面几何演示器	河南新郑二中	孟庆炎
	河南郑州三中	李桂玲
	郑州师范学院	周淑珍
	河南新郑教学仪器厂	朱国森　时爱荣　李素廉　孟凡静　邢建州
活动空间几何模型	陕西电力建设子弟学校	张建鹏
初中地理活动挂图(四幅)	山东省苍山一中活动挂图厂	
小学自然教学活动挂图(青蛙捕食幅)	山东省苍山一中活动挂图厂	
小学自然、数学组合教具箱	国家教委教学仪器研究所	刘济昌　冯揆道　费龙　金林
	沈阳教学仪器厂	李杰峰　顾中山　郭庆先
小学光学演示箱	国家教委教学仪器研究所	冯揆道
录放音机实验器	国家教委教学仪器研究所	江余裕
	浙江省永嘉校办科教仪器厂	吴启勋　全晓　翟益顺
手动剪扳器	上海市教育技术装备部	陈雄勋
	国家教委教学仪器研究所	江余裕　刘凯
	上海大团科教仪器厂	许德顺
照明线路配电板	国家教委教学仪器研究所	李　伟　江余裕
微机测评分析处理系统	上海市宜川中学	黄益驹　肖兆青　车世雄
BDIN—Ⅱ计算机教学联网系统	华东师范大学计算机系	王荣良
	全国中学计算机教育研究中心	殷志成　张泽明
	上海教学仪器厂	张昌兴
	上海圣达电脑软件公司	黄刚
ZJ—Ⅰ型计算机教学网络	北京市和平街一中	李燕萍　王天谡
	中国计量科学研究院	谢众　李长平

教育国际交流和与香港、澳门、台湾地区的合作

派遣出国留学人员工作

1992 年，我国向 55 个国家和地区共派遣了国家公费留学人员 2574 人。其中高级访问学者 558 人，约占派出人数的 21.7%；普通访问学者和其他留学身份的人员 2016 人，约占 78.3%。至 1992 年底，在国外的我各类留学人员约有 12 万人。

一、进行公派出国留学的改革尝试

为扩大留学人员派出单位的自主权，增强派出单位的责任和义务，提高出国留学效益，1991 年 7 月，国家教委留学生司在天津召开会议，确定 25 个单位作为国家公派出国留学的改革试点单位，决定这些单位的国家公派出国留学人选不再经过国家教委组织的专家评审程序，改由各单位根据事业发展的需要和人才培养规划自行确定。1992 年，各试点单位积极进行改革尝试，建立了“两结合一挂钩”，即派遣与需要结合，派遣与管理结合，派遣与效益挂钩的责权益互为一体的派遣工作运行机制。

为了做好试点工作，各单位都成立了出国留学人员管理机构或出国留学领导小组，从组织上保证公派出国留学工作的顺利进行。许多单位成立了专家评审组，由专业教授、专家担任评审成员，对留学人选的项目、专业水平、科研成果、外语水平、国内与国外课题状况、回国后工作条件等进行全面的评估论证，改变了原来有名额就派的现象，对便于管理和回收率高的校际合作项目、成组配套项目、对口交流项目等积极拓宽渠道，扩大派出规模。

自主权的扩大使国家与派出单位的职能关系发生了重大转变。宏观上，国家研究制定留学工作的方针政策，调控规模，监督和检查效益；微观上，试点单位根据国家建设发展的需要并结合其自身特点制定公派出国留学的三年或五年规划，安排年度派出方案。这一改革在一定程度上满足了试点单位保证重点学科、重点项目、重点基地和重点实验室建设的需要。试点工作还简化了程序，缩短了派出周期。一些单位已做到当年计划，当年派出，提高了工作效率。

1992 年 12 月 21 日至 23 日，国家教委在天津召开出国留学计划选派工作会议，肯定了各试点单位的经验，决定 1993 年将试点

单位由25个增加到40个。

1992年国家公派出国留学改革试点单位名单如下：

北京大学	南京大学
清华大学	东南大学
北京航空航天大学	浙江大学
北京农业大学	中国科学技术大学
北京医科大学	厦门大学
北京师范大学	武汉大学
南开大学	华中理工大学
天津大学	中山大学
大连理工大学	重庆大学
吉林工业大学	西安交通大学
复旦大学	江苏省教委
同济大学	中国统配煤矿总公司
上海交通大学	

二、召开出国留学预备人员培训部工作会议

1992年11月20日至23日，在广州中山大学召开了国家教委出国留学预备人员培训部工作会议。参加会议的有委属11个培训部的主任、总支书记及国家教委留学生司、财务司和考试中心的负责同志。

会议认为，做好留学预备人员出国前的培训工作对于保证留学人员的派出质量有重要意义。近年来，国家教委重视加强对出国留学预备人员培训部工作的宏观指导，对培训部的师资队伍建设、教材建设、教学科研等方面都给予了很大支持。目前，各培训部不仅培养了一支较强的短期外语强化教学的师资队伍，也培养了一支得力的政工干部队伍，积累了如何对留学预备人员进行爱国主义教育和国情教育的经验。国家教委留学生司司长何晋秋在会上就认真学习贯彻党的十四大精神，进一步解放思想，加强和改进出国留学预备人员培训部的工作等问题讲了话。

会议要求，各培训部今后应做好以下几项工作：(1)要把提高教学质量放在首位，针对不同的培训对象，采取行之有效的教学手段，以满足留学人员派出工作及社会对各类外语人才的需要。(2)努力抓好培训部建设，首先要抓好师资队伍建设，要有师资培养的中长期规划，使这支队伍不断得到加强和提高。(3)各培训部应从实际出发，广开渠道，注意积累发展资金，改善办学条件。(4)各培训部是所在学校的一个组成部分，学校在进行内部体制改革定编定员时，应充分考虑培训部的办学特点及今后的发展，对培训部的工作予以支持。各培训部也要主动争取所在学校的领导的支持，加强与学校其他部门的联系和协作。

撰稿人　吉基旺　安玉祥
审稿人　刘殿求

对国外留学人员的服务、教育、管理工作

一、国务院办公厅发布《关于在外留学人员有关问题的通知》

1992年8月，国务院办公厅发出《关于在外留学人员有关问题的通知》(以下简称《通知》)。指出广大留学人员热爱祖国，愿意为中华民族的繁荣富强作出贡献。留学人员是国家的宝贵财富，党和政府一贯热情关怀、团结教育广大在国外的留学人员，期望他们早日学成回国，建功立业。

《通知》共9条，主要内容如下：

1.欢迎留学人员回国服务。公派在外学习人员有义务在学成之后回国服务。所有在外学习的人员，不论他们过去的政治态度如何，都欢迎他们回来，包括短期回国进行学术交流合作，以及探亲、休假。对在国外说过一些错话、做过一些错事的，一律不予追究。即使参加了反对中国政府的组织、从事过危害国家安全、荣誉和利益的人员，只要他们退出这些组织，不再从事违反我国宪法和法律的反政府活动，也都一律欢迎回国工作。

2.对持过期因公普通护照或一次性出入境因公普通护照的留学人员，可为他们办理护照延期或换发新护照；对要求将因公普通护照换为因私普通护照的，也可给予办理；已取得外国国籍的人员应提出退出中国国籍，依照我国国籍法的规定办理，按外籍华人对待。

3.留学人员申请办理护照延期、换发新护照，以及退出中国国籍手续时，应予办理。如与原派出部门或单位有经济及其他未了事宜，应与这些部门或单位协商解决，不影响上述手续的办理。

4.留学人员短期回国后，只要他们持有我国有效护照和外国再入境签证，无须再履行审批手续，即可随时再出境。

5.派出单位应加强与在外留学人员的联系，主动关心他们的工作和生活。留学人员回国后，按“双向选择”的原则，可回原单位工作或自行联系工作，也可以进入“三资”企业工作或自行开办企业等。要鼓励促进国际交流和合作，经所在单位同意，可以在国外兼职。

6.留学人员的家属申请出国探望留学人员，应当允许，由公安机关依照《中华人民共和国公民出境入境管理法》审批。

7.各地区、各有关部门按照本通知精神落实具体措施，方便在外留学人员回国，简化入出境手续，妥善解决留学回国人员工作、生活上的具体问题。

8.在留学回国人员较集中的地方，可由当地政府、有关部门或社会团体根据需要建立留学服务机构，帮助留学人员办理有关事宜，为他们提供各种服务。

9.我国驻外使领馆代表国家管理留学事务，应保护我留学人员的合法权益，对他们的学习研究工作和日常生活给予帮助，为他们排忧解难，并及时向他们介绍我国内情况。要

教育他们遵守所在国的法律，努力学习，自尊自爱，与当地人民友好相处，热爱祖国，维护祖国的荣誉和利益，为国争光。

《通知》发布后，各驻外使领馆教育处(组)向广大留学人员传达。留学人员普遍认为，国家的政策暖人心，对他们充分理解，寄予厚望，纷纷表示要努力学习，为祖国的四化建设作出贡献。

二、召开一些国家和地区的留学生管理工作会议

1992年，先后召开了一些国家和地区的留学生管理工作会议，结合贯彻落实邓小平同志年初巡视南方重要谈话精神和国家教委关于留学生工作的指示，研究国外工作的形势、特点和实际问题，确定了今后一个时期国外留学生管理工作的基本方针和工作重点。

8月下旬，在北京召开了我驻几个主要国家使领馆的教育参赞会议，着重研究了国务院办公厅《关于在外留学人员有关问题的通知》发布后如何贯彻落实和我驻外使领馆教育处(组)如何进一步做好留学生工作等问题。

三、组织国内大学校长、文艺工作者看望和慰问留学人员

1992年新年前夕，组织了文艺演出团赴日本进行慰问演出。演出团于1991年12月27日至1992年1月14日在东京、名古屋、仙台、福冈、大阪、神户、京都、奈良等8个城市进行了14场慰问演出，共有3600名留学生和近2000名华侨、华人及日本友好人士观看了演出。

1992年春节前夕，组织了两个大学校长代表团赴美国看望留学人员。代表团访问了19所全美著名的和我留学人员比较集中的大学。通过座谈、个别交谈、家访和参加留学人员春节联欢会、电影晚会等，共接触留学人员3000余人，向他们致以新春佳节的慰问，并在各种场合介绍了国内改革开放的形势和学校的发展变化，鼓励留学人员努力学习，报效祖国。

四、邀请国外大学校长、留学生导师和友好人士来华访问

通过邀请、接待国外大学校长、留学生导师和对留学工作有影响的友好人士来华参观访问和与回国的留学人员座谈，使他们加深对中国的了解和对中国人民的友好情谊，共同做好我在外留学人员的工作。

1992年6月16日至25日接待了法国大学事务中心副主任斯塔克先生和巴雷女士率领的代表团一行8人来华访问。

1992年6月21日至7月1日接待了日本友好人士一行10人来华访问。

1992年10月22日至26日接待了捷克布拉格技术大学索克尔教授来华访问。

1992年10月26日至30日接待了香港环球投资有限公司主席兼董事总经理、中英友好奖学金委员会委员郑维健先生及夫人来内地游览。

1992年10月27日至11月5日接待了日本留学生导师访华团一行10人。

1992年11月7日至15日接待了意大利世界联合学院董事长科拉多·贝尔奇一行4人来华访问。

1992年11月8日至11日接待了斯洛文尼亚共和国约翰夫·斯切潘研究所弗朗斯·格伯斯克和维多·塔克教授来华访问。

撰稿人　李振平　陈泽滨
审稿人　刘殿求

鼓励留学人员回国工作

一、组织招聘团出国招聘留学人员

1992年10下旬至11月下旬，国家教委组织了6个招聘团，先后赴美国、英国、德国、瑞典、法国、比利时、瑞士、日本和澳大利亚9个国家招聘留学人员回国参加社会主义建设。有关省市、国务院部委、高等学校、科研机构、大中型企业和外企服务公司等50多个国内用人单位的同志参加了招聘工作。

招聘团深入到留学人员所在的城市和校园开展招聘工作。每到一地都首先向留学人员介绍国内改革开放的形势，介绍“支持留学，鼓励回国，来去自由”的留学工作方针以及国内各行各业对人才的需求信息，使广大留学人员深受鼓舞。

根据国家新的留学政策，招聘团向留学人员提供了全方位的服务，既为决定完成学业后回国工作的留学人员按“双向选择”的原则提供择业求职的服务，具体落实工作和生活条件；又为暂居国外的留学人员提供他们所需的各类信息和与国内单位建立联系的咨询服务；还为已在国外工作或定居的留学人员牵线搭桥，欢迎他们短期回国讲学、合作科研和投资办公司等。招聘团为不同要求、不同层次的留学人员热诚服务的举动，受到留学人员的热烈欢迎和广泛响应。

招聘团在9个国家共走访了81个城市，召开了113次招聘大会和座谈会，出席的留学人员有1万多人。经与招聘单位的同志详细交谈，留学人员中有回国工作意向的1979人；其中初步确定在1993年底前回国工作或做博士后研究的有581人。此外，招聘团还与国外一些学校的领导、留学生导师、职业服务中心负责人及其他有关方面人士进行了接触，就有关留学、回国服务等问题交换了意见。

二、为留学回国人员提供科研资助费

1990年下半年，国家教委开始试行留学回国人员科研资助费（以下简称资助费），使留学人员一回到国内即能获得开展科研、教学工作所急需的经费。从1990年下半年到1992年年底，国家教委已为1300余名留学回国人员提供了科研资助费近4000万元人民币。留学回国人员科研资助费是国家出国留学总经费中的一部分，实行专款专用的原则。设立资助费的目的，是鼓励留学人员回国后继续跟踪科学技术的最新发展，选拔和培养一批中青年专家学者，并争取在留学回国人员比较集中的地方建立一批留学回国人员的科研基地。

资助费管理的主要特点是：

1.资助面大，涉及学科广泛。凡在国外获得博士、硕士学位，有较强科研能力并取得一定学术成就，且已落实国内工作单位的留学人员和近年曾在国外进修、具有较强科研能力并取得一定科研成果或在实际工作中有突出成绩的中青年学者均在资助之列，不受所从事学科的限制。对于从事学术水平高、应用效果显著、于国计民生有重要实用价值的发明创造项目的留学回国人员，对于从事填补我国科研空白或属世界科技发展前沿的课题以及去边远地区从事教学、科研、生产和管理等方面工作的留学回国人员从优予以资助。

2.资助强度较大。资助费管理部门根据被资助者所从事学科和课题研究的需要，由申请者所在单位和主管部门申报，经评议、审核后给予不同程度的资助。1990年以来，资助费平均额度在3万元人民币左右，最高达数十万元人民币。

3.审批程序严格，周期短。资助费的申请和审定采取“个人申请、专家推荐、单位推选、主管部门综合申报、国家教委审批”的办法。对在国外即将回国工作的研究生和中青年进修人员可采取国外申请、国内审批的方式。他们回国前半年可向我驻外使领馆教育处(组)提出申请，并附两位教授或专家的推荐信，由我驻外使领馆径报国家教委留学服务中心汇总。对已回国工作并符合申请资助条件的留学人员，可随时按程序申请资助费，国家教委分季度审批和下拨资助费，保证申请者及时获得资助并开展工作。

三、有关部门和地方采取措施，鼓励在外留学人员回国工作

为贯彻、落实国务院办公厅《关于在外留学人员有关问题的通知》精神，有关部门采取措施，欢迎和鼓励在外留学人员长期或短期回国工作。卫生检疫部门对短期回国的留学人员采取了简化入出境检疫手续的办法；海关总署发出了《关于对在外留学人员回国携带进境行李物品给予优惠的通知》，包括准予在国内用现汇购买供个人自用的国产小汽车一辆。随后，海关总署、国家计委、国务院经贸办公室、财政部、交通部、国家税务局、中国汽车工业总公司等7个部门联合发出了《关于回国服务的在外留学人员用现汇购买个人自用国产小汽车有关问题的通知》，对回国服务的在外留学人员如何购买小汽车做出具体规定。许多地方也制定优惠政策，鼓励和吸引在外留学人员到本地区工作。1992年，上海、北京、江苏、山东、广西、海南、深圳、珠海等省市均制定了鼓励在外留学人员到本地区工作的政策规定。

撰稿人　李长发　董松寿
陈泽滨
审稿人　刘殿求

中国留学服务中心积极为留学人员服务

1992年，中国留学服务中心为3279名公派留学人员办理了护照、签证等手续；接待了1206名学成回国工作的进修访问学者；经双向选择，为225名在国外取得学位的留学生分配、落实了国内工作单位；代国家教委为550多名留学回国人员核发了科研资助费，经费总额约2000万元；为2700多人提供了留学咨询服务，并开展了代查、代函选择国外接收学校和对口专业的服务工作。

1992年，中国留学服务中心在做好为公派留学人员服务工作的同时，还开辟了为自费留学人员服务的渠道。年内为99名赴新加坡自费留学生提供了从选拔、推荐、录取、办理出国手续到培训、派出的全套服务；受理了20人的赴俄罗斯留学签证；筹建赴澳大利亚留学办公室，承办赴澳留学系列服务等。

为了贯彻邓小平同志年初巡视南方谈话中关于欢迎留学人员回国工作的指示，中国留学服务中心除采取各种措施为长期回国工作的留学人员提供双向选择服务外，还积极为短期回国工作的留学人员开展各项服务。项目有：为短期回国人员到有关单位讲学、进行学术交流、合作科研等牵线搭桥；为留学人员回国参加新技术、新产品开发提供信息咨询服务，联系合作伙伴；为留学人员回国开办公司、企业办理有关手续；为留学人员申请国内专利、转让技术提供代理服务等。

为确保各项服务的实施，中国留学服务中心已与国内500多个适合留学人员发挥作用的部门、单位建立了联系，并推动和支持在国内外成立留学服务分中心。目前一个分布全国、延伸海外的留学服务网络正在建设之中，至1992年底，中国留学服务中心已在广州、上海、沈阳、海口、宁波、鞍山、大连、烟台和德国柏林、美国旧金山建立了分支机构。

撰稿人　沃守信

审稿人　刘殿求

接受来华留学人员

1992年,国家教委按有关协议共接受来自120个国家的4000名外国留学生,其中本科生2100名、研究生400名、普通进修生1250名、高级进修生250名,分布在全国15个省、自治区、直辖市的92所高等院校学习。在政府计划接受的外国留学生之外,全国有28个省、自治区、直辖市的200多所高等院校还自行接受了1万名左右的外国留学生,其中长期生3500名、短期生6500名。1992年是新中国成立以来,我国接受外国留学生最多的一年。

多年来,许多外国驻华使馆外交官和驻京商社、公司人员因工作需要,希望利用我高等院校优越的师资、教学设备等条件进行学习,在较短的时间内提高汉语水平。为满足他们这一要求,国家教委国际合作司批准北京语言学院开办外国驻京机构人员汉语业余培训班,上课时间安排在晚上和周六、日的业余时间。结业时发给相应的证书。

为顺利贯彻中央关于"高层次、短学制、高效益"接受来华留学生的方针,国家教委发布了《接受外国来华留学研究生试行办法》。《办法》规定,录取外国来华留学研究生,要根据我国入学的基本要求并结合我对外政策及具体国家的经济、文化、教育发展水平的不同情况等综合考虑;对纳入政府计划的第三世界来华留学研究生的录取,应予以适当照顾。

1992年,《中国接受外国留学生高等院校简介》(中文版)一书出版,并寄送各驻外使馆、各国驻华大使馆。《简介》介绍了承担国家教委计划内接受外国留学生任务的66所高等院校,为各类来华留学人员开设的专业、课程设置、研究方向、学制、招生对象等,方便了各国派遣部门和申请来华留学人员的需要。

为适应建立社会主义市场经济和高等教育改革的需要,国家教委国际合作司制订了接受和培养外国留学生的新的改进措施,其中一项是改进招生办法。今后,外国留学生的录取不再由政府出面,而是由国家教委根据申请人的志愿将申请材料转发给各有关高等院校,学校根据学生本人提供的学习成绩单、学业证书和推荐信,以及本人申请的学习计划等进行研究,决定是否录取,被录取的学生凭学校发的录取通知书报到。学生到校后的一切教学、学籍、纪律、奖惩方面的各种问题,由学校全权处理。这些改进措施,扩大了高等院校在招收、管理外国留学生工作方面的自主权。

随着我国改革开放的深入和对外教育交流的发展,高等院校自行接受外国留学生的数量增加很快,为保证教学质量,提高管理水平,国家教委制订了有关规定和评审标准,由各省、自治区、直辖市教育主管部门对本地区各申请接受外国留学生的高等院校的办学资格、管理机制、教师资格等进行评审。经过近一年的认真考察,已评审出符合基本条件的高等院校共200所。

撰稿人 严美华
审稿人 王百哲

互派专家和教师

1992年，我国通过双边文化、教育交流协议向国外派遣教师112人，其中语言教师34人，其他专业教师68人。至1992年底，我国由政府渠道派出的教师共有180人，分别在39个国家和地区的80所高等院校或中等学校任教。

1992年，我国共有616所高等院校分别从44个国家和地区聘请5600名外国专家来华工作，其中长期文教专家1680人，短期理工专家3920人。

国家教委直属高等院校在1991—1992学年共聘请2589名外国文教专家。与前几年相比，规模上有很大发展，在专家的层次与质量方面也有大幅度提高。在聘请的外国专家中，具有副教授以上职称和博士学位的占聘请专家总数的70%以上。同时，在专业结构、合作方式等方面也发生了根本变化，逐步改变了以聘请语言专家为主和上大课的单一方式，形成了文、理、家、医等多学科、高层次，长短结合、向短倾斜，以合作科研、讲学、专题讲座、咨询等为主要方式的新格局。

撰稿人 章 炼

审稿人 王百哲

多边教育交流与合作

1992年,国家教委派出直属高等院校和直属单位的专家、学者1714人次到国外出席1173个国际学术会议,上述单位在国内举办了88个国际学术会议,出席会议的外国专家、学者2970人次。

1992年,国家教委与联合国开发计划署的教育合作在原有基础上有所扩大。正在执行的合作项目有初中英语教材编写项目、西南地区中学英语师资培训项目和大学管理人员培训与研究项目、另外有3个项目将于1993年初开始执行。这3个项目是中小学校长培训项目、中小学师资培训项目和中学现代化教学手段项目,联合国开发计划署为3个项目提供援款总额为250万美元。

1992年,国家教委与联合国儿童基金会的合作顺利进行。正在执行的7个项目是师范教育项目、加强贫困地区小学教育项目、远距离电化教育项目、教材编写与印刷项目、教具的研制与开发项目、教育管理信息项目和小学、幼儿园教育衔接的研究项目。1992年9月,联合国儿童基金会和我国对外经济贸易部在北京联合召开94—95年过渡周期方案评审会,会上确定联合国儿童基金会将向国家教委教育项目提供援款937.5万美元的方案。1992年,联合国儿童基金会还向国家教委提供30万美元的追加经费,用于加强贫困地区小学教育项目。1992年5月,联合国儿童基金会执行主席格兰特和联合国教科文组织总干事马约尔致函李鹏总理,建议中国召开中国全民教育国家级大会,促进普及义务教育和成人扫盲教育的发展,实现中国政府2000年的教育目标。同年9月,李鹏总理复函表示同意,并已于1993年初在北京、郑州召开这次会议。

1992年,国家教委与联合国人口基金的合作继续发展。联合国人口基金从储备金中向国家教委农村初中人口教育项目提供70万美元的援款。1992年5月,在江苏徐州召开了农村人口教育经验交流会。大学人口研究与培训项目单位北京大学、中国人民大学分别开办了国际人口学硕士班和蒙古学者人口学培训班。

1992年,国家教委利用联合国开发计划署、联合国儿童基金会、联合国人口基金的援款总额为785万美元,国内各级政府为合作项目提供配套投入约4000万元人民币。根据项目协议,1992年,国家教委组织各项目单位派出20个团组共89人次出国考察或参加方向性培训,22人次出国进修。1992年,国家教委接待了由联合国系统安排的5个代表团共30人次,接待来华专家17人次,招收长、短期外国留学生36人次。

1992年8月,国家教委副主任滕藤率团参加了在美国华盛顿召开的亚太经济合作会议教育部长会议。会上通过了联合宣言,成立了“教育论坛”。该论坛将就21世纪的教育问题进行信息交流和人员交往。

1992年,国家教委共派出6个由大学生和中学生组成的体育团组共101人次出国参加国际比赛,获23枚金牌、12枚银牌和22枚铜牌,为国家争得了荣誉。

撰稿人　田小刚

审稿人　王百哲

双边教育交流与合作

1992 年，我国与周边国家的教育交流与合作稳步发展。在 2、3 月间，国务委员兼国家教委主任李铁映率中国教育代表团访问了老挝、印度和斯里兰卡，与印度人力资源开发部签署了 1992 年—1993 年教育合作议定书；7 月，国家教委副主任邹时炎率中国教育代表团访问了朝鲜。应国家教委的邀请，1993 年 6 月，东盟五国（印度尼西亚、新加坡、泰国、马来西亚和文莱）体育教育部长代表团访问了我国；7 月和 11 月，斯里兰卡司法兼高教部部长哈米德、印度人力资源开发部部长辛格分别率教育代表团来华访问。这些双方政府教育部门领导人的互访活动，进一步增进了双方的了解和友谊，推动了我国与周边国家教育交流与合作的健康发展。

1992 年，我国继续积极开展与非洲国家的教育交流与合作。5 月，国家教委副主任滕藤率中国教育代表团访问了苏丹、埃及。11—12 月，国家教委副主任柳斌率中国教育代表团访问了毛里求斯、博茨瓦纳、纳米比亚、加纳和津巴布韦。应国家教委的邀请，1992 年 9—10 月，科特迪瓦高教科研部部长恩迪亚耶、苏丹高教科研部部长奥马尔先后率教育代表团来华访问。在上述互访活动中，双方政府教育部门领导人相互通报了本国教育发展情况，并就加强双边教育交流与合作事宜进行了会谈。为了在非洲国家建立新的教育交流与合作项目，1993 年 3—4 月，国家教委派出考察组赴马里、塞内加尔、布隆迪和赞比亚进行了立项考察；与上述国家政府教育部门完成了有关教育合作项目的换文。同年 11—12 月，国家教委还委托北京大学和北京语言学院、南京大学和中国纺织大学组成两个考察团分别赴埃及和苏丹进行了立项考察。1992 年，按照有关协议，国家教委向马里高等师范学院、塞内加尔大学发运了我援建上述两所大学实验室的实验设备，还完成了援外教师的选拔、培训等工作。

1992 年，国家教委向也门古太白实验中学提供了 5 万元人民币的小额援助，用于改造该校的计算机软件，购买教学用品。同年，国家教委还分别向毛里塔尼亚、刚果、圣多美和普林西比提供了价值 2 万元人民币的教学用品。

1992 年，我国与其他国家的教育交流与合作也有了进一步发展。4 月和 5 月，国家教委副主任滕藤分别率中国教育代表团访问了日本和法国，签署了中法教育交流与合作协议。11—12 月，国务委员兼国家教委主任李铁映率中国教育代表团访问了奥地利、荷兰和葡萄牙。同年，应国家教委的邀请，原苏联国家教委善后委员会主任舒克舒诺夫、白俄罗斯教育部副部长基什库尔诺、乌克兰教育部部长索科尔、德国专家博克博士、德国赛德尔基金会主席皮尔克、日本文部大臣鸠山邦夫、俄罗斯联邦高等学校委员会副主任沙德里科夫、欧共体大学联盟秘书长吕蒂科尔等先后率教育代表团来华访问。1992 年，国家教委还分别与保加利亚、乌克兰、吉尔吉斯、哈萨克等国政府教育部门签署了教育合作协议或会议纪要等文件。1992年，我国与日本、美国、加拿大、澳大利亚、英国、法国、德国等国的教育合作项目继续顺利执行。

1992年，国家教委共派出67个教育代表团组出国访问，其中副部长级以上团组10个；邀请并接待108个外国教育代表团组来华访问，其中副部长级团组17个。

1992年，国家教委直属高等学校和直属单位共派出专家、学者2960人次出国考察、讲学、任教、合作研究和参加学术会议；邀请并接待外国专家、学者2815人次来华考察、讲学、任教、合作研究和参加学术会议。

1992年，国家教委与有关国家政府教育部门继续进行的双边教育合作项目有86个，签署双边教育交流与合作协议(包括执行计划、会谈纪要、备忘录等)30个。

撰稿人　徐永吉
审稿人　王百哲

对外汉语教学

1992 年，我国的对外汉语教学工作在上一年的基础上又有了很大发展。全国从事对外汉语教学的高等院校达到 200 余所，对外汉语教材建设日趋完善，理论研究逐步深入，对外汉语教师资格审定工作和教师培训工作进一步展开，汉语水平考试（HSK）在国内外继续推广，对外汉语教学的国内外交流日益加强。

1992 年，出版了新编教材 20 余种，包括基础汉语教材、汉语专业教材、专业汉语教材和对外广播汉语教材。此外，还再版了部分教材，对几部在教学实践中反映很好的教材增加了外文注释。出版 4 部涉及对外汉语教学的理论和教学法等方面的科研著作。根据国内外的需要，还加强了声像教材的编写和摄制工作，出版了中国文化教学录像片《中国之旅》中的 3 集，其他 6 集将在 1993 年初出版。此外，还确定摄制初级汉语教学片《走向中国》1 部、"对外汉语教学法"录像片 3 部、报刊教学录像《看中国》1 部、地方文化教学录像片 10 部，以上大部分将在 1993 年内完成。这些教材的出版将在一定程度上缓解国内外对汉语声像教材的急需，对进一步完善对外汉语教材建设将起到积极作用。

1992 年，国家对外汉语教学领导小组办公室根据对全国对外汉语教材使用情况的调查分析，制订了 1992—1995 年教材编写规划，根据学科建设和发展的需要及有关专家的建议，制订了 1992—1995 年科研规划。并组织专家评审组对全国 36 个单位申报的 131 个教材项目和 23 个单位申报的 91 个科研项目进行评选，确定 25 个教材项目和 15 个科研项目列入 1992—1995 年教材、科研规划。

1992 年，有针对性地就对外汉语文化课教学、第二语言学习理论、对外汉语教材、周边国家汉语教学等问题召开了一系列研讨会，进行专门探讨和研究。

在 1991 年对全国 32 所高等院校、教学单位的部分对外汉语教师进行资格审查工作和资格考试试点工作的基础上，1992 年 1 月在上海召开了对外汉语教师资格考评工作会议，在核实、统计大量材料的基础上，完成了阅卷和考试评估任务，并对申请人的任职资格进行了全面考核。在认真复核的基础上，完成了对 444 名教师的资格审查，其中有 372 名通过，占 83.7%。4 月，国家教委对外汉语教师资格审查委员会召开了 10 省市审查工作会议，部署 1992 年审查工作。审委会办公室对 10 省市 40 所高等院校和教学单位的教师队伍进行调查摸底工作。5 月，召开了教师资格审查考试考务工作会议，明确了命题原则和评分标准，完成了 1992 年资格考试的命题任务。同年 11 月中旬，在 10 省市进行了统一的资格考试。12 月中旬，召开考评工作会议，完成了阅卷和考试评估工作，对申请教师的任职资格进行了全面考评，并讨论了今后对外汉语教师资格审查工作的方向和任务，决定 1993 年将在 22 省市开展资格审查工作。

1992年，世界汉语教学交流中心先后举办5期汉语教师培训班，即：首届菲律宾华文教师培训班、第二届泰国华文教师培训班、第二届新加坡华文教师培训班、世界青年汉语教师培训班、国内青年对外汉语教师培训班。参加培训的外国教师共160余人，国内教师10余人。

1992年，汉语水平考试在国内外继续推广。国内除在北京、上海、天津、大连、武汉举行考试外，增设了南京、广州两个考点，并在西安、济南进行试点。考生1495人，比1991年增加近40%。国外首次在加拿大进行了考试，在日本、新加坡的考试已顺利结束，在澳大利亚的考试正在筹备中。汉语水平考试的研制工作逐步深入。《汉语水平词汇与汉字等级大纲》出版，为对外汉语教学总体设计、教材编写、课堂教学及成绩测试提供了科学依据。8月，首届国际汉语水平考试学术讨论会在北京举行并获圆满成功。11个国家和地区的32名海外代表和66名国内代表参加了会议。国务委员兼国家教委主任李铁映接见了与会代表。

1992年，国家对外汉语教学领导小组办公室先后派人参加中国教育代表团、中国国际教育交流协会代表团、国务院侨务办公室代表团等访问了越南、泰国、菲律宾等国家，考察了上述国家的汉语教学情况。还参加中国政府文化代表团赴毛里求斯出席世界华人研讨会，以中国对外汉语教学学会的名义赴美国参加中文教师协会1992年学术年会，加强了与国际汉语教学界同行的沟通与交流。1992年，先后接待了埃及艾因·夏姆斯大学代表团、新加坡教育部考察团、以色列汉学家及澳大利亚有关人士等。

1992年，中国对外汉语教学学会接纳新会员92人，会员总数达1187人，分布在全国108个单位。世界汉语教学学会接纳新会员63人，总数达615人，分布在33个国家和地区。

撰稿人　宋永波
审稿人　王百哲

与香港、澳门、台湾地区的教育交流与合作

一、与香港的教育交流

1992年，内地高等院校与香港高等院校学者之间的交流进一步增加。仅据国家教委直属高等院校的不完全统计，该年度赴港访问、讲学、进行合作研究和参加学术会议的人员达1300人次。

1992年1月，国家教委副主任朱开轩率领内地教育代表团赴香港，参加邵逸夫先生向内地学校赠款仪式，并访问了香港的有关学校。

1992年，香港到内地大、中、小学校访问、讲学、进行合作研究和参加学术会议的人员达500余人次，其中部分人士先后得到江泽民总书记、吴学谦副总理、李铁映国务委员等党和国家领导人的接见。香港知名人士邵逸夫先生到天津、内蒙、江西等地进行访问，并继续向内地学校赠款。北京大学向香港知名人士李嘉诚先生授予名誉博士学位。李嘉诚先生继续向汕头大学赠款。

1992年，香港一些教育基金会继续向内地提供赠款，支持发展教育事业。5月，霍英东教育基金会向231名高等院校青年教师提供第三次高等院校青年教师基金并颁发教师奖；12月，华夏基金会成立10周年庆典在京举行。该基金会10年来向内地教育等系统共资助港币7000万元；12月，香港知名人士曾宪梓先生捐赠港币1亿元，与国家教委合作成立曾宪梓教育基金会，旨在发展中国的教育事业，近期以奖励师范院校的优秀教师为主；香港王宽诚教育基金会向内地教育部门的43个项目提供资助，总金额为15万余美元。

二、与澳门的教育交流

1992年，据国家教委直属高等院校的不完全统计，赴澳门访问讲学、参加学术会议的人员达60余人次。应澳门政府公职司及有关高等院校邀请，内地高等院校一些教授、专家应聘继续在澳门任教或工作。

1992年澳门来内地进行访问、考察、讲学和参加学术会议的人员有近100人次。应国家教委的邀请，澳门行政、教育暨青年事务政务司、澳门政府教育司和澳门大学先后组团访问内地，并与有关部门签署了教育交流与合作协议。

三、与台湾的教育交流

1992年，大陆与台湾的教育交流日趋活跃和广泛。大陆教育界学者首次赴台访问，实现了零的突破。国家教委直属高等院校赴台进行访问与学术交流的人员达30余人次。据不完全统计，台湾教育界来大陆进行访问及学术交流的学者及学生达3000多人次，来访人员层次不断提高。著名物理学家吴大猷先生被授予北京大学名誉教授称号、南开大学名誉博士学位。由于台湾当局对大陆学者赴台进行学术访问与交流仍设置障碍，因此，大陆学者访台仍十分困难，大陆赴台学者与台

湾来大陆学者的人数仍相差悬殊。

1992年,大陆高等院校招收的台湾学生为76人。

撰稿人　刘建丰
审稿人　王百哲

民间教育国际交流

1992年中国教育国际交流协会的民间教育对外交流工作有较大发展。

一、开展了两项较大规模、开创性的交流活动

中国中小学、幼儿教师代表团访问日本。为了庆祝中日邦交正常化20周年，协会组派了由国家教委副主任滕藤为团长，协会负责人吕型伟、倪孟雄为副团长的中小学幼儿教师代表团一行126人于4月13日至23日访问了日本。组织这样大的教育代表团在我国尚属首次。代表团成员来自全国30个省、自治区、直辖市，包括13个少数民族。大多数基层单位派教师出国是第一次，教师和群众反响强烈，把这次代表团出访誉为"尊师重教的交响曲"。代表团除集中在东京、京都、奈良参观访问外，还分为7个组、分别访问了日本的神奈川、千叶、山梨、茨城、静岗、爱知和三重7个县，同日本教育界人士进行了广泛交流，参观了学校，和师生及家长座谈。教师普遍反应这次访问收获很大，开阔了眼界，促进了中日两国基础教育的交流与合作。

华夏园丁迎93大联欢活动。1992年12月23日至27日，中国教育国际交流协会和深圳市政府在深圳联合举办了"华夏园丁迎93大联欢"活动。来自全国21个省、自治区、直辖市以及香港、澳门地区的300多名中小学、幼儿教师参加了联欢活动。中国教育国际交流协会负责人黄辛白、李滔、倪孟雄、胡述智，深圳市副市长林祖基、新华社香港分社副社长张俊生参加了这次联欢活动。香港长江实业(集团)有限公司董事局主席李嘉诚、香港南洋商业银行董事局庄世平、香港有荣有限公司霍震寰、金利来(远东)有限公司曾宪梓、香港中旅集团俞唐生以及澳门蔡氏基金会对这次活动给以大力支持和帮助。这种内地和港、澳地区中小学、幼儿教师大规模的联谊活动还是第一次，所以无论是内地，还是港、澳地区的教师都十分珍惜这次相聚的机会，除安排的交流活动外，他们有机会就谈，深感时间太短。通过两天多的交流和联谊活动，大家感到学到不少东西，互相增加了了解，并希望每年都能开展这样的联欢活动。

二、互换代表团

在组派教育代表团出访时，协会严格贯彻要有明确的考察目的、要有实际效果的原则，力争每个团都有实际成效。

1992年协会派出教育考察团组20起，245人次。这20个团组都有明确考察目的。协会会长黄辛白4月12日至5月22日率团访问了美国和香港。在出访期间，代表团不但会见了美国和香港政界、教育界的知名人士和民间教育组织的负责人，商谈今后的交流与合作，而且会见了著名的企业家和商界知名人士，争取他们对协会的交流活动给以一定的支持和帮助。

1992年协会接待来华团组39起，428人次。在接待来华教育考察团组时，协会都有针对性地安排他们深入了解中国的政治、经济、文化教育的现状与政策，以及中国的传统文化。在接待日本关西地区中小学教师考察团时，根据考察团要求，在其访问大连、抚顺、沈阳时安排他们参观了平顶山殉难同胞纪念馆、抚顺战犯管理所、伪满洲国皇宫、东北烈士纪念馆和731细菌部队遗址，使他们深受教育。代表团一再表示："日本侵华战争给中国人民带来深重的灾难，这个责任无可推卸，我们一定要下一代记住这一沉痛的历史教训。"

协会还利用派团出访和接待来华代表团的机会，和国外的民间教育机构和组织进行磋商，探讨建立交流合作关系的可能性、或签订交流合作协议书。1992年交流协会与国外有关组织签订的协议书有：

1. 与美中师范教育联合会的合作协议书；

2. 与日本教科文俱乐部协会联盟的合作协议书；

3. 与日本日中教育协会的合作协议书；

4. 与韩国韩中文化学术交流协会的合作协议书；

5. 与韩国社会教育协会的合作协议书。

三、教师交流

1992年在对聘请外籍英语教师和举办暑期英语培训班工作进行全面评估和总结的基础上，有目的地开设一些新点，既考虑本地区的实际需要，又兼顾了整体布局。所以聘请长短期外籍英语教师的人数有所增加。

1992年聘请长期外籍英语教师81人。其中英国海外服务社45人，分配到9省34所院校任教；北美退休教师36人，分配到9省12所院校任教。1992年聘请短期外籍英语教师249人。其中美国英语学会202人，分为22个组，在13个省、自治区、直辖市的18个点上任教，培训学员3000人；美中教育服务机构来华教师47人，分为9个组，在6个省、自治区、直辖市的9个点上任教，培训学员700人。

根据有关协议，1992年协会向日本京都外国语大学派出教师1名，通过美国国际教育学会项目向美国派出中文教师3名。

四、留学人员的交流

由于西方经济的不景气和在对我派出人员条件上意见不一致，国外一些组织，主要是国际文化交流协团(AFS)接收我留学人员的数量有较大的削减。

1992年协会通过各种渠道派出的留学人员共45人。其中通过国际文化交流协团派往美国的30人；通过日本寝山会派往日本的5人；通过中加高中后职业技术教育项目派往加拿大的10人。

1992年协会接收来华留学人员36人。其中国际文化交流协团参加中国历史文化培训班的31人，他们主要来自美国、瑞典、西班牙、荷兰和日本；日本寝山会派出来华进修人员5人。

五、召开国际学术研讨会和项目评估会

召开国际学术研讨会是协会的一项主要工作。1992年协会举办和协办的国际学术研讨会有：

1. 1月11日至13日在杭州召开的中国文化和中外文化关系国际研讨会；

2. 10月5日至9日在南京召开的高等教育自学考试国际研讨会；

3. 10月10日至15日在上海召开的中日学校体育国际研讨会；

4. 10月15日至19日在北京召开的中学校长国际研讨会；

5. 11月9日至14日在北京召开的中美教育交流研讨会；

6. 11月26日至12月3日在海口召开的地方高校为地方经济发展服务的研讨会。

以上各项会议有中外人士1300余人参加。

协会十分重视对现有项目的评估和总

结，1992年协会在北京、武汉和衡山等地分别召开了中加高中后职业技术教育项目执委会、美国英语学会和美中教育服务机构的暑期英语培训班项目评估会以及中加高中后职业技术项目课程设计和开发研讨会。

撰稿人　张德安
审稿人　倪孟雄

与联合国教科文组织在教育领域的合作

1992年，在联合国教科文组织资助下，在教育领域内，中国联合国教科文组织全国委员会配合国家教委和有关省、市和自治区，重点实施了一批新的试验项目：

1. 在贵州省黎平县茅贡乡实施“促进青壮年扫盲试验项目”。其目标是，到1994年，全乡基本普及初等教育，入学率、巩固率和毕业率均要达到98%以上；开办农民文化技术学校，使50岁以下的青壮年农民学到一至二项实用技术，为发展本乡经济服务。

2. 在广西壮族自治区龙胜各族自治县实施“少数民族妇女扫盲及扫盲后教育项目”。旨在扫除少数民族妇女文盲，并对其进行农技、生活、保健、营养等方面教育，提高文化和科技素质，使她们能同男子一样参与家庭事务和社会活动，从而提高少数民族妇女的政治、经济和社会地位，实现男女平等。

3. 在甘肃陇西县实施“满足农村成人接受教育与培训的需要试验项目”。目的在于通过农村扫盲和成人教育综合试验，改革教学内容与方式方法，取得经验，以便推广到全省及邻省其它条件相似的地区。

4. 在安徽省实施“扫盲和扫盲后继续教育试验项目”。在联合国教科文组织专家帮助下，选择一个乡为试点，研究制定适合全省农村实际情况的扫盲和扫盲后继续教育指南，逐步将试点乡的经验推广到全省。

5. 在河北省实施“全民教育行动计划”。联合国教科文组织为落实1990年世界全民教育大会精神，将河北省确定为中国制定和实施全民教育行动计划的示范省，派专家帮助制定了《河北省全民教育行动计划》。《计划》指出河北省开展全民教育的重点在农村，尤其应重视贫困地区、山区和边远地区的全民教育。《计划》确认河北省全民教育的优先领域为学前教育、九年义务教育、扫盲和扫盲后技术培训等，并注意对盲、聋、哑及弱智儿童教育和妇女教育采取特殊对策。

以上5个项目已争取到联合国教科文组织和亚洲开发银行75万美元的资助。

联合国教科文组织于1992年9月14—19日在日内瓦召开了以“教育对文化发展的贡献”为主题的第43届国际教育大会，我国政府派以国家教委副主任邹时炎为首的代表团出席了会议，本着积极参与，多做工作的精神，开展了相应的友好合作活动。

近年来，新疆维吾尔自治区在扫盲教育方面取得显著成绩，促进了少数民族地区的经济和社会发展。经国家教委和教科文全委会推荐，新疆自治区教委荣获联合国教科文组织1992年度“野间国际扫盲奖”。

此外，应我邀请，联合国教科文组织教育部门助理总干事、基础教育项目协调员、国际教育规划研究所所长等高级官员于1992年内相继访华，为发展今后合作奠定了新的基础。

撰稿人　张学忠
审稿人　曹元聚

教育科学研究与学术活动

教育发展研究工作

1992 年，在邓小平同志南巡讲话和党的十四大精神的指引下，国家教育发展研究中心的各项工作都获得可喜进展，较好地发挥了对国家教委在教育发展与改革方面重大决策的参谋与助手作用。

一、完成了中央业务部门办学与管理体制改革的研究报告

随着经济体制改革的深入和国家机构改革、政府职能的转变，中央不少业务部门办学遇到了越来越大的困难。中央业务部门管理的高等学校的体制改革，已成为我国教育体制改革的重要问题和难点。中心就这个问题进行了比较深入的调查研究，先后与 30 多个部委和部分院校及企业的有关负责同志进行座谈和研究。比较深入地总结了 40 多年来我国高等教育管理体制改革的五次"放权"和"上收"的历史经验教训，探讨了不同类型的部委目前办学存在的具体困难及其原因和改革的不同途径和模式，撰写了《中央业务部门所属高等学校管理体制改革的研究报告》。提出根据不同部门、不同院校的实际情况，采取以部委办学和管理为主；与地方联合办学，共同管理；下放地方办学，以地方管理为主；与企业集团联合办学，共同管理；以董事会投资办学和管理为主等多种改革模式，并经过试点，逐步实施的基本思路，同时提出了配套的政策性建议。报告的基本思想，已被吸收到国家教委的有关决策之中。

二、对我国高等教育 90 年代发展的规模与速度进行了预测研究

以邓小平同志南巡讲话为标志，我国经济建设进入了一个加速发展的阶段。与此相适应，高等教育应有多大的发展规模与速度，便成为教育决策的一个重要问题。中心会同国家教委计划建设司进行了专题研究，预测了 90 年代我国经济发展对教育的需求，分析了随着经济、文化水平提高，社会各方面对高教需求增长的趋势，并运用国际比较与历史比较的方法，通过大量资料的分析，对未来八年我国高等教育发展的规模与速度进行了多方案测算，分析了 2000 年高校在校生 600 万、650 万、700 万、800 万人的四种方案。同时，又主要从经费与师资两方面对四种方案进行可行性论证，提出 2000 年高校在校生以 600～650 万人的规模较为适宜，并从改革高教发展模式、走内涵发展为主的路子，改革办学体制和办学模式等方面提出了实现这一目标的政策性建议。这个研究报告在全国高等教育发展与体制改革研讨会上受到专家和许多教育行政部门负责同志的好评。研究报告的基本思路也被吸收到国家教委对高教发展的决策之中。

三、主持召开高等教育为地方发展服务中美学者研讨会，完成该课题研究报告

高等教育为地方发展服务，是根据我国高等教育发展与改革的实际需要，中心与美国著名研究机构——卡内基教学促进基金会合作进行研究的课题。在各自调查研究的基础上，1992年5月25日至6月10日，该基金会主席波伊尔博士和董事长丘奇博士率领美国高等教育代表团访华，由国家教育发展研究中心主持，先后在广州和大连举行了高等教育为地方发展服务中美学者研讨会，广东、北京、上海、辽宁、江苏、河北、四川、吉林等省、市高等教育主管部门的负责同志，高等学校的校长、高教研究所所长以及一些企业的代表提交了论文，参加了研讨。会后又围绕同一主题访问了一些城市和不同类型的大学以及同这些大学合作取得较好成果的企业、中小学校和乡村卫生所等。中美双方都认为通过这次研讨活动的学术交流、研讨和实地考察，对于高等学校教学、科学研究、社会服务这三项功能相互结合、相互促进的关系，高等学校为经济建设服务和为社会文化教育卫生保健等方面服务的关系，不同类型不同层次学校为地方服务如何各有分工又互相协作，以及地方政府、企业在高校为社会服务中的作用等问题都加深了认识，扩展了思路。中国的经验，给美国学者留下深刻印象，受到普遍赞扬。这项研究成果已经撰写成专题报告。并正在对各地方、院校和企业提交的论文进行修改，拟于1993年出版。

四、完成我国初中后教育结构阶段性研究报告

初中后教育结构，是我国教育体系中同经济建设和社会发展联系最密切的部分，学校的层次和类别比较多，存在着学制交叉重叠、层次和类别区分不明显、结构不合理等问题，理顺和优化教育结构已成为我国90年代教育发展和改革的重大现实课题。研究这一问题，涉及面宽，难度较大。中心从工科和农科入手，选择轻工、冶金、机电三个行业(包括乡镇企业)共40多家工业企业，进行工科教育结构调研；选择四川、黑龙江、辽宁、河北、江苏、浙江、山东、湖南、湖北、陕西等10个省的部分县、乡进行农科教育结构调研，获取了大量专题调研报告。经与有关部门座谈讨论，交换意见，及有关领导和专家、学者论证，撰写出了《我国初中后教育结构阶段性研究报告》(工科教育部分)，农科教育部分也写出了初步的研究报告。

五、开始关于义务教育质量问题的调研

为了加强教育质量的宏观管理和建设面向21世纪的高质量教育提供咨询建议，中心与国家教委基础教育司合作组织我国义务教育质量目标课题研究。与联合国儿童基金会合作，对我国农村地区基础教育的质量进行了典型调研。在1991年分析教育管理信息系统的基础上，1992年在四川、河北两省抽选了22个乡的122所小学，对4500名小学毕业生的学习质量进行了全面的测评。共发放基本情况调查表180份、问卷138份、考试卷24000份，用计算机处理数据261.8万条。撰写了初步的研究报告。中心与华东师范大学合作，进行了“义务教育质量目标”的前期研究，提出了研究方案和质量现状调研的试卷和问卷，准备1993年开始在14个省、市进行义务教育质量的现状调研。并出版了关于我国学龄儿童未入学、辍学、留级以及义务教育效益的研究专著《义务教育效益研究》。

六、开展了教育发展战略的若干专题研究

中心与国家统计局合作进行了“我国区域社会发展与教育发展水平综合评价指标体

系”的研究。这项研究的目的在于建立一套可以综合评价各地区社会发展和教育水平的、可操作的指标体系，以利于全面了解各地区教育发展总体水平及其与社会发展的关系，也便于地方政府因地制宜、心中有数地制订本地区的教育发展战略，减少决策的盲目性。在 1991 年进行理论探讨的基础上，1993 年初步构建了指标体系，设计了报表，并在河南与北京郊区的 3 个县进行了调查，对 26 个省 157 个县的统计数据进行了计算机处理与分析，形成了初步的分析结果。

中心参加了联合国教科文组织资助的由国家计委、国家科委、人事部、国家统计局、社会科学院等 6 个部委合作承担的“中国人力资源开发战略研究”项目，被确定为副组长单位。并已向联合国组织的专家会议提交了“中国人力资源开发指标体系现状”的论文，举办了“教育为人力资源开发综合规划与管理暨地区教育战略”讲习班。

撰稿人　严晓梅

审稿人　蔡克勇

教育科学情报网络建设

截止到1992年，中国教育科学情报网络建设取得了进展。

一、完成了国家教委“七五”重点研究课题“中国教育情报网络建设与教育情报学研究”

课题组坚持以马列主义、毛泽东思想为指导，以网络建设实践为基础，依靠全国教育情报工作者的群体力量，从国情出发，借鉴国内外科技情报网、社会科学情报网和国外教育情报网的经验，综合运用教育学、情报学、社会学、统计学、科学学、计算机学、图书馆学、系统科学等多种学科的理论和方法，开展了对教育情报网络结构、功能、运行机制、计算机在教育情报检索中的应用、教育主题词表、教育情报队伍的结构以及教育情报学的学科结构、特点和方法等一系列理论和实践问题的实验研究，取得了一系列的研究成果：(1)制定了《全国教育科学情报网络工作方案(试行)》、《关于各地教育科学情报资料分中心分工协作的试行方案(初稿)》和若干省级、县级教育情报网络建设方案，初步规划出我国各级各类教育科学情报网络的结构模式，网络运行初见成效。(2)撰写了课题研究总结报告和各试点项目(单位)的实验总结报告，在网络建设的理论和实践上有若干进展。(3)出版了一批教育情报科学研究论文和专著，初步形成了具有自身特色的理论体系。(4)制定了《关于建立我国教育文献情报计算机系统的试行方案》，初步研制出我国第一部教育主题词表；为教育科学信息库的研究与建设提供了条件。(5)初步完成《中国教育情报建设的理论与实践》专著的书稿。该书吸收了我国近10年的教育情报事业的发展和工作经验，特别是“七五”课题的研究成果。在该课题的推动下，我国各级各类教育科学情报网络已初具规模，已建立了一支2000多人的专职教育情报队伍。

二、组织研究国家教委“八五”重点课题“建立全国教育科学信息库和网络运行机制的研究”

教育科学信息库的建设，是教育科学信息网络的延伸和发展，是网络建设的重要组成部分。该课题的具体目标是：(1)初步建成教育科学信息库的综合库；(2)在地方教科所(院)及少数高等院校建立若干各具特色、重点突出的分库；(3)扩大情报网络实验，进一步研究并形成以提高情报交流与服务效益为中心的网络运行机制，完善网络管理制度；(4)形成一支由近百名学科骨干为核心的结构合理、专兼结合的教育科学情报队伍。

三、逐步建立中国教育信息产业

社会主义市场经济体制要求教育信息工作进行改革，其改革重心是在运行机制上，即在当前常规信息工作基础上(包括信息情报调研、基础资料建设、为各级决策服务等)，强化有偿信息服务，开拓信息产品和信息市场，逐步发展成教育信息产品生产、信息加工、社会咨询、出版发行等信息产业，形成以教育信息产业为主的相互配套的多角经营。

四、教育科学的国际交流

到1992年，中央教科所教育信息中心(原教育情报研究室)和全国教育情报交流网中心站先后与联合国教科文组织国际教育局、国际教育规划研究所、亚太地区办事处、欧共体教育情报网、欧洲教育文献情报系统、欧洲职业培训发展中心、国际教育和资源网、国际成人教育情报共享网络、日本国立教育研究所、澳大利亚教育研究理事会、德国法兰克福国际教育研究所和瑞典斯德哥尔摩大学国际教育研究所等国际机构，建立了固定的教育信息交流关系。

为了促进联合国教科文组织与中国教育学术交流和教育情报交流，经联合国教科文组织总部和中国联合国教科文组织全国委员会批准，联合国教科文组织北京教育学术交流中心于1991年12月30日正式成立，“中心”设在中央教科所，其日常事务由中央教科所教育信息中心处理。

撰稿人　张志远
审稿人　曹青阳

中国教育学会开展群众性学术活动

1992年,中国教育学会认真学习、贯彻邓小平同志南巡重要谈话和中共十四大精神,积极开展群众性的科研、科普、学术交流和咨询服务活动。

一、开展学术活动,研究和探讨教育实践中的新情况,新问题

(一)探讨如何解放思想,转变观念,加快教育事业改革和发展的步伐

中国教育学会于1992年9月12日至16日在大连市召开了第六次全国学术讨论会。会议学习邓小平同志重要谈话,研究深化教育改革,全面贯彻教育方针,培养社会主义事业接班人问题。与会同志通过学习一致认为:邓小平同志南巡谈话对我国政治和经济建设,对教育工作都具有重大指导意义,教育也面临着解放思想、转变观念、深化改革问题。与会同志列举了教育工作中在思想观念、教育体制、办学模式、运行机制、教育结构、教育内容和方法等方面存在的种种不适应,指出教育工作也必须从"左"的束缚中解放出来,使教育主动地适应经济发展的需要。与会同志认为,在新形势下,必须加强和改进学校德育工作,不仅要研究学生今天的思想特点,而且要研究未来的社会主义建设者和接班人应具备的素质,继续加强党的基本路线教育,加强人生价值观教育,加强爱国主义、集体主义和社会主义的教育,培养学生改革开放的意识等等。

(二)研讨教育与"科技是第一生产力"的关系

中国教育学会与浙江教育出版社、浙江省教育学会于11月12日至17日联合召开第四次全国中青年教育理论工作者学术研讨会。9月20日至24日,中国教育学会教育经济研究会召开第三届第一次学术讨论会,对这一问题都开展了讨论。大家一致认为:"科学技术是第一生产力"的论断是邓小平同志对马克思主义的重大发展,它丰富了马克思主义关于生产力的学说,深刻揭示了科学技术对当代经济社会发展的第一位推动作用和变革作用,对于指导我国的社会主义现代化建设具有重大现实意义。在理论和实践上都是一个重大的突破。经过讨论,与会同志认为:教育是科学技术和劳动力再生产的重要手段;科学技术是教育与经济的连结点;教育是科学技术转化为现实生产力的中介点,劳动力再生产是教育与经济的结合点。教育、科技和经济三者之间是紧密联系的,只有科学地处理好这三者之间的关系,才能加快我国的社会主义建设。要强调科学技术是第一生产力的观点,同时也要强调教育是基础的观点。

(三)研究教育与社会主义市场经济的关系

中国教育学会11月中旬在杭州市召开第四次全国中青年教育理论工作者学术研讨

会以及中国教育学会所属的教育管理研究会、小学校长委员会、广东省教育学会等开展的多种学术活动中，研究了“教育与市场经济”这一热门课题。通过研讨，大家认为：邓小平同志南巡谈话和党的十四大宣布我国经济体制改革的目标是逐步建立社会主义市场经济体制，这标志着我国社会主义事业进入一个重要的历史转折阶段。这对教育既是挑战也是机遇。市场经济理论为我们重新认识教育的性质、功能开阔了视野，在新形势下，教育要转轨转制。抓住机遇完成这个变化，使我国的教育真正从内在机制上确保适应经济发展。说到底，教育必须适应市场经济体制的需要，为经济建设这个中心服务。教育作为“产业”，它的产品是培养人，通过培养人才和科研成果为社会服务。强调教育是产业，不能否定教育作为事业和上层建筑一部分的属性。

(四)研讨教育教学改革问题

中国教育学会数学教育研究发展中心于1992年4月23日至26日在上海举行了学习上海市青浦县数学教改经验现场研讨会，与会专家和教师从教育理论、科学实验理论、课堂教学结构理论等角度进行评析，一致认为，青浦经验符合现代教育科研方向，方法科学，推广这项成果的步子稳妥，值得肯定和提倡。

中国教育学会与中央教科所、山东省教委和山东省社科联于10月28日至31日在烟台联合召开了全国中小学大面积提高教学质量研讨会。为克服片面追求升学率，减轻学生负担，烟台市福山区从1986年开始进行大面积提高教学质量的改革实验，该区教育借鉴国外教育心理学的经验，并汲取众家之长，建立起单元达标教学新体系。围绕目标教学，使课堂教学成为“展示目标——落实目标——检验目标——补救目标——实现目标”的科学流程，探索出一条符合教育规律的教改新路子，提高了课堂教学效果，减轻了学生负担，大面积提高了教学质量。1990—1991学年度同实验前的1985—1986学年度相比，全区学生的合格率，小学由72%提高到97%，初中由57%提高到94%。湖南、河南等省的一些地方也先后开展了这一实验，均取得明显效果。

中国教育学会于1992年9月26日至30日在陕西商洛地区召开了贫困地区教育改革与发展研讨会，着重探讨了贫困地区农村教育改革的方向问题。大家认为，贫困地区要切实把办学指导思想转到主要为当地经济建设培养人才，把重心放在培养初中级人才，提高劳动者的素质上来；要积极推行农科教结合，促使教育更直接、更对口、更迅速地为当地经济建设服务；要重视宏观改革与微观改革相结合；要加强对贫困地区农村教育的科学研究。会后将论文汇集出版了《贫困地区农村教育改革与发展》一书，对贫困地区的教育改革产生了积极的推动作用。

二、开展各种形式的培训和竞赛活动

1992年7月25日至31日，中国教育学会和青岛市教育局在青岛市联合举办了全国中学深化教育教学改革培训班；9月13日至18日，中国教育学会在大连市举办了深化教育改革讲习班。4～7月，中国教育学会教育基建研究会举办了全国有2万多人参加的普教基建管理人员岗位培训电视讲座。

举办全国青少年优秀新歌比赛。由中国教育学会与国家教委关心下一代工作委员会、艺术教育委员会、中国音乐家协会、中央电视台、中央人民广播电台等9个单位联合举办。这项比赛自1992年1月13日开始后，得到全国音乐工作者、教育工作者和广大青少年的热烈响应。征歌阶段，共收到歌词、歌曲3000多件，评出优秀新歌32首，从1993年1月18日开始在中央电视台每天播放两次，推荐歌曲两首，并定于1993年暑期举行电视决赛。

举办优生、优育、优教知识竞赛。中国教育学会与国家教委、全国妇联、卫生部等7个单位联合举办。竞赛历时6个月。全国共发试卷1千万份。通过宣传、培训、学习、答卷，宣传了《中国儿童发展规划纲要》、普及"三优"的知识。

三、开展国际学术交流活动

中国教育学会和中国教育国际交流协会于1992年10月15日至19日在京联合举办中学校长国际研讨会，来自新加坡、泰国、日本、美国、英国、法国、德国、俄罗斯、新西兰等国家以及香港、澳门等地区的29位外宾和国内62位知名校长参加了研讨。当代中学教育改革的现状及发展趋势已成为各国教育工作普遍关心的热点问题。与会代表认识到，教育与经济的联系将更为密切，因此教学内容要向现代化、综合化、活动化发展；教学方法要向合作化、多样化、艺术化发展；教育技术要现代化、电子化。

中国教育学会体育教育研究会与中国教育国际交流协会于10月10日在上海联合主办了"'92中日学校体育研究大会"。有160名中日学者、专家参加。

中国教育学会副会长，中国教育学会比较教育研究会理事长顾明远于1992年7月参加了在布拉格召开的世界比较教育大会，顾明远被选为世界比较教育学会联合会执行主席。会议决定1995年在我国召开第9届世界比较教育大会。

四、进一步办好《中国教育学刊》等刊物

《中国教育学刊》是中国教育学会的会刊，在新形势下，学刊编辑部认真制定宣传报道要点，努力提高学刊质量，一年来该刊内容进一步突出学会的学术性和群众性，注意理论联系实际，坚持研究教育理论，开展学术交流，评价科研成果，总结教改经验，促进群专结合，提供争鸣园地。

《中国校园文学》质量也有提高，发行量近9万份。1992年举办了"宋河杯"校园千字文征文比赛，收到应征稿5000余件，评出获奖作品156篇。

撰稿人　李云虹

审稿人　郭永福

高教学会1992年开展的学术活动

1992年，中国高等教育学会围绕学习、贯彻邓小平同志南巡的重要谈话和党的十四大会议精神，开展多种学术活动。

一、研究高等教育改革问题

华东6省1市于1991年底联合召开了高教发展战略研讨会，研究高校为地方经济建设服务的途径和对策及面临自身的改革问题。与会者认为，在中央作出开发浦东、搞活大中型企业、加强农业和农村工作的重大决策之后，地处华东的高等学校深感在人才培养方面不适应经济建设需要的问题更为突出。会议研究认为：高校为适应新的形势，既要考虑培养适应高新技术发展水平的、有社会主义觉悟的高层次复合型人才，又要着眼为生产第一线大、中、小型企业、农业、乡镇企业等方面培养大量的应用型人才。各高等学校要从实际情况出发，改革教育思想、教学内容、教学方法以及对招生、毕业生分配、办学模式、思想政治工作、人事等方面的制度进行调整与改革。当前，要特别注意高校科研成果的转化工作，要通过各种途径，加强产业与学校的联系与合作，联合攻关开发重点科技项目，建立教学、科研、生产联合体等，使高校科研成果尽快转化为现实生产力。

1992年4月23日至25日，广东省高教学会结合本地发展经济的特点，研究了高等教育如何改革的问题。与会者提出了面临经济发展的新形势，高等教育要优化结构，提高质量，扩大规模，并力求做到三者之间的协调和统一发展。

1992年5月7日至11日，高校思想政治教育研究会贯彻邓小平同志视察南方的重要谈话精神，研究了改进高校思想政治教育的问题。会议认为，根据新的形势，要改进德育教材，对青年教师和学生要加强社会主义信念和改革开放的教育，使他们树立起正确的人生观和价值观。

二、研究高校在社会主义市场经济体制下面临的任务问题

1992年10月至12月期间，中国高教学会所属会员单位分别研究了在社会主义市场经济体制下，高等教育如何适应这种体制为经济和社会发展培养所需人才的问题。与会者提出，高等教育要更多的注意社会实践和教育本身的实践问题，并以此出发研究如何主动为市场经济服务，培养各种专门人才的途径。高等教育培养人才要面向全国，面向行业，面向沿海开放地区、内陆地区、边远少数民族地区等各种类型和层次的市场发育态势，培养各种专门人才。

1992年11月17日至20日，中国高教学会和广东省高教学会联合举办了高等教育为沿海地区经济和社会发展服务研讨会。与会者认为沿海地区新的经济形势发展，给高等教育带来了机遇和挑战并存的趋势，为此，应当鼓励高等教育发展多样化的办学模式。

三、研究高等教育发展速度问题

1992年9月15日至19日，中国教育发展战略研究会召开研讨会，研究高等教育发展速度问题。与会者认为，高等教育的发展速度要因不同地区、不同部门、不同经济发展的层次与速度的需要，不同类型的学校和不同专业应有不同的发展速度，其中，重要的表现在招生增长率的不同。各高校要从招生增长率出发，综合研究与调整内部结构、专业结构，提高教学质量和办学效益，切实做到教育的发展速度与经济和社会发展速度基本同步和协调。

撰稿人　许德贵

审稿人　郝维谦

教育报刊

中国教育报

1992年,《中国教育报》紧紧围绕贯彻邓小平视察南方的重要谈话和党的十四大精神,积极宣传建设有中国特色的社会主义理论及党和国家的教育方针、政策,使报纸成为教育战线和社会各界了解教育改革信息的窗口、交流教育教学经验的园地,推进了教育改革和发展。

一、宣传贯彻邓小平同志视察南方谈话和党的十四大精神,为社会主义现代化建设和教育改革创造舆论环境

1992年3月12日,《中国教育报》头版发表署名文章《方生教授再谈对外开放和利用资本主义问题》。该文的基本思路:一是中国只能走社会主义道路,不能走资本主义道路;二是中国必须正确利用资本主义,批判吸收西方文化中对自己有用的东西,才能繁荣富强起来;三是采取科学的态度对待资本主义这一社会形态是中华民族自信心的表现。该文对澄清当时人们的一些模糊认识具有积极意义。

1992年3月14日,《中国教育报》头版头条刊登新华社电讯稿《江泽民主持中共中央政治局全体会议讨论我国改革和发展若干重大问题》。4月2日转载《深圳特区报》长篇通讯《东方风来满眼春——邓小平同志在深圳纪实》,并配发了五幅照片。6月16日刊登江泽民在中共中央党校的重要讲话,强调深刻领会和全面落实邓小平同志的重要谈话精神,集中精力把经济建设和改革开放搞得更快更好。在此前后,《中国教育报》精心组织编发了《抓住机遇、迎接挑战》、《改革开放:强国富民之路》、《加快改革开放步伐是大势所趋》、《从本质上认识社会主义——学习邓小平南巡重要谈话的一点体会》、《十日花开一夜风——深圳特区考察报告》、《"一个中心"和我国现阶段的主要矛盾》等一批专题报道和理论文章,集中地宣传邓小平同志谈话精神,在教育战线引起强烈反响。

为深入领会邓小平同志谈话精神,提高执行党的基本路线的自觉性,《中国教育报》与国家教委思想政治工作司联合召开北京部分高校干部教师座谈会,7月2日发表了长篇消息,7月18日发表了座谈会纪要,力求全面准确地阐明邓小平谈话的重点和人们理解上的难点,如要警惕右,但主要是防止"左"的问题;反对和平演变与以经济建设为中心的关系问题;姓社姓资的问题等。

1992年3月19日至4月7日为期三周的全国人大和政协"两会"宣传报道,共编发稿件84篇,图片44幅。报道紧紧抓住宣传落实邓小平谈话精神，突出加快教育要深化改革的主题，其中有一篇通讯《全国人大代表、湖南农学院教授陈贞呼吁：解决农大科技成果推广难》和题为“共商加快改革开放大计”的一组3张照片获第二届宣传人大制度好新闻三等奖。

1992年10月，《中国教育报》在党的十四大前后17期报纸中，共发表消息、通讯、专访98篇，图片71幅；着力介绍了出席十四大的教育界67位代表，报道面超过教育战线99位代表的三分之二；并约请部分代表到报社座谈，加强报社与代表的联系。对十四大宣传报道，突出了教育战线要解放思想、教育事业要加快改革与发展这一中心。十四大之后，《中国教育报》组织编发了15个专题的《学习十四大报告问答》和4篇《学习十四大报告辅导》，着重阐明社会主义的本质，改革开放的实质和目标，党的基本路线的形成及其意义，加快经济发展是重大政治问题，解放思想实事求是是邓小平同志建设有中国特色社会主义理论的精髓等重大的理论与实践问题。《新闻出版报》发表文章专门介绍了《中国教育报》十四大宣传的特色。

二、加大教育改革的宣传力度，增强《中国教育报》对教育战线各项工作的指导性

(一)强化对高校内部管理体制改革的宣传报道

1月11日，《中国教育报》以“强化教育战略地位，加快教育改革和发展”为题，报道了国家教委1992年工作会议。3月24日和4月14日，分别在报眼和头版头条位置报道北京高校内部管理体制改革及其所焕发的勃勃生机。4月2日报道了国家教委扩大高校内部管理体制改革试点的决定，并配发本报评论员文章《高校内部管理体制改革势在必行》，指出只有深化改革，才能坚持社会主义办学方向，才能调动广大教职工的积极性，发挥高校教学科研的整体优势。此后，陆续发表南京大学、东南大学、浙江大学、东北师范大学、上海交通大学、天津大学等6所高校校长谈内部管理体制改革的专访，指出高校必须通过改革，建立自我发展、自我激励、自我约束的机制，增强凝聚力和办学活力，建立起主动适应国家经济建设和社会发展的运行机制和模式，抓住机遇，回答挑战。4月23日头版头条发表本报记者采写的调查报告《深化教学改革的大胆尝试——郑州大学试行主副修制调查》，当天中央人民广播电台“新闻和报纸摘要节目”予以介绍，在全国高校引起较大反响。从4月28日起开辟“解放思想，加快高校改革步伐”专栏，先后报道清华大学、南开大学等高校的改革探索与成功经验，并配发本报评论员文章《积极推进高校综合改革》。在6、7月全国高校党建工作会议前后，在“加强党建工作，深化高校改革”专栏中，对广东工学院、抚顺石油学院、陕西高校工委等10多个单位以党建促改革的具体做法和经验体会作了报道，并配发本报评论员文章《在新形势下加强高校党的建设》。11月中旬全国普通高等教育工作会议期间，及时报道了李铁映和朱开轩在会上所作的报告，并配发社论《开创高等教育工作的新局面》。11月28日报道朱开轩在安徽考察高校工作时，强调高教发展要与经济发展相匹配，规模要有较大发展，质量要上一个台阶，层次、专业、学科结构要更加合理，效益要有明显提高。12月15日发表本报记者采写的关于清华大学内部管理体制改革的长篇通讯，并配发本报评论员文章《解放高校生产力》。12月24日起连续四期报纸发表上海高校改革报道，充分肯定上海高校解放思想、大胆开拓所创造的许多新鲜经验。12月下旬，接连发表三篇本报评论员文章《全面协调地发展高等教育》、《探索高教发展新路子》和《体改：深化高教改革的关键》，造成很有力度的宣传声势。此外，3月7日头版头条发表消息《留学回国人员在深圳"如鱼得水"》，《人民日报》作了全文转载，中央人民广播电台当天作了摘播，《组织人事报》、《报刊文摘》等作了摘要刊登。

（二）及时、准确、全面地宣传报道国家教委的工作部署和政策法规，进一步贴近中小学实际，推进基础教育的改革和发展

国家教委1992年工作会议期间，先后刊登30个省、自治区、直辖市主管教育的领导同志的发言摘要。6月27日发表国家教委赴山东调研组《关于山东省"办好教育为人民"工作的考察报告》，其后又在"省长谈办好教育为人民"专栏中发表鲁、辽、豫、冀、皖等省主管副省长的文章，探讨有中国特色的社会主义教育事业的发展道路。集中组织省级领导议教育，有利于引起各级领导干部进一步重视教育，有益于强化全社会重视教育的意识。

《中国教育报》及时刊登国家教委发布的《全国教育事业十年规划和"八五"计划要点》、《中华人民共和国义务教育法实施细则》、《小学生体育合格标准实施办法》、《关于进一步改善和加强民办教师工作若干问题的意见》、《关于"八五"期间解决城市中小学教职工住房问题的意见》、《教师和教育工作者奖励暂行规定》和《关于加强全国中小学校长队伍建设的意见（试行）》等重要文件，及时报道李铁映、何东昌等国家教委领导的讲话精神，并做大量的阐释。对于端正办学思想、德育教育、升学考试制度改革、减轻学生课业负担、城乡教育综合改革、多渠道筹措教育经费改善办学条件、办特色学校育特长生、提高教师待遇等基础教育重要课题，《中国教育报》都给予大量的版面，做深入的报道。

《中国教育报》还注意发表推动城乡教育改革和发展的文章。3月3日、5日、7日连续发表本报记者集体采写的长篇通讯《田野的呼唤——我国农村教育综合改革纪实》，并配发编者按和本报评论员文章。7月7日起陆续发表三篇苏州、无锡、常州城市教育综合改革的调查报告，并在编者按中指出，只有依靠政府统筹和部门参与才能真正实行综合改革，城市教育综合改革的关键在"综合"。8月27日起发表本报记者集体采写的《河南省集资办学纪实》之一至之四。该文见报后，在全国特别是河南产生较大影响，成为全国第三次集资办学现场会的学习材料，并被收入《中原丰碑》一书。

《中国教育报》对辛勤耕耘在基础教育第一线的干部、教师，倾注了特别的深情。在"校长特写"专栏中，1992年共褒扬40多位中小学校长。"平凡与崇高"专栏也宣传了40多位干部、教师，"甘苦民师"专栏介绍了几十位民办教师。"中小学教育"专刊，连续介绍了优秀教师丁榕和丁有宽的教育教学艺术。在全年五十期《教师专页》中，大力倡导尊师重教、颂扬奉献精神；为广大教师介绍了许多新朋老友和大量教书育人的经验体会。

（三）对成人教育、民族教育和职业技术教育的宣传报道

在成人教育方面，及时报道8月召开的全国首次成人高教工作会议精神和李铁映、朱开轩的讲话，专文介绍经过十年改革与发展，我国成人高教已初步形成多形式、多层次、多渠道的办学体系。《成人教育》专刊积极宣传转变观念、加快成人教育改革和发展步伐。并举办了"齐鲁杯"职工教育与经济发展征文。

在民族教育方面，及时报道3月17日召开的全国民族教育工作会议，并配发社论《努力开创民族教育工作新局面》，宣传何东昌"民族教育要找准办学路子"的讲话精神，指出民族教育要注重打好基础，学习文化与学

习技术相结合，在增强自身发展能力的基础上，积极加强交流，争取支援，促进各民族共同繁荣。在首批950名中专、中师、高中西藏班学生毕业之际，以较大篇幅作了专题报道。

在职业技术教育方面，1992年的12期《职业技术教育》专刊，就职业技术教育体制与经济体制、职业技术教育改革、职业高中评估、职业高中的生源及京、沪、湘等省市的成功经验，均作了探讨与报道。5月14日在公布“国家教委认定的第二批省级重点职业高级中学名单”的同时，加了编者按并编发署名文章，充分肯定全国省级重点职业高中评估认定工作取得显著成效；指出端正职业高中办学指导思想、加快职业高中改革与发展，集中力量建设水平较高的示范性骨干学校，是当前职业技术教育的一项重要任务。8月13日，组织编发了“重点职高评估专版”，再次加发编者按，重申评估的意义和办好示范性骨干职业高中的重要性。在国务院关于大力发展职业技术教育的决定发布一周年之际，《中国教育报》与国家教委职业技术教育司、中华职业教育社、中国职业技术教育学会联合召开座谈会，并摘要刊登了出席座谈的费孝通、孙起孟等8位知名人士的发言。

三、坚持新闻改革，逐步形成特色，提高办报质量，密切与广大读者的联系

(一)站在全局的高度，触及关系教育工作指导思想和方针政策的重大问题，坚持正确的舆论导向和发挥报纸的监督功能

8月16日头版头条发表本报记者采写的通讯《该不该重奖“高考状元”》，报道了湖南省教委不宣传“高考状元”的做法。在为该文加的编者按中，表示了“欢迎广大读者发表意见”的态度，并在其后的讨论中，先后5期发表20多篇文章，其中包括湖南省教委普教处谈不同意重奖“高考状元”的理由的文章。“该不该”一文发表的当天中午，中央人民广播电台就此进行了专题讨论。《文摘报》、《南方日报》等10余家报纸转载或摘登。《中国教育报》10月8日发表国家教委负责人答本报和《人民日报》记者问，指出：欢迎各界支持教育，不赞成重奖“高考状元”。在包括教育界在内的社会各界对教师从事第二职业有感触却无从评说之际，11月28日在头版显著位置发表本报记者采写的消息《不提倡中小学教师搞第二职业》，打破沉寂，发挥了正确的导向作用。

在拖欠教师工资、学生课业负担过重、校舍改造等问题上，《中国教育报》坚持以正面宣传为主，同时辅之以慎重的批评性报道。11月26日发表的批评性报道《公开的“内参”》，在新疆引起反响，自治区党委书记宋汉良亲自过问，并要求尽快解决中小学危房问题。

(二)在精编稿件、多发短新闻、扩大报道面、增加信息量的同时，致力于强化言论

突出抓了社论和评论，力求及时准确地传达党和国家的方针政策，尤其注意对言论的内在质量的把握和观点的提炼，力戒大话、空话、套话，务求言之有物，实事求是。同时，对“教改小议”、“议论风生”等评论专栏也力求办得生动活泼。

(三)办好专刊、专版、专栏，增加可读性，加强与读者的沟通，更好地为读者服务

《中国教育报》的星期刊注意把握自己的品位，为社会提供精美的精神食粮。《教师专页》颂扬了大量的教育战线先进模范人物，其中“砥砺篇”、“议论风生”等小栏目则发表全国各地教师的真知灼见；《朝晖》专刊为广大师生提供发表艺术作品的园地。《外国教育》、《教育理论与实践》、《教育文摘》等专刊、专栏，介绍教育教学思想、观点、理论，介绍教书育人的经验、工作学习的方法，有利于教师提高素质、做好本职工作。“政策回答”、“读报词典卡”、“帮你正音正字”、“不妨一试”和“心理

保健”等小栏目，则关心着师生的工作学习、身心健康乃至生活情趣，为他们释疑解惑、分忧解愁，提供力所能及的帮助。应读者要求，开辟“业余作者之友”专栏，由本报几位副总编和资深记者撰写了《如何采写教育新闻?》(上、下)、《精心写好教育通讯》、《怎样写好人物通讯》、《怎样写好专刊文章》、《努力写好“本报讯”》等辅导文章，为热心给本报撰稿的读者服务。

四、精心做好 1993 年元月改办日报的各项准备工作，为进一步办好《中国教育报》奠定基础

1992 年 7 月 9 日，《中国教育报》报道了经新闻出版署批准、国家教委关于《中国教育报》自 1993 年元月起改办日报的决定。

自 1992 年 6 月中旬开始，在第 36 至第 44 期《读者园地》专刊中，刊登了几十封读者来信，反映读者对《中国教育报》改办日报的强烈愿望和极大热情。读者希望《中国教育报》顺读者之心、会读者之意，尽快办成日报，更好地宣传教育改革中的先进典型，更主动地探讨教育“热点”问题，更多一些生动活泼的气息，使《中国教育报》越来越受到读者的欢迎。

1992 年 7 月《中国教育报》在安徽召开改办日报工作会议。全国 24 个省、自治区、直辖市教委办公室的负责人、报社 24 个地方记者站的站长和专职记者参加了会议。会议就办报方向、指导思想、发行工作及地方记者站的建设等问题作了研究，决心在加大信息量、增强可读性上下功夫，力争在内容新、文字活、有深度、有感染力方面有所突破，使《中国教育报》更贴近教师和学生的生活，更好地发挥全国性教育专业报纸的指导、交流、激励作用。

《中国教育报》1992 年进一步充实了激光照排设备，并试验采用了卫星传版技术，为改办日报提供了必要的物质条件。

撰稿人　余南楠

审稿人　李兆汉　俞家庆

《中国高等教育》杂志

1992年《中国高等教育》坚持实事求是的思想路线，联系高教战线的实际，进一步加强深化高教改革的宣传。

一、探讨高等教育进一步改革和发展问题

《中国高等教育》以邓小平同志南巡重要谈话和党的十四大精神为指导，配合全国高等教育工作会议的部署，探讨在新形势下高等教育如何进一步改革和发展问题，为此，发表了朱开轩的《认真贯彻十四大精神，加快改革和积极发展普通高等教育》及本刊记者采访朱开轩的“谈委属高校如何改革内部管理体制和扩大办学自主权”等文章，分析了在新的机遇和挑战面前，高等教育与社会主义现代化建设需求之间存在的差距，明确九十年代高等教育发展的目标、任务以及进一步加快改革的方针、措施和步骤，提出要建立和完善国家统筹规划和宏观管理、学校面向社会自主办学的高等教育新体制。《中国高等教育》编辑部撰写的《高等教育改革和发展的几个关系问题》，根据学习邓小平视察南方的重要谈话、领会党的十四大精神、结合落实高教工作会议，提出了高等教育事业在加快改革步伐、争取较大发展中应当正确处理的7个关系。在新栏目“高教改革纵横谈”中，发表了国家体制改革委员会副主任王仕元、深圳市副市长林祖基、农业部乡镇企业司司长朱杰的文章，从不同角度讨论了高等教育如何适应经济发展的问题。此外，许学强、宋玉岫、韦钰、路甬祥、贺金钟、袁相碗和上海市高教局等单位，结合学习邓小平南巡重要谈话和各自地区与部门的实际，提出解放思想、转变观念、加快高教改革步伐、加大改革力度的一些新思路和新举措。

二、积极宣传各地各校推进高等学校内部管理体制改革

宣传解决目前学校管理体制中的一些深层次问题的经验，是1992年《中国高等教育》的突出内容，在刊登的东南大学、南开大学、晓娅等的文章以及张孝文和张泽膏的访谈录中，集中探讨了对建立与社会主义市场经济相适应的高校内部管理体制和运行机制，增强办学活力，优化队伍结构，提高教育质量、科研水平和总体办学效益等问题。文章涉及的高校编制管理模式、工资总额动态包干、校内人才流动和结业保险制度等目前改革中的热点、重点、难点问题作出了一些回答，引起读者的注意。

三、重点探讨了新形势下如何做好党建工作和思想政治工作

《中国高等教育》编发了谷长春的《关于新形势下加强高校党建工作的思考》、卢振环的《明确高校党委在深化改革中的重要职责》，论述了在历史新时期党的建设工作的总目标和总要求以及党委在深化改革中的重要职责。为了阐明新形势下如何正确认识思想政治工作的地位和作用、思想政治工作如何抓的问题，组织编发了西安交通大学等校的文章，提出高校思想政治工作必须自觉服从和服务于经济建设这个中心，必须通过思想政治工作，保证经济建设和改革开放沿着正确方向前进。这些文章介绍了在历史条件、社会环境、党的任务都发生变化的条件下各自如何做好思想政治工作的经验和体会。同时，按照邓小平同志“学习马列要精，要管用”的指示精神，宣传了四川、北京、上海、吉林等地把马克思主义理论课建设落到实处的作法。

四、积极介绍和推广教育教学改革的经验

1992年，《中国高等教育》刊登涉及文、理、工、农、商、外语、管理等学科的改革和建设等方面的文章共34篇，重点宣传了安徽大学、西南师范大学、武汉大学、北京大学、清华大学等校根据社会需求，遵循教学规律调整专业服务方向、修订教学计划、更新课程内容、改革教学方法和教学管理制度的作法和认识。同时还发表了普通高等学校经营类专业办学状态与社会需求的调查报告，力求推进学科建设与社会需求的密切结合。

五、宣传成人高等教育，加强为地方经济建设和企业发展培养人才

《中国高等教育》全年发表了成人高等教育方面的文章22篇。鞍山钢铁公司职工学院、锦州市教育委员会以及蜀人、张荣茂等单位和个人的文章中，介绍了根据地方和企业的需要、积极创造条件开办新专业、调整办学形式、拓宽办学渠道、办出成人高教特点、提高教学质量和办学效益的经验。此外，在中专教育的宣传方面，从中专的特点和国家教委提出的中专工作的重点出发，加强了中专教育体制、学校内部各项改革的宣传。全年共发表中专教育方面的文章27篇。

1992年是《中国高等教育》复刊10周年。2月，编辑部召开了座谈会，国家教委副主任何东昌在会上肯定了《中国高等教育》10年来取得的成绩，提出了今后办好刊物的指导思想。

撰稿人　龚映杉

审稿人　杨曙望　张笛梅

《神州学人》杂志 1991、1992年工作回顾

一、1991年概况

《神州学人》杂志是国家教委主办的唯一的留学生刊物。1991年刊物贯彻“以爱国主义教育为主,突出报道优秀人物,集中介绍科教动态,适当反映留学生活,多方面提供服务信息”的编辑方针,共在6期杂志上刊出稿件195篇,约45万字,图片150余幅。其中:

(一)宣传爱国主义思想

全年共发稿件30篇,约8万字。其中有《历史的见证》、《中国经济发展和经济改革的历史重任》、《建立一个现代国家》、《亚运遐思》等,能够唤起人们爱国激情,增强民族凝聚力的重点文章。

(二)报道优秀留学回国人员的状况

全年共发长篇通讯和短篇简介59篇,约15万字,图片70余幅。报道对象以1991年初国家教委表彰的310名优秀留学回国人员为主。有介绍研究员许志琴的《一个女地质学家的奋斗之路》,记述留意学者郑荃成长历程的《没有休止符的乐章》,表现留日博士李赞东工作、生活经历的《本色,使她更亮丽》等,树立一批取得突出成就的回国留学人员的形象,引起读者较大的反响。

(三)介绍科技动态

鉴于在外留学人员以学习自然科学者为多数,因此,刊物每期都有科教动态类栏目,共刊出稿件23篇,约7万字,图片20余幅。一些国内大的科研和教育动态,高新技术的发展等信息,均能及时反映出来。《全国留学人员科技成果展巡礼》、《国家重点实验室简介》、《国家863高技术研究专页》等稿件刊出后,为留学人员在国外的学习和研究提供了重要的参考依据。

(四)开办“留学生活”等专栏

留学人员自己撰写的反映在海外苦辣酸甜经历的文章,一向为读者所喜爱。刊物设有“留学生活”、“留学文艺”等专栏。共刊出稿件35篇,约8万字,图片30余幅。以诗歌、散文、小说等形式为主。《涅瓦别情》、《一个女孩闯欧洲》、《如果非搬出不可》等,从不同侧面表现了海外学子负笈他乡的种种心态,引起了读者的共鸣。

(五)设“服务台”等栏目

“服务台”、“留学指南”、“动态”等栏目,以传递服务信息为主,实用性较强,共刊出稿件22篇,约3万字,图片20余幅。《漫谈自费留学出入境问题》、《留学人才需求信息》、《1991年将在中国举办国际学术会议及展览会预告》等信息,较好地满足了留学人员渴望了解国内信息的迫切心情。

二、调整编辑方针

1992年,邓小平同志视察南方发表讲话,肯定了海外学子的爱国热忱,号召他们为祖国服务。刊物结合国外留学生的实际情况,对编辑方针及时作了调整。一年中,刊物遵循“以实事求是为准则,集中介绍国内改革开放

与经济发展的形势，大量提供各种服务信息，寄教育于服务之中”的新编辑方针。杂志的页数也从原有的48页增至64页。栏目也随之做了调整，共分成三大类：

(一)信息服务类

包括“专题报道”、“要闻”、“服务台”、“留学咨询”、“留学工作”、“文摘”等，180余篇，27万字。刊有《欢迎留学人员来珠海特区施展才华》、《留学人员出入境通关中常见问题及注意事项》、《自费出国留学如何办理资格审核手续》等。此外，刊出图片30余幅。

刊物1992年第6期组稿时，正值发布《国务院办公厅关于在外留学人员有关问题的通知》，这期作为专刊出版，其中60%以上稿件是服务性信息，达6万余字，充分体现了寓教育于服务的办刊思想，许多留学生已将这期杂志当作资料保存起来。

(二)介绍国内改革开放与经济发展形势

栏目有“特稿”、“社会瞭望”、“热点管窥”、“科教巡礼”、“故乡流行色”、“祖国新貌”等，共刊登稿件40余篇，约8万字，图片50余幅。重点文章有介绍回国留学人员择业趋向的大特写《面临挑战》，报道珠海特区重奖科技人员的《一石激起千层浪》，以及《1992，中国房改全面展开》等，向读者展现出国内改革开放，蓬勃发展的画卷。

(三)追求形式活泼、丰富多彩的目标

刊物设有“人生之旅”、“留学生文学”、“悠悠亲情”、“畅言集”等反映留学人员自身、学习、生活、情感的栏目，不仅使读者耳目一新，而且也给人以无穷的回味。这一类的稿件共计40余篇，15万字，图片50余幅。

1991、1992两年中，《神州学人》越来越受到广大读者的喜爱，要求扩大发行量，增加刊期的呼声日益高涨。因此，刊物已于1993年初由双月刊改为月刊。

撰稿人　许　珑
审稿人　李长发

北京市教育

普通教育

一、概况

1992年，北京市普通教育以邓小平南巡谈话和十四大精神为指导，坚持党的基本路线，坚持解放思想、实事求是、奋力开拓、依法治教，推进各项改革，在发展普教事业、全面贯彻党的教育方针、全面提高教育质量方面均取得进展。

1992年基础教育和职业技术教育基本情况 单位：人

	学校数（所）	毕业生数	招生数	在校学生数	教职工数 计	教职工数 其中：专任教师
普通中学	685	119423	181399	476543	67777	42305
高中	279	32471	25790	82894		9210
初中	406	86952	155609	393649		33095
职业中学	179	16713	19132	51270	9471	5347
高中	179	16523	19015	50967		
初中		190	117	303	9471	5347
中等师范学校	20	4084	4279	12244	2574	1305
工读学校	6	163	171	464	439	158
小学	3306	156306	157145	1001762	71066	57510
特殊教育学校	19	869	1239	7372	786	570
幼儿园	3510			404779	48007	18513

继续推进九年制义务教育的实施。1992年按规划又有6个区县、43个乡镇达到实施九年制义务教育基本标准和要求，两个乡解决了上年遗留的问题，全市九年制义务教育地区人口覆盖率提高到99.4%。1992年全市小学入学率为99.7%，巩固率为99.9%，毕业生及格率为99.8%，全市初中入学率为99.5%，巩固率为99.0%，毕业生及格率为88.5%，连续6年达到市规定标准。

主动适应经济改革和发展第三产业的需要，职业技术教育发展加快。1992年职业中学计划招生1.5万人，实际招生1.9万人，增招26.6%。城镇地区职业高中调整了专业和布局，商业类职高由8所增至20所。职业高中摆脱普教办学模式，出现了职业中专、大专、纯职业高中、高中加初中、初中三加一、高三分流、高中后等多种办学形式。

以政府办学为主、多形式办学格局初步形成。1992年，除企事业办学、公办民助、民办公助、联合办学等形式外，新增机关办学、集体办学、私人办学、外资资助办学等形式，使办学路子进一步拓宽，为普教事业的发展注入了活力。1992年，继私立正则中学之后，又有40余个团体和个人申请创办私立中小学校。1992年，外国人在京办学亦有发展。

多渠道筹措教育资金。1992年北京普教形成财政、税务、收费、产业、社会、基金、外资7条筹措教育资金的渠道，被国家计委、国家教委和财政部评为多渠道筹措教育经费的先进市。校办企业发展取得突破，年产值达到17亿元，纯利润突破2亿元，补充教育经费近1亿元。

二、教育质量稳步提高

(一)继续落实"四落实、两纠正、一检查"要求

城镇小学按规定开齐课程校数达到92.8%，开足课时校数占89.6%；远郊农村完小和中心小学开齐课程校数达到99.9%；全市小学保证学生每天一小时体育锻炼的校数占97.9%；有劳动基地的校数占40.3%。全市中学有84%的学校开齐课程并开足课时，绝大多数学校保证学生每天一小时体育锻炼，98%的学校开设劳动技术课。教学管理工作以提高课堂教学质量为中心，完成22个学科教学现状分析报告并拟定出教学常规要求。

年初，市教育局重申国家教委1988年发布的关于减轻小学生课业负担过重问题的10项规定和《北京市教育局关于解决小学生课业负担过重问题的几项规定》及《北京市教育局关于进一步贯彻落实〈关于解决小学生课业负担过重问题的几项规定〉的通知》，针对普遍存在的问题，提出7项规定，要求各区县认真贯彻执行。9月7～18日，市教育局组织城近郊8个区近700所小学进行学生课业负担情况的自查，8个区的督导检查组对其中的26所小学进行了抽查。9月22—25日，市督导检查组抽查了5所小学，并对5校三、五、六年级47个班的150名学生和二、四年级42个班的100名家长进行问卷调查。检查结果表明：(1)各校购买习题集、练习册和复习资料的情况初步得到控制。(2)市、区抽查的31所小学中，有30所学校没有占用节假日、寒暑假组织学生集体补课。市督导检查组调查的5校21名学生及50名家长一致反映没有这类问题。(3)各区抽查的26所学校中除个别学校的个别班作业量较大外，各年级作业量基本符合有关规定。全市抽查的5校150名学生中，118人完成作业时间符合规定，32人偶有超量。(4)市、区抽查各校基本执行一年级不举行期中、学期及学年考试，其他年级不举行期中考试的规定。各区没有进行统测、摸底考试。(5)各区抽查结果，90%以上学生能保证9小时以上睡眠。市抽查的5校150名二至六年级学生，平均每日睡眠在9小时以上的139人，达92.7%，9小时以下的11人，占7.3%。(6)市、区抽查的各校均按教学计划开齐课程，按规定组织课间操、眼保健操和文体活动。

(二)加强对各种不同类型学校的指导

1992年共检查、验收55所农村中心小学和45所农村基础薄弱初中校；检查、评估3所市重点中学和14所市级重点职业高中，充分发挥其在提高办学水平方面的示范作用；总结、推广3所中学"全面育人，办有特色"的经验，通过重奖引导各校在全面育人基础上办出特色。采取倾斜政策，扶持各区县发展特殊教育，提高残疾儿童入学率；同时开展

又聋又弱智、又盲又弱智学生在普通高中随班就读实验，推广轻度弱智儿童随班就读经验，提高残疾儿童教育质量。

(三)学生精神风貌和校风有较大改变

1992年德育工作突出了对学生进行集体主义、爱国主义和社会主义教育，突出“创优美环境，讲文明礼貌”教育，使学生精神风貌和校风有较大改变。

4月28日，北京市政府在中国革命博物馆举行仪式，命名中国革命博物馆、毛主席纪念堂等22家博物馆(纪念馆)为第一批“北京市青少年教育基地”。大会要求这些博物馆经常举办适合对青少年进行近代史、现代史和国情教育的展览，针对不同年龄、不同文化程度的观众讲解，与附近学校建立固定联系，为学生活动提供服务，专业人员可以到学校辅导讲课并吸收优秀学生做兼职讲解员。对学生实行优惠收费，全年学生观众不少于观众总数的25%。

5月30日，市教育局、团市委召开北京市中小学“无烟学校”命名表彰大会。北京六中、芳星园中学、良乡二小、史家胡同小学等21所中小学校被命名为“无烟学校”。市教育局要求全市中小学校继续抓好禁止学生吸烟的工作，抓紧创建“无烟学校”工作，市教育局每年命名表彰一批达到“无烟学校”标准的中小学校；同时抓家庭、学校、社会三方面的协调配合，创造有利于禁止中小学生吸烟的社会大环境。

(四)幼儿园办园条件和幼儿保教质量均有提高

1992年，幼儿教育工作以国家教委检查为契机，狠抓两个幼儿教育法规文件的贯彻落实。通过对各类幼儿园的检查验收，在办园条件方面，全市一级园达到11.6%，二级园达到33.1%；在保教质量方面，全市一类园达到7.5%，二类园达到51.7%。市教育局加强对各类型幼儿园的领导与管理，建立起面向各类型幼儿园的业务活动网络，制订了一系列地方行政规章制度，加强了示范性幼儿园建设和师资队伍建设。各类幼儿园在贯彻两个幼儿教育法规中进行的实验研究有：为幼儿创设良好的教育环境、让幼儿在潜移默化的教育中成长；搞好日常生活、教育活动、游戏活动中的保教结合，克服重教轻保、重保轻教，促进幼儿身心和谐发展等。各区县教育局也加强了对学前班的领导，基本做到不使用小学一年级教材，不给幼儿布置家庭作业，不进行任何形式的测验考试，不和小学生合班进行复式教学，学前班“小学化”倾向有所克服。

为加强保教队伍的建设，北京市教育局制订了《北京市幼儿园园长资格审定制度》、《北京市幼儿园教师资格审定制度》。规定对北京市各级人民政府、企事业单位、社会团体、居民委员会、村民委员会和公民个人举办幼儿园的园长、教师进行任职条件资格审定。从思想政治、学历、身体方面制定标准，规定审定办法，逐步达到《规程》对园长、教师资格的要求。

三、青年教师队伍建设有所突破

1992年，市教育局把青年教师工作列为干部、教师队伍建设的重点，提出加强青年教师队伍建设的“五四工程”(即“五给”：给要求、给担子、给师傅、给条件、给鼓励，“四促”：促教育思想的转变、促职业道德的建设、促教育改革、促教育质量的不断提高)，并取得突破性进展。6月18日，召开中小学青年教师向特级教师拜师大会，143位特级教师接收514名青年教师做徒弟，以此为动力，促进了全市青年教师拜师活动的开展，全市4万青年教师均有人带、有人帮。北京市职称评定工作政策向青年教师倾斜，市职称改革工作办公室单独给市普教系统高级职务指标200个

(其中中学高级教师、中专高级讲师 150 个，从小学高级教师中评聘中学高级教师 50 个)，用于专项评聘 36 岁到 40 岁的中小学教师。此项指标由市教育局统一掌握，根据实际评审结果戴帽下达，对于 35 岁以下青年教师评为高级职务的，其职务指标由市职改办另行下达，据实上报。1992 年，北京市有 167 名 40 岁以下的青年教师破格晋升为中学高级教师。

1992 年，北京市教育局建立和完善了继续教育管理制度。市教育局明确要求通过继续教育使中小学教师的政治素质、思想素质、业务素质、道德素质在原有的基础上得到提高。对学员在思想政治方面进行马列主义基本原理、时事政策、师德修养等方面的教育；在知识补充增新方面有密集的信息量和相当的理论高度，突出对教师教育教学能力、教学基本功和教育科学研究能力的培养和实践。1992 年，市教育局发布了《北京市中小学教师继续教育暂行规定》，制定了继续教育培训期制度、学籍和教学管理制度、证书制度、继续教育和教师的考核、职务评审、聘任、晋级相结合的制度。并就有关制度制定了配套的政策、教学计划、教学大纲等，初步形成具有北京特色的中小学教师继续教育新体系。

四、教育教学改革取得进展

1992 年，北京市普通教育系统的重点改革项目，均获进展。

(一)中小学校内部管理体制改革进一步巩固、完善、深化、提高

在改革中，涌现出汇文中学等有新突破的改革试点学校。汇文中学扩大学校办学自主权试验采取高效益、高质量、高待遇方针，精减人员，编余人员一律在校外安置，不再搞校内消化，精简了机构，调动了教职工的积极性，提高了工作人员的工作量和待遇。十一学校进行以自主筹集办学经费、自主用人、自主分配、自主进行教改试验为主要内容的办学体制改革试验。通过初步试验，减少了人员，提高了工作效率和工作质量，增加了工资收入。

1992 年，北京市对 4 年来的改革进行了初步总结。总结认为：北京市中小学内部管理体制改革方向正确，发展健康，取得了初步成效。

促进了学校内部新旧管理体制和运行机制的转换，初步形成校内激励机制和自我完善、自我约束机制。(1)初步建立起职责明确、目标一致，既有团结合作，又有制约监督；既有民主参与，又有统一领导的决策和指挥机制。通过改革，全市中小学确立起新的领导体制，学校教育、教学和行政工作由校长全面负责，统一指挥；党支部发挥政治核心作用和保证监督作用；教职工通过教代会这种基本形式参与民主管理。这种领导体制使学校工作效率和管理水平明显提高。据 1992 年底对全市中小学校长任职情况及党政配合情况的调查，在现任校长中，任职状况好的有 858 人，占干部总数的 37.5%；较好的有 995 人，占 43.4%；一般的有 387 人，占 16.9%；较差的有 51 人，占 2.2%。中小学校党支部建设及党政配合好的有 840 校，占学校总数的 37.9%；较好的有 1012 校，占 45.7%；一般的有 336 校，占 15.2%；较差的有 28 校，占 1.2%。(2)初步建立权利与义务相统一，报酬与贡献相一致的激励机制。教职工岗位聘任制成为学校的基本管理制度。实行教职工岗位聘任制，加强了学校对教师使用管理的主体地位。学校按照聘任的指导思想、原则和程序，对本校教师实行岗位聘任。每个人能否上岗、上哪个岗、承担什么职务，与自己的政治素质、文化业务水平、工作态度效果直接有关，每个人都存在被聘、不聘或待聘的可能性，在教师中形成一种努力做好工作的心理

动因。实行校内结构工资制，使学校在工资管理上有一定自主权。在充分考虑教师职务、资历等因素的同时，强调工资分配上的劳酬统一，增加体现教师现实工作的数量、质量、工作责任和工作态度的工资份额，合理拉开工资分配差距，打破平均主义的“大锅饭”。在实行教师任用和分配制度改革的同时，继续加强教师思想政治工作，在学校初步形成了稳定调动教师积极性的机制。(3)初步建立以目标为导向，考核为手段的能促进组织和个人履行职责、提高效率、达到目标的工作运行机制。中小学校普遍实行目标管理，校长责任目标层层分解到校内各层机构和每个教职工，建立质量目标管理责任制。同时，建立对学校、对教职工工作的考核评价制度和奖惩制度。评价结果为校长的奖惩及学校工资标准，为教师职务评审、聘任、奖惩等提供了依据。通过及时反馈评价信息，使学校或教师得到具体帮助和指导，改进教学和行政工作。

由于市、区县、学校的改革经费投入情况总体上落实较好，北京市政府关于“从1991年起，市、区县财政每年以不低于10%的增长幅度增加中小学改革经费的投入”，“从1991年9月1日起，市属中小学、幼儿园教职工每人每月增加结构工资10元”的两个决定基本落实，教职工工资有所提高。

(二)“五四”学制改革实验

九年一贯制“五四”分段区域性学制改革实验在燕山地区的小学一、二、三年级同时起步。1991年，北京市在燕山地区开展了区域性的“五四”学制改革实验。1992年3月，市教育局深入小学听课，听取燕山教育分局和教研中心的汇报，对燕山地区“五四”学制改革实验进行了检查。7月9日，教育分局召开“五四”学制区域性实验一周年总结表彰会，国家教委对实验一年来取得的成绩给予了肯定。

(三)继续推行高中高三分流和会考两项改革

1992年，调整高中教学计划工作进入高三分流阶段。在调查研究的基础上，3月召开了第二次实施高中教学计划调整意见研讨会，交流了丰台、宣武、朝阳等区教育局关于高三分流工作的思路，介绍了通县二中高三分流工作的经验。会后，市教育局会同市职业教育办公室和市高教局进行高三分流工作，把已完成高二学业的1400名学生先后转入职业高中和中等专业学校学习；在地安门中学、通县二中、七十八中学的高三年级举办专业技术培训班进行试点。市教育局承担了国家教委课题“普通中小学课程教材改革的研究”的子课题“普通高中选修课课程设计与实验”的研究任务。课题组通过学习国内外有关课程设置的理论、走访有关单位及对近千名干部、教师、学生、家长的问卷调查，提出开设高中职业技术类选修课程初步方案，为高三分流工作提供理论依据。

1992年，市教育局制定了北京市会考实施方案补充意见，与市人事局、劳动局联合下发了招生、招干中承认高中会考成绩的有关文件，并与市高教局研究，经国家教委批准，确定了1993年北京市高考改革方案。建立了市级会考机构，确定了人员编制，理顺了区县一级机构的渠道，解决了西城、朝阳、通县、平谷四区县的会考机构编制问题。6月，组织了高一、高二两个年级地理、物理、化学、生物、外语、历史的考试及物理、化学、生物实验操作的考查。经补考后，会考及格率，地理为98%，其他五科均在99%以上。12月初，市教育局召开1992年普通高中毕业会考工作总结研讨会，认为高中毕业会考政策措施完善，成绩较好，对高中教学起了积极的导向作用。

(四)小学毕业考试学校自行命题扩大试验，推行初中入学办法改革

1992年，北京市扩大了小学自行命题毕业考试实验范围，全市55所教学水平较高的小学继续试点。根据本校教学改革实际，增加口试和能力测试，评分形式由百分制变为等级制，毕业成绩由平时成绩和毕业考试成绩两部分组成。试点校升入重点中学学生，按教育局下达指标保送推荐，其余学生分配入学。试点校经验已在全市推广。

1992年，北京市全部实行就近入学的区县，进一步完善了管理办法；采取就近分配为主、保送推荐和适当择优相结合的区县，继续压缩了择优比例。全市就近入学比例由1991年的86.6%上升到1992年的87.87%。石景山区的城近郊区进一步推行初中入学办法改革，取消带有选拔性质的小学毕业考试，改为毕业水平考试，考试成绩由百分制改为优秀、合格、不合格三等；改小学毕业考试统一命题、统一考试、统一阅卷、统一登分为自行命题、自行考试、自行阅卷、自行登分；以思想品德好、体育达标、语文数学成绩合格三项内容作为小学毕业标准；对全面发展或确有特长的少数学生保送、推荐到重点中学或办特长班的中学学习，其他就近划片入学。通县经县人大审议，将市重点潞河中学招生改为按各小学毕业人数分配优秀毕业生名额保送入学的办法。

（五）推广“快乐教育”经验，培养学科特长生

深入推广“快乐教育”经验，使全面贯彻教育方针、办有特色的小学升至100所；开展“小学生全面发展整体改革实验”和“小学生质量综合评价实验”的学校分别达到74所和80所。

1992年，市教育局组织5万余名中学生分别参加中国数学学会、中国化学学会、中国物理学会和中国科协举办的全国中学生联赛及北京市各学会和奥校组织的学科竞赛活动。初、高中5个学校的15个项目竞赛有429人获奖，一等奖70名、二等奖145名、三等奖214名。1992年参加国际中学生学科竞赛的3名选手、获金牌2枚、银牌1枚。12月，市教育局召开市奥林匹克学校、市重点学校培养学科特长生经验交流会，8位校长介绍了经验。据统计，自1986年以来的五年中，北京市中学生参加国际中学生学科竞赛，共获奖牌31块，占全国获奖总数的26%。其中金牌19块，占全国获金牌总数的25.7%；银牌7块，占全国获银牌总数的26.9%；铜牌5块，占全国获铜牌总数的26.3%。会议要求，各重点学校及各奥校要遵循教育规律，处理好打基础与发展特长，传授知识与思想教育，传授知识与培养能力，理论知识学习与动手实践，课内与课外，普及与提高，奥校与重点校等关系，使发现与培养特长生的工作制度化、规范化。

（六）进行教材教法改革实验，加强电化教育

1992年，继续进行教材教法改革实验，在编写实验教材的同时，为1993年小学、初中起始年级实施新课程方案、使用新教材培训了师资。

4月，市教育局在一六一中学召开北京市普通中学电教现场会，推广这所学校发展电教、推动改革、提高质量的经验。该校重视电化教育，强化广大师生的电教意识，经过三年的努力，已将电化教育深入到学校管理及教育教学各领域，使用电教的学科覆盖率100%，班级覆盖率100%，教师使用率90%以上，实现学校总控及各处室微机联网并开始正常运行。

12月21～27日，市教育局在北京市劳动人民文化宫举办北京普通教育教学改革成果展览，集中展示10年来北京市中小学、幼儿园教师在教学改革中自制教具、自制软件

和著书立说等物化成果。展览会综合展区的电教软件部分,共展出 CAI 软件 102 套(件)、135 教学幻灯片 63 套、教学投影片 188 套(件)、投影教具 44 件(套)、教学录音带 112 套(盒)、教学录像节目 165 个。

撰稿人 耿 申

审稿人 汤世雄

高等教育和普通中专教育

一、概况

1992 年北京普通高等学校、中等专业学校基本情况

单位:人

学校类别	学校数(所)	毕业生数	招生数	在校学生数	教职工数	
					计	其中:专任教师
普通高等学校	67	41910	48243	158610	96633	34634
研究生	(52)	4835	6726	18632		
本科生	63	30584	31772	119063		
专科本	4	6491	9745	20915		
普通中等专业学校	117	16190	17119	56406	14752	6380

注:1991 年北京市普通高等学校专任教师数应为 35523 人,原数字有误,现予更正。

1992 年北京普通高等学校举办函授、夜大、干部专修科情况

单位:人

类别	校数(所)	毕业生数	招生数	在校生数	教职工数	
					计	其中:专任教师
普通高校举办						
函授	34	15298	15980	44929		
夜大学	43	8686	8746	22607		
干部专修科	13	807	916	1795		

1992 年,北京市高等教育事业在邓小平南巡谈话和中央政治局会议精神鼓舞下,贯彻党的十四大的路线方针,改革开放和事业发展都迈出了较大的步伐。全年普通高等学校的本专科生的招生规模比上年增加 10.1%(其中自费生占 34%);研究生招生规模增长 13.7%;函授、夜大、干部专修科生增长 18%。通过实行内部管理体制改革,择优

聘任上岗和人员合理分流，全市高校的教职工人数已连续第四年递减，其中专任教师较上年减少 2.6%，专任教师中的教授数则增加 10.7%，达到 3335 人，使高级职称教师的比例达到 38.1%。全年高校新增校舍 56 万平方米，全市高校校舍总面积达到 1010 万平方米。

高校加快了改革步伐，在全面贯彻教育方针、努力培养合格人才的前提下，一年中北京高等教育主要进行了以下工作。

巩固和深化内部管理体制改革，进行以教育教学改革为核心的全面综合改革。1992 年，全市高校已有 2/3 以上实行了校内管理体制改革，其中市属院校为百分之百。这项改革使高校内部建立起新运行机制，任课教师人均工作量提高 25%，原岗位人员流动 5%；分配上业绩与贡献开始占主导，教职工收入普遍提高，骨干教师明显提高，同职人员任务工资差可达 1～1.5 倍。为支持高校深化改革，国家教委和北京市适时向高校下放了部分办学自主权，北京市制订了《关于推进北京市普通高校改革与发展的若干意见》(即简政放权十四条)，受到高校的欢迎。在此基础上，各高校以教育教学为核心，将改革推向综合化的方向。如北京工业大学试办教改试验学院，试行弹性学制；北京大学、中国人民大学适应市场经济需要大量调整专业方向和新设专业等。许多高校继续在加强实践环节和加强基础训练上下功夫并取得进展，全市表彰 333 个社会实践方面的先进单位和 354 个先进个人。为了保证办学的社会主义方向和人才的政治素质，1992 年北京高校继续把马克思主义理论课建设作为重点工作，北京大学成立了马克思主义学院，各校还联合进行了“中国社会主义建设”课程的改革，组织了课程要点编写和教学大纲的修订。

实施市属高校的布局调整。为了进一步适应发展需要，全面提高教学质量和办学效益，北京市政府决定对市属高校实行布局调整，6 月国家教委批准了调整方案，市政府积极组织调整工作。

开展“文明校园”建设活动。通过加强校园政治环境、教学环境、生活环境和文明行为、校风校纪建设，把社会主义精神文明建设落到实处，这是北京市委教育工委和市高教局抓的一项重点工程。各高等学校在这项活动中投入很大的力量，加强建设，注重实效。

加强骨干教师队伍建设。1992 年北京市建立了选拔青年学科带头人和优秀青年骨干教师制度，并于 1992 年 8 月完成了首次评选活动。全年各高校中有数百名中青年教师被破格晋升高级职称，其中清华大学破格晋升 25 名正高职、54 名副高职，北京大学晋升 69 名副教授。

为解决教职工的住房困难，1992 年北京市政府在国务院的支持下，决定特批 300 多亩地，集中建设高校教师住宅小区，建筑面积为 27 万平方米。并提出了“三年解困，五年改善”的目标。

发挥高校科技优势、发展高校校办产业。北京市积极组织高校开展科学研究和科技服务工作，全年全市高校科研经费达 3.15 亿元，在研项目 8000 余项。市高教局与市经委、中国科学院组织了“产学研”联合开发工程，举办了科技成果交流交易会，第一次会上就有 34 所高校的 350 项成果参展，成交合同 63 项、金额 1357 万元。北京市还有组织地利用高校科技优势为京郊经济建设服务，如北京工业大学、北京化工学院、北京农学院等 10 所高校与门头沟区联合进行科技开发和成果转让。计划在三年内完成转让和改造项目 30 项，培训各类专业技术人员 3000 人。1992 年是近几年北京高校校办产业发展最迅速的一年，企业数量较上年增长了近一倍，达到406个(其中26个合资企业),全年产值达12.43亿元,利润2.01亿元,有力地支持了高校的建设和发展。

撰稿人 李 銮
审稿人 耿学超

二、北京市属高校布局调整工作

党的十一届三中全会以来,北京市市属普通高校在校生从1980年的28516人增加到1992年的48702人,市属普通高等教育已形成工、农、医、师、财经、管理等专业科类比较齐全,基本适应北京市经济建设和社会发展需要的高等教育体系。但由于历史的局限,市属普通高等学校的布局结构目前仍不太合理,虽然经过几次调整,仍然有16所高校、26个办学实体存在布点过多、规模偏小、专业设置重复等问题,使有限的财力物力的使用过于分散,效益低,条件差,教育质量难以保证,也不适应北京市经济上新台阶的需要,甚至影响首都的发展。为此,北京市决定对市属高校布局进行调整,调整方案经市委、市政府研究并报国家教委批准,于1992年7月16日正式实施。(1)将北京师范学院分院、北京联合大学的外语师范学院、北京职业技术师范学院和北京师范学院合并,更名为首都师范大学。(2)将北京计算机学院并入北京工业大学,计算机学院建制撤销。(3)将北京联合大学的自动化工程、电子工程、机械工程、建材轻工、纺织工程等学院合并,成立北京联合大学工学院;将北京联合大学的文法学院和文理学院合并,成立北京联合大学文理学院。(4)将北京经济学院和北京财贸学院合并,成立北京经贸学院。(5)继续办好北京建工学院、北京农学院、北京体育师范学院、北京青年政治学院、北京医学专科学校和海淀走读大学。(6)北京短期职业大学撤销。(7)北京联合大学的化工学院、旅游学院分别由市化工集团总公司和市旅游局办学,挂靠在北京联合大学。北京钢铁学院分院暂时挂靠在北京联合大学。上述调整的原则方案,实行分步实施,稳步推进,力争在三五年内基本完成。经过调整后,北京市属高校将减少为11所,14个办学实体;重复专业减少10%以上,专业点减少20多个。

调整后的市属各类高等学校将在各自所在层次上办出特色,全面提高教育质量和办学水平。学校要坚持走内涵发展的道路,进一步挖掘潜力,使现有学校达到合理的办学规模。到2000年,本科院校的校均规模由现在的2500人提高到3500人左右,专科院校由1000人提高到2000人左右。在高等教育发展上,在坚持搞好本科教育前提下,重点扩大研究生和大专及高等职业技术教育的规模。

到1992年底,北京市属高校调整工作已完成了北京师范学院和北京师范学院分院、北京联合大学外语师范学院的合并,于1992年9月16日正式成立了首都师范大学;完成了北京计算机学院并入北京工业大学的工作。其它市属高校的调整正在紧张地进行。

撰稿人 张国义 李同铮
审稿人 耿学超

三、选拔高校优秀青年教师和(青年)学科带头人

为了培养跨世纪的骨干教师和学科带头人,顺利完成今后5~10年教师队伍的新老交替,1992年教师节前,北京市高等教育局在40岁以下青年教师中,进行了一次优秀青年骨干教师和(青年)学科带头人的选拔工作。参加选拔工作的共有40所普通高校,其中市属院校13所,中央部委在京院校27所。共选出青年学科带头人26名、优秀青年骨干

教师214名。选拔工作受到青年教师的普遍欢迎，同时也受到多方面的广泛关注。

据统计，至1991年底，北京地区67所普通高校共有专任教师35523人，其中40岁以下青年教师17574人(占教师总数的49.5%，40岁以下高级职务教师占本年龄段教师的1.7%、占高级职务教师总数的2.3%)，41岁至50岁的教师5319人，占教师总数的14.9%(本年龄段高级职务教师占该年龄段教师总数的14.4%)，而51岁以上的教师12636人，占教师总数的35.6%(此年龄段高级职务教师占本年龄段教师总数的84.9%、占高级职务教师总数的83.25%)。从年龄结构上看，存在严重的断档问题，同时也存在教学、科研骨干年龄老化、高级职务教师面临退休高峰的问题。为解决上述问题，选拔和培养大批优秀青年教师就成为一项重要和迫切的任务。

选拔工作的基本程序是：由教研室、系提出推荐意见，学校党政领导广泛听取群众意见并组织同行专家评议后确定推荐人选，经市高教局组织评选委员会评议后审定并颁发证书。选拔工作得到了学校的积极支持，进展顺利。

(一)大胆启用青年骨干教师

目前，北京地区普通高校青年教师已占教师总数的近1/2，青年教师中一半以上已担任了中级以上专业技术职务。在教师队伍年龄老化的情况下，大批年轻人进入师资队伍，促进了师资队伍的年轻化；同时在一定意义上，"年龄断层"也给青年人成长提供了机会。在这种情况下，要大胆使用青年教师，在使用中帮助他们成长和提高。

从这次选拔的结果来看，当选的(青年)学科带头人和优秀青年骨干教师都已取得令人瞩目的成绩。26名(青年)学科带头人已有教授4名、副教授13名；214名优秀青年骨干教师已有副教授38名、讲师173名，由于教学、科研、教书育人成绩突出，他们中有的被评为国家或部委省市级有突出贡献专家、全国优秀教育工作者，有的获得了国家及部委省市级科技进步等多种奖励。

(二)努力为优秀青年骨干教师创造良好的成长环境

要关心青年教师的成长，为青年教师提供必要的工作条件、生活条件、发展条件；对青年教师要政治、业务、待遇一起抓，选拔、培养、使用一起抓，为他们创造良好的成长环境。北京市高教局为此采取的主要措施是：为优秀青年骨干教师和(青年)学科带头人配备指导教师，制定培养计划，在政治思想培训、实践锻炼、业务进修提高、国内外考察、参加学术活动和重大科研项目等方面给以优先安排；设立青年教师基金，优先支持优秀青年骨干教师和(青年)学科带头人开展教学研究、科学研究和出版较高水平的专著；对优秀青年骨干教师和(青年)学科带头人分别浮动一、二级工资等。

优秀青年骨干教师和(青年)学科带头人的选拔和培养工作只是刚刚开始，在取得了一些成绩的同时，还存在着一些急待解决的问题，比如：如何更广泛地开展这项工作；如何使选拔条件更符合实际、更具体化；如何保证选拔质量，既不拔苗助长，也不埋没人才；选拔后，如何做好培养工作加强约束机制等等。都需在选拔与培养的实践中努力探索，把这项工作做得更好。

撰稿人　赵文友　徐山青
审稿人　周子寿

四、加强校园管理　优化育人环境

为进一步加强学校管理工作，以适应深化改革和提高培养人才质量的需要，根据国家教委《高等学校校园秩序管理若干规定》的精神。1991年,北京市委教育工委、北京市高教局决定在北京地区高等学校开展“文明校园”建设活动。主要目的是:优化育人环境,把德育首位落实到学校的各项工作之中,树立良好的校风,建立良好的校园秩序和优美的校园环境,在校园内形成教书育人、管理育人、服务育人的浓厚气氛,使首都高等学校成为培养社会主义事业建设者和接班人的摇篮和社会主义精神文明建设的坚强阵地。

(一)文明校园建设的主要内容和检查评估方法

文明校园建设包括精神文明建设和环境条件的改善两个方面,有三项内容:(1)校园环境包括政治环境、教学环境和生活环境。(2)文明行为。从育人的高度使学生在校期间养成文明行为,讲究公共道德,提高道德品质修养。要求大学生认真执行国家教委发布的《高等学校学生行为准则》,从基本的规范抓起,严格要求,养成习惯。(3)校风校纪。要求高等学校建立、健全各种规章制度,树立正面的典型,对违反校风校纪的必须及时处理。把思想教育与严格管理结合起来。

文明校园建设检查评估方法。北京市高教局制定《北京高等学校文明校园检查评估标准(试行)》(以下简称《标准》),并建立了北京高等学校文明校园建设工作检查评估专家组。检查评估工作分三步进行。(1)自检:学校根据《标准》的要求,进行自检,总结经验,找出差距,提出改进措施并予以落实。(2)互检:北京地区高等学校划分为10个协作组,由组长单位组织组内院校进行互检,交流经验,互相学习,互相促进。(3)抽查:由北京高等学校文明校园建设领导小组组织检查评估专家组对协作组推荐的学校进行检查评估。达到《标准》要求的学校,将被授予“文明校园”称号,并挂匾牌表彰。每两年对达标学校复查一次,如果出现严重滑坡现象,将取消“文明校园”称号。

(二)文明校园建设工作开展情况

1991年5月底,北京市委教育工委、北京市高教局向北京高校部署了开展文明校园建设的工作,9月正式下发了《关于北京高等学校文明校园建设的意见》,11月又下发了《关于在北京高等学校实施〈北京高等学校文明校园检查评估标准(试行)〉的通知》,并建立了10个北京高校“文明校园”建设协作组。至此,文明校园建设在北京高校普遍开展。

1992年4月7日~9日对北方工业大学进行了文明校园建设工作检查评估。6月3日召开北京高等学校文明校园建设工作现场会,授予北方工业大学“文明校园”荣誉称号,推动了文明校园建设活动的开展。一年来,通过学校自检,协作组互检、推荐,高校文明校园建设领导小组组织专家于1992年10月6日~11月23日先后对清华大学、北京大学等9所院校进行了检查评估和复查。根据专家组意见和领导小组建议,1992年底北京市委教育工委、北京市高教局又批准授予清华大学、北京大学、中国人民大学、北京语言学院、中国青年政治学院、北京化工学院、北京科技大学、北京高等医学专科学校和北京青年政治学院等9所高校“文明校园”荣誉称号。

(三)主要收获和经验

文明校园建设工作开展两年来,取得了可喜的成绩,收到了很好的效果。通过文明校园建设优化了育人环境,推动了学校精神文明总体建设,有利于学校深化管理体制改革和教育、教学改革,有利于合格人才的培养。文明校园建设工作的开展极大地促进了领导水平、管理水平和综合治理能力的提高,校园秩序得到改善,学校更加稳定。通过协作组互检、专家组评估,加强了校际交流,使学校找出了差距，明确了今后的努力方向。文明校园建设工作的开展还大大增强了学校师生员工的凝聚力和向心力，调动了大家建设好学校的积极性。

10所达标学校的共同经验是：

1. 领导重视，广泛发动群众。这些学校的文明校园建设工作都是党政第一把手或是常务院校长亲自抓，校系两级建立领导小组，有专门班子协调各个部门的工作。多数学校都把文明校园建设工作列为当年重点工作，校党委会、校务会多次研究工作部署。把文明校园建设工作作为全体师生员工的共同任务，为了使广大群众都参与这项工作，各校进行层层动员，并利用多种宣传手段大造声势。有的学校还编印了《教工文明行为"十知道"、"十做到"》、《学生文明校园建设中应做到的十五项要求》等宣传材料，人手一份。

2. 提高认识，明确工作方针。搞好文明校园建设，关键在于学校领导的认识。清华大学领导认为：在当前形势下，加强文明校园建设是全面落实党的教育方针，坚持把德育放在首位，不断优化育人环境，努力为祖国四化建设培养大批又红又专合格人才的需要。良好的校风、学风和良好的育人环境对于创办世界一流社会主义大学，对于学校的声誉、吸引力、凝聚力都具有重要意义。北京大学领导提出：文明校园建设，在硬件方面要量力而行，软件方面要狠下功夫；既要坚持经常，又要在一定时期造成声势，集中抓。中国人民大学强调：文明校园建设既是物质文明建设，更是精神文明建设，因此，重在提高全体师生员工的文明程度；文明校园建设是全体员工的共同任务，要实行统一领导，分工负责，齐抓共管，综合治理，各有关部门要互相配合，协调一致，共同把这项工作搞好。中国青年政治学院和北京青年政治学院都是在团校基础上办普通高等教育的新校，他们把文明校园建设与提高管理水平紧密结合起来。中国青年政治学院的工作方针是：加强综合治理，建设文明校园，优化育人环境，提高办学水平。

3. 措施落实，真抓实干。文明校园建设工作开展以来，大部分学校都制定了总体实施方案，并把任务分解到各个部门，通过自检加以落实。北京青年政治学院还把文明校园建设工作与岗位责任制挂钩，学校文明校园建设领导小组同各个部门签订了《文明校园建设任务项目承包合同书》，把完成任务的好坏直接与经济利益联系在一起。仅清华大学、北京大学、中国人民大学3校，一年来共清除54个大的卫生死角，清运渣土、垃圾24960吨，植树6250株，栽种草坪60000平方米，油漆粉刷墙壁217000平方米，维修、油漆课桌24600件。

在文明校园建设中，学校还注意了学生参与。清华大学一年组织2000多名学生参加为期一周的建校公益活动，清运垃圾14000吨，栽种草坪24000平方米。在软件建设上，各校都进一步健全了各种规章制度，加强了教学、食堂、宿舍和社团的管理，学生文化体育活动更加丰富多彩，校园内不文明现象明显减少，秩序良好，促进了学校的稳定。

撰稿人　沈柳莺
审稿人　耿学超

五、进行北京地区大学德育情况调查

1992年，北京市委教育工委、市政府文教办、市高教局、市教育局等单位开展了"北京地区大中小学德育整体化调查研究"。调研采用文献法、问卷法和访谈法，先后召开各类座谈会118个，有974人次参加，有效回收问卷11654份。调查从1991年6月开题，至1992年12月结束。

调查结果表明：北京地区高校认真贯彻

党的教育方针，加强和改进德育工作的有关政策、规定陆续出台，德育工作队伍建设有明显进展，德育工作在促进学生健康成长和社会稳定中发挥了重要作用。(1)经过多年的实践和探索，大学德育内容已初步确定，即以四项基本原则为核心的政治教育；以马克思主义为指导的思想教育；以集体主义为最高价值取向的道德教育，以心理咨询为主要手段的健康心理教育。(2)在德育途径上，主要采用三种形式：以课堂教学为主渠道；以社会实践为主渠道；以深入细致的思想工作及校园环境、家庭环境、社会环境、自然环境为隐性渠道。(3)在德育工作体制上，大多数学校由党委直接领导，少数学校党政合一、齐抓共管。目前，高校共有专职德育工作者2000多人，兼职德育工作者4000多人。据对48所高校562名专职德育工作者统计，其中教授、副教授和讲师分别占3.9%、19.8%、27.7%。在德育研究方面，不仅政治理论课各科都有全市性的研究协会，而且思想理论课也有全市性的协会。多数学校设有德育教研室。(4)德育正向科学化和具有一定的稳定性方面发展。清华大学、北京科技大学、北京理工大学、北京工业大学、首都师范大学等学校已制定出适合本校情况的《德育大纲》，对德育目标进行科学的分解，确定各个年级的德育内容，确定德育的方法和途径。(5)德育在培养学生正确的政治方向、科学的人生观和世界观方面发挥着重要作用。通过学校介绍、座谈会和调查问卷分析看出，德育工作对绝大多数学生产生了积极的主导作用，在他们的人生观和世界观上留下了深深的影响。目前，大学生中已有15%的人提出加入中国共产党的申请，业余党校和马列主义小组遍及各学校。

在充分肯定德育工作成绩的同时，还应该看到德育工作的不足。特别是在加快改革开放步伐和建立社会主义市场经济体制的大背景下，德育工作面临着许多挑战。针对德育工作的不足和面临的挑战，调研组提出了对策和建议，主要有以下几个方面：(1)切实加强党对德育工作的领导，确立德育在学校工作中的首要地位。(2)加强首都高校德育，要大力强化"全员德育意识"。(3)建议尽快制订北京地区高校德育大纲，从根本上改变高校德育无章可循、各行其是的状况。(4)在德育队伍建设上，采取坚决有力措施稳定一批骨干，提高队伍素质。(5)尽快建立德育评估体系。在1995年前建立北京高校德育宏观评估体系(机制、指标、实施方法)，学校要建立对各系、各专业的德育工作和学生德育的微观评估体系。

撰稿人　王殿卿　魏续臻
李承柱　孙尧东
审稿人　徐天民

六、普通中等专业教育继续健康发展

1992年，北京普通中等专业教育按照邓小平南巡谈话和党的十四大精神，贯彻、落实国务院《关于大力发展职业技术教育的决定》，根据北京市教育工作会议的部署，解放思想，振奋精神，以全面提高教育质量为中心，巩固、深化学校综合配套改革。

北京普通中等专业学校40年来为首都及全国的各行各业输送毕业生21万多人，还输送成人中专毕业生2万多人，用人部门普遍反映毕业生勤恳实干，动手能力强。目前北京中专学校已具备年招生1.2万人，毕业1.2万人的培养能力，成为向社会输送具有一定专业理论知识和应用技能的中等专门人才的主要基地。

北京普通中等专业学校以招收初中毕业生为主，学制一般为4年，有11所学校招收高中毕业生，学制为2年。北京中专学校学科门类共有工业、农林、医药卫生、财经、政法、艺术、体育等科类251个专业。有8所中专学校于1980年被教育部确定为全国重点中专学校，有13所市属中专学校1983年被市政府确定为首批办好的中专学校。1992年国家教委开展的办学水平评估，北京市有7所学校申报国家级重点中专学校待批，有12所学校申报市级重点中专学校待批。

1992年，北京普通中等专业教育的主要工作：

（一）巩固、深化综合配套改革

为加快北京普通中专的改革步伐，巩固、完善、深化市属中专学校内部管理体制综合配套改革，1992年4月，市文教办和高教局联合召开改革工作会议，总结了近两年的改革工作成绩、经验和问题，下发了《关于进一步巩固、完善、深化中专学校内部管理体制改革的意见》，全面部署了深化中专教育改革工作。

在此基础上，紧紧围绕着为首都社会主义经济建设服务，把学校内部管理体制改革逐步向学校体制的总体改革延伸，把中专教育改革和政治经济全局性改革、各行业企业的经济体制改革及中专学校的综合办学水平评估结合起来，以充分发挥中专学校在同类职业技术教育中的骨干作用，更好地适应改革开放和首都现代化建设的需要。在内部综合配套改革工作成效比较显著，各方面条件较好的北京市农业学校、北京市化工学校、北京市第一轻工业学校、北京市无线电学校以及北京市计算机工业学校，进行十三个方面的总体改革试点，明确了继续深化改革的目标，加快了普通中专学校改革步伐。

（二）对北京地区27所中专学校进行了综合办学水平评估

根据国家教委1991年《关于开展普通中等专业学校教育评估工作的通知》要求，在两所学校试点的基础上，制定了《普通中等专业学校办学水平评估指标体系（试行）的补充说明》，组织32名专家从9月21日至12月5日，对27所完成合格评估的中专学校进行了办学水平评估。评出A级学校7所，B1级学校7所，B2级学校5所，C级学校5所，还有3所学校暂未定等。

这次评估是对北京中专教育规模最大的一次全面检查，促进了学校办学条件明显改善。据不完全统计，各主管局（总公司）投入近3000万元，学校实验开出率由60%上升到90%，学校占地面积增加4.9万平方米，图书增加37万册，管理水平明显提高，加强了教育目标管理和教学管理的规范化、科学化，完善了各项规章制度，育人环境大有改观，促进了教育质量的全面提高。

（三）加强德育工作，开展"文明校园"建设活动

在深入调查研究的基础上，市高教局制定了《北京普通中专学校文明校园建设条例》。6月16日在北京铁路电气化学校召开全市100多所中专学校文明校园建设现场会，介绍了北京铁路电气化学校的经验：学校领导重视文明校园建设工作，长年不懈、一丝不苟、脚踏实地、艰苦奋斗，在不长的时间里做出明显成绩，使校园具有优良的精神风貌以及校容校貌，起到了环境育人的作用。

（四）举办第二十届北京中专田径运动会

5月10日，举办了北京中专学校第二十届田径运动会，国家教委副主任何东昌、邮电部副部长杨贤足、北京市委副书记汪家镠、常务副市长张百发等领导及2万多名师生、近千名运动员参加。长达十几小时的运动会，秩序井然，声势浩大，场面壮观，在全国中专学校影响大，增强了学校的凝聚力，对中专学生的精神风貌，学校德育、体育工作是一次大检

阅。

(五)评选第2届北京中专优秀教学成果奖

第2届北京中专优秀教学成果奖共收到申报成果64项,评出一等奖1项,二等奖7项,三等奖36项,鼓励奖19项。本届获奖成果特点:积极应用现代化教学手段进行教学,自力更生编制教学软件,提高教学质量;深入教学改革,取得成效;研制实验设备,加强演示教学,提高学生实践认识和动手能力,在实践教学中获得较好效果。此项工作引导中专教师把主要精力用于教学,用于提高教育质量,促进了学校教材、学科、实验室和专业建设。

撰稿人 谢幼琅

审稿人 林浦生

成人教育

1992年,北京市成人教育以邓小平南巡重要谈话和中央政治局全体会议精神为指针,解放思想,奋力开拓,深化成人教育改革,各方面工作取得显著成绩。

1992年各级成人学校基本情况 单位:人

学校类别	学校数(所)	毕业生数	招生数	在校学生数	教职工数 计	教职工数 其中专任教师
一、成人高等学校	90	11468	12517	52277	17612	6551
广播电视大学	2	1809	1997	5024	1203	377
职工高等学校	50	5005	5180	34253	8114	3244
农民高等学校						
管理干部学院	34	3155	3873	8026	7577	2584
教育学院	2	1120	850	3144	561	234
独立函授学院	2	379	617	1830	157	112
二、成人中等专业学校	146	14521	22241	55513	9064	3898
广播电视中专	1	4374	5053	16516	940	430
干部中专	14	268	1185	2267	766	219
职工中专	94	3576	8750	20713	4224	1682
农民中专	17	4461	6031	12500	756	370

教师进修学校	20	1842	1222	3517	2378	1197
三、成人中学		5059	11472	14984	5276	2376
职工中学		4410	11082	14070	5211	2354
农民中学	1	649	390	914	65	22
四、成人初等学校		6889	8556	7609	852	181
职工初等学校		346	921	3033		
农民初等学校		6543	7635	4576	852	181
其中：扫盲班		3101	7119	3305	212	15

一、认真学习贯彻邓小平同志南巡重要谈话和中央政治局全体会议精神，抓住机遇，加快改革步伐，使成人教育工作再上新台阶

1992 年，为适应首都经济建设和社会发展的需要，成人教育抓住机遇，找差距，定措施，提出并实施了五项改革：

第一，在市属成人院校全面实施了内部管理体制改革。在总结 8 所试点院校经验的基础上，认真贯彻落实北京市人民政府办公厅转发的《北京市成人教育局关于在市属成人教育院校全面实施内部管理体制改革工作的请示的通知》精神，加快改革步伐。截止到 1992 年底，市属成人高校、成人中专及区县属成人学校全部进入改革轨道。通过健全和完善学校领导管理体制、实行教育目标责任制以及劳动、人事、分配制度改革，促进了学校各项制度的健全和完善，转换了机制，启动了活力，调动了广大教师的积极性，提高了教育质量和办学效益。

第二，改革计划经济体制下招生计划编报审批办法，放权搞活微观，强化宏观管理。新的招生计划采取由学校根据社会经济发展需求报招生计划，教育部门审核的办法。增强了学校办学自主权，使学校所设专业更符合改革开放对人才的需求。据统计，1992 年，北京市成人高校新增设 70 多个专业。

第三，举办成人高等教育第二专业学历教育和专科升本科教育班。举办第二专业学历教育，拓宽专门人才的知识结构，培养一专多能的复合型人才，北京市已有 40 所成人高校举办；专科升本科教育班是对已取得专科学历的人员提供再教育，使其继续提高专业水平。这两种教育改革实施后受到社会和用人单位的普遍欢迎。

第四，推动成人教育第三产业的加快发展。校办第三产业是成人学校实现自我积累，自我发展的重要途径，学校办第三产业既可为教学和科研服务，为学员提供教学实习场地，又可增进学校与社会的信息联系，增加学校的自我积累。截止 1992 年底，成人教育校办第三产业已由 50 个发展到 192 个。市成人教育局创办了北京市成人教育校办产业公司，以便加强对全市成人教育校办产业的管理和指导。

第五，继续推进企业教育综合改革实验试点，1992 年改革重点是总结已起步项目的经验。5 月，在西郊粮库召开了北京市企业教育综合改革实验现场会，推广西郊粮库实行培训、考核、使用、效益、待遇五位一体的改革经验。城区职工教育综合改革实验在宣武区取得了突破性进展，宣武区政府根据本区经济发展的需要，对人才培养提出长远规划，实施了《宣武区劳动者素质工程》。市人民政府已确定宣武区为教育综合改革实验区。

二、广泛学习、宣传、贯彻落实《北京市职工教育条例》(以下简称《条例》),推动全市岗位培训和职工教育工作

《条例》自 1991 年 11 月 1 日发布实施以来,受到各级企业事业单位及县主管部门领导的重视,学习宣传深入人心。据不完全统计,自 1991 年市政府召开实施《条例》动员大会以后,全市共组织各种大小动员会 150 余个,有上百万人次参加;举办《条例》学习培训班上百个,有数千人次参加;发行《条例》导读 3.5 万册。全市学习《条例》普及率达 80%。9 月市成人教育局与市人大常委会教科委、市政府文教办共同组织了学习贯彻《条例》情况检查,分别对市经委、商委、市政委和西城区、崇文区、丰台区、朝阳区、顺义县、延庆县等共 54 个单位进行检查,并向市人大常委会提交了《关于贯彻执行〈北京市职工教育条例〉的工作报告》。同时,对 4 个委办、18 个区县贯彻《条例》的自查报告做了回复。

《条例》实施一年来收到较为显著的成效,职工教育的战略地位开始在各级政府和大中型企业中得到落实。许多区县政府和委、办、局、总公司把职工教育纳入了企业经理(厂长)任期目标责任制;职工教育的办学条件进一步得到改善;职工教育领导管理体制已初步理顺;企事业单位教育和培训得到较快发展。据统计,1992 年,全市参加各级各类成人教育培训的人员累计达 281.4 万人次,其中接受岗位培训的人数达 116.7 万人次。市工业学院有近 100 万人次参加共 88 个工种的技术比赛性质的岗位训练。通过培训,有 250 名大中型企业经理(厂长)、书记、"总师"取得了国家颁发的岗位培训证书,有 7920 名小型企业经理(厂长)取得了市经济管理干部领导小组颁发的岗位培训证书;培训车间主任 1000 人,专业技术人员 4000 人,班组长近 1 万人次。

为进一步推动《条例》的贯彻实施,北京市成人教育局拟定了《条例》实施细则(第五稿)。

三、推进成人高等教育发展,提高教育质量和办学效益

12 月 23、24 日,市人民政府召开了北京市成人高等教育工作会议。会议贯彻全国成人高等教育工作会议精神,总结全市成人高等教育恢复发展以来的成绩和经验,部署 90 年代北京市成人高等教育改革和发展的目标、方针和任务,陆宇澄副市长在会上做了《主动适应首都现代化建设需要、积极开创成人高等教育的新局面》的报告。《报告》充分肯定了成人高等教育 14 年来所取得的巨大成绩。据统计,14 年来成人高校培养大专以上毕业生 26.1 万人,开设 350 个专业。为进一步推动成人高等教育事业的发展,会议提交了北京市人民政府《关于进一步改革和发展成人高等教育的决定》(讨论稿),提出 11 项具体改革措施:(1)进一步扩大学校的自主权;(2)进一步调整成人高等教育的布局和结构;(3)进行招生计划体制和招生制度的改革;(4)深化和完善成人高等学校内部管理体制改革;(5)深入进行教学领域的改革;(6)大力发展校办产业,积极促进办学条件的改善和教学、科研水平的提高;(7)完善成人高等学校教师职称评审制度;(8)改革成人高等教育的收费规定;(9)进行高等教育自学考试制度的改革;(10)鼓励支持民办高等教育;(11)加强高等教育的理论研究和对外交流与合作。大会还表彰了 33 所成人高校、中专校、民办高校和成人教育办学单位。

成人高等学校的教育评估经过 3 年的工作已全面完成,共对 60 所学校进行了办学水平的评定。评估结果为:A 级学校 39 所,占

65%；B级学校15所，占25%；C级学校3所，占5%；D级学校1所，占1.6%（有2所学校未参加评级）。通过评估促进了学校领导班子的建设；进一步调动了学校办学积极性；促进了学校主管部门对学校的重视和支持，改善了办学条件；促进了学校师资队伍的建设；促进了学校的科学管理和基础建设；促进了学校与用人部门的联系；促进了学校内部管理体制改革的深化。

四、成人中等专业教育10年发展成绩斐然

据1992年底统计，全市有成人中专学校146所，开设有理工、农医、财经、政法、幼师、艺术等六大类280多个专业。全市成人中专校舍面积达50万平方米，有一支近万名的教职工队伍。1992年国家教委表彰并授予顺义县职工中等专业学校、西城财贸职工中等专业学校、北京市住宅总公司职工中等专业学校、北京市农业广播学校"全国成人中等专业教育先进学校"称号。

为进一步推动成人中等专业学校的发展，提高教育质量，为首都改革开放和现代化建设服务，1992年开始对31所成人中专学校进行教育质量评估，并收到较好效果。

五、举办首次职工外语中级水平考试

为适应首都改革开放形势的需要，提高全市人民的外语水平，为申办奥运创造良好的语言环境，1992年3月，北京市政府批转了《北京友谊商业集团长期培养外语人才的经验》，决定在全市开展外语中级水平考试。3月，市成人教育局下发了《关于开展职工学习外语活动的意见》，并与市总工会、团市委、市妇联联合发出《关于广泛组织发动职工学习外语的通知》。6月中旬以市政府名义召开了北京市改革开放，申办奥运、自学外语动员会。6月下旬在北京市劳动人民文化宫举办了有15800人参加的学习外语咨询活动。12月6日～27日，北京市高等教育自学考试委员会办公室组织了首次英语中级水平考试。全市有17000人报名，其中13000多名考生参加考试，有5295人取得了合格证书，占考试总人数的40%。

六、依法检查，科学管理，放宽政策，促进社会力量办学迅速发展

1992年北京市社会力量办学迅速发展。市成人教育局继续贯彻"积极鼓励，大力支持，正确引导，加强管理"的方针，进一步解放思想，对《北京市社会力量办学管理办法》实施细则的有关条款进行了修订和补充，放开面授学校的招生计划，简化学校审批手续，完善管理制度，更有利于社会力量办学的发展。据统计，1992年社会力量办学校数已由1991年的716所猛增到1195所，全年培训各类学员44.2万人次。

依法管理社会力量办学是促进其发展的重要保证。1992年对《北京市社会力量办学管理办法》的执行情况进行检查，上半年各区县自查抽查了300多所学校，查出无证办学50多起。下半年市成人教育局和市政府法制办、文教办联合发出了《关于在全市进行社会力量办学执法检查的通知》，并要求各区县和民办高校进行自查。11月，市政府法制办、文教办和市成人教育局组成执法检查小组抽查了东城、西城、海淀、大兴、昌平、门头沟等8个区县及12所学校。据统计，《北京市社会力量办学管理办法》发布以来的两年间，市、区县成人教育局共查处违法办学行为408起，其中停办或取缔148所学校。这次检查展示了社会力量办学的成绩，完善和健全了学校各项管理制度，维护了社会力量办学的正常秩序，保障了办学者和求学者的合法权益。

加强对社会力量办学财务工作的管理，开展了社会力量办学审计工作，逐步实现管理科学化，监督检查正规化。从9月1日起，市成人教育局委托北京市审计事务所对社会力量举办的面、函授学校进行了财会审计工作。第一批对北京军地两用人才培训学院、北京培黎职业大学、中华社会大学等10所学校进行审计，将为修订完善《北京市社会力量办学财务工作管理规定》提供依据。

七、继续推动农村成人教育的开展

1992年北京农村成人教育围绕农村经济发展做了四项工作：

第一，抓好乡成人学校达标工作。根据《北京市乡镇成人学校基本标准》，到1992年底，近郊区、平原区县及山区县、半山区县的平原乡镇成人学校要达到规定标准的要求，为此市政府拨专款200万元用于乡校建设，并将为部分有突出贡献的成人教育专职干部解决“农转非”户口问题。市政府的大力支持调动了郊区县政府的积极性，他们将乡校达标工作列入工作日程，制定了具体达标计划，并按《标准》要求对本区县乡校投入了大量物力财力，逐步完善了乡校的基础设施和教学设备。据统计，1992年全市各级政府用于乡镇成人学校建设的总投资为752.8万元，乡校专用校舍使用面积达8.5万平方米，比1991年增加50%；有70%左右的乡校已配齐了桌椅和电教设备；全市有乡镇成人学校专职干部教师569人，比1991年增加17%。截止11月，全市14个郊区县的271个乡镇已有162所乡校基本达标，占乡校总数的60%。

第二，促进农村级学校的建设和发展。根据国家教委《关于大力发展乡(镇)村农民文化技术学校的意见》，结合市实际提出了村级学校建设的7项具体意见。在抓好乡成人学校的达标工作中带动了一批村级成人学校，1992年全市新增村级成人学校384所，村校总数已达686所，共培训各类学员10万余人次。

第三，推动农民基础文化教育和实用技术培训的广泛开展。郊区县乡镇成人学校和农民科学技术学校采取不同形式广泛开展当地所需、农民急需的实用技术培训和新的农业科技成果的推广应用培训。据统计，1992年京郊农村共有49万人次参加农民实用技术培训，有3万多人取得“红”、“绿”资格证书；培训应届回乡初中毕业生10200多人，占农村回乡应届初中生总数的52%。另外，有21832人次参加了农民文化基础教育。

第四，落实教育巩固提高工作。按照市成人教育局1991年下发的《关于检查教育巩固提高工作的通知》要求，于1991年冬至1992年春对京郊14个区县进行了逐一检查。检查结果为，14个郊区县有90%的脱盲人员继续参加了巩固提高学习，有些乡达到100%，如通县西集镇、大兴县庞各庄，密云县卸甲山乡。昌平县和海淀区的脱盲人员全部参加了学习。

八、大力开展继续教育

1992年，继续教育工作认真落实《北京市专业技术人员继续教育十年规划和“八五”计划》，各区县、局、总公司均结合本地区、本系统、本单位专业技术队伍发展的需求和同期经济、科技发展规划的任务，编制了继续教育规划。截止年底，市政府8个委、办、58个区县、局、总公司制定了规划，对全市专业技术人员的覆盖面达70%。

总结推广北京市专业技术人员高级研修班工作。高级研修班自1987年开始举办，5年来共举办147期，截止到1992年底，已结业123期，结业学员3360余人，其中1992年举办了33期，内容涉及全市工业、农业、城建、商贸、科研、卫生等6个行业十几个专业。据北京市科技干部局调查，专业技术人员通过高研班研修后增长了知识的占94.4%；提高了能力的占87.1%。

开展创造学学习活动。1992年，创造学学习活动作为全市继续教育的重要内容在全市广泛开展。北京市科技干部局从普及入手，抓教材和师资培训工作，并举办了两期有500名专业技术人员参加的创造学系列讲座。创造学学习已取得成果，市一轻总公司学员经过创造学学习提出一批开发新产品的设想和方案，其中608厂工程师提出的新型长具方案实施后，使博士伦镜片不合格率由10%降到5%。昌平县工程师刘绪山提出的《企业DVC储粮方案》投产后，一年为国家节约资金100余万元。

撰稿人 罗亚辉
审稿人 张　定

天津市教育

概　况

1992 年各级普通学校基本情况

单位:人

学校类别	学校数(所)	毕业生数	招生数	在校学生数	教职工数 计	教职工数 其中:教师
一、普通高等学校	26	15836	18561	55655	28226	10391
研究生		979	1241	3528		
本科		10063	10170	38013		
专科		4794	7150	14114		
二、中等专业学校	73	11353	13264	38837	8213	4630
中等技术学校	62	8569	11256	32562	6661	3911
中等师范学校	11	2784	2008	6275	1552	719
三、普通中学	672	98940	135815	381472	50069	34886
高中	169	21479	21091	64673		
初中	503	77461	114724	316799		
四、农业、职业中学	79	9838	11542	28590	4095	2685
高中	75	9809	11478	27603		
初中	4	29	64	987		
五、工读学校	3	53	62	139	218	126
六、小学	3238	119529	132209	872412	59781	49030
七、特殊教育学校	22	174	311	2585	845	560
八、幼儿园	288	12530	14629	155715	8760	4592

注:农业、职业中学栏情况不含 14 个中学附设职业班

撰稿人　于全和　王　挥
　　　　刘　毅　海飞平
审稿人　缪礼寅　武善谋
　　　　张凤民

1992年各级成人学校基本情况

单位:人

学校类别	学校数(所)	毕业生数	招生数	在校学生数	教职工数	
					计	其中:教师
一、成人高等学校	45	12315	14983	36517	7373	3164
广播电视大学	1	2047	3119	7921	1285	478
职工高等学校	35	4167	5301	13644	4088	1985
农民高等学校						
管理干部学院	8	647	1085	2101	1558	499
教育学院	1	669	405	1616	442	202
独立函授学院						
普通高校举办						
函授部		2201	2544	5939		
夜大学		2564	2444	5140		
干部专修科		20	85	156		
二、成人中等专业学校	100	12169	15396	28418	4911	2272
广播电视中专	2	5596	3595	6366	201	84
干部中专	16	1331	1943	3604	938	327
职工中专	55	4256	6602	13284	2343	1142
农民中专	12	902	3224	5044	578	297
教师进修学校	15	84	32	120	851	422
三、成人中学	9	590	944	655	77	77
职工中学	8	590	914	625	73	73
农民中学	1		30	30	4	4
四、成人技术培训学校	2847	481072	522605	61875	980	624
职工技术培训学校	5	525	569	484		
农民技术培训学校	2842	480547	522036	61391	980	624
五、成人初等学校	231	12623	17882	5124	199	96
职工初等学校						
农民初等学校	231	12623	17882	5124	199	96
其中:扫盲班	9	9829	11327	1498	36	28

撰稿人　于全和　刘　毅
海飞平
审稿人　缪礼寅　武善谋

普通教育

1992年,天津市普通教育工作的重点是深入学习贯彻邓小平同志南巡讲话精神,全面贯彻教育方针,坚持社会主义办学方向,依法治教。以普及九年义务教育为重点,市教育局提出了加快基础教育改革步伐、提高教育质量、转变教育行政部门职能、扩大学校自主权、增强基础教育活力的实施方案，在全市逐步贯彻执行。

1992年，天津市各级政府和教育行政部门贯彻“人民教育人民办”的指导方针，基础教育全面发展，又有30个乡镇经过验收达到九年制义务教育的标准要求。累计实施九年制义务教育的乡镇总数达189个，占全市乡镇总数的85.1%。天津市12个有农村的区县中，已有东丽、西青、津南、北辰、武清、静海、汉沽、大港8个区县全部完成了九年制义务教育的普及任务。

天津市贯彻“人民教育人民办”，多渠道筹措教育经费的主要措施是：

第一，政府千方百计增加教育经费财政拨款。1992年，国家财政预算内普教经费总投入57915.8万元，比上年度增加5106.7万元。其中教育事业费51022.8万元，比上年增加5095.2万元，增长率11.09%。中小学生人均经费又有新增长，中学生为627.32元，比上年增加28.16元。小学生为253.21元，比上年增加29.92元。

第二，提高教育附加计征比例和杂费额度。天津市城市教育附加按“三税”的2%比例征收，1992年城市征收6500万元，基本与上年持平。对乡(镇)建设、交通、企业征收农村教育附加，按营业额1%征收。1992年共征收996.7万元。比上年减少222.3万元，减少18.24%。经国务院批准，从1991年起，天津市学杂费提高额度，高中学费市属重点高中为120元，市重点区管高中为80元(其中杂费20元)，一般高中30元(学杂费各15元)。初中杂费15元，小学杂费10元。所收的款项全部用于发展教育事业。

第三，完善发展人民教育基金制度。天津市农村到1992年建立教育基金的乡(镇)达190个，占全部乡镇总数的85.6%，两年共征收基金4003万余元。

第四，大力发展勤工俭学。1992年，从校办企业利润中补充教育经费3903万元，用于师生福利2541万元。

第五，继续开展社会支教活动。天津市进一步鼓励社会团体和个人集资办学或捐资助学，积极争取海外侨胞和外籍华人捐资改善办学条件，把发动社会支教作为发展基础教育事业的一项重要措施。在市区组织100多家企业与600多所中小学建立了挂钩关系，为改善学校办学条件做支援工作。1992年，社会支教总额11889.5万元，其中农村集资办学金额达10308万元。天津市已涌现出大批支教先进单位和个人。市水利局多年来支教不间断，到1992年支教总金额达到160万元。河西区下瓦房房管站坚持8年支教不松劲，为小学、幼儿园办实事128件，投资18万多元。不少个人致富不忘教育，津南区专业户龚世权几年来累计支教捐款达50多万元。北辰区专业户韩景田累计支教款额达26.6万元。河北区300多名个体劳动者和私营企业者捐资5万元设立天津市首家个体、私营企业教育科技奖励基金会，并继续扩大捐资用来奖励在教育、科研方面有突出贡献的部门和个人。河北区光复道街91岁的刘纯德老人(河北省吴桥县赵辛乡五里扬村人)，靠3个女儿赡养，节衣缩食，支教10年，把赡养费和零花钱积攒起来为村里孩子们选购各种图书1000多册，价值1500多元。他把所存的400元现金寄给村里的小学建立文娱室及购置课桌椅。临终前立下遗嘱要子女把为他预备后事的700元捐助给家乡小学。乡政府为表彰这位老人兴学助教，在他生前特赠老人一块镜匾，上写“暮年兴学，名扬千里”。

一、深化教育体制改革

1992年，天津市普教系统围绕提高教育质量，深化体制改革，市教育局制定了一系列政策、措施。

第一，制定了改革政策性文件。市教育局对幼儿教育颁发了《天津市幼儿园办园水平综合评估方案》、《关于国办幼儿园进行整体改革试点工作的意见》以及幼教发展规划。对小学教育发布了《强化质量管理的意见》和《深化改革减轻过重课业负担全面提高教育质量的规定》、《非整日上课，整日教育工作的若干意见》。对中学教育发布了《天津高级中学达标基本要求》、《重点中学教育教学管理办法》等有关提高教育质量的文件。对重点中学实行浮动制。

第二，实行校长负责制。天津市到1992年底，实行校长负责制的中小学和幼儿园已达400余所，占中小学和幼儿园总数的9.5%。全部实行校长负责制的乡镇24个，占乡镇总数的10.8%。学校内部体制改革的主要内容，除实行校长负责制，确定校长在学校的行政中心指挥地位，党支部充分发挥政治核心和保证监督作用外，还实行定岗、定责、改革，在一定程度上使学校引进了竞争机制。到1992年，实施改革的3年中，有10名校长、28名中层干部、90多名教职工落聘，落聘的人员均作了妥善安排。

第三，改革考试招生制度。天津市本着解放思想，大胆实践的指导思想，1992年取消了小学毕业区级统考，初中招生全部实行划片就近入学，少数学校在片内接收保送生和推荐生入学。初中毕业升学突出了德育，注重了体育，规定凡操行不及格的，体育不合格的不准毕业和升学，并把体育成绩纳入中考总成绩中。1992年继续实行高中会考制。

第四，办学体制实行"五开放"。为增强基础教育的活力，完善学校自身发展的运行机制，市教育局规定：(1)在市、区(县)教育行政部门宏观调控下，允许各类学校经教育行政部门批准挖潜，实行计划外招生和有偿培养。允许部分学校经过批准与经济实力雄厚的单位联合办学。(2)非义务教育学段逐步提高学杂费标准。(3)国办幼儿园允许逐步放开收费。(4)职业学校逐步实行有偿录用制，职校毕业生可按学习年限，人才市场供求状况及所学专业收取相应培养费。(5)允许学校在不影响教学和安全保密的前提下，教学仪器、设备、车辆向社会开放，实行有偿服务。

二、加强教学改革，提高教学质量

小学以减轻学生过重负担为中心，继续进行"和谐教育"和"愉快教育"。全市小学整体改革试点校已达30%以上，有80所小学从不同侧面围绕素质教育展示了学校整体改革的成果，其中有些学校改革成效显著。塘沽区实验小学减轻学生课业负担，引导学生和谐发展；四平东道小学"金色童年教育"；上海道小学学制、教材、课程、教法等全面改革；岳阳道小学以学校为主体、家庭教育为基地，社会教育为依托"三结合"一体化教育；中营小学"导学式"教学发展教育等，从不同角度，用不同方法，探索小学教育规律，提供改革经验。

初中阶段的教育加强课堂教学，深入进行教法、学法、考法的"三法"配套改革，推广了汉阳道中学、盘山道中学等一批学校的经验。

高中阶段，认真做好新教学计划的实施和课程结构改革。

电化教育与运用"多色反映片"为一体的多媒体教学，在全市40所中小学实验获得经验的基础上已进行了大面积推广。

幼儿教育改革不断深化。幼儿卫生保健工作在贯彻预防为主，生长发育为中心方面取得成效。尤其是开展生长发育监测和视力、口腔、智力保健系统管理以来，使幼儿常见病、多发病得到有效控制。

由于大力进行改革，提高教育质量取得新进展。1992年全市小学入学率、巩固率、毕业率、普及率连续几年保持在99%以上。初中入学率始终保持在100%。98所初中基础薄弱校，经治理有95%全部达到标准要求。中学生三年段的巩固率达到92.7%，毕业率达到90%，市内9个区平均达到97%。成绩优秀率、全科及格率、升学考试及格率、体育达标率以及贯彻行为规范合格率，均超过有关规定标准。应届高中毕业生各科高考上线率和升学率均比1991年有较大提高。高考升学率为51.12%，比上年增加3.74个百分点。其中市内6个区升学率为60.7%，郊县为39.9%。初中毕业合格率达到97.1%，超过天津市普及九年制义务教育达标90%的要求。

农村地区小学"四率"均在99%以上，初中入学率达到95%以上，年巩固率为96.7%，毕业合格率为85.4%。高中教育质量有较大提高，高考上线率达38.8%，比上年提高6个百分点。

三、加强教师队伍建设

天津市师资培训工作自1990年由学历培训向继续教育转移以来，各级政府和教育部门依据1991年发布的《天津市中小学教师继续教育实施办法》和《天津市中小学教师继续教育教学组织管理办法》，在全市范围内大力开展了中小学教师继续教育工作。到1992年底，全市已有近43%的小学教师和20%的中学教师接受了继续教育。为了从根本上提高师资队伍的素质，重点进行了以下工作：

(一)实施"中小学青年教师希望工程"

"希望工程"的主要内容是提高中小学青年教师的政治思想素质，师德修养和教育教学业务能力。实施的方法是以岗位职务培训为重点，以任职学校为主阵地，多渠道、多层次、多形式，培养和建设一支又红又专的跨世纪的青年骨干教师队伍。1992年，主要进行的工作是：(1)依法组织青年教师参加继续教育和相应职级进修的岗位培训班41个，1551人参加培训。(2)加强青年教师的管理，广泛开展新老教师"帮教"、"带教"、"结对子"活动，"新老结对"率占青年教师的80%。(3)组织青年教师有计划地学习教育理论和教育科学的最新成果，引导青年教师积极参加教改实验。市教育局举办青年教师学术讨论、创优课评比等活动，推动青年教师提高教育科学理论水平。(4)发挥特级教师的示范作用。组织青年教师观摩特级教师示范课及参加示范课评析，从中获取经验，开创自己的教学风格。(5)加强对青年教师工作的督导评估。市教育局制定了《希望工程督导提纲》以及青年新秀、骨干教师、学科带头人三个层次的达标评估标准。(6)建立激励机制。对青年教师的评聘、表彰和奖励，实行倾斜政策，对教育教学成绩贡献特别突出的青年教师，可破格评聘高、中级职务，以鼓励青年教师成才。(7)为培训农村青年教师，市教育局组织教育学院、教师培训中心等单位送教上门，加强教学研究指导，广泛开展市、区(县)之间进修，教研等业务交流活动。(8)市、区两级组织青年教师轮流参观改革开放中一些重点工程和科研单位，向青年教师介绍最新科研成果，由科委、市教育局组织了暑期"希望工程"科技夏令营活动。1992年11月举办了中小学青年教师学术讲坛活动，有3000多名学术上有一定造诣的青年教师参加，其中有32名学术尖子受到市领导的表彰。参加这一活动的3000多名青年教师中，80%已成为各学校的教学骨干。

(二)采取措施稳定教师队伍

1992年，天津市普教系统为稳定教师队伍采取了下列措施：

1. 确保教育投入，保证教师各项收入兑现。市政府专门召开会议并首先保证政府按规定拨款，要求各区县政府和教育主管部门都认真贯彻市委、市政府规定的三条措施：各区县对年初确定的教育预算经费都必须落实到位，做到不扣减、不拖延。应由财政负担的教职工的工资和政策性补贴必须兑现；对无校办企业和其他收入的学校，各区县政府和教育主管部门在经济上给予必要的照顾；市、区(县)教育主管部门和各类中小学校认真贯彻勤俭办学的原则，加强管理，增加收入，对教育经费确有困难的区县，市财政给予一定的支持。

2. 适当放宽学校自筹经费限制。具体做法是“放开两头，管住中间”，允许九年制义务教育以外的学前教育和高中学段的收费标准可适当提高，在保证义务教育健康发展的前提下，部分办学效益好、社会声誉高的中小学，在确保完成市、区(县)下达的招生计划之后，经批准可以招收一定数量愿意以家长名义捐资助教的学生。职业学校有条件的可实行有偿培养和毕业生有偿推荐。各职业学校都可以在完成招生计划后，根据人才劳务市场的需求，在教育行政部门指导下，扩大委培生、自费生的招生比例。以增加收入、改善办学条件和提高教师的福利待遇。

3. 加强思想政治工作，提高教师素质。市委、市政府先后召开了教师思想政治工作研讨会和经验交流会。制定了《关于加强普教系统教师思想政治工作的意见》等有关文件和规定。连续3年在全系统12万名教职工中开展了社会主义理论学习，效果较好。曾受到中央宣传部、国家教委的重视和肯定，并专期下发简报向全国推广。

4. 加强教师宏观管理和调控。市教育局分别制定了《天津市普教系统教职工编制标准》和《天津市教师职务考核办法》，严格控制骨干教师外流和不适合做教师工作的人员调入。

5. 提高教师的地位和待遇。到1992年，5年间通过各种渠道共解决教师住房16910间，计50万平方米。经过考核，将符合条件的8000名民办教师转为公办教师。在已经为2900名中小学骨干教师解决了家属农业户口转为非农业户口问题的基础上，1992年再为2500名教师家属解决了“农转非”户口问题。各区县相继建立了中小学、幼儿教师奖励基金会，到1992年，已募集基金1700万元(其中财政拨款600万元)。几年来，市基金会仅奖励市级模范教师就达3600余人次。

(三)发展师范教育，积极培养新师资

从1988年到1992年，天津市除新建了天津师专分校外，投资1000多万元改建、扩建了中师校舍，使新建校舍面积占中师校舍总面积的70%，中等师范学校发展到11所，5年共培养中师毕业生12000多名。高等师范院校培养毕业生5700多名。基本上满足了中小学的新师资需要。针对农村地区中小学教师数量短缺的问题，采取委培、定向招生和扩大农村招生数量的办法，共为农村地区补充高师毕业生3345人，占高师毕业生总数的58%。

四、勤工俭学

1992年，全市校办企业本着为教育服务的方针，大力发展骨干企业，拓宽勤工俭学领域，扩大经营范围，增强活力，加快发展步伐。到年底，全市中小学校办工厂发展到1576个(不含大港油田及铁路系统校办企业)，比1991年增加315个。在校办工厂中，效益好的1208个，占76.6%。其中，全民所有制有892个，集体所有制有316个。全市开展勤工俭学的学校达到3057所，普及率达到79.4%。有36万名中小学生参加校办工厂的生产劳动。到1992年底，全市中小学校办企业工业总产值突破6.45亿元，比计划超1.25亿元。实际利润1.15亿元(不含大港油田及铁路系统校办企业收入)，比计划超

1867万元。全市校办工业利润增长率平均达到27%。其中市内6个区达到23.3%,塘沽、汉沽、大港3个滨海区平均达到36.4%,4个郊区平均达到16.1%,5县平均达到63.6%。1992年,全市中小学校办企业上交国库税金3069万元。从利润中补充教育经费3903万元,用于师生福利2541万元。这对稳定教师队伍,改善办学条件,提高教育质量做出了显著的贡献。

天津市中小学校办企业发展快、效益好的经验和做法:一是市、区(县)各级政府和教育行政部门始终把这项工作列入议事日程,常抓不懈。二是市、区(县)财政、税务、工商等各有关部门对校办企业从原料供给、销路开拓以及税收等各方面均为校办企业开绿灯,创造了发展的条件。三是校办企业内部管理体制进行了一系列改革,试行承包制。在经营方式、分配制度等方面,均采取了新措施。

五、治理"三乱"推出新措施

为进一步治理乱收费、乱办班、乱印发各种学习材料等"三乱"现象,市政府强调凡属全市性的新教育收费项目或新标准出台,必须经过市政府批准。中小学为补充教育经费和改善师生福利条件,可以搞创收、搞第三产业,政府不能因此而停拨或减少经费。但教育部门或学校不要提什么"市场化"、"企业化"、"自收自支"等口号。

市教育局进一步对治理"三乱"做出了新规定:(1)普教系统各级各类学校(包括幼儿园)向学生收费范围只限定在物价部门所规定的项目和标准内进行。(2)各中小学只负责办理市教育局各学期印发的教材征订书目内的学生用书统一订购。从1992年秋季起,除初中三年级和高中三年级学生暂可配备一套由市教育局教材审查委员会推荐的复习资料外,其他各年级和小学的习题集、练习册一律取消。(3)各级教育部门、学校领导和教职工要坚决抵制发行单位通过教育部门和学校的渠道,向学生搭配或销售各种习题集、练习册、辅导材料、复习材料;对乱编、乱印向学校发行各种复习资料而扰乱教学秩序、牟取暴利的案件,要配合有关部门严厉打击和严肃处理。(4)各单位、各级教育部门对经市教育局、教材编审委员会批准推荐学生的参考书、课外读物必须坚持由学生个人自愿购买,严禁强令购买或以开展评比、竞赛活动等手段变相强令学生购买;未经批准的书刊、学习资料以及学生用品、用具等,学校不得私自向中小学生进行动员和组织购买。任何单位和部门都无权向学校下达任务、推销或摊派。(5)学生入学、转学,学校要严格按照规定办理手续,并按规定的项目和标准收取学杂费,严禁各学校擅自"计划外"招生和收取规定外费用。发现违反者,所收的款项及学生一并清退。(6)各级教育部门和学校的干部、教师不得收取学生及学生家长的礼物。同时规定:凡违反上述规定造成严重后果和恶劣影响的,学校不得评"文明单位",其责任者在一定时间内干部不准提级,教师不准评晋职称。情节严重的要予以严肃处理。对违反规定的,各单位要严格抵制,并向市、区(县)教育局纪检、监察、审计部门举报。

六、特殊教育

天津市各级政府把发展特殊教育作为贯彻执行《义务教育法》的一个重要组成部分来抓。《天津市特殊教育发展规划》提出特殊教育以提高入学率为重点,以消灭空白点为主要任务,积极探索学前教育、义务教育、职业教育一体化的办学模式,进一步提高教育质量。到1992年底,全市18个区县特殊教育空白点已全部消灭,各类具有学习能力的残疾儿童入学率已达70%以上,其中盲童入学率为50%,聋童入学率为85%,弱智儿童和肢体残疾儿童入学率分别为70%和95%。全市各类特殊教育学校已发展到16所。在普通小学开设特教班17个。通过特殊教育方式接受义务教育的盲、聋和弱智的学生达到5404人。市民政部门还为中、重度弱智儿童开办5所特教学校和16个特教班，吸收268名儿童进行教育和康复训练。特殊教育形成了学前教育、基础教育、职业教育和高等教育相结合以及教育与康复、安置"一条龙"的办学特色。

为了保证教学质量，受国家教委委托，由天津市教育局牵头组织河北、山西、河南、甘肃、内蒙等5省、区教育部门联合进行聋哑学生听力语言康复的研究。针对残疾学生不同情况不断改革教育教学工作，教育质量逐步提高。

天津市聋哑学校实验改革语言教学，使300名在校聋哑学生具备了简单有声语言会话能力，聋哑儿童开口说话率达100%，其中90%的聋哑儿童告别无声世界。该校的做法是，根据聋哑人发音器官一般无器质性病变的医学实验，通过让学生接触声带感觉发音气流，然后以目代耳学习掌握发音过程。针对有些聋哑儿童声带变厚、舌头变硬造成发音困难的特点，学校研究出一套舌头运动体操和唱音练习法，使发音器官处于运动常态。为进一步提高语言训练教学质量，学校还开办了扩音教学，以助听器做辅助挖掘学生的残余听力，不少基本听不到声音的聋哑儿童恢复部分听力后，提高了有声语言会话能力。

为了尽早开发聋哑儿童的会话潜力，学校开办了聋哑儿童学前班，从4岁起开始接受系统语言训练。6岁的聋哑儿童孟繁丽4岁入学时不仅听不到声音，而且说不出单词，经过2年的语言训练和听力训练，现在能背诵30多首唐诗，还能借助于助听器与别人进行口语交谈。

天津市于1992年5月26日召开了表彰大会，有77名分别来自盲童、聋哑、弱智及残疾职校等特殊教育学校和普通学校中各类肢残学生受到表彰，荣获"市级优秀残疾学生"称号。

职业技术教育

1992年，天津市职业技术教育进一步解放思想，更新观念，为适应社会主义市场经济发展的需要，深化改革，加快发展。

一是改革职业学校的办学体制。职业学校实行校企结合、产教结合、产销结合，走以职养职的路子，建立教学、实习、经营、科研一体化，着重发展第三产业和外向型专业的新体制。为此，中、初级职业学校调整为93所（含中学附设职业班14个；职业中等专业学校26所）。国家教委认定的重点职业高中新增7所，总数发展到10所。新增加的重点职业高中是：河东财经职业中等专业学校、渤海中等职业技术学校、静海职业中等专业学校、电子计算机职业中等专业学校、护士职业中等专业学校、武清县职业中等专业学校、塘沽第二职业中等专业学校。全市独立建制的职业学校占职校总数的50%。

为适应市场经济发展和改革开放的需要，1992年创办职业教育的新专业有：金融证券、工商财贸、东方语言与商务公关、市场营销、计算机证券交易、机电一体化、经济信息处理、热工仪表检测、电子玻璃工艺、陶瓷等38个。职业技术教育专业设置总数已达153个，其中，面向第三产业的专业占80%。1992年，中级职业学校招生达10891人，比上年增加20.9%。职业学校在校学生近30000名。高中阶段职业学校在校学生与普通高中在校生比例超过1：1。高中后和高中分流定向性职业技术教育的实施范围有了进一步发展，由河西、河东两区发展到包括红桥、南开、东丽在内的5个区。生源遍及18个区县。在红桥区商业职业技术学校试点开办初级职业技术专业教育，招收大龄小学毕业生，培养烹饪、风味食品制作初级人才。

1992年天津市农村中级职业学校新增8所，专业新增10个。中级职业学校实际招生3386人，比上年增加59.3%。静海县、津南区、北辰区中等职业技术学校招生人数与普通高中招生人数之比已超过1：1。

二是职业技术教育开拓办学渠道，广泛动员各种力量联合办学。天津大邱庄创办了职业中专；静海瀛海化工集团公司创办了从幼儿园到职业专科一条龙的新型学校；北辰区职业中专与韩家墅村办学；西青区中北斜乡与职业中专联办；市供销社在北辰区、武清县发展行业办职业技术学校。1992年11月，市教育局和市乡镇企业局在津南区葛沽镇服装职业技术学校召开现场会，推动乡镇企业职业技术教育的发展。

三是职业技术教育注重实习。市教育局筹集资金，1992年在塘沽创建海门宾馆，作为职业学校的烹饪、公关、客房服务、财会等专业实习基地，集教学、生产、经营、实习、服务为一体。河西商校等几个有旅游专业的职业学校安排学生到深圳、珠海、海南等地实习。合资企业管理的职业学校选派学生到新加坡学习。各职业学校注重理论与实践相结合，适应市场经济发展，满足各方面需要。南开商业职业学校40名1993届毕业生提前到新建的东方商业大厦上岗，担任会计、核算员、收银员、柜长、营业员。饭店管理、饭店服务专业毕业生被酒店、饭店录用，深受欢迎。

在农村以初、中级职业学校为依托，实验“燎原计划”有突破性进展。静海县大郝乡围绕开发立体农业搞枣、粮间作，抓技术实验推广、人才培训、生产服务三个体系的建设，促进经济发展。基地产枣15吨，创历史最高纪录。静海县政府召开现场会，推广了他们的经验。

撰稿人 王 挥 刘 津
审稿人 张凤民

普通高等教育

一、概述

1992年，在邓小平同志南巡重要谈话和党的十四大精神鼓舞下，天津市普通高等教育事业积极探索与社会主义市场经济相适应的发展新路，加大改革力度，并不断把改革引向深入。

1992年，天津市普通高等学校26所中有大学分院1所，分校4所。10月，经市政府批准，原天津大学机电分校改称天津理工学院第一分院；原天津大学分校改称天津理工学院第二分院；原南开大学分校改称天津师范大学应用文科学院。1992年，全市普通高校共有在校本专科生52127人。其中，天津市属高校在校本专科生24440人，较上年增加2.4%；在校硕士研究生（含研究生班）3051人，较上年增加4.9%；在校博士研究生477人，较上年增加14.1%。在校研究生、本科生、专科生的比例由上年1：11.48：3.45调整为1：10.8：4。

招生计划注重为经济建设服务，政策向经济建设第一线需要的人才倾斜，以保证人才流向大中型企业、农村和条件比较艰苦的边远地区。天津农学院部分专业按郊区、县分别招生；试招农村有实践经验的青年进行单独考试，毕业后充实乡一级农业科技队伍；试办农学专业师资班，为农业职校培养实习指导教师。天津医学院、天津中医学院临床医学、针灸学、中药学、医学检验等专业实行按比例分别招收农村考生定向培养。对边远地区、国营大中型企业、国家重点建设项目以及乡镇企业的委托招生和定向招生，采取划定生源范围、明确预备生源、实行政策照顾等措施。录取新生坚持德智体全面考核、择优录取。提高师范院校招生质量；扩大定向保送生的规模，注重新生的政治素质和专业思想。天津师范大学应用文科学院试办乡镇企业管理专科班。根据人才预测，市属学校中暂停了天津师范大学新闻学、天津理工学院专门用途日语、天津职业大学眼镜技术等5所学校9个专业的招生。继续与11个省市进行普通本专科学生的对等交换培养，天津11所市属普通高校53个专业点在兄弟省市招生302人，兄弟省市所属40所普通高校99个专业点在天津市招生309人。

毕业分配工作发挥学校的主体作用，扩大学校毕业生分配自主权。在保证市重点部门需要的前提下，允许学校有一定比例的专业计划建议权、分配计划调整建议权和落实派遣名单决定权。除利用毕业生信息会和分配计划协调会与用人单位沟通信息、协商计划外，学校还走上社会推荐毕业生。实行“择优分配”以调动学生的学习积极性，实行分配政策、分配纪律、分配信息、分配方案、分配结果“五公开”，提高工作透明度。

1992年，天津市普通高校专任教师中有教授792人，较上年增加19.8%，副教授2823人，较上年增加0.4%。市属高校教职工11594人，其中专任教师4963人，占职工总数42.8%。

天津市属普通高校1992年教育事业财政拨款1.2亿元，较上年增加15%；学校预算外收入3814万元，较上年增加18.6%，占当年财政拨款31.8%。资金投放以建设“三室”（计算机室、基础教学实验室和语言室）为重点，共购置计算机150台，充实完善实验室370个，语言室6个。全年支出设备购置款1811.3万元，占总支出的14.1%，增加教学设备20600台件，其中万元以上设备86台件，增加图书22.2万册，期刊3.2万册。

9月，经国家教委批准，国家中医药对外教育基地——中国传统医药国际学院在天津中医学院成立，是全国中医院校中唯一面向国际培养“长学制、高层次”本科生、硕士研究生的学院，并兼具中国传统医药国际交流中心、世界传统医药信息情报中心及世界传统医药教育研究中心的功能。学制为研究生2—3年，本科生4年，在校生规模500人。研究生班开设中医基础、中医临床和针灸专业，本科生班开设中医、中药及针灸等专业，为国外培养中医、针灸医师和研究人员。

高校体育运动水平提高。天津外国语学院国际象棋队代表我国参加第二届世界大学生国际象棋锦标赛，获团体第三名，宁春红获女子个人冠军；天津代表团在第四届全国大学生运动会上获8枚金牌、14枚银牌、8枚铜牌，金牌数和团体总分列第二位；南开大学女子排球队列全国第十二名，升至A组，中国象棋队获全国大学生女子团体冠军和男、女个人冠军；天津纺织工学院男子足球队获全国高校足球甲组比赛冠军；天津大学、南开大学被评为全国体育课程评估先进单位和实施大学生体育合格标准全国先进集体。

二、推进高等教育体制改革

天津市高等教育体制改革围绕两个问题展开：一是改革学校内部管理体制，发挥师生员工的积极性和创造性，建立充满活力的运行机制，使高校具有主动适应社会需要的活力；二是改革政府部门对高校的管理，改变管得过多、统得过死的状况，简政放权，转变职能，实行宏观调控。在改革的方式和步骤上，坚持从实际出发，从试点做起，认真总结经验，再根据不同的情况分步推进或展开。

(一)学校内部管理体制改革

1992年1月，国家教委直属高校1992年工作会议确定南开大学、天津大学为第二批管理体制改革试点校。两所学校随即推出改革方案。市属学校中，天津师范大学率先于年初在数学、物理、历史三系进行改革试验。内部管理体制改革以校内人事、分配制度的改革为重点。校内人事制度改革是在宏观编制调控下，实行固定编制与流动编制相结合，事业编制与企业编制相结合，并按平等竞争、择优上岗的原则逐步实行真正的全员聘任制或合同制。天津大学压缩固定编制300余人，其中干部编制压编16%；南开大学压缩150余人，教学、科研人员的比例由55.4%上升为60%以上，其中科研开发队伍编制增加1倍以上；天津师范大学三个试点系通过优化队伍，工作量分别增加12%—33%。上述改革为形成按需设岗、择优上岗的运行机制创造了条件。校内分配制度改革是在遵守国家工资制度前提下，实行国家工资和校内津贴相结合，依照按劳分配原则，打破平均主义，适当拉开档次，以促进竞争、激励机制的形成。年内，天津中医学院、天津医学院、天津理工学院、天津职业大学也陆续出台校内管理体制改革的新措施。

在学校内部管理体制改革中，试点校注意将管理体制改革与教育、教学、科研等各方面的改革结合起来，以形成各项改革协同推进、配套实施、分步到位的新格局，逐步推进学校综合改革。南开大学和天津大学率先开展以学科建设为龙头，面向现代化、面向世界、面向未来的综合改革试验。南开大学制定了深化综合改革工作要点，提出从调动教职工积极性和加强师资队伍建设入手，逐步理顺学校内部管理体制，充分发挥基础学科优势，大力发展应用性和高技术学科，建设若干个辐射高科技的工程技术研究中心，以此为依托发展高科技校产和有偿社会服务。具体措施有发展农药科学、光电子信息科学、生命科学、储能材料科学等新学科或学科分支；调整专业设置和方向；扩大任选课学分比例；学生分流培养；三至五年内每年递增博士生25%；选拔学术带头人和青年骨干教师各100名；设立青年教师特殊津贴；分步出台住房、医疗、离退休保险等配套改革措施。天津大学提出用10年或略长一点时间把学校建成国内领先、国际一流的综合性、研究型、开放式的社会主义现代化大学的奋斗目标，着手推进招生和分配就业、专业、科技体制等方面的改革，将招生计划25%用于招收委托培养和自费生；提高研究生比例；发展博士后流动站；按“宽基础、多方向”原则拓宽专业口径，优化知识结构，缩减专业数目；扩大“双学位”；扩展“311”产学合作经验；加强基础研究和高新技术研究，学校设立科技成果推广应用奖和技术转化经济效益奖；将校系科技产业联合建立天津大学科技企业集团总公司。

（二）高等教育管理部门转变职能

与学校内部管理体制改革相配套，天津市高教管理部门加快推进以转变政府职能，简政放权，加强宏观指导，改进服务协调为重点的管理改革。7月，市委教卫工委、市教卫委、市高教局召开高教改革研讨会，市委、市政府领导与高校党政负责人对天津市高教改革的现状、存在的问题和解决的办法进行了研究，认为天津市高等教育存在的主要问题是：旧的办学模式还未完全冲破，学校缺乏办学自主权，学校的优势和潜力难以真正发挥，投资渠道比较单一，等等。这些问题在很大程度上影响了高等教育主动适应和服务于国家社会主义现代化建设。8月，市委教卫工委、市高教局联合发出《关于深化高教改革的若干意见》，明确指出，改革的各项政策和措施，都要有利于坚持社会主义办学方向，全面贯彻教育方针，提高教育质量、科学技术水平和办学效益，培养德智体全面发展的建设者和接班人，有利于调动广大教职员工和社会各方面的积极性，有利于为经济建设这个中心服务，探索建设有中国特色的现代化的社会主义大学的新路子。《若干意见》从全市高教改革的整体规划上，对学校综合改革，教育教学改革、科技改革、队伍建设、思想政治工作、对外开放等方面提出了工作的重点、推进的方法和实施的步骤。

9月，天津市高教局发出《关于进一步扩大高校办学自主权的若干意见》(即“放权二十六条”)，进一步确定高校的法人地位，引导学校主动面向社会，面向经济建设，逐步建立和完善自主决策、自主适应、自我发展、自我约束的运行机制。“二十六条”规定，学校可以自主调整专业方向，确定教学计划，自主决定委托培养生和自费生的招生专业和招生人数；可以接受计划外委托培养和自费研究生；可以扩大和调整成人教育规模；可以异地办学、联合办学、海外办学或设置分校和教学点；可以决定学校内部机构设置，有权选择用人制度，自主决定本市范围内的人员调出调入；在定编和工资总额包干的范围内，实行任职资格评审和职务聘任双轨制；可以自主确定校内津贴和奖励的结构与标准；校办高新技术产业享受经济技术开发区、新技术产业园区的优惠政策，等等。

为了保证高等学校充分行使自主权，市高教局突出机关的服务职能，为基层办实事。成立了天津市高等学校科技发展中心，对学校的科技开发、试验、成果展示、技术转让等进行协调和帮助。成立了天津市高等学校建设开发公司，推进高等学校集资建房工作。市政府批准了市高教局等单位提出的由市计委、建委、财政局、学校（包括个人）四方集资建设2万平方米教工住宅的方案，年底已投入建设。高教局推广了天津财经学院集资合作建房，使受益户获得其住房的全部占有权、使用权、继承权以及相当于其投资比例的部分产权的经验。为完善决策科学化和民主化，市高教局建立了专家咨询委员会，聘请部分长期从事教学、科研、管理的专家学者，对天津市高教改革与发展中的重大问题及重要决策进行论证和咨询，提出意见和建议，并参与对天津市高校工作的检查、评估与指导。同时，还可以受市高教局委托，代表市高教局参与有关制定天津市经济、科技、教育等发展方针、政策、规划、重大措施等活动和其他重要的咨询与论证工作。

天津市人大常委会委员于11月分三路视察了高等学校改革与发展情况，中共天津市委、市人大常委会、市政府分别听取了天津市高等教育工作汇报，对高教改革的进展予以肯定。

三、教学、科研为经济建设服务

1992年，天津市高等学校大力改进教学方法，更新教学内容，加强课程建设，提高教学质量。

重点课程建设。市高教局发出《天津市高等学校课程建设评估实施细则》、《课程建设组织机构及其职责》等文件，对1992年度重点建设课程资格评审工作做出安排，成立10个学科专家评审组。经专家组评审，市课程建设委员会审核，高教局审定，29门课程列为市级重点建设课程(其中市属高校19门)，高教局拨出26.8万元进行资助。

首次开展课程达标评估工作。按照《天津市高等学校课程建设评估指标体系及标准》，市高教局组织专家组对一些课程进行评估，经课程建设委员会审核，认为天津大学“电路”、“大学物理及实验物理”、“化工原理”和南开大学“政治经济学”等4门课程在师资队伍、教学条件、教学改革和教学质量等方面已达到评估指标体系所规定的要求，经高教局审定，确认这4门课程为天津市普通高校首批优秀课程。

评选优秀教学成果。1992年进行的优秀教学成果评选工作，侧重于展示教育教学改革的经验和成效，经教研室、系、学校层层推荐、筛选、市专家组评议，选出一等奖20项(其中14项申报国家级奖)，二等奖27项，三等奖59项。

继续强化外语教学。天津财经学院在外语教学中实行目标管理；天津师范大学将外语成绩与学籍挂钩；这些措施都使考试成绩明显上升。1992年全市高校大学英语三级通过率为71.4%，较上年提高5.8个百分点；四级通过率为61.5%，较上年提高14.51个百分点。

高校科研与开发。1992年，中共天津市委、市政府召开了科技工作会议，对发挥高等学校科技优势，振兴天津，实现市委市政府“加快发展”战略多做贡献提出了新的要求。高等学校科技工作与经济建设的联系更为紧密。

天津市普通高校全年通过各种渠道拨入科技研究与发展经费6039.8万元，较上年增加21.6%，其中基础研究占11.8%，应用研究占63.2%，试验发展占25%。从事科技活动人员22321人，其中研究与发展人员6789人，占30.4%。列入学校一级科学研究年度计划的理工农医学科研究与发展课题共2574项，较上年增加15.3%；其中国家“八五”科技攻关项目108项，国家“八六三”高技术项目25项；列入学校一级科研年度计划的人文、社会科学研究课题共535项，其中国家社科基金71项，部委级课题95项，省市级课题147项。出版理工农医类科学专著133部，发表学术论文4572篇，其中在国外学术刊物上发表679篇，在全国性学术刊物上发表2824篇；出版人文、社会科学类著作295部，译著31部，发表学术论文1414篇，其中在国外学术刊物上发表85篇，在全国性学术刊物上发表1329篇。理工农医学科有122人次出席国际学术会议，交流论文190篇。

理工农医类科研成果通过鉴定273项，其中国际水平107项，国内首创66项，国内先进87项，申请专利94项，获得专利权55项。共获得理工农医类成果奖励120项，较上年增加10.9%，其中国家发明奖6项，国家科技进步奖7项，国务院各部门科技进步奖58项，省、自治区、直辖市科技进步奖42项；获得社会科学研究成果奖励32项，其中国家级9项，部委省市级13项。共签定技术转让合同152项，转让成交金额947万元，其中向国营大中型企业转让64项，占转让总数42.1%。

校办产业发展迅速。年内高等学校从事开发、生产等经营活动的公司、工厂等企业共215家(不含生活服务类企业),从业人员6963人,经营(包括技术、销售)收入2.6亿元,同时接纳学生实习5000余人。高等学校一些科研成果直接在校内转化。

天津市高教局1992年发出《关于在本市高等院校中评选和建设重点学科及重点发展学科的意见》(试行),提出力争在本世纪末在天津形成一个门类齐全,结构布局较为合理,能促进横向联合,以重点学科为中心,面向全国发挥辐射作用的学科群,增强承担重大课题和社会服务的能力,为促进天津市经济振兴、科技进步和社会发展发挥骨干带头作用。为此,将在"八五"末建成市级重点学科10—15个,重点发展学科15个;"九五"末建成市级重点学科30个,并再建设一批重点发展学科。同时明确以"保优势,增后劲,上水平,奔前沿"、"数重合一、同步建设"(即重点学科、重点发展学科、重点实验室、重点科研项目、重点培养的学科后继带头人和学术骨干、重点课程建设等统筹考虑,同步建设)等思路为这项工作的基本方针。

1992年,天津市筹集专项资金1050万元用于市属学校重点学科建设,市高教局设立了重点学科、重点科研项目专家评审委员会,确定科研项目33项,重点学科10个,重点发展学科15个。

四、改进和加强思想政治工作

党建工作取得成绩。天津市高校基层党组织贴紧教学科研开展工作,51%的党支部书记兼任教研室正副主任,80%以上党支部在本单位教学科研中发挥出保证和监督作用。各学校在选配党支部书记时,注重政治、业务两方面素质,80%的党支部书记具有中级以上职称,其中高级职称占33%。天津市高校各级党组织把发展大学生入党和扩大入党申请人队伍作为关系到有中国特色的社会主义事业后继有人的战略问题来抓,针对学生特点和思想实际,开展形式多样,生动活泼的思想教育活动,宣传党的基本路线和党的知识,帮助大学生了解党。改革开放所取得的巨大成就和中央关于建立社会主义市场经济的决策,使越来越多的大学生更加坚信共产党的领导。1992年,全市高校有1200多名学生加入中国共产党,入党申请人达1万名以上,占在校学生总数的20%。学生自发组织的学习和研究党史和党的经济政策的业余学习小组达到900余个。

11月,中共天津市委组织部、市委教卫工委、市高教局党组联合召开天津市高校党建工作会议,强调党建工作第一位任务是用建设有中国特色社会主义理论统一思想,真抓实干,充分发挥高校在天津市改革开放和现代化建设中的作用。一要更多更快地培养人才;二要发挥科技优势,在实现"科技兴市"战略方针,特别是优化产业、产品结构方面做出新贡献;三要围绕关系天津改革开放和经济发展全局的长远问题开展决策咨询研究;四要承担起干部系统化培训的任务。天津8所学校在会上介绍经验,52个先进集体和96名优秀党支部书记受到表彰,6人被授予"优秀党支部书记标兵"称号。

为进一步加强对学生进行"一个中心,两个基本点"教育,天津市高教局发出《关于组织大学生赴农村社会实践的通知》,并于暑期组织6所学校300名学生赴农村进行以农业劳动、农业调研、农业考察、文化支农为形式的社会实践活动。学生深入基层、联系群众,在办实事、做贡献的过程中受到深刻的教育和锻炼。

暑期,共青团天津市委、市委教卫工委、市高教局、市学联以"1992:中国改革开放之路"为主题,发动和组织全市高校开展多种社会实践活动。36个考察团(营、队、组)被授予1992年天津市大学生社会实践活动先进集体称号,270人被授予先进个人称号。

在"创三好、争先进"活动中有168人被评为市级"三好"学生,46人被评为优秀学生干部,40个学生集体获先进集体称号。另外,还表彰王克昌奖学金特等奖5人,一等奖67人,二等奖190人;表彰理工科优秀学生120人。

学生学籍管理。1992年,全市高校开展了学籍管理工作研究活动,探索适应社会主义市场经济和改革开放要求的学籍管理模式,研究的内容为淘汰制及其方案,学籍异动、学籍管理领域中的收费问题,自费生的管理等。天津商学院首先推行了学生淘汰制,每学期以班为单位,对每个学生的德、智、体总成绩进行排名,总成绩列倒数第一或有2门课程不及格以及受到校纪处分的学生,即受到淘汰警告;累计两个学期受到淘汰警告,即被正式淘汰,取消学籍。12月,全国高校学生学籍管理工作研讨会在天津举行,各地代表考察了天津商学院试行滚动型淘汰制的模式,认为体现了公平竞争,有利于激发学生学习积极性。

10月,天津市高教局发布《天津市大学生德智体综合测评规定》,开始在全市普通高校本专科生和研究生中实行综合测评。在德智体综合测评中,德育测评包括政治思想、道德品质、学习风貌、遵纪守法和社会实践等5项内容;智育测评依据各门课程考试、考查成绩,并考虑不同课程的权重而定;体育测评按《大学生体育合格标准》测定。

撰稿人 刘 毅
审稿人 武善谋

普通中等专业教育

1992年,天津市中专教育改革向深层次发展,迈出新的步伐。

一、中专学校以多种渠道沟通与社会的密切联系

1992年中专教育深化改革的一个重要标志是:改变封闭和半封闭式的办学状态,以多种渠道沟通中专学校与工厂企业、用人部门的密切联系,实现学校教育向社会的广泛渗透。全市中专学校对这项改革可分三类:一类是有半数以上的学校建立起较为稳固的校外教育基地,平均每所学校分别在工厂企业、农村、医院、商场和其他基层部门建立了4个校外教育基地。第二类是通过建立董事会、产教结合委员会、专业咨询委员会或专业教学顾问组,使企业集团、用人部门直接参与学校重大问题决策和教育教学工作。第三类是朝着产教结合、校企合一的方向发展,企业把学校当作自己的组成部分,学校把企业看作是自己的靠山。中专学校增强与社会的密切联系已形成一种发展趋势,从单项到综合,从少数到群体,从形式到实质,步步深入。

二、开展学校建设的评估工作

按照国家教委1992年对中专学校开展水平评估的要求,天津市有16所学校被列入水平评估范围。此次水平评估进展顺利，成效较好。办学条件明显改善。一年内共集资2342.5万元，扩建校舍43765平方米，新增图书292400册，35个实验室得到充实。基本办学条件的改善，提高了学校综合培养能力。在学校数量没有增加的条件下，年招生数比1991年增长19%。在招生政策上，学校进一步摆脱行政隶属关系的局限，从较大范围内考虑社会需求，增强了学校教育的社会功能。1992年招收的委托培养生的60%是为主管局以外的工厂企业培养人才，招生范围扩展到全国几十个市、县。

三、努力提高教师的整体素质

在教师队伍建设中，1992年主要抓了两件事。一是突出抓好青年教师队伍建设。市第二教育局制定了《关于在普通中专学校青年教师中开展“希望工程”活动的安排意见》，从1992年起通过5年的努力，在35岁以下的现任青年教师中开展积极进取、锻炼成长的活动，从目标、途径、措施以及考核管理诸方面做了安排。并在全市青年教师中评选出20个标兵，10个旗手，他们的成长事迹在全市中专系统青年教师中引起强烈反响。二是有计划有组织地安排教师参加社会实践活动。全年有179名教师到工厂企业或其他基层部门参加半年的实践锻炼，使教师获得了新知识、新技能，为深化教学领域的改革创造了有利条件。

四、中专校办产业发展较快

1992年，全市中专学校校办产业的数量和利润都比1991年增长了一倍。据16所学校的统计，1992年校办产业的收入共1064万元。天津市机电工业学校校办工厂生产的压力炸锅供不应求，畅销全国各地。生产的手搬葫芦远销国外。天津市为了发挥中专学校集体的力量和优势，创办了中专校办产业联合体——天津市智达五交贸易公司，有21所学校参股投资。

撰稿人　史万铎　丁沪玲

审稿人　缪礼寅

成 人 教 育

1992年天津市成人教育坚持主动为经济建设和社会发展服务的指导思想，围绕科技兴市，深化教育改革，提高教育质量，取得了可喜成绩。

一、突出岗位培训，推进职工教育

天津市岗位培训，坚持以行业为主导，以企业为主体，以技能培训为重点，围绕企业转换经营机制，搞好科学管理，推广科技成果，开发高新产品，发展外向型经济和第三产业，采取了多种形式，全年共培训647330人，其中，参加资格培训134283人，参加技术等级培训80115人，参加适应性培训432932人。

企业教育综合改革，在搞好国家教委确定的9个试点的基础上，1992年市政府又批准天津渤海化工集团公司等23个企业（行业）为企业教育综合改革实验单位，使全市企业教育综合改革实验单位增加到32个。同时，其它107个市级职工教育先进单位也都参照企业教育综合改革的精神，各自进行了教育改革。目前，各实验单位都从教育与劳动人事、工资制度配套改革入手，实行考工定级和技能工资改革，进一步完善培训、考核与使用待遇相结合的政策，增加教育投入，改善办学条件，加强技能培训，提高培训质量。

为进一步贯彻落实《天津市职工教育条例》和《天津市专业技术人员继续教育的规定》，年初，市政府、市人大和市政协的领导和部分代表、委员对天津市成人教育两个地方性法规的贯彻落实情况进行了视察，分别听取31个区局的汇报，并深入复印设备公司、达仁堂制药厂等12个单位进行了实地考察。通过这次活动，使企业提高了对职工教育战略地位的认识，加强了对职工教育的管理，改善了办学条件，促进了职工教育的开展。1992年达仁堂制药厂已有95.7%的工程技术人员参加了各种继续教育。机械局有41个企业113个工种举办452期专业技术培训班，推广47种先进操作法，在参加全市13个工种的青工比赛中取得9个第一名，9个第二名，10个第三名的好成绩。

二、深化教育改革，提高办学效益

(一)加快教育改革，提高办学效益

一年来，天津市成人高等、中等学校在办学体制、管理体制、教学领域、招生考试等方面进行了一系列改革实践。

一是办学体制改革有了新的突破。许多学校进一步打破行业、部门和地区的限制，走产教结合、企校合一的办学路子，从而密切了教育与经济的关系，拓宽了学校的服务范围，增强了学校的服务功能，提高了教育质量和办学效益。据统计，1992年全市成人高、中等学校除了学历教育之外，还举办了第二专业教育、单科及格证书教育、专业证书教育、大学后继续教育、岗位培训及其它教育，共培训93646人。其中，成人高等学校培训59418人，成人中等专业学校培训34228人。

二是学校内部管理体制改革有了良好的开端。大部分学校都制定了改革方案，进行了改革试点。河北区职工大学从完善校长负责制、实行职工聘任制人手，建立了一套与校长负责制相适应的管理制度，与教师工作量相适应的工资分配制度，强化了学校的管理，调动了教师的积极性，使学校呈现出勃勃生机，被国家教委评为先进成人高等学校。

三是教学领域改革不断深化。成人高等学校积极进行教学、科研与生产三结合教学的试点、高中后高等职业技术教育的试点。成人中等专业学校提出了以文化课为基础，专业课为主体，技能培训为中心，培养应用型人才为目的的教学改革思路，确定了会计统计专业、电器维修专业为课程结构改革和实践性教学体制改革的试点，各校普遍调整了专业教学计划，加大了实践性教学比例，强化了操作技能的培训，加强了对专业技能的考核。

四是招生体制改革有了新的进展。成人高等学校招生扩大了能力考试试点，增加了招生类型，扩大了招生范围，满足了部分劳模的求学愿望。根据人才市场的需求，对第二专业学历教育实行春秋两季招生的办法。为提高生源质量，天津市创建了成人高考预科培训学校，加强和完善了成人高等学校招生复习迎考体系，使生源数量不断增加，质量大幅度提高，理科和文科录取分数线分别比1991年高出10分和20分以上。

(二)调整成人学校，优化专业结构

根据国家教委关于《成人高等学校设置的暂行规定》和天津市产业结构调整的变化，为提高教育质量和增强办学效益，撤销了市政工程局职工大学、业余政法学院，将自行车公司职工大学和6443厂职工大学调整为天津市职工现代化企业管理学院。与天津市广播电视大学会同有关委局对99个电大工作站进行了检查验收，为合格的 42 个电大工作站办理了审批手续，颁发了合格证书。通过检查验收，理顺了管理体制，强化了学校管理，改善了办学条件，使其布局更趋合理。

随着企业经营机制的转换，产业结构调整的加快，全市各级各类成人学校已初步形成了按社会需求调整专业设置的机制。1992 年成人高等、中等学校共调整专业 60 多个，为满足企业对人才的需求，促进社会和经济的发展创造了良好的条件。

（三）抓好评估工作，促进成人中专教育

成人中专评估在 1991 年试点的基础上，1992 年进入了全面展开的阶段。截止年底，已评估 25 所学校。在评估过程中，评估组始终坚持以评估指标体系为准绳，以学校客观事实为依据，做到增分有理，减分有据，保证了评估的质量，促进了成人中等专业学校的发展。据初步统计，参加评估的 17 所成人中等专业学校在主管部门的支持下，共投资 220 万元，普遍装修了校舍，增添了设备，扩充了图书。

（四）强化德育教育，培养"四有"新人

各级各类成人学校都建立和健全了德育教育机构，积极开展强化德育教育的教研活动，在 15 所职工中等专业学校实施了学科《德育教育大纲》，进一步探索寓教于学的教育规律。为提高政治课教学质量，职工中等专业学校还从几十名优秀的政治课教师中遴选出 4 名主讲教师，分别录制了哲学、政治经济学等课程的音像教材，通过电视台进行播放，并对政治理论课实行统一考试，使政治课教学改革迈出了新的一步。

三、推动和发展社会力量办学，强化基础管理

为适应天津市经济发展的需要，对社会力量办学全面贯彻国家教委关于"积极鼓励，大力支持，正确引导，加强管理"的工作方针。从实际出发，修订了《〈天津市社会力量办学管理暂行办法〉实施细则》，适当放宽了办学的审批条件，简化了审批手续，加大了区县管理权限，从而调动了社会各方面办学的积极性。截至年底，已有 413 个单位领取了《社会力量办学许可证》，比 1991 年增加 218 个。

本着"事业要大上，基础要夯实"的精神，天津市第二教育局主动与市工商、物价、公安、财政等有关部门密切配合，研究制定了招生广告、社会办学、财务、收费、印章等管理办法，使社会力量办学单位有章可循，有法可依。对社会力量举办专业性、技术性较强的培训班，首先由市卫生、体育、文化等有关行政、业务部门对其内容和师资进行审核，由第二教育局统一管理。

为使社会力量办学走上法制建设的轨道，天津市建立了社会力量办学执法队伍，依法对各办学单位进行检查督导，并清理社会上的非法办学。各区县还建立了以分管教育的副区（县）长任组长，由教育、公安、物价、税务等部门组成的社会力量办学管理协调组织，对辖区内的各办学单位进行监督管理，保证了社会力量办学的健康发展。

四、继续完善三级办学网络，改革和发展农村成人教育

天津农村成人教育建立以区（县）成人中等专业学校为龙头，乡（镇）成人文化技术学校为重点、村（厂）办学为基础的三级办学网络，已连续四年被市人民政府列入为人民办 20 件实事之一，使其在改革中不断得到完善和发展。全市农村现有区（县）成人中等专业学校 12 所，开设专业 34 个，在校学员 5044 人，校舍面积 29551 平方米。有成人中专分校 15 所，辐射办班 17 个，招收学员 680 人。初步形成了多功能、多层次、多渠道，具有一定辐射能力的办学实体。在 223 个乡（镇）中，有乡（镇）成人文化技术学校 221 所，长班结业

157443人，校舍面积39417平方米。在这些学校中，有94所达到了本市一类校标准。有2681个村办学，占村总数的70%，全年参加各级各类农村成人学校学习的达508894人次。

农村实施“燎原计划”的改革进一步深化，现有“燎原计划”试点校22所，比1991年增加4所。全年开设各种技术培训班185个，培训7000人。有人口教育试点校11所，比1991年增加5所，联系点由7个发展到15个。全年参加培训的达76255人。有“绿色证书”试点校5所，比1991年增加3所，经过培训，已有384名果农领到了“绿色证书”。此外，全市还有145所乡(镇)成人文化技术学校开展了农科教结合的试点，有12个郊区、县在应届高、初中毕业生中进行了“三加一”试点(即对不能升入高一级学校学习的毕业生进行一至两门实用技术的培训)，全年共培训16569人。

1992年，脱盲人员继续教育也有新的发展，共举办各种文化技术班376个，参加学习的有13457人。

撰稿人　海飞平
审稿人　缪礼寅

河北省教育

概　况

一、各级各类教育发展情况

1992 年各级普通学校基本情况

单位：人

学校类别	学校数（所）	毕业生数	招生数	在校学生数	教职工数	
					计	其中专任教师
一、普通高等学校	52	23560	33187	84750	34998	13372
研究生		173	231	667		
本　科		10435	11425	43841		
专　科		12952	21531	40242		
二、中等专业学校	217	35569	45190	118749	24819	11760
中等技术学校	134	21780	30826	81221	18319	8319
中等师范学校	83	13789	14364	37528	6500	3441
三、普通中学	5314	589938	893913	2392549	205327	161789
高　　中	602	100542	101625	311254		26206
初　　中	4712	489396	792288	2081295		135583
四、农业、职业中学	383	40252	70162	160727	18410	12570
高　　中	282	32050	50916	117832		10114
初　　中	101	8202	19246	42895		2456
五、工读学校						
六、小　　学	48189	969075	1325420	7476802	291521	269130
七、特殊教育学校	63	226	1082	4164	873	644
八、幼　儿　园	2564	1009535	1176115	1433228	54383	44463

1992年各级成人学校基本情况

单位：人

学校类别	学校数(所)	毕业生数	招生数	在校学生数	教职工数 计	其中专任教师
一、成人高等学校	44	20880	21903	50731	10255	3990
广播电视大学	1	6873	7530	17442	1807	743
职工高等学校	19	1896	2894	6591	3334	1380
农民高等学校						
管理干部学院	9	1141	1476	2891	2991	789
教育学院	15	4745	5360	11456	2123	1078
独立函授学院						
普通高校举办						
函授部		4502	3241	8430		
夜大学		1669	1382	3829		
干部专修科		54	20	92		
二、成人中等专业学校	248	25962	29332	68778	8143	4526
广播电视中专	6	1345	2437	6648	161	98
干部中专	10	774	795	1918	701	316
职工中专	52	2793	5619	13023	2577	1175
农民中专	23	1101	1963	4289	655	377
教师进修学校	157	19949	18518	42900	4049	2560
三、成人中学	247	19118	16791	20302	1108	580
职工中学	174	15138	12721	15635	869	473
农民中学	73	3980	4070	4667	239	107
四、成人技术培训学校	38794	6033119	7838837	5581480	33986	10159
职工技术培训学校	1834	357982	350064	284284	5490	2371
农民技术培训学校	36960	5675137	7488773	5297196	28496	7788
五、成人初等学校	9708	482973	536498	498754	5861	2196
职工初等学校	145	14869	13259	13963	386	186
农民初等学校	9563	468104	523239	484791	5475	2010
其中：扫盲班	6231	159771	308886	224781	3162	1141

基础教育在实施义务教育中得到加强。1992年，全省小学比1991年减少225所，在校生增加23.33万人。7～12周岁学龄儿童入学率98.44%，比上年提高0.19个百分点；在校生年巩固率98.5%，比上年提高0.4个百分点；小学毕业班学生毕业率98.77%；毕业生升学率(含升入职业初中)83.74%，比上年提高2.14个百分点。全省普通高中减少32所，在校生减少0.70万人；初中增加25所，在校生增加17.82万人。初中毕业升学率37.21%(不含技工学校)，比上年增加0.4个百分点。全省城乡幼儿园、学前班在园(班)幼儿比上年增加11.85万人。盲、聋、哑残疾和弱智儿童学校增加12所，班数增加76个，在校生增加1349人。

职业技术教育改革力度加大。全省中等专业学校比1991年增加1所，招生增加5934人，在校生增加9029人。农(职)业中学同1991年相比招生增加9508人，在校生增加19583人。高中阶段招生人数中各类职业技术教育占48.60%，在校生占整个高中阶段在校生总人数43.18%。

普通高等教育规模适度扩大。1992年全省普通高等学校中，9所学校招收研究生。博士授予点7个，硕士授予点77个，在学研究生比1991年增加14人。1992年全省地方所属41所高等院校招生27581人，比1991年增加8638人，增长45.6%；在校生67689人，增加8855人。

成人教育健康发展。1992年全省成人技术培训学校有较大增长，企业职工技术培训学校、乡农业技术培训学校办学效益明显，全省扫除文盲近16万人。

二、提出全省教育工作任务，制定“八五”期间教育改革与发展目标

1992年3月3日，河北省第七届人民代表大会第五次会议通过的《政府工作报告》提出1992年全省教育工作的主要任务是：积极贯彻邓小平同志南巡讲话和中共十四大精神，支持面向经济，为经济建设培养人才的办学方向，把德育放在首位。继续抓好九年制义务教育的实施，增加投入，培训师资，提高质量；立足本省，扩大规模，调整结构，深化高等教育改革，加强管理，推进科研工作服务于工矿企业和农村乡镇企业；继续发展城乡职业技术教育，集中力量办好60所县办综合职业技术学校（中心），搞好农村教育改革实验区；发展成人教育，推进农科教统筹和“三教统筹”，扩大“燎原计划”示范县（乡），提高社会力量办学的效益。各级政府财政力量要进一步支持教育，继续改善各级各类学校的办学条件，加强教师队伍建设，办好师范教育，重视幼儿教育和特殊教育，逐步建立与全省经济建设和社会发展相适应的社会主义教育体制。

6月27日～29日，全省教育工作会议制定了“八五”期间教育改革与发展目标：以“办好教育，振兴河北”为指导思想。实现三个突破、四个好转、五个新台阶。三个突破：一是教育与经济结合范围、途径、力度上突破，使各级各类教育都要转到以本省本地经济建设为中心的轨道上来；二是教育管理体制改革实现突破，改变长期以来对学校管得过细、包得过多、统的过死的弊端，使教育管理体制更加适应经济体制、科技体制和劳动人事制度改革的进程和需要；三是在发展校办产业上实现突破，把发展校办产业作为各级各类学校的一个重要职能，成为学校经费来源的重要渠道和教学、科研、实习的重要基地。四个好转：一是教育经费严重短缺、来源渠道偏少的状况得到基本好转；二是高等学校师资的学历层次和中等学校师资队伍学历合格率偏低的状况得到根本好转；三是高、中级专门人才总量不足，每人拥有高等和中等学校在校生数较少的状况得到明显好转；四是拔尖人才队伍匮乏的状况得到初步好转。五个新台阶：一是全省劳动者的文化素质和职业技术素质上一个新台阶；二是各级各类学校的办学条件标准化建设上一个新台阶；三是高校科研成果的数量和等级、成果的应用和商品化、科技服务上一个新台阶；四是各级各类学校教育质量上一个新台阶；五是办学效益上一个新台阶。实现上述目标的原则是：大胆开拓、深化改革，立足本省，面向经济，扩大规模，优化结构，改善条件，提高效益。

三、教育经费形成以国家财政预算内拨款和各级政府征收教育税费为主，学、杂费收入为辅，集资助学和勤工俭学为补充的收支运转格局

1992年全省全口径教育经费支出30.2亿元，比1991年增长15.31%。国家财政预算内教育经费中，地方财政支出21.25亿元，比1991年增长1.71%，占地方财政支出的比重由上年的19.96%增长到21.1%。教育经费的增长超过当年地方财政的增长，各级政府教育投入有所增加。按在校生实有人数计算，普通高等学校生均教育事业费为3431.23元，比上年度提高281.02元；中等师范学校为1566.05元，提高92.77元；农、职业中学为512.51元，提高24.29元。普通中学和小学正处于入学高峰期，在校生增加较快，生均教育事业费也保持了较高的增长，普通中学年生均300.03元，比1991年提高30.46元；小学生均90.87元，比1991年提高15.13元；体现了教育投入向基础教育倾斜。但是，各类教育公用经费占教育事业费的平均比重由1991年的23.77%降至1992年的20.08%。经济条件较差或教育投入不到位的地方，特别是农村小学，几乎没有国拨公用经费。1992年全省地方教育预算外收入13.71亿元，相当于国家预算内经费64.52%，各级政府征收教育的税费为4.69亿元。用于改善办学条件8.68亿元，占总支出的63.31%。

1992年全省勤工俭学总产值达22.0756亿元，总收入达4.0446亿元，纯收入相当于国拨教育经费的26.25%。勤工俭学收入中补助教育经费2.3161亿元，相当于国拨教育经费的15%。其中，用于修建教学用房5478万元，用于购置教学仪器设备4366万元，补助公用经费4419万元，用于教职工集体福利3134万元(其中用于修建教职工宿舍1664万元)，用于个人福利4888万元(其中用于政策补助1160万元，用于学生补贴2256万元)。安排教职工子女就业7107人。

基础教育

一、幼教事业的发展与改革

1992年省教委确定了“八五”期间幼教事业发展总目标：全省大中城市逐步满足学前三年教育；农村满足学前一年教育；经济条件差，人员居住分散的深山、坝上等贫困地区，发展低费用而有一定效益的幼儿教育。人口较集中的乡村建单式学前班，人口分散的地方建混合班，贫困山区建巡回辅导站、家长活动站等。为实现上述目标，全省各县(市)大力改善办园条件，扩建了一批县直幼儿园。兴隆县、承德县、三河县、任丘县、蠡县、定州市、雄县、冀县等投资在50～100万元之间，新建了符合标准的幼儿园。各地教育部门大力提倡自力更生、艰苦奋斗、勤俭办园的精神，改善教养设施，采取自制为主、制购结合的办法制作玩教具。省教委在保定举办了全省第二届自制玩教具评比展览。1992年5月省教委连续下发了《关于幼儿教师队伍调整整顿的意见》和《关于加强农村幼儿教师队伍管理的意见》两个文件，制定了幼儿园、学前班合格教师的具体条件和要求，进行了农村幼儿教师调整整顿。全省幼儿教师44463人，专业合格胜任幼教工作的21747人，占48.9%。文件明确了农村幼儿教师的聘任、管理、待遇，规定自1993年起，每年从幼儿师范划出10%招生指标，用于招收农村优秀在职幼儿教师，毕业后自行转为正式公办幼儿教师。为使农村幼儿教师老有所养，省教委、中国人民保险公司河北省分公司联合制发了《关于在全省实行农村幼儿教师养老金保险的通知》，规定凡在农村(县镇)任教的非公办在册幼儿教师，年龄在35周岁以下者(教龄满10年的，可放宽至40周岁)，均可向当地中国人民保险公司申请办理农村幼儿教师养老金保险。各地幼儿园(班)一改过去比较单一的幼教教学模式,从幼儿身心特点出发,进行“综合教学”改革实验,探讨适合幼儿教育特点的课程模式和教学方法。省教委结合全省农村幼教实际,组织编写了《学前班教师指导用书》、《学前班幼儿画册》,把幼儿语言、计算、唱歌、绘画、音乐、体育等融为一体,截止1992年底已向省内外出版发行73万册。10月11～15日,中国学前教育研究会、中央教育科学研究所、河北省教委、河北省教育学会幼教专业委员会联合主办的首届全国幼儿教育研讨会在河北省沧州市召开,全国17个省、自治区、直辖市的80余名幼教专家和专门从事农村幼教科研工作者、幼教管理人员及农村幼教工作者参加了会议。河北省教委与中央教科所合作进行的“河北农村学前教育项目”第一阶段实验成果在会上作了重点介绍。

二、制定义务教育评估标准和课程计划

1992年,省教委制定了《普及九年义务教育评估验收和表彰奖励办法》,对评估标准、验收程序、表彰奖励做了具体规定。主要内容是:

1.普及程度。(1)初等教育阶段适龄儿童都能按时入学。初中阶段则城市和发达地区都能入学,其他地区入学率95%。(2)小学在校生年巩固率99%左右,城市初中98%以上,农村97%左右。(3)残疾儿童、少年能入学者,城市及发达地区县的70%以上,其他地区县50%以上。(4)15周岁以下未受完初等义务教育的儿童、少年,由当地小学负责收回,其受完初等教育达98%以上,文盲率不超过1%;17周岁人口中受完初中教育的90%左右。

2.师资队伍。(1)小学、初中教师全部达到任职要求,小学教师学历达标,1995年前农村85%以上,城市90%以上;初中教师学历达标,1995年前农村45%以上,城市60%以上。1995年后,农村70%以上,城市80%以上。(2)从1993年起新补充的小学、初中教师的学历必须符合要求规定,在此之前自1986年起补充教师不合要求的必须全员培训,限于1995年前取得合格证书。(3)教师各项待遇落实,没有拖欠工资现象。(4)在册民办教师与国办教师同工同酬。(5)中小学校长均经岗位培训,取得合格证书。

3.办学条件。(1)校址布局合理,万人左右乡(镇)设初中1所。(2)没有“二部制”,不得超过班级学生定额。(3)人均占地、用房、建筑面积达到省制发的义务教育必备的办学条件标准,三年内未出现危房倒塌事故。(4)实验室建设配套,管理规范,演示实验开出率100%。(5)有固定的劳动基地,农村小学不少于1亩,初中不少于2亩。(6)音乐、体育、美术和劳技器材,分别达到省定标准,藏书小学人均5册以上,初中10册以上。

评估验收从1993年按规定标准进行,先由乡(镇)或学校自查,确认达标再向省或地区申请评估。凡达到要求由省人民政府授予“普及初等教育县(市、区)”称号,发给奖金5万元。普及九年义务教育的县由省申请,国家教委授予。

1992年9月,省教委下发《关于转发国家教委〈九年义务教育全日制小学、初中课程计划(试行)〉和二十四个学科教学大纲(试用)的通知》,规定全省将从1993年秋季小学和初中一年级起执行新的课程计划和教学大纲,并对中小学执行国家教委发布的新的课程计划和教学大纲提出了意见。

三、加强薄弱初中建设

基础教育的薄弱环节在初中的状况各地较为普遍,已影响教育质量和普及九年制义务教育,对此全省各地采取了许多措施。首先,把加强薄弱初中建设列为重点工作。唐山市教委下发了加强初中工作的意见，对领导不力的学校领导班子进行撤换。第二是加强师资队伍建设。在教师的选派上向薄弱学校倾斜，加强教研工作，帮助教师掌握大纲和教材。第三，加强检查评估工作。按照义务教育初中阶段评估标准对薄弱初中进行评估。根据评估结果，分类指导。

由于受70年代末80年代初人口生育高峰和城市人口大量剧增的影响，进入90年代后，石家庄、唐山、保定等城市和人口较多的县城，小学毕业生升初中难的状况十分突出。6月4日省教委召开全省电话会议，要求各地采取措施解决初中入学高峰问题。石家庄市预测1992年纯增初中教学班57个，到1995年累计需增202个。为解决小学毕业生升学难的问题，石家庄市人民政府发布《一九九二年初中招生工作意见》，本着"相对就近，统筹安排"的原则，根据小学毕业生所在居住地，按居委会划片相对就近升入初中；挖掘厂办学校潜力，将42所厂办初中招生纳入全市统一招生计划，统一调配生源；6所学校由完中改为纯初中，扩大初中招生额；1992年全市近1万名小学毕业生全部升入初中。

四、改革中小学升学、考试制度

为促进基础教育从应试教育向素质教育的转变，全面提高教育质量，1992年河北省建立了考试制度改革领导小组，省教委在大量调查研究的基础上草拟了《改革小学、初中升学、考试制度的意见》(讨论稿)，印发各地。主要内容是：小学毕业考试不举行大范围的统一考试；取消初中招生统一考试，小学毕业生实行划片就近进入初中；初中毕业生升学，实行全省统一报名、统一命题、统一考试、统一录取。

1990年国家教委决定在普通高中实行毕业会考制度。河北省从1991年秋季入学的普通高中学生中开始实行会考制度，采取考试和考查两种方式。科目为语文、数学、外语、政治、物理、生物、历史、地理。考查项目为劳动技术课和物理、化学、生物的实验操作；会考由省统一命题、实考、评卷、统计。考试成绩分合格、不合格两等，合格者，发给省教委统一印制的"河北省普通高中毕业证书"，会考由河北省教育考试院专门负责。经过3年的准备，1992年6月全省举行了高中地理学科毕业会考，实际参加考试100725人，92分以上15780人，84～91分35340人，83～57分44899人，56分以下4706人。

五、督导评估省重点中学

河北省有重点中学161所，其中，石家庄市一中等24所为省优先装备的重点中学。1992年上半年省教委督导室按照国家教委印发的《普通中小学督导评估工作指导纲要》和河北省教委制发的《河北省完全(高级)中学评估方案》，组织力量对24所重点中学进行了全面督导和评估。这项活动是教育督导制度建立以来规模、范围较大的一次。入校督导听课300余节，座谈800人次，查阅档案资料12542份，对720位教师和1000名在校学生问卷调查。评估的情况是：领导班子自身建设较好，24位校长1991～1992学年第一学期平均听课38节，有10余人获省优秀校长称号；重视师资队伍建设，1989年以来24所中学获全国优秀教师、教育系统劳模等称号51人次，受省表彰255人次；有效地抓了德育教育；进行了以校长负责制、教师全员聘任制、结构工资制等为内容的学校内部管理机制改革；大力改善办学条件，各级教育部门和地方财政有计划地集中力量优先装备，24所重点中学在校舍建筑、教学设施、教师住房、教育经费等方面都大大优于一般中学，标准校舍25.3万平方米，生均使用面积达7.4平方米，生均藏书30册以上。督导评估中也发现了有待改进的问题，如重升学教育、轻素质教育,现任初中教师中学历达标率偏低,中青年教师的住房问题突出,个别学校仍有危房。

六、抓紧改革实验,全面提高质量

1992年省教委着重抓了各级各类学校的教改实验,在管理改革上,要求各学校"制定条文,形成制度,反复强化,养成习惯"。各县(市)都重视这一工作,并选择了一批示范学校。安平县抓了县级5所示范学校(县职业学校、县一中、县初中、县城小学、县幼儿园),乡级4所,村级3所,以点带面,实行严格的科学化管理,收到明显效果。该县还进行"五四"学制实验,范围逐年扩大。青龙县已全部实行"五四"学制,丘县也已在全县铺开。各地普遍在小学、初中开设劳动技术课,对高中毕业生进行"三加一"培训,使学生在离校前掌握实用技术,在家庭经营和农村经济发展中发挥作用。省教委组织编写了《河北乡情》系列乡土教材,在实验县(市)初中一年级试用。有的县(市)编写了县情教材在小学各年级试用。3月中旬省教委发出《紧急通知》,要求各级教育行政部门和学校教师认真执行国家教委《关于减轻小学生课业负担过重问题的若干规定》,纠正有损学生健康成长的错误作法,坚持制止乱编、乱印、乱征订复习资料,小学一律不准再使用个人编写的练习册、习题集、自测题,已征订必须立即清退和停止使用;严格按照有关规定布置作业,小学一年级不留书面作业,二、三年级每天课外作业量不超过30分钟。

七、全省掀起捐资助教高潮

1992年5、6月间,河北省在全省范围内开展了"经济要上去,教育怎么办"的大讨论,并发动全省广大干部群众掀起捐资助教高潮。省委、省政府领导同志带头拿出1个月工资。省、地、市召开捐资助教大会,当场捐款,县(市)也迅速行动,据省教委6月23日统计,两个月全省捐资助教数额达6478.33万元,其中,省直机关137.31万元,各地、市、县捐款共6341.02万元。捐资主要作为教育基金,存入银行提取利息奖励优秀教师和学生或用于其它教育事业。教师节前夕,中共沧州地委、行署重奖从教多年做出突出贡献的中小学教师,高玉玺等5位教师获得"教育特别奖",每人奖金5000元。1992年12月省教委派员与国家教委、财政部、国家审计署共同考查了河间市、献县、雄县3市(县)农村教育费附加征收管理办法和使用情况,河间市从1983年到1990年农村教育费附加采取乡征乡管,1991年改为乡征县管,成立教育基金会并将单一征收附加变为征收教育基金,拓宽了渠道。计征比例由1990年人均1.78%增到2%,过去小学每班月1～5元,现每生月10元,中学每班月10～20元,现每生月20元。同时民办教师工资也由原平均月70元提高为月100元。

职业技术教育

一、建设高标准县级职教中心和综合职业技术学校

1992年4月、9月、11月,省委、省政府分别召开了5个地市委书记、50个县委书记和100个县(市)长会议,研究落实建设职教中心措施。并多次召集银行、农业、劳动、计

划、财政、教育等部门负责人研究解决办学中的实际问题。当年，全省已落实职教贷款8720万元，用于60所职教中心的建设。与此同时，投资100万元对20所农村职教中心实验基地进行重点装备，省政府还决定用贴息贷款为阳原等12个教育综合改革实验县(市)建设一批高标准的综合职业技术学校。划拨36个经济效益好的企业作为职教中心校产，规划50所职教中心建立教育电视差转台，已有56所职教中心建立了地面卫星接收站。据统计，平均每所县办职教中心占地124.8亩，新增建筑面积10552平方米，实验基地面积363亩，在校生1020人，校办企业和勤工俭学年收入25万元以上。丰南县投资1000万元，三河县投资1200万元建县职教中心。任丘市为县办职教中心新建一座行政办公楼，一栋教师宿舍楼，一个多功能餐厅，还新征地100亩作为实习基地。12个实验县(市)有7个县(市)综合职校的在校生达到1000人以上，普通高中与职业中等学校在校生比例达到1∶1。南宫市二职中组建林果、畜牧、食用菌三个承包集团，对乡、镇、村、户进行有偿服务，收到显著效益。丰宁县利用职校的技术优势，开展校村共建科技致富活动，对“燎原计划”示范村进行了经济管理、示范经营、技术服务、人才培训等方面服务，使示范田效益增产两成以上，示范户比平均水平高15%。青龙县综合职业中学毕业学员713人，有79人被乡政府和企业录用，5人受聘到外地承包大型果园，县畜牧局评选的8名先进畜牧技术员中有5人是该校的毕业生。完县职中开辟了培训各乡技术骨干、建校外辐射点、指导示范户、创办科技刊物、科技录像、技术咨询、承包等10条辐射渠道，取得了明显效益。据初步统计，12个实验县(市)职业学校共培训技术骨干4万人，建校外辐射点800个，推广新技术项目180个。河北省集中力量建设县级职教中心和综合职校的作法，受到国家教委、农业部等有关领导的重视，一些外省市派人学习参观。

二、多渠道配备职业教育专业师资

随着职业技术教育的发展，专业师资缺乏的矛盾越来越突出。河北省从本地实际出发，多渠道配备职业学校专业教师：(1)从应届大中专毕业生中分配。职业学校将用人计划报劳动人事部门，劳动人事部门依照用人计划优先为职业学校配备专业教师。省、地、县农科教统筹办公室搞好协调、督促、落实。(2)其他部门调入。由农科教统筹办公室、劳动人事局、教委、职业学校联合考察，将符合条件的人员调入职业学校任专业课教师，调入人员不受单位和身份限制。(3)公开招聘。由农科教统筹办公室牵头，会同劳动人事局、教委、职业学校从县内外公开招聘专业教师。(4)联办单位选派。建立县职业技术教育讲师团，所有联办单位均选派两名以上能胜任这项工作的技术人员参加讲师团，由职业学校发给聘书，并报农科教统筹办公室建档备案。职业学校根据开设专业的需要，随时聘请讲师团成员到学校担任兼职教师。(5)委托代培，在职进修。各校每年安排一定数量的教师到大专院校进行代培。同时，鼓励在职文化课教师选择一个专业进修，担任专业课教师。(6)毕业生留校。选拔德才兼备、热爱职业教育的职业学校毕业生留校做专业课教师。(7)短期聘用。根据教学工作需要，短期聘用一些大专院校的讲师、教授和有一技之长的社会能人到职业学校任专业教师。承德地区职教学校采取各种渠道，基本配齐了一支专兼结合的职教师资队伍，其中专业教师337人，兼职教师46人，通过委托代培正在深造的128人。

三、推进农科教统筹

1987年到1992年，河北省各地实行“农科教统筹”实验与改革，经过5年的探索总结，初步摸索出建立农科教统筹的模式：在当地政府统筹下，由各部门共建县（市）综合职业技术学校（中心），使之成为县级农科教统筹与结合的枢纽；同时在乡级建立农科教服务站，形成融人才培养、技术推广、科学实验、生产经营、信息咨询为一体的办学模式。获鹿县由县政府统筹、部门联办，筹资170万元，建起占地589亩的县综合职业技术学校，把原来分属各有关部门的农业中学、职业中学、农民中专、技工学校等融为一体，一校多制，师资、经费、基地、设施统筹使用，提高了整体效益。完县从1990年开始在全县25个乡镇建立了科教兴农综合服务站，站长由科技副乡长担任，副站长由成教校长担任。县直各部门选派近百名科教干部到科教兴农综合服务站任职。综合服务站的主要任务是根据本乡需要培训人才，推广技术，搞好科教示范和综合服务。1990～1992年，全省12个教改实验县（市）通过农科教结合，共建科技示范村942个，示范户20120个，开发项目927个，培训在乡初、高中毕业生646000人（占回乡初、高中毕业生总数的94.7%），农民全员培训率达81%，初级技术人员达50625人，中级技术人员达11646人，有80多万人掌握了一至两项实用技术。在农村教育改革实验区取得显著成绩的基础上，1992年3月，省教委根据国家教委要求，确定石家庄市、保定市、唐山市、秦皇岛市、邯郸市为全省城市教育综合改革试点市。各试点市相继成立了领导机构和办事机构，拟定了改革实验项目，全面铺开了各项改革。5月，河北省政府确定全省“燎原计划”示范县由原来的57个增加到81个。其中，阳原、完县、青龙、丰南、任丘、获鹿、藁城、三河、南宫、丘县、安平、丰宁12个县（市）为国家农村教育改革实验县；其余69个县（市）为全省实施燎原计划示范县，地、市农村教育改革实验县。示范乡由原来的295个增加到1039个。

四、实行初中“三加一”教育

历年来，河北省农村初中毕业生能升入高一级学校的是少数，1992年约占30%，70%以上的回到农村就业。这部分人对所学的知识不会自如地运用到生产实践中去，对农村实用技术也不能熟练掌握。为此，各地从1992年下半年起，对农村初中毕业生中未升入高一级学校的学生实行初中“三加一”教育，进行为期一年的职业技术和社会知识教育培训。“三加一”教育的目标，是培养为振兴当地经济和家庭致富所需要的、初步掌握必要社会知识和农村实用职业技能的新型劳动者。教育内容一类是社会知识课，包括农村经济改革、法律常识、乡情教育、人口理论等；一类是专业基础课，包括农村应用文及应用科学等；一类是专业技能课，如种植、养殖、庭院经济等。该项教育由各县教育行政部门统一管理，实行双证书制度。对于取得双证书的毕业生，在乡镇企业招工、征兵、培养任用乡村基层干部等方面给以优惠。当年，保定、石家庄、承德等地区“三加一”教育已全面铺开，许多回乡初中毕业生参加了各种专业技能学习，成为农村经济发展一支后备大军。全省初步计划，力争到1995年达到对未升学的应届初中毕业生的80%以上进行一年的初中后“三加一”教育。

五、全省校办产业迅速兴起

随着职业技术教育的发展，1992年河北省校办产业发展到5572个，比上年增加10%。产业固定资产46766万元，流动资金3.6629亿元，分别比上年增加26%和52%。全省校办产业利润1.6437亿元，其中发展生产基金7831万元，比上年增加16.6%，石家庄市、沧州地区、邢台市、保定地区、三河县等地、市、县筹建了校办产业集团公司，河间市建起了校办产业园区。邯郸市、邢台市、邢台地区、衡水地区、沧州地区、沧州市、张家口地区、保定地区制定了一系列发展校办产业的优惠政策。地处坝上贫困地区的康保县注意选聘懂经营、会管理的人抓校办产业。该县先后培训选聘150多名校办企业管理人员，并帮助各学校建立健全校办产业财务管理制度，使校办产业管理科学化、制度化。全县528所中小学共办校办企业11个，农林场588个，服务摊点26个，校办产业年总收入突破100万元。

高等教育

一、面向经济建设调整专业设置

1992年6月，省教委发出《关于改革普通高等学校专业管理工作的意见》，对专业调整设置的原则、分级管理办法、优化专业结构的措施做了具体规定。据此，1992年有32所地方高校自1993年起新增设和调整专业117个，其中新增98个专业点，调整专业7个，增设专业方面6个，筹建专业6个。新增、调整专业的主要特点：一是适应市场经济和第三产业需要，面向中小型企业；二是注意发挥重点院校师资、设备优势；三是加强理科专业改造向应用型科学发展；四是在保证不减少招生任务前提下，师范院校适当开设了部分非师范性专业；五是调整改造现有专业，拓宽专业口径，增加新课程。

二、制发《关于深化高等教育改革的意见》

8月27日，河北省教委、计委、科委等12个部门联合制发了《关于深化高等教育改革的意见》。《意见》共五个方面33条，总体设想是：以经济建设为中心，建立主动适应全省经济和社会发展的高等教育运行机制，提高教育质量，提高办学效益，增强学校自我发展、自我积累能力。教育行政部门要抓好招生、毕业生分配制度改革，给高校松绑扩权，用政策促进和推动全省高等教育的综合改革；各高等学校以优化结构(包括学科专业结构、课程结构和人员结构)、改革内部管理体制、兴办校办产业为重点，进行整体的综合改革。主要措施是：(1)改革管理体制，推行产学结合，合作办教育，合作搞科研和开发。(2)扩大办学规模，1992年新增到8000人招生计划，扩大委培生招生比例达18%，允许师专降分招收5%捐资助教生，扩大成人学历教育规模，恢复大专专业证书教育。(3)改革毕业生分配制度，扩大“双向选择”试点，制定吸引人才的优惠政策，帮助自费毕业生推荐就业。(4)优化专业结构，调整布局、种类，重点发展第三产业类专业，扩大专科招生人数。(5)优化人员结构，职称晋升不受指标限制，重新核定人员编制，促进人才分流。(6)调整校内分配制度，逐步试行工资总额包干。(7)发展校办产业，扩大财务管理权，广辟经费来源渠道。(8)加强教学管理，提高教育质量，改革教学内容和课程结构，加强学生动手能力，培养健全教学成果评定制度。(9)以河北工学院为整体改革试点学校，推动全省高教改革的深化。

三、高校参与高科技开发

1992年省政府在石家庄市区开辟了高科技开发区。河北师范大学、河北机电学院、河北轻化工学院等7所高校在高新技术开发区开办了10家企业，成立了科技开发机构，从事科研成果的开发、转让、转化。仅6所工科高校科技成果转让、技术服务项目就有71项，成交额为307万元。省教委、省政府生产办公室、省科学院共同成立了河北省产学研工程协调办公室，专门为高等学院、科研单位、厂矿企业之间牵线搭桥，共同开发新产品、新工艺，为省经济建设服务。1992年全省高等院校有4项科研成果获国家奖，1项获省级特别奖，30项获省级科技进步奖。

科技开发先进单位河北农业大学，继续深化改革，新增设了农牧业经济管理专业和农业建筑与环境工程、植物遗传育种、农（畜、水）产品储藏与加工、农业电气化自动化、土地规划与利用、动物营养与饲料加工等7个专业，对8个系17个专业课程进行改革，加强了基础教学，拓宽了专业口径，增设新课程。同时，加强了实践性教学体系，提高了学生动手能力和操作能力。该校为基层乡（镇）举办果树、蔬菜、畜牧兽医等各种短训班、专业证书班、师资班，培训人员120万人次，对完县等8个贫困县实行科技承包，开展科技扶贫，派出40名技术素质好的教师和科研人员长期蹲点在贫困乡村，建立示范田、指挥田，培训人员，推广技术，使贫困乡村走上了致富道路。该校荣获全国“五一”劳动奖状，是全国教育系统唯一获此殊荣的高等院校。1992年被中央宣传部、国家教委、共青团中央授予“社会实践活动先进单位”称号。

四、加强大学生社会实践和职业技能培养

1992年暑期，河北省57所大专院校以“了解改革受教育，科技服务做贡献”为主题，组成500多个社会实践营、1300多个社会实践小分队，奔赴工矿企业、商店市场和广大农村进行社会实践。团省委从29所大专院校中挑选部分学生组成“改革热点社会实践营”，骑自行车赴新安县白洋淀进行实地考查。华北电力学院组成百名学生参加的“中国改革万里行”社会实践团。河北农业大学组织3000多名学生，参加“开发太行山”实践活动。河北财经学院商业系、经济系的40名师生，在社会实践中为曲阳县供销社“会诊号脉”，很快扭亏为盈。为加强高等师范学生从教能力培养，省教委于6月统一对全省高等师范院校进行了首次学生教师职业技能抽查。抽查了15所院校二年级学生386名，占学生总人数4.65%，内容包括汉字注音、作文、书法、朗读、即兴讲话。抽查结果表明，学生的朗读、口语表达能力较好，绝大多数学生普通话水平达到或超过二级水平；但汉语拼音、书法及写作水平偏低。

五、改革高校招生、毕业生分配制度

1992年河北省普通高等学校计划招生人数突破3万人，是1978年恢复高考制度15年以来招生人数最多的一年。其中，中央部属院校招生8914人，省属院校招生19250人，省电大普通班招生1000人，分别比1991年增招798人、350人、600人。本年度为适应改革开放、加快建设步伐的需要，进行了招生制度的改革。扩大农、林、师范院校招收定向生比例，在丰宁等64个贫困县和阳原等12个农村教育改革实验县招收定向生1350人。农林院校招收先进模范青年入学。为适应经济建设，把高校推向市场经济，增强学校自我发展能力，招收委托代培生。石家庄市郊区政府出资200万元，委托省教委在1992年招收工程、土木建筑、机械、电机、化学、外经外贸、电子等专业代培生200名，从当年参加全国统一高考的郊区的考生中录取，受培大学生每人每年自交一定培养费，毕业后分配回石家庄市郊区工作。

1992年河北省统一分配的毕业生49303人，其中，毕业研究生344人，本专科毕业生21261人，中专毕业生27698人，毕业自费生2310人。本年度毕业生分配供需比例为1：1.18，与1991年持平。毕业生分配坚持面向基层、充实生产第一线的原则，有88.4%以上的毕业生分配到了地市县基层；除河北工学院外，其他院校仍采取指令性计划与调节性计划相结合的分配办法，优先保证秦皇岛、唐山、沧州、环京津及石家庄地区重点项目的人才需要；进一步深化“供需见面”，把毕业生分配推向市场经济，改革和完善毕业生输送机制。

六、河北工学院进行高校综合改革试点

河北工学院是省属重点工科院校，1992年被省教委确定为高校综合改革试点后，该校陆续出台了4项改革措施并收到成效。(1)进行学校内部改革。制定人事定编、分配制度、教师工作量计算、专业技术职务职称实施细则等10个改革方案，实行定编到室、聘任到人，实行院内对系及直属单位工资总额包干和国拨工资与校内津贴双轨运行的结构工资制。(2)改革学科专业设置。调整机械一、二系和实行系办专业，按专业类招生。为唐山市新开区开办中频熔炼培训班。(3)适应乡镇企业对人才的需要，多层次、多渠道办学。经省政府批准，该院在廊坊地区建成河北工学院廊坊分院，招收1040名自费生，为乡镇企业培养人才。(4)注重培养青年教师。从35岁以下的青年教师中遴选出14名优秀拔尖人才，破格申报晋升副教授并派遣这些教师到农村基层锻炼。经过改革，该院新的管理机制开始运行，教师队伍得到优化，成立了高科技研究和开发公司，面向市场，面向经济建设。

七、高校参加农村教改实验区成效显著

自国家教委与河北省政府1978年在阳原3县开辟农村教改实验区5年来，河北省高校同省外高校一同参加教改实验，促进了实验县人才、科技和经济的开发，同时也增强了自身办学活力。(1)帮助实验县制定或优化经济和社会发展规划。张家口农业专科学校会同清华大学、北京师范大学运用系统工程的科学方法，完成阳原县中长期社会、经济发展总体规划。(2)帮助实验县培养、培训师资和各种技术人才。张家口师范专科学校、张家口建工学院等为乡(镇)培养实用人才，12个教改实验县农民全员培训率达81%，培训初级技术员50626人，中级技术员11640人。(3)帮助实验县建立科技示范村、示范户。1992年高校帮助12个教改实验县建立科技示范村942个，示范户20120户，开发科技项目9720个，培训人员11.3万人次，获经济效益5.74亿元。(4)帮助县办企业和乡镇企业进行技术改造。天津大学帮助完县化工二厂进行技术改造，使这个亏损达百万元的县办企业扭亏为盈，成品率由不足50%提高到90%以上。(5)帮助实验县建起县职业中学和改革普通中小学教育。河北大学为12个实验县培训职中教师300名。河北农技学院帮助青龙县制定教育发展规划和教育大纲，编写教材，培训师资，教育质量明显提高。1992年12月，国家教委与河北省政府在河北农大召开会议，对省内外高校参加支持河北省农村教育实验县工作进行了总结交流。

成人教育

一、发展成人高等教育

1992年6月，河北省教委根据全省经济建设的实际需要，制定了加快发展成人高等教育的几项措施。(1)扩大工科及应用型专业的培养规模，学历教育招生在原计划的基础上，1992年扩大招生4000～5000人。根据社会需求优先发展理、工、农、医及乡镇企业急需的紧缺、短线专业。(2)从1992年开始，在成人高校全面开展第二学历教育(专科)，以解决转岗等原因造成的学非所用问题。(3)拟从1993年开始，专科升本科范围由师范类扩大到理、工、农医、管理、财经等类。(4)在成人高校开展第二学士学位教育，单独组织考试。(5)落实《专业证书》教育的有关政策，1992年下半年恢复大专《专业证书》招生工作。(6)鼓励学校以灵活多样的形式，有针对性地为企业举办非学历培训班，开展大学后继续教育。到1992年底统计，全省成人高校扩大招生4500人，第二学历专科招生2157人，报考大专《专业证书》6235人，参加高层次岗位培训和继续教育的干部6万人次。

二、加速农村成人教育发展

1992年5月，省教委召开河北省农村成人教育联系点第一次协作会。会议总结交流了各地农村成人学校的建设和管理经验，实地考察了武邑县5所乡镇成人学校和3个乡镇企业的职工学校及龙唐乡码头村技校。这些地方成功地提供了经济不发达地区改革和发展农村成人教育的经验。(1)县委、县政府把农村成人教育列入经济和社会发展总体规划，作为振兴经济的一项战略措施来抓。(2)办学指导思想明确，坚持实际、实用、实效的“三实”原则，根据自然优势、产业结构调整和增强农业发展后劲的需要确定教学内容。(3)办学形式灵活多样，从当地实际出发，针对农村的特点办学。(4)重视成人教育师资队伍建设。武邑县通过从普通中学选拔，从专业技术部门调剂，从中专毕业生中分配三条途径充实农村成人学校教师队伍。(5)加强管理，提高办学效益，许多学校建立健全了办学、教学、学籍、财务等各项规章制度。会后，各地农村成人教育发展较快，多数已成为当地试验示范、人才培训、科技推广、信息交流和经营服务中心。丰南县胥各庄镇政府先后投资50万元，三次改建镇成人学校，新建645平方米的教学楼，购置图书3200册、标本仪器405件，被省教委确定为首批示范乡(镇)成人学校。

三、社会力量办学取得新成绩

1992年，全省社会力量办学共有学校177所，累计结业200万人；高层次教育结业生累计达3.5万人。一个从少年到老年，从初级培训到高级培训，由全日制和业余学习组成的社会教育网络已初步形成。河北省社会力量办学的特点：(1)制定政策依法治学。省教委和有关部门陆续制发了《社会力量举办高等教育的暂行办法》、《社会办学服务及开支标准暂行规定》、《招生广告管理暂行办法》等文件，各地、市也根据实际情况制订了有关文件。(2)坚持正确的办学方向。主办单位主动适应社会发展的需求，开设各种学校和专业。石家庄市兴华高教自考辅导学校根据改革开放的需要开设了涉外、外贸、乡镇企业管理等专业。(3)加强教学管理，提高教学质量。(4)各校都注意聘请教学经验丰富的教师任教。1992年上半年，省教委对全省社会力量办学进行评估检查，评估内容包括办学指导思想、教学管理、经费使用与管理、学生思想工作、办学条件等，评估采用全面审查、分项打分、综合评议。评估结果：医学类学校前四名是：河北医科联合进修学院的燕赵分院、中西医结合分院、冀联医学院和河北医科联合进修学院的燕南分院。自学类前四名是：河北青年自修学院、河北教育联合进修学院、河北职教社华夏自考辅导学院和石家庄职工业大自考辅导部。上述学校办学的基本经验是：为当地经济建设服务，培养一专多能、动手能力强的实用型人才；把提高办学质量放在首位，职业道德教育主导全过程；建设一支比较稳定的专兼职教师队伍；严格教学管理，建立财务与经费管理制度。

四、扫盲教育有新进展

1992年省政府下达扫除文盲8万人的任务，为确保该项工作的顺利进行，省教委按照高标准严要求重新修订扫盲规划，并将扫盲指标层层分配到各地、市、县。实行“三定”，即定扫盲对象、定扫盲教师、定脱盲时间，使扫盲工作更加具体化。省教委成人教育处定期到各地、市、县检查督促扫盲工作的落实情况，及时表彰扫盲先进集体和个人，调动了各地的积极性。到1992年底，全省全年共扫除文盲16万人，超额完成省政府下达的任务。为进一步巩固扫盲成果，省教委组织编写了《学会读写算》等扫盲后继续教育教材，全省有32万名脱盲学员参加学习，其中业余小学班32万人，业余中学班10余万人。1992年11月，武邑县成人教育办公室、魏县成人教育办公室，永清县后奕镇成人学校总校长张振江、沧州地区教育委员会成人教育办公室科长张省三，徐水县白塔铺乡成人学校、丰南县胥各庄镇成人学校、南宫市南杜办事处成人学校、新乐县芦新村成人学校受到国家教委表彰，分别被授予扫除文盲先进单位、扫除文盲先进工作者和农村成人教育先进学校称号。

五、P_{20}人口教育项目进展顺利

1990年国家教委确定河北省50所农村成人学校为P_{20}人口教育项目试点学校，其中项目中心校10所。6月，省教委成立了河北省人口教育管理小组，下发了《关于全国人口教育工作会议精神和我省贯彻意见》，对全省人口教育工作做了具体部署。各地、市、县也建立了相应的组织机构。各项目学校所在乡(镇)分别成立起由主要领导为组长，教育、计生、妇联、共青团等部门负责人参加的人口教育领导小组，并配置专人负责这项工作。当年，50所项目学校均按照计划开展了人口教育，建立联系点217个，另有147所非项目学校也开展了人口教育活动，全省接受人口教育的干部群众已达181413人。1992年，省教委对人口教育工作进行定期检查，并把这项工作的开展状况列为省级示范性乡(镇)成人学校的重要评估标准之一。丰宁满族自治县鱼儿山镇地处偏远的塞外，镇党委、政府把人口教育纳入镇、村、组的目标责任制。镇政府还拨专款1万元用于人口教育学校办学条件的改善。许多项目学校还建立学员基本情况登记册、考勤册、成绩册、跟踪调查登记册，使人口教育逐步走向制度化和正规化。各地市充分利用影视、广播、板报、标语、图片展览、印发资料等形式广泛宣传人口教育的意义。廊坊市后奕、煎茶铺两镇根据本地实际进行了“人口与土地占有”、“人口增长与人均收入”、“人口增长与教育发展”、“人口与住房条件”等情况的调查。省教委组织编写了河北省农村成人学校人口教育教材，发行万余册。各地还结合实际编写了《农村人口问题解答》、《科学育儿》、《青春期卫生知识》等一批乡土教材。为提高教学效果，各项目学校还购置了有关挂图和声像教材，衡水地区购买或自制人口教育挂图 5800 多套，录像带上千盘，受到广大学员的欢迎。为保证 P_{20} 人口教育项目的实施，省教委从全省成教经费中拨出 4 万元作为省 P_{20} 项目经费，主要用于培训干部、师资和购置图书资料及电教器材。

撰稿人　李　铭　高智军
审稿人　周治华

山西省教育

概　况

1992年山西省教育工作遵循党的十四大和邓小平同志南巡谈话精神，以建设有中国特色的社会主义理论为指导，坚持党的基本路线，全面贯彻党的教育方针，加快教育改革和发展步伐，继续坚持社会主义办学方向，不断深化教育改革，调整教育结构，加强师资队伍建设，改善办学条件，提高教育质量和办学效益，使全省各级各类教育事业逐步走向持续、稳定、协调发展的轨道。

1992年各级普通学校基本情况

单位：人

学校类别	学校数（所）	毕业生数	招生数	在校学生数	教职工数	
					计	其中专任教师
一、普通高等学校	25	14464	18737	56469	21828	9097
研究生		218	266	752		
本　科	12	7864	8798	32674		
专　科	13	6382	9673	23043		
二、中等专业学校	124	29535	31018	88659	17172	8467
中等技术学校	100	20253	21892	63058	13839	6786
中等师范学校	24	9282	9126	25601	3333	1681
三、普通中学	3641	426651	490174	1422623	110213	110213
高　中	403	72404	80247	238601		19021
初　中	3238	354247	409927	1184022		91192
四、农业、职业中学	376	31856	47556	96070	11212	7411
高　中	242	22328	36306	72369		5744
初　中	134	9528	11250	23701		1667
五、工读学校	2	12	57	215	379	39
六、小　学	41712	498377	595252	3083380	183121	167090
七、特殊教育学校	35	349	960	3248	794	559
八、幼儿园	6522	493910	593507	929558	42070	34007

制表人李威

1992年各级成人学校基本情况

单位：人

学校类别	学校数(所)	毕业生数	招生数	在校学生数	教职工数 计	教职工数 其中专任教师
一、成人高等学校	35	11779	11031	30712	7371	2705
广播电视大学	1	2413	1684	4613	560	142
职工高等学校	16	1227	1519	4034	2243	936
农民高等学校						
管理干部学院	7	886	817	1684	2426	687
教育学院	11	3427	2828	7616	1937	879
独立函授学院						
普通高校举办						
函授部	(10)	2952	2908	9180		
夜大学	(9)	839	1250	3528	205	61
干部专修科	(1)	35	25	57		
二、成人中等专业学校	180	26366	27634	66296	5994	2981
广播电视中专、	2	3216	13389	31728	85	48
干部中专	1	93	197	359	69	30
职工中专	59	16596	6746	23269	3208	1402
农民中专	2	14	33	33	53	26
教师进修学校	116	6447	7269	10907	2579	1475
三、成人中学	415	17812	14316	22716	1061	473
职工中学	98	4675	5614	7151	346	192
农民中学	317	13137	8702	15565	715	281
四、成人技术培训学校	18955	1447713	1243318	1261927	25423	6492
职工技术培训学校	978	106023	117645	118912	3453	1980
农民技术培训学校	17977	1341690	1125673	1143015	21970	4512
五、成人初等学校	10865	183240	217423	263364	8953	2190
职工初等学校	182	5211	4794	7945	406	353
农民初等学校	10683	178029	212629	255419	8547	1837
其中：扫盲班	5987	50354	52364	63255	4729	960

制表人：秦志伟

说明：1. 成人高校的校数不包括普通高校举办的函授部、夜大学的校数。

2. 成人职工中专部分，包括4所函授中专的学生数、教职工数、专任教师数。

1992年全省小学招生数比上年增长2.75%。小学学龄儿童入学率为99.52%，比上年提高0.28个百分点。小学教师学历合格率为87.35%，比上年提高2.77个百分点。全省普通初中招生数比上年增长0.99%，小学毕业生升入普通初中的比例为82.25%。初中教师学历合格率为46.48%，比上年提高4.41个百分点。全省有15个县(市、区)和560个乡(镇)达到实施初中阶段义务教育的要求，分别占县(市、区)和乡(镇)总数的12.7%和28.5%，比上年提高4.2和14.4个百分点；达到实施初中阶段义务教育基本要求的地区人口为1089.51万人，占全省总人口的37.6%，比上年提高12.3个百分点。1992年全省高中数比上年增长2.22%，初中毕业生升入普通高中的比例为22.65%。高中教师学历合格率为39.93%，比上年提高3.42个百分点。

1992年全省普通中专招生数比上年增长8.98%,在校生数比上年增长1.9%。普通中专专任教师数比上年增长0.97%,其中:高级职称教师743人,占专任教师总数的8.78%。全省职业中学招生数比上年增长14.07%,在校生数比上年增长7.66%,专任教师数比上年增长1.58%。职业高中教师学历合格率为15.01%,比上年提高1.01个百分点;职业初中教师学历合格率为38.63%,比上年提高5.51个百分点。

1992年全省普通高校招生数比上年增长14.71%,在校生数比上年增长8.51%。专任教师9097人,其中:高级职称教师2106人。全省招收研究生数比上年增长17.7%。普通高校本、专科招生比例由上年的1∶1.02提高到1∶1.1。省人民政府批转了省教委《关于进一步深化我省高校改革扩大办学自主权的若干意见》(即"十八条"),高校各项改革陆续展开。

1992年,成人教育的工作重点继续向岗位培训转移。全省参加职工和农民技术培训的人数分别达到10.6万人次和134.17万人次。成人中专各类短期技术培训结业16824人次,参加人数达18263人次。成人高校培训招生14634人,专任教师中具有高级职称的教师430人,占专任教师总数的16.26%。

教育经费持续增长,办学条件进一步改善。1992年全省各级各类教育部门用于教育事业的经费总支出达117080.4万元(其中:高教经费支出14291.6万元,比上年增长13.24%,普教经费支出102788.8万元,比上年增长19.68%),比上年增长18.36%。各级教育部门的教育事业费支出占全省地方财政总支出的18.47%,比上年提高2.18个百分点。全省集资办学总额达42350万元。普通高等学校生均占用教育事业费支出3571.29元,比上年增长1.73%。普通中学、职业中学和小学生均占用教育事业费支出分别为289.45元、372.36元、141.33元,比上年分别增长20.63%,10.40%、22.26%。

基 础 教 育

1992年,山西省基础教育工作在加强中小学各项基础建设、努力实施九年义务教育的同时,加快改革步伐,全面贯彻教育方针,提高教育质量,全省基础教育事业进一步得到发展和提高。

一、坚持依法治教,积极推进义务教育实施。

进一步开展《义务教育法》学习、宣传活动。1992年,国家教委以第19号令发布了《〈中华人民共和国义务教育法〉实施细则》,全省广泛进行了学习和宣传。6月,组织各地、市教育部门主管干部进行培训,逐条逐句宣讲、研究《实施细则》。各地、市层层组织县(区)和乡(镇)负责同志参加培训,提高了广大干部对实施义务教育工作的认识。同时,全省各地(市)、县(区)在9月新学年开学前后,组织了规模较大的《义务教育法》宣传教育活动,采取多种形式,广泛深入宣传《义务教育法》;在此基础上自下而上组织了全省性的《义务教育法》知识竞赛,全省参加竞赛的人次达万人以上，使《义务教育法》更加深入人心。

义务教育管理不断规范。党的十四大提出到本世纪末基本实现九年义务教育宏伟目标后，全省各级领导进一步加强了对实施九年义务教育紧迫性、可行性和艰巨性的认识，对原订的义务教育规划安排进行了适当调整，到"八五"末期，实施五(六)年义务教育的将有83个县(区)，占全省县(市、区)总数的70.3%，实施九(八)年义务教育的将有47个县(市、区)，占全省县(市、区)总数的39.8%。到"九五"末期，全省将基本实现九年义务教育。同时按照《〈义务教育法〉实施细则》的要求，全省大部分县(市、区)人民政府通过发布公告、下发文件等形式公布了"八五"期间本地实施义务教育的年限和儿童、少年接受义务教育的适龄期，80%以上的县(区)、乡(镇)人民政府直接或委托有关单位向应入学接受教育的适龄儿童的父母或监护人发出入学通知书，强化了各级政府依法治教的责任。经过反复讨论修订，省教委在1992年秋季新学年入学前发布了《山西省接受义务教育学生就学管理试行办法》，就小学、初中学生入学、免学、缓学、休学、复学、转学、借读、升级、退学、毕业等有关问题作了明确规定，使义务教育工作逐步纳入规范化、法制化轨道。

努力加强义务教育薄弱环节。初中教育和特殊教育是全省实施义务教育的两个薄弱环节。1992年，山西省注重加强了初中教育工作，在临猗县召开全省初中教育工作会议，总结推广了临猗县等坚持不懈狠抓初中各项基础建设，初步改变初中教育薄弱状况的经验。会后，省教委发出《关于进一步加强初中教育工作的意见》，就坚持素质教育宗旨、合理布局、加强师资队伍建设、筹措办学经费等作出规定。经过全省上下努力，初中教育整体水平有了较大提高，小学毕业生升初中比例达82.25%，升学比例达95%的有47个县(市、区)，初中教师学历合格率由1991年的42.5%提高到46.5%。八年制学校由1991年的747所减少到472所，占初中学校总数的比例由1991年的20.1%下降为14.6%。全省特殊教育工作也取得较大进展，残疾儿童入学率由1988年的5%上升到50%，全省118个县(市、区)已有113个县完成特殊教育布点工作，占全省县(市、区)总数的96%。

经过一年的工作，全省义务教育实施工作截止1992年底，达到实施小学阶段义务教育基本要求的县(市、区)新增16个，达到61个，占全省县(市、区)总数的51.7%；乡(镇)新增331个，达到1383个，占全省乡(镇)总数的70.4%；人口覆盖新增419.7万人，现覆盖人口共达2348.1万，人口覆盖率达81.8%。达到实施初中阶段义务教育基本要求的县(市、区)新增5个，现共有15个，占全省县(市、区)总数的12.7%；新增乡(镇)254个，现共有560个，占全省乡(镇)总数的28.5%；人口覆盖新增286.9万，现共有覆盖人口1089.6万人，人口覆盖率为37.6%。

二、强化管理，促进中小学校全面贯彻教育方针

1992年初，省教委发文向全省推荐了长治市教育局近年通过开展学校管理升级竞赛活动，促进全市中小学管理水平上新台阶的做法和经验，要求各级教育行政部门和学校，要认真学习和借鉴长治市的经验，树立向管理要质量，向管理要效益的观念，在坚持不懈地抓好学校常规管理工作的基础上，以管理促改革，提高教育教学质量。一年来，全省各地从本地情况出发，在坚持不懈抓常规管理的同时，积极进行学校内部管理体制改革，实行了校长负责制、教职工聘任制、岗位责任制、结构工资制和考核奖惩制等，并涌现出一批较成功的改革典型，榆次一中、阳泉一中内部管理体制改革的经验已在全省推广。

小学生课业负担过重是山西省城市和县、镇小学近年来存在的较为突出的问题。1992年省教委相继印发了省政府办公厅对太原市小学生课业负担过重的调查报告和省委书记王茂林就小学生课业负担过重问题写给省教委主任宋玉岫的信，重申了国家和省减轻学生过重课业负担的各项规定，要求学校严格控制学生在校时间、考试次数和作业量，改进教师教学工作方法。为了引导学校全面贯彻教育方针，全面提高教育质量，促进学生全面发展，9月，省教委在太原市南城区举办了特色小学观摩会议，推广了太原市南城区引导学校办出特色，培养学生学有特长的教学经验。针对各地新华书店随教材向学生搭售复习资料的问题，省教委与山西省新闻出版局联合行文，规定严禁随教材搭售中小学生用的复习资料，对搭售复习资料的给予经济制裁，追究负责人的责任。对临汾市窦福兴滥编、滥印、滥销学生复习资料的问题进行严肃处理，10余万册复习资料全部没收销毁，没收非法所得并罚款。

组织评选本省办学有特色的中学。在总结前几年评选特色小学经验的基础上，1992年省教委组织了全省性的特色中学的检查、评选工作。各地、市根据省定条件，经过严格选拔，共推荐40余所中学参加评选。省教委组织6个检查组，分赴所有被推荐学校进行检查验收，经过评审组的认真评议和投票评选，共有28所中学被评为“山西省特色中学”。

为了充分发挥招生制度的正确导向作用，引导广大初中学校逐步由应试教育转变为素质教育，改变按一次考试成绩择优录取的方法。1992年在太原、大同、阳泉3市进行了中考招生制度改革试验，即在对初中学校全面评估的基础上，逐年减少择优生比例，扩大学校指标生和保送生比例，同时将中考考试命题、时间等权力下放，调动了地、市加快改革进程的积极性。

三、加强高中课程结构和考试制度的改革与管理

高中教育实行课程结构改革和考试制度改革是建国以来高中教育最深刻的变革。1991年山西省这两项改革开始起步，1992年继续加强组织管理工作。省教委和各地、市教委（教育局）均成立了两项改革协调领导组，下设会考办公室，掌握两项改革进度情况，负责承办会考各项工作。同时省教委组建了有66人参加的会考科目委员会，下设10个科目组，负责对会考命题、考试和评价工作进行咨询。一年来，省会考办公室先后制定了高中教育课程设置、会考管理、命题管理、学籍考籍管理、竞赛管理、毕业管理等方面工作的政策规定，使两项改革有章可循，要求明确，有步骤有秩序地进行。为加强对两项改革的指导，省教委确定10所高中为两项改革试点学校，从设施、设备上给予必要支持，使试点学校在开设选修课和活动课、编写教材、提高教师水平和进行高三分流等方面先行一步。1992年山西省成功地进行了首科地理会考，全省考生平均分为82.5分，合格率达94.5%，其中优秀率达19.8%，整个考试组织严密，考风良好，学生偏科现象已得到初步纠正，达到了国家教委对此项工作的预期要求。

四、幼儿教育

1992年山西幼教工作继续抓好国家教委《幼儿园管理条例》、《幼儿园工作规程》的贯彻实施，认真宣传贯彻山西省人民政府1991年12月第31号令发布的《山西省幼儿园管理实施办法》。根据国家教委部署及省教委工作安排，5月4日至20日，省教委、省人民政府法制局组织检查组，分赴 12 个行署(市)，对《幼儿园管理条例》、《幼儿园工作规程》及《山西省幼儿园管理实施办法》执行情况进行了检查，共抽查 36 个县(区)教育行政部门及 48 所地(市)县(区)级示范幼儿园、72 个城乡学前班，36 所乡镇中心园、57 所其他类型幼儿园。从抽查结果看：自贯彻幼儿教育法规以来，全省幼儿教育工作逐步走上了依法治教、依法办园的轨道，教育行政部门增强了主管意识，理顺了管理体制，健全了幼儿教育机构，办园(班)条件有了明显改善，幼儿教育事业发展呈现出好势头。整体改革意识进一步增强，幼儿园的小学化倾向开始扭转。

根据幼儿教育两个法规及省实施办法的规定，省教委印发了《山西省幼儿教育分级管理意见》，进一步明确了各级人民政府和各有关部门以及群众团体的职责权限。

11 月 20 日至 24 日，借中国学前教育研究会常务理事扩大会在太原召开之机，省教委在省城举办了幼儿教育讲习班，聘请了全国幼儿教育界专家、教授讲授了幼儿园一日活动安排、幼儿园课程改革等课程，来自全省 12 个地(市)的 1300 余名幼儿园保教人员参加了讲习班。这次规模空前的讲习活动，对全省幼儿教育改革产生了积极影响。截止 1992 年度，全省 4 至 6 岁幼儿入园(班)人数达 92 万多人，入园率达 46%，相当于小学在校生人数的 1/3，幼儿教师学历合格率达到 37%。

职业技术教育

1992 年，山西省职业技术教育工作继续贯彻落实《国务院关于大力发展职业技术教育的决定》，以改革总揽全局，全省职业技术教育工作有了新的发展，取得了新的成绩。高中阶段职业技术学校在校生与普通高中在校生之比达到 1:1.15。

一、举办职业技术教育成果展览

为了认真贯彻落实国务院的决定，检阅 10 年来全省职业技术教育的成果，交流经验，扩大宣传，增进全社会对职业技术教育的了解、重视和支持，进一步推动职业技术教育的发展，经山西省人民政府批准，省教委、省计委、省劳动局、省人事局、省财政厅联合举办了山西省职业技术教育成果展览。

参加展览的有 3 所高等职业学校、85 所中等专业学校(含中师)、15 所技工学校、6 个劳动就业培训中心，以及分布在 12 个地市的 236 所职业中学。展出图片 1216 张；教材 308 种；产品 2594 件，价值 247270 元。其中出口产品 1097 件，价值 158100 元。为了体现职业技术教育的实践性特点，组织职业学校的学生在展厅进行了食品刻花、快速点钞、礼仪接待、康复体疗和时装表演等现场技能表演。还展销了职业学校生产的产品，成交、销售总金额达 6 万多元。展览期间，山西电视台在“电视桥”节目中分七次现场直播了职业中学学生的技能表演，在社会上引起很大反响。

国家教委副主任何东昌，山西省省长王森浩、省顾委主任李立功、省人大常委会主任王庭栋、省政协主席李修仁、副省长吴达才等领导为展览题了词。省人大常委会主任王庭栋等参观了展览。省人大、省政协“两会”组织代表和委员1100余人观看展览并提出了宝贵意见。短短半个月时间，参观人数达47808人，普遍反映很好。展览内容丰富、形式新颖、规模宏大，达到了预期目的。通过展览提高了职业技术学校的知名度，并对各地、市，各学校的工作产生了有力的推动作用，坚定了各级领导办好职业教育的信心。

二、高等职业学校进一步深化改革，教育质量有所提高

1992年，高等职业学校以邓小平同志建设有中国特色社会主义理论为指导，加强改革开放教育。太原大学结合社会主义思想教育、党史党建理论学习研讨，进行了“太原·开放·未来”专题教育和经济上新台阶大讨论。以“联系实际、促进改革”为中心，开展了“学谈话、找差距、提建议、献良策”活动。通过这些活动，全校师生在认识上取得了一致，行动上激发出干劲和力量，为学校各项工作顺利进行奠定了思想基础。各校围绕培养德智体全面发展的应用型高等专门人才这一目标，进一步深化教学改革，办出自己的特色，提高教学质量。云中大学报请大同市委批准，确定了大同水泥厂等20个改革先进单位作为学校长期稳定的社会实践基地。省职业师范专科学校继续从职业中学对口推荐招收种植、机电两个专业80名学生，为职业中学对口培养专业师资。

三、开展普通中等专业学校教育评估工作，调整教育结构

根据国家教委《关于开展普通中等专业学校教育评估工作的通知》精神，在省普通中专教育评估工作领导组和省教委的直接领导下，在完成全省100所中专学校合格评估工作的基础上，成立了由15人组成的办学水平评估专家组，从3月15日至12月10日，历时近300天，对35所条件较好的中专学校进行了办学水平评估。评估组认真执行国家教委制定的评估指标体系，严格遵守省委、省政府的有关纪律规定，以建设规范化、管理科学化要求学校，认真开展评估工作。评估工作有力地促进了学校建设，受到了学校的好评。据统计，通过评估全省中专学校基建和设备投资达1.2亿元，学校的设施得到了进一步完善，设备得到了进一步充实。不少地市还提高了中专教育经费标准。评估不仅引起了学校主管部门的重视，而且引起了社会各界及用人单位的关注，不少企业主动向学校捐赠仪器和设备支持中专教育。学校普遍增强了管理和效益意识，加强了思想政治工作，健全了管理制度，综合办学水平得到了全面提高。

继续调整中等专业教育结构。为了加快农业、农机、煤炭、乡镇企业等系统专业人才培养速度，1992年全省中专在农业、畜牧、煤炭、医药卫生、乡镇企业等方面招收了约2700名农村青年不包分配班学员，力求在“八五”期间使全省农业、煤炭等行业的中等专业人才结构适应经济建设的需要。

四、召开全省职业中学生产实习基地建设现场会

为加速全省职业中学校办产业和生产实习基地建设，坚持产教结合，走自我发展的道路，全省职业中学生产实习基地建设现场会于10月6日至9日在左云县召开。部分地、市的专员（市长）和各地、市教委（教育局）分管职教工作的副主任（副局长）、合格职业中学的校长以及特邀代表共计250余人参加了会议。

会议研究了贯彻落实《国务院关于大力发展职业技术教育的决定》，总结了近几年来全省职业中学生产实习基地建设工作，推广左云县综合技术学校实业兴学、产教结合、自我发展办学的典型经验；讨论修订《关于加快我省职业中学生产实习基地建设的若干意见》。左云县综合技术学校、朔州市神头职业中学，运城市实用美术学校、阳泉市交通职业学校、昔阳县职业中学、平定县职业中学在大会上作了典型经验介绍。会上，省教委向左云县综合技术学校颁发了1万元奖金，授于该校“产教结合、自我发展、勇于开拓、不断前进”锦旗一面。

1992年，太原市第一职业中学、昔阳县职业中学、临猗县职业中学等13所职业中学经省政府批准，报国家教委认定为省级重点职业高级中学。至此，全省共有省级重点职业高级中学18所。太原市金融职业中学、太原市女子职业中学联合组队，代表山西省参加了全国职业中学“浪潮杯”计算机比赛，夺得5个三等奖。太原市第二职业中学成立了晨光时装表演团，获得良好声誉和社会效益。

普通高等教育

1992年，山西省普通高等教育稳步发展，教育结构趋于合理，改革步伐加快。

一、以邓小平同志南巡谈话精神为指针，加快高教改革步伐

1992年4月省教委召开了全省普通高校工作会议。这次会议主要是贯彻邓小平同志重要谈话和中央政治局全体会议精神，讨论加快高教改革步伐，使高校的工作更好地服务于经济建设这个中心，更好地适应山西经济发展的需要。会上听取了副省长吴达才的讲话，听取了北京工业大学、北京师范学院两所兄弟院校改革经验介绍，并围绕省教委草拟的《关于进一步深化全省高校管理体制改革的若干意见》进行了讨论。省长王森浩到会同高校领导同志座谈，强调山西省当前高校的改革工作要突出抓三件事情：第一件，必须明确高校的主要任务是要培养合格的社会主义建设人才。第二件，根据当前的实际情况，要大量为基层定向培养专业人才或技术人才。第三件，要根据小平同志谈话精神，转变观念，发动教师去搞科技开发，特别是要兴办科技先导型产业。根据会议精神，全省高校各项改革开始起步。

二、高校招生分配制度的改革有新举措

1992年全省高校招生有四项改革：(1)进一步扩大了高校招生调节性计划，增加了自费生、委培生的招生比重。全省普通高校共扩招自费生、委培生1500人。山西大学、山西师范大学、太原工业大学首批招收预科生、自费预科生340人。高校招生计划比上一年增长12%，招生人数是近几年最多的一年。(2)扩大招收有实践经验的青年进入高校学习。为了解决贫困县(区)技术人才的急需，省教委资助30万元，安排山西农业大学在隰县举办了畜牧、果林两个专业的山区农专班，从邻近的12个县招收有实践经验的农村青年100人进入高校学习。学生修业期满，成绩合格者，国家承认学历，不包分配。为适应全省乡镇企业和地方煤炭工业发展的需要，太原工业大学、阳泉煤炭专科学校(筹)采取单独报名(由省乡镇企业总公司和省煤炭厅负责推荐名额分配和报名工作)、单独考试(考试科目设政治、语文、数学、理化4门)、单独录取，由单位支付培养费的办法，分别开办了乡镇企业专科班、地方煤矿专科班。两个班共招收学生140人。所招学生年龄放宽到30岁，工龄放宽到两年以上，婚否不限，修业期满，成绩合格者，国家承认学历，回原单位工作。(3)招收先进模范青年入高校学习。太原工业大学、山西农业大学、山西师范大学面向全省招收先进模范青年入校学习，招生的规定和办法是：报名者荣誉级别放宽到地市一级，年龄放宽到28周岁，特别优秀者由省招委特批，可再放宽，婚否不限。高中毕业及同等学力均可报名，参加全国统考，但外语不计入总成绩，单独报名，单独建档，单独划线录取，对成绩略低于录取线者，可进入预科学习一年。一年后经考核合格者，转入报考专业学习，不合格者，仍回原单位工作。修业期满，成绩合格者，国家承认学历，统一分配工作。(4)全省7所师专全部实行提前单独招生。太原师范专科学校还试办了专科层次的小学教师专科班，为小学培养专科层次的骨干教师。山西师范大学也扩大了招收保送生的比例和范围。

山西省在继续完善毕业生到基层工作有关政策的同时，积极进行毕业生分配制度的改革，以逐步把毕业生推向人才市场，适应社会主义市场经济需要。对分配到乡镇企业和城市街道集体企业工作的毕业生，政策上从优：保留干部身份，档案留在县人事局或县乡镇企业局；免除见习期，工资待遇按企业标准执行，应保证比国家规定的毕业生定级工资再上浮一级。在这些企业连续工作三年后，浮动工资可转入本人档案工资，国家统一调资时，不予冲减，列入基数，相应上调。对定向毕业生做出新规定，即定向毕业生必须回定向县区工作，5年内不允许调动，在5年工作期间，定向毕业生享受正式毕业生待遇，但管理上比照聘任制干部管理，中途调离者，取消其干部资格。

三、适应建立社会主义市场经济的需要，高校内部管理体制改革开始试点

年初，省教委确定山西大学、太原工业大学、忻州师范专科学校3所省属高校为全省高校内部管理体制改革试点学校。以人事制度和分配制度改革为重点，转换学校内部运行机制。为推动试点高校的改革，5月省教委、省高校工委领导带领有关处室的同志到3所高校进行现场办公，了解改革进程，帮助高校解决改革中遇到的困难和问题，省教委党组还建立了领导干部联系高校制度，明确了党组成员对高校改革的分工。

四、加强教学管理，提高办学水平

1992年10月中旬至11月中旬，省教委组成专家组对全省26所普通高校的教学管理进行了全面评估。太原工业大学等3所本科院校，运城高等师范专科学校等3所专科学校教学管理制度规范化，措施得力，在组织领导，教学建设，教学管理，师资队伍建设与管理四项一级指标和贯彻教育方针把德育放在首位等50项三级指标总评中获得较好成绩。

通过教学管理评估，比较深入地掌握了高校教学管理的总体概况。既发现了教育教学中的先进典型，也暴露了教育教学中的一些亟待解决的问题，为高校教育教学的进一步深化改革奠定了良好的基础。全省接受评估的26所大专院校，教学管理比较好的有10所，四项指标总平均分都在80分以上；一般的13所，总平均分在70分以上；较差的2所，总平均分在60分以上；个别学校尚未达到基本合格水平。山西大学抓师资队伍建设有规划有计划，既注意抓全校教师整体基本文化素质的提高，又突出了学科梯队建设。太原工业大学在抓校、系、室三级教学管理的同时，突出了发挥各基层教研室的作用，制度健全规范，活动有计划有质量，在加强对教师的思想建设和业务建设方面成效显著。山西医学院抓教学实习基地建设走出了新路子，教医结合，智能相彰，现已建立固定的校内实习基地两个（附属医院）和相对稳定的校外实习基地22个（各地、市、县医院）。

太原工业大学部分专业试行五年制。经省教委批准，太原工业大学从1992年起将工程力学专业、建筑学专业、机制专业（机电一体化专门化）改为五年学制，以适应培养人才的需要。

为了加强高校师资队伍建设，特别是加快对高校青年教师培养提高的步伐，省教委在总结“七五”期间师资队伍建设方面取得成绩和经验的基础上，提出高校师资培训工作“八五”规划要点。包括制定“八五”规划要点的工作基础，高校师资培训的指导思想，主要目标和主要措施。

五、对授予成人高等教育本科毕业生学士学位作出新规定

2月21日，省教委印发了《关于授予成人高等教育本科毕业生学士学位的暂行规定》。规定成人高等教育本科毕业生学士学位由国务院学位委员会授权的普通高等学校授予。省教委于每年6月组织申请学位课程考试，考试科目为外语和1门主干课程（对于外语专业进行第二外语考试）。经校学位评定委员会审查批准后报省教委备案并统一编号。合格者由学校学位主管部门授予学士学位，颁发《学士学位证书》。不合格者不再补授。

六、增加科技开发投入，促进省属高校教学、科研、校办产业的发展

1992年，安排150万元专款，用于高新技术开发。其中社会科学项目安排6万元，其余144万元安排到24个技术开发项目，这些项目完成后年利润将达到1000万元。投资270万元重点扶持5所老校的一批效益明显的项目。其中有：山西大学光电所新技术开发75万元，年产值可达110万元；山西工业大学酞酞研究开发75万元，年利润可达80万元；山西农业大学猴头菌和天然饮料开发60万元，年产值可达960万元，可实现年利润60万元。投资80万元为重点专业、重点研究所、重点实验室购置大型设备20多件。全省理、工、农、医科类研究经费突破1500万元，比去年增长40%。为加速科技成果转化，推动企业技术进步，省教委与省经委、省科委组织了“产学研”技术交流洽谈会，成交14个项目，签订合同110万元，有12个项目达成书面意向，取得很好的效果。1992年还审批高校成立全民、集体性质的校办产业41个。

七、对外交流不断扩大，出国留学工作成效显著

1992年，省教委协助山西大学举办了量子物理最新进展国际学术讨论会和国际佛学文化研讨会，并聘请杨振宁博士为山西大学名誉教授。邀请美国霍普金斯大学美籍华人任之恭教授来晋参观访问，扩大了山西高校在国际上的影响。1992年度派出公费留学人员62人，选派16名高校教师出席国际学术会议；聘请外国文教专家、外籍教师42名。

1992年，省教委组织评审小组对山西大学举办外国人短期学习班进行评审。山西大学自1981年开始接收外国留学生，共举办8期日本留学生短期基础汉语学习班和3期英美留学生短期汉语学习班。学习期限为1至3个月，总计人数为250余人。短期班主要开设汉语口语、阅读及专题讲座（中国历史、中国文化、中国经济和中国经济改革等），并结合旅游、参观进行教学实践，以提高留学生汉语会话能力。该校从招生简章到入学注册、考勤考绩、学籍和生活管理以及颁发成绩单（家长通知书）和结业证书等方面都做到了制度化。留学生的年龄基本控制在60岁以下。同时在审批入学申请书、健康诊断书和艾滋病检查等方面严格把关，统一使用JW202表办理来华留学人员的入境手续。6月16日，经省教委组织的评审小组按照办班条件进行评审后，同意山西大学继续举办外国人短期汉语学习班。

留学生回国工作情况良好。1992年有50名留学人员学成回国。自1978年以来，全省教育系统累计向世界15个国家和地区派出各类公费留学人员775名。其中国家公派123名，世界银行贷款20名，省筹资金407名，校际交流134名，自费公派72名，其它19名。截止1992年10月26日，已有318名各类留学人员学成回国，占派出总人数的41.03%。其中博士生16人，硕士生32人，高级访问学者39人，进修人员231人。为了创造条件吸引更多的留学人员回国服务，省选派出国留学生领导小组自1989年起，从每年150万美元的选派费中，相继拨出30万美元、40万美元、60万美元、50万美元用于资助回国留学人员开展教学、科研工作。其中省属高校四年来共资助161名回国留学人员的152个教学、科研项目，共获得112万美元的资助。各高校还在分配住房、晋职晋级、解决夫妻两地分居等方面，对回国留学人员作出在同等条件下优先照顾的规定。

认真执行党的"支持出国、鼓励回国、来去自由"的政策。仅1991年以来先后有80多名留学人员回国服务，有30多名回国人员再次或多次出国进修深造、参加国际学术会议、考察访问、合作研究等。同时，有目的有计划地聘请国外的科技专家来华，与留学人员进行合作研究或交流。

成人教育

山西成人教育1992年继续贯彻"大力发展，稳步提高"方针，加快加大了改革的步伐和力度，使办学效益不断增强，教学质量进一步提高。

一、成人高等教育

根据国家教委成人高等教育抓好治理整顿，加快改革步伐的指导方针，确定了成人高等教育1992年的工作重点：(1)完成成人高等学校的治理整顿工作，进一步调整学校布局和学科门类结构，充实和改善办学条件，建立健全各项管理制度；(2)制定改革措施，加强对普通高校成人教育的宏观管理，巩固普通高校成人教育治理整顿的成果；(3)贯彻落实国家教委1992年召开的全国成人高等教育工作会议精神，推动山西省成人高等教育改革与发展，为山西经济建设服务的文件出台；(4)加强对成人高等教育《专业证书》教学班的管理，使前期治理整顿的成果得到巩固。

山西成人高等教育1992年围绕上述工作要点，在治理整顿、改革发展中，做了以下工作：(1)做好国家教委部署的医科类成人高校招生考试科目"3＋2"即考语文、政治、数学3门基础课和生理学、解剖学两门专业课的改革试点工作。全省列入试点范围的14所学校、21个专业，计划招生433名，实际录取575名，超计划32.79%完成了招生任务。(2)1992年度在大众机械厂职工大学招收了一个高等职业技术试点教学班。对管理干部报考各类管理干部学院的条件采取了一定限制措施。(3)根据全国成人高等学校工作会议精神，着手起草了《加快山西省成人高等教育改革和发展的若干意见》。

在全国成人高教工作会议上，山西大学成人教育处、山西职工医学院和运城经济管理职工中专学校、山西农业广播电视学校、山西省会计函授学校受到国家教委表彰。

1992年，参加全省招生的各级各类成人学校共404所，累计1011个专业，计划招生28535人，择优录取新生24792人，完成招生计划的86.88%。

二、成人中等专业教育

1992年成人中等专业教育的中心任务是进一步加大改革的力度，调整学校布局，促进办学条件的改善和教学质量的提高。

1992年10月8日，省教委印发了《关于对全省成人中专学校进行评估验收的通知》，在1991年学校自查和地市教育行政部门复查工作结束后，省教委按原定计划制订了《评估验收操作标准》，于1992年10月24日在榆次召开会议，对工作人员进行验收前的专门培训，并在晋中煤炭职工中专学校进行了试评。会后，由28人组成的评估验收工作组分4个小组对全省52所成人中专学校进行全面评估验收。在学校和有关业务部门、地市教育局的配合下，历时一个半月，于12月中旬结束。经省教委对验收结果进行综合测评，确定12所学校为合格学校。

1992年，成人中等专业教育继续抓紧基础建设工作。8月，由省教委组织编写、由山西教育出版社正式出版了山西省成人中专文化课基础教材。共分语文、(文、理科上、下册)、数学(文、理科上、下册)、思想品德、物理、化学5科11册。全省各类成人中专学校从1992年新生入学开始统一使用统编教材。针对目前成人中专学校专业设置和教学尚无统一规范的专业设置标准，致使教学质量受到影响的现状，省教委着手编写全省统一执行的专业教学大纲与教学计划。现行的文、理科共48个专业教学计划，已经省教委审定批准试行。为了更好地指导和帮助广大考生复习，1992年在考试科目上进行了改革，并打破文、理科分类考试界限，改为文理科考生统一考语文、政治、数学3科。为配合成人中专学校统一招生考试，由省教委组织编写的3科指导丛书和复习大纲已于1993年1月出版发行。

成人中专教育的招生制度改革有新的突破。1992年继续抓好试行招收推荐生工作，对乡镇企业考生报考给以优惠政策，招生计划扩大为2300人，比上年增加300人。1992年首次在山西省电大、太原广播电视中专学校招收230名应届、往届初高中毕业生，扩大了生源和招生对象，在办学条件较好的学校脱产专业试行招收一定比例的城乡待业青年，此举受到学校和考生的欢迎。1992年，全省有7000名毕业生从各类成人中专学校领取了国家承认学历的毕业证书。

三、农村成人教育

1992年山西农村成人教育与扫盲工作认真贯彻落实全国扫盲暨农村成人教育工作会议精神，各项工作取得较大进展。(1)认真贯彻扫盲条例，高标准完成扫盲任务。三月省教委发出《山西省关于对高标准扫除文盲单位进行检查验收工作的实施细则》组织了全省11万文盲参加扫盲学习，其中6.5万人达到脱盲标准。(2)继续发展农村三级办学。1992年在办学规模和培训人数上大幅度增加，举办县、乡、村农村成人学校21628所，在学人数达207.5万人次。(3)广泛开展农村实用技术培训，1992年有11.51万回乡初、高中毕业生接受各类实用专业的技术培训，其中5万人荣获初级以上农民技术员职称。

(4)积极开展农村成人学校人口教育,全省接受人口教育的学员12354人。省教委于5月在闻喜县召开全省农村成人学校人口教育试点经验交流会,总结推广了人口教育的先进经验。(5)1992年已出版发行了配合人口教育试点工作的农民人口教育读本15000册,《农村实用技术培训系列丛书》20本,70余万册。(6)加强农村成人教育基地建设,改善各级农民文化技术学校办学条件,1992年全省树立了一批具有示范作用的重点乡镇农民文化技术学校。三所农民文化技校受到国家教委的表彰。山西省太原南郊区人民政府和代县交口乡政府的郑俊喜分获全国扫盲先进集体和先进个人光荣称号。

四、社会力量办学

1992年,山西省社会力量办学在各级教育部门的重视和社会各界的支持下,认真贯彻国家和山西省的有关规定,逐步建立起正规化、科学化、制度化的管理机制。完善各项管理规定,加强对社会力量办学的管理工作。1992年11月,省教委在太原召开全省社会力量办学座谈会,传达贯彻国家教委有关会议精神。设置专门机构。5月经省教委批准成立了山西省社会力量办学管理办公室,明确由专人专职管理。社会力量办学出现较快的发展势头。据统计,仅1992年,经省教委批准举办的办学单位(点、班)就有500个,在学人员发展到15万人,其中批准高等专科层次的学校40所,在学人数达3万人。

五、高等教育自学考试

山西省高等教育自学考试1992年进一步加快改革步伐,主动为山西经济建设和社会发展服务,发挥自学考试多样性灵活性的特点,调整专业结构,增开应用型科目专业,为提高自考专业的适应性和办学效益作出了贡献。

顺利完成上半年和下半年两次大规模统考,共累计开设82个专业,报考人数逾18.3万人,报考49万科次,考试科目达308门(不计重复)。提高自学考试质量,健全各项考试制度,增强自学考试的社会效益。1992年认真组织会审工作,坚持由省考办组织,主考学校和地、市考办参加的会审制度,严把毕业生审批质量关。据不完全统计,全省已毕业考生30772人,其中本科生44人,大专生25635人,中专生5043人。建立考试题库,并使之趋向科学化和规范化,提高了命题考试水平和质量。1992年组织76名教师为49门课程命题312套,经检验,在题库科学规范、题型、题量以及倍度和效度方面均达到国家考试要求。1992年召开第二次全省自学考试表彰大会,会上有123个先进集体,188名先进工作者和137名优秀考生受到表彰奖励。

撰稿人　张忠政　李　威
张正义　任月忠
刘月琴　许建良
张泽民　贾真真
审稿人　宋玉岫

内蒙古自治区教育

概　况

1992年，内蒙古自治区教育战线学习贯彻邓小平同志南巡重要谈话和党的十四大精神，从自治区实际出发，坚持“两个下移”(即教育发展的重心下移到基础教育和中初级职业技术教育方面来，教育工作的重点下移到为农村、牧区经济建设服务方面来)的基本思路，进一步解放思想，深化改革，各项教育改革迈出新的步伐，使各类教育事业呈现出加快发展的势头。

1992年各级普通学校基本情况

单位：人

学校类别	学校数(所)	毕业生数	招生数	在校学生数	教职工数	
					计	其中专任教师
一、普通高等学校	19	9415	10094	32039	14500	6492
研究生		65	82	260		
本　科		5192	5203	21106		
专　科		4158	4809	10673		
二、中等专业学校	101	16754	18133	52792	15606	7379
中等技术学校	80	12392	14047	40162	12644	5840
中等师范学校	21	4362	4086	12630	2962	1539
三、普通中学	1984	315152	362980	1048169	108627	79543
高　中	401	63055	64760	192935		16686
初　中	1583	252097	298220	855234		62857
四、农业、职业中学	382	35981	65490	145108	16500	11463
高　中	212	18544	28392	67548		6814
初　中	170	17437	37098	77560		4649
五、工读学校	2	63	56	159	74	23
六、小　学	14326	382178	444848	2362998	174681	155243
七、特殊教育学校	17	128	334	1174	403	286
八、幼　儿　园	1102	272290	315001	426584	21723	14184

1992年各级成人学校基本情况

单位：人

学校类别	学校数（所）	毕业生数	招生数	在校学生数	教职工数 计	教职工数 其中专任教师
一、成人高等学校	21	9957	7254	21555	4313	2071
广播电视大学	1	2432	1523	4288	960	350
职工高等学校	8	1011	925	2935	836	404
农民高等学校			—	—	—	—
管理干部学院	2	499	544	1110	552	266
教育学院	10	2244	2237	5990	1965	1051
独立函授学院						
普通高校举办						
函授部		3187	1317	5126		
夜大学		479	501	1722		
干部专修科		105	207	384		
二、成人中等专业学校	120	14028	15070	50247	6852	3526
广播电视中专	2	1438	2495	13239	390	152
干部中专	6	331	236	615	240	95
职工中专	51	5414	5813	14871	2978	1524
农民中专	3	40	80	199	68	47
教师进修学校	58	6805	6446	21323	3176	1708
三、成人中学	129	7944	7787	10115	852	561
职工中学	110	5726	6930	8488	784	516
农民中学	19	2218	857	1627	68	45
四、成人技术培训学校	4995	1260000	1290000	1210000	4713	2496
职工技术培训学校	111	50000	70000	50000	1331	866
农民技术培训学校	4884	1210000	1220000	1160000	3382	1630
五、成人初等学校	2728	146084	118968	126609	1976	806
职工初等学校	7	564	373	447	16	16
农民初等学校	2721	145520	118595	126162	1960	790
其中：扫盲班	1905	60041	45148	44564	1469	347

制表人：吴国谱

基 础 教 育

一、义务教育开始步入有步骤、规范化实施的轨道

1992年3月，自治区政府发布了《内蒙古自治区实施义务教育工作方案》，进一步明确了实施义务教育的指导思想、步骤、目标、条件、程序和各级政府的职责；同时，决定将每年5月作为全区《义务教育法》的宣传月，集中时间组织学习、宣传和教育活动，以逐步

开创全社会学法、懂法、执法的新局面，确保《义务教育法》的全面贯彻落实。

根据《方案》，自治区教育厅制定下发了《内蒙古自治区义务教育评估实施方案》、《内蒙古自治区义务教育档案制度》、《内蒙古自治区初中、小学学生辍学报告制度》等一系列文件，使全区义务教育工作日趋规范化。自治区教育厅和各级政府都建立了义务教育工作领导小组，加强了对义务教育的领导。各地广泛开展了《义务教育法》宣传月活动，对义务教育干部有计划、分层次地进行了培训。全区12个盟市、20多个大厂矿企业、100个旗县(市区)的普教科(股)长，1632个乡镇(苏木)分管教育的乡镇(苏木)长、学区校长以及初中、小学校长全部接受培训，增强了广大干部、群众的执法意识。为了加快依法实施义务教育的进程，自治区教育厅对义务教育规划作了调整：将实施义务教育的思路由“先达标，后实施”调整为“先实施、后达标”；将实施义务教育的目标由本世纪末基本普及初等义务教育调整为基本普及九年(或八年)义务教育。各地认真贯彻《义务教育法》，普遍建立了义务教育目标责任制，按照调整后的义务教育规划狠抓依法实施工作。年内，全区90%以上的乡镇、苏木依法宣布实施初等义务教育；条件较好的城镇已宣布实施初级中等义务教育；全区有8个盟市已建成特教学校，有4个盟市正在筹建，全区已办起97个弱智特教班，有1600多名残疾儿童接受不同程度的义务教育。

二、幼儿教育扩大办学规模，办学形式日趋多样化

自治区教育厅修订、印发了《内蒙古自治区幼儿教育事业发展“八五”规划》，明确了全区幼教事业“八五”发展目标及实现目标的对策和措施。幼儿入园(班)率有明显提高，到1992年底，全区在园、在班幼儿已发展到42.66万人，比1991年增长7.6%；社会力量和私人办园已发展到393所，在园幼儿1.93万人；为解决偏远农村、牧区幼儿入园难的问题，有14个旗县创办了农村、牧区流动幼儿园。幼儿教师队伍建设进一步加强，已形成高师、中师、职业幼师、教师进修学校多种途径培养、培训的网络。各地办园条件有较大改善，设备达到一类甲级和一类乙级标准的幼儿园有130所，许多幼儿园玩教具、卫生保健设备齐全，厨房设备由机械化向电气化发展。年内，成功地举办了全区幼儿教师自制玩教具展览，评比、认定22所幼儿园为自治区级示范幼儿园。

三、基础教育体制改革进一步深化，单一的办学体制有所改变

1992年，全区基础教育体制改革的力度明显加大。主要表现为：进一步明确了地方负责、分级管理的体制，将基础教育的管理权限下放给地方；强化了县乡两级政府对教育的统筹权和决策权，在农村、牧区进一步推开了“三教统筹”和农科教结合的试点工作；社会力量办学日益发展，全区各地涌现出一批民办公助、公民合办和私人自办的学校。中小学内部管理体制改革也在多数地区以多种形式展开。一些学校通过试行校长负责制，教职工岗位聘任制、校内结构工资制，调动了广大教职工的积极性，增强了学校的内在活力。

四、多渠道增加教育投入，办学条件开始进入标准化建设阶段

1992年，贯彻自治区政府《关于多渠道筹措教育经费，改善办学条件的决定》精神，各地认真抓了教育费附加的征收工作。到年底，全区教育费附加征收额达7512万元。全区中小学勤工俭学进一步发展，已初步形成具有一定规模和效益的校办产业体系。1992年，勤工俭学纯收入达10540万元，比1991年增长25.4%。举办了首届全区勤工俭学成果展销会，对全区勤工俭学的深入开展起到了积极的推动作用。集资办学、捐资助学活动方兴未艾，形式多样。到年底全区集资、捐资达8203.4万元，比1991年增长96.87%。仅呼和浩特市区范围，年内集资、捐资就达1428.3万元，为10所中小学、幼儿园新建了教学大楼。进一步改革和完善了教育经费的使用和管理制度，加强了教育审计的基础建设和教育经费的审计、监督。

人民教育基金会工作得到加强。3月，在呼和浩特召开了自治区人民教育基金会成立大会。到1992年底，共拥有基金320万元。坚持项目管理和目标管理的原则，采取全面规划、分类实施、匹配投资、签订合同、年初安排、年终检查的办法，按照办学条件标准化要求，重点充实了中师和一、二类小学的教学设备。中小学实验教学普及县工作开始有计划地推进。自治区教育厅印发了《关于普及中小学实验教学的实施意见》、《内蒙古自治区中小学普及理科实验教学县的标准、要求及检查验收办法(试行)》，对普及实验教学的目标、任务、落实和检查，提出了具体要求，决定以旗县(市区)为单位有计划、分步骤地实施普及，力争2000年全区中小学基本实现普及实验教学的目标。年内，全区有11个旗县开展了实验教学普及县活动，经自治区教育厅验收，察右前旗、兴和县、化德县达到了国家教委和自治区规定的标准；全区中学实验教学普及达标校有614所，达标率30.2%；小学实验教学普及达标校有2637所，达标率18.2%。

五、教师队伍的培养、培训和管理进一步加强

有计划地推进中师标准化建设。1992年，按照自治区中师办学水平评估方案，自治区教育厅组织全区中师进行了互检，促使各中师在办学水平、教育质量和办学效益上有了新的提高。总结了全区中师“定点招生，按需施教，就地拔高，毕业回村”的办学经验，形成了全区中师面向农村牧区办学的基本思路。为加速实现全区中师办学条件标准化，提出了“解放思想，更新观念，搞活政策，集资兴学”的意见，进行了部分中师生有偿培养的招生改革，招收了占中师招生计划10%的自费生。1992年，全区22所中师共招生4086人，顺利完成招生计划。

继续开展多种形式的中小学教师业务培训。加强了高师函授、卫星电视函授、教育学院、教师进修学校的教学和管理。统一了中小学校长岗位职务培训教学计划、大纲和教材，并建立了培训档案。中小学、幼儿园教师专业合格证书考核工作取得新成绩，年内共有144名高中教师、365名初中教师、2422名小学教师、315名幼儿园教师获得专业合格证书，618名小学教师获得中师自学考试毕业证书。

继续整顿中小学教职工队伍。1992年初，自治区教育厅部署了整顿全区中小学教职工队伍的工作，提出在定编、定岗、定职责的基础上，全面提高教师政治素质和业务水平，控制合格教师外流和不合格教师进入教师队伍的意见。大部分盟市在调查研究的基础上，会同有关部门制定了中小学教职工编制标准和中小学教师管理办法。全区中小学普遍进行了教师年度或任职期满考核工作，在考核中，引入竞争机制，实行动态管理，促进了教职工队伍的优化。包头钢铁公司教育处严格考核管理，坚持评聘结合，择优上岗。对通过考核不适应教育教学工作的人员给予转岗、待岗、编外处理，同时实行以岗定薪、薪随岗移。1992年，该公司教职工转岗94人，待岗21人，编外85人，形成了岗位有价，平等竞争的局面。该公司还将教师考核与工资分配制度的改革联系起来，在部分学校试行了结构工资和满负荷工作量奖，根据教师的工作量和工作实绩，拉开工资奖金档次，形成了“多干有好处，干好有好处，不干没好处”的按劳分配机制，调动了教职工的积极性。

加强教师队伍管理的制度化建设。为解决师资队伍的断层问题，年初，自治区教育厅制定下发了《内蒙古自治区关于加强优秀青年教师培养工作的意见》，要求从1992年起，各级教育行政部门有计划地选拔一批优秀青年教师（中小学每年250名），做好培养工作，并在今后一个时期内作为教育战线的一件大事来抓，形成制度。按照坚持标准，保证质量的原则，认真开展了中小学教师职务评聘工作。年内评聘中学高级教师335人，小学高级教师6人，其中40岁以下的16人，年龄最小的为32岁。教师节前后，全区各地普遍开展了尊师重教活动，评选表彰了102名自治区级优秀青年教师。

贯彻国家教委等部委《关于进一步改善和加强民办教师工作若干问题的意见》，切实加强了民办教师管理工作。1992年，国家和自治区分别下达2000和1000个劳动指标，各盟市自筹1000个劳动指标，用于民办教师转公办教师。各地在整顿、考核的基础上择优选招，使4000名合格民办教师转为公办教师，对稳定民办教师队伍，调动其积极性起到了积极作用。

经过充实、调整、职务评聘和局部的优化组合，中小学教师队伍结构有了明显改善。到1992年底，全区小学、初中、高中教师学历合格率分别达到74.4%、49.1%、43.0%，较上年提高2.1、3.8、1.1个百分点。

六、全面贯彻党的教育方针，学校德育、体育、卫生工作和劳动教育又有新进展

1992年，各级教育部门和学校进一步加强了党建和教职工思想政治工作，围绕德育工作机构、队伍、制度、教材、基地等方面的基础建设做了大量有成效的工作，保障了德育工作的正常开展。年内，自治区召开了中小学德育工作会议和重点中学德育工作现场研讨会，制定下发了《中小学德育工作规程》、《中小学德育工作评估办法》等文件，组织开展了在校中小学生犯罪情况等6个专题调查，对3个盟市、14个旗县市、66所中小学的德育工作进行了督导检查。各地普遍重视以社会主义理论教育和“两史一情”教育为重点的思想政治教育，一些地区和学校还积极开展了德育内容和方法的改革，就坚持以教学为主渠道进行思想政治教育作了有益的探索。

为进一步提高教学质量，加强了对中小学的管理。自治区教育厅发出《关于加强中小学教学工作管理的意见》、《关于加强中小学校容校貌建设的意见》、《普通中学学生学籍管理暂行规定》等文件。各盟市结合当地实际，制定了具体实施意见，使中小学管理进一步走向规范化和制度化。继续落实高中教育两项改革。自治区教育厅制定发出《关于进一步落实〈现行普通高中教学计划的调整意见〉的意见》、《关于普通高中开设选修课的意见》，按照“抓住重点，突破难点，分类指导”的原则，组织各地认真实施。1992年秋季开学时，全区410所高、完全中学的必修课已开齐开足，重点中学与学科相关的选修课基本开出，部分学校还开出兴趣类、职业技术类选修课。为顺利实行高中会考制度，根据国家教委有关精神，结合自治区实际，自治区教育厅制定了《内蒙古自治区普通高中毕业会考制度实施方案（暂行）》，对全区高中会考的性质、对象、科目、命题、成绩评定、考籍管理、证书发放等作了明确规定。年内，组织了首次高中地理会考，全区65068名高一在校生参加考试，及格率为91.73%。

学校体育、卫生工作得到改善和加强。6月，自治区政府发布了《内蒙古自治区〈学校体育工作条例〉实施办法》。各地贯彻两个《条例》和自治区制定的实施办法，以农村、牧区为重点，积极组织实施中小学生体育合格标准，加强学校卫生工作。为加速培养体育后备人才，自治区教育厅制定了《培养体育后备人才试点中学管理办法》，在10个盟市的23个乡镇、苏木开展了农村、牧区学校体育卫生试点工作，促进了学生运动水平和健康水平的提高。呼和浩特市蒙古族学校女子足球队获1992年全国青年女子足球锦标赛冠军。在卫生工作方面，以防治学生常见病为重点，积极开展了学校卫生工作，完成1991年全区学生体质健康状况监测工作的数据处理。国防教育进一步加强，年内全区404所中小学的20多万中小学生参加了军训。

劳动教育持续开展。1992年，全区中小学普遍开设了劳动课或劳动技术课，基本上做到了师资、教材、基地三落实。兴安盟科右前旗大坝沟中学在这方面创造了比较好的经验，具体做法是：(1)通过多种途径解决师资短缺问题。学校选择业务能力强、具有专业知识的3位教师为专职教师，安排15个教学班的班主任为校内兼职教师，聘请旗、盟3位农学专家为校外兼职教师，形成了具有良好教学素质的专、兼职相结合的教师队伍。(2)自力更生建设实习基地。学校共有劳动实习基地90亩，其中30亩为生物园，是师生自己动手开辟的。生物园拥有8个不同类别的种植实验区，种植有36个种类的果树和农作物，为学生进行劳技课实习提供了良好条件。(3)教学与实践相结合，为当地农牧业生产培养实用人才。劳技课除了学习自治区统编的教材外，增授当地职业技术教育乡土教材；坚持课堂讲解、基地学习、社会调查相结合的教学方法，加强了学生的实践环节。为培养学生的实验能力，学校建立了果树、蔬菜、粮油作物、病虫害防治等10个课外科技活动小组，确定具体的研究项目，组织学生积极参加课外科学实验。坚持开展劳动技术教育，使学生在文化知识和劳动生产技能等方面都得到明显提高。

职业技术教育

一、降低重心，加强中初级职业技术教育

1992年4月，自治区政府发布了《内蒙古自治区人民政府贯彻〈国务院关于大力发展职业技术教育的决定〉的若干意见》，确定了90年代自治区发展职业技术教育的主要目标、任务和各级政府对职业技术教育统筹领导的职责，要求全区上下把职业技术教育作为一项极其重要的地方事业，摆在优先发展的战略地位，切实抓紧抓好抓出成效。《若干意见》确定的90年代自治区发展职业技术教育的主要目标是：(1)“八五”期间，全区高中阶段各类职业技术学校招生数与普通高中招生数的比例要达到1：1；本世纪末，各类职业技术学校在校生人数要超过普通高中在校生人数。(2)要使小学、初中、高中未能升入高一级学校的毕业生，在受到一定年限良好的义务教育以后，及时接受一定程度的职业

技术培训。(3)对普通中小学在校生进行政治、文化教育的同时，通过劳动课、劳技课等途径进行不同程度的职业指导。(4)"八五"期间，要为全区316万农牧户每户培养1名掌握一两门技术、可赖以发家致富的家庭技术员；本世纪末，要使农村、牧区绝大多数新增劳动力接受必要的职业技术培训。

全区各地围绕贯彻落实《决定》和《若干意见》，广泛开展多种形式的宣传活动，积极调整现有职业中学的结构布局和专业设置，着力加强农牧民急需的各种短期职业技术培训，使中初级职业技术教育得到加强。1992年，全区小学生升职业初中升学率为9.7%，比1991年提高3.4个百分点；职业初中发展到170所，在校生为7.76万人(含"3+1"在校生)，比1991年增加1.5万人。

二、增强对经济建设的服务意识，大力开展短期职业技术培训

1992年，全区各地职业中学积极投入到科技兴农兴牧的主战场，开展了多种形式的短期适用技术培训，主动为当地经济建设服务。包头市充分发挥农村职业中学的育人功能和服务功能，师生深入乡村办班，针对农民需要，开展农作物栽培技术和病虫害防治技术的培训。土右旗美岱召职业中学以"送一个项目，培养一批人，兴办一个产业，带动一方群众"的做法，结合为市种子站培育玉米、小麦、大辣椒等良种的任务，不断推广新型实用技术，受到当地群众好评。年内，全区职业中学与当地贫困乡(苏木)签订科技扶贫合同511项，举办各种短期培训班1448期，培训农牧民114167人次，推广实用技术项目300多个，创经济效益3410.6万元。

三、走农科教结合联合办学的路子，改变职业技术教育由教育部门独家支撑的局面

1992年，各级政府在组织领导、政策规定、规划实施、经费投资等方面加强了对农科教结合的统筹，各部门的办学积极性和主动性有了明显提高，在人力、财力、物力、技术等方面为职业技术教育提供了有力的支持。奈曼旗各联办单位把职业中学作为自己的一部分，畜牧局派专业人员给学校兼课，全旗将设备好、技术力量强的21个兽医站全部用来为职业中学实习服务，并把旗里仅有的两名高级畜牧师中的一人调到学校任教。各地积极推进联合办学，使职业教育与经济发展的关系更加密切，培养出来的学生更便于业务部门使用。阿拉善盟根据当地吉兰泰碱厂的发展规划，为阿左旗职业中学确定了主体专业——化工专业，1992年毕业的化工仪表、化工机械维修、维修电工3个专业的120名学生全部被碱厂录用。乌兰浩特市第一职业高中与兴安盟交通处联合办学，汽车驾驶班学员遍布全国28个省市自治区，生源不断。

四、走校企结合和产教结合路子，提高职业技术学校自我发展能力

为增强自身的造血功能，全区各中专学校和职业中学，积极利用自身的人才优势和智力优势，与企业联合发展创收项目，或自办企业创收，取得了一定成效。各级党政部门和教育行政部门积极为学校选上新项目，并在政策上给予优惠，使职业技术学校自我发展的能力不断提高。包头市为职业中学选定的保温材料、建筑装璜等项目，年内获利125.7万元。开鲁县东风职业高中大力发展校园经济，充分利用教学区空隙用地种植药材，仅此一项就增值2.5万元。1992年，全区职业中学勤工俭学创收超百万元的学校有3所：包钢六中(160万元)、乌兰浩特第一职业高中(112万元)、包头第四职业高中(106万元)，超20万元的有8所，超10万元的有27所，3—5万元的有63所。创收的增加，促进了职业技术学校办学条件的改善。乌兰浩特第一职业高中利用创收所得，建起1000多平方米的学员餐厅，并购置图书数千册。伊克昭盟将创收所得70多万元，全部用于补充职业教育办学经费。

五、突出实践性教学环节，加强职业技术训练

1992年，全区职业中学充分体现职业教育的办学宗旨，利用已有的场地、设备，加强对学生专业技能、动手能力的训练。包头市第四职业高中的蕾蕾服装店，从管理人员到技术人员都由学生担任，不仅提高了生产效益，而且培养锻炼了学生的动手能力和组织生产能力。乌拉特前旗第一职业高中根据专业特点，按照校内基地、家庭基地、社会基地的生产环节组织教学工作，深化教学内容。学校将80亩示范实验田、15亩温室蔬菜和种鸡场、种猪场、饲料加工厂承包给专业教师和学生，学生可以根据当地的实际情况和农民的实际需求，自己组织生产，组织管理，把课堂知识和实践紧密结合起来。近几年，该校培养的学生都有一套过硬的本领，深受当地群众的欢迎。由于注重了专业技能的训练，教育质量不断提高。1992年，许多职业中学招生爆满，有的地方出现了走"后门"上职业中学的现象。

六、继续加强重点校建设，充分发挥其骨干示范作用

为落实国务院《决定》中关于"要有计划地对现有各类职业技术学校加强规范化建设，并集中力量办好一批起示范和骨干作用的学校"的任务，年内自治区教育厅对全区13所省级重点职业高中和30所盟市级重点职业高中的办学水平进行了复查验收，对全区32所办学水平较高的中专学校进行了复评。通过复查验收和复评，进一步调动了地方和主管部门的办学积极性。到1992年底，全区盟市、旗县两级地方财政共为重点职业中学投资1484.18万元，新上创收项目34项，重点学校新增建筑面积28324平方米，新增图书2.02万册；被复评的32所中专学校的主管部门共为学校增加投入4762.35万元，扩大校舍建筑面积69348平米，增加图书40.09万册。随着办学条件的不断改善，重点学校充分发挥师资、设备、技术等方面的优势，在促进全区职业技术教育提高办学质量和办学效益方面，发挥了骨干示范作用。

七、进一步深化中专招生分配制度的改革

为打通中专毕业生流向基层和生产第一线的渠道，为农村牧区和乡镇企业培养合格的中等技术和管理人才，1992年，进一步改革了中专招生分配制度。一是除区外和区内部分中专学校的部分专业仍实行盟市统一划线录取外，其余区内招生指标特别是农牧林医类专业招生指标由原来定向到旗县改为全部定向到乡镇、苏木；二是按照中央有关部门和自治区的统一安排，继续招收了一定比例不包分配的自费生。

高 等 教 育

一、深化办学体制改革，扩大高等学校办学自主权

为了进一步深化高等学校的改革，增强高校办学活力，促进高等学校利用人才、科技、设备等优势更好地为自治区经济建设服务，1992年10月，自治区政府发出《关于进一步扩大高等学校办学自主权的若干规定》和《关于高等学校兴办经济实体的暂行规定》。主要内容是：(1)允许高校按照社会需求自主调整专业服务方向，有权根据专业培养目标确定教学计划和教学大纲。(2)高校在按照国家规定和招生计划招收计划内自费生的同时，可从参加全国统考的考生中适当降分招收计划外自费生和委培生，国家承认学历，不包分配。(3)高校在上级核定的总编制内，有权自主决定内部机构设置和岗位设置，有权在学校所在地城市调进调出教职工，有权自主决定校内自负盈亏单位的劳动用工和工资分配。(4)高校在国家和自治区有关政策规定的范围内，有权自主决定对学生的收费标准和学生奖学金、助学金的发放范围和标准，有权自主安排使用预算内事业经费和预算外经费。(5)经自治区职称改革工作部门和教育厅批准，高校有权评审讲师及讲师以下专业技术职称，具备条件的学校和学科有权评审副教授或同级专业技术职称；根据本人贡献和工作需要，高校可以破格晋升中青年教师，40岁以下的教师晋升副教授(报上级主管部门备案)，45岁以下的教师晋升教授(报上级主管部门审批)，均不占当年本校岗位职数；有权决定具有高级职称的教学、科研人员延退或延聘，不占本校岗位数额。(6)鼓励高校兴办经济实体，在立项、审批、资金、原材料供应、减免税费等方面给予照顾和优惠。

1992年，全区高校在深化改革过程中，都相应出台了改革方案，采取了一些新的举措。在办学体制改革方面，根据自治区政府文件精神，各校在机构设置、人事安排、专业设置、经费筹措使用等方面开始行使自主权，办学积极性进一步发挥。一些院校正在积极探索与企业、部门联合办学，创建教学、科研、生产三结合体制的途径。在教学改革方面，根据自治区社会发展和经济建设的需求，积极调整专业结构和服务方向，拓宽专业范围，加强重点学科和应用学科的建设；把竞争激励机制引入教学管理，试行了学分制、中期选拔制、双学位制、主辅修制等；改革教学内容和教学方法，大力加强实践环节和外语、计算机教学；按照国家教委的部署，在自治区教育厅的组织下，普遍开展了优秀教学成果评选，全区高校60项优秀教学成果获得自治区级优秀教学成果奖，其中一等奖13项，二等奖47项；规范和改进了德育课教学，加强了师生的思想政治工作。在内部管理体制改革方面，经过严格考核和定编、定岗、定责，实行全员聘任合同制；精简机构，促进人才合理分流，内蒙古蒙文专科学校将原有16个系处减少到10个，38名处级干部缩减为28名；进行分配制度改革，实行国家工资与校内奖金相结合的分配方式，按劳分配，拉开档次，调动了广大教职工的积极性。

二、深化招生分配制度改革，促进人才向基层合理流动

在招生制度改革上，实行了区内各专科学校和大专班(除体、音、美专业外)的招生计划全部定向到旗县(区)，并在内蒙古医学院开展了面向14个农村、牧区教育综合改革实验旗县，实行专科招生指标定向到乡镇(苏木)的试点。定向招生在自治区已实行多年，但区内专科招生指标全部定向到旗县(区)尚属首次。实施这项改革，是自治区党委政府下大决心从根本上解决农村、牧区、林区及艰苦行业急需人才而又“上不来，分不去，留不住，用不上”的问题所采取的重要举措。

在深化定向招生改革的同时，进行了招收保送生、委培生、计划外自费生的试点，对各中学全面贯彻教育方针，加快自治区人才市场的形成，起到了促进作用。1992年，全区招收定向生3783人，委培生363人，自费生859人。

在毕业生分配制度改革上，继续坚持了“面向基层，面向生产、教学和科研第一线，择优分配”的原则。定向毕业生定向分配，师范院校毕业生分配到教育战线工作。1992年，全区共分配本、专科毕业生10219人，其中区内高等院校8469人，国家教委所属院校250人，中央部委所属院校1500人。区内院校、国家教委院校和中央部委院校分到盟市以下的毕业生，分别占其总数的74.92%、64.4%、70.93%。

三、深化职称改革，加强高等学校师资队伍建设

1992年，自治区高校教师高级职务评聘工作在坚持正确的政治方向和政策导向，保持职称改革基本政策稳定性和连续性的基础上，从有利于激发广大教师教书育人的积极性，有利于提高教师的政治和业务素质，有利于加强学科建设，提高教育教学质量，建设一支又红又专、结构合理、相对稳定的教师队伍出发，进一步深化了改革。主要措施有：(1)在严格考核的基础上晋升。评审在年度考核或任职期满考核中获得考核成绩优秀的人员中进行。(2)实行评聘分开的试点。为解决高校岗位职数少，符合晋升条件的人员较多的矛盾，经自治区职称改革工作部门批准，全区普通高校除乌盟师范专科学校和海拉尔师范专科学校外，全部实行了评聘分开的试点。在评审过程中，只评定是否符合任职资格。评审通过后，由学校决定聘任。(3)取消了思想政治系列评审组，单设公共马列主义和德育学科组。为了加强高校思想政治工作和马列主义理论课、德育教师队伍建设，评审时单独成立了公共马列主义学科组，并将原来的思想政治教师学科组改为德育政治教师学科组，共评出公共马列主义课教授5人，副教授35人，德育课教授12人。(4)在内蒙古农牧学院开展了评聘“推广型”教师职务的试点工作，评出推广型教授1人，副教授1人。(5)克服论资排辈倾向，为优秀中青年教师脱颖而出创造条件。为进一步加强高校教师队伍学科梯队建设，克服以往评聘工作中的论资排辈倾向，鼓励广大中青年教师奋发向上，不断进取，根据全区高校的实际情况，自治区教育厅制定了《高等院校教师破格晋升高级职务的暂行规定》，经自治区职称改革工作领导小组审批后下发试行。凡符合本规定中思想政治条件和教学、科研及其他条件的教师，可不受《高等学校教师职务评聘试行条例》规定的学历、资历的限制，破格晋升高级职务。凡年龄在45岁以下晋升教授，40岁以下晋升副教授职务者，其岗位职务数额，不占院校的高级职务数额。年内共评出40岁以下副教授105人，年龄最小的为31岁。高校教师高级职务评聘工作的改革，使高校教师队伍结构发生了很大变化。年内全区高校评出教授123人，副教授432人，比评审前在岗教授、副教授人数分别增加了71.5%、36.2%。

四、科技工作和教育交流持续发展，为振兴自治区经济作出贡献

经过十一届三中全会以后十几年的发展，自治区高校科技工作初步形成了以加强基础研究为依托，以发展高新技术及其产业为导向，以面向经济建设主战场为重点的三个层次的战略发展格局。1992年1月，自治区教育厅召开了全区首次高校科技工作会议，总结了全区高校科技工作的成绩和经验，确定了今后10年和“八五”期间高校科技工作的总体思路、主要任务和基本要求。会后，成立了自治区高校科学技术委员会和科研管理研究会。1992年，自治区高校科技工作仍然保持着稳步发展的势头，主要表现在：

科技队伍不断壮大，科研经费明显增加。

据统计，到1992年，在理工、农医方面，参加科技活动的人员达12323人，其中科学家与工程师10397人；在科技活动中，直接参加科学研究与开发的人员为3056人，其中高级职务832人，中级职务1451人；经上级主管部门批准设置的研究机构有23个，经有关部门批准和学校自建的研究机构41个；1992年全区高校通过各种渠道获得的科研经费达828.4万元，同1990年相比，增长56.9%。

基础研究、应用研究和开发研究取得新成果。1992年，高校科技立项956项，其中基础研究302项，应用研究457项，开发研究197项；已鉴定科技成果92项，其中达到国际先进水平的8项，属国内首创的20项，国内先进的52项，申请专利的8项，已授专利权的4项；出版专著105部，发表学术论文1961篇，其中在国际刊物上发表66篇；有43项科技成果获奖，其中国家科技进步奖2项，国务院部委科技进步奖6项，自治区科技进步奖27项。内蒙古大学博士旭日干承担的国家"863"项目"奶牛卵巢卵母细胞体外培养及试管牛犊生产技术的研究"，已获得成功；内蒙古工学院的"天然碱（日晒碱）制纯碱工艺试验"、包头医学院的"异常血红蛋白研究"等，都达到较高的水平并取得显著成果，对推动科技进步和经济建设作出重要贡献。

技术推广和科技服务效益显著。近年来，全区高校在保证基础研究和高技术研究稳定、持续进行的同时，组织科技力量，积极开展了技术推广和科技服务，促进了科研成果向生产力的转化。内蒙古农牧学院平均每4个教师就有一个科研课题，其中70%以上属于与生产建设紧密结合的应用和开发研究项目。几年来，该院与地方合作，通过无偿技术转让、低收费有偿技术转让、技术培训、科技承包等多种形式，进行技术开发研究和技术成果推广，取得了明显的经济效益和社会效益。阿拉善盟是自治区水资源勘测、评价、开发利用的试验基地，仅阿左旗就有18个荒滩待开发。农牧学院水利系先后派出教师30余人、学生240多人对阿盟查哈尔滩进行了8年的开发建设，使这块不毛之地实现年产牧草150万公斤，林木覆盖率由零上升到8.09%，牲畜死亡率由7%下降到3%，年纯增经济效益253万元。到1992年，该院在技术开发和技术推广方面已取得4亿元的经济效益。年内，自治区教育厅与有关部门组织实施了产学研联合开发工程，召开了全区第一次产学研洽谈会，高校和企业在微电子、建材、生化、冶金机械4个领域共达成意向性协议47项，总投资1400万元。各高校还发挥人才、技术、设备的优势，面向社会和市场需求，积极兴办经济实体。据不完全统计，1992年全区高校注册成立的各类公司有27家。

国际科技、教育交流又有新进展。1992年，全区各高校进一步深化改革，扩大开放，积极开展了多种形式的国际科技、教育交流活动。全区已有7所高校同美、英、日、德、澳、俄、蒙古等国家的25所大学建立了校际协作关系，互派学者、专家讲学，学术考察和交流的范围越来越广。年内，应邀派出参加国际学术会议的专家、教授有30多人，出国学习的公派留学生、进修生、研修生、自费留学生125人，邀请外国专家、学者来校讲学计68人。加强了外国文教专家管理，对8所院校的22位外国文教专家的教学、生活、安全管理进行了检查评估，召开了外国文教专家教学经验交流会，对10位教学优秀者给予表彰。

成人教育

一、农村、牧区教育综合改革有计划地推进

1992年全区教育工作会议提出：当前和今后一个时期内，要紧紧抓住农村、牧区教育综合改革这一关键环节，积极有步骤地推进“三教统筹”和农科教结合，为实现农业再创新水平，农民如期达小康；畜牧业再上新台阶，牧民率先达小康的奋斗目标创造条件。会后，全区各地紧紧围绕这一中心开展工作，把农村牧区教育综合改革逐步推向深入。

各级地方政府对农村牧区教育综合改革的统筹机制正在逐步形成。在组织领导方面，全区11个盟市成立了由主要负责同志牵头、有关部门参加的统筹领导机构；14个综合改革实验旗县普遍建立了县、乡两级政府统筹领导小组，实行例会制度，定期研究工作。在经费统筹方面，各级地方都相应出台了一些政策，通过多种渠道增加了教育投入。全国首批综合改革实验县奈曼旗由政府牵头建立了教育基金制度，4年累计筹集基金550万元；敖汉旗4年集资1000万元，占全旗教育总投入的20%；镶黄旗人口不足3万，全年教育投入竟达200万元。在规划统筹方面，进一步体现了农科教结合的原则，把教育发展规划纳入当地经济、社会发展的总体规划，基本模式是“经济出题目，科技上项目，教育出人才”。在基地统筹方面，县乡两级政府因地制宜采取措施，积极划拨耕地、草场，解决实验、实习基地，开展科普实验，推广新技术，对当地生产起到了示范作用。

旗县、乡镇(苏木)、村(嘎查)三级农牧民实用技术培训已初具规模，形成网络。全区89个农牧业旗县中，50个旗县建立了县级培训中心或农牧民中专，占农牧业旗县总数的56%；1553个乡镇(苏木)已有1191个办起乡级农牧民文化技校，占乡镇(苏木)总数的77%；在13738个村(嘎查)中，已办起7083个村农校，占村(嘎查)总数的52%。全区多数旗县均已建起教育电视台(站)，如敖汉旗目前已形成1台、9站、35个录放像点的电化教育格局；察右中旗铁沙盖乡的教育电视台可覆盖7个乡、51个行政村、190个自然村。电化教学已成为三级培训网络中重要的教学手段之一。

农牧民家庭技术员培训已初见成效。三级培训网络的建立健全为广大农牧民更多地接受科技教育创造了条件。几年来，全区各地认真落实自治区政府作出的在“八五”期间为全区316万农牧户每户培养一名家庭技术员的决定，每年接受各种实用技术培训的农牧民达200万人次。据统计，到1992年，经考核获得“绿色证书”，具备家庭技术员资格的农牧民已有155万人。经过培训的家庭技术员在生产效益和经济收入方面都明显高于普通农牧户的水平。据巴林左旗对家庭技术员户和普通农牧户的抽样调查，普通农牧户的人均收入为474.3元，而家庭技术员户为880.3元，人均收入比普通农牧户高出406元，户均收入高出1827元。

“燎原计划”示范乡建设由点到面迅速扩

展，使一大批增产增收的实用技术项目得以推广，直接促进了当地经济的发展。1992年，全区燎原计划示范乡由100个扩大为500个，累计推广实用技术项目200多项，给当地群众带来了可观的经济效益。通辽市太平乡五福村，1986年人均收入仅30元，通过实施"燎原计划"，推广水稻开发新技术，到1992年人均收入达到1147元，提高近40倍。

二、扫盲工作成绩显著

改革开放以来，自治区扫盲工作取得显著成绩。到1992年，全区累计扫除文盲140多万人，全区总人口文盲率已从1978年以前的40%下降到15.3%。15—40周岁青壮年非文盲率达96%以上；经考核验收和自治区政府批准认可，全区89个农牧业旗县全部达到国务院规定的基本扫除文盲标准（每个自然村脱盲率达85%以上）。

扫盲工作采取的主要措施是：(1)加强领导，广泛宣传，使扫盲工作真正成为地方各级的"政府行为"。(2)层层建立扫盲专职机构，配备专职人员。盟市设科、旗县（区）设股、乡镇（苏木）配备扫盲专职干部。到1992年，全区乡级扫盲专职干部达3000多人，聘用兼职教师13000多人。此外，在每年寒暑假，还有10万多名中小学教师和高年级学生参加扫盲工作。(3)逐级实行扫盲任务承包合同责任制。具体做法是：以乡镇（苏木）为单位，进行调查摸底，建立农牧民文化户口卡，确定现有文盲脱盲期限；制定年度扫盲计划，从政府和教育部门两条渠道，逐级签订承包合同，做到定任务、定时间、定奖惩条件，责任到人，奖罚分明。(4)建立严格的考核验收制度。在严格执行国务院发布的《扫除文盲工作条例》的基础上，1992年4月，自治区教育厅结合全区实际，制定下发了《内蒙古自治区高标准扫除青壮年文盲单位标准及考核验收办法》。(5)扫盲识字教育同初级职业技术教育有机地结合起来，在扫盲的同时开展实用技术培训。(6)大力加强少数民族扫盲工作。每年下拨扫盲专项经费时对牧区适当倾斜；提倡和鼓励少数民族文盲用本民族语言文字参加扫盲学习。

三、继续加强成人高等教育的宏观管理，积极推动职工岗位培训的全面开展

成人高等院校治理整顿工作顺利完成。1992年，自治区教育厅继续开展了成人高等学校的治理整顿，对全区12所成人高校进行了检查评估，促进成人高校加强管理，优化结构，提高了整体办学效益。为进一步增强成人高等教育为自治区经济建设和社会发展服务的能力，各成人高校对专业科类结构进行了调整，削减了长线专业，增设了自治区经济建设急需的经济、能源、农牧林水等短线专业。到1992年底，为期3年的全区成人高校治理整顿工作顺利完成，为成人高等教育的进一步发展奠定了基础。

深化成人高校招生制度改革。一是调整计划，对经济建设急需，生源充足的专业，增加了招生名额。如内蒙古大学国民经济管理专业、包头医学院临床医学专业和包头市职工大学计算机专业计划招生分别由40名、30名、20名扩大为72名、68名、82名。二是对自治区经济建设特别是边远地区急需的一些特殊专业，单独划定录取分数线。如内蒙古大学为伊盟乌审旗办的财会专业、内蒙古师范大学为二连市办的经济管理专业等，都单独划定了录取分数线。1992年，区内外各类成人高校共录取新生9943人，为招生计划数的100.8%。

完成了成人高等教育专业证书复查清理工作。1992年，自治区教育厅会同自治区人事、组织部门对1988、1989、1990年举办的成人高等教育专业证书班12327名学员进行了复查。复查清理工作对全区成人高等教育《专业证书》教学班在控制试点规模，保证教学质量的基础上健康发展，起到了促进作用。

职工岗位培训工作由试点阶段逐步向全面开展过渡。1992年，全区各系统岗位培训领导机构，各大厂矿企业、高中等职工院校的培训机构已建立健全；全区行政机关工作人员、企事业单位职工的岗位培训由点到面逐步开展。到1992年底，全区已有24万人参加不同层次的岗位培训并结业，有16万人正在接受培训；全区国家行政机关工作人员有4.5万人完成公共课培训，占应培训人数的56.2%。

四、积极开展城市教育综合改革试点工作

1992年全区教育工作会议确定呼和浩特市、包头市、赤峰市红山区为自治区城市教育综合改革试点单位。自治区教育厅组织专人深入3个试点市作了广泛调查。年内，各试点市相继成立了城市教育综合改革领导机构，制定了综合改革实施方案，并着手基础建设，建立厂校挂钩、校企结合的"双元制"教育体制。

五、加强成人高、中等自学考试的宏观调控

为使自学考试更好地适应自治区经济建设和社会发展对人才的需求，加强了对开考专业的科学论证和调整。年内，关闭了专科段的人口、海关、中医和中专段的邮电、金融、公安、统计、物资专业，开设了专科段的公安管理、刑事侦察、物资经济、农学、畜牧、中药和档案管理专业，同时开展了卫星电视师专自学考试。1992年，全区有6万多人近13万人次参加本、专科和中专3个学历层次38个专业的两次自学考试，全年共有23个专业的2430人毕业，其中本科19人，专科1979人，中专432人。到年底，累计毕业生10207人，其中本科38人，专科7102人，中专3067人。

民族教育

一、继续坚持"优先、重点"的方针，发展民族教育

1992年，全区牧区幼儿园为60所，牧区学前班为1364个，在园、在班少数民族幼儿(学生)分别为27091人，65869人；全区民族中小学发展到3640所，其中普通中学408所，职业中学35所，小学3197所；有29所中等专业学校和10所普通高等学校开设了蒙语授课专业；中小学(含职业中学，下同)少数民族在校生74.63万人，其中蒙古族63.00万人，分别占中小学学生总数的21.0%、17.7%，均高于其人口占全区总人口的百分比；各级各类学校蒙语授课、加授蒙语文的在校生45.92万人，占蒙古族学生总数的62.6%。全区有各级各类少数民族教师6.55万人，其中蒙古族5.58万人，蒙语授课教师3.77万人；小学、普通初中、普通高中、职业初中、职业高中蒙语授课教师学历合格率分别为77.8%，56.4%、53.7%、48.8%、31.5%，均高于全区平均水平。

二、坚持"三个面向"，深化民族教育改革

深化民族教育教学领域的改革。为适应改革开放的新形势，培养适应现代化事业发展的少数民族建设人才，在家长和学生自愿的前提下，年内，自治区教育厅在内蒙古师范大学附中试办了蒙语授课英语实验班。实验班的学生是1992年招收的牧区和城市蒙语授课高一新生。该班把英语列入教学计划，蒙古语文作为选修课，要求学生在3年内学完中学英语课程的基本内容，毕业后参加高等学校升学考试，免试蒙古语文，加试英语，享受英语授课考生待遇。实验班在使用全国统一的高中教学大纲前提下，可以自主安排教学进度，适当调整教学内容和授课时数。为减轻学业负担，实验班学生不参加全区和市内组织的各类统考，本校各科结业考试成绩由自治区会考办公室认定，作为学生的会考成绩。自治区教育厅已将此项实验作为全区民族教育改革的一个重要课题进行追踪研究。

在大中专招生工作中，认真贯彻执行党和国家的民族政策。近年来，根据自治区党委和政府的指示，进一步贯彻落实党和国家的民族政策，自治区教育厅在大中专招生工作中采取了一系列改革措施。主要有：(1)对汉语授课的自治民族考生报考文科、理科、外语专业的本科和区外专科适当降分；(2)对蒙语授课专业考生单独划定最低控制分数线；(3)对达斡尔、鄂温克、鄂伦春3个自治旗的自治民族考生，根据实际情况降分录取；(4)其他少数民族考生在与汉族考生同等条件下优先录取；(5)八省区对等交换代培的学生，主要从蒙语授课考生中录取，拓宽了蒙语授课考生学习的专业面；(6)区内外部分高校举办民族班和预科班招收一定比例的少数民族考生。

改革开放10多年来，自治区培养出一大批中高等少数民族建设人才。其中培养少数民族中专毕业生4.88万人，少数民族大专以上毕业生1.88万人。

三、加强民族教育的宏观管理

1992年，深入贯彻中央民族工作会议和全国第四次民族教育工作会议精神，自治区教育厅改善和加强了对民族教育的领导和管理。一是进一步修订、完善了《内蒙古自治区民族教育事业十年规划和“八五”计划》；二是在广泛调查研究的基础上，修订了《内蒙古自治区民族教育工作条例（草案）》并报自治区人大审议；三是组织力量对12个盟市39个旗县的46所民族中小学进行了督导评估，对全区民族中小学在端正办学思想、加强学校管理、改善办学条件、提高教育质量等方面，起到了积极的促进作用。

撰稿人　陈　联

审稿人　韩永久　秦政奇

辽宁省教育

概　况

一、各级各类教育发展情况

1992年各级普通学校基本情况

单位：人

学校类别	学校数(所)	毕业生数	招生数	在校学生数	教职工数 计	教职工数 其中专任教师
一、普通高等学校	61	36576	46721	139442	61354	25849
研究生		1368	1592	4771	2346	2346
本　科		20670	22343	84145	59008	23503
专　科		14538	22786	50526		
二、中等专业学校	165	33377	39517	110011	25295	11856
中等技术学校	135	23813	29285	80564	20391	9170
中等师范学校	30	9564	10232	29447	4904	2686
三、普通中学	2457	540132	721178	1969532	189663	137044
高　中	383	85525	89050	262506		21946
初　中	2074	454607	632128	1707026		115098
四、农业、职业中学	598	50882	60251	155112	20774	13045
高　中	519	47428	57196	148265		12581
初　中	79	3454	3055	6847		464
五、工读学校	13	228	291	1116	502	283
六、小学	15230	685996	559753	3736363	248454	210141
七、特殊教育学校	74	645	1219	7874	2364	1732
八、幼儿园	5651	475667	550412	1018923	72501	43424

1992年各级成人学校基本情况

单位：人

学校类别	学校数（所）	毕业生数	招生数	在校学生数	教职工数	
					计	其中专任教师
一、成人高等学校	67	34584	34519	96140	12834	5658
广播电视大学	3	6885	8156	21172	1928	809
职工高等学校	55	6008	7457	19742	8351	3666
农民高等学校						
管理干部学院	7	1262	1606	3219	1545	632
教育学院	2	1419	1506	3384	1010	551
独立函授学院						
普通高校举办						
函授部		14414	10939	33746		
夜大学		3610	4712	14614		
干部专修科		986	143	263		
二、成人中等专业学校	258	19874	29971	81406	13499	7744
广播电视中专	11	3623	10852	33948	577	194
干部中专						
职工中专	131	7932	10402	27387	5885	2819
农民中专	23	4542	4440	9303	952	572
教师进修学校	93	3777	4277	10768	6085	4159
三、成人中学	527	54404	53873	69099	2511	1547
职工中学	212	28893	23906	36911	1537	777
农民中学	315	25511	29967	32188	974	770
四、成人技术培训学校	11143	3369371	3585122	2394450	23042	8633
职工技术培训学校	702	595346	902399	507026	9589	3981
农民技术培训学校	10441	2774025	2682723	1887424	13453	4652
五、成人初等学校	2924	115767	116855	118793	8928	1170
职工初等学校	12	919	848	970	31	25
农民初等学校	2912	114848	116077	117823	8897	1145
其中：扫盲班	1050	51036	18655	16955	4185	398

制表人　倪蕊

二、深入学习贯彻邓小平同志重要谈话和党的十四大精神，研究、论证加快教育发展与改革的措施

全省教育战线把学习邓小平同志重要谈话和党的十四大精神作为一件大事来抓。通过学习，进一步解放思想，更新观念，开阔思路，统一了认识。1992年，省教委围绕教育要适应经济建设需要，加快发展与改革，针对基础教育、职业技术教育、高等教育、成人教育中的体制、经费、师资等重要问题，组织了几次大型调查研究和论证。在进一步改变与计划经济体制相适应的原有教育观念、教育体制，探索有中国特色的社会主义教育发展道路等方面取得了共识，拟定了一些改革措施，在实际工作中迈出步伐。

省委、省政府高度重视教育工作，省委常委会、省政府常务会及省长办公会专门研究了教育问题。省教委陆续召开了1992年工作会议，辽宁省高等学校党建工作会议，辽宁省高等学校书记、校院长会议，辽宁省高校科技工作和校办产业工作会议以及基础教育和高等教育改革与发展论证会等一系列重要会议。8月，省政府下发了《关于深化高等学校改革若干政策问题的通知》，进一步扩大了高等学校的办学自主权，增强了高等学校的改革活力和发展后劲，是全省高等教育改革取得突破性进展的标志。1992年，省政府还制定下发了《关于进一步加快发展中小学校办产业的通知》，放宽了中小学校办产业的税、费政策，对全省勤工俭学活动的发展起到了促进作用。根据省委第七次会议通过的《九十年代辽宁省经济发展纲要》，省教委从各地实际情况出发，修订了《辽宁省教育发展"八五"计划和十年规划》，拟定了《关于加快基础教育发展与改革若干政策问题的意见》、《关于大力发展职业技术教育的意见》、《关于成人教育改革与发展的意见》，并先后四次组织各市和高等学校进行了专门论证。在此基础上，省教委起草了《关于加快我省教育发展和改革的汇报提纲》，就全省各级各类教育改革与发展问题向省政府作了汇报。

三、转变作风，真抓实干，开创工作新局面

各级各类学校思想政治工作出现新的转机，德育工作继续加强。1992年9月，省教委与省人大教科文卫委共同召开了德育工作座谈会，对新形势下中小学德育工作进行了部署。各地根据不同年级学生的心理、生理特点，确定了不同层次的德育内容，采取学生易于接受的教育方法。围绕坚定对党和社会主义的信念，利用多种形式广泛开展了形势教育、"两史一情"教育。建立了德育工作规章制度，普遍开展了养成教育和消费教育。组织学生积极参加社会实践活动，涌现出一大批学雷锋的先进典型和三好学生。高等学校形势稳定，教学秩序良好，大学生认真学习和理解邓小平同志谈话，拥护党的十四大精神，关心国家的前途和命运，增强了学习的自觉性。

重视师范教育，加强师资队伍建设。为实施九年义务教育培养合格的师资，省教委对全省中小学师资队伍状况进行了调查。按照按需培养的原则，调整了师范院校的招生计划，优化生源；同时加强了师专和中师学校办学条件标准化建设，在沈阳、大连等地进行了培养专科程度小学教师的试点。下放了高等学校教授、副教授76个学科评审权，完成了高等学校教师职务岗位设置工作。为高等学校中青年教师专门组织了一次职务评审，评审教授、副教授150名。同时还陆续出台了高等学校、中专及中小学教师职务岗位设置意见和教师职务考核实施意见等政策性文件。

电化教育蓬勃发展，卫星电视教育网络初具规模。经过几年的筹备，辽宁教育电视台于1992年12月28日正式开播，使全省电化教育进入了新的发展阶段。到1992年底，全省卫星电视教育网络已初具规模，共建成市级教育电视台3座，县区级9座，乡镇级46座。目前全省共有771座教育卫星地面接收站和2091个教学放像点，接收和播放教学示范、学校管理及农村实用技术等节目。

努力提高学生体质健康水平，学校体育卫生及军训工作进入全国先进行列。1992年重点加强了农村学生的体育卫生工作；总结交流了将体育列入初中毕业升学考试科目的实施情况；完成了普通高校体育课程评估工作；继续搞好试点学校集中军训，广泛开展小学、初中的国防教育，并召开了全省小学、初中国防教育现场会。

积极推行中小学及省属高等学校人事、分配制度改革，拟定了《关于中小学内部管理体制改革的意见》。省教委从清理文件入手，从适应行政管理和机构改革的需要出发，认真分析现行机构设置及职能分工存在的问题，研究了转变职能的基本思路和初步设想。同时对委直事业单位的机构改革工作进行了有益的尝试，合并了教育科研部门。

基础教育

一、发展情况

1992年，全省在园幼儿(不含学前班)比上年增长9.6%；学前班有幼儿48.2万人，比上年增加5万人，农村80%的地区普及了学前一年教育。全省小学招生比上年增长7%，在校生比上年减少4%，毕业生比上年增加3.9%。普通初中招生比上年增长4.2%，在校生比上年增长5.2%。普通高中招生数和在校生数与上年基本持平。全省初中毕业生升入普通高中和职业高中的比例由上年的31.6%上升到32.2%，增加0.6个百分点。中小学辍学情况有所回升，小学辍学生数为50630人，比上年增加近1倍，辍学率由上年的0.64%上升到1.29%。初中辍学生数为79927人，辍学率由上年的4.54%上升到4.92%。由于辍学生的增加，造成学校学生巩固率的下降，小学学生巩固率为98.52%，小学应届毕业生的毕业率为97.16%。

1992年全省普通小学有民办教师5.7万人，比上年减少6.5%。民办教师所占比例，初中由上年的12.5%下降到11.7%，高中由上年的0.2%下降为0.1%。普通中学35岁以下的青年教师占50.3%，小学35岁以下的青年教师占46.7%。小学教师学历合格率为91.7%，初中为57.6%，高中为60.2%，分别比上年提高1.7、4和3个百分点，中小学教师队伍素质有了很大提高。

1992年全省普通高中平均每校13.5个班，普通初中平均每校有16.5个班，普通中学每校平均学生规模由上年的762人提高到801人，扩大了学校规模。

二、中小学德育工作进一步加强

1992年9月，省教委和省人大教科文卫委在沈阳召开中小学德育工作座谈会。会议总结了自1989年全省中小学德育工作会议以来全省中小学德育工作的成绩，交流了辽阳市教委等33个单位和个人的经验材料，研究部署了进一步加强和改进中小学德育工作的各项任务。建立了全省各市中小学生犯罪率通报制度。在省有关部门的支持下，经过核实有关资料数据，以该年度犯罪学生数与在校中小学生总数之比为依据，将1989年至1991年全省及14个市的中小学生犯罪率情况进行内部通报，全省中小学生犯罪率自1989年至1991年分别为万分之零点七三、万分之零点六六和万分之零点五二。

继续实行定期表彰省级中小学、职业中学和中等师范学校三好学生、优秀学生干部和三好班级制度。继1989年进行该项表彰工作以后，1992年5月，省教委会同团省委修订了三好学生、优秀学生干部和三好班级评选条件，在全省评选表彰了三好学生1965名，优秀学生干部(不包括小学生)235名，三好班级230个。并同时制定下发了初中毕业年级学生评为三好学生和优秀学生干部的有关政策待遇。

为了研究解决中小学德育工作中面临的热点问题，4月召开了辽宁省普通中学青春期教育经验交流会，交流总结了各地在帮助青少年度过青春期、预防和减少违法犯罪现象所采取的措施和经验，并同时表彰了青春期教育工作先进集体和先进工作者。

三、实施义务教育进展顺利

九年义务教育按规划、有步骤地实施。在全省城乡组织开展了义务教育法规宣传月活动。制定了《辽宁省各级政府及其有关部门在实施义务教育中的法定职责》，为实施义务教育创造了良好的法制环境。1992年又有190所初中进入实施九年义务教育，全省已有1321所初中进入实施九年义务教育，占全省初中总校数的63.6%。小学适龄儿童入学率为98.95%，小学升初中入学率为92.14%，农村小学升初中入学率为82.1%，比上年均有提高。

特殊教育已纳入义务教育轨道，少数民族的义务教育也在顺利进行。1992年，全省特殊教育学校在校生比上年增加10.1%，另外在普通中小学附设74个盲聋哑弱智班，在校生767人，还有405名盲聋哑弱智儿童在普通中小学随班就读，增加了残疾儿童接受义务教育的机会。

四、加强督导评估，教育质量明显提高

加强了督导评估的制度建设和队伍建设。1992年以抓中小学教育督导检查为中心，在推动国家教育方针、政策、法规的落实，普及义务教育，提高教育质量等方面，发挥了督导机构的监督、检查、评价、指导作用。发出《辽宁省普通中小学校督导评估纲要》，并积极进行试点工作。根据国家教委发布的《教育督导暂行规定》，拟定了《辽宁教育督导暂行实施办法》。承办了国家教委召开的督导评估研讨会，介绍了辽宁省的经验。

加强对幼儿教育的监督检查工作。幼儿教育继续贯彻两个法规，办园质量和管理水平有了新的提高。基础教育质量也明显提高。中小学考试成绩平均及格率，高中为88.5%，初中为81.9%，小学为97.9%，分别比上年上升了0.1、1.3和0.8个百分点。高中全科及格率由上年的73.4%提高到76.2%，初中全科及格率由上年的62.1%提高到64%，小学全科及格率由上年的93.2%提高到93.7%。学生留级率明显下降，初中留级率由上年的0.61%下降为0.42%，小学留级率由上年的1.22%下降为0.84%。

五、努力增加教育投入

为保证教育优先发展，省和地方在财政困难的情况下，努力增加对教育的投入，按照中央的要求，做到教育经费的"两个增长"。沈阳市、大连市采取向县区下达教育经费建议指标的办法，在确保"两个增长"的前提下，实现了生均公用经费每年有所增长。省政府陆续采取一系列政策措施，努力形成以财政拨款为主，集资和捐资相结合，多渠道筹措教育经费的格局。农村人民教育基金制度的建立，对于解决拖欠民办教师报酬和缓解农村中小学公用经费不足的矛盾起到了积极作用。

1992年全省教育经费预算为18.6亿元；决算为19.8亿元，比1991年增长13.8%，超过同期财政收入6.3%的增长速度。教育经费占财政支出的比例为13.4%，比1991年增加0.7个百分点。中小学教育经费16.4亿元，比上年增长14.5%，生均教育经费286 7元，比上年增长16.4%，实现了《义务教育法》规定的"两个增长"。尽管如此，教育仍然没有摆脱经费缺口的困境，中小学公用经费减少1901万元，生均公用经费63.13元，比1991年的65.35元减少3.4%。1992年末全省累计拖欠公办教师工资7826万元。

为弥补教育经费不足，提高办学效益，采取了以下措施：(1)从实际出发，合理调整农村中小学布局，提高规模办学效益。1992年全省减少中小学校310所，减少平行班1763个，精减民办教师5000多人，仅人员经费就节省750万元。(2)在农村中小学推广太阳能房建设。截止1992年底,全省共兴建太阳能校舍40万平方米,每年可节省取暖费280万元。(3)借鉴黑龙江省林甸县的经验,在农村中小学校推广燃池取暖法,1992年共修建5000个燃池,可节省采暖费250万元。在此基础上,又购买专利技术,引进介质油采暖法在城乡中小学校试点推广。

六、中小学办学条件得到改善,校办产业发展加快

1992年中小学办学条件进一步得到改善。全省中小学(包括职业中学)校舍建筑面积2416万平方米,比上年增加2.6%,其中新增校舍面积占整个校舍建筑面积的2.7%。危房面积由上年的1.7%下降为1.3%。中小学教职工宿舍由上年的53.5万平方米提高到61.9万平方米,增长1.2%,在一定程度上缓解了中小学教职工住房紧张的矛盾。中小学教学设施也有明显改善。实验室达到标准的学校,普通中学由上年40%提高到45.1%,小学由上年的25%提高到33.5%;理科教学仪器配备达到标准的学校,普通中学由上年的30%提高到36.3%,小学由上年的9%提高到13.6%。学校建设在综合配套、办学条件标准化方面有了新的进展。

1992年全省有校办工业企业7281个,第三产业网点3011个;固定资产达68184万元,比上年增加17803万元,增长26%。全省校办工业总产值219350万元,农业总产值8380万元,第三产业营业额49794万元。1992年全省中小学勤工俭学总收入为51798万元,其中用于补助教育经费27864万元。为国家上缴税金11476万元。

职业技术教育

职业技术教育面向经济建设的需要办学,办学水平和办学效益不断提高。到1992年,全省有技工学校136所,学生7.5万人。高中阶段接受职业技术教育的学生达32万人,占高中阶段受教育人数的58%。

一、发展情况

1992年,全省普通中等专业学校招生比上年增长16.9%。从科类结构看,工科、财经类招生的比例都有大幅度增长,工科招生比上年增长14%,财经类招生比上年增长27.8%。在校生比上年增长5.5%,分科类在校生的比重,工科由上年的33.6%上升为34.4%,财经类由上年的12.7%上升为13.7%。教职工比上年增长1.9%,专任教师比上年增长1.3%,高级讲师占教师总数的9.8%,35岁以下的青年教师占54.7%。

1992年全省职业中学比上年减少15所,独立设校的比例由上年的97%提高为98.5%。设有专业点1244个,比上年增加172个。招生比上年增长2.1%,在校生比上年增长2.5%。在职业高中分科类结构中,工科在校生由上年的32%下降为30%,财经类由上年的21.2%上升为21.5%,修理服务类由上年的15.4%下降为13.6%。全省职业中学专任教师中,专业课教师占50.4%。学历达标率,职业初中教师由上年的19.6%下降为18.8%，职业高中教师由上年的24.9%提高为27.3%。职业中学的校舍建筑面积有108万平方米，比上年增长5.9%，超过了在校生增长2.3%的速度，危房面积由上年的1.4%下降为1%，职业中学的办学条件有了较大改善。

1992年，部分学校实行校企合作、产教结合的办学体制，使教育与生产相结合，为学生毕业后从事生产打下了基础。根据国家教委《关于开展中等专业学校教育评估工作的通知》要求，继续对普通中专进行合格评估和办学水平评估。在此基础上，又对完成两项评估的学校进行了选优评估。通过评估，中专学校主管部门总计投入1.8亿元用于改善办学条件，提高了办学水平。

二、农村初级职业教育发展较快

1992年，全省农村初级职业教育得到较快发展。省教委在阜新县召开了发展农村初级职业技术教育现场会，交流了发展农村职教的经验，为推动职业技术教育在农村的崛起和促进贫困地区的普通教育和职业技术教育的早期结合，找到了出路。1992年全省有初级职业学校304所，普通初中附设职业班227个，在校生5万多人。全省有初三分流班470个，在校生28000人。初中后“三加一”不落地培训面达到30%左右，每年培训人数在5万人左右。

三、推进农科教结合，实施“燎原计划”取得显著成效

为保证农科教统筹的顺利实施，探索农科教统筹发展农业的途径和方法，对全省农科教统筹工作进行指导，1992年1月成立了省农科教领导小组，组长由省长岳岐峰担任，副省长肖作福、林声、王文元任副组长，成员由省政府办公厅、农村经济办公室、农牧厅、林业厅、科委、教委、计经委、财政厅、农业银行、劳动局、人事厅、乡镇企业局等12个厅局组成。办公室设在省农村经济办公室。全年共组织科技大集100多次，搞多种科普竞赛320多次，进行各种科技展览200多场，印发资料300余万份。全省已有11个县(市、区)成为国家和省级农村教育综合改革实验县(区)。

1992年全省“燎原计划”示范乡(镇)发展到228个，分布在57个县(市、区)，占全省农村人口24%的地区。培训农民和学生262.8万人次，推广农业实用技术3600多项，创产值4.6亿元，直接经济效益1.7亿元。

为全面加强“燎原计划”示范乡(镇)建设，推动“燎原计划”的实施，6月，各地依据省教委制定的“燎原计划”示范乡(镇)评估条件，对实施“燎原计划”示范乡(镇)进行了检查评估。在此基础上，省教委表彰了新民县金五台子乡等24个实施“燎原计划”先进乡(镇)、新城子区新城子乡农民文化技术学校等40所农村教育改革先进学校。11月在全省继续开展“燎原之冬”活动，并先后在海城、盘锦举办两期“燎原之冬”骨干教师培训班，围绕农学、果树和饲养3个专业及“北方庭院生态模式”等，重点讲授农村实用技术。各县(区)职业高中、农民中专、乡(镇)二制农技校专业课教师和农村普通中学、小学劳技课教师250多人参加了培训。据统计，首届“燎原之冬”活动，全省共投入教师和科技人员50000多人。

配合“燎原计划”的实施，全省有11个市(阜新、盘锦、锦西除外)成立了燎原广播电视学校，省、市、县、乡四级“燎原计划”教育网络初步形成。

普通高等教育

普通高等教育事业在深化高等教育改革方面取得了突破性进展，在思想政治工作、教学、科研、外事、生产实践以及校办产业等方面也取得可喜成果。

一、发展情况

据 1992 年底统计，全省有普通高校 61 所(中央部委属 25 所，省属 18 所，市属 18 所)，其中有综合性大学 3 所，理工科院校 20 所，农业院校 3 所，医药院校 6 所，政法院校 2 所，财经院校 4 所，语言院校 1 所，体育院校 1 所，艺术院校 2 所，师范院校 14 所，市属高职专科学校 5 所。全省高校研究生中，有博士生 563 人，硕士生 3581 人。全省普通高校专任教师中，有教授 856 人，副教授 4921 人，讲师 9355 人，助教 6688 人。普通高校中，有本、专科各类专业点 814 个，按不重复专业计算，全省高校本科 239 个专业(全口径)，专科 186 个专业(全口径)。有 11 所普通高校已建 74 个博士点(省属 7 个)，有 23 所普通高校已建 298 个硕士点(省属 114 个)。全省普通高校招生比 1991 年增加 0.9 万人。1992 年全省普通高等教育的入学率已达到适龄青年的 5%，每万人口的大学生比例数居于全国第 4 位。

1992 年全省高校毕业生派遣工作顺利，有 3.2 万名本专科毕业生及省外回省分配的 2000 余名毕业生走上工作岗位。

二、高教改革取得进展

1992 年，省政府发布了《关于深化高等学校改革若干政策问题的通知》，就有关问题作出规定：

一是进一步扩大高等学校办学权。逐步减少高等学校指令性招生计划指标，高等学校在完成国家下达的指令性招生任务外，有权根据学校办学能力与社会需要，提出招收委托培养生和不包分配自费生的指标，经有关部门同意后，通过全国统一招生考试录取。准许高等学校以原有专业为基础，根据社会需要，调整或拓宽专业，确定教学计划和教学大纲。高等学校可以通过全国成人统一招生考试，在录取分数线以上扩大夜大学、函授等成人教育的招生人数，可以举办高等教育自学考试辅导班、非学历进修班、培训班以及外语、职业技术教育类的附属中等学校。鼓励高等学校组织教师下厂、下乡举办推广实用技术的培训班。

二是进一步扩大高等学校人事、分配管理权。高等学校在实行“三定”(定编、定岗、定任务)的前提下，实行工资总额包干制。实行工资总额包干制的学校，有权自主确定分配方式和进行校内工资改革。高等学校在国家核定的机构、人员编制和职务结构比例范围内，有权自主决定其内部机构设置，确定教学、科研、开发人员的具体编制和岗位设置，并实行干部、教师岗位聘任制，择优聘任。高等学校在稳定教学骨干力量，完成好教学任务的前提下，允许人才的合理流动。鼓励高校教师、干部、工人到校内科技开发单位和校办企业工作。从事科技开发、科技推广、生产经营的教师，符合条件的可以参加教师职务任职资格的评定。对自愿调离学校到校外企事业单位工作的，应当予以支持。同时，应积极吸引校外具有丰富实践经验的工程技术人员和管理人员到学校担任专兼职教师。高等学校教师可以在不影响本职工作的前提下，在校外兼职。允许高等学校所属经济上自收自支并独立核算的科研机构、生产经营和后勤服务单位放开人员编制，调入有关人员和使用临时工不受原定编制限制，劳动人事部门应予以办理手续，并相应核增工资总额。高等学校实行专业技术职务任职资格评定和职务聘任分开的双轨制。本科院校讲师的资格评定权下放到院校。具备条件的普通高等学校(或学科)，经省职称改革主管部门同省教委审定同意并报人事部和国家教委备案后，可授予副教授至教授的资格评定权。其余院校教师、副教授、教授的资格评定，由省统一组织，每年评定一次，实现评聘工作经常化、制度化。高等学校45岁以下的教师破格晋升教授、40岁以下的教师破格晋升副教授者，聘用时不占本校设岗数额。高等学校根据工作需要延聘教授、副教授和其他高级专业技术人员，由学校审批，报省教委备案。延聘的上述人员，不占本校专业技术岗位数额。高等学校从事思想政治工作和学校管理工作的干部，具备条件的，可以参加教师职务任职资格的评定。

三是进一步放宽"费"、"税"政策，增强高等学校改革活力和发展后劲。地方普通高等学校在省物价和教育部门确定的收取学杂费、住宿费标准幅度内，自行确定收费额，报省教委和物价局备案。自费生的收费标准由学校确定，报省教委和物价局备案。高等学校举办成人高等教育以及各种形式的非学历教育，准许按合理成本和实际情况制定收费标准，报省教委和物价局备案。鼓励高等学校兴办校办产业，尤其是高新技术产业。高等学校新办的生产性校办产业除免征所得税外，经税务部门核准，免征产品税、增值税3年。高等学校与校外法人合办的企业，在税前进行利润完成，学校所得部分享受相应的税收优惠政策。高等学校校办产业用房免征能源交通基金、城镇土地使用税和房产税。积极鼓励高等学校的科技成果向社会转让或与校外企事业单位联合进行开发。对推广科技成果有功人员予以适当奖励。金融部门要为高等学校科技开发和校办产业的发展积极提供金融支持，优先为效益好的项目提供贷款。省教委设立高等学校科技开发基金和校办产业周转基金，供高等学校使用，并收取一定的使用费。高等学校社会服务收入，40%用于补充教育经费，60%由学校自主分配，用于改善教职工的工作和生活条件。对收入较少的农、医、师、艺术等院校，其分配比例可适当放宽，30%用于补充教育经费，70%用于改善教职工的工作和生活条件。高等学校由征收奖金税改为征收工资调节税，起征点每年可随物价上涨幅度和学校预算外收入情况进行适当调整。

四是进一步扩大高等学校的对外交流。高等学校教职工出国学习、出国合作研究、讲学、受聘于国外工作等，经学校审定后，由省教委审核并受省政府委托下达出国任务批件。具备条件的高等学校经省教育主管部门批准后可扩招自费外国留学生，或举办多种形式的外国人培训班，并发给相应的学业证明或证书。支持高等学校发展外向型产业。对省和计划单列市政府曾准予进出口权的学校，应积极帮助恢复其进出口权。对有一定创汇能力的高等学校，对外经贸部门应积极帮助开拓出口渠道，简化商品出口和有关人员出国手续。

通过贯彻落实省政府《关于深化高等学校改革若干政策问题的通知》，不少学校试行了内部管理体制改革，采取多层次、多形式办学。各高校突破了过去单一靠国家指令性计划招生的模式，充分挖掘潜力，扩大招收委培生和自费生。1992 年全省高校共扩招自费生 9000 人，满足了社会需求。许多学校为适应市场经济发展，主动提出调整专业结构、调整层次结构实施方案，并根据全省 90 年代高等教育发展战略设想，制定出本校 90 年代发展速度、目标以及办学模式的构想。省教委根据普通高校发展的新形势，因势利导，召开了全省高等教育改革发展论证会，从上至下，通过各种形式进行调查研究，认真修改“八五”计划，讨论 90 年代辽宁高等教育发展改革的战略方针、战略目标和具体实施措施。

三、高等学校教学、科研等取得可喜成果

加强了思想教育课的改革与管理。组织编写了《大学生思想道德修养》教材和《形势政策讲座——学习十四大专题》，举办了高校德育教研室主任、系总支书记、德育教师培训班，评选出思想教育课优秀教案 27 篇，开展了思想教育课教学评估及对大学生中经商、打工、家教等现状的调查研究等。

制订了普通高校教学评估草案。组织编写了大学英语测试教材和中国革命史新教材。开展了全省普通高校教学质量分析调查。组织部分高校进行教学内容、教学方法、教材、教学计划、教学大纲改革的试点。在高等专科工科学校进行了全工实习试点工作。组织高等师范院校编写了《高师课程结构论》。开展了高校生产实习、生产实践的调查研究等等。

1992 年，高校投入科技活动的教师增加，一大批科研成果的推广和转让直接促进了企业技术改造和农业经济发展。开展了高等学校优秀教学成果奖励评选工作，共评选出 220 项。1992 年，全省高校获国家自然科学奖 7 项（占全省获奖总数一半以上），国家发明奖 28 项，国家科技进步奖 46 项，省市科技进步奖 78 项，中央部委科技进步奖 395 项。

高等教育的对外开放与国际交流合作逐步扩大，1992 年公派出国留学 364 人，自费出国留学 796 人，接受来华留学生 800 人，出国参加学术会议的专家、学者 125 人。高校还广泛地接受了华侨和国外友好人士的捐款。总结了高校外事工作成果。全省 61 所普通高校 14 年来共培养外国留学生 381 人，有 35 所高校已与世界五大洲近 180 所院校建立了友好往来关系，进行教育交流。通过对外开放，吸收了国外教育的有益经验，促进了高等教育的发展。

校办产业发展较快。截止 1992 年底，全省高校已兴办校办产业 311 个，其中科技产业 53 个。高校运用科技成果兴办产业，取得了一定的经济效益和社会效益。据不完全统计，1992 年全省高校校办产业的总产值已达 4.5 亿元。

成人教育

成人教育以开展岗位培训和推广实用技术为重点，为经济建设培养了大批实用人才。

一、发展情况

1992年全省成人高等学校比上年减少2所，招生比上年增加20.9%。从分科类结构看，工科招生占30.8%，财经类招生占43%。全省成人高等学校在校生比上年减少2000多人。各类非学历教育继续发展，独立设置的成人高等学校举办的各种类型的非学历教育培训结业16万人次。

1992年成人中等专业学校在校生比上年增加5%，培训非学历教育已结业4.4万人次。

二、全省扫盲工作成绩显著

1992年脱盲12.1万人。自1989年省政府发出《关于大力开展农村扫除文盲工作意见的通知》以来，各级政府和有关部门坚持"一堵、二扫、三提高"的工作方针，深入、广泛、持久地开展扫盲活动。经过3年的努力，全省农村累计扫除文盲20余万人，使农村15～45周岁人口中的非文盲率达到98.5%以上，成为全国非文盲率高的省份之一。

为巩固扫盲工作成果，结合全省扫盲工作的实际，省政府提出了下步扫盲工作任务：一是进一步贯彻《扫除文盲工作条例》，做好扫盲收尾工作。二是采取切实可行措施，做好扫盲后的巩固提高工作。对已基本完成扫盲任务的地方，要求做到组织机构不撤、队伍不散、经费不减，继续签订学习合同，跟踪服务3年，以巩固扫盲成果，防止脱盲者复盲。三是要把贯彻《义务教育法》和《扫除文盲工作条例》统筹考虑，同步实施，坚决堵住新文盲产生的渠道，把扫盲工作列入督导检查范围之内，并作为衡量评估一个地区教育工作的重点内容之一。

扫盲后的巩固提高工作已引起各地的高度重视。各地陆续编印了适合于脱盲学员学习的继续教育教材。签订了包教保学合同，把文化学习和技术学习有机地结合起来，启动了脱盲学员继续学习的自觉性。为拓宽和加深脱盲学员的学习内容，编写了果树、蔬菜等6种实用技术教材，满足脱盲学员的学习要求。

三、大力开展农民实用技术培训

1992年，各地充分利用乡村农民文化技术学校对广大农民开展了"短、平、快"的实用技术培训。以实用技术教育为重点，以相应的文化教育为基础的各类培训取得了可喜成绩。据统计，全省参加各级各类实用技术培训的农民在500万人次以上。作为农民实用技术培训重要阵地的乡(镇)、村农民文化技术学校，也有了稳步发展。1992年，全省有乡(镇)农校1115所，村农校12113所。其中，乡(镇)农校已有400余所达到了省规定的建制标准，有4所乡校受到国家教委的表彰。乡、村农校在为农村经济和农业生产服务、引导农民致富上发挥了重要作用。

为了更好地开展农民实用技术培训，提高培训质量，省教委以沈阳农业大学为依托，建立了省农民教育师资培训中心，为县、乡、村的各级农民文化技术学校培训师资骨干。1992年先后举办了畜牧、果树、蔬菜等专业共4期师资培训班，共培训骨干师资110人，还为农村个体专业户举办1期中草药栽培技术培训班，培训32人，受到了广大学员的好评。

四、职工教育、岗位培训工作继续稳步发展

1992年，全省有335万名职工参加了学习，毕、结业297万人，其中参加资格性岗位培训结业有56万人，参加技术等级培训结业58万人，参加适应性岗位培训有156万人。通过职工教育、岗位培训，提高了职工队伍素质，为企业转向市场经济奠定了基础。职工教育、岗位培训工作有了新的进展：一是加强了宏观指导。针对职工教育、岗位培训中存在的问题，省教委和省政府工业生产委员会联合下发了《关于进一步加强企业职工教育工作的通知》，对经济部门和教育部门分别提出具体要求。二是加强了立法和宣传工作。制定了《辽宁省职工教育条例》，编发了《辽宁省职工教育十年成果汇编》，推动了职工教育的健康发展。

五、成人高等教育取得较大成绩

1992年，全省成人高等教育工作充分发挥成人院校紧密联系生产实际、人才培养见效快的优势，根据经济发展的需要办成人教育，结合企业实际需求调整专业结构，转变过去“我办学、你来学，我办什么、你学什么”的办学模式，基本上形成了“你需要什么，我办什么”的新的成人高等教育办学机制。集中精力培养实用型人才，直接有效地为经济建设服务。

成人高校的教学、科研直接服务于生产第一线，实行教学、科研、生产一体化。成人高校的广大师生在科学研究、技术革新，引进消化新技术、新设备，开发新产品等方面发挥了聪明才智，作出了贡献。据锦州市统计，成人高校10年间取得的科技成果达3138项，其中科研项目328项，实现直接经济效益2.6亿元，相当于同期用于职工教育投资的6.5倍。

成人高校毕业生绝大多数已走上领导岗位和专业技术岗位，在一定程度上满足了企事业单位对实用型专门人才的需求。根据本溪钢铁公司职工工学院对1288名毕业生的调查，走上管理和技术岗位的有1090人；取得技术职称的653人，其中获中、高级技术职称的有233人。成人高等教育的主要贡献，一是为社会培养了一大批经济建设急需的专门人才，缓解了经济建设与专门人才缺乏、劳动者素质低的矛盾，增强了科技进步和经济振兴的后劲；二是为中小企业培养了一批管理人员；三是充实了生产第一线的技术力量，改变了工人队伍的构成。

突破单一的学历教育模式，多形式、多层次为经济建设培养人才。1992年，针对成人教育存在的沿袭普通高校单一学历教育的模式，专业老化、知识陈旧，不适应经济建设发展的需要，照搬普通高校的教学计划和教材，没有突出成人高校培养实用型人才的培养目标等倾向，深化成人高校的教育改革。各成人高校主动调整办学形式，由以脱产为主向业余、函授、半脱产方向发展。在办学层次上，各成人高校在办好学历教育的同时，充分发挥成人高校作用，举办了继续教育、岗位培训等非学历教育，初步扭转了成人高等教育片面追求学历教育的状况。

六、加快成人教育招生工作改革

1992年，辽宁省成人教育招生工作采取了下列改革措施：

举办优秀中青年干部预科班。根据中央培养优秀中青年干部的精神，省教委与省总工会、人事厅、生产委、劳动局、计委、财政厅、省委组织部联合下发了《关于举办优秀中青年干部预科班的意见》，在省职工大学预科学校举办预科班。经过各单位推荐，当地组织部门、人事局、总工会、教委审核，有80多名优秀中青年干部和优秀工人进入预科学校学习，结业考试合格后，直接录取到有关成人高校对口专业学习深造，为优秀中青年干部提高理论和专业知识水平创造了条件。

开展考试科目改革试点。为充分体现成人教育特点，改革考试科目，对专业对口、用人单位急需的工作骨干适当减少统考科目比重，增强专业知识考试或技能考核。1992年在省电大的计算机会计、涉外文秘2个复合型专业中试点，统考成绩占90%，增加1门专业课考试，招生80人，受到学员和用人单位的普遍欢迎。

改革成人中专招生办法，扩大预科制试点范围。1992年，在电视中专招生试行预科制的基础上，扩大预科制招生改革的试点面，成人中专面向县、乡招生的专业试行预科制，1992年共有46所成人中专面向县以下地区招生，报名人数达13000人。另外，在考试科目上，改变过去文理科专业都考语文、政治、数学的做法，而是根据各专业类划定相关的三科。理科类考政治、数学、物理，其中化工、农林、医类考政治、语文、化学；文科类考政治、语文、历史，财经类考政治、语文、数学，体现了成人特点。通过预科制的实行，使成人中专真正实现了重心下移，积极为乡镇农村服务，受到好评。

七、社会力量办学健康发展

1992年，辽宁省民主党派、社会团体、学术团体、群众组织等社会力量积极兴教办学。到1992年底，全省社会力量举办各级各类学校(班)1627个，在籍学员近32万人，专兼职教师1万人，工作人员5000人。继续实行积极鼓励、大力支持、正确引导、加强管理的方针，发展社会力量办学。举办学校主要以面向本地区招生为主，切实为地方经济、社会发展服务。同时建立了分级负责，分级管理的体制。对举办要求得到颁发国家承认学历文凭资格的学校，按照国家和各级政府制定的学校设置条件履行审批手续。根据全省实际情况，制定了民办高等学校审批办法，经审批成立了14所民办高等学校，改变了教育布局，也为社会各界提供了更多的受教育机会。各级教育部门积极鼓励社会力量根据市场需求和自学考试开考计划，不受委托开考限制，开展高(中)等教育层次社会助学活动，打破了助学受委托开考限制的局面。同时为了简化审批手续，凡举办自学考试助学班，由教育行政部门直接审批。

1992年将社会力量办学纳入了教育事业总体规划。各级教育行政部门加强了管理，配备了一定数量的专职管理人员，对社会力量举办的学校与其它学校同等对待。对其在办学活动中遇到的困难和问题按照政策给予指导和帮助。全省已基本建立了一支专兼职的视导员队伍，在教学管理、财务管理、广告管理、印章刻制等方面，加强了监督管理，使社会力量办学走上健康发展的轨道。

撰稿人　刘劲姿
审稿人　陶增骈　齐红深

吉林省教育

1992年，吉林省教育工作围绕学习贯彻邓小平同志南巡谈话和党的十四大精神，以经济建设为中心，深化教育改革，加快事业发展；大力推进九年义务教育的实施，深化农村教育、城市教育和学校教育综合改革；进一步调整高等教育结构，扩大办学自主权，增强内部活力；使教育更好地为经济建设服务。

概　况

一、各级各类教育发展情况

1992年各级普通学校基本情况

单位：人

学校类别	学校数（所）	毕业生数	招生数	在校学生数	教职工数	
					计	其中专任教师
一、普通高等学校	42	22778	26197	79403	38582	14706
研究生		1181	1285	3717		
本　科		12181	12701	47803		
专　科		9416	12211	27883		
二、中等专业学校	117	20890	26237	74115	17248	7885
中等技术学校	94	15135	19167	53307	14292	6409
中等师范学校	23	5755	7070	20808	2956	1476
三、普通中学	1911	354446	469201	1297953	119986	86962
高　中	315	57632	59747	173848		15552
初　中	1596	296814	409454	1124105		71410
四、农业、职业中学	338	51777	69614	151571	14995	9642
高　中	306	41486	50300	113596		7993
初　中	32	10291	19314	37975		1649
五、工读学校	5	70	61	220	140	60
六、小　学	10635	466410	422779	2599504	177937	146337
七、特殊教育学校	34	424	1023	5348	1614	1064
八、幼儿园	2059	300507	313292	474837	33193	20533

1992年各级成人学校基本情况

单位:人

学校类别	学校数(所)	毕业生数	招生数	在校学生数	教职工数 计	其中专任教师
一、成人高等学校	46	20602	18699	52804	6540	3118
广播电视大学	2	6368	3201	7450	861	381
职工高等学校	27	2965	3755	10719	2296	1141
农民高等学校	4	118	162	263	257	127
管理干部学院	6	709	1157	1907	1805	630
教育学院	7	1003	517	1833	1321	839
独立函授学院						
普通高校举办						
函　授　部		8617	8620	26735		
夜　大　学		817	1151	3593		
干部专修科		5	136	304		
二、成人中等专业学校	158	9912	12729	34138	9991	5904
广播电视中专	1	733	1845	4318	19	9
干部中专	5	109	330	598	226	108
职工中专	75	3369	6624	16299	4290	2171
农民中专	11	4456	3930	12245	1108	927
教师进修学校	66	1245		678	4348	2689
三、成人中学	178	13350	7648	8274	685	456
职工中学	76	7264	4059	4375	454	305
农民中学	102	6086	3589	3899	231	151
四、成人技术培训学校	6690	1474863	1852178	1926542	15321	7191
职工技术培训学校	509	525690	634365	642108	7500	4323
农民技术培训学校	6181	949173	1217813	1284434	7821	2868
五、成人初等学校	2309	162845	102041	119330	2279	751
职工初等学校	251	8087	8234	8687	326	237
农民初等学校	2058	154758	93807	110643	1953	514
其中:扫盲班	1567	91598	47267	61921	1679	411

注:成人中等专业学校外有2所函授中等专业学校,1992年毕业生2498人,招生2356人,在校生7806人,教职工总计705人,其中专任教师374人。

二、学习邓小平同志南巡谈话精神,进一步明确教育改革的方向和重点

邓小平同志南巡谈话发表之后,省教委组织教育战线进行学习和落实。同时,围绕省委做出"拼搏三年,使吉林经济迈上新台阶"的战略部署,在全省教育战线开展了"经济上新台阶,教育怎么办"的大讨论。通过讨论,广大教师和教育工作者进一步认清了形势,解放思想、转换脑筋,增强了三个意识,即中心意识、改革开放意识和质量意识,推动了教育战略地位的落实,加快了教育改革与发展,为吉林省经济上新台阶做出了贡献。全省各级教育行政部门认真组织讨论,联系实际找准本单位教育改革的主攻方向,研究和制定改革方案,落实具体措施。在上下讨论、总结经验的基础上,省教委研究了全省教育改革与发展的一些重要问题,制定了《关于加快我省教育改革与发展的若干意见》,出台了25条改革措施,同时还制定了《关于深化教育改革,为经济建设服务的若干意见》(10条)和

《关于进一步扩大省属普通高校办学自主权的若干意见》(10条),这些措施和意见加大了改革的力度。高教、普教、职教、成教也分别提出加快改革与发展的实施方案。上述改革意见,经省政府批准实施并分解为11项指标落实到省教委领导和有关处室的目标管理责任制中。年底经检查,这些指标任务已全部完成。

三、继续坚持多渠道筹措教育经费,办学条件有较大改善

继续发挥国拨教育经费的主渠道作用。在1992年全省财政比较困难的情况下,各级政府坚持做到教育经费的"两个增长"。全省财政预算内教育事业费达11.6亿元,比1991年增加1.5亿元,增长14.5%;生均教育事业费中学达335元,小学达183元,分别比1991年增加41元和34元,增长13.9%和22%。此外,还主动争取国家教委、省财政厅、计经委的支持。1992年,国家已确定给吉林省高师贷款455万美元。

坚持"依靠人民办教育",进一步拓宽了筹措教育经费的渠道。依据国家法律、法规、政策,起草了《关于进一步多渠道筹措教育经费的报告》,以省教委和财政厅的名义报省政府批转各地执行,使多渠道筹措教育经费、改善办学条件工作取得成效。职工集资办学已在全省绝大多数城镇展开,1992年全省共集资1.2亿元,仅长春市城区职工集资就达1620万元。

勤工俭学工作取得新进展。全省中小学勤工俭学创百万元以上利润的企业已达到10家。仅这10家企业就创利润1455万元。全省勤工俭学产值达到13亿元,实现利润2.9亿元。

挖掘潜力,节省资金。省教委在洮南市召开了全省农村学校冬季采暖节能工作现场会,推广了洮南市农村学校冬季取暖采用的"地火炕"节能办法。目前,这一方法已在全省部分地区的农村学校使用。

有效利用教育基金,进一步发挥省、地、县三级教育基金网络的作用。全省教育基金会共募集教育基金5000万元,比1991年增长19.2%。所募基金均有效地投入到兴建校舍,改善办学条件之中。

由于多渠道筹措教育经费,增加了教育投入,办学条件得到了进一步改善:新建校舍73.5万平方米,危房面积由1991年的123万平方米减少到6.8万平方米;中小学校舍砖瓦化比例达到97%;二部制班数由1991年的731个减少到278个;全省中学实验室建成率达到97.7%,比1991年提高10.1个百分点,小学实验室建成率达到80.9%,比1991年提高27.2个百分点,图书室、卫生室建设也相应得到加强。

1992年暑期,国家4部委联合检查组对吉林省多渠道筹措教育经费,改善办学条件工作进行了检查。在河南省召开的全国多渠道筹措教育经费改善办学条件现场会上,吉林省介绍了经验,并作为全国先进省受到表彰,国家奖励吉林省300万元。

基础教育

一、加快实施九年义务教育

1992年,全省已基本普及初等义务教育,50%的城区普及了九年义务教育。全省小学生入学率达到98.6%,小学生非正常辍学率控制在0.11%以下。小学毕业升学率由上年的90.06%提高到91.34%，上升1.28个百分点；普通初中学生辍学率由上年的5.70%下降到4.97%，下降0.73个百分点。小学二部制由上年的0.7%下降到0.3%，下降0.4个百分点。在实施九年制义务教育的同时，积极发展学前教育、民族教育和特殊教育。全省专设少数民族学校619所(其中普通中学106所，在校生57841人；小学513所，在校生100845人)，特殊教育学校34所。

把普及九年义务教育作为工作重点，健全了评估指标体系。从全省实际出发，按国家教委关于把实施九年义务教育的指标落到实处的要求，制定了《吉林省实施九年义务教育初中阶段必备办学标准和要求》以及《检查评估办法》、《吉林省城区(市)实施九年义务教育初中阶段检查评估工作方案》。把初中阶段义务教育的评估指标具体化，使评估验收按统一的规范动作进行，从而健全了从小学到初中义务教育评估验收的指标体系，推进了九年义务教育的实施。

强化了依法治教。抓住《义务教育法实施细则》颁发的有利时机，反复深入宣传"一法一例一则"，运用法律武器，进一步强化了义务教育的法制观念。全省对乡以上干部、各级教育行政部门领导、中小学校长和教师进行了义务教育法实施细则的培训，明确了政府、社会、学校和家长实施义务教育的法定职责，突出明确了政府行为。经省政府批准，在辽源市举办了主管教育的县(市、区)长培训班，增强政府领导人依法施教的责任意识，强化县级政府的统筹权和决策权。为了做到依法施教，省教委提出的各级政府领导实施义务教育实行目标管理责任制，政府有关部门实行执法分工负责制，社会各界实行社会义务责任制，受到省政府的重视。有的已经落实，取得初步效果，有的正在研究，采取措施加以落实。义务教育的规章制度和执法程序日渐完善。吉林省依法治教的经验得到全国人大、国家教委的肯定。

认真进行督导检查。根据《义务教育法实施细则》的要求，1992年进一步在双线目标管理责任书中明确了各级政府和教育行政部门实施义务教育的职责，使责任书内容和评价指标体系更具有操作性和科学性。各级政府和教育行政部门对执行教学工作目标管理责任书和接受年终督导检查越来越重视，认真进行自检并总结工作。1992年全省还强化了督导机构和督导队伍建设。全省已有8个地区、58个县(市、区)建成人民政府督学室，督学人员由1991年的331人增加到409人。督导人员培训班已办了五期，参加培训人员达到364人，占总数的88%。吉林省督导工作在全国有关会议上介绍了经验。

重视教学工作。1992年，省教委相继出台了一些加强教学工作的政策措施，狠抓了教学管理，召开了全省教学工作会议，把学校工作转移到以教学为中心，全面提高教育质量上来。逐步改革和完善升学、考试制度，高中毕业会考逐步开展。贯彻落实了全国民族教育工作会议精神，并制定了《关于加强我省民族教育工作若干问题的意见》。同时注意加强了幼儿教育和体育卫生工作。

注意突破工作难点。影响义务教育步伐加快的主要难点在贫困边远地区、初中教育阶段和特殊教育部分。对贫困边远地区继续进行重点扶持和帮助。通过采取政策倾斜、派干部蹲点等办法帮助搞好教育工作。1992年靖宇县、通榆县教育工作都取得了一定成绩。1991年全省普及初等义务教育有133个乡镇没有达到合格标准，1992年已减少为31个。下气力抓了初中工作，1992年有203所初中建成达标校。全省经过五年三批六次验收共建成初中达标校976所，加快了薄弱初中的建设。同时,特殊教育得到加强。1992年全省新建特教学校4所,特教班108个,随班就读点924个,全省残疾儿童入学率已达到84.1%。

目前,吉林省实施义务教育取得了明显成绩。年底经过检查验收,全省934个乡镇和农场中,已有903个达到了普及初等义务教育的合格标准,合格率为98.8%,人口覆盖率已达到98.2%。在城区561所小学中,已有552所学校达到普及初等义务教育的合格标准,合格率为98.4%。

二、加强师资队伍建设

科学评估,推动师资基地建设。一是组织了标准化中等师范学校检查评估,受检的12所中等师范学校在建设、管理和质量三个方面都跃上了一个新台阶,受到国家教委的充分肯定;二是对一类教师进修学校进行检查评估,评出一类教师进修学校8所,使全省一类教师进修学校达到了25所,占地方所属教师进修学校总数的45.4%;三是评比教育学院优胜单位,进行了全省教育学院联评,评出了2个优胜单位,对全省教育学院的建设和管理起到了推动作用。

制定有效措施,提高教师素质。制定了中师"三·一"分段教学计划,建立了新的教学模式;实行小学教师继续教育证书制度,并为此制定了教学计划和培训纲要,参加培训的教师达14万多人,形成了教师参加继续教育的驱动机制;出台了《吉林省关于开展专科程度小学教师自学考试工作的意见》,并组织专家编写、制定各科教学大纲和教材,预计全省将有2万名小学教师参加培训;实施了培养专科程度小学教师的试点方案,组织四平师范学院、长春师范学院制定了教学计划和教学大纲,并招收了首批学员,为本世纪末把全省中等师范学校全部建成五年制学校摸索经验,做好准备;出台了《吉林省加快中学教师学历培训步伐的实施意见》,理顺了中学师资培训管理体制。为加强卫星电视、自学考试的管理,省教委专门成立了领导小组,严格按照国家自学考试的规定,圆满地组织了第一次考试。1992年全省中师招生绝大多数定向到乡镇,并面向农村和厂矿扩大了自费生的比例,实行服务期制度。1992年全省中师保送的毕业生一律分配回原学校,毕业生到位情况好于1991年,充实了师资队伍,保证了新师资的质量。

认真落实教师待遇。受全省经济状况的影响,1992年教师工资拖欠现象比较严重。省政府非常重视教师工资兑现工作,省教委专门向各地发出明传电报,并在1993年元旦前要求各地教委主要领导认真督促落实这项工作,及早把拖欠的工资发到教师手中。春节前省教委还组织人力到各地检查落实情况,使教师工资兑现进一步落实。

明确了师资管理工作的思路,加强了配套措施的落实。一是加强了民办教师的基础建设,初步建立了民办教师档案管理体制,严格实行民办教师年报制度,有效地控制了民办教师的数量和质量;二是进行了师资管理标准化建设,规定了县(市、区)师资管理合格标准;三是明确了中小学师资队伍管理工作的原则,召开了全省中小学师资管理座谈会,出台了《中小学校长管理意见》、《中小学教师管理办法》等切实可行的措施;四是会同国家计委、省人事厅共同进行了民办教师转正录用工作,全省一次性直接录用了1700名民办教师为公办教师。同时,还与省政府积极协商,为教师及家属"农转非"2040人,这些对优化教师队伍,加强教师队伍管理起到了明显作用。

经过努力,1992年小学教师学历达标率达到88.77%(未含专业合格人数),初中教师达到55.42%,高中教师达到55.68%。

三、加强中小学德育工作

加强学校的德育和思想政治工作。省教委编纂了德育文件选编，组织了德育工作专项督导检查，开展了《中学德育大纲》和《小学德育纲要》的实施细则的修订和试点工作，部署落实“两史一情”教育的《总体纲要》，改进了中学生思想品德课考核办法；召开了全省中小学德育工作座谈会和德育工作协调单位第二次联席会。全省德育工作整体效益有了明显提高：一是抓出一批典型。各地不断创造改革开放条件下学校德育工作的新经验，以典型引路，提高德育工作水平。二是加强政策导向。1992 年全省评选了 22 名特级教师，各地也表彰了一批在德育方面做出突出贡献的教师。三是重视和加强德育队伍建设。各地认真组织学校干部、教师进行职业道德教育，明确德育工作是全体教师的共同职责，把德育贯穿和渗透教育教学全过程中，教师以自己的楷模作用，促进学生的全面成长。同时注意发挥班主任、团队干部的作用。四是加强了中小学校规、校纪的正规化、制度化建设。良好的校风、学风正在形成，第二课堂和生动、健康的校园文化逐渐活跃。五是学校、家庭和社会教育相结合的社区教育趋势开始形成，注意挖掘德育资源，优化德育环境。有关部门齐抓共管，协调配合，形成系统工程。一批校外教育先进集体和个人受到国家教委表彰。全省中小学生犯罪率呈明显下降趋势，据有关部门统计，1992 年全省在校生犯罪率明显下降，涌现出全年无犯罪的市县。

职业技术教育

1992 年，全省中等职业技术教育（含普通中专、技工学校）在校生占高中段在校生总数的 58.40%。普通中等专业学校做为中等职业技术教育的骨干，稳步发展，通过采取“按需招生”的办法，积极调整专业结构，适当增加工科中专的招生数量。普通中专扩大了招收农村青年不包分配班的比例，共录取新生 1490 人。

职业技术教育形成了一定规模。1992 年省属中等专业学校、技工学校和职业高中在校生达到 21.79 万人，全省职业高中在校生占高中段学生总数的 55.61%。进一步改革了职教办学体制，初步改变了教育部门独家办学的局面。推进在当地政府的统筹下，以产业部门、企事业单位和各方面联合办学为主的体制，共新办联办职业技术学校 17 所。同时放开并搞活职教办学形式，挖掘中专和职业高中的办学潜力，中专和职业高中共扩大招生 114 个班 4537 人，新生总数是 1991 年招生数的 109.3%。在此基础上，还加大了高中后职业技术教育的步伐，共有 43 所学校招收高中后职业班 44 个 2581 人，为经济建设培养了一批急需人才。在校企结合、产教结合方面迈出了可喜的一步。一些中专、职业高中发挥学校的办学优势，根据自身特点联挂一个县、一个企业或一个乡镇，开展人才培养培训、科技咨询、技术服务和对口实习活动，共建校县、校企联合体 218 个，创产值 4335 万元，利润 510 万元。按照职业高中“先培训、后就业”的原则，在地方政府统筹和支持下，职业高中毕业生得到妥善安置，1992年共有毕业生40185名，已安置33757名，安置率为84.1%。根据国家教委的部署，对28所中专学校进行了办学水平评估，促进了这些学校教学管理及教改和教研工作。

农村教育综合改革。制定了《关于农科教结合的实施意见》，召开了全省农科教结合计划协调会和科教兴农经验交流会，对农民大中专院校进行了认真评估。重点实施三项计划：一是农村科技人才培养培训的"1253"计划，即5年内，为农村培养输送1万名农业大专毕业生，20万名农村中级技术人才，50万名经过800课时较完整的技术培训后相当于农民技术员水平的人才，300万名经过200课时培训，具有一定技能的新型户。二是农村教育系统实施科技试验与推广的"241"计划，即建立20个农科教结合的试验县，建立400个农科教结合的试验乡(镇)，推广100项农村实用技术。三是高等院校科技兴农的"213"计划，即5年内，在全省建立20个农业科技试验基地，向农村推广农业科技成果100项，动员农业院校3000名科技人员下乡开展科技服务。"1253"计划已完成年度培训任务。农民中专、农业广播学校调整了专业，增设了农村应用性较强的专业，招生对象有了很大变化，农民学员所占比例由1991年的5%上升到30%多。"241"计划中的20个农科教结合的试验县已全部落实，400个实验乡镇落实了253个，占63.20%，100项农村实用技术，已选定81项，26项已经成书发行，开展了试验推广测土施肥实用技术。据专家预测，如果全省有一半土地应用这项技术，农村可增加80多亿元的收入。

城市教育综合改革。1992年初成立了吉林省城市教育综合改革办公室，并订出工作目标，纳入目标管理体系。城市教育综合改革的总体目标是：在"九五"期间全面铺开城市教育综合改革，在全省形成一个体制合理、结构优化、层次完整、专业齐全、布局合理、运行自如、服务于吉林、推进吉林经济发展的城市教育体系。1992年4月，国家教委下发了《关于搞好城市教育综合改革试点工作的意见》。省教委按此意见，从实际出发，实行经科教结合，进一步完善了改革方案，在认真总结辽源市试点经验的基础上逐步展开。经国家教委批准，长春、吉林、四平、辽源、通化、松原市被确定为全国和省的城市教育综合改革试点单位。目前，这些城市按实施方案已全面展开工作。

高等教育

一、深化高等教育改革，增强高校为经济建设服务能力

普通高等学校经过充实整顿，办学条件有了较大改善。吉林市联合大学、四平市职业大学已初步达到了国家教委充实整顿验收标准。省属高校进行了专业结构调整，现有本、专科专业177个，比1991年增加11个。为了解决农林急需的人才，农村药、师范院校(专业)继续试行定向招生、定向分配的办法，使学生毕业后能够分得去、留得住。

进一步简政放权,扩大高校办学自主权。在深入调研和广泛征求意见的基础上,省教委对省属高校下放了10项权力。在招收自费生和委托生、调整专业方向、学校内部机构设置、分配办法、职称评定、国际合作、教育交流等方面给学校以更大的自主权,受到学校的欢迎。

搞活学校内部机制,增强办学活力。主要抓了吉林师范学院、吉林农业大学、吉林工学院内部机制改革的试点。东北师范大学、吉林工业大学、长春邮电学院先后被国家有关部委确定为教育综合改革的试点。目前全省42所高校有一半以上制定出台了整体改革方案,有20%的学校已经进入实质性启动阶段。吉林工业大学和东北师范大学的内部机制改革已取得初步成效。还有20%的院校根据学校的实际情况,在住房、医疗、职称、校办企业等方面进行单项突破、分步到位,逐步扩大。

增设新专业,加快培养急需人才。为适应全省经济上新台阶的需要,试办了一些社会急需的短缺专业。高等教育在科类、专业调整中重点发展高科技专业、外向型专业以及通讯、交通、金融、贸易和房地产、旅游等第三产业的专业,同时面向乡镇企业培养人才。1992年共增设了33个新专业,拓宽了专业服务范围,全省高校扩招了2300名自费生。

发挥高校科技优势,直接为经济建设服务。积极组织高校科技兴农活动,开始实施高校科技兴农"213"计划;组织部分高校赴通榆、镇赉、白城市、松原市搞科技对接活动,落实了150多个科技项目;全省高校与54个县、区建立科技协作关系、同企业建立81个联合体;鉴定科技成果308项,转化132项,获国家发明奖4项,部委奖和省奖励111项。

创办高校科技产业,增强学校经济实力。省教委召开两次校办产业座谈会并下发文件,鼓励高校创办具有自己优势的校办产业。全省42所高校已经创办248家校办产业,产值2.2亿元,比1991年增长76.7%。长春邮电学院创办的长虹公司产值已达到3200万元,实现利润800万元。吉林林学院林胜木业有限公司产值也在千万元以上。全省已有13所院校的38家公司进入南湖高新技术开发区和珲春开放区,已同国外合资创办9家企业,还有11家正在签定合资协议。

改革招生和毕业生就业制度,主动适应市场经济的需要。加强了高校招生计划的宏观调控,逐步缩小指令性计划,扩大调节性计划,压缩了长线专业招生数量,扩大了短线专业招生数。在完成国家任务的前提下,根据经济建设需要和办学条件,扩大招收委托培养和自费生的比重。招收了140名先进模范青年和有实践经验的青年进入高校学习。

进一步改进高等师范院校招生分配办法,提高了生源质量。完善了省属高师院校招收保送生工作中的报名、推荐、文化考核等办法,考试科目由1991年的2科增加到5科。省属高师院校共招收保送生413人,新生质量有明显提高。

1992年毕业生分配工作加强了计划管理和计划调控。全省共接收大、中专毕业生32982人,比1991年增加了3000人。优先保证了国营大中型企业、改革试点企业、乡镇企业、农业服务体系以及农村文教卫生事业单位急需的毕业生。对全省急需缺门短线专业,采取省际、部委之间互相调剂余缺的办法,争取外省毕业生来省工作,解决经济建设缺少人才的问题。为使毕业生分配逐步转向就业指导,逐步把毕业生推向人才市场,积极筹备成立了毕业生就业指导中心,努力为毕业生分配制度的改革创造条件。

加强高校后勤工作,提高管理和服务水平。组织进行高校伙食会计培训,推行《吉林省高校伙食会计核算办法》,加强伙食管理,开展学生食堂多层次服务;进一步改善学校住宿和服务设施,开展学生宿舍创优达标竞赛;积极推进高校住房制度改革,缓解教职工住房困难。由于强化管理,提高服务质量,保证了教学、科研以及师生员工的生活需要。

二、高等学校思想政治教育

1992年,高等学校组织学生学习邓小平同志南巡谈话和十四大文件精神,用马列主义、毛泽东思想和建设有中国特色的社会主义理论教育学生。引导学生运用马克思主义的立场、观点、方法认识现实问题,走与工农结合、与实践结合的成长道路,增强学生抵制资产阶级腐朽思想的能力,坚定建设有中国特色的社会主义的信念。对高校马克思主义理论课进行了改革,调整充实了新的内容。暑期举办了马克思主义理论课骨干教师培训班。切实加强了学生管理,制定了《关于加强学生安全教育及管理的意见》,取得一定成效。广泛开展了学生暑期社会实践活动,高校和中专参加社会实践活动有7万人次,组织考察组、小分队2400多个,建立社会实践基地1000多个,完成各类调查报告5万多篇,使学生受到教育和锻炼。

三、加强高等院校对外交流合作

扩大了对外教育交流与协作。1992年,聘请外国文教专家和教师156名,比1991年增长18.8%;接受外国留学生265名,比1991年增长145.37%;派出访问学者66人,教育考察团组26个;接待外国友好团组32个,208人次。校际关系有了新的发展。有3所大专院校分别与日本、加拿大、俄罗斯建立了友好校际关系。1992年,外国文教专家向吉林省高等院校赠送图书资料、教学仪器设备折合人民币1560万元,并利用国外友人提供的资金召开了人文地理国际研讨会,邀请国内外知名专家学者出席了会议,扩大了影响。与国外合作办学也有了新的进展,经省政府批准,吉林省与美籍韩国人在延吉市合资兴办了延边科学技术大学,第一期工程已投资700万美元,首批已招收250名学生,拟将再投资700万美元,进行二期工程建设。

加强了对外教育交流工作的管理。一是加强了外国文教专家的管理工作。吉林省是聘用外国文教专家较多的省份,为进一步提高聘用效益,完善了目标管理制度,成立了目标管理评估小组。会同省外办评选出了1992年度外国专家工作的先进集体、个人及模范专家,给予表彰。在1992年召开的全国文教专家工作会议上,吉林省受到了国务院外国专家局的表扬。同时,结合全省实际,进一步调整了专家的专业结构,更好地为经济建设服务。有相当一批短期理工科专家参与了国家和省科技攻关项目,取得了一些重大科研成果。二是采取有力措施,加强了公派自费留学生的归口管理。针对一度出现的单位派出自费留学生工作中的混乱局面,起草了《关于加强单位派出自费出国留学人员管理工作的通知》,经省政府批转执行,明确了公派自费留学生工作归口省教委主管,为加强公派自费留学生的管理工作打下了良好的基础。

成人教育

成人教育由外延发展逐步转向扩大内涵发展。重点抓了成人大中专院校的调整工作，进行了认真的验收和评估；停办了5所成人高校和9所成人中专，合并了3所职工大学，调整了23个专业。职工岗位培训工作完成了年度计划，全员培训率达到80%，比1991年提高20个百分点。进一步加强了社会力量办学的管理，进行了全面检查，“三乱”情况基本得到控制。继续扫除剩余文盲，15～40岁人口的文盲率下降到1%。农民实用技术教育大规模展开，农民文化技术学校培训了94.92万人次。

1992年成人教育的发展，注意调整了办学方向。高、中等学历教育稳定发展，并逐步将办学重心从学历教育转到以岗位培训为主的各类非学历教育上来。成人高校非学历教育培训在职人员34175人；成人中专非学历教育培训236245人。成人学历教育主要加强宏观管理，充实办学条件，全面提高教育质量。1992年成人高校校舍建筑面积582651平方米，比上年增长3.86%，具有高级职称的教师505人，占专任教师总数的16.2%。

撰稿人 林乐琨

审稿人 杨胜超

黑龙江省教育

概　况

1992年，黑龙江省教育工作以党的基本路线为指针，根据省委六届八次全会和省人大七届五次会议对教育工作的总体要求和国家教委1992年工作会议精神，认真落实省委、省政府《关于进一步扩大开放，加快发展外向型经济的决定》、《关于支持绥化等九县市率先登上经济发展新台阶、率先建立社会主义市场经济新体制的意见》和《关于充分发挥知识分子作用，促进经济发展的若干政策规定》的要求，紧紧围绕教育与社会主义市场经济相适应这个大课题，不断解放思想，深化改革，认真思考，努力求索，积极促进教育事业的发展。

1992年各级普通学校基本情况

单位：人

学校类别	学校数(所)	毕业生数	招生数	在校学生数	教职工数	
					计	其中专任教师
一、普通高等学校	42	23804	30161	89068	41963	15641
研究生		1214	1351	3919		
本　科		13146	14114	53580		
专　科		9444	14696	31569		
二、中等专业学校	110	22578	23806	69766	17709	7227
中等技术学校	80	15718	17313	49869	13808	5359
中等师范学校	30	6860	6493	19897	3901	1868
三、普通中学	2738	508917	612760	1762120	176371	129868
高　中	550	84935	88203	265400		22932
初　中	2188	423982	524557	1496720		106936
四、农业、职业中学	477	45088	59293	142705	20816	12823
高　中	463	43813	56965	137250		12516
初　中	14	1275	2328	4455		307
五、工读学校	1	12	10	30	40	26
六、小　学	16678	624332	609109	3780268	251133	216377
七、特殊教育学校	71	715	1513	8979	2487	1678
八、幼儿园	1975	343933	374031	596182	40414	25449

1992年各级成人学校基本情况

单位:人

学校类别	学校数(所)	毕业生数	招生数	在校学生数	教职工数 计	教职工数 其中专任教师
一、成人高等学校	87	24660	29834	79239	13300	6034
广播电视大学	2	6066	7107	18368	3074	1265
职工高等学校	56	4663	5540	16248	5571	2662
农民高等学校						
管理干部学院	10	1453	1268	2331	1865	650
教育学院	19	3073	2065	5398	2790	1457
独立函授学院						
普通高校举办						
函授部	(30)	6980	10798	27787		
夜大学	(20)	2235	2826	8670		
干部专修科	(1)	190	230	437		
二、成人中等专业学校	355	37495	43177	125282	17031	8565
广播电视中专	6	10652	9627	42124	1579	472
干部中专						
职工中专	204	14624	21702	49377	9719	4756
农民中专	40	4587	8708	16757	1358	789
教师进修学校	105	7632	3140	17024	4375	2548
三、成人中学	520	33840	42545	39595	5160	2968
职工中学	428	30556	38756	34759	4756	2759
农民中学	92	3284	3789	4836	404	209
四、成人技术培训学校	13321	4010000	4150000	3090000	40000	40000
职工技术培训学校	1899	670000	730000	370000	20000	20000
农民技术培训学校	11422	3340000	3420000	2720000	20000	20000
五、成人初等学校	9721	199539	243177	243768	17736	7314
职工初等学校	21	2009	2740	975	115	74
农民初等学校	9700	197530	240437	242793	17621	7240
其中:扫盲班	5530	90358	109340	97439	13079	4432

制表人 冯玉龙

截止1992年底,全省普通高等学校在校生比1991年增加0.6万人(其中省属高等学校28所,在校生4.6万人,比1991年增加0.3万人)。研究生培养单位22个,在校生3919人(其中省属院校在学研究生897人)。成人高等学校87所,在校生4.2万人(省属成人高等学校68所,在校生3.8万人)。技工学校216所,在校生10.58万人。全省中等职业技术学校在校生数已占高中阶段在校生总数的52.9%。1992年,先后召开了全省地、市教委主任办公会议,全省成人高等教育工作会议,全省初中规范化学校建设现场会;在抓好"两基"、"两全"的基础上,突出抓了发挥教育的人才培养、培训和科技智力优势,为科教兴省服务工作。特别是邓小平同志视察南方谈话和党的十四大召开之后,全省广大教育工作者的精神更加振奋,思想更加解放,进一步加快了教育改革与发展的步伐,开创了教育工作的新局面。在农村教育综合改革、九年义务教育、改善中小学办学条件、普通高等学校招生分配制度改革和成人高等教育改革等项工作中取得了较明显的进展。全省教育工作在改革和发展的探索与实践中，为全省经济振兴和社会发展作出了应有的贡献。卫星教育电视台、站的建设有了较大的发展，全省现已建台14座，建站56个，充分发挥了卫星电视教育在师资培训、农科教统筹、新技术推广等方面的多功能作用。

基础教育

1992年，黑龙江省以贯彻实施《义务教育法》为主线，以普及九年制义务教育为重点，以大力加强中小学规范化学校建设为杠杆，切实加强了基础教育。

一、普及义务教育工作保质保量进行

在巩固普及初等教育成果的基础上，加快了普及九年义务教育步伐。积极发展特殊教育和幼儿教育，盲童、聋哑儿童、弱智儿童入学率分别达到100%，85.5%和75.1%，全省4—6周岁儿童入园（班）率分别达到58.2%和86.2%。制定了《黑龙江省九十年代幼儿教育事业发展规划》。1992年根据国家教委加快普及九年义务教育的精神，调整了全省义务教育实施规划，到1995年，全省实施九年制义务教育的人口地区将由原来的45%提高到50%左右。继续加强了小学和初中规范化建设，使小学和初中达到基本合格以上标准学校的比例分别由1991年的32%、30%，提高到45%和49%，标准小学由1991年的77所发展到200所；示范初中由1991年的7所发展到15所。初中薄弱的状况大大得到改善。1992年6月，全国人大《义务教育法》检查组对黑龙江省实施义务教育工作予以充分肯定，评价为“思想到位，态度积极，措施得力，富有特色，充满生机”。

二、深化改革，全面贯彻教育方针，提高教育质量

加大了教育体制改革力度，初步释放了教育内部潜能。在管理体制改革上按照“分级办学、分级负责”的体制，积极放权于市（县）政府，进一步增强了地方政府对基础教育的统筹决策权，同时，进行学校内部管理体制改革，释放教师潜能，增强学校活力。1992年，在哈尔滨市、齐齐哈尔市的105所中小学进行了以校长负责制、目标责任制、教师聘任制和校内分配制度改革为主要内容的管理体制改革，充分调动了广大教师的工作积极性，增强了学校的活力。

教学领域改革继续深化。小学“注音识字，提前读写”教学改革试验面在全省进一步扩大。开展了首次教学成果评奖工作，评选出203项优秀教学成果，在全省推广。积极进行了高中教学计划调整，稳步实施了高中毕业会考，对全省省级重点中学进行了全面检查评估，极大地促进了重点中学的建设和办学水平的提高。积极进行了“双全”学校督导评估检查。评选出119所“全面贯彻教育方针，全面提高教育质量”的典型学校。民族教育工作取得新进展，通过加强少数民族学校常规管理和队伍建设，开展民族语言文字教学规范化建设等工作，推动了民族教育的改革和发展。艺术教育工作已走上正常化轨道。全省小学、中学的艺术课开课率，分别达80%和85%以上。国防教育和体育卫生工作都得到了进一步加强。成功地举办了全省第五届中学生运动会,学校健康教育开课率达90%以上,防近工作得到加强。这些改革措施的实行,促进了教育教学质量的提高和教育方针的全面贯彻。

三、中小学德育工作进一步取得实效

狠抓中小学日常行为规范教育,严格学校管理,严肃校风校纪。在中学,以清除吸烟、喝酒、赌博、打架、斗殴、考试舞弊等五种恶习为重点,强化行为训练;在小学,通过建立各级定期检查制度,推动《小学生日常行为规范》的贯彻落实。目前,中学生的五种恶习得到有效制止,小学生按《规范》作到“三会”的达92%以上,劣迹率、后进生率均有明显下降。

在中小学深入开展“两史一情”教育,进行了队伍培训,对中学政治、语文、地理、历史4科教研员和骨干教师进行了全员培训,发挥教学主渠道作用,把国家教委制定的学科国情教育纲要落实到各科教学中去。以小学生学习《国情教育十知道》为全面内容,以“红领巾读书读报奖章活动”为辅助,开展“两史一情”教育。同时,在中小学普遍建立升降国旗制度。到年底,全省已有85%的小学和90%的中学达到升降国旗制度化、规范化、标准化。

在3个地方开展了中学生德育目标量化管理实验,在9所中学进行了德育大纲实验。在德育目标量化管理实验中坚持阶段性的教育和考核相结合,经常性的指导和修正相结合,形成了学生自我教育的机制,提高自我约束、自我管理的能力,中学德育大纲实验,受到了上级教育部门的好评。

四、依靠人民办教育,改善学校办学条件有了新的进展

继续走依靠人民办教育的路子,建立和完善以政府拨款为主,辅之以征收教育费附加,收取非义务教育阶段学生学杂费,发展校办产业,集资办学和捐资助学的多渠道多形式筹措教育经费的体制,确保义务教育经费的“两个增长”。1992年7月,省政府下发了《关于继续提倡和鼓励多渠道集资办学的通知》,使全省的人民教育基金和人民教师奖励基金合法化,预算外资金有所扩展,缓解了教育经费紧缺的困难。

大力实施“危房改造工程”。1992年是黑龙江省计划完成危房改造的最后一年,任务十分艰巨。1991年,黑龙江省又遭受了百年不遇的洪涝灾害,新增危房20多万平方米,给危房改造工程带来了困难。面对艰巨的任务和重重困难,全省上下同心协力,共同奋斗,通过多种渠道筹措资金达7亿元,将原有危房和受灾新增危房改造一起进行,取得了辉煌的成绩。使危房率降到1%以下,95%的校舍面积实现了砖瓦化。被国家教委和财政部授予为“多渠道筹措教育经费,改善办学条件先进省”的称号,颁发奖金300万元。

节约经费支出,在农村学校推广节能、高效、卫生、安全的“燃池取暖法”。全省现已有30%的农村中小学采用“燃池取暖法”,节约取暖费用1300多万元。加强了勤工俭学工作,1992年创收2.6亿元,用于补充教育经费的不足。加强了教育经费审计,提高了教育经费的使用效益。

五、加强中小学教师队伍建设,提高教师待遇

加强教师队伍梯队建设,努力提高教师待遇。在中小学共评聘45岁以下的高级教师415人,通过评审使全省中学的教师队伍,特别是高级职务人员的年龄结构进一步得到优化,促进了教师队伍梯队建设。在提高教师待遇方面,重点抓了近几年出台的提高教师待遇政策的落实,特别是落实教师教龄满30年退休后发全薪的政策。在调查研究的基础上,省教委、省财政厅、省农委联合发出文件，督促落实有关民办教师待遇的政策，要求重点解决拖欠民办及公办教师工资问题。1992年底，省委书记孙维本亲自给各地、市、县党政主要负责同志写信，省教委、省人事厅、省财政厅又联合发出电报，要求各地迅速解决拖欠教师工资问题，使拖欠教师工资问题得到有效缓解。

中师标准化建设得到加强。到1992年底，已有14所中师学校达到标准化，占现有中师学校的50%。

加强了教师奖励工作，1992年，省教委会同省教师奖励基金会表彰奖励了119名优秀中小学校长、100名中小学优秀体育教师，在教育战线和全社会都产生了良好的影响，促进了尊师重教风气的形成。

职业技术教育

一、职业技术教育工作得到了进一步加强

1992年，省教委大力宣传贯彻国务院《关于大力发展职业技术教育的决定》，落实省委、省政府《关于发展职业技术教育若干具体问题的决定》及省人大的《职业技术教育条例》，积极推动职业技术教育走上依法发展的轨道，促进了政府统筹机制的建立。

采取倾斜政策，加强了骨干示范学校建设，20所省级重点职业高级中学的办学条件和综合办学水平得到了显著的提高。大力加强了职业中学的规范化建设，到1992年底，全省已有15%的农职业高中达到规范化要求。进一步调整了职业技术学校的专业结构，仅以20所省级重点职业高级中学为例，新增专业就达87个，增强了职业技术教育对于经济建设的适应性。对17所普通中专的办学水平进行检查评估，同时召开了全省中专学校教改工作经验交流会，使普通中专的办学水平普遍有所提高。民族职业技术教育有了较大的发展，全省少数民族职业技术学校（班）的在校生已占普通高中阶段少数民族在校生总数的15%。

二、以解决“服务”与“依靠”的关系为重点，农村教育和城市教育综合改革出现新局面

紧紧围绕为农民奔小康服务这个中心，本着“点上深化，面上推广，点面结合，稳步推进”的原则，采取分类指导、区域推进的方针，积极推进农村教育综合改革。首先，积极推动讷河、桦南、密山等几个农村教育改革实验县的改革进一步向深层次发展，在农科教结合的内容与机制上进行探索，取得了较大的突破。产生的结合形式是：(1)抓住“燎原计划”、“星火计划”、“丰收计划”三个项目的结合，使农、科、教三个部门共同为这些项目服务，集中投放力量。(2)抓住成人职教中心建设，使成人职教中心成为“三教统筹”和农科教统筹结合的依托地和生长点。(3)抓住人才培训、技术推广、农业服务体系的结合，使其成为农科教结合的连接点。(4)抓领导干部在学校实验基地种试验田，使其成为农科教结合的凝聚点。(5)在农村中学积极进行四年制、三加一、初二后分流、综合中学等改革试验，使学

校成为人才培养、技术咨询和服务的重要依托地。1992年，农科教统筹结合工作已在全省大面积展开。在此基础上，建立了齐齐哈尔农村教育综合改革省级实验区。

以改革高中办学模式、初中升学制度和加强社区教育工作为突破口，稳步启动城市教育综合改革。积极进行了高中办学模式改革试点，在6所高中进行高三分流改革实验，结合当地经济建设实际，开展职业技术教育和职前岗位培训，取得了较好效果，受到了国家教委的肯定。进行了初中升高中的考试制度改革试验。打破了单纯文化课择优的招生考试制度，实行保送、择优和定数配额相结合的中考制度。这项改革较有效地克服了片面追求升学率的倾向。与此同时，还在哈尔滨、齐齐哈尔、牡丹江、佳木斯等大中城市，积极进行了社区教育试点，取得了一定的经验。例如，佳木斯市前进区建立了政府统筹，社会参予，学校自由，双向开放，双向服务，互相促进，协调发展的社区教育机制，有效地促进了教育社会化、社会教育化、教育社会一体化的形成，为教育与经济的结合奠定了基础。

高 等 教 育

黑龙江省高等教育在“七五”后期及“八五”初期稳定规模的基础上，得到较快发展。高教改革进一步深化，为“科教兴省”服务的功能进一步增强。

一、扩大规模，深化改革

扩大了普通高等教育规模。1992年，全省普通高校在校生人数比1991年增加3100人。继续调整了普通高等学校的层次结构、学科结构和专业结构，积极发展了农业、工科、经济等短缺专业，1992年共新增本专科专业14个。与此同时，重点加强了农、医、师和工科院校配套设施和重点学科、重点专业建设。经过一年努力，投资765万元，完成项目建筑面积5.2万平方米，全部按计划如期交付使用，保证了事业发展需要。

加大了高教体制改革力度，逐步扩大了高校在招生计划、专业调整、机构设置、人事安排、工资分配、对外交流等方面的自主权，推动高校面向社会自主办学新体制的形成。进行学校内部管理体制改革，释放教师潜能，增强学校活力。1992年，在哈尔滨工业大学、哈尔滨船舶工程学院、齐齐哈尔轻工学院等5所院校进行了以人事、分配制度改革为主要内容的内部管理体制改革；同时，调整了省属高校的机构、编制，为进一步深化高校管理体制改革创造了条件。在办学体制改革上，积极探索以国家办学为主体.社会力量办学为补充的多种形式办学的新路子。试办了1所民办大学。在部分高等学校进行了教育教学、生产经营、科技推广和社会服务相结合的探索。

二、高校德育和思想政治工作进一步取得实效

一年来，全省切实加强了高校思想政治工作，在实效性上狠下功夫。

在高等学校师生中抓好有中国特色的社会主义理论、路线和党的十四大文件的学习，引导广大师生深刻认识和理解改革开放以来党的路线、方针、政策的连续性和正确性，坚定建设有中国特色社会主义的信念，同时，在高校加强了马克思主义理论和思想政治教育课的建设，制定了课程建设规划，从而使高校马克思主义理论课和思想政治教育课基本形成体系。

以了解国情，认识社会，锻炼成才，建功立业为主要目的，利用寒暑假时间，组织高校师生参加社会主义教育和社会实践活动。如哈尔滨师范大学组织部分师生到黑河地区开展社会主义教育活动，东北农学院组织千余名学生下乡开展科教兴农活动，都取得了实实在在的效果，深受当地政府和人民群众的好评。

三、深化招生制度改革，为全省培养急需人才，打通人才通往农村、乡镇企业、边远地区和贫困地区的渠道

在招生制度改革上，除继续巩固和完善原有的措施外，又在原来农、医、师院校实行的本科50%、专科80%定向招生的基础上，增加了工科、财经类高校的定向招生，增加8个贫困县和边境县的定向招生名额。仅1991、1992年就招收847人，比1990年增长2倍多；从1990年开始，先后在东北农学院、黑龙江水利专科学校和佳木斯医学院招收有实践经验考生，共招收781人。1992年，根据加快改革开放的新形势，又招收合同委托生、自费生共7200多人，其中很多人将到乡镇企业工作。按每名在校生每年所需培养经费2000元计算，每年可补充教育经费1400余万元。根据农村、中小型企业和乡镇企业对人才的需要，省教委批准东北农学院、齐齐哈尔医学院等五年制高校从参加当年高考成绩较好的学生中招收自费学生，实行“只发文凭，不包分配”的办学形式试点。同时，充分利用部委院校优势，招收工科自费生(含合同委托生)1600人。针对黑龙江省进一步对独联体各国开放，需要大量俄语人才的新形势，又组织28所高等院校与独联体各国进行教育交流，共派出自费留学生2300多人，相当于省属高校现有俄语人才培养能力的15倍，也是1985年以来省属高校培养俄语人才总和的2倍。

四、发挥高校科技优势，迈出了进入经济建设主战场的新步伐

高校为“科教兴省”服务，紧紧抓住科技成果转化这个关键环节，在推广应用中为生产服务，通过开展“科教兴省”试点县工作，摸索为发展县域经济服务的路子。

制定相应政策，引导、鼓励高校积极参予“科教兴省”工作。重点支持高校科技成果的二次开发和成果转化工作，将科学研究与开发推广工作同等看待，评职晋级一视同仁，配备了必要的开发推广编制，以鼓励高校科技人员从事开发推广工作，走出校门直接为当地经济生产服务。1992年，在高校职称评定中，单独下达指标在东北农学院和八一农业大学评聘出10名推广型教授和副教授。

努力发展校办产业，不断增强高校的造血功能。1992年，42所高等院校有校办产业230家，比1991年增加71%，固定资产净值达1.4亿元，比1991年增长145%；实现产值2.04亿元，比1991年增长51.6%；上交税金1083万元，比1991年增长73.6%。如黑龙江中医学院的中药厂，年创产值1000多万元，实现利润150多万元。哈尔滨工业大学创办了科技园区，按照“以校办区、以区补校、区校结合、一校两制”的方针创办科技企业，在社会上产生很好影响。省教委在用足用好200万元科技开发周转金上下功夫，积极扶持高校校办产业。以黑龙江中医学院中药厂为改革试点单位，以齐齐哈尔轻工学院为高校科技成果中试基地，带动其他高校校办产业的发展。

组织高校与地方、企业开展科技协作，促进高校科研成果向生产转化，从1990年开始先后组织20多所高校到肇州、克东、安达、鸡东等地考察，建立科技协作关系。积极推广科技成果和开展技术服务。1992年，按照市场经济体制要求，进一步完善了学校与地方的合作关系，取得了比较好的效果。例如，东北农学院承担了肇东、巴彦等8县(市)330多万亩作物高产攻关任务，年增粮豆1亿公斤。此外该校推广的作物良种和栽培技术都在1500万亩左右，获社会经济效益4亿多元。省教委与省经委、工商银行共同组织开展推进高校和企业科技合作活动，有11所高校与80个企业共同签订合同136项，已列入省经委成果转移计划的89项，共安排资金3068万元，组织承担项目的高校负责人，与省经委一同研究各个项目的实施情况，采取切实措施，保证项目落实。这些项目完成后，一年可创产值2亿多元，利税4000多万元。1992年7月，又组织22所高校参加了全国科技成果展交会，共展出320项新产品、新技术，会议期间和会后有14所高校与企业签订正式合同72项，收取转让费1100万元，项目实施总金额达2.3亿元；签订意向性合同110项，成交额1500万元。这些有组织、有领导地进行成果转化的尝试，使企业和经济主管部门了解了高校最新技术成果及试验手段，为厂校建立长期合作关系打下了基础，并为建立黑龙江省科技成果转化机制和科技长入经济做了大胆的探索。

积极促进“科教兴省”克东试点县工作和科技调查工作。组织专门力量调查研究总结“科教兴省”试点县工作，提出了继续深化试点县工作的措施。目前，“科教兴省”试点县工作正在按照制定的措施进一步深化，呈现出良好的发展趋势。年初，省委、省政府组织有关部门对加速科技成果转化，发挥知识分子作用和发挥高校科技智力优势为经济建设服务进行了深入的调查研究，制定了一系列科教兴省方面的政策。

五、以落实知识分子政策为核心，加强高校师资队伍建设

认真贯彻省委、省政府《关于充分发挥知识分子作用，促进经济发展的若干政策规定》。致力于创造更加有利于教师教书育人和从事科技推广、开发的良好环境，促进全省高教事业发展和教育改革的深化。

加强教师队伍梯队建设，努力提高教师待遇。在高校教师职务评聘中，采取倾斜政策，破格提拔中青年教师。在高等学校共评聘45周岁以下正教授10名，占通过教授总数的5%；40周岁以下副教授160名，占通过副教授总数的31%。通过评审使全省高校教师队伍，特别是高级职务人员的年龄结构进一步得到优化，促进了教师队伍梯队建设。一年来，积极争取省属高校建设教工住宅资金，共建成教工住宅1.7万平方米，解决340户教师住房，对取得博士学位归国教师均优先安排了住房。同时，为加速解决高校教师，特别是中青年教师住房困难，又在黑龙江大学和黑龙江中医学院等高校进行住房制度改革试点，多渠道筹措建房资金。仅黑龙江大学近两年就在教职工中集资400多万元，加上政府投资，建设教工住宅1.5万平方米。

成人教育

1992年，全省以提高成人教育质量和办学效益为中心，以职业岗位培训和农民实用技术培训为重点，进一步加强了成人教育，取得较好效果。

一、调整了成人高等教育结构

1992年，黑龙江省为提高成人高等学校的办学效益，对成人高校结构进行了调整，会同省编委等部门本着优化结构、提高效益的原则，将管理干部学院由原来的10所调整为5所。同时，出台了继续调整职工大学的方案，对职工大学将逐步进行调整撤并。

二、加强了职工岗位培训、农民实用技术培训和扫盲工作

1992年，重点开展了职工教育为企业深化改革服务的调研工作，先后调查了秋林公司、省商业厅、省建成机械厂、黑河地区等26个地(市)、省直部门及大中型企业，根据调研情况，进行有针对性的培训。截止到1992年底，全省企业职工全员培训率达到40%以上。结合农民奔小康，继续开展了以百万知识青年技术培训为内容的第二届“燎原之冬”活动，取得了显著成绩。全省共培训知识青年、退伍军人、农民技术员、乡镇企业职工、农村基层干部503万人，占应受教育对象总数的61%。扫盲工作在原有的基础上，将扫盲范围扩大到林区、矿区和城市，提高了质量。全年共扫除7.1万文盲，使农村15～44周岁青壮年文盲率下降到3%以下。

撰稿人　冯玉龙　费秀天

审稿人　陈龙俊　孟凡杰　郑吉南

附

□改革高校招生、培养模式，积极为农村培养人才

地方高等教育必须为当地经济、社会发展服务。遵循这一指导思想，结合全省实际，黑龙江省教委把为农村服务作为高教改革的重点，在探索如何解决农村急需专门人才的问题上，进行了一些实践，收到一定效果。

作为重要农业省份的黑龙江，农村经济、社会的发展显得更为重要。全省“七五”规划确定，“七五”期间，粮食总产达到190亿公斤；全省普及初等义务教育，并在城市市区和经济、教育较发达县镇普及初中阶段教育；农村医药人才要达到县级医院以本科生为主，乡(镇)中心医院以专科生为主，乡卫生院中专生以上。实现这些目标，需要高等教育培养输送大批立志于农村建设的专门人才。但在当时需求与培养输送上却存在着明显的矛盾。一是农村急需人才而又得不到人才。据1984年末统计，全省农村具有专科以上学历的人员，农业部门2356人，占全省同类人员的20%，卫生部门5300人，占全省同类人员的24.9%；教育部门9188人，占全省同类人员的54.5%。而这些人大都分布在县镇，乡村几乎找不到受过高等教育的，因而农村出

现了中学毕业教中学，小学毕业教小学，普通中学毕业搞农业技术推广，几个月的师傅带徒弟就行医的不乏其人。恢复高考制度后的头三届毕业生，真正分回到农村的屈指可数，中专生乡里也难以留住。二是高校为农村培养的人才却分不去农村。黑龙江省地方高校农、医、师类培养能力较强。年招生能力占省属高校招生总数的23.6%，其中专科层次人数占42.1%，培养的学生主要是面向农村。但由于学生大多来自城市，毕业时很难派往农村。为解决这一问题，从1983年开始，在坚持县来回县的分配原则的基础上，省教委采取了定期服务的措施，选派一批城市毕业生到边远县从医、任教，且给予优厚待遇。但实践证明，支边学生身不扎根心浮动，接收单位负担增加，工作耽搁，自身人才培养又受到影响，搞了两期，只好停止。许多城市学生是高考分数进段。按"服从"志愿录取的，学农不爱农，学师不爱师，不想去农村，从大中城市招来的大学生毕业后难以按需要分配到位。三是热爱农村、愿意在农村工作的土生土长的人才，按统一划段择优录取办法，高校又招不上来。能升上大学的农村考生比例过小，一般只占总数的1/3左右，无法满足农村的需要。

解决农村急需专门人才的培养问题，是当时全省高教发展和改革的一项重要而紧迫的任务。省教委从农村上来的大学生能够按需分回农村的实践中得到启示，就是用农村的学生来建设新农村。通过改革招生办法，扩大农村考生升学比例，并按需制定来源计划，组织招生，进行培养，定向分配。从1985年起省教委在解决农村考生"上得来、学得好、回得去、用得上、留得住"的问题上进行了进一步的探索和实践，以此打开人才通往农村的路子。在招生方面采取的改革措施主要有四项：

一是实行单独定向招生。即招生计划指标到县、乡，在全省高考预选考试基础上，由省命题考试或参加全国统考，按定向考生来源在该地考生中择优单独录取。从1985年开始，首先在农、医、师专科实行招生指标50%定向到县，其中30%指标招乡以下考生。省里组织命题、考试，单独取录。在不断总结实践的基础上，进一步完善深化这项改革，到1988年提出省属所有专科层次普遍实行对农村的定向招生。农、医、师类专科80%招生指标到县，其中50%指标招乡以下考生。同时考试改为参加全国统考。本科层次也拿出相当比例的计划指标定向到县。其中农、医、师类定向到县的指标已达50%左右。录取时一般按国家规定的分数线降段掌握，边远贫困地区可再适当降段录取。定向生毕业后一律分回定向县、乡工作。

二是对边远地区实行定向保送制度。由于边远地区开发较晚，教育落后，虽然每年也有考上清华大学、北京大学的学生，但短时期内难以与内地市、县相竞争，即使采取定向招生办法，也难以招到比较优秀的学生。为了提高边远地区人才质量，从1986年开始，先后在有关医、师本科院校举办了边境保送班，单独培养，毕业后回保送县工作。

三是改革培养模式，为农村培养应用型人才。在农业院校采取"按系招生，两段培养，深化专业，按需定向"的培养办法。第一阶段，学习基础课和专业基础课；第二阶段，按照社会需要学习专业课，即大口径进，小口径出，不仅调整了专业结构，而且拓宽了知识面，增强了人才培养的适用性。同时，在师范专科学校还实行了主辅修制，为农村中学培养一专多能的教师，以此解决农村学校编制紧缺的状况。采取上述办法培养出的毕业生，在农村真正派上了用场，深受用人单位欢迎。

四是采取有力措施，保证上述改革方案的顺利实施。(1)建立学校与用人部门联系制度，发动社会参与，保证定向招生计划切合实际需要。农、医、师类院校成立了指导委员会，协调定向招生计划以及商定专业的设置、课程的开设、实践实习的安排、毕业生分配等，从而保证了招生计划与实际需要相一致，也相应地提高了培养的针对性和分配的到位率。如：师范院校成立了由学校与服务区教育行政部门负责人组成的高师教育指导委员会，农业院校与重点开发的农业区、县建立了长期的人才培养和技术推广协作关系。承担边境保送生培养任务的佳木斯医学院与边境县有关部门共同建立了医药学人才培养指导委员会等等。(2)完善录取办法，保证定向生按需择优录取。首先，通过各地招生部门和中学对考生进行广泛动员，鼓励考生报考定向生，扩大定向生源队伍，其次是单独填报志愿，单独录取。专科定向生，按计划由高分到低分录满为止；本科定向生在政策照顾范围内，由高分到低分录取。对个别县考生达不到最低分数要求的，可从同一地区的相应考生中录取，毕业后分到该县工作。采取地方保送与考试、考核相结合的方式，择优保送定向生。(3)为使定向保送生能做到择优保送，采取了地方保送与高校考试相结合的办法，即边境县从应届高中毕业生中按定向计划的3倍择优选送预选生，培养学校对其进行考试，按计划数从中择优录取。例如：佳木斯医学院为边境县培养保送生，为严把质量关，实行了“实地调查，严审资格，全面考核，从高到低，按额录取”的招生办法。录取前，学院选派由教授、讲师和处级干部组成的招生组，到保送学校实地考核预选生情况。在德育考核上，特殊规定学生必须立志扎根边疆，在智育考核上，除要求平时成绩一贯优秀，外语成绩良好以外，还以上年本专科录取率为重要参照值，预选对象学习成绩所排名次必须在该县上年高考录取数额之内。学院对预选生进行5门课程的笔试、面试，并将其高中平时成绩、毕业成绩和选拔考试成绩三项名次累加由高到低排列实录名次。再交由招生组与各县指导委员会分会的领导共同组成的评议组考核，最后确定初录名单。各县考核组严格掌握招生条件，做到了招生办法公开、照顾原因公开、考试成绩公开、综合名次公开、推荐顺序公开、录取结果公开。增加了招生工作的透明度，抵制不正之风的干扰。

1985年到1991年，全省共定向招收本科生8768人、专科生24198人，占同期省属高校招生总数的27.4%，其中，举办边境保送班5期，共招收医学本科生150人、专科生30人，师范本科生100人。从1990年开始，先后招收农村有实践经验考生781人。这些定向生和有实践经验的考生毕业后，90%以上的人回到了原定向县、乡工作，大学毕业生通往农村的路子已经打开。

经过几年的努力，全省农村专门人才队伍严重不足的状况已得到明显改善。截止到1991年末，农业部门大学毕业生达到5768人，已占全省同类人员的39.7%；卫生部门大学毕业生已达9325人，占全省同类人员的37%；教师中大学毕业生已达24703人，占全省同类人员的43.8%，不仅保证了绝大多数农村普及初中阶段教育对师资的需要，而且做到了供求基本平衡。这些定向生和边境保送生回到当地后，成为那里的主要技术力量。现在农村和边远地区农业、卫生和教育部门的许多重要专业技术岗位大多靠这些毕业生担任。其中许多人还走上了技术领导岗位。据1991年对师范毕业生的跟踪调查，定向到县、乡的专业毕业生，90%以上在专业思想、师德表现、基础知识方面是好的和比较好的，80%以上的教学能力是优秀和合格的，胜任教师工作的占总数的72%，成为骨干教师的占13%。农科和医科毕业生的情况从部分县调查看，比师范毕业生更要好一些。

今后一个时期，黑龙江省高等教育的首要任务就是要尽一切努力为地方经济建设服务。特别是要把为农村服务作为重点任务，继续深化和加快各项改革，为广大农村和边远地区输送更多的适应需要的专门人才，为振兴农村经济、促进农村社会进步，为建设有中国特色的社会主义新农村作出应有的贡献。

上海市教育

普通教育

1992年上海市普通教育系统认真学习、贯彻邓小平同志视察南方重要谈话和党的十四大精神，经过各级领导和广大教职工的努力，学校德育工作继续得到加强，教育教学改革进一步深化，普通教育事业有了新的发展。

1992年各级普通学校基本情况

单位：人

学校类别	学校数（所）	毕业生数	招生数	在校学生数	教职工数	
					计	其中专任教师
一、中等专业学校	103	18603	24573	64149	14948	6299
中等技术学校	92	15710	21637	54451	13226	5406
中等师范学校	11	2893	2936	9698	1722	893
二、普通中学	711	146889	195307	547679	67737	41781
高　中	239	30525	38298	106526		8725
初　中	472	116364	157009	441153		33056
三、农业、职业中学	82	16952	27497	48966	5233	2527
高　中	81	16925	27468	48874		2512
初　中	1	27	29	92		15
四、工读学校	15			1252	739	326
五、小　学	2279	157725	178443	1133667	74841	57635
六、特殊教育学校	33	306	854	3820	1240	720
七、幼儿园	1038	179061	198793	433750	38158	25908

制表人　陈新

一、继续加强中小学德育工作

1992年，上海市中小学德育工作在总结前几年成绩的基础上，结合进一步改革开放的形势，开展了一系列教育，取得新的成绩。

在全市中小学生中继续深入开展“两史一情”教育。首先，注意充分发挥教学主渠道的作用，在中学政治课、小学思想品德课和语文、历史、地理课教学中对学生进行“两史一情”教育，成立专门课题小组进行研究，并在其他学科中加以渗透。其次，利用上海进一步开发开放浦东的大好形势，开展“上海——浦东——未来”主题活动，举行知识竞赛，举办

“跨世纪的伟大工程——浦东开发开放展览会”，对学生进行市情和改革开放的教育。再次，开发、建设和利用上海丰富的德育资源，对学生进行爱国主义、社会主义和集体主义教育。召开了上海市中小学德育资料建设现场会，制订了《上海市中小学爱国主义教育实施意见》，编写和完善了《上海市中小学爱国主义教育基地分年级考察目录》与《上海市中小学爱国主义电影目录》，使“两史一情”教育逐渐形成系列，形成制度。

对中小学生进行日常行为规范教育，使学生从小做到懂文明、讲礼貌、守纪律。全市中小学校根据国家教委和上海市教育局对中小学生日常行为规范养成教育的要求，创造多种教育形式，如编写“六字经”、“一日规范歌”让学生学唱，编写和演出日常行为规范教学小品教育学生，摄制日常行为规范录像对学生进行宣传。在教育的同时加强训练，做到教育与训练相结合，校内与校外相结合，把教育落到实处。通过全市性中小学生行为规范的检查、验收，评出50所“市行为规范教育训练示范校”。

在《中华人民共和国未成年保护法》实施一周年和《上海市青少年保护条例》颁布五周年之际，为迎接、配合上海市人大对普教系统实施《条例》情况的检查，各级教育行政部门和中小学校运用各种形式，举办多种活动，开展广泛深入的宣传。同时进行自查，总结经验，找出差距，结合“二五”普法教育，进一步增强执法意识，加强中小学生的自身保护意识，做到学校教育、校外教育、社区教育、家庭教育共同配合，创设良好的育人环境，保护和促进青少年学生的健康成长。

1992年10月，国家教委督导组对上海市的德育工作进行了督导检查，对上海德育工作给予了较高评价，肯定了上海的基本经验。

二、增强教育的法制观念，实施九年义务教育

根据上海市实施九年义务教育的进展情况，上海市人大制订《上海市实施〈中华人民共和国义务教育法〉办法》，对全市义务教育实施情况及验收准备工作进行了专题调查和检查。

继续解决入学高峰矛盾。为贯彻落实《上海市人民政府关于解决市区中小学入学高峰矛盾的通知》精神，市、区制订了解决“八五”时期小学、初中入学高峰矛盾的规划，解决了1992年全市新增8.3万中、小学生全日制就读问题（市区小学新增学生3.88万人、初中新增学生2.29万人、郊县初中新增学生2.13万人）。

多渠道筹措教育经费，改善办学条件。1992年市、区、县、乡各级财政共投入教育经费11.7亿元，较上年增加1.89亿元，年增长率为19.3%。学杂费收入为1.24亿元，预算外收入2.26亿元，征收城市教育费附加2.2亿元，征收农村教育费附加4699万元。国家教委、财政部、农业部组成的联合考察组对上海市多渠道筹措教育资金，改善办学条件情况进行了考察、检查，肯定了上海市的做法和经验。1992年上海市被评为全国多渠道筹措教育资金，改善办学条件的先进省市。

加强校舍建设与管理。1992年上海普教系统各类学校校舍新建、改建、加层扩建共竣工394个项目，建筑面积61.17万平方米。其中完成10所弄堂小学的改造。1992年上海市中小学校舍危房面积只占校舍总面积的0.13%，达到基本消灭危房目标。

三、加强教学管理，进行课程教材改革

1992年4月召开了上海市中小学教学工作会议。会议明确了今后10年上海市中小学教学工作的指导思想、主要任务、奋斗目标，提出以课程教材改革为核心，逐步建立起新课程教材体系、教学研究体系、教学管理和评估体系，使上海的教育质量达到和保持国内先进水平。会上印发了《关于加强和深化中小学教学改革工作的意见》、《关于加强各级教学研究室建设的意见(征求意见稿)》、《上海市中学各学科教学评价试行方案》、《上海市小学各学科教学评价试行方案》等文件。

继续进行课程教材改革。1992年是上海市课程教材改革试验逐步扩大和深化的一年。在1991学年度全市60余所中小学起始年级进行整体试验的基础上，1992学年度这些学校全部进入第二轮试验。各区分别继续进行学科教材试验。1992年秋季开始，中学政治学科、初中历史学科全面试用新教材，小学三年级英语也扩大了试验面。所有试验新教材的学科都成立了学科中心教研组，开展教学研究工作。对改革中的综合性课题(德育工作、考试办法等)进行专题研究。成立了市试验测试评估小组，对试验进行科学化的测评。为配合课程教材试验工作，成立了试验资料信息中心，制订了比较系统的课程教材改革师资培训计划。为迎接1992年秋季小学全面使用新教材，已开始对各区县小教科(股)长、小学校长、少年宫主任、少年科技站站长的培训，做到培训工作先行。1992年出版必修课教材169本，选修课教材79本，活动课教材20余种(本)。制订了《高三实科课程设置方案》，编审出版了《全日制高中课程标准》。

四、深化招生改革，探索新的办学模式

1992年上海市区基本上实施了《上海市初中招生办法改革方案》，参加初中招生办法改革的应届小学毕业生已占98.85%。1992年全市初中预备班共招收新生74609人，其中推荐进市、区重点中学初中部的为5159人，占当年五年级学生数的6.91%，较上年下降6个百分点。小学毕业考试自行命题的学校比例增加到41.68%，较上年增长6个百分点。

1992年上海市高中阶段各类学校共录取新生9.5万人，其中普通高中为3.8万人，中专职技校为5.7万人，招生数为全市生源数的78.33%。市区录取率为92.08%，郊县为62.71%。除技校招生数比上年略有下降外，其它各类学校均全面超额完成招生任务。市区滞留社会的初中毕业生只有5116人，占总生源数的7.92%，比预计减少近千名。高中阶段各类学校试行新的招生办法，如重点中学高中招生加试体育，进行中专、职校招生加试动手能力的试点，在郊县试行中专定向招收不包分配的农村青年1171人，技校招收不转户口、不包分配的郊县学生920人，招收高师预备班，部分职校开始招收自费生等。1992年上海高中阶段各类学校招收录取女生共计46129人，占录取总数的48.51%，是近几年来女生录取率最高的一年。

进行办学体制改革，改变由国家包办教育的局面。1992年试办了5所民办中小学。积极进行教育结构和办学模式的改革。1992年，全市有10多所职校与14所高校联合办学，有10所职校与普通中学合作进行高中阶段办学模式改革试点。

五、抓紧教师的培训和培养工作，加强师资队伍建设

1992年，根据国家教委《全国中小学校长任职条件和岗位要求(试行)》和《全国中小学校长岗位培训指导性教学计划》要求，结合全市实际，采用多种形式开展培训工作。召开了上海市第二次普教干部培训会议，总结交流经验，落实培训规划。建立健全规章制度，建设干训基地，培训干训师资，落实了干训经费。

为改进和加强上海市中小学教师思想政治工作，贯彻中宣部和国家教委《关于加强和改进中学干部、教师思想政治工作若干问题的通知》，结合实际，拟订10项具体措施。召开了上海市中小学教师思想政治工作会议，交流经验，推动了学校教师思想政治工作，促进了教师思想水平的提高。

加快新师资的培养工作。适当扩大师范院校的招生人数，优化师范生源质量，提高男生比例，以保证入学高峰和教师退休高峰对师资的需求。1992年上海共招高师生2315人（本科1312人，专科1003人），其中普教系统委托培养的高师生有900余人，比1991年增加1倍。1992年共招中师、幼师生2570人。为改变中师男生比例过低状况，采取用市区中师招生指标招收郊县男性生源的办法，共招收郊县男生150人，使中师男生比例从1991年的12%提高到1992年的22.6%。为改善高师生源质量，1992年招收首届高师预备班学生263人。1992年各类师范新生质量也较上年有所提高。1992年上海市普教系统共吸收新教师（高师、中师毕业生）4289人（高师1960人，中师2329人）。由于入学高峰造成教师紧缺，部分区还有计划地向社会招聘中小学教师。

有计划提高小学教师的学历层次，对培养大专学历小学师资的五年制师范教育（招初中毕业生）进行总体规划，分步实施。继续贯彻《上海市中小学教师进修规定》，对在职教师进行合格学历和职务培训，对部分教师还进行了高一层次的学历培训（小学教师进修大专、初中教师进修大学本科、高中教师进修研究生），1992年全面完成了各类教师培训任务。同时积极开展为适应课程教材改革的教师培训工作，重视骨干教师的培训，特别是中青年骨干教师的培训工作。

努力提高教师的社会地位和生活待遇。1992年先后两次提高教职工职务（岗位）津贴，人均增资为每月22元。提高特殊教育教职工的津贴标准，由原基础职务工资的15%提高到每人每月30元。多渠道筹措建房资金，加快教工住宅建设。1992年投入建房资金1.2亿元，住宅建设施工面积33.4万平方米，竣工面积15.1万平方米。教工人均居住面积2.5平方米以下的508户特困户全部解困。此外，还解决了1730户的住房困难。

进行教师专业职务评聘工作。1992年全市中小学共增加中级职务指标15000个，使具有中级职务的教师占中小学教师总数的37%，比1991年提高10个百分点；增评高级职务1763个，使中学高级教师占中小学教师总数的2.8%，比1991年提高1个百分点。研究制订了普教系统专业技术人员业务考核评价系统和考绩档案实施办法等文件，使普教专业职务评聘工作走上规范化、制度化、科学化轨道。

加快了全市中小学内部管理体制综合改革的步伐，制订了《上海市中小学内部管理体制改革的实施意见》，改革试点学校由原来的51所增加到337所（市区270所，郊县59所，市属学校8所），占全市中小学总数的7.7%。试点学校充分利用新的机制调动教师的积极性，增强了办学活力，提高了学校内部管理水平。

六、学校体育、卫生、文艺工作蓬勃开展

1992年举办了上海市第六届中学生运动会，中学生总体运动技术水平较上届有明显提高，多项运动记录被打破。上海市中学生游泳队代表中国在亚太地区中学生游泳比赛中获得好名次。全市中小学生1992年平均体重、身高均比1991年增加，体重与身高比值有所提高，23项指标均有所上升；传染病、肠道寄生虫等多发病的发病率继续保持全国最低水平。

进一步贯彻落实《全国学校艺术教育规划》和《上海市学校艺术教育发展规划》，组织了对贯彻落实情况的检查和交流，推动了各级教育行政部门加强对学校艺术教育的领导。1992年在全市中小学校普遍开展了学生歌咏活动，促进了学校群众性歌咏活动的开展，活跃了校园文化生活。开展了中小学艺术教育改革实验工作，中小学文艺创作日趋繁荣。1992年结束的中小学音乐、舞蹈、戏剧、曲艺创作评选活动取得丰硕成果，涌现出一批有一定质量的优秀作品。其中有6首少儿歌曲被评为上海市优秀创作新歌，参加全国少儿剧展演的新创作京剧、课本剧本中有两个获一等奖，两个获二等奖。

撰稿人　樊超烈　仇言瑾
杜道灿
审稿人　袁　采

高等教育

一、概况

1992年，上海高等教育以邓小平同志重要谈话精神为指导，解放思想，转变观念，从服务、服从于90年代上海经济建设和社会发展的需要出发，提出了改革体制、转换机制、搞活学校、面向社会、适应市场、扩大开放的新工作思路，在高等教育改革和发展方面进行了一系列大胆探索与实践，并在某些方面取得突破。

1992年普通高等学校基本情况

单位：人

学校类别	学校数(所)	毕业生数	招生数	在校学生数	教职工数 计	教职工数 其中专任教师
普通高等学校	50	35508	40781	128390	69505	23866
研究生		2262	3323	8858		
本　科		22672	22305	86775		
专　科		10574	15153	32757		

1992年，全市高校本、专科毕业生比上年减少697人，招生比上年增加4849人。有24所高校培养研究生，毕业研究生中有博士生273人，硕士生1930人，研究生班59人；在校研究生中有博士生1366人，硕士生7411人，研究生班学生81人。高校专任教师比上年减少2.6%。专任教师中，教授1406人，副教授5517人，讲师10184人，助教5584人。有研究生指导教师4576人。

二、紧紧围绕上海经济振兴和浦东开发开放，加快人才培养

确定适度发展高等教育目标。为使高等教育更好地适应上海经济建设和浦东开发开放的需要，年内在对上海高等教育在人才培养的数量、质量、结构、条件等方面进行调查分析的基础上，提出了“八五”期间普通高校

招生每年以3～4%速度递增,“九五”期间每年以6～8%的速度递增的目标,加上成人高等教育,使上海高等学校同龄人的毛入学率达到25%以上,接近或赶上亚洲发达国家和地区90年代水平。

优化高等教育结构。1992年,进一步规划与调整高等教育结构,提出了上海高校布局结构调整的总体思路。在进一步发挥委、部属重点高校的潜力,以及在市政府重点投资建设市属高校42个重点学科的基础上,根据上海未来建设与发展的需要,要集中力量建设好2所列入全国重点建设(即“211”工程)的高校和上海师范大学等市重点建设高校。规划中涉及的部分高校调整已经开始启动。在专业结构上,以产业结构调整为契机,重点放在建设现代高新技术、边缘学科以及第三产业方面的新学科、新专业,提出并确定建立功能材料、通讯技术与工程、智能化技术、电子信息工程等一批新专业,其中部分专业已获得国家教委批准。1992年共设新专业19个,其中本科11个,专科8个。

加速外向型、复合型、应用型人才培养。以专科教育改革为突破口的复合型、应用型人才培养工作得到加强。在进一步抓好上海冶金高等专科学校、上海化工高等专科学校、上海纺织高等专科学校、上海石化高等专科学校4所学校的专业教学改革试点,并在招生、经费、队伍建设方面采取一系列配套措施的同时,对面上专科学校的教改重点放在课程体系、教学内容等改革上,以真正体现专科教育的培养目标,办出专科的特色。同时,提出了扩大双专科和试行第二专科教育改革的新措施。对普通高校和办学质量较高、管理水平较好,设有社会急需的专业,具有一定专业条件,或能与有条件的高校建立较为稳定的合作关系的成人高校,经批准后可试行双专科和第二专科教育,并在招生计划、招生对象、学习年限、学分管理等方面提出明确要求。年内,全市试办双专科的有8所高校,试办第二专科的有14所学校。

优化专业教学计划,积极推进课程建设。1992年,各高校根据社会对人才的知识结构、能力结构的实际要求,普遍修订了教学计划。在教学计划修订中,重视和强调教学计划的整体优化,使各教学环节做到相互渗透、有机结合。同时,积极探索与社会联合办学的路子,聘请有关专家直接参与教学计划的制订及有关教育教学活动。一些学校的教学计划突出了产、学、研三结合,更新教学内容,改进教学方法,努力从经济建设和生产第一线的需要中寻找学科的研究与发展方向。与此同时,在前几年课程建设的基础上,顺利完成了第四期课程建设项目评审工作。局属高校年内重点建设31门课程,投入资金50万元。

发挥高校优势,大力开展继续教育。1992年,市高教局与市人事局、浦东开发办同华东师范大学、上海外国语学院、中国纺织大学、上海财经大学、上海外贸学院、上海第二工业大学等10所层次较高的学校共同组建了上海高校浦东继续教育培训中心。其主要任务是开展高层次的继续教育,通过举办各类研讨班、进修班,组织专题报告,聘请外国专家讲学等形式,为上海特别是为浦东开发开放培养高级人才。年内,已有股份制企业财会班、高级管理人员研讨班等开办。

为把高层次人才培训落到实处,抓出成效,上海教育主管部门正在酝酿实施“9013”计划,即在90年代实施本市“一长三师”(即厂长、经理、总工程师、总经济师、总会计师)的高层次人才培训计划。

三、积极服务于经济建设主战场,加速科技和科技产业发展

制订政策,增加投入,支持科技和科技产业发展。5月,召开了上海高校科技工作会议，以市政府名义下发了《关于加强高校科技工作的意见》，进一步明确了高校科技发展的三个目标，即：完善高校科技与经济建设相互配套，并为经济发展服务的导向机制；分层次地建立一批以高新技术为主，经济效益高的科技产业实体；提高科技产业经济效益。"八五"末期，高校科技产业总值要成倍增长。同时制定了一系列新的政策，如在继续抓好基础研究，保证基础研究投入的同时，市财政每年拨款500万元用于科技产业贷款贴息和周转金，每年由银行贷款5000万元用于发展科技产业。年内，经审定批准的18所高校21个经济实体的24个贷款项目资金全部到位，投入贷款计5500万元。此外，对本市企业实行向高校科技产业投资的，可享受高校校办产业的优惠政策；对高校在浦东新区和漕河泾新兴技术开发区内创办高新技术企业的，可享受校办产业和开发区双优惠政策。还允许有条件的高校和高校集团公司发行科技产业的股票。1992年，已有复旦大学的复华公司和上海交通大学的南洋公司向社会正式发行股票。其中上海交通大学南洋公司集资1亿多元，复旦大学复华公司集资7000余万元。

努力办好科技产业实体。1992年，全市高校校办科技产业发展迅速，在校办产业总值10亿元、利润1.5亿元中，科技产业的产值、利润占40%左右。为大力发展校办科技产业，加速高校科技成果转化，在漕河泾开发区成立了上海高创科技发展总公司，作为上海高校科技成果的孵化基地。5月，在浦东成立了上海高校联合软件公司，进一步推动了高校软件产业的开发。年底成立了上海高校联合实业公司。展示上海高科技术的汾阳路"科技一条街"也在规划和筹建之中。

高校科技主动服务于经济建设。1992年，上海高校在科技攻关，引进项目的消化吸收，传统产业技术改造以及高技术应用开发中发挥了重要作用。据统计，目前高校中有86%的科研课题，85%的科技力量，84%的科研经费已经投入在经济建设主战场或与社会发展密切相关的项目上。在上海市科技结合生产的14项重点工业项目会战中，高校承接和参与了237项攻关课题，占全市项目总数的1/3左右。此外，文科院校也积极为经济建设和社会发展主战场服务，主动当好决策部门的参谋，承接各种软课题研究。

四、转换机制，面向社会，积极推进和深化高等教育改革

提出配套改革新思路。为使上海高等教育改革更好地适应经济体制改革，提出了以搞活学校为中心，转换机制为重点，进行配套改革，使高等学校成为相对独立，充满活力的实体，更好地面向社会，适应市场的思路。改革思路包括大、中、小三个配套层次，即进一步理顺学校内部关系，充分调动广大教职工积极性的小配套；进一步转变教育主管部门职能，扩大高校办学自主权，使学校成为相对独立的办学实体的中配套；把整个高等教育改革同整个社会政治、经济体制改革及劳动人事、分配制度改革密切结合起来，使高教改革与社会改革接轨的大配套。

积极推进高校内部管理改革。1992年，上海高校内部管理改革出现了新形势。华东化工学院继前几年改革之后，又开始新的改革。上海交通大学、上海海运学院、上海工业大学年初相继推出了学校综合改革的方案。此后，中国纺织大学、上海铁道学院、上海戏剧学院等30余所高校也陆续推出并实施了内部管理改革方案。1992年，上海50所高校中有70%左右的高校进入内部管理改革的实质性启动或准备启动阶段。上海高校内部管理改革的主要特点是：(1)从综合改革的高度制定和实施高校内部管理改革方案；(2)抓住机制转换，有重点地推进内部管理改革；

(3)坚持实事求是,从各校实际出发,积极稳步地推进内部管理改革;(4)坚持依靠广大教职工,积极参与内部管理改革。

扩大高校办学自主权。1992年,根据中央有关文件精神,在大量调查研究的基础上,提出了下放自主权的若干改革措施,其中包括招生、分配、专业设置、教学管理、人员编制与岗位设置、职称评定、经费管理、科研与科技管理、对外交流等各个方面,受到学校的普遍欢迎。

深化招生就业制度改革。1992年,上海在招收自费生的改革上迈出较大步子。年内,共招收自费生4000余人。自费生招生改革的指导思想进一步明确,即改变国家对高等教育包下来的传统做法,开辟高教经费渠道,通过自费生招生改革,调动学生学习积极性,并以此为突破口,推动高校各项改革深入,促进机制转换。1992年招收自费生的改革主要有三个特点:一是自费生招生人数大幅度增加,二是自费生招生和管理办法有了新的举措,三是社会、学校和学生对这一改革普遍反映较好,为下一步加大改革力度奠定了基础。

1992年毕业生分配改革主要体现在两个方面:一是制定了确保重点单位(项目)的指令性计划,使重点大中型企业得到了急需人才。二是对少数分配有困难的专业提出了限制性措施,即对要求市计划调配部门负责下达计划分配的学校,给予"黄牌"警告,并扣减下一年招生计划的措施,取得了较好效果。1992年,全市共接收4400名外地毕业生,缓解了用人单位对一些紧缺专业的人才需求。由于采取较早进行动员和收集需求信息,开好供需见面会等措施,使合格毕业生都得到了妥善安排。

积极探索民办高等教育新路。年内,上海筹办了民办杉达大学,并于当年试招生。为加强对民办高校的管理,明确民办高校的办学任务,成立了上海市民办高校设置评议委员会,起草了《上海市民办高等学校设置试行办法》(讨论稿),使民办高校审定工作逐步制度化、规范化,保证民办高校有章可循,健康发展。

积极探索国际合作办学。开展国际合作办学是实现高等教育与国际接轨的重要途径。1992年,上海高等教育积极探索国际合作办学的新路子,组织力量对前几年上海高校开展国际合作办学情况进行深入调查研究,并对进一步扩大国际合作办学从理论和实践上进行分析、论证,提出了解放思想,态度积极,摸清情况,区别对待,大胆探索,迈出步子的工作思路。并积极稳妥地同有关国家和地区的高校或财团进行各种有益的接触,争取在国际合作办学方面取得突破。

五、以改革为动力,推动和完善各项管理

完善投资管理,提高投资效益。1992年,上海地方高校教育投入总额为20657万元,比上年增长15%。其中住宅建设资金300万元。另外,市政府特批上海大学国际商学院新校建设资金300万元,市财政专项支持师范经费195万元,体现了"突出重点,兼顾一般"的投资原则。1992年,市财政基建投入达3395万元,为历年来基建投入的最高水平。为加强事业经费管理,在去年实行专项经费项目论证的基础上,1992年实行了项目完工决算审计制度。为保证学校经济活动的健康开展,在加强对教育事业经费、专项经费、预算外资金以及经营活动的审计调查的同时,开展了审计信息和咨询活动。

进一步完善职务评审制度。在认真做好高校专业技术岗位设置和专业技术人员考核的基础上,探索按岗位设置开展专业技术职务评审的新路,进一步完善职务评审工作。年内,先后制定并下发了《开展高校职务评审工作意见》、《上海市高校教师高级职务比例宏观控制与高校教师职务岗位设置的意见》等指导性文件。先后组织了高校教师研究、工程、实验、图书等系列的高中级职务评审；组织了会计、出版、档案、经济等系列的中级职务评审。经评审，共评定通过 76 名教授、273 名副教授以及其他高级职务的人员 88 名(不包括具有评审权的高校评出数)。

加强外事管理，促进对外交流。1992 年上海高校对外交流有了新的进展，由高教局出面接待的外国来访团组有 57 个，共 679 人次，创历史最高水平。全市高校接收外国留学生人数特别是高层次的留学生人数有所增加，在上海高校就读的高级进修生、攻读硕士学位以上的已达 176 人。1992 年，上海高校出席国际学术会议的人数也增加较快，仅市属高校就派出 129 人，比上年增加 20%。在出席国际学术会议的人员中，相当一部分是得到重点资助的中青年学术骨干。同时，9 月和 10 月分别举办了有英国 11 所大学、美国 10 所大学参加的教育展示会，为自费出国留学提供了准确信息和适当指导，宣传了我国自费出国留学的政策。

六、加强学校各项工作，培养德智体全面发展的有用人才

深入开展社会主义精神文明建设。年初，对 28 所申报文明单位的高校进行了期中检查，起到了互相促进，取长补短的作用。4 月，召开了全市高校精神文明建设交流会，推动了高校精神文明建设的开展。下半年，根据党的十四大精神，对高校精神文明建设的地位、作用、内涵、评比指标体系进行了研讨，并对精神文明申报单位进行了全面检查，在此基础上初步评选出 1991～1992 年度市、局二级先进单位。同时，加强校风校纪和校内文化建设。着重抓了以创建文明寝室为主体的校风校纪建设工作，召开了上海高校学生宿舍管理经验交流会暨文明寝室表彰会。为使宿舍管理工作进一步规范化、制度化，制订了加强宿舍管理、创建文明寝室的意见。开展了全市高校校风文化建设的系列活动以及参加全国大学生课外科技比赛发明奖活动。在比赛中，上海高校获全国第一名。华东化工学院学生的发明成果以 200 万元拍卖转让成功在全国引起轰动。

改进和加强德育工作。拟定了高校德育大纲，召开了实施德育大纲的工作会议，确定了华东政法学院等 6 所高校的试点计划。将政治理论教育和社会实践教育密切结合，合理安排教育、教学环节。把马克思主义政治理论教学的重点放在提高教育教学质量和改进教学方法上，开展政治理论课和思想品德一体化的改革探索。在继续抓好马克思主义理论课和思想品德课中青年骨干教师研讨班的同时，以邓小平同志建设有中国特色的社会主义理论为指导，编写适应我国发展社会主义市场经济的马克思主义理论教育和思想品德教育的新教材。

进一步搞好校外实习和社会实践工作。在全市高校校外实习基地的数量已基本适应各专业教学要求的基础上，把工作的重点放在提高实习质量和管理水平上。年内，局属高校投入实习实践经费 50 万元。召开了全市优秀实习基地、高校先进集体和个人的表彰会，有 95 个先进集体和 120 名先进个人受到表彰。

开展各种教育教学评估评优工作。1992 年，在对全市会计、计算机、管理三类不合格专业进行复评的同时，还对 8 所高校的 11 个外贸专业点进行了评估，开展了全市高校图书馆评估。根据国家教委要求，组织了市属高校优秀教材评选，有 23 种教材被评为上海地方高校优秀教材荣誉奖，其中获得国家特等奖 1 个，优秀奖 4 个，青年奖 1 个。组织了全市高校优秀教学成果评选，在参评的48所高校179项成果中，共评出上海高校优秀教学成果一等奖39项，二等奖57项，三等奖74项。

抓紧抓好中青年骨干教师培养。1992年，上海高校选拔培养优秀中青年骨干教师工作得到了加强。在前两年工作的基础上，组织力量对上海交通大学、中国纺织大学、上海工业大学、上海第二医科大学、上海师范大学等校的优秀中青年骨干教师的培养工作进行了专题调查。5月召开了全市高校优秀中青年骨干教师培养工作经验交流会。经过推荐和审核，有45名优秀中青年骨干教师获得了一等奖，140名获得了二等奖。组织了120余名优秀中青年骨干教师赴山东、江苏、浙江、广东等地进行社会考察。为鼓励优秀中青年骨干教师迅速成长，还积极创造条件，使之优先获得科研学术基金和出国进修访问的机会。

抓好大学生体育卫生和军训工作。1992年，上海高校的军训工作在稳定的基础上，抓质量，求发展。继续在上海交通大学、同济大学、上海师范大学等20余所院校开展军训试点，全市高校受训学生近15000人。经过投资建设，上海高校奉贤军训基地于9月正式投入使用。年内，上海高校体育代表团参加了在武汉召开的第四届全国大学生运动会，取得了较好成绩。高校的体育教学也顺利通过了国家教委组织的复查验收。全市高校体育达标及格率达到35%以上，其中优秀率为13%，良好率为38%。

撰稿人　金同康　忻建国
审稿人　任贻康

成人教育

1992年，上海市成人教育积极落实、实施上海成人教育“八五”计划。遵循上海经济建设与社会发展的需求，围绕企业经营机制转换出现的新情况、新要求，加强调查研究，探索转换办学机制，努力提高教育质量，进一步开展岗位培训和实用技术教育，大力发展继续教育，不断提高从业人员的素质。经各有关部门共同努力，成人教育事业继续保持良好的发展态势。

1992年各级成人学校基本情况

单位：人

学校类别	学校数(所)	毕业生数	招生数	在校学生数	教职工数	
					计	其中专任教师
一、成人高等学校	67	17638	19172	42698	13055	5662
广播电视大学	1	886	1254	2738	333	78
职工高等学校	49	4617	5279	14590	8679	3631
农民高等学校						
管理干部学院	5	222	457	828	812	273
教育学院	12	1173	769	2259	3231	1680
独立函授学院						

学校类别	学校数(所)	毕业生数	招生数	在校学生数	教职工数	
					计	其中专任教师
普通高校举办						
函授部	(14)	6567	5875	8787		
夜大学	(28)	3988	5028	12804		
干部专修科	(1)	185	510	692		
二、成人中等专业学校	106	9350	15890	35214	7437	3744
广播电视中专	1	3722	3776	7414	50	33
干部中专						
职工中专	93	4994	11310	25909	3823	1827
农民中专	1	278	162	318	105	37
教师进修学校	11	356	642	1573	3459	1847
三、成人中学	92	24252	55932	46446	2054	1308
职工中学	73	19049	46669	39065	1690	1067
农民中学	19	5203	9263	7381	364	241
四、成人技术培训学校	475	505900	638500	171000	8000	4200
职工技术培训学校	279	252200	328400	103500	6900	3600
农民技术培训学校	196	253700	310100	67500	1100	600
五、成人初等学校	1	3039	4793	3169	61	55
职工初等学校	1	112	2035	2195	43	37
农民初等学校		2927	2758	974	18	18
其中：扫盲班		995	1021	530	1	1

1992 年，全市接受各级各类成人教育的总数近 200 万人次，其中职工参加岗位培训的达 150 万人次；农民接受农村成人教育的逾 70 万人次；专业技术人员与管理人员参加学习培训与继续教育的达 40 万人次。1992 年，扫除文盲 3428 人。社会力量办学 624 所，比上年增加 91 所。全年报考高等教育自学考试的有 110232 人次，获大专毕业证书的有 1525 人，获本科毕业证书的有 129 人；报考中专自学考试的有 64500 人次(含外省、市委托开考 5529 人次)，获中专毕业证书的有 2061 人，获中专专业证书的有 342 人。

1992 年，上海成人教育的主要工作与成绩是：

一、开展调查研究，探索人才培训适应上海经济建设的对策与措施

市经委为适应进一步改革开放的需要，保证人才培训的措施切实有效，开展了历时三个多月的工业系统人才培训战略大讨论。在广泛深入调查研究的基础上，分析了人才培训的现状，找出了薄弱环节，提出了改进人才培训工作的 8 项措施。市机电局、仪表局、化工局、汽车工业总公司等单位也针对本单位实际提出了具体意见。市财贸系统根据上海要逐步建设成世界经济、贸易、金融中心之一的战略目标，以及上海将大力发展第三产业的战略方针，与市委研究室联合进行了上海商业、金融系统人才需求的调查。制订了《90 年代上海商业、金融业人才队伍建设的主要目标和对策》，找出了存在的主要问题，初步摸清了需求状况，明确了今后一段时间教育培训的主要任务。市成人教委用 3 个多月的时间，先后对企业教育、地区成人教育、农村成人教育、成人高校、成人中专、社会力量办学以及成人教育主管部门等 20 多个机构进行了调查，召开了近 30 次的座谈会，初步掌握了新形势下成人教育面临的新情况、新问题及取得的好经验，为筹备市成人教育工作会议作了前期准备。市建委、外经贸委、交通办、农委、高教局、教育局也就本系统、本部门的成人教育如何适应上海经济建设飞速发展，开展了多种形式的调查研究。

二、召开上海市成人教育工作会议，确定成人教育改革与发展的目标、任务

1992年12月，召开了上海市成人教育工作会议。会议回顾总结了成人教育在上海经济建设、社会发展中的地位与作用，确立了建设现代化上海必须依靠科技和发展教育，成人教育是重要依靠，发展与壮大成人教育是经济和社会发展高度文明标志的战略思想。提出成人教育改革与发展的主要任务是：明责放权、转变职能；引进市场机制，搞活成人学校；尽快建立与企业经营机制转换相适应的企业教育运行机制；完善适合建设现代化城郊型农村的农村成人教育办学机制；大力发展继续教育；加大改革的力度，使成人教育与经济建设和社会发展贴近、贴紧、贴实，学历教育要形成与职前、职后技术教育相衔接的新体制，非学历教育要形成与学历文凭并存、并用、并重的“岗位职业资格证书”，地区成人教育要形成与企业和用人部门紧密相联，互为补充，各展其长的社区成人教育新格局。

市高教局也召开了上海市成人高等教育工作会议，确定了成人高教改革与发展的方向、任务。

三、岗位培训持续、稳定开展，成效显著

岗位培训是上海成人教育的重点。1992年，全市职工参加各级各类岗位培训的达150万人(次)，其中参加规范性岗位培训的35万人，参加技术等级培训的21万人，参加适应性专项培训的82.5万人。经过岗位培训，1992年市属企业又评聘技师1000余人，高级技师69人。全市市(部)属企业共有技师约10000名，高级技师107人。

1992年，岗位培训工作的主要特点是：(1)围绕企业走向市场需要，主动开发培训项目与内容。不少企业针对产品结构的调整，生产操作工艺的改进，对职工进行了不同层次、不同内容与产品生产直接相关的培训、讲座。(2)抓好新职工的培训，开展新业务、新技术的培训，坚持持证上岗，无证不派岗。市银行系统认真把好银行人员的“进口关”，在对新职工进行行规、行纪、职业道德的教育的同时，进行与金融专业有关的基础理论、基本操作技能的培训，直至达到上岗的标准。随着银行系统新业务的开展，又及时地对从业人员进行适应性培训。仅工商银行1992年就有8500余人参加新业务、新技术的岗位培训。上海远洋运输公司1992年1月1日起实行岗位技术等级证书制度，作出对船员、工人持证上岗，无证不派岗的决定，并把执行这一决定的情况作为船舶航次考核的一项重要内容，推动了持证上岗工作。(3)针对企业经营机制转换，积极培训下岗、转岗、待岗人员。上海市实行企业经营机制转换试点单位中的绝大多数都开展了对下岗、转岗、待岗人员的培训工作。上海工业缝纫机厂的转岗、待岗人员占全厂职工总数的20%，厂教育部门根据企业生产发展需要，广泛开展岗位培训，突出技能培训，强化操作训练，严格考核把关，为下岗、转岗、待岗人员重新上岗创造条件。(4)班组长、车间主任的首轮岗位培训接近完成。1992年，市成人教委、市经委、劳动局、总工会和市企管协会联合发出《关于进一步健全和完善本市班组长培训制度的意见》，全面实行“持证上岗”。年内，市企管协会又先后组织了两次班组长管理知识的面授统考，有6000余人参加。此外，各主管局也广泛开展了班组长的培训，仅纺织系统就有3000余人参加班组长理论培训，有8000余人参加管理岗位培训。到1992年底全市共有30万名班组长接受了班组管理知识培训，初步完成了首轮班组长管理知识岗位培训。

此外，各行各业的岗位规范制订工作也有积极进展。

四、企业教育综合改革取得初步成效

上海市的37家企业教育综合改革实验单位进入实质性改革实验阶段。其中国家教委在上海的12家实验单位认定的27个起步项目，至1992年已完成18个。市成人教委批准的25家实验单位大多数都在围绕企业经营机制转换的要求，从生产过程、生产环节中选择介入点和起步项目，改革教育管理机构，开设新的教育培训内容，直接介入企业经济发展的主战场。上钢三厂及时对教师和教育管理人员进行岗位测评和工作量核定，将原来实行的“二级管理、二级办学”改为“一级办学、二级管理”；成立了教育培训中心，实行归口管理，精减了管理人员，集中了教育资源。

企业教育制度建设有所起步，“持证上岗”制度向广度与深度发展。在各级劳动行政部门积极推行“分配、用工、保险、培训”配套改革的同时，培训—考核—使用—分配相联系的制度已在部分企业实行。如市百一店、华联商厦将职工接受教育培训的情况与掌握营销的技能，直接与分配、晋级挂钩。实行严格考核、择优上岗，学与不学不一样，技术高低不一样，干好干坏不一样，前岗后岗不一样。既优化了职工队伍的素质，又直接为企业经济发展服务，形成适应企业特点的教育培训制度。

企业教育综合改革思路逐步深化。(1)要求企业内的职工学历教育、职前职后职业技术教育、技术等级培训、继续教育以及教育管理体制、办学体制、教育规章等实行全方位改革。(2)要求把改革的重点放在理顺政府与企业、政府与教育机构的关系，改革体制、转换机制的深层次问题上。(3)要求主管部门简政放权，使企业走上自主办学的道路。

五、中、高等学历教育发展较快，招生制度改革逐步深化

1992年，成人高等学历教育共招收本市学员11975人，比上年增长32.7%。招生科类与上年相比较，工科、医科、理科、财经、政法招生比例有所上升，师范、文科招生比例有所下降。

成人高等学历教育招生制度的改革逐步深化1992年对市郊县报考职工医学院的学员，入学考试课程由原来的语文、政治、数学、历史、地理改为语文、政治、数学、生理、解剖。成立了成人高校入学能力考试协调小组和专家组、命题组，先后在4所成人高校的18个专业进行了文化考试与能力考试相结合的招生办法，深受学员欢迎。15所成人高校试行双专科和第二专科教育，共计招生1600多人，为培养复合型人才创造了条件。

成人中等专业学历教育招生制度改革也有所进展。其中电视中专根据社会的需要，扩大招收应届毕业生。同时，对1993年进行春季招生、秋季水平测评以及扩大招生对象，开发新专业与第二中专学历等问题作了积极的探索与准备。1992年有17所地区成人中等学校试办职业高中班，招生840人。

1992年，市高教局完成了对34所独立设置的成人高校的评估验收，市教育局完成了对7所地区成人高校办学质量的评估验收。

六、农村成人教育形式多样，成效显著

1992年，全郊县接受各级各类农村成人教育的农民逾70万人次。其中3万多名初、高中毕业在乡知识青年接受职前培训；近2万名乡镇企业职工接受技工等级培训；数千名乡镇企业的厂长、经理、管理干部、专业技术人员参加较高层次的培训；有10多万人次接受常年150学时以上的学习，近60万人次接受各类短训与讲座。其中，川沙县全年入学总数超过 20 万人次，取得大专学历的有 220 人，中专学历的 637 人。

巩固扫盲成果。各县都比较重视对脱盲学员的再培训工作。分别采用知识竞赛、学习实用技术等多种形式努力提高扫盲巩固率。据测试，大多数县巩固率为 97%左右。1992 年，松江县人民政府被评为全国扫盲先进县。

开展人口教育。1992 年郊县接受人口教育培训的人数达 62494 人，200 多所乡（镇）成人文化技术学校开展了人口教育活动。其中，南汇、川沙、松江 3 县在全县范围内开展了人口教育，上海县莘庄乡成人文化学校的人口教育受到联合国人口基金组织的好评。

继续进行乡镇成人文化技术学校的视导工作。有 17 所学校接受视导，其中 7 所获办学先进单位称号。1992 年全市共有 132 所乡镇成人文化技术学校接受视导，有 123 所通过视导验收。

1992 年市教育局组织各有关部门对郊县农村成人教育的现状进行了调查。挖掘和总结出新桥、城桥、三灶、马桥、沈巷等 5 个乡的办学经验，得到国家教委的肯定，被推荐给全国各乡镇成人学校。

七、继续教育进一步发展

据不完全统计，1992 年全市 70 多万专业技术人员有 1/3 以上参加了继续教育，有 10 多万名管理干部和国家行政管理人员接受培训。金融、保险、涉外商务、专业外语、高级财会、城建工程项目、机电一体化、企业家后备力量等人才的培养成为继续教育的重点，高新技术的推广、应用、关贸总协定知识、股份制运作等成为继续教育的重要内容。

1992 年，上海继续教育的主要特点是：(1)各级领导部门高度重视。市经委先后召开了支柱产业及高层次人才培训专题研讨会与继续教育经验交流会；市交通办召开了市邮电、交通系统继续教育工作经验交流会；市人事局与市成教委联合制订了《上海市专业技术人员继续教育规定》与《上海市专业技术人员继续教育登记制度暂行办法》，推动了全市继续教育工作的开展。(2)紧紧围绕经济建设急需的紧缺专业。如上海石化总厂针对企业急需高层次、复合型人才的实际，实施了在“八五”期间培养 100 名装置专家、100 名高级经营管理专家、100 名高级科技专家、100 名技术尖子的计划。市商业二局开展了高级营销人员的培训，对各主管营销的厂长、经理实施继续教育，已取得良好效益。(3)积极为浦东开发、开放培养人才。市高教局、人事局与上海市 10 所高校在浦东成立了上海高校浦东继续教育中心，实行当年筹建、当年办班。复旦大学、上海外贸学院、华东师范大学、上海外国语学院等 9 所高校在浦东川沙设立了成人教育分部，已进行了外贸、税务、海关、外语、关贸协定、金融股票等多种内容的讲座与培训，仅川沙县内就有 3500 多人参加，2200 多人结业。(4)境内培训和境外考察、实习的培训工作有所起步。1992 年，市有关委、办、局已先后组织了数十期各类高级研修班，有数百名高层次专业人员接受境内培训和境外考察、学习。(5)逐步建立与健全局级单位的继续教育联系网络。市人事局经过全面收集整理，初步形成了以条为主，条块结合的间接管理体系，沟通了各部门间的联系。

八、举办成人教育教材展览，推动成人教育教材建设

为加强成人教育教材建设，市教卫办、成教委组织举办了首次成人教育教材展览会。展览会上展示了上海现行使用的各类成人教育教材 2000 多种，有岗位培训、技工教育、实用技术教育、继续教育、职业道德教育等文字教材与电化教材，全市数千名成人教育工作者观看了展览。教材具有鲜明的成人教材特

色。市冶金局、机电工业局、宝钢和上海邮电交通系统获展览工作一等奖。

九、社会力量办学蓬勃发展

1992年，全市经教育行政部门备案，由社会力量举办的院校(班)达624所，比去年增加91所。在学人数上半年达30多万人次，下半年达39万人次。其中参加外语类学习的达110065人次，职业技术类的有33858人次，财会类有12335人次，文化类有34624人次。经劳动行政部门审批的通用工种(专业)的社会化协作培训点有350个，培训技工3万多人次。

老年教育也有较快发展。全年入学的老年人达8.6万余人，各类老年学校达656所，比上年增加254所。

十、加强成人教育的理论研究

1992年，上海第二教育学院和美国北伊利诺斯大学、川沙县成教委联合举办了上海国际成人教育理论研讨会，来自美国、日本、新西兰、瑞典，香港、台湾地区和全国部分省市的成人教育专家60多人就“经济发展、社会进步与成人教育”的专题进行了研讨。市政府政策研究室、上海第二工业大学和市成人教委联合完成了《上海大中型企业高层次人才现状、需求、培养模式研究报告》，市财贸党委和市委研究室联合完成了《九十年代上海商业、金融专业人才队伍建设的主要目标和对策》。市成人教委与有关部门分别承接了国家哲学社会科学“八五”重点课题“中国岗位培训制度研究”的分课题“上海岗位培训制度研究”，以及国家教委下达的“中国社会力量办学问题研究”。市劳动局承接了由国家教委和中国职协联合下达的“高级技术工人技能培训研究与实验”的重点课题。全市还完成了一批市、区(县)、局级研究课题。成人教育如何服务于浦东开发开放，如何适应企业经营机制转换，产业结构调整，第三产业大力发展等新情况、新问题成为理论研究的热点。

1992年，上海成人教育存在的主要困难与问题是：

1. 成人教育的资源有被削弱的危险。在企业经营机制转换的过程中，部分企业存在随意撤并成人教育机构，过度削减成人教育管理干部和成人教育师资，办学基地挪作它用的现象，客观上不利于成人教育事业的发展，从长远看必将影响从业人员的学习培训。

2. 社区成人教育的功能亟待加强。随着经济体制改革的深化，劳动用工制度改革的到位，以及劳务市场与人才市场的形成，部分中、小型企业迫切希望扩大社区成人教育的功能，将文化基础教育，非主体工种的培训，下岗人员和待业人员的转岗培训推向社会，使自身能集中力量开展贴近企业经济发展急需的企业教育。而目前，整体上社区成人教育还不具备满足这种需求的办学功能与力量。

3. 成人学校举办校办产业起步较晚，产教结合缺乏政策上的扶植。需要尽快制订政策，支持成人学校发展校办产业，促进学校内部管理改革的开展。

4. 收费标准与兼课金标准不符合目前的实际。一方面上海市的物价指数上涨较快，另一方面教育内部的其它各项教育的收费均有较高幅度的增长，致使成人教育现有的收费标准与兼课金标准脱离了实际，成人学校不堪负担。

5. 境外机构和个人来沪举办成人教育，投资、捐资成人教育，合作办学，合作培训的逐渐增多，但是教育管理部门缺乏管理的办法，也无章可循。

撰稿人　徐钦福
审稿人　郭伯农

江苏省教育

概况

一、各级各类教育发展情况

1992年各级普通学校基本情况

单位:人

学校类别	学校数(所)	毕业生数	招生数	在校学生数	教职工数 计	教职工数 其中专任教师
一、普通高等学校	72	44500	54100	159700	70749	27020
研究生		1900	2400	7000		
本科 专科		42600	51700	152700		
二、中等专业学校	195	42800	51200	149400	24821	11839
中等技术学校	160	34000	42200	124100	20108	9523
中等师范学校	35	8800	9000	25300	4713	2316
三、普通中学	5349	834600	1041400	2946400	248794	177912
高中	981	127100	148100	427900		33797
初中	4368	707500	893300	2518500		144115
四、农业、职业中学	390	50500	83700	198200	20806	13474
高中	390	50400	83500	197600		13441
初中		100	200	600		33
五、工读学校	3	70	55	162	128	54
六、小学	28753	1040600	989500	5850100	307762	266616
七、特殊教育学校	118	900	5300	19200	3415	2263
八、幼儿园	20699	869900	1041000	2014700	89486	74672

1992年各级成人学校基本情况

单位：人

学校类别	学校数(所)	毕业生数	招生数	在校学生数	教职工数 计	教职工数 其中专任教师
一、成人高等学校	64	24171	24144	66838	11314	5398
广播电视大学	2	5510	7369	17832	3729	1717
职工高等学校	42	3539	4040	10411	3249	1670
农民高等学校						
管理干部学院	9	594	975	1822	1688	729
教育学院	11	3009	1628	5637	2648	1282
独立函授学院						
普通高校举办						
函授部	(29)	8385	7107	22734		
夜大学	(36)	2559	2364	6945		
干部专修科	(15)	575	661	1457		
二、成人中等专业学校	249	30457	37749	103442	11691	5839
广播电视中专	3	8820	11633	28782	889	447
干部中专	6	1816	2681	4284	258	103
职工中专	160	10258	17297	43987	6338	3233
农民中专						
教师进修学校	80	9563	6138	26389	4206	2056
三、成人中学	724	88468	78132	113489	5699	2432
职工中学	381	43831	49757	64926	3935	1477
农民中学	343	44637	28375	48563	1764	955
四、成人技术培训学校	17479	3979170	3550932	3014537	20697	11073
职工技术培训学校	1199	642871	707235	446953	8008	4458
农民技术培训学校	16280	3336299	2843697	2567584	12689	6615
五、成人初等学校	4514	713993	511418	654964	6426	2240
职工初等学校	333	41668	28675	29007	470	234
农民初等学校	4181	672325	482743	625957	5956	2006
其中：扫盲班	3086	508118	330242	449924	4076	1258

1992年与1991年相比，普通高校增加1所，招生增加7900人；中等技术学校、中等师范学校、职业中学共增加35所，各类职业技术学校与普通高中招生数之比达到1.07∶1；小学减少1017所，初中减少225所，高中减少14所；初中招生增加3.03万人，高中招生增加6100人；成人高校减少28所，招生增加3000人。

二、省委、省政府作出加快教育发展和改革的决定

1992年初，邓小平同志南巡发表重要谈话和中共中央召开政治局扩大会议后，江苏省教委及时组织全省教育系统学习、领会谈话和会议精神。在此基础上，省教委提出要更新教育观念，促进教育和经济的结合，推动教育加快改革和发展。

8月，省委、省政府召开了全省教育工作会议，作出了《关于加快教育发展和改革若干问题的决定》，重新调整和制定了“八五”期间乃至九十年代全省教育发展和改革的目标、任务及政策措施。

《决定》提出加快教育发展和改革的基本要求是：紧紧围绕经济建设这个中心，加快各类教育事业的发展，实现九十年代培养的专门人才总量比八十年代翻一番，劳动者素质显著提高；加快教育与经济、科技的紧密结合，实现有相当大的科教力量进入经济建设主战场；加快教育教学改革，实现全国一流的教育质量；加快改善办学条件，实现校校达到规定的基本要求；加快教育运行机制的转换，实现教育运行与社会主义市场经济运行基本同步，逐步建立起主动适应现代化建设需要、符合教育发展规律、具有江苏特色和面向二十一世纪的社会主义教育体系。

《决定》提出“八五”期末，教育发展的基本目标是：在业人口人均受教育年限由1990年的6.9年提高到7.5年左右；每万人口中大专以上文化程度人数由1990年的147人提高到200人左右；社会从业人员普遍得到思想文化和职业技能的培训提高，全省技术工人技术等级在现有基础上平均提高一级；基本扫除农村青壮年文盲。全省普及九年制义务教育的人口覆盖率达90%以上；全省50%左右的初中毕业生接受高中阶段教育，省辖市市区基本普及高中阶段教育，经济发达地区初中毕业生70%左右接受高中阶段教育；没有升入高一级学校的初、高中毕业生，普遍受到短期实用技术培训；省、市属普通高校招生计划每年递增8%；成人高、中等学历教育及岗位培训的人次每年递增15%以上。全省中小学校舍、装备条件进一步改善；中心城市各主要行业要建成1—2所、每个县建成2—3所规范化的职业技术学校；普通高校、成人高校全部达到国家规定的设置要求；在省属高校建设重点实验室8个，重点学科12个；建成高校校外实习基地1000个；各类学校的现代化教育手段普遍得到加强；全省60%的高中教师、70%的初中教师、90%的小学教师，达到国家规定的学历标准；师资队伍的数量、质量，基本满足教育事业发展的需要。

《决定》还对深化教育体制改革、调整教育结构、全面提高教育质量、积极推进教育与科技、经济的紧密结合、推进招生和毕业生就业制度改革、进一步扩大教育的对外开放、完善多渠道筹措教育经费的体制、切实加强师资队伍建设及加强对教育工作的领导和管理等，制定了具体目标、要求和政策措施。

基础教育

一、幼儿教育

1992年，全省幼儿教育事业继续稳步发展。3至6周岁幼儿的在园人数比1991年增加13.77万人。幼儿园教职工总数比1991年增加505人；专任教师学历达标率为64%。

1992年，全省进一步学习贯彻《幼儿园管理条例》、《幼儿园工作规程(试行)》和《江苏省幼儿教育暂行条例》，各级教育行政部门切实担负主管的职责，发挥综合管理、社会协调和业务领导等作用，加快了幼儿教育科学化、规范化管理的进程。

动员和依靠社会力量办园。主要措施是：第一，城镇幼儿园的发展和建设列入城镇总体建设规划。1992年，省委、省政府在《关于加快教育发展和改革若干问题的决定》中规定：“城镇小区开发，要按规定配套建设中小学和幼儿园。从城镇零星住宅建设费中提取5%，从城镇建设维护费中提取5—8%，由教育部门统一安排城镇中小学、幼儿园设施的配套建设和校舍维修。”从上年起，不少市在小区配套建设幼儿园后交教育部门负责分配使用。许多老城区改造时，也改造和扩建了幼儿园，使城市幼儿园的规模不断适应居民的需要。南京市老城区改造后，柏棵树幼儿园的面积由70平方米扩大到850平方米。第二，帮助工矿、企事业单位办好幼儿园。推动机关、院校及厂矿企事业幼儿园的建设，向主办单位负责人宣传幼教法规，鼓励有条件的单位单独办园并进一步改善条件，达标上类，向社会开放；帮助经济效益较差的企事业单位和街道联办。南京市玄武区人防幼儿园、印刷厂幼儿园，与街道联办后都恢复了活力。镇江市京口区新建、改建24所企事业单位幼儿园，总投资达400多万元。第三，努力办好教育部门示范园。省教委确定17所幼儿园，每年投资近10万元，用于幼儿教育科研及设备补助，作为向全省各类幼儿园开放、示范的窗口。1991年全省幼教工作会议后，各地明确了分级办园、分级管理的职责，集中力量办好本县(区)示范园，使其上规格、上水平，使这些幼儿园成为幼儿教育的实验、培训基地，作为当地的投资环境和精神文明建设的窗口。第四，扶持集体和个人办园。全省城乡集体幼儿园共有17321所，占幼儿园总数的83.68%；个人举办的幼儿园有140多所。其中盐城市有74所，淮阴市56所。省政府每年拨款15万元，用于幼儿教师培训。南京市每年安排专款160万元，其中由财政拨款60万元、幼儿教育基金中拿出50万元，用于补助民办园园舍改造、师资培训和幼儿教师老有所养。第五，抓住乡镇企业迅速发展的良好机遇，促进农村幼儿教育事业发展。全省农村适龄儿童只有半数在幼儿园(班)，幼儿教育发展潜力很大，但难度也大。省教委注意发现和推广典型。现有不少县(市)已把幼教列入乡村干部考核内容，把办好农村幼儿园作为精神文明建设的一项基础工作来抓，使乡村幼儿园逐步发展。

幼教执法情况检查。自1992年3月开始，自下而上地对全省执行《幼儿园管理条例》、《幼儿园工作规程(试行)》和《江苏省幼儿教育暂行条例》的情况进行了检查。上半年各幼儿园、各县(区)自查，由各市普查后向省教委提交检查报告；下半年省教委对镇江、南通市进行重点抽查。从而推动了各地对幼教法规的学习、宣传和贯彻，明确各级政府和社会各方面对幼儿教育的职责，进一步增强了幼教工作者和社会各界人士依法治教、依法办园的意识。

全面开展幼儿园登记注册工作，为使登记注册工作取得成效，不走过场，省教委专门召开会议，交流试点工作情况，修订规划。会议提出，1992年底以前，全省全部完成登记工作，摸清底数，1993年大部分注册，少数地区最迟于1995年全部完成注册任务。各地根据《江苏省幼儿园登记注册办法》和《江苏省举办幼儿园(班)基本条件》，制订本地的办园标准。经过努力，到1992年底，全省已基本完成登记工作，有近半数的幼儿园注了册。从全省登记注册的情况看，绝大部分城镇幼儿园、乡中心幼儿园的园舍已全部或部分更新，并添置了钢琴、大中型积木、开架玩具橱、室外大型玩具和各种图书等。农村幼儿园(班)的危房基本消除，内部设施正在添置。据经济、教育基础较薄弱的句容县统计，现有农村幼儿班450个，其中有固定活动室的占95%，有幼儿使用的卫生设施的占60%，有室外活动场地的占70%，有三件以上大型体育活动器械的占10%，有人均3册以上幼儿读物的占70%，有风琴、收录机及桌面玩具的占

50%，有自制玩具教具的占50%；该县规划到1993年底完成注册任务。

二、九年制义务教育

1992年，江苏省小学学龄儿童的入学率为99.49%。小学毕业生升入初中的升学率为85.86%。在校学生的年巩固率，小学为99.21%，初中为95.07%。到年底，全省有807个区和乡(镇)达到了规定的义务教育办学条件标准，其中，实施九年制义务教育的单位有316个。全省经过6年的努力，基本普及了初等义务教育，人口覆盖率达到98.97%。全省实施九年制义务教育的区、乡(镇)总数达到760个，九年义务教育的人口覆盖率达到35.67%。

加快义务教育发展速度。年初，省政府确定1992年全省400个乡镇实施一定年限义务教育。邓小平同志南巡讲话以后，全省各地为使义务教育适应经济发展对提高劳动者素质的要求，做到与经济同步发展，省政府、省教委及时调整了全省实施义务教育的规划，提出到1992年底，全省必须基本普及初等义务教育。实施九年制义务教育的地区，在1991年占全省21%的基础上，有较大的发展。其后，省长陈焕友在全省教育工作会议上提出"八五"期间全省基本普及九年制义务教育的目标。为落实这一规划，省教委于6月初召开了全省义务教育工作会议，对加快义务教育步伐进行了具体部署。要求各级政府和教育部门增强法律意识，明确法律责任。强调地方政府必须保证义务教育经费的落实，当前特别要抓好经济落后地区的工作，确保省政府义务教育规划目标的完成。对于已经实施初等义务教育的地方，要不失时机地实施初中阶段义务教育。师资队伍建设规划要与义务教育规划衔接配套。会后，省教委又召集实施义务教育困难较大的部分县教育局长会议研究加快步伐的工作。各市、县政府和教育行政部门都把基本普及初等义务教育作为一项重点工作。任务较重的市、县成立了由政府主要负责同志牵头的义务教育领导小组，淮阴市派出了四个调查组分赴困难较大的县调查研究，帮助工作。淮阴县政府从年初落实规划、年中制止流失、夏秋季筹集经费、年终检查验收，共召集了四次乡镇主要负责同志会议，推动义务教育工作一步一步扎扎实实地前进。到年底，除少数条件极其困难或受重灾影响较大的乡镇外，全省普及了初等义务教育。此外，苏州市所属各区、县(市)，南京、无锡、常州、连云港的市区和江阴市、无锡县、武进县、丹阳市等33个县(区)已实施了九年制义务教育。

为了进一步从制度上保证乡镇政府继续不断提高义务教育实施水平，省教委发布《江苏省乡(镇)实施义务教育督导评估方案(试行)》，从1992年开始试点。并规定今后对乡(镇)实施义务教育督导评估的结果，作为评选及表彰义务教育先进乡(镇)的重要依据。

颁发《江苏省小学生素质基本要求》。为全面提高江苏小学生的素质，建设高质量的小学教育，省教委制发了《江苏省小学生素质基本要求(试行)》。以培养社会主义建设者和接班人为目标，要求小学生从小懂得做人的基本道理，培养做人的基本道德和良好的行为习惯。

国家教委在江苏省召开全国"愉快教育"研讨会。1992年10月全国"愉快教育"研讨会在南京和无锡召开。全国开展"愉快教育"试点学校的代表，部分省、市、自治区教育行政部门的干部、专家学者共120人出席了会议。省教委向大会介绍了江苏实施素质教育的情况，南京市、无锡市教育行政部门的负责同志向大会汇报了促进儿童生动活泼主动地发展和小学教育模式研究与实验的情况。

三、中小学德育工作

继续落实各项法规性文件，进一步促进德育工作科学化、制度化、规范化。认真组织中小学学习邓小平同志在南方视察时的重要谈话和党的十四大文件精神。邀请有关领导和专家围绕建设有中国特色社会主义理论和社会主义市场经济理论进行专题辅导。

继续开展以“两史一情”教育为基本内容的爱国主义、社会主义教育。省教委于3月召开了全省中小学“两史一情”教育经验交流会议，确定了“两史一情”教育的重点是充分发挥相关学科教学这一主阵地作用，进一步提高教育的实效。并组织编写了《初中生国情教育读本》，作为全省初中毕业年级学生“两史一情”教育的阅读材料。

重视教育转化后进学生工作，加强学校普法教育，围绕新时期后进学生形成的原因、教育转化的方法、手段等进行了研讨。制订了《江苏省教育系统“二五”普法规划》，组织编写了《中学生普法教育读本》。

关心和保护中小学生健康成长。5月，省政府办公厅批转了省教委等8个部门《关于创造良好社会环境保护中小学生健康成长的意见》。根据国家教委通知要求，省教委部署在全省范围内对中小学德育工作有关法规、文件落实情况的督导检查。

四、普通中学教育

加强初中教育。江苏省初中教育原来布局分散，规模效益不高的问题基本解决，办学条件和学校管理有所改善。

省教委为积极推进初级中等义务教育，一是加强了薄弱初中建设。年初，转发了南京市《关于办好城区独立初中的意见》，要求各地要把薄弱初中建设摆上重要议事日程，争取在三年内，全省所有城市薄弱初中在校舍设备、师资力量、学校管理、教育质量等方面有明显好转。南京市从切实改善办学条件，推进教育教学工作，加强学校领导班子和师资队伍建设，增加经费投入，加强舆论宣传等方面把办好城区独立初中的责任分解到市、区有关部门，实行目标管理。无锡市制定了加强市区薄弱初中建设的意见，对薄弱初中实行目标责任制和必要的扶持措施。二是理顺农村联办初中的体制。在全省义务教育工作会议上，强调农村联办初中要乡办乡管，结合布局调整，改善办学条件，逐步建设成合格初中。

制定学籍管理规定。为了进一步确保初级中等义务教育的实施和教学计划调整，普通高中的会考顺利进行，省教委重新制定了《江苏省全日制普通初级中学学籍管理规定》和《江苏省全日制普通高级中学学籍管理规定》，并制定了全省统一的学籍卡、证书等样式。各地从宣布实施九(八)年义务教育的当年起，对受完规定年限义务教育的学生，由学校发给全省统一印制的九年制义务教育证书。

探索高中办学模式。近几年来，一些普通高中为当地经济建设和社会发展服务，改革了课程结构，在打好文化课基础的同时，适当引进职业技术教育，创办综合高中，受到社会的欢迎。综合高中的办学模式主要有两类：一类是进行“二、一分段，高三分流”。无锡县从1989年的高一学生开始，在22所高中进行改革尝试。学生入学后在两年内基本学完普通高中必修课程，然后根据成绩和志愿进行分流。一部分学生到老完中继续按普通高中教学计划学习并参加高考；另一部分学生则主要接受职业技术教育。职业技术类课程由劳动局考工办考核，合格者发给中级技工应知合格证书。实习和就业安排，由乡镇政府、工业公司统筹协调，实行招工企业与学生双向选择、预分顶岗实习。南京市、常州市、海安县等地的一些中学也进行了这类改革尝试。另一类是从学校和当地经济发展的实际情况出发，采取“高中三年渗透”职业技术教育，探索高中教育的新路子。南京市、苏州市等地的一些中学进行了这方面的改革试验。省教委要求各省辖市城区和各县(市)都要先确定1—2所高中办学模式改革试点学校，取得经验后逐步在面上推开。6月，召开了全省普通高中办学模式研讨会，强调：普通高中教育改革是从经济和教育发展的实际提出来的，是社会、学校、学生及其家长共同关心的问题；普通高中进行“二、一分段，高三分流”或“高中三年渗透”或其它形式的引入职业技术教育、劳动技艺教育，都是普通高中内部的一项重大改革。11月，省教委转发了盐城市计经委、劳动局、教育局《关于切实办好综合高中的意见》。盐城市从综合高中的办学任务和培养目标、办学模式、课程设置、教材选用和师资配备、劳动实习和毕业生的考核、管理等方面作了明确规定。

加强高中标准化建设。近几年来，普通高中教育有了新的发展和提高。但全省目前普通高中的发展还不平衡。为了尽快改变普通高中的薄弱状况，加强学校标准化建设，省教委制订了《关于改革和加强普通高中教育的意见》和《江苏省普通高中合格标准》，各地要根据合格标准，尽快制订普通高中评估办法，在三年内分期分批达到规定的要求。10月，省教委召开全省部分完全中学校长会议，围绕经济建设中心，进一步端正办学指导思想，全面提高教育素质和整体办学水平提出以下改革措施：一是合理确定高中的事业规模。普通高中今后的发展要按照“深化改革、优化结构、提高质量、创办特色”的要求，认真办好每一所学校。普通高中的学校数量要相对稳定，主要是走扩大内涵的路子，各地应根据实际，实事求是地确定本地普通高中发展规模。二是进一步完善领导管理体制，明确办学责任。普通高中由县(市)统一领导管理，办学经费主要由县(市)承担，同时，向各乡镇统筹一定比例的附加费，用于高中建设。有条件的地方，可以把高中划归为乡镇领导管理，以发挥乡镇办学的积极性。各乡镇自己举办的高中，办学经费由乡镇解决，同时在干部和教师的配备、教学业务、学籍管理、招生计划等方面，接受县(市)教育主管部门的领导和监督。在办学体制上，鼓励社会和私人办学，总的指导方针是“积极鼓励、大力支持、正确引导、加强管理”。有条件的地方可以把部分高中由公办改为民办，或采用“公办民营”的形式，实行承包制；或采用中外合办、校企联办等多种形式。三是进一步搞好布局调整。市、县要统一规划，按需量力布点。

检查验收第三批重点高中。10月，省教委组织6个检查组对第三批申报的23所重点高中和无锡县中学进行了全面的评估验收。经验收的学校有以下几个特点：一是领导重视。不少地方把对学校的评估验收列入当地的工作目标。党政领导深入学校实地考察，解决了学校多年来一直得不到解决的问题。二是德育工作加强。普遍建立了学校、社会、家庭三结合的德育工作网络，逐步形成了全员参与、全方位推进、全过程渗透的运行机制。三是学校普遍加强了常规管理，学校工作以教学为中心，注重过程管理、目标管理，做到层层落实，职责明确。四是教学工作进一步抓紧抓实。学校普遍抓紧抓实教学工作的每一个环节，做到有检查评比，有考核奖惩。各校从实际出发，调整课程结构，开设选修课、劳技课和开展课外活动，教学质量逐年提高。五是办学条件有了较大改善。学校通过各种渠道多方面筹集资金，学校设施和教学设备得到改善和充实。六是示范性和实验性得到了较好的体现。验收的学校普遍与兄弟学校签订了对口交流协议书，定期开展教育教学活动。

部分学科竞赛获奖情况。1992 年 4 月，在澳大利亚举行国际泛太平洋地区中学生田径运动会，江苏省南通中学学生秦蕾获女子甲组铁饼、铅球两项冠军，储春霞获女子乙组标枪金牌，王艳获女子甲组标枪银牌。1992 年 7 月，在匈牙利举行的第九届世界中学生排球比赛中，由南京市三中、南通中学、连云港新浦中学组成的江苏省中学生女子排球队为我国首次夺得冠军，其中张艳、张锦文分别被评为最佳二传手、最佳扣球手。在 1992 年北京国际发明展览会上，泰县姜堰中学学生刘玉方发明的“灵敏气压”（指导教师为戴玉毅）获金牌。1992 年 7 月 20 日，在莫斯科举行的第 33 届国际中学生数学奥林匹克竞赛中，南京师范大学附中学生沈凯获金牌。1992 年 8 月在北京举行全国中学生奥林匹克信息学竞赛中，南京九中学生杨扬获二等奖。在 1992 年全国中学生数学竞赛中，江苏省南菁中学学生顾晓冬获一等奖。在 1992 年全国中学生化学竞赛中，江苏省常州高级中学学生殷浩获一等奖。在 1992 年全国中学生物理竞赛中，南京师范大学附中学生韦涛、无锡市二中学生陈仪、扬州市二中学生樊华均获一等奖。

五、特殊教育

1992 年，江苏省的特殊教育事业继续得到较大的发展。在校学生数比 1991 年增加 6701 人，增长幅度为 54%。

江泽民总书记和乔石分别视察常州市聋哑学校。1992 年 1 月 21 日，中共中央总书记江泽民在江苏省委书记沈达人等陪同下，视察了常州市聋哑学校。总书记等人看望了师生，并与师生们作了亲切交谈。江泽民总书记说：“聋校教师需要耐心，很辛苦，他们从事的事业，是项伟大的事业，功德无量”，并为常州市聋校题词：“特殊教育，造福后代”。1992 年 6 月 18 日，中共中央政治局常委乔石也到常州市聋哑学校看望全校师生，参观了该校的教室、缝纫室、化学实验室、聋儿康复班，询问师生的学习、工作及生活情况，他称赞聋校教师的工作“很辛苦”。

制定《江苏省残疾人事业“八五”计划纲要》。为了促进残疾人事业与经济、社会协调发展，省政府批转了《江苏省残疾人事业“八五”计划纲要》，对特殊教育提出了以下要求：逐步实现具有学习能力的残疾儿童、少年与本地区其他儿童、少年的义务教育水平相同步；通过特殊教育方式接受教育的盲、聋、弱智儿童、少年的初等教育入学率，经济发达地区达到 70%，经济中等发达地区达到 60%，经济困难地区达到 50%。同时，要求各级政府及有关部门多形式、多层次、多渠道地对有就业能力的待业残疾人进行适合其类别和能力的培训。各市要根据当地实际情况，积极开办残疾人职业技术教育中心；县主要开办短训形式，侧重职业技能训练的职业培训。

对于残疾人的教育，“八五”期间要采取的主要措施是：(1)各级政府和教育主管部门要切实把残疾儿童、少年教育纳入普及义务教育轨道，同当地实施义务教育工作统一规划、统一部署、统一实施、统一检查。(2)进一步加强对特殊教育的管理，省、市教育行政部门要设立专职特教干部、县(区)设立兼职特教干部，教研部门设立教研员。各市、县要制定本地残疾人教育“八五”计划。(3)省、市在加强宏观管理的基础上，还要制定发展规划和年度计划，落实目标和要求，加强指导和检查；县乡应根据上级要求建校设班，提高残疾儿童、少年入学率。(4)各级政府增加对特殊教育的投入，将特殊教育学校、残疾人职业技术培训中心列入计划，安排基建投资；将其事业费纳入正常渠道；省设立特殊教育专项补助费。

聋童随班就读试验。自 1988 年起，省教委在盐城市郊区9所普通小学进行聋童随班就读试验。主要目的在于探索聋童在普通学校随班就读的可行性、必要性；研究聋哑儿童在普通学校随班就读的教学方法、教材处理、成绩评估等；积累聋哑儿童在与健全儿童共同学习、共同活动的过程中，发展听觉、语言、思维能力，养成良好的行为习惯，增强自信心和社会适应能力的经验和资料。盐城市教育局确定郊区8个乡镇为实验区，将有残余听力、智力正常的27名聋童安置到26所小学学习。通过听力检测，进一步确定9名听力损失在85分贝以下的儿童为随班就读对象。经过几年的实验，取得了初步成效。

聋童的听力、说话能力得到发展，见下表：

	生 数	能用单词进行语言交往	能听懂提问正常回答	能用日常用语正常交往	与同学交谈表达正确、灵活
入学初	9	8	1	0	0
目 前	9	9	9	9	8

聋哑儿童在普通小学随班就读，德智体美劳诸方面得到全面发展。在共同学习活动的过程中，普通儿童无时无刻不在以他们的知识、兴趣影响着聋童，对聋童起着良好的补偿作用；聋哑儿童的思想品德、行为习惯、劳动观点以及情感、意志、兴趣等非智力因素在与正常儿童交往中得到提高。他们逐渐打破自我封闭的孤独状态，与健全儿童和谐相处，消除了自卑心理，增强了自尊、自信、自强的意识，学习潜能、聪明才智得到较好的发挥。

聋童随班就读优越于聋童在聋校学习。经过测试，聋童随班就读的学生的学习效果明显优于聋校的教学效果。见下表：

	一年级		二年级		三年级		四年级	
	语文	数学	语文	数学	语文	数学	语文	数学
聋哑学校（学生平均分）	76.8	70	78	63	75.3	60	78	70.6
实验班学校（随班就读学生平均分）	89	90	85	80	78	79	74	80

实验结果表明，属于一、二级重听（听力损失40—70db）、智力正常、经过学前教育康复，戴上助听器能与正常人进行简单语言交往的聋童（即达到三级康复标准），进入一般办学条件的普通小学随班就读，都是可行的。推测盐城市学龄聋童可入小学对象约110人，不仅大大提高聋童入学率，而且可大大减轻国家办校投资的压力和聋童家庭的经济负担。

组建特殊教育代表团访问日本。1992年11月6日至13日，江苏省教委派出以教委副主任冒瑞林任团长的6人特殊教育代表团考察日本爱知县的特殊教育。同时参加了爱知县举行的特殊教育研讨会，双方就特殊教育有关专题进行了交流，对共同感兴趣的问题进行讨论。

《现代特殊教育》创刊。《现代特殊教育》杂志是国家教委、中国残联委托江苏省教委主办的面向全国发行的宣传我国特教事业的唯一刊物。于1992年创办并已出刊3期，受到国家教委、中国残联领导和有关专家的称赞和肯定。

六、中等师范教育

（一）小学、幼儿园新师资培养

1992年，江苏中等师范教育以全面提高教学质量为重点，贯彻《教学方案》、培养专科程度小学教师。

加强和改进思想政治工作，制订德育工作目标。5月21日至23日，省教委召开了中等师范学校德育工作座谈会。分析了在加速经济发展新形势下中师德育工作面临的新情况、新问题；研究了加强和改进中师德育工作的基本思路；制订了中师“八五”期间德育工作的目标是：坚持党的基本路线，以中师德育大纲为指南，通过进一步加强和改进中师德育工作，初步形成适应江苏基础教育改革和发展需要的有江苏特色的德育工作体系，以保证党的教育方针的全面贯彻，教育质量的全面提高，为基础教育培养一批又一批具有坚定正确的政治方向，热爱教育，献身教育，具有高尚师德和改革创新精神的小学、幼儿园教师。

实现这个目标的具体要求是：(1)建立与中师新教学方案的实施有机结合的德育目标体系。(2)建设一支有较好思想素质和业务水平的德育工作队伍。(3)中师德育管理的科学化、制度化、系列化提高到一个新的层次。(4)初步形成科学而合理的中师德育工作评估体系。(5)开展中师德育科学研究，组织对中师德育有现实指导意义的若干课题研究，并取得一定成效。(6)全省中师都要办成市级或市级以上文明学校，成为当地社会主义精神文明建设的窗口学校。

考察小学素质教育，推进中师整体改革。6月9日至18日，省教委组织中师校长考察了处在深化改革中的12所窗口小学。通过考察，校长们解放思想，更新观念，认识到小学教育改革的不断深化，向中等师范教育提出了新的要求，中等师范学校只有不断了解农村，熟悉小学，才能为小学教育改革服务，为小学输送高质量的师资。

为加强和推进新的三年制中等师范学校教学方案的课程教材改革，加强选修课教材建设，在1991年编写10本选修课教材的基础上，1992年又编写11本选修课教材。这些教材是：《陶行知教育思想研究》、《中外教育史话》、《实用文写作》、《书法教程》、《说话教程》、《形体教程》、《小学教育科研方法》、《农村应用数学》、《现代科技常识》、《小学教具玩具制作》、《小学教学技巧和艺术》、《小学科技活动指南》、《实用法律常识》、《实用家政》、《人口与环境》、《儿童体操与小球类》、《儿童歌曲创作与伴奏》、《小学美术技法与应用》、《小学语文教学基本功训练教程》、《小学数学教学基本功训练教程》、《小学复式教学》。

培养专科程度小学教师试验工作初见成效。遵照国家教委关于为基础教育配备一定数量的高学历新师资的精神，江苏自1984年起，在南通师范学校试办五年一贯制师范班；自1985年起，在无锡师范学校和晓庄师范学校试办五年制师范三二分段师范班，进行培养专科程度小学教师的试验。8年来的试验工作，坚持面向小学，充分体现小学教师职前教育的特点，注意反映高等专科教育的规律，取得了可喜的成绩。至1992年，共培养专科程度小学教师560人。其中，1992年毕业120人。

(二)在职中小学教师和校长培训

1992年，全省对中小学教师培训在加快学历培训的同时，注意大面积加强教师教学基本功训练。

拟订小学教师教学基本功要求。为进一步大面积提高基础教育的质量，省教委于5月下发了《江苏省小学教师教学基本功要求》。《要求》分知识、技能和组织教学两个方面共28条。要求至1995年底，1946年7月1日以后出生的小学教师，在教学基本功方面基本达到规定标准。下半年，以区县为单位，普遍制定当地实施培训与考核规划，并采取相应措施，逐步形成教师练功热潮。

制定中小学教师自学考试暂行办法。江苏省高中、初中、小学教师学历达标率分别为54.7%、68.6%、84.1%。为了加快中学教师学历培训步伐和提高小学教师专科层次学历的比例，以适应全省实施九年制义务教育和提高基础教育质量的需要，省教委制定了《江苏省中小学教师自学考试暂行办法》，规定从1993年始开考中学教师的12个专业，小学教师的小学教育专业，幼儿园教师的学前教育专业，以及中学和小学的教育管理共16个专业（均为专科）；中学教师专科起点的部分本科专业自学考试从1994年始开考。

编出小学教师继续教育系列教材。从1991年下半年起，省教委组织专人着手编写了《小学教师修养》、《小学教育心理学选讲》、《教育学专题选讲》、《教学论文写作指导》、《小学教育科学研究》、《作品赏析》、《汉语逻辑与小学语文教学》、《小学语文教学专题研究》、《小学数学基础理论与基础知识》、《小学数学活动课指导》、《小学数学教学专题研究》等11本小学教师继续教育系列教材。已于1992年3月起陆续交江苏教育出版社出版。

至1992年，全省中小学教师的受训面在80%以上，其中，取得教材教法合格证书的14万人（初中教师4万人，小学教师10万人）；取得《专业合格证书》的近4万人；取得高师本、专科和中师毕业学历证书的分别达6万人和9万人，分别占中学教师和小学教师总数的三分之一。与此同时，省、市、县、乡四级师训网络初步形成，锻炼培养了一支熟悉、热爱师训工作的师资队伍。1992年选出师训工作先进集体62个，先进个人168人，省教委进行了表彰和奖励。

1992年，江苏省还对中小学校长的岗位职务培训在试点的基础上全面推开，已经培训和正在接受岗位培训的中学校长达4100人，小学校长11180人，分别占应训对象的66%和52%。部分市、县已经积极试点举办高层次研究班，参加培训的校长1500余人。

职业技术教育

一、贯彻国务院《决定》精神，职教事业稳步发展

1992年，江苏省委、省政府修定了《关于大力发展职业技术教育的意见》，就加快发展职业技术教育、深化职教管理体制改革、多渠道筹措职教经费和招生、毕业生就业制度改革等方面作了具体规定。

1992年，全省各地认真贯彻《决定》精神，促进了职教事业的稳步发展。全省已有中等职业技术学校739所（包括中专、中师、技校、农职业中学，其中技工学校154所），共招生15.91万人。其中，中专中师5.12万人，比上年增加0.51万人；技工学校2.42万人，比上年增加0.33万人；职业高中8.37万人，比上年增加0.13万人。与普通高中招生数之比为1.07:1。在校生数比上年增加4.26万人，占整个高中阶段在校生总数由上年46.8%提高到48.9%。

二、深化教育教学改革，提高教育质量

深化学校管理体制改革。江苏省教委10月在南通、苏州召开了全省重点职中校长会。探索在新形势下，职业技术教育的办学思想、运行机制、办学模式等方面的改革，率先转换运行机制，实现与社会主义市场经济体制同步运行，更好地为经济建设服务。并着重研究扩大学校在招生、教学、人事、工资分配、经费筹措和使用等方面的自主权问题。会后确定10所学校进行试点。

为了提高中专校教学管理效率，建立良好的教学秩序，省教委在总结全省教学管理经验的基础上，制定了《江苏省中等专业学校教学管理规范》，下发各校执行。

狠抓实践性教学，强化学生动手能力培养。1992年，省教委组织了全省职业学校微机专业操作技能竞赛，在此基础上，省教委以无锡市工业学校和镇江电子职业高中6名选手组队参加了在青岛举行的全国职业高中、部分中专"浪潮杯"微机竞赛，在微机组和非专业组的DBASE—Ⅲ、BASIC、汉字录入、全能共8个项目竞赛中，荣获4个一等奖，2个二等奖，1个三等奖。

为切实加强职教教学质量，1992年底，江苏省召开了首次职业学校教研工作座谈会，总结和交流10多年来全省各市、县职教教研工作的情况、经验和存在问题。会议就职业学校加强教学计划、教学大纲和教材建设、实验实习基地建设、师资队伍建设、教学管理、加强教学研究等提出了具体要求。

根据国家教委要求，省教委在1992年对1987年制定的职业高中机械、电子、烹饪等21个专业教学计划和大纲进行了修订。同时新编了建筑装璜、美容美发等29个专业教学计划、教学大纲，颁发各地执行。还受国家教委委托，组织编写建筑施工专业的《建筑力学》、《建筑识图与制图》、《建筑施工技术》、《建筑施工教学实习指导书》，营业员专业的《柜组核算》、《商业信息及应用》，服装制作专业的《服装材料》，烹饪专业的《烹调技术》、《冷盘制作》、《面点技术》，电子电器专业的《电子整机装配工艺与技能训练》等10多门课程的教学大纲和教材。

三、产教结合，促进校办产业的发展

1992年，省教委对全省中专校、职业中学实验实习基地建设进行调查统计表明，目前全省职业技术学校校办产业发展较快，经济效益稳步提高。全省近20所学校校办产业年创收超100万元。申报办学水平评估的38所中等专业学校创利均超过50万元。

为了进一步促进中专校办产业的发展，4月，省教委在无锡召开了全省中专学校工作会议，重点研究发展中专校办产业的有关问题。会议听取了无锡、苏州市发展校办产业的方针政策。针对目前中专校办产业发展中存在的思想认识不足、管理体制不顺、经营不活、政策不够明确和队伍不稳定等问题，进行了讨论。会议确定：1992年，所有学校都要在原有基础上有所发展，没有兴办校办产业的学校今年内都要起步。"八五"期间，有一定基础的学校和重点学校要有较大突破，形成相当的自我发展的能力，年创利力争超过50万元；"八五"期末，在全省要有一批年创利超过100万元的学校。这次会议取得明显的成效，至年底，对11所中专校的调查共办厂、场、店等校办产业46个，许多已取得较好的经济效益。

四、积极推进城市和农村教育综合改革

国家教委确定苏州、无锡、常州三市为城市教育综合改革实验市后，1992年，江苏省又确定7个市为省级实验城市。各市根据实际情况，制定了改革方案，选定一批启动项目，使教育步入综合改革的轨道。

江苏把企业教育综合改革纳入城市教育

综合改革的轨道。全省有5家国有大中型企业被列为国家教委的试点企业，有14家企业被列为省的试点企业。各市又相应确定了一批企业进行教育综合改革试点。各试点企业在经科教结合、人劳教结合、职前、职后教育结合等方面都作了初步探索，并取得了一定的成绩。

农村教育综合改革实验县(市)由原来的12个发展到27个，实验乡(镇)由原来的203个发展到401个。全省以县乡为单位，选择同经济结构和经济发展水平密切相关的三项指标(非农产值比重、非农劳力比重和农民人均收入)为依据，划分为三类地区，分别提出了改革要求。在工作中提出了“抓住结合部，选准突破口，注意配套性，提高综合度”的基本要求。各实验区紧紧围绕经济建设这个中心，搞好“一个统筹”，即农村基础教育、职业技术教育和成人教育的统筹；推进“两个结合”，即经科教结合和教育与文化建设及精神文明建设的结合；深化“三项改革”，即教育体制改革、调整教育结构和进行教育教学改革；落实“四项保证措施”，即落实领导、经费、师资和政策等4项保证措施。各地结合本地实际，逐步形成一些典型。宜兴市在抓好市和乡镇统筹的基础上，探索形成了区一级统筹教育的路子。大丰县南阳镇建立“一校三部”，即成人教育中心校、科技信息咨询部、项目开发部、经营服务部，以此推动经科教结合。宿迁市龙河乡建立养鸡、饲料供应、禽蛋销售一条龙服务体系，为当地农民解决产前、产中和产后服务。

根据分类指导的原则，1992年，江苏在苏南地区开始实施教育现代化工程。基本思路是：在实施九年制义务教育的基础上，到本世纪末，建设一批在国内乃至国际堪称一流的学校和教育乡镇。在黄淮海地区和年人均收入不足400元的贫困乡镇，则通过与高校挂钩，推动教育与经济科技的结合等形式，实行教育扶贫，促进当地经济建设和社会发展。

五、成立江苏省职业技术教育学会

为了积极开展职教理论和实践研究，积极推动职业技术教育的发展，1992年3月成立江苏省职业技术教育学会，由省教委、省劳动局、省人事局在南京联合召开成立大会，通过了学会章程，选举省教委主任袁相碗为会长。江苏省职业技术教育学会是群众性学术团体和专业性团体，在教育行政部门指导下，通过组织职教战线上和社会上热心于职业技术教育的各方面力量，开展群众性的科研、咨询、服务、宣传等项工作。职教学会成立后，还先后成立了中专教育、农村职业高中、城市职业高中等3个所属专业委员会。

高等教育

一、高校管理体制改革

1992年，江苏省高等教育工作贯彻落实教育方针，紧紧围绕经济建设这个中心，解放思想，转变观念，加快发展和体制改革。成立了扬州大学，江苏化工学院划归石化总公司管理，更名为江苏石油化工学院；镇江教育学院、镇江职业大学、镇江电大合并成立镇江市高等专科学校。经国家教委于1992年5月批准，由扬州工学院、扬州师范学院、江苏农学院、扬州医学院、江苏商业专科学校、江苏水利工程专科学校、国家税务局扬州培训中心联合组建为扬州大学。

扬州大学是一所新型的综合性大学，实行“小校部、大学院”的办学模式，具有自己的办学特色。校部将对各学院进行行政领导和宏观管理，统筹事业规划，协调各方面关系，检查评估教育质量等职能。下设师范学院、农学院、工学院、医学院、水利学院、商业学院、税务学院。在近期内，7 所学院的原隶属关系、级别待遇、经费渠道、办学任务不变。现有 1 个博士点，14 个硕士点，38 个本科专业，61 个专科专业，学科门类齐全，现有省级重点学科 2 个，教职工 4432 人，其中专任教师 2056 人，有教授 51 人，副教授 428 人。先后有近 10 名教师被评为国家级和省级有突出贡献的中青年专家。各学院有实验实习工厂、农牧场、附属医院、附属中学等，有实验室 316 个，图书馆藏书 270 万册，建有各类研究所、中心 33 个。目前，承担科研项目 571 项，其中国家级课题 36 项，国际合作课题 5 项，部省级课题 121 项。

扬州大学的办学模式具有鲜明特色。一是充分发挥多学科的优势，适应社会发展和经济建设的需要建立新兴学科和交叉学科，通过联合形成优势，不断提高教学科研水平；二是走内涵发展的道路，采取恰当措施，实行资源共享，师资跨学院互聘，最大限度发挥投资效益；三是通过联合，扩大对外交流，吸引社会办学。逐步办成一所人才素质好，学术水平高，办学实力强，国内外享有盛誉的新型综合型大学。

二、师专标准化建设

师范专科学校的标准化建设，直接关系到全省九年制义务教育的普及和劳动者素质的提高。江苏省教委把此项工作作为 1992 年重点工作。在硬件建设即办学条件上，要求达到国家教委规定的标准；在软件建设即办学方向、管理工作、教育改革、教育质量、办学效益等方面，要求处于全国上游水平。硬件建设争取到世界银行贷款项目 658 万美元，增加基建投资近 1000 万元，使 6019 平方米校舍如期竣工，1.6 万平方米的教学实验用房提前完成施工计划交付使用，使全省师专办学条件有了很大改善，校园面貌基本达到了“绿化、美化、净化、知识化、师范化”的要求。在软件建设方面，一是抓师专培养规格，组织编写出版了师专培养规格和专业基本技能训练两本书；二是加强高师实习基地建设，召开了高师教育实习基地现场办公会，推动了师专实习基地的落实。

1992 年，全省 6 所师专办学的共同特点是：两个“坚持”（坚持社会主义办学方向，坚持为基础教育服务的办学指导思想）；两个“突出”（突出师专培养规格和培养方法的研究与实践，突出教师基本功训练）；两个“重视”（重视实践性环节，加强教育实习基地、专业实习基地和社会实践基地的建设，重视教师队伍的建设）；两个“强化”（强化学校的常规管理，强化育人育师环境建设）。

三、高校科技面向经济建设主战场

1992 年江苏高校科技工作贯彻江苏省科技工作会议和江苏省教育工作会议精神，落实省委、省政府《关于江苏省“八五”期间科技兴省实施方案》和《关于加快教育发展和改革若干问题的决定》，进一步解放思想，转变观念，抓住时机，为经济建设服务。

1992 年全省高校争取科研项目 8760 项（不包括文科），经费 2.52 亿元，其中企事业单位委托项目经费 1.08 亿元。全省共有 21 所高校承担国家“八五”科技攻关项目共 235 项，当年实拨经费 2393.6 万元；有 12 所高校承担“863”计划项目，共计 75 项，当年实拨科研经费493.2万元。全省高校出版科技专著364部，发表论文13211篇，鉴定科技成果629项，其中165项达到国际先进水平。全年获国家发明奖9项，国家科技进步奖21项，国务院各部门科技进步奖279项，省级科技进步奖164项。共转让科技成果、签订技术合同3124项，合同金额1.25亿元。加强产、学、研的结合，与江苏省计经委、中科院南京分院、江苏有关工业厅局、银行、财政、税务等部门成立科技协调领导小组，组织申报了一批经济效益好的科研项目，其中5个项目被批准为国家产学研工程项目，总投资1500万元，预计产值1.78亿元，利税2426万元；组织审核批准了江苏省产学研工程项目6项。同时，江苏省教委组织高校参加技术贸易活动，为高校与企业的联合牵线搭桥，有33所高校与深圳、常州、苏州等地的企业和产业部门签订合同和意向性协议200多项。全省高校校办产业也得到较大发展，产业销售收入达到4.5亿元，创利税近1亿元，人均创利1.06万元。进一步开展科技扶贫工作，组织12所高校赴苏北地区的盐城、赣榆、灌云、涟水、阜宁、高邮等市(县)，进行科技成果信息发布和扶贫项目的检查，同时签订技术合同300多项。

四、高校校风建设

1992年，江苏高校校风建设的重点是整顿校纪，推进校风建设，促使学风进一步好转。省教委在1991年校风大检查的基础上，多次要求各校要认真贯彻执行《高等学校学生行为准则》、《普通高等学校学生管理规定》、《普通高等学校学生安全教育及管理暂行规定》，进一步完善了规章制度，明确责任部门，各部门各司其职，形成校风校纪建设的合力。在具体工作方面，一是从严管理，持之以恒。省教委明确指出，学生不能经商，鼓励学生有组织地进行勤工俭学活动；对于大学生中出现的赌博、偷盗、打架、考试作弊等违纪现象，决不姑息，伸张了正气，遏制了歪风。二是推广"三自教育"经验，促进学生全面发展。为改变大学生课外活动少，动手能力差的状况，省教委强调学生自我教育、自我管理、自我服务，并推广了常熟高等专科学校、盐城师范专科学校等学校开展学生"三自教育"的经验。三是建设校园景点，优化育人环境。江苏的许多高校积极进行校园景点建设。省教委在全面调查、评比的基础上，评出南京大学、南京邮电学院、南京电力高等专科学校、南京交通高等专科学校、镇江船舶学院、淮阴师范专科学校、盐城师范专科学校等15所学校为校园景点建设的先进院校，并进行了表彰，带动了一些学校的校园景点建设工作。四是重视安全教育与管理，积极开展学生心理咨询，用心理疏导的方法解决了大学生中的一些疑难问题。

五、中青年教师队伍建设

江苏省教委切实把中青年教师的培养和提高作为1992年高校师资队伍建设的战略重点，制定了《江苏省普通高校选拔和培养优秀青年骨干教师的暂行规定》、《优秀青年骨干教师培养管理意见》。从全省高校11900名青年教师中评选出184名优秀青年骨干教师，并拨发了科研津贴费，组织了青年教师报告会，调动了高校广大青年教师奋发上进的积极性。

为了进一步加强中青年教师队伍建设，制订并下发了《江苏省高校学科梯队建设意见》，培养中青年学科带头人。为促进教师队伍结构优化，在高校教师职称评定中，共评出正副教授623人，其中正高职160人，副高职463人，40岁以下的中青年教师占35%左右。1992年，公派出国留学82人，短期出国访问、参加国际学术会议175人。1992年，江苏省教委把改善高校教师住房，特别是中青年教师住房作为一项突出工作来抓，在江苏省人大、政协和有关部门的关心支持下，多渠道筹集建房资金，开工5万多平方米，建成教职工住房3.5万平方米，建成面积比上一年增长40%，缓解了一部分中青年教师住房困难。

六、高校校外实习基地建设

江苏高等学校数量多，学科门类齐全，普通高校的全日制本、专科在校生近15万人，1992年参加生产实习、社会实践、临床实习等各类校外实习生近8万人。因此，省教委十分重视校外实习基地建设，省政府1991年批转了省教委、省计经委《关于加强和改进普通高校校外生产实习工作的意见》，当年已建立校外实习基地430个。在此基础上，1992年，省政府又提出了“落实高校校外实习基地200个”的要求。省教委要求各高校从培养合格人才的高度重视校外实习基地建设，确立了“端正方向、理顺关系、加强调控、三位一体、注重建设、提高质量”的工作思路，会同省计经委共同协调，各高校主动与社会取得联系，本着“就地就近、专业对口、互惠互利、相对稳定”的原则，在社会有关部门和单位的支持下，1992年又落实243个新基地。这些基地可以接纳60多所普通高校，300多种专业，5万多名大学生的实习，初步缓解了高校学生实习难的状况，其中有的基地已成为高校“教学、科研、生产”三结合的综合基地。

同时，加强了对实习基地的管理，确保实习质量。省教委对加强基地管理的具体要求是：领导重视，把实习工作列入单位工作计划和日程；有与实习工作相适应的组织管理体系，各级职责明确，并建立实习工作的规章制度；有一支政治素质好，有一定理论水平和实践经验、责任心强、基本稳定的带教队伍；能提供必要的实习条件，安排好实习生的食宿等。

成人教育

一、加快扫除文盲步伐

1992年，全省共组织793万成人参加学习和培训，其中，有67万文盲、半文盲参加学习，已有47万人脱盲。年初，省委、省政府把扫除40万青壮年文盲的任务列入全年要重点抓好的28件实事；2月在泗洪县召开了全省扫盲工作座谈会，由1990年第四次人口普查中青壮年非文盲率在90%以下的21个县（市、区）分管县（市、区）长参加了会议，省政府领导到会讲话，要求把扫盲任务落实到基层；8月，省委、省政府召开全省教育工作会议，对扫盲提出了目标和要求；12月，在盐城市召开的全省扫盲农村成人教育工作会议上，省政府又对冬春的扫盲工作进行部署。

各市、县把扫盲列入当地政府的工作目标，实行行政领导责任制。南京和射阳、滨海等市、县政府或党委一把手亲自过问。淮阴市政府抓扫盲工作起步早、行动快、发动面广，1992年全市共组织20多万文盲、半文盲入学，脱盲16万多人。昆山市政府在精神文明最高荣誉奖“新风杯”评比中，教育100分，其中考核扫盲就占20分。

1992年，省财政拨出60万元专款作为扫盲及农村成人教育补助和奖励经费。南京市财政拨出70万元专款用于扫盲，南京、镇江、常州、无锡、淮阴、南通等市和东海、赣榆等县规定农村教育费附加用于扫盲和农村成人教育的比例不低于3%，其中，部分市、县达到5—10%。

各地农业、乡镇企业、科技、妇联和团委等部门或团体也都积极参与，在扫盲宣传发动、组织入学等方面做了大量工作。各级教育行政部门积极组织力量进行扫盲教学。淮阴市共组织2万多名中小学教师参加扫盲教学。阜宁县除了组织小学教师外，还组织6400多名中学生和小学高年级学生进行助学，该县665个行政村有97%的村办了扫盲班，2.58万名文盲、半文盲参加学习，脱盲2.1万人。阜宁师范学校按省教委的要求组织985名学生（占学生总数的95%）去5个县、100多个乡村参加扫盲活动，作为教学实习的一部分。

许多地方和乡村充分利用夏季农田管理间隙时间"刮扫盲风"。

省教委组织力量于上、下半年分两批对全省8个市的20个县（市、区）、42个乡镇的扫盲工作进行检查。其中，扫盲任务较重的21个县（市）中，已有9个县（市）青壮年非盲率达90%以上。年底，省教委对25个扫盲先进乡镇和101名扫盲先进工作者进行表彰。

为巩固扫盲成果，全省大力发展业余小学教育，并把脱盲后的巩固提高工作与妇女的"双学双比"活动以及各类实用技术培训结合起来。全省参加业余小学学习的人数达15.6万人，其中，相当部分是刚脱盲的人员。

二、农民实用技术培训

1992年，全省参加实用技术培训的农民人数达322万人。各地以乡镇、村、厂成人学校为阵地，坚持培训为地方经济服务。苏南地区的培训盯住超常规发展的乡镇企业不放，努力提高企业劳动者素质，全省经培训结业的136万乡镇企业职工中，南京、镇江、常州、无锡、苏州、南通等6市就占到乡镇企业职工培训总数的70%多。苏北地区则以发展农业和多种经营的需要开展培训。徐州、淮阴、盐城、连云港、扬州等5市组织农副业实用技术学习的农民达140多万人，占全省农副业技术培训总人数的70%以上。各地普遍开展了对回乡初高中毕业生的培训，培训总数达144万人。近年来，不少地方都注意以乡镇为基础，加强农科教统筹，提高综合效益。大丰县不少乡镇以乡镇成人教育中心校为培训基地，下设科技信息咨询部、新技术推广部、经营服务部，融人才培训、科技推广、经营服务为一体，促进科技进村入户到田头。徐州市教育局与农业、科技等部门协调，召开了农村实用技术推广现场会。不少地方把实用技术培训同实施"丰收计划"、"星火计划"和"燎原计划"结合起来，做到培训一批人才，推广一项技术，开发一个产业，致富一方农民。

通过实用技术培训，全省有200多万人掌握了一定的农副业技术，100多万从事工业生产的人知识和能力有了不同程度的提高。其中，有68万回乡初、高中毕业生被评为乡、村农副工技术员或提为乡、村干部，有9285名农民被聘任为乡、村农副工技术员；有6000多人的科技成果受到县级以上奖励。受培训的人员运用和推广的科技成果项目中，有851项获得奖励。经过培训，各地出现了一批致富的"珍珠大王"、"养鱼大王"、"养猪大王"、"养鸡大王"、"百合大王"等科技示范专业户，带动周围一方农民致富，获得显著经济效益。

三、实施农村成人学校人口教育项目（简称"P_{20}项目"）

"P_{20}项目"是我国与联合国人口基金会

共同实施的。

1991年，江苏有12所乡镇成人教育中心校进行项目试点，1992年试点学校增至17所。

1992年初省教委召开了项目学校校长会议。省教委和有关市、县教育部门经常深入项目学校指导开展工作，解决有关问题。项目学校所在的乡镇均成立了由乡镇政府负责同志任组长，教育、计划生育、妇联、团委、卫生等部门负责同志参加的领导小组，加强对人口教育的领导和协调工作。各项目学校建立和带动人口教育联系点135个，非项目成人学校70所，人口教育联系点的布点面占到项目学校所在乡镇行政村的51.7%，通过多种形式使192137人次受到人口教育，约占所在乡镇人口数的41.5%，其中授课在15教时以上的有62769人次。通过人口教育，使广大农民学到了人口和计划生育的基本知识，增强了人口意识和实行计划生育的自觉性。

为总结项目工作经验，国家教委于6月5日至8日在徐州市召开全国农村成人学校人口教育经验交流会。江苏省在会上介绍了实施“P_{20}项目”工作的做法，铜山县介绍了开展人口教育的情况。

四、乡镇成人教育中心校建设

乡镇成人教育中心校建设是农村成人教育的一项重点工作。1992年，省委、省政府要求新建150所乡镇成人教育中心校。上半年，省教委下发了《关于加强乡镇成人教育中心校和发展村农民文化技术学校的通知》，提出“八五”期间，要继续新建一批，充实、提高一批，重点建设一批，下伸、扩展一批，加强管理，深化改革，提高质量，提高效益；把新建校的任务下达到有关市，限年内完成。经过努力，1992年，全省新建成乡镇成人教育中心校164所，使这类学校总数达到2034所，占全省乡镇总数的99.4%。

在普遍建校的基础上，省教委决定从1992年起在全省范围内着手创办一批重点乡镇成人教育中心校。各地纷纷行动起来，苏州、无锡、常州、镇江、南通、盐城等市围绕创重点校，带动了大批学校的达标建设。镇江市召开28个未达标乡镇成人教育中心校的乡镇长会议，分管副市长在会上部署动员，要求年底全部达标。

1992年，全省乡镇成人教育中心校新建教室41341平方米，添置图书资料57209册，教学仪器(含电教设备)4221台(件)。增配专职教师1069人。各级用于乡镇成人教育中心校建设的资金达2800万元。全省乡镇成人教育中心校年培训农民人数由上年的213万人上升到288万人；平均每校培训的人数也由1138人上升到1417人。据不完全统计，全省在校园、基建、学校设备等方面较有规模的学校已达到1200多所。年底，省教委对49所先进乡镇成人教育中心校进行了表彰。

五、职工岗位培训工作

1992年江苏省职工岗位培训取得了显著成绩。据统计，全年参加各类系统培训的职工达287万人，占职工全员的42%。其中参加岗位培训的职工达244万人，占职工学习人数的85%。

江苏省岗位培训的成绩主要表现在：平均每个工人已接受1.6次的岗位培训教育，平均每个干部已接受1.2次培训教育。为提高业务、技术等级水平的培训已成为岗位培训工作的重点。根据生产需要开展的应急、专项、实用性培训受到越来越多职工的欢迎。

在开展职工岗位培训中，一些企事业单位大胆实践，已总结出几种有效的岗位培训模式：(1)成建制岗位培训。金陵旅馆管理干部学院根据系统论原理，对管理人员进行整套班子的培训。1992年举办两期成建制岗位培训班，全国23家旅游饭店的总经理和8个主要部门的经理共194名中高级管理人员，集体接受了培训，统一了饭店管理思想，增强了配合意识。(2)星级培训。金陵石化公司积极开展“一岗一星、多岗多星”的岗位培训。通过“应知、应会、应有”的培训，全公司已有2500名一线工人掌握两个岗位以上的操作技能。10套生产装置平稳地实现由五班四运转向五班三运转的过渡，提高了劳动生产率。(3)以引进设备新品开发为龙头，带动全员岗位培训。泰州春兰制冷设备总公司以人才开发、市场竞争和新品开发作为企业三大战略，把教育培训作为第一道工序，提出了“构想一代、研制一代、试产一代、提高一代、储备一代”的开发体系，依靠教育培训和科技管理，使生产不断提高，从1987年到1992年，6年产值从1000万提高到12亿，赶上西欧发达国家水平。(4)培训、考核、使用一体化培训。南京新街口百货商店股份有限公司，配合劳动、工资、保险三项制度的改革，在岗位培训中将每个职工的技能高低、贡献大小直接与工资挂钩，激发了职工勤奋工作的热情。(5)现场实训为主的培训。不少单位改变过去以课堂为中心，以书本理论知识传授为主的普通教育模式，把培训放在生产现场，增强实际操作能力和解决实际问题的能力 。

六、社会力量办学

1992年，省教委根据省政府批转的《关于社会力量办学管理的若干意见》，制定了《江苏省社会力量办学管理实施办法》，对社会力量办学的审批权限、招生广告、教学和财务管理作了具体规定。省教委鼓励与支持社会力量办学，批准成立了江苏自修大学、江南文化研究培训学院、扬子书画艺术进修学院、江苏侨务进修学校、江苏国际经贸进修学院、利普证券学校、江苏法律人才培训中心、在宁高校退离休教育工作者协会培训中心、省测绘培训中心、江苏四达外语培训中心、南京康为培训中心。至1992年底，全省社会力量办学单位发展到800个，教学班7900个，学员有30余万人，其中学习职业技术教育的有14万人，初、高中基础教育的9万人，社会文化生活教育的5.8万人，继续教育1.3万人，高考自学辅导3.3万人。

为了提高办学质量，省教委在1992年培训了社会力量办学管理人员。省教委职工教育处和南京市第二教育局、苏州市教委分别举办教育行政部门社会办学分管干部和社会办学单位负责人培训班，学习国家有关社会办学方针政策和有关规定，总结交流社会办学管理经验，研究探讨改革和发展社会办学的措施办法。

七、成人高等教育

1992年，江苏省经过调整布局、联合办学，成人高校从92所调整为64所。其中广播电视大学比上年增加1所，职工大学减少26所，管理干部学院比上年减少2所，教育学院减少1所。调整以后，学校布局合理了，优化了整体结构，初步改变了重复设置专业、办学效益低下的状况。

1992年，江苏省72所普通高校中有47所(含部委属25所、地方属22所)举办函授、夜大学。其中举办函授教育的29所(部委属19所)，举办夜大学的36所(部委属20所)。

1992年，江苏省成人高等教育大胆探索，深化改革，在保证质量的前提下，力争办出成人特色，取得了显著的成绩。

一是进行招生考试科目改革。1992年，经国家教委批准，选择江苏农学院农科类专业、南京中医学院中医专业、南京机械职工大学数控机床调试与维修专业进行了试点。农科类、中医专业考试科目为“3＋2”，即3门文化课参加全国统考，按省最低控制分数线的60％划线，再由省统一加试两门专业基础课，并均需及格；数控机床调试与维修专业考试科目为“5＋2”，即5门文化课参加全国统考，按省最低控制分数线的80％划线，再由省统一加试两门专业课并要达到及格水平。通过考试，农科类专业录取79名，中医专业录取54名，数控机床调试与维修专业录取19名。这一改革使一些具有多年生产实践经验但又年龄偏大、文化基础偏差的生产业务骨干有了进大学学习深造的机会。

二是深化教学领域的改革，提高教育质量。首先对10个专业培养目标和培养规格开展调研。每个专业由省教委指定1—2所学校牵头，其它学校自愿参加，成立11个调研组。通过调查研究提出有关专业培养目标和培养规格建议方案以及指导性的教学计划，经过专家论证后组织实施，使培养目标和培养规格以及教学计划更适合成人的特点，培养的学生更适应社会的需求。其次，对普通高校举办函授教育的函授站进行普查登记。调查52所普通高校（江苏省内30所，省外22所）设立的231个函授站（其中设在江苏省内的164个，省外的67个）的现状，以此为依据，委托南京邮电学院牵头起草了有关函授站建设与管理的文稿。再次，加强学籍管理问题的研究，放宽修业年限，有条件试行学分制。在转学转专业问题上，印发了《关于江苏省成人高校和普通高校函授、夜大学学生转学、转专业问题的暂行规定》，并委托南京中医学院牵头起草学籍管理的意见。

撰稿人　朱卫国　梅泽铭
徐俊峰　马　斌
李一民　孙征龙
程益基　赵桂丽
冯荣坤　李世恺
经贵宝

审稿人　袁金华　袁云亭
李步斗　张　仁
张　行　蔡霖村
金鱼为

浙江省教育

概　况

1992年各级普通学校基本情况

单位:人

学校类别	学校数(所)	毕业生数	招生数	在校学生数	教职工数	
					计	其中专任教师
一、普通高等学校	35	18991	22232	65076	27821	11105
研究生		724	1015	2850		
本　科		9565	10248	37886		
专　科		8702	10969	24340		
二、中等专业学校	142	22708	27205	71990	15424	7169
中等技术学校	113	16318	20134	52020	12475	5616
中等师范学校	29	6390	7071	19970	2949	1553
三、普通中学	3283	495515	661394	1883817	121668	95268
高　中	501	81345	77254	230822		17581
初　中	2782	414170	584140	1652995		77687
四、农业、职业中学	367	35452	49369	108218	10600	7258
高　中	360	34768	48738	106313		7184
初　中	7	684	631	1905		74
五、工读学校	2	60	57	147	68	37
六、小　学	27268	637433	579014	3552138	150978	136259
七、特殊教育学校	47	346	918	6907	963	735
八、幼儿园	9860	408288	522798	942960	41052	34024

1992 年各级成人学校基本情况

单位:人

学校类别	学校数(所)	毕业生数	招生数	在校学生数	教职工数 计	其中专任教师
一、成人高等学校	38	9083	15659	34294	4151	2017
广播电视大学	2	1678	6892	14426	1339	657
职工高等学校	26	601	1452	3042	1126	567
农民高等学校						
管理干部学院	4	200	348	596	658	256
教育学院	6	2130	1570	4095	1028	537
独立函授学院						
普通高校举办						
函授部		3218	3800	8943		
夜大学		1084	1387	2792		
干部专修科		172	210	400		
二、成人中等专业学校	124	6554	14982	32182	4168	2061
广播电视中专	15	2055	8880	14976	406	192
干部中专	1	40	94	222	44	18
职工中专	59	2181	5112	11305	2056	1025
农民中专	2	81	142	201	29	16
教师进修学校	47	2197	754	5478	1633	810
三、成人中学	331	21463	25839	32771	791	498
职工中学	129	10556	16132	21867	501	289
农民中学	202	10907	9707	10904	290	209
四、成人技术培训学校	6451	1781452	1826971	1423102	7335	2773
职工技术培训学校	807	159214	209706	175696	2355	1088
农民技术培训学校	5644	1622238	1617265	1247406	4980	1685
五、成人初等学校	3234	170942	142872	147701	1679	736
职工初等学校	96	4875	6822	7260	73	29
农民初等学校	3138	166067	136050	140441	1606	707
其中:扫盲班	2286	96003	79036	88273	1286	601

基础教育

1992 年,浙江省基础教育事业有了较大发展,教育教学改革得到进一步深化,教育质量和办学效益也有明显提高。

一、实施义务教育又取得新进展

全省已全面实施不同年限的义务教育。据 1992 年 10 月统计,全省实施九(八)年义务教育的乡(镇)计 1169 个,占全省乡(镇)总数的 62.8%;人口计 3088.86 万,占全省人口总数 4252 万的 72.6%;其余乡(镇)都已实施六年或五年的义务教育。全省九(八)个年龄段的适龄儿童入学率已达到95.46%，其中小学学龄儿童入学率达到99.42%。小学毕业生升初中的比例达到91.74%。小学、初中流生继续得到控制，小学的流生率为0.41%，初中的流生率为4.62%。特殊教育事业继续发展，全省各类特殊学校(班)有47所，在校生数达到6907人，弱智、盲、聋哑儿童随班就读的试验也正逐步扩大。全省17周岁人口中初中毕业率已达到73.29%，比上年提高4.7个百分点。教师队伍建设得到加强，小学、初中教师在数量增加的同时，文化素质和业务水平有较大提高，小学、初中专任教师的学历达标率达到74.1%和65.4%，分别比上年提高2.1个百分点和3.4个百分点。

1992年对全省小学、初中的学校布局进行了调整。省教委利用全省开展"撤区扩镇并乡"工作的有利时机，及时召开中小学布局调整现场会，总结经验，表彰先进，提出调整学校布局的具体措施和要求，促进各地学校布局调整工作的开展。经过全省各地的共同努力，1992年全省小学减少2406所，其中单班小学减少1517所，初中减少64所，全省小学平均校额已从上年122.21人提高到130.27人，初中平均校额由549.78人提高到594.18人。

在积极争取财政增加对教育投入的同时，多渠道筹措教育经费，学校办学条件有了进一步改善。1992年，全省中小学校占地面积达7215.85万平方米，校舍建筑总面积达2609.96万平方米，均比上年有所增长。中小学危房比例也已下降到0.51%左右。学校教学仪器设备、图书资料得到充实，全省乡(镇)中心小学和乡(镇)初中以上的学校仪器配备80%以上达到国家教委二类标准，初中实验室达到校均2个，电教设备和教材总值超过7000万元，其中初等教育约有5000万元。为了进一步落实基础教育分级办学、分级管理的体制，省政府于12月在温岭县召开全省多渠道筹措教育经费、改善办学条件现场会，推广温岭县集资办学的经验，并制订《关于加强征收农村教育费附加工作的意见》，推动各地征收农村教育费附加工作的开展。学校办学条件有所改善，小学、初中教育教学质量不断提高，中小学德育工作普遍得到加强，校风、校纪、校貌有了明显改观；学生各科考试合格率有了提高；音乐、美术、劳动(劳动技术)等课程的开课率明显增加；在中小学增加了国情、人口等教育内容，拓宽了学生的知识面；学生体质明显增强。

为了总结七年来浙江省实施九年制义务教育的成绩与经验，省教委于1992年11月15日至17日在平湖市召开了浙江省第七次义务教育讨论会。会议肯定了七年来全省各地在实施过程中行之有效的经验，主要有：不断学习、宣传义务教育法，提高对义务教育性质、任务和目标的认识，增强依法治教的观念；实行基础教育地方负责、分级管理的体制，以乡(镇)为单位，分期分批组织实施九年制义务教育；确立义务教育为县(市、区)普教工作的重点，在师资、经费等方面予以保证；坚持科学实验，深化改革；建立和健全督导制度、义务教育证书制度、学籍管理制度、流生报告制度、两率(入学率、及格率)统计制度、表彰奖励制度等；边实践、边总结，每年召开一次义务教育研讨会，以引导和促进全省实施工作健康发展等。

二、高中会考工作又上新台阶

1992年3月，国家教委考试中心和浙江省教委联合成立了《会考标准制订办法》课题组，开展了建立高中会考标准的实验。经过近半年的研究，实验工作按计划顺利完成。通过调查分析、国内外对比研究等方法，对会考实验标准的理论和技术问题进行了研究和探讨，并制订了浙江省高中会考标准。10月20

日至22日，由国家教委考试中心邀请有关教育统计、测量专家对课题进行了鉴定，并通过了《会考标准制订办法》的成果鉴定。鉴定主要意见如下：(1)制订会考标准是具体体现会考目的，完善会考制度，发挥会考功能的重要条件，对课题研究具有重要的现实意义。(2)课题组遵循理论与实践相结合的原则，认真分析教学大纲对普通高中学生知识、能力的要求；通过社会调查了解社会对会考的要求和高中教学的实际水平；并充分利用已有的会考经验和国外考试研究成果，提出了制订会考标准的原则和方法，以便使制订出来的会考标准既有科学性，又有可行性。(3)课题组认为标准是评定学生学业成就的参照准则，应对学生知识、能力提出具体要求，并对各等第水平作出具体界定。因此会考标准应由定性描述和定量操作两部分组成，使会考标准成为"描述、试卷、量表"三者的统一体。这个会考标准的模式具有合理性和可行性。(4)课题组强调对学科能力的分析，提出标准中需要包括的学科能力维度，在等第标准中也要体现学科能力层次，并据此进行了有益的尝试。这对于完善会考标准的制订和促进教学过程中能力的培养都有积极意义。(5)为了维持历年会考标准的稳定性和成绩的可比性，课题组提出利用参照试卷建立会考标准量表，解决会考成绩等第划分的具体步骤和方法，并使用省际交叉，随机相似组设计的等值方法，具有一定的参考价值。

会考标准的建立，使会考的实施向科学化、规范化迈进了一步。目前浙江省正在充分运用这一标准指导会考实践，给高中教学以正确导向。

在会考的实施过程中，省教委还确立了会考的免考制度。允许一部分学校从自己教学的实际出发提出申请，经省审核后，可免于部分学科或全科的会考，以引导和鼓励一些学校办出特色。

三、幼儿教育走上规范化管理的轨道

1991年上半年，省政府就明确了幼儿教育工作由省教委归口管理。在调查研究的基础上，于1992年5月13日至15日在余杭县召开了全省幼儿教育工作座谈会。会上杭州、温州、余杭、萧山等8个市(地)、县(市、区)教委(局)介绍了幼儿教育工作的情况和经验，并针对全省幼儿教育工作实际，提出了意见和建议，还就《浙江省示范性幼儿园基本要求》和《浙江省乡(镇)中心幼儿园基本要求》进行了充分讨论。会议对"七五"期间全省的幼儿教育事业进行回顾和总结，肯定了幼儿教育事业有很大发展，具体表现在：(1)入园率有了较大幅度的提高。1991年，全省在园幼儿达到89.8万人，学龄前三年幼儿入园率达到49%，分别比1986年提高23.1%和10%，其中城镇的发展速度较快，1991年已达到77%。公民个人办园的在园幼儿数已达到4.1万人。(2)幼儿教育师资队伍得到加强，专任教师合格率从1986年的8.9%提高到1991年的38.1%。(3)一些地方从当地实际出发调整了幼儿教育管理体制，全省11个市(地)中已有7个市(地)和37个县(市、区)的幼儿教育工作归教育部门管理。(4)园舍条件普遍得到改善，全省84所示范性幼儿园有一半是"七五"期间新建或修建的。(5)在学习贯彻幼儿教育"两个法规"过程中，保教质量正在逐步提高。

1992年，幼儿教育事业又有了新的进展。全省在园幼儿比上年增长9.9%，学前三年入园率达到50.2%，比上年增加1.2个百分点，学前一年幼儿入园率和城镇4—6周岁幼儿入园率达到90%。幼儿园专任教师合格率达到42.9%，比上年增加3.8个百分点。

撰稿人　顾玮　胡惠华

职业技术教育

1992年,浙江省职业技术教育进一步加大了改革的步伐和力度,推动了职业技术教育的健康发展,更好地为社会经济建设服务。

一、职业技术教育事业有了较大的发展

1992年,全省中等职业技术学校共招生87737人(含职业高中、普通中专、技工学校),比1991年增加12133人,第一次超过了普通高中招生数,其比例为1.14:1。1992年,职业高中比上年增加25所,招生数比上年增长11.34%,在校生数比上年增长8.14%。普通中专招生数比上年增长12.81%,在校生数比上年增长6.3%。普通中专办学规模扩大,校均在校生由上年的408人增至507人。随着改革开放和经济的发展,杭州、宁波、温州、舟山等地的职业技术教育普遍受到了企业和群众的欢迎。1992年温州市区中等职业技术学校的招生数与普通高中招生数之比已达7:3,出现了各个方面积极办职业技术教育的局面。舟山市中等职业技术学校以往每年招生都在1000名左右,而1992年已达1500余人。

二、增加对职业技术教育的投入

1992年,浙江省采取多种措施,增加对职业技术教育的投入,改善了办学条件,学校占地面积比上年增加11.75万平方米,校舍建筑面积比上年增加11856平方米,学校的固定资产比上年增加16467.55万元。筹措经费的措施主要是:(1)提高职业高中、普通中专学杂费标准。由省教委、省物价局、省财政厅联合制定职业高中、普通中专学杂费收费标准。职业高中学杂费,每生每学期工科、医药、艺术类及烹饪、服装专业100元;文科、财政类及其他服务专业90元;农林、水产类80元。职业中学部分专业因实验、实习材料消耗较大,确需收取材料费的,由各市(地、县)教育、物价、财政部门研究确定。普通中专学杂费为每生每学期100元,住宿费20元,同时还对委托培养、自费生的收费作了规定。(2)省有关部门规定,从1992年起,各级财政用于教育部门的国家预算调节基金安排不低于10%的比例支持职业中学的基本建设和专业教学设备。(3)每年从集资办学经费和城市教育附加中,提取不低于10%的比例,作为县(市)统筹资金,重点用于发展城乡职业技术教育。(4)改变投资结构。"八五"期间,从省普教基建经费中每年安排200万元左右,用于扶持重点职业技术学校的建设。

三、开展普通中专教育评估工作

根据国家教委对中专教育评估工作的统一部署,浙江省中专教育评估工作从1991年开始,首先进行了合格评估。至1992年初,全省中专合格评估基本结束。全省共有110所中专,其中部属学校14所,经中央有关部委组织复评或委托省复评全部合格;省属学校经省复评组复评,省中专评估领导小组审定,合格的学校63所,基本合格的25所,暂缓通过的8所。对合格的学校由省教委、省计经委发给合格证书。没有达到合格的学校限期达到合格要求。在合格评估的基础上,转入到办学水平评估。1992年4月,召开了全省中专

校长会议，对全省中专办学水平评估工作作了部署，并根据国家教委制订的《普通中专办学水平评估指标体系》，结合本省实际情况，制订了补充说明；举办了全省中专办学水平评估培训班，成立了全省分工科、农林、医药、财经（政法）等类的中专办学水平评估组。10月，开始对部分办学水平较高的中专学校，在合格评估的基础上进行办学水平复评。至1992年底，已复评了19所学校。通过评估，促进了各级政府及主管部门加强对中专学校的领导，改善了办学条件，提高了学校的管理水平和办学效益，使中专教育更好地为当地经济建设服务和社会发展服务。

四、召开全省农业中专、农职业学校科教兴农经验交流会

9月下旬，省教委、省农业厅在江山市召开了全省农业中专、农职业学校为农服务、科教兴农经验交流会。李德葆副省长和省教委、省农业厅负责人到会作了讲话。江山市教委、宁波市教委、绍兴市教委及农业局、台州农校、丽水农校、临海琳山农职校在会上就为农服务、科教兴农工作介绍了经验。省农业厅、省教委还表彰了16位不包分配的农业中专毕业生为为农服务先进个人。会议代表考察了江山市农技校科教兴农情况，并参观了校外为农服务基地。会议传达贯彻了省农村工作会议精神，研究讨论了职业教育如何进一步科教兴农、为农服务的问题。

江山市农技校，坚持为农服务的指导思想十分明确和牢固。几年来，学校实实在在地做好农科教结合，坚持为本地农村经济服务，大胆进行改革，把培养农村需要的合格人才与建设社会主义新农村结合起来，把实施“燎原计划”与农村脱贫致富结合起来，把农科教结合与深化学校改革，提高教育质量和办学效益结合起来。江山市农技校农科教结合搞得好的关键和主要做法是：(1)市委、市政府出面，加强领导，统筹规划；(2)农科教三家紧密合作，提倡“谁出主意谁牵头，谁有优势谁当头”，联合办事，互不推诿；(3)“星火”、“丰收”、“燎原”三个计划联成一体，互相渗透，有机实施；(4)充分发挥农技校师资、设备、场地等优势，通过项目把学校推向科教兴农的前沿阵地；(5)在人力、财力、物力上对学校大力支持，在业务上精心指导。

五、做好职业学校专业教师培训工作

为了提高职业教育专业教师的实际动手能力，根据各市（地）职教专业教师的需求情况，1992年，省教委委托浙江农业大学、浙江机械工业学校、浙江商业学校举办了种植、机械、烹饪等三个专业的师资培训班，有120名教师参加了培训。培训时间为半年，经过考核，由省有关业务厅局发给培训合格证书。

六、举行浙江省第三届职业技术教育论文评选活动

为了加强职业教育研究，探索职业教育改革的路子，进一步提高职业学校的教育质量和办学效益，由省中专教育研究会、省中等职业教育研究会征集职业教育研究论文168篇，其中中专教育研究论文90篇，职业教育研究论文78篇，由省职业技术教育研究论文评审委员会评审，评出中专教育研究论文一等奖1篇，二等奖4篇，三等奖14篇；职业教育研究论文一等奖2篇，二等奖8篇，三等奖12篇。获奖作者由省教育科学研究所发给获奖证书。

七、技工学校教育规模扩大，办学条件进一步改善，师资水平有所提高

1992年恢复和新建技工学校5所，全省共计101所技工学校，招收新生11794人，比上年增加25%。招生数连续两年较大幅度增长，在校生达到26445人。浙江水电技工学校在全省率先试办乡镇企业职工技工班，招收了第一届学生40人。同时，技工学校的办学条件进一步改善。全省技工学校校区占地面积1152864平方米，校舍建筑面积624012平方米，比上年分别增加3%和8%；经费收入4127万元，基建投资1872万元，比上年分别增加25%和15%；实习实验设备和图书资料也有较大幅度增加。技工学校的师资队伍得到充实，全省技工学校专任教师有2925人，比上年增加6%。省教委还举办了一年制的车工、钳工专业生产实习指导教师培训班，并针对不同培训对象举办了为期五个月和一个月的操作技能强化培训班。进行了车工、钳工专业部分生产实习指导教师的技术等级考核发证工作。

撰稿人　陆玲娣　肖中男

普通高等教育

1992年，浙江省的普通高等教育以邓小平同志视察南方的重要谈话和党的十四大精神为指导，解放思想、振奋精神，紧紧围绕改革与发展这一中心开展工作。

一、普通高等教育事业发展速度加快

1992年，积极而稳妥地扩大本专科招生，招生数较上年增长13.8%，调节性招生计划比例达到17.8%。本专科在校生数比上年增长4%。硕士、博士研究生招生数分别比上年增长10.6%和45.5%；研究生在校生数比上年增长8.3%。

二、普通高等学校布局和专业结构趋于合理

1992年，撤销了布局不合理的浙江政法专科学校。1月，省人民政府作出《关于在浙江工学院基础上建设浙江工业大学(筹)的批复》，同意利用台胞张子良的捐款，在浙江工学院基础上建设浙江工业大学。另根据国家教委的意见，从1992年起将杭州高等专科学校改为杭州应用工程技术学院，学制改为4年、专科性质不变，学生毕业后享受本科待遇。

1992年，增加了社会发展急需的工商行政管理、国际贸易等10个专业，撤销数理统计、中国革命史等4个专业，3个专业调整了专业服务方向，对部分长线专业暂停国家任务招生。在本专科招生中，社会需求量大的工科、医药、师范三类占总数的71.6%，较上年增长10.6%。研究生招生中，应用性学科规模有所扩大，工学、医学占招生总数的64.2%，比上年增长16.5%。杭州大学等6所院校部分专业试行按系招生，按系培养。另外，还招收280名乡镇企业班学生。在高等师范教育方面，对全省美术教育专业的布局作了大幅度调整：在浙江师大新设美术教育本科专业，实行本、专科并存，面向全省招生；在杭州师范学院新设美术教育专科专业。浙江林学院的美术教育专门化和浙江美术学院美术教育专业从1993年后停止招生。另外，根据发展职业技术教育的需要，在宁波师范学院成立了逸夫(邵逸夫项目)职业技术教育中心，新设财务会计等3个职业技术教育本科专业、1个工业美术职业教育专科专业；在浙江师范大学新设电子计算机科学教育等3个本科专业、1个专科专业(生、化实验技术教育)。

**三、继续推行普通高等学校招生和毕业

生分配改革

扩大招收有实践经验的青年学生试点。在前两年试招对口有实践经验青年学生的基础上，1992年扩大到杭州大学、浙江财经学院、浙江农业大学、浙江林学院、杭州应用工程技术学院和浙江工学院浙西分校等6所高校9个专业。分别面向农村、林场、海岛和乡镇企业基层，招收有两年以上专业对口实践经验的青年213人。改善了高校学生结构，促使毕业生走向生产基层第一线。

为培养更多经济建设急需人才，也为考生提供深造的机会，1992年，首次试行招收不纳入分配渠道的自费生，省内外40余所大专院校在全省招收1483名不迁户粮关系、不占指标、毕业时不纳入分配渠道的自费生。另在全省9所高等师范院校中批准设置了计算机应用、涉外文秘、财会等20个非师范类专业，同意这些专业招收委托代培生和自费生。

在前三年高等师范院校试行提前单独招生的基础上，1992年面向市（地区）招生的师范专科学校全部实行提前单独招生。同时，进一步完善招生办法，注重考生的教师素质和任教条件，强调考查考生的相关科目成绩，使新生素质得到提高。全省报考提前单独招生的考生36581人，实际录取新生2806人，录取率为7.67%。

1992年，浙江省普通高校毕业生分配坚持统筹安排，合理使用，加强重点，兼顾一般和面向基层，加强生产、教育、科研第一线的方针。全省分配本专科毕业生共19386人，其中分配省级及以上单位、高等学校的2442人，占12.6%；分配到市（地区）、县及以下的16944人，占87.4%。1992年高校毕业生分配中，供需矛盾十分突出，长线仍长，短线更短。总量只能满足需求的45%。紧缺专业主要是工科、医科、财经、师范；而农、林、理科类专业毕业生仍较难安排。

四、深化高等学校的教育教学改革

1992年4月，省教委提出了《关于加快我省高校发展和改革思路》。在此基础上，12月省教委、中共浙江省委高校工委形成了《关于深化高等教育改革的若干意见》，随后，中共浙江省委将《若干意见》转发各地、各高等学校贯彻执行。“若干意见”提出：(1)积极稳妥地推进高校内部管理体制改革；(2)探索多种形式的办学新路子，深化高等学校招生和毕业生就业制度改革；(3)调整布局，扩大开放，深化教学改革；(4)多渠道筹措教育经费，增加高等教育投入；(5)面向经济建设主战场，加速科技成果转化；(6)扩大高等学校自主权；(7)加强和改进思想政治工作。在高师院校改革方面，在调查研究的基础上，省教委提出并公布了《关于1993年师范院校招生改革问题的实施意见》，对招收有实践经验的优秀青年教师、招收委托代培与非师范类自费生、扩大招收本专科招生数等作出改革部署。

积极推行高校内部管理体制的综合改革，浙江工学院作为本省高校进行综合改革试点学校，已在1992年着手进行内部管理体制改革。

为了更好地适应全省从1993年起全面实行九年制义务教育课程、教材改革的需要，省教委作了调查和专题研究，1992年发出《全省师范院校适应九年制义务教育课程、教材改革需要研讨会纪要》等文件，明确了主动适应九年制义务教育课程、教材改革的重要性、职责，制订了高等师范院校应采取的举措：(1)加强宣传与学习，提高认识，明确任务，并因地制宜地制订出调整专业设置、修订教学计划、培养合格师资等规划。(2)针对初中课程中变动较大的社会科学、自然科学等合科课程的特点，要在继续实行原有政史教育、生化教育、物理与劳技教育等主辅修专业的基础上，调整、增删部分课程内容，更好地适应初中开设合科课程的需求;其他专业也要通过各种形式搞好相邻学科渗透,拓宽专业知识面,提高适应性;各专业在中学各科教材教法课程中都要介绍与分析这套新教材的思路与特点,并加强动手能力与实践环节等。(3)各高等师范院校在这项工作中与当地教育学院、教研室要密切配合,互相协作,各司其职,为早日实施九年制义务教育新课程、新教材而共同努力。

五、开展教师岗位培训,加强教师的教育教学研究,认真推进职称改革,进一步加强教师队伍建设

1992 年 5 月,进行青年教师上岗前培训试点工作,杭州大学等 12 所院校的 432 名青年教师参加了培训;390 名青年教师参加了省教委组织的高教教育学、大学心理学、高校教师伦理学等课程考试,合格率近 95%。在试点的基础上,省教委下发了《关于试行高校青年教师岗前培训制度的实施意见》,9 月进行全省青年教师岗前培训统考,343 名青年教师参加考试,318 名考试合格。此外,与北京师范大学等单位联合举办了物理、数学、教育管理、音乐、政教等方面的 5 个助教进修班或硕士生主要课程进修班;举办了物理教育新学科、当代文化哲学、计算机开发应用等 10 个紧缺或热门学科师资培训班。还在浙江大学和杭州大学举办了政治理论教师硕士研究生主干课程进修班,全省高校的 236 名教师参加进修。

与中共浙江省委宣传部合作,组织全省高校马列主义理论教师在暑期集中备课,同时组织全省高校思想教育教师也在暑期集中备课,总结教学实践经验、提高教师的理论水平和教学水平。在高师院校,省教委补助与扶持近 30 个理论联系实际、有示范效应或推广价值的高师教育教学科研课题;同时开展高师教育教学科研成果评奖活动,推动教育科研活动。

进行 1992 年度高校专业技术职务评审工作。组建 8 个专业技术职务评审委员会及下设近 60 个学科组,对 660 名申报评审的教师进行评审。评出高级职称 248 名,中级职称 195 名,高、中级职称评审通过率为 77%。普通高校中具有高、中级职称的专任教师比例有所扩大,1992 年为 70.6%,比上年增长 2 个百分点。40 岁以下教授、副教授职称人数 126 人,比上年增长 48.4%。

六、高等学校科技工作进一步加强,科技开发成果丰硕

1992 年,全省理、工、农、医类高校有科技人员 20597 人,其中从事科研活动的有 7304 人。承担各级各类科研项目 4083 项,其中,“八五”攻关项目 96 项,“八六三”项目 35 项,国家自然科学基金 379 项。共获得科研经费 11083 万元。另外,为促使科技成果尽快转化为生产力,全省高校还承担应用推广和科技服务项目 614 项,获得经费 607 万元。签订技术转让合同 211 项,成交金额 966 万元。

1992 年,全省共鉴定科技成果 363 项,出版科学专著 122 部,发表学术论文 6 千多篇,申请专利 131 项,83 项发明创造获得专利权。有 319 项科技成果得到国家、省的有关部门的奖励。其中国家发明奖 1 项、国家科技进步奖 3 项、国家星火奖 1 项,国务院部门科技进步奖 45 项,省科技进步奖 94 项。

撰稿人　徐可效　周晓英　金仁康

成人教育

1992年,浙江省成人教育工作的重点是落实省委"科教兴省"的战略方针,加快改革和发展步伐,积极为本省经济建设服务。

一、按高标准要求抓紧扫盲工作

为了早日实现国务院《扫除文盲工作条例》规定的95%高标准扫除文盲的目标,省教委在年初召开的各市(地)教委成人教育科(处)长会议上,布置了高标准扫除文盲的工作,要求各地抓紧调查摸底,采取多种形式加快扫盲步伐。同时,为开拓加快扫盲的新途径,省教委总结和推广了1991年青田、常山两县进行《安子介现代千字文》成人识字教学的试点经验。3月中旬,省教委又召开了《安子介现代千字文》成人识字教学试点县教师教学座谈会,总结了教学经验。在对青田、常山两个试点县进行检查验收的基础上,省安子介现代千字文识字实验课题组完成了《〈安子介现代千字文〉成人识字教学》实验报告,并于4月下旬在杭州举行了报告会。国家教委、中央教科所、省扫除文盲协调小组、各市(地)和部分县教委的有关负责同志和语言文字专家70多人出席了会议。1992年,青田、常山两县又扩大了试点班级38个,另外有9个县(市)组织13个扫盲班进行试点,取得良好效果。1992年全省共扫除文盲9.6万人。奉化市人民政府、永嘉县教委成人教育办公室被评为全国扫除文盲先进单位,并有1人获得全国扫除文盲先进工作者称号,4人获得全国第二届"巾帼扫盲奖"。

二、实施"燎原计划"进一步在点上深化,面上推广

1992年,浙江省进行了撤区、扩镇、并乡的工作。省教委不失时机地抓紧了实施"燎原计划"示范乡镇的建设,要求各地结合"撤、扩、并"工作对示范乡镇进行调整和确认。对各地上报的示范乡镇和每个市(地)两所乡镇成人文化技术学校省联系点,省教委进行了审核并予以备案和确认。1992年全省乡镇总数由上年的3175个减少到1843个,而实施"燎原计划"的示范乡镇却从上年的71个县(市、区)的227个乡镇扩大到除省辖市区外的全部县(市、区)的271个乡镇,已接近省实施"燎原计划"方案提出的"八五"期间建设300个示范乡镇的目标。示范乡镇占乡镇总数的比例,由上年的7.1%上升到14.7%。

实施"燎原计划"点上的工作进一步深化,各示范乡镇认真贯彻执行国务院关于积极实行农科教结合推动农村经济发展的通知精神,紧紧围绕振兴农业和农村经济这个中心,为科教兴省作出积极贡献。经省政府批准,省教委于12月分南北两片召开了农科教结合,进一步实施"燎原计划"经验交流会,现场介绍了丽水、湖州两地、市实施"燎原计划",农村教育为经济建设服务的做法和经验,推出了一批典型,对进一步促进农科教结合,更广泛地实施"燎原计划"工作作了部署。

在实施"燎原计划"的同时,各地加强了乡(镇)、村成人文化技术学校的建设。湖州市政府采取了以下措施:(1)确定乡镇成人文化技术学校为乡初中建制;(2)专职教师按每校2—3人的要求配备,办有常年班。规模较大的学校另加编制;(3)按乡镇总人口人均0.15元的经费,由乡镇财政划拨给成人文化技术学校,作为经常经费,规定农村教育费附加的10%用于成人教育事业;(4)市教委每年切出一块基建经费,专门用于补助乡镇成

人文化技术学校改造校舍和添置设备；(5)给政策，如对乡镇成人文化技术学校教师的民转公和职称指标单列，教师职称的评审也单独进行，允许学校单独开办企业等。各地乡镇成人文化技术学校在“撤、扩、并”中得到了调整和充实，据10月份统计，全省乡镇成人文化技术学校有1168所，占乡镇总数的63.4%，比上年提高3.2个百分点；村成人文化技术学校5551所，占村总数的12.8%，形成了一批以乡(镇)、村成人文化技术学校为主的培训推广网络。同时出现了一批校舍校貌好、办学管理佳、教学效果显著，受到当地政府和群众欢迎的学校。其中有3所乡镇成人文化技术学校被评为全国先进学校。乡镇成人文化技术学校的办学内容也日趋丰富，在一些条件较好的学校，不但经常有短期实用技术培训，而且还设有职业教育、农广校、电视中专、农函大、自学考试辅导等教学班。据10月份统计，全省共有385.2万农民参加乡(镇)、村成人文化技术学校学习。

三、成人高等、中专学历教育加快发展步伐

由于经济建设的发展加大了对人才的需求量，成人高等、中专学历教育得到了较大幅度的增长。1992年新增了一所管理干部学院和3所成人中专学校。成人高等本、专科教育(含部属、省属成人高等院校和普通高校函授、夜大学)的招生数和在校生数，分别比上年增加7456人和9134人，分别比上年增长90.9%和36.3%。成人中专学历教育(含部属、省属成人中专、普通中专函授和教师进修学校)的招生数和在校生数，分别从上年的12558人和37149人增加到1992年的17313人和42565人，分别增长37.9%和14.6%。其中广播电视中专由于扩大了为农服务专业的招生，招生数比上年翻了一番。成人高校和成人中专还积极开展了以岗位培训为重点的非学历教育，1992年成人高校非学历教育的在校生数为学历教育在校生数的2.3倍，成人中专各种非学历教育的招生数比上年增加45.26%。

根据国家教委的布置，1992年省教委分别对独立设置的成人高校和成人中专进行了检查和评估。在各成人高校完成自查的基础上，省教委于6月组织4个互查验收小组，对27所成人高校进行了互查验收。从检查情况看，成人高校办学条件有了明显改善，学校建筑总面积比上年增长9.1%，专任教师业务水平进一步提高，中、高级职称教师已占57.8%。但也尚有部分成人高校，特别是企业办的成人高校规模小，师资力量较弱，经费投入不足，办学效益不太高。成人中专办学水平评估工作年内分两段进行，上半年由省教委组织专家组对7所省属成人中专进行评估，同时，大多数市(地)教委基本完成对市(地)、县属成人中专的评估复查；下半年，省教委组织评估专家组分别到8个市(地)进行检查，并于年底召开总结会。从40所成人中专评估情况看，省属成人中专办学条件、教学管理、师资力量、教学质量较好；市(地)、县属的部分成人中专较差，远距离教育的办学条件和管理水平有待进一步提高。通过检查和评估，使学校进一步端正办学方向，增强办学信心，促进规范化管理，同时也促进主管部门对学校增加投入和加强管理。在全国成人高校、中专评比中，杭州市业余科技大学、浙江教育学院、杭州大学夜大学和4所成人中专被评为全国先进学校。

省教委还会同省人事厅对普通高校、成人高校举办的成人高等教育《专业证书》教学班进行了复查清理。复查结果表明，本省《专业证书》教育在学籍管理、教学管理上是严格的，符合国家教委、人事部的办学要求，少数不按规定擅自开口子的现象得到了制止。省教委和省人事厅对复查合格的教学班联合发文予以公布认可，并决定继续开办《专业证书》教育，以满足广大在职职工接受专业教育的需求。几年来，全省共有12751人取得高等教育《专业证书》，10062人（不含宁波市）取得中等专业教育《专业证书》。

为适应经济建设对复合型人才的需求，省教委开始试行第二专业专科教育，1992年批准省级机关业余大学、浙江电大、宁波电大3所学校进行试点，开设外贸英语、外贸、计算机应用、企业管理4个专业。试办第二专业专科教育很受欢迎，有不少本科毕业生也参加了学习。

四、高等教育自学考试报考人数创历史最高记录

1992年是本省高等教育自学考试开考9年来报考人数最多的一年。全年共开考专业26个，开考课程189门，全年合计有171460人次报考，比上年报考人数增长32.2%，共有95403人次获得课程合格证书，有101人和2584人分别获得本科和专科毕业证书。中等专业自学考试，全年共有48056人次报考，有3309人取得中专毕业证书。

为了探讨新形势下发展自学考试的路子，省教委于年初开展了自学考试面向农村发展的专题调查，全面了解本省农村人才结构状况和人才需求状况，并主动适应社会需要开考新的专业。在加强自学考试考务工作规范化建设的同时，通过各种新闻媒介加强自学考试的宣传工作，促进了社会对自学考试的了解和支持。省考委和省教委还联合下发了《关于加强自学考试社会助学工作管理的几点意见》，指导和推动全省自学考试的助学工作，对提高实考率、合格率和考核质量起了良好作用。

五、职工教育喜忧参半，各项指标有所下降

1992年省、市（地）教育部门和部分学校主管部门、企业认真贯彻了全国企业教育综合改革经验交流会精神。一些企业进一步深化教育改革，继续涌现一批职工教育好、经济效益高的先进典型。绍兴市政府在进行城市教育综合改革中，确定绍兴瓷厂等3个企业作为企业教育综合改革试点单位，并开始实施教育综合改革方案。但是，就全省看，由于领导管理体制还存在问题，未能形成统一有效的宏观管理服务体系，思想认识上跟不上形势发展的需要，以及在部门机构变动、企业转换经营机制过程中，未能及时建立职工教育新的运行机制和培训体系等原因，许多部门、企业的职工教育工作有所削弱，各项指标有所下降。据年末统计，全省参加50学时以上学习的干部、工人数为91.05万人，占统计职工总数的24.27%，比上年下降3.3个百分点。其中干部和工人参加学习人数占干部和工人总数的比例，分别比上年下降1.9个百分点和3.9个百分点；参加岗位培训的人数占参加学习人数的比例，由上年的86%下降到82.8%；职工教育管理干部和专职教师分别从上年的4923人和5909人减少到3811人和4325人。

六、开展了与德国石荷州的教育交流

作为浙江省与德国石荷州“友好城市交流”项目之一，浙江省成人教育协会邀请德国石荷州业余大学联合会代表团来本省访问。代表团一行7人，于10月5日至16日访问了杭州市业余科技大学、富春江职工大学、杭州钱江业余学校和绍兴县华舍镇成人文化技术学校，并与省成人教育协会商讨了在成人高等教育领域开展合作等事宜。

撰稿人　金建雄　白锡定
审稿人　阮忠训　徐可效

安徽省教育

概　况

一、各级各类教育事业发展情况

1992年各级普通学校基本情况

单位：人

学校类别	学校数（所）	毕业生数	招生数	在校学生数	教职工数	
					计	其中教师
一、普通高等学校	36	19973	24471	67732	26976	11389
研究生		484	647	1785		1135（指导老师）
本　科	19	9314	10093	38756		
专　科	17	10175	13731	27191		
二、中等专业学校	135	27498	30174	81221	16190	7898
中等技术学校	90	19187	21948	58759	11919	5612
中等师范学校	45	8311	8226	22462	4271	2286
三、普通中学	4284	641309	808524	2276147	170278	132380
高　中	622	85781	84963	267231		21498
初　中	3662	555528	723561	2008916		110882
四、职业中学	591	48640	74511	187167	16641	11922
高　中	342	27351	39643	97978		6526
初　中	249	21289	34868	89189		5396
五、工读学校	3	196	30	56	105	57
六、小　学	33749	1048365	1045201	6045180	293867	268443
七、特殊学校	25	147	615	2624	554	393
八、幼儿园	1869	335287	456957	659662	25077	20763

1992 年各类成人学校基本情况

单位：人

学校类别	学校数(所)	毕业生数	招生数	在校学生数	教职工数	
					合计	其中专任教师
一、成人高等学校	28	14927	15740	40706	4529	1955
广播电视大学	1	2852	3098	8569	656	173
职工高等学校	15	1272	1980	4464	1660	820
农民高等学校						
管理干部学院	3	381	458	880	559	190
教育学院	9	3337	4091	8594	1654	772
独立函授学院						
普通高校举办						
函授部	13	4919	4913	14168		
夜大学	16	2166	1200	4031		
干部专修科						
二、成人中等专业学校	106	19803	13616	41907	3031	1407
广播电视中专	8	6795	4328	14297	478	176
干部中专	8	561	653	1471	203	104
职工中专	41	1282	1902	5119	1282	654
农民中专	3	110	549	1137	18	8
函授中专	4	4829	2183	6629	190	56
教师进修学校	42	6226	4001	13254	860	409
三、成人中学	118	19480	24271	27922	600	378
职工中学						
农民中学						
四、成人技术培训学校	3810	715555	435195	359717	680	414
职工技术培训学校						
农民技术培训学校						
五、成人初等学校	8811	533926	1000859	1043185	4170	2874
职工初等学校						
农民初等学校						
其中：扫盲班	8236	479495	917243	937572	2440	1196

二、各项改革进一步深化，办学条件有显著改善

1992 年，安徽省教育改革有较大进展，具体表现在：(1)深化教育体制改革，增强地方政府对基础教育的统筹权和决策权，进一步完善“分级办学、分级管理”的体制。(2)改革中小学收费管理办法，把制定中小学收费标准的权限下放到地、市。(3)进一步改革高等学校和中等专业学校招生办法，实行指令性计划和调节性计划相结合，扩大委托培养生和自费生比例。(4)积极进行中小学内部管理体制改革，增强办学活力。(5)大力发展校办产业，迅速发展第三产业。随着改革的进展，1992 年社会力量办学出现可喜局面。经县以上教育行政部门批准，全省社会力量举办的非学历教育学校(班)达 500 多个，全省有私立高中3所，私立初中23所，在校生分别为1100多人和2500多人。高校在完成国家下达的13850人的招生计划后，增招委托培养生和自费生3800多人；中专在完成招生计划后，增招自费生1460人。全省中小学自我发展能力明显加强，勤工俭学总产值达9.5亿元，总纯收入达1.39亿元，分别比1991年增长35%和36%。各级教育行政机关的第三产业也蓬勃兴起，为教育机构的进一步改革和人员分流创造了条件。

1992年，安徽省改善办学条件工作取得显著成绩。灾区中小学水毁校舍修复重建任务已基本完成，全省共筹集资金4.8亿元，累计修复、重建水毁校舍810万平方米。在修复、重建中注意学校布局调整和办学条件的配套建设，全省共撤并中小学380多所，建成了一批“六配套”学校，全省绝大多数地方实现了“一无两有”，被评为全国改善办学条件先进省。1992年，安徽省又有14个县实现了农村中学实验中心网络化（见附表），网络化县已达62个。全省又有6个县（市）普及了中小学实验教学。新建教育电视台11座、卫星电视接收站155个（总计为304个）、放像网点240个（总计为1621个）。

64个网络化县实验室情况调查表

年份	实验室		仪器（药品）室		面积合计（m^2）	实验桌（张）	凳（只）	橱柜（顶）	仪器配备	
	个数	面积（m^2）	个数	面积（m^2）					台件	价值（万元）
1987	483	32623	762	29230	61853	6650	18394	6210	184797	472.14
1992	1516	109527	1966	82405	191932	22742	69387	17292		1492.84

注：1. 1993年初汇总时又新增实现网络化的县2个。

2. 现有实验中心660个，分中心314个。

3. 网络化建设中，省投资850.5万元，地（市）投资417.4万元，县（市）投资1546.48万元，区乡镇单位集资1496.254万元，群众捐款896.931万元。省投资与地方投资之比为1∶6。

基础教育

一、贯彻义务教育法，基础教育得到切实加强

1992年，安徽省7—11周岁学龄儿童入学率、在校生年巩固率、应届毕业班学生毕业率、小学毕业生升学率分别为98.5%、98.3%、97.3%、72.3%。又有无为、太和、六安、寿县等4县经省人民政府验收合格，普及了初等教育。全省普及初等教育的县（市、区）已达102个。

鉴于全省范围内撤区并乡的新情况，省教委6月制订下发了《关于修订和上报实施九年制义务教育规划的通知》，对规划修订的原则、方法提出了要求。9月，在绩溪县召开普及九年制义务教育验收现场会，就规划修订问题进行了讨论，由原来以乡镇为单位进行规划和检查验收改为以县、市、区（市辖区）为单位规划验收，并按本世纪末实现“两个基本”的要求，对加快普及初等义务教育步伐问

题作了部署。为抓好义务教育法实施细则的宣传、落实工作，增强乡镇长的法制观念，提高他们对普及初等义务教育的认识，省教委在岳西县举办了有100名乡镇长参加的义务教育法实施细则培训班，通过座谈、研讨等形式，就普及初等义务教育工作，做了调查研究。

确定首批省实验小学。省教委组织力量，在各地市申报基础上，对有关小学进行了认真的考察和全面评估。6月，批准淮南师范附小、铜陵市实验小学、安庆市高琦小学、马鞍山市第一实验小学、马鞍山市师范附小、宿州市第一小学为首批省实验小学。省实验小学为省教委的工作联系点，承担省下达的教改实验和教育科学研究任务，为有效加强省实验小学的领导，省实验小学的现行管理体制和经费渠道不作变动，省实验小学不搞"终身制"。8月，省教委在岳西县召开了部分小学校长深化教育教学改革研讨会，对小学教育教学改革现状进行了分析和讨论，肯定了蚌埠市第一实验小学、六安市城北小学、灵璧县实验小学等一批学校的教改实验等改革成果。决定采取分类型、分层次逐步推进小学整体改革。省重点小学和省实验小学要先行一步，地(市)、县实验小学应积极开展，农村小学是教育教学改革的重点和难点，要抓好典型。会后，4所省重点小学、6所省实验小学开始拟定本校整体改革实验方案。

狠抓小学生课业负担过重问题。5月，省教委向各地(市)、县教委下发了《关于减轻小学生课业负担过重的几点意见》，作出了8条规定，并强调各级行政部门和学校要把改革教育教学方法，不断提高教育教学质量，作为解决小学生课业负担过重的关键问题来抓，要求积极推广"愉快教育"，扎扎实实在提高教学质量上下功夫。1992年，还对全省初中办学和教育教学情况进行了初步调查，提出了《关于大力发展和深化改革初中教育的意见(讨论稿)》，草拟了"关于我省执行国家教委九年义务教育全日制初级中学课程计划(试行)的意见(讨论稿)"，在高中全面贯彻"现行普通高中教学计划的调整意见"，进行了全省普通高中毕业会考，对选修课的开设进行了认真研究，并将人口教育纳入高一必修课内容。为了加强对中学生的国防教育，合肥市兴办了全省第一所国防教育学校。

组织中学生学科竞赛。1992年，安徽省组织了中学生数、理、化和信息学竞赛，数理化和生物小百科论文评选及小制作、小发明评选等项活动。安庆一中学生何斯迈、合肥六中学生汤志浩，分别参加了在莫斯科举行的第32届国际中学生数学奥林匹克竞赛和在匹兹堡举行的第22届国际中学生化学奥林匹克竞赛，各夺得一枚金牌。至此安徽已有5名高中学生获得国际中学生学科大赛金牌。

评估重点中学实验室工作。1992年，安徽省教委中教处、仪器站、教研室联合组织对25所省属重点中学的实验室建设和管理工作进行了全面检查评估，促进了省重点中学实验室工作制度化、科学化、规范化、标准化建设。合肥市一中、马鞍山市二中、安徽师范大学附中实验室建设与管理成绩突出，名列前茅。

探索普通高中办学体制改革有所突破。先后审批了阜阳地区的私立育英中学、淮北市私立同仁中学等3所私立中学，已经招生的有15个班。对要求办私立初中的，放权由市、县教育行政主管部门审批，全省有私立初中23所，改变了由国家包办中学教育的单一办法。

联合国儿童基金会与我国合作的"发展贫困地区小学教育"项目又有新进展。1992年，省教委重点抓好项目工作人员的培训，组织县项目主任赴云南、四川等省实地考察，对乡(镇)项目主任进行业务培训,以保证项目工作顺利开展。岳西、枞阳县编写的《植物栽培》和《水产养殖》两本乡土教材试用后受到好评,并在全国项目会议上作了交流。

二、努力发展民族教育事业

1992年,全省共有民族中小学106所,其中小学98所,中学8所,在校学生达31395人,少数民族相对集中的地区已进入实施初等义务教育阶段,小学升初中的比例逐步提高,民族中小学办学条件得到较大改善。1992年,民族中小学已基本实现了"一无两有"。各地还涌现了一批管理水平较高,教育教学质量好,在当地很有吸引力的民族中小学,培养造就了一批为民族教育教学勤奋工作的优秀教师和教育干部。定远县二龙民族中学被评为全国民族教育先进集体;寿县回民中学教师许占好、颍上县南照回民小学校长罗铁被国家教委、国家民委评为先进个人。1992年10月,副省长杜宜瑾召集省教委、省民委等部门负责人,共同研究了民族教育问题,要求各级政府和有关部门要把民族教育纳入本地普及义务教育规划。

三、特殊教育继续得到重视

1992年,安徽省特殊教育学校中有盲聋学校2所、聋校19所、弱智学校4所。普通小学附设特训班25个。特教师资班1个,在校生40人。

1992年4月,省教委在宿县召开了全省第四届特教研究会会员代表大会暨学术年会。8月,在岳西举办特殊学校(班)校长培训班,组织校长学习特教方针政策、法律法规和专业理论。12月,省教委又在安庆市召开了全省特教工作暨残疾儿童随班就读现场会,省教委主任朱仇美到会作了讲话,对残疾儿童少年义务教育的规划、事业发展年度目标等作了全面部署。会议代表考察了枞阳县弱智儿童随班就读、怀宁县盲童随班就读现场,对随班就读、残疾儿童少年义务教育的数据统计工作做了专题研究。

四、幼儿教育有新进展

1992年,安徽省幼儿学前一年教育发展较快,全省共有学前班11665个,在班幼儿404505人,教师6977人,其中农村学前班9681个,在班幼儿320820人。

1992年9月,安徽省教委发布了《安徽省示范性幼儿园基本标准(试行)》,对办园条件标准化、师资队伍合格化、园务管理科学化、保育教育规范化等方面作出了全面的要求和规定。10月,省教委组织进行了全省幼儿教育工作大检查,在各地自查基础上,省教委重点检查8个地(市)的20个县(市、区)共63所幼儿园,22个学前班。1992年,黄山区甘棠幼儿园幼儿一体化教育实验在全国首届优生优育优教展览会上获银杯奖。

五、开展教育督导评估工作,加强督导队伍建设

1992年,在全省范围内开展了评选表彰基础教育先进县活动,这是督政与督学并举的一次综合性督导评估活动。评估结束,对考评成绩优秀的22个县(市、区)由省教委、省计委、省财政厅联合授予基础教育先进县称号。在评估活动中,参加评估的26个县(市、区)教育费财政拨款比预算增加5000万元,其他渠道集资达1.54亿元,共新建校舍49.5万平方米,改造危房和校舍64万平方米,新铺学校水泥路面31.9万平方米,建学校围墙33.8万米,增添图书910万册,添置教学仪器价值1008万元,添置课桌凳41.6万套。评估先进县的基础教育体制改革、结构改革、教学改革进一步深入,初步形成了与当地经济、社会发展相适应的办学机制。

安徽省教育督导机构和队伍建设进度加快。有16个地、市配备了专、兼职督学和教育督导人员,有12个地(市)43个县建立了督导机构。全省有专职督学126人，兼职督学28人。省教委还结合督导评估活动，进行岗前培训，并先后选送14名督导人员参加国家教委委托华东师大举办的督导人员培训班脱产学习。

六、师范教育和师资培训

1992年，安徽省高中、初中、小学教师学历合格率分别为58.1%、55.8%、78.9%，比1991年各提高0.3、3.9和3个百分点，有2万名中小学教师取得《专业合格证书》、2000多人接受继续教育。

深化师范教育教学改革，加快中小学师资培养培训步伐。1992年采取了以下改革措施：(1)中等师范学校在1991年试点基础上，全面实施三年制中师新教学方案，建立新的教学模式。新方案的实施，促进了课堂教学，加强了学生基本功训练，使学生“一专多能”，适合了小学需要，也带动了学校其它方面改革。(2)多层次、多渠道、多形式加速学历补偿教育。对初中教师开考高师专科汉语言文学、数学、政治、英语四专业自学考试，组织小学教师在取得《专业合格证书》后，补学相关课程，换发中等师范学历证书，开展初中教师全员培训，使函授、卫星电视、自学考试、专业合格证书考试等培训形式相沟通。在开展学历教育时，将重点放在农村教师的培训上，注意发挥卫星电视远距离、大面积的特殊功能。1992年有5所进修学校、10人被中国电视师范学院分别评为先进集体和先进个人。(3)扩大继续教育试点范围，开展职后培训，举办一些继续教育试点班，编写了小学语文教材教法等4科教材。(4)改革招生分配制度，提高生源质量，保证毕业生分配到岗位。中等师范招生采取加分投档、保送、定向等措施，鼓励优秀考生报考师范，通过面试，提前单独录取等办法将优秀考生招进师范学校。招收委托培养生、自费生，改变学生结构，对中小学教师参加学历培训实行指导性计划，全省教育学院函授招生比原计划超出近千人。中等师范毕业生分配坚持面向农村，面向小学、幼儿园，不许截留、强行调整和任意拔高使用。(5)加强师范教育研究，探讨中等师范教育、师资培训的理论和实践问题，充分发挥各学科中心组作用，多形式开展教研活动。1992年7月成立了全省中等师范教育研究会，使研究工作有了组织保证。

改善办学条件，提高师资培养培训效益。(1)多渠道筹措经费，增加学校投入，在不减少财政拨款前提下，中等师范学校招收委托培养生2200名，自费生400多名，这部分收费全部用于改善办学条件。部分教育学院还利用现有的师资、设备为社会办班，增加收入。校办企业和校园经济也有所发展，学校自我发展能力增强。按分级办学分级负责原则，地市县增加了对师范院校的财政投入，合理分配世界银行贷款和联合国儿童基金会援款，有4所学校接受了邵逸夫先生捐款。(2)提高规模效益，发挥现有人员、设备作用，进行中等师范学校、教育学院布局和管理体制的调整，完善专业设置和专业结构，教育学院专业设置基本覆盖了初中学科，并增加一些短线专业。省教育学院被批准设置生物、历史教育本科专业，合肥师范继续试办大专班。教育学院进一步完善定向服务办法，加强对六安等贫困地区师资的培训；铜陵等教师进修学校与地方教研、电教部门合作，成立教育研究培训中心；合肥幼师成立省幼儿师资培训中心，扩大服务覆盖面。(3)注意师范院校自身师资队伍建设，建立以老带新、岗位互教、定期到中小学上课、听课等培训规范，选送教师到高等学校培训，部分进修学校为开展继续教育聘请了兼职教师。1992年对中等师范和进修学校教师的数量、学科分布、学历、职称等状况作了摸底调查，为制定师范院校自身师资培训规划作准备。

强化学校内部管理,优化中小学师资培养培训机制。(1)改革各项管理制度,启动办学活力。马鞍山师范、淮南师范先后制订奖金发放新办法,实行教职工全员聘任制。(2)加强常规管理,使学校各方面管理向科学化、制度化、规范化迈进。1992年上半年,派出8名校长参加全国中等师范校长培训班学习,下半年组织21名中等师范校长和书记赴河南、山东参观考察。

职业技术教育

1992年,安徽省职业技术教育有较大发展。全省中等职业技术学校共招生92491人,第一次超过普通高中招生数,在校生达235694人,占整个高中阶段在校生46.86%。比1991年增长2.4个百分点,农村中小学开设劳动技术课和劳动课的面分别达到60%和80%。

一、认真贯彻《决定》,促进依法治教

国务院《关于大力发展职业技术教育的决定》下发后,省教委及时组织学习、贯彻,省政府就职教立法问题召开了两次协调会和省长常务会议进行研究,16个地市先后专门发出了关于贯彻《决定》的文件,促进职教事业走上依法治教的轨道。(1)各级政府加强对职业教育工作的领导,全省各地市和大部分县(市)成立由政府负责人牵头、有关部门负责人参加的职业技术教育工作领导小组,负责统筹、协调职业技术教育工作。一批县、市和经济部门的负责人担任了职业中学联合办学董事会董事长或学校的名誉校长。(2)各地增加了职教投入,进一步拓宽了经费渠道。芜湖市设立了"双元制"职教基金,马鞍山市增设了职教专项补助经费,淮北市划出城市教育费的50%作为职教专项经费。(3)在转换企业经营机制中落实"先培训、后就业"原则,合肥市把培训、考核、使用、待遇等4个方面结合起来,企业用人首先从职校毕业生和职业技术培训班结业生中择优录用,合肥市职业高中毕业生录用率一直在95%以上,其余省辖市职业高中毕业生录用率均在85%以上。

二、城市职业技术教育推行行业归口联办

省教委年初在马鞍山市召开城市职业技术教育座谈会,推行以行业归口联办为重点的多种形式联合办学,要求各地大力发展与行业、企业和社会各方面的联合办学,进一步完善"政府统筹、行业牵头、厂校合作"的办学模式。马鞍山市职教中心通过行业经济调查,联办规模由原来的1个行业扩大到5个行业;合肥职教中心借鉴"双元制"模式,与市区18家骨干企业合作办学;芜湖市成立了由行业主要领导牵头的化工、电子、机械、医药、纺织、服装、轻工和旅游等10个联合办学管委会,充分调动了行业和企业的办学积极性,使"大家来办"的方针得到落实。在秋季招生中,8个省辖市市区职业高中的招生数完成计划的108%,联合办学的专业面达90%以上。

三、加快农村职业技术教育的发展与改革

安徽省教委推动农村职业技术教育发展

和改革的主要做法是：(1)进一步改革农村初中教育结构，试办农村职业初中，培养初级职业技术人才，适应农民脱贫致富的要求。1992年全省农村职业初中有243所，平均每万人中有15.5人。(2)加强农村职教建设，使农科教结合有坚实的依托。省教委制定了《安徽省农村职业高中办学基本目标》，要求分期分批办好现有的农职业中学，并首先在全省办好100所左右的农职业高中。在此基础上，全省建设100个左右的县、乡农科教培训中心或乡镇企业人才培训中心。(3)积极推进农村各类职业学校和有关高校开展"科教兴农"活动，投入农村经济建设主战场。农职业高中在实施"燎原计划"中，普遍开展了"包乡、挂村、联户"活动，不少学校组织师生走出校门，租赁承包技术经营实体，承包大田技术指导和乡村畜禽疫病防治。宿县农校、屯溪茶校等8所农业中专与10个县市挂钩，多层次、多形式培养专业技术人才，建设"科教兴农"示范基地，积极为兴县富民作贡献。(4)深化教育教学领域的改革。霍邱县陈埠职业高中成立6个由专业课教师牵头的专业教研组，承包相关专业的招生、教育教学、基地建设、项目开发与社会服务。同时，实行办学经费包干，使基地项目开发效益同专业组成员的利益挂钩，责、权、利结合，各专业组均是相对独立的教学、生产、服务实体，引入竞争机制，有效地调动了全体教职工的积极性，增强了办学活力。

四、调整专业结构，实行产教结合、企校合一

随着社会主义市场经济发展和产业结构调整，各地在开展经济教育调查的基础上，因地、因需制宜，调整专业结构，拓宽专业面。城市职业高中重点发展面向第三产业的专业，农村职业高中继续办好一批以高新技术为先导的优质、高产、高效农业骨干专业，着重增设为乡镇企业、第三产业及农村社会化体系服务的专业。黄山市职业高中一、二、三产业专业招生比例，已调整为2.5∶2.5∶5。铜陵、临泉等县还开办了面向沿海和海外劳务输出的专业班。

针对多数学校实践环节相对薄弱，基地创收能力不强的问题，安徽省各级政府和有关部门在政策、资金、项目等方面积极支持学校大力发展校办产业，办好实习基地，走产教结合、企校合一的路子。省教委组织农村职业中学成立了林果、蔬菜、中药材、食用菌等10个重点项目开发组。省农业银行、人民银行积极扶持城乡职业学校的校办工厂和实习基地项目开发，联手开发有关项目的技术培训和经营，逐步形成产业集团，并在项目论证、贷款额度安排等方面给予照顾。各类职业学校艰苦创业，千方百计建基地、兴企业。宁国县拨出60万元专款作为技改资金扶持县职业高中校办工厂的项目开发。合肥职教中心以校办霓虹灯厂为依托，一边承揽合肥市长江路霓虹灯一条街工程，一边筹建了广告装璜公司。青阳陵阳职业高中的食用菌开发公司、东至县官港职业高中的茶叶营销公司、霍邱县陈埠职业高中和嘉山县苏巷职业高中的水产养殖场等，已成为当地"上挂横联下辐射"的示范。来安县职业高中的健华医药包装厂、蒙城三义职业高中的棉花纤维素厂和长丰县庄墓职业高中精细化工厂等，都填补了省内同类产品的空白。安徽医药学校集资、贷款90多万元，兴办合肥第六制药厂，两条生产线已投产。安徽艺校创办文艺幼儿园，并结合将要开设的美容美发专业，筹建了"蒙妮坦"美容院。

五、以中专评估为动力，推动中专教育的改革和建设

按照国家教委的部署，安徽省于1991年下半年至1992年上半年开展了中专学校的合格评估。合格评估工作对全省中专学校的发展产生了明显的效果。(1)调动了主管部门和学校的办学积极性,办学条件有了较大改善。全省中专学校增加投入约3500万元,扩大校园21亩,新建、改建校舍48425平方米,新建和改修体育运动场69128平方米,添置实验实习仪器设备价值400万元,添置图书16.5万册。(2)促进了中专学校与经济建设的结合,坚持社会主义的办学方向。不少学校积极采取措施,建立和完善能主动适应经济建设需求、自我调节、稳定发展的办学机制;拓宽专业面、拓宽办学渠道,发展和完善多层次、多规格、多功能的办学形式。全省90%的中专学校在评估中开展了毕业生的跟踪调查,学校的培养目标更加明确。(3)促进了中专学校教育教学管理的科学化、规范化建设,师资队伍水平得到提高。合格评估结束后,1992年下半年中专学校办学水平综合评估和选优评估在全省展开。省教委在《安徽省中等专业学校办学水平评估指标体系》试行的基础上,组织有关专家制订了便于统一掌握和操作的"补充说明",根据安徽中专学校的具体情况,发布评估细则。

高等教育

一、制定高等教育改革与发展措施

1992年,省教委先后召开了全省高等学校科技工作会议、高等学校党建工作会议(以深化高校改革为核心)和大力发展校办产业的工作座谈会,在调查研究和论证的基础上,制定了《关于贯彻十四大精神,加快教育改革与发展的若干意见》。主要措施有:确定安徽大学为重点建设院校,从1993年起,连续5至7年,每年在正常经费外增加1500万元,使其办学条件和教育质量达到国内同类学校的先进水平,为准备进入"211"工程提供条件;支持中国科技大学、合肥工业大学进入"211"工程,利用生源优势,提供优惠政策,进一步形成合肥重点高等学校群落;从优化结构和合理布局出发,选择一、二所师范专科学校改办成高等综合性专科学校,委托部委院校和军事院校为省内培养急需的工科和应用型文科人才;师范院校根据自身条件和当地经济建设的急需,增设一定的非师范专业;高等学校在国家下达的招生计划总数的基础上,增招一定比例的委托培养生和自费生;根据社会需求,对国家下达的招生计划的国家任务部分适当调整并相应增加委托培养生和自费生;根据学科发展方向和社会实际需要,在国家规定的专业目录内,并转和改造老专业,增设新专业或调整服务方向;学校可设置非常设专业,为地方或部门定向培养专门人才;在主管部门核定的编制和机构总数范围内,确定学校内部机构的撤并、调整和设置,以及各类人员的构成比例;将副教授职称资格评审权下放给具备条件的学校。同时,还确定安徽农业大学和安徽机电学院两所学校为综合改革试点。目前,这些措施正在付诸实施。

二、继续进行专业结构调整,提高教学质量

各校在总结 1991 年经验的基础上，对毕业生进行了跟踪调查，征求用人单位意见，制定专业设置和学科调整方案。全省高等学校增设社会急需的财金、政治、应用文科和工科类共 18 个本、专科专业，优先扶持和发展一批社会急需的短线专业，对芜湖联合大学等新建学校骨干专业进行了第一阶段的验收，对全省师范专科学校 24 个三年制专业试行主辅修制，并初步拟定了实施方案。

1992 年继续在全省高等学校开展教学管理检查。检查的主要内容是：办学指导思想和全面贯彻党的教育方针情况，教学力量的配备、管理和各教学环节的运行，学生学业成绩的考核和学历证书的管理；学校教育事业费用与教学方面的分配比例；教学管理体系的机构、人员、职责、制度和学校领导班子对教学工作的重视程度等。

为强化重点学科建设，提高教学质量，对省属安徽大学、安徽师范大学、安徽医科大学和安徽农业大学等 4 所重点大学的 14 个二级学科进行了评估。此外，还对 35 所高校的图书馆的图书情报和文献资料进行了调整和评估。通过互查和评估，加强了高校教学工作，提高了教学质量，在 1992 年 6 月全国大学英语考试中，安徽省 21 所本科院校 1990 级本科生英语四级考试累计通过率达 66.59%。中国科技大学本科生在四级和六级考试中，成绩继续保持较高水平。

1992 年对 6 所师范院校实验人员、设备和技术等方面进行了调查，召开了全省高等学校实验室工作会议，并在总结、交流经验的基础上，评选表彰 29 个实验室，50 名先进个人。为提高实验人员业务素质，先后委托具备条件的高校举办 9 个专业证书班，90%的学习人员达到合格标准，促进了实验室的规范化管理，提高了实验教学质量。

三、重视师资队伍建设

1992 年主要开展了以下几项工作：(1)在系统的调查研究基础上，制订了《关于加强高校师资培训工作的意见》和《关于高校举办硕士研究生主要课程学习的暂行规定》，各校相应地制订了一些加快师资队伍建设的具体措施。(2)坚持在职为主，采取多种形式加强教师的业务培训。1992 年，在经费紧缺情况下，挤出 50 万元专项经费用于教师培训补助。全年共派出访问学者 36 人，80 多人参加了骨干教师进修班学习，547 人参加了硕士生课程学习。其中，有 22%的人一次性通过 6 门课的考试，另有 127 人参加助教进修班学习。(3)加强对青年教师教育理论水平和业务素质的训练，学习内容有大学教师心理学、大学教师伦理学和大学教学论。1992 年底有 1700 多名青年教师参加了统一考试，1592 人取得合格证书。(4)奖励优秀教学成果。1992 年，安徽省开展了第二次普通高校优秀教学成果奖励工作。经专家评定，中国科技大学的“天体物理研究生教学改革实践”等 12 项优秀教学成果获省级一等奖，中国科技大学“数学系数理统计专业研究生课程建设”等 73 项成果获省级二等奖。1992 年还在全省高校首次开展了优秀教材评审工作，6 种教材获省级一等奖，其中一种教材获全国优秀教材奖，一种教材获国家教委中青年奖(部级奖)，9 种教材获省级二等奖。

四、开展科学研究，面向经济建设

1992 年，全省高等学校共发表学术论文 3947 篇，其中省属高校 2235 篇；出版专著(教材)262 部，其中省属高校 175 部；鉴定成果 206 项，获国家奖励 4 项，87 项成果获省部级奖励；签定合同的技术转让成果 658 项，获取转让费 3480.4 万元，其中省属高校 378.6 万元。

在高新技术研究方面，也获得可喜成果。中国科技大学承担兴建的火灾科学国家重点实验室，经过几年努力，于8月通过中国科学院主持的专家论证，并被批准提前对外开放。认知科学开放实验室也在北京通过验收。专家认为这是一个具有第一流设备和独特学术方向的开放实验室。1992年，中国科技大学还与香港TTM系统有限公司签约合资兴建合肥高科技广场，是以高科技产品、生产及经营为服务对象的机构，为海内外高科技企业和研究机构的成果提供了一个展示的窗口，促进安徽省的对外交流与合作。此外，中国科技大学、合肥工业大学、安徽农业大学和安徽大学继续组织了一些项目进入科技工业园，其产值约占整个科技工业园高技术产值的40%。

校办产业，特别是校办科技产业发展迅速。1992年，全省高校校办产业已达145家，其中校办科技企业约占80%以上，创造产值14066万元，利润2279万元。中国科技大学共创办科技开发企业、公司19个，每个系都有经营实体，开发总产值首次超过一亿元。合肥工业大学为增强综合实力，相继成立了技工贸实体15个，逐渐形成了一定的产业规模，同时还与省内36家企业和省外上百家企业建立了科技协作关系，并与安庆、铜陵、怀宁、天长等市(县)签定了校市(县)友好协议。1992年，安徽省高校兴办6家中外合资企业，其中安徽工学院与美国百事达公司合资兴建了中国合肥(国际)润安发展有限公司。校办企业的发展，促进了教育改革的深化。

五、加强学生管理和社会实践活动

1992年，安徽省全面开展了学生管理工作的检查评估。5月，省教委下发了《关于在全省高校开展学生管理工作检查评估的通知》和《安徽省高等学校学生管理工作检查评估指标体系》。经过宣传落实、学校自查和检查验收三阶段，评出合肥工业大学等12个学生管理工作优秀单位。

1992年6月，省教委与有关单位联合下发了《1992年暑假全省高校学生社会实践活动意见》，确定1992年大学生暑期社会实践活动以“改革、发展、成才”为主题，以科技文化服务和挂职锻炼为主要形式，以组织省级重点活动为示范，以高校组织集中性社会实践团队为主干，全面铺开全省高校暑期社会实践活动。7月初，省教委与有关部门共同创建了安徽省大学生暑期社会实践建设营，分设铜陵、马鞍山、亳州、天长县4个实践基地。在社会实践活动中，大学生共提出各类合理化建议320条，举办各类培训班10个，为企业解决了一些问题，架起了高校学生与地方、企业的联谊之桥，促进了地方经济的发展。

六、搞活毕业生分配，向企业输送人才

1992年，全省普通高校共派遣毕业生19247人，其中省属院校13967人，在皖部属院校5280人。全省共接收安排高校毕业生17920人，其中省属院校13911人，部属高校4009人。属统分的8815人，委培的4666人，定向的4439人。调配派遣到行署、市、县14358人，调配到大学385人，调配到省直、中直单位3177人。另外还接收安排毕业研究生572人，分配到大学从事教学科研的326人，分配到地市149人，省直、中央直属单位97人。

安徽省毕业生分配工作的主要特点是向大中型企业实行政策倾斜，同时积极创造条件帮助企业引进人才。1992年元月，利用寒假召集百名全国重点高校皖籍研究生到合肥、滁州等地企业参观考察，了解省情和企业渴求人才的状况；2月，又在每年的供需见面会之前组织国营大中型企业需求毕业生信息交流会，给企业一次提前精选人才的机会；另外对省内6家大型国营企业实行分配计划单列，其余400多家大中型企业分配的毕业生采取戴帽下达的办法，在1992年的调配计划中，直接戴帽分配到企业的有2445人，占全省接收分配毕业生数的13.64%，为历年从未有。

各高校和各地（市）也采取了相应措施。合肥工业大学分配到大中型企业的毕业生占该校分配总数的70%。合肥市打破传统观念，变往年“给多少，分多少”为“缺多少，争多少”。2月下旬合肥市组织有关企业“兵分三路”，辗转华北、华东、西南、西北等地，深入一些全国重点大学求才，落实300多名重点大学毕业生到合肥市企业工作。

成人教育

一、成人高等和中专教育

1992年，安徽省各类成人高校开设理、工、农、林、医药、师范、文、财金、政法、艺术等10大科类170多种专业。专任教师中，副教授以上职称的占16.2%，讲师占37.7%。成人高校校舍建筑总面积达521859平方米，比1991年增加24203平方米。

1992年，在完成成人高等教育《专业证书》教学班复查清理之后，继续试行专业证书制度，至1992年底，又有30多个厅局经批准举办《专业证书》教学班，招收学员8000多名。据统计，自1988年至1992年，全省先后有57个厅、局经批准举办了成人高等教育《专业证书》教学班，由57所（含外省11所）高校承担了教学任务。涉及工、农、林、医药、师范等10大科类100多种专业，27000多名学员获得了专业证书，解决了一批大龄（学习对象年龄在35岁以上）专业技术人员和管理人员的学习深造问题。

1992年，对全省的成人中专学校展开了评估。省教委成立了成人中专学校评估领导小组，下设办公室。领导小组组长由省教委副主任金辉担任，成员由省计委、经委、人事局、财政厅、劳动局的有关负责人组成。全省16个地市也分别成立评估领导小组。各级评估领导小组邀请学校主管部门负责人参加，小组成员由熟悉成人教育工作的专家、教师等组成。评估结果，大多数学校被评为合格，另有18所被评为基本合格，不合格的2所。

1992年，乡镇农民文化技术学校发展到1299所，办学面达乡镇总数的70%。实用技术培训146万人次。有20所乡、村农民文化技术学校被评为先进学校。

二、社会力量办学和自学考试

1992年安徽省社会力量办学进一步发展。省教委认真贯彻“积极鼓励、大力支持、正确引导”的指导方针，采取有效措施，简化审批手续，鼓励、支持社会力量办学。1992年，全省各地新批社会力量举办的非学历教育学校（班）100多个。其中，经省教委批准的有10个。1992年，为适应地、市级先进人物、劳模学习的需要，经省政府同意，批准省总工会举办了劳动模范预科学校，招收学员近200人。学员补习一年高中课程，成绩合格者直接升入成人高校深造。社会力量举办的学校培训对象广泛、办学形式灵活、教学内容丰富，根据本地区经济建设和社会发展的实际需要，开展各类短期职业技术教育、社会文化生活教育以及自学考试辅导、高考补习，办学效益十分显著。1992年，社会力量举办的学校当年培训10万多人次。其中办学效益最显著的中国计算机函授学院、合肥英语之角外语进修学院培训人次在万人以上，得到社会各有关方面的关注和支持。社会力量办学已成为全省教育事业的重要组成部分，对促进安徽经济建设和社会发展起了积极的作用。

1992年，高教自学考试开考专业和报考人数与上年相比有所增加。1992年开考两次，高教类实考348869人次，及格141037人次，5012人获得本、专科毕业证书；中专类实考8647人次，及格4917人次，690人获中专毕业证书。

三、扫盲工作

安徽省自1979年恢复扫盲工作以来已累计扫除文盲325万人，其中1992年扫盲52万人，是脱盲人数最多的一年，15—40周岁青壮年文盲率由1991年的19.5%下降到16%。全省已有61个县(区、市)达到国家规定的扫盲标准。一些已通过扫盲验收的县(市、区)正积极努力扫除剩余文盲，开展扫盲后继续教育。1991年冬至1992年春全省有16万多人参加扫盲后巩固提高班学习。

安徽省扫盲工作的特点是省和各级政府的重视。91年灾后，省里特别安排20万元扫盲补助专款，连同国家教委补助的25万元奖励经费及时下拨到位，对灾情严重的地方重点支持，并建立定期检查、总结交流和表彰奖励的制度。1992年全省20多个扫盲重点县都经省教委进行了检查，11月评出6个扫盲工作先进县，102名教师和干部被评为扫盲先进工作者。安徽省还积极开展人口教育和扫盲教育科学研究，巩固和发展扫盲成果。从1990年开始，接受联合国人口基金的援助，在20所乡(镇)农民文化技术学校实施人口教育项目试点(简称P_{20}项目)。1992年10月又配合国家教委《中国扫盲教育研究》课题组在巢湖地区进行了第一阶段扫盲研究实验调查。

撰稿人 左其琨 缪付国 吴宏兴 朱彤 邓英达 宋淮 黄学敏 张守祥 丁颖 吴富信 王东华 毛治平 许建康 刘跃生 钱业荣 梁发荣 王颍超 沈玮玮 吴正 王敏 陈永远 张培银

审稿人 朱仇美 王世杰 吴之季 吴炜

福建省教育

概况

一、各级各类教育发展情况

1992年各级普通学校基本情况

单位：人

学校类别	学校数(所)	毕业生数	招生数	在校学生数	教职工数	
					计	其中专任教师
一、普通高等学校	33	17619	21138	58447	20479	8891
研究生		275	445	1268		
本　科		7464	8008	29719		
专　科		9880	12685	27460		
二、中等专业学校	107	18291	23978	65329	11706	6159
中等技术学校	82	11608	15862	44106	8527	4328
中等师范学校	25	6683	8116	21223	3179	1831
三、普通中学	1491	282131	453600	1233562	99541	78327
高　中	401	47812	64025	178862		14256
初　中	1090	234319	389575	1054700		64071
四、农业、职业中学	289	25273	50069	97317	9928	6757
高　中	275	23844	46792	89491		6315
初　中	14	1429	3277	7826		442
五、工读学校	1				5	3
六、小　学	18297	515328	640162	3539012	176710	154807
七、特殊教育学校	26	974	2567	10016	589	469
八、幼儿园	10732	497827	561114	882374	37800	33267

制表人　潘家坤

1992年各级成人学校基本情况

单位：人

学校类别	学校数（所）	毕业生数	招生数	在校学生数	教职工数 计	教职工数 其中专任教师
一、成人高等学校	20	6516	8586	24725	2375	1115
广播电视大学	2	2243	3600	8572	740	276
职工高等学校	9	1269	1213	2986	409	251
农民高等学校						
管理干部学院	4	576	693	1330	526	225
教育学院	5	388	414	1070	700	363
独立函授学院						
普通高校举办		2040	2666	10767		
函授部		1595	2035	9180		
夜大学		335	553	1463		
干部专修科		110	78	124		
二、成人中等专业学校	161	4742	16485	36047	4359	2404
广播电视中专	3	1524	6471	11824	201	35
干部中专	41	1520	3943	7603	769	426
职工中专	38	1359	5422	11760	793	429
农民中专	3	92	377	429	60	43
教师进修学校	76	247	272	4431	2536	1471
三、成人中学	138	5078	7754	11343	393	213
职工中学	70	3009	4983	7551	333	158
农民中学	68	2069	2771	3792	60	55
四、成人技术培训学校	7251	1828056	1906019	1855175	5546	3213
职工技术培训学校	350	244607	244029	240891	2401	2254
农民技术培训学校	6901	1583449	1661990	1614284	3145	959
五、成人初等学校	11977	434674	338358	409292	1780	553
职工初等学校	54	5623	2303	2815	11	3
农民初等学校	11923	429051	336055	406477	1769	550
其中：扫盲班	6441	318671	207687	271383	1225	323

制表人　潘家坤

二、加快教育改革和发展步伐

1992年，福建省各级教育行政部门，认真组织学习、贯彻邓小平同志视察南方重要谈话精神和中共中央政治局全体会议精神，全省教育干部、教师进一步转变观念，解放思想，实事求是，根据福建省改革开放和经济建设步伐明显加快的新形势，围绕加快教育发展和提高教育质量，加大改革力度。普通高等学校扩大了招收自费生、委培生比例，调节性招生计划已占总招生数的26.3%；打破了普通中专单一的办学体制，22所中专校举办了职业中专或职业高中班，同时简化了申办职业中专、职业高中及专业设置、招生计划、收费等方面的报批手续；进一步深化教学领域改革，学校德育工作继续加强，中小学加强了职业技术教育因素的渗透，高等学校教学、科研、生产结合更加紧密；召开了农村教育综合改革研讨会，新确定南平地区为全国农村教育综合改革试验区，原确定的5个全国农村教育综合改革试验县，继续深化改革实验工作，推广了一些成熟的经验；进一步拓宽了教育经费筹措渠道，许多县(市)实行了义务教育保证金制度和非义务教育阶段向学生家长借贷款建校办法。省教委根据各地和各类教育的实践，先后研究制订了《关于加快普通高等学校改革和发展的若干意见》、《关于加快我省成人高等教育改革与发展的若干意见》、《关于当前加快中等及中等以下教育发展与改革的若干意见》和《关于扩大高等学校办学自主权的若干意见》、《关于明确中等及中等以下教育管理权限的通知》、《关于高等学校和中等专业学校招生工作改革放权的几点意见》等文件，进一步推动教育改革的深化和拓展。

1992 年，福建省各级党委、政府继续加强对教育工作的领导，社会各方面继续对教育发展予以大力支持，使教育改革和各项教育事业都有比较快的发展。

基 础 教 育

一、依法治教，促进义务教育的实施和发展

1992 年，福建省各级教育行政部门和广大干部群众认真贯彻《义务教育法实施细则》，努力提高实施义务教育的水准。1992 年，全省又有 152 个乡镇依法宣布全面实施初等义务教育，使实施乡镇总数累计达 894 个，占全省乡镇总数的 90.67%，覆盖人口 2645 万人，占全省人口总数的 88.05%；有 159 个乡镇宣布全面实施初级中等义务教育，使实施乡镇总数累计达 345 个，占全省乡镇总数的 30.52%。覆盖人口达 1214.89 万人，占全省人口总数的 40.19%。

初中教育取得突破性进展。1992 年是福建省“打好初中建设翻身仗”的第二年，省委、省政府将“发展初中教育事业，推进九年义务教育”列为 1992 年为人民办的 15 件实事之一。省政府批转了省教委、省计委、省财政厅《关于加快初中教育事业发展的意见》，并为初中的新建、扩建及危房改造提供 1900 多万元的补助款，从而在政策上，资金上起了保证作用；省教委积极抓紧落实；各地党委、政府及教育部门明确任务，狠抓多渠道集资。全省共落实新建初中校资金 4890 万元。新建初中校 98 所，扩建教室 3506 间；落实配套资金 7401 万元。莆田、泉州等地采取硬措施保证初中建设工程的实施，投资大，布点多，成效尤其显著。11 月，全省专门在莆田召开了加快初中建设现场会，及时总结推广先进经验，进一步推动这项工作。

初中建设的加强，迅速扩大了学校容量，促进初中教育事业跃上了新台阶。1992 年全省小学毕业生升初中的比率上升到 76.26%，比 1991 年提高 5.9 个百分点；普通初中流失率下降到 4.56%，比 1991 年下降 1.67 个百分点；初中招生 39.28 万人，增加近 2.9 万人；初中在校生 106.25 万人，净增 9.08 万人。现在每万人中初中在校生达 347 人，比 1991 年增加 32 人。初中教育质量有提高。毕业会考及格率达 83.03%，比 1991 年提高 5.1 个百分点；初中三年巩固率为 88.74%，比 1991 年提高 6.34 个百分点；全省初中三年巩固率和会考及格率高于 60% 的县(市、区)有 61 个，高于 80% 的县(市、区)有42个。

把特殊教育纳入义务教育的轨道。1992年,福建省教委制定了《"八五"期间残疾儿童义务教育工作要求》,发布了《弱智儿童随班就读工作意见》,在古田县开展盲童随班就读试点;举办了4期弱智教育师资培训班和"以工代教"特教师范班,受训人员达200多人,并从小学遴选了一批优秀教师到弱智儿童学校(班)任教,以解决新校师资不足的困难;召开省特教研究会第二届理事会,成立了盲聋哑教育和弱智教育两个中心教研组,有计划地开展特教教研活动;同时把特教列为各级教育督导文明城市、少年儿童工作检查的重要内容之一;为全省所有盲聋哑学校配备了全套的语言训练机、风琴及部分文体、电教器材。这些措施有效地促进了特教事业的发展。至1992年,全省特殊教育学校已发展到26所、186个教学班,在特教学校(班)就读的残疾儿童达2313人,加上随班就读的残疾儿童7703人,全省在校就读的残疾儿童共达10016人。校数、班级数、在校生数和教职员工数都在福建省创下历史记录。

1992年,省教委继续对县(市、区)实施义务教育工作进行六项督导评估。先后由地、市初评后,推荐了晋江、闽清、泉州鲤城区、顺昌、连城、清流、建阴等7个县(市、区)进行复评,复评结果这些县(市)实施义务教育工作都达到优级水平。1992年的六项督导评估工作有两个突出特点:1. 首次在人口近百万的大县以及经济贫困的县开展六项督导评估并达省的优级,这一零的突破,对推动福建省更加广泛深入地开展实施义务教育六项督导评估工作有着十分重要的意义;2. 原来经济困难,教育薄弱的地、市,如莆田、宁德,也根据本地实际把六项督导评估的指标要求纳入政府年度目标管理,使往年的"冷角"也热了起来。1992年,福建省教委还对上一年复评达标的9个县(市、区)进行了整改追踪督查,促使达标县(市)继续努力,有新的提高。

二、多渠道筹措教育经费,改善办学条件

从1979年到1991年,福建全省多渠道筹措用于改善基础教育办学条件的经费达37.44亿元,共新建、扩建校舍1404.78万平方米,维修校舍704.31万平方米,两项合计占现有校舍总面积的92.56%。1992年,全省中、小学校舍建筑面积分别增加741.92万平方米、92万平方米,生均校舍建筑面积分别为6.48平方米、4.33平方米,危房率分别由1991年的1.99%、1.1%下降到0.88%和0.64%。学校图书馆(室)建设也有较大发展,全省中、小学生均图书分别为9.32册和4.3册。1992年福建省被评为全国多渠道筹措教育经费、改善办学条件先进单位。

三、加强管理,深化教育与教学改革

(一)搞好校风建设,开展德育活动

1992年,福建省继续贯彻国家教委"两史一情"教育的总体纲要,举办了以史情教育为主题的全省第二届小学优秀德育论文评选活动。在层层评选的基础上,共评出省级优秀论文一等奖5篇、二等奖10篇、三等奖15篇,促进了广大德育工作者解放思想,开拓思路,加强研究与试验,不断提高小学德育水平。国家教委《中小学校园环境管理的暂行规定》下达后,省教委结合开展创建"文明学校"活动,及时总结推广了同安县治理整顿校园,加强校园规范化建设的经验,推动各地小学进一步搞好校风建设,优化校园育人环境。全省有数千所小学与解放军、武警和公安干警建立了"共建共育"关系,校外辅导员也发展到6000多人,涌现出福州实验小学、福州师范第一附小、福州屏东小学、石狮市坑东小学等一批军民共建的先进学校。为纪念全国开展"红领巾读书读报"活动10周年,省教委与

团省委联合召开了全省表彰大会，总结交流了一批好经验，推动各地少先队员“读好书，做党的好孩子”活动更加广泛深入地开展下去。全省校外教育工作方面，有2个少年宫和5名校外教育工作者受到全国表彰。

特别值得一提的是，三明市被授予全国中小学德育工作先进市称号。近年来，三明市始终坚持两个文明建设一起抓，运用区域共建精神文明机制，把中小学德育工作纳入全社会精神文明建设轨道，发动全社会力量共同优化社会育人环境，与中小学校一同加强学校德育工作，成效显著。在中宣部、国家教委联合在该市召开的全国中小学德育工作会上，三明市的经验得到了充分肯定。福建省各级教育行政部门，以贯彻三明会议精神为契机，大力推广三明经验，进一步推动了全省中小学德育工作。1992年再建4个省级德育基地。至此，全省建成了以社会主义教育、爱国主义教育、革命传统教育、改革开放意识教育、热爱科学教育、国防教育等为主要内容的比较全面、系统、多方位的11个德育基地。全省中小学全面开展了创建“文明学校”活动，“两史一情”教育继续加强。绝大多数中小学校校园德育环境建设做到“八有”：有升旗设施、有大字书写的教育方针、有学生守则、有世界和中国地图、有名人画像、有校训、有党团队室、有黑板报（宣传栏）。

（二）加强幼儿教育管理

在1991年的基础上，省教委1992年继续组织幼儿园（班）的登记注册和评估活动，推动办园条件进一步改善。各地对尚未达到办园基本条件的幼儿园进行分类指导，以缺什么补什么、差什么改什么的办法，把注册登记任务列入政府责任目标，作为各县、乡领导和学区校长年度考核的内容，使登记注册规划落实到乡、村幼儿园（班），并得以顺利进行。1992年，全省共完成9600多所幼儿园（班）登记注册工作。

1992年以来先后制定了《各级实验幼儿园评估标准》和《乡镇中心幼儿园评估标准》，促使各类幼儿园努力修缮、美化园舍环境，添置必备的设施和教玩具，朝着办成美化、绿化的儿童乐园的目标前进。

（三）深化改革，全面提高小学教育质量

1992年，福建省小学生考试合格率从1991年的90.1%提高到92.56%；在1991年留级率降至4.87%（第一次达到全国平均水平之下）的基础上，1992年又进一步下降到2.91%。全省小学生入学率从1991年的113.84%降为110.7%，校外14岁年龄组的毕业率则提高到88.48%，小学超龄生和留级生得到遏制，教育质量和办学效益正在逐步提高。

在山区、农村发展寄宿制小学，有计划地调整学校布局，提高办学规模效益。据统计，全省小学班额在10人以下的教学班有13831个，11至20人的有28309个，两项合计为42140班，占班级总数的33.22%，由于布点分散、规模小，教学质量难以提高。为此，省教委通过编发简报、召开现场会、推广好经验的办法，积极发动山区举办寄宿制小学。1992年全省寄宿制小学已发展到2027所，在校生达37.4万人。

为在1993年秋季开始施行国家教委新发布的义务教育《课程方案》，1992年省教委作了以下几项准备工作：及时组织传达学习，并讨论编制了本省的课程计划；根据本省实际，对地、县义务教育的教材选用进行指导；改革课程设置，在沿海有条件的地区试开设英语课和计算机课，以适应改革开放的需要；组织各地做好师资培训和仪器配备的准备工作。

1992年，全省多数地（市）初中招生考试都进行了不同程度的改革，以减轻学生过重的课业负担。主要做法是:1.普遍取消小学升初中的考试,只实行毕业考,变升学考试为合格考试;2.毕业考命题权,城市下放到学区或学校,农村下放到县或学区,减少层层竞争;3.考试科目,省限定语文、数学两科;4.考试内容,仅限最后一学年的教材;5.各种竞赛不加分,对确有特长的学生(主要是体育方面),经地(市)批准,划一定比例由重点中学严格掌握招收。省教委还针对城镇学生课业负担过重的状况,制定了《减轻小学生课业负担过重问题的补充规定》,印发各地执行。

为把城市教学改革经验推向农村,省教委在福州实验小学组织了一次大型课堂教学观摩活动,安排全省9个地(市)的小学教研员和部分教师200多人分别现场观摩了思想品德、自然、音乐、美术、语文、数学各科的教学情况,并聘请省内8位特级和高级教师开办讲座,把评课和介绍省内外教改信息结合起来,对提高大家业务水平,开阔视野,起了很好作用。根据各地要求,决定今后每年举行一次类似教研活动,使之形成制度。同时,抓住农村小学这一重点和难点,在前几年开展办"有特色农村小学"的基础上,从1992年起,扩大范围,建设100所农村示范小学;在前三年试点的基础上,进一步办好100所小学德育试点校;按国家教委下达的要求,创办100个达标小学图书馆。

(四)深化中学教育改革

"初二后分流"工作在前几年试验的基础上,1992年在省内全面推开,全省共有260所学校实行"初二后分流",学生16000多人。1992年继续强化中学劳动教育,初中开课率达93%以上,高中达90%以上;劳技课专兼职教师已达600多人。人口教育课已扩大到全省所有普通高中,任课教师全部通过省级培训。

1992年继续组织开展学校注册登记工作,又完成27所完全中学注册登记的审核、批复工作,并对6所中学进行了定级验收。到1992年底,全省普通中学通过二级达标验收的已有7所,三级达标验收的有13所。

(五)实施高中会考制度

1992年是福建省实施高中会考制度的第一年。为使全社会都能了解高中会考的目的、意义和做法,关心支持高中会考工作,省教委广泛开展实施高中会考制度的宣传发动工作。在福建日报社的支持下,《福建日报》两次刊登了高中两项改革的通讯和省教委负责人的答记者问,省电视台和广播电台播放了会考专题新闻。各地、市、县和学校也利用各种形式进行宣传,扩大影响,收到了较好的效果。

1992年高一参加首科地理会考的学生63000多人。为了使会考成绩具有较高的可信度,省教委参照国家教委发布的《普通高等学校招生统一考试管理规则》,结合福建省情况制订了考试管理规定,并认真按照国家教委发布的教学大纲,根据普通中学地理科的教学基本要求组织命题,严格考试纪律,集中统一评卷,考试结果及格率达98.2%,其中良的占40.4%,优的占28.8%。

(六)加强体育卫生工作

1992年大力宣传贯彻《学校体育工作条例》和《学校卫生工作条例》,通过义务教育六项督导工作,各地普遍增加学校体育卫生器材设备的投入;在全省14个县市和中等师范学校,进行初中毕业生升学考试体育的试点工作,收到很好效果;对全省70所设有体育传统项目的中小学校进行了全面的评估验收,好的予以表彰;进行中小学体育课程整体改革试验,经过6年的追踪试验,收到成效并摸索到不少经验,有8篇论文被全国采用;进一步加强学生健康教育和常见病群体防治工作,在全省50多万小学生中开展"驱虫"灭病工作。

各类体育竞赛取得好成绩。组队参加全国中学生田径比赛，荣获3块金牌、2块银牌、4块铜牌，金牌数在全国居第8位，团体总分居全国第2位；组织中学生女篮队参加全国赛获第4名；组织2所初中学生参加全国田径比赛，获男子团体第一名、女子团体第二名；组织参加全国"飞向北京"航模比赛，获总分第一名和组织优胜奖。此外，还成功举办了全省中学生运动会。

四、进一步加强师资队伍建设

(一)认真组织学校领导干部和广大教职工学习邓小平同志视察南方讲话和十四大文件精神，提高政治思想水平；利用暑期组织教师到厦门、漳州、泉州金三角实地考察了解沿海地区改革开放的大好形势，拓宽办学思路。

(二)扩大师范院校招生规模，加速培养师资，以适应基础教育加快发展的需要。1992年全省中师共招生8116人，比1991年增长18.2%，师专招生6102人，比1991年增长10.9%。师专、中师进一步深化改革，坚持面向农村初中、小学的办学方向，培养一专多能的合格师资。师专物理、化学两专业，继续在福州、泉州师专两校实施三年制"2＋1"教学计划，培养既会教本专业学科的能力，又有电工、电子、化工等动手实践的能力。为提高城市和经济文化发达地区小学教师的质量，1992年批准由师专与福州师范联办五年一贯制小学教师大专班试点。

(三)开拓多种渠道，加强幼儿园教师培训工作。在部分地区试办中等幼儿师范函授班；许多县(市、区)利用当地职业高中幼师班培训在职幼儿教师，并举办幼儿"教材教法"和"专业合格"考前辅导班。此外，县乡两级教育教研机构还利用暑假举办形式多样、内容丰富的短期幼教技能培训班。省里还举办实验幼儿园园长、部分乡镇中心园园长以及卫生保健、保育人员培训班。

(四)组织中小学、幼儿教师《专业合格证书》的考试和发证工作。初中、小学、幼儿园教师参加考试人数分别为518人、8513人和7219人，达到及格的分别为423人、4349人和5255人。1992年进一步组织了地(市)教育(教师进修)学院(校)开展办学协作工作，初步形成培训、教研网络。

经过一年的努力，福建各类学校教师学历达标率又有新的提高。幼儿园专任教师学历达标率为60.78%，比1991年提高0.34个百分点；小学专任教师学历达标率为79.39%，比1991年提高近2个百分点；初中专任教师学历达标率为82.85%，比1991年提高2.65个百分点；高中专任教师学历达标率为60.5%，比1991年提高0.58个百分点。

职业技术教育

一、改革招生办法，推动职业技术教育发展

为适应福建加快改革开放和经济建设对中、初级人才需求剧增的新形势，全省各级教育行政部门和职业技术学校解放思想，转变观念，努力深化招生制度改革，积极探索与社会主义市场经济发展要求相适应的职业技术学校招生办法，成效显著，有力地推动了职业技术教育发展。在1992年招生工作期间，省教委因势利导，连续向各地、市发出4份通知，要求各地、各校认清形势，抓住机遇，跳出旧的框框套套，采取超常规做法，尽可能扩大招生。同时，下放专业设置、招生计划审批权限，提出只要办学条件许可，各地可以自行扩大职业中专招生数；鼓励各地、市和百万人口的大县(市)积极创造条件，办成一批“千人校”。经过全省上下的共同努力，1992年中等职业技术学校招生数比1991年增长了20%。高中阶段职业技术学校招生数已占高中招生总数的56.8%，比1991年提高4.2个百分点。高中阶段职业技术学校在校生数已占高中阶段在校生总数的51.2%，比1991年提高1.8个百分点。1992年，全省出现了在校生超千人的职业高中8所，比1991年增加6所。

职业技术教育是非义务教育，各级教育行政部门和学校积极探索逐步走收费上学的路子。1992年在适当提高收费标准的同时，扩大了自费生招生比例，职业高中(含职业中专)共扩招自费生9000多人，普通中专扩招自费生2100多人。特别是22所普通中专打破了一贯由国家“包”办的传统，举办了不转户粮关系、不包分配、交费上学的职业中专班，招生1700多人。省教委同时加强了宏观管理和检查监督，强调收取的费用应主要用于新(扩)建校舍和增添专业设备，以增强学校自我发展能力。

各级教育行政部门还努力放开、搞活办学形式和招生对象。如鼓励职业高中举办夜班、春季班，进行学分制试验；与三资企业联办半工半读班；鼓励农村职业高中与农村广播校联合办学，培训“双证书”学员(发给农村广播学校、职业高中毕业证书)，允许条件好的乡(镇)文化技术学校举办职业高中班；提倡和鼓励普通中专、职工中专、干部学校等举办不包分配的职业高中或职业中专班，做到职教、成教结合，职前、职后沟通。福建省电大还在部分办学条件较好的职业中学试办电视中专普通班，招生1800多人。此外，还试办了职业高中预科班，招收未能达到初中毕业的学生就读；职业中专免试招收了部分高中毕业生(含往届毕业生)入学，学制一般为二年，主要学专业基础知识和专业技能，免修文化课。

二、沿海地区职业高中主动为发展外向型经济和第三产业服务

厦门、福州、泉州、莆田等沿海地、市教育行政部门和职业技术学校主动调整专业，设置新专业，瞄准三资企业和外资土地连片开发的需求，超前培养人才，组织劳务输出前培养、培训。莆田石庭华侨职业中学为三资企业举办了半工半读职高班，提高三资企业职工的文化和技术素质。新创办的南安南星职业学校瞄准蟠龙外资连片开发区，培养三资企业急需的英文秘书。福州、厦门市在职业中学新开设了保税业务、房地产开发、物业管理、市场推销、涉外商业营销、空中乘务员、服装导购与模特、保安等为发展外向型经济和第三产业服务的专业，受到社会、企业和学生的欢迎。省教委与中国福建国际经济技术合作公司联合创办的福建国际劳务合作人才培训中心，一年来共组织培训700多名服装、印刷、建筑、旅游、车工、电子类劳务人员前往新加坡、香港、澳门、塞班岛等地。厦门市交通职业中专与厦门轮船公司联办的外派船员培训基地，7月份经国家交通部正式验收合格，已招收水手班、机匠班学员各40人培训后出国。利用世界银行贷款建立的福州、厦门市职教中心开始运转，为当地职业技术教育发展提供各种服务。10月，世界银行派出官员对福州市职教中心进行检查，对该中心的建设、工作开展情况表示满意。

三、开展普通中专办学水平评估

根据国家教委部署，1992 年，全省开展了普通中专办学水平评估工作，有力地推动了普通中专教育的改革和发展，办学效益和教育质量都有明显提高。

规模普遍扩大。1992 年全省普通中专在校生数平均达 646 人，增加 50 人。

办学条件普遍改善。各中专学校主管部门在 1991 年开展合格学校评估中投入 2800 万元的基础上，又努力增加投入，改善教学、生活用房和增添专业设备。目前，各校普通文化课实验开出率全部达标。

办学机制进一步搞活，主动面向社会办学。福建机电学校在校外举办的培训班、函授班、进修班学员数超过了在校生数（1600 人）。为适应经济发展需要，福建机电学校、福建电子学校、福建建筑工程学校、集美水产学校等还承担了劳务输出人员的培训，其中集美水产学校通过厦门中厦公司，将该校轮机、渔捞专业学生 50 人作劳务输出到国外实习、服务。

校办企业有比较大的发展。福建机电学校校办厂 1992 年产值超过 1 千万元；福建银行学校开办了全省第一家金融实验银行；福建化工学校与厦利衡有限公司合资共同开发新产品。目前多数学校设置了开发机构，发展各种形式的校办产业。

学校管理规范化程度提高，教育教学质量有所提高。

高 等 教 育

一、普通高校内部管理体制改革全面展开

1992 年，福建省普通高校从秋季新学期开始陆续开展了以人事制度、工资分配制度、住房及公费医疗制度改革等为中心的校内管理体制改革，并成为部分高校综合教育改革的突破口。人事制度改革，试行了定编、定岗、定职、定教和聘任制，实行了固定编制与流动编制相结合，事业编制与企业编制相结合的编制管理办法，建立了校内待业和人员流动制度。工资分配制度改革，试行了国家工资与校内奖酬金相结合的办法，校内奖酬金根据工作实绩拉开差距，起到了奖勤罚懒的作用。福州大学在工资分配制度改革中，引入竞争机制，建立健全岗位职责和考勤、考核、评估等一系列制度，调动了教职工的积极性。住房制度改革，各校普遍实行了多渠道集资建房的办法，采取“国家拨一点、学校给一点、个人出一点”的“三个一点”办法筹集建房资金，加快了教职工住房的建设步伐。厦门大学等一批有条件的高校还开展了医疗保健制度改革，建立了国家、学校、个人三者合理负担医疗保健费的新机制。后勤管理制度改革也迈出了较大步伐，福建师范大学、福建农学院等院校先后建立了校内银行；华侨大学等院校建立了高质量的学生标准化食堂，在后勤服务社会化方面作了有益的尝试。

二、普通高校充实、整顿取得明显成效

在 1988—1991 年高校充实、整顿取得阶段性成效的基础上，1992 年继续对原办学条件未达到国务院发布的《普通高等学校设置暂行条例》规定标准的 17 所省属普通高校进行了全面充实、整顿，特别加强了集美、福州、泉州等 3 所师范专科学校的校舍建设。建成

集美师专图书馆3300平方米，使总校舍面积增加到29482平方米，生均校舍面积达到27.7平方米；建成福州师专理科楼5000平方米，使校舍总面积增加到34792平方米，生均校舍面积达到27.5平方米；在建泉州师专校舍4416平方米，可使校舍总面积增加到42778平方米，生均校舍面积达到29.9平方米。至此，上述3所学校的校舍面积（含在建部分）基本达到了国家验收要求。截止6月底，17所普通高校中，有16所高校的师资、校舍条件达到国家规定标准，并全部通过了国家验收。据统计，在普通高校充实整顿阶段，省有关部门和地方政府对17所高校先后投资5513万元，增加校舍124716平方米，增加专任教师500名，投入购置仪器设备、图书资料的经费950万元。

经过近5年的充实、整顿，全省33所普通高校的师资队伍普遍得到加强，生均校舍面积明显提高，办学条件已得到不同程度的改善，办学效益有所提高。全省高校科类结构日趋合理，师范类在校生数占省属高校在校生数的44.4%，工程类占20.4%，财经类占10.4%，医科类占9.9%，农林类占6.9%，文科类占4%。

三、高校科研及科技开发成效显著

1992年，高校科研工作紧紧围绕本省加快经济发展的要求，面向福建经济建设主战场，积极争取国家和省的重点科技项目资助，优先扶持并大力发展生产建设急需项目和有应用前景项目的研究、开发及科技成果的中试、推广，加强与经济部门的联系与科技合作，积极走"产、学、研"联合开发的路子，先后获得科技开发意向协议200多项、合同30多项，开发的效益明显提高。福建农学院、福建林学院积极参与科教兴农、科教兴林工作，分批组织骨干教师和科技人员深入农林生产第一线，开展科技协作攻关、科技推广和咨询服务，帮助培训农林科技骨干，促进了三明、南平等地、市，农业、林业生产的发展，取得了显著的经济效益、社会效益和生态效益。1992年全省高校共有51项科技成果获奖，其中福州大学吴汉定、林孝义的"高效能单相异步发电机"成果获得国家发明三等奖，另有39项成果获省科技进步奖，11项成果获国家教委科技进步奖。

高校科技产业和第三产业迅速发展。各校充分利用技术密集、人才荟萃的优势，挖掘潜力，引进竞争和激励机制，动员并分流大批骨干力量投入发展校办科技产业和第三产业，有力地促进了校办产业的创收工作。并在改变过去小规模的分散经营，向大规模的集团化经营发展方向上取得了实质性进展。福建农学院将原分属于开发部、生产处、食工系、养蜂系等单位分散经营的5个厂（场）集中起来，成立了福建农学院科技开发总公司，统一对外经营，发挥了整体效益。有的学校还充分利用外资，在境内外创办高新技术产业，推进了科技产品的国际化进程。一年中，全省高校经省教育主管部门登记注册的新办产业达到87家，校办产业总产值超亿元，新增纯利润达2170万元。

四、对外和对台教育交流工作取得新进展

1992年，福建省进一步扩大教育的国际交流与合作。先后与4个国家及有关地区的教育界、高校等10多个组织新建立了联系，开展了考察、访问、人员互换、职业技术培训等实质性的交流；先后派出考察、访问、参加学术会议等各类交流人员70个团组，141人次，接待国外教育界人士100多人来闽开展教育交流。对外引进智力和留学人员回归工作继续得到加强，省教委受省政府委托，筹办召开了福建省留学回国人员座谈会。1992年，全省教育系统聘请长短期外国文教专家、教师96人次，福建中医学院等5所院校接待来校留学生136人。

开展大专以上学历自费出国留学人员审核工作，全年共审批1051人；受政府委托，从11月开始负责省自费出国就读语言人员学历审核，先后审批200多人。

另外，对台教育交流也取得重大进展，全省招收台湾学生47人，与台湾教育界、中医界举办了学术研讨会，还派出教师赴台开展学术交流活动。

成人教育

一、扫盲工作向纵深发展

1992年，全省各地继续采取有力措施，加快扫盲步伐，成绩突出，共扫除文盲32.34万人，比1991年多扫盲6.49万人。为进一步明确基本扫除青壮年文盲工作的方向和要求，经省政府同意，省教委发布了《福建省高标准扫除青壮年文盲单位考核验收办法》(试行)，并于5月举办了县以上扫盲骨干培训班，学习、讨论该办法及具体实施意见。到年底，全省已有1600多个行政村通过高标准扫除青壮年文盲单位的考核验收，巩固了已有的扫盲成果。为加快扫盲步伐，省教委把工作重点转向抓“文盲大县”的扫盲工作。全省扫盲工作进度较慢的县(市、区)有22个，根据第四次人口普查资料，这22个县(市、区)共有青壮年文盲87万人，占全省青壮年文盲总数的55.4%。10月下旬，省教委在诏安县召开了这22个县(市、区)分管扫盲工作的县(市、区)长会，研究分析文盲多、扫盲进展慢的原因，讨论并制订了加快“文盲大县”扫盲工作步伐的意见和措施，明确了任务。会后，22个县(市、区)都针对当地实际情况，采取有力措施，加强对扫盲工作的领导、组织和投入，推动了全省扫盲工作。一年来，福建重点完善和推广了扫盲工作“八到村”经验，即组织领导、宣传发动、计划任务、“双线”承包、乡规民约、检查督促、建档立卡、考核验收八到村，把扫盲任务分解落实到行政村。近三年来，全省行政村扫盲办学面都保持在90%以上。国家教委在1992年全国扫盲、农村成人教育工作会议上肯定了福建扫盲工作“八到村”经验，并于1993年初发出简报向全国推广。1992年，福安市、连城县被国家教委授予扫盲工作先进单位的称号。

在加强扫盲工作同时，各级教育部门进一步巩固和发展农村成人文化技术教育办学网络建设工作，大力开展各种实用技术培训。全省已有960个乡(镇)办了文化技术学校，占乡(镇)总数的99.17%；行政村一级举办文化技术学校的已达60%。全年开办实用技术培训班19488个，培训182万余人，比上年增长14.84%。顺昌县洋口镇、东山县铜陵乡、永安市槐南乡三所文化技术学校被评为全国先进文化技术学校。

二、编写扫盲后教材《庭院农业》，深受欢迎

福建省教委组织编写的扫盲后教材《庭院农业》及录像，荣获联合国教科文组织亚洲文化中心第三届扫盲后图解教材国际评奖会一等奖。这在福建扫盲教材编写史上是第一

次。这套教材发行后深受广大脱盲学员和社会的欢迎，教材内容既适合男性脱盲学员学习，更适合女性脱盲学员学习，有力地促进了农村妇女“双学双比”竞赛活动。特别是这套教材能做到学文化与学技术结合，扫盲与脱贫致富结合，文字教材与声像教材结合，脱盲后的巩固与提高相结合，已在扫盲后的继续教育中显示出强大的生命力。福建省教委对教材编写人员和录像制作人员进行了表彰和奖励。

三、搞活成人高校、中专办学形式，主动适应社会需要

福建各级教育行政部门和各成人高等学校、中等专业学校认真学习、宣传、落实国家教委关于成人高等学校、中等专业学校招生的文件精神以及一系列有关政策，深化招生改革，努力做好招生的宣传、发动工作，收到较好效果。如福建经济管理干部学院、福建教育学院、福建电大等学校领导，带领干部、教师分头深入厂矿、企事业单位开展招生宣传活动，利用报刊、广播电视发布招生广告，使之家喻户晓。同时，面向社会需要，根据福建经济发展形势，增设新专业，及时增加急需或热门专业的招生计划数。由于各项准备工作做得及时、有力，全省成人高校、中专招生报名十分踊跃，成人高校报名总数达23691人，成人中专报名总数达20487人，均比上年有较大增长。福建电大，1992年大专成人招生录取线虽比其他成人高校提高了一个分数段，但上线考生仍多于计划招生数，实际录取新生3170人，超过原计划的17.4%；还录取了普通专科班255人，其中自费生75人。成人中专共录取新生2500人；与职业中学联办的电视中专录取新生2100人；还招收了成人脱产班585人。福建电大还与省侨办、人事局、档案局以及漳州糖厂、南安轴承厂等厂矿企业、事业单位联合办班，并积极把办学面伸向农村，办好燎原学校，建立分级教学管理和服务网络，大力推广农村实用技术。许多院校结合报名工作，办考前复习辅导班。福建经济管理干部学院对全省经委系统考生免收学费、住宿费，集中在学院进行为期一个月的文化补习，使考生成绩有较大幅度的提高。

福建是全国首批进行“往届生”、“预科生”、“资格生”等“三生”改革试点省之一。经过几年的实践，这项改革进一步趋于完善。1992年，福建对“往届生”招收办法作了适当调整。一是提高了分数线，文史类由上年的360分提高为380分；理工类由380分提高为400分。二是工龄限制由一年以上调整为三年以上。调整后，报名、录取人数有所减少，但生源质量有比较大的提高，弄虚作假现象基本消灭。为提高侨务干部工作水平，福建首次在厦门集美举办了侨务干部预科班。福建教育学院大幅度增加了预科班招收劳模、先进工作者等的比例。

在考试组织上，为方便考生就近赴考，允许报考人数超过300人的县(市、区)增设考点，全省考点增加到27个。鉴于农业广播电视学校的办学形式及招生对象的特殊性，1992年该校招生计划列入当年全省成人中专招生计划后，实行单独招生考试，招生考试时间避开农忙季节，使生源大幅度增加。国家教委向全国各地推荐了这一做法，认为这是一项“有益的探索”。

1992年，福建教育学院、福建经济管理干部学院和龙岩地区成人中专等5所成人中专被国家教委评为先进院校。

撰稿人 林其天 吴仁华
戴 颖
审稿人 郭荣辉

江西省教育

概　述

1992年，在邓小平同志南巡谈话和党的十四大精神指引下，全省广大教育工作者坚持以经济建设为中心，加快了教育改革和发展步伐。教育优先发展的战略地位逐步得到落实，各级各类学校的办学条件大为改善，教育质量和办学效益显著提高。

1992年各类普通学校基本情况

单位：人

学校类别	学校数(所)	毕业生数	招生数	在校学生数	教职工数 计	教职工数 其中专任教师
一、普通高等学校	28	17206	20318	59744	25235	9034
研究生		120	166	450		
本　科		7450	7615	29236		
专　科		9636	12537	30058		
二、中等专业学校	98	21113	26051	66040	13430	6201
中等技术学校	71	12488	16505	41250	10132	4363
中等师范学校	27	8625	9546	24790	3298	1838
三、普通中学	2802	532679	647461	1858699	137488	113346
高　中	559	83887	89243	267302		20706
初　中	2243	446792	558218	1591397		92640
四、职业中学	396	39325	56752	127805	13872	8649
高　中	342	30309	44861	101587		7423
初　中	54	9016	11891	26218		1226
五、工读学校	1				10	2
六、小　学	26822	794397	789186	4190795	239863	224322
七、特殊教育学校	15	171	410	1484	278	226
八、幼　儿　园	4353	227019	290189	442445	20776	16731

1992 年各类成人学校基本情况

单位:人

学校类别	学校数(所)	毕业生数	招生数	在校学生数	教职工数	
					计	其中专任教师
一、成人高等学校	27	11619	12062	31392	4559	1894
广播电视大学	1	3671	3850	10107	801	346
职工高等学校	16	1342	1823	4686	1351	727
管理干部学院	3	706	1116	1992	1129	248
教育学院	7	2380	1414	3524	1278	573
独立函授学院						
普通高校举办						
干部专修科				7		
函授部		2887	3204	9246		
夜大学		633	655	1830		
二、成人中等专业学校	146	7489	20373	34355	4117	2227
广播电视中专	4	277	4358	7667	314	215
职工中专	45	1841	2373	5531	1548	794
干部中专	3	28	167	451	182	72
农民中专	2					
教师进修学校	92	5096	11994	18816	2073	1146
函授中专		247	1481	1890		
三、成人中学	125	10796	12357	19065	867	458
职工中学	114	10131	11572	17529	861	452
农民中学	11	665	785	1536	6	6
四、成人技术培训学校	7194	826183	1204434	1236948	3761	891
职工技术培训学校	126	24674	33574	35653	407	288
农民技术培训学校	7068	801509	1170860	1201295	3354	603
五、成人初等学校	7638	252082	273881	309884	4533	689
职工初等学校	12	161	1471	1564	9	7
农民初等学校	7626	251921	272410	308320	4524	682
其中:扫盲班	6000	215317	221379	247449	3549	561

制表人 胡 军

一、解放思想、统一认识,促进教育主动适应经济和社会发展的需要

1992 年,全省各级教育行政部门和学校认真组织广大干部、教师深入学习建设有中国特色的社会主义理论,积极探索、研究新形势下的教育理论和实践,在改变原有与高度集中的计划经济体制相适应的教育观念、教育体制方面取得了共识。各级各类学校坚持社会主义办学方向,强化和改进德育工作,在常规教育中渗透社会主义市场经济的内容,使学生树立市场意识、竞争意识和全面发展的成才意识。各类教育事业按照自身的规律和特点以及经济和社会发展的需要,调整内部结构,理顺各种关系,过去统得过死、包得过多的传统体制正在逐步改变,一个充满活力的办学机制正在逐渐形成。随着教育内容和教育方法的改革,加快了与经济建设相适应的各类人才的培养。

二、调整教育发展规划,加快教育改革和发展步伐

一批教育改革的方案和措施相继出台并初见成效。1992 年,召开了全省教育工作会

议、全省高校党建工作会议、全省普通高等教育工作会议、全省成人教育暨社会力量办学工作会议和全省校建工作会议。根据省委、省政府提出的“经济超常发展”的要求和全省教育工作的实际，调整了原定教育发展的“八五”规划，提出了巩固和发展义务教育，稳定发展职业技术教育，深化成人教育改革，面向经济建设主战场、扩大高校办学自主权的总体目标，并且把基础教育和扫盲教育放到今后一个时期教育发展的首要位置，制定了《关于我省农村教育实施“3696工程”的意见》、《江西省实施〈中华人民共和国义务教育法〉办法》、《关于进一步扩大高校办学自主权的通知》等重大改革方案和措施。制订了《江西省人民政府关于贯彻落实〈国务院关于大力发展职业技术教育的决定〉的实施意见》、《普通高中办学水平评估标准》、《江西省高校德育大纲（试行稿）》、《江西省普通高等学校校风建设基本标准》等改革措施和办法。对普通高校、中专招生采取新举措，扩大了自费生和委培生招生，并第一次面向乡镇企业招收了定向生和不包分配、不转户口的定向收费生。社会力量办学积极性提高，一批由社会力量开办的多种形式的学校不断出现，改变了国家包办教育的观念和单一的办学体制。

三、各类教育事业发展迅速，为全省经济和社会发展输送了大批合格人才

1992年，全省各级各类学校毕业生共191.39万人。大批合格人才走上工作岗位，为经济发展提供了大批专业人才。全省各级各类学校在校学生达714.17万人，占1992年全省人口总数3913.09万人的18.25%。每万人口的在校学生人数分别是：普通高校15人，成人高校8人，普通中专17人，普通高中69人，普通初中411人，农职业中学33人，小学1084人，幼儿园114人。全省基本完成初等义务教育。特殊教育和幼儿教育也有新的发展。职业技术教育在重点示范职中建设和初中后培训两方面取得显著成效，一批重点职中的先进经验得到推广，全省1/3的初中毕业生接受了职业技术培训。成人教育已转移到以岗位培训为主的轨道上来。全年仅接受农业实用技术培训的人数就超过了100万人。扫盲任务落实到了县、乡、村和农户，全年扫除文盲26万人，使青壮年非文盲率上升到92.3%。高校面向经济建设，深化内部改革，专业科类结构趋于合理，科研条件得到改善。“211”和“441”两项改革工程顺利实施，并已取得初步成功。

四、发挥政府和群众两个方面的积极性，多渠道筹措资金，教育投入继续增长，办学条件得到较大改善

全省各级政府为了增加对教育的财政支出，制定政策规定，确保“两个增长”，并通过多渠道筹集资金，使教育经费有了较大幅度的增长。一年来，全省预算内教育事业费总支出10.7亿元，首次突破10亿元大关，比上年增长23.71%；生均经费大中小学平均达1282元，比上年增长15.05%；预算外收入4.18亿元，创历史最好水平。全年共得到补助款、世界银行贷款、港澳台同胞捐款约9000余万元。中小学勤工俭学效益显著。全省中小学建立学生劳动基地23120个，比上年增加6147个；勤工俭学总产值4.5亿元，比上年增长31.19%。年纯收入1.1亿元，其中用于补助教育经费不足部分0.73亿元。高校校办产业全年总产值2.8亿元，实现利润0.76亿元，弥补了教育经费不足。

在较大幅度增加教育投入的基础上，各级各类学校办学条件得到较大改善。全年大中小学校舍竣工面积达282.05万平方米，中小学危房比例已降至0.32%。16个城市中小学和全省高校建成教工住房2652套，全省教工住房建设工作受到国家教委表彰，并获得

20万元奖励。中小学校园“六配套”乡镇累计1586个，约占全省乡镇总数的84.8%，南昌、景德镇、萍乡、新余、抚州已全部实现校园“六配套”。全省地方教育电视台累计建成71座。

基础教育

一、九年义务教育

九年义务教育实施步伐加快，全省基本完成初等义务教育。1992年全省小学适龄儿童入学率为98.7%，比上年提高0.5个百分点；巩固率为98.98%，比上年提高0.68个百分点；辍学率为1.81%，比上年降低0.45个百分点。初中阶段的义务教育按照教育规划要求正在逐步实施。小学毕业生升初中比例达71.8%，较上年提高4.4个百分点，初中阶段入学率达58.8%；辍学率为5.33%，比上年提高1.23个百分点。

发布施行《江西省实施〈中华人民共和国义务教育法〉办法》。1992年3月《中华人民共和国义务教育法实施细则》（简称〈实施细则〉）发布后，省教委组织有关人员对《义务教育法》和《实施细则》进行了认真学习，并对全省实施义务教育的情况，尤其是对两次全省性的《义务教育法》执法检查中发现的问题进行了深入研究。确定根据《义务教育法》和《实施细则》的精神，从全省实际出发，本着实事求是的原则，制定江西省实施《义务教育法》办法。对1986年省颁《条例》中的一些针对性强、有地方特色的规定和提法予以保留；对在实施义务教育过程中带有普遍性的突出问题作出切实可行的规定，并加强操作性，按此精神起草了《江西省实施〈中华人民共和国义务教育法〉办法》，经省人大常委会两次审议多次修改，于1992年12月20日省七届人大常委会第三十一次会议通过并发布施行，同时宣布1986年的《条例》终止执行。《江西省实施〈中华人民共和国义务教育法〉办法》的发布实施，对贯彻落实《义务教育法》，推进九年义务教育的发展，具有重大意义。

组织实施国家教委《九年义务教育全日制小学、初级中学课程方案（试行）》。省教委确定全省全日制小学和初级中学从1993年秋季开始实施《课程方案》，教材选用人民教育出版社编写的义务教育教材，并对课程计划进行了适当调整。各地教育部门都把此项工作列入重要议事日程，进行专门研究和部署，根据当地的实际情况，安排专项经费，制订专门计划，组织培训教师，为1993年秋季开学实施《课程方案》作好了各项准备工作。

二、中小学德育工作

中小学德育工作督导检查。1992年，全省开展了中小学校德育工作有关法规、政策，落实情况的督导检查。检查分两个阶段进行，一是地、市、县（区）、乡、校自查；二是省对各地的抽查。12月10日至25日，省教委组织省督学和部分地、市督导室主任对全省11个地、市进行了检查，抽查了27个县、市、区近200所学校。整个检查工作的特点是：(1)覆盖面广。从县（区）、乡、校自查到省、地（市）的抽查，对村完全小学以上学校都认真进行了自查和抽查。(2)影响深。通过这次检查活动，各地中小学校对德育工作的有关法规、政策再次进行了系统学习，进一步明确了德育工作的性质、地位和任务，总结了经验，找出了问题，增强了信心。(3)效果好。地、市、县、乡的各级党政领导对检查高度重视，不少地区的党政主要领导亲自参与，大多数地方对检查意见进行了认真研究，切实纠正存在的问题，使检查取得较好效果。

1992年继续开展了评选省三好学生、优秀学生干部活动。省教委下发了专门文件，经过层层评选，省教委审查批准，评出省级三好学生698名(其中初中346名，高中352名)、省级优秀学生干部100名(其中初中48名，高中52名)，并经文化课测试，从当年应届高中毕业的省级三好学生、优秀学生干部中，推荐保送30名进江西师范大学学习。

三、中小学体育卫生工作

为把中小学校体育教学改革不断推向深入，开展了初中毕业升学加试体育的试点工作，确定上饶市、萍乡市城关区为试点单位。在各考试科目中，体育成绩占50分，这一措施对加强学校体育工作，进一步端正办学指导思想起了重要作用。

省教委把学生近视眼防治工作作为一项重要任务，在全省确定16所中、小学为近视眼防治监测点校，其中10所为国家监测点校。省教委拨出一次性补助款，支持近视眼防治监测点校配备器械和设施。各地(市)根据本地情况也分别确定了本地区近视眼防治监测点校。3月，省教委在萍乡市召开了第二次全省近视眼防治工作经验交流会。成立了省学生常见病防治领导小组，会同省卫生厅下发了学生常见病防治工作方案，使学生常见病防治工作规范化。在中小学广泛进行健康教育，沿湖区血吸虫疫区中小学开设了血吸虫防治基础课。

根据国家教委、国家体委关于评选千名优秀体育教师的通知精神，评选出30名优秀体育教师。江西省组队参加全国中学生田径比赛，获金、银、铜牌各一块。

四、中小学艺术教育

全省校歌评比。为激发广大中小学教师热爱学校的情感，陶冶青少年情操，省教委艺术教育委员会举办了全省中小学校歌评比。评比分创作奖和演唱两大类，演唱奖分小学、中学、师范三组。通过地、市初评，省组织专家复评，共评出演唱奖60个，创作奖79个。

全省音乐教师专业技能技巧比赛。为促进全省音乐教师业务素质的提高，同时也为广大音乐教师提供一个施展才华的机会，省教委艺术教育委员会在全省幼儿园、小学、普通中学、职业中学和中师组织了音乐教师技能技巧及三项全能竞赛活动。比赛分师范、中学(含职业中学)、小学、幼儿园四组进行，共设声乐、器乐、歌曲创作、舞蹈、讲故事和教案编写六大项目。在进入复赛的88人中，各比赛组评出一等奖1个，二等奖2个，三等奖3个，同时评出单项奖10个。

五、高中教育

1992年，省教委制定实施了《普通高中办学水平评估标准》，并在弋阳县实行以“根据评估结果保送、依统考成绩择优、按初中毕业生人数分指标”为内容的三结合高中招生制度改革。

全省普通高中实行高中毕业会考和调整教学计划两项改革。1992年举行首次高中毕业会考，有84659人参加了历史、生物两科考试，近95%获得合格证。

六、中小学实验仪器、电教工作

实验仪器装备工作紧密配合基础教育，尤其是九年义务教育的发展。全年实验仪器投入经费1658万元，其中各地自筹购买仪器经费1258万元，比1991年增加198万元。共装备小学4644所，装备中学275所(其中初中264所)。通过验收，给南昌、南城、宜丰、德安4个实验教学普及试点县颁发了合格证书，奖励资金33万元，并在南城县召开了现场经验交流会。对新规范实施的14个实验教学普及县投入仪器装备经费582.86万元，并且普遍进行了自查验收。

电化教育加强了软件、硬件建设，为中小学教育提供了服务。全年各地自筹经费160余万元，为498所学校装备了新的电教设备。成立了电教教材审查委员会，审定编制了中小学、职业技术学校和幼儿园教材、专题片、电视片、录像带共10种。积极鼓励、扶助地方发展卫星电视教育，全省新开播的县级教育电视台26座，到1992年底止，全省地方教育电视台已达71座，卫星地面接收站、放像点、乡级教育电视收转台都有了相应增加。

七、中小学师资队伍建设及中小学校长培训

师范学校普遍开展了德育和职业道德教育，强化了师德培养和培训。卫星电视师范教育和教师学历进修发展迅速，至1992年底，全省共有在籍高师、中师学员5.8万人；其中高师卫星电视脱产、函授学员29514人，中师卫星电视脱产学员25197人。1992年共培训大专学历9411人，中专学历2325人。全省中小学教师学历达标率比上年提高。高中教师达标率为38.53%，初中教师达标率为54.26%；小学教师达标率为77%，比上年分别提高1.76、4.61、2.91个百分点。

中小学校长培训全面推开，走上规范化、制度化轨道。全年培训小学校长3359人，初中校长1271人，高(完)中校长106人。

职业技术教育

1992年，全省职业技术教育工作解放思想，理顺关系，调整结构，加快了发展步伐。

全省职业高中招生数和在校生数与上年基本持平；中等专业学校招生数和在校生数分别比上年增长10.7%、7.4%；技工学校招生20878人，在校生达50718人，分别比上年增长75.4%、9%。1992年全省高中阶段的职业技术教育招生数已占整个高中阶段招生数的50.7%，在校生占整个高中阶段在校生数的44.96%，分别比上年提高2.73、2.44个百分点。全省高中阶段的职业技术教育招生数首次超过了普通高中的招生数。职业初中也有一定的发展。1992年职业初中招生数和在校生数分别比上年增长1.32%、2.59%。

一、认真贯彻落实《国务院关于大力发展职业技术教育的决定》

《国务院关于大力发展职业技术教育的决定》公布后，全省通过多种形式组织广大干部和教职工认真学习，要求提高认识，深入贯彻、狠抓落实。省教委领导就如何学习贯彻《决定》发表了电视讲话，要求各地市县政府和有关部门、各学校以《决定》为动力，促进全省职业技术教育的发展。省教委会同省计划、劳动、人事、财政、农业等部门起草了《江西省人民政府关于贯彻落实〈国务院关于大力发展职业技术教育的决定〉的实施意见》、《江西省职业技术教育发展和改革办法》、《江西省职业技术教育条例》等文件，对发展职业技术教育提出了明确、具体的要求。各地市为贯彻落实《决定》也采取了一些重大举措。如上饶地区行署主要负责人主持召开行署12个局主要负责同志参加的会议，研究如何贯彻落实《决定》，并带队到先进地区考察取经，组织全区性的职教调查活动，在此基础上，以行署名义发布了《关于大力发展职业技术教育推进农科教结合的暂行规定》，提出每县要集中力量办好1～2所起示范和骨干作用的职业学校，强调加强领导，强化政府的统筹职能，加强部门协作，增加职教的投入，推行“先培训、后就业”的劳动用工制度等。上饶行署还决定对办学取得成绩、被批准为“国家级重点职业高级中学”的学校，一次性奖励10万元；凡被国家教委批准为“省级重点职业高级中学”的学校，一次性奖励5万元。

二、加强职业技术学校德育工作

为进一步加强和改进职业技术学校的德育工作，省委宣传部和省教委下发了《关于加强我省中等职业技术学校德育工作的意见》，强调必须从国家前途的战略高度深刻认识加强中等职业技术学校德育工作的重要性和紧迫性，切实把德育放在学校工作的首位，切实把德育工作抓好。10月，成立了省中专学校思想政治课教学研究会，并按照国家教委要求，在中专学校分别开设了德育、思想品德、法纪、职业道德等课程。为推动职业技术学校德育工作的深入发展，在征集德育论文的基础上，评选出获奖论文39篇，其中4篇选送到全国德育年会参加论文评选。

三、开展评估活动，提高学校教育质量

中等专业学校在1991年合格评估和对南昌铁路机械学校等3所学校办学水平评估试点的基础上，根据国家教委的统一部署，开展了全省中专学校办学水平评估工作。评估结果，达A等（90分以上）学校15所，B等（76～89分）学校19所，C等（60～70分）学校1所。学校对评估工作进行了广泛发动和深入宣传，使学校教职员工明确评估的目的、意义和作用。许多学校提出了“办一流学校、创一流校风、育一流人才”等口号，激发教职员工的积极性。通过合格和办学水平评估工作，加强了各级领导对中专教育的重视和支持，使学校办学条件得到改善，学校管理制度也逐步完善。赣州地质学校在1991年拨出10余万元增添教学设备的基础上，1992年又投入近30万元，添置实验仪器和电教设备，保证普通课和专业课的实验自开率都达到优级水平；南昌有色金属工业学校主管部门拨款86.5万元，为学校购买微机，兴建实习工厂等；省电力局拨款12万元给江西电力工业学校用于购买图书资料和建立语音教室；省化工学校多方筹措经费和利用贷款共106万元，兴建实验大楼、校办工厂，改善学生住宿条件。通过评估工作，调动了师生员工的工作热情和积极性，增强了学校的凝聚力。同时，还开展了对15所省级重点职业高中评估工作，取得显著成效，推动了职业中学的建设。

四、在职业高中毕业生中实行“双证书”试点工作

根据国务院批准颁发的《工人考核条例》和劳动部《关于贯彻〈工人考核条例〉的通知》要求，在部分职业高中进行了技术等级考核试点工作。省劳动厅和省教委联合下发了《关于对职业高中毕业生进行技术等级考核试点工作的通知》，由各地、市工人考核委员会具体负责组织实施。“双证书”制度的实行，沟通了教育部门与劳动部门的联系，促进了“先培训、后就业”劳动政策的贯彻落实，也促进了职业高中办学质量的提高和在教育教学方面的改革。

五、实施“3696”工程，深化农村教育综合改革

在总结弋阳、宜丰、宁冈、井冈山及各地

市抓的一批农村教育综合改革实验县、“燎原计划”示范乡经验的基础上，决定在“八五”期间实施农村教育综合改革“3696”工程，即在全省建立30个农村教育综合改革实验县，600个燎原计划示范乡，9000个科教兴农科技村，并通过职业技术教育、普通中小学引进职教因素、农民文化技术学校和卫星电视教育等途径，使600万农户中每户有1个掌握实用农业科学技术的新农民。各地市着重抓了对在校初中毕业生的农村实用技术培训工作，据统计，13万初中毕业生和100万青壮年农民参加了各种形式的短期实用技术培训。通过实施“3696”工程，以“三教统筹”“农科教结合”为主要内容的农村教育综合改革在全省取得了明显成效，逐步解决了农村教育与当地经济建设和社会发展相脱离的问题，促进了基础教育、职业技术教育和成人教育的协调发展，形成了基础教育分级办、职业技术教育联合办、成人教育社会办的新格局。

普通高等教育

一年来，全省高等学校各级领导和广大师生员工端正高等教育服从和服务于经济建设这个中心的办学指导思想，解放思想，抓住时机，加快改革开放步伐，为深化高教改革，更好地为经济建设服务打下了良好的思想基础。为推动全省高教改革和发展，1992年省委宣传部、省教委曾多次召开会议，进行学习、研讨和交流。年初召开了全省高教工作会议，部署了全年高教工作。5月召开了“深化高教改革、推进江西经济发展”座谈会，组织高校书记、校长深入学习邓小平同志南巡谈话精神，动员高校深化高教改革，更好地为经济建设服务。8月召开了全省高校书记、校长暑期研讨会，集中研讨如何深化高教改革问题。12月召开了全省高校党建会，研究和部署加强高校党的建设，积极发展高教事业，加快高教改革步伐。

在经过反复研究、广泛征求意见的基础上，省委、省政府于12月下发了《关于进一步扩大高等学校办学自主权的通知》。规定了高校在人才培养、专业设置、招生计划、毕业分配、技术职称、工资福利、经费使用、科学研究、对外开放等方面的自主权，以此增强高校办学活力，推动高教改革深入发展。

一、调整高校布局及办学规模

1992年在前几年充实整顿的基础上，进一步调整了全省高校布局。经国家教委批准，将南昌职业大学改为南昌高等专科学校、新余职业大学改为新余高等专科学校。同时经省教委同意，江西农业大学设立了职业师范学院和畜牧兽医学院，江西师范大学设立了艺术学院、体育学院和成人教育学院。由于抚州职业大学停办、共青职业学院改为江西大学二级学院，全省保留独立设置的高等学校28所，另有医学分院3所，财经分院1所。

1992年全省高等学校扩大了招生规模，实际招收普通本专科学生20152人，其中省属院校除完成国家任务外，扩招了自费生、委培生1684人，部属高校也增加了招生人数。1992年高校在校学生比1991年增长5.2%，平均每万人口中有在校大学生15人。高校硕士研究生招生比上年增加27人，增长19.4%；在校研究生较上年增加43人，增长10.6%。

在积极发展高教事业的同时，加强了重点大学和重点专业的建设，继续实施了省高教“441”工程。根据省委、省政府决定，将江西大学与江西工业大学合并，建设一所争取进入国家“211”工程的重点大学，省政府于12月将总体方案上报国家教委审批。

二、加快高等教育改革步伐

全省高校联系本校实际制订了学校综合改革方案，有的学校已开始实施，普遍以内部管理体制改革、招生就业制度改革和教学改革为重点。

内部管理体制改革。许多学校把这项改革作为高教改革的突破口，有的学校实行了聘任制，有的学校实行了岗位津贴和课时津贴，有的学校选择一二个系（处）进行以聘任制和结构工资为重点的内部管理体制改革试点，取得经验后再在全校逐步开展。通过内部管理体制改革，奖勤罚懒，打破了吃大锅饭和捧铁饭碗的状况，调动了教师和干部的积极性。

招生、毕业生就业制度改革。除了继续坚持以往的改革措施外，一是招生突破了前两年停止招收自费生的做法，扩大了自费生、委培生招生人数，成为江西省历史上招收自费生、委培生人数最多的一年。二是从1992年开始，高等学校举办乡镇企业专科班，为乡镇企业招收和培养自费上学、不改变身份、毕业后到乡镇企业工作的学生600人，并在招生录取上给以必要的照顾。不仅打破了高校学生统招统分的体制，也打开了人才通向农村和乡镇企业的道路。

教学改革普遍重视了调整专业方向，扩大专业面，适应社会主义市场经济的需要。继续加强课程建设和课程评估，开展全省第三次优秀教学成果评选活动，引导教师把主要精力放在搞好教学、提高教学质量上来，不断改革教学内容和教学方法。为加强对学生实践能力的培养，省教委和省劳动厅联合下发了《关于在工科院校学生中进行初级技工培训考核的通知》，要求工科院校从1992年新生入学开始，逐步对本科生进行工程操作培训，并按照国家发布的《工人技术等级标准》初级工的要求进行考核，合格者由省劳动部门核发技术等级证书。省教委发出文件，要求高等师范院校学生加强教师基本功训练，熟练掌握“三字一话”（即毛笔字、钢笔字、粉笔字和普通话）。

三、抓好科技开发和校办产业

1992年，高校在坚持以教学为中心的同时，加强了科技开发和成果转化工作，动员和组织了高校科技人员和教师投入经济建设主战场。全省高校共承担研究课题1174项，其中基础研究302项，应用研究589项，试验发展283项。在这些课题中，有国家科技攻关课题6项，国家“863”计划1项。已通过鉴定的科研成果有144项，获得省部级以上奖励的有49项，获得专利权的有15项。出版科技专著及教科书163部，科普著作17部，发表论文2655篇。一年来高校与经济部门、企业单位签订技术合同262项，金额814.7万元；转让技术26项，金额155万元；技术咨询服务53项，金额136.9万元。

1992年高校校办产业得到蓬勃发展。据20所高校统计，新增企业38个，工业总产值达3亿元，上交税金2000万元，利润7000万元。江西中医学院所属江中制药厂是一个仅304人的小型企业，实现了年产值1.6亿元，年利税6500万元，人均产值50万元，人均利税20万元。

四、加强思想政治工作和校风建设

1992年全省高校进一步加强了思想政治工作，德育工作的首要位置得到落实。省教委提出1992年高校德育工作的目标是：制定一个大纲（即《江西省高校德育大纲（试行稿）》），强化两门课程（即马列主义理论课和思想政治教育课），抓好三支队伍（即政工队伍、班主任队伍、学生积极分子骨干队伍），进行四项教育（即国情教育、社会主义教育、爱国主义教育、反“和平演变”教育），做到五个落实（即从五方面看落实情况：一看领导重视程度，二看政工队伍素质，三看政策导向，四看教书育人，五看实施条件）。各高校联系本校实际情况，制订了具体实施计划，做了大量工作，收到较好效果。

同时全省高校按照《江西省普通高等学校校风建设基本标准》的要求，继续狠抓了校风建设。12月省委宣传部、省教委对全省高校的校风建设进行了检查评估，江西中医学院、南昌职业技术师范学院、景德镇陶瓷学院、宜春农业专科学校、吉安师范专科学校、江西工业大学、华东交通大学、南方冶金学院、赣南医学院、上饶师范专科学校、江西公安专科学校、宜春医学专科学校12所学校达到校风建设基本标准，由省委宣传部、省教委授予“江西省高校校风建设文明单位”称号。

五、搞好教师队伍建设

1992年全省高校专任教师中，有教授188人，副教授1855人，讲师3446人，助教、教员3545人，教授、副教授占教师总数的22.6%。专任教师中，35岁以下青年教师占50%以上。为此，全省高校十分重视中青年教师的培养，省教委在各高校推荐和广泛征求意见的基础上，正式确定171人为普通高校第一批中青年学术带头人和骨干教师培养对象，要求学校将其教学、培训、科研、论著、奖励等材料建立档案，在教学科研、业务进修、职务评聘、生活待遇等方面给予政策扶持，促使他们尽早发挥作用。在晋升教师职务工作中，省教委对40岁以下晋升教授、35岁以下晋升副教授的中青年教师采取了优惠政策，1992年有59名40岁以下的中青年教师破格晋升教授、副教授。江西师范大学年仅28岁的数学教师应明生被破格晋升为教授，成为全省最年轻的教授。1992年全省高校有210名教师享受了国家和省政府的特殊津贴，连同1990年、1991年的在内，共有243名，占全省享受特殊津贴人员总数的30.6%。

六、努力改善高校办学条件

1992年省属高校完成基建投资3684万元，竣工面积9万平方米，生均校舍面积由1991年的32.7平方米提高到35.5平方米。为解决教工住房问题，高校继续采取了“三个一点”的办法集资建房，1992年建成1200套住房，大大缓解了教工住房困难，拥有单元式住房的教工占教工总数的比例由1991年的40.2%提高到45%。

1992年教育经费有一定增长，高校生均经费为2437.81元，比1991年增加286元。但是教育经费中公用部分无论是绝对数字还是占总支出数的比例均在下降。1992年生均公用经费比1991年减少16.49元；公用经费占总支出的比例，由1991年的45.19%下降到1992年的40.37%。

1992年全省高校仪器设备有91283台件，价值14577万元。高校图书馆藏书1064万册。江西省1992年已列入全国“世界银行师范教育项目”贷款计划，将得到652万美元贷款，对高等师范院校充实仪器设备和图书资料，改善办学条件起到重要作用。

成人教育

一、农民扫盲及技术培训教育

进一步抓紧抓实扫除文盲工作。1992年1月4日，省教委召开全省扫盲和农村成人教育工作会议。会议要求各地继续加强对扫盲工作的领导，完善和落实各项措施，认真总结经验，克服畏难、厌战情绪，加快扫盲工作步伐。3月18日，省政府发出《关于继续加强扫除文盲工作的通知》，要求1992年全省完成脱盲20万人的扫盲任务。各地(市)层层召开了扫盲工作会议或在教育工作会上对扫盲工作进行部署，以政府名义下达文件，分解任务指标，落实到人。针对妇女文盲所占比重大的情况，各地将扫除妇女中文盲的任务单列下达，许多地方还从实际出发，制定了乡规民约，确保扫盲对象尤其是妇女文盲参加扫盲学习。在扫盲教学中，采取多种形式，以集中办班为主。同时，对一些文盲居住分散的边远、偏僻乡村，继续采取“送字上门，包教保学”的办法开展扫盲。各地还动员组织小学高年级以上学生以及师专、师范学校的在校学生，利用寒暑假在家乡参与扫盲教学，收到良好效果。1992年，全省共组织3.7万人参加扫盲学习，脱盲26.17万人(其中妇女脱盲20.35万人，占77.8%)。省教委与省妇联于11月在全省范围内联合表彰了100名妇女扫盲工作先进工作者。为了做好表彰先进工作，根据国家教委和有关部门的文件精神，层层做好推荐选拔工作，江西省有一批单位和个人受到国家教委表彰。

加强乡(镇)农民文化技术学校建设。1992年12月18日，省教委在新建县召开全省扫盲与农村成人教育工作座谈会，传达了全国扫盲与农村成人教育工作会议精神，对1993年的扫盲工作进行部署，重点探讨了办好乡(镇)农民文化技术学校等问题。会议总结了新建县举办乡(镇)农民文化技术学校的经验，参观了新建县部分乡(镇)农民文化技术学校。

办好燎原广播电视教育，开展农村实用技术培训。省教委4月1日至10日组织各地(市)教育局分管成人教育的局长、地市电大分校校长分成3个组分赴河北、山东、湖南3省考察学习。考察结束后，4月13日到15日在黎川县召开了全省燎原广播电视教育经验交流会，总结黎川县办燎原广播电视学校的经验，对燎原广播电视学校建设提出了要求。各地市认真贯彻会议精神，增加对燎原广播电视学校的投入，充分利用广播电视等现代化教学手段，对农村劳动者进行文化、科技教育。1992年全省有124万余人次接受了各种形式的农村实用技术培训。

搞好农村成人学校人口教育试点工作。全省有10所农村成人学校承担我国与联合国人口基金合作的农村成人学校人口教育项目(简称P_{20}项目)试点工作。1992年，10所项目试点学校已全部实施人口教育。据统计，10所试点学校接受教育的校内外学员达8150人，其中女学员4213人；建立人口教育联系点62个，共培训6853人；另外，有24所非试点学校开展了人口教育，培训2384人。项目试点工作进入点上深入，面上扩展阶段，试点学校所在乡(镇)建立了村一级人口教育联系点，并以试点学校为中心，不断向周围辐射，乡村人口教育网络正在形成。

二、成人高等教育

召开全省成人高等教育工作会议。10月16日，省教委召开了全省成人高等教育暨社会力量办学工作会议。会议传达了全国成人高等教育工作会议精神；总结交流了改革开放以来全省成人高等教育和社会力量办学的成绩和经验，提出了加快成人高等教育和社会力量办学改革和发展的政策措施。会议确定，成人高等学历教育要着重抓好四方面的工作：第一，要本着集中力量、合理布局、提高效益的原则，规划和设置成人高校，做好各类成人高校和教育形式的统筹与协调，合理分工，发挥各自优势。第二，要深入进行招生和教学改革，努力办出特色。要采取灵活多样的办学形式，探索新人才培养模式，扩大服务功能。要改革成人高等学历教育计划管理体制和招生考试办法。第三，要完善和加强各项管理制度及质量控制机制，切实保证学历教育质量规格。第四，要积极探索和实施学校内部的管理和体制改革。会上表彰了一批办学成绩显著和在校风建设中取得优异成绩的成人高等学校和成人中等专业学校。

普通大学增设了一批夜大学。经省教委批准，并报请国家教委备案，赣南医学院、九江师范专科学校、宜春医学专科学校举办了夜大学。

高等教育自学考试蓬勃发展。1992年，全省共开考28个专业，其中本科5个，专科20个，中专3个，是开考专业最多的一年。全年两次报考人数为116343人(261906人次)，共颁发单科合格证73591张，有201人获得本科毕业证书，3576人获得专科毕业证书，396人获得中专毕业证书。

三、成人中等教育

开展成人中专学校评估。根据国家教委“关于开展成人中专学校评估工作的通知”精神，制定了《江西省成人中专评估体系》。各地市教育行政部门和有关业务局组成11个地市成人中专评估组，省教委及省直厅局组成3个省直成人中专评估组，分别对地(市)属和省直独立设置的33所成人中专学校进行了评估及复查。评估促进了学校办学条件的改善和教育质量的提高。

改革成人中专管理体制，审定教学计划。为扩大地方和部门管理成人教育的权限，使学校有充分的办学自主权，省教委草拟了《改革成人中专管理体制的意见(讨论稿)》，组织有关部门和学校进行研讨。各有关业务部门加强了对本系统所属学校的管理工作，除省教委统一组织审订1992年招生的80余个专业的教学计划外，财政、商业等系统还按行业特点，统一了本系统同专业的教学计划。

进一步改革招生工作。为了加快培养农村经济建设需要的各种中等人才，1992年对报考成人中专的农村高中毕业生实行免试入学，全省共录取学员8379人，比1991年增长75%。在发展成人中专学历教育的同时，1992年继续举办了成人中专专业证书班。

加强成人高中教育管理。省教委发出文件，确定对未经教育行政部门审批举办的成人高、初中进行一次检查，在经地(市)教育部门审批后补办备案手续。此外，对成人高中的学制、课程设置等也作了规定。成人高中的学制脱产为2年，业余为3年，入学和毕业均由地(市)教育部门组织考试。

四、社会力量办学

1992年，全省社会力量办学发展较快，其中属培训、进修、辅导、助学性质的民办高校，由1991年的8所增加到22所，在校学生达2万人以上(含各种短期培训)。为了加强对社会力量办学的管理，省教委组织力量，于年底对部分民办高校进行了检查。

撰稿人　梁必骞　余印根　钟显东

何少加　熊庆任　邓　弘

张来宗　傅晓军

审稿人　黄定元　周绍森　李国祥

周懋胜　胡　军

山东省教育

概 况

一、各级各类教育发展情况

1992 年各级普通学校基本情况

单位：人

学校类别	学校数（所）	毕业生数	招生数	在校学生数	教职工数 计	教职工数 其中专任教师
一、普通高等学校	51	35627	58648	132301	47483	19492
研究生	（16）	633	770	2113		1433
本 科		15840	16601	65423		
专 科		19154	41277	64765		
二、中等专业学校	234	52088	55353	158309	32857	15972
中等技术学校	175	34408	39829	116252	25293	11969
中等师范学校	59	17680	15524	42057	7564	4003
三、普通中学	5897	1155841	1328707	3824857	335020	258308
高中	632	154502	167074	489577		39256
初中	5265	1001339	1161633	3335280		219052
四、农业、职业中学	605	92755	139129	315396	34935	33893
高中	549	87863	131839	297234		20633
初中	56	4892	7290	18162		13260
五、工读学校						
六、小学	56885	1419722	1639434	8262094	450396	416662
七、特殊教育学校	107	706	2798	11634	3194	1955
八、幼儿园	39543			2582869	122542	102705

1992年各级成人学校基本情况

单位：人

学校类别	学校数(所)	毕业生数	招生数	在校学生数	教职工数	
					计	其中专任教师
一、成人高等学校	51	41748	49078	105427	12883	5017
广播电视大学	2	12493	11010	24468	4116	1617
职工高等学校	28	3253	6370	13861	4929	1724
农民高等学校						
管理干部学院	5	1957	2146	3677	1179	382
教育学院	16	6679	7926	15828	2659	1294
独立函授学院						
普通高校举办						
函　授　部	(34)	13664	17633	38414		
夜　大　学	(31)	3634	3893	9024		
干部专修科	(5)	168	100	155		
二、成人中等专业学校		32566	51663	98647	9740	5037
广播电视中专		4049	3938	9815	576	389
干部中专	21	2425	4099	10530	867	445
职工中专	10	2417	5859	11418	638	278
农民中专	32	4065	9400	18644	1690	1000
教师进修学校	123	19610	28367	48240	5969	2925
三、成人中学	177	15695	16195	28801	1350	813
职工中学	83	11227	12491	22499	762	428
农民中学	94	4468	3704	6302	588	385
四、成人技术培训学校	34532	4234424	3319559	3602202	47721	19827
职工技术培训学校	367	151620	174094	173438	3419	1995
农民技术培训学校	34165	4082804	3145465	3428764	44302	17832
五、成人初等学校	21677	497687	431453	470396	18022	5213
职工初等学校	22	703	666	666	24	7
农民初等学校	21655	496984	430787	469730	17998	5206
其中：扫盲班	17704	375147	279726	277224	12695	3799

二、教育工作摆上全省经济和社会发展的战略地位

1992年，山东省贯彻邓小平同志南巡讲话和党的十四大精神，继续支持“科教兴省”的战略决策，抓住机遇，加快教育改革和发展。省委常委会议、省长办公会议多次听取教育工作汇报，专题研究教育工作。根据全省经济和社会发展的总体战略布局，提出了九十年代和下世纪教育发展的总体规划和目标，要求各级党委和政府切实把教育工作摆上全省经济和社会发展的战略地位。各市、地、县党委、政府认真贯彻落实省委、省政府的决定，把加快教育改革发展同实现第二步战略目标、促进当地经济上新台阶紧密联系起来，作出了科教兴市、兴县的新部署。省教委按照省委、省政府的决定，提出了教育加快改革的重大措施。

第一，召开全省教育工作会议，促进教育为经济建设服务。1992年1月20日至22日在济南召开了全省教育工作会议，传达贯彻了国家教委1992年工作会议精神，研究部署了山东省1992年教育工作，确定当前和今后

一个时期教育工作总的指导思想是:深入全面地贯彻教育方针和“科教兴鲁”的战略决策。以提高教育质量和办学效益为中心,突出德育,深化改革,狠抓管理,努力做好“办好教育为人民”的文章,促进各级各类教育持续、稳定、协调发展,更好地为全省经济建设和社会发展服务。副省长宋法棠从五个方面部署了教育工作:一是进一步落实德育的首要地位,坚持社会主义办学方向,加强教育战线的思想政治工作。二是深化改革,进一步促进教育为经济建设服务。三是加强教育管理,提高教育质量。四是把师资队伍和师范院校建设作为重点来抓。五是增加教育投入,进一步改善办学条件。宋法棠要求,在全省要大力宣传教育的战略地位,进一步提高和深化各级领导和广大干部群众对教育重要战略地位的认识。教育战线的同志要首先认识,并有责任把这一认识宣传好,用自己的工作实绩赢得社会的共识。

第二,召开山东省“办好教育为人民”电视动员大会暨烟台现场会。为了促进教育更好地为经济建设服务,1992 年 5 月 3 日至 6 日,山东省委、省政府在济南和烟台召开了全省“办好教育为人民”电视动员大会暨烟台现场会。会议主要是动员全省上下进一步做好办好教育为人民的工作,部署下一步全省教育工作。

5 月 3 日下午,首先在省电视台演播厅召开了电视动员大会,并通过电视微波线路向全省传送。省委书记姜春云主持会议并作了重要讲话;省委副书记、省长赵志浩作了动员报告;省委常委、宣传部长董凤基宣读了省委、省政府《关于提高教育质量办好教育为人民的决定》。省顾委副主任刘众前、省纪委书记谭福德、省人大副主任苗枫林、副省长宋法棠、省政府特邀顾问马长贵、省政协副主席陆懋曾,以及省委办公厅、省政府办公厅、省教委、部分市地分管教育工作的副市长、副专员,各大企业分管教育工作的负责人,省直有关部门的负责人参加了主会场的会议。在同一时间,各市、地设立分会场。市(地)、县(市、区)党委、人大、政府(行署)、政协的主要负责人,县(市、区)政府分管负责人、教育局长参加了收听收看。

动员大会后,参加主会场会议的各地负责人又到烟台参加了现场会。听取了烟台市委、市政府,临沂地委、行署,平度市委、市政府,莱芜市委、市政府等 11 个单位的经验介绍;分三路参观了福山、栖霞、招远、蓬莱、长岛、牟平等教育现场。会上,省人大副主任苗枫林讲了话,副省长宋法棠作了会议总结报告。

第三、省委作出教育加快改革步伐的决定。1992 年 5 月 3 日,中共山东省委、山东省人民政府作出《关于提高教育质量办好教育为人民的决定》。《决定》从五个方面对山东省教育工作的改革和发展提出了要求:一是充分认识办好教育的重要意义,坚定不移地把教育放在优先发展的地位。二是坚持把德育放在首要位置,全面贯彻党的教育方针。三是深化改革,促进教育更好地为经济建设服务。四是进一步加强师资队伍建设,提高教育者的素质。五是增加教育投入,进一步改善办学条件。

《决定》指出:全面振兴山东,要依靠科技进步和劳动者素质的提高。各级党委、政府要全面贯彻执行党的基本路线,进一步解放思想,加快教育发展步伐,使教育更好地为全省经济建设和社会发展服务。各行各业各部门都要关心教育、支持教育、兴办教育。教育部门要树立大教育观念,着眼于提高全社会劳动者的素质,加强对各级各类教育的宏观管理,统筹管好学历教育,全面提高教育质量,使教育事业紧紧跟上经济和社会发展的步伐，真正把“科教兴鲁”战略方针落到实处。

《决定》提出，今后一个时期全省教育工作的指导思想和改革发展的思路是：根据经济和社会发展的需求办教育、育人才。基础教育要把立足点切实转到提高国民素质的轨道上来，依法扎扎实实地实施九年制义务教育；大力发展职业技术教育，拓宽办学路子，提高办学质量，完善配套政策，开创全社会兴办职业技术教育的新局面；成人教育要坚持直接有效地为社会主义建设服务的方向，以开展多种形式的岗位培训为重点，全面提高广大工人、农民和基层干部的素质。通过发展与改革，到本世纪末，建立起与山东经济建设和社会发展相适应、规模适度、结构合理、功能完善、质量和效益较高的社会主义教育体系，把全省教育工作提高到一个新水平。根据上述决定，1992 年 10 月 20 日省政府印发了《关于高等教育加快发展深化改革为经济建设服务的意见》和《关于中等以下教育发展和改革的意见》。

《关于高等教育加快发展深化改革，为经济建设服务的意见》要求高等教育工作要继续改革招生分配制度，多渠道多层次多形式培养人才；搞好校内管理体制改革，充分调动教职工的积极性；深化教育教学领域的改革，不断提高教学质量；发挥高校科技优势，进入经济建设主战场；支持高校兴办产业，增强办学活力，改善办学条件；加强重点学科、重点实验室和中青年教师队伍建设，尽快形成优势和特色；扩大对外交流与合作，加快对外开放步伐。《意见》提出高等教育总体发展目标是：在校生由 1990 年的 22.26 万人，增长到 1995 年的 32.8 万人，2000 年的 50 万人，2010 年的 100 万人，年递增 7.8%。

《意见》并提出政府部门减政放权，加强宏观管理和扩大高校自主权。在办学、招生、职称评定、经费和基建方面向学校下放的权力达 20 多项。

《关于中等以下教育发展和改革的意见》总的指导思想是：到本世纪末，建立起与山东经济建设和社会发展相适应并适当超前的、规模适度、结构合理、功能完善、质量效益较高的社会主义教育体系，全面提高教育质量和劳动者素质，为当前和二十一世纪培养社会主义建设者和接班人。为此，《意见》对教育体制改革的要求是，加大改革力度，采取综合配套、分步推进的方针，进一步扩大市地、县的统筹决策权、乡镇的综合管理权和学校的办学自主权。逐步建立起适应经济和社会发展需要的充满活力的教育体制，更好地为经济建设和社会发展服务。

第四，制定督导办法，加强教育和教学管理。

1992 年，山东省围绕“办好教育为人民”，重点抓了全面贯彻党的教育方针，全面提高教育质量的工作，进一步健全和完善了教育的各项规章制度。省政府印发了《山东省实施〈教育督导暂行规定〉办法》（以下简称《办法》），聘请了首批专兼职督学。省教委印发了基础教育的督导评估方案，制定了中小学规范化学校、重点职业学校和成人示范学校的标准、评比办法，并进行了各种督导评估工作。

《办法》规定教育督导的任务是：对下级人民政府的教育工作、下级教育行政部门和学校的工作进行监督、检查、评估、指导，保证教育方针、政策、法规的贯彻执行和教育目标的实现。

山东省人民政府授权省、市（地）、县（市、区）教育行政部门，代表本级人民政府行使教育督导职权。省教委负责管理全省教育督导工作。

各级督导机构完成督导任务后，应向本级人民政府、教育行政部门及上级督导机构报告督导结果，提出意见和建议，并可向社会公布。山东省聘请了首批兼职督学。

第五，教育投入进一步增加。1992年，全省财政预算内教育经费支出25.73亿元，比上年增长20.34%；共征收城市教育费附加1.66亿元，比上年增长1.33%；征收农村教育事业费附加8.27亿元，比上年增长8.99%。

山东省支持以国家投入为主，多渠道筹措教育经费，狠抓办学条件的改善。在农村中小学校舍改造任务完成之后，又抓了学校内部仪器设备及图书资料的配套，校园的美化、绿化、净化，规范化学校的建设。同时继续进行了城镇中小学校舍改造，到1992年底，全省已有77个县(市、区)，5个市(地)直属单位，完成了城镇校舍改造任务。

第六，加强师资队伍建设。为进一步加快教师培训步伐，1992年，山东省重新调整了教师培训规划。一是实行分级管理、分工负责的目标责任制，加大了市(地)和县的责任；二是对初中教师进行了全员培训；三是沟通了各种学历培训渠道。函授教育、卫星电视教育、自学考试、电视大学班以及专业合格证书相同学科考试成绩的互相沟通，相互承认；四是运用政策杠杆，调动广大教师进修提高的积极性。在新师资培养方面，注意扩大师专的招生能力，鼓励优秀中学毕业生报考师范院校；举办了电大专科师资班；建立了职业教育师资培养基地；采取措施，保证师范院校毕业生分配到中小学任教。通过以上措施，全省中小学教师队伍的素质明显提高，小学、初中和高中教师的学历达标率已分别达到87.05%、46.10%和43.05%。

师范院校继续招收民办教师。为了尽快改变教师队伍结构，1992年，山东省继续实行普通师范院校招收民办教师。招收的条件是，登记在编，持有《教师证书》，年龄在40周岁以下，小学民办教师具有初中毕业及以上文化程度，初中民办教师具有高中毕业及以上文化程度。1992年全省中等师范学校招收小学民办教师4500人，师范专科学校招收初中民办教师1000人。学制均为二年。学生学完规定的课程，修业期满，经考试合格者，分别发给师专或中师毕业证书，分配回乡镇初中或小学任教。

调整中等师范学校。为了从全省小学发展的实际需要出发，合理规划中等师范学校的建设，山东省根据国家教委和省委、省政府的要求，确定了“调整布局，减少处数，扩大规模，提高效益”的中师建设方针。除特殊情况外，每处达到18个班以上的规模。1992年底统计，全省当年撤消了邹平师范、乐陵师范、齐河师范、潍坊华侨幼儿师范、莒南师范等5个学校。

试点五年制中师大专班。经国家教委批准，从1992年开始，山东省由济南师范学院和济南联合大学联合办学，在济南师范学院举办了五年一贯制大专班，招收初中应届毕业生60人。青岛市由青岛师范学校与青岛师范专科学校联合办学，举办“三、二”分段制大专班，从该市中师应届毕业生中择优招生，每年招生30人。五年制中师大专班毕业生，学习成绩合格者发给师范专科毕业证书，分配到小学任教。举办五年制中师试点的目的是在于逐步摸索经验，培养一批坚持社会主义方向，热爱小学教育工作，具备合理的知识结构，具有较高教育教学水平和一定教学研究能力的小学教师。

第七，召开全省“科教兴鲁”经验交流会。1992年12月22日至25日在济南举行全省“科教兴鲁”经验交流会议。这次会议是省委、省政府召开的一次重要会议，目的是进一步贯彻落实党的十四大和省委五届九次全会(扩大)会议精神，全面实施“科教兴鲁”方针，促进全省改革开放和经济建设更快更好的发展。

会议期间，中共中央政治局委员、省委书记姜春云作了重要讲话，省委副书记、省长赵志浩作了报告。会议结束时省委副书记高昌礼讲了话。会上有31个典型单位进行大会发言或书面交流，介绍了贯彻“科教兴鲁”方针的经验。会上，对在“科教兴鲁”1992年工作中作出突出成绩的50个先进集体和100名先进工作者进行了表彰奖励，颁发了奖牌、金质奖章和证书。会议期间，还对城镇校舍改造先进单位和个人进行了表彰。会后，各地学习贯彻这次会议精神，对进一步全面落实“科教兴鲁”的战略方针，促进全省经济再上新台阶，起到了重大推动作用。

基础教育

一、九年制义务教育稳步实施

1992年全省以乡镇为单位实施了不同年限的义务教育。其中实施九年制义务教育的乡镇达1084个，人口覆盖率为43.5%。全省小学适龄儿童入学率达到98.62%，小学生辍学率仅占1.34%，小学毕业生升入初中的比例达到82.3%。全省高中、初中入学率、升学率都比上年有所提高。

二、狠抓“两基”“两全”

为了落实中共中央政治局委员、国务委员兼国家教委主任李铁映来山东考察时提出的，九十年代教育的任务是“全面贯彻教育方针，全面提高教育质量，到2000年在全国范围内基本普及九年制义务教育和基本扫除青壮年文盲”(即“两基”、“两全”)的要求，1992年10月7日，山东省教委印发了《关于加快我省教育事业发展，努力实现“两基”“两全”的意见》。

《意见》指出：实现“两基”、“两全”是提高民族素质和社会主义文明建设的需要，也是实现小康的重要条件，必须把它纳入经济建设和社会发展的总体规划，认真落实。《意见》确定到1993年9月，全省有5个市(地)和其他市(地)的70多个县(区)全部扫除青壮年文盲，全部实现初等义务教育并进入初级中等义务教育。其中要有20—30个县区达到“两基”的要求并通过验收。

与《意见》配套同时印发的《山东省县级实现“两个基本”的指标要求》。

根据以上《意见》和指标要求，山东省人民政府组成评估验收组，于1992年11月、12月先后对诸城市、寿光县和崂山区的基本实施九年制义务教育、基本扫除青壮年文盲工作的整体水平进行了评估验收。此前，省政府还于1992年7月，组成调查组根据《山东省县(市、区)和乡镇义务教育的实施程序》对淄博市张店区的义务教育情况进行了评估，以后又对照条件作了复核。

评估结果表明：4个县(市、区)的实施“两基”水平均达到了标准要求。省政府宣布该4县(区)为山东省首批实现“两基”的县、(区)。该4县区的主要经验：一是各级党委、政府高度重视教育、把教育置于优先发展的战略地位；二是坚持依法治教，不断建立和完善实施“两基”的有效运行机制；三是不断增加教育投入，不断改善办学条件，为“两基”的实施提供了物质保障；四是重视师资队伍建设，不断提高教师素质水平；五是不断深化教育改革，全面贯彻教育方针，全面提高教育质量。

实施“两基”“两全”工作，有效地促进了全省义务教育的发展。1992年，全省2457个具有办学职能的乡镇和街道办事处中，已有1084个乡镇实施了初级中等义务教育，占乡镇总数的40%，连同城市人口在内，覆盖人口3690.3万人，人口覆盖率为43.5%，比上年增加16.6个百分点。

三、中小学德育工作督导检查

为了进一步加强中小学德育工作，1992年9月，经省政府同意组成以省教委主任为组长、一名副主任和一名副厅级督学为副组长的中小学德育工作督导检查团，对烟台、威海、潍坊、滨州、德州、聊城、菏泽等8个市(地)、16个县(市、区)的114处中小学的德育工作进行了检查。在此之前，各市(地)普遍进行了德育工作的自查。

通过检查表明：几年来，由于各级党委、政府从培养跨世纪接班人的高度出发，重视和加强了对中小学德育工作的领导，认真贯彻党中央、国务院和省委、省政府关于德育工作的一系列方针、政策、规定，山东省中小学德育工作薄弱的局面基本得到了转变。其主要表现是：(1)全省各市地县普遍建立了以分管书记、市长和县长为主，社会各有关部门参加的中小学德育工作领导小组。将中小学德育工作作为一项重大的社会系统工程，列入各级党委、政府的重要议事日程。(2)中小学德育工作的体制比较完备。各学校都建立了校长负责、党支部予以保证监督的德育工作体制。大部分学校还建立了社区教育组织和家长学校，形成了社会、学校、家长齐抓共管的德育工作格局。(3)德育工作制度比较健全。有目标责任制、学习宣传制度、评估奖惩制度、社区教育制度等。德育工作已纳入学校的科学管理体系。(4)加强了德育工作队伍建设，德育工作队伍的思想文化素质明显提高。(5)全省中小学德育基地建设明显加强，并开展了不同内容和形式的社会实践活动。(6)大多数学校的校风校纪好转，在校学生犯罪率明显降低。(7)校内外育人环境普遍改善，大多数学校设有国情教育及近现代史教育展览室。(8)校校建立了升国旗、唱国歌，重大节日举行庆祝活动制度。(9)校校张贴了名人画像和中小学生行为规范守则。(10)学校管理工作加强，学雷锋、学赖宁活动普遍展开。(11)学校普遍重视和加强了爱国主义集体主义教育活动。(12)教师的职业道德和学生的文化思想素质不断提高。

检查也发现片面追求升学率的现象还存在；部分学校劳动基地薄弱；部分学校对德育工作的法规、文件贯彻不够扎实；中小学生课业负担重、复习资料多和乱的现象还未根本解决。

在省检查的基础上，10月16日至27日国家教委督导检查组对6个县(区)的近20所学校的德育工作进行了复查，肯定了山东的检查督导工作和德育工作取得的成就，提出了一些建设性意见。

四、“五四”学制区域性实验和初中办学模式改革

从1984年开始，山东省在诸城等地进行了“五四”学制改革实验，经过几年的探索，1992年省教委下发了《山东省“五四”学制区域性实验管理暂行办法》，对学制试验的目标、任务、管理办法等做出了规定。根据文件的要求，各地在对经费、师资、校舍、设备等条件充分论证的基础上，有计划地进行了学制大范围实验。据年底统计，全省有“五四”学制实验学校的县(市、区)41个,四年制初中996所,在校生达37.25万人。

为了办好初中,全面提高教育质量,山东省从高质量地实施九年义务教育的要求出发,针对部分初中毕业生不能升入高中,而要直接走上社会的实际,积极探索初中办学模式的改革。其主要形式:一是在普通初中进行综合劳动教育,开设劳动技术课,组织学工、学农,加强社会实践环节,培养学生的劳动观念和劳动技术素质。二是根据学生的志趣、特长,举办音、体、美专业班,发展学生的爱好、特长。三是在初三或初四年级进行分流教育或“三加一”教育,征求家长同意对不愿升学的学生单独开设职业技术教育课程。目前全省有162所初中进行了此项改革。四是根据当地经济发展需要,试办了一批职业初中,为农村输送初、中级人才,目前已举办职业初中56所。

五、学前教育管理体制改革与实验幼儿园办园标准

1992年9月,山东省教委召开了学前教育领导管理体制改革经验交流会。总结从1990年省托幼工作领导小组调整学前教育管理由妇联改由教委以来,各地学前管理体制改革的经验。会议进一步明确山东省学前教育的领导管理体制是:在省政府统一领导下,实行地方负责,分级管理,各有关部门分工负责,教育部门主管。会后全省绝大多数市地召开了交接会议,调整充实了学前教育领导机构,并在市(地)、县(市、区)、乡(镇)三级教育行政部门建立了办事机构,配备了专职干部。村委有一名副主任或副书记分管学前教育工作。各大企业也都建立了学前教育的领导和管理机构。学前教育真正纳入了大教育的轨道。

为了落实1991年省政府提出的省、市、县人民政府分别建设一所实验幼儿园的要求,把实验幼儿园建成高标准、高质量的园所,使其成为全省幼儿园建设的楷模,1992年,省教委制定了《山东省实验幼儿园办园标准》。从园舍与设施、园所规模与工作人员条件、教学科研工作、卫生保健、管理、幼儿园及幼儿家庭等几个方面对实验幼儿园的办园标准作了规定。

六、联合国儿童基金会项目实施成效显著

从1989年开始,联合国儿童基金会在山东省实施“加强贫困地区小学教育项目”。三年多来,山东省共投入资金83万元,儿童基金会投入15万美元,各项目学校所在地区群众集资514万元,发展全省贫困县初等教育。1992年与1989年比较,项目县学龄儿童入学率由97.2%提高到98.2%,巩固率由98.7%提高到99.8%,辍学率由0.9%下降到0.15%,毕业率由95.4%提高到99.3%,小学毕业升学率由63.2%提高到71.8%,学前一年入班率由43.7%提高到87.4%。同时开展了校长和教师的培训工作,到1992年底,全省培训项目学校校长、主任290人,占应训总数的90.1%,培训教师1508人,占专任教师总数的73%。

七、特殊教育新发展

1992年,山东省义务教育阶段的特殊教育规模继续扩大。全省特殊教育学校由上年的99所增加到107所,普通学校附设的教学班增至770个。据普教系统统计,全省特殊教育在校生达43415人。

山东省从义务教育发展的实际和东西部发展不平衡的实际情况出发,进一步修订了全省特殊教育发展规划。1992年10月,省教委与省残疾人联合会下发了《关于印发〈残疾儿童少年义务教育“八五”实施方案〉的通知》,提出了本世纪末,城市和农村残疾儿童少年入学率分别达到90%和70%的要求。

特殊教育质量不断提高。继续推广了青岛胶州市、潍坊昌乐县、济南历城区轻度智力残疾儿童随班就读试验的经验。受国家教委委托，山东省教委于9月编辑出版了《轻度智力残疾儿童随班就读工作手册》，研究制定了《儿童智力筛查量表常模》，并通过了技术鉴定。1992年，受训儿童达到三级康复标准的耳聋儿童已全部到普通学校随班就读。自1992年下半年开始在青岛即墨市进行盲童随班就读试验，该市适龄盲童除就读青岛盲校的以外，已全部入学随班就读。

职业技术教育

一、职业技术教育进一步发展

1992年，全省有中等专业学校234所。在校生15.83万人；职业中学605所，在校生31.54万人；技工学校222所，在校生10.4万人。各类中等职业技术学校在校生占高中阶段在校生总数的比例达到54.1%。中等教育结构基本趋于合理。

全省已有9个农村教育综合改革实验县、64个实施“燎原计划”县和272个示范乡。几项重大改革实验逐步推开。试办职业初中的县(区)13个。实行初中毕业分流教育的学校162处。

二、制定加快职业技术教育发展的文件

为了更好地贯彻落实党的十四大提出的战略任务，和全省办好教育为人民，1992年11月12日山东省教委印发了《关于加快发展我省职业技术教育的意见》，要求放手大力发展职业技术教育，到1993年全省中等职业技术教育在校生占高中阶段在校生总数的比例达到56%。烟台、威海、青岛、潍坊、淄博、济南等经济发展较快的地方达到60%以上，东营、枣庄、泰安、滨州、德州等市(地)达到55%以上，其它地区达到50%以上；根据各地的经济特点和对人才需求的不同层次、规格，从实际出发，举办不同层次、不同形式的职业技术教育；大力发展职业学校校办产业，实行“产教结合、企校合一”，各地根据实际条件，大力兴办校办产业；集中力量办好100所高水平的职业技术教育中心和起示范作用的骨干学校。同时，《意见》还从组织领导、办学要求、师资水平、毕业生工作、经费等方面对县级职业技术教育提出了指标要求。

三、办好职业高中(中专)教育

评选省级重点职业高中(中专)。1992年，在总结首批省级重点职业高中(中专)评估工作经验的基础上，山东省按照国家教委的部署，进行了第二批省级重点职业高中(中专)的评估认定工作，共有48所学校达到国家教委颁布的省级重点学校标准，其中有38所被国家教委认定为第二批省级重点职业高中(中专)。

考核职业高中(中专)毕业生技术等级。1992年4月，山东省教委、省劳动局联合发出通知，要求各市地对职业高中(中专)毕业生进行技术等级考核。《通知》提出，职业高中(中专)毕业生的技术等级考核工作，要在省工人考核委员会的领导下，由市、地工人考核委员会具体组织。考核标准以国务院有关部

门发布的《工人技术等级标准》为依据。“应知”部分考试内容以中级工“应知”要求为标准，分基础理论和专业理论两项。“应会”部分考试内容以原工人八级技术等级标准中的三级工、四级工或相当于此等级的标准为依据，重点考核基本操作技能。“应知”、“应会”均考试合格者，由当地劳动部门发给相应的技术等级证书。

在全省农村职业学校实施“651”工程。1992 年，山东省在农村职业学校推广一项高效农业新技术。即一年实现六种六收，单位面积复种指数达 500%（简称“651”工程）。1992 年 3 月山东省教委在莱阳农学院举办了“651”工程培训班，全省各农村职业学校的农学专业教师参加了培训，同时以培训的教师为骨干，利用校内实习基地进行示范推广。一年的实施证明，该项工程可在一亩地上收获平菇 1500 公斤，木耳 200 公斤，玉米 600 公斤、小麦 400 公斤、蔬菜产量高于常规栽培，每亩在实现吨粮田的基础上，纯收入可达 3000 元以上。“651”工程的实施，为农村学校服务当地经济建设，开辟了新的途径。

创办首家与台湾合作的职业中专学校。1992 年 9 月，台湾省忠信高级工商职业学校创办人高震东先生来山东访问，对山东省改革开放和职业技术教育空前发展的形势留下了深刻的印象。经省教委牵线联系，高先生与潍坊市友好协商，确定在潍坊市创办忠信私立职业中等专业学校，并与潍坊市高新技术开发区签署协议。该学校建设意向书 1992 年 10 月经省教委正式批复。

四、高等和高中后职业技术教育

为了加强对高中毕业生的职业技术教育，1992 年，山东省教委发出通知，要求各普通中专、省级重点职业高中（中专）和省广播电视大学中专部在完成国家下达招生任务的前提下，进一步挖掘潜力，招收当年参加高考的应届高中毕业生进行为期一年的职业技术教育，学习期满，经考试合格者，发给职业中专毕业证书。据统计，全省当年招生 2.1 万人。

为适应经济和社会发展需要，从 1992 年开始，山东省试办高等职业技术教育。以具有高中文化程度的在职职工或应届高中毕业生为教育对象，以职业岗位规范为教学活动的基本依据，以职业技能培训为重点，为生产一线培养专科层次的高级技艺、技术和管理方面的职业型人才。1992 年共招生 600 余人。

五、“燎原计划”实施取得新成果

山东省实施“燎原计划”，点上改革不断深化，面上进一步扩展。第一期工程的 64 个示范县和 232 个示范乡，通过“燎原计划”的实施，农村文化技术教育网络进一步健全和完善。小学入学率、毕业生升学率，对小学、初中、高中“三后生”的培训水平以及农村职业学校，成人学校的建设都明显高于全省平均水平。通过“燎原计划”进行的实用技术培训，1992 年超过 500 万人次。

“燎原计划”的实施，促进了农村经济向依靠科技进步和提高劳动者素质的转轨。各示范县乡积极实施“农科教结合”。不少地方实行了农民“绿色证书”制度，对未参加培训或没有取得“绿色证书”者在招工、招干、参军、承包土地等方面给予一定的限制，促进了农民学文化的积极性，提高了农村劳动生产力和资源利用率。“燎原计划”的实施还有效地促进了农村精神文明建设。农村乡规民约建设、法制建设。各种文化活动日益活跃，农民的精神风貌焕然一新。

六、普通中专办学水平评估

为了进一步提高普通中等专业学校的办学水平，1992 年山东省在全省中专学校合格评估的基础上，又对全省 114 所合格学校进行了办学水平评估。省教委制订了《山东省普通中专水平评估实施细则》，统一了标准、步骤和方法，举办了由各参评学校校长和评估办公室主任参加的培训班。各学校根据指标体系进行了自评，在此基础上，省教委抽调有关专家和学校负责同志组成复评组，共同对枣庄第二卫生学校，省农业机械化学校进行了试评，取得经验后，分组赴各学校进行复评。12月份召开了评估工作总结会议。评估工作的开展既总结了中专学校在提高教育质量和办学效益方面的成功经验，也发现了一些存在的问题。为今后中专教育的改革和提高打下了基础。

高等教育

1992年，山东省普通高等学校由上年的49所，发展到51所，山东工艺美术学院和山东省财政学院经国家教委批准由原来的分院成为独立的普通高校。全省有博士学位招生学科点191个，其中省属高校5个；有硕士学位招生学科点191个，其中省属高校77个。普通高校举办的函授大学、夜大学68处，共有在校生10.54万人。本年度经省教委批准，还建立13所非学历教育的民办高等学校。

一、召开全省高教工作会议

1992年12月20日，山东省委、省政府召开了全省高等教育工作会议。会议的主要任务是贯彻落实全国第四次高等教育工作会议精神和省政府印发的《关于高等教育加快发展，深化改革，为经济建设服务的意见》，总结高教工作的经验，研究部署高等教育进一步深化改革和加快发展问题。全省普通高校的院校长、党委书记和省属成人高校的负责人参加了会议。省委、省政府，省人大、省政协的领导出席了会议。

省委副书记、省长赵志浩在会上讲话指出，高等教育的发展和提高根本的靠改革，改革就是要探索，看准了的就要大胆的试，大胆的改。要认真总结我省高等教育改革和发展的经验，加快高等教育改革的步伐。他强调，高等教育的改革必须与社会主义市场经济机制相适应，为此要进一步改革高教管理体制。省委、省政府决定下放给高校的各项权力，任何单位、部门不得截留。各高校要加快内部综合改革，加强各项重点建设，尽快提高水平和效益。

会议认为，改革开放以来，山东省经济和社会发展较快，又是沿海开放大省，高等教育必须有一个较大的发展。要继续走以内涵发展为主的路子。各市(地)要从本地的实际出发，合理规划当地高等教育的发展。教育行政部门要当好政府的参谋。

会上，山东大学、烟台大学等6所学校作了大会发言。副省长宋法棠就全省高等教育的形势和今后的工作讲了话。

二、普通高校专业设置调整

1992年，山东省省属高校新增设本专科专业(点)近200个，其中本科专业(点)47个，专科专业(点)150多个。新增本科专业种类主要有机械、电子、计算机、通讯、实用美术、经贸、医学、师范、职业教育等。专科种类涉及文秘、外语、财会、经济管理、机电、化工、建筑、实用技术、工程管理、农林、医药、文化事业等。

这次专业调整有三个特点：一是增强了专业的实用性，调整了专业的服务方向，拓宽了专业口径。山东工业大学新增了机械电子工程、通信工程、计算数学及应用软件；山东纺织工学院增设了市场营销、金融、服装等；一些师范学校增设了职业教育专业，部分学校还增设了非师范类专业。二是为了适应本省经济和社会高速发展的需要，专业门类的调整同高等教育规模的迅速扩大同步展开，增设专业的幅度是历年来最高的。三是根据省政府印发的《关于高等教育加快发展深化改革，为经济建设服务的意见》，省教委在加强宏观管理的基础上，将专科专业的设置权和调整本科专业服务方向的权力交给了高校，扩大了高校的办学自主权，调动了高校的积极性。

三、高校科研工作成效显著

1992 年，山东省高校共取得重要科技成果 443 项，其中达到国际水平的 96 项，属国内首创的 107 项，达到国内先进水平的 186 项；共出版自然科学著作 247 部，哲学社会科学著作 581 部；发表自然科学论文 5915 篇，哲学社会科学论文、研究报告 3955 篇。一批理论水平和学术水平都较高的著作、论文和研究报告，为各级政府进行宏观指导、经济决策、两个文明建设和高校的学科建设起到了较大的促进作用。

1992 年，山东省高校科技成果有 9 项获国家科技进步奖、4 项获国家发明奖。山东农业大学完成的“冬小麦精播高产栽培的理论与实践”、石油大学等单位完成的“油藏描述技术研究”等成果获国家科技进步二等奖，曲阜师范大学完成的“新型（系列）偏光器件”、青岛化工学院完成的“热水循环温控装置及应用开发”等成果获国家科技进步三等奖；山东工业大学完成的“低铜基耐磨合金”、山东大学完成的“新型钨青铜光折变晶体”等成果获国家发明三等奖。

全省有 445 项重要科技成果获得了山东省科技进步奖，一等奖 14 项，其中高校 7 项；二等奖 109 项，其中高校 26 项；三等奖 322 项，其中高校 60 项。山东省社会科学优秀成果奖评出一等奖 10 项，其中高校 7 项；二等奖 50 项，其中高校 25 项；三等奖 137 项，其中高校 64 项。省教委还对 241 项优秀科研成果、7 个科研管理先进集体和 46 名科研管理先进个人进行了表彰和奖励。在获奖的 241 项成果中，有科技进步奖励项目 152 项，哲学社会科学优秀成果奖励项目 89 项。此外，还有 40 多项优秀成果获得国家教委及国务院其他部委的奖励，一大批成果获得省直有关部门和地市的奖励。获省科技进步一等奖的山东农业大学完成的“黄淮海平原玉米高产栽培理论及技术研究”项目，在国内首次全面系统地研究了亩产 750 公斤以上夏玉米高产栽培理论与技术，创建 371 亩高产样板田，带动 54.3 万亩夏玉米增产，总增玉米 5977.9 万公斤，效益显著，居国内同类研究的领先水平。

四、高等学校教学改革

优秀教学成果评选。1992 年，山东省举行了第三届普通高校优秀教学成果评审会，从全省 47 所高校申报的 117 项成果中评出省级奖 96 项，其中一等奖 16 项、二等奖 42 项、三等奖 38 项。同时评选出 22 项申报国家教委第二次全国普通高等学校优秀教学成果奖。其中有 4 项申报一等奖，18 项申报二等奖。

普通高校学生管理。为了贯彻执行国家教委发布的《普通高等学校学生管理规定》，维护高校的教学、生活秩序，全面贯彻教育方针，促进学生身心健康地全面发展，1992 年 10 月，省教委制定下发了《山东省〈普通高等学校学生管理规定〉实施细则(试行)》。细则包括总则、学籍管理、课外活动、校园秩序、奖励与处罚五章。

高校马列主义理论课教材建设。为了进一步加强高校马列主义理论课教学,1992年山东省教委在召开全省高校马列主义理论课教学研讨会的同时,组织高校骨干教师对马克思主义原理、中国革命史、中国社会主义建设、思想道德修养、形势与政策、中国革命和建设基本问题等6门课程教材进行了修改和重新编写,将在1993年秋季开始使用。在此之前,省教委还组织编写了《法律基础教程》。同时为了使形势政策课跟上变化的形势,还组织编写了"形势与政策"活页教材,每年编印3—4期。

大学英语四级考试取得优异成绩。1992年山东高校参加6月和12月的两次全国大学英语统考。据统计,全省1990级四级考试累计通过率达到89.37%,1990级比1989级高7个百分点。

五、大力加强"产学研"结合

为了推动高等学校科技成果的商品化和向现实生产力的转化,1992年山东积极开展了"产学研"结合工作。成立了由省经委、教委等单位组成的产学研结合办公室。通过评审,推荐青岛海洋大学、山东大学、青岛大学、山东纺织工学院等高校的6个项目列入首批国家"产学研"联合开发工程计划。1992年5月召开了全省"产学研"洽谈会,组织科技人员转让技术成果,承接企业技术难题。省长赵志浩等领导以极大的兴趣参观了洽谈活动,并指出,这个办法很好,今后要继续办下去。在这次洽谈会上,全省高等学校共签订技术合同23份,签订转让意向和承接企业难题招标项目合同48份。结合这次洽谈会,省教委与省经委一起还组织部分工业厅局(总公司)的科技处长和总工程师与济南部分高校进行了对口考察。组织青岛部分工业局(公司)对青岛地区高校进行了考察。使产业部门了解高校,也使高校了解企业,为推进产学结合打下了良好基础。

六、毕业生分配制度改革

毕业生分配制度改革总的目标是,由国家"统包统分"逐步改为少数由国家分配,多数不包分配,实行自主择业的制度。根据这一原则,1992年山东省毕业生分配工作,一是确保国家重点工程对人才的需求;二是努力保证师资、农业、地质、矿产和艰苦行业对人才的需求;三是尽量满足贫困和艰苦地区对人才的需求;四是保证定向生、委培生一律分配到定向和委培的地区或单位。在此基础上,加强了对毕业生的就业指导,逐步推行了供需见面、双向选择的就业办法。省教委成立了毕业生就业指导中心,并组织了多形式的人才供需会议,促进了毕业生分配制度的改革。

1992年,全省共接收、录用大中专毕业生88526人。其中毕业研究生728人,本专科毕业生38889人,(含国家计划内自费、电大和函授普通专科班毕业生2946人);中专毕业生48909人。到市地及以下单位工作的78080人,占接收毕业生总数的88.2%;到县(市、区)及以下单位工作的59340人,占接收毕业生总数的76%。

七、民办高等教育

为了积极鼓励、支持社会力量办学,改变国家包办教育的做法,多形式、多途径加快人才培养,1992年山东省教委研究批准济南市中山业余学院、济南职业培训学院、济南工商培训学院、山东书画函授学院、山东科学文化进修学院、山东职业技术培训学院、济南东岳中西医函授大学、私立山东中西医结合大学、山东农村应用技术函授大学、山东繁星中医药培训大学、山东畜牧兽医函授大学、山东社会科学进修学院、浪潮计算机培训学院等13

所学校为首批非学历性质的民办高校，予以备案。其中，由民主党派举办的 2 所，社团举办的 7 所，私人举办的 3 所，企业举办的 1 所。他们面向社会，实行自主办学，主要开展各种职业培训、文化科技知识辅导和社会助学活动。为促进民间办学健康、稳步发展，省教委已拟定了《关于社会力量举办非学历高等教育的暂行规定（试行）》，就有关办学条件、审批程序、学校管理等作了规定。

八、设立外国文教专家“教学奖”

为充分调动外国文教专家和外籍教师的工作积极性，提高聘请效益，省教委根据国家的有关规定，于 1992 年 3 月发出文件，确定设立外国文教专家“教学奖”，以鼓励在教学工作中做出较大贡献的外国文教专家和外籍教师。

文件规定具备下列五个条件之一者可获“教学奖”。一是积极为山东省培养人才，在教学和科研工作中做出突出贡献；二是经常帮助解决教学、科研难题、善于研究改进教学方法和手段；三是在帮助开设新专业、新课程、引进编写新教材等方面成绩显著；四是向我捐赠有重要价值的仪器设备、图书资料，为院校课程建设和实验室建设做出贡献；五是充当友好使者，积极宣传中国，开展友好工作，为促进中外教育交流献计献策，成绩优异。

获“教学奖”的专家一般要求应是一学年以上的长期专家或有重大贡献的短期专业专家，并且一般应是聘请单位的获奖者。1992 年首期有 25 位外国专家获奖，授奖仪式于 1992 年 6 月在济南举行。

成 人 教 育

一、农村实用技术培训

1992 年，山东省农村实用技术培训工作发展迅速，取得了显著成绩。一年来，全省新建各类农村成人中专学校 11 所，改建扩建 24 所。全省农村成人中专学校及省农业广播校、中华会计函授学校、电视中专等成人学校年招生能力达 8 万人，在校生 18 万人。新建乡镇成人教育中心 64 所，使全省该类学校总数达 2336 所，乡镇办学率达 96.2%。新建村一级农民文化技术学校 4027 所，村办学校总数达 58937 所，占全省行政村总数的 65.9%。

县、乡、村三级农民教育网络的进一步健全和完善，为农村实用技术培训提供了阵地和条件。1992 年各类农村技术学校积极开展了多种类型的实用技术培训，共培训农村基层干部、乡镇企业职工、回乡“三后生”及青壮年农民 1300 万人次。开展文化知识教育和扫盲教育培训 78 万人。年底统计，全省青壮年非盲率达 95%以上，脱盲人员复盲率下降为 2.3%。

二、乡镇成人教育中心省级示范校建设

为推动全省农民文化技术向高水平发展，更好地为富民兴鲁服务，1992 年山东省教委、省农业厅联合在全省范围内开展了评选乡镇成人教育中心校省级示范学校活动。

省级示范学校的标准有四条：一是乡镇主要领导兼任校长，配齐专职副校长、教务主任、总务主任等，各项管理制度健全；二是学校独立设置，占地10亩以上，建筑面积800平方米以上，有三个以上教室，办公室、阅览室、图书室、仪器室等齐全，有较多的图书资料和仪器设备，建有卫星地面接收站，电化教学设备配套；三是专职教师5人以上，兼职教师相对稳定，办学经费有固定来源；四是学校办学长短结合，集教学、科研、咨询、生产等多种功能于一身，办学效益和社会效益显著。

经过县、市地自评和推荐，全省共评选出首批乡镇成人教育中心校省级示范学校161个，省教委、农业厅进行了命名和表彰。

三、加强社会力量办学管理

近年来，山东省社会力量办学有了较快发展，为进一步加强管理，提高教育质量和办学效益，省教委联合有关部门印发了《关于加强招生广告管理的通知》，转发了国家教委、公安部《社会力量办学印章管理暂行规定》，制定了《山东省社会力量举办非学历高等教育的暂行规定》，使社会力量办学有章可循。

在管理上，对山东省社会力量办学实行分级审批，分级管理制度。省教委负责非学历教育高等学校的审批，以及省直、中央驻鲁单位及其所属个人办学的管理工作；其他各类各级社会力量办学的审批和管理，由所在市(地)教育行政部门负责，同时接受省教委的指导和监督。

针对审批和管理工作中出现的问题，1992年，省教委组织力量用半年多的时间，对全省社会力量举办的各类学校进行了一次全面的复查清理，重新登记、表彰了一批办学成绩突出的单位和个人，查处取缔了一批不具备办学条件或严重违反规定的学校，进一步整顿了办学环境。目前，全省各级各类社会力量办学已达1199所，一个全社会兴办教育的热潮正在兴起。

四、成立山东省成人高等教育研究会

为了推动全省成人高等教育理论研究工作，提高理论研究水平，促进成人高等教育更好地适应社会主义市场经济的需要，1992年12月成立了山东省成人高等教育研究会。研究会的主要任务是：宣传成人高等教育的意义、地位和作用，推动社会各方面支持成人高等教育工作；有计划地组织和协调有关学校成人高等教育研究活动，推广其研究成果和经验；协同省教委培训全省成人高等教育管理干部和理论研究人员；编辑出版有关成人高等教育的论著和资料，交流成人高等教育信息；提供高等教育的咨询服务；开展与国内外成人高教组织的联系合作。

此外，经国家新闻出版署批准，中国成人教育协会、国家教委成人教育司、山东省教育委员会，山东省成人教育协会联合创办《中国成人教育》杂志，已于1992年12月创刊。

撰稿人　王景华

审稿人　马　钊

河南省教育

概　况

一、各级各类教育发展情况

1992 年各级普通学校基本情况

单位：人

学校类别	学校数（所）	毕业生数	招生数	在校学生数	教职工数	
					计	其中专任教师
一、普通高等学校	47	26209	34117	90450	37608	14488
研究生		304	325	954	(541)	(541)
本　科		10275	11989	44585	25284	9531
专　科		15630	21803	44911	12324	4957
二、中等专业学校	174	49440	54704	148971	26132	12526
中等技术学校	129	26368	30653	85521	18953	8475
中等师范学校	45	23072	24051	63450	7179	4051
三、普通中学	6893	999022	1253771	3597796	285797	234894
高　中	789	150122	152815	462104	53665	37568
初　中	6104	848900	1100956	3135692	232132	197326
四、农业、职业中学	636	48603	95335	203968	21319	15101
高　中	543	43271	86200	180948	19905	13865
初　中	93	5332	9135	23020	1414	1236
五、工读学校	3	38	36	95	67	32
六、小　学	42370	1623862	1695314	9367051	403286	375459
七、特殊教育学校	83	251	1504	5153	1381	959
八、幼　儿　园	2171	983503	1226563	1548463	26956	14732

1992年各级成人学校基本情况

单位:人

学校类别	学校数(所)	毕业生数	招生数	在校学生数	教职工数 计	教职工数 其中专任教师
一、成人高等学校	52	22922	30069	74755	8929	4196
广播电视大学	1	4856	7395	17143	2188	1032
职工高等学校	29	2341	4073	8487	2460	1293
农民高等学校						
管理干部学院	4	543	756	1430	1307	514
教育学院	18	4585	3715	9513	2974	1357
独立函授学院						
普通高校举办						
函授部	(23)	9944	12954	35249		
夜大学	(12)	619	1153	2888		
干部专修科	(1)	34	23	45		
二、成人中等专业学校	235	23678	40055	102889	14126	7651
广播电视中专	6	6017	11215	29941	3453	1804
干部中专	1	1420	3048	7044	1822	876
职工中专	64	3151	3140	8804	2384	1220
农民中专	32	2179	4510	10055	1421	797
教师进修学校	132	10911	18142	47045	5046	2954
三、成人中学	254	21755	34152	30684	279	216
职工中学	68	9810	24431	20732	271	211
农民中学	186	11945	9721	9952	8	5
四、成人技术培训学校	20429	2252859	2277313	1481658	5407	3323
职工技术培训学校	916	341889	389595	247064	3419	1762
农民技术培训学校	19513	1910970	1887718	1234594	1988	1561
五、成人初等学校	16206	758191	722037	634484	1343	688
职工初等学校	23	7573	5080	4103		
农民初等学校	16183	750618	716957	630381	1343	688
其中:扫盲班	12778	517725	488724	438599	999	503

制表人　贾正国

1992年,全省小学校适龄儿童入学率98.7%,年巩固率98.9%,应届毕业班学生毕业率97.2%。普通高中比上年减少65所,平均每11万人拥有1所;普通初中比上年减少411所,另有386所戴帽初中脱帽,平均每1.5万人拥有1所。全省计划内民办教师通过中师招生和转为公办,由上年的28.05万人减少到26.45万人。计划内民办教师比重,中学占15.6%,小学占54%。普通高校比上年减少2所(黄河大学、河南体育技术专科学校并入郑州大学)。高校专任教师中副高职称以上的3269人,占教师总数的22.6%;讲师6202人,占42.9%。各类成人教育举办各类单科班、专业证书班、岗位适应性培训班、农民技术培训班等累计培训结业5.1万人次。全省各类成人中初等学校累计培训结业人数303.3万人(其中扫除文盲51.77万人)。

二、召开全省教育工作会议

1992年4月11日至13日,河南省教育工作会议在郑州召开,会议传达贯彻了全国教育工作会议、全国职教工作会议精神,总结全省1991年教育工作,部署1992年教育工作。省委常委、宣传部长于友先和副省长范钦臣出席会议并讲话。会议期间，省长李长春、省委副书记吴基传等与市地政府副市长(副专员)、部分高校负责同志进行了座谈。李长春在讲话中强调，教育的根本出路在于改革。一是面向中心。要坚持“教育必须为社会主义建设服务，社会主义建设必须依靠教育”的方针，明确教育的目的就是为经济建设这个中心服务，河南的教育就是为振兴河南培养人才。二是调整结构。首先是调整中等教育结构，要大力发展中等职业技术教育，“八五”末各类职业技术教育在校生占整个高中阶段在校生的比例要达到50～60%。要结合当地的资源培养新型农民，培养各行各业的能人。其次，要下决心调整高校的结构。针对河南高等教育文科太长、工科太短、现代经贸人才缺乏的现状，要把工作重心转向调整结构，提高质量和规模效益上来。第三，调整生源结构和毕业生的去向结构。教育的重点必须面向农村。要解决定向招生问题，确定农、医、师80%实行定向招生，要研究具体的政策，真正使学生下到农村去。三是转换机制。主要是深化教育系统以干部制度、人事制度和分配制度为核心的内部改革。四是扩大创收。要办好校办产业，面向科技市场，与企业结合，增加经济收入，补充教育经费，改善办学条件。各级政府要千方百计帮助教育部门创办高技术产业、校办工厂，制订扶持政策，鼓励创收。

三、召开全国筹资办学河南现场会

党的十一届三中全会以来，由于河南省各级党委和政府的高度重视，各行各业的大力支持，广大人民群众慷慨解囊，捐资助学，集资办学，使河南省中小学特别是农村广大中小学的学校面貌发生了重大变化。自1979年至1991年的13年间，全省国拨教育经费总额达136.81亿元，年均增长13.53%，是建国30多年来拨款最多、增长最快的时期，实现了教育经费的“两个增长”。全省多渠道筹措办学资金达93.46亿元，其中来自社会集资、群众捐资45.84亿元，占49.05%；征收教育费附加(含民师自筹工资)27.01亿元，占28.9%；勤工俭学及校办产业收入9.38亿元，占10.04%；中小学杂费及学费收入9.44亿元，占10.10%；其他资助性收入1.78亿元，占1.91%。

多渠道集资办学活动的蓬勃发展，促进了全省农村中小学办学条件的改善。13年来，全省共新建中小学校舍3120万平方米，涌现出全新学校3万多所，建造教学楼、宿舍楼、办公楼等各种楼房近1.7万幢，使学校新房及达标校舍的比重由原来的10%左右上升到70%左右，校舍质量发生了根本性变化；同时维修改造中小学校危房2479万平方米，使危房比重由原来的33%下降到0.29%，已连续三年较稳定地控制在0.5%以下，实现了“一无两有”。96%以上的中小学达到了“六配套”(教室、桌凳、操场、厕所、围墙、大门配套)建设标准。

9月3日到7日，来自29个省、自治区、直辖市及14个计划单列市的政府、教育、财政、计委等主要领导和24家新闻单位共计396人分7路对河南省多渠道筹措教育经费改善办学条件工作进行了考察。其间，中央政治局委员、国务委员兼国家教委主任李铁映和国家教委副主任柳斌在河南省省长李长春、副省长范钦臣等陪同下，先后到开封、新乡、焦作、郑州四市视察集资办学情况，先后察看学校24所，对河南省集资办学工作取得的巨大成就给予高度评价。

为总结推广河南省集资办学的经验，把全国集资办学活动推向深入，9月8日至11日，由国家教委、国家计委、财政部联合召开的全国多渠道筹措经费改善办学条件河南现场会在郑州举行。国务委员兼国家教委主任李铁映、财政部副部长刘积斌、国家计委副主任郝建秀、国家教委副主任柳斌、邹时炎、国家审计署副审计长罗进新等先后在会上讲话，李铁映向河南省政府颁发了集资办学先进单位嘉奖令。会后，全国各地数千名人员来河南参观考察，学习筹资办学的经验。

基础教育

一、中小学德育工作进一步加强

1992年，河南省教委采取措施，落实德育的首要位置，全面贯彻党的教育方针。一是加强德育工作机构和德育队伍建设。不少市地、县、乡校都成立了德育工作领导小组、德育工作研究会和关心下一代协会，建立了以党务工作者、政治课教师为骨干，班主任、任课教师、共青团、工会、学生会干部和老红军、老干部等为主的校内外结合的德育工作队伍，初步形成了领导重视，队伍健全，学校、社会、家庭齐抓共管的德育新格局。二是在全省开展了德育资源调查活动，确定120个博物馆、纪念馆、文化馆、烈士陵园、图书馆、名胜古迹、厂矿企业等作为省级德育基地。各市地、县、乡也都确定了一批当地的德育基地，不少中小学校建立了校内德育室。三是组织800万中小学生开展了学雷锋、学赖宁和红领巾读书读报、爱祖国读好书活动。为激发广大青年学生的爱国热情，增强民族自信心、自豪感，新乡市于10月组织全市中学生支持北京申办2000年奥运会签名活动，有5000多名学生参加了此项活动。四是广大中小学认真贯彻中小学学生守则和中小学学生日常行为规范，坚持升国旗制度，并采取措施初步形成了学校、家庭、社会三个方面相互支持、相互配合的良好育人环境，促进了中小学学生健康成长。同时，普遍加强了体育、艺术教育、劳动和劳动技术教育，使广大中小学生得到了全面发展，中小学教育教学质量明显提高。郑州一中杨保中获第33届国际数学奥林匹克竞赛金奖，开封高中石长春获第23届国际物理奥林匹克竞赛金奖。在全国中学生田径运动会上，河南队获团体总分第7名，乙组团体总分第6名。信阳三中钟艳代表中国中学生参加了在澳大利亚举行的太平洋地区中学生运动会，取得女子跳远第4名、100米栏第5名。

二、以示范乡为重点，积极推进义务教育

1992年，按照国家提出的到本世纪末全国基本普及九年义务教育的要求，河南省加快了义务教育实施步伐。年初，省教委印发《河南省首批义务教育示范乡1992年检查验收方案》。年底，在市地自查的基础上，省教委组织力量对申请中期验收的示范乡进行逐乡检查验收，总结经验，肯定成绩，找出差距，推动了全省普及初级中等义务教育工作的开展。省教委会同省人大、省司法厅认真开展了全省义务教育宣传月活动，并在全省组织了《义务教育法》知识竞赛，全省各界人士共有160多万人参加答卷。继续调整初中布局，扩大初中规模，初中由上年的6515所减少到6104所，除个别深山区外，初中规模一般都在12班以上。5月中下旬，以全国人大教科

文卫委副主任委员刘冰为组长、国家教委专职委员郭福昌为副组长的全国人大检查组，对河南省 6 个市地、10 个县、20 个乡镇的 54 所中小学、幼儿园和盲聋哑学校进行了检查，认为河南省在实施义务教育工作中，坚持从本省的实际出发，下了硬功夫，真抓实干，上了新台阶，创造了许多值得总结和推广的经验。

三、幼儿教育和特殊教育事业迅速发展

1992 年，全省幼儿教育认真贯彻国家教委有关文件精神，继续开展了幼儿园、学前班的登记、注册工作。省教委制订了《关于加强学前班管理的意见》，促进了办园办班水平的提高，推动了全省幼儿教育事业的持续健康发展。全省幼儿园比上年增加 84 所，学前班教学点达 18734 处，比上年增加 6898 处。在园(班)幼儿比上年增长 18%。省教委会同有关部门制定了《残疾人教育"八五"计划实施方案》，全省特殊教育学校比上年增加 23 所。盲聋哑和弱智儿童辅读教育招生数和在校生数分别比上年增长 22.4%、37.7%。

四、加快高中管理改革，提高办学效益

1992 年，河南省普通高中毕业会考进入全面实施阶段，全省参加会考和补考达 150 万人科次，并首次根据会考成绩为近 13 万名合格的高中毕业生颁发了《河南省普通高中毕业证书》。这两项工作对全面贯彻教育方针，面向全体学生，全面提高教育质量，加强教学、学籍管理，完善高中证书制度起到了积极作用。为提高办学效益，维护学校正常教学秩序，省教委组织各市地清退了约 10 万名高中在校复读生，解决重复教育问题，受到社会各界的好评。

五、提高中小学管理水平

1992 年，全省各中小学校狠抓学校管理，切实加强学校管理的科学化和规范化建设，向管理要质量，向管理要效益。在多渠道筹措资金改善办学条件取得重大进展后，河南省不失时机地把工作重点转向了抓改革，抓质量，抓管理，上水平，写好"办好教育为人民"这篇大文章。省教委在全省范围内继续开展争创"千秋杯"、评选中小学管理先进校活动，全省共评选出 200 所中小学管理先进校，树立典型，以点带面，带动全省涌现出一大批坚持正确方向，从严治校，校风校纪良好的先进学校，促进了全省中小学校教育教学质量和管理水平的提高。同时，加强了中小学校长培训工作，全省已培训中小学校长 11700 名，占中小学校长总数的 1/4。

六、切实减轻中小学生的课业负担

近年来，河南省教委采取措施，加强对中小学各类竞赛、考试的管理，制止乱编乱印复习资料、学习参考书、课外作业等现象，在减轻中小学生过重课业负担方面进行了一些有益尝试。新乡市在新乡第一师范附小进行的"小学生最佳作业量试验"，从研究小学生作业量入手，探讨减轻小学生课业负担的可行性，取得了显著效果。国家教委副主任柳斌批示："值得重视、推广"。1992 年 5 月，省教委在新乡市召开河南省减轻小学生负担现场会，进一步落实国家教委关于减轻中小学生负担的指示，推广新乡第一师范附小的做法，交流各地的经验，从而推动了全省减轻中小学生过重课业负担工作的开展。

七、中小学师资队伍和中等师范学校建设进一步加强

1992 年，省政府发出《关于切实加强师资队伍建设的通知》，要求全省下大力气，持续努力，建立一支与河南省教育发展和经济建设需要基本适应的整体素质较高的教师队伍。各地认真采取措施，落实师资队伍建设的战略地位；各级教育行政部门和中小学校认真组织广大教师学习贯彻邓小平同志南巡重要谈话，党的十四大精神和邓小平同志建设有中国特色的社会主义理论及教育方针、业务知识;中小学教师培训工作继续实行目标管理责任制,多形式、多层次、多渠道培训教师,培训步伐大大加快。1992 年 7 月,河南省又招收了第 2 届卫星电视师专自学考试学员,报考教师达 3.5 万人,目前全省两届参加电视师专自学考试的教师达 5.5 万多人,首届学员考试单科及格率达到 78%以上。全省中学教师参加专业合格证书考试的有 2 万余人、35663 科次,及格 13437 人、21133 科次,高、初中教师的单科及格率分别为 74.8%、60.6%。小学、幼儿园教师参加考试的有 3 万余人。截止 1992 年,全省已有 3.5 万多名中小学教师取得专业合格证书,还有 3 万余人取得了一门以上单科合格证,有 12 万名在小学任教的高中毕业生补学教育学、心理学,并通过考试。1992 年,全省中小学教师学历达标率高中为 43%、初中 40.1%、小学 83.8%,分别比上年提高 2.7、11.5、11.8 个百分点。

以人事、分配制度为主要内容的学校内部管理体制改革逐步推开。平顶山市对教师职务评聘分开,工资、奖金分配拉开档次,人员择优上岗,分流富余人员创办第三产业等,较好地启动了学校内部活力。在学校双向选择评聘中,舞钢市有 100 多名教师,汝州市有 500 多名教师落聘或解聘;平顶山市第一高级中学将 3 名业务工作突出的中级职务教师聘为高级教师,实行了低职高聘,调动了广大中小学教师教书育人的积极性。

1992 年教师节,省教委会同有关部门,表彰了 201 名优秀教育工作者和优秀教师;顺利完成了全省选招 7700 名优秀民办教师转为公办教师和中师招收 8000 名民办教师工作;在 16 所省重点高中创办了高师预备班,培养了一批素质优良的师资后备力量。同时,积极做好城市中小学教职工住房建设工作,全省多渠道筹资 7534 万元,新建住房 4330 套,建筑面积达 25.58 万平方米,受到国家教委的表彰。

1992 年 10 月 27 日至 11 月 5 日,全国中等师范教育工作座谈会在河南举行。河南省在会上介绍了深化中师改革提高质量的经验。一是建立完善的中师教育体系。1980 年以后,河南对中师教育提出了“调整布局,优化结构,改善条件,提高质量”的方针,压缩了 2/3 条件较差的学校,使全省中师学校调整到目前的 46 所(包括河南省特殊师范学校),年招生稳定在 15000 人左右,绝大多数学校都已形成 24 班规模。二是大力推进中师标准化建设。省委、省政府把师范教育作为教育事业发展的战略重点,从“七五”计划开始,坚持每年拨出 1100 多万元师范教育补助专款。省教委把发展师范教育摆在优先位置,重点加强中师标准化建设。1988 年至 1992 年,省、市五年用于中师标准化建设的总投资是 1.21 亿元,其中省投资 5530 万元,市、地投资 6570 多万元。同期全省中师新建项目达 159 个,新增建筑面积 44 万平方米,用于购置图书的经费 485 万元,用于购置仪器设备的投资 1786 万元。首批 18 所中师已基本达到办学条件标准化,第二批 19 所中师正在加紧建设,全省所有中师到 1995 年基本实现办学条件标准化。三是全面贯彻中师新教学方案,努力探索新教学模式,提出必修课突出主体性,选修课突出地方性,课外活动突出实用性,教育实践突出职业性,并把“重德、向农、强能”贯穿四大块教学的始终,实现四大块教学内容的有机结合。同时,狠抓了与教学相适应的教材、教师和基地三大建设,有力地促进了教育教学质量的提高。

八、加强了教育督导工作

1992 年,省教委先后组织力量进行了中小学德育督导检查、复查,中小学办学水平综合评估试点，减轻小学生过重课业负担督导检查等活动，进一步端正了学校的办学方向，克服片面追求升学率的倾向，减轻了中小学生过重的课业负担。同时，进一步建立健全了各级教育督导机构，全省有14个市地建立了督导机构，尚未建立机构的3个市地也都配备了专职督导人员；全省157个县区已有118个建立了督导机构，占县区总数的75%。加强了督导队伍培训工作，省教委在河南师范大学举办了第三期县级督导人员培训班，培训100名县级督导人员。一些地方还举办短期培训班，集中学习督导评价业务或参加业务研讨活动。通过学习和培训，使全省督导队伍的素质有了明显的提高。

九、中小学办学条件进一步改善

1992年，全省以迎接全国多渠道筹措教育资金改善办学条件河南现场会的召开为动力，继续做好筹资办学工作，办学条件进一步改善。全省筹措财政预算外教育经费15亿多元，新建中小学校舍面积210万平方米，危房比例控制在0.5%以内，实现"六配套"的中小学达96.4%，并有18%的中小学实现了标准化。中小学教学仪器、电教设备、图书资料得到进一步充实，1992年又有23个县(市区)达到了充实提高和普及实验教学的标准。

中小学勤工俭学事业有了较快的发展。6月2日，省委书记侯宗宾、省委宣传部长于友先、副省长范钦臣等与省直有关部门负责同志视察了郑州大学、郑州畜牧兽医专科学校、郑州市服装学校、郑州市中原区向阳小学、郑州市回民中学等校办产业，并在郑州市回民中学召开了有部分校办产业负责人参加的座谈会，就如何大力发展勤工俭学、校办产业工作问题发了通报，对全省勤工俭学、校办产业的发展起到了很大的促进作用。1992年，全省中小学勤工俭学总产值11.2709亿元，纯收入2.3422亿元，分别比上年增长21.34%和18.65%，生均收入达到17.58元。其中郑州、洛阳、安阳、新乡、周口、南阳等6市地纯收入超过1500万元。

职业技术教育

1992年，全省职业技术教育工作认真贯彻国务院和省政府两个《关于大力发展职业技术教育的决定》，以农村职业教育为重点，分类指导，深化改革，全省职业技术教育事业取得了显著成绩，新办普通中等专业学校2所，职业中专和职业高中60所，电视职业中专学校办学点辐射15个市地。各类中等职业技术学校招生数已占全省高中阶段招生总数的51.4%，各类中等职业技术学校在校生39万人，已占全省高中阶段在校生总数的45.8%，完成了省政府下达的在校生比例达到45%的管理目标。

河南是一个8700万人口的农业大省，农村职业技术教育发展相对薄弱，成为制约河南教育改革和发展的重要因素，无法满足经济建设加快发展对中初级技术人才培养的需求。为推动全省职业技术教育事业的发展，1992年，省教委组织力量对发展职业技术教育有代表性的安阳市、郑州市、周口地区的城乡职业技术教育工作进行深入调查。调查组每到一地，听取汇报，实地察看，分别召开学生和教师代表、毕业生代表，市、县有关部门领导，工厂、企业等单位领导参加的座谈会，请他们从当地社会和经济发展的角度谈职教发展存在的问题，谈对职教发展的需求，为促进职教事业的发展献计献策。通过调查研究，掌握了全省职业技术教育发展的情况，特别是对全省职教发展中的薄弱环节和存在的突出问题有了深刻的了解，为针对存在问题，制定相应的解决措施和对策，推动全省职教事业的发展提供了依据。1992年，河南省采取抓两头、带中间，即评估奖励先进县，督促批评落后县，带动中间县的措施，使农村职教事业有了较大的进展。

一、在全省开展争创职业技术教育先进县市活动

年初，省教委就开展此项活动进行部署。确定先进县市的条件是：领导重视；部门配合好；职业技术教育有突破性进展；经费有较大幅度增加；办学条件明显改善；重视学校师资队伍建设；毕业生在当地经济建设中充分发挥作用；办出一至两所骨干学校。12月初，各市地按照上述标准进行自评，共推荐上报28个成绩突出的县市。12月下旬，省教委组织人员进行了复评。从复评情况看，这28个县市职业教育形势喜人，呈现出勃勃生机。一是发展职业技术教育已经成为广大人民群众的共识，引起了各级领导的重视。28个县、市均建立有县、市主要领导任组长的职业技术教育领导小组或职业技术教育管理委员会，把职教工作列入当地政府的重要议事日程。南阳市委、人大、政府、政协四大班子领导经常深入职业学校调查研究，发现问题，及时解决；密县提出“抓教育就是抓经济”、“教育兴、经济长”，由县委书记任组长的领导小组每年召开两次会议，研究解决职教发展中的有关问题。1992年，县委、县政府划给密县职教中心6幢办公宿舍楼和95亩土地。二是政府统筹，部门配合，教育、计划、劳动、人事、金融、农业、科技等部门各司其职，各负其责，形成了全社会办职教的局面。安阳县劳动人事部门规定，凡职高毕业生在各系统对口专业招工中，免于岗前培训考试。县农业银行一次给县第一职业高中贷款60万元；商丘市劳动局优先安排职业学校毕业生就业，市商业局、卫生局、二轻局、机械局为职业学校有关专业提供良好的实习条件。三是多渠道筹集职教经费，办学条件得到改善。28个县市三年来共为职业学校投资9600万元，为各类职业学校征地895亩，充实专业教学设备358.7万元。校办产业得到很大的发展，基本上达到了校校都有校办产业。辉县市第一农业中学围绕学校开设的畜牧专业，建起了养猪场、养鸡场、苹果园、食用菌加工厂和小型化工厂，给学校带来了良好的经济效益，1992年创收30万元。巩义市第一职业高中结合学校开设的化工专业，筹集资金147万元建起了巩义市教育化工厂，1992年赢利40多万元。四是办出了一批人才效益、经济效益突出的骨干职业学校，28个县市都办出了规模在500人左右，办学思想端正，专业设置对路，紧密为当地社会、经济建设服务的骨干学校。

二、抓好职教薄弱县的工作

1992年5月，省教委邀请职业学校在校生比例在10%以下的18个县市主管教育工作的县(市)长、教育局长和所在市、地的职教科长在郑州召开座谈会，请他们谈情况、讲问题、找差距、订规划，树立紧迫感，拿出切实可行的意见，迅速赶上全省职教发展的步伐，争取后进变先进。这次会议对后进县市促进很大，许多县(市)长当场表示回去后要认真制订规划，拿出切实可行的措施，尽快扭转职业教育的落后局面。年底，这些县市职业教育有了较大的变化。郸城、项城、平舆、义马等县市及时召开了职教工作会议，成立领导机构，制订文件。1992 年，郾城县各类职业学校招生比例已经达到 50%。新郑县招生 607 人，招生比例由上年的 6.8%提高到 44.4%。郸城县新办 3 所职业高中和 1 所职业初中，职业学校招生 800 人，招生比例由上年的 6.8%提高到 35%。平舆县征地 40 亩建立职教中心，招生 872 人，招生比例由上年的 3.8%提高到 35%。上蔡县新建两所职业高中，全县职校共招生 740 人，招生比例达到 34%。

三、狠抓骨干学校建设

为了尽快在全省树立一批样板学校，1992 年，省教委继续在人、财、物等方面大力支持示范性职业学校的建设，充分发挥示范性职业技术学校的骨干作用。据统计，1992 年省里补助 514 万元，地方配套 1341 万元，其它方面安排 366 万元，改善了示范性职业学校的办学条件。1992 年 5 月，省教委对 1991 年确定的全省第二批示范性职业学校和预备校建设情况进行了检查。从检查情况看，大多数学校校容校貌、教学仪器设备、师资、办学水平等都有较大变化，正在逐步成为当地职业技术教育骨干。根据示范性学校不搞“终身制”的规定和这次检查情况，省教委决定将潢川县职业高中、孟津县朝阳职业高中由预备校转为正式示范性职业学校；对固始县陈淋子职业高中、南阳市第一职业中专、宁陵县职教中心、舞阳县职业高中提出批评，限期整改，改变面貌。

为把省级重点职业高中办成省职业教育的窗口，并做好接受国家教委抽查的准备，9 月 23 日至 25 日，省教委在新乡市召开了省级重点职业高中建设工作会议，各地介绍了近两年发展情况和今后工作计划，就存在的问题和进一步加强重点学校建设工作进行了讨论，决定大力创办经济实体，重点发展校办产业。为争创省级重点学校，许多地方党政领导深入基层，现场办公，解决了许多多年没有解决的问题，加强了师资队伍建设，改善了办学条件，提高了办学水平。

四、搞好校长和师资培训

河南省职业学校多数是由普通高中改办的，校长擅长普教管理而不熟悉职业教育管理，专业课教师素质不高，制约了学校的发展。1992 年，省教委依托职业技术师范学院举办三期校长培训班，采取听讲、座谈、参观等形式，培训校长 120 余人；委托开封市服装专业师资培训中心举办两期职业中学服装专业高档服装实习指导教师培训班和一期服装机械设备维修技术培训班，共培训教师 124 人；委托省职业技术师范学院举办了家用电器维修班，培训教师 50 人。

五、中专评估推动了中专学校发展

继 1991 年对全省普通中专学校进行办学条件评估后，1992 年，又对 70 所中专进行了办学水平评估，省教委先后下发了《河南省中专学校办学水平评估意见安排》及办学水平评估指标体系等文件。中专学校及主管部门都把这次评估作为契机，加快改善办学条件，努力提高办学水平和办学效益。据对 40 所中专学校的统计，通过评估已筹集资金 1 亿元，用于改善办学条件。地质矿产部给郑州地质学校拨款 1000 万元，用于图书馆和实验室建设。国家医药局已决定给河南省医药学校拨款 60 万元，省医药局 1∶1 配套，市、地再以 1∶1 配套，共拨资金 240 万元。通过评估，一部分学校扩大了学校面积，一部分学校上了基建项目，一部分学校增加了实验仪器设备、图书资料。进一步激发了学校内部“抓评估，促工作，上水平，创一流”的凝聚力，师生精神面貌、校风校貌发生了很大变化，办学水平和办学效益有明显提高。

在职业技术教育发展中，全省涌现出一批好典型。新乡市为了使更多的人了解、支持职业教育，年初专门组织人力，将全省各地市发展职教的经验汇编成册，市四大领导班子主要领导人手一册，使领导层及时了解外地职教发展的动态，进一步提高对职业教育的认识。为扩大职业教育的影响，新乡市组织职业学校开展学雷锋为民服务周活动，4 区 8 县的 45 所职业学校的 1 万余名学生组成了几十个为民服务队，在当地主要街道上进行了各种形式的为民服务活动，设立服务项目 600 多个，义务服务 150000 人次，技术咨询 5000 多人次；洛阳市政府加强对发展职业技术教育的统筹，做到“五个统一”：以计划部门为主，统一职业学校的招生计划；以教育部门为主，统一职业学校的技术等级考核；以财政、物价部门为主，统一职业学校的投资渠道和收费标准；以劳动、人事部门为主，统一职业学校毕业生的录用和工资待遇，形成了职业技术教育大家办的新格局。平顶山市职业学校积极参与市场的角逐。市第一职业中专在办好原有食品厂的基础上，1992 年又开办了 3 个公司，其中科教工贸公司同南京电子学院合作研制的提携式高压开关监视仪属国内首创。舞钢市第三职业高中结合当地山区适宜发展林果业的特点，引进了北方 18 种优良果树和风景林木，办起了苗圃和食用菌场，该校向学生及周围群众出售果树苗、菌种、食用菌、药用菌，在当地已形成产业；漯河市瞄准内陆特区建设人才的需求方向，定向培养各种实用型人才，增强学校活力。以专业实验实习基地为依托，加强学校的经济实体建设。全市为学校筹措资金 80 余万元，创办 10 个经济实体，新征农学基地 10 余亩，新增日光温室 4 个，推广实验优良品种 20 余种，种植果木、园林苗木 5600 余株，养猪 300 余头，养鸡 3000 多只。

高等教育

1992 年，全省各高校认真贯彻全国高等教育工作会议精神，树立为河南经济建设和改革开放服务的思想，加快改革步伐，深入进行教育教学改革，在扩大规模、优化结构、提高质量等方面取得较大的成绩。

一、高校德育和思想政治工作得到加强

各高校进一步加强党的建设和思想政治工作，普遍组织学习党的十四大文件和邓小平同志南巡重要谈话，激发了广大师生坚持党的基本路线的积极性，坚定了走有中国特色社会主义道路的信念。全省高校创办 40 多所党校、团校，加强对师生的爱国主义、社会主义、党的基本路线和为人民服务教育，广大师生的政治素质和思想水平有很大提高，特别是对近万名学生骨干进行培训，收到良好的效果。1992 年 3 月，在郑州大学召开河南省高校马克思主义理论教育现场研讨会，推广郑州大学学马列活动的经验，进一步推动了全省高校学马列活动的开展。全省高校近三分之一的学生参加了学马列、学毛著、学党章小组等。暑假期间，全省高校组织 8 万多名学生以“拜工农为师，做革命传人”为主题，深入到工农群众中去，了解国情、省情，坚定广大学生走与工农群众相结合道路的自觉性。

同时，狠抓校风校纪建设和校园治安综合治理工作，广泛开展教书育人、管理育人、服务育人、环境育人的活动，校风学风明显改善。

同时，认真做好大学生艺术教育和体育工作，1992年5月，举办了全省第四届大学生文化艺术节，活跃大学生的文艺生活，陶冶大学生的情操。认真实施《大学生体育合格标准》，体育教学与科研水平不断提高。在全国第四届大学生运动会上，河南代表团金牌数位列全国第6位，有2个队16人次打破10次全国大学生纪录。

二、高等教育结构进一步优化

连续进行4年的高校充实整顿工作基本结束，并顺利通过了国家教委的验收。经整顿，黄河大学、河南体育技术专科学校并入郑州大学，高校布局日趋合理；郑州大学与黄河大学合并工作已基本完成，郑州大学工科扩建工程进展顺利，建工实验楼（7300平方米）、工科教学楼（9700平方米）、电教楼（1500平方米），住宅楼（7500平方米），专家及留学生楼（3800平方米）已先后开工建设；组织力量对全省高校的专业设置情况进行了全面的调查摸底，增设了15个与全省经济建设密切相关的专业；19个省重点学科建设实行责任目标管理，经过三年的建设，部分学科已接近全国先进水平；各高校普遍开展了课程评优工作，图书馆建设工作进展顺利；教材建设进一步加强，组织进行了全省高校优秀教材评奖工作，评出省特等奖教材5种（其中两种获国家优秀教材奖），优秀奖教材24种；举行了第二届全省大学生"教育杯"英语演讲比赛，1990级大学英语四、六级考试通过率达到51.3%。

三、深化招生改革，高校招生秩序进一步好转

为适应河南省经济和社会加速发展的需要，改变缺少专门人才的现状，经省政府批准，普通高校扩大招收6000名自费生，全省高校在校生达89000多人，打破了全省高校在校生徘徊在8万人左右的局面。同时，部分高校举办了实用人才班，招生近3万人，为乡镇企业和基层部门培养人才。通过这两项改革，扩大了高校面向社会面向市场自主办学的主动权，促进了高校内部结构的调整，有利于缓解全省尤其是农村、基层对专门人才的需求矛盾。

同时，继续坚持德智体全面考核，择优录取的选才原则和面向农村、面向基层的服务方向，进一步疏通人才通向农村、基层的渠道，本科院校国家任务10%招生计划面向"老山穷"地区定向招生，农、医、师专科学校招生计划80%面向全省定向招生，并采取在校期间不转户粮关系等措施。为了保证招生质量，加强了资格审查工作，严肃考风考纪，1992年普通高校招生仅清理出24名不符合条件的考生，与上年清理611人相比下降97%。继续实行全封闭录取，并邀请省人大、省政府、省政协领导和新闻单位、考生及家长参观录取过程，增加录取透明度。

四、高校师资队伍建设成绩显著

1992年，省教委采取措施，加强高校师资队伍建设。一是强化政治思想工作。各高校把学习贯彻邓小平同志南巡谈话和党的十四大精神列入高校教师政治思想教育的长期任务，坚持学习制度，制订学习计划，落实学习内容，注意结合实际解决问题，做到有布置，有检查，有总结。不少高校把政治学习与出勤考核、劳务津贴挂钩，切实保证时间、内容、效果三落实。针对商品经济大潮冲击下，个别教师不安心教学，热衷"下海"、搞第二职业，"孔雀东南飞"的现象，各高校在狠抓教学管理的同时，强化思想政治教育，有重点地开展交心、谈心，疏通诱导，把大家不安心于现状、穷则思变的热情引导到搞好教学，大力发展校办产业，改善工作、生活条件上来，稳定了教职工的思想，增强了学校的内部活力和凝聚力。二是切实做好高校教师职务评聘工作。全省共评出符合高校高级教师任职条件的教师 1233 名，并下放给河南大学、郑州大学、河南医科大学大部分学科副教授任职资格评审权。三是加强了高校青年教师培训工作，对青年教师实行进岗前下基层锻炼一年，参加马列主义理论及教育科学理论的学习，攻读学位研究生或学习研究生主要课程的岗位培训，不少高校开展了老教师对青年教师的传帮带活动，给青年教师压教学科研担子，组织集体备课，参加各种培训班。省教委全年选送 411 名高校青年教师到国内重点院校进修学习，不断提高青年教师的业务素质。建立了普通高校选拔培养优秀中青年骨干教师制度，并选拔了 115 名优秀中青年骨干教师。开展全省首届普通高校优秀中青年教师奖励基金的评选工作，共评选出 11 人获河南省普通高校优秀中青年教师奖励基金，调动了中青年教师教书育人的积极性。四是继续狠抓了省属高校集资建设中青年教职工住房工作，上年安排的 1500 套住房已基本完成，1992 年又已落实投资 1471 万元，建房 1423 套，高校中青年教师住房困难的状况进一步得到缓解。

五、大力加强科研工作，为"科技兴豫"服务

1992 年，高等学校面向河南省经济建设主战场，解放思想，利用自己的科技优势，在"科技兴豫"工作中发挥了积极作用。省教委、省科委、省计委联合召开河南省高等学校科技大会，总结改革开放以来全省高校科技工作的经验和教训，对在高校科研和科技推广工作中做出突出成绩和取得显著经济效益的 19 个先进集体和 150 位个人进行了表彰和奖励，调动了高校科技工作者的积极性；进行了河南省高教系统第 3 届社会、自然科学论著暨科技成果评奖活动，在 50 多所院校上报的 1500 多部(篇、项)论著和科技成果中，共有 589 项成果获奖；1992 年，全省高等学校承担科研项目 500 多项，已有 100 多项科研成果通过省级以上鉴定，其中 23 项达到国际或国内先进水平。郑州大学、郑州工学院等科研能力较强的院校，在加强基础科学和应用科学研究的同时，加强与大中型企业联系，加快科技成果转化为现实生产力的步伐，转让和推广了一批实用科学技术。据不完全统计，全省高校转让技术成果 150 多项，成交额达 3000 多万元。同时，大力开展技术开发、推广应用和咨询服务，兴办高科技产业，使科学技术直接长入经济。郑州大学成立 59 个科技开发、应用、推广公司，为创建郑州市"科技一条街"作出了贡献。河南大学也利用自己的优势办起了 30 多个科技、应用、推广公司。不少高校还派出科技副县长，到农村为科技兴农作贡献。

六、加强了教育对外交流工作

1992 年，全省有 18 所高校聘请外国文教专家 48 人，派出各类公派留学人员 50 余名，自费留学人员 190 余名，派出团组 4 个，同俄罗斯等国签定教育交流协议 7 个；世界银行贷款项目派出的 23 人已全部回校工作。配合省科委等单位邀请郑州大学等十几位留学人员回国讲学、探亲访友，了解国内改革开放的大好形势，吸引更多的留学人员学成回省服务，在国内外产生较好的影响。

七、高校校办产业有较大的发展

1992 年，省政府批转了省教委《关于加快发展校办产业的意见》，推动了全省高校校办产业的发展。省教委安排高校发展校办产业周转金 250 万元，鼓励和支持高校增强创收能力。许多高校成立了校办产业委员会，抓住当前有利时机，结合自身优势，大力发展校办产业，特别是第三产业和高校技术产业。全省高校校办产业总产值达1.6亿元，纯收入2000多万元。仅郑州大学、河南大学、河南农业大学、河南师范大学、河南医科大学等5所老校就兴办经济实体400多个。河南师范大学校办产业总产值达到800多万元，纯收入达200多万元。校办产业的发展，对弥补教育经费不足、改善办学条件、提高广大教职工福利待遇起到了重要作用。

成人教育

1992年，全省各类成人教育事业，都有较大发展。

一、成人高等教育全面发展

成人高等教育贯彻"坚持社会主义办学方向，适应经济建设需要，改善办学条件，加强管理和引导，提高质量"的指导思想，成人高教事业得到全面发展。经国家教委批准，新设1所河南职业技术教育学院，加强了技工学校师资培训力量。成人高校招生规模经过几年的徘徊，1992年有较大幅度的增加，在校生已突破7万人。专任教师中具有高级职称的教师较之前几年已有了较快增加。成人高校固定资产总值、校舍总面积均有较大提高。1992年，对全省成人高校办学方向、办学条件、管理水平、教学质量和办学效益进行了评估、检查和整顿，撤消、停办或限期整改8所成人高校，进一步端正成人高校的办学指导思想，改善办学条件；对1988年以来全省举办的专业证书教学班进行了复查清理，在20004名学员中清理出不合格学员1426人；鼓励、支持社会力量办学，改进社会力量办学年审办法，侧重审查学校办学方向和办学条件，建立一整套规范化的年审制度；批准22所普通高校开展自学考试辅导工作，为社会服务；批准建立5所社会力量办学的学校或中心，并切实加强管理；积极改善地方职业大学的办学条件和管理水平，经过努力，全省6所职业大学全部通过国家教委的充实整顿验收，并对职业大学的专业设置进行调整，将6所职业大学的134个专业合并为70个；大力发展以岗位培训为重点的非学历教育，取得很大成绩。成人高等教育岗位培训结业21.06万人。

二、扫盲和农村成人教育工作成绩显著

扫盲和农村成人教育工作紧密围绕农村经济发展和小康村建设，坚持科教兴农的方针，为加速农民脱贫致富培养了一大批适用人才，促进了农村经济和社会发展。1992年全省组织扫盲对象入学59.71万人，脱盲51.98万人，扫盲后继续教育64.43万人，均超额完成了省政府下达的任务。

1992年4月，受省人民政府委托，省教委对叶县、鲁山县、长垣县、周口市、确山县、潢川县、新县、商城县、虞城县、夏邑县进行了基本扫除文盲单位验收，同时对郑州市管城回族区进行高标准扫除文盲单位验收。经验收，叶县等10个县(市)和郑州市管城回族区分别达到了国家规定的"基本扫除文盲单位"标准和"高标准扫除文盲单位"标准。为此，河南省教委获得全国妇联和国家教委联合表彰

的全国第二届巾帼扫盲团体奖。以培训回乡知识青年为主的农村技术培训工作取得显著成效。仅1月至7月，全省教育系统共培训回乡知识青年70.3万人，完成培训计划的117%，并有76.5万名回乡知识青年受到复训。乡镇企业职工培训增幅较大，在学人数37万人，结业38.6万人，分别比上年同期增加13万人和16.8万人。以县校为龙头，乡校为骨干，村校为基础的农村成人教育办学网络迅速发展。1992年，全省县办成人中专已达到31所，各类成人教育培训中心达到84所。乡村成人学校建设取得突破性进展。1992年2月，省教委制定了《河南省乡(镇)村成人教育学校管理暂行办法》、《河南省一、二、三类乡(镇)成人教育学校标准》，就乡(镇)村成人教育学校的性质、任务、作用、管理、教师配备、教学管理、考核颁证、经费、奖励等作出了具体规定，对于加强乡(镇)村成人学校建设，促进乡(镇)村成人学校的正规化建设起到了重要的作用，推动了全省乡(镇)村成人教育学校的发展。截止1992年，全省乡镇成人教育学校发展到2032所，占乡镇总数的95.26%，比上年同期增长9.57%，并且涌现出新郑县、长葛县等紧密结合当地支柱产业，面向市场经济，高起点、大跨度、校企一体的高水平乡镇成人学校。通许县玉皇庙乡等成人学校，主动面向市场，兴办经济实体，扩大学校服务功能，取得了较好的经济效益和人才效益，受到国家教委的表彰。村农民文化技术学校发展到39784所，占行政村总数的84.3%。全年接受实用技术教育的农民达227.73万人，毕(结)业225.29万人，在校148.17万人，经过培训，有76822人成为农民技术员，80829人成为农村基层干部，339213人成为乡镇企业职工，15368人成为农民教育教师，253684人成为专业户、科技示范户，并获得县以上科技成果奖2434项。

各级成人学校充分发挥优势，紧密结合实际，广泛开展了以岗位技术培训为重点，以回乡知识青年为主要对象，以短、平、快技术为主要内容的各类文化、技术培训，有效地促进了当地两个文明建设。不少县、市结合实际，探索出一些好的办学经验。新野县按照“引进一个项目，办好一个实体，培训一批人才，带动一方致富”的办学思路，做到上挂、横联、下辐射，形成了“尖班守校、中班穿插、短班流动、农忙函授、常年办班”的生动活泼办学局面。内乡县大力开展“教育培训—提供产品—跟踪服务—实践指导”一条龙服务活动，乡村成人学校兴办经济实体142个，通过有偿服务，创收25万元，产生社会经济效益100多万元。

三、农村人口教育试点进一步扩大

根据省委、省政府实施“一高(经济发展进度)一低(人口出生率)”战略目标的要求，省教委重视抓好农村人口教育P_{20}项目的实施工作。本着“点上深入，面上扩大”的指导思想，狠抓了“点”上的工作，以点带面，推动整个项目的实施。在省成人培训中心举办了两期人口教育项目学校校长培训班，有60多位成人学校校长接受了培训，提高了实施项目的能力。1992年，全省又有37所乡级成人教育学校开展了人口教育，实施P_{20}项目的县乡成人学校达到68所。全年发放中初级人口教育教材一万多册，三万多农民接受了不同层次的人口教育，为提高农民的人口意识，贯彻落实计划生育的基本国策作出了贡献。

四、职工教育全面开展

为推动全省岗位培训工作的开展，1992年6月，省教委在洛阳市召开全省岗位培训工作座谈会，总结交流各地、各部门(行业)开展岗位培训工作的情况和经验，研究探讨新形势下岗位培训工作的发展方向及注意问题，并实地考察了洛阳拖拉机厂、洛阳玻璃厂等大中型企业开展岗位培训工作的情况。同时对全省 1992 年职工教育进行统计，统计面覆盖全省 17 个市地 13 个部属单位和 10 个省直厅局。据对 626.5 万名职工统计，1992 年，参加各级各类培训的职工有 260.3 万人，毕(结)业 233.4 万人，全员培训率达41.5%。

五、成人中专评估工作进展顺利

1992 年，根据国家教委的要求，在全省开展了成人中等专业学校评估活动，并制发了成人中等专业学校评估指标体系和实施办法。在试点的基础上，全省 150 所独立设置的成人中专学校普遍开展了自评工作，之后，各市地对自评学校进行了复评。通过评估，改善了成人中专的办学条件，提高了成人中专的管理水平和教育教学质量。

撰稿人　曹法耀　孙增福
贾正国
审稿人　徐玉坤

湖北省教育

概 况

一、各级各类教育发展情况

1992年各级普通学校基本情况

单位:人

学校类别	学校数(所)	毕业生数	招生数	在校学生数	教职工数 计	教职工数 其中专任教师
一、普通高等学校	61	35896	45725	143797	66327	24757
研究生		1082	2370	6629		
本科		21370	23418	85349		
专科		13444	19937	51819		
二、中等专业学校	223	47692	64294	167960	28653	14465
中等技术学校	188	37532	54045	141524	24058	11766
中等师范学校	35	10160	10249	26436	4595	2699
三、普通中学	4320	602994	840022	2273218	210233	164556
高中	613	109014	114970	337024		30453
初中	3707	493980	725052	1936194		134103
四、农业、职业中学	499	37408	60613	147172	18464	13091
高中	337	28544	38587	93612		8761
初中	162	8864	22026	53560		4330
五、工读学校	7	94	31	116	117	50
六、小学	31183	954739	1087537	6124238	336728	296386
七、特殊教育学校	50	228	815	3252	965	658
八、幼儿园	2808	533858	686793	955852	52284	36619

1992年各级成人学校基本情况

单位：人

学校类别	学校数（所）	毕业生数	招生数	在校学生数	教职工数 计	教职工数 其中专任教师
一、成人高等学校	76	38378	36019	92060	11235	4761
广播电视大学	16	11876	6562	17705	2460	1005
职工高等学校	37	2049	2919	6979	4248	1801
农民高等学校						
管理干部学院	8	937	1362	2469	2141	823
教育学院	14	4336	4201	8624	2346	1096
独立函授学院	1	793	805	2161	40	36
普通高校举办						
函授部		15619	17472	46341		
夜大学		2570	2315	7100		
干部专修科		198	383	681		
二、成人中等专业学校	272	26667	34537	71333	12513	6394
广播电视中专	2	230	1776	3225	130	99
干部中专	11	695	1060	2246	439	229
职工中专	171	19180	22149	46378	8584	4268
农民中专	44	3362	3892	9206	1425	797
教师进修学校	44	3200	5660	10278	1935	1001
三、成人中学	102	9752	8212	8236	590	398
职工中学	53	2852	4277	4584	373	306
农民中学	49	6900	3935	3652	217	92
四、成人技术培训学校	7631	2030029	1634907	1133343	11032	5417
职工技术培训学校	322	87710	67659	66551	2355	1412
农民技术培训学校	7309	1942319	1567248	1066792	8677	4005
五、成人初等学校	2800	236240	264665	260779	3063	1725
职工初等学校	80	11137	11303	10013	50	48
农民初等学校	2720	225103	253362	250766	3013	1677
其中：扫盲班	2109	157941	188777	184926	2672	1481

制表人　张文斌
审核人　谌杏林

二、召开全省教育工作会议

1992年12月16日，省政府召开全省教育工作会议，省长郭树言、副省长韩南鹏出席会议并作了重要讲话；省直各部门负责人以及全省各地、市、州、县的专员、市长、州长和县(市、区)长参加了会议。针对湖北省对教育的财政投入和多渠道筹措教育经费改善办学条件等方面在全国处于落后的状况，省长郭树言在会上讲话指出要切实把教育放在优先发展的战略地位，在一两年内，一定要把学校的“一无两有”、教师的工资、医疗费、民办教师的补贴等问题解决好，春节前一定要解决拖欠教师工资的问题。会议提出，当前要认真抓好以下几项工作：(1)各级财政要按照中央“两个增长”的要求，增加对教育的投入，切实体现国家办学主渠道的作用。(2)要做好教育费附加的征收工作，农村教育费附加不低于农民上年纯收入的1.5%，城市要抓紧“三税"附加征收。(3)大力开展社会集资办学，改善中小学办学条件。当前首先要解决好"一无两有"的问题，今后如再发生因校舍倒塌死伤师生的事件，要追究当地主要行政领导的责任。(4)加快勤工俭学和校办产业的发展，各地要抓住改革开放的机遇，把中央和省有关校办产业的各种优惠政策用好用足，各部门都要大力扶持校办产业。(5)严禁各方面向学校摊派。(6)落实和提高教师待遇。当前，重点要解决好拖欠教师工资和政策性补贴的问题。财政预算要把这部分开支包括在内。各地在制订有关改革政策时，要考虑解决教师住房、就医、子女就业等特殊困难。(7)认真搞好"三教"统筹，农科教结合。要充分利用普教、职教、成教的现有校舍、基地、设备和师资，大力开展职业技术教育和短期职业培训，推广实用与技术，培养农村实用人才。

三、制定湖北省教育改革方案

为适应社会主义市场经济对教育提出的新要求，湖北省教委在深入调查研究，广泛征求意见的基础上，制定了《关于加快我省教育改革和发展的意见》，以及基础教育、职业技术教育、成人教育、普通高等教育、师范教育和师资培训深化改革的具体实施方案，其中《关于省属高等学校学位与研究生教育改革和发展的意见》和《关于我省高等师范专科教育改革和发展的意见》已下发执行。

撰稿人 张 杰 雷方圣
孙德华

基础教育

一、幼儿教育工作取得新成绩

1992年，湖北省继续贯彻、落实国家教委发布的《幼儿园工作规程(试行)》和《幼儿园工作条例》等法规并取得新的成绩。(1)省、地、市、县对幼教的地位和作用在观念上有了转变，从把幼教事业作为社会福利事业转为教育事业的一个部分来管理。(2)各级教育行政部门增强了主管意识，从只管教育部门举办的幼儿园，转到面向各类幼儿园，实行分类指导；增强了主管的自觉性、目的性和计划性。制订了湖北省幼儿教育"八五"发展计划，分地区提出了具体目标，建立了激励和监督机制，对全省幼儿园进行登记注册，实行幼儿园分类定级、按级收费，增强办园的活力，管理逐步规范化、制度化。(3)认真贯彻幼教事业的发展方针，坚持动员社会力量办园充分调动社会方方面面的积极性，使全省幼教事业稳步发展。1992年全省在园幼儿数比1990年增加近20万人，入园(班)率达29.03%。(4)各地普遍重视师资队伍建设，教师合格率逐年提高。全省幼儿教师受过学前专业培训(含获得《专业合格证书》)的比例由1991年的43.1%提高到48.7%。(5)认真贯彻落实"两个法规"，推动了幼儿园内部的管理和改革。各类幼儿园进一步明确了保育和教育相结合的原则，逐步重视卫生保健工作，重视幼儿生活卫生习惯的培养，逐步克服重上课轻活动的倾向，重视为幼儿创设良好的教育环境，引导幼儿在各种活动中主动地得到发展。

二、加快九年义务教育步伐

根据国家教委发布的《中华人民共和国义务教育法实施细则》，制定了全省实施义务教育的“规划”、就学办法、奖励和处罚办法等3个配套文件，举办了地、市、州教委普教科长和县教委主任参加的义务教育实施细则培训班，组织力量对乡(镇)普及小学义务教育和沙市、黄石实施九年制义务教育进行检查验收，对城市、平原、山区不同类型地方义务教育质量进行调查，到年底，全省农村有800多个乡镇达到小学义务教育合格标准，占乡镇总数的1/3，宜昌、沙市、黄石3市已基本普及九年制义务教育。沙市、黄石两市被批准为普及九年义务教育合格城市。根据《湖北省人民政府批转省教委〈关于进一步实施九年义务教育工作意见〉的通知》精神，并受省政府委托，省教委组织以孙德华为团长的检查团，于1992年11月26日至30日，对沙市和黄石两市实施九年义务教育情况进行检查验收。检查团共检查两市215所实施义务教育的中小学，占应查学校数的96.9%。重点抽查了其中1/3的学校，同时检查了当地各级政府及有关部门为实施义务教育所做的工作。检查情况表明：(1)沙市市委、市政府把教育摆在优先发展的战略地位，在近年财政负增长情况下，仍保证了教育的正常经费。教育部门办学思想比较端正，改革意识强，积极推进教育综合改革和“五四”学制改革。坚持一手抓普及，一手抓提高；一手抓建设，一手抓管理。有关部门和社会各方面关心、支持教育，形成了良好的社会风尚。部门、企业重教兴学，办学水准较高。中小学办学条件整体水平较高，校长、教师队伍稳定，精神面貌好，部分学校做到学校有特色，学生有特长。中小学生入学，巩固等五率均达到省定标准。检查团认为沙市市普及九年义务教育达到省定合格标准，相当部分学校达到先进标准。(2)黄石市委、市政府对实施义务教育实行领导任期目标责任制，财政对教育的投入做到“两个增长”。中小学办学条件得到较大改善，教师队伍建设得到切实加强。教育部门和学校坚持全面贯彻教育方针，加强薄弱环节，教育质量有较大提高，中小学生入学、巩固等“五率”均达到省定标准。在教育科研、劳动技术教育和勤工俭学等方面成绩突出。检查团认为，黄石市普及九年义务教育成绩显著，整体上达到省定合格标准，个别区和学校达到先进标准。1992年12月22日，省政府批准沙市市、黄石市为普及九年义务教育合格城市，分别给两市颁发合格证书，并各奖励10万元。

三、初中教育改革见成效

1992年10月，省教委在荆门市召开全省初中教育改革经验交流会。会议肯定了全省初中教育改革的成绩。(1)抓初中布局调整。1986年全省初中有4897所，小学附设初中班451处，6个班次以下的学校占40%，很多初中一个年级只有1个班，办学条件差，管理水平低。1992年，初中调整到4084所，校平均学生人数由原来的不足300人增加到450人以上。(2)办学条件得到一定的改善。全省初中基本实现“一无两有”，相当部分学校达到校舍、教学设备、运动场、图书资料、校门、围墙等“六配套”，有一部分学校正逐步实施标准化建设。山区抓了项目管理，投入9000多万元，完成366个子项目的建设，乡镇初中大多数都有一栋教学楼，物理、化学、生物实验设备基本普及了二类标准。(3)教师队伍素质有明显提高。全省初中教师学历达标率1992年达52%。教师的教育教学能力有所提高，涌现出一批拔尖教师。(4)初中普及程度有明显提高。小学毕业生升初中的比例为78%，大中城市基本普及了初中教育，城镇小学毕业生升初中的比例在95%以上。全省山区增加初中900多个班次，在校生增加14.5万人，农村小学毕业生升初中的比例提高到75.98%。(5)初中教育、教学改革正逐步深化。全省有70%的学校按计划开设了劳动课和劳技课,大多数的学校实行“三加短”(初中三年加短期培训)。一部分学校还实行“双证书”(初中毕业证书、职业技术培训证书)制度;部分地区把劳动技术课列入中考内容,全省试办147所职业初中,开展了“五四”学制改革试验,沙市、潜江、应城等市县已摸索出一些经验,1990年和1991年两次评估验收合格实验初中42所。

在全省初中教改经验交流会上,省教委表彰了在教育教学改革、办学条件、办学水平取得突出成绩的荆门市象山中学、荆门市拾四桥中学、武汉市第四十五中学、潜江市丁岭中学、罗田县大河岸中学、沙市市第十中学、黄石市第十五中学、十堰市第十二中学、应城市实验初中、枣阳市实验初中、蒲圻市赵李桥中学、宜昌市第三中学、鄂州市泽林中学、恩施市舞阳中学、竹山县实验初中。

四、认真开展中小学艺术教育

加强对艺术教育的管理和指导。省教委先后于1987年4月28日和1991年7月30日发出《关于加强中小学艺术教育的意见》和《湖北省中小学艺术教育实施意见》,1992年12月,省教委成立艺术教育委员会,负责艺术教育的组织协调工作,省教研室及部分地、市教研室配有专职音乐、美术教研员,其余地、市、县均配有兼职教研员。

培养提高艺术教育师资队伍。一是委托有关普通高校和教育学院招收音乐、美术专业学生;二是多种途径开展培养、培训工作,委托有关高等院校举办音乐、美术教师班,开办音乐、美术卫星电视师范专科班。1985年以来,全省各级教育部门共举办艺术教育师资培训班50余期,培训中小学艺术师资1500多人。

改善中小学艺术教育条件。1989年省里拨款10万元配置乐器,奖励13个教育先进乡(镇);1990年对在第二届黄鹤美育节获奖的44个先进单位各奖励1000元的艺术教育设备费;近几年先后拨专款50多万元为全省35所中等师范学校配置艺术教育器材;每年安排的中小学设备费700万元,均有一定比例用于购置中小学音乐、美术教学器材。各地、市、州、县还从集资办学经费和勤工俭学收入中安排一部分经费购置艺术教育器材。

积极开展艺术教育活动。1992年,全省中小学音乐、美术开课率由1987年的30%提高到70%,其中,乡(镇)以上的全日制小学和初中均按国家教委发布的教学计划开齐音乐、美术课程。省里每3年举办一次“黄鹤美育节”,地(市)每2年举办一次中小学艺术节,县里每年举办一次学校艺术节,已形成制度。全省大部分学校有合唱队、乐队、美术兴趣小组等。

五、发展特殊教育与开展盲童随班就读实验

湖北省特殊教育近年有较大的发展,至1992年底,全省共有特殊教育学校55所,普通学校附设特教班59个,随班就读1194人,在校学生共4903人,入学率为9.77%,全省98个县级行政单位,已有77个开展了特殊教育,占78.57%,其中武汉市、黄冈地区、咸宁地区、鄂西自治州的县级行政单位全部开展了特殊教育。一批新办的特殊教育学校,办学条件有较大改善,师资队伍不断得到加强,学校内部管理、教育教学等工作逐步走上正轨。年内省教委制定了《湖北省特殊教育“八五”计划》,要求到1995年,全省盲、聋、哑、弱智适龄儿童在校生达到16660人,入学率达到33.19%。

开展残疾儿童随班就读实验。1992年,国家教委委托湖北省开展残疾儿童经语言训练后随班就读实验。据不完全统计,全省已建立各种聋儿语言训练点64个,已训和正在训练的聋儿有1400多名。全省已有100多名经过语言训练的聋童进入普通学校随班就读。其中湖北省聋儿康复中心,1987年开始语言训练人数共528人，现已进入普通学校学习的有56人；武汉市第二聋校1988年开始语言训练人数35人已进入普通小学学习的有11人；武汉市第一聋校1989年开始语言训练人数13人，已进入普通小学学习的有3人。1992年11月省教委制定《湖北省听力语言残疾儿童随班就读实验方案》，成立实验领导小组，确定以省聋儿康复中心、武汉市第一、第二聋哑学校等3个语言训练单位为阵地，选定汉阳区西菜园小学等10校为实验学校，开展实验。

六、加强中小学教师培训工作

中等师范教育质量全面提高。为了切实贯彻国家教委颁发的中等师范教学改革新方案，保证中等师范毕业生能适应农村两个文明建设和基础教育事业发展的需要，1992年湖北省着重抓了中等师范学生基本功的训练考核，先后举行了全省中等师范学生电教、体育教学基本功以及普通话、钢笔字、毛笔字、粉笔字、生物和物理教具制作等竞赛活动，促进了各中等师范深化教学内容的改革，增强了贯彻教学改革新方案和落实新教学计划的自觉性，使全省中等师范教学和教研工作呈现活跃态势。为适应国家教委新颁发的中等师范各学科教学大纲的需要，选派45位教师参加全国中师各学科大纲培训班学习，并认真组织了本省的二级培训工作，研究和调整了现行教材的教学内容，使教学内容向新大纲靠拢。还注意抓了教材建设，先后有《师德教程》、《口语教程》、《写字教程》、《小学生创造性思维》、《班主任工作艺术》等10多种中师选修课教材出版供书。省中等师范各学科中心教研组还加强了教学科学研究和督导评估工作，使中等师范科研水平和教育质量有了明显提高。在全国中等师范文科和艺体科青年教师论文评比中，湖北省获得一等奖3人，二等奖5人，三等奖9人。在全省组织的中等师范结业课程和学科基本功的统一考试中，各校学生成绩都有较大幅度地提高。毕业生分配到教学岗位后，普遍受到任教学校和当地教育行政部门的好评。

创建卫星电视、函授、自学考试相结合培训初中教师的新模式。根据国家教委《关于加快中学教师学历培训步伐的意见》，湖北省于1992年下半年创建了湖北省成人高等师范教育专科卫星电视、函授、自学考试相结合培训初中教师的新模式（以下简称“三结合”培训模式），与初中教师对口的12个专业全部招生。通过全省统一入学考试，共录取中学教师2万余人，约占全省初中教师学历不合格总数的50%。“三结合”培训模式的基本框架和特色是“两线管理”、“四级办学”。“两线管理”，一条线是指各级教委师资培训部门，其主要职责是负责“三结合”培训模式的宏观管理和协调，教学质量检查与评估，以及考试管理等。另一条线是指各级办学院校，辅导站及学员任职单位，其主要职责是按规定严格组织教学，抓好教学各个环节，保证培训质量。“四级办学”，是指“三结合”培训模式实行省级教育学院和有关普通高校主考，地（市）教育学院（含其他有关高校）负责办班教学，县（市）教师进修学校或中等师范组织视听和辅导，乡镇师资培训站和学员任职单位负责自学管理的四级网状式办学体制。“三结合”培训模式的建立，是师资培训工作的一个重大突破，受到了各级教育行政部门，学校和教师的欢迎。国家教委师范司在《师范教育情况反映》介绍了湖北省建立“三结合”培训师资新模式的作法。

全省中小学教师专业合格考核工作胜利结束。1992年湖北省举行了最后一次中小学教师专业合格考试，全省共有3万余人参加考试，其中约有1.2万人（次）获得单科合格证书。至此，历时6年的中小学教师专业合格考核工作胜利结束。6年来，累计组织73.36万人（次）的中小学幼儿园教师参加培训和考试，有157348人获得高中、初中、小学、幼儿园教师《专业合格证书》，促进了中小学幼儿园教师政治素质和业务素质的提高，推动了基础教育的发展。松滋县、钟祥市、黄梅县、英山县、广水市、当阳市、宜昌市、嘉鱼县、郧县、利川市、襄阳市、保康县、新洲县、黄石和鄂州市等15个县市在开展此项工作中取得突出成绩，被评为全省中小学教师专业合格考核工作先进单位。

改革、完善中小学教师学历培训招生办法。1992年，湖北省对中小学教师学历培训招生办法进行了改革：(1)对教师系列成人高考招生实行指导性计划，上线多少录取多少。高师本科和专科层次招收中学教师11000余人，中师层次招收小学教师8400多人，保证了中小学教师学历培训的规模。(2)试办山区师资班。经省教委批准，湖北教育学院试办了山区中学教师进修本科师资班。面向37个山区县(市)招生300余人，实行统一考试，单独划线，单独编班，加快了贫困山区中学教师的学历培训步伐。(3)举办了优秀中学教师保送班。华中师范大学、湖北大学、湖北师范学院、湖北教育学院、武汉体育学院等5所本科院校共招收优秀中学教师推荐保送生150多人。(4)试办“一、二分段”学制(即一年脱产，两年函授)进修班。经省教委批准，湖北教育学院试行高师本科进修“一、二分段”学制，有5个专业共招收“一、二分段”制学员近600人，既缓解了学员工学矛盾，又扩大了培训规模。(5)打通取得教育管理《专业证书》学员继续进修教育管理专业专科学历培训的渠道。

开展小学教师继续教育。1992年，湖北省大力开展小学教师继续教育。全省组织教师进修学校的教师近500人深入小学了解情况，为大规模开展小学教师继续教育作准备；举办了全省小学语文、数学两个学科继续教育师资培训班，参加培训的教师达110多人；组织20多万名小学教师参加粉笔字、编制教案等基本功训练。以地、市、州或县、市为单位，开展了小学教师粉笔字竞赛，优秀教案评比活动。通过逐级筛选，共评出省级优秀教案100篇。省教委、省董必武教育奖励基金会对获奖者颁发了荣誉证书和奖金。

七、全省中小学校长岗位培训工作全面展开

湖北中小学校长岗位培训工作，经过1990年的试点和1991年扩大试点后，1992年在全省全面展开，已有8721名中小学校长参加培训，占全省中小学校长总数的25.5%，为加强培训工作的组织管理，省教委于1992年4月在湖北省教育干部培训中心举办全省中小学校长岗位培训组织管理研讨班，各地市、州、县教委主管干部培训工作的师资培训科长共73人参加了研讨活动。会议讨论并实地考察14个干部培训试点地、市、县的干部培训组织管理工作。随后又开展对中小学校长岗位培训督导评估活动。7月，各地、市、州、县根据省教委的要求，开展自查和复查，省教委进行抽查，共抽查20个县(市)。12月，省教委在黄冈地区召开全省中小学校长岗位培训工作经验交流会，总结交流全省3年来开展中小学校长岗位培训工作的经验，研究和部署“八五”规划后3年中小学校长岗位培训工作。各地、市、州、县教委分管干部培训工作的主任和地、市、州教委师资培训科长及各教育学院院长共137人参加会议，黄冈地区教委等9个单位在会上介绍经验，与会代表实地考察了黄冈教育学院、红安县、蕲春县、浠水县等4个培训现场。会上，省教委表彰了江陵县教师进修学校等20个中小学校长岗位培训先进单位。

八、勤工俭学又上新台阶

一是校办产业规模不断扩大。1992年，全省有校办产业的学校达26497所，产业面达73%，比上年增加5.7个百分点。有校办工厂3444个比上年增加317个；学农基地面积

37.7万亩,比上年增加5.52万亩。其中百亩以上的383个,比上年增加47个;第三产业网点120642个,比上年增加3663个。校办企业职工6.5万人,固定资产净值达2.49亿元,流动资金3.93亿元,分别比上年增加1万人、0.55亿元、1.36亿元。

二是速度、效益同步增长。全省勤工俭学总产值14.56亿元,纯收入2.55亿元,分别比上年增长21.9%和20.6%。全省校办企业、农业和第三产业纯收入占勤工俭学纯收入的比重分别为39.8%、17.5%和23.3%,其中第三产业所占的比重较上年增加3.6个百分点。

三是大部分地市县超常发展。纯收入超过1000万元的地市由8个增加到10个,其中超过2000万元的有武汉市、荆州地区、襄樊市和黄冈地区。纯收入增长率超过20%的地市有10个,其中武汉市达到30.1%;纯收入增长率超过20%的县市有41个,其中超过30%的有23个,郧县达到99.4%。

四是重点企业和骨干项目的数量和规模有较大突破。全省已有193个单位达到"四重"(重点企业、重点乡镇、重点学校、重点基地)标准。纯收入20万元以上的企业达110家,较上年增加56家。这些企业纯收入3974万元,占全省校办工业纯收入的39.17%。黄石市第三中学长征制药厂全年实现利税852万元,武昌文华中学振兴化工厂年利润达150.9万元,武汉市第一中学科普器材厂年利润159.8万元;纯收入30万元以上、生均30元以上的重点乡镇由11个增加到22个,其中荆门市李市镇、当阳市玉泉镇、钟祥市胡集镇、汉川县城关镇纯收入在50万元以上;亩平收入300元以上的重点种养基地有17个;纯收入30万元以上的重点学校34所。

五是教育效益日益明显。全省勤工俭学纯收入用于补充教育经费达1.47亿元,为同年财政拨款的11%。其中用于改善办学条件金额达8500万元,用于解决教职工政策性补贴、奖金和师生其他福利6200万元。全省95%的勤工俭学基地(包括工厂、农场、第三产业)接纳学生参加劳动,接受教育的学生达536.5万人。

撰稿人 胡 静 袁希树 苏以权 曾庆宏 刘光侠 边 边 石盛全 程天轴 贾宝琛 范义虎 张义鸿 邓 辉 王业全

职业技术教育

一、发展职业技术教育的新措施

省教委主任孙德华代表省政府于1992年11月下旬向省人大常委会第三十次会议作《大力发展职业技术教育,为振兴湖北经济服务》的报告,提出了发展和改革职业技术教育的措施,并经会议审议通过,予以实施。这些措施是:

下放权限,增强学校活力。根据经济建设和社会发展的需要,学校有权确定自己的办学形式、专业设置和学习年限,在保证国家规定的人才培养目标的前提下，学校可自主确定辅修与选修的课程。国家下拨给学校的包干经费和学校通过开办产业所得和政策性收入，校长有权根据国家的有关规定安排使用。学校中层干部由校长任命报主管部门备案，副校级干部由校长提名报有关部门任命。

采取更加灵活的办学形式。允许各方面条件较好的学校实行一校多牌，多层次办学，赋予学校多种功能，可同时开办职业中专、职业高中、中专、技工学校、短训班（职前职后均可）等，培养当地需要的各种规格的实用人才。在条件具备的情况下，普通中专可开办校外班和招收一定数量的跟读生。有条件的职工中专和职工学校，可以开办职业中专班和职业高中班。农村职业中学实行长训短训、职前职后教育相结合，可以不受学习年限的限制；实行学分制，学生回家边生产、边自学，适当时候回校上课，成绩记入总分，学分达到规定要求准予毕业，发给文凭。

改革招生和毕业生安置制度。允许学校按上级审批的计划，实行单独报名，统一考试，分开划线，按考生志愿录取新生，报省教委备案。农村职业高中招生年龄可以适当放宽，凡具有初中学力，不分职前职后，应届往届，均可免试入学。允许中专学校录取一部分应届保送生；可试办社会青年班，招收有实践经验青年职工，实行单独考试，单独录取，毕业后回原单位工作；可扩大招收委培生、收费生的比例，从1993年开始，其比例不少于50%；“八五”末期，实现全部招收委培生和自费生。与此同时，相应改革毕业生就业安置办法，打通人才通向农村和基层的渠道。

二、发展中等职业技术教育

1992年，全省各类中等职业技术学校招生数达到102881人（不含中等技工学校），比1991年增长38.3%，使其与当年普通高中招生人数之比接近1∶1，咸宁、郧阳和沙市、十堰、武汉、黄石等地市则超过50%。各地中等职业技术学校招生数增加的主要原因是：(1)贯彻中央深化改革的精神，各地抓住机遇，加快了职业技术教育改革和发展的步伐。各地城镇职业技术学校，特别是职业高中、职业中专根据社会主义市场经济对人才的需要新加了公共关系、营销等一批专业；农村职业中学也根据当地经济发展的需要，调整专业结构，拓宽了学校的服务范围，增强了学校的适应能力。(2)发挥政策的导向和调控作用。贯彻《国务院关于进一步发展职业技术教育的决定》和全国、全省职业技术教育工作会议精神，各地普遍召开了职业技术教育工作会议，黄冈、武汉、鄂州、沙市以及部分县（市）政府为发展职业技术教育采取了一些有效的措施，促进了职业技术教育的发展。(3)各校大力开展宣传工作，广大群众对职业技术教育有了新的认识。特别是一批职业技术学校毕业生在经济建设中发挥了作用，得到了社会的赞扬和肯定。不少学校还克服困难挖掘潜力，扩大招生规模。(4)农村经济的发展，人民群众的观念正在发生变化，渴望学习技术，靠科技致富的要求更加迫切。但是，各地各校之间发展不平衡，职业中学开办的农学专业招生难度较大，报名的学生少，有的拿到录取通知书也不入学就读。

三、襄阳县职业中学办出特色

1992年，襄阳县有职业高中7所，职业初中15所，近3年为农村培养中等实用技术人才3000余名。该县1992年被评为湖北省“教育兴农先进集体”。他们办学的基本经验是：

第一，认准一个目标，始终坚持职业中学为科教兴农和农民奔小康服务的宗旨。当前，阻碍农民脱贫致富奔小康的主要因素是不懂科学技术，不会经营管理，缺乏技术人才。据襄阳县1989年统计，全县农技人员仅有211

人，平均 8000 亩耕地 1 个技术员，远远不能满足科学种田，推广新技术的需要。而每年有高中毕业生 1600—1700 人，能升入大中专学校的只有 600—700 人，约有 1000 人要回乡生产或在城镇待业。每年初中毕业生近 10000 人，能升入高一级学校的只有 2500 人；每年有小学毕业生 17000—18000 人，只有 75%的学生能升学，每年约有 8000 名高、初中毕业生，由于只有单一的文化知识，没有技术和实践经验，回乡后致富无门，就业无路。客观形势要求把兴办职业中学的任务摆上了教育工作 的议程。该县 1983 年起将张集、东津初中改办为农业中学，1985 年将法龙、黄集、峪山、伙牌初中改为初级职业学校，1987 年又将古驿、黄渠、龙王等地的初中改为初级职业中学；在泥咀镇办起县职业高中，在东津镇办起职业高中；与有关部门联合办了县农技学校。内燃机东厂职业高中、县供销职业高中、商业职业高中、搪瓷厂职业高中等。几年来，全县用于职业中学改善办学条件的经费达 460 多万元。实现了校舍楼房化、教工住房"单元化"、教学实验标准化。全县各职业中学因地制宜开设专业课，实行"上挂横联下辐射"，成为服务一方的农业人才培训中心、优良品种培育中心、科技信息交流中心、群众体育文艺娱乐中心，积极为农民奔小康作出贡献。

第二，职业学校承担双重任务，既向高一级学校输送合格新生，又为农村输送兴业有门、致富有方的新型农民。为完成前一个任务，该县坚持德育为首，在加强智育的同时，还重视体育、美育和卫生教育，全面贯彻教育方针，全面提高教育质量。为完成后一个任务，学校在教学内容和教学方法上，突出实践性教学环节，加强职业技能训练。据统计，3 年来全县职业初中毕业生 1060 人，有 480 人升入高一级学校，168 人被录用作技术工作，1982 人成为科学种田能手。同期，襄阳县职业高中毕业 1709 人，有 846 人成为农村致富的带头人，400 多人成为科技示范户、专业户，200 多人成为村级农业技术员，50 多人搞连片承包经营，还有不少人被企事业单位录用。

第三，坚持三结合教学。一是学习理论与实际操作相结合。学校根据时令、农事安排教学内容，边学理论，边到实习基地实践。全县职业中学有实习基地 370 多亩，校均 6.8 亩。学生毕业时，既发中学毕业证书，又发技术等级或岗位合格证书。二是学校学习与家庭经营相结合。职业中学学生运用所学技术，帮助和指导家庭经营，获得学技术与创收入的双重效益，很受学生家长欢迎。三是教学与服务相结合。各职业学校利用自身优势，在办好常规专业的基础上，适时举办一些实用技术培训班，传授新的科技知识，推广优良品种。这样做，既提高了教学质量，又增强学校自我发展的能力。

撰稿人　湖北省教委职教处
林春赞　曾庆雄
刘沛生

普通高等教育

一、深化高等教育改革

进一步密切高校与经济建设的联系。为适应湖北经济建设发展的需要，省属高校增加了工业与民用建筑、烟草工程、电气技术、印刷技术、投资经济管理、计划生育管理、计划生育医学、医学企业管理、中医五官科学、国际贸易、旅游经济、市场营销、工艺美术等19个专业，省啤酒学校增设了职业专科班，组织高校赴徐州、青岛、哈尔滨、石家庄等地及本省部分地、市、县参加科技交易、科技扶贫、并举办科技成果展览，进一步加强了高校与经济建设的联系。

拓宽人才通往农村和基层的渠道。一是扩大普通高校定向招生规模。二是对委培、自费生实行统一降分幅度，委培与自费、本科与专科、文科与理科招生计划打通，简化了部分政策和手续，为完成招生计划创造了条件。三是部分普通高校改革招生办法，招收有一定实践经验的劳动模范、乡镇医生、农技人员和教师，并对分配到农村乡镇的毕业生实行优惠政策，继续拓宽人才通往农村和基层的渠道。

加强重点学科和重点专业建设。1992年初对15个省级重点学科进行了可行性论证，逐个研究重点学科的建设规划和措施，审定了建设方案。年底又召开了重点学科建设座谈会，检查总结了一年来重点学科建设工作情况。为加强对高校专业的规范化、科学化管理，省教委对全省省属高校的专业设置情况进行了一次全面清理，并作了部分调整。通过考察论证在14所专科学校中确定23个重点建设专业，以推动教育质量和办学水平的提高。

改革政治理论课的教学。邓小平南巡谈话发表后，省教委即着手研究如何以建设有中国特色社会主义基本理论为指导，组织和加强政治理论课和思想品德课的教学与改革。一方面组织高校有关教师深入学习理论，并召开了政治理论课教学经验交流会和多次小型座谈会，研究新形势下教学改革问题；另一方面组织政治理论课教师到沿海开放地区参观学习和调研，结合实践深入理解建设有中国特色的社会主义理论，加强理论联系实际的针对性。此外，积极支持一些学校对马克思主义原理等3门课程进行改革的试验，探索在新形势下如何提高政治理论课的教学效果、改革教学内容和教学方法。根据国家教委发布的新大纲，以中共十四大精神和建设有中国特色社会主义理论为指导，组织有关教师修订或重新编写了马克思主义原理、中国革命史和中国社会主义建设3门课程的教材，将于1993年秋季正式使用。

加强大学外语教学工作，提高教学水平。为提高大学毕业生的适应能力，全省高校大学外语教学工作得到进一步加强，教学质量明显提高。1992年多次召开了外语教学研讨会，在搞好大学外语教学改革和四、六级外语考试组织工作的基础上，召开了全省高校大学外语教学与测试工作经验交流会，对工作成绩突出的11所院校进行了表彰，收到了较好效果。

加强师资培训。为配合重点学科建设，1992 年突出抓了重点学科学术带头人和学术骨干的培养提高工作，开办了一期英语强化班，参加培训的有 27 人。加强青年教师的基本功训练，形成岗前培训制度化，1992 年青年教师岗前培训班共培训 387 人。

加强学位与研究生教育的管理与改革工作。为提高研究生教育水平，加强学位管理，召开了全省省属高校学位与研究生教育工作座谈会，交流了经验，提出了省属高校学位与研究生教育的基本方针和主要任务，确定了改革措施。按照国家教委的布置，提出了有关硕士学位点的评估方案，并完成了湖南、河南、湖北 3 省高校的历史、中文、生物、力学 4 个学科学位点评估的准备工作。

深化师范专科教育改革。对师专学制由二年改为三年后的教育改革、试行主辅修、“二加一”办学模式、内部管理体制改革等情况在进行调研的基础上，召开了全省师专教育改革工作座谈会，从师专的发展规模、专业服务面、办学层次等方面提出了改革和发展目标。1992 年 1 月召开了师专实习基地建设经验交流会，上半年对全省师专教育实习基地进行了检查验收，表彰 26 所先进实习基地(中学)和 45 个实习基地建设工作先进单位，103 所中学通过验收成为合格基地。加强师范生普通话和规范汉字的训练，组织编写了《语言文字规范化教程》作为全省师范院校通用教材。

加强教学研究立项管理及优秀教学成果评选。1992 年全省高校教学研究共立项 264 项，其中省属院校 85 项。为使评选工作顺利进行，加强规范化管理，制定了全省高校优秀教学成果奖励办法及实施细则。全省 50 多所高校共有 304 项成果申报省级优秀教学成果奖，其中有 68 项教学研究成果已通过省级鉴定。

调动学生的学习积极性，培养大学生实践动手能力。结合学习建设有中国特色社会主义的理论，加强学生的实践教学，省教委配合省委高校工委和共青团湖北省委组织了暑期大学生社会实践活动。组织大学生开展科研活动，并对其科研成果进行评奖，重在提高研究水平和大学生实践动手能力。1992 年共评出大学生优秀科研成果一等奖 20 项、二等奖 61 项、三等奖 169 项。

从严治校，优化育人环境。结合学校实际，狠抓薄弱环节，继续搞好校园治安秩序及环境的综合治理。进一步贯彻执行《普通高等学校学生管理规定》、《高等学校学生行为准则》，加强对大学生的遵纪守法、道德文明教育和管理，促进高校形成良好校风和学风。以治理学生宿舍为重点，制定了大学生“五好文明宿舍”建设标准，开展创建大学生文明宿舍活动，强化学生自我管理能力。

促进改善职业大学的办学条件，提高办学水平。1992 年 1 月召开了全省职业大学工作座谈会，会后，根据“坚持方向，深化改革，充实条件，提高质量，努力把职业大学办成具有自己特色的地方普通高等专科学校”的指导思想，先后到 6 所职业大学调查研究，与当地教育主管部门和职业大学共同研究充实办学条件和教育教学改革问题，推动学校的改革工作，为职业大学办成地方普通高等专科学校奠定良好基础。

二、高校科技不断发展

1992 年，全省普通高等学校从事自然科技活动的人员(含教学、科研及相关业务活动的人员)共有 50465 人。其中高级职称的 9439 人，中级职称 17413 人；自然科学研究机构 304 个(学校上级主管部门批准建立的研究机构 98 个，其中研究所 73 个，研究室 25 个；学校自建 206 个，其中研究所 109 个，研究室97个）。从事社会科学研究的人员9133人，其中高级职称1964人，中级职称3030人；社科研究机构97个（其中研究所75个，研究室22个）。

科技投入。(1)人员投入。高校从事以科学研究为主的研究与发展活动人员16229人，其中科学家和工程师15276人，占74%；研究与发展全时活动人员9437人，其中科学家和工程师8828人，占93.54%。(2)经费投入。研究与发展经费：拨入13903.7万元，其中纵向8309.6万元，占59.8%；横向5594.1万元，占40.2%；上年结转经费8261.3万元，当年经费支出11954.5万元。应用推广和科技服务等非研究与发展经费拨入1197.7万元，当年支出636.2万元。当年结余研究与发展经费10210.5万元，非研究与发展经费561.5万元。(3)研究与发展课题：高校承担的研究与发展课题（含新开题和延续在研课题）5768项（含国家“八五”攻关项目225项，“863”项目59项）。其中基础研究748项，占13%；应用及发展研究5020项，占87%。非研究与发展课题618项，其中应用推广项目312项，科技服务项目306项。

社会科学研究投入。(1)人员投入。高校从事社科研究与发展活动的人员3520人，其中科学家和工程师3445人，占97.9%。研究与发展全时活动人员1948人，其中科学家和工程师1915人，占98.3%。(2)研究与发展经费：拨入1235.27万元，上年结转211.44万元，当年支出588.10万元，当年结余858.61万元。(3)承担各类社科研究课题975项。

自然科学科技产出。(1)出版科技专著325部，计19933.7万字，其中译成外文5部，高等学校教科书222部，科普著作56部。发表学术论文9334篇，其中国外学术刊物718篇，全国性学术刊物5460篇，地方性学术刊物3156篇。(2)鉴定科技成果528项（其中与其他部门合作完成56项），其中属国际领先或先进水平的141项，国内首创（领先）171项，国内先进184项，其他32项；申请专利119项，其中发明专利68项，实用新型51项；专利授权64项，其中发明专利17项，实用新型47项。(3)获各级科技奖433项，其中国家自然科学奖1项，国家发明奖5项，国家科技进步奖13项，国家星火奖2项，国务院各部门科技进步奖258项，省级科技进步奖87项，地市级奖67项。

社会科学研究产出。(1)出版著作945部，其中专著314部（译成外文2部），编著教材426部，工具书、参考书205部；古籍整理24部；译著42部；发表译文134篇；发表学术论文4037篇，其中国外学术刊物138篇。(2)成果获奖66项，其中国家级奖16项，省部级奖24项，地市级奖26项。

三、承办第四届全国大学生运动会

受主办单位国家教委、国家体委、共青团中央的委托，湖北省人民政府于1992年9月29日至10月4日在武汉市承办了第四届全国大学生运动会，接待了参加本届运动会的30个代表团，运动员、教练员、领队、裁判员、技术官员、仲裁委员、新闻记者等共3024人。同时接待前来观光的港澳同胞、外国友人，学术报告会、表彰会、科展会代表共500余人。

武汉地区高等学校承担了全部参赛人员的接待任务，实现了大学生运动会办在大学，吃住和活动都在大学。湖北省还组织了《极目楚天舒》大型团体操表演，参加表演的有37所高校、7所中专、部分中小学学生共5000余人。担任运动会执法任务的540名裁判，90%以上来自高校。

由国家财政部、能源部、司法部等投资新建了中南财经大学体育场、武汉水利电力学院体育馆、中南政法学院体育馆；湖北省人民政府投资新建了湖北大学体育馆，整修了9

个原有场馆。使所有比赛场馆的设施和器材设备均达到国家比赛标准。

湖北省高校参加本届运动会共129名运动员。比赛结果，获田径团体女子甲组、男子乙组、女子丙组等3个第一名；获篮球男、女组两个第一名；获排球女子组第一名；羽毛球男、女团体两个第一名；获艺术体操甲组集体第一名；表演项目：武术获女子组“优胜者杯”；湖北省高校代表队获“体育道德风尚奖”。此外，湖北省获组织奖“校长杯”的高校有3所，他们是：中国地质大学、华中理工大学、武汉工业大学，分别获得一、二、三名。

撰稿人　湖北省教委高教处
周一志　肖慎纲　施天山
张杰文

成人教育

一、成人高等教育的发展与改革

1992年，湖北省发展成人高等教育主要采取了以下措施：一是突破普通高校举办的成人高等教育不能办脱产班、成人高校不能办业余班的限制，拓宽办学渠道，形成成人高等教育以业余为主、业余与脱产并举的格局；二是在中南政法学院等8所学校开展成人高等专科第二学历教育试点，招收具有大专学历、现从事的工作与原学专业不对口的在职人员免试入学，共招生400名；三是在湖北省经济管理干部学院、湖北省计划管理干部学院采取招生与招工结合，进行职前高等职业教育试点，招收应届高中毕业生70人；四是继续在湖北大学试办劳动模范成人大专班，使部分省(部)级劳动模范有机会接受高等教育；五是改革课程考试抽考制度，自1992年起，成人大专学历教育抽考课程由4门改为2门；大专专业证书班抽考课程改为脱产班由3门减为1门，函授、业余班由3门减为2门；对省属普通专科学校举办的非师训成人高等教育实行抽考。1992年8月，副省长韩南鹏在北京召开的全国成人高等教育工作会议上作了题为《湖北省成人高等教育基本情况及今后改革和发展的设想》的发言。湖北教育学院、武汉市职工医学院被评为“全国成人高等教育先进学校”，湖北大学成人教育学院、华中农业大学成人教育学院、武汉工业大学成人教育学院、武汉测绘科技大学成人教育学院、华中师范大学成人教育学院被评为“全国普通高校成人高等教育先进单位”。

二、自学考试稳步发展

1992年，湖北省自学考试工作认真贯彻国务院《高等教育自学考试暂行条例》，自觉适应改革开放形势的要求，开拓进取，稳步发展。

圆满完成全省两次统考工作。1992年，全省报考人数达392776人，其中本科18941人，专科361490人，其余为中专专业。全年考试课程达600余门。在两次考试的组织报名、命题、发放教材、印卷、实施考试、评卷等各个环节上没有出现差错。1992年，自学考试毕业16073人，其中本科106人，专科14731人，中专1136人，发放单科合格证293660份。从1983年开考至1992年底，累计培养各种专业技术人才823314人。

加强科学管理，坚持考试标准，保证考试质量。在开考专业方面，加强教材和大纲建设，组织专家教授编写了部分基础课教材及大部分课程的标准化课程考试大纲，使课程考试内容更加规范化，达到与普通高校同层次的水平。在命题、评卷方面，请学科专家教授命题并参与评卷。按命题和评卷规定严格把好质量关。在考试组织方面，实行考场量化管理，开展评比信得过考场活动，增强考试组织工作的严密性。同时，加强考风考纪教育和管理，制定了《高等教育自学考试违纪处罚实施细则》，与省监察厅、省教委联合发文到各地、市、州、县，促进考风考纪的好转。

开考应用型专科专业，及时适应改革开放对人才的需要。1992年，开考专业增加了房地产开发、工艺美术、装璜设计、公共关系、涉外经济、经济英语、国际贸易等，使自学考试能够更好地为社会主义经济建设服务。

加强基本建设，为自学考试事业发展创造条件。一是购置计算机20多台，实现从报名、编排考场、登分、打印课程合格证和毕业生名册、试题贮存、质量分析等全套计算机化。此外，每个地区配置了1台计算机，提高了全省自学考试管理水平。二是投资建成了具有照排胶印等先进系统的印卷工厂，承担自学考试试卷的全部印制任务，加强了试卷保密工作和试卷质量。三是建成6000平方米的全国考委武汉命题中心及中南地区教师培训中心，可用于命题、审题及命题教师培训。

三、成人高等教育办学情况检查验收

根据国家教委1991年《关于成人高等学校治理整顿工作的意见》，在学校自查整改的基础上，1992年5月—7月，省教委组织6个检查组对40所省属（不含武汉市）和3所部委属成人高等学校的办学情况进行检查验收。检查验收的内容包括办学指导思想、办学条件、教学管理、教育质量和效益、治理整顿工作情况等5项34条。检查的学校有广播电视大学20所（含5所分校）、职工大学16所（含部属学校1所）、管理干部学院6所（含部属2所）、独立设置的函授大学1所。检查结果：办学条件好、成绩突出的有11所。检查确认合格的学校有22所，基本合格和不合格的各5所。检查验收结果表明，自1991年治理整顿以来，多数办学部门对学校增加了人、财、物力的投入，据35所省属学校统计，共新增校舍3.5万平方米，补充教师159人，其中2/3以上是来自生产第一线有实践经验的专业技术人员。绝大多数学校端正了办学指导思想，主动为经济建设服务，建立健全了规章制度，教学质量有所提高。

四、为农村培养科技致富带头人

1992年，全省乡（镇）成人文化技术学校已发展到1573所，占乡镇总数的93%；村成人文化技术学校1.8万所，占行政村总数的57.7%。乡、村成人文化技术学校在坚持开展实用技术培训的同时，开发农业示范项目5915个，推广实用技术76382项。全省农村有694万人参加60个学时以上的实用技术培训，有107万人成为农村科技致富带头人。全年扫除文盲14.6万人，全省青壮年非盲率达到97.5%，参加扫盲后巩固提高的有33.6万人，达到小学毕业水平的有11.2万人，经省政府组织检查验收后确认，当阳、枝城、远安3县（市）成为高标准扫除青壮年文盲县（市）。

五、远安县高标准扫盲在全省率先达到国家标准

远安县在实施“科技兴县”发展战略中，把扫除文盲作为一项基础工作来抓，使高标准扫除文盲由部门行为变为各级党委、政府及全社会的行为。1992年8月，经省扫盲工作领导小组检查验收，该县1949年后出生的人口非盲率达到 98.88%；学龄儿童入学率、巩固率分别保持在 99.9%和 99.6%以上；普及初等教育率达 99.6%；近 3 年脱盲学员巩固率达 98.6%。在全省率先达到国家教委制定的“高标准扫盲县”标准。

该县自 1983 年成为基本无盲县后，又把扫除文盲作为科技兴农的一项战略措施，及时制定 10 年内实现建国后出生人口无文盲的总体方案。调整和健全县、乡两级扫盲领导机构，采取“双向双轨”责任制的办法，把扫盲工作纳入考核各级领导干部任期目标的内容。自 1990 年以来，该县在财政困难的情况下，先后挤出 5 万余元用于扫盲；自上而下推行扫盲成绩与下拨农民教育经费挂钩。各乡(镇)、村也相继制定扫盲奖惩办法，将扫盲工作落实到人。为解决教材、师资两大难题，该县教育部门先后集中订购上千册《脱盲致富课本》，并组织编写《扫盲识字补充教材》，发动小学教师包教包学。在实施包教包学中，该县根据文盲人少居住分散的特点，依靠社会各方面力量，采取农闲集中、农忙分散、忙时少学、闲时多学，以及“家庭消化”多种形式进行教学和辅导，近 3 年共扫除文盲 1401 人。

把学文化与学技术结合起来，是该县在新形势下扫盲工作的一个显著特点。全县 9 所乡镇成人学校及 177 所村级成人学校，每年都吸收 40%的脱盲学员学文化学技术，每年举办家禽、家畜、茶、桑、果等实用技术培训班达 300 多期，有效地把住了复盲关。据省扫盲验收小组验收，该县近 3 年脱盲后的复盲率仅为 3.3%。

高标准扫盲，该县农民文化素质普遍提高，科学种田能力大大增强。1991 年，全县共推广转化实用科技新成果 16 项，水稻杂交种繁殖、自植的普及率达 98%，化学调控、配方施肥推广达 93%以上；麦瓜稻、菜瓜稻、油瓜稻等三高模式栽培及食用菌工厂化栽培得到广泛推广。全县农民人均纯收入达到 780 元，位居全省山区县的前列。

撰稿人　湖北省教委自考办
张明礼　杨永才
张　杰　周　翔
洪廷林　朱本玉
审稿人　陈德清　罗成杰
胡学荣

湖南省教育

概况

1992年，湖南省教育事业改革和发展取得较大进展。

1992年各级普通学校基本情况

特殊教育学校单位：人
其他学校单位：万人

学校类别	学校数(所)	毕业生数	招生数	在校学生数	教职工数 计	教职工数 其中：教师
一、普通高等学校	45	2.66	3.37	9.76	3.79	1.43
研究生		0.07	0.07	0.22		
本科		1.12	1.27	4.55		
专科		1.47	2.03	4.99		
一、中等专业学校	135	3.38	4.24	10.66	2.15	0.92
中等技术学校	103	2.31	3.14	8.01	1.76	0.73
中等师范学校	32	1.07	1.10	2.65	0.39	0.19
三、普通中学	5107	74.51	92.36	256.02	20.63	16.62
高中	833	13.48	13.91	43.93		3.32
初中	4274	61.03	78.45	212.09		13.30
四、农业、职业中学	601	3.98	6.95	15.06	1.64	1.12
高中	459	3.28	6.23	13.35		1.01
初中	142	0.70	0.72	1.71		0.11
五、工读学校	1				0.003	0.002
六、小学	47661	100.74	117.02	685.54	32.17	30.04
七、特殊教育学校	30	200	797	3193	657	474
八、幼儿园	2508	84.29	96.22	112.99	5.21	4.23

1992 年各级成人学校基本情况　　单位:万人

学校类别	学校数(所)	毕业生数	招生数	在校学生数	教职工数	
					计	其中:教师
一、成人高等学校	38	2.73	3.39	7.87	0.61	0.26
广播电视大学	1	0.84	0.99	2.07	0.10	0.03
职工高等学校	25	0.38	0.40	0.94	0.28	0.12
农民高等学校						
管理干部学院	4	0.14	0.17	0.32	0.11	0.05
教育学院	8	0.42	0.46	1.25	0.12	0.06
独立函授学院						
函授部		0.65	0.81	1.99		
夜大学		0.25	0.49	1.14		
干部专修科		0.05	0.07	0.16		
二、成人中等专业学校	273	4.07	3.64	13.92	1.02	0.54
广播电视中专	9	0.31	0.64	1.50	0.04	0.02
干部中专	32	0.14	0.18	0.37	0.14	0.06
职工中专	83	0.77	1.06	2.48	0.34	0.17
农民中专	42	0.37	0.61	1.13	0.17	0.10
教师进修学校	107	2.48	1.15	8.44	0.33	0.19
三、成人中学	472	3.02	3.28	5.24	0.32	0.22
职工中学	69	0.63	0.62	0.89	0.17	0.10
农民中学	403	2.39	2.66	4.35	0.15	0.12
四、成人技术培训学校	20617	186.02	163.29	157.63	2.80	0.84
职工技术培训学校	771	16.84	16.92	12.34	0.93	0.26
农民技术培训学校	19846	169.18	146.37	145.29	1.87	0.58
五、成人初等学校	14298	39.09	33.29	38.46	1.27	0.43
1. 职工初等学校	56	1.05	1.05	1.14	0.04	0.03
2. 农民初等学校	14242	38.04	32.24	37.32	1.23	0.40
其中:扫盲班	9770	23.63	20.31	21.76	0.74	0.21

制表人:杨晓北

一、从实际出发,推出一批促进改革和发展的政策、措施

在高校招生中,调整了计划结构,较大幅度地增加了调节性计划的比例,省属院校委培生、自费生由上年的3.3%提高到8.12%,招生人数由上年的650人增加到2011人;在国家任务中增加了新的招生形式,招收了收费定向包分配的学生2631人,签订了毕业后回基层或到边远地区工作8年以上的合同。在录取新生时,对应届高中毕业生和往届生分开划线,以此引导普通中小学端正办学指导思想,抑制高中阶段重复教育,收到了明显效果。在办学体制上,放手发动和鼓励企事业单位、部门、民主党派、社会团体和民间个人办学。据不完全统计,1992年全省社会力量共办有各级各类学校678所。在收费体制上,调整了高校新生的收费标准,扩大了收费生比例,把其他非义务教育阶段收费管理权下放到了地市政府。

二、为社会主义现代化建设服务的指导思想更加明确和落实,促进了教育与经济的结合

年初,召开了全省普通高校科技工作会议,动员学校大力进行科技推广和科技开发。

5月，在双牌县召开座谈会，推广中南林学院与双牌县实行“校县挂钩、科教兴林”的经验。7月初，省教委与省经委、科委联合组织8所高校、3个科研院所与17家化工企业进行了对口洽谈，确定67个合作项目。此后，省长陈邦柱、副省长董志文主持召开加速高校科技成果转化为生产力的专题座谈会，确定了7个重大高新技术项目开发计划。1992年，全省还新增校办工厂170多家，新增校办农业基地3万多亩。全省勤工俭学完成产值约10亿元，创纯收入约2亿元。

三、加快了普及九年义务教育的步伐，其他各类教育事业都有新的进步

4月，全省开展了义务教育宣传月活动，配合全国人大义务教育执法检查组来湖南检查，进行了一次义务教育法的执法检查。树立了邵东县、长沙县等一批义务教育发展快的典型。在继续抓好对县市政府进行教育督导评估的同时，对100个教育工作先进乡镇进行了督导评估试点。1992年，全省中小学危房比例下降到2.38%。民族地区又继续兴建100所寄宿制中心小学，并对年重点建设的105所学校进行了检查验收。民族地区已有18个县、市、区基本曾及了初等教育。全省城市、县镇和100个农村乡镇已基本普及九年教育。其他各类教育也有较大发展。省属高校招生比上年增加4008人，增长22.28%；地方中专招生增加7200人，增长24.36%，中专、中技、职业高中共招生12万余人，已接近普通高中招生数；成人高校招生增加6000人，增长26%，有5400多人通过自学考试取得本专科学历证书，扫除青壮年文盲20余万人。师资培训推行了函授、卫星电视、自学考试“三沟通”的新模式，加快了中学教师学历培训的步伐，高中教师学历合格率从上年的41.2%提高到48.7%，初中教师学历合格率从上年的58.7%提高到62.5%。各类教育的教学改革都有新的进步，教学质量稳步提高。

四、教育经费继续增长

1992年，湖南省教育经费总收入为343239万元，比1991年增加65988万元。其中高教部分收入为24472万元，比1991年增加5491万元；普教部分收入为318767万元，比1991年增加60497万元。总收入中，预算内财政拨款为199824万元，比1991年增加31710万元，其中高教部分预算内财政拨款为18748万元，比1991年增加2050万元；普教部分预算内财政拨款为181076万元，比1991年增加29660万元。总收入中，预算外收入为143415万元，比1991年增加34278万元；其中高教部分预算外收入为5724万元，比1991年增加3441万元。

1992年，湖南省教育经费总支出为341485万元，比1991年增加57141万元。其中高教部分支出为22958万元，比1991年增加2552万元；普教部分支出为318527万元，比1991年增加54589万元。总支出中，预算内支出为213641万元(包括1991年财政预算内经费结余和1992年财政预算内经费拨款)，比1991年增加38700万元。其中高教部分预算内支出为20139万元，比1991年增加1688万元；普教部分预算内支出为193502万元，比1991年增加37012万元。1992年普通高等学校全日制本专科学生生均经费支出为3259.82元，比1991年增加121.79元。

撰稿人 罗春晖 雷桂平
肖琳琳
审稿人 周衍桐 沙省之

基础教育

湖南省基础教育1992年重点抓了以下工作：

一、坚持以巩固普及初等教育成果和加快初中建设步伐为重点，积极推进九年义务教育的实施

完成了普及初等教育的扫尾工作，同时坚持进行复查以巩固普及初等教育的成果。11月省人民政府委托湘西自治州政府组织验收，确认保靖县基本达到湖南省普及初等教育的验收标准，使全省历时9年的普及初等教育验收工作圆满结束。同时，在前两年巩固提高普及初等教育成果的基础上，继续进行复查工作，促进小学办学条件的配套建设和教育质量的提高。

组织修订并公布了以乡镇为单位实施九年义务教育规划。在1990年各地自下而上修订规划的基础上，省教委对经各级政府制订、同级人大审议通过的九年义务教育规划进行了汇总，并向社会公布。修订后的规划是：全省3516个乡镇级规划单位将分三步实施九年义务教育。到1995年有1292个规划单位首批完成；到2000年有2122个规划单位第二批完成；2000年后还有102个规划单位第三批完成。到本世纪末，全省97.1%的乡镇级规划单位，占全省总人口95%的地区将完成九年义务教育。

组织《义务教育法》的执法检查。为配合全国人大开展的《义务教育法》执法检查，湖南省人民政府下发了关于开展义务教育法执法检查的通知，召开了有地、州、市、县主要负责人参加的专题电话会议，部署了全省义务教育执法检查工作的具体要求和迎接全国人大执法检查组的意见，并决定统一开展义务教育法宣传月活动。全省各地利用广播、电视和报刊等新闻宣传媒介，大张旗鼓地宣传义务教育法。有的地方还组织了上街宣传、文艺演出和考试竞赛等，扩大《义务教育法》的影响。省教委还印制了《义务教育法实施细则》张贴件5万张和《九年义务教育工作手册》2万多册，拍摄了反映湖南义务教育面貌的专题片《宏伟的奠基工程》。6月，全国人大义务教育执法检查组实地检查了长沙市、衡阳市、零陵地区、益阳地区、常德市、大庸市等6个地、市和长沙市郊区、长沙县、桃江县、慈利县、江华县、衡山县、临澧县等县市的义务教育和部分师范院校。10月，省人民政府召开了依法治教、控制中小学生辍学的专题电话会议，要求各级政府采取切实有效措施，依法制止中小学生辍学的现象发生，使部分辍学的学生重新回到了课堂。

制订合格初中、合格中心小学验收细则。省教委依据1989年发布的合格初中、合格中心小学标准，进行了深入的调查研究，修改并完善了合格初中和合格中心小学验收细则，并在邵东县进行验收试点，确定5所初中申报为湖南省合格初级中学。

继续巩固和发展特殊教育。湖南省坚持把特殊教育同实现一定年限的义务教育统一规划、统一部署、统一检查。督促各主办单位继续巩固已办的14所骨干特殊学校，加快学校的配套建设；在长沙县、桃江县试办县级特殊教育学校；在普通中小学校设立特教班和随班就读实验；在衡阳市召开了全省特殊学校律动课教学经验交流会，加强了特教师资的培养培训工作。

二、加强普通教育宏观管理，贯彻落实现有规章制度

开展省重点中学、实验中学五项工作大检查。3 月省教委组织 15 个检查组到 57 所省重点中学、实验中学进行端正办学思想、加强学校德育工作等五项工作检查，并对 8 所办学思想端正、办学条件较好、教育质量较高的重点中学授予湖南省重点中学称号。

继续做好制止重复教育工作。针对普通高中学校举办复读班日趋严重的现象，湖南省在 1991 年底组织 14 个检查组到各地州市进行制止重复教育大检查的基础上，重申各级各类学校不得在校内举办复读班或招收插班复读生，并加强了对社会办补习班工作的管理，下发了文件，及时遏止了社会上以赢利为目的乱办班的势头。使补习班的管理工作逐步走上正轨。

加强对企事业中小学工作的领导。为进一步推动企事业单位积极发展基础教育事业，调动其办好子弟中小学的积极性，省教委组织力量对全省企事业举办的中小学进行了广泛的调查，草拟了加强企事业中小学管理的意见，同时重点检查 11 所申报省重点中学的子弟中学，并在巴陵石化公司长岭炼油化工厂召开了全省企事业中小学工作现场经验交流会，参观了长岭炼油化工厂子弟中学、子弟小学、幼儿园及巴陵石化公司一中、化工区中心幼儿园、化工区二小等 6 所学校，并批准长岭炼油化工厂子弟中学为湖南省重点中学。

加强了中小学教学用书和复习资料的管理，切实减轻学生书包。湖南省组织调查组深入到双峰等县市调查中小学教学用书和复习资料的发放情况，处理了一批滥编滥印复习资料的事件，继续在冷水江市进行义务教育新教材的试点，还组织编写了中小学法制教育读本和国情教育读本。

三、深入进行教学领域改革

湖南省在进行学制改革和教材试验、总结教改经验、推广教改成果的基础上，1992 年教学领域改革又向纵深发展，主要表现在高中毕业会考、贯彻落实国家教委下达的高中教学调整计划及教材建设等方面。

关于高中毕业会考。坚持会考正确导向，进一步深化考试制度改革。1992 年是湖南省实施普通高中毕业会考的第四年，省教委在实施毕业会 考的过程中，坚持贯彻德智体全面发展的方针，坚持面向全体学生，以大面积提高教育质量为目标，组织毕业考试的各项工作。在命题工作中，抽调优秀的学科教师，注意一线教师和教研人员的合理结构，确保了命题质量，同时加强了试题的保密措施；修订完善了高中毕业会考考务工作细则，严格组考的要求；严肃处理了各种会考违纪行为，提高了会考的信度。此外，还加强了会考的基本建设，省、地、州、市配备了计算机和光电阅读器，组织了两期计算机培训班。省教委将高中毕业会考作为教育科研课题，进行了逐步深入的研究，作到公布会考标准，命题科学化，考试后对试题和试卷进行评析，对教学提出指导性意见等，使会考从定性到定量形成了有特色的做法，收到了很好的效果。

贯彻落实国家教委下达的调整高中教学计划。根据国家教委有关文件，调整后的课程结构，由学科课程和活动两部分组成。学科课程有必修课和选修课两种形式。为了保证选修课的开设，根据全面贯彻教育方针的要求以及学科的地位与特点，省教科所组织编写了高中语文选修课本共 5 本，物理选修课本共2本，英语选修课本共7本。这些选修课本，都是以培养学生兴趣、开阔学生视野、发展个性和特长为出发点，以提高学生思想素质和文化素质为目的，融科学性、系统性、知识性、技能性、可读性于一体，与必修课本中的知识既有衔接，又不是必修课本中知识的简单延伸。选修教材已在教学中广泛使用，反映较好。

九年义务教育教材建设。湖南省从1993年秋季开始，实施九年义务教育课程方案。除使用统编教材外，1992年省教科所编写了音乐、美术教材，并送国家教委审定。国家教委中小学教材审查委员会认为湖南省编写的音乐、美术教材完全符合义务教育教学大纲精神，编排体系严谨，内容取舍得当、循序渐进，有时代特点，弘扬了民族文化，已将湖南省编写的音乐、美术教材列入全国用书目录，向全国推荐使用。

四、完善德育评价，开展各种课外活动

改革和加强中小学德育工作，推行中小学生思想品德评价方案。湖南省首先在益阳市进行了高三年级思想品德评价的模拟试点，随后召开了全省电话会议，在此基础上又进行了深入的抽样调查，为在全省中小学全面实施德育评价创造了条件。同时，根据当前改革开放的新形势，提出了改革和加强中小学德育工作的初步设想，即简化思想品德评价方案，强化学生日常行为规范的养成教育，以生动活泼的方式教育学生做人。

举办企事业单位子弟学校文艺调演，检阅子弟学校艺术教育的成果。全省有12个代表队参加调演，758名学生登台演出，共评选出一、二、三等奖67个。此外，还与有关部门举办了中日日记、儿童画比赛，全省有3500多名学生参加，其中获一等奖的100件作品送到北京评选。组织参加了全国中学数学、物理、化学奥林匹克和中学计算机竞赛，湖南省共有16名学生分别获国家一、二、三等奖，其中有8名学生参加国家集训队。有2人获国际中学生物理竞赛金牌。在世界中学生、亚洲中学生及太平洋地区中小学运动会中获得金牌5枚，银牌1枚，铜牌3枚。承办了全国中学生田径比赛。湖南省夺得团体总分和金牌总数两个第一名。

五、继续大力发展学前教育

湖南省一方面巩固现有的农村学前班，提高保教质量；另一方面，以办好示范幼儿园为重点，带动整个幼教事业的发展。1992年，全省组织开展了以县市和幼儿园为重点的幼教两个法规的自查工作；组织对示范幼儿园的检查验收，首批申报受检的17所幼儿园中有11所达到合格标准；举办了有98名园长和幼教骨干参加的示范园园 长培训班；进行了幼儿园(班)自制教具、玩具比赛，从208件参赛作品中评选出一、二、三等奖，并向全省各类幼儿园(班)展出，吸引了全省各地、州、市的幼教工作者前来参观。同时组织力量进行农村学前班教师指导用书和幼儿用书的编写，以提高学前班的保教质量。

六、教育督导工作

对全省中小学德育工作有关法规文件落实情况进行了督导检查。3月9日，组织地、县领导，教育行政部门负责人，督学和有条件的学校干部、教师，收看了国家教委关于"认真做好中小学德育工作督导检查"的电视大会实况。3月20日，省教委发出通知，按照国家教委部署，对这项督导检查的内容、步骤和要求作了全面安排。各地县和中小学校普遍开展了自查和整改工作，组织了自上而下的逐级检查。在此基础上，省教委组织力量从10月中旬至11月上旬，到31个县市、520多所中小学校进行了抽查。抽查结果表明，全省各级领导、教育行政部门和中小学校，为落实德育工作的法规、文件做了大量工作，德育工作已摆上了学校工作的重要位置，校内外育人环境进一步改善，德育工作队伍和常规管理制度进一步健全，各地学校广泛开展了形式多样的教育活动，师生精神面貌发生了可喜变化。对于部分学校把升学率看成硬指标、把德育工作当成软任务和劳动技术教育相对薄弱等问题，各地正在继续采取措施进一步加以解决。

对城市小学生课业负担过重的情况进行了督导检查。按照国家教委部署，省教委组织力量对全省各行署和州、市人民政府所在地的城区小学生课业负担情况进行了督导检查，重点检查了长沙市。主要检查国家教委1988年发布的《关于减轻小学生课业负担过重问题的若干规定》和1991年发布的《关于加强中小学生练习册、寒暑假作业、辅导材料编写和使用管理的规定》的贯彻落实和小学生的实际课业负担等情况。从检查情况来看，各级教育行政部门和学校对这一问题的认识普遍有了提高，管理措施进一步落实，教育改革不断深入，小学生课业负担已有较大减轻。但个别地方和少数学校为学生加班加点补课，有关部门编印多种复习资料要学校统一征订购买、社会上乱办"培训班"、有的单位乱给学校"派差"的现象还时有发生，因而使学生课业负担过重的情况仍然存在，需进一步采取措施加以解决。

继续开展县(市、区)教育督导评估和复查工作。省教委在前3年已督导评估19个县市教育工作的基础上，于5月、12月组织督导团先后对长沙市郊区和邵东县人民政府的教育工作进行了督导评估。按照省教委1989年9月发布的《湖南省县市教育督导评估方案(试行)》，经过历时7天的抽样考察和逐项评估，两个区、县的教育工作均进入先进等级，省教委决定授予上述两个区、县"教育工作先进区(县)"称号，并给予每个区、县5万元工作奖励经费。10月中下旬，省教委组织督学人员54人，分成三个团，分别对1989、1990年经省督导评估的郴县、冷水江市、黔阳县、益阳县、益阳市、南县、湘潭县、临澧县、株洲县共9个县市的教育工作进行了督导复查。督导团在每个县市工作4天，共考察了112个乡镇、380多所学校，通过听取汇报、抽样调查、座谈走访、查阅资料，在充分占有材料的基础上，重点复查评议了县市政府对督导团在督导评估时所指出的问题的解决情况，以及县市教育工作在督导评估后新的发展和进步。复查结果表明，益阳市的教育工作由良好进入先进等级，其他8个县市的教育工作整体水平均有不同程度的提高。省教委决定授予益阳市"教育工作先进市"称号，给予5万元工作奖励费；其他8县(市)均继续保持教育工作先进县市称号。

开展普通中小学校督导评估试点工作。5月，湖南省教委发出了《关于开展普通中小学校督导评估试点工作的通知》，印发了国家教委《普通中小学校督导评估工作指导纲要》和省教委关于实施这一《指导纲要》的试点意见。各地、州、市、县教委根据上述要求，结合当地实际，作出了实施《指导纲要》和《试点意见》的具体规划，制订了各级中小学校督导评估的试点方案，有组织、有计划、有步骤地开展了试点工作。省教委重点抓了在汨罗市和娄底地区的试点工作，并组织力量，先后在涟源一中、娄底一中、黄柏乡中心小学、城郊乡中心小学等学校开展督导评估试点或测评、座谈活动，广泛听取意见，验证方案的客观性和可行性。通过几次研讨、论证，制定了湖南省普通中小学校系列督导评估方案(试行)，包括完全中学和高中、初级中学、完全小学、初级小学4个方案。督导评估试点工作的开展，提高了学校的教育质量和办学效益，为在全省范围内进一步开展中小学校督导评估工作积累了经验。

教育督导机构和队伍建设进一步加强。在各地、州、市均建立了督导机构的基础上，建立县级督导机构的县(市、区)已由1991年底的93个增加到1992年底的115个，占当年县、市、区总数的比例由74.4%提高到94.3%。全省督导人员总数，已由1991年底的464人增加到1992年底的568人，其中专职督导人员由254人增加到290人。省级有正、副主任督学(正、副厅级)4人，处级督学5人，地、州、市有处级督学28人。为提高督导人员的政治、业务素质，省教委委托湖南教育学院于9月至11月举办了第三期教育督导人员培训班，有地、市、县、区的38名督导人员参加了学习。

撰稿人　李　钺　伍国保
杨慧仙　王展经
审稿人　沙省之　周衍桐

职业技术教育

1992年，全省大力推广了怀化地区实行农科教结合，促进山区经济开发的经验，抓了县乡两级农科教中心和乡镇农校建设，建立了初具规模并能发挥效益的乡镇农科教中心800余个，新创38所示范乡镇农校。总结推广了长沙市发展城市职业教育，促进第三产业发展的经验。完成中等专业学校办学水平评估工作。湖南省普通中等专业学校办学水平评估工作，在省教委与省计委共同领导下进行。根据国家教委有关文件精神，制定了《湖南省普通中等专业学校办学水平评估标准》(以下简称《标准》)，从1990年6月开始，对全省独立建制的104所普通中专学校开展评估，到1992年10月，评估工作基本结束。在两年半的时间内，全省普通中等专业学校共增加投入2.8亿元，扩大占地面积608亩，增加建筑面积42万多平方米，维修或改造危房、旧房37万多平方米，扩建运动场地1016亩，增加图书349万册，固定资产总值比评估前增加101%。评估工作使广大中专学校受益匪浅，在湖南中专教育史上出现了前所未有的勃勃生机。突出体现在以下几方面：

办学条件明显改善，创建了一批合格学校和优秀等级学校。评估前，湖南省只有43所学校的办学条件达到或基本达到国家教委规定的合格学校标准，合格率仅为41%，评估后，已有76所学校达到国家教委规定的合格标准，合格率提高到73%。其中办学条件达90分以上的优秀等级学校30所，优秀率达28.8%。省机械工业学校、省机电学校、省建筑学校、省农机化学校、湖南邮电学校、常德农业学校、零陵农业学校、益阳卫生学校等近20所学校，评估前仅达国家教委标准和省标准的合格或良等水平，经两年多的全面整改优化，办学水平复评，已达到优秀等级水平。原来条件较好的株洲冶金工业学校、株洲铁路机械学校、衡阳铁路工程学校、株洲铁路电机学校、长沙农业学校、湖南省化工学校等10所学校已完全达到国家教委发布的重点中专学校标准，成为骨干学校。

内部管理进一步加强，各校普遍抓了制度建设。从教学、学生、师资管理，到财务、物资、食堂、卫生环境管理都建立健全了规章制度与相应的考核奖励办法。从校长到职工，从科室到班组，都试行了岗位责任制与目标管理，学校各项工作落到实处。一些老大难问题得到了解决，如学生宿舍管理、学生食堂、澡堂、厕所管理，以及校园绿化美化工作。在评估优化工作中，广泛发动学生自己管理自己，既锻炼了学生的自制自理能力，又美化了学习和生活环境。到1990年10月止，全省有37所学校被命名为文明单位，另有22所学校被授予园林式或花园式单位。在抓好常规管理的同时，一批条件较好的部委省属学校，将现代企业先进管理方法和科学管理手段引进学校。株洲铁路电机学校对教学、后勤、财务、实习工厂以及办公室用品与生活物资采用了日本的“定置管理”办法，做到了物品存放有序有位，一目了然，提高了工作效率，这一方法已在一批学校进行推广，收效甚佳。株洲铁路电机学校、衡阳铁路工程学校、株洲铁路机械学校、株洲冶金工业学校等，在图书馆工作管理、学生学籍管理、财务与物资管理、人事档案管理等主要方面试行了计算机管理。

教学质量明显提高。一是通过优化，使师资力量得到充实，教师队伍结构日趋合理。两年多来，共调进具有讲师职务以上且有一定实际动手能力的专业课教师1249人，充实到教学第一线。二是由于加强了实验实习厂、场（室）的建设，使实验开出率由评估前的63.8%提高到85.65%，工科类学校或专业的实习工种开出率由评估前的不到70%提高到94.7%，农业类学校的实践教学与理论教学的比例由原来的0.4∶0.6调整到1∶1；文科类学校加重了“四个一”的训练，即一笔好字、一篇好文章、一副好口才、一手好算盘（含计算机操作）；湖南省农机学校、株洲铁路机械学校等还在部分专业试行了“双证”制（即毕业证和技术等级证）；三是德育工作首位得到落实。评估工作开展以来，先后增加专职德育课教师312人，较好地解决了德育教师数量不足、质量不高的问题。四是强化了考务工作管理。普遍试行了“教考分离”制。即把教学与考试命题、监考、阅卷分开，改变了长期以来谁教课谁命题谁监考谁阅卷的单一管理状况，增强教学质量管理的客观性与可信度，相应地增强了科任教师的责任感和竞争力，有效地提高了教学质量。

增强了改革意识，改革步子不断加大。一是努力打破单一的部门办学格局，立足基层，着眼全省，面向全国扩大服务面向，直接为经济建设服务。(1)改革招生计划形式。实行招生与分配挂钩，与学校建设紧密结合。以往的招生计划形式只有国家任务公费与委托培养、自费三种形式，为了把招生、分配和有利于学校建设发展三者结合起来，1992年有78所学校新列了国家任务收费计划形式，有79所学校新列了国家任务定向收费计划形式。国家任务收费计划，即计划全部定向到县（市），国家按规定标准继续拨给人头费外，学生要按省有关文件规定的标准交纳部分经费，国家对合格毕业生统一分配工作。学校向学生收取的部分经费全部用于改善办学条件；国家任务定向收费计划即计划定向到县以下乡镇企业或街办企业，学生签定定向合同，国家不负担经费，学校按省有关文件规定标准向学生收取一定经费，国家对合格毕业生按定向合同分配工作，所收取经费80%用于改善办学条件，20%进入校长基金。新列的这两种计划形式，1992年共招收8670家，增加办学经费1200多万元，这一改革，既解决了用人单位的人才需求问题，又促进了学校建设与发展。(2)试行多种形式办学，全方位培养人才。农业类学校在湖南省率先面向农村青年招收不包分配班，为广大农户和农林牧场培养人才，评估工作开展以来，这种办学形式已在其他科类学校全面推开，在校学生达2万多人。(3)多层次办学更加广泛深入。一些条件较好的中专学校，发挥一个基地多种功能作用，在以普通中专班为主体的同时，充分挖掘办学潜力，积极开办职业高中班、技工班、成人中专班，到1992年底，全省中专已有55所学校开办了职业高中班，36所学校开办了技工班，74所学校开办了成人中专班，共有在校生24525人，占普通中专生总数的24%。其中，农业类学校不包分配班的学生总数已占同类学校在校生总数的30%以上。(4)打破行业界限，大胆调整专业，以适应市场经济需要。评估工作开展前后，全省先后调整改造或新设置专业近100个，其中，全省10所农机类学校，由原来的6个专业发展到18个专业，对老专业也进行了扩充或改造；服务面向由单纯的为县乡以上农机系统服务，发展到为大农机、大农业服务，现在农机类学校每年毕业生的分配去向是1/3留在本系统，1/3分配给学校所在地市，1/3被其他系统或行业录用。通过专业和服务面向的调整，使评估前近乎停办的学校出现了新的面貌。校办产业得到进一步开发，学校自我发展能力较以前更强。湖南中专学校校办产业从小到大，1992年已有农牧渔场78个，校办工厂63个，开发第三产业50多个，校办产业固定资产1.48亿元，年创收4760多万元，校均34万元，有5所学校创收纯利超过100万元。省机械工业学校校办工厂前些年一直亏损，评估工作开展以来，学校加强管理，调整产品，充实技术力量，现有固定资产260万元，生产5个主要定型产品，1992年实现产值512万元，创纯利113万元，上缴税利30万元。株洲铁路电机学校为铁道部机车门锁的定点厂家，每年创收超100万纯利。株洲冶金工业学校，校办产业固定资产200多万元，1992年创纯利102万元。

学校精神面貌发生了显著变化。一是领导班子空前团结、凝聚力更强。原来中专学校特别是地属中专学校基本上成了当地干部的安置所或“疗养院”，评估工作使主管部门下决心改变现状。据统计，评估期间有50%以上的学校调整充实了校级领导班子，100%的学校调整充实了科室骨干，增强了凝聚力，调动了教职员工的积极性，为了评估上等级、上水平，集资建校、推迟婚期、义务投工、加班加点为学校全面优化出力的动人事迹处处皆是，湖南省轻工业学校为了解决建校中资金的缺口，校领导决定不坐小汽车，卖掉“皇冠”搞建设，教职工很受感动，人均集资2000元，解决了急需的资金。二是加强了校际之间的横向交流，互相学习、取长补短、共同受益。评估期间，除了省评估办组织学校参观株洲冶金工业学校、长沙农校、株洲铁路电机学校等一批评估优化工作有突出成效的学校外，各有关学校还带着优化项目的目标，单独组织参观有关学校。

撰稿人　袁翠珍

审稿人　周衍桐　沙省之

附

□改革中的株洲市环保职业中专学校

株洲市环保职业中专学校创办于1985年，几年来，学校瞄准市场经济建设需要，走联合办学、产教结合的发展道路，不断改革学校的办学体制和内部管理，增强自我发展能力，摸索出了一条较为成功的职业技术教育发展路子。

一、利用社会力量联合办学

几年来，株洲市环保职业中专学校先后与株洲市环保局、市税务局、市计量局、日本青年海外协力队联合开办了环保工程、财务会计、长度计量、进口汽车维修等专业。联合办学的形式是解决市场需要和进行良好职业技术教育的有效途径之一。一是为学校开办专业提供了科学的依据。根据联办单位提供人才需求的信息，学校进行人才市场的实际调查和可行性论证，决定专业的开设和招生的规模。如环保工程专业的开设和招生，就是与市环保局商定的。二是解决了学校专业师资的不足。目前职业学校师资力量往往数量不足且缺少实践能力，联办单位的专业人才能较好地集理论知识、实践能力、操作水平、科技动态和社会信息于一身，可以弥补学校专业师资的弱项。三是为学生实习提供了稳定的实习基地。在联办单位的大力协助下，学校根据专业实际需要在全市建了13个实习基地，布点百余处。学生随时可参与社会实践，练就真实的本领。四是弥补了办学经费的不足。联办单位每年为学校提供10余万元的办学经费和较为齐全的实验设备、图书资料。市计量局为办好长度计量专业，一次就无偿地拨给学校长度量具、检具50余套，价值8万余元。五是为学生就业提供了机会。联办单位除根据经济发展需要提出就业指导性意见外，还能根据本部门、本系统的需要，经与计划劳动部门协商，有的放矢地提供劳务信息，解决职校学生就业难题。该校毕业生每年就业率都在95%以上。

二、重视实践技能训练，造就高素质的人才

联合办学给株洲环保职业中专注入了生机，奠定了基础。为了使学校在市场经济形势下立于不败之地，真正达到培养实用型人才的目的，近年来提出“转变观念、提高师资、增加设备、改革教材和强化能力”的办学方针，使学校逐步迈入适应市场经济的需要办学、培养合格建设人才的发展轨道。(1)调整专业教学计划。吸取联邦德国、日本、美国的职业技术教育的成功经验，适当减轻理论知识的学习难度，注重动手能力的培养。各专业课程注重了实用性、效益性。文化基础课：专业理论课：实验实习的学时分配为3：3：4。(2)对教材进行加工。减少理论性过强，实用价值偏低的内容和章节，增加有实用价值或对专业有利且适应学生学习知识，并增加实验课和实习课的课时比例。(3)增设选修课。选修课以培养能力和发展特长为主，由学校统一安排在同一时间开选修课，学生可以自由选修学校拟开的课程，但必须达到选修课总学分方能毕业。(4)改革考试考核制度。学校从“理论知识＋专业技能＋社会活动能力”三方面进行智育综合评价，全面修订优秀生、合格毕业生的标准。对于理论成绩优秀，其他能力达不到要求的学生一律不能评为合格生。(5)完善学籍管理制度。改学时制为学时——学分制，改淘汰制为补考制。学时——学分制的原则是：文化基础课、专业理论课、实验实习课采用学时制，选修课采用学分制，补考制按国家自考办法实施。

大胆开拓和辛勤耕耘，使学校教育质量不断提高。该校财会专业毕业生289人，珠算达能手级的28人，达一级的占80%以上。1992年会考，该校各科平均成绩占全市第一名。由于学校以质取胜，经全面考核，该校成为株洲市财政局对财会专业毕业生免试发给“会计上岗合格证”的唯一单位。几年来，学校连续被评为株洲市教育先进单位、双文明单位、先进工会、先进团委等。1992年被省教委等5个单位联合授予职业技术教育先进单位的荣誉称号。

三、产教结合，增强自我发展能力

产教结合，是振兴职业技术教育的必由之路。株洲市环保职业中专在人员紧缺的情况下，不惜抽出5名年富力强的骨干教师和1名校级领导兴办了两个校办工厂和一个劳动服务公司，使学校校办产业呈现出勃勃生机。他们的经验是：(1)结合专业设置兴办企业。学校开设有环保专业和进口汽车维修专业，他们办起了江南环保设备厂和华日进口汽车维修厂。这两个校办工厂为教师的实践活动和学生的实习开了方便之门，对教师和学生专业技能的提高提供了可靠保证。(2)面向市场办企业。两个校办工厂虽创办时间不长，但能紧紧盯住客户，瞄准市场，扬长避短，出奇制胜。1991年两厂的产值为120万元，1992年达180万元，两年为学校提供25万元的办学经费。校办产业改善了学校的办学条件和教职工的福利待遇，也迫使教师走出经验式的教学模式，密切注视市场经济的变化，加紧培养实用型人才。

撰稿人　彭酉滨　石谋军
审稿人　沙省之　周衍桐

普通高等教育

1992年，湖南普通高等教育得到较快发展，教育改革迈出了新步伐。全省普通高等学校招收新生32939人，比上年增加19.98%，其中，本科生12642人，专科生20297人，本、专科学生之比为1∶1.61。在校学生95389人，比上年增加7.63%，其中，本科45530人，专科49859人。各科类在校学生的比例为：工科34.71%，农科2.66%，林科2.53%，医药8.24%，师范33.49%，文科3.49%，理科2.20%，财经10.63%，政法1.37%，艺术0.88%。1992年招收研究生734人，其中博士研究生94人，硕士研究生640人，比1991年增加8.26%，在校研究生2168人。当年毕业大学生25920人，毕业研究生543人。普通高校函授部、夜大学、干部专修科招生13060人，比1991年增加69.13%，其中，函授8091人，夜大学4904人，干部专修65人，在校生为31526人，比上年增加25.66%。

普通高等学校有教职工37894人，校本部教职工31229人，其中专任教师14335人。专任教师中有教授519人，副教授3174人，讲师5880人，比上年分别提高50.87%、13.28%、8.35%。高校有校舍建筑面积

417.34万平米，生均校舍面积43.75平米，当年新增加面积14.34万平米。

一、解放思想，明确教育改革的思路和目标

邓小平同志南巡讲话发表以后，全省高校积极组织师生员工认真学习，开展解放思想的大讨论，结合实际，积极制定教育改革方案，并于暑期组织了部分高校领导干部研讨会，经过反复讨论和修改，后来又根据中共十四大精神和全国高等教育工作会议精神进一步完善，基本形成了湖南高教改革的思路，即：服务经济，面向市场；发展规模，优化结构；改革体制，转换机制；保证质量，提高水平。确立了高等教育改革和发展的总目标，即到2000年基本形成以国家办学为主体，社会力量办学为补充的多种形式办学的新格局；基本形成通用、应用性学科专业齐全，层次专业结构合理，规模与经济建设和社会发展相适应的高等教育体系；基本形成主动适应社会主义市场经济体制，有利于高校形成自我激励、自我约束、自我发展的运行机制。

二、改革招生制度，扩大招生规模

在高校招生中，较大幅度地增加了调节性计划的比例，自费生招收数量有较大增加，在国家任务中增加了收费定向包分配学生这一新形式。招收自费学生的人数由上年度的801人增加到3971人，占招生总数的12.5%，在国家任务指令性计划中招收收费生2721人，占指令性招生人数的9.2%。继续试行招收保送生、有实践经验的学生以及招收模范青年入学的制度。在录取新生时，对高中应届毕业生和往届毕业生分开划线，保证应届生录取比例不低于往届生，录取分数线往届生高于应届生。在收费体制上，调整了高校新生的收费标准，高校入学新生普遍收取一定的学杂费。

三、改革高校管理体制，扩大高校办学自主权

湖南省人民政府决定省教委给高校下放办学自主权：在招生上，扩大调节性计划，逐步把选拔新生的职权交给学校；在专业设置上，在已设置的本、专科专业内学校有权确定与调整专业方向，师范院校可设置少数非师范类专业，在落实投资，保证办学条件的前提条件下，学校可根据市场经济和社会对人才的需求设置新专业；学校可与地方、部门、企业联合办学，也可接受私人投资办学；在保证完成国家任务计划的前提下，有条件的学校可对非师范专业的毕业生就业试行“双向选择”的办法；在核定的机构和岗位职数限额内，学校有权确定机构设置，任免中层及以下干部；符合相应职务评审委员会组建条件的，专科学校可评审讲师职务任职资格，本科院校可评审副教授职务任职资格；以及扩大高等学校在教学科研、经费管理使用、学校建设、内部管理、对外交流等方面的自主权。

四、深化教育教学改革，提高教育质量

面向市场，立足湖南经济和社会发展实际，大力调整专业设置和专业方向，积极发展与经济建设和社会发展密切相关的应用学科专业。在普通高校新设置了一批本、专科专业，批准7所高校新办成人高等教育，新增加成人函授夜大学点15个，积极修订专业人才培养方案，调整课程设置，通过实行按系招生、主辅修制、学分制等措施，拓宽专业面，扩大专业知识范围，增强了学生的适应性，省教委拿出专款支持湖南农学院园艺系、湘潭大学机械系、湘潭师范学院和吉首大学生物系等一批系科的专业综合改革。设置重点学科、重点课程，促进学科专业建设，对1988年在本科院校设置的35门重点课程进行了评估，评出8门省级优秀课程，11个单项优秀奖，并在本、专科院校重新确定62门重点课程；高校开展了联合办学、校县联姻等多种形式的教学、科研、生产相结合活动，培养动手能力强、适应经济建设需要的人才。

五、加强教师培训，搞好教师队伍建设

为了促进教师业务水平的提高，省教委依托湖南师范大学在原湖南高师师资培训中心的基础上建立了湖南省高等学校师资培训中心，其主要职责是：(1)制定全省高校师资培训工作的长远规划并落实师资培训工作的年度计划；(2)组织、协调高校师资培训工作计划，并实施师资培训工作；(3)建立全省高等学校师资数据库；(4)组织师资培训工作的信息和经验交流。依托培训中心在省内有关高校举办了研究生主要课程函授进修班、青年教师岗位培训班，并在部分学校试行了招收研究学者、进修学员的学费由学校出三分之一，省教委资助三分之二的办法。各校还采取多种措施积极选送教师参加省内外学术进修、培养提高活动。在职称评定中不拘一格选拔人才，使优秀中青年人才脱颖而出，1992年通过高级职务评定的教师中40岁以下的有153人，占18%，其中破格晋升的有94人，有3名新晋升教授年龄在30岁以下。1992年10月，省教委在长沙召开了高校师资培训工作会议，总结经验，确立了90年代师资队伍建设的目标，并制定了《关于加强高等学校师资培训工作的意见》。

六、抓好高校内部管理体制的改革，建立和完善办学保证体系

1992年7月以后，各高校相继制定了高校内部管理体制改革的方案，引进竞争机制，改革劳动、人事、分配制度，并开始逐步落实到位。在分配上，打破平均主义思想，向在教学、科研工作中有突出贡献的人员倾斜。后勤工作在坚持为教学、科研服务的前提下，转换机制，由单纯服务型向服务经营型转化，并开始了企业化管理试点。大力发展校办产业，吸收消化富余人员。邵阳师范专科学校在内部管理体制改革中精减机构、从严核编，将成教部并到教务处，党委办和校办、组织和人事都是两块牌子、一套人马，纪委、监察和审计工作合署办公，核编后事业编制人数比应有编制人数节余87人，并且在岗位设置、职务聘任、考核、利益分配上进行了系统的改革，取得了较好的效果。内部管理体制的改革，极大地调动了广大教职工积极性，工作效率、管理水平和服务质量都有了显著提高。

七、全省高校科技工作跃上新台阶

1992年，全省高校科技工作紧紧围绕国民经济建设，在科学研究、科技开发、校办产业等方面取得了较大成绩。

实行科教兴农、校县挂钩、走“农科教”结合的新路。1992年5月7日至10日，湖南省科教兴农(林)校县挂钩现场座谈会在双牌县召开。会上推广了中南林学院与双牌县全方位合作、走“林科教结合”之路的经验，讨论了《湖南省科教兴农校县挂钩管理办法(征求意见稿)》，校县双方负责人共同研究了校县挂钩的有关问题，即按照“双向选择、对口服务、互惠互利、共同发展”的原则，以高校为龙头，以项目为纽带，以县(市、区)职业中专、农民中专和农(林)科教中心为技术培训、技术示范基地，广泛开展技术培训、技术咨询、技术服务、技术开发、技术承包、技术入股等活动，推广先进适用技术，通过3—5年甚至更长时间的挂钩服务，帮助一批县市深入开展农村教育综合改革和建立支柱产业，切实解决县市经济建设中的一批技术难题，使这些县市的经济和教育事业有一个长足的发展，达到富县、兴校两个目的。中南林学院与双牌县挂钩、全方位合作的经验得到了国家教委、林业部的高度评价，被誉为“走出了农科教结合的一条新路子”。会上28所高校与42个县市共签订全方位校县挂钩协议书31份，有挂钩意向的校县共95对，有合作意向的科技项目325项。

实施“产学研联合开发工程”，开创了科教兴工的新局面。为落实国务院经贸办(原国务院生产办公室)、国家教委、中国科学院联合组织实施的“产学研联合开发工程”，1992年6月，省经委、省教委、省科委联合成立了湖南省产学研联合开发工程协调办公室。7月，协调办公室组织了省内8所高等院校、3所科研院所与17家化工企业进行对口考察、洽谈，在这次活动中，高等院校、科研院所与化工企业共签订意向性合同67项，其中成果转让32项，难题招标21项，合作开发项目14项。11月，协调办公室又组织了省内部分高等院校与电子企业进行对口考察、洽谈。协调办公室的成立，对口考察、洽谈活动的开展，促进了高等学校与企业的联系，开创了全省科教兴工工作的新局面。

大力加强校办产业的领导，校办产业的发展方兴未艾。为加强高等学校校办产业工作，省教委采取了一系列措施：(1)由省教委科技处统管全省高校的校办产业工作，湖南省教委科技开发服务中心、湖南省高等学校校办产业协会做好服务工作；(2)设立湖南省高校科技开发贷款贴息计划，每年由省教委拨出专项资金用于全省高校科技开发贷款的贴息；(3)促成省税务局出台了对高等学校的9条税收优惠政策，为高等学校校办产业工作创造了良好的外部环境。1992年，全省高校校办产业共创产值2.05亿元，利税4143万元，分别比1991年产值6980万元、利税1528万元增长194%和171%。

取得一批具有国际先进水平的科技成果：“银河——Ⅱ巨型计算机”是由中国人民解放军国防科学技术大学研制、面向大规模科学和工程计算、大规模数据处理的我国新一代通用并行巨型机，其技术指标达到了国际80年代中后期先进水平，1992年11月在长沙圆满通过了国家鉴定，并被评为1992年全国十大科技成果和全国十大经济成就之一。“两系法利用小麦杂种优势技术”是由湖南农学院何觉民教授主持的省重点科研课题，课题组经过3年的攻关，于1992年4月在长沙通过了以中国科学院学部委员庄巧生及著名农学家袁隆平等为首的鉴定委员会的严格审查鉴定，认为是国内外首创的突破性成果，为我国运用两系法配制杂交小麦，利用杂种优势，开拓了新途径，对发展我国小麦育种理论和展示小麦杂种优势利用的广阔前景，有着重要意义。省政府于1992年5月20日作出决定，给予课题组262万元的重奖，以改善科研条件、加速科研成果向生产力的转化。

撰稿人　蒋易春　杨承玖
喻志松
审稿人　周衍桐　沙省之

成人教育

1992年，湖南省成人教育工作适应社会经济发展的新形势，坚持“改革和发展”的方针，保持了继续发展的好势头。

一、成人招生工作取得可喜的成绩

1992年全省共有467所学校(省内260所，外省207所；大学299所，中专168所)招生，计划共招61353人，报名人数达168575人，录取最低控制线比往年提高，大专理科为

290分，文科为270分，全省共录取、注册50639人，其中大专以上26091人，中专24548人。招生考试科目进行了改革，西医类考试，不考物理和化学，改考生理学和人体解剖学。招生管理工作基本实现了微机管理，为招生提供了较为准确的数据，提高了工效，使招生管理工作日趋现代化、科学化和规范化。同时，进行了招生微机管理工作研究项目，开发了“HCZMIS”计算机软件，经鉴定获得通过，为进一步采用微机管理招生工作打下了良好的基础。当年9月，还召开了湖南省成人高、中等学校招生工作表彰大会，共表彰先进单位5个，先进个人154名。

二、扫盲工作完成任务较好

继续贯彻了国务院《关于扫除文盲工作条例》，转发了国家教委《关于进一步加强扫除文盲工作的意见》。编写和印发了扫盲教材《文化技术课本》25万册。推广了桃江县开展村级扫盲达标活动的作法。村级扫盲达标标准是：(1)全村15—40岁青壮年的非文盲率达98%以上；(2)凡25岁以下具有学习能力的青壮年文盲全部脱盲；(3)15岁以下的校外儿童，未达到小学毕业水平的，全部复学，堵住新文盲的产生；(4)对新脱盲学员，分期分批组织继续学习，使脱盲巩固率保持在95%以上，并逐步掌握一技之长。1992年，全省共下达扫盲任务20万人，各地共办扫盲班11133个，参学文盲达32.24万人，通过学习有21.17万人脱盲。益阳地区经验收，被省政府确认为高标准扫除文盲地区。到1992年底，全省已有湘潭市、益阳地区成为高标准扫除文盲地市，100个县(市、区)、2569个乡镇基本扫除青壮年文盲。祁阳县人民政府、益阳地区成人教育办公室、娄底市教委副主任李建庄、湘西自治州教委成人教育科科长杨秀生受到国家教委的表彰，分别被评为全国扫盲先进单位和先进工作者。湘潭市妇联、郴县教委工农教育站站长张盛甲、临湘县白云镇妇联主任吴乙未、益阳地区妇联主任张金云获全国第二届“巾帼扫盲奖”。

三、乡镇农校建设有新的进展

5月，省教委召开了全省农村成人教育工作会议，对1991年经抽查验收达标的48所示范乡镇农校进行了表彰，给每所示范乡农校授了校牌，奖金2000元。当年，14个地(州、市)申请省里抽查验收的50所示范乡镇农校，经省统一组织检查验收，有48所达到省颁示范乡镇农校标准，1所未达标，1所弃权验收。这48所学校年内校平均投资8.7万元，占有校舍1961平方米，生产实习基地141亩，初步做到了教育教学、科技推广、生产实习和生活服务成龙配套。48所学校全年共办长、中、短班744个，培训各类实用人员43519人次，开展技术咨询服务43665人次，勤工俭学收入51.68万元，促进了当地经济建设，增强了学校自我发展能力。省教委对48所达标示范乡镇农校专门通报并进行了表彰。到年底止，全省乡镇农校办学面达97.59%，地市验收合格的乡镇农校共2347所，示范镇农校614所，依托乡镇农校建立了1168个乡级农科教中心。全省乡镇农校共有校舍125万平方米，仪器设备价值942.5万元，图书资料438.6万册，用于办乡镇农校的集资款3321.9万元。全省乡镇农校全年共办班39284期，培训各类实用技术人才2035719人次。湘潭县古城乡、桂阳县塘市乡、汨罗市天井乡、洞口县又兰镇农民文化技术学校受到国家教委表彰，被授予“全国农村成人教育先进学校”称号。

四、成人中专学校建设得到加强

1992年全省成人中专学校开设专业230个。为提高办学整体效益，对成人中专学校分期分批进行了评估。农民中专在1991年办学效益评估的基础上，1992年又制订了水平评估细则，计划在1993年下半年进行评估。

1992年组织有关地市成人教育负责人、部分学校负责人和省教委成人教育处干部，对全省经过自评后申报省里验收评估的83所职工、函授、电视中专进行复查评估。评估结果，合格学校72所，基本合格11所。为加强农民中专教材建设，在国家教委统一组织下，对果林专业的教学计划、教学大纲进行了修改，并承担了《果树病虫害防治》、《果树栽培》、《果树遗传育种》、《林木栽培》、《动物微生物学》、《家畜解剖生理学》、《作物栽培学》和《作物病虫害防治》等8本教材的编写任务。1992年10月，省教委承办了国家教委在郴县农民中专学校召开的全国农村成人中专协作会，湖南省40所农民中专的校长列席了会议。全省有沅江市农民中专、怀化地区财税职工中专、湖南省电影职工中专、祁阳县卫生职工中专、湖南省中华会计函授学校、常宁县教师进修学校、华容县教师进修学校、沅江市教师进修学校、江南机器厂职工中专、中国建筑工程总公司第五工程局职工中专受到国家教委的表彰，被授予先进学校奖牌。

五、社会力量办学蓬勃发展

1992年2月，省教委对社会力量办学进行了重点调查。6至7月，对全省社会力量办学进行了摸底统计，全省社会力量办的各级各类学校678所，专兼职教师8111人，专兼职办学人员3097人，在校学生125600人。为了贯彻十四大精神，推动社会力量办学促进经济建设，10月，省教委和省政协联合召开了湖南省社会力量办学经验交流暨表彰大会。省教委主任季益贵作了报告，省政协主席刘正等领导讲了话。全国政协教科文委副主任陆平专程来长沙参加了会议，并作了重要讲话。为落实“积极鼓励，大力支持，正确引导，加强管理”的社会力量办学方针，省教委制订了《湖南省社会力量办学管理办法》和《关于社会力量办学暂行规定》，报省法制局和省政府批准后出台。

六、人口教育和“013项目”进展良好

湖南省有农民人口教育项目学校60所。5月份，组织举办了一期省级农民人口教育项目骨干培训班，共培训新发展项目学校校长和人口教育教师40人。省教委农民人口教育项目管理组还订购和发放人口教材42778册，教师培训教材949册，补充教材3032册；录像磁带120盒。全省60所项目学校全年共培训校内学员8653人，培训校外学员14276人，办校长培训班35期，参学者124人，办教师培训班62期，受训者1176人，办校外人口教育联系点132个，培训群众18744人，开展咨询、调查、演讲比赛等活动159次，受教育的农民群众达74030人。

为了推动妇女学习，提高妇女致富的本领，联合国教科文组织亚太地区办事处在亚洲10个国家中开展了“国家间妇女女童扫盲与基础技能培训项目”(简称“013项目”)。1992年湖南省重点抓了骨干培训，办了2期骨干培训班。第一期培训班在郴县农民中专学校举办，共培训当地骨干65人，组织学习了快速养猪、柑桔栽培与保鲜、食用菌栽培等技术，还学习了开展妇女教育方面的知识。第二期培训班在望城县农村中等专业学校举办，参加学习的有郴州、湘潭、长沙3地市的30名骨干，学习了食用菌栽培、獭兔饲养、鹌鹑养殖等技术，传授了开展项目工作的经验。这两期培训班为项目扩展起了积极作用。

撰稿人　罗元保

审稿人　沙省之　周衍桐

广东省教育

概况

1992 年各级普通学校基本情况

单位：人

学校类别	学校数（所）	毕业生数	招生数	在校学生数	教职工数	
					计	其中专任教师
一、普通高等学校	43	31225	36763	100885	38894	15076
研究生	(15)	931	1244	3453		(2249)
本　科	27	14228	15013	55800		
专　科	16	16066	20506	41632		
二、中等专业学校	226	42277	48773	130791	20565	10185
中等技术学校	181	31361	36926	98450	15833	7421
中等师范学校	45	10916	11847	32341	4732	2764
三、普通中学	3783	692037	997099	2550239	190186	145370
高　中	822	114171	116294	348588		26131
初　中	2961	577866	880805	2201651		119239
四、农业、职业中学	564	67448	77931	205397	19835	14625
高　中	556	65636	74539	197383		14242
初　中	8	1812	3392	8014		383
五、工读学校	3	12	12		22	13
六、小　学	24654	1022360	1386454	8039814	343299	289920
七、特殊教育学校	27	105	723	4798	629	455
八、幼儿园	6917	1087165	1262341	1775729	73770	49308

1992年各级成人学校基本情况

单位:人

学校类别	学校数(所)	毕业生数	招生数	在校学生数	教职工数	
					计	其中:教师
一、成人高等学校	54	32278	33618	75679	8760	3897
广播电视大学	3	9254	9594	22413	2307	915
职工高等学校	27	4948	5815	13029	2263	1162
农民高等学校						
管理干部学院	11	2424	2276	4375	1650	607
教育学院	13	6545	5060	10637	2540	1213
独立函授学院						
普通高校举办						
函授部	(18)	5272	5519	13607		
夜大学	(31)	3629	5064	11149		
干部专修科	(10)	206	290	469		
二、成人中等专业学校	281	29250	49902	122887	8785	4542
广播电视中专	3	2005	2553	6414	715	356
干部中专	8	449	3373	5178	191	88
职工中专	123	9628	15943	37547	3028	1516
农民中专	49	5040	8952	19953	1725	964
教师进修学校	98	12128	19081	53795	3126	1618
三、成人中学	399	30739	42413	60392	1692	745
职工中学						
农民中学						
四、成人技术培训学校						
职工技术培训学校						
农民技术培训学校						
五、成人初等学校	3761	825392	803622	830173	5071	944
职工初等学校						
农民初等学校						
其中:扫盲班	1060	48226	43615	51603	1444	280

普通及成人中小学教育

1992年,广东省普教系统认真贯彻邓小平同志南巡重要谈话和党的十四大精神,在加快改革开放和现代化建设的新形势下,以增强实力、提高水平、创造特色为目标,深入各项教育改革,加强教育基本建设,推进事业发展。

各级党委、政府和社会及广大教育干部和教师进一步解放思想,更新观念。社会主义市场经济体制的发展,推动着教育改革的扩展和深化。一是随着公有制为主、多种所有制经济成分的并存和发展，办学体制更加多元化，除政府办学外，社会、个人、外资和华侨港澳同胞办学助学更为活跃，形式更加多样。二是筹措教育经费的渠道进一步拓宽，社会和个人对教育的投入增加。一些市县还从开发房地产、征收城市建设配套费、城市人口增容费的收入中，划拨一部分用于教育。三是勤工俭学和教育经济市场的开发有所发展，学校和教育部门办的企业有所增加。全省勤工俭学纯收入达2.4亿元左右。四是城乡教育综合改革得到推进，初步形成了农村教育综合改革的网络，促进了教育与经济、科技的结合。一些市县突破传统的办学模式，因地制宜，优化组合，发展了联合办学、多功能办学的模式，使城市教育综合改革也有一定进展。

一、普通中小学教育

(一)义务教育

1992年，广东省实施九年义务教育的步伐进一步加快。至年底，全省小学适龄儿童入学率达99.34%，在校学生年巩固率达98.7%以上，小学生毕业率达98%以上，小学非正常流动率为1.08%，小学毕业生升初中率为86.49%。目前，全省已有45个市、县(区)经过省验收基本普及了初中阶段义务教育，覆盖全省38%的地区，覆盖人口达1947.5万，占全省总人口数的29.7%。经过深入调查研究，根据实际制订了普及九年义务教育规划。1月，省政府批转了省教育厅《关于广东省普及初中阶段义务教育规划的报告》，提出广东于2000年实现普及九年义务教育。省教育厅组织了调查组，深入到普及九年义务教育的难点——山区贫困地区调查研究，对这些地区的普及九年义务教育工作进行指导。并于7月又到全省最贫困县之一的清新县开展调研，指导该县进行普及九年义务教育规划及经费测算。年底，根据广东省统一规划步骤，重新提出了关于加快普及九年义务教育的步伐，争取在1997年全省基本普及初中阶段义务教育的意见。

进一步学习、宣传、贯彻《中华人民共和国义务教育法》和《中华人民共和国义务教育法实施细则》，省教育厅与省教育学院联合举办了全省各乡镇教办主任和各市、县教育科、股长共2000人的《义务教育法》和《实施细则》学习培训班，指导各地组织实施义务教育，依法治教，使义务教育实施工作落到实处。

深化教育教学改革，努力提高义务教育质量和办学效益。改革初中招生办法，逐步实行了小学毕业考试与初中招生考试结合，取消小学升初中考试，并做到就近入学。积极开展在初中进行职业技术教育的试点，培养学生良好的文化素质和一定的劳动就业本领。

(二)普通高中教育

以贯彻落实国家教委《现行普通高中教学计划的调整意见》和实施普通高中毕业会考制度为重点全面开展工作。全省高中一年级、二年级在秋季都按《调整意见》要求开设必修课，并积极创造条件开好选修课。

高中会考首战告捷。全省高中地理会考在7月3日进行，参加考试人数11.38万人，总合格率为98.04%，其中：优秀率占26.75%，良好占49.52%，合格占21.77%。下半年，修订了会考考务工作细则，加强管理，为高一新生会考地理，高二会考英语、物理、化学、生物、历史作准备。

加强对重点中学的指导和管理。主要充实了重点中学的电教设备和实验室设备，并研讨了重点中学在社会主义市场经济发展的新形势下进一步提高教学质量、办出特色的措施和对策。继续加强学校德育、美育和劳动技术教育，培养学生全面发展。

开办高等师范预备班。为了提高高等师范生源质量，经广东省人民政府同意，决定从

1992年开始在重点中学试办高等师范预备班。8月，湛江市一中、江门市一中、汕头金山中学等省重点中学分别试办了预备班，招收有志从教的优秀初中毕业生。

人口教育有较大的发展。广东省普通高中都开设了人口教育课，有部分初中或职业中学也开设了人口教育课。在1992年全国人口教育论文、宣传画竞赛评比中，广东省共有19篇(件)教师论文和学生小论文、宣传画作品获奖。

(三)教育教学改革

教育教学改革和教育科研逐步得到加强，教育质量有了提高。一是各地结合实际进一步推广了潮州德育工作经验，协同有关部门抓好社会治安综合治理，为中小学生健康成长创造了有利的社会环境和条件，并通过德育的督导和考核，促使学校德育逐步到位。各地根据新的形势，创造了许多适合青少年成长的德育途径和方法。二是加强了教学改革，除按照全省教学工作会议要求广泛开展单项的和整体的教学改革之外，还开展了高中会考和调整教学计划工作，以及九年义务教育教材的试验研究工作等，并且在政治、语文、历史、地理等科教学中加强了“两史一情”教育。另外，还认真贯彻省委、省政府关于大力推广普通话的决定，于12月举行了全省“容声杯”普通话电视大赛。三是加强了体育卫生工作。举办了第三届全省中学生运动会，开展了贯彻两个条例和对体育传统项目学校的评估等工作。四是教育科研工作紧密围绕适应广东经济、社会进一步改革开放和发展的新形势如何深化教育改革这个中心，开展了教育科研活动，并探讨新时期中小学校素质教育、改善德育工作等课题。通过以上工作，学生对改革开放、社会进步充满信心和热情，违法犯罪率继续得到控制；学生的学业成绩不同程度有所提高，广东省中学生在国际和国内的学科竞赛中取得前所未有的好名次；学生体质有所增强，运动竞技水平有所提高，体育锻炼达标率为84.33%。职业中学和中等师范学生的思想、文化、技术(业务)素质也普遍有所提高。

(四)德育工作

1992年，广东省中小学德育工作以建设有中国特色社会主义理论为指导，组织中小学师生认真学习和领会邓小平同志的南巡谈话和党的十四大精神。广大师生对改革开放、社会进步充满信心和热情。中小学德育工作得到进一步改进和加强，中小学生违法犯罪现象在总体上略有下降。上半年，全省有5个市52个县(区)无中小学生犯罪。中学生德育考核工作有了新的突破。在1992年高考招生工作中，首次设立德育审核组，择优录取，严格把关，取得了较好的效果。

进一步推广潮州德育工作经验，紧密配合广东省精神文明建设和社会治安综合治理，优化社会育人环境。全省组织了中小学生开展电影系列化教育；开展少先队员广东现代革命斗争史考察活动，并举行了成果汇报和表彰大会；举办了全省中学生法律知识竞赛，并在韶关市举行第二届省中学生法制夏令营。

中学思想政治课、小学思想品德课的教研指导工作进一步加强。举办了中学政治课新教材骨干教师培训班，培训政治课教师骨干、教研员600余名。召开了“七五”期间中学政治课改革实验工作总结会，编辑出版了《广东省中学思想政治课实验改革探索》一书。年底，在深圳市召开了提高中学思想政治课实效性研讨会和教研会1992年年会。积极开展德育科研活动，探讨新时期加强和改进中小学德育的一些新问题、新思路，指导德育工作的开展。

1992年全省一批德育先进单位和个人

受到各级的表彰。潮州市被国家教委授予“全国中小学德育工作先进市”称号。“六一”前夕，国家教委、团中央、文化部等六个部委联合表彰全国少年儿童校外教育工作先进集体和先进工作者，广东省普教系统有2个先进集体和8名先进个人受表彰。12月，国家教委、团中央、文化部、新闻出版署联合表彰“全国红领巾读书读报奖章活动”先进集体和先进个人，广东省有19个先进集体、40名先进指导者、400名学生积极分子榜上有名。

（五）师范教育与师资队伍建设

中等师范教育以提高教学质量为中心，以加强宏观管理为重点，着重开展3项工作：(1)重新制订发布《广东省中等师范学校办学条件标准》，并积极付诸实施。为使中等师范学校的发展与广东的经济发展相适应，在国家教委80年代中期制订的《标准》的基础上，适当提高了部分办学条件的标准，力争使广东省中等师范学校高标准、高质量进行办学条件标准化验收。(2)改革中师招生制度。为了严肃文凭制度，提高生源质量，广东省中等师范招生工作采取了两条措施：一是招生计划由省直接下达到学校；二是实行全省统一审批录取。实施之后，取得了较好的效果。(3)对中等师范学校语文、数学、教育学、心理学等4科必修课实行全省统考。这是广东省中等师范在“八五”期间狠抓教育、教学质量的一项重大措施，对解决中等师范学校教学质量没有统一衡量标准等问题起到了促进作用。

教育学院工作主要完成了两大任务：(1)顺利完成了中学教师《专业合格证书》文化专业知识考试工作。1992年，国家教委把初中教师考试的命题权下放给各省市后，广东省各教育学院积极配合省中学教师考试办公室，克服困难，完成了88门课程的命题考试工作。到年底，广东省中学教师《专业合格证书》文化专业知识考试圆满结束。据统计，从1987年至1992年，广东省参加《专业合格证书》文化专业知识考试的中学教师共80824人，其中，初中教师64232人，高中教师16592人。通过考试，初中教师取得一科以上合格人数8477人，合格率为25.7%；高中教师取得一科以上合格人数2357人，合格率为33.8%；高、初中教师各科全部合格取得《专业合格证书》的共有1200人。(2)中学教师的继续教育工作走上正轨。经过一年的努力，广东省制订并颁发了中学教师5个层次、12个专业的继续教育教学计划、编写362门课程的教学大纲，同时还编写了中学教师继续教育的《建设有中国特色社会主义》、《班主任工作概论》和《当代师德修养》等3门公共课教材，为广东省开展中学教师继续教育打下了基础。

进修学校建设：(1)继续推进小学教师继续教育工作。在1991年全面铺开小学教师继续教育工作并取得一定成绩的基础上，广东省组织编写了小学新教师见习期培训和小学教师职务培训两大系列、4门学科的13本试用教材，共280万字，为进修学校进一步开展小学教师继续教育提供了必要条件。(2)制订和发布《教师进修学校办学条件的标准》。根据广东省98所进修学校办学条件与其所承担的繁重任务相比极不相称的实际情况，广东省制订发布了建国以来第一份教师进修学校办学条件标准，使教师进修学校办学条件建设有了科学依据。

各地抓紧教师培养和培训，加强思想政治工作，广泛开展教书育人、为人师表活动。教师学历的达标率继续上升。1992年，学历达标的教师，小学为87.65%，初中为72%，高中为47.94%，分别比1991年提高了1.05、2.82和2.36个百分点。对中小学教师的专业技术职务进行了全面评聘，共评出中学高级教师2274人，中师、教师进修学校高级讲师317人。到目前为止，全省共授予了特级教师404人，评聘中学高级教师9100人，中师、教师进修学校高级教师823人，并有20%的小学教师和25%的中学教师获得了中级职务。教师生活待遇和社会地位也得到提高。1989年以来，全省有26993名民办教师转为公办教师，同时解决了10多万户教师农村家属转为城镇户口问题。各地新建了一批教师住房，并不同程度地增加了教师奖金和补贴。组织校长、教师学习建设有中国特色社会主义的理论和加强了业务培训，仅暑期全省就有10.5万名校长、教师参加了这方面的培训班。广大校长、教师的思想业务素质和工作积极性有所提高，涌现出一大批无私奉献，做出显著成绩的先进教师。1992年教师节，省委、省人民政府表彰一大批教师，华南师范大学附中特级教师吴澧旸，省优秀归侨教师、广州市电子职业中学副校长李伟辉，南雄县职业高中特级教师丘德高等3名中小学教师被评为南粤杰出教师，获重奖；299名评为优秀教师；326名中等师范学生被评为优秀师范生。

(六)教育经费与办学条件的改善

教育经费投入不断增加，办学条件有新的改善。经过1988年以来的努力，校舍危房改造任务已基本完成。全省共投资41.23亿元，新建、扩建、拆建校舍1522.32万平方米，使全省中小学面积达4563万平方米，比1980年增加了一倍。1992年5月，省政府对在中小学校舍改造工作中成绩显著的241个先进集体和300名先进个人给予了表彰。学校内部设施和设备建设取得新的进展。许多学校新建了科学楼、实验室和专用教室，扩建了体育场地。全省中小学教学仪器设备总值从1991年的2.4亿元增至1992年的3亿元，电化教育有所发展，体育卫生器材和图书配备有所增加。有14个市县的仪器设备和实验室建设达标。

二、职业技术教育

1992年，全省有职业高中556所，其中，单独设立的328所，附有普通中学班的228所。职业中学连同中师、中专和技校的招生数占高中阶段招生总数的55.3%，比上学年提高3.1个百分点；在校生数占高中阶段在校生总数的52.9%，比上学年提高3.3个百分点。

新办职业中学规模大，规格高。1992年，全省新增职业中学14所。规模较大的职业高中，有侨胞张锦程先生捐建、李鹏总理题词的普宁职业技术学校，有港胞捐资的中山市沙溪理工学校、鹤山县职业高中和遂溪县职业中学等。这些学校校舍建设质量高，教学设施设备完善，在当地学校很具吸引力。

社会力量举办职业中学比较活跃。至1992年，有民革、民盟、民进、农工民主党、致公党等民主党派办学，有政协、工会、校友会等团体办学，还有军民共建的校董会管理的、离退休干部教师办的、以至个体户、私人办的职业中学等。多数分布在广州、佛山、湛江、茂名、台山等市县。

实施燎原计划和农村教育综合改革工作呈现良好势头。1月中旬，省召开了农村教育综合改革与实施燎原计划试点检查汇报会，总结了东莞市、宝安县的试点工作经验，并在全省推广。4月下旬，省委、省政府专门召开了农科教结合推动农村经济发展座谈会，研究如何贯彻落实国务院《关于积极实行农科教结合推动农村经济发展的通知》精神，并就如何发挥各级政府和部门的职能作用，进一步加强农科教统筹结合，积极推进广东省农村教育综合改革和实施燎原计划，更好地为农村经济发展服务问题进行了研究。中共广东省委办公厅、广东省人民政府办公厅于

1992年7月3日印发了《广东省农科教结合推动农村经济发展座谈会纪要》。为了加强分类研究、分类指导，提高实验点的水平，广东省教育厅组织实验市县和省直有关部门的负责同志于1992年10月至11月间，分别检查了珠江三角洲的中山、南海、顺德市，粤西的高州、遂溪县，山区的曲江、始兴、南雄等8个省抓的实验市县、31个示范乡镇的158个“三校一场(厂)”及燎原计划项目现场，使点上工作又有了较大的发展。在努力抓好点上深化的同时，面上的扩展工作取得进展。据统计，1992年全省新增实验县(市)10个(番禺、花县、斗门、电白、吴川、廉江、化州、阳东、博罗、佛冈)，新增燎原计划示范乡镇90个。到1992年底，全省实施燎原计划示范乡镇已扩展到318个，分布在95个县(市、区)，占全省有农村乡镇的县(市、区)总数的95%以上，已达到“八五”计划数的63%；农村教育综合改革实验县(市)已增到27个，实验县(市)已达到“八五”计划数的54%。广东省农村教育综合改革和实施燎原计划，有力地促进了普通教育、职业技术教育、成人教育的协调发展，推动了教育同经济、科技的结合，对各地落实“科教兴农”战略，大面积提高劳动者素质，加快经济发展步伐，搞好精神文明建设，起着重要作用，并出现了“教促富，富促教”的良性循环。

三、幼儿教育与特殊教育

幼儿教育。1992年，全省共有幼儿园6917所，46382班，在园(班)幼儿1775729人，其中：小学附设学前班25725班，在班幼儿997038人。1月19日至23日，国家教委在广州、深圳召开全国十省市实施《幼儿园工作规程(试行)》试点工作研讨会，重点对各试点园的教育方案、行政管理及幼儿发展评估方案等进行了交流和研讨。3月份，对四十多个县(区)进行了学前班现状问卷，对全省学前班的办班条件、师资状况及影响学前班保教质量的主要原因进行了调查了解，并于5月份在《广东教育》杂志上开展“幼儿教育的热点和难点问题”讨论。“六一”期间，向27个山区贫困县的幼儿园赠送价值共6万多元的大型教玩具，并由教育厅领导带队分赴教育厅扶贫点清远市清新县和社教点封开县慰问少年儿童，并拨款4万元扶持清新县筹建示范性幼儿园。10月初，组织了由省政府办公厅科教处、省教育厅、省妇联、华南师大等单位组成的检查小组分赴中山、珠海、湛江、茂名、清远、韶关等市进行为期10天的检查幼儿教育两个法规贯彻执行情况，共抽查了12个县(区)，84个幼儿园(班)。12月份完成幼儿园登记注册工作。通过调查摸底，对全省幼儿教育情况有了深入的了解，为今后全面、科学地开展幼儿教育提供了依据。

特殊教育。1992年，全省大规模开展残疾儿童少年普查工作，为全面开展特殊教育提供科学依据。经在番禺市、从化县开展残疾儿童少年普查试点后，4月，省教育厅、省卫生厅、省妇联联合下发《关于开展残疾儿童少年普查工作的通知》，对普查的目的、意义、对象范围、方法步骤、具体分工、注意事项等作了明确规定，并于4月上旬在番禺市召开残疾儿童少年普查工作现场会，下旬在广州、肇庆分东西两片举办残疾儿童少年普查骨干培训班，学习普查的方法、标准、尺度，布置工作任务；5月上旬，在华南师大举办第三期智商测定人员培训班，为各县(区)培训能利用智力测量量表科学鉴测弱智儿童的人员。为了进一步推动这项工作，省教育厅深入对清新县残疾儿童少年的数量、分布、特殊教育的现状、问题进行了为期10天的调查，研究发展规划、措施和对策，为制订全省特殊教育的发展规划、政策、措施提供科学的依据。并对第一阶段目测的对象，组织专业人员组成复查队伍进行逐个鉴定、复查。同时,省教育厅指导了五华县三田小学的盲童随班就读试点,总结盲童随班就读工作的经验,研究布置下一段工作,为试点工作打下良好基础。经过4个月的认真工作,11月份,全省各县(区)较好地完成了普查工作。据统计,全省7—15周岁三类残疾儿童少年35706人,其中视力残疾1697人,听力语言残疾9203人,轻度智力残疾24806人。全省残疾儿童数量及分布情况基本摸清,省教育厅在12月初拟出《广东省残疾儿童少年“八五”期间工作意见》(征求意见稿),提出了广东省特殊教育的规划、目标任务、工作要求和主要措施,拟于1993年全面实施。这一年,省还 投资220万元用于扶持各地建设特殊学校(班)。

四、成人初等、中等教育

1992年,广东省农村成人初等、中等教育,进一步贯彻“科技、教育兴农”的战略方针和国务院、国家教委有关改革和发展成人教育的决定,努力提高劳动者思想、文化、技术素质,在上年的基础上,又有新的发展。

积极扫除剩余青壮年文盲。年初,根据国家教委高标准扫除青壮年文盲工作的要求,转发了国家教委《关于进一步加强扫除文盲工作的意见》,并由省教育厅发出了《关于做好高标准扫除文盲验收工作的通知》,要求各地认真做好扫盲工作,迎接省、市高标准扫除文盲考核验收。据统计,一年来,全省共组织51603人参加扫盲学习,有48226人脱盲。青壮年文盲率为0.76%,较上年下降0.11个百分点。到年底止,已有从化等11个县(区)提出书面报告已达高标准扫盲要求,要求派人验收。

加强乡镇成人文化技术学校建设。据统计,全省已有1596个乡镇办有成人文化技术学校,占全省乡镇总数的95%;管理区办学面达70%,较上年有所提高。学文化、学技术受训总人数达483万多人,其中在文化班毕(结)业的有:小学642786人,初中13064人,高中3125人;在技术班毕(结)业的有:中级58377人,初级336785人,其他285066人;参加讲座的有4257591人次。为了促进乡镇成人文化技术学校的建设,互通办学信息,交流办学经验,6月,省教育厅在茂名市召开全省乡镇成人文化技术学校现场会,全面推广茂名市乡镇成人文化技术学校的建校办学经验,并制订全省乡镇成人学校“八五”建校规划。当年规划建成(包括修建)298所,实际完成303所,建校工作较上年有较大的进展。11月份,省教育厅又组织了各市成人教育科科长对肇庆、清远、惠州、梅州和河源等5市7县(区)12所成人学校的办学条件、办学水平和办学效益进行检查评估,推动了全省乡镇成人学校建校和办学的发展。

1992年,海康县人民政府、开平县成人教育办公室主任甄建志分别被国家教委评为全国扫除文盲先进单位和全国扫除文盲先进工作者;电白县观珠镇成人文化技术学校、番禺市万顷沙镇成人文化技术学校和东莞市桥头镇成人文化技术学校被国家教委评为全国农村成人教育先进学校,河源市郊区教育局和连县成人教育办公室主任黄仲民、茂名市教育局成人教育科副科长谢光强和佛冈县龙南乡小谭管理区妇代会主任邓社稳同志分别被全国妇联和国家教委评为全国第二届“巾帼扫盲奖”先进集体和先进个人。

撰稿人 陈 钢 彭红光

审稿人 林受之

高等、中等专业教育

一、综述

1992年，广东省高等及中专教育事业在邓小平同志南巡重要谈话精神鼓舞下，在省委、省政府的正确领导下，进一步解放思想，深化教育领域各项改革，教育事业出现了加快发展的势头。

年初，广东高教主管部门组织部分高校负责同志到北京、天津、上海和江苏等省、市学习考察。6月份，召开了全省高等教育改革工作座谈会，动员全省高校认真学习贯彻邓小平同志南巡重要谈话精神，深入开展高校综合改革，使高等教育更好地适应广东社会、经济迅速发展的需要；根据形势的要求，广东高教主管部门修订了广东高等教育的发展规划，组织草拟广东普通高等教育教学、科研、后勤、人事、招生、毕业生分配和成人教育等进一步深化改革的方案（讨论稿）；各高校也纷纷根据本校的实际，制订了进一步深化改革的方案，修订本校十年发展规划；中山大学、华南理工大学、汕头大学、深圳大学、华南师范大学、广东工学院和佛山大学等7所高校被列为广东高校综合改革试点单位，率先进行高校综合改革。省委多次听取高教主管部门的工作汇报，研究高教工作，并作出一系列重大决策和举措：确定广东高等教育发展的目标；改革高教办学体制，发展多种模式办学；决定从1993年起，除贫困地区外，原则上按照全省国民收入扣除第一产业收入部分的1%额度向各市政府筹集专项资金，主要用来发展教育事业；把高校教师的公费医疗标准提高到与党政机关干部同样水平；努力提高教师的生活待遇等。12月，省委、省政府召开高等教育工作会议，会议传达贯彻了全国普通高教和成人高教两个会议精神，总结交流了全省各市、各高校高等教育改革的经验，研究了广东高等、中专教育如何进一步深化改革，加快发展，全面提高教育质量和办学效益。中共中央政治局委员、广东省委书记谢非、省长朱森林、国家教委副主任朱开轩以及主管财经、教育工作的副省长到会讲话，会议讨论了《中共广东省委、省人民政府关于加快高等教育改革和发展步伐的决定》和有关教学、科研、后勤、人事、招生、毕业生分配、成人高等教育等方面的改革意见，明确提出广东高教改革与发展的指导思想、发展目标和许多具体措施。

各市为加快地方经济建设的发展速度，对人才的培养逐渐重视。惠州市拨地100公顷，投资1亿元筹办惠州大学，珠海市计划拨地2平方公里、顺德市计划拨款3亿元、南海市准备拨款2亿元兴办高等教育。社会各界人士也积极捐资和酝酿投资办学，私立华联大学等民办大学正在积极筹办。全省上下，出现一个重视、关心、支持教育和积极兴办教育的热潮。根据广东20年基本实现现代化的目标要求和全省各类学校的实际，广东高教主管部门及时调整了1992年的招生计划，当年各类学校的实际招生人数比原计划增加了1万多人，是广东历史上招生人数最多的一年。

学校思想政治工作在新形势下不断加

强。根据“教育必须为社会主义建设服务，必须同生产劳动相结合，培养德、智、体全面发展的建设者和接班人”的方针，全省高等、中专教育在坚持把德育放在学校教育工作首位的同时，主动改进新形势下学校思想政治工作的方法。一方面，采取多渠道、多形式坚持不懈地向广大师生进行马列主义、毛泽东思想教育，坚持中国近代史、现代史和爱国主义教育，结合实践，进行社会主义和国情教育，全省各类学校普遍以“邓小平同志南巡谈话”、“十四大文件”和“《中国人权状况》白皮书”等为专题开展辅导学习和组织讨论，广泛进行了改革开放形势和社会主义人权观以及建设有中国特色社会主义理论的教育；另一方面，积极采取措施，加强学校党的建设和思想政治工作队伍的建设，建立健全了学校各级党、团组织，通过举办业余党校和专题讲座等形式，广泛开展党的知识教育，重视做好发展学生党员工作，许多学校推行了学生党员的“三级培养”和由共青团组织向党组织推荐优秀团员入党的制度。同时，充实和加强学校思想政治工作队伍建设，除了继续通过在职培训、岗位培训、轮训等形式提高政工队伍的思想、业务素质和选留优秀毕业生充实政工队伍外，还注重在思想和生活上关心政工人员的成长，稳定政工队伍，使全省初步形成了一个思想素质好，业务水平较强，人员精干的思想政治工作队伍；此外，积极结合新形势，改革和加强了高等、中专学校马克思主义理论课教学工作，全省推广了惠阳师范专科学校利用多媒体进行马列主义理论教学的经验，取得较好效果。通过教育，广大师生思想观念发生了明显变化，进一步坚定了社会主义信念，增强了改革意识。

二、普通高等教育

(一)基本情况

1992 年，广东省对普通高等学校的整体布局进行了调整，着力增加工科类学校和师范本科类院校，扩大学校办学职能，增设了东莞理工学院，将雷州师范专科学校升格为湛江师范学院，并在惠阳师范专科学校的基础上开始筹办惠州大学，国家交通部也将广州海运学校(中专)改办为航海高等专科学校。同时，根据广东社会经济发展的需要，调整了学校的专业结构，压缩长线专业招生，鼓励和支持学校开设经济建设急需的工科和应用学科专业。截至 1992 年底，全省普通高校中有部委属院校 12 所，省属院校 31 所；按层次分，本科院校 27 所，专科院校 16 所；按类型分，综合大学 9 所，理工院校 8 所，农业院校 5 所，医药院校 5 所，师范院校 7 所，语文院校 1 所，财经院校 3 所，体育院校 1 所，艺术院校 2 所，民族院校 1 所，短期职业大学 1 所(另有高校分校 1 所)。1992 年全省普通高校共招收本专科学生 35519 人，比 1991 年递增 16.3%，招收研究生递增 8.7%。

在师资队伍建设方面重视抓好教师思想、业务水平的培训和提高，实行定员定编，充实队伍，优化结构，教师队伍的总体素质明显提高。1992 年全省普通高校专任教师中，有教授 915 人，副教授 3656 人，讲师 6258 人，副教授以上职称的教师占专任教师总数的 30.3%。全省普通高校专任教师与学生的比例为 1∶6.46。

教育对外交流不断扩大，全省高校先后与 60 多个国家和港澳地区的高校建立交流和合作关系，广泛开展多形式的教育对外交流，1992 年全省共聘请外国文教专家和教师 148 人，接受外国留学生 358 人。

至 1992 年底，全省普通高校占地面积 2124.13 公顷，有校舍面积 520.7 万平方米，生均校舍为 53.4 平方米。全省普通高校有图书 1770 万册，全省普通高校共有教学仪器设备固定资产 5 亿元。

（二）深化教育改革，促进高等教育发展

进一步推进了高校招生、分配制度的改革。在招生方面，认真贯彻“稳定政策、净化环境、加强管理、深化改革”的指导思想和“德智体全面考核、择优录取”的原则，针对以往委托培养招生形式人为干扰较大的情况，对委托培养形式做了改革调整，将委托培养分为单位委托培养和合同委托培养两种形式，面向社会统一招生，择优录取，有效地消除了假代培真自费带来的弊端。同时，扩大了委托培养和自费生的招生比例，逐步推行学生缴费上学的制度，当年共招收委托培养和自费生13031人。在毕业生分配工作方面，进一步探索和改革了高校毕业生就业制度，采取了学校和用人部门“供需见面”，主管部门与学校密切配合的办法，通过组织用人单位及其主管部门参加省内外院校的供需见面会和招聘会等形式，较快较好地落实毕业生的就业方案，当年毕业生一次到位率达70％以上。

以人事、劳动和分配制度改革为重点，推进高校内部管理体制改革。在编制方面，实行固定编制与流动编制、事业编制与企业编制相结合的办法，科研编制与课题经费挂钩，组织部分事业人员向校办产业分流；在校内分配制度方面，实行国家工资与校内津贴相结合，校内津贴与岗位、业绩挂钩，贯彻多劳多得，奖优罚劣；改革校内人事任用制度，以任务定岗位，以岗位定职责，择优上岗。同时，在总结经验的基础上，进一步搞好专业技术职务的评聘工作，建立健全规范化考核制度，制定量化的考核标准，使当年全省高教系统的职称评聘工作进展顺利。

此外，进一步改革和加强了高校后勤管理工作，完善了一些单项的承包管理制度，管理水平和服务质量明显提高。

（三）加强教学基本建设和管理，提高教学质量

围绕培养目标，结合新形势下社会经济发展的需要，相应修订了师范专科6个专业和非师范专科5个专业的教学计划，制订了普通高校英语、体育等公共课教学大纲，组织编写出版了一批公共课、基础课和专业课课程的教材，并对部分教材的教学内容进行了改革和更新，优化了高等教育教学内容体系和课程结构。加强对教学过程的质量控制，通过组织全省普通高校本、专科大学生参加全国大学英语二、四、六级水平统考，开展部分学科统测等方式，促进了教学质量的提高，在1992年全国大学英语水平统考中，全省1990级本科生的通过率在63.8％，比上年提高22个百分点。积极开展教学评估，全省共评出11门省级重点课程和9门省级重点扶持课程，中山大学、华南理工大学、暨南大学、广东石油化工专科学校等四校的体育课程被评为国家级优秀课程。在广泛开展教学内容、教学方法改革的基础上，积极进行教学改革的试点，一是抓了广东工学院管理专业“3＋1＋1”教学模式试点，即学生学习三年后，安排下企业实习一年，然后再回校学习一年，以便有针对性地补学有关课程，做毕业设计（论文），增加人才培养的适应性；二是抓了华南师范大学音乐专业“2＋2”人才培养试点，学生入学时不分本专科，两年后再按本专科分流，把竞争机制引入教学领域。加强高校实验室建设，在认真总结历年高校实验室工作经验的基础上，制定了省属高校实验室建设“八五”规划。学校体育工作不断发展，在1992年举行的第四届全国大学生运动会上，广东高校代表团共获4枚金牌，6枚银牌和6枚铜牌，代表团被评为“体育道德风尚奖”。

（四）充分发挥高校优势，大力开展科技开发

1992年，广东高校认真贯彻国家和省关于加强高校科技工作的文件精神，普遍召开

科技工作会议，认真总结各校“七五”科技工作的经验，布置“八五”科技工作任务，在搞好学校基础学科研究工作的同时，把主要的科技力量转向经济建设的主战场，加速科技成果向现实生产力转化。为了促进这项工作，省高教局与省经委等部门联合组成了产、学、研联络小组，举办了产学研技术合作交流会，为高校与企业之间加强联系和合作搭桥，首期展出高校科技成果300多项，会上达成合作意向67项；省高教局还专门组织高校以新技术推广小分队的形式，先后到台山、封开、罗定、高州等市县，开展信息发布、洽谈、咨询和转让科技成果的活动，加深了学校与社会的联系与交流，促进高校科技成果尽快转化为生产力。同时，还积极组织高校向社会推出优秀科技成果，参与竞争，在全省第一次技术交易市场活动中，广东高校参展贸易团共推出科技成果600多项，会上签订合作意向980项，金额达5000多万元，签定合作合同72项，成交金额达50多万元。此外，认真搞好科技进步奖的评奖工作，共评出1992年度高校科技进步奖92项，其中一等奖8项，二等奖38项，三等奖46项，有21项高校科技成果获得省科技进步奖。

三、普通中专教育

1992年，广东省普通中专教育根据建立社会主义市场经济体制的新形势、新要求，进一步调整优化中专学校的布局和专业结构，改革和加强了学校各项管理工作，组织编写了全省中专学校德育大纲等教材，制定了中专学校教学规范等一系列管理制度，使中专学校的管理工作进一步走上规范化的轨道。同时，积极酝酿中专教育的进一步深化改革，省教育主管部门多次召开中专学校改革工作座谈会，总结交流各校改革的经验，草拟了《广东省中专学校深化综合配套改革的意见》。

积极开展评估工作，促进中专教育的整体优化。评估工作分学校合格评估和办学水平评估两个步骤，上半年进行了中专学校的合格评估，评估结果，全省70%的中专学校达到了合格和基本合格的标准。下半年开展对学校办学水平的综合评估，评估内容包括学校领导、师资队伍、设施与经费、思想政治工作、教学管理、行政管理、办学效益等7个方面共64条三级指标，通过评估，促进了各办学部门的办学积极性，据统计，自评估开展以来，全省中专学校主管部门已投入资金6000多万元，充实了学校的办学条件和教学设施，使学校综合办学水平有较大的提高。

四、成人高等、中专教育

广东省成人高等、中专教育至1992年已初步形成了一个多类型的，与普通高等、中专教育互为补充，与广东经济社会发展基本相适应的新格局。全省独立设置的成人高校办学条件显著改善，师资力量不断加强，学校教学基地、仪器设备、图书资料等大幅度增加，到1992年有校舍面积135.09万平方米，固定资产达4亿多元。

1992年，广东成人高等、中专教育注重抓好学校内部的各项改革和管理，各类学校对学校内部的行政管理、教学管理、后勤管理、实验设备管理、干部和教师队伍建设等方面进行了不同程度的改革，进一步完善学校内部管理体制，建立健全各项规章制度，加强校风学风建设，普遍开展教学质量检查，强化学籍管理和毕业证书管理，学校办学条件明显改善，教学质量稳步提高。

根据广东大力发展外向型经济和第三产业，对外联系对外交流广泛的社会经济特点，合理调整和优化成人高等、中专教育专业结构。加强了对人才需求量大的外语、外经、外贸、建筑、财经、政法和师范类专业的建设，重点扩大了人才紧缺的护理、农产品加工、房地产管理、金融与证券等有关第三产业专业的招生计划，面向经济建设、基层和乡镇企业培养各类急需人才。同时，根据省政府的指示精神，分期分批完成了全省各类成人中等专业学校校名的更改工作，使成人中专学校实现校名规范化，方便了管理。

重视抓好生源质量，杜绝不正之风。针对以往成人教育生源短缺、质量不高，考试作弊等问题，积极采取措施，通过组织各类成人学校和各地成人教育主管部门，广泛组织生源，指导考生复习，恢复成人高校预科班，修订成人高等、中专学校招生入学条件，放宽工龄、年龄等项限制措施。同时在考试阶段通过组织大批机关工作人员到各地巡考，严肃处理考试作弊者，加强了考风考纪建设，当年考生成绩大大提高，录取分数线比上年提高了一个分数段，录取人数比上年大幅度增加。

高等、中专自学考试稳步发展。至 1992 年底止，全省累计报考人数已达 51 万多人。1992 年上半年报考人数达 12.5 万人，共开考 30 多万科次，是历年来规模最大的一次。在自学考试中注重抓好命题工作，当年广东自行命题的试卷达 100 余种。积极开展办考改革。除了抓好一年两次的大统考外，根据港澳同胞和一些单位的要求，先后组织了 10 多次小范围的考试，探索了自学考试主动适应社会需要，灵活办考的路子，增强了自学考试的活力和办考的能力。使自学考试的形式越来越受到社会的欢迎。

广播电视教育迅猛发展，至 1992 年全省 20 个市、80 个县市（区）、14 个省市属单位建立了电视大学或电视大学分校，全省有教育电视台和一个电视频道播课，并有国家教育卫星电视两个专用频道播课，全省电大系统已建立 150 多座卫星地面接收站，形成了以省电大为中心，市电大为骨干，县电大为基础，乡镇、农林场、企业分教处为网点的广播电视高等、中专教育网络。

此外，根据国家教委的统一布置，积极开展评优工作。全省共有 13 所学校分别被国家教委授予“全国成人高等教育先进学校”、“全国普通高等学校成人高教先进单位”和“全国成人中等专业教育先进学校”的光荣称号。

撰稿人　李　敏　郑建辉
审稿人　许学强

广西壮族自治区教育

概　况

1992年，在邓小平同志南巡重要谈话和党的十四大精神鼓舞下，广西壮族自治区进一步落实了教育的战略地位，努力把教育工作转移到为社会主义现代化建设服务的轨道上来，全区教育改革与发展取得新的成绩。

一、各级各类教育发展情况

1992年各级普通学校基本情况

单位：人

学校类别	学校数（所）	毕业生数	招生数	在校学生数	教职工数	
					计	其中专任教师
一、普通高等学校	25	11007	16321	42393	16478	6700
研究生	7	93	144	367		
本　科	13	5413	5391	20459		
专　科	12	5501	10786	21567		
二、中等专业学校	123	23654	27034	74768	16461	7406
中等技术学校	97	16067	19478	52307	12894	5435
中等师范学校	26	7587	7556	22461	3567	1971
三、普通中学	2853	393650	590952	1598292	116756	85843
高　中	448	67605	76197	230252		15492
初　中	2405	326045	514755	1368040		70351
四、农业、职业中学	206	18033	33152	84568	7746	5157
高　中	176	14442	27558	70564		4390
初　中	30	3591	5594	14004		767
五、工读学校	3	27	25	49	42	19
六、小　　学	15847	776040	1131513	5950016	227628	196118
七、特殊教育学校	16	129	821	2785	267	207
八、幼儿园	1608	679822	828105	995465	24816	17733

1992年各级成人学校基本情况

单位：人

学校类别	学校数（所）	毕业生数	招生数	在校学生数	教职工数 计	其中专任教师
一、成人高等学校	24	9550	16424	35841	4341	2022
广播电视大学	1	3464	4774	11213	742	318
职工高等学校	9	1005	1405	3376	984	500
农民高等学校						
管理干部学院	4	632	919	1728	879	321
教育学院	10	2496	5773	11380	1736	883
独立函授学院						
普通高校举办						
函授部		1588	2849	6925		
夜大学		319	460	827		
干部专修科		46	244	392		
二、成人中等专业学校	144	19059	44438	98950	7053	3556
广播电视中专	2	1165	1926	4413	621	270
干部中专	26	3881	5065	10160	1047	523
职工中专	31	2231	5591	12048	1604	789
农民中专	12	883	582	1904	428	227
教师进修学校	70	8170	24637	54960	2612	1531
函授中等专业学校	3	2729	6637	15465	741	216
三、成人中学	155	17748	5845	21636	407	153
职工中学	16	1098	2354	2249	215	87
农民中学	139	16650	3491	19387	192	66
四、成人技术培训学校	11320	2905720	2587621	2591513	8834	1866
职工技术培训学校	155	37015	34545	26785	1200	391
农民技术培训学校	11165	2868705	2553076	2564728	7634	1475
五、成人初等学校	4910	178107	180701	211336	8710	551
职工初等学校	5	870	915	769	18	2
农民初等学校	4905	177237	179786	210567	8692	549
其中：扫盲班	3114	74785	83683	97036	5944	419

制表人　覃盛裕

1992年，全区各级各类学校在校学生已达1183万人，比1991年增加479万人，增长4.23%。其中普通高等学校在校生比上年增加5209人，增长14%；普通中等专业学校（含中师）在校生比上年增加2744人，增长3.81%；普通中学在校生比上年增加107501人，增长7.21%；农业职业中学在校生比上年增加6020人，增长7.66%；小学在校生比上年增加174498人，增长3.02%；特殊教育在校生比上年增加2034人，增长2.7倍多；幼儿教育（含学前班）在园儿童比上年增加21875人，增长2.24%；成人高等学校在校生比上年增加5334人，增长17.48%；成人中等专业学校在校生，比上年增加40816人，增长70.2%；成人中学在校生21636人，比上年增加9653人，增长80.56%；成人技术培训学校在学人员比上年增加57731人，增长2.28%；成人初等教育（含扫盲班）在学人员比上年减少71011人，减少25.15%。

1992年，全区民族教育取得新的成绩。

全区有民族高等院校3所，民族中等专业学校11所，民族中学56所，独立设置的民族小学78所。在校少数民族学生，普通高校为13360人，比上年增加1660人；中等专业学校为27383人，比上年增加2682人；普通中学为603641人，比上年增加22727人；职业中学为24188人，比上年增加203人；小学为2387382人，比上年增加11975人。在园少数民族幼儿为186614人，比上年增加58536人。

二、召开全区教育工作会议

1992年12月24日至29日，自治区教委、计委、财政厅联合召开了全区教育工作会议。会议的主要任务是认真学习、贯彻党的十四大精神，解放思想，实事求是，讨论研究加快广西教育改革与发展的规划目标及实施步骤和政策措施，总结交流一年来深化教育改革的经验，表彰多渠道筹措教育经费、改善办学条件先进集体和先进个人。会议期间，自治区教委主任李林向大会作了题为《贯彻党的十四大精神，为加快我区教育改革与发展而努力》的报告，自治区计委主任张敦颢作了题为《解放思想，深化改革，加快我区教育改革与发展步伐》的报告，自治区财政厅、人事厅等领导作了积极支持教育改革与发展的发言。30个先进单位在大会作了经验介绍。自治区人民政府在会上表彰奖励了近年来在改善办学条件方面作出突出贡献的荔浦县等30个先进单位。自治区党委副书记丁廷模、自治区人民政府副主席李振潜、自治区人大常委会主任甘苦等也在会上讲了话。会议期间，与会同志就《九十年代广西教育改革与发展纲要（草案）》、《初等和中等教育改革发展初步方案》、《高等教育改革与发展初步方案》、《少数民族教育改革与发展初步方案》等进行了 讨论和修改。

三、教育改革向深度和广度发展

基础教育进一步渗透职业技术教育因素，单一的文化型、应试型、升学型的办学模式逐步得到改善。在加强思想教育和文化科学基础教育的同时，引导学生兼学别样，普遍扩大学农基地和校办厂场。职业技术教育加速发展，结构进一步得到改善，面向经济建设第一线培养更多急需的中等专业人才。1992年，全区职业技术教育在校生已占高中阶段在校生总数的48.7%。高等教育面向市场，主动服务于经济建设。全区高校调动自身人力、科技、信息等方面的优势，实行产、学、研一体化。分流部分人员进入经济建设主战场，进行扶贫开发、科技兴农、科技兴工，科研成果不断转化为生产力，获得社会和经济效益双丰收。

教育法制得到加强，保护和推动了教育改革的顺利进行。1992年6月，自治区第七届人民代表大会常务委员会通过发布了广西教育史上第一个地方教育法规《广西壮族自治区教育条例》。9月，在全区范围内开展了广泛深入的教育法制宣传活动。据不完全统计，全区受到教育法制教育的达1000多万人次。

1992年，全区教育发展与改革取得了一定的成绩，但也存在一些问题。一是基层单位拖欠中小学教师工资问题突出，教师队伍极不稳定。据调查全区有40多个县有拖欠中小学教师工资现象，有相当一部分县近年拖欠教师工资少的达数十万元，多的达数千万元。二是中小学生流失严重。三是中小学民办、代课教师日趋上升，待遇偏低，教师队伍素质有所下降。四是一些地区出现经济升温、教育降温的现象，对教育战线存在的一些突出问题研究不够，处理不及时。五是教育经费紧缺，生均公用经费仍有逐年下降趋势。

基础教育

1992年，全区适龄儿童入学率97.27%，比上年下降0.26个百分点；小学生巩固率97.7%，毕业率96.75%，小学毕业生升学率67.05%；毛入学率109.08%，比上年下降2.64个百分点；流失率2.3%，比上年上升0.16个百分点。小学专任教师学历达标率79.7%，取得专业合格证书者为15.9%，两项合计为95.6%；初中专任教师学历达标率为51.7%，取得专业合格证书者为9.6%，两项合计为61.3%；高中专任教师学历达标率为57.3%，取得专业合格证书者为7.5%，两项合计为64.8%。

中小学代课教师仍在大幅度增加，其中小学代课教师增加9000多人，比上年增长12.7%；中学增加近400人，增长4.2%。

一、德育工作

1992年，自治区中小学德育工作逐步向规范化、制度化、科学化方向发展。12个班级以上规模的中学成立政治思想教育处，城镇小学和乡(镇)中心校成立德育工作领导小组，村小学成立家长委员会，举办家长学校。每所中小学的每个学年(或学期)德育工作做到有计划、有检查、有总结。广泛开展了党的基本路线教育和爱国主义、集体主义、社会主义思想教育，以及"两史一情"教育、文明行为规范的养成教育，积累了经验。桂林市教育局狠抓德育工作"四到位"，即认识到位、工作到位、教师到位、领导到位，把德育工作真正落到实处。宾阳县芦圩小学在德育工作中着重抓好"五化"，即德育思想科学化、德育内容序列化、德育途径协调化、德育方法多样化、德育评估制度化，收到良好效果。

1992年自治区教委在桂平县召开全区中小学德育工作经验交流会。总结中小学德育工作5条经验：(1)认真提高学校领导和领导班子对德育为首的重要性和必要性的认识，切实加强对德育工作的领导，落实德育为首的地位；(2)以骨干队伍为核心，调动广大教职员工的积极性，努力争取社会的支持和配合，形成德育工作的有效运行机制和网络，对学生进行系统的全面的教育；(3)抓住重点，突出特点，遵循规律，实事求是，全面考虑，周密安排，精心设计，不断提高德育工作的效果，使德育为首真正落到实处；(4)加强制度建设，使中小学的德育工作走向制度化、经常化、科学化和规范化；(5)加强德育工作的督导评估工作，推动德育工作不断向前发展。

二、劳动、劳动技术教育

全区各级教育行政部门把加强中小学劳动、劳动技术教育作为一项重要改革内容来抓。并着重抓好以下工作：一是要求各级教育行政部门普遍检查所属中小学劳动、劳动技术课的开设的情况，总结表彰先进，督促后进。全区95%以上的中小学都开设了劳动、劳动技术课，并普遍做到有课时计划、有师资指导、有考核、有劳动基地和实验基地。目前全区中小学已经落实了自治区人民政府规定的生产实习基地小学班均0.5亩，中学班均1亩以上的要求。50%的中小学都办了实习工厂和劳动基地，使劳动、劳动技术教育扎实深入发展。二是修订、调整区编中小学劳动课、劳动技术课教材。自治区教委根据全区的实际需要，组织编写了劳动、劳动技术课教材，对原有的教材全面地进行了修订和调整，使之更加符合少数民族地区经济、社会发展的需要。

1992年，全区普通中小学学农基地从上年的3万公顷扩大到4万多公顷，校办工厂从上年的900多家发展到1200多家。自治区教委在融水、金秀、象州等县5个少数民族乡的5所小学中心校进行文化知识教育和劳动职业技术教育早期结合的试验，取得初步效果。中小学经过逐步渗透职业技术教育因素，改变了原来单一的文化型、应试型、升学型的办学模式，也增强了学生的劳动观念和动手能力。

三、义务教育

实施义务教育取得进展。1992年，全区共建立93个实施义务教育示范乡(镇、区)，其中有17个乡(镇)依法普及了九年义务教育，同时又有16个县(市)通过了普及初等教育的检查验收，使普及初等教育的县(市、区)达到80个，占县(市、区)的总数的76.9%。1992年全自治区全面调整了教育发展规划，从自治区到县到乡(镇)，都对实施义务教育提出了具体要求，层层建立了实施义务教育责任制，明确各级人民政府及其教育部门的职责，使实施义务教育落到实处。

四、加强贫困地区小学教育实验项目提前达标

1992年，经检查验收，全区实施“加强贫困地区小学教育实验项目”的10个县均已按计划提前达标。即：入学率达到98.7%，年巩固率达到98.8%，毕业率达到94.2%，普及率达到95.8%，比原计划提前两年达到国家规定的普及初等教育的要求。

为提高初等教育的普及水平，项目学校采取一系列积极措施：(1)实行包干负责制。项目学校所在村把提高“四率”的任务包干给每位村公所干部和学校教师，并实行奖罚制度。(2)根据山区特点和实际情况，采取多种形式办学，如办简易班、业余小学班等。上课形式灵活多样，农忙时少学、农闲时多学，白天少学、晚上多学，允许带弟妹上学，为有困难不能进入全日制学校就读的女童创造学习条件。(3)村公所资助学校设立奖学金，对家庭经济困难而又坚持在校学习、成绩进步快的同学给予奖励。对家庭经济特别困难的学生实行减免费，使因经济困难而失学的现象得到有效的控制。(4)对轻视女孩不送女孩入学的家长进行批评教育，对经教育仍拒不送的，公布名单，按照义务教育法规定处以罚款，并限期送孩子入学。经过努力实践，70所项目学校已成为当地实施义务教育的示范性学校，为在贫困地区普及义务教育起到了积极推动作用。

五、特殊教育

1992年，全区各类特殊教育学校由上年的8所发展到16所。附设在普通小学的特殊教育班有65个，比上年增加24个。在校残疾儿童(含在普通小学普通班随班就读的残疾儿童)2785人，比上年增长2.7倍。特殊教育学校专任教师比上年增长42.7%。此外，民政部门在社会福利院和残疾儿童康复中心举办14个残疾儿童特殊教育班，在班弱智儿童129人。

培训特教管理干部及弱智儿童筛查鉴定骨干人员。6月27日至7月3日，自治区教委在南宁举办了解放以来全区第一期特殊教育专(兼)职干部培训班，培训了各地、市、县教育局(教委)特教管理干部共80人。10月5日至16日，自治区教委又在桂林举办了全区弱智儿童筛查鉴定骨干人员培训班，培训各地、市弱智儿童筛查鉴定工作骨干人员共29人。并实地使用比奈智力量表对近百名城乡儿童进行了智商测查。

开展三类残疾儿童少年人数的调查。6月19日，自治区教委和自治区残疾人联合会联合发出文件，要求各地组织力量，为落实国家教委、中国残疾人联合会制定的《残疾儿童少年义务教育"八五"实施方案》，认真做好3～15周岁的视力残疾、听力语言残疾、智力残疾(简称三类残疾)儿童、少年人数的调查摸底和统计工作。各地、市、县成立由教育、残联等有关部门领导参加的"三类残疾"儿童、少年普查领导小组，由地、市普查领导小组指导，以县(市、城区、城市郊区)为单位组织调查。参照全国残疾人抽样调查的五类残疾标准，对测查对象逐一甄别，造册登记，摸清底数，为制定和调整各地的特殊教育发展规划和年度计划提供了依据。截至1992年10月底止，全区3～15周岁可接受教育的三类残疾儿童、少年共69652人，其中视力残疾7161人，听力语言残疾15870人，智力残疾46621人。

颁发特教班及随班就读管理试行办法。1992年9月30日，自治区教委发布了《广西壮族自治区普通小学附设残疾儿童特教班及随班就读管理试行办法》，对今后发展特教事业有关政策和措施、要求等都作出了具体的规定。

六、师资培训

1992年8月，自治区教委发出《关于加快我区中学教师学历培训步伐的通知》，规定从1992年起，采用卫星电视教育、函授、自学考试相沟通的模式，对不具备合格学历又有学习能力的初中教师进行全员培训，由自治区统一命题考试，教师经考试获得全部课程合格成绩后，发给专科毕业证书，国家承认学历。11月，举行了全区初中教师全员培训入学考试，有1.7万人参加考试，加上按规定可以免考的跟读生，约2.5万人参加培训。

继续举办中小学教师《专业合格证书》文化专业知识考试。初中教师实际参加考试7441人，及格率为55%，小学教师实际参加考试67300人，及格率72.8%，幼儿教师实际参加考试4101人，及格率65.7%。

制订中小学教师继续教育政策、措施。7月，自治区教委、科技干部局共同制定了《关于广西壮族自治区中小学教师继续教育的意见》，对中小学继续教育的指导思想、培训方针、任务、内容、方法等提出了原则性意见，并在全区进行试点研究工作。1992年全区接受继续教育的中学教师7886人次，小学教师3020人次。柳州市教育学院、桂林市教育学院、梧州市教育学院继续试办小学教师大专班和学前教育业余班，当年毕业学员58人，招生104人，在校学员216人。经过几年试办，全区小学、幼儿园教师学历水平有所提高，全区小学、幼儿园教师专科毕业以上学历分别达到2871人和1522人，分别占同类教师总数的1.5%和8.6%。

加强教师进修学校建设。6月，自治区教委发出《关于加强教师进修学校建设的通知》，对教师进修学校建设的规模及校舍面积、教学设备、师资条件、图书资料等办学条件作了原则性规定。北流县人民政府投资25万元，征地25亩，扩大教师进修学校校园面积，由于坚持多层次、多形式的培训，当年幼儿园、小学、初中、高中教师学历达标率又有所提高。玉林地区教育学院、象州县教师进修学校、藤县教师进修学校被中国电视师范学院批准为全国电视师范教育和管理工作先进单位。象州县教师进修学校和藤县教师进修学校受到国家教委表彰。

中小学校长培训。1992年中小学校长岗位培训由试点转向全面培训，当年培训中学校长5189人，小学校长2704人。培训形式由全脱产转向以业余函授为主。广西教育学院与百色地区教育局在百色地区联合举办高中完全中学校长业余岗位培训班，70多人参加了培训。该院还与田东县教育局联合举办全县中小学校长业余全员培训班，学院教师定期下县上课，全县90名中小学校长参加了学习。这种培训形式深受当地政府和校长欢迎。

七、改善办学条件又上新台阶

城乡中小学办学条件进一步改善。1992年多渠道筹措教育经费8亿多元，比上年增长1.24倍。新建、回建一大批校舍，各种配套设施日趋完善。在经济发展较快的地区，如区辖五市和桂东南地区的贵港、浦北、博白、合浦、岑溪、北流、荔蒲等一批县市中小学基本实现了教学用房和教师住房钢混结构楼房化。经济比较落后地区的许多中小学也旧貌变新颜。如地处老少边山穷的宜山、南丹等县中小学校校实现了“四区”(教学区、生活区、运动区、生产劳动实习区)、“九有”(有教室、有宿舍、有教师办公室、有仪器实验室、有图书阅览室、有课桌椅、有校门、有围墙、有厕所)。地处边境的龙州县，全县实现了教师人均住房面积达30.68平方米的目标。许多地方已经出现了最好的房子是学校，最美的环境是校园。中小学实验室建设进一步完善，全年共完成投资1330多万元(其中多渠道筹措经费830多万元)。

八、中小学勤工俭学

1992年，全区共有18075所中小学校(含中等师范学校)开展了勤工俭学活动，开展面为95%。全区共有校办农业基地30810个，校办工厂1864个，第三产业网点6628个。拥有校办产业的学校已达12085所，占学校总数的63%。

勤工俭学总产值(营业额)达到84366万元，纯收入20538万元，与1991年相比，分别增长31.8%和34%。全区学生人均收入达26.65元，比上年增长6.03元。全区15个地、市级单位中，年纯收入超过1000万元以上的已有9个。1992年全区勤工俭学收入用于补充教育经费达到1.23亿元，占纯收入总额的60%，相当于同年国拨普教经费的9.11%。其中用于改善办学条件、补充公用经费等6709万元，用于师生福利和政策性补贴5533万元。

1992年9月，自治区教委召开了地、市勤工俭学工作会议，调整了全区勤工俭学“八五”规划后三年的指标。调整后的主要经济指标是：全区勤工俭学年均纯收入增长速度保持20%以上，到“八五”末期纯收入达到3亿元以上，生均收入达到40元以上。

职业技术教育

1992年，广西各类中等职业技术学校411所在校生比上年增长13.15%，招生比上年增长13.85%，毕业生比上年增长26%。专任教师中，达到本科学历的教师6643人，比上年增长2.1%；有高级专业技术职务的教师1237人，比上年增长16.26%；有中级专业技术职务的教师4258人，比上年增长14.19%。全区有技工学校111所，在校生

3.77 万人，年内招生 1.49 万人，毕业 9400 人，教职工 6236 人，其中专任教师 3034 人。

1992 年，全区职业技术教育有了较大发展。各级政府和人民群众贯彻落实国务院《关于大力发展职业技术教育的决定》，采取各种措施加速发展职业技术教育。1992 年各级政府和办学部门投向中等职业技术教育的专项补助费达 9412 多万元，增拨给职业中学的实验实习基地 103.3 公顷，新校舍建筑面积 10.30 万平方米，均创历史最高水平。中等职业技术学校在校生首次突破 20 万人，占整个高中阶段各类学校的在校生数的 48.7%。全区有 40 多个县(市)成立了由当地党政领导挂帅的职业技术教育领导组，农、林、水、牧、渔、科等部门积极为学校建立教学、科学试验和技术推广示范基地，使职业学校越办越好。校办产业和生产实习基地取得新进展，职业高中建立猪、鸡等养殖场 300 多个，裟、甘蔗、水果等种植基地 200 多个，校办产业总产值达 4476 万元，纯收入 932 万元。其中横县职业中学的校办产业总产值 1000 多万元，纯收入达 200 万元，跨入全国先进行列。农村教育综合改革也取得新进展。

一、贯彻国务院《关于大力发展职业技术教育的决定》

1992 年，自治区教委把贯彻落实国务院《关于大力发展职业技术教育的决定》(以下简称《决定》)摆在职教工作的首位，采取了以下措施：

自治区教委发出关于学习贯彻《决定》的通知，对贯彻落实《决定》提出了明确的要求。年初，召开了地、市教育部门有关领导会议，部署贯彻落实《决定》的工作。6 月，召开 49 个“老、少、边、山、穷”县主管教育县长、教育局长会议，进一步落实和推广百色地区等地贯彻《决定》的经验。

采取各种形式宣传《决定》，使其深入人心。一是充分利用新闻媒介宣传《决定》精神。报纸、杂志发表有关职业教育文章 30 多篇，广播电台和电视台均播放了贯彻《决定》的节目，印发学习资料 72 万份。二是确定 5 月为“职教宣传月”和开展“学雷锋为民服务周”活动。通过张贴标语、出板报、上街演讲、为群众修理家用电器及开展技术指导和咨询服务等做法，广泛宣传《决定》的精神。据不完全统计，全区有 300 多所职业学校组织 7 万多名师生上街、下乡宣传《决定》和开展为民服务活动，使《决定》精神家喻户晓。

扎扎实实做好落实《决定》工作。一是调整充实职业技术教育领导机构，加强对职业技术教育的领导。全区有横县、博白、浦北、平南、百色等 40 多个市、县的党委书记或县长担任职业教育领导小组组长，把大力发展职业技术教育摆到书记、市长、县长的工作责任岗位上。北海市委书记、市长亲自到市第一职业高中了解情况，并当场拍板拨给学校征地和建综合大楼经费近 200 万元。二是在人财物方面，积极支持职业教育。1992 年，全区职业中学新增专业教师 300 多人，新增实习基地 103.3 公顷，拨给职业学校的专款 4137 多万元，新增校舍建筑面积 10.30 万平方米，改善了学校的办学条件，促进了职业技术教育的发展。

二、积极发展老少边山穷地区的职业技术教育

为发展老少边山穷地区的职业技术教育，使其为振兴当地经济和农民脱贫致富培养人才服务，采取了以下办法：

加强领导和指导。自治区教委主任李林亲自带领有关人员到宁明、扶绥、防城等县检查指导职业技术教育，分管职业教育的自治区教委副主任潘鸿权也带领有关人员到百色、柳州等地的老少边山穷县调查职业技术教育的情况和指导工作，帮助他们解决实际问题，提高办学水平和教育质量。6月中旬，在百色地区召开49个老少边山穷县职教工作会，推广和交流百色、靖西等县发展职业技术教育的经验，促进这些地区职业教育的发展。

采取倾斜政策，积极扶持贫困县发展职业教育。一是人才培养倾斜。1992年，广西高校职业师资班定向49个县招生146人，占师资班招生数的45%；二是职业教育专项补助费倾斜，自治区拨给这些县的职教专项补助费达173万元，占这项经费总额的36.5%。

抓好典型，重点扶持，为帮助贫困县发展职业教育，自治区教委确定龙胜、防城、融水、象州、百色、罗城等市县为教育综合改革实验县。除加强指导、帮助规划外，在师资培养、专项经费等方面都给予重点扶持。自治区拨给这6个县的职业教育专款达50万元，生均达270多元，是全区生均经费的5.51倍。

三、加强示范学校建设

通过评估，选定横县、博白职业中学，浦北市第一中等职业技术学校、柳州市第一职业高中、桂林市第一职业高中等9所职业中学，钦州农业学校、广西轻工业学校，广西粮食学校等10所普通中专学校和柳州机械工人技术学校、柳州铁路司机学校两所技工学校为自治区示范学校。对这些学校按示范学校的标准进行规划、设计和建设，使其向科学化、规范化和标准化方向发展，成为全区第一流的学校。

增加投入，重点建设。为建设好示范学校，各级政府在人财物以及管理等方面都给予高度重视。一是加强学校领导班子和师资队伍建设。5所职业中学调整和充实了学校领导班子，增派专业教师。二是增加经费投入。1992年，自治区拨给8所示范职中专项补助费100万元，拨给低息贷款225万元。三是增拨土地34.7公顷，扩大学校校园和生产实习基地。

加强管理，提高水平。一是按示范学校标准，提出每所学校建设的项目、任务及完成时间。二是突出抓好横县、博白、浦北、柳州、北海等5所职业中学和广西轻工业学校、钦州农业学校、柳州机械技工学校等典型，树立榜样，总结推广他们的经验。三是召开四次示范职业中学校长会和教研会议，研究和落实示范职业中学的发展规划，学校管理和提高教育教学质量等问题。四是抓好示范学校校办产业和基地建设工作。11月在横县、柳州和玉林地区召开校办产业会议，推广横县职业中学、柳州第一职业高中和玉林农业机械学校发展校办产业的经验。

四、积极发展校办产业

主要做法有：(1)做到认识到位、规划到位、资金到位，扩大和完善校办产业和实习基地的规模和条件。(2)积极推行产教结合、工学结合的方针，大力发展校办产业。一是根据各地资源和技术优势，增加项目，扩大规模。二是放开手脚，走出校门，大办厂场。大部分学校除办好原有产业外，有一部分学校大胆开拓，积极参与社会竞争，把产业办到外地区、外系统、走向边贸。(3)集中力量抓好重点校办产业。自治区教委和劳动厅集中力量抓好20所职业高中和10所中专、技工学校校办产业工作。一是重点扶持，1992年给20所职业高中的专项拨款和贷款达533万元；二是总结和推广他们的校办产业经验，12月，自治区教委、劳动厅分别召开了全区职业中学校办产业现场会和技工学校勤工俭学经验交流会；三是帮助和指导重点校办产业加强管理，提高经济效益。上述学校中，有5所学校纯收入达100万元以上，其中玉林农业机械学校和横县职业中学纯收入均超过200万元。

五、加强中等师范学校建设

组织中师办学水平联合检查活动，促进中师教育教学改革。3月，区教委组织各地、市教育行政部门对全区普通中师进行互相检查。4月，中南、西南9省(区)教委(教育厅)师范处长和中师学校代表近40人组成的联检团，对南宁民族师范学校等10所中师进行重点抽查。联检活动引起了各地市领导的重视，各地积极拨款改善中师办学条件。学校进一步加强了教育教学管理，教育质量、管理水平均上了一个新台阶。

全面实施三年制中师教学新方案。6月自治区教委下达了《关于三年制中等师范学校教学新方案的补充通知》，决定从1992年一年级开始全面实施三年制中师教学新方案。实行必修课、选修课、课外活动和教育实践四大块的有机结合，把计算机列入必修课程。此外还编写了选修课教材供各校使用，旨在加强劳技课教学和教师职业基本功训练。新方案实施后，各校的思想政治工作、劳动教育、教师职业训练均得到了加强。

举办贯彻中师新教学大纲的骨干教师培训班，培训中青年教师。国家教委发布了14门必修课新的教学大纲，自治区教委12月委托广西小学教师培训中心对政治、语文等13个学科的骨干教师进行培训，近300名教研组长接受了培训。

组织中师办学评估试点。10月，自治区教委根据广西和江苏的协作关系，邀请江苏省5位优秀中师校长按照中师评估方案，以桂林民族师范学校为试点，对该校办学水平进行全面评估。各地市教育局(教委)主管中师的负责同志和中师校长参加了评估活动。

六、农村教育综合改革成果不断扩大

1992年，农村教育综合改革实验点从上年的5个县扩大到11个县、200个乡。同时，要求每个地区抓好一个实验县，每个县(市)抓好一个实验乡(镇)，初步形成了区、地、县、乡四级都抓教育综合改革实验的新局面。通过实验，进一步加强了农科教结合，促进了“丰收计划”、“星火计划”、“燎原计划”的衔接与沟通。

横县被确定为全国首批农村教育综合改革实验县以后，贯彻“教育必须为社会主义建设服务，社会主义建设必须依靠教育”的方针，以提高国民素质、促进经济与社会发展为目标，更新了教育观念，增强了各级领导和广大群众依靠科技、教育兴农的意识。改革教育管理体制，建立了“政府统筹，分级办学，联合兴教，分工管理”的管理体制和“科学决策，统一计划，分工执行，评估督导”的运行机制，形成了纵向分工，横向联合，统筹规划，全民兴教的新格局。改革教育投资体制，实行财政拨款为主，多渠道筹措教育经费，增加了教育投入。改革了教育结构，基础教育、职业技术教育、成人教育初步形成了协调发展的新格局。实施“燎原计划”经过试点已在全县推开，58万农民接受了实用技术培训，占全县农民总数的62%。县职业中学根据本地资源优势和市场需要，面向农村、面向市场，办起了缫丝厂、茉莉花茶加工厂、开辟桑蚕、花茶基地，形成了人才培养、技术推广、生产经营一体化的经济实体；同时在农村建立了29个燎原技术辐射点，指导和帮助农民调整产业结构，优化粮、蔗等现有产业，开发桑蚕、花茶等新兴支柱产业。农业、科技等部门和各级农民文化技术学校横向联合、广泛开展岗位培训和实用技术培训，增强了农村吸收和运用科技的能力，促进了农村两个文明建设。1992年，全县国民生产总值达9.16亿元，比1987年增长32.7%(按可比口径计算)；农业总产值比1987年增长31.45%；农民纯收入达794元，比1987年增加399元，初步形成教育与经济、社会协调发展良性循环。横县的经验得到国家教委的肯定，并被有关国际友人以及教育组织誉为“横县模式”，认为不仅对中国农村，而且对发展中国家农村也具有普遍推广价值。

高等教育

一、高等教育改革

根据广西改革开放和经济、社会发展的实际需要，1992 年，全区高等教育在许多方面进行了较大改革，取得明显效果。

改革挖潜，增强培养能力，扩大普通高校招生规模。长期以来，普通高校招生一直处于"吃不饱"的状态，办学效益不高，与全区改革开放和社会主义经济建设对高级专门人才的实际需要不相适应。1992 年，各高等学校通过改革挖潜，并在有条件的一些成人高校如教育学院、电大等适当扩大招收少量专科生，在不增加国家大的基建投资和师资设备的情况下，全区高校（不包括成人高校）共招收普通本、专科生 16177 人，比上年增加 40%，是历年招生最多的一年。

逐步改革高等教育招生计划管理体制，实行国家指令性计划和人才市场调节相结合的招生计划新体制。在国家指令性招生计划中拨 15.45%（即 1560 人）作为计划委托培养生，列入国家就业计划，实行自费上学；同时适当招收部分单位委托培养生，主要用于接受自治区各大、中型企业、各地区行署、各市县政府和自治区各部门、各系统的委托培养任务；在有条件的情况下，也可适当面向区外招收一定数量的委托培养生。

逐步改变上大学全部由国家包下来的做法，逐步实行统一分配、自主择业、不包分配相结合的就业办法。对计划委托培养生和单位委托培养生收取部分培养费，同时适当调整对其他学生的收费标准。计划委托培养生可以自主择业，单位委托培养生由委托培养单位按合同规定负责安排，自治区不包分配。

贯彻国家的方针、政策，在招生和收费上，对于师范院校、民族院校、农业院校和水利、地质、矿业、石油等专业的学生适当给予必要的优惠政策，并注意对家庭经济困难的学生，特别是少数民族学生和来自贫困县的学生，提供必要的学习、生活条件。

根据全区对人才的需求情况，对高校专业结构和层次结构进行了调整。适当扩大了专科培养规模，加强短线专业，缩小长线专业招生，同时适当增设适应性强的、经济建设又急需的有关专业。

由于对高等教育作了必要的改革和调整，给学校带来了活力和生机，促进了高校的发展。学校增加了收入，改善了办学条件，提高了教职工的生活待遇，稳定了教师队伍。

二、成立高校工委，进一步加强高等学校思想政治工作

为加强高校思想政治工作，1992 年自治区党委决定成立中国共产党广西壮族自治区高等学校工作委员会。并明确高校工委是自治区党委的派出机构，其主要任务是：受自治区党委的委托，领导和管理全区高等学校党的思想政治工作、组织工作、干部工作、纪律检查工作、统一战线工作和群众团体工作，进一步加强高等学校党的建设，发挥党组织的政治核心作用和党员的先锋模范作用，保证

高等学校的社会主义办学方向，促进高等学校的改革开放，把高等学校办成培养社会主义事业建设者和接班人的坚强阵地。

高校工委的成立，从组织上进一步保证了党对高校的领导，为加强高校思想政治工作提供了组织保证，对促进高校思想政治工作的改革，进一步完善高校思想政治工作制度和方法，提高高校思想政治工作的效益，起了非常重要的作用。

三、教学工作

强化外语教学，提高外语教学质量。1992年在全区高校举行了首次英语三级考试，利用考试杠杆推动英语教学。共组织高校学生22572人次参加全国大学英语三、四、六级考试，1989、1990级学生四级考试通过率超过20%（1991、1988级通过率为12%），据1992年统计，全区高校学生通过四级考试已达3447人，六级已超过200人。除本科院校外，专科学校也已开始组织学生参加考试。

加强师资培训工作。1992年自治区教委在广西大学、广西师范大学、广西农业大学、广西医科大学继续举办青年教师硕士主要课程进修班，共培训学员218人；举办青年教师岗前培训班；从20多所普通高校挑选近50名骨干教师到区外重点院校进修深造；举办文理工学科高级研讨班，聘请8名著名专家到高校讲学。

1992年，还开展了教学评估工作，制定了高等数学、大学英语两门主要基础课程的评估方案及评估指标体系。开展了第二届全区普通高校优秀教学成果评审工作。

四、科研工作

1992年全区高校参加了广西科技活动周活动，在广西农业、乡镇企业经济技术交流会上展出了近300个科技成果，其中有120个获优秀项目奖，并获得交流会“最佳组团”奖；在国家教委举办的科技成果及名特优新产品交易会上，获金、银奖各2项。此外全区高校有20项科技成果被自治区教委评为科技进步奖，16项获社会科学优秀成果奖。在自治区科委组织的广西科技进步奖评选中，高校系统共获奖19项。年内由自治区教委组织的科技成果鉴定项目20个，并下达给高校科研项目58项。广西大学和广西医科大学各获国家自然科学基金项目6项，经费分别为17.3万元和7.7万元。年底自治区教委拨出一批专项经费，用于支持获得博士（含国内博士）、硕士学位回国留学人员以及国外进修回国人员的科研、科技开发活动。

科研成果转化为生产力，获得社会和经济效益双丰收。广西大学采取技术合作、技术成果转让等形式，为区内企业新增产值3.8亿元，该校研制成功的木薯变性淀粉系列产品，使广西明阳淀粉厂扭亏为盈，并发展成为全国最大的变性淀粉厂。广西农业大学承担了国家“863”计划试管牛研制任务，并已成功育出15头试管牛；通过向农村推广、转让农业科技成果，累计创造社会效益4亿多元。广西中医学院用蚂蚁精制成“大力神”、“百年乐”等名贵中成药，远销国内外，年获纯利达数千万元。

广西农业大学、广西师范大学、广西大学、广西医科大学先后对内部科技机构作了调整，新建了一批科技开发公司。为提高科技成果的成熟程度，自治区教委拨款支持了一批中试项目，如“淀粉地膜研制”、“发酵法生产HA的中试研究”、“多能养生茶”等。高校多次组团参加各种科技贸易活动，广西大学、广西农业大学技术洽谈成效显著，已分别与60多个和20多个县市开展科技合作。

五、高校毕业生和毕业研究生分配制度进一步完善

1992年，全区纳入国家统一招生计划的普通高校本专科毕业生、毕业研究生共

15512人,其中国家教委所属院校毕业生929人,中央有关部委所属院校毕业生3782人,区属院校毕业生10351人,毕业研究生450人。所有毕业生都按计划、按需要分配到位,基本做到了接收单位满意,毕业生心情舒畅。为了做好毕业生分配工作,1992年着重抓了以下几项工作:

坚持毕业生分配工作的正确方针、政策和原则。坚决贯彻执行统筹安排,合理使用,加强重点,兼顾一般,面向基层,加强生产、科研、教学第一线的方针,在保证国家需要的前提下,贯彻学以致用、人尽其才的原则。在计划安排上,向能源、交通、通讯、原材料、农林、水利、军工等部门和行业倾斜,优先考虑国家和全区重点建设项目的需要,尤其要充分保证国营大中型骨干企业对毕业生的需求。积极引导和安排相应的本专科毕业生到急需人才的乡镇企业、集体单位,以及乡镇农业服务体系和农村文教、卫生等事业单位工作,毕业研究生要重点补充到国家和自治区重点建设项目单位以及科研基础比较薄弱的高等院校和科研机构。来源于广西的区外院校毕业生,原则上都要分配回区内工作。对来源于49个老少边山穷县(市)的区属院校毕业生,凡是专业基本对口的,当地需要的,都分配回原地区工作。

从广西实际出发,把毕业生选送到能充分发挥他们聪明才智的地方,为用人单位选送急需的各种人才。第一,在广西大学、广西农学院开展"双向选择"试点,取得初步成效并总结了成功经验。第二,积极鼓励用人单位根据人才的需求情况,主动"上门找人",并制定各种优惠政策,吸引毕业生"上门"。如广西师范大学规定凡是分配来的博士生每人保证有三房两厅、有安家费,解决家属安排等问题。各大、中企业也制定了各种优惠政策,吸引了区内外一大批毕业生,当年仅柳州市30多家企业就接收了区内外毕业生400多人。各地都根据本地的实际情况,制定了各种优惠政策,尽量为毕业生创造较好的生活和工作条件,吸引了大批毕业生。

走出去,请进来,千方百计招揽人才。走出去。一是自治区教委每年坚持到全国有关高校,通过召开座谈会、送慰问信等形式宣传介绍广西的经济建设情况,并发动各地分配办,大中型企业在每年毕业生分配前到区内和全国各有关高校,特别是到广西生源比较集中的上海、北京等地的重点院校,召开毕业生座谈会,介绍宣传广西的经济建设和本地区、本企业发展形势以及接收毕业生的各种优惠政策,不仅吸引了广西的毕业生回来工作,而且还吸引了大批区外的毕业生到广西工作。二是自治区高校毕业分配部门深入到厂矿、农村调查研究,了解社会对各种人才的需求,根据实际情况,制定当年毕业分配计划和政策措施。请进来,即邀请广西生源比较集中的区外有关高校分配办或教师到广西调查,通过他们宣传介绍广西的情况,帮助做好广西生源毕业生的工作。

通过走出去、请进来的做法,收到了很好的效果。1992年广西在区外的高校毕业生返回率达80%以上,是全国10个边境省区返回率最高的省区,另有区外生源100多人也自愿到广西工作。仅玉林柴油机厂就接收了清华大学等重点院校区内外毕业生20人。据统计,1992年全区高校毕业生分配到地市的占应分配总数的68.7%,到区直单位(含企事业单位)的占24.5%,到中直单位的占6.8%,基本体现了加强基层和加强第一线、加强大中型企业的精神,较好地完成了当年高校毕业生的分配任务,支援了全区的经济建设。

成人教育

一、扫盲教育

1992年,全区共组织17.18万人参加扫盲学习,脱盲7.5万人,比上年减少3.2万人。融水苗族自治县、大化瑶族自治县通过了基本扫除青壮年文盲验收,横县、北流县通过了高标准扫除青壮年文盲验收。平南县、横县获全国扫除文盲先进县,1人获全国扫除文盲先进工作者。

1992年,扫盲教育主要工作是:(1)把扫盲教育工作纳入法制轨道。2月,自治区人民政府发布了第1号主席令——《广西壮族自治区实施〈扫除文盲工作条例〉办法》,对全区扫盲工作提出了明确的目标和要求;6月,自治区人大通过的《广西教育条例》,也要求各级政府认真抓好扫盲和扫盲后继续教育。(2)首次承办"联合国教科文组织少数民族妇女扫盲和扫盲后教育项目"。该项目已在龙胜各族自治县按计划组织实施,时间两年。(3)抓脱盲后巩固提高工作。全区共有脱盲后小学班4680个,在校学员21.59万人,毕业结业10.25万人。

二、农村成人教育

1992年,主要抓了以下工作:(1)认真贯彻国家教委《关于大力发展乡(镇)、村农民文化技术学校的意见》,抓好建校和农民实用技术培训工作。年内,全区乡(镇)农技校已发展到1314所,占全区乡(镇)总数的97%,有77%的村办起了分校。岑溪县南渡镇成人文化技术学校、横县马山乡新岭村农民文化技术学校被评为全国农村成人先进学校。农村成人学校基本建设得到加强。据不完全统计,1992年全区农村成人教育经费投入1382.6万元,其中用于办学经费306.3万元,用于建校的基建费1076.3万元。现有专用校舍51550.8平方米,教室1781间,借用校舍7185平方米,教室4848间,实习实验基地617.9公顷,水面595公顷,图书31.6万册。农技校已成为对农民进行实用技术培训,实行农科教结合的重要阵地。1992年全区乡(镇)农技校培训244.45万人(次),村分校培训457.3万人次,共培训701.75万人(次),占农村劳动力的35%左右。多数农民能较好地掌握1～2项实用农业生产技术,在实施科教兴农战略中发挥了积极作用。如浦北县北通乡通过农技校开展水果种植培训,1992年全乡人均水果收入超过1400元,种植水果超万元的有200余户。(2)对乡(镇)农技校进行检查评估。11月,区教委组织各地、市教育局(教委)成教科长和部分县成教专职干部,分成5组对全区13个地、市的23个乡(镇)农技校进行检查评估。据统计,23所乡(镇)农技校1991年共办班2470期,培训农村青壮年农民213217人(次);学校所在乡(镇)1991年人均纯收入比1990年增加1845.45元。(3)召开乡(镇)农技校联系点会议。5月,全区乡(镇)农技校第三次协作会暨工作会议在苍梧县梨埠乡召开。各地、市成教科长、20多所农技校校长等共100多人参加。会上21个单位介绍了建立教育与经济实体,并直接参与农村经济服务体系的经验。(4)加强队伍建设。4月，广西国际交流协会、香港明爱(伦敦)中心筹委会在桂林联合举办成人教育研讨班，40多名成人教育管理干部参加了培训。继续委托4所大、中专院校举办乡(镇)农技校专职教师培训班，512名教师参加了种植、养殖、加工专业的学习。11月，组织部分地、市成教干部和乡(镇)农技校校长到江苏考察农村成人教育情况。通过多层次、多规格的培训，提高了成人教育干部、教师的理论和管理水平。(5)加强教材建设。自治区教委组织编写了一套农村实用技术教育系列教材，包括17个门类共18分册，作为乡(镇)农技校培训农村的教学用书，以满足群众学技术致富的需要。

三、职工教育

为适应改革开放和企业转换经营机制的需要，1992年开展了以岗位培训为重点的各类培训。全区235.9万名干部、职工中，参加各类培训的人数达67.7万人，占职工总数的28.7%。其中，参加岗位培训的有55.42万人，接受继续教育的有4.41万人，接受高等教育的有3.76万人，接受技术等级培训的有0.63万人，接受中专教育的有2.1万人。全区158.48万工人中，有46.09万人参加学习，其中，参加岗位资格培训的有7.76万人，接受技术等级培训的有10.85万人，接受适应性培训的有24.93万人，接受高等教育的有0.92万人，接受中专教育的有0.81万人，接受高、初中文化基础教育的有0.79万人。

1992年度职工教育有以下特点：(1)职工教育管理部门开始转变了职能，由“指令”型转变为“服务”型；(2)企业有了办学自主权，根据企业实际需要，开展职工教育；(3)突出了技能训练，开展了适应性岗位培训；(4)注重了对专业技术人员的继续教育。

四、成人中等专业教育

1992年，新建了广西广播电视中等专业学校、广西农业实用技术培训中心、广西农业广播电视学校玉林地区、梧州地区、桂林地区及18个县21所分校。主要抓了成人中等专业学校的宏观管理：(1)完善规章制度。自治区教委制定了《成人中等专业学校学生学籍管理规定》、《广西成人中等专业学校暂行办法》、《成人中专学校毕业生审核与毕业证书验印问题的通知》、《干部中专专修班转全科班的实施意见》(试行)等4个主要文件。(2)开展成人中专学校合格评估。首先制定了《成人中专学校合格评估指标体系》，成立评估领导小组，负责评估的组织领导工作。其次在各成人中专校自评的基础上，区教委于10月组成11个评估小组，对广西华侨职工中等专业学校等43所成人中专进行合格评估。(3)指导成人中专进行教育改革。10月，自治区教委组织召开了全区第五次成人中专教育改革联系点学校校长会议，13所教改联系点学校交流了经验，自治区教委就全区成人中等专业教育改革与发展作了部署。(4)考察学习。11月，自治区区教委组织部分成人中专校校长到江苏省和上海市成人中专校进行实地考察，学习先进经验。

五、社会力量办学和自学考试

1992年，全区社会办学发展到600多所(班)，开设包括幼儿、中小学、职业教育、师范、助学辅导、种养加工、家电机械维修、文化艺术等各级各类专业教育，培养了大批人才，弥补了政府办学的不足。为使社会办学健康发展，自治区教委会同有关部门制定了《关于社会力量办学印章的管理规定》、《关于社会力量办学招生广告的管理规定》、《关于收取社会力量办学管理费的通知》等文件。各地根据实际情况，对社会力量办学的学校(班)进行了治理整顿。3月，自治区教委根据玉林地区社会力量办学中存在的一些问题，召开了玉林地、市社会力量办学座谈会，印发了《玉林地、市社会力量办学座谈会纪要》，要求各地结合实际，认真抓好社会力量办学的治理整顿和管理工作，以促进其健康发展。

1992年，成人高等教育自学考试开考26个专业，有13055人参加考试。毕业3056人，其中本科25人，专科3031人。还有81636人(次)获得单科合格证书。

撰稿人 覃盛裕
审稿人 李 林

海南省教育

概　况

一、各级各类教育发展情况

1992年海南省各级普通学校基本情况　　单位：人

学校类别	学校数（所）	毕业生数	招生数	在校学生数	教职工数 计	教职工数 其中专任教师
一、普通高等学校	5	2359	3132	8511	3171	1146
研究生		2	7	13	12	(12)
本　科		1093	1376	5204	3159	1146
专　科		1264	1749	3294		
二、中等专业学校	27	3769	4886	12111	2401	1133
中等技术学校	19	1995	3016	7422	1483	701
中等师范学校	8	1774	1870	4689	918	432
三、普通中学	468	70419	100230	261688	26212	18209
高　中	175	16872	16697	51613		4143
初　中	293	53547	83533	210075		14066
四、农业、职业中学	42	3272	4153	10202	1309	943
高　中	42	3272	4123	10172	1309	943
初　中			30	30		
五、工读学校	1				6	
六、小学	4725	103096	180922	1036068	48406	41261
七、特殊教育学校			38	104	33	13
八、幼儿园	327	66392	82124	113968	4483	2995

1992 年海南省各级成人学校基本情况

单位:人

学校类别	学校数(所)	毕业生数	招生数	在校学生数	教职工数	
					计	其中专任教师
一、成人高等学校	5	2484	1915	5013	598	378
广播电视大学	1	243	188	412	96	57
职工高等学校	2	92	102	237	76	37
农民高等学校						
管理干部学院						
教育学院	2	1084	653	2067	284	149
独立函授学院						
普通高校举办						
函授部	(3)	728	522	1283	142	135
夜大学		337	412	976		
干部专修科			38	38		
二、成人中等专业学校	29	3141	4311	9465	1073	525
广播电视中专	1	19	515	1787	27	
干部中专						
职工中专	7	550	772	1817	222	115
农民中专	3	196	250	446	95	52
教师进修学校	18	2376	2774	5415	729	358
三、成人中学	8	220	249	501	11	9
职工中学	3	220	164	313	11	9
农民中学	5		85	188		
四、成人技术培训学校	734	183984	187556	190436	948	61
职工技术培训学校	58	16977	15000	16393		
农民技术培训学校	676	167007	172556	174043	948	61
五、成人初等学校	429	14471	18576	38811	66	53
职工初等学校	2	150	225	225		
农民初等学校	427	14321	18351	38586	66	53
其中:扫盲班	254	9978	12581	26410	53	40

1992 年,海南省有私立中学 1 所,毕业生 137 人(高中 65 人、初中 72 人),招生 231 人(高中 94 人、初中 137 人),在校生 379 人(高中 189 人、初中 190 人),教职工 39 人,其中教师 28 人(高中 10 人、初中 18 人)。有私立小学 3 所,招生 105 人,在校生 244 人,教职工 8 人,其中教师 7 人。私立幼儿园 42 所,毕业生 894 人,招生 1788 人,在园幼儿 3251 人,教职工 232 人,其中教师 173 人。

1992 年,全省普通高等学校讲师以上职称的 764 人(教授 40 人、副教授 238 人、讲师 486 人)。

全省中等职业技术学校学生占普通中等学校高中阶段学生总数的 33.68%。

1992 年,全省小学(含私立)学龄儿童入学率为 98.22%(其中女儿童入学率 45.13%),巩固率为 98.81%,毕业率为 98.69%,小学毕业生升学率为 81.06%。

幼儿园数中有教育部门办的 21 所,其他部门办的 231 所,集体办的 75 所,私人办的 42 所。

二、召开全省教育工作会议

3月3日至5日，海南省教育厅在海口市召开全省教育工作会议，贯彻国家教委1992年工作会议精神，重点研究海南省教育面临的迫切问题，副省长辛业江作了题为《勇于开拓，狠抓落实，把我省教育事业提高到一个新的水平》的讲话，教育厅长符鸿合传达了国家教委工作会议精神，总结海南省1991年的教育工作和部署1992年的工作；副厅长谢峰通报了全国人大检查组1992年2月检查海南实施义务教育法的情况。会议着重研究了几项重点工作，并提出了落实的措施：一是要转变观念，把办学的指导思想从应试教育转到提高国民素质教育上来，树立为当地经济建设和社会服务的思想，解决了办教育的立足点问题；二是要适应特区改革、开放，大力发展职业技术教育，增强尽快打开发展职业教育局面的紧迫感；三是采取措施，掀起集资办学高潮，改善办学条件，推进九年制义务教育法的实施；四是积极推进和深化各项教育改革。

三、开展“尊师重教”活动

1992年9月10日，海南省委、省政府在海口市召开庆祝教师节暨尊师重教表彰大会，参加庆祝大会的是来自全省各地的人民教师千余人。大会由副省长辛业江主持，省委、省政府、省人大、省政协和部队的领导出席了大会。省委书记邓鸿勋在会上作了重要讲话。大会表彰27个尊师重教先进集体和27个先进个人，并给45名特级教师颁发了荣誉证书，最后大会通过了《全社会都来大兴尊师重教风尚》倡议书。

在教师节期间，省委、省人大、省政府、省政协的领导分别到海府地区各大专院校、中学、小学、幼儿园等慰问教师，向育才“园丁”致以节日的问候。各市县党政和教育行政部门开展不同形式的慰问教师节活动，组织学生、家长及社会各界为教师办实事；各地博物馆、纪念馆、公园、剧场健康的娱乐场所等各种具有教育功能的公益机构，在教师节前后三天内免费开放或提供优惠服务。各地新华书店在教师节前后三天内以优惠价格提供服务。

9月9日，海南省省长刘剑峰、省人大常委会副主任潘琼雄、省政协副主席王越丰、周松召开全省36家公司企业的近40名代表尊师重教座谈会，部分与会企业代表当场为教育基金会捐赠人民币136万元，支持发展海南教育事业。海南章光实业有限公司董事长赵章光为海南等省市教育捐款五百多万元，被评为全国尊师重教振兴中华活动先进个人，并受到中共中央政治局委员、国务委员李铁映亲切会见。海南军区也被评为“全国尊师重教先进集体。”

四、成立关心下一代工作委员会

1992年7月，海南省成立关心下一代工作委员会。杜青林、刘学斌、辛业江、赵光炬任名誉主任；田永存、张发华、何敦锦、郑章、王越丰、陈克攻、符孟雄任顾问；潘琼雄任主任。

据统计，截至10月中旬，海南各界支持实施“希望工程”共捐款86万元，全省14个市县已落实救助失学或即将失学的小学生6700名，受资助的学生全部返校就读。

五、招生改革

1992年高考科目设置由过去的文理两大类改为文科、理工、农医、财经、地质等4个科目组，过去每个考生考6门或7门课程，改为考4门课程。1992年，海南省普通高校招生有几项重要改革，包括实行高考成绩的标准转换，转换后的总成绩满分900分(1991年满分600分)；农林、师范院校优先招收有实践经验的青年；1992年海南大学、海南师范学院各招收少数民族预科生40人等。

改进高等院校招生工作。(1)扩大师范院校招收保送生比例。1992年海南师院招收保送生从上年的25%增至48%;通什师专招收保送生从上年的15%增至25%。(2)适当扩大中等师范学校招生量,从中师毕业生中选部分学生进入高师就读。(3)1992年对教龄3年以上的专职教师(包括民办)和教育行政干部、代课教师,经所在中学或学区推荐,准予参加普通高校招生统考,由师范院校择优录取。(4)继续实行定向招生定向分配办法,为提高定向生质量。定向生一般在同批院校分数线上录取。(5)师范院校招生都实行严格的面试制度。新生入学后,再次进行复查,不符合要求的退回或适当处理,由此保证师资质量和避免培养上的浪费。

严肃考纪考风。1992年,海南省考试局制订了《关于整顿考场,严肃考纪的决定》,调整了部分考区的设置,对上年高考管理不善的三个考区增派50%的监考员。取消了38名外省冒籍的考生资格。同时给73名普通高考和287名成人高考违规违纪的考生,分别作出扣分,取消当年考试资格,从下一年起两年内不准参加高考的处罚。此外,省考试局还建议各市县(考区)招委会,对于成人高考请人代考者给予相应的纪律处分,是党员的要给予党纪处分。

中等学校招生。1992年,进行了如下改革:(1)下放权力。1992年中等学校招生工作的权力下放到各市、县。中师普师班招生全部定向到各乡镇,审批权也下放到各市县。(2)凡在职教师参加中师转正班免试入学。1992年民办教师参加中师转正班学习,凡1980年以前当民办教师的,连续教龄12年以上,有教师聘任证、学历合格证者,按职称、教学年限免试优先录取。取消全省初中招生统一考试;保送品学兼优的部分学生入省、市县重点中学就读。各市县实行小学毕业考试和初中招生考试相结合,作为乡镇中学录取初中新生的依据。(3)一律实行区域招生,就近入学。不准跨区域报名考试和录取学生。各乡镇中学只招收本乡镇的小学毕业生。小学毕业,升学考试由各市县组织实施。已实行九年义务教育的地方,小学不再进行升学考试,一律实行按区域就近入学。

六、教育经费情况

1992年全省教育经费总额为6.49亿元,其主要来源(见附表)

1992年地方教育经费来源情况表

项　目	经费数(万元)	各项所占比重%
总　计	64940	100
财政预算内教育经费	47358	72.93
各级政府征收的税费	1215	1.87
厂矿企业办学	8198	12.62
勤工俭学和社会服务用于教育	1393	2.15
个人交纳学费杂费	4527	6.97
社会对教育的投入	2249	3.46

1992年全省国民生产总值达140.8亿元,财政预算内教育经费总支出4.47亿元,占国民生产总值的3.36%,比上年低0.33个百分点。1992年全省人均国内生产总值为2113元。人均教育经费70.16元,比上年增长20.6个百分点。生均教育经费有所变动,1992年除农职业中学生均比上年下降2.56%外,其余各类学校生均培养费都比1991年有较大的增长(见附表)。1992年,全省财政总支出为25.3亿元,其中预算内教育经费支出4.73亿元,占财政总支出的18.70%,比上年减少1.1亿元,教育经费的紧缺仍制约着教育事业的发展。

预算内生均教育事业费变动情况表

单位:元

教育层次 \ 年度	1991年	1992年	1992年比1991年年递增率%
高等教育	5181.13	5845.59	12.82
中等师范	2693.75	3114.89	15.63
农职业中学	875.19	852.76	-2.56
普通中学	398.21	447.76	12.44
小　学	170.02	197.34	16.07

基础教育

一、实施九年制义务教育

1992年2月,海南省教育厅配合全国人大检查组对海南实施《义务教育法》的情况进行检查,共检查9个市县,13个乡镇,39所中小学,总结了经验,找出了差距,提出进一步抓好义务教育的意见。《中华人民共和国义务教育法实施细则》发布后,省教育厅一方面抓好学习宣传,一方面制订和落实措施。主要是:(1)省和市、县都从实际出发,调整普及九年制义务教育规划,积极地、有步骤地实施。(2)采取措施保证适龄儿童少年入学。由省统一印发适龄儿童少年《入学通知书》,乡镇、管区、学校按时发给家长或监护人依时送适龄儿童上学,否则追究责任。(3)省教育厅根据《实施细则》制定了《海南省实施九年义务教育十项基本要求》、《海南省实施初等义务教育基本必备办学条件》,下发各市县执行。(4)作出规划,加强师资培训工作,以适应实施义务教育的需要。(5)为加强民族地区的教育工作,省教育厅组织人员深入民族地区调查,写出《我省民族地区教育情况、存在问题和今后的设想》,报送省领导和有关人员,并为省教育厅制订政策提供依据。由于各级党政和教育行政部门、各级学校认真工作,因此1992年全省小学生流失率降到1.61%,初中生流失率降到2.81%。

二、中小学教育与教学

(一)思想政治教育和德育教育

进行"两史一情"教育。省教育厅根据国家教委关于加强对青少年进行中国近代史、现代史和国情教育的要求,在中心小学进行"两史一情"教育,各学校除了通过政治课、思想品德课、组织专题讲座、报告会、电影、开展"知国情、爱祖国"读书征文等活动外,还举行全省"十大校园歌手"、"十大演讲新星"和"十大故事大王"等比赛,这些内容丰富、形式多样的活动,激发学生民族自豪感,振奋民族精神,树立爱国主义和崇高的革命理想。

优化育人环境。海南各中小学大部分成立精神文明建设领导小组,制定精神文明建设目标和计划，健全精神文明建设的各项制度。为了使精神文明建设持之以恒，省教育厅举行了全省中小学校容校貌建设评比活动，有30所学校被评为全省中小学校容校貌建设一、二、三等奖。获得一等奖的学校是琼海县造科小学、文昌县头苑小学、儋县长坡中学、琼海县伍园小学、文昌县迈号中学。

建立素质教育基地。主要有下面几种：(1)革命传统教育基地。组织学生到这些地方缅怀先烈的光荣业绩，接受革命传统教育，坚定共产主义的信念。(2)国防教育基地。使学生从中学习人民解放军的优秀品质。(3)农业技术教育基地，培养学生树立热爱劳动观点，为今后发展经济，提供工农业服务。(4)爱国主义教育基地。组织学生到这些地方游览，开阔视野，培养学生热爱大自然，热爱祖国河山的思想感情。(5)社会实践基地。使学生从中学习一些专业技术和现代企业管理方法，为今后出入社会施展才干创造条件。由于各学校抓好素质教育基地建设，学生的德、智、体得到全面发展。1992年，省教育厅评出省级三好学生413名，其中小学生152名、初中学生131名、高中学生130名；海南省优秀学生干部149名，其中初中80名、高中69名。

(二)加强中学教学与教学研究和重点中学的建设

海南省有省、市、县重点中学24所，在校学生44759人，其中初中学生21857人，高中学生20709人；教职工3911人，其中专任教师2543人(初中教师1223人，高中教师1320人)。省教育厅为了更进一步提高这些学校办学水平，11月在海口市召开全省教育局长、重点中学校长会议。这次会议通报了部分重点中学办学水平评估情况；研究如何深化基础教育，特别是义务教育和重点中学教育的改革；研究重点中学如何进一步端正办学指导思想，转变应试教育为素质教育，加强教学管理，深化教学领域里的改革，提高教学质量，为高一级学校和工农业生产第一线以及服务行业输送更多的合格人才。会上万宁、澄迈等市(县)和海南中学、文昌中学和农垦中学等介绍了经验。

提高普通中学教学质量。目前海南省各市县一般普通中学的办学条件、办学水平较差。为了进一步提高这类学校的教学质量，适应普及九年制义务教育的发展和特区经济建设的需要，1992年12月，省教育厅在乐东县召开办好一般普通中学经验交流现场会，提高了一般普通中学的办学水平。

深化教育科学研究。1992年3月下旬，省教科所、教研室在海口市召开全省教研室主任会议。会议根据国家教委关于加强教研工作的意见，总结了近几年来教研工作的基本经验，讨论了新时期加强教研工作的主要问题，为制定海南省教研工作规划作了充分准备。1992年教学研究主要开展了评选语文、数学教学录像；交流学科课堂教学评估经验；抓好部分学科教改试验工作，组织小学语文、中学生物的青年教师课堂观摩教学；开展教学论文评选等活动。通过开展教学研究活动，促进了教学质量的提高，1992届高中毕业会考，全省有17040人参加，合格人数12807人，合格率75.51%。合格率在90%以上的学校有18所。1992年海南省中学生参加全国初中数学竞赛联赛640名，获奖学生64名，其中获一等奖9名，二等奖55名；参加全国高中数学竞赛480名，获奖的80名，其中一等奖20名，二等奖23名，三等奖37名；参加第九届全国中学生物理竞赛的刘锐、何启新(海南中学)分别获二等奖，王深(海口市一中)获三等奖，刘锐被国家教委委托北京大学附中举办的理科(物理)试验班录取，这是海南中学生首次进入这个试验班。参加全国计划单列市初三英语竞赛，获一等奖10

名、二等奖20名、鼓励奖15名。5月，省教学教研会举办1992年小学数学奥林匹克竞赛，全省19个市县及海南农垦等1500名学生参赛，海口、琼山、琼海、农垦、定安、文昌等获团体前6名；昌江县获民族自治县特别奖；有4名学生获一等奖；琼海加积一小在这次竞赛中总分和获奖人数均列全省首位。小学语文教研会举办“我爱我的家乡”首届小学生作文竞赛，参赛的有三年级以上的10万名小学生，获特等奖的30名，一等奖的91名。

（三）学校体育和卫生工作

1992年，省教育厅和各市县教育行政部门认真抓好《国家体育锻炼标准》的施行，全省施行《标准》的学校4731所，施行率为80%，应参加人数938766人，及格以上为714357人，及格率为76.1%。

各级学校积极施行《体育合格标准》，不断提高学生的身体素质。全省普通中学自1988年下半年开始施行《中学生体育合格标准》，小学自1992年下半年开始施行《小学生体育合格标准》。施行结果，学生身体素质不断提高。1992年国家教委组织复查1991年高校入学新生的“体育合格标准”，海南高中学生的身体素质平均数居于全国第二位。

1992年，海南省中学体育代表队参加全国性比赛都取得了较好的成绩。在第七届全国中学生“振兴中华怀”排球夏令营比赛中，文昌中学男队获冠军、女队获第4名，琼山中学男队获第3名；在全国中学生篮球比赛中，加积中学女队、海口市一中男队分获第4名和道德风尚奖；在1992年全国中学生田径赛中，海南省中学生代表队获金牌4枚、银牌2枚、铜牌3枚、男女团体总分第6名和道德风尚奖。

1992年，省教育厅认真抓好学生健康教育，加强防病治病工作，提高学生的健康水平。据调查，除学生的近视眼病率未能控制而有所提高外，其他几种常见病和发病率均比上年有较大幅度的下降。（见附表）

1992年学生健康情况统计表

疾病类别／患病率／学校	年份	视力不良	近视	龋齿	营养不良	贫血	沙眼	肠道寄生虫
小学	1991年	6.65%	6.34%	57.25%	43.75%	63.44%	48.50%	31.26%
	1992年	6.54%	6.42%	36.88%	43.51%	24.95%	41.82%	6.06%
中学	1991年	18.98%	18.21%	38.42%	44.56%	43.08%	46.34%	28.44%
	1992年	23.62%	21.48%	36.79%	40.89%	25.85%	44.93%	4.63%
大学	1991年	35.09%	34.83%	43.61%	37.37%	30.12%	37.65%	10.31%
	1992年	74.47%	72.56%	40.26%	35.70%	24.05%	35.75%	4.78%

三、师资队伍建设

1992年，小学、初中、高中教师的学历合格率分别达91.34%、66.36%和35.84%。但与特区经济的发展还不相适应。1992年，全省普通中小学校教师学历不达标的，高中有2658人，初中有4732人，小学有3572人。

省教育厅为了更好地适应实施九年制义务教育，巩固和发展基础教育，采取了以下几项措施：(1)制订了师资培训规划。1992年春，省教育厅制订了《海南省中学教师培训十年规划和“八五”计划》，提出具体目标是：1993年底前完成中学校长岗位职务培训，1996年开始对中学领导干部进行教育管理专业继续教育；高中教师以学历培训补偿教育为主，争取1995年学历达标率提高到50%；初中教师以学历培训补偿教育和岗位职务培训继续教育并举，争取学历达标率1995年提高到85%，2000年提高到95%；举办小学教师函授专科班，每年培训200人，十年共培训2000人，为各市县城镇小学、乡镇中心小学和厂矿企业小学培养语文、数学两科高层次的骨干教师和学科带头人。(2)开展教师继续教育工作。1992年，全省有高校师范类毕业生1086名(本科毕业生399名，专科毕业生687名)；中等师范学校毕业生1267名进入教师队伍。5月20日，省教育厅在海口市召开全省师资培训工作会议，研究部署中小学师资继续教育和培训工作。会上总结和推广了琼山县抓好小学教师继续教育的经验。8月，举办全省骨干教师继续教育教材培训班，参加学习的有40名骨干教师；还在琼山县教师进修学校举办小学一级教师继续教育试点班，先后共培训小学一级教师2000名。7月6日至8月10日，省教育厅又与美国英语学会联合在海南教育学院举办中学英语教师培训班，培训80名教师。此外，还进行了中小学教师学历培训，全年共培训小学教师2693人，中学教师619人。(3)抓好青年教师的培养。1992年，全省中小学青年教师占中小学教师总数的65%。省教育厅为了提高他们的业务水平，采取了如下措施：一是制订培训规划，要求到1995年以前35岁以下的青年教师要达到学历标准；二是开展语文、数学、英语、物理、化学、政治、历史、地理、生物等9门学科论文评选活动，选出部分论文参加全国青年教师论文评选，激发青年教师努力学习，提高业务水平；三是进行语文、数学两科的青年教师调教活动，这种办法既能提高青年教师的教学水平，又调动了教师学习的积极性；四是对青年教师进行粉笔字和普通话基本功检查，促进青年教师加强基本功的训练。(4)开展中小学校长培训工作。海南省现有在职的中小学校长5804名。1992年，各级政府和教育行政部门，认真贯彻省委组织部、省人事劳动厅和省教育厅联合发布《关于组织全省中小学校长参加岗位职务培训的意见》。成立了中小学校长岗位职务培训领导小组，制订培训规划，深入师训学校检查指导工作；增加了投入，省教育厅拨出培训经费70万元，万宁、文昌、保亭等县还拨出专款建设校长培训楼和教学设备；制订了培训的管理条例、考勤、考核、学员学籍管理等制度；举办了全省教师进修学校教师备课班，组织教师研究国家教委印发的校长培训大纲和教材。5月，省教育厅在琼山县教师进修学校召开小学校长培训现场会，总结和推广琼山教师进修学校举办小学校长岗位职务培训班的经验，促进了全省校长培训工作的全面开展。据统计，到年底，全省已培训在职中学校长651名，占应参加培训的中学校长总人数60%；已培训小学校长1040名，占应参加培训的小学校长总人数的24%。

四、增加投入改善办学条件

校舍危房改造。1992年5月，省教育厅制订了《海南省中小学教职工住房制度改革方案》(试行)。8月，省教育厅会同省财税厅、省计划厅联合在三亚市召开全省多渠道集资办学现场会，对推动海南筹集办学经费，改造中小学危房工作起到了积极的作用。据统计，1992年，全省通过多渠道筹集资金达9389万元用于中小学校舍建设，其中中央、省财政拨款3727万元，市县配套1222万元，群众集资4440万元(含华侨捐资、学校勤工俭学投入资金)。共新建钢筋混凝土结构校舍约25万平方米。现有校舍总面积432万平方米,其中钢筋混凝土结构校舍面积283万平方米。危房面积已由1991年的65万平方米降到46万平方米,危房比例已由1991年的15.4%下降到11%。

勤工俭学。1992年,全省开展勤工俭学中小学校4611所,占学校总数的87.6%,耕地面积119580亩,工厂87个,第三产业1297个,勤工俭学总产值5613万元,纯收入2274万元,比上年增加665万元;学生人均收入17.2元,比上年增加4.6元。勤工俭学主要采取如下措施:一是大力发展第三产业,挖掘教育内部市场,实现教育服务一体化。二是因地制宜,发挥优势,广开门路,提高效益。三是建立制度,强化管理,提高效益。四是各级党政领导和各部门大力支持学校开展勤工俭学活动。

教学仪器建设。1992年制订发布了全省中小学实验室标准化、规范化、科学化的实施方案。全省共投入中小学仪器设备费达501.84万元,比上年增长23%。大部分的重点中小学、师范学校仪器设备标准已达到国家要求,基本上解决了语音实验室和计算机室设备。继续抓好三亚市、琼海县等二市(县)的普及实验教学试点工作。三亚、琼海自1991至1992年共筹资182万元,使乡镇中心小学以上的中小学都建起仪器室、实验室、电教室,促进了普及实验教学的进程。全省现有苹果机549台,PC机30台,IBM机9台,在23所重点中学和一所小学中开展计算机教学工作,取得较好的成绩。

电化教育工作。1992年,省教育厅为了进一步开展电化教学,制订了《海南省1992年—1995年电化教育发展计划》和《关于加强我省电教教材建设的意见》,下发各学校执行。1992年1月将自行拍摄的职业技术教育片“西瓜优质高产栽植新技术”和初中生物课“南湾猕猴”等11部教学电视片参加全国电教教材展览,得到与会专家的好评;3月完成了国家教委下达的制作,初中生物电视教材《被子植物的分类》、《单子叶植物分科举例》、《双子叶植物分科举例》等3部片的导演本现已送审;拍摄完成两集社教专题电视片《三亚人办教育》共30分钟,以及根据现行教材编辑完成了中国地理、初中语文、初中动物学、初中植物学、初中生理卫生、高中生物等6个学科共148课时的“辑纳电视教材”,并投入批量生产,已于9月在教育系统内部发行;1992年,通过卫星教育电视台接收、订购、交换科教情报等多种渠道,共收集了电视教材资料1480课时,录音教材142课时,投影教材360框;为各级各类学校提供电视教材689课时,录音教材650课时,投影教材460框。

五、幼儿教育

1992年,海南省有幼儿园327所,3099个班,其中小学附设1975个班,在园幼儿67598人,私立幼儿园86个班,教职工中有园长276人,保健员974人。

1992年1月,省教育厅、省妇联联合在儋州市召开全省幼儿教育现场会,讨论了“八五”幼儿发展规划。由于目前海南省幼儿园数量极其有限,3—6周岁的儿童入园率仅有25%,同时,幼儿师资队伍严重不足,素质偏低。因此,会议强调各级政府要发动社会力量,多渠道发展幼儿教育事业,力争到1995年,全省3—6周岁的幼儿入园率达到40%,同时要继续贯彻执行国家教委发布的《幼儿园工作规程》、《幼儿园管理条例》两个法规,做到依法办园,使幼儿教育趋向法制化、规范化,教育部门要制订适合本地实际的幼儿教育发展规划,采取措施提高幼儿师资队伍整体素质。

为了促进各市县贯彻落实有关幼儿园法规，加强对各类幼儿园（班）的领导和管理，省教育厅印发了关于组织检查贯彻执行《条例》和《规程》情况通报，要求各市县在10月前进行自查，12月省教育厅组织抽查，通过检查推动了幼儿教育的发展。万宁县各乡镇都以校带班的形式，先后办起幼儿园111个，入园（班）幼儿达到5295人，占该年龄组的48%；该县和乐镇15所小学，全部办起幼儿学前班，幼儿入园（班）率达98%。为了解决教师问题，该县又举办幼教师资培训班50名学员，经考试全部合格；此外，还组织20多名学前班教师到外地参观学习，提高业务水平。

六、特殊教育

1992年，海南省有聋哑学校1所，6个班。省教育厅为了发展残疾儿童少年义务教育，根据国家教委《关于"八五"期间发展残疾儿童少年义务教育的实施方案》，制订《海南省发展残疾儿童少年义务教育规划》，提出先由海口市、三亚市做好准备，争取短时间内开办残疾儿童附设班，同时也要求各市县政府从1991—1992学年度第二学期开始对全省残疾学生一律免收学费和减免收学杂费，使全省残疾学生都能按时上学读书。海南聋哑学校得到日本政府33549美元的无偿资金援助，11月26日在广州举行提供书签字仪式。这项援助资金，主要用于购置助听器等设备，提高学校的教育水平。

职业技术教育

一、普通中等专业教育

1992年，全省普通中等技术学校专业教师中高级讲师36人、讲师216人、助理讲师262人、教员187人，兼任教师18人；开设农学、畜牧兽医、热作、植物保护、经营管理、财务会计、机电、财政、税务、医疗、卫生、琼剧、舞蹈、美术、体育等47个专业。

调整教育结构。各普通中等专业学校根据海南经济建设的需要调整专业设置和课程设计。海南商业学校一是按照人才预测和社会需求调整专业结构和专业设置，增开金融、餐旅服务、制绘设备维修、服装设计等专业，对原有的财会专业进行充实加强，除原来开设的会计原理、商业会计之外，又增设工业会计、预算会计、中外合资企业会计，从而提高了学生对社会需要的适应能力。二是调整专业课程设置，增加英语和电脑课时数，开设电脑打字课；语文教学开设书法课、粤语课，突出应用文教学内容，加强珠算训练，提高学生的珠算水平。三是以人才需求为导向、多规格、多形式办学。这几年来，海南商校不仅招考高中生，也招考初中毕业生，并和海南饮食服务公司联合成立海南烹饪技工学校；和武汉市一商校、二商校合作，借助这两所学校的师资力量，为该校学生上理论课。这两所学校还为商业企业进行招工培训，给企业办函授等。商校结合激烈的市场竞争，灵活调整专业和课程，使学校教育和社会需要相吻合，不但给学校带来了生机和活力，毕业的学生也受到社会欢迎。

普通中等专业学校评估。省教育厅成立了海南省普通中等专业学校办学水平评估领导小组，依据国家教委印发的《普通中等专业学校办学水平评估指标体系》，对全省普通中等专业学校进行评估。评估结果，办学条件合格的有：海南农垦卫校、省卫生学校、省第二卫生学校和省银行学校。

招生制度改革。为了加快培训农村中、初级农业专门技术人才，海南农业学校和通什农业学校1992年开始试行在三亚、通什市、琼山、琼海、屯昌、澄迈、儋县及7个民族自治县招收农村青年不包分配班学生80名。学习三年，毕业后回农村参加农业生产，工作需要也可聘用到基层农技推广服务机构工作。

二、中等师范教育

1992年，海南省中等师范在校学生比1991年增加13人；专任教师中，高级讲师43人，讲师132人，教员79人，助理讲师178人。

进行管理体制改革。1月，省教育厅在琼台师范学校召开了全省中等师范教育工作会议。并提出海南省"八五"期间中师发展方针是：坚持方向，稳定规模、优化结构、深化改革、改善条件、提高质量。9月在文昌师范学校召开全省中师校长会议，研究中师教育改革，提出了《加快我省中师改革的意见》，决定下放权限，让学校真正做到有职有权；加强内部管理体制改革；中师可开设"职业班"，实行"一校两制"；并要求各学校对校园建设要因地制宜，精心设计，体现思想性、艺术性、师范性，使学生在良好的政治环境中，树立正确的政治方向和革命人生观。

优化教育环境。1月，省教育厅组织人员对全省中等师范学校进行校园文化建设检查评比。评比结果，琼海师范、琼台师范和农垦通什师范学校获"中师校园文化建设和管理工作先进单位"奖；东方师范、临高师范和文昌师范获"中师校园文化建设特别进步奖"。通过这次评比活动，进一步促进了中师学校校园文化建设。

深化教学改革，努力提高教学质量。省教育厅和各中等师范学校认真贯彻国家教委发布的《中等师范学校三年制教学方案》，组织11科20名骨干教师参加全国新教学大纲研讨班学习，组织编写《中师口语训练》、《教师道德简明教程》等选修课教材。全省各中等师范学校认真执行省教育厅制定的中师生基本功考核要求，抓好普通话、粉笔字、钢笔字、毛笔字、简笔画和文艺等基本功训练。1月，通过检查考核评比，民族师范、琼海师范和琼台师范获中师生珠算和体育基本功考核总分前三名奖。琼台师范、临高师范和琼海师范学校获中师生珠算基本功考核前三名奖；民族师范、琼海师范和琼台师范获中师生体育基本功考核前三名奖。3～4月，国家语委、国家教委的检查团来海南省检查，琼台师范学校和通什农垦师范学校被宣布为"推广普通话合格学校"。5月，省教育厅在琼台师范学校举行全省中师生手抄报比赛，评出8名优秀奖，并受到国家教委的表扬；9月，省教育厅组织全省中师学校学生4000多人，参加全国中师生规范汉字知识竞赛，获优秀的占30%，良好的占50%，及格的占20%，及格率达100%。

三、职业教育

1992年，农职业中学开设应用电子、农学、动物饲养、畜牧兽医、果树栽培、种桑养蚕、机电、捕捞、服装剪裁、工艺美术、财会统计、旅游等12个专业。技工学校开设电工、电力、交通运输、汽车驾驶、邮电、通讯、电子、机电、统计、机械制造、钳工、化学工业、医疗、冶金、畜牧、渔业、农学、水利业等18个专业；此外，还根据学校设备的能力和社会需要举办职工培训班。

1992年6月10日至12日，海南省政府在海口市召开全省职业技术教育工作会议。参加会议的有各市县的主要领导人和省、市、县教育、人事、劳动部门的有关负责人等。海南省省长刘剑峰、副省长辛业江出席会议，并分别在会上讲话强调，全党全民要提高对发展职业教育重要性和紧迫性的认识，要采取措施促进海南省职教事业在近期内有一个较大的发展。会后，各市县、省农垦总局都通过不同方式传达会议精神，部分市县还采取有力措施促进职业技术教育的发展。三亚、万宁、琼山、琼海、儋县、临高、通什、白沙、东方等市县都设立了职业技术管理委员会，并由县第一把手任委员会主任。琼山、万宁县教育局设立了职业技术教育股，加强对职业技术教育的领导。增加了职业技术教育的投入。三亚市抽出教育经费总额的1%、教育费附加的10%、勤工俭学总收入的10%支持职业中学，1992年从教育集资和劳务市场管理费中各拨50万元给三亚市职业中学建科学馆。解决职业中学用地问题。万宁县国土局为县职业中学征地62亩。组织干部、学校领导到外地参观学习，提高办学水平。组织人员编写乡土教材。规定待业人员必须经过相应的职业技术教育，取得合格证书后，才能就业。要求各类中小学必须按国家教委的规定开设劳动技术课，否则不能评为先进单位。

根据社会经济建设的需要调整专业结构和课程设置。琼中黎族自治县的教育局根据黎母山地区宜种橡胶、什运地区宜种芒果、中平地区养蜂条件好的特点，决定分别在这些地方的农职业中学、初级中学开设相应的劳动技术课；府城职业中学、钟声职业技术学校根据社会经济发展需要，开设了涉外英语、电子技术、甘蔗制糖、应用美术四个专业；三亚市职业高中在原设专业的基础上，增设旅游、工艺美术财会、园林等专业班，适应了经济的发展和培养实用型人才。

建立实践基地，坚持理论与实践相结合。海南各职业技术学校为了培养实用型人才，提高学生的劳动技术和技能，注重实践基地的建设。琼中县职业中学建起校内实习基地110余亩；三亚职业高中同3家宾馆、2个园林处、3个旅游点、2个农贸市场，以及工艺厂、电机厂、财政局等单位联系挂钩，让学生进行对口实习，1990届高中54名毕业生，除了参军和升学外，就业率达65%；钟声职业技术学校与海南师院，爱海美机公司、吉林省飞洋电子厂和海口几家广告公司挂钩建立校外生产实习基地，聘请高水平的工程师、技术员到校讲课和指导学生实习，学生的实际操作能力增强，毕业生对口就业率95%以上，深受社会的欢迎。

抓好职业教育的立法工作。1992年上半年，省教育厅根据国务院《关于大力发展职业技术教育的决定》精神，结合海南的实际情况，制订了《海南省贯彻〈国务院关于大力发展职业技术教育的决定〉的实施意见》；下半年又制订了《海南省发展职业技术教育暂行规定(草案)》，做到有规可循，有章可依。

加强职业技术学校干部和教师培训工作。1992年，省教育厅有目的、有计划地进行干部和师资的培训工作。7月和8月，省教育厅在省商业学校举办一期为时一个月的职业中学电脑师资培训班，通过培训学习，使教师初步掌握了这门专业课的授课知识及基本操作技能；9月中旬，又在儋县举办一期为时一周的全省职业中学校长学习班，参加人数30人，这些校长通过学习，端正了思想，明确了办学方向和培养目标，学到学校管理的基本知识和经验，树立了办好职业中学的信心。

高等教育

一、学校内部管理体制改革

海南省教育厅为了探索一条适应社会主义市场经济的办学路子，经过省政府1991年批准，以海南大学作为进行内部管理体制改革试点校。海南大学在统一认识基础上，通过严格定编、定岗、定任务，公开聘任条件，实行双向选择，平等竞争，采取校院两级聘任的办法，根据按需择优、量才录用的原则，单位及个人双方签订聘约，至1992年4月，聘任工作圆满结束。全校有67人落聘，8人缓聘，8人拒聘，合计83人，占全校在编教职工的9.7%；专任教师与学生之比达到1：9；校部行政机关干部精简23%；后勤工人减少15%；临时工裁减18%；有22%原在岗的中层干部落聘，而一批年青、学历高的教师得以聘任上岗。为巩固人事改革成果，学校进行了分配制度改革，按照“业绩挂钩、拉开差距、突出重点、奖罚分明、逐步提高”的原则，建立与人事改革配套的校内津贴（含奖励）制度，与国家工资（含补贴）制度形成双轨制，利用工资报酬的“杠杆”作用奖优罚劣。各系（部、室）紧密结合教学、科研工作，广辟创收门路。全校1992年下半年创收比上年增加51%以上，教职工校内分配水平提高25%左右，而同一单位内教职工的津贴高低相差达三四倍。聘任制的实施及分配制度的改革，建立起竞争机制，激励了教职工奋发上进，教师普遍出现抢任务、争工作量的可喜现象，行政机关工作人员工作积极性和工作效率大为提高。

二、进行学校布局、结构调整

1992年，省教育厅根据“坚持方向，稳定规模，调整结构，深化改革，改善条件，提高质量”的方针，对全省高等学校的布局进行了全面调查研究，结合国家教委的有关指示精神，加快了琼州大学和海南医学院的筹建步伐。经过几年努力，这两所学校的办学条件和水平基本达到要求，省政府已向国家教委申报正式成立，并经全国高等学校设置评议委员会审查通过。

三、进一步加强思想政治教育

1992年4月，省高教工委对全省高等学校的党建工作和思想政治工作进行全面检查。7月，召开全省高校党委书记、校长及高校处级以上党员干部会议，传达贯彻1992年全国高校党建会议精神，研讨部署了新时期高校党建工作和思想政治工作。

开展形势与政策教育。各高校积极组织教职工和学生学习江泽民总书记的“七一”讲话，组织专题报告和观看《国际形势》电视片，进行座谈讨论。通过学习，增强了社会主义信念，对建设有中国特色的社会主义有了进一步的理解。

继续完善和加强“马克思主义理论”、“德育”和“形势政策”等理论课程建设。重视和坚持正面教育，既保持系统讲授，又注意实效。在教学中，采取了课堂讲座和电教多种形式，根据不同年级阶段和思想实际进行分段思想政治教育，调动了学生学习的积极性和自觉性，增强了思想教育的效果。

抓好新生入学教育。组织学生学习大学

生管理规定的实施细则和进行校史教育，使新生树立勤学好业、艰苦奋斗、尊师爱友的良好学风校风。同时进行为期半个月的军事训练，学习军事技术和国防知识，培养学生的组织纪律，吃苦耐劳、艰苦奋斗的优良作风。

开展多种形式的思想教育活动。结合“五四”、“七一”、“一二九”等重大纪念日，开展文艺会演、知识竞赛纪念活动，寓教于乐，形式多样、生动活泼地进行理想教育，爱国主义、革命传统和社会主义教育。以英雄人物和当代先进人物为榜样，开展思想教育活动。举办各种类型党史知识培训班，培养吸收学生中的先进分子和入党积极分子。

组织学生参加社会实践活动。为了使学生了解国情、民情和改革开放的成就，省教育厅社会实践领导小组，统一协调全省高校大学生社会实践活动，并由省财税厅拨款15万元支持学生社会实践活动。各高校都建立实践活动基地。据统计，1992年暑期，全省8所高校(含成人高校)共组织6000多名学生到各市县、农场、乡镇、厂矿企业、学校实践基地，参加多种形式的社会实践活动，取得了良好的效果。

1992年，全省5所普通高校共表彰9个先进班集体，781名三好学生、优秀学生干部和单项积极分子。同时也处理违纪学生69人次，促进了校风学风的好转。

四、深化教育改革，提高教学质量

加强教学管理和教学监督。各院校都根据国家教委有关普通高校学校领导体制问题的精神，制订了《教学系工作条例》，实行系主任岗位责任制，充分发挥系务长、系务委员会、系学术委员会的作用。同时健全有关教学规章制度，制定了《教研室暂行工作条例》、《教学管理人员工作职责》、《考务工作规程暂行办法》；建立了教学档案制度、教师学生考勤制度、听课统计制度、教师工作量登记制度等一系列教学规章制度，充分调动了师生工作、学习的积极性。

加强师资队伍建设，提高师资队伍的水平。一是加强师资培训。海南大学在1992年派往全国重点院校进修17人，出国进修6人；举办校内高级培训班、职称评审外语补习班、计算机培训班等，共有140名教师参加学习。二是调进或聘请校外教师充实师资力量，1992年全省普通高校从全国各高校调进中高级教师35名；聘请校外教师40多人次。三是开展检查评估，促进教学相长。1992年除了省教育厅组织进行教学质量评估外，各院校每学期都组织一次大检查，对教师进行听课，根据教案、教材内容、讲授方法等项目评估打分，并召开学生座谈会，就课堂教学、纪律、课外辅导、作业量等，广泛听取学生意见，帮助教师改进教学工作。四是组织老教师对新教师传、帮、带。有的教研室，采取集中业务办公制度，共同研究提高教学质量和教学改革，保证了老教师对新教师的传、帮、带，也便于教师及时解答学生学习生活中遇到的困难。并把这项制度列入教师的目标管理内容，从而调动了教师的积极性。五是扩大对外学术交流。海南大学一年来，接待有关国家和地区38批共360多人次来校讲学和学术交流；先后与泰国政法大学、台湾淡江大学、澳大利亚麦克里大学、美国加州大学、日本神户大学、香港中文大学、香港理工学院及香港大学建立校际关系，交流教育管理和教学经验。

教材建设。为了提高教学质量，各高校都很重视教材建设。华南热带作物学院成立热带作物教材编写小组，1992年度组织采购教材241种，36192册，发放学生教材218种21083册，自编教材、补充讲义、实验指导书等近40种，约200万字；海南医学院(筹)编写本科教学大纲，使教学内容和教学方法更切合实际。省教育厅于1992年上半年进行高校优秀教材评选工作，评出二等奖2个、三等奖3个，鼓励奖2个。

加强外语教学工作。1992年4月，省教育厅召开全省高校加强外语教学工作会议，提出了《关于加强我省高校外语教学工作的意见》，印发给各校执行。海南大学根据《意见》的要求，制订了《关于加强公共外语教学的若干规定》，确定全校各专业学生毕业和获取学位证书须达到英语级别。规定了学生外语高考最低录取分数线，确保生源外语水平。公共英语作为学校重点建设课程，并重点扶持。配齐公共英语教师，实行教学目标管理，建立相应的激励机制。省教育厅在1月和6月分别组织3次四级和六级大学英语考试，参加人数400多人次，约有60多人通过四级考试，参加六级考试9人，5人通过。

五、积极开展科研和科技开发工作，面向社会，服务社会

1992年，海南省各高校坚持以教学为中心，大力开展科学研究工作。全省各高校申报科研项目203项。华南热带作物学院进行"微机在工资管理中的应用"、"芒果综合保鲜研究"、"咖啡酒研制"、"华南热带作物学院学生学籍管理系统计算机软件研究"、"《国营农场经济效益综合评估系统》计算机专用软件"等5项成果通过鉴定。海南大学"水稻海A不育系及新组合的选育"、"淡水白鲳移植试养人工繁殖和苗种培育试验"、"包装钢桶表面磷化处理(JDGOA)技术研究"等项获1991年省科技进步奖，"引种美国密瓜试验"项目补获1990年省科技进步奖；海南医学院(筹)林碧瑚教授和赵霞分别负责"海南岛不明立克次体病血清学及病原学调查研究"和"海南岛蛭类动物的分类和生态研究"，分别获得国家自然科学基金委员会的5万元和2万元资助。海南师范学院优秀教学成果8项，其中2项获省级科技进步奖。此外，全省高校还有专著、教材33部，在省级以上报刊发表论文376篇。

积极开展横向联系和技术推广，走与企业相结合的道路。华南热带作物学院加强了同农业开发公司、高技术投资公司等企业、生产、经贸部门联系，充分发挥自己在技术方面的优势，承担技术项目。为海南民源公司澄迈美亭农业开发区测量1∶500地形图，并进行土壤调查和养分测定；与海南农业高技术投资联合开发公司合作，推广和转让叶面肥——丰产灵等。此外，该院还以自身的技术为依托承包项目，为地方经济建设服务，如热作系承包的国防科工委白沙木棉油梨基地，经过4年的努力，1992年顺利通过了验收，成为我国目前品种最多面积最大的油梨生产试验基地。

教学联系生产实际，与科技兴农相结合。华南热带作物学院充分利用校外教学基地，抓住有利时机安排学生生产实习。组织师生到生产第一线，帮助农民解决生产急需的问题，如乐东、东方县反季节瓜菜，蚜虫大发生，植保系组织师生到种植区蹲点，摸清蚜虫发生规律，提出解决办法，有效地防治了害虫。毕业论文(设计)与生产相结合，到扶贫点或生产第一线去选题，设计内容全部是生产急需解决的实际问题。

六、办学条件改善

1992年，国家财政对全省普通高校基建投入2303万元，校舍建筑总面积达342920平方米，其中当年新增面积11836平方米，正在施工面积10097平方米。学校藏书达112万册，教学仪器已开实验的时数达28300小时，占应开的时数97.5%。

成人教育

1992年,省教育厅坚持"一要改革,二是发展"的方针,开展成人教育,采取多种形式,多规格、多层次、多渠道办学,提高各类从业人员的政治、文化、业务、技术素质,为海南培养了一批急需的各类实用人才。

一、开展扫盲教育

1992年,全省仍有青壮年文盲、半文盲117579人。为了有计划地完成扫盲任务,省教育厅重新修订《海南省"八五"期间扫盲计划》,把扫盲任务落实、规划落实、人财落实、措施落实。(1)重新修订《扫盲识字课本》,再版8万册发给学员学习。(2)广泛宣传发动,进一步深入调查摸底,为了更准确地掌握全省青壮年15—40周岁文盲、半文盲人数,1992年初,省教育厅印制了"15—45周岁文盲、半文盲普查表"和"15—45周岁文盲、半文盲登记卡"下发各市县,以管区为单位进行填报,在调查基础上举办了扫盲班254个。据统计,到12月底止,参加学习的学员达26410人,经过考核脱盲的有19120人。(3)评选扫盲先进单位和先进工作者。根据国家教委的要求,经过各市(县)初评推荐,全省进行评议,评选出南奉农场为全国扫盲先进单位、澄迈县新吴镇教育办主任曾令法为全国扫盲先进个人、琼海市文市乡农民文化技术学校为全国先进农村成人学校。同时,每市(县)评选扫除文盲先进单位1个和先进个人1名报省表彰,共表彰20个扫盲先进单位,20名扫盲先进工作者。

二、发展农民文化技术教育

制订规划、分期分批地发展。1992年,省教育厅为了加快发展乡镇、村农民文化技术教育,制订了《海南省农民文化技术教育"八五"计划和十年发展设想》和《深化改革,加快发展我省农村成人教育的意见》下发各市县实施。"八五"计划期间,农村成人教育的总目标是:要求在90%左右的乡(镇)和80%左右的行政村建立农民文化技术学校。在农民中广泛开展政治、文化、技术教育,使其接受并掌握一至二项实用生产技术,力争在部分市、县办起一所农民中专学校。

发展农民文化技术学校,提高农民文化素质。1992年初,省教育厅转发了国家教委《关于大力发展乡(镇)、村农民文化技术学校的意见》以及向各市县发放《农村实用技术》教材2000册,推动了农民文化技术教育的发展。到年底,全省乡(镇)农民文化技术学校从原来的178所发展到676所,村级农民文化技术学校从原来的764所发展到1061所,占村总数的41%,全省参加学习人数达25万人次。通过学习,多数农民都能掌握一至三项农村实用技术,促进了农村两个文明的建设。全省有20所乡(镇)村农民文化技术学校和农场夜校被评为先进学校。

开展农村人口教育。1992年,海南省教育厅根据国家教委有关农村成人学校实施人口教育的意见的精神,以三亚、定安、万宁、乐东等四个市县为开展人口教育试点,这几个市县都利用农民文化技术学校这个阵地,在抓好文化技术教育的同时,积极进行人口教育,接受人口教育的农民达到40%以上。通过学习，广大农民都提高了对人口问题的认识。

努力实施"燎原计划"。1992 年，省教育厅认真贯彻省政府批转的《关于我省实施"燎原计划"的意见》，积极推进"燎原计划"的实施，以白沙县和琼海县为试点，全省实施"燎原计划"的县乡由原来 55 个发展到 1992 年的 89 个。同年国家教委又批准三亚市为本省实施"燎原计划实验区"(地区级)。与此同时，继续抓好白沙、琼海两市县的农村教育综合改革试点工作，总结了白沙、琼海等市县农村教育综合改革的经验，推广了琼海市文市乡农村教育综合改革的经验。

三、成人高等、中等专业教育

学历教育稳步发展。1992 年，全国有 116 所各类成人高等、中等专业学校在海南招生，共录取新生 5299 人，其中大专 3629 人，中专 1670 人。高等、中专自学考试。1992 年，全省开考本科专业 5 个、专科专业 35 个、中专专业 7 个。上半年报考本科专业 291 人，毕业 4 人；报考专科专业 8798 人，毕业 68 人；报考中专 45 人。下半年报考本科专业 7294 人，毕业 3 人；报考专科专业 293 人，毕业 61 人；报考中专专业 104 人。

加强学生学籍的管理。省教育厅制订了《海南省成人高等学校学籍管理条例》，严格转学审批手续；加强成人高等中等专业学校毕业生的审查和验印工作，实行把好"三关"制度(即填写名册、审查核对录取名单、领导部门严格复核签名)，1992 年共审核大专毕业生 2375 人，中专毕业生 1000 多人。

办好成人高等中等专业学校。1992 年 10 月，省教育厅在海口市召开海南省首次成人高等教育工作会议，贯彻全国成人高校工作会议精神，总结和部署海南成人高等教育工作，会上表彰了全国成人高等学校教育先进学校——通什教育学院和全国成人中专先进学校——海南卫生学校职工中专学校。下半年，省教育厅制订了《海南省成人中专学校评估办法》，先由各主管部门，按照评估标准进行自我评估；12 月，省教育厅组织抽查，通过评估促进了成人中等专业教育的发展。

非学历教育发展迅速。1992 年，省教育厅继续坚持以岗位培训为重点，有计划、有步骤、多层次、多规格、多渠道培训人才，提高干部、职工的政治素质和业务水平。据统计，1992 年，全省干部、职工中参加各种培训的有 21 万人。此外，还会同省人事劳动厅抓好岗位培训合格证书的试点工作，以及对举办成人高等专业证书班进行复查，加强对专业证书班的管理工作。

四、职工教育

1992 年，省教育厅根据"下放权力，转变机关工作职能"的精神，转发国家教委《关于加强成人高中教育的意见》，将举办成人高中班的审批权下放给各市县教育局，省教育厅仅负责宏观管理，负责制订规划，检查、总结和推广经验工作，同时负责考试统一命题和毕业证书审查验印工作。

五、社会力量办学

1992 年，省教育厅为了使社会力量办学健康发展，3 月至 4 月，按照《海南省社会力量办学实施细则》的要求，对全省社会力量办学的学校进行评估和整顿，共检查评估学校 58 所，评估结果：评出成绩突出的 7 所，比较好的 23 所，一般的 11 所，较差的 7 所，不按规定办学的或借办学为名而谋私利的 10 所。对办学成绩突出的，总结推广经验；对办学比较差的学校责成整顿，限期改正；对办学宗旨不明确、不执行有关办学规定或借办学之名谋私的中亚函授学院、南亚函授学院等 10 所学校(培训中心)，经过省教育厅研究后，已于 6 月 12 日作出撤消或停止招生的决定，并上报国家教委和通报全省有关学校和单位。

社会力量办学。根据社会需要，培养了大批实用型人才，科源电脑培训学校、雅泰电脑培训学校、海南无线电培训学校等共培养5000多名电脑、无线电人才，深受社会的好评。

撰稿人　唐和亲

审稿人　符鸿合

四川省教育

概　况

1992年，四川省教育工作以邓小平同志南巡重要谈话和党的十四大精神为指导，认真贯彻各级各类教育法规，深化改革，促进教育事业发展，教育质量和办学效益又有新的提高。

一、教育事业发展基本情况

1992年各级普通学校基本情况

单位：人

学校类别	学校数（所）	毕业生数	招生数	在校学生数	教职工数	
					计	其中专任教师
一、普通高等学校	60	45314	54136	156144	66262	24463
研究生		1570	2081	6005		
本　科		22972	22648	89822		
专　科		20772	29407	60317		
二、中等专业学校	287	52971	65921	170799	37926	16339
中等技术学校	178	31378	44659	111650	28246	11295
中等师范学校	109	21593	21262	59149	9680	5044
三、普通中学	6229	1115543	1247478	3593049	322154	248820
高　中	1136	166483	179345	538143		45111
初　中	5093	949060	1068133	3054906		203709
四、农业、职业中学	580	55956	103381	229966	28343	17498
高　中	539	49713	99208	216451		16719
初　中	41	6243	4173	13515		779
五、工读学校	14	263	281	409	283	152
六、小学	72507	1406211	1602665	8785371	478593	424047
七、特殊教育学校	77	302	1484	5175	1091	864
八、幼儿园	14963	613649	754628	1395180	73484	55969

1992 年各级成人学校基本情况

单位：人

学校类别	学校数(所)	毕业生数	招生数	在校学生数	教职工数 计	教职工数 其中专任教师
一、成人高等学校	78	38019	56853	126239	13102	5695
广播电视大学	3	8500	19302	37849	1301	321
职工高等学校	46	3041	6045	11504	5299	2381
农民高等学校						
管理干部学院	11	1387	2618	4556	2478	1007
教育学院	17	6662	9103	21320	3352	1610
独立函授学院	1	3299	3634	8153	672	376
普通高校举办						
函授部		10824	12049	29754		
夜大学		4036	4507	12060		
干部专修科		270	595	1043		
二、成人中等专业学校	315	24761	41619	119917	12194	5873
广播电视中专	6	14182	28823	89068	1710	678
干部中专	24	1068	1863	4384	1575	687
职工中专	62	3058	5087	14373	2966	1364
农民中专	26	1106	1340	3962	640	368
教师进修学校	197	5347	4506	8130	5303	2776
三、成人中学	741	55269	60663	84911	4351	3104
职工中学	107	6370	7909	10326	869	536
农民中学	634	48899	52754	74585	3482	2568
四、成人技术培训学校	28916	10038250	6747271	6341445	26096	13866
职工技术培训学校	355	155191	113679	130647	4531	2477
农民技术培训学校	28561	9883329	6633592	6210798	21565	11389
五、成人初等学校	11677	850904	745906	894847	14294	7714
职工初等学校	28	10370	11222	11622	68	41
农民初等学校	11649	840534	734684	883225	14226	7673
其中:扫盲班	7853	604304	396255	487056	9613	4974

二、德育工作

1992 年，省教委与省委宣传部共同编写了初三以上年级学生学习党的十四大精神辅导材料。组织高校师生收听收看中国赴科威特灭火事迹报告会，组织了纪念毛泽东同志诞辰 100 周年文艺演出。

结合本地实际，利用德育资源，在中小学广泛开展“两史一情”教育活动。达县地区是川陕革命根据地，结合红军入川 60 周年，建立教育基地(仅巴中县 1992 年就落实 8 个革命传统教育基地和国情教育基地)，并在全区开展“学红军”活动，綦江县组织的“接过红军旗，继续长征路”主题教育活动历时 200 天，接旗活动遍及 12 个区，56 个乡。近 200 所中小学的 13 万多师生和干部群众受到了教育。雅安地区是赖宁的故乡，地区教育部门将“两史一情”教育与已经广泛开展的学赖宁活动结合，使之逐步正常化、制度化、系列化。攀枝花市从“不毛之地”到“万里钢城”是我国自力更生、艰苦奋斗进行建设的典型。该市将“两史一情”教育与热爱家乡的教育相结合，收到了实效。由四川师范大学附属中学组队代表四川省在1992年全国“两史一情知识电视大奖赛”上荣获二等奖。

积极推进学校、家庭、社会三结合教育。各地和学校普遍成立了社区教育委员会、关心下一代协会、未成年人保护委员会等三结合教育协调组织，进一步改善了育人环境，中小学犯罪率普遍下降。全省有5个单位和20名个人被评为全国校外教育先进集体和先进个人。

省教委围绕迎接第三次全国和省高校党建工作会议的召开，通过调查，基本摸清了全省高校党员、党组织、党务干部、党校建设及党员培训和入党积极分子以往方面的情况，总结了一些学校的经验。7月，省教委和省委宣传部联合在雅安市举办了四川省高校党委书记读书班暨全省第三次党建工作会。

在反复论证的基础上，分层次部署进行了“思想品德修养”和“马克思主义原理”的改革试点工作，并落实了整体工作计划和配套措施。举办了“思想品德修养”课程等3个培训班，召开了全省第六届高校青年德育工作者研讨会，修订了“马克思主义原理”等6门课程的省统编教材，新编了《思想品德修养》教材。

为切实做好高校师生的思想政治工作，省教委、省委宣传部、团省委、省教育工会对暑期师生社会实践活动进行了部署，组织了全省高校优秀学生干部、“两课”教师、政工干部等5个社会实践考察团。评比表彰了高校“十佳青年教师”和“十佳青年学生”，首次组织评比表彰了全省200多名高校优秀学生干部。由于做了大量深入细致的工作，学校局势持续稳定。

三、教育投人

1992年全省各级各类学校教育预算内外教育经费支出总额达到56.92亿元，其中，多渠道筹集的预算外资金达14.5亿元。

各级普通学校预算内教育事业费支出情况如下表：

	生均教育事业费(元)	生均公用经费(元)	公用经费占教育事业费的比重(%)
普通高校	3019.79	1559.72	51.65
中　师	1186.49	270.74	22.82
普通中学	252.5	134.47	14.25
职业中学	547.74	35.67	24.63
小　学	138.33	10.3	8.05

1992年，全省中小学勤工俭学总产值达20.7亿元，比上年净增5.6亿元；纯收入达3.1亿元，净增6560万元；生均纯收入达24.87元；校办工厂发展到5308个，比1991年增加790个，第三产业网点达10436个，比1991年增加2708个。通过实施“产学研工程”项目，发展校办产业，兴办科技实体，高校产业和社会服务纯收入由上年的4800万元，增加到6000万元左右。

四川省积极争取世界银行贷款和港澳台胞、华侨的捐赠助教。通过对13所师专和2所师范学院世行贷款的前期预评估工作，争取到1085万美元的“师范教育发展”项目贷款。争取香港邵逸夫先生赠款100万港元，受援中学、师范学校、小学达16所。

教育经费的增长，促进了办学条件的改善。1992年全省新建校舍301万平方米，中小学危房比例继续控制在1%以内。截至1992年底，全省已有48个县经检查验收普及了实验教学，已普及县人口占总人口的18.2%；建教育电视台(站)104个，卫星电视教育地面接收站309个，建立录放像网点5694个，全省已有2221所中学、5256所小学采用电教手段进行教学。为此，在1992年全国多渠道筹资改善办学条件会议上，四川省受到了国家教委、财政部、计委的联合表彰。

四、师资队伍建设

(一)职称结构和学历结构

1992年,四川全省普通高等学校专任教师中有教授1197人,副教授5552人,讲师10415人,助教5919人,教员1380人。

全省中等技术学校教师中有高级讲师1279人,讲师3841人,助理讲师4357人,教员1818人。其中,本科及以上学历的7192人,专科及本专科肄业两年以上的2805人,中专及以下学历的1298人。

中等师范学校专任教师中有高级讲师672人,讲师1275人,助理讲师2038人,教员1059人。其中,高等学校本科及以上毕业的3005人,高等学校专科毕业及本专科肄业两年以上的1607人,中专及以下的432人。

普通高中专任教师中,本科及以上毕业24832人,学历合格率为55.05%;普通初中专任教师中,专科毕业及以上的103203人,学历合格率为50.66%;小学专任教师中,大学本科毕业及以上的469人,大学专科毕业的8333人,中专毕业的251555人,小学教师学历合格率(含高中毕业)为79.92%。

职业高中专任教师中,高等学校本科毕业及以上4256人,学历合格率为25.45%。职业初中专任教师中,专科毕业以上的325人,学历合格率为41.72%。

成人高校专任教师中,教授32人,副教授1001人,讲师2052人,助教1626人,教员984人。

(二)各级师范院校建设

高等师范院校建设。1992年,高等师范教育着重加强教育实习基地建设。省教委提出了由省挤一点,县教育部门出一点,师范院校自筹一点的办法筹措经费,分期分批,力争用三至五年的时间,基本建成约400个长期稳定的实习基地,基本满足每年约12000名学生的实习。省里规划投资600～800万元,1992年已投入150万元,首批安排9所师专的近80所中学实习基地项目,主要解决实习用房及配套家俱建设。预计这批基地建成后可接纳2000多名学生实习。

中等师范学校建设。为进一步推动全省各地各级政府和教育行政部门认真贯彻落实省政府办公厅1989年《关于进一步加强中学师范学校建设的意见》,1992年,省教委、省计经委和省财政厅联合下发了《关于"八五"期间中等师范学校办学条件标准化建设实施意见》。该《意见》确定80余所保留学校分期分批实现标准化建设;明确各级政府和有关部门在中师标准化建设工作中各自所承担的职责;认定了对建设投资、基建项目管理,设备配置的要求。除成、渝两个单列市外,其余19个市、地、州政府(行署)、教委的负责人,分别同韩邦彦副省长、省教委负责人签订了《中师标准化建设责任书》,并落实了总额为5564万元的建设资金,其中省级以上承担1630万元,市、地、州及以下地方政府承担3934万元。1992年4月,省教委以绵阳市为现场,召开了全省中师标准化建设经验交流会,重点交流了绵阳等市、地重视师范教育、增加中师建设的经费投入,加强基地管理的经验。9月,省教委又在阆中市召开了首批中师达标学校校长和各市、地、州师范科(处)长会议。各地和学校汇报了标准化建设进展情况。12月,省教委发出通知,对全省首批达标的31所中师学校标准化建设进展情况进行检查,要求各市、地、州首先进行自查并写出自查报告。省教委,在年底前进行实地抽查。

实施中师新教学方案。1992年,省教委将实施国家教委《三年制中等师范学校教学方案》的试点学校从1991年的22所扩大到44所,制发了《四川省中等师范学校选修课课程设置安排意见》。该《意见》设置了符合四川实际的11门选修课程，其中全省统一开设学生必选课4门，学生任选课7门。此外还规定了一类学校可自定的课程。3月，省教委在成都召开了中师选修课教材建设工作会议，会后形成11门选修课教学大纲初稿。1992年5月，省教委在泸州市进行试行新教学方案首批试点学校部分毕业生质量检测活动。对成都、广元、宜宾、泸州4所首批试点学校的100名毕业生进行5科文化知识考试、16项基本技能检测和7个学科教学的综合检测。

中国与联合国儿童基金会合作加强小学教师培训工作。1982年，由联合国儿童基金会与中国合作分三个周期援助四川省11所中等师范学校培训小学教师项目。1992年是第三个周期的第四年。为加强对项目工作的领导管理，保证项目受援学校工作正常顺利地开展，省教委印发了《四川省中国—联合国儿童基金会合作加强小学教师培训工作项目工作实施细则》。7月，联合国儿童基金会委托专家组对四川省第三周期项目学校工作进行检查评估，专家组认为四川省项目学校国内配套按期并超额完成，项目设备管理、使用、维护良好，工作制度完备，项目设施在执行文本过程中充分发挥了效益。

（三）在职教师培训与继续教育

教育学院管理工作。1992年4月，省教委召开各地教育学院教务长会议，部署了新教学计划和新教学大纲的实施工作，以及举办初中教师《专业合格证书》培训班的工作。修订并发出《四川省教育学院学籍管理办法（修订稿）》、《教育学院1992级专科脱产班教学进度计划安排表》。8月，省教委对18所教育学院和2所中学教师培训中心部分学科进行了统考。

初中教师继续教育试点工作。1992年，省教委召开了初中数学教师继续教育方案研讨会，并以《会议纪要》形式，推出了自贡市教育学院、成都教育学院以规范性培训为主和以灵活性的专题培训为主的两个方案，供各地试点参考。

中学教师学历培训“三沟通”工作。1992年，根据国家教委《关于加快中学教师学历培训步伐的意见》，8月，省教委下发了《关于组织中学教师参加师专系列函授、卫星电视教育、自学考试学习的通知》，向全省部署“三沟通”培训的宣传、动员、报名工作。此后，省教委又陆续召开专门会议，下发文件，就开展“三沟通”培训工作的教学点设置和各级辅导网络的建设，主考学院承担的10个专业考试大纲的编写问题，作出规定，并进行了初审。

中小学、幼儿园教师《专业合格证书》考试工作。按照四川省“八五”师资培训规划的要求，1992年，继续组织了全省初中、小学、幼儿园教师的文化专业知识考试。初中教师开考19门课程，小学教师开考4门课程，幼儿园教师开考全部两门课程。报名参加考试的中小学、幼儿园教师共79557人次，实际参加考试54917人次，及格32627人次，1992年全省中小学、幼儿园教师又有16357人获得《专业合格证书》，累计共43745人获证，占1992年学历不达标教师235499人的18.58%。此外，参加考试的中小学、幼儿园教师还有17593人科次获单科及格成绩。

继续组织全省初中、幼儿园教师教材教法考试。初中教师报名25435人，实际参考22800人，及格19836人，幼儿园教师报名26165人次，实际参考21329人次，及格8666人次。

善始善终抓好小学、幼儿园教师系统进修中师学历的工作。1992年四川省广播教育学校完成成人中师、幼师招生计划3606人；完成在籍学员转科考试任务，文科学员1223人，理科学员4612人。1992年，系统进修学员取得毕业证的 9076 人；取得结业证的文科学员 4058 人，理科学员 302 人。

（四）教师队伍管理和职称改革

根据岗位设置需要，在全省范围内启动中小学教师专业技术职务的补缺评聘，使中小学的职称改革初步走上正常化的轨道。继续开展了全省高级专业技术职务的补缺和新增指标的评聘，经过评审有 226 名晋升为教授（含研究员），有 678 名晋升为副教授（含副研究员）。在全省评选出享受政府特殊津贴的专家 116 人，享受省级有突出贡献的专家待遇的 47 人。此外，省教委按照条件要求，1992 年从优秀民办教师中选招 3939 名转为公办教师，调动了广大民办教师的工作积极性。四川省民办教师转公办教师和民办教师的管理工作受到了国家有关部委的肯定，并在全国民办教师工作会上介绍了经验。

五、督导工作

督导机构、队伍的建设和督导评估工作开展顺利。全省所有的市、地、州都已建立了教育督导机构，建立督导机构的县（市、区）1992 年 6 月底达 153 个，占总县数的 70.5%，全省专兼职督导人员发展到 837 人。同时，各地积极开展督导、检查、评估工作，努力实施《普通中小学校督导评估工作指导纲要》；配合全国人大检查了《义务教育法》执行情况；配合全国政协和省人大检查了国务院《关于大力发展职业技术教育的决定》的实施情况；组织了中小学德育工作督导检查。

基础教育

一、义务教育

大力推进普及九年义务教育工作。按照国家教委的要求，经过调查研究，制订了四川省普及六年简称“普六”和普及九年简称“普九”义务教育标准，调整结束了长达五年之久的全省“普六”、“普九”规划。为保证全省“普九”规划的如期实现，省政府、省教委与市（地、州）政府（行署）、教委（教育局）签订了四川省“普九”义务教育“责任书”。按照规划和标准进行验收，广汉市、什邡市、重庆市大渡口区、攀枝花市东区，成为四川省首批普及九年义务教育的县（市、区）。10 月下旬省教委在广汉市召开了全省多渠道集资办学大力推进义务教育会议。

把特殊教育纳入普及义务教育的轨道，作为“普九”验收的标准之一，1992 年全省新增特殊教育学校 23 所。

继续抓好基本普及初等教育的工作。1992 年，又有九龙、丹巴、茂县、小金、会理、宁南等 6 个少数民族县经检查验收合格，基本普及了初等教育，使全省基本普及初等教育的县（市、区）总数达到 179 个；以乡为单位计算，普及人口已占全省总人口的 96%。全省 7—12 周岁学龄儿童入学率达到 97.39%，小学毕业生毕业率达到 97.7%。

推广武胜县小学与初中分设的经验，加快初中事业的发展。1992 年 2 月，省教委在南充市召开了各市、地、州教委（教育局）教育（普教）科（处）长会议，重点研究了加快初中事业发展的问题，会议介绍了南充地区武胜县小学和初中分设，建设乡合格初中学校的经验。实地参观了武胜县初中建设的现场，从而推动了全省初中事业的发展。1992年全省单设初中达到5093所，比上年增加78所。全省小学毕业生升初中的比例达到76.25%，比上年提高5.25个百分点。初中生毕业率达到90.9%，其中毕业会考平均及格率达到68.3%，比上年提高2.5个百分点。

编写的九年制义务教育内地版教材。由省教委与西南师范大学经过四年时间共同编写，通过3年的试验。九年制义务教育内地版小学、初一的12门学科教材经国家教委中小学教材审查 委员会审查通过，并由国家教委向全国推荐使用。

二、普通高中教育

普通高中实行调整后教学计划和毕业会考两项改革，带动普通高中的全面改革。1992年，由每个市、地、州推荐一所省重点中学、一所城镇一般中学、一所条件较好的农村中学，省教委共批准63所不同类型的中学，作为执行调整后的普通高中教学计划的联系学校。并指导这些学校制订出执行调整后的普通高中教学计划的方案。通过抓点带面，全省普通高中基本上都能开齐必修课，普遍开设了与必修课相关的选修课。省教委及时总结了执行《调整意见》一年来的经验，研究提出了高中九四级进入二年级后的教学安排意见。1992年，全省首次进行高中毕业会考地理学科，会考及格率达95%以上。

普通高中分流教育开始起步。重庆市市中区对全区高中九二届学生进行分流教育，在874名应届毕业生中有355人自愿接受职业技术教育，占学生总数的41.6%；开设了电子电器、计算机、文秘、旅游、商贸等十几个专业，由所在区5所国家办的职业中学，6所社会力量办的职业中学以及劳动局职业技术教育中心共同承担职业技术教育任务。成都市在秋季开学后，经在高中三年级学生中动员，由学生自愿报名，400多名学生高高兴兴进入职业班学习。

三、幼儿教育

积极贯彻执行国家、集体、个人办园方针，落实“地方负责、分级管理和有关部门分工负责”的幼教管理体制。1992年，全省幼儿入园率为40.93%，经检查验收又有50所示范性幼儿园和1162所乡(镇)中心幼儿园达标。

四、少数民族地区教育

1992年，民族地区教育工作取得了新的重大进展。四川召开了全省民族工作会议，省政府下发了《关于发展改革民族教育的通知》，确定了九十年代民族地区教育改革思路，充实完善了一系列的改革措施。各民族地区教育事业的发展速度进一步加快，民族地区的小学校数、在校生数比上年增加0.1%和2.2%。全省又有6个少数民族县、70个乡普及了初等教育，使民族地区实现普及的地区达到17个县，240乡，覆盖人口约占民族自治地方总人口的65%，其中阿坝、甘孜、凉山三州占到47%，少数民族适龄儿童入学率比上年提高3.4个百分点。寄宿制乡完小、双语(汉藏)教学体制和教师队伍建设有了新的进展，教育经费来源渠道开始拓宽，学校内部管理得到加强，教育体制改革逐步深化，促进了办学社会环境的改善，一些边远山区和牧区也出现了群众要求办学的新气象。

五、体育卫生和艺术教育工作

1992年，中小学普遍施行中小学生体育合格标准。《国家体育锻炼标准》的实施面从1991年的69.6%扩大到93.7%，达标率从1991年的77%上升到87.11%。在1992年全国中学生篮球比赛上，四川省中学生男、女篮球队双获冠军。在全国中学生田径运动会上，四川省中学生获甲组团体总分第三名。学校卫生工作继续抓好体质健康监测、传染病的防治和“防近治近”工作。全省接受系统健康教育的中小学生为310多万人。

学校艺术教育继续贯彻国家教委《总体规划》，经过一年的努力，全省艺术教育管理初步走上轨道，大多数市、地、州都建立了艺术教育管理机构和专职管理干部。

职业技术教育

一、加强宏观统筹

1992年，为贯彻落实《国务院关于大力发展职业技术教育的决定》和《四川省中等职业技术教育暂行条例》，3月，省人民政府制定了《关于大力发展职业技术教育的通知》，对职业技术教育的地位和作用，发展职业技术教育的方针、政策、资金投入、师资队伍、实习基地、毕业生就业、教育质量和效益、领导管理等问题，作出了规定。各地也相继制定和完善了发展职业技术教育的政策和措施。10月和11月，在各地自查贯彻《决定》、《条例》和《通知》的基础上，全国政协和省人大抽查了成都、绵阳、德阳、乐山、遂宁、广元、攀枝花等市和涪陵地区的落实情况，进一步促进了各级政府和各部门对职业技术教育的重视，不少地方出现了政府统筹规划、宏观管理，经济部门、企事业单位主动参与育人的新气象。为支持职教事业的发展，省财政增拨职业技术教育专项补助费100万元。内江、绵阳等市党委一把手亲自抓职业技术教育。其中，绵阳市职教专项补助达95万元。射洪、中江、南川、仁寿等县和涪陵市，通过多种渠道为职业中学筹措的资金均达到500万元左右。省农牧厅提出“三育促三高”(三育：育人、育种、育土；三高：高质、高产、高效)，把发展多种层次的农职业技术教育当成自己份内的重要工作。省建委率先推行了技术等级证书。1992年，各地报考职业中学的人数猛增。全省中等职业技术学校的招生数比1991年增加30%，占高中阶段招生总数的54.8%，在校生数首次突破50万，占高中阶段在校生总数的49.36%。

二、进一步改革职业技术教育

灵活多样办学，发展中等职业技术教育。一些地方通过放开招生计划，放开收费标准，放开办学形式，放开学制长短，放开招生办法，促进中等职业技术教育迅速发展。重庆市实行“五放开”后，职业中学比原计划多招7000余人。绵阳市报考职业中学的人数为其招生人数的10倍。

适当调整专业。为适应社会主义市场经济的发展，增强为社会主义建设服务的功能，对全省职业中学专业设置进行了适当调整。为第三产业服务的专业明显增多，在校生比上年增加33%。

开始注重职业中学办学效益。一些地方对社会需求量大、毕业生就业前景好的专业，试行了“谁读书、谁出钱、谁受益”的有偿培养办法。同时，各校利用实习基地创办经济实体，走“产教结合、校企合一”的道路，积极组织创收，改善办学条件。成都市贷款400万元给职业中学创办实体，职业中学的基地资产已达3400多万元，实现产值3500多万元，创利润432万多元。1992年，重庆市仅收委培生和自费生的培训费就达900万元，是12年国拨职业技术教育专项补助费的总和。

努力提高教育质量。1992年，省教委发布《四川省职业高中学籍管理暂行规定》，使学生学籍管理有章可循。为提高教育质量，自1988年以来，省教委共为职业中学培养30多个专业的2000多名专业课新师资。同时，对在职教师进行专业学历培养和专业技能短期培训。全省职业高中文化课教师中，具有大学本科以上学历的占30.8%，专业课教师中，具有大学专科学历的占57.2%。对建筑类专业学生试行毕业证书和专业技术等级证书同时发放的"双证制"。通过继续发挥省级重点职业中学的骨干示范作用，重点办好5所农村职业中学，使全省职业中学的办学水平有了明显提高，毕业生的政治、文化素质和专业技能得到提高和增强。全省城镇职业中学毕业生就业率一般都在80%以上。绵阳市在城区职业中学毕业的1000多名农村学生，基本上在城区找到了工作。成都市等几个大中城市及一些县城的职业中学毕业生供不应求，出现用人单位向学校"预订"毕业生的情况。

三、加强中等专业技术教育

开展中专办学水平评估。1992年，在办学基本条件合格评估的基础上，省教委组织11个复评组，按工科、农林、卫生、财经四大类，对49所(加上试评8所学校，共计57所)学校进行了办学水平复评。经过复评，44所学校达到优秀级，13所学校达到良好级。通过评估，对各级政府、业务主管部门及其所属中专学校实行规范化办学起到了导向作用，促进了学校把德才兼备的中青年干部提拔到领导岗位，一批大学本科及以上学历的青年教师充实到了教学第一线，主干课程有了讲师以上职称的学科带头人，学校管理由经验型开始转为科学型，激励了学校的办学积极性。

完成了中专教师职称评审工作。1992年，先后两次对142所中专学校(其中成人中专和干部学校13所)的543份高级讲师、225份讲师申报材料进行了评审。经过思想政治素质考核、公开学历答辩和开展学术成果鉴定等方面的评审，通过了高级讲师493人，讲师195人。

积极推进中专教育改革。1992年8月，省教委召开了部分中专学校校长、主管部门负责人参加的教育改革座谈会。会议交流总结了中专学校在深化教育改革方面的成绩，分析了制约中专教育改革和发展的新问题。会后形成了《关于加快我省中专教育改革和发展的意见》，对中专教育的发展目标、扩大学校办学自主权、学校内部管理体制改革、深化招生和毕业生就业制度的改革、深化教学改革、加强师资队伍建设、多渠道筹措教育经费、发展校办产业、加强领导和管理等方面提出了具体的意见。

为适应社会主义市场经济发展的需要，扩大了中专委托培养计划。1992年委托培养的招生比例达到中专招生总数的32%。为解决少数民族地区和边远山区中专毕业生"分不去、留不住"的矛盾，1992年在9所省、部属中专学校举办了中专预科班，招收学生577人。

四、农村和城市教育综合改革

1992年，四川农村教育综合改革实验范围进一步扩大。至1992年底，全省先后在3个地、市，52个县进行了农村教育综合改革实验，并建立500多个"燎原计划"示范乡。在继续抓好城市教育综合改革试点的同时，又新确定了成都市等5个城市进行城市教育综合改革。

普通高等教育

一、高等教育改革逐步深化

进一步扩大学校办学自主权。1992 年 8 月，省教委下发了《关于进一步扩大省属高等学校办学自主权的通知》。赋予省属高校的具体权力有：(1)在现专业设置方面，学校可根据学科发展和社会需要，在专业内确定与调整专业方向；在国家发布的专业目录范围内，可自主设置、调整招收委托培养和自费生班的专业，报省教委备案。(2)在招生方面，学校可在年度普通本专科招生计划总数的 30%以内安排委托培养和自费生招生计划，其招生计划在录取时可互相调剂使用；在办学条件允许和保证质量的前提下，可按年度普通本专科招生计划总数 10%以内增招委托培养和自费生；举办的成人高等学历教育可按年度成人高等学历教育招生计划总数的 20%以内增加招生人数。(3)在人事工资方面，学校可在机构、编制总额控制的前提下，自主设置校内机构、确定岗位、调整和选留师资；有权提名并考察副校长人选，报有关部门审批，有任免副校长级以下干部权力；在工资总额包干前提下，可自主确定校内分配方法和各种津贴标准。(4)在经费、基建方面，学校按照“包干使用，超支不补，结余留用，自求平衡”的经费预算管理原则及有关规定，可自主统筹安排使用学校的预算内事业经费和预算外经费；有对基建选址、设计文件等重大事项的审定权，有利用自筹资金适当扩大建筑面积和调整建房标准的自主权；可根据实际情况，提出年度学杂费和委培生、自费生收费标准，报省核准，有短训班、社会服务收费标准决定权。(5)在教育教学方面，学校可根据国家专业目录和总体培养目标，确定本校各专业、各层次人才的具体培养规格及办学模式，修订教学计划和大纲，自主选用除政治课外的各门课程教材。(6)在对外交流方面，学校有公派留学人员的选定审核权；有单位公派、合作科研、自费留学和副校长以下人员短期出国的审核权；有与国外院校研究单位对口签订教育学术交流，科技、经贸合作的自主权；在报省教委批准的前提下，可直接招收录取自费来华留学生和港、澳、台学生，并规定其学费标准。

高校内部管理体制改革。1992 年已在 10 多所高校开始试点，大部分高校在分配制度上都迈出了改革的步子。试点学校主要进行了以下 8 个方面的改革：(1)精简机构。机构设置不搞上下对应，实行一个机构多项职能。(2)合理配置人员。实行固定编制与流动编制、事业编制与企业编制相结合，并逐步减少固定和事业编制。(3)推行全员聘任和满工作量制度。(4)改革分配制度，实行国家工资与校内津贴相结合的办法，打破平均主义，形成竞争激励机制。(5)改革住房制度，走多渠道集资建房的路子。(6)实行医疗费用由国家、学校、个人三者合理分担的改革。(7)建立“退休养老保险基金”，支持离退休人员开展力所能及的社会有偿服务或兴办经济实体。(8)后勤工作全面推行或逐步完善多种形式承包责任制，逐步推进服务职能和行政管理职能分离，形成小机关、大实体，对实体实行企业管理。

高校学科建设与专业调整。年初，省教委下发了《关于加强四川地区普通高校重点学科建设的意见》，组织评审出17所高校的32个学科为省级重点学科，其中7所省属院校的10个学科被评为省级重点学科，并拨175万元予以扶持。同时，从近百门校级重点课程中遴选出省内首批支持的重点课程13门。为使普通高校专业结构更加合理，经国家教委批准(含备案)，省属院校新增专业9个，调整专业方向2个，拓宽专业面向2个，撤消专业1个。

教学改革进一步深化。1992年，四川省师专的4个改革项目和1所学校的教学法改革被纳入国家教委世界银行贷款改革项目规划。涪陵师专的音乐专业和自贡师专的美术专业被纳入全国师专艺术专业改革试点单位。组织全省大学外语考试，参加考试的学生达4万多人次，通过率较高。

二、研究生教育和学位工作

经国务院学位委员会批准，成立了四川省学位委员会。召开了四川地区研究生工科应用型人才培养研讨会，省教委与省计委共同拟定了《四川地区调整硕士点布局方案的建议》，同时，对博士生导师情况进行了摸底调查，为下届新增学位点和博士导师申报做了准备工作。为维护学士学位授予的严肃性，保证学位授予质量，对普通高校授予成人本科毕业生学十学位工作进行了整顿。召开了全省研究生教育工作和学位工作表彰大会，对10年来在研究生教育和学位工作中做出突出贡献的169名优秀导师和优秀管理干部，以及227名在工作中做出贡献的中国博士、硕士学位获得者进行了表彰奖励。

三、招生和毕业生就业制度改革

在保证招生质量的前提下，根据社会需求，1992年普通高校招生计划扩招委托培养和自费生1万余人，录取新生总人数首次超出5万人。根据国家教委、财政部、人事部、劳动部的规定，进行普通高校招收先进模范青年的试点；扩大或继续进行了在成都中医学院中医专业本科招收有两年以上实践经验的医务人员班；师专招生实行面试；普通高校招收有艺术专长考生和南京林业大学在四川招收有实践经验考生等试点。

为更好地为经济建设服务，对招生政策作了适当调整：(1)在定向招生时，对贫困山区111个县进一步倾斜；(2)对攀枝花市东、西两区的考生，录取时给予适当照顾；(3)对三峡库区淹没县的委托培养生，录取时实行多降10分的照顾；(4)进一步放宽对三州(阿坝藏族自治州、甘孜藏族自治州、凉山彝族自治州)、一市(西昌)、一地(黔江地区)、两县(马边、峨边彝族自治县)、一区(白沙工农区)等少数民族考生的照顾政策，对在三州工作20年以上的汉族干部子女，专科录取时给予多降10分的照顾；(5)对师专面试成绩优秀的考生，给予加分投档的照顾；(6)师范专科录取时，若生源不足，对非贫困山区县的考生，降分录取第一志愿的考生。与此同时，在录取工作中加强管理、完善办法、优化服务、提高质量，使招生录取工作圆满结束。

高校毕业生就业实行学校与用人单位“供需见面”，普遍推行毕业生与用人单位“双向选择”的办法。委托培养生按合同就业，自费生自主择业。1992年，共派遣高校毕业生4.4万余名(包括研究生1500余人)，接收安排省外高校毕业生2000多人。

四、高校科研工作

1992年，高校科研工作在面向经济建设主战场，大力开展应用开发研究，持续稳定地开展基础性研究、高技术研究和重大科技攻关，加速科技成果的转化等方面取得不少成绩。开展科教兴农，取得了社会经济效益。据14所高校统计，共推广农业科技成果139项，增加社会经济效益34.72亿元。建立大型农业试验基地，开发农业科技项目，增加社会经济效益4000多万元。组织17所高校的810项新技术项目参加国家科委、省政府举办的乐山全国新技术、新产品展销会，成交172项，成交额达3.8亿元，占总成交额的34.39%，人文社会科学的研究已落实300多万元的专项科研经费，形成了一批有现实社会价值的优秀成果。

五、对外教育交流和合作

1992年，四川省对外教育交流与合作活跃，来访的外国团组和出访的工作小组大量增加。在继续保持与美国、日本、西欧的交流与合作的同时，又在独联体、泰国和东南亚国家寻求到新的合作伙伴，对港、澳、台的交往有了新的起色。开拓了新的合作领域，在加强与国外高科技合作和学术交流、共同培养研究生、合作出版教材的同时，开展了科技成果的推广与转让、合作办企业、办实体、派遣自费出国留学生或带有劳务性质的出国研修人员。对外交流与合作已进入到一些专科学校。1992年全省聘请长期外国文教专家教师165名，短期科技专家428名到46所院校任教或讲学，来自18个国家和地区的249名外国留学生到12所院校进修或读学位；派遣723名中青年教师出国学习或进行合作科研；165名学术造诣较高的专家教授出国参加国际学术会议。吸收了一批学有成就的优秀留学人员回国长期服务或短期讲学。

成人教育

一、农民教育

1992年，贯彻全国扫盲农村成人教育工作会议精神，落实国家教委《关于进一步加强扫除文盲工作的意见》和《关于大力发展乡(镇)、村成人教育技术学校的意见》，狠抓了以扫除文盲和技术教育为重点的农村成人教育工作，组织72.6万名青壮年文盲参加扫盲学习，已经验收脱盲的60.4万人，超过年初省下达的扫除30万文盲任务。到年底，全省已有185个县达到国家规定的基本扫除文盲单位标准，其中145个县青壮年非文盲率达到95%以上。全省青壮年人口中非文盲率达到94.5%。

扫盲后的文化技术教育得到进一步发展。各地举办了大量的脱盲后巩固提高班、农民高小班、初中班，广泛开展了技术教育和实用技术培训。参加脱盲后巩固提高班学习的青壮年农民达87万人，参加农民高小班学习的13.7万人，参加农民初中班学习的60万人。进行技术教育系统培训达440万人，短期实用技术培训达1370万人次。

乡(镇)农民文化技术学校在改革中不断发展、不断完善。1992年全省新建乡农技校447所，改建382所，全省乡农技校总数达到6566所，办学面为乡镇总数的75%，成都、重庆、自贡、遂宁、内江、乐山、涪陵、达县等市地的办学面已达95%以上。

县农校(成人教育中心)和村农校得到较快发展。县农民中专、县成人教育中心校61所。村农技校达2.9万所，办学面占总村数的40%，德阳、达县等地办学面达80%。全省农村成人教育已基本形成多形式、多层次、多规格、多渠道办学的格局和培训网络。

二、职工教育

1992年，四川职工教育以岗位培训为重点，积极推进职工教育改革。全省参加岗位培训的职工达到284万人，占培训总人数的87%，是历年来参加岗位培训最多的一年。省教委、省工交财贸政治部、省劳动厅、省人事厅、省总工会联合对224个职工教育先进集体和380名先进个人进行了表彰。

三、成人高等教育

根据国家教委《关于成人高等学校治理整顿工作的意见》，省教委制定了治理整顿实施办法，召开了专门会议，部属、省属各成人高校在主管部门指导下进行自查。在主管部门复查的基础上，5月至7月，省教委组织检查验收组逐校进行了评审检查。同时清查和处理了不按国家规定办学的一些问题(如多年前遗留下来的单科生等)，经审核同意，四川广播电视大学等19所学校上报国家教委重新予以公布。

根据省教委、省委组织部、省人事厅、省劳动厅的意见，完成了对省属成人高校(含普通高校成人高等教育)和部分部属学校的成人高教毕业证书的统一验印工作。

在全国成人高教工作会议后，省教委及时召开了省有关部门、各成人高校和普通高校成人高教部门负责人会议。根据会议精神，在调查研究的基础上进行了高等职业技术教育和第二本科、专科学历教育试点的论证及筹备工作，启动了成人高等(中专)《专业证书》教育工作。

为适应经济建设对专门人才的需求，各普通高等学校积极申请举办或扩大成人教育的办学规模，经严格审查同意西昌农业专科学校等9所普通高校开办成人高等教育，审查并同意21所高等学校新增专业。核准上报招生计划4.3万人，部门组织招收5万多成人高等教育学历生。

四、成人中专教育

根据国家教委关于对成人中专学校进行办学水平评估的通知要求，组织制订了成人中专学校办学水平评估方案和评分细则，通过学校和主管部门的自评、复评，促进了办学条件的较大改善和内部管理制度的规范化。9月至11月底，省教委组织对省属成人中专学校和受委托的部分部属中专学校进行了考核验收。

为发挥农民中专的地方专门人才培训基地的作用，省教委召开了全省农民中专学校校长会议，研究了农民中专适应农村经济发展深化改革和举办经济实体，增强自我发展能力，努力办出特色的问题。为加强教学过程管理，努力提高教学质量，发布了一批成人中专指导性教学计划。

附

□成都市加快“普九”步伐

1992年，成都市委、市政府根据党的十四大精神和成都市的实际，决定加快普及九年制义务教育(简称“普九”)的步伐。

一、调整规划。为了确保“普九”适应行政区划变动和现代化建设加速发展的新形势，并保证教育目标的实现，经市政府讨论批准，并报经市十一届人大常委会第二十七次会议审议，通过了《关于调整“成都市实施九年制义务教育规划”的决定》，对原规划进行了调整。调整后的规划，按照到“八五”末使占总人口85%的地区实现“普九”，全市力争提前一年完成“普九”的总目标。各区(市)县和乡镇又据此制订了实施意见。全市的“普九”工作在市、区(县)两级的指导、督促下，按乡规划，按乡实施，按乡验收，有计划、有步骤地向前推进。1992年，占全市人口12%的58个乡镇的

“普九”工作通过了检查验收。

明确验收标准和程序。1992年成都市先选择两个乡进行“普九”验收试点，然后又在每个区(市)县选择了一个乡镇扩大试点，通过试点，明确了验收标准和程序，宣传了义务教育法，推动了“普九”工作，培训了验收人员。区(市)县组织对39个乡镇进行检查验收，区(市)县严格掌握标准按照法定的验收程序，既保护了广大干部群众“普九”的积极性，又防止了“走过场”和“煮夹生饭”。

二、加快乡镇初中建设的步伐。从1986年以来，成都市坚持每年由市、区(县)和乡(镇)共同投资，新建和改扩建40所乡初中，市政府共投入2000万元，计划到1995年完成全市400所乡初中的改扩建任务。从1991年开始，成都市又加快了步伐，每年增加20所。到1992年底，乡初中建设共投入资金10131万元，竣工面积48.17万平方米。

三、改革办学体制和学校内部管理体制，增强办学活力，提高义务教育的质量。1992年，成都市在改革办学体制方面进行了一些大胆的探索。在高新技术开发区新办的高新中学实行校董事会领导下的校长负责制；把新办的一所中学交由成都大学领办，命名为成都大学附属中学，由成都大学面向社会招聘校长、教师，具有法人承包的性质；在大弯中学进行“国家所有、校长负责、学生自费、政府补贴”的办学试点；在新办的玉林中学、双林中学等实行公开招聘校长，校长招聘教师的校长负责制；积极鼓励社会力量和公民个人依法举办义务教育学校。与此同时，扩大学校内部管理体制的改革试点。市属中学实行校长负责制，进行全面改革的学校已有25所，其他学校也进行了一些单项的改革实验。大多数区(市)县也选择部分学校进行了学校内部管理体制改革的试点。

四、加强教师队伍建设。成都市一方面通过成都大学扩大师范部招生规模和在教育学院、成都电大招收师范专科班，为初中补充了一批新师资，缓解了初中师资紧缺的矛盾。另一方面，通过对教师培训，使一大批教师达到了规定的学历要求。1992年，小学教师的学历达标率上升到80.6%，初中教师的学历达标率提高到62.6%。为了培养跨世纪的教师骨干，市教育部门从1990年起开展了评选优秀青年教师的活动，每年评选100名，并给予重奖。计划到本世纪末评选1000名。1992年还评选了中小学教师学科带头人86名，按月发给特殊津贴。从1989年以来，市政府每年都把落实教师待遇作为区(市)县政府教育工作重要的责任目标，年终进行考评。几年来，公办教师的政策性补贴和奖金都得到兑现。不少区(市)县还给山区教师、农村教师发了专项补贴。由于各级政府和全市人民的共同努力，教师住房难的状况有了很大的缓解。1986年以来，共修建教师住房62.29万平方米，9398套，平均每年竣工交付使用的教师住房都在1000套以上，使教职工人均居住面积由1985年的4.4平方米提高到7.4平方米。

五、建立“普九”责任制和奖励制度。从1991年起，成都市把“普九”工作纳入区(市)县政府教育工作的年度责任目标。市政府决定，设立400万元专项奖金，用于表彰为实施九年制义务教育作出贡献的区(市)县和乡镇政府及有功单位和个人。并规定对经过特别努力，提前实现“普九”的区(市)县，奖金在原基础上加倍；对由于工作不力，逾期达不到验收要求的，要追究有关责任人的责任。

撰稿人 戴作安 张 明
审稿人 王可植 纪穑缘

贵州省教育

概　况

一、教育事业发展概况

1992年各级普通学校基本情况

单位:人

学校类别	学校数(所)	毕业生数	招生数	在校学生数	教职工数 计	教职工数 其中专任教师
一、普通高等学校	23	7283	8413	26835	12786	5488
研究生		36	74	150		
本　科	9	3487	3581	14800	9452	3839
专　科	14	3760	4758	11885	3334	1649
二、中等专业学校	113	18072	20183	56954	11876	5820
中等技术学校	84	12345	13985	38988	9298	4284
中等师范学校	29	5727	6198	17966	2578	1536
三、普通中学	1638	270434	349186	1039874	74789	59006
高　中	369	39912	45201	906923		10413
初　中	1269	230522	303985	132951		48593
四、职业中学	235	15604	26102	64828	5757	3968
高　中		9292	15498	37795		2521
初　中		6312	10604	27033		1447
五、工读学校	3	166	187	83	52	31
六、小学	20284	524980	861385	4359411	182398	166769
七、特殊教育学校	20	61	256	1031	262	210
八、幼儿园	1319	114814	194073	270681	13554	11154

1992年各级成人学校基本情况

单位：人

学校类别	学校数(所)	毕业生数	招生数	在校学生数	教职工数 计	其中教师
一、成人高等学校	17	6097	7161	15267	2995	1349
广播电视大学	1	2289	2619	5618	948	428
职工高等学校	6	308	714	1484	544	242
管理干部学院	4	501	432	909	630	273
教育学院	6	1137	1267	2503	873	406
普通高校举办						
函授部		1287	2014	4199		
夜大学		575	115	554		
二、成人中等专业学校	26	3065	12384	22968	1226	605
广播电视中专	1	57	4316	6240	289	92
职工中专	17	711	2370	5368	596	346
干部中专	4	349	820	1271	183	68
函授中专		1847	4676	9525	39	21
教师进修学校	4	101	202	564	119	78
三、成人中学	2		27	69	37	16
职工中学	2		27	69	37	16
农民中学						
四、成人技术培训学校	2984	697172	305400	300115	5025	563
职工技术培训学校	23	8025	8681	12445	266	127
农民技术培训学校	2961	689147	296719	287670	4759	436
五、成人初等学校	2296	288795	218360	253851	7539	357
职工初等学校	2		60	452	7	3
农民初等学校	2294	288795	218300	253399	7532	354
其中：扫盲班	2268	287351	216161	251297	7351	340

1992年，贵州各级各类教育事业协调发展。

基础教育进一步加强。普通高中比上年减少20所，普通初中比上年增加26所；普通高、初中在校学生比上年增加37596人；高中招生比上年减少2444人，初中招生比上年增加2703人；高中专任教师比上年增加143人，初中专任教师比上年增加1789人。小学比上年减少313所，在校学生比上年增加20952人，招生比上年增加11636人，专任教师比上年减少1595人。1992年全省适龄儿童入学率达到92.35%。职业技术教育有新的发展。普通中等专业学校比上年增加3所，在校学生与上年基本持平；农、职业中学比上年增加5所，在校学生比上年增加5634人，专任教师比上年增加255人。

普通高等教育经过调整充实，规模效益提高。普通高等学校比上年减少1所，在校学生比上年增加1039人，专任教师比上年增加117人。

二、增加教育投入，改善办学条件

全省教育事业经费实际支出情况。1992年，贵州省教育事业费银行支出数为86433.9万元，实际支出决算数为86676.4万元。在教育事业费实际支出数中，人员经费为69302.2万元，占教育费支出的79.96%，比上年增加15703.4万元，增长29.29%；公用经费17374.2万元，占教育事业费支出的20.04%，比上年增加842.2万元，增长5.09%。

1992年全省教育经费支出总额为133802.9万元（教育事业费86433.9万元加教育基建投资47369万元），占全省国民生产总值的4.09%，占全省财政收入的28.77%；占全省财政总支出的22.77%（教育事业费占全省财政总支出的14.71%）。按全省人口总数计算，人均教育支出为39.76元，比上年增加17.35元，增长77.42%。

1992年，每个学生占有教育事业费实际支出（生均经费）分别为：普通高校3566.89元，比上年增加519.06元，增长17.03%；中师生为1343.07元，比上年增加209.63元，增长18.5%；普通中学为205.05元，比上年增加30.69元，增长17.6%；小学生为106.46元，比上年增加25.58元，增长31.6%。

教育事业预算外经费支出情况。1992年，全省中小学预算外总收入为13443.3万元，占普通教育事业费的21.26%；中小学预算外支出为12637.6万元。全省高等学校“学校基金”总收入为1440.8万元，其中上年余额640.7万元，本年收入为800.1万元；“学校基金”支出为837.6万元；“学校基金”年末余额为603.2万元。

全省教育事业基本建设完成情况。1992年，全省教育事业基本建设继续贯彻执行“高等学校重点搞续建工程和教职工住房建设、中小学重点搞九年义务教育配套建设”的原则，落实完成“七五”期间结转的在建工程项目，年度计划共安排投资12522.6万元，到年底实际完成11201.2万元，占安排投资（下同）的89.45%。其中国家预算内投资（包括国家各种专项补助、地方非经营性基建基金等）2539.3万元，完成2388.35万元，占94.06%，自筹资金投资（包括地方各级机动财力自筹资金和部门、单位自筹资金等）6246.13万元，完成5522.03万元，占88.41%，其他资金投资（包括不发达地区发展资金和少数民族地区补助费、群众集资等）3737.26万元，完成3290.82万元，占88.05%。

1992年全年房屋施工建筑面积共计731026平方米，其中高教152458平方米，普教578568平方米；房屋竣工建筑面积415638平方米，其中高教25284平方米，普教390354平方米。全年新增固定资产共计9627.08万元，其中高教1066.6万元，普教8560.48万元。

1992年全省住宅完成投资2903.05万元，占总完成投资的25.92%，住宅施工面积208584平方米，占总施工面积的28.53%；住宅竣工面积110977平方米，占总竣工面积的26.7%；；住宅建筑面积竣工率为53.2%。

三、学校思想政治工作得到加强

在改革开放的新形势下，贵州教育战线始终把全面贯彻教育方针，大力加强学校思想政治工作，坚持教育的社会主义方向作为最重要的工作来抓。1992年，各级各类学校重点加强了学校党的建设和组织建设，充实和加强了德育和思想政治工作队伍，进一步发挥学校党组织的政治核心、战斗堡垒作用和少先队、共青团、工会、学生会等群众组织的积极作用。

中小学继续贯彻落实《中共中央关于改革和加强中小学德育工作的通知》精神，制定了一系列有力措施，开展了“两史一情”教育、德育督导评估等多种教育活动，收到显著效果。为进一步开展“两史一情”教育，对全省中小学教师进行了加强“两史一情”教育的总体纲要和分科纲要的全员培训；与有关单位配合为中小学生举办了"革命历史回顾电影周";对全省中小学执行《国旗法》及升降国旗制度进行了专项督导检查,使各中小学尽快建立了升降国旗制度;组织了"红领巾读书读报奖章活动",并涌现出300名积极分子、30个先进指导站和14个先进集体,受到国家教委表彰。普遍加强了对师生的坚持四项基本原则、爱国主义、集体主义、形势政策、行为规范等教育,推动学校把德育工作贯穿到教书育人的全过程。全省中小学德育工作已初步形成经常化、制度化和系列化,学校思想政治工作和品德教育得到加强,德育的首要位置得到落实。在全省中小学德育评估中,省教委表彰了69所德育工作先进学校和13个德育督导评估工作先进单位。

高等学校在抓好常规思想政治教育的同时,继续开展德育大纲研究课题的论证工作,抓好理论课和德育课程建设及教材建设;继续开展大学生暑期社会实践活动和学习马克思主义理论活动;召开了高等学校政治教育研究会年会,深入探讨大学生政治教育的理论和实践工作。

四、民族教育

1992年8月,全省民族教育工作会议与全省民族工作会议同时在贵阳召开。省委书记刘正威、省长王朝文在会上讲话,对全省民族教育工作进行总结,提出了今后的工作方向。会前,在调查研究、总结经验和广泛征求意见的基础上,发出《省人民政府关于改革和发展民族教育若干问题的通知》,重申了民族教育的重要地位和切实加强对民族教育工作的领导,明确了90年代改革和发展民族教育的指导思想和目标任务。为扶持少数民族教育事业,省人民政府决定,从1992年起,每年增加省级民族机动金500万元,用于发展民族教育事业;地、县财政也要相应拨出补助专款。随着经济的发展和财政状况的改善,少数民族教育补助专款要逐年适当增加。1992年,此项民族教育补助专款主要用于民族地区中小学改善办学条件。

基础教育

一、实施义务教育

1992年,贵州省认真宣传贯彻义务教育的有关法规,制定配套规章,推进义务教育的实施。

1992年3月,全国人大检查组对义务教育法颁布5年来贵州省的实施情况进行检查,肯定了取得的成绩,指出了存在的问题。省教委组织各地进行了自查和受检,总结经验,找出差距,认真整改。国家教委发布《义务教育法实施细则》后,各地认真学习宣传,撰写了义务教育宣传月的宣传提纲,组织各地、州、市教委主任等参加了国家教委组织的义务教育法实施细则培训班。为使义务教育落到实处,根据实施细则的要求,省教委制定了《关于推进我省义务教育实施的意见》、《普及九年义务教育的评估验收及奖励办法》、《义务教育入学通知书及证书制度》、《义务教育办学条件标准》等配套文件。根据国家教委要求,拟定全省各地、县义务教育发展规划。通过对《义务教育法》及《实施细则》和《贵州省义务教育法暂行条例》的宣传、贯彻提高了全省各级政府、教育行政部门及全社会对《义务教育法》的认识，增强了依法治教、以法促教的观念和执法、守法的自觉性，对全省普及义务教育起到了推动作用。1992年又有印江、六枝、毕节、安龙、兴仁、凯里、黄平等7个县(市、特区)基本达到普及初等教育标准，通过了普及初等教育的检查验收。至此，全省已有58个县(市、区)普及了初等教育，占全省总县数的67%，普及县人口占全省总人口的66.5%。此外，贵阳市对3个乡、4个镇、1个街道办事处和城区31所小学、4所中学进行了较高标准的义务教育验收。

二、特殊教育和幼儿教育

在发展普通教育的同时，各地积极发展特殊教育。1992年，毕节地区盲聋哑学校建成投入使用，六盘水、黔南、黔东南、遵义的盲聋哑学校正在筹建中。全省还新增特教班34个，随班就读点7个，46个县消灭了特殊教育空白。针对特殊教育师资缺乏的情况，继续举办盲、聋哑、弱智师资培训班，并利用全国特殊教育研究会在贵州召开的机会，聘请特殊教育专家讲学，培训师资100多人。

幼儿教育方面，进行了"发展贫困地区农村学前教育项目"的研究。项目宗旨是：探索在边远贫困少数民族聚居的农村发展提高学前教育的有效途径，建立一个直接面向农村，适合农村特点的幼儿教育体系，探索一条迅速有效地提高我国农村幼儿教师及家长的文化教育素养，从而提高农村幼儿教育质量和幼儿素质的新途径。省教委确定贵定县、凯里市、花溪区、乌当区为项目实验县(市、区)。在贵定县建立了贵州省农村学前教育培训资源发展中心，通过该中心逐步建立起县、乡、村三级培训网络，采取集中培训、二级培训、巡回辅导、专题研讨与交流，资料通讯联络等多层次的培训，同时建立县、乡、村幼教视导管理网络。项目县、乡、村政府和教育行政部门积极发动群众因地制宜、土法上马，举办适应农村特点的幼儿园、学前班、混合班、活动站、游戏小组、家庭辅导站、巡回教学点等，通过多种形式扩大幼儿教育的覆盖面。经过一年的实验，该项目在贵定盘江镇、旧冶乡、昌明乡、凯里市挂丁镇、舟溪镇、花溪区青岩乡等地取得较好成果。这些乡、镇的幼教事业得到很快发展，盘江镇幼儿入园率从1991年的15%上升到1992年的71.2%，每个村都办起了幼儿园(班)。1992年省教委发布了《贵州省县级示范幼儿园、农村中心幼儿园评定标准》(试行)，要求县级示范幼儿园和农村中心幼儿园应起到本县、本乡幼儿园的保教示范中心、教师培训中心、教研科研中心、信息资料中心的作用，指导本地区各类幼儿园办园质量的提高。1992年10月，经验收，全省已有80%的县建立了县示范性幼儿园和农村中心幼儿园，60%已达到验收合格标准。

三、教育管理和教学改革

为全面贯彻教育方针，提高办学水平和教育质量，加强了教学改革和教育管理工作。在进一步抓好中小学常规管理工作的基础上，制定了加强教育管理、校园管理、减轻中小学生负担的规定；根据新的义务教育课程计划，制定了符合全省实际的课程计划。加强了教材管理，使乱编、滥印各种复习资料的情况得到控制。进行了九年制义务教育新教材的比较、分析、选用和试验工作，并对高中政治课新教材、人口教育、劳动教育课等师资进行了培训，为中学课程改革提供了合格师资。积极、稳妥地推进高中两项改革，建立了高中毕业会考管理机构，理顺了会考管理体制，组织了三次约30万人次参加的高中毕业会考，使会考工作逐步走上正轨，积累了经验。加强了高中学籍管理，实行了高中学籍审批制度。

职业技术教育

贵州省职业技术教育通过贯彻执行《贵州省职业技术教育暂行条例》，逐步走上了依法办学、依法管理、健康发展的轨道。到1992年底，全省已有职业大学2所，中等专业学校113所，技工学校81所，职业中学235所，成人技术培训学校2984所，成人技术培训教学点6673个。这些校(点)遍布全省城市乡村，基本上形成了城乡结合，条块结合，基础教育、职业教育、成人教育结合，农(经)科教结合的职业技术教育网络，初步改变了全省教育结构单一的状况。在全省各级各类职业技术学校中，在校学生有475770人。其中，各类高中阶段的中等职业技术学校学生为125470人，占整个高中阶段在校学生总数的48.55%；加上成人中等职业技术学校在校学生，总数达到148436人，占52.75%。全省中等教育结构不合理的状况得到较大改善。

职业技术教育办学基础设施不断增强。据不完全统计，全省中等专业学校占地总面积736.55万平方米，校舍建筑总面积173.26万平方米，藏书860.71万册，固定资产总值7.78亿元，实验开出率平均70%以上。技工学校占地总面积136万平方米，校舍建筑总面积53万平方米，拥有各种大型生产实习设备1373台，主要操作训练项目基本能按教学计划实施。职业中学占地总面积490.26万平方米，校舍建筑总面积44.45万平方米，藏书100.14万册，实验实习设备总值2500多万元，90%以上学校建立了生产实习厂场。中等专业学校、技工学校和8所省级重点职业高级中学的办学基础设施及设备已接近国家标准。

职业技术教育师资有了较大的发展。1992年，全省各级各类职业技术学校有固定教职工26969人，其中，专任教师为13862人。另外聘请了兼职教师9706人。其中，中等专业学校54人，技工学校127人，职业中学579人，成人技术培训学校8946人。

1987年至1992年，全省累计投入职业技术教育经费46350.72万元。职教经费的投入和不断增长，为推动职业技术教育的发展奠定了基础。1992年，为大力加强职业技术教育，省人民政府下发了《关于大力发展职业技术教育的通知》和《关于改革和发展农村教育的决定》，并在湄潭县召开了全省农村教育综合改革现场会。

高 等 教 育

1992年,贵州省高等教育沿着发展数量、提高质量、优化结构、提高效益之路健康发展。为进一步发挥老校的办学潜力,使现有学校办学规模趋于合理,提高整体效益,省委、省政府确定贵州高等教育必须走内涵发展为主的道路。为此,经国家教委同意,省委常委会议决定首批对下述院校进行调整:将安顺师范专科学校与安顺教育学院合并,校本部设在安顺师范专科学校,并设立师资培训部,承担原安顺教育学院的培训任务;将铜仁师范专科学校与铜仁教育学院合并,校本部设在铜仁师范专科学校,并设立师资培训部,承担原铜仁教育学院的培训任务;撤消贵州建筑专科学校,并入贵州工学院;将贵州财经学院与贵州计划管理干部学院合并为贵州财经学院,设立成人教育部,承担原计划管理干部学院的培训任务。另外,将贵州人民大学的办学方向调整到为贵州培养国家公务员的轨道上来。

为促进贵州高等教育事业的发展,1992年5月,省人民政府审议了省教委关于"八五"期间增加高等教育投资的请示报告,肯定了省教委的调查研究和分析论证,决定大力增加高等教育投资,充实高等学校的教学仪器设备,加强实验室与图书馆的建设,加快省属重点学科的建设步伐,改善教职工住房条件和校园环境。

为主动适应现代化建设事业对专门高级人才的需求,1992年各高等学校加大了教育改革的力度,注重提高教育质量。面对社会主义市场经济对人才需求的前景,高等学校从办学实际出发,纷纷挖掘潜力,主动调整专业结构。经省教委组织专家论证后,共有10多所高校获准新增52个专业,并将于1993年秋季开始招生。获准新增的专业中,以紧密结合社会经济建设需要的实用型专业为多。师范专科学校也发挥自身优势,结合当地经济建设需要跨行业设置非师范专业,跻身人才培养市场。在新增的52个专业中,有26个专业为试办专业。对试办的专业,要求学校在两年内进一步充实专业的办学条件并调研社会需求,否则将视情况暂停其招生直至撤消该专业。

1992年,省教委还组织制订、发布了《贵州省三年制师范高等专科学校政治教育等10个专业教学计划》,从1993年秋季开始施行。教学计划明确了师专的培养目标、培养规格,强调了对师专学生教师素质的培养和基本功的要求。在课程设置上以德育为首,突出主干课,保证基础课,加强对学生能力的培养,充分体现了心理学、教育学和中学各科教材教法课的重要地位,并设置了教师职业能力训练课,加强教学实践环节,把教育见习与教材教法课有机结合,强调教育见习、实习、专业实习的重要性;建立健全生产劳动、军事训练、社会调查和社会服务的各项制度。全部学科课程划分为三大块:公共必修课、专业必修课、(含教师职业能力训练课)、辅修(选修)课。前两块由省教委统一设置,后一块各校可根据自己的情况结合当地需要安排课程。

围绕提高教育质量,各高等学校还从更新教学内容、改进教学方法,评选优秀教学成果、鼓励教书育人等方面做了大量的工作。同时，还注重了教学考查、考核，加强考试纪律，树立良好的学风、校风。

成人教育

1992年，贵州成人教育在深化改革、坚持为社会主义经济建设服务中稳步发展。全省有13个县(市、区)通过高标准扫除文盲单位验收，6个县通过基本扫除文盲单位验收。1991年9月至1992年8月全省组织文盲半文盲58万多人学习，经考试，达到脱盲标准的有295745人，完成国家教委下达脱盲任务20万人的147.8%。乡(镇)、村农民文化技术学校发展迅速，1992年全省共有乡(镇)农民文化技术学校803所，村农民文化技术学校6440所，举办各种实用技术培训，培训人数达70多万。

1992年，全省25所人口教育项目试点学校积极主动与当地计划生育部门配合，利用课堂教学、广播、电视录像、墙报、挂图等多种形式，开展人口教育。据不完全统计，全省农村成人学校共举办人口教育培训班1812期，培训学员208045人，其中项目试点学校培训110860人。各试点学校发放各种课堂教学教材、自学辅导教材、教学参考书、资料及有关读物41297册。各地在抓好试点学校人口教育工作的同时，积极向面上推开。据不完全统计，全省已建立联系点校187所，这些联系点校1992年共培训37147人。另外有493所非试点农村成人学校开展了人口教育，1992年共培训60038人。有的县已将人口教育普及到各县各乡(镇)。

1992年，在实施“燎原计划”过程中，为了使农村成人教育为经济发展服务做到有项目、有技术、有效益，引进了几项有广泛推广意义的项目，已形成以推广优良杂交包谷、烤烟技术和快速养猪法为龙头的试验示范、技术培训、信息服务网络。贵州省农业管理干部学院副教授杨多贤培植成功的优良杂交包谷“交三单交”，是农业部指定在全国推广的良种，省内从1989年开始进行试验示范，已推广种植达60多万亩。1991年引进的四川达县光辉化工厂饲料添加剂、烤烟叶面胞、多效叶面精生产线于1992年正式投产，已生产出合格产品，经使用、推广，取得较好效果。1992年，“燎原计划”的实施范围不断扩大，“燎原计划”示范县从25个扩展到36个，示范乡从42个扩展到125个。

1992年，对全省成人中专学校的办学方向、办学条件、办学水平进行了评估。成人高等教育在改革与发展中，根据“解放思想、深化改革，加强管理，增加投入，提高质量，办出特色”的原则，对部分成人高校进行了调整。083电子职工工学院由原都匀技工学校迁到凯里贵州电子工业学校，并增加了投入。贵州计划管理干部学院与贵州财经学院合并。教育学院由原来8所调整为6所。为保证教育质量，仍继续对职工大学的公共课和部分专业课进行统考，统一印制试卷，统一考试时间，统一阅卷。

成人高校在科技开发中，取得了较好的

经济效益和社会效益。贵州机械职工大学实习工厂开发出有50多个规格的滚轮系列产品，1992年获国家发明专利，还开发了12个系列的冶金机械产品，1992年创产值30多万元，创利税近10万元。贵州航天职工大学1992年8月开发出一种“航天牌”喷漆产品，为汽车生产和售后服务提供了较满意的产品，创造了较好的经济效益和社会效益。

撰稿人　鲁源安
审稿人　霍健康

云南省教育

概 况

1992年，在邓小平同志视察南方重要谈话和党的十四大精神鼓舞下，云南省抓住机遇，解放思想，实事求是，加快教育发展步伐，使教育的改革和发展都呈现了新的态势。

一、各级各类教育发展情况（见表）

1992年各级普通学校基本情况

单位：人

学校类别	学校数(所)	毕业生数	招生数	在校学生数	教职工数	
					计	其中专任教师
一、普通高等学校	26	13412	15786	45809	17166	7538
研究生		118	164	452		
本　科	12	6269	6460	24075		
专　科	14	7025	9162	21282		
二、中等专业学校	142	22678	26716	77511	14518	7377
中等技术学校	114	15339	18606	53392	11297	5568
中等师范学校	28	7339	8110	24119	3221	1809
三、普通中学	2120	347633	456534	1316643	98391	75239
高　中	496	54697	64002	186551		12831
初　中	1624	292936	392532	1130092		62408
四、农业、职业中学	228	20646	66104	102601	6835	4573
高　中	191	17839	26552	56756		3395
初　中	37	2807	39552	45845		1178
五、工读学校	1			36	41	27
六、小学	28124	595977	854262	4454281	192227	175321
七、特殊教育学校	9	218	551	1966	317	223
八、幼儿园	1054	225244	306614	402633	18581	13980

1992年各级成人学校基本情况

单位：人

学校类别	学校数（所）	毕业生数	招生数	在校学生数	教职工数 计	其中专任教师
一、成人高等学校	20	4064	8850	19394	2794	1212
广播电视大学	1	1956	3032	5484	570	233
职工高等学校	12	207	441	810	825	360
农民高等学校						
管理干部学院	1	365	337	548	230	107
教育学院	6	1536	842	1968	1169	512
独立函授学院						
普通高校举办						
函授部		3207	2949	7431		
夜大学		703	895	2239		
干部专修科		293	354	914		
二、成人中等专业学校	138	4415	6736	24693	2506	1394
广播电视中专	3	2662	4680	17610	472	421
干部中专		169	500	2066		
职工中专	10	410	637	3032	181	74
农民中专						
教师进修学校	125	1174	919	1985	1853	899
三、成人中学	17	1788	4447	5492	2278	100
高中	17	1285	3034	3959	2233	73
初中		503	1413	1533	45	27
四、成人技术培训学校	1723	1516194	541258	552050	1431	718
职工技术培训学校	36	12381	11795	11974	435	187
农民技术培训学校	1687	1503813	529463	540076	996	531
五、成人初等学校	18	195222	11352	296885	599	216
职工初等学校	2	2341	1705	1705	31	20
农民初等学校	16	192881	9647	295180	568	196
其中：扫盲班		184283		280224	495	140

制表人　袁耘毅　何开喜

二、召开全省教育工作会议，部署教育改革发展任务

1992年3月26日至29日，云南省教委在昆明召开全省教育工作会议。会议传达了邓小平同志南巡时的重要谈话，学习有中国特色社会主义的理论，部署加快教育改革和发展的工作任务。省委书记普朝柱、副省长保永康到会并作重要讲话。省教委主任海淞作了题为《加快改革开放步伐，使教育更好地为我省经济社会发展服务》的报告指出：改革开放13年来，云南省教育事业在省委、省政府领导下，贯彻执行党的基本路线，在改革中前进，成绩显著。但是，用邓小平同志重要谈话的精神来衡量，我们的思想还不够解放，改革的步伐还不够快，教育还不适应经济、社会发展的需要，不同程度地脱离生产实际、脱离群众需要；德育在学校工作中的首要地位不够落实；基础教育办学体制不完善，质量偏低；农村智力开发发展不平衡；教育改革的政策还不配套等问题。

省委、省政府从云南实际出发，提出改革和发展教育的基本思路是：坚持党的基本路线，全面贯彻党的教育方针，把“教育为本，科技兴滇”摆到经济社会发展战略的首要地位。加强基础教育，大力发展职业技术教育，提高教育质量和办学效益，提高全民族的素质。治穷必须治愚，经济开发必须与智力开发相结合。经济、科技、教育三位一体，富民兴滇。会议提出加快教育发展和改革的意见是：(1)加强学习，转变观念。各级教育行政部门、学校领导干部及广大教师要认真学习邓小平同志关于建设有中国特色的社会主义的论述，学习党中央关于抓紧实施科技、教育兴农战略的决定和省委、省政府关于治穷必须治愚、经济开发必须与智力开发相结合的有关文件和指示，深入进行教育思想大讨论，明确办教育的指导思想。改革开放中对看准了的，就大胆地试。(2)端正办学指导思想，要解决好教育为社会主义建设服务的问题。教育必须着眼于提高全民族的素质，培养当地经济社会发展需要的初、中级技术人才。必须深化教育体制改革，实现经济、科技、教育的有机结合。农村教育要做到办好一所学校，促进一方经济，富裕一方人民。并以此作为衡量一所学校教育质量的根本标准。坚持德育首位，培养社会主义的建设者和接班人。(3)切实加强基础教育。调整九年义务教育规划，力争到2000年，全省实现小学六年义务教育。初中阶段义务教育分为三类实施：一类是城市、县镇、主要工矿区、国营农场和经济比较发达的农村坝区，1995年左右完成；第二类是中等发达的坝区和经济文化基础较好的山区，2000年前完成；第三类是条件特别困难的地区，在努力完成小学六年义务教育的同时，逐步提高小学毕业生升入初中的比例。省委、省政府决定拨款5000万元，补助各地新增1000个高小布点和213所初中学校。民族教育在云南省占有特殊重要的位置，要专题研究推进民族地区义务教育的实施，办好民族中小学和县一中民族部、半寄宿制高小，处理好教育与宗教的关系等问题。(4)大力发展职业技术教育。加强中专和职业中学建设。县职业中学要坚持“上挂、横联、下辐射”，发挥龙头作用。集中力量，首先建设好一批示范性骨干职业学校。提倡中专举办不包分配的职业高中班。加强师资建设，实行定向按需培养，拟在省农业大学筹建师范部和以一二所高校为基地，建立职教师资培训中心。(5)深化农村和城市教育综合改革。贯彻《云南省农村智力开发试点县实施方案》，在总结试点经验的基础上，农村智力开发在全省铺开。初中后“3+1”职业技术培训班要逐步推广。建立健全县乡职业技术教育体系。县职业中学要承担高中后的职业技术培训任务；乡镇要建立与党校合一的职业技术学校；行政村要逐步成立农民文化技术学校，结合扫盲，学文化，也学实用技术。要把城市教育综合改革提到日程上来。省拟以昆明市为试点，带动其余10城市的改革。通过改革，使城市教育的总体结构与城市的经济结构、多渠道劳动就业结构相适应，在普及九年义务教育的基础上，把为本地培养中、初级人才、技术工人以及合格的劳动后备力量，作为办学的主要目标，同时兼顾为上一级学校输送合格新生。在全省中专、中小学校积极推进学校内部管理体制改革，每县选择1—2所中学和2—3所小学作为试点；有条件的中专都可以试行。(6)改革招生和毕业生分配制度。高等学校继续实行定向招生，按需培养，定向分配，增加为乡镇培养专科层次的人才。中专也要为农村和乡镇企业输送人才。为适应云南省少族民族地区社会主义建设的需要，从1992年起，试行招收获地区级以上的劳动模范、先进工作者、优秀党团员、优秀教师及有三年以上实践经验，28周岁以下少数民族优秀青年进入高等院校学习。

基础教育

一、逐步进入依法治教的轨道

1992年，云南省继续学习、贯彻《义务教育法》，依法治教，基础教育出现了加快发展的趋势。11月，省人大常委会通过了《云南省实施〈中华人民共和国义务教育法〉办法》。省政府认真贯彻全国筹措教育经费改善办学条件河南省现场会精神，增加了教育投入，教育事业费的增长超过了省财政收入增长的比例，仅新增高小布点和发展初中的专款就达5000万元，年底又拨专款1500万元用于排除危房。群众集资办学、捐资助学出现了好势头，社会和群众集资1.5亿元。年底，中小学危房比例已降到2.06%。新增校舍130多万平方米，增加课桌凳14万套，新增教学仪器价值1000余万元，新建教育电视台100座，已开播75座。曲靖地区群众集资0.44亿元，比1991年增长67%。宣威全县集资1195万元。属于边远贫困山区的得禄乡，干部十分重视教育，乡上为了办好教育，先帮助群众通过教育发展生产，群众生活改善了，又发动群众集资办学。群众高兴地说这是养鸡取蛋，集资有道。

1992年，全省小学适龄入学率95.6%，比1991年提高2个百分点；巩固率94.8%，比1991年提高0.2个百分点；小学毕业率96.5%，比1991年提高1.1个百分点；小学毕业生升学率66.5%，比1991年提高3.2个百分点。初中在校生比1991年增长2.3%。高中在校生比1991年增长1.3%。

各级政府采取特殊措施，加快了民族教育发展的步伐。40所民族中小学和3000所半寄宿制高小得到充实提高，32个贫困县县一中民族部进一步加强，少数民族适龄儿童入学率逐年提高，各级学校少数民族在校生总和的比例接近于少数民族占全省人口的比例。

幼儿和特殊教育有较快发展。特殊教育在校生人数比1991年增长29%；幼儿园(班)幼儿数比1991年增长17.8%。全省学前班幼儿已占在园幼儿的60.4%，农村学前班幼儿占在园(班)幼儿的85.6%。

二、制定全省实施义务教育规划

为落实党和国家有关义务教育的规定，经综合分析全省各地经济社会发展和文化、教育基础状况，省教委制定了全省各县(市、区)实施义务教育目标：本世纪末，在占全省人口三分之二的城市、口岸、主要工矿区、国营农场和经济、文化基础较好的农村，普及九年义务教育。具体要求是：到2000年，全省有80多个县、1000多个乡(镇)，其人口占全省总人口数的三分之二的地区基本普及九年制义务教育，届时初中适龄人口的70%入学，初中在校生达到155万人；其他地区基本普及初等义务教育。

实现这个目标的依据是：(1)1992年，已有83个县普及初等教育。初小阶段的办学规模和布点基本能满足适龄儿童入学的需要，再扩大高小布点，经过努力能与六年义务教育适龄儿童人数相适应。(2)初中发展速度适当。按目标要求，扩大初中规模年平均增长率4%，比1984—1992年初中发展的年增长速度5%略低。(3)教育目标基本上与农村经济发展和农民生活水平相协调。按省委、省政府确定的目标，到2000年，三分之二以上的县农民人均收入将超过800元，其余地区将达到500元以上。这样的经济水平已具备了支持三分之二地区普及九年制义务教育，其余地区普及初等义务教育的条件。(4)小学教师的需求与目标相适应；通过逐步扩大师范专科办学规模和扩大培养师资的途径，可解决初中教师不足的问题。(5)按法律法规的规定，保证财政拨款的增长，落实农村教育费附加的征收，多渠道、多形式集资办学，改善办学条件，投入可得到保证。

省七届人大常委会第二十七次会议于1992年11月25日审议修正并公布了《云南省实施〈中华人民共和国义务教育法〉办法》。修改的重点有五个方面：(1)落实党的十四大提出的“两个基本”的要求，调整规划目标。(2)落实党的十四大提出的“两个全面”的要求，进一步规范学校的办学方向，教育思想和教学工作。(3)加强了实施保障条件。在师资方面，除了对教师的资格、师资培养、培训、管理、调配等给予规定外，特别强调了尊师重教、提高教师的社会地位和待遇，充分发挥民办教师和顶编代课教师的作用。在经费投入方面，规定各级人民政府用于义务教育的财政拨款应当逐年增长；增长比例应当高于财政经常性收入增长百分比的两个百分点。鼓励多渠道、多形式集资办学和社会各界、个人捐资助学。(4)强化了地方负责、分级管理的体制。规定各级人民政府应当切实加强实施义务教育工作的领导，对学校布局、人员编制、教学管理、教育经费，改善办学条件等进行统筹安排，加强监督考核的制度。(5)对政府、社会、实施义务教育的学校、适龄儿童的家长或监护人违犯有关义务教育法律规定应承担的法律责任做出规定。

三、深化教育教学改革

学校内部管理体制改革范围不断扩大，呈现全面起步的好势头。经过总结交流试点经验，全省开展学校内部管理体制改革的学校已达500余所。这些学校引进竞争机制，调动了教职工教书育人的积极性，全面贯彻教育方针、提高教育质量，取得显著成果。

进行教学内容、教学方法和课程设置、教材建设的改革。根据国家教委“一纲多材”的要求，结合本省的实际，1992年省教委抓紧教材建设，努力提高基础教育教学质量。组织教学管理干部、学科教师对九年义务教育的新的教学大纲、教学计划、课程计划和教材，进行了学习培训，并在部分中小学开展试验，为1993年9月在小学一年级和初中一年级全面使用新教材、实施新的课程计划作好了准备。

四、师资队伍建设得到加强、教师素质有所提高

1992年，省人大通过的《云南省实施〈中华人民共和国义务教育法〉办法》规定，教龄满三十年以上的退休中小学教师享受100%的工资待遇，自然减员的指标由教育部门掌握使用，这些决定正在落实。专业技术职务评聘工作逐步正常化。经过省和各地、市、县、乡评选，表彰了一大批优秀教育工作者。

举办中小学骨干教师试点班，加强教师培训。开办了农职业实用技术师资培训班，做好师训立法和中小学教师继续教育的基础工作。通过各种形式培训，教师学历合格率逐步提高，小学教师达到72.6%，初中教师达到62.7%，高中教师达到55.4%。

全省尊师重教、为教师办实事的风气正在形成，对稳定师资队伍起了很大的作用。瑞丽市在这方面是个好的典型。瑞丽市委、市政府的领导认为，没有尊师重教的社会环境，教育就不能顺利的改革和发展，尊师重教关键是要扎扎实实地为教师办实事。瑞丽市党政领导经常深入学校，了解教师的工作和生活状况，倾听教师的意见，认真落实知识分子政策，让教师在边疆安心从教。每年，都有计划地在教师中发展党员。每逢教师节，党政干部分赴各乡镇学校慰问教师，表彰优秀教师和教育工作者。近几年来，政府每年拨出专款给教师建住房。仅1990—1992年，就新建教师宿舍4874平方米，使教师住房得到明显改善。1988年以来，政府在城区划出土地，让乡下退休教师进城建房，并发给两月工资×工龄的补助费。同时，规定乡下教师子女可任选城区中小学就读，并在生活上提供一些方便。教师子女入学与当地民族学生享受同等待遇。凡要求"农转非"的教师家属子女，均已全部解决，部分人还安排了工作。在业务方面，根据教师业务水平偏低、师资不足的实际，采取"送出去，引进来"的办法，鼓励教师离职和在职进修，教师进修不受工龄限制。凡在进修学习期间成绩优异者，除执行省、州规定奖励政策外，政府再另行奖励。对引进聘用的教师，执行优惠的政策。

瑞丽市在1992年召开的三级干部会议上，市委书记李增寿代表市委、市政府宣布，从1993年1月起提高教师的工资和福利待遇，增加教育投资，具体措施是：(1)提高教师和教育工作者的工资待遇。同时，在房改中，除国家规定的优惠政策外，市再优惠5%；每隔三年给教师进行一次全面的免费体检。(2)由政府出面向社会（主要是企业、商号）筹集资金，设立民族教育基金。资金款项主要用于奖励在教育教学工作中成绩突出者，解决家庭经济困难的青少年就学及奖励品学兼优的学生。(3)由政府划拨土地建立教师村。(4)增加基本建设资金。从1993年起，在原来基础上增加40—50%的基建投入，并借给学校200万元低息贷款，用以改造校舍，改善办学条件和创办校办企业。

五、教育水平评估

初中教育水平评估分类。为了实现本世纪末全省三分之二人口的地区普及九年义务教育，省教委在全面调查研究的基础上，根据"分类规划、分类指导"的原则，分列出"乡镇中学布点、中学生生均教育事业费、小学升学率、初中教师合格率、每万人口在校初中生数"五项内容的评估分类，并对全省127个县（市、区）初中教育水平进行定量分析和评估，划分出一类县22个，二类县52个，三类县53个。从统计评估看，全省大部分在普及初等教育的基础上已把工作重点转移到普及九年义务教育的轨道上，初中教育稳步发展。据1992年的统计数据，普通初中校数比上年增加97所，在校生增加8万多人，教师合格率为62.7%，提高2.2个百分点，小学附设初中班学生数减少3.1万人。但统计数据反映出的新问题是：初中毛入学率为54%，初中阶段适龄人口入学率只有42.1%。说明全省初中教育规模还不能满足九年义务教育的需要；初中复读率高，办学效益不能得到充分发挥。

实验小学办学水平评估。为进一步端正教育思想，克服片面追求升学率，发挥实验小学在教育改革中的带头和示范作用，省教委对云南师范大学附属小学等21所实验小学进行了办学水平评估。总的看，各实验小学通过深化教育改革，教育思想比较端正，办学目标明确，全面贯彻教育方针，面向全体学生，已做了大量工作；领导班子事业心强，熟悉学校管理，学校内部机构设置比较合理；有一支思想好、业务强的教师队伍；各科教学渗透德育，并逐步形成学校、家庭、社会三位一体的教育网络；教学质量在本地区名列前茅，毕业合格率高；学生体质合格率达到 90—100%；教学设备比较齐全。但还存在着个别学校教育指导思想的认识和实践不够一致，办学目标不够清晰，尚未形成特色；干部、教师队伍中经验型、苦干型的人多，科研理论型的人少；一些学校思想品德教育和行为习惯养成教育方法比较简单；学校规模过大，最大的达 37 班，班额最多的达 68 人；学校与社会结合的路子太窄。对此，省教委要求各实验小学要发扬成绩，克服不足，全面贯彻教育方针，进一步提高教育质量和办学水平，形成自己的办学特色。

教学研究工作评估。1992 年，省教委教研室及各地、州、市教委、教研室组成综合评价组对全省各地、州、市教研室进行全面评价。1991 年底，省教委对 3 个地、州教研室进行试评。在此基础上，修改了评价方案，从 1992 年初起，先后分 4 个组，对其余 13 个地、州、市教研室进行以下三方面的评价：(1)教研工作的基本条件：包括人员配备、经费、设备设施，人员的职称评定及经济待遇等；(2)教研室的管理：包括领导是否重视，指导思想是否明确，管理制度是否完善、科学；(3)教研成果：包括开展教学科学理论研究，执行教学计划、大纲情况，编写乡土教材，开展教研活动，组织教改实验，开展学科课外活动，研究考试方法的改进等。通过评价，总结和探索了教研室开展教研工作的规律，明确教研工作应紧紧围绕提高基础教育质量这个中心，狠抓教学管理及教学改革实验两个重点。在贯彻教学大纲，研究教材，明确教学目标，开展教学改革实验，对各中小学进行学科教学业务指导，进行专题培训，开展各学科的竞赛活动，研究考试方法及内容等 7 项得到了改进。通过评价活动，还发现了在学生个性发展研究工作中做出显著成绩的红河州教研室；为大面积提高教学质量做出成绩的曲靖地区教研室；在教学难度大的物理教学中进行研究，教学质量有较大提高的丽江地区教研室；在经费较紧、人员较少的情况下做了大量工作的怒江州教研室；在较困难的条件下编写了乡土教材的西双版纳州教研室。还发现了一批兢兢业业工作的教研员。

实施全省幼儿教育法规检查。根据国家教委的安排，1992 年，省教委组织进行了建国以来第一次全省性的幼儿教育法规执法情况检查。在各地自查的基础上，省教委组织有关领导和专家组成的检查组，对红河州、楚雄州、曲靖地区执法情况进行了抽查。通过检查看到：贯彻国务院批准的《幼儿园管理条例》，绝大多数地、州、市落实了地方负责、分级管理、有关部门分工负责的体制，教育部门增强了主管意识，发挥了综合管理、社会协调和业务指导的作用。11 个地、州、市教配委备了专兼职幼儿教育管理干部，各地制定了一些地方性法规和行政规章，促进了幼教事业的发展。1992 年，全省幼儿园和学前班在园(班)幼儿比 1991 年增加 6.1 万人，年增长率 17.7%，其中，入学前班的幼儿增加 20%。江川、玉溪、通海、呈贡、牟定等县农村入园(班)率已达 90%以上。办园(班)条件有了较大改善，不少幼儿园改建或新建了园舍，充实了设备，有的农村学前班已达到国家教委提出的“五有”要求。各地注意多渠道、多形式培训幼儿教师。1992 年，全省幼儿园专任教师合格率为 65.9%，受过幼教专业训练的教师达 43.6%，保教质量不断提高。存在的主要问题是：迄今仍有 7 个地、州、市教委未正式与妇联办理移交手续，6 个地、州、市还未配备幼教干部；有的地方和部门领导对幼教工作还不够重视；幼教经费欠缺，加之收费低，不少园(班)条件较差。通过检查总结经验，提出了加强幼儿教育的工作意见：(1)进一步坚持贯彻动员和依靠社会各方面的力量，多渠道、多形式发展幼教事业的方针，并做到国家办与社会办结合，以社会办为主；发展城市幼教与发展农村幼教相结合，重点抓好城镇和条件较好的农村；发展正规幼儿园与多形式学前班相结合，并按照有关文件规定，进一步改进收费办法。(2)要完善幼教管理体制，加强宏观指导，尚未移交的地州，应在当地政府主持下尽快办理移交手续，并保证编制、经费等必须的工作条件。教育部门要完善行政、教研两个系统，加强对各层次、各类型园(班)的业务管理和指导。(3)要继续抓好幼教师资队伍建设，各地应根据幼教事业发展规划制定相应的师资培养、培训计划，使之与事业发展相协调。通过检查，省教委确定在全省办200个农村学前班示范点。省教委要求学前班示范点认真贯彻幼儿教育法规，根据5—6周岁幼儿生理、心理发展特点和规律，创造良好的环境，纠正幼儿教育小学化的倾向，通过各种活动促进幼儿身心和谐发展，达到国家规定的学前班保育与教育的基本要求，为农村学前班起带头示范作用；举办单位要按照有关规定落实聘用教师报酬，改善办班条件，动员社区支持学前班的工作，各级教育行政部门要加强对农村学前班示范点的领导，指导拟定提高保教质量的方案，定期检查实施情况，总结推广经验。

六、特殊教育

1992年10月5日，保山地区聋哑学校落成并举行开学典礼。至此，全省盲、聋哑、弱智教育学校总数达到9所，弱智辅读班发展到50多个，全省盲、聋哑、弱智儿童少年在校学生比1991年增长29.1%。

为促进残疾人教育事业的发展，推动特殊教育学校艺术教育的开展，省教委、省儿童少年工作协调委员会、省残联于1992年2月23—25日在昆明联合举办全省特殊教育学校师生独唱、独舞、独奏比赛及汇报表演，比赛分教师组和学生组，两组共评出一等奖6名，二等奖14名、三等奖27名。通过比赛及汇报演出，宣传了残疾人教育，争取了社会各界对特殊教育事业的关心和支持，使残疾儿童少年展现残而不废、积极进取的精神风貌和乐观向上的生活态度；年轻教师对所从事的特殊教育事业增强了信心和希望。

职业技术教育

1992年，云南省职业技术教育改革力度加大，为经济建设服务的意识逐步增强，多种形式的职业技术教育进一步发展。

全省中等技术学校比1991年增加3所。职业中学比1991年增加12所，在校生比上年增加8339人。普通高中与中等职业技术学校招生比例首次突破1∶1，由1991年的1∶0.92提高到1∶1.06；在校生比例由1991年的1∶0.85提高到1∶0.91。

一、农村和城市教育综合改革

农村智力开发全面推开。1992年，在总结试点的基础上，农村智力开发的深度和广度都有明显进展。全省共举办“3+1”班961个，学生35984人，比1991年增加6613人；

乡建立人才档案和县建立智力库的工作有了新的发展；“三块牌子，一套班子”的乡镇党校、职业技术学校和农民文化技术学校发展比较快，成为综合性的实用技术培训中心，发挥了多功能的作用；对当年生产起突破性作用的实用技术培训广泛开展，全年“3＋1”职业技术培训班和乡镇职业技术学校共培训近100万人次，在农村经济建设中取得了明显的效益。

城市教育综合改革开始起步。昆明市提出了城市教育改革方案，全市规划普及九年制义务教育提前到1997年完成；对普通中学实行分类指导，逐步取消小学升初中的统一考试；中小学渗透职业技术教育因素，在70所完全中学实行高三或高二下学期分流；根据社会急需，与有关部门联合举办职业高中班。曲靖市积极完善“地方负责，分级管理”的办学体制，加强统筹，深化改革，引进职业教育因素，提高基础教育质量，涌现出市第三中学全面贯彻党的教育方针，全面提高教育质量的好典型。此外，不少城市也都制定了教育改革方案，采取措施，积极实施。

二、要科教兴乡，乡先兴科教

云南省多数地处山区，农业不发达，工业底子薄，把职业技术教育的重点放在乡，开展多种形式的培训，提高农民的素质和技术，是实施全省经济建设，实现“四化”的基本步骤。为此，不少地区提出“要科教兴乡，乡先兴科教”的计划要求。

省教委和各级教育行政部门，顺应这一有利的机遇，加强指导，认真发挥教育在“兴乡”中的作用，并通过调查研究，发现典型，在全省推广经验。宣威县得禄乡就是通过科教兴乡，兴乡先兴科教，使全乡的经济建设得到了较大的发展。

宣威县得禄乡，位于贵州与云南两省相交的乌蒙山腹地，辖10个村32000多人。人均仅有耕地0.89亩，主产包谷、洋芋，是个地处偏僻、资源贫乏、信息闭塞、流通不畅的山区农业贫困乡。1984年初建乡时，一是公路、输电、通讯“三不通”，来此工作的干部，办公借民房，住宿挤仓库，点灯用煤油，下村靠脚走；二是生态资源破坏严重，乡村企业未萌芽，无矿产资源可开发；三是生产方式落后，小农经营，大多数群众不得温饱。尤其是教育事业极为落后，农业科技成果很难推广。全乡33所小学仅有校舍9686平方米，绝大多数是古寺旧庙破祠堂和解放时的没收房，破损不堪，危房面积4880平方米，占校舍总面积的51％，学生几乎都是用土基搭木板上课，97名教师，合格的仅占12％，公办教师只有37人。小学入学率83％，巩固率86％，普及率52％，能上初中的不到毕业人数的20％。

乡党委、政府经过大量调查分析，找到了症结：得禄乡穷得叮当响的根本原因在于农民文化素质低，科技水平低，最关键是教育水平低、人才匮乏。得禄乡要走出困境，必须把教育摆在经济发展的首位，优先发展，走培养人才脱贫致富的路子。统一了认识后，全乡确立了“科技兴乡，教育为本”的战略指导思想，制定了狠抓教育科技，提高人口素质，加速科技推广，振兴全乡经济的实施方案。抓教育首先要有资金投入来改善办学条件。但一个新建的乡、贫困的乡，哪有这么多钱投入，要发动群众集资，群众又怎么掏得出钱呢？

乡党委、政府反复研究后认为：“治穷必先治愚，致富必先兴教。教育要搞好，关键在领导。”得禄乡要依靠群众办教育，必须先带领群众通过教育促经济，使群众看到办教育的好处，同时增强群众的经济实力，做到办教育不增加群众的负担。于是，乡党委、政府一班人真正把教育纳入重要议事日程，主要领导亲自抓。用原党委书记李正祥的话说，“我们欠了教育几十年的帐，再不抓教育是失职”。“官不兴教,民不投票”。“宁可再吃几年苦,再受几年穷,也得把教育先抓好”。按照“分级办学,分级管理”的原则,提出了乡村两级的目标、责任。乡领导带头,人人做到关心过问教育,下村都要到学校检查指导,排忧解难,并长期坚持“六个一”、“四个比”。“六个一”即:(1)每年召开一次教育三级干部会共商教育大计;(2)每年下发一个政府文件,下达年度教育发展任务的指导和考核办法;(3)每年一次的乡人代会,都就教育提出一个重要提案并形成决议;(4)每年集中全乡职工进行一次政治、业务培训;(5)每年召开一次教育工作先进表彰会;(6)每年组织一次本乡内的县乡两级人大代表到各校视察工作,监督政府和学校依法治教。“四个比”即:一比乡村党政主要领导是否真正重视教育,抓措施、抓效果;二比宣传工作对增强广大干部群众的教育意识是否扎实有效;三比为教育办实事的贡献大小;四比按年度教育计划指标完成任务情况。

在集中有限的财力改造校舍和提高基础教育水平的同时,乡党委、政府抓紧发展职业技术教育和成人教育,着力培养立志建设新农村的“田专家”、“土秀才”。乡村两级成立了第一把手为领导的农科教等多部门组成的农村智力开发统筹领导小组,开展了智力资源调查统计,制定了智力开发实施方案,落实了专兼职工作人员。1988年,全乡投资4.2万元,开办初中“3+1”职业技术教学班,面向农村,培养初级技术人才。现在“3+1”班已有校舍420平方米,实验实习基地10亩;兽医门诊部、供精站、配合饲料厂配套,猪舍3间,图书室一个,生化实验室与乡一中共用。现有兽医、缝纫、农学3个班134人。四年多来,已结业7个班214人,其中有10人办起小型养猪场,4人开设兽医门诊,3人受聘担任养猪技术员,4人为蚕桑技术员,59人成为科技致富能手。学校还年年开展“三跟踪”(跟踪调查、跟踪指导、跟踪扶持)。学生普遍反映:过去只学点文化常识,农村要用的学不到,老师教的用不上,十年寒窗吃苦头,下地不会捏锄头。现在学到了技术,回家有奔头,致富有甜头。许多家长认为:现在的学校办到我们心坎上了,孩子读书,升学的高兴,回到家的安心。全乡还建成党校、农民文化技术学校和初级职业中学“三位一体”的思想文化科技培训中心,10个村建成了农民文化技术学校。共投资22.2万元,建起910平方米的校舍,配齐了课桌凳。因地制宜,长短结合,按需施教。乡村主要领导和有关部门技术员亲自执教。1991年乡村共培训2435人,1992年培训了6507人。两年开展初中后半月培训509人,小学后一周培训1120人,深受学生、家长欢迎,有效地推进了科技兴农。

由于狠抓教育,培养了人才,发展了科技,促进了百业兴旺。粮、烟、猪连年丰收,林、果、药、蚕发展迅速。种植规范化、连片化、薄膜化,养殖科学化、商品化,运销商贸效益日益提高。现在村村通公路(长短70条240公里,其中县乡14公里、乡村65公里,村社161公里),村村通电话,社社有广播,家家有电灯,电视差转台11座,覆盖率90%,宜林荒山全部工程造林。1992年全乡粮食总产1040万公斤;烤烟280万公斤,产值947万元;经济总收入1950万元,人均收入由1984年的197元提高到553元,净增356元。计划生育受到国家表彰。1992年在智力开发、党建、教育、水利等方面的工作15次受到省、地表彰。一位老教师深深感慨:“党委政府领导好,三万人民志气高,治山山变绿,治水水还清,治路路通畅,治校校变样,治田夺高产,百业大发展。”

教促富、富促教。由于全乡通过教育,帮助群众发展生产,生活年年变样,群众从实际中认识了教育的重要性，又有了一定的经济力量，办学积极性就焕发出来了。8年来，全乡共集资、捐资302万余元，其中乡集143万余元，村集159万元。新建校舍16798平方米，排除危房5324平方米，修缮校舍4362平方米，新添置课桌凳1842套。1986年就实现提前三年建成乡一中，现有18个班；1988年全乡学校基本实现“一无两有”；1991年大多数完小达到“一无多有六配套”，10个村中有7所村完小建成砖混教学楼。1991年底集资79万元又兴建乡二中，建成18个班的教学楼和学生楼各一幢，1992年招生4个班。1992年9月1日至25日，全乡集资捐款147.7万元，其中，用于乡二中75.7万元，用于完小72万元。

乡村领导重视教育，带头为教育办实事，是群众办学热情得以巩固和发展的一个重要原因。全乡交通长期不便，修了公路还急需汽车。然而1989年为解决教师住房，乡党委、政府把几年积攒起来准备买小车的5万元拿出来，干部下村仍然步行。1992年全乡烤烟丰收，经四套班子研究，村社干部会讨论，再经群众大会同意，从85万元烤烟生产扶持费中拿出42.5万元用于学校内部设备建设。为解决河发水涨许多学生无法过河读书问题，全乡投资6万元，架桥4座。乡领导重教的表现实打实，群众就紧紧跟上。勤劳致富的个体户顾家舜一次就捐款1万元，70岁的离退休老教师张开周捐款1070元，色空村农民缪祥富捐款771元。全乡1992年人均集资46元。最高的色空村人均61元，干部、教师中集资最多的300元，最少的50元。

干群兴学重教，学校焕然一新，教育显露出蓬勃发展的生机。全乡小学入学率达到98.6%，巩固率98%，普及率99%，小学升初中升学率75.3%。全乡还办起学前(幼儿)班18个，在班幼儿503人。在校学生总数是1984年的2.1倍，小学升初中是1984年的3.5倍。

三、职业中学走产教结合的办学道路

省教委根据全省经济和社会发展计划的需要，加强了职业技术教育的改革，提出职业中学要走产教结合的道路，成为主动面向社会的办学实体，直接服务于社会，创育人、社会、经济三方面的效益。

石屏县职业中学是这方面的典型。该校的主要经验是：

(一)结合专业办基地，培养社会主义新型劳动者。

学校根据当地经济发展的需要，先后开设13个专业，共办长短班32个，为全县输送各类技术人才1003名。具体做法是：(1)走联合办学之路。学校开办初期，底子薄，办学能力弱，该校和有关单位联合办学，解决师资、经费和毕业生就业问题。目前，学校13个专业，都有对口的联合办学单位，双方签有协议，联办单位先后向学校提供办学经费50多万元，派出专业课教师31人，提供学习器材523件，专业实习场地6个共470亩，使学校办学能力增强，保证了教学质量。由于专业对口，按需培养，适销对路，已毕业的经济林木、农学、体育、烹饪四个专业5个班218名学员，已被用人单位录用203人。(2)结合专业创办实习基地。为办好经济林果、农学专业，学校在校内建了以柑桔为主体的生产实习基地120亩；在校外与联办单位合建果、林、农作物实习基地470亩。学校为办好畜牧兽医专业，创建了养猪场、养鸡场、饲料基地、兽医门诊站；为办好烹饪专业，办起了实习食堂；为办好服装制作专业，与服装厂联合建起了服饰工厂。在校内外创建实习基地和产业，给教学提供了必须的练兵场所，强化了动手能力的培养。(3)注重思想教育，强化专业意识。针对职业高中生的特点，学校形成具有职业技术教育特色的“四农”(爱农、学农、务农、兴农)、“五爱”(爱祖国、爱人民、爱学校、爱专业、爱家乡)为主体的德育工作体系,让学生树立强烈的专业思想意识,学好扎实的专业本领。学校还严格技术等级考核,学生毕业时按理论课成绩和技术等级考核发毕业证和技术等级证。经济林木专业2班学生彭平波,刚毕业就施展学到的专业技能,一年内育出油桉苗21.5万株,绿化荒山550多亩,创收2.1万元,既造福社会,又富了家庭。彭平波的父亲喜滋滋地说:“家有职高生,收入就会增。”职中的学生成了一代有文化、懂技术、会动手、敢干又肯干的社会主义新型劳动者。毕业生中已有106人成了经营种植、养殖致富的专业户,群众称他们是脱贫致富,万众一心奔小康的“领头雁”。

(二)以产促教发展地方经济,致富千家万户

石屏职业中学以基地形成的产业,展现了显著的示范作用,推广社会效益,把科教兴农落到了实处。当地群众说:“要致富,靠科学;要出息,学技术;要成功,读职中。”“修教育渠,引科技水,灌农业田,结经济果”的口号在职业中学得到了最好的验证,职业教育成了致富教育。

学校以校内120亩柑桔示范基地为依托,搞推广、搞辐射、搞培训,辐射面达全县12个乡镇156个村寨,在全县掀起了种柑桔发财致富的热潮,仅学校方圆2公里内就种植柑桔20多万株,建有大中型桔园4个。全县柑桔产量从1984年的2万公斤,猛增到1992年的500多万公斤。柑桔成了全县的一大拳头产品,农民发财致富的“宝贝果”。

学校苗圃基地配合学校的“三带”措施(即学生带着任务学习,带技术、带种苗回家建立科技示范点),提供学生种苗6.8万株,建立科技示范点547个,遍及全县12个乡镇147个村,经济林木专业班的傣族女学生钱跃辉,在校学习期间带1500株柑桔苗回村种植,把学到的专业技术运用到实际管理中,刚毕业回家,柑桔试挂果就收入1000多元。实现了“人毕业,树挂果”的愿望。在她的带动下,这个彝傣聚居的山寨,家家户户种果树、甘蔗致富了。

学校服饰工厂以服装制作专业为骨干,长学习,短培训,共结业161人,使参加学习培训的农村青年、妇女学会缝纫技术,有了生财之道。

学校的果园基地,养猪、养鸡场、技术咨询部、服饰工厂,吸引了四面八方的群众前来参观和学习技术,接受培训。学校附近的6个村子,和学校达成了“村校共建科技村”的合同协议书,推广新技术和新品种。科技村青鱼湾扩大优良甘蔗,全村农户成了万元户;牛角嘴村仅推广高产蕃茄一项,种植农户人均收入比上年增加106元。

学生毕业靠专业本领和技术致富了,学校并未终止教育,仍然追踪调查,跟踪服务,协助毕业生总结经验,建立致富示范基地,使毕业生富了再富,使周围群众学富致富。毕业生李和平承包岔河荒滩地年收入4—5万元,学校及时总结宣传他的经验,把他的承包地作为致富示范基地,推广他的致富模式,使岔河各族农户走上了富裕之路,把荒凉贫瘠的穷山沟变成美丽富饶的果菜川。

几年来,学校以基地为主阵地,现场示范、咨询、技术服务21071人次,散发科技致富信息、技术资料20353册(份),推广新品种、新技术16项(个)。受训农户走上了科技种植、养殖的路子,成为科学致富的明白人,加快了石屏经济发展的步伐。

(三)产教结合,自我发展

坚持改革,强化管理。一是建立严密而可行的目标责任制。该校制定了基地和产业的

发展目标，落实了管理人员，确定了岗位责任制、奖惩措施，使管理者有奋斗目标，有章可循，奖惩心中有数，焕发干劲，达到目标。二是增设科技开发处，统管学校的校办基地和产业，搞好新技术、新品种、新项目的开发、推广、示范、经营。三是调整和优化教育结构，学校把原先的专业教研组改成种植、养殖专业板块组和综合专业板块组，把三级管理变为二级管理，简政放权，使专业板块组成为实实在在的教学实体，各板块组根据自己的专业需要，承包或建立对口的经济实体。四是学校的五个专业课题让教职工优化组合实行承包，并带领学生承包经营实习基地和学校产业。苗地课题组在专业教师李文祥的带领下，以64500元夺标，全组人员精心科学管理，带领并指导学生实习嫁接、施肥、防治病虫害等技术，现在果苗全部被定购完毕。课题承包组的教职工都说：现在是干活舒心、教学用心、实习放心，出外反而挂心。五是推行教学、科研、经济创收一条龙模式，每个专业课教师带一个班，承担一个科研项目，建立一个创收基地，开拓一条创收渠道。各专业班结合各自专业特点开展多种经营，力争每学期创收超千元。

创立经济实体。一是建立良种繁育站，配合学校建设家庭学习基地，建立科技示范点，共育优良柑桔苗28万株，直杆桉苗60多万株，云南松苗10.8万株，高产蕃茄苗85万株，产值达10万多元。二是创立学校小商店、冷饮店、食品加工厂，让学生进行经营实习，学习自立本领，兼创收之效，年获利5万元。三是创办果园、农场、特种养殖场，让教职工、专业班对口承包，1992年创收3万元。四是走出校门搞有偿技术服务，实习创收。

以产促教，滚动发展。学校改革的措施和各种实习生产基地经济实体的创立，形成了学校“教学、生产、科研推广、经营、服务”五结合的教学体系，学校正在逐步完善产教结合，以产养校，以教促产的奋斗目标：一是用产业创收自筹资金，配合政府拨款建造2156平方米的教学大楼，改善办学条件。现已完成过半工程，预计年底竣工。二是用产业创收和银行贷款扩大经营，建成学校服饰公司的服装流水生产线，建成了校门口集市贸易服务公司。三是用部分产业收入纳入教职工的奖励分配，改善了教职工福利。

高 等 教 育

1992年云南省普通高等院校在校生中有少数民族学生9340人。在校研究生中有少数民族学生68人。

1992年，云南省高校继续贯彻国家教委“坚持方向，稳定规模，优化结构，深化改革，改善条件，提高质量”的方针，调整专业结构、层次结构和学校布局，深化高等教育改革，提高教学质量，组织科技力量投入经济建设主战场。

到1992年底，云南省高等专科学校发展到17所(含3个办学点)，本科院校增招了专科班。专业由单一的师范专科学校逐步发展到文科、工科、农林、政法、经济、艺术等多学科。

一、教育教学管理

扩大高等学校办学自主权。1992年，云南省政府批转省教委《关于扩大云南省高等学校办学自主权的意见》，下放给学校以下权力：(1)学校可根据云南省经济建设和社会发展的需要，在已设置的本、专科专业内，拓宽或调整专业方向。(2)在保证国家下达的招生计划的前提下，可在招生计划的30%内招收委培生和自费生。委培生和自费生的比例可调剂使用。在确保培养质量和不增加基建指标的前提下，可在年度招生计划外扩招10%的委培生和自费生。(3)学校根据学科、地区的情况，自定自费生、委培生及夜大生、函授生的收费标准。经省教委、省财政厅、省物价局批准后执行。(4)在核定学校规模、人员、编制，处级机构设置数，年度工资总额包干指标的前提下，学校有权自主决定内部机构设置和人员配备，以及独立核算、自负盈亏的校办企业的机构；有权确定校内教职员工的工资、奖金和津贴的分配办法。增人不增资，减人不减资。根据教学、科研和发展校办产业的需要，教职工可以兼职；学校可以聘用编外科研、教学人员；调入专业技术骨干，有关部门要予以支持。(5)在岗位职务限额核定后，经批准的本科学校可以自主评定副教授任职资格。专科学校可以自主评定讲师任职资格。学校可以自主评聘适当比例的本校承认的具有高级专业技术职务的教师，工资超额部分由自筹资金解决。(6)按照“包干使用，超支不补，结余留用，自求平衡”的经费预算管理办法以及有关法规，学校有权自主统筹安排使用预算内教育事业费和预算外经费。另外，学校基金用于集体福利、奖酬金的比例可按国家规定适当提高。鼓励和扶持高校开办校办产业，所得收入由学校自主安排。(7)凡省计委批准的年度基建项目，学校实行投资总额包干，可以统筹使用基建投资、自筹资金和基建贷款；学校可以根据批准的设计任务书自主审定学校生活用房和部分教学用房的设计文件；设计图纸、预算直接报规划部门和建设银行核定；设计、施工招标、完成建设由学校自主负责，主管部门从宏观上加强监督。(8)学校可按照国家有关规定并经批准或备案，聘请外籍名誉教授和客座教授、外国专家和外籍教师、录取外国留学生。

进行学校内部管理体制改革试点。1992年，省教委在云南大学、云南师范大学、云南工学院、云南农业大学等4所大学进行学校内部管理体制改革试点。改革的主要内容包括：人事制度、分配制度、后勤管理、住房制度、医疗制度等。4所高校先进行总体设计，然后以人事制度和分配制度改革为突破口，分步实施，逐步到位。

确定省级第2批重点课程。1992年，云南省确定27门课程为省级第2批重点课程。即有：云南大学的“中国古代文学史”、“政治经济学”、“普通物理实验(电学、光学部分)”、“FORTRAN 语言”；云南师范大学的“中学数学教育及实践”、“中国古代史”、“人体及动物生理学”；昆明医学院的“外科学”、“内科学”、“生物化学”；云南工学院的“马克思主义原理”、“机械设计”、“电子技术基础”；云南中医学院的“中药商品鉴定学”、“中医诊断学”；大理医学院的“解剖”；云南农业大学的“普通化学”、“农业化学”、“管理学原理与企业管理”；云南艺术学院的“声乐”；云南财贸学院的“市场营销学”、“社会经济统计学原理”、“货币银行学”；云南民族学院的“云南民族史”、“有机化学”、“民族理论与民族政策”、“中国社会主义建设”。为确保实现建设目标，主管部门与学校签订了重点课程建设协议书，明确了建设目标、建设年限及主管部门与学校的职责。

建立高等师范教育教师数据库。1992

年，云南省17所高等师范院校建立教师数据库。全省召开专门会议，举办研讨培训班，对数据库的滚动、更新及使用中的有关问题进行培训，对疑难问题进行研讨；学习计算机管理基本知识及foxbase语言，以及该数据库的使用操作等。在教师的指导下由各校人员对本校数据进行录入、修改、查询、更新，达到熟悉日常管理的各种操作。数据库的建立，为科学地管理和使用教师奠定了基础。

进行马克思主义理论课教学的改革试点。为贯彻国家教委《关于加强和改进高等学校马克思主义理论教育的若干意见》，云南省委宣传部、省教委于1992年在云南工学院对“马克思主义原理”、“中国革命史”、“中国社会主义建设”3门课程进行改革试点。试点工作主要从4个方面进行，(1)根据“少而精”的原则，学原著与学教材相结合，抓好“学、读、讲、议、书”5个环节，帮助学生完整地理解马克思主义的理论体系，准确掌握其立场、观点、方法。(2)贯彻理论联系实际的方针，加强实践性教学环节，使理论教育同学生思想实际、社会实际相结合，采取“走出去、请进来”的方法，增强教学的吸引力、说服力，帮助学生从更广阔的层面上去思考问题，确立科学的世界观、人生观。(3)改革传统教学方式，采取灵活多样的方法，多方面开展教学双向活动，运用电化仪器直观教学，扩大知识面，增强感染力。(4)改革考试制度和方法，把平时考核同期末考核、知识考核和能力考核结合起来，着重于学生在改造世界观方面的收获。通过以上改革，学生学原著兴趣增强，对马克思主义理论体系的理解逐步深化，思想认识有所提高。

加强高校思想教育课教材建设。省教委转发了国家教委《关于加强高等学校思想政治课程教材建设的管理意见》，并要求各高校加强思想教育课的教材建设，对已出版和使用的思想教育课教材进行必要的清理，质量低劣的教材不能继续使用。思想政治教育课的教材原则上统一由省教委组织编写，任何个人和单位未经批准，不得擅自编写出版有关教材。

二、招生

1992年，云南省普通高校招生工作认真贯彻“稳定政策、优化环境、加强管理、深化改革”的方针，采取了几项改革措施。

第一，用现代化、科学化的手段管理招生考务工作。缩小机读答题卡面积，改变排列格式，变16开张为32开张，变一种排列为两种排列，防止了考场舞弊事件。将试卷袋改制成“双舌”袋，让试卷密封更规范化。录取工作全面实行计算机投档。研制设计“计算机查询系统”，为招生院校调档、开档提供了更快捷的手段，使查询投档程序更加合理，减免了失误和差错。

第二，组织编写出版15万字的《招生工作手册》，并对各级招生工作人员进行培训，提高了招生工作人员的素质，保证了招生工作的顺利进行。

第三，普通高校扩大招生。1992年，增加普通高校招生计划1500名。其中500名为国家教委批准下达，列入国家计划招生，1000名列入指导性招生计划，招收委培生和自费生。

第四，招收委托培养预科生。为适应云南省县办工业、乡镇企业发展较快，对人才需求增加的情况，为使一些远离城镇、环境艰苦的大中型企业得到稳定的人才，在1990年试点的基础上，1992年编制计划正式招收委托培养预科生。招生对象限于县办工业、乡镇企业和远离城镇、环境艰苦的国营企业。委托培养预科班同少数民族预科班、普通预科班一样，补习一年高中课程后，参加全省预科生统考，成绩合格者升入专科取得正式学籍。毕业后必须回委托培养单位工作。1992年全省共招收委托培养预科生582名，在校预科生总数达到1189人。

第五，各种照顾对象考生的资格审查工作，首次下放由地(州)招办负责完成。

1992年，云南省在招生工作中作出显著成绩的楚雄彝族自治州招生办公室、昆明市五华区招生办公室、昆明市盘龙区招生办公室、宣威县招生办公室、云南大学招生办公室等15个先进集体和13名先进个人，受到国家教委表彰。省招办还获得了国家教委招生改革和招生考试改革两个单项优秀奖。

三、毕业生分配制度改革

1992年，为加快高等学校毕业生(含研究生)就业制度改革的步伐，使毕业生就业主动适应社会主义市场经济体制的需要，省教委、省计委、省人事厅等部门经过充分论证，在广泛征求用人部门和高等学校意见的基础上，制定了《关于云南省1993年和"八五"期间普通高等学校毕业生就业制度改革设想》(以下简称《设想》)。其总体思路是:1993年拟采用"双轨运行机制"安排毕业生就业。即:在保证国家重点建设单位(部门)和边远、艰苦地区(行业)急需人才的前提下，对云南大学、云南工学院、云南财贸学院、云南化工专科学校以及在省外高校就读的毕业生推行以学校为主导，在一定范围内"双向选择"的就业办法，对其他学校的毕业生仍继续沿用主管部门与学校上下结合，通过"供需见面"，提出就业计划的办法。《设想》还对云南省1993年和"八五"期间普通高等学校毕业生就业制度改革提出9条措施。

1992年，云南省顺利完成了毕业生分配派遣任务，分配到17个地(州、市)的毕业生占毕业生总数的77.76%;到省属委、办、厅、局的占14.34%，到中央在滇单位的6.64%，下到基层和生产第一线的毕业生占毕业生总数的98%。有43%的毕业生分配到重点企业和10个边远地州。有41名应届优秀毕业生自愿赴边疆、艰苦行业(地区)工作。

四、培养、提高青年教师

对高校青年教师进行教育科学理论培训。为帮助高校青年教师提高教学水平，1992年省教委制定了《关于对云南省高校青年教师进行教育科学理论培训的规定》。要求35岁以下的青年教师认真学习教育科学理论，通过对"高等教育学"、"大学生心理学"、"大学教学论"3门课程的培训，按照教学大纲考核成绩合格者，发给云南省高校教师教育理论培训合格证书，作为受聘上岗和晋升专业技术职务的必备条件之一。

加强学科带头人及骨干教师的选拔和培养。针对云南省高校师资队伍中学科带头人年龄老化，后继乏人，已影响到教学质量和科研水平提高的状况。1992年，云南省制定了《关于加速培养中青年学科带头人及骨干教师的意见》，从选拔条件、选拔办法、培养要求、培养措施等方面提出了实施意见。《意见》下发后，各高校普遍重视，确定了一批作为学科带头人和骨干教师的培养对象。

开展高校青年教师课堂教学比赛。1992年，省教委在高校青年教师中开展课堂教学比赛活动，目的是培养、提高青年教师，使其在教学改革、教书育人，提高教学质量等方面健康成长。增强竞争意识，增长才干，展示才华。比赛先在校系两级进行，然后按参赛教师的4%推荐参加省级比赛。32所高校的148名青年教师参加省级比赛，21名获得一等奖，40名获二等奖，79名获三等奖。

发布高等院校教书育人工作条例。1992年，省教委、省委宣传部、省委高校工委和省教育工会联合制定并发布《云南省高等院校教书育人工作暂行条例》，要求教育工作者要把德育放在首位，教育学生确立马克思主义的立场、观点和方法，具有坚定正确的政治方向，同时又掌握扎实的科学文化知识，成为又红又专的社会主义事业建设人才。《条例》希望所有的教师，特别是青年教师，自觉坚持党的基本路线，努力学习和宣传马列主义、毛泽东思想；刻苦钻研业务，勇于改革教学，探索教育规律，改进教育方法，不断提高教学与科研水平，提高教育和教学质量；结合学科特点和学生思想实际，将思想教育渗透、贯穿于教学内容和各个教学环节之中；以身作则，为人师表，诲人不倦，作风正派，时时处处以自己的优良行为为学生作出表率；积极参与学生的政治教育和管理工作，认真参与和指导学生的社会实践和第二课堂活动。1992年省委高校工委、省教委等有关单位在昆明召开了全省高校教书育人经验交流暨理论研讨会。

五、研究生教育和学位工作

对硕士学位和研究生教育进行检查评估。根据国务院学位委员会有关通知精神，1992年云南省对普通高校和科研所的中国语言文学、历史学、生物学硕士学位和研究生教育进行检查和评估。同时，云南大学、云南师范大学、云南民族学院，中国科学院昆明植物所、昆明动物所、昆明生态所等单位均按照有关评估指标体系进行了自评。省教委对省属高校具有硕士授予权的无线电电子学、粒子物理、电子离子与真空物理、凝聚态物理等4个学科进行全面总结和评估。

调整"八五"期间硕士授权点布局。"七五"期间，云南省有硕士授予单位14个，有授予权专业学科82个。1992年，根据云南省"八五"计划、十年规划及经济、社会发展的实际需要，结合培养单位已具备的条件，省教委提出"八五"期间云南省调整硕士授权点布局方案，除保留原有授权专业学科点外，高校增加18个硕士授权专业。即：昆明医学院的药物化学、内科学、病理学、人体解剖学；云南大学的马克思主义理论教育、计算机应用、政治经济学；云南工学院的汽车应用工程、制浆造纸、金属材料、化学工程与工业化学（磷化工）、水利；云南师范大学的基础数学、英语教学法及英语语言测试与应用、体育教学理论与方法、现代汉语；西南林学院的木材加工、造林学等专业。

招生与学位授与。1992年全省硕士生招生继续贯彻"按需招生，努力从有实践经验的在职人员中招收"的方针，坚持德、智、体全面衡量，择优录取，保证质量，宁缺毋滥的原则。由昆明工学院负责组织并承担统一阅卷工作。全省录取硕士生182名，是云南省自统一招收硕士生以来完成计划最好的一年。全省高校普通本科毕业生中有5391人获学士学位；函授本科毕业生中有48人获学士学位；夜大本科毕业生中有59人获学士学位。本年，博士研究生毕业4人，授予博士学位4人；毕业硕士研究生115人，全部获得硕士学位；有15名在职人员以同等学力申请硕士学位，经国务院学位委员会审核，全部通过并获硕士学位。

六、高校科技成果

1992年，云南省高校共完成鉴定科技成果156项。其中，19项达到国际水平，41项为国内先进。获专利授权12项，出版专著118部。发表学术论文1988篇，其中有109篇在国外学术刊物上发表。获国务院部委和省级科技进步奖79项，获地、市级科技奖139项。签定科技成果转让合同156项，成交金额688万元。云南大学、昆明工学院、昆明医学院、云南师范大学的20个成果项目参加1992年全国展览、技术贸易洽谈会。经国家科委审批，昆明医学院的"复合生物陶瓷人工骨"项目获准参加1992年瑞典国际发明展览会。

1992年，云南大学等9所高校在云南师

范大学展出了自制的102台(件)实验仪器。云南大学的“高分辨率光学多道分析仪”等33台(件)仪器通过专家的审核、评选获优秀成果奖。云南师范大学的“稀土永磁磁天平”等12台(件)仪器获荣誉奖。

七、高校党建和思想政治工作

加强党建工作。1992年,云南省教委党组、省委宣传部、省委组织部、省委高校工委分头对云南大学等15所本科院校党的建设和思想政治工作状况作了全面的调查研究,摸清了15所高校党建工作的基本情况。

在全面考察的基础上,遵照干部队伍“四化”的方针,省委组织部、省教委等部门对高校班子作了补缺配齐工作,交流或抽调优秀中青年干部充实到高校的领导班子。1991年至1992年共调整、配备校级干部70人,占高校班子总人数的85%;考察、考核院校级领导干部121人。后备干部选拔培养制度逐步形成,有33名校级干部到中央党校、国家高级教育行政学院、省委党校脱产轮训;有242名系处级干部参加了高校工委和省直机关党校举办的“三基本”轮训班学习。

各校在党建工作中开展“争先创优”活动。多数高校党组织制定并完善了总支、支部工作条例,使支部工作有章可循,从制度上保证了支部战斗堡垒作用的更好发挥。部分院校开始试行支部和党员目标管理办法,将教育、管理和监督机制融为一体。有15所本科院校634个支部开展了“争先创优”活动,有126个总支(支部)受到学校党委的表彰,29个总支(支部)受到省委高校工委的表彰,5个总支(支部)受到省委的表彰。党的思想建设和组织建设进一步加强。15所本科院校都成立了党校或业余党校。1991年到1992年共轮训入党积极分子3242人(次);党员3768人(次)。各高校组织学马列、学毛著和学党章的“双学活动”小组达611个,参加的学生约占学生总数的1/3。15所高校共发展党员962名。有610多名党员分别受到校级、省级表彰。

对干部、教师和大学生进行党的基本路线教育。1992年,省教委要求全省高校组织学生、教师重点学习邓小平南巡重要谈话、江泽民在庆祝中国共产党成立70周年大会上的讲话,深入进行坚持党的基本路线、坚定社会主义信念的教育,提高广大干部、教师执行党的基本路线和教书育人的自觉性,增强广大学生的社会主义信念。为提高学习质量和学习效果,省教委印制了《中国人权状况》白皮书、《论三个“时间差”》,推荐了《神州吟》等配套学习资料。

八、大学生社会实践活动

1992年暑期,云南省各高校围绕参与改革开放和经济建设为主题,组织学生开展社会考察、科技服务、社会劳动、挂职锻炼、参观学习等多种形式的社会实践活动。省教委成立了省领导小组,并以“建设营”的形式,组织在昆19所高校的近千名大学生,到国家重点建设工程南昆线上开展社会实践活动,并纳入团中央、全国学联组织的“改革百点”建设营活动。同学们在南昆线西段65公里线上安营扎寨,与工人同吃、同住、同劳动。白天打隧道,挖运土石方,搅拌混凝土,搬运建筑材料;晚上采访,并运用所学知识为当地村民和工程建设者服务。

在社会实践活动中突出科技服务内容。云南工学院组织了大学生青年科技突击队,为昆明市地震办公室进行昆明市八中区房屋震害预测及伤亡损失估计的勘查工作;为西畴县土地利用现状进行调查和规划工作;为马龙县完成15万亩高产稳产农田地理现状和有关规划设计改造比例为万分之一的沙盘模型设计。云南农业大学组织学生广泛开展科技咨询,科技推广,实用技术培训,科技扶贫等工作。云南师范大学对滇池流域人文系统进行了研究。西南林学院开展了大学生防林建设营活动。还有一些学校开展了大学生沿海、沿边、特区开放口岸考察。一些学校组织了中美大学生英语会话夏令营活动;组织学生到昆明地区中国近代史和国情教育基地参观学习,接受教育;为乡镇企业提供相应的咨询服务等活动。据不完全统计,全省30%的高校相继抽调一批优秀学生干部到大中型企业、乡镇挂职锻炼。

1992年,各高校推荐上报的优秀社会实践论文190篇。经评审,评出一等奖14篇,二等奖37篇,三等奖67篇。云南大学、云南师范大学、昆明工学院、云南工学院、西南林学院、云南公安专科学校、玉溪师范专科学校、南昆线铁路建设指挥部被评为1992年省级和国家级大学生社会实践活动先进单位,省社会实践领导小组受到中宣部、国家教委、团中央的联合表扬。

九、文体活动

举办1992年大学生科技文化艺术节。5月至6月,省教委、省委宣传部、省委高校工委、团省委、省学联等联合举办云南省"92"大学生科技文化艺术节,纪念中国共产主义青年团建团70周年,引导广大青年学生在改革开放和现代化建设中勤奋学习、劳动创造、建功立业,成为德、智、体全面发展的社会主义建设者和接班人。科技文化艺术节主要开展的活动有:纪念建团70周年暨"五·四"运动73周年纪念大会、"闪光的团徽"征文比赛、昆明地区大学生首届"未来之光"电子计算机大赛、昆明地区"青年科技行动日"、"共青团之歌"演讲比赛、"今夜星光灿烂"校园歌手大赛、"科技、青年、改革开放"科技文化系列讲座、"开发智力,振兴边疆"大学生科技成果展、"青年文化书市"、闭幕式暨团、学干部联欢晚会等。

施行《大学生体育合格标准》。1992年,云南省29所普通高校中有12299名学生开始实施《大学生体育合格标准》。有26所高校65名体育教师参加了《大学生体育合格标准》培训班,经考核全部合格。

1992年,云南省大学生体育代表团在第四届全国大学生运动会上取得好成绩。云南代表团获得运动会"道德风尚"奖。云南师范大学李桂清获田径乙组女子5000米、10000米两块金牌;云南大学杨贤获田径甲组男子10000米银牌。云南师范大学学生陈正文获田径乙组男子5000米银牌。全团田径总分比上届提高33.3个百分点。全团有8项(次)破云南省大学生运动会纪录。有4篇体育论文被评为全国三等奖。昆明工学院、云南师范大学、昆明师范专科学校被评为全国普通高等学校体育活动优秀学校。具有45年教龄的体育教师杨元坤、陆乃雄受到国家教委的表彰。

此外,云南大学为弘扬中国著名数学家、教育家熊庆来热爱祖国、热爱人民、热爱中国共产党和严谨治学、勇攀科学高峰的精神,1992年10月6日,举办了熊庆来先生诞辰100周年纪念活动。

成人教育

一、农民文化技术教育

1992年,云南省随着农村经济建设的发

展，短平快的成人教育蓬勃开展。社会力量举办的各种非学历教育培训班、辅导班十分活跃，培训内容和项目逐步扩大，形成多形式、多样化培训各类人才。

全省乡(镇)农技校由1991年的891所发展为1155所；行政村(办事处)农技校由921所发展到2359所。年内，乡、村两级农技校共培训290.7万农村各类从业人员，比1991年增长近60个百分点。培训内容由传统的种植、养殖业扩展到第二、三产业。培训方式从短训为主发展为长短结合，灵活多样。一批乡(镇)农民文化技术学校在人员配备、校舍和基地建设、经费投入等方面均有突破性进展，初步形成独立办学和生产试验的示范体系。省教委还分别为部分学校配发了电教设备和图书资料。

为使农村成人教育专职干部和农民文化技术学校的干部、教师开拓视野，了解云南省农村现状及发展的总趋势，更好地适应改革开放的新形势，9月，省教委在昆明举办"现代农业知识"和"农村商品经济知识"培训班，全省各地170多名农村成人教育专职干部、农民文化技术学校的干部和教师参加了培训。

农村成人学校面向社会主义市场经济，积极开展培训和参与生产经营活动，加强横向联系，发挥群体优势，共同发展。1992年12月，在省教委、省成人教育协会的支持下，由玉溪市高仓乡、建水县面甸乡、楚雄市鹿城镇、景谷县勐班乡、潞西县法帕乡、禄丰县碧城镇、宣威县热水乡、大理市凤仪镇、思茅县翠云乡等9所农民文化技术学校共同发起成立了云南省乡(镇)成人学校协作会，作为云南省成人教育协会的团体会员，并在其指导下开展活动。

二、扫盲工作

1992年，云南省扫除文盲工作取得了新的进展，扫盲与实用技术培训相结合，扫除文盲23万人。

1992年，省政府增加扫盲补助费50万元，使扫盲补助费总数达250万元，用于全省开展扫盲和扫盲后的继续教育。年内，省教委下达了扫除青壮年文盲的任务，并与昆明、曲靖、楚雄、大理、保山、文山、红河、思茅、玉溪等9个地(州)、市签订了扫盲目标责任书。各地按扫盲目标，逐级签订责任书，并结合本地实际制定了一系列的规章制度和乡规民约。省教委组织人员，对大理市、弥渡县、永仁县、安宁县、梁河县、施甸县、昌宁县、文山县等8个市、县进行了检查验收，达到基本扫除文盲县(市)标准，由省政府颁发了证书和奖金。

1991至1992年，云南省共有9个单位、8位个人因在扫盲和农村成人教育中成绩突出受到国家教委的表彰。受表彰的先进单位是：保山市人民政府、宣威县人民政府、师宗县葵山乡农民文化技术学校、凤庆县凤山镇安石村农民文化技术学校、富源县人民政府、勐海县象山镇人民政府、昆明市官渡区福海乡成人培训中心、景谷县勐班乡农民文化技术学校。宣威县教育局获"中国扫盲奖"。获先进个人是：泸西县成教办刘文良、邱北县双龙营乡文化技术学校邓志德、云县副县长马跃华、维西县成教股林祥寿、迪庆州妇联主任此里卓玛、沧源县勐角乡中心学校教师罗大友、梁河县勐养乡扫盲专职干部元有国、会泽县金钟乡妇女主任李美珍。

三、成人高等教育治理整顿见成效

1992年，云南省各类成人高等学校报名人数为19347人；其中高中起点本科、专科班为18299人，专科起点本科班为1048人。高中起点本科、专科班录取7461人，专科起点本科班录取597人。

1992年，省教委在学校自查、互查的基础上，对独立设置的9所成人高校和15所普通高校的成人教育进行了治理整顿和检查。通过治理整顿，各学校总结了办学经验，客观地分析了存在的问题，制定整改措施，边整边改，在改善办学条件，加强管理，提高教学质量，理顺关系，建立健全规章制度等方面做了大量工作，使治理整顿工作达到了预期的目的。经检查，云南省成人高等学历教育基本上不存在“乱办学、乱收费、乱发证”的问题。个别学校在办学过程中，曾出现过违章、违纪问题。通过治理整顿，基本能够认真分析原因，吸取教训，采取措施，防微杜渐。

1992年，在整顿治理成人高等教育的同时，省教委、省人事厅联合发文，要求各高校对举办的成人高等教育《专业证书》教学班进行复查清理。云南省自1988年试行成人高等《专业证书》教育制度以来，共有69个用人部门，委托30所省内外大专院校举办148个专业、212个班(次)的成人高等《专业证书》教育，招生10819人，结业9846人，合格率为91%。经各院校自查，省教委、省人事厅组织复查，所办班(次)审批手续完备，教学管理严格，教学质量能够保证。

为适应云南、贵州、广西电力工业发展的需要，1992年7月，按照国家能源部的通知精神，云南电力职工大学改名为南方电力职工大学，并将贵州电力培训中心更名为南方电力职工大学贵州分校。南方电力职工大学采取有偿服务的方式，面向云、贵、桂电力系统招生，在校生总规模为1100人，其中校本部为600人，贵州分校为500人。

党的十一届三中全会以来到1992年，云南省成人高等教育事业逐步恢复和发展，已形成多形式、多层次、多渠道的办学体系，对提高劳动者素质，促进干部队伍建设，缓解基层和边疆少数民族地区对人才需求的矛盾都发挥了积极的作用，涌现出不少成绩突出的学校。8月，云南师范大学在全国成人高等教育工作会议上，被国家教委授予“全国普通高等院校成人教育先进单位”称号。云南经济管理干部学院、省公路局职工大学、省地矿局职工大学、昆明钢铁公司职工大学、云南广播电视大学大理分校和省工商银行分校等6所学校被省教委评为“成人高等教育先进单位”。云南中医学院成人教育部，昆明师范专科学校成人教育部，云南大学函授、夜大部(含培训部)，被省教委授予“云南省普通高校成人高等教育先进单位”称号。

四、实施人口教育项目效果显著

1991年到1992年，云南省在25所农村成人学校实施联合国儿童基金会援助的人口教育项目，效果显著。1990年8月省教委成立了人口教育管理小组，研究、制定1991—1994年云南省人口教育规划。省教委、省计划生育委员会联合下发了《云南省实施农村成人学校人口教育项目的意见》。1991年至1992年，25所农村成人学校共组织人口教育宣传活动近百次，利用图片资料、录音、录像等教学手段普及人口科学知识，共举办313个人口教育教学班，19501人参加学习(其中男学员9387人，女学员8608人，干部1506人)。在试点校的行政村、合作社建立158个校外联系点。为提高项目试点学校的教学质量，省教委分两批对人口教育课教师和专职副校长进行129课时的培训；组织编写了《农村成人学校人口教育讲授提纲》；开展人口问题调查，搜集资料，编写乡土教材。1991年到1992年，人口教育项目共核拨经费33万元。

撰稿人　江耀武　薛丽云
赵　革　文　萍
审稿人　蔡寿福

西藏自治区教育

概　况

1992年,西藏自治区教育以建设有中国特色的社会主义理论为指导,认真贯彻执行党的教育方针和“重点加强基础教育,优先发展师范教育,积极发展职业技术教育和成人教育,巩固和提高高等教育”的发展指导方针,基本建立起从幼儿教育到高等教育的民族教育体系,基本形成了区内办学和区外办学相结合的教育格局。截至1992年底,内地西藏班(校)先后招收8批小学毕业生1万余名,这些学生分布于24个省市75所学校。目前在校生中,初中生4961人,高中生871人,中专生3024人,大专生254人。1992年首批内地西藏班中专毕业生约700人,已返回西藏走上工作岗位。内地西藏班(校)工作取得了显著的成绩。1992年,西藏整个教育事业出现了在改革开放中积极稳步发展的局面。

一、基本情况

1992年各级各类学校基本情况

项目		学校数(所)	招生数(人) 计	招生数(人) 少数民族	毕业生数(人) 计	毕业生数(人) 少数民族	在校生数(人) 计	在校生数(人) 少数民族	专任教师数(人) 计	专任教师数(人) 少数民族	校舍建筑总面积(平方米)
普通高校		3	683	392	393	248	2239	1416	727	295	225943
中等专业学校		14	1303	986	1006	791	4713	3551	654	339	163043
中学	计	62	9352	7681	6943	4925	23251	18959	2377	1199	373712
	初中	42	7775	6669	5346	4024	18934	16090	1781	1034	
	高中		1577	1012	1597	901	4317	2869	596	165	
	完中	20									
小学	计	2831	52739		12403		191768	184613	8647	7942	898846
	公办	566	25359		11143		100803	94748	5973	5383	
	民办	2265			1260		90965	89865	2674	2559	
幼儿园		36	1645		1224		2974	1044	159	100	25061

二、师资队伍建设

1992年，“优先发展师范教育”进一步得到落实，师资队伍不断壮大。全区各级各类学校教师比1986年增长17%。其中少数民族教师占教师总数的72.4%，在职教师中有专业技术职称的达6145人，占教师总数的49%。

1992年，对师范教育在经费、师资、招生、设备等方面给予了优先保证，其主要措施是：

1.保证对师范教育的投入。在自治区教育经费十分困难的情况下，千方百计地保证并逐步增加了师范教育的投入。1992年，西藏大学和5所师范学校教育事业费共1380多万元，其中西藏大学695万元，5所师范学校685万元。教学设备购置费和维修补助费212万多元，其中，西藏大学96万多元；5所师范学校106万多元。共安排教育基建费155.6万元，其中，西藏大学105万元；5所师范50.6万元。

2.采取扩大民办教师和定向生的招生比例，逐步增加师范类招生人数。1992年，区内5所师范学校共招收477名师范生，在校生已达1939人。西藏大学招收241人，使师范类本、专科在校生达757人。内地西藏中师班招收300名，在校生已达822人。还从内地中师毕业生中招收200名，分别到西北师大和西藏大学培养双语师资。目前，全区各级各类师范在校生共达3600多人。

3.建立自治区、地(市)、县三级教师培训网络，不断提高教师的政治和业务素质。全区大中专学校教师的培训工作主要由对口支援院校培养。西藏大学培训部重点培训中小学双语授课教师。在师资培训方面，各地市逐步转变“等、靠、要”的思想，通过多渠道培养培训师资。山南、日喀则、拉萨等地市采取从地市师范毕业生中选送一批优秀生到内地对口省市或西藏大学培养中学师资的措施，起到了积极的作用。

4.抓好教师专业技术职称评聘工作，调动教师的教学积极性。从1992年开始，自治区教师职称评聘工作转入了正规化、制度化的轨道。当年，自治区教委组织进行了大中专学校教师的第二语言考试和中小学教师职称考试工作。

5.定期表彰先进教师和优秀教育工作者，大力宣传尊师重教的重要性。1992年，自治区教委对在教育战线上作出优异成绩的145名先进教师、19名优秀教育工作者和18个先进集体给予了表彰。

目前，西藏一支政治业务素质较好，学科结构比较合理，以少数民族教师为主体的教师队伍初步形成。

三、教育科学研究

随着改革开放与现代化建设事业的不断深入与发展，西藏教育的发展遇到了许多理论与实际问题。为了加强西藏民族教育科学研究管理，使之逐步规范化、制度化，从而促进教育科学研究水平的不断提高和优秀人才的尽快成长，更好地为改革和发展西藏教育事业服务，1992年区教委制定了《西藏自治区教育科学研究项目管理暂行办法》，并列出85个教育科学研究“八五”课题指南项目，其中有30个自治区级重点项目。指南课题采用面向全区(含内地西藏班)招标，平等竞争、择优资助的办法。研究内容有：教育基础理论研究、西藏教育史研究、比较教育研究、西藏教育发展战略研究、德育研究、高等教育研究、成人教育研究、教育管理研究、基础教育研究、职业技术教育研究、综合性研究等项目。1992年累计共申报105个课题、经评审立项的有61个课题，教研资助经费总额为122800元，其中第一年已下拨资助金额为34150元。开展此项工作在自治区尚属首次，将对自治区教育的发展起到促进作用。自治区教育学会1992年进行了教育优秀论文评选活动，评选出十几篇教育学会级优秀论文，并从中推荐部分论文参加自治区级优秀论文评选活动。自治区教委民族教研所从1989年开始进行初中藏语文授课试点研究工作，到1992年首批试点班学生毕业，试点研究工作取得了成绩。各地区教研室和以高校为主的各学校的教育科研工作也得到重视和加强。1992年，全区教育战线教育科研意识明显增强、研究面不断扩大，一批教育科研队伍正在成长。

四、电化教育

1992年西藏电化教育，经过全区电教工作者的一致努力，在硬件建设、软件制作、管理和效益诸方面均求得了稳步发展。

(一)教育卫星电视网络得到完善并发挥了较大作用

截止年底，全区已建成教育电视卫星单收站95座，基本上覆盖了全区各县。昌都、那曲两座教育电视台年内先后开通试播，使全区教育电视台发展到6座(其中自治区教育电视台待频道落实后即可开播)。全年累计编排上行卫星教育节目近500小时，各台播出(含转播)教育电视节目3000小时以上。据不完全统计，教育电视单收站、收视点累计收录、收视教育节目30000余小时。卫星教育电视网络在学校管理人员培训、沟通教育信息、积累电教资料等方面发挥了较大效益。

(二)学校电化教育初见成效

在原有15所电教试点学校基础上，1992年又增设3所电教示范学校，县完全小学和绝大多数中学建立了电教室，开设了电教试点班。据调查，以幻灯、投影、录音等常规电教手段为主的学校电化教学，在改革传统教学模式、提高教学质量方面，成绩显著，有的学校，如山南地区二小、扎囊县中学的学生考试成绩比使用传统教学手段提高30%。

(三)软件制作得到加强

1992年，自治区电教馆摄制了国情教育专题片一部(上、下集)，教育新闻35条，纪实片一部；译制《小学自然辅导讲座》13讲、《中小学学校管理讲座》9讲、电视剧《百年忧患》4集；分别与拉萨交警队和“3357”工程办公室合作，摄制电视片3部(《警钟》、《红绿灯下》、《拉萨河谷的崛起》)。播出后受到观众及有关部门的好评。同时先后复制各类教学录像片1200余课时供应各地(市)、学校使用。此外，各地区教育电视台还摄制了部分当地教育新闻和课堂实录片；一些学校的电教人员还自制了若干投影、幻灯片用于教学。

(四)电教队伍逐步壮大

全区现有专兼职电教人员140余名(不含高校、中专电教人员和使用电教手段教学的一般教师)。各卫星教育电视单收站均有一名受过专门培训的电教员。

(五)电教管理趋于制度化

除拉萨市、阿里地区外，各地均成立了电教中心。自治区电教馆深入基层学校调查研究，加强了电教宏观管理和技术指导。设备管理、使用操作规程进一步完善。对普教电教设备20万元专款所购设备的分配办法进行了改革，1992年已按新的办法将设备(主要是投影机、音响设备)分发到位。

1992年，自治区电教馆成功地主办了中南、西南10省区(市)电教协作会议；召集各地(市)教体委领导讨论了深化自治区电教改革的有关问题，为今后西藏电教事业上新的台阶打下了思想基础。

五、教材建设

西藏在教材编写、翻译等方面的任务十分繁重。1992年是西藏教材建设关键性的一年。随着九年制义务教育的普及，教材要达到配套建设和同步供书的要求。根据5省区

1991年西安会议和1992年初云南会议的要求，西藏在今后的6年内承担了小学、初中（包括乡土）及高中的政治、藏语文、汉语文、数学、化学、地理、自然常识、美术、音乐等学科668种教材的编译任务。

为及时顺利地完成义务教育教材的编译任务，在自治区教委的支持和帮助下，自治区教材编译局对内采取了一系列措施，提高工作量，实施定额管理制度。广大教材编译人员克服种种困难、辛勤努力，1992年度完成了协作教材50种。

在翻译统编教材的基础上，为使教材更加适合西藏社会经济发展的需要，弘扬藏民族优秀传统文化，加强区情和素质教育，自治区教材编译局根据西藏和其它藏区的实际，组织编写了美术、音乐、地理等5种乡土补充教学大纲和5种乡土教材。所编大纲和教材当年均经西藏自治区教材审查委员会和全国藏文教材审查委员会审查通过。乡土补充教材的编写填补了西藏教材史上的一个空白。

根据国家教委"一纲多本"的原则和5省区协作教学计划，西藏还着手进行藏汉"两语"自编教材的编写。针对传统藏语文教材理论化、文学化倾向及统编汉语文教材缺乏地区性的不足，编写人员从不同方面进行了改革，力求使教材适合西藏教学的实际。现已编写出初中、高中藏语文教学大纲、课本、教学参考书各3种，小学汉语文课本、教学参考书练习册3种，初中、高中汉语文课本、教学参考书各2种。加上已使用新编教材的小学藏语文，西藏从1993年秋季起中小学校的"两语"课程将全部使用新教材。另外，西藏首次编写出中等师范藏语文大纲和教材。

西藏自治区1992年共完成各种教材63种。包括协作翻译教材37种，协作乡土补充教材大纲、课本10种，协作自编教材3种，区内使用的自编"两语"教材13种。这对西藏基础教育的发展将起到积极的推动作用。

基础教育

1992年，在"重点加强基础教育"的方针指导下，西藏基础教育得到了积极稳步的发展。全区在幼儿园中少数民族幼儿占总数的35.1%；幼儿园专任教师中少数民族教师占总数的62.9%。全区小学在校学生中少数民族学生占总数的96.27%；小学专任教师中少数民族教师占总数的91.85%；小学适龄儿童入学率达60.4%。1992年，全区普通中学在校生中少数民族学生占总数的81.54%；普通中学专任教师中少数民族教师占总数的50.44%。全区中小学图书资料建设和实验仪器设备配置受到进一步的重视。

一、首次开展中学教育评估，加强宏观管理

1992年，在自治区教委的统一组织下，开展了西藏和平解放以来全区首次的中学教育评估工作。这次评估工作从10月5日开始，至12月4日结束。评估团行程万余里，对日喀则、那曲、山南、林芝、拉萨5个地（市）和格尔木办事处的13所完全中学的办学水平，从办学方向、教学管理、教育质量、办学条件等4个方面进行了综合评估。同时，对所到地

(市)、办事处的教育工作做了全面的调查了解,察看了沿途18个县的两所中等师范、10所初中和57所小学。评估工作结束后进行了总结表彰。通过这次评估工作,不仅了解到40年来特别是近几年来全区基础教育方面取得的巨大成绩,使各地(市)、各学校在改革和发展基础教育方面积累多年的经验得到总结和交流;而且还发现了在自治区基础教育方面存在的问题和各地区、各学校之间存在的差距。它对全区及各地(市)教育决策部门和行政管理部门进行基础教育规划、加强基础教育宏观管理以及各学校加强和改进学校内部的各项工作产生了积极的作用。

二、从西藏实际出发、加强双语教学工作

双语教学是西藏民族教育工作的一个特殊点,是提高基础教育教学质量、落实民族语言文字政策、促进民族优秀文化的继承和发扬的重要途径之一。近年来,自治区教委把加强藏语文教学和藏语授课教学,促进双语教学体系的形成,作为自治区基础教育的重要工作来抓。到1992年,全区小学基本实现了以藏语文教学为主;自1989年开始开办的4个初中藏语文授课试点班的首批学生毕业,目前这批学生大部分升入高中藏语文授课试点班学习。试点班工作取得了初步成效,积累了经验。另外,从1992年开始,山南地区在5个县也办起5个藏语文授课班。

为了及时总结几年来全区中小学藏语文教学工作的经验,研究部署今后一个时期中小学藏语文教学工作,自治区教委于1992年8月24至27日在拉萨召开了全区中小学藏语文教学工作会议。与会代表听取了自治区党委副书记丹增和区人民政府副主席吉普·平措次登的重要讲话。原区教工委书记达娃在会上传达了全国民族教育工作会议精神。会议对全区中小学藏语文授课工作进行总结,交流了经验,肯定了成绩,找出了存在的问题和困难。同时对今后全区教育系统的藏语文工作的有关问题进行了广泛的讨论和研究。为了切实掌握全区中学藏语授课师资的情况,进一步做好教师的培训和中学藏语授课工作,自治区教委于1992年8月成立了以强俄巴·多吉欧珠副主任为组长的藏语文授课问题调查组。调查组于1992年对西藏大学在培的和全区在职的中学藏语授课师资情况进行了一次全面系统的调研,对今后几年自治区初中用藏语授课情况进行了预测并写出了《我区中学藏语授课师资情况调查报告》。为加强藏语授课师资队伍建设和考核管理工作,自治区教委于1992年统一组织了第二次全区藏语授课师资资格考试。为了扩大交流,了解信息,1992年,区教委派人出国参加了第二次国际藏语文学术研讨会。

三、重视中小学德育工作

1992年,自治区中小学教育,在邓小平同志南巡讲话和十四大精神指引下,全面贯彻党的教育方针,改进和加强学校德育工作,努力净化教育的外部环境和内部环境;用奋发向上、积极健康的事物占领学校阵地,优化育人环境。通过雕塑英雄形象、书写勤奋上进的名人语录、举行升旗仪式、各种主题班会、座谈会、演讲比赛、知识竞赛、歌咏比赛等多种适合儿童少年年龄特征的教育形式,对学生进行祖国统一、民族团结、爱国主义、集体主义、革命传统、时事政治和马克思主义民族观和宗教观的教育。在思想政治教育内容上,把当年由国务院新闻办公室发布的《西藏主权归属与人权状况白皮书》和邓小平同志南巡讲话和十四大精神作为重要内容,自治区教委专门下发通知进行部署。为搞好学校党建工作和思想政治工作,自治区教委还转发了《关于加强和改进中学干部、教师思想政治工作若干问题的通知》,下发了《关于做好学校党建工作和思想政治工作检查的通知》。各学校继续落实加强中国近代史、现代史及国情教育的各项措施；认真实施中小学德育大纲。

四、深化改革，加强管理

按照《义务教育法》及其实施细则精神，各地转变观念、纷纷出台教育改革措施，分级办学、分级管理的体制正在形成。堆龙德庆县作为全区农村教育改革的试点县，已在农科教三位一体、"三教统筹"方面摸索出了一些成功的经验。格办中学从1984年实施引进竞争机制改革以来，学校教育教学工作长期名列全区前茅。拉萨四中1989年率先实行校长负责制，三年来，使过去教学秩序混乱、教育质量低下的学校上了三个台阶，一跃成为全市一类学校之一。拉萨中学从1992年开始在全区率先实行教师聘任制，取得良好的效果，该校的作法已在全区其它学校引起了较大的反响，许多学校纷纷效仿，拟定改革方案。从全区首届中学教育评估结果看，不少学校已提出了改革和加强教学内容、教学方法、人事管理等多方面工作的设想与措施。已被评估的中学都建立健全了学校管理制度。

五、转变观念、八方"抬"教、集资办学的局面在一些地方逐步形成

1992年，在邓小平同志南巡讲话与党的十四大精神鼓舞下，西藏教育事业发展问题上形成新的观念，在转变"等、靠、要"或"有多少钱，办多少事"的观念为自力更生为主，依靠各级政府、依靠人民群众、依靠全社会主动办教育的观念上有了新的突破。各级党政部门重视和加强教育工作，山南地委每年3次研究教育工作；康马县委宁愿不买丰田车，也要挤出钱来办教育，每年拨教育经费8万元；日喀则地委、行署仅1992年就先后拨款一百多万元用于教育事业。全区其它各地(市)各级政府都重视和加强教育工作。近年来，群众重教意识增强，社会集资办学在一些地方蔚然成风。据不完全统计，日喀则地区从1989年到1992年，全地区18个县(市)集资办学投资达370多万元(不含社教工作组的投资)，群众捐物献料折款119万元，通过集资新建、改建、扩建民办小学近百所；1992年日喀则社教工作组为教育投资(含物资)合计在100万元以上；贡布江达县作出决定发动干部群众集资办学，1992年干部群众集资7万余元；林芝地区人民教育基金会1992年3月至年底已集资80余万元；那曲地区一直都以自然环境艰苦、经济文化落后而著称，1992年，"兴办教育，造福子孙"、"治穷先治愚、脱贫靠教育"已成为那曲人民的共识，全地区形成一个集资办学的热潮，至目前已成立的县级教育基金会有两个，乡级基金会有5个，拥有资金近10万元，牛羊达上千头(只)，其它各县、乡凡是有条件的都在纷纷筹备教育基金会；从1988年至1992年5月间，堆龙德庆全县集体和个人捐献现金10多万元，投工献料折款近200万元，吸收外资20万元，其它渠道集资15万元。正处于休养生息阶段的不很富裕的西藏人民群众为发展民族教育做出了巨大的努力。

职业技术教育

1992年，西藏职业技术教育在深化改革中稳步发展，规模逐渐扩大。目前，全区已有中专学校、技工学校和职业中学22所，其中，中专学校14所，中等师范学校5所，技工学校1所，职业中学2所，中学附设职业班5个。中专技校和职业班(校)在校生共5000余人。

1991年，自治区教委决定，在堆龙德庆县进行农村教育综合改革试点。首次创办了职业技术学校。到1992年堆龙德庆县中学始终坚持培养人才、科技试验、技术推广、生产示范和经营服务密切结合的方针，开设了农学、园艺、农机、养殖、加工等专业。同时，举办民办教师、公办学校实验基地辅导教师、缝纫编织和乡村农业技术员培训班，学员达400多人。目前，该县中学已成为既是普通中学、又是职业技术学校，也是成人文化学校，一处校舍、一套人马、三块牌子、三种功能。在1992年召开的全国民族教育工作会上，国家教委主任李铁映、副主任何东昌都对该县的教育改革给予了充分肯定，认为在民族地区进行这项改革具有普遍意义。在该县教育改革的带动下，一些地区和学校积极主动地在普通中学引入职业技术教育因素。山南地区着手创建职业中学，并提出部分中学试行“三加一”或“四加一”的职业技术教育。日喀则康马县中学面向农牧区开办职业班，为乡村培养文书、医生、会计等社会急需人才。

“三教”统筹，农、科、教结合的农村教育综合改革试点和职业技术教育的起步，为自治区今后进一步改革教育体制，使教育更好地为经济建设服务，积累了经验，起到了以点带面的作用。

高 等 教 育

1992年，全区3所普通高校在校学生中，少数民族学生占总数的63.3%。在校生比上年增加278人，招生数比上年增加131人。专任教师中教授5人、副教授55人、讲师220人。

一、加强学校党建和思想政治工作

1992年，全区各高等院校认真学习领会邓小平同志南巡谈话和党的十四大以及区党委四届四次全委扩大会议精神，以建设有中国特色社会主义理论为指导，全面贯彻党的教育方针；坚持社会主义办学方向；坚持党对学校工作的领导。根据各高等学校的实际，结合对学生进行党的基本路线、爱国主义、集体主义和社会主义思想教育的需要，重点突出中国近现代史和民族团结史的教育，教育学生树立坚定地、毫不动摇地维护祖国统一的立场；教育学生走与工农结合，与实践结合的成长道路。培养有理想、有道德、有文化、有纪律的“四有”新人。西藏民族学院在全校范围内举行教育思想大讨论，全面理解新时期党对教育工作的方针，重点解决教育为谁服务、培养什么样的人才、教育如何同生产劳动相结合等问题。还建立了思想政治教育系统工程。由于高校党建工作和思想政治工作得到应有的重视和加强，对开展学校内部改革打下了良好的基础。

二、深化教育改革

1992年，全区各高等学校继续坚持“巩固和提高高等教育”的发展方向。积极推行学校内部管理体制和教学改革，不拘一格培养适应西藏经济建设和社会发展需要的人才。

(1)改革招生制度。3所高校在完成国家指令性招生计划的前提下，适当招收自费生，多层次、多规格培养西藏经济建设和社会发展所需人才。1992年，招收80多名自费生。(2)调整专业结构和教学计划。西藏民族学院在综合分析西藏的人才需求，搞好预测的基础上，提出逐步实行文理结合，以培养行政管理和经济管理人才为主的办学新路子。西藏大学为主动适应西藏经济建设和基础教育的需要，以培养培训藏、汉兼通型人才为主，办好藏语文、藏史、藏文翻译、藏医藏药等一批具有民族特色的专业和学科。同时，注重培养经济管理、导游、新闻等西藏急需人才。西藏农牧学院根据西藏农业技术研究和推广工作需要，对农学系、水电系等部分专业的教学计划进行调整，重点加强对学生实践环节的教学和实际操作能力的培养。(3)改进和加强管理工作、完善制度建设。自治区教委连续两年对高等学校的办学方向、领导班子建设、教学管理、教学质量、办学条件等方面进行了全面评估，促进了各高校教育教学的管理工作，使高校管理逐步向制度化、规范化、科学化的方向发展。各高校从转变观念、转换机制入手，完善奖惩制度，以工作量为基础，定编、定岗、定员、定职、定任务，实行特殊津贴制度。对学生实行奖学金制度和学分制。在人事管理上，也开始搞弹性编制，一部分人负责教学，另一部分人负责科研；精简机构、压缩行政人员，使机构不重叠，业务不重复，职责不交叉，强调岗位意识和竞争意识。西藏民族学院还制定《教师工作量改革和量化指标体系》，《青年教师课堂技能竞赛办法》等，为促进教学工作，起到了积极作用。(4)加强后勤服务工作，保证教学工作的顺利开展。3所高校均把校食堂、校服务社、农场、车队、印刷厂等实行全面承包，提高服务质量，解决了多年来困扰着后勤服务工作的难题，也为改善学校的伙食和稳定学校局面起了重要作用。

三、进一步加强科研工作

为促进科学技术交流和发展，增强师生的科技意识，活跃学术气氛，三所高校成立了科学技术协会，开展了学术交流会、藏学系列讲座等丰富多彩的学术活动。还利用高校的人才技术优势，积极承担了国家和自治区有关重点科研项目。其中，国家级8项，自治区级10多项。

四、加速校产开发，增强学校自身的造血功能

为了在市场竞争的大潮中立于不败之地，各高校十分重视校产开发。在校内创办教学、科研、生产联合体，以多种形式积极参与西藏的经济建设。1992年，三所高校专门成立了校产管理办公室，并已创办了科技教育交流中心，雪城贸易公司、教育旅行社、教育科技服务咨询中心、教学设备物资采购中心等经济实体，取得了初步的经济效益和社会效益。

成人教育

在各级党委、政府的重视、关心和配合下，各扫盲试点县，克服困难、创造条件，认真开展了农牧区成人扫盲教育工作。目前，已有百余所农牧民文化技术学校，近10万余人参加扫盲和多种技术培训。不少县在继续开展扫盲教育的同时，协同各有关部门举办了各类成人脱盲后的实用技术培训，使自治区的成人教育开始出现了较稳步发展的好势头。堆龙德庆县把扫盲工作列入乡村干部目标责任制和考核的重要内容，实行乡村干部分片包干。1992年，开办并坚持下来的扫盲夜校达58所，参加学习人数达2200多人。半文盲中，学习文化同学习技术结合起来，进行农业基础知识、卫生常识、法律常识等辅助学习。当年，脱盲人数已达1555人。工布江达县是通过多渠道筹措教育经费的典型县之一。该县坚持国家、集体和个人办教育的原则，发动群众筹措教育经费和扫盲经费。1992年，县财政拨款约2万元，群众义务投工5000多个，干部群众集资7万余元，建起了村文化室、民办学校和扫盲夜校等统一用房30多所，解决了群众开会、学习、民办学校上课及扫盲学习无房等问题。

农牧区在以10个扫盲试点县为“龙头”的带动下，全区近30个县逐渐开展了不同规模的成人扫盲教育，并在实际工作中积累了开展西藏农牧区成人教育的经验，为今后实施农牧区教育综合改革奠定了基础。

为使农牧区成人扫盲工作做到有章可循，自治区教委制定了《西藏自治区〈扫除文盲工作条例〉实施细则》、《西藏自治区扫盲成人教育“八五”规划（征求意见稿）》等。还组织印刷2500套扫盲教材和脱盲证发放到各扫盲点，基本满足了扫盲工作的需要。农牧区实用技术教材正在编译之中。

继续抓好自学考试工作。1992年，新开考公安管理和刑事侦察专业。颁发毕业证书49张，单科合格证书500多张。2500多人次参加考试。通过发挥自学考试投资少、见效快的优势，极大地调动了广大干部职工和驻藏部队官兵的自学积极性。

撰稿人　索朗顿珠　白玛次仁
冯世春　王新会
审稿人　强俄巴·多吉欧珠

陕西省教育

概　况

一、各级各类教育事业发展情况

1992 年各级普通学校基本情况

单位：人

学校类别	学校数（所）	毕业生数	招生数	在校学生数	教职工数 计	教职工数 其中专任教师
一、普通高等学校	45	27788	34981	106782	50948	10384
研究生		1646	2058	6088		
本　科		18809	19445	73226		
专　科		7333	13478	27488		
二、中等专业学校	110	19633	23950	65771	17611	7111
中等技术学校	88	11703	16627	45689	14802	5546
中等师范学校	22	7930	7323	20082	2809	1565
三、普通中学	2900	363064	476619	1373334	130290	99841
高　中	601	94784	88684	284670		23838
初　中	2299	268280	387935	1088664		76003
四、农业、职业中学	258	24930	42295	82586	9314	5554
高　中	245	23271	39626	77369		5219
初　中	13	1859	2609	5217		335
五、工读学校	1	55	112	117	47	29
六、小学	36693	450378	718486	3790815	195881	178648
七、特殊教育学校	18	146	749	3155	474	311
八、幼儿园	1676	499799	592747	731515	25271	18172

1992 年各级成人学校基本情况

单位：人

学校类别	学校数(所)	毕业生数	招生数	在校学生数	教职工数	
					计	其中专任教师
一、成人高等学校	42	15437	20056	51630	7204	3059
广播电视大学	2	2504	4365	10799	2043	951
职工高等学校	30	799	1674	4175	2909	1084
农民高等学校						
管理干部学院	4	740	795	1696	806	351
教育学院	6	3032	3125	6568	1446	673
独立函授学院						
普通高校举办						
函授部		6316	7071	20449		
夜大学		1860	2744	7345		
干部专修科		186	282	598		
二、成人中等专业学校	135	9874	10991	33392	4060	1848
广播电视中专	3	176	3237	10505	379	44
干部中专						
职工中专	41	6990	6676	17925	1664	631
农民中专						
教师进修学校	91	2708	1078	4962	2017	1173
三、成人中学	35	3018	3559	2822	204	112
职工中学	29	2618	2971	2243	195	104
农民中学	6	400	588	579	9	8
四、成人技术培训学校	10192	1740000	1410000	1260000		
职工技术培训学校	359	110000	90000	80000		
农民技术培训学校	9833	1630000	1320000	1180000		
五、成人初等学校	7149	292767	274549	312446	5614	1545
职工初等学校	47	10968	11233	11160	253	201
农民初等学校	7102	281799	263316	301286	5361	1344
其中：扫盲班	6367	276954	260964	275390	5290	1340
小学班	235	4845	2352	25896	71	4

二、教育综合改革进展情况

(一)农村教育综合改革

1992 年，陕西省农村教育综合改革从单项、局部改革，走上综合改革路子。扩大了农村教育综合改革实验区，建立了渭南地区、商洛地区、延安地区教改实验区，农村教改实验区扩大到 43 个，“燎原计划”示范乡扩大到 258 个(其中使用国家燎原计划贷款乡镇 88 个)，燎原计划实施学校 22 个。

为了总结几年来实施燎原计划的经验，加快农村教育改革和发展，省教委决定从 1992 年 12 月起，有步骤地对全省实施燎原计划的乡(镇)进行综合评估，对基本达到示范乡(镇)标准的予以验收，并实行挂牌认可。为此，省教委制订下发了《陕西省燎原计划示范乡(镇)评估标准》。《评估标准》共有 10 个项目和 41 个评估因素。10 个项目为：政府统筹，教育经费，项目实施，扫除文盲，义务教育，职教渗透，成人教育，基地建设，综合效益，改革特色。检查方法是，乡镇政府先进行自查，地（市）教育局组织复查，省教委再组织力量进行验收、审批并颁发燎原计划示范乡（镇）牌子。

1992年，陕西省贫困地区农村教育改革迈出了新步子。陕西省共有农村县（区）98个，贫困县占70个，其中国家确定的贫困县34个，总人口为1755.4万，占全省总人口的53.6%；贫困县面积占全省总面积的86.3%。为了使贫困地区的教育得到改善和提高，1992年，省教委根据《陕西省教育事业十年规划和“八五”计划纲要》的精神和要求，结合贫困地区的实际状况，制订了《陕西省教育扶贫“八五”规划》。教育扶贫的核心是开发智力，要求贫困地区在办学方向和培养目标上，把培养有较高政治、文化和技术素质的新型农民和适应当地经济发展需要的技术骨干作为主要任务，要在全面贯彻教育方针的同时，紧紧围绕“治穷治愚、脱贫致富”下力气做工作；要在抓好基础教育，从根本上解决贫困地区劳动者素质低问题的同时，充分发挥职业教育、成人教育“短、平、快”的培训功能，围绕区域性主导产业，学以致用，使教育直接为产业开发、科技转化、价值实现服务。省教委总结了商洛地区和部分贫困县几年来教育综合改革的经验，9月在商洛召开的全国贫困地区农村教育综合改革工作会议上进行了交流。商洛地区的基本经验是：(1)地委、行署明确农村教育综合改革的战略思想，制订方案，强化基础教育，发展职业教育，普及成人教育，促进“三教”沟通，实行“农科教”统筹，服务于脱贫致富。(2)根据实际需要，把发展职业技术教育作为农村教育改革的突破口，大力创建职业中学。全区共有职业中学17所，14个大类23个专业。(3)在全地区开展每户一人掌握一两项实用技术的活动，要求农民技术学校将其当作主要任务。不少边远山区实行村办小学与农技校一处两校，一师两教，开展文化技术教育活动。全地区已有140多万人次接受一门以上实用技术培训。全区仅教育系统确定的扶贫开发项目已达12个种类700多个，辐射带动20多万农民从事项目生产，每年创造产值6000多万元。商洛地区农村教育综合改革既出人才，又增效益，进一步解放生产力，振兴了农村经济，受到国家有关部委和兄弟省、市的好评。

（二）城市教育综合改革

1992年，陕西省城市教育综合改革开始起步。省政府确定西安市、咸阳市为全省城市教育综合改革实验市；确定西北电管局、西安电力机械制造公司、西安航空飞机发动机公司、咸阳彩色显像管总厂为陕西省首批企业教育综合改革实验单位。

（三）高等教育综合改革

1992年陕西省高等教育的改革以高校内部管理体制改革为主向纵深发展。校内管理体制改革以人事、分配制度改革为重点，将人事、分配、住房、医疗和退休保险制度等方面的改革有机结合起来，配套实施，整体推进。省教委研究了西安交通大学、西北工业大学、西安电子科技大学、西安冶金建筑学院的校内管理体制改革方案，并将其作为部属院校改革的试点来抓。西安交通大学实行校内管理体制改革后，调动了广大教职工的积极性，学校面貌发生了变化。在省属高校中将西北大学作为省属高校综合改革的试点，为全省高等学校综合改革提供经验，同时，对西北大学在办学条件、学科建设和专业建设等方面采取倾斜政策，促使其提高教育质量、科研水平和办学效益，争取首批列入国家“211”工程计划。把延安大学作为陕西省贫困地区高等教育改革的试点。延安大学教育改革的主要措施是：在培养基础教育师资的同时，改造、增设一批专业，培养当地经济建设和社会发展急需的化工、轻工等方面的人才；打破常规招生、分配模式,招收不变身份、不转户口、适当收费、乡来乡去的农村青年和乡镇企业从业人员,开拓人才通向贫困山区和乡镇企业的渠道;实行双学位制和主辅修制,加大高等职业技术教育和成人高等教育的份量,积极为职业技术学校和县、乡农民技术学校培养师资。通过以上措施,使学校的改革和发展与基础教育、职业技术教育和成人教育紧密结合起来,发挥延安大学在延安地区农村教育综合改革中的重要作用。

基础教育

一、实施义务教育工作有新进展

1992年,实施六年义务教育作为陕西省基础教育工作的重点,得到各级教育部门的重视。各地、市在深入开展《义务教育法》学习、宣传的同时,根据省教委部署,狠抓了省颁实施六年义务教育八项标准的落实工作。省教委制发了《关于六年义务教育巩固提高工作的十条意见》,要求各地一手抓好六年义务教育的达标工作,一手抓好达标后的巩固提高工作。1992年,全省有402个乡(镇)达到了省颁实施六年义务教育八项标准,使全省达标的乡(镇)发展到1651个,占全省乡(镇)总数的60%以上,六年义务教育的人口覆盖率达到76.53%,其中,西安、宝鸡、咸阳、渭南4个地(市)已完成或基本完成"普六"任务。宝鸡、渭南、咸阳、商洛、延安、汉中等地(市)创建一批六年义务教育示范乡(镇)和标准化小学,使义务教育的办学水平迈上一个新台阶。全省小学学龄儿童入学率达98.1%,小学毕业生升学率为86.6%,比1991年提高近1个百分点。在实施初中义务教育方面,1992年初,发布了《陕西省实施初中阶段义务教育的十项标准》,各地、市根据《十项标准》要求,发动群众,集资办学,使全省半数以上的初中办学条件得到改善。西安市城三区、灞桥区、雁塔区、未央区已通过普及九年制义务教育的达标验收。

二、中小学教育教学改革逐步深化

招生和考试制度改革。全省城镇和部分县、乡取消了小学升初中的统一考试,实行了小学毕业生就近入学。在初中毕业生的升学考试中,10个地、市全部实行初中不招收往届生和重点高中招生加试体育的制度;对1991年秋季以后入学的高中学生,统一实行毕业会考制度,1992年进行了地理会考。

教学内容和教学方法改革。全省10个地、市的70所小学,实施了国家教委和联合国儿童基金会关于发展贫困地区小学教育的实验合作项目,加强了学校内部的管理和教学软件的配备,促进了教学质量的提高。西安市、宝鸡市、咸阳市的4所中学实施了联合国教科文亚太地区关于提高中学生学习质量整体改革行动计划的实施项目,研究了中小学的衔接问题和全面优化教育教学,大面积提高教学质量问题。此外,对全省中等师范学校和部分小学普及普通话工作进行了检查验收,推动了这项工作的开展。

课程设置和教材改革。各地认真贯彻国家教委发布的《现行普通高中教学计划的调整意见》,不少学校在上好必修课的同时,积极创造条件开设了不同门类的选修课。西安市、宝鸡市等地一些学校，还开展了高三分流教育的试点工作。

校内管理体制改革。省教委向全省中小学推广了长安县中小学实行量化管理和西安市第八中学实行校长负责制、岗位责任制、结构工资制的经验，取得了较好效果。同时，各地中小学校打破长期以来形成的关门办学模式，在首先保证教学的前提下，实行人员分流，大力发展校办产业，取得丰硕成果。

三、幼儿教育事业发展迅速

1992 年全省各级各类幼儿园(班)已发展到 2614 所(含民办，下同)，小学附设学前班 20410 个。全省 3—6 岁幼儿入园(班)率 27.4%，学前一年教育入园率达 80%以上。全省幼儿教师中，大专以上学历的 445 人，占 1.9%；幼师中专、职业高中幼教专业毕业的 6993 人，占 25%；取得幼儿教师专业合格证书的 1320 人，占 5.5%。有 5 名幼儿教师被评为特级教师。

1992 年 3 月，省教委就检查执行《幼儿园管理条例》和《幼儿园工作规程(试行)》情况进行了部署，各县(市、区)共抽调 700 余名检查人员，深入到 1248 个办园单位和幼儿园进行自查，地、市对 21 个县(市、区)进行了重点检查，省教委对宝鸡市执行情况进行了抽查。省教委协调有关部门制发了《陕西省幼儿园(班)规范化建设标准(试行)》，对幼儿园(班)按园舍条件和保教质量要求划分为三类，并对实现规范化建设达到标准的要求规定了时限。即：到 1995 年，城市市区 80%幼儿园分别达到一、二、三类要求，其中一类幼儿园要占到 30%；农村幼儿园在原有基础上都要有所提高；各县(区)要办好 1 所示范幼儿园，省各系统至少办好 1 所示范幼儿园。到 2000 年，城市市区幼儿园全部达到一、二、三类要求，其中一类幼儿园占到 40%；城市郊区和县镇地区 80%的幼儿园分别达到一、二、三类要求，其中一类幼儿园占 30%；农村各乡(镇)都要办起中心幼儿园，绝大多数达到二类以上要求。

1992 年，省教委在全省开展幼儿园登记注册和分类评定工作，已确认一类幼儿园 114 所，二类幼儿园 298 所，三类幼儿园 558 所。分类评定和登记注册工作促进了各办园单位建园积极性。初步统计，全省共投资 6329.4 万元用于幼儿园规范化建设，其中西安市投资 3689 万元，宝鸡市氮肥厂投资 100 万元，宝鸡铁路大修厂投资 200 万元，蒲城县罕井镇弥家村投资 36 万元，韩城市昝村投资 20 万元，改建和新建了幼儿园。

1992 年，陕西省重点推广韩城市发动乡村群众办园的经验。韩城市从 1988 年开始，提出了幼教事业的三年发展规划和五年奋斗目标，把幼教作为基础教育事业的一部分，纳入农村教育整体改革的统筹规划。经过几年的努力，基本形成了“市实验幼儿园—乡镇中心幼儿园—村办普通幼儿园—小学附设幼儿班”的幼儿教育体系。全市 500 人以上的自然村都建起了独立的幼儿园，3—6 岁的幼儿入园(班)率由 1987 年的近 60%，上升到 1992 年的 90%左右。在韩城市经验的推动下，各地农村掀起了兴办幼儿园(班)的热潮，1992 年，全省农村幼儿园已发展到 974 所，农村乡(镇)中心园发展到 596 所。

四、特殊教育事业有了新突破

1992 年 6 月，省政府转发了由省教委、省残疾人联合会等 8 个单位联合制订的《关于加快发展我省特殊教育事业的若干意见》，指出要将特殊教育纳入实施义务教育的轨道。并且规定，对残疾儿童少年实施义务教育年限为九年，聋哑学校可在现行学制(八年)的基础上，再增加一年职业技术教育；盲校暂普及六年初等教育；弱智教育实行六、三分段，先普及六年初等教育，同时要创造条件，使盲、聋哑、弱智教育逐步过渡到九年。根据陕西省实际情况，提出三步实施计划：1992年前，全省残疾儿童少年入学率达15%左右；1995年前，达30%左右；2000年前，达到60%以上。《若干意见》还在加强特教师资队伍建设，增加经费投入，加强领导和管理方面作了具体规定，为陕西省发展特殊教育奠定了基础。

五、重视中小学德育工作，积极建设德育基地

1992年，省教委将中小学德育工作重点放在“两史一情”教育上。省教委规定了中小学生统一使用的国情知识读本，各地、市抓了教师培训，一些地市编写了国情教育的乡土读物。全省中学普遍开设12个课时的国情课；大多数地、县还把国情教育的考核纳入学期、学年和升学考试范围。国情教育基本上做到了“师资、教材、课时、考核”四落实。在教育教学活动中，注重“两史一情”教育的渗透，除单独开设国情课外，注意在各项教育活动（如团队活动、主题班会、演讲比赛等）和相关学科中渗透国情教育内容。1992年初，省教委在全省中学组织开展了“两史一情”教育读书活动，历时8个多月。130多万中学生参加了此项活动，写出心得体会和小论文10余万篇。在小学广泛开展了“红领巾读书读报奖章”活动，并评选出300名先进个人、30名优秀辅导员、14个先进集体。

1992年3月，省教委要求各地重视开发德育资源，加强德育基地建设。各地均结合当地实际，选定各具特色的教育场所。有的选定人文和自然景观，向学生进行历史知识教育和热爱家乡教育；有的选定革命旧址或烈士陵园，向学生进行革命传统和革命理想教育；有的选定四化建设中的先进典型，向学生进行热爱社会主义的教育。为了加强劳动教育，各地在为中小学建立劳动基地的同时，还实行厂校挂钩，建立了一大批联系点。这些基地的建立，冲破了原有学校德育工作的封闭式格局，给“两史一情”教育注入了新的内容，使其有了新的依托，使教育内容更加切合当地实际，切合中小学生的思想和生活实际，为深化中小学德育工作开辟了新的途径。

1992年10月，省委宣传部、省委教育工委、省教委联合在延安召开了中小学“两史一情”教育暨德育基地建设经验交流会。延安地区的部分中小学一直是学校德育工作典型，在建设德育基地方面有得天独厚的优势。延安地区德育工作的主要经验是：(1)党政领导重视，四大班子齐抓。延安地区各级党委、政府、人大、政协，把学校德育工作列入重要议事日程，地委、行署每年都要专门研究中小学德育工作，人大、政协每年都要视察学校，指导学校德育工作。(2)发挥当地优势，加强基地建设。延安地区充分发挥本地德育优势，在革命旧址、纪念馆、烈士陵园以及先进厂、矿、乡村等建立了一批德育基地，广泛开展富有当地特色的教育活动，重视发挥长征老红军、抗战老八路、支前老模范、离休老干部以及新时期英雄模范人物、先进工作者的作用。仅延安市聘请的校外辅导员就达280余名。(3)坚持多方渗透，实行有机结合。学校重视课堂教学在德育中的主渠道作用。在改革政治课、思想品德课的同时，遵循“有意（有教育意识）、有机（德育与各科的有机联系）、有序（分层次、序列化）、有度（把握好渗透度）、有效（有实效）”的原则，挖掘各科教材的德育因素，在教学中予以渗透。在政治课、思想品德课教学中，采用提问、讨论、演讲等方法，变单方讲授为双向探讨。延安市针对中小学生的年龄特点和认识规律，把德育大纲、行为规范、政治课本和思想品德课本结合起来，在小学和初中推行“教一个内容，讲一个故事，明白一个道理，研讨一个专题，落实一条规范要求”的“五个一”教育方法，增强了教学效果。他们针对中小学生的思想实际，开展丰富多彩、生动活泼的教育活动，使学生在喜闻乐见的活动中接受感染和熏陶。如延安中学举办“遵循毛泽东足迹”夏令营、学军夏令营讲演汇报会，育才小学开展“话校史，继传统，育才成才”系统教育活动等。(4)建立三结合网络，形成教育合力。延安地区将德育工作作为一项社会系统工程，建立起学校、家庭、社会相沟通的德育网络；通过调动教师教书育人的积极性，使校内育人环境得到优化；在各级党政部门领导下，主动争取妇联、共青团、工会等有关部门的支持，协助学校改善校外环境。在建立德育网络的过程中，借助当地社会各方面的力量，借助北京、西安等地的力量，开展“手拉手”活动，建立共建关系和联谊关系。(5)增加资金投入，提供物质保证。延安地区在教育经费十分紧缺的情况下，为了落实德育的首要地位，1992 年行署拨出 50 万元专款，各县和学校又配套 50 万元，用于中小学校的图书购置。地区教育局拨 12 万元专款，用于德育基地建设。为了宣传全国先进教育工作者、省级劳动模范王思明的先进事迹，给广大中小学教师树立师德榜样，地区教育局筹集 22 万元，用于以王思明为原型电视剧《走出黄土地》的拍摄。

六、建立健全督导制度

1992 年 4 月，陕西省人民政府转发省教委《关于进一步建立健全教育督导制度的意见》。《意见》对教育督导的任务和范围、教育督导机构的设置及职责、督学的配备和职权等作了规定。省教委又根据全省教育督导的实际情况，制定了《关于聘任兼职督学的若干意见的通知》、《陕西省县(市、区)教育督导机构工作常规(试行稿)》等配套文件。1992 年，全省地、市一级督导机构已建立，107 个县(区)已有 102 个县(区)设立教育督导机构，上岗的专职督导人员 457 人，兼职督导队伍在不断扩大。多层次的教育督导评估工作在陕西省逐步展开。

七、加强师资队伍建设

1992 年，陕西省各地、市、县重视和加强教师的培训提高。全省小学教师合格率由 1991 年的 81.98%上升到 83.1%，初中教师合格率由 1991 年的 45.39%上升到 49.1%，高中教师合格率由 1991 年的 47.9%上升到 49.7%。省教委依托全省 46 所院校举办 50 个中小学校长培训班，共培训校长 5500 名。

为了尽快改变陕西省中学教师学历合格率偏低，改革单一的教育院校进行教师学历培训渠道的状况，省教委印发了《陕西省加快中学教师学历培训步伐的实施意见》，要求全省教育系统积极开设初中教师进修高师专科自学考试系列，建立函授、卫星电视教育、自学考试相沟通培训初中教师的办学模式，把不具备合格学历的初中教师组织起来，分期分批开展全员培训。12 月，全省已招收一万名初中教师进行学历培训。全省首届专科层次小学教师培养试点工作也在西安师范学校进行，已一次招收五年一贯制大专生 30 名，毕业后发给大专文凭。

为配合国家教委发布的三年制新教学方案，省教委对原《陕西省中师学籍管理规定》和《教育实践工作条例》中不符合新方案要求的条款进行了修改，于 6 月向全省中师发布，要求从 1992 年秋季入学的一年级学生起试行。

1992 年，国家语委、国家教委对陕西省中师普通话工作进行检查，重点抽查了西安师范学校和凤翔师范学校。检查结果，西安师范得 96 分，凤翔师范得 90 分。

1992 年，省教委积极解决民办教师的实际困难，全省有 2775 名民办教师转为公办教师。全省成立了教师奖励基金会，1992年募集到170余万元基金，使基金总额达到320万元。

在加强师资队伍建设的同时，陕西省积极为教师解决住房困难。1992年住房建设在各级政府部门的重视和支持下，取得突破性进展。截至年底，省财政从普教专款中增拨500万元用于教师住房建设，使中小学教师住宅专款达到1000万元，加上地、市、县的匹配资金和个人集资，总投入达到7695万元。已开工兴建(含建成)教师住宅4023套，建筑面积近25万平方米。10月，省政府在汉中地区召开全省城镇中小学教师住房建设现场会，总结交流了一年多来全省教师住房建设情况和经验，考察参观了汉中有关市县的教师住房建设现场，对"八五"后三年全省教师住房建设工作进行了部署和安排。省政府对汉中地区在教师住房建设工作中做出的成绩给予通报表彰，并奖励该地区教师住房建设资金100万元。

八、中小学勤工俭学开展面进一步扩大

1992年，全省开展勤工俭学活动的学校有39094所，占总校数的98.66%。其中，中学2690所，占其总校数的92.76%；小学36165所，占其总校数的98.54%；农、职业中学217所，占其总校数的84.11%；师范学校22所，占其总校数的100%。全省勤工俭学纯收入10899万元，在校学生人均收入20.68元。纯收入超千万元的地、市达到5个，西安市达到2897万元；纯收入超百万元的县(区)达到42个，西安市碑林区达到406万元。在校学生人均收入最高的是西安市新城区，达到107.98元。

全省普教系统有校办工厂1699个，校办工业总产值15254万元，利润总额2534万元，校办工业利润占勤工俭学总收入的23.25%。校办农、林、牧、副、渔基地不断扩大，全省有基地30638个，基地(土地)面积16.75万亩。

勤工俭学活动的开展为改善办学条件，优化育人环境，提高师生福利，稳定教师队伍起到了积极的作用。1992年全省勤工俭学总收入分配中，用于改善办学条件5069万元，占总收入的46.5%；用于师生集体和个人福利2587万元，占总收入的23.74%。校办企业安排教职工家属、子女就业3336人，解决了部分教职工的后顾之忧，促进了九年制义务教育的发展。1992年在勤工俭学收入增加的情况下，很多学校为了发展当地的教育事业，推动九年制义务教育的实施，免收学生的学杂费、书本费、文具费等，全省共有9千多所学校为27.5万名学生免收各种费用527万元。

1992年，省教委为加快中小学校办企业的发展，印发了《进一步深化中小学校办企业改革的意见》、《关于试行陕西省校办工业经济目标经营责任制的意见》、《陕西省中小学校办工业定级升级暂行标准》。以上3个文件的下发执行，对陕西省中小学校办企业的改革、管理及正规化发展打下了良好的基础。

职业技术教育

一、职业中学教育

1992年，陕西全省职业中学中有教学班2041个。职业中学在校生数占普通高中在校生数比例为30.3%，包括中专、中技在内，全省中等职业技术学校在校生数占高中阶段在校生数比例达42.7%。

1992年3月16日至19日，省人民政府召开了有各地主管教育的行署专员、市长、县(区)长、教育局长，地、市、县(区)计划、经济、财政、劳动人事等部门负责人参加的全省职业技术教育工作会议。会议号召全省各级党政部门都要象抓经济一样抓职教，要象抓经济结构调整一样抓教育结构调整，真正发挥职业教育作为经济建设发展的中心桥梁的作用。并先后制定《关于加强职业技术教育领导管理若干问题的意见》、《关于解决职业技术教育经费问题几项规定的通知》、《关于进一步贯彻落实"先培训、后就业"的决定》、《关于加强职业技术学校生产实习基地建设的意见》4个文件。6月，省教委召集省级重点、示范职业中学校长会议，要求带头落实全省职教会议精神和国务院《关于大力发展职业技术教育的决定》、省政府《关于加强和发展职业技术教育的决定》，切实起到示范作用。

按照省政府《关于加强和发展职业技术教育的决定》精神，省教委在1992年把发展职业学校校办产业当作大事来抓，组织制订了职业学校产业规划和《关于大力发展职业教育校办产业的试行意见(讨论稿)》，并以21所省级重点、示范职业学校为主，联合集资组建了陕西省金鼎工贸联合开发公司。该公司是融教、科、工、贸为一体的省级流通性公司，业务上接受省教委领导，具有法人资格，属全民联营性质，有9个直属实体。国家教委副主任王明达认为陕西省教委围绕服务办实体，办好实体促服务的做法，给全国职教事业提供了宝贵经验。省级流通性公司的成立，推动了陕西省职业教育校办产业的发展。

全省职教会后，先后有商洛、汉中、延安、宝鸡、咸阳、铜川等地、市制定了有关大力加强和发展职业技术教育的决定，有47个县(区)先后成立了职教协调统筹领导小组，还有16个地、县制订了发展职业技术教育的规划或农、科、教统筹规划。各地都采取有力措施推动职业技术教育发展，职教事业呈现出可喜的局面。在贯彻"先培训、后就业"的方针方面，汉中地区规定：职校毕业生在招工、招干考试中加25分；汉中市、南郑县、城固县对城镇户口的职业中学毕业生规定"当年毕业，当年就业"的政策；岚皋县规定职业中学毕业生就业时优先录用，并成立实施"双证书"制度考评委员会；铜川市郊区开始试行"双元制"培训，职校与有关工厂企业签订合同，对学生进行专业培训，学生毕业后由学校发给毕业证书，由工厂办理录用手续。以上举措在社会上引起很大反响。在增加资金投入方面，安康地区实行经费倾斜，将教育费附加的10%、"双扶款"的5%用于职教事业；延安地区拿出130万元用于职教事业的发展；宝鸡市决定从1992年起，由市财政单列30万元职教专款，并力争做到逐年有所增加。在师资队伍建设方面，延安地区采取在中师指标中划出一部分，用于职中、普通中小学劳动技术课专业教师的培训，受到国家教委的好评。不少高校设立职教师资培训点。许多地、县切实为职教发展办实事。商州市市委、人大、政府、政协和县机关14个部门领导在市一职中现场办公，当场为职中办7件实事，即将占地200多亩的市锅厂无偿划给职中办实习工厂；投资5万元扩建孵化厂和菌种厂；市农办投资5万元搞技术培训；兴建职业中学教学楼；建立服务基地；解决专业教师；捐赠图书资料。宁陕县划拨80亩山林作为职中生产实习基地，把县农业机械化学校并入职业中学，解决了学校校园窄小的问题。

二、中等专业教育

1992年，省教委对省内符合评估条件的74所普通中等专业学校进行了合格评估，于1992年2月，按期完成评估复评任务。在参加合格评估的74所学校中，除9所体育、艺术类学校，因其合格标准尚未确定，暂未做评估结论外，其余65所的复评结果为：合格学校42所，基本合格学校9所，暂缓通过学校6所，不合格学校8所。其中9所基本合格学校多数是因在校学生数达不到规定标准，但其培养人才的质量是可以得到保证的。实际情况是，全省90%的中专生是由合格学校进行培养的。

1992年，全省中专学校适应形势发展的需要，扩大了委托培养、定向和自费生的招生数量，共增招1000多名，使中等专业学校由过去单一的统招统分逐步向市场调节过渡。为了全面贯彻党的教育方针，鼓励中专学生立志成才，省教委决定从1992年起，在全省中等专业学校学生中每年进行一次评选和表彰省级“三好”学生和优秀学生干部活动，并印发了《陕西省评选中等专业学校三好学生和优秀学生干部的暂行办法》。1992年，省教委经审核决定，对刘同周等143名学生授予陕西省中等专业学校“三好”学生称号，对康虎平等95名学生授予陕西省中等专业学校“优秀学生干部”称号，并通报表彰。

高等教育

一、重视高校领导班子的组织建设

1992年，陕西省委教育工委、省教委按照省委和全国高校党建会议的要求，重点解决高校领导班子职数缺额大、年龄老化和一些学校党委长期不健全，形不成领导核心的问题。年初，省教工委对33所高校的领导班子进行深入考察，在此基础上，调整校级领导干部107人，使多数班子在形成结构和配置上更趋合理，整体素质有了较大提高，同时加强了后备干部队伍的培养，省教工委在全省43所高校中建立一支有344名优秀中青年干部组成的后备队伍，并通过各种渠道和方式进行培养和提高：一是集中培训，使他们懂得高校管理和领导艺术，具有较高马列主义毛泽东思想理论水平。省教工委干部培训中心1992年共培训高校后备干部90余人；二是委以重任，进行上岗前考察和锻炼，对准备近期到岗的后备干部，将其安排到校(院)长助理或三长(秘书长、教务长、总务长)等工作面宽、责任较重的岗位上，通过实际工作锻炼，提高管理全局能力；三是组织去基层锻炼，先后组织两批后备干部，参加农村社教工作。1992 年，全省高校中共有 32 名后备干部走上校一级领导岗位，其中 45 岁以下的 17 人。在 1992 年全国高校党建工作会上，陕西省的经验受到中央组织部、中央宣传部和国家教委及兄弟省市高校领导的一致好评。

二、扩大高校办学自主权

1992 年，省政府发布了《关于扩大高等学校办学自主权若干问题的通知》。其主要内容：(1)在主管部门核定的编制总数内，学校有权决定校内机构设置，合理调整各类人员的构成比例。(2)学校有权任免处级及处级以下干部。(3)学校有权确定适合本校实际的校内分配办法和津贴标准。工资总额实行包干，结余由学校自主分配。(4)学校可设置和调整专业技术职务岗位。具备条件的高校(或学科)，经批准可自主评审教授、副教授，讲师以下的审批权下放给学校；有条件的高校，经报批，可实行专业技术职务评聘分开，可高职低聘，低职高聘，也可只评不聘。(5)学校可在现设置的本、专科专业内确定与调整专业方向，拓宽专业口径；本科院校在学校现有学科范围和核定的专业总数内，可依据国家教委制定的高校专业目录，设置、调整本科专业，以及与现有本科专业相近的专科专业。(6)在国家和省核定的招生指标内，学校可自主决定招收委培生和自费生的数量。(7)从 1993 年起，省教委不再对普通高校学生毕业证书进行验印。(8)具备条件的高校可扩大招收外国留学生，举办多种形式的国外人员培训班，并发给相应的学历证书或培训证明。(9)学校有权自主参加国际技贸、商贸活动，所创外汇省留部分由学校自主使用。年创汇达到一定水平的学校，可申请对外贸易经营权。(10)根据办学的实际需要与群众的承受能力，经主管部门批准，学校可逐步提高收取学杂费的比例。(11)校内津贴视为工资的一部分，不计入奖金总额，不征奖金税。《通知》进一步扩大了高校的办学自主权，理顺政府部门与高等学校的关系，增强学校面向社会自主办学的活力，掀开了陕西省高等教育发展史上新的一页，在高校和社会上引起了强烈的反响。

三、教学改革有新进展

在思想教育方面，为了解决大学生深层次的思想问题，省教工委、省教委在全省高校师生中进行深入细致的思想状况滚动调查。针对部分师生思想上存在的对社会主义道路认识模糊的问题，各高校结合近代史、现代史以及国情教育，组织广大师生学习和理解中国特色的社会主义理论，克服对马克思主义的某些原则教条式理解和对社会主义的一些不科学的认识。特别在青年大学生中加强了理想、人生观和价值观的教育，强调在改革开放和发展社会主义市场经济的新形势下，个人利益必须服从集体利益、服从国家利益，只讲个人利益、个人奋斗，而不讲国家利益，不讲对社会的贡献，就不是一个合格的社会主义事业的接班人和建设者。1992 年暑期，省教工委、省教委、团省委在延安继续举办了以大学生社会实践为主要内容的“窑洞大学”，通过参观学习，请老红军讲传统，开展对老区今昔变化的社会调查和对老区群众义务服务等活动，使来自全国各省市 80 多所高校的近 4000 名大学生受到延安精神的教育。

在教育教学改革方面，省教委先后在全省有关学校进行了文科教育改革试点、农科教育改革试点、医科教育改革试点、理科教育改革试点以及工科师范教育的改革。狠抓了高校重点课程建设，经过充分评估论证，确定 100 门省级重点课程。5 月，在西安交通大学成立陕西省高等学校教学管理研究会。9 月，省高校教学管理研究会在西安联大师范学院召开了全省文科院校会议，研究确定了陕西高校文科教学改革的中心和方向。1992年上半年，省教委组织有关专家、教授对10所高校的体育教学进行了评估监测，促进了体育教学水平的提高。其中有5所高校被评为全国体育教学先进学校。11月，省教委开展评选1992年陕西高校优秀教学成果和申报1992年国家级优秀教学成果活动。共评出174项优秀教学成果。评选申报国家级优秀教学成果奖25项，其中一等奖9项，二等奖16项。

在武汉举行的第四届全国大学生运动会上，陕西省大学生体育健儿夺得金牌8枚、铜牌15枚，获得金牌和团体总分第五名。在同时举行的大运会体育科研论文报告会上，陕西省入选的10篇论文全部获奖。

四、高校科研工作取得显著成绩

1992年，全省高校共取得科技成果500多项，其中140多项达到国际先进水平，180多项属国内首创或居于国内领先水平；已申请国家专利的达140多项；有44项发明成果获得第六届全国发明展览会金、银、铜奖，占陕西省参展项目的42.3%。全省高校通过各种渠道争取到的科研课题近5000项，获得科研经费1.3亿元。各高校广泛开展科技成果转化和科技开发服务，共转让技术成果250多项，推广应用技术500多项次；全省高校参加推广服务的教师和技术人员达到5000多人次，培训各类技术人员2万多人次。

为了充分利用高等院校的科技人才优势，鼓励学校积极创办科技产业，使校办产业成为高科技成果转化的“孵化器”，6月，召开了陕西省高校科技产业项目会审会，由省政府出面搭台，让高校和银行唱戏，组织有30多所高等学校、省市工商银行、农业银行、建设银行、交通银行西安分行、中国银行陕西分行以及有关部门的负责同志参加，以现场办公形式为120个科技项目会审。会审会共承诺贷款项目110项，承诺贷款项目投资25772.6万元。其中，承诺贷款额超过1000万元的2项，300—1000万元的6项，100—300万元的23项。承诺贷款项目实现后，将形成产值84292.2万元，利税23663.8万元，出口创汇额500万元以上。承诺贷款项目达到国际先进水平的35项，填补国内空白的29项，达到国内先进水平的36项，三类项目总和为100项，占全部承诺贷款项目数的90.9%。

省教委还下大力推动高校产、学、研工作的开展。省教委、省经委、省科学院联合成立了陕西省产学研联合办公室，组织陕西省机械、电子、石化等行业的难题招标和技术洽谈，促进了陕西高校与大中型企业的合作和一批项目的成交。

1992年，陕西省高校校办产业进入一个新阶段。3月，省教委召开全省高校校办产业工作会议，提出了发展校办产业的指导思想、目标任务和具体措施，会后狠抓了校办产业贷款项目的落实。到年底，五大银行承诺贷款项目110项，金额1.35亿元。为了推动校办产业特别是高新技术产业的发展，省政府下发了《关于大力发展高等院校科研院所科技产业的通知》，明确发展高校校办产业的指导思想是：进一步深化改革，扩大开放，放活高等学校，放活科技人员，实行全新的体制和机制，促进科研成果向现实的生产力转化，为推动陕西经济上台阶做出更大贡献；确定高校产业的方针是：以新技术为龙头，以市场为导向，着力兴办科技产业，重点开发科技含量大、附加值高、竞争力强、经济效益显著的高技术产品。《通知》同时在高校产业的管理体制、经营机制、审批程序、资金税收、人员待遇和产品出口、人员出国等一系列问题上给予多方面的优惠政策。《通知》对高校校办产业的发展起到了强有力的推动作用。截止 1992 年底，全省高校新成立各类科技开发公司 148 个，校办产业总数达到 352 个，其中科技产业 187 个。校办产业的产值和纯利润比 1991 年增加一倍，年产值达 2 亿元，纯利润 3600 万元。

1992 年陕西省各类学校教师专业技术职务评审工作进展顺利，全年共评审通过教授 432 人、副教授 529 人。其中破格评审教授 30 人、副教授 153 人，最小年龄为 29 岁。还评审推荐了两批享受国家和省政府特殊津贴的有突出贡献的专家 140 名。

五、扩大招生与加强毕业生就业服务指导工作

为适应加快改革开放和经济发展的需要，1992 年在陕西的部属高校扩招本、专科学生 5700 余人，招生规模达到 2.34 万人；地方高校扩招本、专科学生 1100 余人，招生规模达到 9575 人。扩招总数中委培生和自费生分别占 77%和 58%。

1992 年陕西省毕业生分配工作实行“统筹安排，合理使用，加强重点，兼顾一般，面向基层，加强生产、科研、教学第一线”的原则，面向国营大中型企业、乡镇企业、集体所有制单位以及乡镇农业服务体系和农村文教、卫生等事业单位，本着“学以致用，优才优用，择优分配”的原则，把优秀的毕业生安排到国家重点建设单位和最能发挥作用的岗位上去。在满足国家需要的前提下，充分考虑了毕业生的志愿和特殊困难。据统计，参加分配的 21630 名毕业生中满足毕业生志愿率达 87.3%，有些院校的个别专业达到 100%，基本上做到了学校、社会、学生三满意。基本做法是：(1)及早动手，摸清情况，编制切实可行的分配计划。(2)狠抓协商落实计划。(3)加强对毕业生分配工作的领导。省级部门、各高等学校均成立毕业生分配领导小组，使各工作部门之间步调一致，协调动作。(4)采取措施合理搭配毕业生名单。择优分配原则在毕业生分配中得到了进一步体现。西安体育学院等学校，努力探索量化择优办法，允许特优生在年级的方案上自选单位，对长期担任学生干部，有一定工作能力，并且综合测评成绩接近特优生的可优先照顾；单科成绩在校际、省级比赛中为学校争取荣誉者可优先照顾；家中有特殊困难者可优先照顾等。西安外语学院等学校为毕业生进行“三分钟讲演”录像等活动，让每个毕业生都有表现机会，向用人单位推荐，效果很好。

为了主动适应建立社会主义市场经济体制和培育毕业生就业市场的需要，省教委成立了陕西高等学校毕业生就业服务中心，收到全国各地用人单位大量的人才需求信息，为公平、合理地安排大学毕业生就业创造了良好的条件。

六、积极开展教育外事工作

1992 年，陕西省教育系统共接待来陕考察、访问团组 700 多批，3580 人。一年来，全省有 15 所高校与国外 45 所大学、科研单位建立了国际交流与合作关系，接受境外组织和个人无偿捐资和赠送教学、科研设备等价值约 303 万美元。省教委邀请美国圣彼得社区学院代表团卡尔博士一行三人来华访问，与宝鸡师范学院签订了建立校际交流关系的正式协议书。该学院曾授予宝鸡师院杨异军院长为名誉院长，为了鼓励卡尔博士对促进两校交流做出的贡献，姜信真副省长亲自授予他为宝鸡师范学院名誉院长和名誉教授。为了及时了解和掌握国际最新科技信息，全省高校派出 158 名教师出国参加国际学术会议，在国外发表论文 115 篇。全省有 12 所高校接受和培养境外来陕西留学人员 345 人，聘请长短期外籍专家和教师 344 人来陕执教和进行合作研究。

西安冶金建筑学院和西北工业大学还从独联体聘请高技术专家做为学校的科技顾问。省教委组织力量，对一些院校的外国专家管理工作和聘请效益进行了系统的调查评估。1992年改进了留学人员的派出工作。省教委根据省委、省政府《关于进一步扩大对外开放的意见》，制定了《简化因公出国手续实施办法》和《改进我省自费出国留学工作的意见》，放宽了政策，简化了手续，提高了办事效益。全年教育系统派出留学人员215人，学成回国155人，办理自费出国留学377人。

成人教育

一、农村扫盲和农村成人教育

1992年，陕西省高标准扫除文盲工作全面展开。7月，省政府发布了《陕西省贯彻扫除文盲工作条例实施办法》，省教委印发了《陕西省扫除文盲标准和检查验收办法》。各地积极进行扫盲并开始高标准扫盲验收试点工作。

1992年，全省县级农校发展到106所，乡(镇)级农技校发展到2151所，办学面占乡(镇)总数的80%，村级农技校达10508所，办学面占行政村总数的35%。全省接受各种实用技术培训的农民、农村基层干部和回乡初高中毕业生有300多万人次，其中，乡镇企业职工参加岗位培训的有30多万人。省教委制定了乡镇农技校评估标准和办法，各地、市评出一批达标农技校和地市级示范农技校。

省教委与省计委、省妇联制定了《陕西省农村成人学校人口教育实施意见》，全省举办了两期农村人口教育师资班，全省50所项目学校人口教育已经全面展开，开办各种类型的培训班217期，培训10570人(次)，得到国家教委的好评。

二、以岗位培训为重点的职工教育

1992年，为了适应企业经营机制转变的需要，各行各业普遍重视职工素质的培养提高。据不完全统计，全省参加各类培训班的职工达300多万人次，其中工人200万人次、干部10万人次。岗位培训约30万人，其中班组长培训15万人，技术工人等级培训14万人。省教委加强对职工教育工作的调查研究。全年考察大、中型企业10个，重点考察了咸阳彩虹厂、西安电力机械制造公司等4个企业教育综合改革，考察了三原县职工教育及全省310个乡镇企业职工培训工作，基本摸清陕西目前职工教育的现状，为扩大企业岗位培训试点工作打下了基础。

对成人高中文化考试进行改革。为了保证成人高中文化考试质量，省教委组织编写了全省成人统一高中教育纲要和复习资料，组织全省统一命题、制卷和统一考试。全年，参加省成人高中统一考试的职工有3000多人。

三、社会力量办学

1992年，陕西省社会力量办学经过治理整顿后，发展较快，全省开办各种规格、不同层次、多种形式的社会办学校1067所，在校学生12万人，培训人数达到21万人，比1987年增加学校近1倍，培训人数超过“七五”期间培训的总和。省教委为了加强社会办学管理，继续制订和完善社会办学的有关规定，实行办学许可证制度和统一培训证书的发放。

四、成人高等教育和中等专业教育

省教委在 1992 年完成了对普通高校成人教育和成人高校治理整顿任务。6 月至 8 月，省教委在各校自查的基础上，对全省 13 所地方成人高校进行了检查验收评估。主要评估学校的办学条件、管理水平和办学效益。通过评估检查，促进了成人高等教育整体办学水平的提高。在此基础上制订了《关于改革和发展陕西省成人高等教育的意见》。

在对成人高校检查评估的同时，省教委开展了对成人中专学校的检查评估工作。省教委还对 3 所成人中专远距离教育进行了抽查考试，抽考学员 17356 人。通过抽考调动了办学、教学和学习各方面的积极性，促进了学校校风、学风建设。国家教委认为陕西抽考成人中专远距离教育，是对成人中专教育进行宏观管理的一个有益的探索。

1992 年，省教委为加强高校夜大学教学质量的管理，对全省 14 所普通高校所办的夜大学学员进行抽考，应考学生 3672 人次，抽考课程 14 门，专业 40 个，对抽考不及格的 1079 人次进行了补考。

撰稿人　王掌印　柏建军

审稿人　屈应超

甘肃省教育

概况

1992年各级普通学校基本情况

单位：人

学校类别	学校数（所）	毕业生数	招生数	在校学生数	教职工数 计	其中专任教师
一、普通高等学校	17	10747	12488	35818	15632	5835
研究生	(19)	376	423	1227		(396)
本科		5713	5703	21642		
专科		4658	6362	12949		
二、中等专业学校	115	15773	17832	51596	12592	5994
中等技术学校	93	10409	13071	36201	10260	4709
中等师范学校	22	5364	4761	15395	2332	1285
三、普通中学	1595	281753	313066	940053	77125	62307
高中	471	66659	58267	184684		14032
初中	1124	215094	254799	755369		48275
四、职业中学	189	15397	21020	45964	5443	3615
高中	175	13822	19644	43262		3434
初中	14	1575	1376	2702		181
五、工读学校						
六、小学	24063	306375	441991	2471246	133231	126073
七、特殊教育学校	9	62	149	972	255	171
八、幼儿园	595	32066	38071	97804	9291	5158
学前班		134672	174868	216288	2186	2183

1992年各级成人学校基本情况

单位:人

学校类别	学校数(所)	毕业生数	招生数	在校学生数	教职工数	
					计	其中教师
一、成人高等学校	21	5211	7947	17748	2199	1114
广播电视大学	1	1963	2207	4319	171	53
职工高等学校	15	433	1112	2654	1079	612
管理干部学院	1	126	193	325	225	106
教育学院	4	544	816	1332	724	343
独立函授学院						
普通高校举办						
函授部	(6)	1573	2573	6622		
夜大学	(7)	476	953	2322		
干部专修科	(5)	96	93	174		
二、成人中等专业学校	98	5728	12045	31350	2766	1264
广播电视中专	2	2125	6260	16051	45	25
职工中专	34	1270	2230	6222	1234	524
干部中专	6	268	425	926	256	89
农民中专	2	48		50	26	8
教师进修学校	53	1187	1430	3434	1086	588
函授中专	1	830	1700	4667	119	30
三、成人中学	3	356	404	727	48	12
职工中学	3	356	404	727	48	12
农民中学						
四、成人技术培训学校	2354	781042	581536	442906	2379	835
职工技术培训学校	98	20425	17623	19343	458	237
农民技术培训学校	2256	760617	563913	423563	1921	598
五、成人初等学校	1	201797	257972	341035	2793	790
职工初等学校	1		25	25	2	2
农民初等学校		201797	257947	341010	2791	788
其中:扫盲班	(15309)	201196	244484	327547	2789	787

1992年,全省教育系统学习贯彻邓小平同志南巡谈话和党的十四大精神,解放思想,转变观念,围绕经济建设中心,加快教育改革步伐,各级各类教育取得新的进展。

1992年3月,召开了全省教育工作会议。会议以改革为主题,在安排部署1992年教育工作的同时,重点探讨了城市教育综合改革的思路和方向,制定了《城市教育综合改革实验实施方案》,提出了继续深化农村教育综合改革的措施和办法,交流了部分地、县和厂矿企业教育改革的经验,进一步明确了教育为社会主义经济建设服务的指导思想。确定兰州市、天水市、白银市为全省城市教育综合改革试点市。会后，各试点城市和试点企业普遍成立了教育综合改革领导小组，制定了具体方案，从理顺管理体制入手，建立统筹协调组织，调整学校布局，优化教育结构，改善学校管理，提高办学效益，使城市教育改革开始由过去的一些单项改革向综合改革的方向发展。全省企业教育综合改革也取得明显进展，被国家教委确定为3个先行一步的省区之一。

为了进一步促进贫困山区和少数民族地区教育的改革与发展，5月，省教委在陇南地区召开了全省贫困山区教育工作座谈会，交流和总结了贫困山区教育改革和发展的经验，研究探索了贫困山区教育发展的指导思想和路子，并制定了一些优惠政策，扶持和促进贫困山区教育的发展。12月，省教委和省民委在临夏召开了全省民族教育工作座谈会，研究提出了进一步加快民族教育发展的政策与措施，制定了《关于加快我省民族教育改革与发展的意见》。

在全面推进农村教育综合改革和城市教育综合改革的同时，学校内部管理体制的改革，招生、毕业分配制度的改革和考试制度改革，也取得了新的进展，使全省教育改革呈现出强劲的势头。1992年，在深化教育改革的过程中，继续重视和加强师资队伍建设，努力改善办学条件。1992年全省师范院校进一步深化教育教学改革，努力提高教学质量，积极推进标准化建设，取得了新的进展。中小学教师培训工作逐步向深层次发展，高中、初中和小学教师学历合格率分别由上年的40.8%、45.5%和79.1%提高到41.5%、50.4%和80.3%。小学教师的继续教育在建立县、乡、校三级培训网络，送教下乡，送教到校，打破进修学校封闭办学模式等方面，在点上突破的基础上，进行了全面推广。进行了中学教师继续教育的办班试点和巡回辅导工作。继续加强了中小学校长培训，初步形成了省、地、县三级培训网络。高校重点学科和学术梯队建设得到重视，健全和完善了师资数据库，加强了与外省高校协作培养高学历师资的关系。教师专业技术职务评审程序和制度逐步完善，走上常规化轨道。继续开展了教师的评优奖励活动，又有490名优秀教师获得省级“园丁奖”。进一步加强了对民办教师的管理，将1700名民办教师转为公办教师，为800名招聘教师解决了粮户关系。

继续加强对教育经费的科学管理，建立完善多渠道筹措教育经费的机制。省教委下发了《全省农村教育事业费附加征收管理使用实施细则》，使教育费附加的征管工作逐步走上了制度化。全省征收农村教育费附加4000万元，城市教育费附加5000万元，老少边穷地区教育发展基金会集资近50万元。全省各地在排危、配套方面取得新成绩。1992年，各地自筹教学实验仪器资金150万元，自制教具28万件，价值267万元。酒泉地区提前两年实现了实验教学基本普及。全省小学和独立初中基本配齐了“两箱三仪”和演示仪器。与此同时，各地中小学积极发展校办产业，大力开展勤工俭学活动。全省中小学勤工俭学开展面达到85%、中初等学校勤工俭学总产值达到1.1亿元，纯收入3000多万元，比上年增长20%以上。为了促进校办产业的发展，设立了300万元的职教基金，用于一些有前景的项目开发。高等学校利用自身优势，面向经济建设主战场，开展科研和科技开发、推广，也取得明显的社会效益和经济效益。

撰稿人　马光荣

基础教育

一、积极推进九年义务教育

1992年，继续按照普及九年义务教育规划，稳步推进九年义务教育的进程，完成了民乐等4县普及初等义务教育和玉门等3县（市）普及初级中等义务教育的任务，使全省普及初等义务教育的县（市）发展到52个，普及初级中等义务教育的县（市）发展到11个。全省适龄儿童入学率达到95.28%，小学生巩固率达到97.52%，毕业率达到98.19%，初等教育普及率达到93.17%，为推进九年义务教育奠定了基础。在实施义务教育过程中，主要抓了以下工作：

加强对《义务教育法》和《义务教育法实施细则》的学习、宣传。通过召开电话会议、举办培训班等形式，使地、县教育行政部门进一步明确义务教育的性质和实施义务教育的方针、目标、步骤及法律责任。同时，结合全省实际，制定了贯彻落实《实施细则》的意见，由省政府转发各地、县认真组织实施。

按规划进行了普及九年义务教育的评估验收工作。根据经济与教育发展状况，重新修订了《甘肃省普及九年义务教育标准及评估奖励办法》，并在评估验收中试行。1992年10月至11月，对民乐、定西、武山、甘谷4县普及初等义务教育和酒泉、玉门、临泽3县（市）普及初级中等义务教育情况进行了全面评估和验收。

继续加强贫困地区小学教育项目实施工作。1992年是项目实施的第三年，以培训校长、教师，提高其业务水平为主。省、县共举办各类培训班10期，培训校长、教师620人次。项目学校狠抓办学条件改善，各级政府筹措经费150多万元，新建校舍3300多平方米，维修校舍3400多平方米，并购置了彩电、放像机等电教设备，统一购置图书2万册。项目县大力开展教育教学研究、观摩活动，参加人数达800多人，写出论文、教学体会40多篇。与此同时，省教委对两年来实施项目工作的情况进行了中期评估，并召开了项目经验交流会。

积极发展特殊教育。1992年共投入特教经费25万元，特殊教育学校由7所发展到9所，小学附设特教班由1991年的23个增加到37个。特殊教育办学条件进一步改善，残疾儿童入学率有所提高。

二、加强管理，促进幼儿教育发展

1992年，全省幼儿教育工作继续以贯彻两个幼儿教育法规为中心，深化改革，加强对全省幼儿园的分类指导和管理，幼教事业出现良好发展的势头。

1992年全省幼儿园比上年增加41所，学前班6344个，比上年增加1365个；4至6周岁幼儿入园（班）率达24%，比上年提高4个百分点，学前一年幼儿入班率为37%。

开展了对幼儿园的分类评估。根据国家教委的要求，1992年4月至7月对全省14个地、州、市的部分幼儿园及学前班进行了大检查。同时，对各地申报的一类幼儿园进行了评估验收。首批评出全省一类幼儿园42所。通过评估，对管理人员进行了不同程度的培训和指导，全面督查了幼儿教育法规的贯彻落实，进一步健全和完善了幼儿教育规章制度，也加快了办园条件标准化、师资队伍合理化、园务管理科学化、保育教育规范化的步伐。

三、继续加强中小学德育工作

1992年，中小学德育工作，以社会教育为重点，学习和推广福建三明市共建精神文明经验，加强共建共育，使学校德育的各项任务和目标基本落到实处。

落实德育的首要地位。一是充分认识德育在提高民族素质，实现“两个全面”中的重要保障作用。二是组织上给予保证。各地和学校普遍成立了德育工作领导小组，建立健全了德育管理机构和组织网络。三是队伍建设上强化教书育人。广泛开展教师职业道德、职业理想、职业纪律教育，普遍提高了广大教师为人师表和教书育人的自觉性。四是制度上加以规范。各地教育行政部门和学校普遍制定了德育目标、德育计划、德育管理制度，省教委制定了《甘肃省普通中学学生思想品德考核标准(试行)》。

进行“两史一情”教育、行为规范教育和养成教育。“两史一情”教育已纳入教学计划和升学考试范围，很多学校举办了“两史一情”展览、专题讲座，对学生进行国情、省情、县情、乡情教育。同时，加强了其他学科的渗透教育和社会调查实践等活动，增强了学生的民族自信心和自豪感。同时，教育行政部门和学校普遍重视了行为规范教育和养成教育，在落实中小学生守则、中小学生日常行为规范过程中，通过抓文明礼貌教育、一日常规教育、遵纪守法教育、后进生转化教育及采取班级值周制度活动等，促进了广大学生良好道德品质的形成。

落实全国中小学德育工作会议精神。全国中小学德育工作会议后，省委宣传部、省教委联合在金昌市召开了全省中小学德育工作会议，推广了三明市和金昌市共建共育，加强中小学德育的经验，并就加强社区文化建设做了进一步部署，对新形势下学校德育工作进行了研讨。

四、进行初、高中毕业会考

1992年，全省在总结经验、完善制度的基础上顺利完成了初、高中毕业会考。

为使会考工作按计划、有条不紊地进行，全省先后两次召开由教育行政部门、教研部门、中学校长和教师参加的会考研讨会，转变观念，提高认识，统一思想。同时，广泛利用新闻媒介，宣传会考，增进了全社会对会考工作的了解和支持。

充分发挥会考的正确导向。为使会考积极稳妥地进行，在会考中，一是抓好考试组织工作，使会考的要求逐一落实，进一步增强对会考的宏观调控和应变能力。二是制定命题程序，把好命题关。三是加强对机器阅卷人员的培训，为标准化考试评卷及教学评估奠定了基础。四是科学划定会考等级，使大多数坚持正常学习的学生达到了会考合格水平。1992年高中地理会考全省平均成绩81.52分，及格率达93.5%。

进一步完善会考制度，健全配套政策，促进中学教学改革。1992年省教委制定下发了《甘肃省普通高中毕业会考考务工作细则(试行)》、《甘肃省普通高中毕业会考体育考试办法(试行)》、《关于初、高中毕业会考收费问题的规定》等，使会考工作有章可循。同时，加强对民族地区会考工作的指导，对使用少数民族语言文字教学的地区，与兄弟省(区)取得联系，采用藏、蒙、哈萨克文会考试卷，并根据实际降低等级分数线，使民族地区的会考同全省会考同步进行。

在初中毕业会考中，注意探索新路子。采用普通高中、职业高中、“小中专”(即招收初中毕业生的普通中专)升学考试“三考合一、一卷多用”的措施,既减轻了学生负担,减少了教育部门和学校的工作量,节省了经费开支,又促进了教育教学改革。

撰稿人　李生金　李泰昌
盛文涛

职业技术教育

1992年,甘肃省职业技术教育工作贯彻落实《国务院关于大力发展职业技术教育的决定》,根据“深化改革、转换机制、增强实力、提高效益”的指导思想,加强职教内部的配套服务工作;推进普通中专和职业中学的改革与规范化建设,积极探索符合全省实际的办学体制,改善职业技术教育的运行机制。

一、深化职业中学内部改革,积极转换办学机制

贯彻落实国务院《关于大力发展职业技术教育的决定》,加快事业发展。省政府在财力困难的情况下,除不改变原每年200万元职业技术教育专项拨款外,决定从1992年起连续五年每年由省财政再拿出300万元,建立甘肃省职业技术教育发展基金,支持职业技术学校生产基地建设和校办产业开发。省教委为了管好用好基金,制订了《职教发展基金使用方案》、《职业技术教育发展基金管理暂行办法》,第一批项目经过论证和严格审查,办理了贷款手续。职业中学突破了传统的普教模式,实行多渠道、多层次、多形式联合办学。“双元制”办学试点进展顺利,试点方案逐步落实,新生已经入学。已有12.2%的职业中学完全由行业或企业主办。1992年全省职业技术学校招生数已占高中阶段招生总数的46%。初中“3+1”班招生6000多人,参加各种形式的短期职业技术培训的达7万多人次。

骨干示范学校建设工作成效显著。全省始终坚持每县首先办好1所职业中学的发展方针,集中力量抓骨干示范校建设,提高投资和办学效益。1992年,有20所学校分别达到了甘肃省职业中学B级和C级标准,又有3所学校进入了省级重点职业中学行列。到1992年底,全省职业中学C级以上达标学校共有65所,占职业中学总数的34.4%。职业中学规范化建设迅速发展,与1991年相比,达标率提高9.6个百分点。地处陕甘宁边区的庆阳地区,在全省率先实现了每县办好1所骨干示范学校的目标,10个农村教育综合改革试验县也已实现每县建成1所骨干学校的目标,达到C级以上标准的学校占实验县职业学校总数的59.4%。

加强职教内部改革和服务体系建设。(1)改进职教专业课师资招生工作。实行全省统一预选考试;提高专业课在考试总分中的比重;完善考生资格审查办法,把好新生质量关;把人才的培养和供需结合起来,使定向招生、定向培养、定向分配落到实处。(2)严格学籍管理,制定了《甘肃省职业高中学生学籍管理细则》,加强了职业中学内部的管理与建设。(3)组建了职业高中11个专业(学科)的专业(学科)组,加强专业建设,提高教学水平和质量。(4)编写了职业高中农业类专业的13种专业教材教学大纲，其中10种已印发试行。(5)在原有职业中学B级、C级评估评分标准基础上，根据国家教委发布的《省级重点职业高级中学的标准》，制定了《甘肃省重点职业中学(A级)办学水平评估评分方案》，完善了职业中学评估标准体系。

转换办学机制，适应市场经济。(1)成立了甘肃省职业技术教育实业开发公司，形成校办企业集团，提高了产业开发和风险承受能力。建立了职教基金滚动使用的新机制。(2)深化职业中学内部改革。在体制上打破以教务处为中枢的学校行政组织模式，建立以教学、生产实习指导处和科技推广、经营服务管理处为核心，按专业分设教研组的"教产结合"新体制。学校以专业建设为中心，进行专业调整和课程改造。1992年，农村家庭生产经营专业已成为职业中学在校生最多的专业。在办学形式上，长短并举，试行学分制的管理办法和跨县招生。在办学机制上，疏通学校与社会的联系渠道，建立起开放式的教学管理系统，使学校直接与市场经济接轨。这些改革调动了各方面的积极性，开发了教育资源，提高了办学效益。

二、加强教育评估，提高中等技术学校办学水平

根据国家教委的统一部署和要求，1992年重点组织实施了对部分中等技术学校的教育评估。

总结合格评估工作。1991年，省内65所学校按要求分别接受了省和部委组织的合格评估鉴定，其中21所学校达到合格标准，19所学校基本合格，13所学校暂缓通过，13所学校为不合格。基本合格以上学校占参评学校总数的61.54%。按照国家教委的《普通中等专业学校合格与基本合格标准》衡量，全省大部分普通中专已初具规模，具有一定的办学条件和实力，能够达到基本的办学水平和教育质量，但在经费投入、师资数量、设施条件和教育改革等方面尚存在问题。为此，省教委结合实际提出了对中等技术学校的整改原则和意见。(1)对合格学校，由省政府颁发国家教委统一印制的"合格学校"证书，并要求其继续抓完善，上水平，办出特色；对基本合格学校，要求办学单位和学校，针对存在问题提出切实可行的整改意见，尽快改善办学条件，限期两年达到合格标准。(2)对暂缓通过的学校，从1993起适当缩减招生计划，同时限期三年整改提高，1995年期满者，重新接受评估鉴定。(3)对不合格学校，如在年内办学条件无重大改进，则从1993年起停止招生。并按以下原则进行整顿：一是对布局明显不合理，不具备基本办学条件的学校，予以撤销；二是对办学条件过差，但布局具有合理性的学校，暂停其招生，限期改进；三是对布局过于分散或重复建校、专业相近或重叠，办学规模过小的学校，通过扩大招生区域范围或合并建校，改善布局，提高效益；四是加强专业建设、改造，调整已不适合需要的专业，增设社会急需的新专业。

重点组织办学水平评估。在合格评估基础上，1992年又组织实施了对14所合格学校的办学水平综合评估，经过评估均已达到国家教委的评估标准。

教育评估工作的开展，促使办学单位和学校增加了投入，改善了办学条件，强化了管理，提高了质量，促进了中等技术学校的改革、发展和规范化建设。

三、"燎原计划"试点工作和农村教育综合改革取得成效

1992年3月，省教委在兰州召开全省"燎原计划"工作座谈会。会议总结4年来"燎原计划"试点工作的经验，研究了解决新形势下面临的主要问题，部署了"八五"及当年工作。截止1992年，全省"燎原计划"试点工作取得明显成效。一是初步确立了农村教育必须坚决贯彻"教育必须为社会主义建设服务，社会主义建设必须依靠教育"的指导思想，探索了符合甘肃实际，适应农村经济、社会发展实际需要，能够有效利用现有资源的农村教育发展路子，建立了具有正确的服务方向，合理的教育结构和较高质量效益的农村经济的重要支柱，坚定了给农村人民带来幸福的信心。二是理出了在农村三教统筹、农科教结合中走以省协调、县统筹、乡结合的发展农村教育、科技、经济的思路。三是找到了实施“燎原计划”的重点即项目开发，通过项目开发，使教育与农村经济结合。全省共引进国家“燎原计划”贷款624.5万元，开发“燎原计划”项目77个，据对33个项目的调查统计，共贷款203.4万元，配套资金799.5万元，总产值1484万元，总利税130多万元，投入产出比1:1.5，随项目培训人员1.7万人(次)，推广技术87项，产生间接经济效益800多万元。这批项目增强了教育服务经济的实力，沟通了教育与经济的结合渗透。四是建立了一批示范乡。“七五”期间全省建立“燎原计划”示范乡64个。示范乡在改革农村教育结构、教育体制、教育内容，促进三教统筹，推进农科教结合，开发项目，培训实用人才，实现“以教促富，以富促教”的“燎原计划”目标等方面都进行了有益的尝试，起到了示范窗口作用。

1992年，各地、州、市按照《甘肃省“燎原计划”示范乡检查评估标准》，对32个试点县，65个示范乡和83个“燎原计划”专项贷款项目进行了评估检查，在评估检查的基础上，全省各地狠抓了点上深化，面上推广的工作。

1992年7月，省农科教结合领导小组在平凉地区召开了全省农村教育综合改革工作会议，总结交流了近年来全省农村教育综合改革的基本经验和路子，进一步明确了深化农村教育改革的方向、目标和任务，以全面推进农科教结合和三教统筹。省政府下发了《关于加强农科教结合大力发展职业技术教育推动农村经济振兴的通知》，推动了各地和实验县的工作，把农村教育综合改革逐步引向深入。

近年来，农村教育综合改革围绕为农村经济建设培养合格技术人才和新型农民的指导思想，转变思想，更新观念，克服重基础教育轻职业技术教育和片面追求升学率倾向，大力支持地县发展职业技术教育和成人教育，着眼于提高劳动者的素质；树立大教育、大科技、大农业的观念，加强领导，制定规划，建立“三教”统筹、农科教结合的有效运行机制。为进一步推进农村教育综合改革实验工作，1992年省教委制定了10项实施指导计划，包括提高小学教育质量计划、骨干职业中学建设计划、“燎原计划”、“三后”职业技术教育计划、高等学校参与和支持农村教育综合改革计划、中小学校长培训计划、中小学教师培训计划、教学仪器配套计划、电视教育综合利用服务计划、乡土教材编写计划。这10项计划实施近一年来，已取得初步成绩。10个实验县扩大了JIP(即联合国教科文组织“亚太地区全面提高小学教育质量革新计划”)学校54所，“三加一”、“二加一”班增加到76个，省教委为实验县培训中小学校长100多名，教师200多名；10个实验县已经有3个建起了教育电视台。有10所高校和实验县挂钩，建立挂钩项目20多个，编辑出版了农村教育综合改革干部培训教材、农职业中学教材、农民实用技术培训教材及“燎原计划”音像教材等。

撰稿人　王仲伦　任全春　马光荣

高等教育

1992年，甘肃省高等教育战线在近两年高等学校治理整顿的基础上，认真学习和贯彻邓小平同志南巡谈话和党的十四大精神，积极进行高等教育改革，不断促进高等教育的发展，取得了成效。

一、面向经济建设，培养急需人才

增列省列自费生调节性招生计划。为了适应全省经济建设和社会发展对人才的急需，省政府决定在完成国家下达的招生任务的基础上，在高等学校的部分短线专业内增加1100多人的省列自费生调节性招生计划。省列自费生调节性招生计划主要是面向基层，实行定向招生，学生的管理严格按国家的有关规定执行。考生参加全国普通高等学校统一招生考试，成绩达到一定标准，择优录取，毕业后国家不包分配。

增设一些短线专业。1992年全省高等学校共增设各类专业9个，其中甘肃工业大学增设了电气技术（本科）专业、会计学（本科）专业；兰州商学院增设了专门用途英语（国际贸易、本科）专业、经济信息管理（本科）专业；甘肃政法学院设置了工商行政管理（专科）专业、治安保卫学（专科）专业；兰州工业高等专科学校设置了工业生产管理（专科）专业、工业企业经济管理（专科）专业；合作民族师范高等专科学校设置了财会（专科、财经类）专业。

调整和改造部分专业。调整和改造了西北师范大学经济系的专业面向，将全部专业调整为财经类专业，主要为全省经济建设培养财经类高级专门人才，同时兼顾全省大中专学校，特别是中等职业技术学校对财经类师资的需要。经济系专业面向调整后，学校积极调整现有专业的教学计划，为更好地适应全省进一步改革开放对经济类专门人才的需要，计划增设工业会计等通用类专业。与此同时，对西北师范大学学前教育专业和思想政治教育（二年制本科）专业的招生进行了改革。

与农业部达成对等培养本科生协议。为充分发挥甘肃农业大学草原科学国家重点学科的优势和作用，经省教委与农业部教育司协商，达成了对等培养本科生的协议。规定从1993年起，省教委每年在黑龙江、吉林、辽宁、陕西、贵州、西藏、宁夏、山西、河北、山东、湖南、湖北、广西、广东、江西、安徽、河南、海南等省（区）招收草原专业的本科生30名；农业部教育司则在1992年下达给甘肃省的招生计划的基础上，每年再增加30名本科生招生指标。招生的学校、专业和人数，由省教委根据本省农业发展的需要和农业部直属院校专业设置情况确定。并规定双方对等培养的本科生纳入国家招生计划，实行定向培养，毕业后回原省（区）分配工作。

在5所师范专科学校试办预科班。为缓解边远落后地区和少数民族地区对师资的需要，解决师范院校毕业生分配不到上述地区的矛盾，1992年省教委在兰州师范高等专科学校的音乐教育、天水师范高等专科学校的美术教育、庆阳师范高等专科学校的体育教育、张掖师范高等专科学校的英语教育和合作民族师范高等专科学校的部分专业试办了预科班。预科班学生从参加全国普通高等学校统一招生考试的学生中适当降分，择优录取，不占当年招生计划指标。由各校根据专业课的特点进行教学和文化课补习，预科结业后由学校组织考试，成绩合格者进入普通班学习，并直接转入当年国家招生计划。

二、进行高等学校内部管理体制综合改革试点

为积极稳妥的推进全省高等学校内部综合管理体制改革，经省政府确定，在西北师范大学和兰州工业高等专科学校进行综合管理体制改革试点。

西北师范大学成立了校改革领导小组，制定了《西北师范大学综合改革纲要》、《西北师范大学内部管理体制改革方案》。确定了以教学改革为重点，以学科建设为“龙头”，以人事、分配制度改革为突破口的内部管理体制改革思路，从内部管理体制改革入手，带动各项改革措施的贯彻实施，并对学校的培养目标和任务进行了总体设计，以建立具有活力的自我发展、自我约束的校内管理运行机制。兰州工业高等专科学校在校内管理体制改革中，充分发挥工科、专科的优势，抓住有利时机面向市场，以科技开发和社会服务为突破口，积极开展各类开发和服务，实行“产、学、研”三结合。

甘肃工业大学是机电部确定的职称改革试点单位，该校根据试点工作要求和学校的实际情况，确定了对教师主系列采用全员工作量考核，对其他系列及干部、工人采用全员岗位考核的思路，制定出一系列相应的考核实施方案。在已试行多年的教学工作量和科研工作量的基础上，对教师进行全量化的业务考核；对其他人员则按德、能、勤、绩几个方面进行定性与定量相结合，层层差选考核；对学校各系部、处按“二考核一审定”(即系(部)对党政各部门，党政各部门对各系(部)的双向考核，对中层干部划出考核等级，最后由学校审定)的方法进行考核。根据工作优势，通过考核划分出等级，与校内工资挂钩，与职务聘任和晋级相结合，调动了广大教职工的积极性。

三、进行首届高等学校青年教师成才奖评选

为进一步加强全省高校青年教师队伍建设，选拔中青年学术骨干和新一代学科带头人，设立了甘肃省高等学校青年教师成才奖，1992 年进行了首届评奖。全省高等学校 26 名在教学、科研工作中取得突出成绩的优秀青年教师受到表彰，每人奖励 5000 元，其中 1000 元发给本人，4000 元用于资助其教学、科研工作。评选的青年教师中，硕士生占 80.8%，教授、副教授占 42.3%。

四、进一步加强教学工作

以基础薄弱而社会需求较迫切的外语、计算机教学工作为突破口，狠抓课程建设。在 1990 年大学生英语评估的基础上，组织全省高校外语教师 140 人次进行了大规模的外语教学听课检查工作，交流教学经验，找出差距，提出了进一步改进和加强外语教学的意见。经过近 3 年的努力，全省大学生的外语水平有了较大提高，1990 级大学英语四级考试通过率达 33.27%，比 85 级提高 25.58 个百分点，其中兰州铁道学院 1990 级学生的四级通过率达 57.84%。成立了甘肃省高等学校计算机教育研究会，得到了省内有关企业的支持。1992 年底，组织了高校大学生第三届“神速杯”计算机程序设计竞赛，有 9 个学校 180 名学生参加。省教委、团省委、省科协联合对 50 名获奖学生进行了奖励。

以主动适应社会需要为目的，组织高等学校调整、修订、完善教学计划。甘肃工业大学提出了完善教学计划的构思,重在培养学生的实践动手能力和利用计算机进行工作的能力。这一设想和举措得到了省内外高等学校的好评,并在1992年全国高等教育工作会上交流了经验。全省5所师范专科学校有4所从1992年开始试行主辅修制,制定了主辅修教学计划,并开始实施。

以教学为中心,积极促进高等学校教学研究工作。省教委发出《甘肃省高等学校进一步加强教学研究及教学成果管理的暂行规定》,开展了教学研究课题立项审批工作。目前已有十几所高校学报增设了教学研究专刊(专栏)或出版内部教学研究刊物。西北师范大学开展了教学质量评估工作,兰州工业专科学校在全校开展了"教学十佳"竞赛活动,并对获得"教学十佳"的教师分别给予1000元的奖励。全省高校优秀教学成果评奖已评出校级优秀教学成果200项,有16所高校87项成果申报了省级优秀教学成果奖。

以增强大学生社会适应能力为目的,加强高校实践教学环节。1992年全省拨出24万元专款,新建师范院校教育实习基地6个。甘肃农业大学兰州猪场等教学——科研——生产三结合基地建设已取得重要成果,兰州医学院制定了《关于加强临床实习工作的规定》。加强实践性教育环节已成为各校重点解决的问题,并开始取得成效。

以加快教学内容改革为目的,继续加强教材建设。1992年制定了《甘肃省高等学校教材建设"八五"规划纲要》,初步拟定了"关于师范院校教材教法建设的设想"等,努力使高校教材建设工作向全局发展,将其作为教学内容改革的先行步骤。成立了甘肃省高等学校教材管理研究会,为加强教材管理工作研究,进行教学内容改革提供了保障。该研究会还成立了甘肃省高等学校教育、科技图书服务公司,以加强高校间教材及有关图书的调剂工作。1992年补贴出版教材11部,同时开展了第二届全省高校优秀教材评奖工作。

五、促进学校科研更好地为经济建设服务

1992年,全省高校科研工作面向经济建设主战场,在搞好基础理论研究的同时,大力加强应用研究和技术开发,开展多层次、多形式的横向联合,实行科技、教育、生产三结合,在促进国家和地方经济发展中取得了显著成绩。据统计,1992年全省17所高校中,共有12377人从事科技、人文社会科学研究活动,其中高级专业人员2224人,全时人员2939人;开展研究课题1176项,其中自然科学课题989项(其中应用研究课题514项,占52%),人文社会科学课题187项,从各种渠道获得的科研经费1800余万元。全省高校共出版专著100余部,其中自然科学类43部,人文社会科学类60余部;发表学术论文3476篇,其中自然科学类2345篇,人文社会科学类1131篇。自然科学类获省以上奖励的成果54项,其中省科技进步奖39项,中央有关部委奖11项。鉴定应用成果98项(部分达到了国内领先和国际先进水平),签订技术转让合同与合作开发协议240余项,成交额达6000余万元。

开展科研成果的评选奖励。1992年,省教委根据《甘肃省高等学校科学技术进步奖奖励条例》和《甘肃省高等学校哲学社会科学优秀成果奖奖励条例》的规定,组织进行了全省1990—1991年度的"两奖"评审工作。共评选奖励科技进步奖项目100项,占申报项目的65.2%,其中一等奖23项,二等奖34项,三等奖43项。获奖项目中,应用研究项目占40%,实现直接经济效益1200余万元,社会效益明显。基础性研究成果中,发表学术论文达1000余篇,数量多,水平高。评出哲学社会科学优秀成果奖项目73项,占申报项目的

61.3%，其中一等奖 16 项，二等奖 23 项，三等奖 34 项。评奖结果表明，高校科研工作越来越受到广大教师的重视，成果越来越多，水平逐年提高。1992 年获奖项目的数量和质量都比上年有较大提高。

参与市场竞争，推进成果转化和推广应用。1992 年，全省高校先后组织参加了甘肃省 1992 年技术市场、甘肃省首届丝绸之路节科技成果展示交易会、全省科技工作者科技成果展览等活动，向社会展示了高校的科技实力，宣传了高校的科研成果；同时也了解了社会需求的技术信息，促进了高校科研成果的推广应用，进一步推进了厂校结合，为科技长入经济开辟了新的途径。在上述活动中，高校与有关企业共签订成果转让、合作开发等技术合同(含意向性)240 余项，成交额 6000 余万元。

积极参加农村教育综合改革，推进农科教结合。1992 年，全省已有 10 余所高校在 10 个县的乡、镇、区承担了科技承包任务，建立农科教结合基地，为农村培养了大批农业技术骨干。部分高校还根据科技发展和科技服务的需要，建立了一些科技开发机构和科技企业。甘肃农业大学充分利用自身优势，自 1990 年以来抽调科技力量，承担定西、陇南、天水等地 8 县 17 乡的科技扶贫任务，并在平川灌区、中部干旱半干旱地区、陇东湿润半湿润地区开展综合试验研究。1992 年又承担科技开发和推广研究项目 8 项，经过一年实施，取得了预期效果。由省农委下达的“河东地区‘吨粮田’、‘双千田’建设”技术承包任务年底前已取得显著成效，共建成“吨粮田”91661 亩，平均单产 506.6 公斤；“双千田”51936 亩，平均亩产粮食 522 公斤，亩均收入 1138 元，达标率分别为 65.47%和 74.19%，为 1993 年全面完成技术承包任务奠定了基础。该校承担的省“八五”重点攻关项目之一“陇东旱塬中低产区农业持续增产技术研究”，也取得明显成效。至 1992 年底，已培训技术人员 150 人，培训农民和乡村干部达万人以上。开展各类单项试验研究 55 项，推广冬小麦优良品种 8 万多亩，生产良种近 2 万千克。在试验区内，科技覆盖率已达 65%以上。

积极组织开展产学研联合开发工程。1992 年下半年，根据国务院经贸办、国家教委、中国科学院等部门的部署，省教委会同省计委等有关部门共同组织开展了产学研联合开发工程的实施工作。筹备成立了由省计委、省科委、省教委、中国科学院兰州分院主要领导组成的全省产学研联合开发工程领导小组及其办事机构，制定了《甘肃省产学研联合开发工程工作条例》(草案)及《甘肃省实施“产学研联合开发工程”的优惠政策(草案)》等。与此同时，省教委认真组织落实高校实施工程计划项目，汇总 200 余项向企业推荐推广的科研成果项目，为企业提供服务，解决企业技术难题，加速高校成果转化，推动校企密切合作。

六、加强重点学科建设

1992 年 6 月，按照国家教委《关于评选高等学校重点学科的暂行规定》，在多年努力的基础上，经省教委组织高校推荐，专家审查论证，省政府认定，正式确定甘肃农业大学的草原科学(全国高校重点学科)、兽医产科学、动物解剖学及组织学与胚胎学、作物栽培学与耕作学、动物生产学，西北师范大学的教学论、中国古代文学、分析化学、植物学、自然地理学，兰州医学院的寄生虫学、泌尿外科学和甘肃中医学院的针灸学等 13 个学科为“八五”期间首批办好的省级高校重点学科，划拨资助专款 40 万元，予以重点扶持。同时，报请省政府划拨专款予以资助建设。上述学科，普遍具有较强的学术骨干，学术梯队结构合理，能够形成高水平的研究队伍。重点办好这些学科，为提高教学质量、培养高层次人才创造了良好的环境。

撰稿人　何开源　姚佩珍　程耀荣
何玉娥　周亚夫　刘玉泉

成人教育

一、扫盲教育成绩显著

1992学年度，全省共组织32.76万人参加农村扫盲学习，脱盲20.12万人，青壮年中的文盲率由上年度的24.8%下降到本学年末的21.63%。全省又有9个县经省政府验收，达到基本扫除文盲县标准。

落实扫盲责任制。为进一步落实"两线承包，三方负责"的扫盲责任制，在省政府1990年与21个县签订责任书的基础上，1992年省政府主管科教的副省长又与各地、州、市行政公署、人民政府主管专员(州、市长)签订了《甘肃省扫除文盲责任书》，确定了"八五"期间的责任目标。各地、州、市与县，县与乡也层层签订了责任书。同时，实行部门承包责任制。省、地、县扫盲协调领导小组成员单位实行承包。华亭、崇信等县各部门负责人都承包一个乡(镇)的扫盲任务，平凉、陇南、武威等地区党委、行署、人大、政协"四大班子"一齐出动，组成工作组，分片包县包乡扫盲。天水市组织了千名干部参加扫盲。

组织全社会参与支持扫盲。一是组织大中小学参与扫盲。省教委发出通知，要求大学生假期参加农村扫盲，中小学配合乡村承担扫盲的主要任务。临夏州、陇南地区还规定，师范毕业生参加半年到一年的扫盲后分配工作。庆阳地区(老区)1991年冬至1992年春有5000多教师、20000多学生投入扫盲工作，先后动员85000名文盲半文盲学习，经验收合格的有31980人，有两个县也经省政府验收达到基本扫除文盲县标准。二是以社教推动扫盲。天水市秦城区委、区政府把扫盲工作纳入社教，并作为考核验收社教干部工作的一项硬指标，推动了全区工作。仅1991年冬至1992年春就办夜校558所、837个班，有21542人参加学习。1992年全区通过省政府扫盲验收。临夏回族自治州8个县(市)在社教中办扫盲班426个，组织6795人学习，1798人脱盲，占1992年全州脱盲人数的46.1%。三是鼓励个人办家庭扫盲班。1992年全省又涌现出了一批无私奉献于扫盲事业的先进个人。四是宗教上层人士参加扫盲。甘南藏族自治州由宗教上层人士举办的扫盲班达19个，参加学习的牧民、和尚1400多人。

严把扫盲质量关。(1)在办学形式及管理措施上，实行以集中办班、包干辅导、普遍办班为主；坚持村校结合，行政村长和村民小组长任扫盲班长，学校实行"日校办夜校，一长管两校"的管理制度。并根据成人特点、原识字基础，采取快慢班教学、归类识字、见物识字等教学形式。(2)在教学管理上做到八落实，即教室、学员、教师、教材、作业本、取暖照明、计划、办班经费等落实。(3)改进教学方法。一是采用电化教学手段进行教学。全省已有70%的乡设立了电化教学点，《农民学文化学技术》60 集系列片陆续发行试教；二是学文化学技术结合，边扫盲边掌握一门实用技术。(4)严把验收关。1992 年 5 月至 6 月，省政府组成扫盲验收组，对 9 个达标的县进行了严格的验收。

创造扫盲工作条件。一是争取经费保证。省财政 1992 年划拨农民教育专项经费 120 万元，专项用于扫盲和乡农民文化技术学校教学工作。各地、县、乡也都列有农民教育专项经费。二是加强扫盲队伍建设。全省配备扫盲和农村成人教育专兼职干部 1783 人，专兼职教师 32256 人。三是重视教材建设。省教委组织修订了《农民识字课本》，计划拍摄 60 部扫盲与扫盲后继续教育系列电视录像片已完成 25 部。甘南藏族自治州和肃北蒙古族自治县分别编写了藏文和蒙文的扫盲教材。

二、改革中的成人高、中等教育

1992 年，全省成人高等教育贯彻国家教委关于改革和发展成人教育的方针、政策，积极适应甘肃经济建设和社会发展的需要，基本形成了多形式，多渠道、多规格、多层次、多内容的办学体系，并进一步完善了各种管理制度，做到了整体规划，统筹安排，强化了服务意识，使成人高等教育的结构、布局更趋合理，专业设置日趋适应社会的需求，质量不断提高。

加强管理，提高教学质量。为进一步提高成人高等教育的质量，挖掘成人高校的办学潜力和优势，使其办出特色、办出效益、办出信誉，主要抓了以下工作：(1)进行成人高校毕业生追踪摸底调查，印发了《关于填报成人高等学校毕业生情况调查表的通知》，广泛征求社会各部门、行业和毕业生所在单位对学校办学的建议及对毕业生在工作岗位上的表现和能力的评价。(2)强化成人高校学籍规范化管理。为便于教育行政部门、办学单位和学校了解、掌握学生的情况，提高统一管理的程度，由省教委统一印发了各种学籍管理表格，供学校在每学期期初、期末填报新生注册、毕业验印、学籍变动等情况。(3)加强对外省、市(区)普通高等学校在甘肃举办函授站的注册登记工作。省教委发出《关于对省外普通高等学校举办高等函授教育进行注册登记的通告》，对其办学机构、办学条件、师资水平、辅导环节及实施教学计划等方面进行检查、登记，加强了宏观管理和统筹协调，推动了高等函授教育的健康发展，保证了教学质量的提高。

开办短线专业，培养急需人才。为适应社会主义市场经济发展的需要，推动甘肃乡镇企业和第三产业的发展，培养社会急需的应用型专业人才，经省教委与有关部门、学校协调，创造条件，优化专业结构，开办对外经济贸易、计算和信息处理、乡镇企业管理、现代公关与文秘专业等短线应用型专业，为地方经济建设提供服务。

成人中等教育稳步发展。1992 年根据实际需要，调整、审批了部分成人中专学校的专业设置，使之更好地为经济建设服务。加强了对成人中专教育的质量管理和检查，在全省部分成人中专学校组织了期末抽考和毕业抽考，加强了学籍审核和毕业发证工作，并对一些学校进行了教学评估。

三、企业职工教育和社会力量办学

在国家教委确定甘肃境内两家部属企业列入全国 102 家教育综合改革实验单位的基础上，全省确定 7 家企业作为省试点单位，1992 年制定了实施方案，建立了由企业领导负责的教育综合改革领导小组，起步项目已开始实施。为互通信息，全省 9 家试点企业(含 2 家国家试点企业)自发组织了每年 2 次的例会制度，省教委定期每年召开一次企业教育综合改革实验座谈会，从宏观上对实验给予指导。

1992年,全省职工培训积极稳妥的发展,逐步向规范化迈进,制定了多种岗位规范要求。接受资格培训的人数逐年递增,有了较快增长。

1992年,全省社会力量办学通过整顿,严格管理,提高质量,面貌有了改观。全国成人教育工作会后,省教委对原有的社会力量办学暂行规定做了较大修改,以适应当前改革的形势,更好地推动社会办学沿着正常轨道发展。

撰稿人　马志荣　李春芮　温攀玺
粟　波　陈继宗
审稿人　阎思圣　高维新

青海省教育

概　况

1992年各级普通学校基本情况

单位：人

学校类别	学校数（所）	毕业生数	招生数	在校学生数	教职工数	
					计	其中：专任教师
一、普通高等学校	7	1633	1947	6319	2986	1411
研究生		1		4		
本　科		1046	938	4188		
专　科		586	1009	2127		
二、中等专业学校	38	3756	3819	10611	3020	1571
中等技术学校	23	1895	2183	5902	2037	968
中等师范学校	15	1861	1636	4709	983	603
三、普通中学	488	62790	70911	213632	20140	16377
高　中	200	17927	14690	47964		4652
初　中	288	44863	56221	165668		11725
四、农业、职业中学	74	4466	5578	8455	697	502
高　中	42	2438	2679	3292		388
初　中	32	2028	2899	5163		114
五、工读学校	1	8	8	8	27	16
六、小学	3593	66034	77990	456519	28499	26507
七、特殊教育学校	2	15	11	369	79	56
八、幼儿园	189	20060	39007	57757	2741	1504

1992年各级成人学校基本情况

单位：人

学校类别	学校数（所）	毕业生数	招生数	在校学生数	教职工数 计	教职工数 其中：专任教师
一、成人高等学校	3	689	885	1774	603	311
广播电视大学	1	238	289	488	86	21
职工高等学校	1	29	87	192	132	89
农民高等学校						
管理干部学院						
教育学院	1	422	479	1064	385	201
独立函授学院						
普通高校举办						
函授部						
夜大学						
干部专修科			30	30		
二、成人中等专业学校	17	593	1712	4512	666	310
广播电视中专	1	70	559	1814	96	55
干部中专	2	53	69	149	79	39
职工中专	14	470	1084	2549	491	216
农民中专						
教师进修学校						
三、成人中学						
职工中学						
农民中学						
四、成人技术培训学校	202	144424	163609	149633	167	69
职工技术培训学校						
农民技术培训学校	202	144424	163609	149633	167	69
五、成人初等学校		35159	52242	70019	97	97
职工初等学校						
农民初等学校		35159	52242	70019	97	97
其中：扫盲班		34948	51613	69103	96	96

制表人　张晓乐

1992年，全省教育工作围绕“科教兴青”的战略思想，坚持社会主义办学方向，制定教育改革方案，深化教育改革，探索为青海经济建设服务的办学路子，努力提高教育质量和办学效益，各类教育稳步发展。

1992年，青海省教育战线把学习贯彻邓小平同志南巡重要谈话和党的十四大会议精神作为首要任务，解放思想，转换脑筋，强化改革意识和办好教育的紧迫感、危机感及责任感，教育改革不断深入。在充分调查研究的基础上，制定了《青海省教育厅关于各类教育加速深化改革的意见》。提出要抓住机遇，迎接挑战，深化改革，加速发展。要紧紧围绕经济建设这个中心，抓好农村、城市两个教育综合改革，进一步调整中等教育结构，调整高校专业结构，大力加强基础教育，优先发展民族教育，大力发展职业技术教育、高等教育和成人教育，使青海省教育再上新台阶。

撰稿人　郭存福

基础教育

从1986年《义务教育法》发布以来，青海省基础教育发生了很大变化，取得了显著成绩。据1992年统计，全省学龄儿童入学率达到85.02%，巩固率达到98.4%，小学生毕业率达到97.21%。占全省人口56%以上的17个县（区）普及了初等教育，占全省人口21.7%的城市、工矿区普及了初级中等教育。基本消除了原有中小学危房。1987年以来，全省共集资2亿元，改造中小学危房102万平方米，中小学校舍总面积达349.68万平方米，危房面积占校舍总面积的比例已降至2%，连同新增危房已控制在5%以下。占全省学校总数53.2%的2179所中小学实现了"一无两有六配套"，受到国家教委表彰。在危房改造基本结束后，继续采取财政拨款和多渠道集资的办法，解决学校教学仪器、图书资料不足等困难。1992年，为普通高中实施毕业会考提供理化生实验考查仪器，国家支援不发达地区发展资金安排300万元，地方集资300万元，集中解决了部分中学缺少实验仪器的问题。

一、积极组织实施《义务教育法》

学习宣传《义务教育法》实施细则，把学习、实施《义务教育法》细则当作普及九年义务教育的重要工作列入议事日程。4月，省教育厅组织西宁市、海东行署、海南、海北州主管教育的领导收看了国家教委召开的《义务教育法实施细则》电视工作会议。会后，根据全省实际，起草了给省人民政府的《青海省实施〈中华人民共和国义务教育法〉细则》的报告，制定下发了学习、宣传、贯彻《中华人民共和国义务教育法实施细则》的通知。全省各地开展了学习、贯彻、落实细则的各种活动。西宁地区中小学组织宣传队，印发宣传品，向群众宣传《义务教育法实施细则》。乐都、湟中等县决定每年4月和9月为《义务教育法实施细则》的宣传、学习、实施月，4月狠抓在校学生的巩固工作，9月全力以赴动员学龄儿童入学。

根据青海普及义务教育的新要求，省教育厅代省人民政府起草了向省人大常委会呈报的《关于〈青海省实施中华人民共和国义务教育法〉办法的修正案》，此案经1992年省七届人大常委会第28次会议审议通过，予以公布实施。

采取有力措施，加快普及义务教育进程。按照分类规划、分类指导、有步骤地实施义务教育的要求，省教育厅首先在大通、互助两县进行了普及初等教育的验收工作，7月，省人民政府办公厅批转了省教育厅关于互助、大通两县普及初等教育的合格报告，并由省人民政府颁发了《普及初等教育合格证书》。其次，在总结湟中县大才乡实行义务教育执法队经验的基础上，省教育厅下发了《关于实施义务教育入学制度的通知》，要求从1993年秋季起，在全省实行学龄儿童入学通知制度，从法律上进一步督促家长、社会、学校保证给适龄儿童入学接受教育的机会。

为了使《义务教育法》的宣传做到家喻户晓，人人皆知，省教育厅编写了《义务教育法》辅导教材。内容有义务教育的性质、义务教育法的基本内容和基本特点、颁布义务教育法的重大意义及如何进一步贯彻等。此教材列入全省普法宣传教育统编教材，由省法制宣传办公室出版发行。

二、开展内容丰富的德育活动

全省中小学加强了德育工作领导，建立健全了德育领导机构和各项规章制度，培训、充实了思想政治工作队伍。围绕师德教育，省教育厅同省教育工会、青海日报社、《青海教育》编辑部共同举办了"三育人有奖征文活动"。把德育贯穿到教书育人、管理育人的全过程，渗透到学科教学之中。围绕"两史一情"教育，省教育厅会同有关单位举办了爱国主义电影周活动，以及国情知识竞赛，"爱我家乡、爱我青海"有奖征文活动；编辑出版了小学生用《我爱我的家乡》(青海卷)和中学生用《爱我中华爱我青海》等书。通过以上活动，坚定了广大师生坚持社会主义办学方向的信念，增强了振兴中华、强国富民的意识，提高了辨别是非的能力，精神面貌发生了可喜的变化。

三、高中两项改革进展顺利

从1991年秋季入学的高中一年级开始，普通高中(包括经教育行政部门批准的社会力量举办的普通高中和民族高中)均实行调整后的高中教学计划。1992年高中两项改革基本到位。一是先后制定了《青海省普通高中会考制度试行方案》、《关于在招工、招干中承认普通高中毕业会考成绩的通知》、《青海省实施普通高中毕业会考试行办法》、《青海省普通高中毕业会考考务细则(试行)》、《青海省普通高中学生学籍管理办法(试行)》等一系列配套文件，确定了会考的指导思想、原则、对象和方法，制订公布了各学科会考标准。二是加强了校长和教师培训。1991年以来，对全省800余名高中各科教师进行了新大纲及调整后教学计划的培训，同时先后对200余名中学校长进行了培训，培训面达80%。三是建立会考机构，落实会考经费。成立了全省高中会考领导小组。为适应会考工作需要，将省招办改为省考试管理中心，考试中心增设会考科。1992年省财政拨款30万元，主要用于会考设备的购置。四是首次高中地理会考于6月5日举行。全省189所普通高中的15269人参加了会考。根据各地和各民族文化教育发展不平衡的状况，全省不同地区确定了不同的等级划分标准。首次毕业会考及格率80.97%，其中A等占33.64%，B等占25.78%，C等占21.55%，D等占19.03%。经过补考除因病、因事及转学、流动缺考的学生外，实际参加考试的学生95%以上及格。

四、教学改革实验由点到面逐步展开

一是小学语文"注音识字、提前读写"实验由城市逐步发展到农村牧区。目前全省有76所小学的215个班，1万多名学生进行实验。二是学习上海青浦数学教改经验的改革实验已在海北州和乐都县的10余所中学展开。三是九年义务教育教材试验已在平安县的4所中小学进行了两年，取得了阶段性试验成果，为1993年全面使用九年义务教育教材积累了经验。四是为推进课堂教学改革，提高中青年教师教学水平，1992年举行了首次青海省中小学幼儿园中青年教师“教学能手”评选活动。经过自下而上的评比和筛选，参加全省评选的共44人，其中中学教师16人，小学教师23人，幼儿园教师5人。经省中小幼中青年教师“教学能手”评委会评比，省教育厅审定，决定授予庞晓丽等16人青海省中小幼中青年教师“教学能手”荣誉称号。

五、加强师资培训工作

1992年，省教育厅制定下发了《关于认真搞好中小学、幼儿园教师继续教育工作的意见》，确定了小学以继续教育为主，中学以学历培训和继续教育并举的培训方针。

省教育厅委托教育学院举办了体育、音乐、美术、数学、语文、外语6个《专业合格证书》考前培训班，有200余名中学教师参加并经考试取得了《专业合格证书》。全省大部分地区采用集中办班和短期培训相结合的形式，对骨干教师进行了培训。参加培训的共有1800名小学、幼儿园教师。其中，由联合国儿童基金会援助的师资培训项目和贫困地区100所小学项目在师训工作中发挥了骨干带头作用，两个项目合计培训小学、幼儿、特殊教育师资500余名。举办了四期中学校长培训班，参加培训的校长有160名。截止1992年底，全省共有472名中学校长接受培训，培训面达60%；800余名小学校长接受培训，培训面达20%。

1992年，全省小学教师学历合格率为79.21%，初中教师学历合格率为50.31%，高中教师学历合格率为38.82%。

六、勤工俭学蓬勃展开

1992年全省勤工俭学总产值2277万元，比上年增加335万元；纯收入619万元，比上年增加129万元。学生生均收入8.98元，勤工俭学开展面达68%。为促进全省勤工俭学事业的发展，完善制度，拓宽环境，进一步放宽政策，省教育厅制定下发了《青海省勤工俭学暂行管理办法》、全省勤工俭学十年规划和“八五”计划、《青海西北、西南地区勤工俭学发展意见》等文件。年内，还组织西宁、海东地区部分中小学校长、教育局长、勤工俭学管理干部，赴四川、云南、广西等地参观考察，学习兄弟省区开展勤工俭学的好的做法和经验。

1992年全省勤工俭学继续扩大规模，开拓新的经营领域，上水平，上档次，依靠全省资源优势，积极筹集资金。省教育厅检查了西宁市的区(县)，海东地区，海南州的共和县、贵德县、贵南县，海西州的格尔木市、德令哈市、都兰县等4个地区的10多个县(区)的勤工俭学活动。还检查了各级政府和教育部门对国务院、省人民政府、省教育厅有关文件的贯彻执行情况。从检查的情况看，各地政府重视学校开展勤工俭学活动，组建了管理机构，制定了适应当地发展的实施意见，促进了勤工俭学活动的进一步发展。

七、顺利实施普通教育督导工作

1992年青海省教育督导工作积极发挥职能作用，贯彻《教育督导暂行规定》，督导制度建设有新的进展。

1992年，省人民政府印发了《青海省实施〈教育督导暂行规定〉办法》，对全省教育督导的任务、范围、机构设置和人员编制、各级督导机构的主要职责等问题都做出了明确规定。1992年又有1个州和4个县组建了督导机构或配备了专职督导人员，一部分地、县机构充实了人员。至此，在全省8个地(州、市)中，已有7个建立了督导机构，另1个配备了督导人员，建立督导机构的县已达70%。全省专、兼职督导人员分别达到107人和66人。

认真抓好中小学校实施督导评估《指导纲要》的试点工作。按照国家教委督导评估指导纲要试点工作的通知精神，省教育厅组织人员于2月、3月、5月三次赴试点县乐都县进行督导检查。从6月中旬开始,又分赴玉树、果洛、海南3州和西宁、海东及其所属的12个县(区)、63所中小学进行督导检查,对学校深化内部改革,探索新形势下德育工作的新格局给予支持和鼓励。9月,对海东地区试点工作进行了抽评检查,重点抽评2个完全小学和8所县城、乡镇(学区)的中小学校,对10所学校的自评和县教育局的督导评估情况进行了重点检查,写出了题为《加强指导,认真实施——开展督导评估(指导纲要)试点工作的几点做法》的经验材料。

完成全省性的两项专项督导检查任务。根据国家教委《关于对中小学德育工作有关法规、文件落实情况进行督导检查的通知》,从全省实际出发,对督导检查工作分阶段提出了具体要求,4至5月对部分地区的自查进行了督导和指导。同时,根据国家教委《关于中小学教育工作两项督导检查的通知》精神,发出文件,提出减轻小学生课业负担问题的督导检查重点和具体要求。10月对部分州(市)的自查工作进行了督促,在西宁地区对部分学校进行了专项抽查。

撰稿人 任玉贵 郭存福

职业技术教育

1992年,青海省认真贯彻落实国务院《关于大力发展职业技术教育的决定》精神,抓改革、促发展,抓评估、上质量,推动了全省职业技术教育的发展。到1992年底,全省各类职业技术学校在校生占整个高中阶段在校生总人数的32%,比1991年提高2个百分点。

为推动全省职业技术教育的改革和发展,1992年主要采取了以下改革措施:

一、大力宣传、贯彻落实国务院《关于大力发展职业技术教育的决定》和1991年青海省职业技术教育工作会议精神

年初,省教育厅会同省计划、财政、劳动人事部门认真研究了青海省发展职业技术教育的一些重大问题,制定了《关于贯彻国务院大力发展职业技术教育的决定的意见》,提出了青海省发展职业技术教育的指导思想、发展目标和配套的政策措施。省人民政府于1992年3月12日批转了《意见》。为使工作落到实处,省教育厅组织人力到全省各州(地、市),县检查了贯彻落实情况,协调各地解决工作中遇到的具体困难和问题,帮助其用足、用好、用活各项政策,促进各地政府建立职业技术教育统筹协调机构,推动当地职业教育的发展。

海东行署1992年3月召开了海东地区职业技术教育工作会议。制定了《关于发展海东地区职业技术教育的意见》,其主要内容是:(1)从1992年起,职业技术教育经费单列;(2)职业学校的生均经费要逐步提高到高于普通中学生均经费3～5倍的标准;(3)全区连续5年每年从财政经费中给职业教育切块划拨专项经费130万元;(4)每年拿出教育费附加的20%用于发展职业技术教育;(5)

招工招干优先录用职业学校毕业生。西宁市成立了由主管教育的副市长任组长的职业教育统筹协调领导小组。1992年1月市长办公会议决定，从1992年起，每年划出一定的比例的招工指标优先录用职业学校毕业生，并提出到“八五”计划末，各类职业技术学校在校生占高中阶段在校生的比例，要由1992年的17%提高到30%以上。海西州提出了发展职业技术教育的目标和任务：到1995年，各类职业技术学校在校生占高中阶段在校生的比例要达到40%，要求都兰县、乌兰县各办好1所农(职)业中学。天峻、柴旦、冷湖、茫崖等县、镇应在普通中学开设职业班。

由于各地政府认真贯彻全省职业技术教育工作会议精神，使全省出现了发展职业技术教育的好势头。省教育厅在检查总结各地工作的基础上，向全省通报了情况。

二、改革和发展农村职业技术教育

1992年，青海省按照国务院《关于积极实行农科教结合，推动农村经济发展的通知》精神，结合全省实际积极进行农村教育综合改革，大力发展农村职业技术教育。

海东地区将农村职业技术教育纳入当地经济发展规划，认真搞好三教统筹和农科教结合，切实办好农职业中学，加强对初中学生的“三加一”职业技术教育和农村青壮年农民的职业技术培训，为广大农村牧区培养实用型人才。为使职业技术教育更好地为当地经济建设服务，各地在职业教育的管理体制、教育结构、教学内容和教学方法等方面都进行了改革。在管理体制上，加强了市、县一级的统筹职能，贯彻职业技术教育大家办的方针，充分调动行业部门和企事业单位办学的积极性；在教育结构上，适当压缩了普通高中的招生人数，增加了农职业中学的招生数，努力改变教育结构不合理的状况；在教学内容上，增加了乡土教材，使学生所学的知识能更紧密结合当地经济发展的实际；在教学方法上，加强了实践性教学环节，涌现了一些好的典型。如海东地区的乐都县，加强政府统筹职能，成立了由县长挂帅，有关部门主要负责人参加的职业技术教育统筹协调领导小组。决定将每年征收的20万元教育费附加用于发展职业技术教育，划拨耕地300亩给职业学校作为实习基地，坚持在普通中小学开好劳动和劳动技术课。加强农民实用技术培训，1992年，该县共举办各类培训班12期，培训人数达20000余人(次)。

三、开展中专学校评估工作，深化学校内部管理改革

为加强对全省中专学校的管理，搞好规范化建设，按照国家教委制定的中专学校合格评估标准，由省教育厅牵头，省计委、财政厅、劳动人事厅参加，聘请有丰富教育管理经验的同志组成评估小组，对全省普通中专学校进行了全面评估。对学校的培养规模、专业设置、教学设施、领导班子、教学管理、后勤工作等都进行了定性或定量考核。评估结果，省湟源畜牧学校、省财经学校、省卫生学校、省建工建材学校、西宁电力学校、青海银行学校和青海邮电学校等7所学校达到合格标准；省商业学校、省农林学校、省警察学校、省司法学校、省交通学校、省水利学校、省建材技术学校和六州的卫生学校暂缓通过。评估引起了各学校主管部门的高度重视，促使其积极采取措施改善学校的办学条件。省电力局决定拨款220万元给西宁电力学校修建礼堂和图书实验综合楼，省财政厅给省财经学校拨款240万元修建教学综合楼；省交通厅在经费十分困难的情况下，仍决定在3年内每年给交通学校拨款50万元购置实习、实验设备；省卫生厅、省畜牧厅、省建材局、省水利厅等都对各自主管的中专学校增加了投入。1992年，全省各中等专业学校增加的投资达

924万元。

1992年，普通中专学校深化内部管理体制改革。省教育厅在全省普通中专推广了省商业学校的改革经验，即实行校长负责制、教育目标管理责任制、教职员工全员聘任制、和学校内部结构工资制，提高了管理水平和办学效益。与此同时，省教育厅还在招生和毕业生分配制度方面进行了改革，在部分中专开办委托代培班、不包分配的自费生班和职业高中班，挖掘了普通中专的办学潜力，增加了学校收入。

四、广开办学门路，探索联合办学的新路子

1992年省教育厅协调计划、劳动人事、财政和经济部门的关系，为联合办学创造条件，促进教育部门与产业部门联合办学。先后与建筑、银行、化工、铸造、保险、商业、粮食、卫生等部门，联办职业技术教育班22个，将培训和使用结合起来，较好地解决了毕业生的就业安置问题，联办的职业班，毕业生就业率均达到90%以上。由于联办单位主动提供实习基地和办学经费，使职业学校大大节省了办学经费支出。有的学校还增加了创收，弥补了办学经费的不足。

撰稿人　姚孝余

高等教育

1992年，青海省高等教育坚持社会主义办学方向，积极促进高等教育为全省经济建设和社会发展服务，在深化内部管理体制改革的同时，注重教学领域的改革，提高学校的办学质量和效益，全省高等教育事业得到了稳步发展。

一、普通高校的基本情况

1992年，全省7所普通高等学校共开设理、工、农、牧、医、师范等专业46个，其中本科专业35个，专科专业11个。专任教师中有教授16人，副教授172人，讲师631人。全省普通高校校园面积为88.9万平方米，建筑面积28.8万平方米。1992年度全省高等教育事业费2127.4万元，基建经费354万元。

二、实施高校专业调整方案

根据省人民政府有关文件批准的高校专业调整方案两年内完成的要求，1992年调整方案全部实施到位。专业调整方案涉及到原有专业总数的36.7%，其中撤销和停办的专业3个，合并及转向的专业5个，调整课程设置，拓宽专业面的专业10个。专业点由原50个减少到46个。调整后有工科专业4个，农科专业9个，理科专业2个，文科专业6个，医科专业3个，师范专业22个。调整方案主要突出以下几个原则：(1)贯彻省委、省政府关于确保高校稳定，保持现有规模，不增设新摊子的指示；(2)遵循高等教育规律，充分考虑历史已形成的格局，避免大上大下；(3)按照国家教委对省属高校主要承担本地区师范及医药卫生等通用人才的培养任务分工，确保基础教育对师资的需求以及九年义务教育的实施，基本维持现设师范教育的培养规模和专业布局；(4)坚持以现有专业为依托，走内涵发展的道路，拓宽专业培养口径及方向，增强对经济发展的适应能力和服务功能;(5)确保专业的基本办学条件和教育质量。

三、师资队伍建设

认真总结和交流"七五"期间高校师资工作经验,明确"八五"期间高校师资队伍建设的任务和措施。4月省教育厅召开了全省高校师资工作会议。会议充分肯定了"七五"期间全省高校师资培训工作的成绩:重视高校青年教师政治素质和业务素质的培养提高,积极组织青年教师参加社会实践活动,举办岗位培训班,进行了以助教进修班和单科进修为主的师资培训工作,开展教学竞赛和教学评估工作;加强对讲师以上教师的知识更新工作,有计划地组织教师参加学术交流活动,培养骨干教师与学科带头人,组织教师承担科研项目,有计划选派业务骨干出国学习;按岗位学历要求选留新师资,重点补充研究生,以改善教师队伍的学历结构;进行了职称改革工作,改善了教师队伍的职称结构,调动了广大教师的积极性;成立了全省高校师资培训中心等。会议分析了高校师资队伍建设存在的主要问题和面临的形势及任务,对统一思想,增强紧迫感和责任感起到积极作用。会议讨论通过了《关于进一步加强高等学校师资队伍建设的意见》、《青海省高等学校师资培训工作"八五"规划要点》和《关于加强青海省高校师资培训中心建设的意见》3个文件,提出要提高认识、明确方向,始终把师资队伍建设摆在学校工作的突出位置。

为促进高校师资队伍建设,1992年省属各高校按照省职称改革领导小组部署,完成了聘期业务考核工作。结合各高校实际,制定了专业技术岗位设置意见,开展了职务评审工作。省教育厅组建了第二届高校教师高级职务评审委员会,1992年度共评审通过教授96人,占申报总数的75.6%;评审通过副教授192人,占申报总数的82.8%。1992年,省人民政府开展了评选享受政府特殊津贴专家工作,省属各高校共有13人被获准。同时,为了改善高级知识分子的住房条件,省人民政府第173次省长办公会议决定,将已建成的一座5500平方米、共42套高级知识分子住宅楼拨付省教育厅管理,分配给西宁地区高校使用。

四、高校思想政治和党建工作

青海省委高校工作领导小组和省教育厅党组重视高校党建和思想政治工作,对师生深入进行坚持党的基本路线和坚持中国特色的社会主义道路教育、爱国主义教育。开展多种形式的思想教育,如普法宣传教育、政治形势教育和"两史一情"教育。举办党的知识竞赛、读书演讲会、学习研讨会、"学雷锋、做四有新人"活动。团省委、省教育厅、省委宣传部还组织了全省大中专院校师生开展了以"深入实际、认识社会、积极参与、服务大众"为主题的暑期社会实践活动,共组织了120多种类型的实践分队,参观走访重点工程、重点厂矿千余人次,召开大小交流会、汇报会、座谈会上百场,拍摄各种图片3500多张,写出论文、调查报告、心得体会、实验课题近1万余份。

省委高校工作领导小组提出贯彻全国高校党建工作会议精神的意见,要求高校必须全面贯彻党的基本路线和四项基本原则,通过卓有成效的工作,保持高校局势的稳定,要把学习邓小平建设有中国特色的社会主义理论作为当前和今后长时期内理论学习和思想教育的重要内容,加强高校领导班子的建设和党支部的建设。省委高校工作领导小组还组织召开了题为"在新形势下如何加强和改进高校党的建设和思想政治工作"的座谈会。

省教育厅、省委宣传部、省教育工会配合教师的思想建设,联合组织了第二次全省高校教书育人报告活动,在全省高校巡回举办

7 场专题报告会，听报告的师生计 2300 余人，在开展报告活动的基础上，评选出 6 个先进集体和 6 名先进个人予以表彰奖励。

五、高等教育改革

为使高等教育更好地适应全省经济建设和社会发展的需要，增强高校面向社会自主办学的活力，提高办学效益，省教育厅、省委高校工作领导小组召开了高等教育改革座谈会，各校结合本校实际，认真研究和探讨了全省高等教育改革的基本思路和具体措施。在此基础上，省教育厅提出了《关于青海省高等教育改革的若干意见》，报请省人民政府批准实施。《意见》提出四个方面的改革措施：(1)转变政府管理职能，扩大高等学校办学自主权，以推动高校内部管理体制的改革。(2)进一步深化招生和毕业生就业制度的改革，建立学校与社会紧密联系的机制，努力构建人才市场调节和教育竞争的机制。(3)加强学校与社会各方面的联系，深化教学领域的改革，提高教育质量。(4)配套改革劳动人事和分配制度，以支持高教综合改革。

各校在深化高等教育改革的同时，加强教学领域的各项改革。青海师范专科学校从社会需求的实际出发，进一步明确了学校发展的目标和重点，力争在专科层次上办出特色，修订教学计划，实行综合测评，紧密联系实际，加强社会实践环节。青海师范大学拟定了学校优秀教学成果奖评审细则，进行了年度教学量化评估工作。青海民族学院印发了《教学改革方案》，成立教学科研改革办公室，根据青海民族地区经济建设的需要，进一步拓宽各专业口径，增强专业的适应能力。青海畜牧兽医学院下大气力促进教学过程规范化，在抓好教学质量管理的基础上，重视教材建设和课程建设。

省考试管理中心不断完善和改革招生办法，实行保送生名额定向分配，在招生政策上继续向青南艰苦地区倾斜。对师范生源实行“参加全国统考，单独填报志愿，提前录取”。在录取中实行“三公开”(政策公开、计划公开、录取结果公开)，增强透明度。同时还积极推行标准化考试，在 1991 年实行了英语、化学、数学、物理 4 科标准化考试的基础上，1992 年又实行了地理、历史、生物 3 科的标准化考试。

毕业生分配仍坚持突出重点地区和行业的倾斜政策。在统筹考虑、兼顾全局的前提下，结合省情，优先保证四个重点：一是尽量满足国营大中型企业对毕业生的需求；二是保证农林牧水行业系统的需求；三是继续对青南地区进行倾斜；四是保证教学第一线对师范毕业生的需求。各校进一步完善分配制度，普遍实行了公开分配方针、政策、需求信息、毕业生志愿、毕业生综合考评成绩，采取优生优分的办法。

六、高校科技工作

为把高等学校的科技力量有效地组织到经济建设的主战场，为振兴全省经济和促进社会发展作贡献，省教育厅、省科委联合下发了《关于我省贯彻国家教委、国家科委〈关于加强高等学校科学技术工作的意见〉的意见》，对深化高校科技体制改革和加快科技事业发展提出八个方面的意见：(1)进一步提高对高校科技工作的认识，切实重视和加强全省高校科技工作；(2)针对全省需要和高校实际，明确高校科技工作的指导方针、主要任务和发展目标；(3)争取多种渠道支持，增加高校科技经费投入；(4)广泛动员高校科技力量，积极投入为经济建设服务的主战场；(5)组织精干队伍，开展必要的基础性研究；(6)做好科技成果推广应用工作，提高经济和社会效益；(7)重视高校科技队伍建设，培养年轻一代学科带头人；(8)深化体制改革，加强对高校科技工作的领导与管理。

1992 年度，全省高校共设立人文、社会科学研究课题 17 个，研究与开发课题 106 个，其中基础研究课题 34 个，应用研究课题 64 个，试验发展课题 8 个。当年支出科研经费 40.2 万元。鉴定成果 33 项，其中达到国际水平 3 项，国内首创 7 项，国内先进水平 22 项。获省科技进步奖 12 项，其中二等奖 1 项，三等奖 1 项，四等奖 10 项。出版科学专著 2 部，计 500 万字。发表学术论文 379 篇，其中在国外学术刊物上发表 3 篇，在全国性学术刊物上发表 75 篇，地方性学术刊物上发表 301 篇。

为推动高校产学研工作，省教育厅组织高校参加了全省第一次“产学研联合开发工程”会议，搜集、整理、汇编高校有应用前景的科研项目与全省各有关企业进行联合开发，解决企业急需解决的技术难题。组织了高校与企业的对口考察，对高校科技工作面向经济、服务经济起到积极促进作用。

七、教育合作与交流

1992 年，为加强中国少数民族地区的教育合作与交流，在西宁召开了中国少数民族地区教育国际交流协作会第二届第一次年会，来自广西、云南、海南、贵州、西藏、四川、新疆、内蒙古、宁夏、青海 10 个省区及中国教育国际交流协会的代表出席了会议。会议探讨了协作会如何发挥少数民族地区整体优势，扩大对外交流与合作，促进少数民族地区经济和教育发展问题。

省教育厅先后组团分赴日本、美国、意大利进行访问和考察，分别就教育合作项目进行磋商。日本小岛企业集团向青海省赠款 500 万日元，用以在青海高校设立青年教师奖励基金，有 16 名高校青年教师获该项奖励金，另有 25 名高校学生获“小岛奖学金”。同时，班玛丹增副省长又与小岛企业集团在北京签署了日方捐赠 5 亿日元，用于在青海省建设教育文化发展基地的协定书，并经省人民政府批准同意成立中国青海省小岛基金会。1992 年度，青海省 4 所高校聘请美国、加拿大、日本等国 9 名文教专家到校任教，接受来华学习汉语和藏语的留学生 5 名。选派 5 名公费留学生赴丹麦、日本、芬兰、比利时进修。

撰稿人　李惟恒

成　人　教　育

1992 年，青海省成人教育坚持以改革促发展的基本思路，转变行政职能，强化宏观管理，注重基础建设，加强评估检查，各项工作稳步发展。

一、农牧民教育

全省农牧民教育以扫除青壮年文盲为重点，以发展技术教育、促进科技进步为目标，结合各地实际，统筹规划，分类指导，分步实施，实现了新的突破。

扫盲工作收效显著。年内，全省共组织 99296 人参加扫盲学习，59094 人脱盲，参加学习的人数和脱盲人数都创十多年来的最高纪录。全省平均非文盲率达到 77.38%，比 1991 年上升 7.46 个百分点。平安县通过海东行署检查验收，省人民政府审核批准，成为全省第八个基本无盲县。农业区在狠抓偏远落后地区和妇女扫盲工作的同时，普遍加强了扫盲后的巩固提高工作；牧业区在逐步提高少年儿童初等教育普及率的同时，扫盲工作由点扩大到面，保持了良好的发展势头。

农牧民技术教育蓬勃发展。全省举办乡镇农民文化技术学校113所，比1991年增加62所。这些学校年内共举办实用科技培训班954期，受训农民46822人。三教沟通。农科教结合的农村教育综合改革迈开了步子，湟中县实施“5111工程”，乐都县实施“5353工程”，两县政府分别成立协调机构，加强统筹协调职能，发挥农业、科技、教育等有关部门人财物优势，县、乡（镇）、村、户四轮驱动，初步形成了上下贯通、横向联系、相互促进的农民技术教育网络。

按照国家教委的安排，湟中县拉沙乡农民文化技术学校等5所全国 P_{20} 项目—农村人口教育试点成人学校，积极开展人口知识培训与社会宣传教育活动，工作进展顺利。年内5所项目学校共举办人口教育专题培训班32期，受训学员1902人；建立人口教育联系点28个，培训农民5108人；通过巡回教学等形式，使25240人受到人口知识教育。

年内全省涌现出一批农牧民教育先进单位和个人，在国家教委召开的全国扫盲暨农村成人教育工作会议上，大通县人民政府被授予“全国扫盲先进县”称号，湟源县申中乡农民文化技术学校被授予“全国先进农村成人学校”称号，乐都县教育局干部杨德霖被授予“全国扫盲先进工作者”称号，大通县妇联、平安县石灰窑乡吴有兰、湟中县大才乡李生芳，被国家教委和全国妇联授予“全国扫盲巾帼奖”。

为推动全省农牧民教育，省人民政府和省教育厅采取了以下工作举措：(1)重视四项基础建设。一是规划建设。年初制订了《青海省扫盲农村成人教育“八五”计划和十年规划》，对不同地区的农牧民教育从工作侧重点、进度要求、达标期限等方面提出了不同要求和奋斗目标。二是队伍建设。举办了全省农村成人教育管理干部岗位培训班，对全省州（地、市）、县两级的34名成人教育专职干部，进行了较系统的基础理论和管理知识培训。三是扫盲验收规范化建设。为统一扫盲验收的标准和尺度，提高其规范化程度，制定下发了《青海省基本扫除文盲单位验收量化标准》。四是教材建设。根据全省扫盲统编教材使用年限较长，已不能很好地适应新形势下的需要，省教育厅组织力量重新编写、出版、发行新版汉文扫盲识字课本10万册，同时完成了藏文识字课本和农民技术教育课本的编审工作。(2)加强督促指导、检查评估。为有效地指导、推动农村教育综合改革工作，年初，省教育厅厅长马玉麟等赴湟中县，就该县实施以农村成人教育为主体的“5111科教兴农工程”，同县委、县政府交换了意见。7月中旬，班玛丹增副省长同省教育厅领导一起对湟中县“5111工程”进展情况进行视察。8月下旬，省扫盲工作领导小组抽调人员组成两个检查组，对玉树、果洛藏族自治州扫盲工作进行了检查。9月，省教育厅成人教育处有关同志赴海东地区，对乡镇农民文化技术学校工作进行重点调查，写出了专题调查报告。年内，各级人大从执法检查角度，对各地贯彻《青海省扫除文盲暂行条例》和国务院《扫除文盲工作条例》情况，也进行了多次检查。(3)开展考查、交流活动。11月中旬，省教育厅组织西宁、海东、海西等地区部分教育局长和成人教育专职干部，赴甘肃、宁夏，对两省（区）开展扫盲、农村实用技术教育及乡镇农技校建设的情况进行了考察，加强了兄弟省（区）之间的工作交流，学习了经验，促进了工作。

二、成人大中专学校教育

对全省成人高等《专业证书》教育进行了清理整顿。1992年，在全省范围内开展了以全面自查和重点复查相结合的成人高等《专业证书》教育清理整顿工作。清理整顿结果表明：经省教育、人事部门审批的省内和委托省外院校举办的《专业证书》教学班，其办学条件、学员资格、教学计划等基本符合国家教委要求，保证了质量；由部门自行选送到省外院校就读《专业证书》的学员中，有一部分未能达到《专业证书》教育质量规格。为此，分别情况作出明确规定：省内高校自1988年以来经教育、人事部门审批同意举办的各类成人高等教育《专业证书》教学班，凡颁发了由省教育厅统一印制并经验证的《专业证书》，国家承认其证书效力；省属各部门、各单位委托国家部属院校省外地方院校举办的《专业证书》班，凡符合国家规定并办理了有关手续的，对其学员名单予以公布，国家承认其《专业证书》效力；凡未予公布名单的，国家不承认其《专业证书》效力。

对成人中等专业学校进行了检查评估。根据国家教委《关于开展成人中等专业学校评估工作的通知》精神，省教育厅制订了《青海省成人中等专业学校评估体系》，确定了各项评估量化指标，并对评估形式和内容、组织领导、评估程序、方法等做出了具体规定。在各学校完成自评的基础上，从9月开始，省教育厅会同有关厅(局)组织成人教育专家、教师和经验丰富的行政管理人员组成3个组，对全省14所独立设置的成人中等专业学校进行了全面评估。通过评估，肯定了学校的办学成绩，找出了各自的差距和存在的问题，明确了各校的等级归类及努力方向，有利于提高学校全面质量管理水平，推动学校规范化建设进程。

制订改革措施，加强宏观管理。为使成人大专、中专学校教育适应社会主义市场经济需要，建立主动为全省经济建设服务的办学机制，省教育厅拟订了《关于改革和发展青海省成人大中专教育的若干意见》，就以下方面提出改革举措：(1)调整成人高、中等学校专业设置，增设社会急需的新专业，专业调整、新专业设置，均由学校自主决定，省教育行政部门审批。(2)扩大学校办学自主权，学校有权举办各类非学历教育，有权接受用人单位的委托培养，有权批准学生转换专业，有权对教学计划规定的课程和教学时数在一定比例范围内自行调整，有权颁发非学历教育写实性学业证书。(3)允许有条件的学校试办高等职业技术教育班，还可以根据用人部门需要，举办委托性质的普通大、中专班。(4)试办大专层次第二专业成人教育班；继续开展《专业证书》教育；试行电大、函授、自学考试三种教育形式不同专业相同文化基础课和同专业课程成绩互相沟通制度；业余教育试行学历制；成人中专实行《专业证书》与毕业证书沟通制度；成人大、中专教育一律实行“双证制”。(5)改革招生考试制度，免试招收具有相应文化程度，地、市级以上的劳动模范、先进工作者接受学历教育；对具有相应文化程度的第一线生产骨干，实行入校补习一年文化课，然后转入学历教育班就读，以增加在校生中生产骨干的比重；面向农村、牧区的专业招生时，对农牧业户口的中学应届毕业生和今后会考合格生可免试录取；理工类专业招生时，减少文化考试科目，增加专业考试科目，专业课科目由学校确定并组织考试。(6)鼓励学校广开办学门路，举办教学、实习、生产、经营一体化产业，增加办学经济能力。

成人大、中专学校学历审核、验印工作进展顺利，11月上旬，省教育厅系统总结了开展这项工作的情况，并向省人民政府写出专题报告。

1992年，青海教育学院、青海工运干部中等专业学校分别被评为全国成人高等学校先进单位和全国成人中等专业学校先进单位，受到国家教委表彰。

三、社会力量办学及职工教育

贯彻“积极鼓励，大力支持，正确引导，加强管理”的社会力量办学方针。年内，省教育厅下发了《关于加强社会力量办学若干问题的规定》、《社会力量办学印章管理暂行规定》、《关于加强社会力量办学招生广告管理工作若干问题的规定》、《关于举办高考文化补习班有关问题的通知》，堵住了社会力量办学管理中存在的一些漏洞。在完善有关政策、规定的前提下，对全省社会力量办学进行了一年一度的检查评估，纠正了极少数社会力量办学存在的条件差、质量低、管理散等问题。

为统筹、协调社会力量办学的学校布局、专业设置，弥补教育行政部门管理力量不足，发挥大、中专院校办学优势，促进西宁地区社会力量联合办学，省教育厅成立了青海省社会教育联合培训中心。年内，明确划分了社会力量办学的管理范围、审批权限，严格了办学资格的评估审核工作，盲目办班得到纠正，学校(班、点)布局趋于合理。

以岗位培训为重点的职工教育在各地区、各部门受到重视，被纳入工作日程。年内省政府批转了省劳动人事厅关于《青海省专业技术人员继续教育规定》，一些部门也相继出台了开展岗位培训的规章制度。省人民检察院制定了《青海省检察人员岗位培训实施计划》，工商行政管理局印发了《关于开展工商局行政管理干部岗位职务培训评估工作的意见》，还有一些部门对年度职工教育工作作了具体安排。省商业厅、建设厅、人民银行、财经委等部门加强行业内各类人员培训，或举办培训中心，或送人员委托培训，采取脱产、半脱产等多种培训形式，坚持考核发证，持证上岗制度，推动了全员培训工作。

在认真开展岗位培训的同时，教育部门加强了职工文化教育工作。7月，省教育厅召开有关厅、局，大中型企业职工教育工作负责同志参加的全省职工文化教育工作会议，总结交流了经验，结合国家教委《关于加强成人高中教育的意见》，讨论了青海省的贯彻意见。10月，省教育厅发出《转发〈关于加强成人高中教育的意见〉的通知》，结合本省实际，就举办成人高中的有关问题作了具体规定。

据不完全统计，1992年全省有64407人参加了各类职工教育培训，其中有58572人参加了岗位培训。

撰稿人 刘 佑 卢存辉

民 族 教 育

1992年，青海民族教育从数量和质量上有进一步发展和提高。截止1992年底，全省专设的各级各类民族学校达1597所，其中民族高校2所，民族中专13所，民族中学68所，民族职业中学1所，民族小学1513所。民族学校已占普通学校总数的36.36%。少数民族在校生达 25.4 万人，比 1991 年增加 0.83 万人，少数民族学生占全省在校生总数的 33.7%。专设民族学校的专任教师达 11423 人，比 1991 年增加 846 人。全省少数民族学龄儿童入学率达到 64.67%。

1992 年，青海民族教育工作主要围绕学习贯彻中央民族工作会议和第四次全国民族教育工作会议、青海省民族工作会议精神，以普及义务教育为重点，继续加强民族地区的基础教育特别是牧区的初等教育，加强 6 个自治州民族师范学校建设，深入进行调查研究，积极为筹备全省民族教育工作会议开展工作，促进了民族教育事业的发展。

一、基础教育

民族地区初等教育发展较快，教育质量逐步提高。6 个自治州和农业区的 5 个自治县学龄儿童入学率、巩固率和毕业率已分别达到 78.23%、92% 和 92.3%。在青海省实施的联合国儿童基金会"加强贫困地区小学教育"项目工作取得较大进展，收到较好的社会效益。据统计，1992 年与实施项目前的 1989 年相比，100 所项目学校服务区内学龄儿童入学率、在校学生年巩固率、毕业率和校内外 12～15 周岁少年儿童普及率分别由 88%、94%、90% 和 75% 上升到 92.2%、96.5%、91.4% 和 91.8%。女儿童入学率由 1989 年的 76.8% 提高到 85.6%。项目学校的办学水平均高于当地一般学校，已开始发挥示范辐射作用，并成为观摩教学、交流经验的中心，推动了青海省贫困地区和少数民族地区初等义务教育的发展。牧区坚持以寄宿制小学为主多种形式办学的路子，抓管理、重质量、讲效益，教育质量不断提高。出现了一批管理上台阶、质量上水平的示范性学校。海南州贵南县是少数民族聚居的牧业县，经济基础薄弱，发展教育难度较大，但该县党政一把手亲自抓教育，把教育当作县乡政府的一项硬任务、硬指标，并把重视教育，为教育办实事作为考核干部的重要条件；不断增加教育投入，提出"再穷也不能穷教育"的口号，1991 年度教育经费支出占到县财政预算的 28.9%。1992 年 10 月，省教育厅在贵南县召开了全省第二次牧区寄宿制小学经验交流暨现场会，在全面总结和推广贵南经验的同时，认真总结了 10 年来青海省办寄宿制小学的经验，肯定了牧区以寄宿制为主多种形式办学的路子，提出了改革新思路，引起了全省牧区的强烈反响。一个看贵南、学经验、话改革的热潮开始掀起。由于基础教育质量的提高，少数民族高考录取分数线逐年上升，1992 年文理科分别达到 300、355 分，理科比上年提高 25 分。全省少数民族学生高考录取人数达到 1039 人，占录取新生总数的 23.97%。

录取新生中保送生 103 人，其中少数民族学生 68 人。

二、师资队伍和教材建设

为加强六州民族师范学校建设，加速培养、培训民族小学师资，年初省教育厅统一制定并下发了六州民族师范学校新的教学计划，并要求在当年秋季开学后正式执行。新教学计划针对牧区教育实际，将三年学制改为四年制，并要求各科逐步开展双语教学。为切实加强青海民族师范专科学校的管理和教学业务工作，根据省人民政府第 133 次省长办公会议关于"将青海民族师专成建制交省教育厅管理"的决定和《关于青海民族师专移交事项的会议纪要》精神，1992 年 1 月，在海南州召开了青海民族师范专科学校移交会议，海南州正式将青海民族师专移交给省教育厅管理。在此期间，第 2 次全国民族教育工作会议决定的由陕西师范大学对口支援青海民族师范专科学校的前期准备工作也已基本完成。

1992 年 5 月，国家语委、国家教委全国中师普通话检查组对青海省中师普及普通话工作进行了检查验收，并实地考察了湟中县师范学校和海北州民族师范学校。检查组一致认为这两所学校认真贯彻国家语委文字工作方针政策，在推广和普及普通话工作方面取得了显著成绩，检查合格。

为提高牧区民族中学以及民族县项目学校的管理水平和教师业务素质，省教育厅委托青海师范大学、青海教育学院分别举办了六州民族中学校长培训班、项目学校校长、教导主任培训班和骨干教师培训班。此外，多数州民族师范学校也举办了小学校长和骨干教师培训班。

民族文字教材建设迈出新步子。青海民族教材编译处承担着九年义务教育藏文教材和高中会考藏文各科教材及会考标准两项编译任务。按国家教委关于教材配套建设和同步供书的要求，1992 年共编译藏文九年义务教育大纲、教材和教学参考书 46 种，高中会考教材 17 种。

三、民族班与民族职业技术教育

为检查了解 10 年来省属普通大中专院校举办民族班的情况，找出存在的问题，以进一步办好民族班，为民族地区培养更多更好的中、高级专业人才，1992 年 3 月，省教育厅对省属 6 所普通高校(含 1 所成人高校)和 9 所普通中专举办民族班的情况进行了深入调查，对进一步办好民族班提出 5 条建议：(1)根据形势需要，坚持不懈地办好普通大中专院校民族班。(2)各院校特别是主管厅局对民族班一定要给予支持和帮助。(3)省政府有关部门要做好人才需求计划，使办班院校能够有计划按比例培养民族人才。(4)省财政部门对举办民族班的院校要给予一定资助。(5)省编制部门要适当增加民族班所需编制。

为加快民族教育改革步伐，促进民族地区职业技术教育，1992 年 1 月 15 日，省教育厅程庆麟副厅长主持召开了民族地区、边远地区职教发展研讨会，研讨了全省民族地区职业技术教育发展的路子、突破口和“三教”协调等问题。1992 年 6 月，省教育厅转发了国家教委《关于加强少数民族与民族地区职业技术教育工作的意见》并提出了贯彻意见，要求各级地方政府在切块下达的教育经费中逐年增加对职业技术教育的投入；从 1992 年起，省教育厅将把职业技术教育专项补助费等重点向少数民族地区发展职业技术教育倾斜；每年分配一定比例的高校毕业生到少数民族地区的职业技术学校任教。

撰稿人 贾忠平

审稿人 高 荣 程庆麟 夏 铸 蒋焕东 刘文璞 任玉贵

宁夏回族自治区教育

概 况

1992年，宁夏教育战线贯彻党的十四大和邓小平同志南巡谈话精神，坚持教育的社会主义方向，坚持教育必须为社会主义经济的发展和人民群众的文明、富裕、幸福服务的方针，解放思想，团结奋进，加快教育改革与发展步伐，取得了一定的成绩。

为贯彻1992年8月《宁夏回族自治区与上海市关于进一步加强经济技术协作的对口支援工作会议纪要》精神，自治区教育厅厅长王凤峨率团于11月访问了上海，与上海市教育主管部门及有关单位、学校就进一步加强合作、交流和对口支援工作广泛地交换了意见。11月11日，与上海市人民政府教育卫生办公室签订了《宁夏与上海关于加强教育合作和交流的协议书》。这是宁夏教育扩大开放，积极争取先进地区支援，加快全区教育改革与发展步伐的一个重大举措。

至1992年，宁夏已建成教育电视台和差转台7个，卫星地面接收站150个，放像点454个，覆盖72%的人口地区，全区形成了卫星电视教育网络。

1992年各级普通学校基本情况

单位：人

学校类别	学校数（所）	毕业生数	招生数	在校学生数	教职工数	
					计	其中专任教师
一、普通高等学校	7	2112	2732	8504	3645	1703
研究生		8	10	29		
本科		1015	1106	4441		
专科		1089	1616	4034		
二、中等专业学校	26	4174	4090	11345	3037	1484
中等技术学校	22	2556	2627	7650	2491	1175
中等师范学校	4	1618	1463	3695	546	309
三、普通中学	444	91850	93156	287839	21752	17160
高中	125	20727	18131	58245		4146
初中	319	71123	75025	229594		13014
四、农业、职业中学	41	5519	6047	12725	1028	785
高中	32	3202	3809	9034		695

初　　中	9	2317	2238	3691		90
五、工读学校						
六、小　学	3940	88366	101874	652064	30790	27831
七、特殊教育学校	5	30	272	564	100	63
八、幼儿园	283	32635	50547	65374	3563	1992

1992 年各级成人学校基本情况

单位：人

学校类别	学校数（所）	毕业生数	招生数	在校学生数	教职工数	
					计	其中专任教师
一、成人高等学校	5	1726	2042	5181	871	377
广播电视大学	1	466	636	1731	290	114
职工高等学校	3	293	514	1322	300	142
农民高等学校						
管理干部学院						
教育学院	1	409	345	864	281	121
独立函授学院		343	153	361		
普通高校举办						
函　授　部			75	75		
夜　大　学		187	239	748		
成人脱产班		28	80	80		
二、成人中等专业学校	28	1470	2137	6570	823	428
广播电视中专	2	305	406	2593	20	1
干部中专	1	75		74	57	40
职工中专	10	828	1475	3454	423	209
农民中专	2	76	26	66	37	9
教师进修学校	13	186	230	383	286	169
三、成人中学	1	135	175	175	4	4
职工中学	1	135	175	175	4	4
农民中学						
四、成人技术培训学校	936	269163	351058	323147	62	62
职工技术培训学校						
农民技术培训学校	936	269163	351058	323147	62	62
五、成人初等学校	202	66565	68143	54639	126	126
职工初等学校						
农民初等学校	202	66565	68143	54639	126	126
其中：扫盲班	202	66565	68143	54639	126	126

制表人　杨文刚

基 础 教 育

基础教育作为重点进一步得到加强。全区依法实施九年义务教育进展顺利，学校内部管理体制改革逐步展开，在全区中小学开展了“基础教育质量效益年”活动，幼儿教育和特殊教育发展较快。

一、实施义务教育取得突破性进展

3月，自治区教育厅召开工作会议，下发了《宁夏回族自治区县(市、区)和乡(镇)实施义务教育程序的暂行规定》，推进全区按规划、分阶段、有步骤地实施义务教育的进程。制定了《宁夏回族自治区乡(镇)实施初等义务教育评估方案》，评估内容涉及教育管理、办学条件、教育效益3个A级指标，8个B级指标，33个C级指标，并采取直接量化和间接量化的办法进行量化评分。对直接影响普及义务教育的关键要求采取“一票否决法”保证义务教育的普及质量。同时还下发了《创建规范化小学的意见》，从办学条件，学校管理、教育质量等方面提出较高的要求，使一部分学校通过努力率先建成规范化小学，并逐年分期创建一批规范化学校。自治区各县(市)区，已全面分阶段地实施了不同年限的义务教育。

为了使义务教育工作在实施过程中进入依法治教的轨道，5月，在全区城乡掀起了大规模的学习、宣传《义务教育法》和《实施细则》的活动。自治区教育厅印发《实施细则》1万份，在全区城乡广为张贴，各县市(区)组织学生、教师上街道、农村集市、农户家庭广泛宣传。宣传声势大、面广，切实做到了家喻户晓。与此同时，各县市(区)还举办了由乡(镇)长、街道办事处主任、学区校长、教育专职干部参加的义务教育培训班，落实了义务教育阶段分级办学、分级管理的责任。6月，教育厅召开了全区教育局长会议，各市县汇报交流了依法实施义务教育的情况，并对全区义务教育的档案管理进行了统一规定和要求，建立了义务教育登记卡制度，规定从新生入学起建立个人登记卡片。同时，完善了乡(镇)对村校下达学龄儿童入学任务书制度和学龄儿童入学通知书制度，强化了乡(镇)政府依法治教的工作规程。7月在全区推行了《义务教育证书》制度，如实记载学生接受义务教育的年限和学业程度。

为了帮助回族聚居的南部山区普及初等义务教育，自治区在南部山区新建81个教学点，加上1991年所建教学点共计299个，基本解决了南部山区教学点的不足，方便了交通不便。居住分散的边远山区回汉族儿童就近入学。

二、“加强贫困地区小学教育实验项目”工作取得进展

全区“加强贫困地区小学教育实验项目”是1989年由国家教委和联合国儿童基金会确定的。自1990年实施以来，取得了成绩。项目所在地的乡、校十分重视，仅固原地区40所项目学校就举办家长学校和短期培训班209期，参加学习家长21000多人次，家长受教育面达58.4%。全区10县100所项目学校办培训班40期，培训县、乡项目官员和校

长300余人，培训语文、数学双科骨干教师600余人次，学前班教师100人。吴忠市90%的小学在项目小学带动下，开展了自制教具活动，共制做自然教具120种，28760件。盐池县还自制体育器材14种226件。项目学校自制教具活动对全区因地制宜、因陋就简，加强实验室建设起了较大推动作用。全区100所项目学校开办学前班118个，在班儿童5700余人，学前一年入班率达到87%以上。通过广泛的发动宣传，调动了社区和群众的参与意识，县乡和群众集资捐款，投工献料，使项目学校的办学条件有了根本的改变。100所项目学校85%以上的学校实现了“一无两有六配套”，80%以上的校舍达到了砖瓦化要求，实验室、图书馆、多功能活动室建设都有了较大改观。据不完全统计，自项目实施以来，县、乡、村为项目学校投入超过500万元。为了推动项目学校的工作，在自治区教育厅项目领导小组的参与指导下，1992年对全区100所项目学校进行了检查评估，评出获一等奖学校30所，二等奖学校40所，三等奖学校30所。

三、加强教育督导和政策法规工作，开展基础教育质量效益年活动

1992年，全区对中小学落实德育法规、文件情况进行了督导检查，并在吴忠市召开《国旗法》教育督导现场会，总结推广了吴忠市利通第一小学的先进经验。还组织对银川市部分小学学生课业负担过重问题进行了专项督导检查，使小学生课业负担过重的现象有所扭转。义务教育地方性配套法规已基本齐全，编辑了《教育法规选编》(一)。

为了把全面提高教育质量和办学效益放在突出位置抓紧抓好。针对全区基础教育办学效益不高、教育质量较低的状况，自治区教育厅决定于1992年9月至1993年9月在全区开展基础教育质量效益年活动。自治区教育厅成立了由厅长王风峨为组长、副厅长王世福、雒秀兰为副组长，有关处室参加的领导小组，下设办公室，并向各地、市指派了联络员。同时下发了《关于开展基础教育质量效益年活动的安排意见》，对活动内容、组织领导、评估办法与细则以及表彰奖励作了明确规定。1992年12月，自治区教育厅召开了全区基础教育质量效益年汇报交流会，总结交流了前一段活动情况，布置下一段活动的任务和要求。开展基础教育质量效益年活动，得到了各地教育部门和学校的积极响应。

四、在全区范围内推行普通高中毕业会考制度

1991年12月25日，经自治区人民政府同意，自治区教育厅发出《宁夏回族自治区普通高中毕业会考制度实施方案》，就会考的性质与目的，会考科目及时间安排，会考对象，命题、考试、成绩管理、学籍管理及证书发放，会考机构、职责分工、经费等七个方面作出规定，为会考制度的实施提供了政策依据。

在《实施方案》的基础上，根据会考工作的需要，先后制定了《宁夏回族自治区普通高中毕业会考管理暂行规定》、《宁夏回族自治区普通高中毕业会考考务工作细则》等文件，初步完善了会考工作的基本制度。并经自治区人民政府批准成立了自治区普通高中毕业会考办公室，负责会考工作的实施和日常管理工作。自治区教育厅还成立了由厅领导任组长，普教处、教研室、招生办、人事处、计财处、督导室等处室负责人参加的协调领导小组。各地、市、县也相继组建了会考管理机构，配备了专兼职工作人员，承担起会考的组织、实施与管理任务。自治区财政部门还为会考工作的顺利开展，一次性划拨专项经费14万元；自治区财政厅、物价局批准了每生每科的收费标准，缓解了会考经费紧张的矛盾。

在从1991年秋季入学的高一年级开始

实行会考的同时，调整普通高中教学计划，并根据国家教委《现行普通高中教学计划调整意见》，对全自治区所有高一各科教师以及教育行政干部进行了培训，重点对高一各科教师掌握《调整意见》、新的教学大纲和教材进行了辅导，参加培训的教师约2000人。

为了把好会考第一年第一学科的考试关，为今后全面会考打基础，自治区教育厅会考办在预测摸底的基础上，精心组织了地理会考。高一地理考试，参考18793人，及格15983人，及格率为85.04%，不及格考生2252人，经过补考及格1524人。两次考试合格率达到93.15%，达到了预期效果。

五、加强中小学教师住房建设和民办教师管理

中小学教职工住房建设成绩显著。受自治区人民政府委托，自治区教育厅、计委等单位组队分赴全区各地，全面检查验收1991年中小学教职工住房建设情况。据统计，1991年全区多渠道集资2111万元，比原计划超出846万元，竣工面积82525平方米，比原计划超出40425平方米，解决户数1377户，比原计划超出535户。至此，全区城镇中小学教职工住房人均居住面积达到7.37平方米，略高于全区居民的平均水平。年底，自治区召开了全区城镇中小学教职工住房建设表彰会。

加强对民办教师队伍的管理。1992年由自治区教育厅、计委、劳动人事厅共同组织择优录用了204名民办教师为公办教师。同时，对全区民办教师进行了一次全面、严格的考核和整顿，首次统一实行了民办教师任用证书制度。

六、幼儿教育、特殊教育有了长足进步

1992年，自治区人民政府批转了自治区教育厅和有关部门共同起草的《关于加强全区幼儿教育工作意见》。《意见》就发展幼儿教育的指导思想、幼儿教育的发展目标、加强幼儿教育的主要措施等作了要求。提出：到1995年，全区3周岁至入小学前幼儿入园(含学前班)率达到25%左右，其中城镇平均达到85%左右，农村学前一年幼儿入园(含学前班)率平均达到50%左右。到2000年，除少数经济文化基础薄弱的县外，多数县基本普及学前一年教育，积极发展学前三年教育；城镇基本满足群众送子女入园(班)的需要。三周岁至入小学前幼儿入园(班)率达到35%左右。《意见》还就保证以上目标的实现、提出了必须做好的工作和措施。自治区教育厅还发布《宁夏回族自治区示范性幼儿园标准(试行)》，从办园条件、保教队伍、园务管理、保教质量等方面提出了示范性幼儿园必须具备的条件。

在以上工作的基础上，对全区幼儿园进行了全面的评估检查和定级分类，评定出一级一类幼儿园21所，一级二类幼儿园4所，二级一类幼儿园5所，自治区教育厅为各级各类幼儿园颁发了证书。在定级分类工作的基础上，根据不同级别、类别制定了幼儿园新的收费标准。

特殊教育也有了新的发展。1992年，自治区教育厅发出《关于加快发展弱智教育的意见》，提出要多种形式办学，强调了弱智儿童以特教班和随班就读为主体的教育形式。并从学制与教材、教学工作、师资、加强领导与管理等方面提出了实施意见，促进了特殊教育的发展。

七、教育科学研究成果显著

1992年，自治区教育厅教研室加强教学业务管理，制订了《教师教学评价项目及标准》、《教学质量检查等级标准》。深入基层开展教研活动，教研员全年听课929节，组织教学观摩活动32次，举办讲座61次。填补了小学和初中劳动课教材的空白。由宁夏牵头，贵州、甘肃、青海参加的《中国农村女童教育现状、问题及对策研究》被正式列为“八五”哲学社会科学国家重点课题。在对亚太6国女童教育进行国际比较和对全区女童教育进行抽样调查的基础上,目前正在宁南山区回族聚居的8所农村小学进行“整体优化女童教育环境”的试验研究。由宁夏、甘肃合作的《中国“三西”地区移民教育研究》,被列为国家教委“八五”青年基金重点课题。

在宁夏社会科学学会联合会组织的宁夏第五次社会科学优秀成果评奖(1989—1991年)中,教育系统有七篇优秀论文获奖。其中,宁夏教科所周卫、田继忠、石风朝、阎龙利、韩永祥撰写的《固原地区教育事业存在的主要问题及对策》获一等奖;宁夏教科所马毓勤、吴书琦撰写的《亚太地区六国女童初等教育综述》和银南地区教研室王生华撰写的《数学教学中创造性思维能力的培养》获二等奖。

职业技术教育

《国务院关于大力发展职业技术教育的决定》发布以后,自治区党委、政府加强了对职业技术教育的领导,自治区人民政府副主席杨惠云多次听取了自治区教育厅关于职业技术教育的改革与发展的汇报,并率自治区政府办公厅、教育厅的负责同志到农村教育综合改革实验县盐池县、吴忠市进行农村职业技术教育情况的调研。深入到学校、农民家庭、专业户,广泛听取了各方面人士对发展职业技术教育的意见。在调研中,杨惠云副主席提出了农村职业技术教育要适应农村经济发展和农民致富的迫切需要;农职业中学要适当缩短学制,长短结合,改革课程和教材内容等一系列改革和发展职业教育的重要意见。

1992年,自治区教育厅加快了全区农村职教改革的步伐和发展速度。4月,自治区教育厅、计委、财政厅、劳动人事厅、农业厅联合发出《关于改革和发展职业技术教育的若干意见》。6月,召开全区教育局长会议,将农村职业技术教育列为重要议题专门研究,并制定了《关于发展与改革农村职业技术教育的若干意见》,提出教育部门要切实树立农村教育以兴农为目的的指导思想,要把农村职业技术教育作为深化农村教育改革的突破口切实抓好。

一、以改革促发展

1992年,宁夏职业技术教育进行了以下几项重大改革:

加强统筹,理顺关系,进一步明确服务方向。石嘴山市人民政府于3月中旬召集市教育局、财政局、农业局、科委、园林局、“231工程”办公室以及大武口乡党委、政府召开座谈会,配合大武口乡奔小康的规划中提高农民科学文化素质的要求,研讨培养新型农村人才的工作。会上决定在原石嘴山市第五中学的基础上成立石嘴山市第四职业中学,在市政府的统筹协调下,各业务部门以及大武口乡共同努力,拟用较短的时间把该校建成集蔬菜、林果专业、农民技术人员培养培训、科学研究、新技术推广、病虫害防治和信息交流为一体的中心,以适应农村经济发展的需要。吴忠市党委、政府针对本市农村职业教育发展缓慢的实际，成立了市政府统筹领导下的职业技术教育领导小组和职业技术教育中心，重点指导与协调发展农村职业技术教育。固原县委、县政府决定将原县农业技术学校、县卫生学校正式纳入县职业教育系列，将两校分别更名为固原县农业职业学校和固原县卫生职业学校，由业务部门主办，教育部门主管。

进行学制和教学内容的改革。针对全区农村经济建设对农业从业人才素质的迫切要求，自治区教育厅批准了盐池县职业中学1991—1992学年度新招生学制由3年改为2年。同时，改革长期以来单一农业生产技术的教学内容，变农业生产技术专业为农户家庭经营专业，大幅度删减非必要的文化课和专业理论课，增加了实验实习课。从而使学生能够较早地了解接触农村生产的实际，大大提高了学生的学习积极性，普遍受到学生和家长的欢迎。

积极发展联合办学。改革管理体制，采取灵活办学形式，主动服务于经济建设。石嘴山市教育局大胆改革办学体制，经市政府批准决定，石嘴山市教育局、石嘴山市陶瓷工业(集团)公司合办石嘴山市第二职业中学，对学校实行双重领导，以教育局为主。双方商定在第二职业中学设陶瓷研究所，与第二职业中学一套机构两块牌子，逐步建成教学、生产、科研为一体的新型职业学校。实行新的管理体制后，该校的办学活力大大增强，出现了初中毕业生踊跃报名的可喜局面，同时该校为各陶瓷厂举办2期在岗工人培训班，培训200多人。在石嘴山瓷厂技术人员的大力协助下，该校实习工厂的生产也开始走上正规，产品畅销区内外。青铜峡市职业中学、中卫县城镇职业中学在办学过程中也主动与乡镇企业联合办学，分别为青铜峡市树脂厂，第二造纸厂、中卫县造纸厂举办新工人上岗前的培训班。

改革专项经费使用办法，增强风险意识，提高经费使用效益。为了加快职业中学实习基地的建设，充分发挥有限资金的使用效益，自治区教育厅在区农业银行的协助下，改变多年来职教专项经费单纯无偿投入的使用办法，以贴息代投的办法，鼓励凡建有生产经营能力的实习基地的职业中学到银行贷款，按相应程序，经教育厅备案批准的实习基地项目贷款，教育厅用职教专项补助经费予以贴息。目前，已有石嘴山市、惠农县、中卫县等地的职业中学使用了这笔贴息贷款。为了管好用好贷款，自治区教育厅专门发出了《关于使用农村职业技术教育贴息贷款的通知》。

职业中学毕业生实行“双证制”(毕业证、技术等级合格证)工作开始起步。为了突出职业技术教育的特点，提高职业中学的教育教学质量，石嘴山市教育局、劳动局决定从1992年起对职业中学毕业生实行技术等级考核。为此，制定了《石嘴山市职业技术学校毕(结)业生专业技术等级考核办法》，成立了领导小组，拟定了考核依据，规定了考核时间及毕(结)业的标准。为确保此项工作的顺利实施，决定1992年在第二职业中学进行试点。6月20日参加首次技术等级考核的石嘴山第二职业中学陶瓷专业的46名应届毕业生分别进行应知笔试和应会操作考核。主考和监考分别由学校的专业课教师和石嘴山瓷厂的技术人员担任。参加考核的46名学生中，有43人达到国家颁布的2～3级技术工人的技术等级合格标准。此项活动的开展，为全区职业技术学校实行“双证制”奠定了基础和积累了经验。

二、加强师资培训工作，筹备成立职业技术教育研究会

1992年，自治区教育厅针对全区职业中学均脱胎于普通中学，职教经验不足，特点不明显，专业课教师匮乏，教学质量不高的实际，在宁夏教育学院、宁夏农学院、宁夏农业技术推广总站的支持和配合下，分别举办了为期3个月的职业中学校长培训班，为期10天的日光节能型温室建造及温室种植技术学习班，为期一年，按农时季节分四个阶段进行系统授课的果树、蔬菜种植技术培训班。聘请自治区计委、教育厅、教科所的有关领导和专业人员到校长培训班讲课，传递信息；聘请农学专业的教授、专家为专业课教师讲课。各班的职业教育特色突出，实践性强，得到了职教工作者的好评。对推进全区农村职业技术教育的发展起了积极作用。另外，自治区还在河北省农业技术师范学院、天津大学职业技术学院培训职业中学校长和职业中学专业课教师。

为了更好地团结、组织职教工作者参与职业技术教育的改革与发展，充分发挥蕴藏在广大职教工作者中的智慧，不断完善和发展具有宁夏特色的职教理论，自治区教育厅于1992年11月着手筹备成立宁夏教育学会职业技术教育研究会。

为宣传宁夏职业技术教育，汲取兄弟省（市）职教改革与发展的经验，由自治区教育厅和北京市教育局商定，盐池县职业中学与北京市昌平县农村职业学校，银川市第一职业中学与北京民族职业高中结成友好学校，双方商定：不定期的互相访问交流，包括互派教师、学生进行学习和交流。

附

□农村职业技术教育骨干示范学校

——盐池县职业中学

盐池县职业中学是一所专门为盐池县农村培养懂技术、会管理、善经营，并掌握一两种农业生产实用技术的新型农民的农职业高中。

该校是在原盐池县三中附设农职业班的基础上发展起来的，1984年正式挂牌建校，1985年与三中分离独立设置。学校占地60亩，建筑面积4000多平方米，实习基地40亩，建有养猪场，栈羊饲养场和两个日光节能型塑料温棚（占地1.1亩）。学校现有教职工60人，其中专任教师49人。设有农户家庭经营专业、水电专业和财会专业，在校学生314人。自1984年正式建校以来已为盐池县培养805名林果、水电、农户家庭经营、财会、幼教、畜牧等专业的中、初级人才。经过10年不断的拼搏奋斗，该校已初具规模，现已成为宁夏自治区农村职业技术教育的骨干示范校。

1991年，自治区人民政府副主席杨惠云将该校作为农村职业技术教育的联系点，多次到学校，深入教师、学生家中，调查了解农村经济建设的需求情况，帮助学校解决实际困难，并为学校坚持正确的办学方向提供了行之有效的方法。县委、县政府加强各业务部门的统筹工作，调整该校领导班子，从其它部门抽调技能较强的专业技术人员任该校专业课教师，给学校划生产实习基地，为学校的不断发展创造了条件。使学校在较短的时期内走出低谷，成为深受农民及其子女欢迎的职业技术学校。

盐池县职业中学是宁夏率先开设农户家庭生产经营专业的农职业中学之一，该专业涉及农业生产的种、养、加工等各个方面，教学内容多，曾一度束缚住了校长、教师以及学生的手脚。1992年，学校大胆地对学校的管理体制、教学计划、教材和学制进行了改革。学校内部新设生产实习处和政教处，专管实践教学和加强师生的思想道德、政治理论的教育；对教学计划和教材进行了必要的调整，增加了实践教学的内容和时间，删减了大量的与实际应用相脱节的纯理论教学内容，并将学制由三年改为两年，使职业技术教育的特色更加突出，受到学生及家长的好评。1992年，为了使在校生边学习边致富，进一步扩大学校的影响，学校把县政府划拨的两万元补助经费作为银行贷款的贴息，所贷款项用于在校生家庭发展生产。经过学校的深入调查，确定以28户在校学生家庭作为重点扶持对象，这些学生家庭的致富项目有养鸡、养猪、养羊、果园等，学校组织专业教师从种、养、加工等项技术上给予具体指导。目前，这28名学生家中所经营的项目均已见效，而且发展势头十分好。此举在盐池县农村引起了不小的震动。

盐池县职业中学自1991年以来，争取到宁夏农学院、自治区畜牧局、自治区农技推广总站、县畜牧局等部门的支持，先后聘请了一些专家和工程技术人员为学校实习基地的技术顾问或项目主持人。学校办起了养猪场，引进了产仔率高、抗病性强、育肥快的优良品种"太湖"种猪，并进行与本地种猪的杂交杂育试验，此项试验被自治区科委列为农村"八五"星火项目；在盐池县首次建起了高效日光节能温棚，结束了盐池县冬季不产新鲜蔬菜的历史。

从1992年4月起，该校确定本县麻黄山乡的农民，柳杨堡乡初级职业中学为技术服务、信息交流联系点，学校师生依照农时季节定期下去进行技术推广，病虫害防治的辅导与实习，深受农民群众的欢迎，发挥了农职业中学在农村经济建设、科技致富的"龙头"示范、推广、科技服务的作用，体现了职业技术教育为经济建设服务的根本宗旨。

高 等 教 育

1992年，宁夏高教战线围绕深化高等学校综合改革这一中心开展工作。

一、提出深化高等教育综合改革的意见

1992年10月，自治区党委办公厅、政府办公厅批转了《关于深化我区高等教育综合改革有关问题的意见》，为高校面向经济建设主战场创造了条件。主要内容有：第一，积极稳妥地推进以人事制度和分配制度为主要内容，包括住房、医疗、退休保险制度等诸方面的校内管理体制改革。人事制度改革主要是健全定编和聘任制度，在合理定编的基础上，实行岗位责任制、全员聘任制、满工作量制，促进教学、科研人员的平等竞争。分配制度改革的主要内容是实行国家工资与校内津贴相

结合，校内津贴与个人职勤能绩挂钩，打破平均主义。改革现行的住房制度，建立由国家、集体、个人相结合筹建住房的新机制；改革公费医疗制度，变暗贴为明补，由国家、集体、个人合理负担；建立校内退休保险基金，逐步形成学校补充保险和个人储蓄保险相结合的校内退休保险体系。

第二，放活放宽政策，进一步扩大高等学校办学自主权。(1)专业设置权。学校根据学科发展和社会需要，确定和调整本专科的专业方向；学校在原设置的学科性质不变的前提下，可根据国家教委制定的高校专业目录调整本专科专业。(2)招生权。学校根据社会需要及办学条件适当扩大委培生、自费生的招生计划，扩招计划经自治区教育厅、计委审核同意后报自治区人民政府批准。委培生和自费生的比例可互相调剂，打通使用。还可举办多形式多层次的继续教育及岗位培训等非学历教育；在不增加编制，不增拨经费的前提下，可根据需要，适当扩大函授夜大学等成人学历教育的招生人数。(3)分配权。学校有权确定适合本校实际的校内分配办法和津贴标准。(4)机构设置和人事权。在自治区核定的机构限额、领导职数和人员编制内，学校根据工作需要，自行设立或撤并校内机构。学校副校长人选由校长提名并经党委讨论，报自治区党委批准任免。条件成熟的学校可进行处级干部聘任制试点。(5)教师职务评审权。宁夏大学、宁夏农学院、宁夏医学院具有副教授任职资格评审权。此外，各普通高校享有教师系列中级职务评审权，有条件的学校在图书、实验、科研等系列享有中级职务评审权。

第三，对高校开展科技服务，兴办校办产业给予政策支持。(1)高校兴办产业，三年内免征所得税，二年内免征产品税、增值税。确有困难的，报经税务部门批准，可减征或免征营业税。(2)高校兴办校办产业的注册资金，可在国家规定的限额内降低50%。(3)高校兴办的外向型企业所创外汇收入，五年内地方留成部分可全部留给学校。(4)允许农业高等院校繁育、生产、经营自治区审定通过的农作物常规优良品种。(5)对在研究开发和推广应用方面有突出贡献的单位和个人，按自治区有关规定给予重奖，奖金不计奖金税。(6)除高校自筹、集资、贷款外，财政部门每年给予一定数额财政周转金，扶持高校科研和校办产业。(7)高校可根据校办产业发展需要，自主建立校办产业管理机构。

第四，保证教育经费，加快基建速度。(1)自治区财政部门每年视财力可能划拨一定数额的专项设备费和科研经费。(2)学校基本建设，经城乡建设部门审定可减收水资源费、城市基建配套费等项收费。(3)学校招收自费生、委培生、举办各类短训班、培训班所得纯收入以及创办实体所得利润，不冲减国家核拨的经费。(4)高等学校及主管部门争取得来的中央投资、财政投资，教职工及社会集资、学校自筹的各种基本建设投资，不冲减自治区核拨的基本建设投资，并由学校按照批准的初步设计自行确定建设项目，使用投资。

二、党建、思想政治工作

10月，自治区党委组织部、宣传部、教育厅党组联合召开了全区第三次高校党的建设工作会议，总结交流了近年来高校党建工作和思想政治工作的经验，明确了改革开放新形势下加强和改进高校党的建设和思想政治工作的主要任务，表彰了一批高校思想政治工作的先进个人。

根据高等学校思想政治工作的需要，12月，由自治区党委宣传部、教育厅牵头，成立了“宁夏大中专学校思想政治工作研究会”。自治区党委副书记梁国英担任研究会名誉会长，区党委常委、宣传部长马启智任会长。

三、教学和招生、分配工作

1992年宁夏首次参加全国大学英语四级考试。宁夏大学、宁夏工学院、宁夏农学院、宁夏医学院4所院校共358名学生参加了考试，其中成绩达到优秀1人，合格40人。

根据国家教委要求，开展了全区普通高校公共体育课程评估。在此基础上，宁夏大学被推荐为全国体育课程评估优秀学校，受到国家教委表彰。1992年，宁夏组团参加了全国第四届大学生运动会的排球、田径、武术三个项目的竞赛；3月在兰州赛区排球预选赛中，宁夏女队获得"道德风尚奖"。9月在武汉田径赛中，宁夏运动员获得1枚金牌，1枚铜牌，两个第四名，实现了宁夏高校在全国大学生重大比赛中零的突破。

1992年，全区报考普通高校人数为34171人，实际录取4844人，录取新生中少数民族学生占19.07%，比1991年增长1.05%，是宁夏高考录取少数民族学生比例最高的一年。在招生工作中探索使用计算机管理，成绩突出，获国家教委颁发的"招生考试管理手段现代化"奖。全年分配研究生、大学生、中专生7800人，并承办了第八届边远省区毕业生分配协调会。

四、科研工作

根据国务院生产办公室、国家教委、中国科学院《关于组织实施"产学研联合开发工程"的通知》精神，提出了全区组织实施产学研联合开发工程的初步意见，成立了宁夏产学研协调领导小组及办公室。并于9月组织高校和大中企业进行对口考察，12月会同自治区乡镇企业局、科委、科协、经委等单位举办了乡镇企业技术协作联谊会。各高校和各县乡镇企业在技术协作、成果开发、转让、中介服务、人才培养等方面共达成58个项目。

经国家教委评审，确定《宁夏回族民间文学与宗教》等7项研究课题为国家教委高校"八五"人文社会科学研究规划项目，获资助经费总额9万元。

五、师资队伍建设

宁夏成立了高等师范学院师资培训中心。"中心"设在宁夏大学，由自治区教育厅直接领导。其主要职责是：在国家教委和自治区教育厅领导下，依据有关政策和工作需要，负责全区高校教师培训的组织协调工作，建立师资管理网络，协助教育厅制定全区师资培训规划和对教师的宏观管理，并为制定和实施有关政策法规提供可靠的依据，当好教育厅的参谋和助手；宣传贯彻国家教委有关师资培训的政策精神，加强与全国各大师资培训中心的联系。经教育厅批准，"中心"配备了主任、副主任，下设办公室，各项工作业已展开。

六、对外交流

1992年，自治区教育厅会同区外办、公安厅对全区高校聘请外国文教专家单位进行了资格认可工作。经过逐校评估和审核，宁夏大学、宁夏工学院、宁夏农学院、宁夏医学院、宁夏教育学院、固原师范专科学校6所院校已具备开展聘请外国文教专家工作的基本条件，并取得国家外国专家局颁发的"聘请外国文教专家单位资格认可证书"。年内全区6所高校共聘请长短期外国文教专家9人；同时共派出15人次出国考察，进行学术交流，接待来宁访问考察的专家、学者9人。参与了宁夏大学回族文学研究所与美国密苏里州大学卡尔·W·路卡特在宁夏境内拍摄电视教学片《中国回族》的工作。

成人教育

一、开展成人中专学校评估工作

为加强对全区成人中等专业学校的宏观管理，科学、客观地评价成人中专的办学水平，促使其改善办学条件，提高办学质量和效益，根据国家教委有关文件精神，自治区教育厅、计委于1991年10月至1992年5月，联合对13所成人中等专业学校办学水平分三个阶段进行了综合评估，即评估方案和指标体系的制定阶段，学校自测自评与学校主管部门复评阶段，专家评估组评估验收阶段。评估结果表明：在参加量化评估的11所成人中专学校中，达到80～89分的有7所；达到70～79分的有3所，69分以下的学校有1所。通过首次成人中专评估，进一步掌握了全区成人中专学校的基本情况，帮助各学校进一步端正了办学指导思想，提高了管理水平，也促进了学校主管部门对办学工作的重视与领导，增加了投入，改善了办学条件。同时为制定调整、改革和发展全区成人中等专业教育的方针、政策提供了科学依据，也使教育评估开始列入成人中专教育管理工作的内容之中。

二、举办全国部分省区扫盲与农村成人教育人员培训班

1992年3月10日至25日，由联合国教科文组织亚太地区总办事处资助，中国联合国教科文组织全国委员会秘书处、国家教委成人教育司、宁夏自治区教育厅联合在银川市举办了全国部分省(区)扫盲与农村成人教育人员培训班。这是宁夏教育界首次承办由国际组织资助，完全按《ATLP》(即《“大众教育计划”扫盲人员培训教材》，由亚太地区教科文组织编写)要求进行的一次B级(省级扫盲督导人员、扫盲教师的培训人员)扫盲管理人员培训活动。其宗旨是提高我国B级扫盲管理人员的业务素质和水平，推动各省(区)扫盲教师(C级)的培训工作，加速“大众教育计划”在我国的实施进程。来自陕西、甘肃、青海、新疆、内蒙古和宁夏等省(区)的扫盲与农村成人教育工作者共45人参加了培训活动。培训班讲课人员为中国教科文组织和国家教委成人教育司官员、中央教科所成人教育研究专家以及参加过亚太地区教科文组织A级(扫盲政策、规划制定者，属扫盲高级管理人员)培训班的区内外扫盲专家等。培训班结束时，通过了向亚太地区教科文组织的《最后报告》，并向参训人员颁发了结业证书。

三、实施“231工程”取得新进展

以实施“231工程”(即自治区政府提出的扫文盲、扫科盲、学文化、学科学、学技术，造就一代新型农民的工程)为主要内容和特色的宁夏农村成人教育，在1992年，注重抓落实、抓基层、促深化、创效益，使全区“231工程”又取得新的进展和明显成效。

总结经验，表彰先进。自1990年9月实施“231工程”以来，全区各级党委和政府积极宣传、全面规划、建立组织、配备人员，为“231工程”的实施创造了良好的开端。自治区党委和人民政府于1992年3月17日在银

川召开全区实施“231 工程”表彰大会，对在1991 年实施“231 工程”中做出突出成绩的银川市等 16 个先进集体和陈月梅等 54 名先进个人予以表彰。自治区党委书记黄璜、副书记梁国英，自治区政府副主席杨惠云在大会上讲了话，先进集体和先进个人代表介绍了先进经验。

1992 年自治区拨出 100 万元专款，加强“231 工程”阵地建设。为改善实施“231 工程”基础条件，加快农民文化技术学校建设步伐，自治区计委在 1992 年全区基本建设资金计划中，首次专列 100 万元经费，用于补助全区农民文化技术学校建设。经自治区政府主席现场办公会议研究决定，此项专款分别安排给山区 8 县和川区的陶乐、惠农等县。1992 年 6 月下旬，自治区计委通过建设银行将该款专项计划分别下达各县执行。截止 1992 年 12 月检查统计，执行本次专项计划的有关 10 县共建成 54 所乡(镇)、村农民文化技术学校的校舍 242 间，建筑面积 5528.5 平方米；建成农职业中学教学楼 480 平方米；制做课桌凳 2686 套，购置电教设备 6 套等。以上基建和设备购置共投入资金 152 万元，其中各县、乡、村以及农民自筹资金达 52 万元。

各县“231 工程”办公室在完成上述投资建设任务中，积极克服时间紧、资金到位较迟等困难，精打细算，统筹安排，并在有关部门的大力支持下，积极争取县、乡政府并动员村集体和农民自筹资金，增加投入。一些乡、村还主动发动广大农民投工、投料，直接参与农民文化技术学校的基建工程。惠农县充分调动行政村和农民的积极性，村集体和农民自筹 25 万元，用于 14 个行政村的农民文化技术学校校舍建设，超过自治区计划拨款(7.5 万元)的 2 倍多，并建起了部分较高标准的村校。

采取多种有效措施，推动“两扫三学”活动全面开展。(1)各级党委、政府注意总结经验，深化认识，进一步从思想上、工作上、组织上全面加强对实施“231 工程”的领导。(2)拓宽经费来源渠道，增加投入，为“231 工程”的实施提供资金保证。据统计，1992 年全区共投入 319 万元用于“231 工程”基地建设和“两扫三学”活动，其中自治区投入 135 万元，各县(市、区)、乡(镇)投入 148 万元，村集体和农民群众投入达 36 万元。(3)实行规范化管理，充分发挥各级“231 工程”办公室的协调和工作职能。(4)充分发挥典型人物的示范、辐射、带头作用，提高“231 工程”宣传工作的实效性，教育广大农民自觉参与“两扫三学”活动。(5)加强政府的统筹作用，调动社会各界的积极性，形成齐抓共管、共同参与“231 工程”实施的局面。(6)结合实际，多渠道、多形式、多层次、多类型的开展扫文盲、扫科盲活动，提高农民文化技术教育效益。(7)加快农村教育综合改革步伐，大力发展农职业技术教育，为农村直接培养大批有文化、懂技术的新型农民。

“231 工程”成效显著。(1)全区扫除文盲工作取得突破性进展。1992 年共扫除文盲 75315 名，超额 50.6%完成年度计划任务，比上年增加 20%。回族聚居的南部山区 7 县又有 20 个乡(镇)在年内达到基本扫除文盲单位标准；隆德县于 1992 年 10 月经自治区人民政府组织有关部门考核验收合格，达到基本扫除文盲县标准，成为南部山区 7 县中第一个基本脱盲县。至此，全区 70%的农业县(市、区)、南部山区 7 县 42%的乡(镇)达到了基本扫除文盲标准。(2)农村扫科盲和科技培训活动取得突出成绩。全区农村共组织 38.7 万多农民参加扫科盲班学习，经考试验收，有 17.72 万多农民达到基本扫除科盲标准。举办各种类型的农村实用科技培训班 10279 期，培训农民达 65 万多人次，其中有

25.4 万多农民经培训掌握了 2～3 项农村致富技术。全年新培养科技示范户 22414 个，培养农民技术员 5441 名。(3)“231 工程”基础建设得到加强。1992 年全区新建乡(镇)农民文化技术学校 51 所，使乡(镇)建校面由 1991 年的 82%提高到 99.6%；新建村农民文化技术学校 686 所，使行政村建校面由 1991 年的 41%提高到 68.4%。自治区为全区农民提供统编“两扫三学”教材 24 万册，农民实用技术录像带 370 种；各县(市、区)编写乡土科技教材达 20 余种，近 10 万册(份)。全区农村乡(镇)配备“两扫”专职教师 299 名，兼职教师 5984 名。(4)“231 工程”取得显著的社会效益与经济效益。“231 工程”的实施有力地促进了全区农科教统筹结合，加快了实施科教兴农战略的步伐。目前，全区已在领导组织、办事机构、计划任务、经费筹措、培训阵地等五个方面实现了农科教统筹，提高了科教兴家的整体效益。“231 工程”也给全区农村教育综合改革注入了活力。1992 年全区农村普通中学新增“3＋1”职教班 68 个；农职业中学发展到 38 所，平均每县有 2 所；县、乡、村三级农村成人教育培训网络开始形成，农民教育呈现出前所未有的发展势头，仅乡(镇)、村农民文化技术学校就组织培训农民达 64 万多人次，充分发挥了“231 工程”主阵地作用，培养造就了一大批有文化、懂技术、会经营、善管理的新型农民，“依靠科技致富奔小康”已开始成为普通农民的自觉意识和追求的目标。广大农民文化科技素质的提高为 1992 年全区农业战胜多年罕见的自然灾害，夺得历史上第三个丰收年发挥了重要作用。

撰稿人　陈少娟　马　林
马维骃　丁广兴
王　林　吕　进
裴勇俊

审稿人　王凤峨　周　卫
张圣哲　于连湘

新疆维吾尔自治区教育

概　况

一、各级各类学校基本情况

1992 年各级普通学校基本情况

单位：人

学校类别	学校数（所）	毕业生数		招生数		在校学生数		教职工数		专任教师	
		计	其中：民族	计	其中：民族	计	其中：民族	计	其中：民族	计	其中：民族
一、普通高等学校	21	8402	4410	10984	5455	33852	18704	18009	5311	7280	2701
研究生		83	7	92	23	252	62			45	
本　科		4805	2766	4869	2515	21036	12141				
专　科		3534	1637	6023	2917	12564	6501				
二、中等专业学校	112	16491	9579	22569	12147	56844	32323	13187	5646	6210	3082
中等技术学校		12767	7011	17516	9067	44090	24304				
中等师范学校	22	3724	2568	5053	3080	12754	8019	2466	1505	1350	878
三、普通中学	1903	260953	122331	269859	146078	783130	360441	88238	38850	64465	30123
高　中	715	84518	32279	61673	31630	212942	93868			19000	7922
初　中	1188	176435	90052	208186	114448	570188	266573			45465	22201
四、农业、职业中学	160	18999	3801	27041	7431	65330	15524	5419	1096	4216	312
高　中	156	16815	2320	22645	4311	58251	10513			3556	213
初　中	4	2184	1481	4396	3120	7079	5011			660	99
五、小　学	7122	268074	170750	359302	263284	1980686	1430511	113594	73578	96729	61906
六、特殊教育学校	6	157	7	119	27	624	148	285	39	154	25
七、幼儿园	944	79264	24023	107069	33249	177961	45791	14068	—	7090	1556

1992年各级成人学校基本情况

单位：人

学校类别	学校数（所）	毕业生数		招生数		在校学生数		教职工数		专任教师	
		计	其中：民族	计	其中：民族	计	其中：民族	计	其中：民族	计	其中：民族
一、成人高等学校	41	9487	3000	13791	3780	28471	9308	4215	1529	1801	755
广播电视大学	1	1966	495	3560	823	6703	2299	1009	286	364	124
职工高等学校	14	1294	113	2006	389	4042	731	697	126	375	59
管理干部学院	2	489	221	600	263	1111	526	500	181	190	79
教育学院	12	2759	1422	2964	1494	7427	3909	2009	936	872	493
普通高校举办											
教师本专科		40	40	73	73	213	173				
函授部		800	161	1628	160	3283	502				
夜大学		2139	548	2960	578	5692	1168				
二、成人中等专业学校	94	12281	3562	18774	4583	45653	12650	3851	1482	1929	817
职工中专	31	6817	1188	9387	2403	23075	5631	1448	271	689	153
教师进修学校	60	2668	1503	1958	825	3991	1961	1587	943	894	561
广播电视中专	3	1972	83	6534	596	16785	3546	662	160	322	82
社会力量办学		824	788	895	764	1802	1512	154	108	24	21
三、成人中专	25	4265	1904	5129	1037	7417	2800	382		278	54
职工中学	24	2656	360	4854	508	5308	721			278	54
农民中学	1	1609	1524	775	529	2109	2079				
四、成人技术培训学校	632	417597	246448	418276	281234	439633	301542	1808		866	480
职工技术培训学校	49	31730	4118	27374	4084	28917	5414	853		351	140
农民技术培训学校	583	385867	242330	390902	277150	410716	296128	955		515	340
五、成人初等学校	714	135016	93856	73955	51795	120384	100985	460		410	383
职工初等学校		370	370	197	136	215	182	30		26	17
农民初等学校		134646	93486	73758	51659	120669	100803	450		384	366
其中：扫盲班		74010	51369			34569	32381	26		26	8

二、自治区党委召开全区中小学教育工作会议

会议于1992年1月7日至11日在乌鲁木齐市召开。区、地（州）、县（市）三级主管教育的党政领导及教育行政部门的负责人350余人出席。区党委副书记贾那布尔作了题为《加强党的领导，深化教育改革，培养合格的社会主义建设者和接班人》的工作报告。报告回顾和总结了"七五"期间自治区中小学教育工作的主要成就和基本经验，分析了中小学面临的形势与任务，提出了到本世纪末全区教育发展的总体目标和基础教育的发展目标。总体目标是：初步建立起面向21世纪，能主动适应社会、经济发展需要，结构基本合理，功能较为完善，具有新疆特点的社会主义教育体系。基础教育的发展目标是：到1995

年，力争全区基本普及初等义务教育，占人口50%左右的地区基本普及九年义务教育；压缩普通高中规模，大力发展职业技术教育，力争各类中等职业技术学校在校学生数与普通高中在校生数基本接近；幼儿教育和特殊教育得到相应发展。到本世纪末，力争占总人口80%左右的地区基本普及九年义务教育，城市和有条件的县镇普及高中教育；在合理调整教育结构的基础上，建成以中专为骨干、适应社会需要和协调发展的中等职业技术教育网络。自治区党委书记宋汉良在会议结束时讲话，就全区教育工作重点、中小学教育的主要任务、提高教育质量、大力发展职业技术教育、建立合格的师资队伍、切实加强党的领导等问题作了阐述，要求全党、全社会都来关心、支持教育工作。

三、自治区政府发布《关于加快教育改革与发展的决定》

在邓小平同志南巡讲话精神的指导下，经反复酝酿、研讨，1992年12月24日，自治区人民政府发布了《关于加强教育改革与发展的决定》。《决定》提出了九十年代新疆教育改革与发展的总体思路和奋斗目标：实现“三个转变”（转变国家包办教育的旧观念，树立依靠人民办教育的新观念；转变应试教育的旧观念，树立素质教育的新观念；转变统招统分的旧观念，树立市场调节的新观念），坚持“一个中心”（以全面提高教育质量和办学效益为中心），从各类教育的不同实际出发，使全区教育规模有一个较大发展，教育质量上一个新台阶，教育结构更趋合理，办学效益明显提高。《决定》对九十年代各类教育的发展提出了具体要求：1995年全区基本普及初等义务教育，本世纪末力争基本普及九年义务教育，城市、县镇和有条件的生产建设兵团团场普及高中阶段教育；力争1995年全区接受各类中等职业技术教育的在校生与普通高中在校生比例达到1∶1，本世纪末达到6∶4或者更多一点；力争九十年代自治区高校招生平均增长5—6%，培养人才总量达到7.5万人，力争1995年全区青壮年非文盲率达到95%以上，加快职工岗位培训和成人学历教育，到本世纪末实现职工全员岗位培训，使全区各族劳动者的科学文化和技术素质有较大幅度的提高。为实现上述发展目标，《决定》提出了10个方面的改革措施和任务：(1)进一步调整中等和高等教育结构；(2)深化办学体制改革，拓宽办学经费渠道；(3)加快招生与毕业生就业制度的改革；(4)积极引进竞争机制，推进学校内部改革；(5)深化教学领域改革，走教学、科研、生产三结合的道路；(6)积极推进农村和城市教育综合改革；(7)进一步扩大高校办学自主权；(8)加强教师队伍与学校管理队伍建设；(9)加强法制建设和督导评估工作；(10)加强领导，转变政府职能。

四、经费筹措与基建投资

1992年，全区教育经费18.1611亿元，比1991年增长16.1%。其中：中央驻疆各级各类学校经费占26%，地方各级各类学校经费占74%；国家财政预算内教育经费占65.2%，各级政府征收用于教育的税和费占1.9%，企业办学经费占26.7%，勤工俭学和社会服务收入用于教育的经费（只计算改善办学条件部分）占2.9%，其他属于国家财政性质的教育经费占3.3%。在教育经费总额中，自治区地方财政预算内教育事业费实际支出9.5676亿元，比1991年增长16.7%。全区地方教育事业费支出中个人经费占79.8%，比1991年上升4.4个百分点；公用经费占20.2%，比1991年下降4.4个百分点。1992年，全区教育预算外收入，即多渠道筹集的资金2.1413亿元，比1991年增长16%。其中地方教育预算外收入2.0658亿元，相当于自治区地方财政预算内教育事业费的21.6%,比1991年下降0.7个百分点。

自治区教育基金会成立于1988年,经过四年的建设,区、地(州)、县(市)三级教育基金会网络初步形成,三级定期奖励教师的体制开始建立。1990年起开展的“一人一月一元钱”捐资助学活动得到了广大群众的支持,四年来全区共募集教育基金9182万元。其中1992年募集的教育基金108.5万元。

1992年,自治区教育基本建设继续实行“控制总量,调整结构,保证重点,提高效益”方针,全年完成投资1.0526亿元,比1991年下降0.16个百分点。其中高等教育完成投资2148.5万元,普通教育完成投资8377.5万元。新增固定资产8751万元。全年竣工校舍26.47万平方米(内含中小学校舍20.42万平方米),其中住宅6.98万平方米。全区中小学危房更新改造工作贯彻执行了“继续消除危房,扩大配套试点,建设一批骨干,实行分类指导”方针,经过1989年至1991年三年努力,到1992年底全区基本消除危房的目标已经实现。1992年4月26日自治区人民政府召开电话会议,对在中小学危房更新改造工作中成绩突出的乌鲁木齐市、伊犁地区、喀什地区、昌吉回族自治州、博尔塔拉蒙古自治州、阿克苏地区,以及18个县(市)93名个人进行了表彰和奖励。

基础教育

一、普及初等义务教育

1991年,全区加强了对《中华人民共和国义务教育法》、《未成年人保护法》和《义务教育法实施细则》的学习宣传活动,提高了社会各界依法治教的意识。区教委派出工作小组对伊犁、塔城、昌吉、喀什、和田等地州的普及初等义务教育工作进行检查、指导,推动了这项工作的开展。1992年又有额敏县、木垒县、巴里坤县、英吉沙县、洛浦县和喀什市基本完成了普及初等义务教育任务,经自治区人民政府验收合格。至此,全区已有6个地、州,75个县(市、区)基本普及了初等义务教育,占全区93个县(市、区)的80.64%。1992年,自治区小学适龄儿童入学率为96%(少数民族95.27%),小学升学率为77.6%(少数民族67%)。

二、教育和教学改革

(一)首次举办高中毕业会考。自治区从1991年秋季入学的高中一年级开始,实行普通高中毕业会考制度。1992年7月3日,自治区举办了首次普通高中地理毕业会考,报名人数69043人,实际参加考试的67466人,实考率98.7%。考试结果:维吾尔语及格率84.4%,汉语83.3%,哈萨克语79.5%,蒙古语76.4%,柯尔克孜语77.2%。

(二)加强中小学教育和教学管理规范化和制度化建设。1992年,自治区教委先后制定并下发了《自治区全日制普通中学学籍管理规定(试行)》、《关于加强自治区普通中小学教学常规的意见》、《关于加强和改进中学生思想品德考核工作的意见》、《关于改进我区中学评选三好学生、优秀学生班干部和先进班集体的意见》、《自治区关于减轻小学生课业负担过重的规定》、《关于进一步制止滥编滥印乱用复习资料的规定》。这些《规定》和《意见》的制发促进了中小学教育和教学管理规范化和制度化建设，对提高教育质量起了很好作用。

（三）继续进行师资培训。由国家教委编写的九年义务教育教材，将从 1993 年秋季起在自治区小学、初中的民语和汉语学校中同时使用。为落实国家教委关于使用新教材的教师上岗前必须培训的规定，自治区教委于 1990—1992 年先后组织 42 人参加由人民教育出版社举办的新教材国家一级培训。自治区于 1991 年暑假期间对 520 余名地、州、市（县）教师骨干进行二级培训。1992 年暑假期间，又举办了初中数学、物理、英语、历史、地理、小学自然、思想品德、中小学体育、音乐、美术等 10 个学科汉语班和初中数学、生物、小学数学、中小学体育 4 个学科民语（维吾尔语）班二级培训，来自全区各地的 1500 余名汉族教师和 493 名少数民族教师参加了培训，哈萨克语教师由伊犁哈萨克自治州教育局组织二级培训。1992 年开展三级培训的地、州、市、县有：乌鲁木齐市、克拉玛依市、博尔塔拉州、哈密地区和乌鲁木齐县、米泉县、沙湾县。吐鲁番市的回、汉族教师培训工作业已完成。

（四）编印乡土教材。根据自治区党委关于在全区大、中、小学开设“新疆地方史”课程的决定，自治区教委聘请部分专家、教授组成高校和中学两个教材编写组，于 1991 年夏分别开始编写。先后于 1992 年 4 月和 11 月由新疆大学出版社和新疆教育出版社分别用维吾尔文和汉文出版。全区普通中学从 1992—1993 学年秋季开始已开设了“新疆地方史”课程。“新疆地方史”以马克思主义为指导，阐明各民族自古以来团结友好、和睦相处，为共同开发和建设新疆、为保卫祖国西部边疆做出了巨大贡献，在创造中华民族的灿烂文化中做出了各自的奉献。此外还编审、出版了《小学思想品德课》乡土教材，翻译发行了维吾尔、哈萨克文本的中学生《国情教育读本》。

（五）自治区于 1991 年开始推行实验教学普及县工作。1992 年，自治区教委为保证这项工作的开展，在定额指标内为各地配发了 417 万元的普教仪器，各地州市自筹了 309 万元用于普教仪器购置。到年末，经各地州和自治区检查，全区已有奎屯市、克拉玛依市、石河子市、泽普县、乌苏县、沙湾县通过了第一批普及县验收。

三、教育督导

（一）对县（市）进行教育综合督导。1992 年 4 月 29 日，自治区人民政府办公厅通知各地，自治区人民政府同意自治区教委关于贯彻国家教委《教育督导暂行规定》的实施办法，要求各地贯彻执行。随后，自治区教委代表自治区人民政府，同有关地州联合组成教育督导团，对叶城县、泽普县、岳普湖县、焉耆回族自治县、托克逊县、昌吉市、米泉县、精河县、沙湾县、布尔津县人民政府的教育工作进行了综合督导评估。经评估，昌吉市、米泉县、沙湾县、泽普县均达到先进县标准。其余 6 县属于较好层次。昌吉等 4 个教育先进县的主要成绩和经验是：县、市人民政府重视教育，确立了教育、经济一体化的战略思想；认真实行和不断完善“分级办学，分级管理”体制，促进了教育发展；科教兴农意识强烈，农牧民文化技术培训形成网络；职教受重视；德育不断加强，学生精神面貌、道德情操有明显变化；“两个增长”基本落实，教育税费征管得力；大力开展勤工俭学，多渠道筹措资金，办学条件有较大改善，教育行政部门发挥职能作用，重视法规制度建设，强化学校管理；重视师资队伍建设，教师政治、业务素质和学历合格率均有提高。存在的问题是：尚未完全从应试教育转向素质教育，教育和教学质量有待提高；农职业教育较为薄弱;教师待遇偏低,住房、医疗、子女就业等尚存在不少困难;学校图书、体卫设施亟待充实;汉族小学生课业负担过重,民族中小学生课业负担过轻。

(二)对中小学德育工作进行督导。1992年3—11月,自治区教委先后派出4个督导检查组分别对克孜勒苏、喀什、博尔塔拉、塔城、阿勒泰、巴音郭楞、吐鲁番、昌吉等地州市的中小学贯彻落实德育工作有关法规、文件情况进行督导检查。检查结果表明,各地落实有关法规、文件比较得力,县(市)教育局、中小学大都建立了德育工作领导小组;升国旗、唱国歌已形成了制度;中国近代史、中国现代史以及国情教育均已列入中小学校的教学计划,成为中学政治课、小学思想品德课的主要内容;依法保障儿童、少年健康成长已成为全社会的共识,涌现出了一批关心下一代健康成长的单位和个人;中小学普遍加强了对学生日常行为规范的宣传教育和训练,各族学生热爱祖国、热爱党,热爱集体、热爱社会主义,自觉维护民族团结,学先进做好事,讲文明、懂礼貌的良好行为习惯正在形成;中小学干部、教师的思想政治水平和业务能力有所提高。存在的问题是:发展不平衡,有的法规、文件未被转发;部分中小学对劳动技术教育不重视;部分干部、教师的教育思想、职业道德需进一步加强;乡以下育人环境差。

(三)组织学习中小学管理工作和学生质量两个评价方案。1992年2月28日,自治区教委发布了《新疆维吾尔自治区普通中小学管理工作评价试行方案》和《新疆维吾尔自治区普通中小学学生质量评价试行方案》,要求全区乡中心小学以上学校普遍实施这两个《方案》,认真做好学校的自查自评。7月10日至8月28日,举办了7期培训班,讲解两个评价方案,和田、喀什等地州少数民族中小学校长、督导、教研和普教人员1800余人参加了学习。

四、中小学勤工俭学

1992年,勤工俭学继续贯彻以育人为根本目的,以提高经济效益为中心的原则,坚持为教育改革服务,为繁荣地方经济服务的方向,不断完善管理制度,提高管理水平,使工作有较大发展。全区开展勤工俭学的中小学校8533所,比1991年增加435所;能接纳学生参加劳动的基地5982个,参加基地劳动的学生187.25万人。有校办产业的中小学校5340所,占总数的58%;校办工厂718家,比1991年增加81家;第三产业网点2078个,增加91个;学校生产基地6187个,增加592个。校办产业的固定资产7665万元,流动资金5501万元,分别比1991年增长59.8%和83.6%。1992年,全区勤工俭学总产值2.15亿元,比1991年增加1.11亿元。其中:工业总产值9514万元,农业总产值3656万元,第三产业营业额4517万元。实现全年纯收入7004万元,比1991年增长21.7%。校均收入7551元,生均收入24.48元。纯收入超过1000万元的有昌吉回族自治州,超过200万元的县(市)有昌吉市、沙湾县、玛纳斯县。纯收入超过百万元的企业3家,超过10万元的企业34家。勤工俭学向社会提供的主要产品共17类78种,上缴国家税金351万元。

五、电化教育

1992年10月10日,新疆教育电视台利用中国教育电视台免费提供的每周2小时节目时间,通过卫星播出了第一部维吾尔语教学节目《电视汉语》。这一年,自治区电教馆完成了哈萨克语小学音乐教学录音带的前期实录工作,拟在全区哈萨克语学校发行使用。1992年1月,自治区教委组织展团参加了在北京举办的全国中小学教材和电教教材展览会,展出了自治区历年编制的与文字教材配套的维吾尔语等民族语言优秀电教教材,受到参观者赞誉。1992 年 9 月 15 日—24 日，自治区电教馆举办了第二期民族电教人员培训班，培训了来自全区 16 个地、州、市的 56 名电教教师和工作人员。

六、中小学校长岗位培训工作

8 月初，自治区首次中小学校长队伍建设与岗位培训工作会议在米泉召开。会议传达了国家教委关于全国中小学校长在三、五年内再轮训一遍，到 1995 年执有"中小学校长岗位培训合格证"者才有资格担任校长的规定，总结了我区培训工作经验，部署了任务，讨论通过了《自治区中小学校长培训工作暂行规定》等文件。区教委党组书记吴耀成、副主任刘东在会上讲话，强调培训工作的重要性，指出培训工作要坚持政治和业务并重的方针。从 1991 年以来，全区已举办了三期中小学校长岗位培训班，有 120 人参加了培训。

七、中等师范教育

颁发"四定"方案。自治区人民政府于 1992 年 4 月 15 日批发了由区教委制定的《新疆维吾尔自治区中等师范学校"四定"方案》，要求认真组织实施。"四定"是"定任务"、"定规模"、"定编制"、"定建校规划"。《方案》规定中师教育的任务是：为普及九年义务教育培养德、智、体全面发展，培养一专多能的小学师资和培训部分在职教师。全区设置 19 所中师(含一所幼师)。《方案》要求 19 所中师在 1995 年内分三批完成标准化建设。自治区教委于 4 月 18 日—5 月 25 日，组织力量分三片，对全区现有 22 所中师的政治思想教育、实施新教学计划、标准化建设和学校管理 4 个方面进行了全面检查，引起了当地党政和教育部门的重视，推动了中师的标准化建设。

提高生源质量，加强技能训练。自治区教委下发了《自治区中等师范学校招生面试和音、体、美专业加试的办法》，并在全区中师校长会议上做了具体部署。1992 年 4 月，区教委组织力量对全区 22 所中师推广普通话工作进行了普查。5 月 25—27 日，国家语委、国家教委组织的全国中师普及汉语普通话工作检查组一行 10 人对乌鲁木齐和石河子两所师范学校的推普工作进行了检查，认为这两所学校对推普工作很重视，校内已形成讲普通话的风气，宣布验收合格。5 月 5 日—9 日，全区举办了第二届师范生五项基本功(读说、书写、绘画、音乐、舞蹈)全能比赛，全区 22 所师范派出 132 名学生参加比赛。11 月，全区 11 所中师的学生组成新疆代表队，参加了全国中师生汉字规范知识竞赛，获团体总分第二名。

开展各项培训，提高师资水平。1992 年 11 月 13 日，自治区教委发出《关于加快中学教师学历培训步伐的意见》，决定由自治区统一组织初中教师进修卫星电视高师专科自学考试，把不具备合格学历的初中教师组织起来，通过函授、卫星电视教育、自学考试相沟通的培训形式，分期分批开展全员培训。初中教师学完教学计划规定的各门课程，考试全部及格，并经思想品德与教学能力考核合格，由新疆广播电视师范大学颁发毕业证书，国家承认学历。

1992 年 11 月下旬至 12 月底自治区教委委托部分师范学校举办了中师新教学大纲培训班。全区 22 所中等师范学校的 180 名学科教研组长或骨干教师参加了学习。经培训，学员们明确了现阶段中师教学整体改革的方向和形势，了解了新大纲的编写过程、原则和主要内容，初步领会了新大纲的基本精神，为 1993 年各师范学校举办三级培训培养了一批骨干。

举办中小幼教师《专业合格证书》考试。1992 年，共开考 164 门课程。考试结果：汉语，高中实考1994人，及格1422人，及格率71%；初中实考1781人，及格1070人，及格率60%。维吾尔语，高中实考2558人，及格1432人，及格率54.8%；初中实考2707人，及格1646人，及格率58%。哈萨克语，高中实考509人，及格34人，及格率45.8%；初中实考1131人，及格458人，及格率40%。

职业技术教育

1992年，全区有独立设置的职业中学134所，加上普通中学举办的各类职业班，共有1774个教学班。加上中等专业学校和技工学校，校数达到262所，在校学生达到16.74万人，占高中阶段在校生的41.38%，比1991年增长2.6个百分点。

一、召开全区职教工作会议

1992年7月31日至8月2日，自治区人民政府在乌鲁木齐市召开全区职业技术教育工作会议。自治区计划、财政、劳动、人事、教育部门的领导，各地、州、市人民政府领导及有关部门负责人200余人出席会议。会议交流了自治区职业技术教育恢复、发展十年来的办学经验，明确了今后发展的目标、任务，提出了政策措施。自治区副主席兼教委主任克尤木·巴吾东作了《大力发展职业技术教育，为自治区经济和社会事业发展服务》的报告，强调要进一步提高对职教战略地位的认识，加强领导，进一步完善和落实发展职业技术教育的政策措施，抓紧抓好职校的基础设施建设，努力提高教育质量。代表们讨论了《自治区人民政府关于大力发展职业技术教育的决定(讨论稿)》和《自治区职业技术教育"八五"计划和十年规划(草案)》，提出了修改意见。大会授予新疆邮电学校等60个单位为自治区职业技术教育先进集体，并表彰了113名先进个人、21名优秀毕业生。

二、继续推行城乡教育综合改革

全区农村教育综合改革工作会议于11月4日—7日在阜康县召开。会议总结交流了首批三个农村教育综合改革实验县——阜康县、吐鲁番市、轮台县和20个"燎原计划"示范乡的经验，表彰了在实验工作中作出显著成绩的4个先进集体(阜康县人民政府、阜康县九运街乡、吐鲁番市胜金乡、轮台县阳霞乡中学)和7名先进个人。至此，始于1989年的全区农村教育综合改革实验及实施"燎原计划"首期工程胜利完成。第二期工程实验区定为一个州(昌吉回族自治州)、16个县、市(莎车、福海、洛浦、库尔勒、特克斯、伊宁、昌吉、玛纳斯、哈密、温宿、博乐、阿图什、乌苏、乌鲁木齐、米泉、托克逊)和120个"燎原计划"示范乡。

1992年，自治区教委选定乌鲁木齐市、喀什市、伊宁市为自治区城市教育综合改革试点城市。7月21日—29日，乌鲁木齐市召开城市教育综合改革会议，推出改革方案，综合改革的目标是：通过改革，建立教育与经济协调发展，"服务"与"依靠"相互促进的教育管理体制和运行机制，培养大批适合经济建设和社会需要的素质良好的劳动者和专门人才。

三、进行干部、教师培训及考察

1992年11月26日至12月6日，由自治区教委副主任努尔提也夫率领的新疆职业技术教育考察团一行4人对香港的职业技术教育进行了考察。考察团受到统管香港职教的香港职业训练局的接待，考察了各类职业学校12所。考察团与香港教育工作者联合会、香港职业训练局等就香港职教现状、职教与经济发展关系等问题进行了多次座谈。蓬勃发展的香港职教及其在香港经济发展中不可替代的重要作用给考察团留下深刻印象。

1992年12月3日—18日，由区教委副主任徐俊德率领的由各地州市教育局长和区级重点职高校长参加的教育考察团一行39人，对北京市的职业技术教育进行了考察。考察团重点察看了6个区县的15所学校，听取了北京市教育局领导和专家关于北京市职教发展状况及经验介绍，与一些区县教育局的同志进行了座谈，商讨了北京和新疆两地在发展职教中如何加强相互支持与协作等问题，取得良好效果。

受自治区教委委托，1992年，中华职业教育社、南昌职业技术师范学院先后在北京和南昌为新疆举办了两期职业中学校长暨管理干部培训班。参加培训的有71人，其中少数民族44人。中华职业教育社举办的是少数民族职教培训班，除讲课外，还组织学员考察了北京、河北、内蒙古三省区的19所职业学校，学习这些省区的民族职校的办学经验；南昌职业技术师范学院举办的培训班组织学员考察了广州、深圳、珠海等沿海发达地区的职业教育，学习了这些地区产教结合发展职教的经验。

1992年，自治区教委委托北京联合大学、职业技术师范学院、新疆师范大学培训服装设计、电子电工专业本、专科教师48人。为使职业中学的专业课教师能不断地得到补充，1992年，新疆八一农学院、新疆工学院继续开办职业中学师资班，招收新生177人(民族90人)，开设了作物、植保、农业经济管理、农牧业机械化、园艺、食品工程等专业。

四、召开民族职教现场经验交流会

为推广民族职业中学好的办学经验，促进民族职业中学的发展，自治区教委于1992年9月21日—28日在喀什、和田两地区召开全区民族职业中学现场经验交流会。全区民族职业中学校长，地、县党政和教育局领导参加了会议。国家教委、国家民委、自治区人大、自治区民委和北京民族职业高中也派人参加。会议采取边看边议，巡回交流的办法，在喀什地区开幕并重点察看了伽师、疏附、叶城县职业中学，之后转到和田地区重点察看了墨玉、洛浦等县的职业中学，会议才闭幕。伽师县职业中学根据当地手工业发达，亟需技术人才的情况，开设了投资少、见效快的木工、缝纫、织毯、铸造等专业，兴办了与专业相关的工厂，学生们在职业中学不仅学到了文化知识，还学会了一两门手艺，受到家长和社会的欢迎。蚕桑是墨玉、洛浦两县的重要资源，为充分开发这种资源，两县的职业中学与有关部门合作办起了蚕桑班，为每个乡村培养了一名蚕桑技术员。科教促进了生产，使两县的蚕桑产量突破了历史最高水平。现场会还听取和察看了疏附县动员全县人民集资修建的职业教育楼和叶城县职业中学的管理经验。所有这些使代表们看到：只要职业教育能同当地经济建设紧密结合，就能办出活力和效益，就会受到人们的欢迎。

五、对普通中等专业学校进行合格评估

1991年9月至1992年5月，自治区人民政府对全区90所普通中等专业学校中的78所(体育、艺术类除外)进行了合格评估。经学校自评和自治区复评，确定新疆石油学校等40所学校为合格学校，喀什卫生学校等

17 所学校为基本合格学校，有 9 所学校暂缓通过，12 所学校为不合格学校。合格评估使学校主管部门、地方政府了解了全区中专学校的现状和问题。中专学校当前存在的突出问题是：投入不足，设施简陋，图书资料不足，学校规模小，办学效益差。如喀什卫生学校仅人头费就需 130 余万元，但地区财政只拨了 100 余万元，缺额 30 万元要学校自筹解决。由于经费紧张，设施简陋，一些学校的实验课开不足或干脆不开。全区工科类学校普通课实验开出率是 78%(合格标准为 90%)，专业和专业基础课实验开出率是 57%(合格标准为 65%)。全区 10 所农业学校实验开出率平均为 48.6%(合格开出率为 80%)。国家教委规定中专学校规模最低标准为 640 人，自治区定为 480 人，但实际上全区中专校平均规模只有 330 人。全区现有卫生、农业、财贸类学校 45 所，占普通中专学校总数的 50%，其办学能力均已超过了社会的需求。由于校多、规模小，且分布分散，大部分办学条件差，效益低。这些问题已引起有关方面的重视，并开始得到解决。据统计，评估以来有关部门已增加预算外投入 1300 多万元，其中基建费 600 多万元，实验电教设备和图书资料费 690 多万元。评估促进了有关部门对中专教育的宏观管理，使中专学校的建设有了目标体系，促进了学校管理水平的提高。

六、职业中专班试招生

为挖掘中等专业学校办学潜力，发展职业教育，自治区教委于 1992 年 8 月 8—9 日，首次进行了全区职业中专班统一招生考试。有 15 所普通中等专业学校参加了职业中专班招生，开考 26 个专业。考试科目为语文、数学、政治，文科考生加试历史、地理，理科考生加试物理、化学。参加考试的初、高中毕业生 8000 余人，录取 2900 人，其中少数民族学生占 41%。

高等教育

一、招生工作

1992 年高等学校招生工作的特点是：(1)取消了预选考试制度，考生由往年的五六万人扩大到 10 万人；(2)扩招自费生及招收一定比例的收费生。区属高校(师范院校除外)在计划任务内招收 20%的收费生，按考生志愿在本科或专科最低分数控制线以上录取，入学后与公费生待遇相同；扩大招收大专自费生 2540 人，按考生志愿在规定的最低分数控制线以上录取，不包分配；(3)继续定向计划招生，自治区农、林、医、师范院校的专科层次定向到县以下，招 2513 人，占该层次招生数的 30.11%；中等专业学校全部定向到县以下招生，其中农民班招 600 人，医士班招 280 人，民办教师班招 800 人；(4)下放中等专业学校招生录取权，由地、州、市招办按招生计划自行投档、录取；(5)改进了艺术、体育专业的考试、选拔办法。艺术院校由自治区招办聘请专家组成专业测试组进行考试和选拔学生；体育专业的测试统一由区招办分片设点，相对集中，组织实施。

二、内地高校支援新疆协作会议

9月15—18日，由国家教委、国家民委和自治区人民政府联合召开的内地高校支援新疆第二次协作会议在乌鲁木齐市举行。全国政协副主席兼国家民委主任司马义·艾买提、国家教委副主任朱开轩、国家民委副主任图道多吉和自治区党政领导宋汉良、铁木尔·达瓦买提等出席会议并讲话。1990年以来，国务院22个部委所属的58所内地高校共为新疆培养少数民族学生2738人、定向生281人、高校进修教师419人、厂长经理300人。会议总结交流了前三年支援协作经验，制订了今后三年的支援协作计划：1993—1995年，内地高校每年招收新疆少数民族学生800人、定向研究生120人，接受新疆高校进修教师及厂长经理培训270人。

三、高等教育改革

（一）11月21日，自治区教委在乌鲁木齐市召开新闻发布会，自治区副主席兼教委主任克尤木·巴吾东宣布向新疆大学等21所普通高等院校下放10条办学自主权：（1）专业设置权；（2）本专科招生计划调节权；（3）研究生招生计划调节权；（4）非学历教育办学权；（5）校内机构设置权；（6）人事管理权；（7）办学收费权；（8）分配自主权；（9）职称评聘权；（10）扩大对外交流权。

（二）自治区教委于1月16日—18日召开座谈会，就高校研究生培养和重点学科建设工作进行研讨。3月，印发了《关于自治区高校重点学科建设的意见》，布置了重点学科的申报工作。全区有9所高校申报21个学科专业为区级重点学科。区教委组织业务主管部门负责同志和行业专家进行初评、复评，最后确定自治区高校首批重点学科10个：内科学（心血管）、基础数学、草原科学、少数民族语言文学、外科学（骨外、普外）、物理化学、农田水利工程、作物栽培学与耕作学、营养与食品卫生学、矿产普查与勘探。

（三）3月24—26日，自治区教委召开高校科研与产业开发座谈会。克尤木·巴吾东等到会讲话，要求高校认清形势，发挥科研、人才优势，积极投入经济建设主战场，促使高校产业上新台阶。会议推动了普通高校校办产业的发展，到1992年末，全区已有校办企业82个，其中公司39家、工厂16间、农场4个，其他23个。校办产业固定资产1391万元，流动资金3786万元，全年税后净利394.75万元。

（四）1992年10月，在武汉市举行的第五届全国大学生运动会上，新疆代表队参加了田径、男篮、男排和武术四个项目的比赛和表演，获得金牌1块、银牌2块、铜牌3块。艾力·吐尔逊夺得田径400米第一名，实现了新疆队"零"的突破。新疆大学、新疆工学院分别被评为全国普通高校体育课程评估优秀学校。

四、师范院校大中专毕业生、研究生分配

1992年，全区共分配师范院校大中专毕业生、毕业研究生3726人。其中毕业研究生166人，本专科毕业生2947人（含计划内自费生74名）、中等师范学校毕业生613人（含计划内自费7名）。其中内地院校培养的451人，区内院校培养的3275人；汉族毕业生1606人，少数民族毕业生2120人。

分配主要面向教育部门，按生源所在地安排在教育战线，充实基层师资队伍。毕业生研究生中95％被分配到高等院校和科研部门从事教学和研究工作；计划内自费生主要由学校推荐，用人单位择优录用，分配到地、州、市的占到90％。

五、教育对外交流

1992年，自治区教育系统派出青年教师、各类学者120人，分别到独联体各国、美国、英国、日本、加拿大、香港等国家和地区进修、攻读学位或进行学术研究活动;批准 298 名自费生出国留学;全区 14 所高校引进了长期外籍教师、专家和学者 28 人,由他们来承担我方教师目前尚不能单独开设的一些课程,提高了高校的教学和科研水平;接受来自美国、日本、英国和独联体等国家自费留学生 70 人,主要学习汉语、维吾尔语和艺术等专业。此外,还接待几百名从事短期学术研究、科学考察人员。

成人教育

一、成人高等教育

继续进行治理整顿。1992 年 3 月 30 日—4 月 8 日,自治区教委抽调 40 名专家组成 5 个检查组,对独立设置的 14 所职工大学、2 所管理干部学院、1 所电视大学及部分电大分校、工作站按评估验收细则进行检查验收。检查评估 17 所院校中被评为 A 级的 1 所、B 级的 10 所、C 级的 4 所,另有 2 所因办学条件有限将合并到其他院校去。在电大分校及工作站中被评为 A 级的 1 所、B 级的 14 所、C 级的 3 所,另有 1 所办学条件差将被合并。评估验收调动了办学单位和学校按要求办学的积极性,不少学校制订了整改措施,增加了投入,加强了管理。

1992 年 4—5 月,自治区教委、人事厅组织力量对 1988 年以来自治区各院校举办的 125 个专业的成人高等教育《专业证书》教学班的招生计划的审批、教学计划、学员入学资格、师资条件、教学管理、教学质量等进行了复查清理。共清理出年龄不符合条件者 24 人、专业工龄不符合条件者 5 人、高中以下学历者 60 人。对不符合条件者,分别给予退学、不发《专业证书》或不发享受待遇通知单处理。

1992 年 1 月 11—12 日,自治区教委对普通高校附设的成人教育学院、业余(夜)大学等 38 所成人高校的 90 级、91 级学历教育班和《专业证书》班学员进行了抽查考试。考试结果:及格 16702 人次,及格率 79.73%。经补考仍有 1332 人次不及格。其中 90 级考生 166 人,按学籍管理规定不能按期毕业;91 级考生 51 人,经补考仍有两门课程不及格,按学籍管理办法对这些学生进行了留级或退学处理。

二、自学考试

自治区第 13、14 次高等教育自学考试分别于 4 月 25、26 日和 10 月 24、25 日举行。4 月开考 20 个专业、62 门课程,实考 72504 人,146232 科次,及格 55721 科次;10 月开考 22 个专业,85 门课程,实考 62787 人,125476 科次,及格 52655 科次。

1992 年,全区有 3172 人获得高等教育自学考试毕业证书,其中有汉语言文学专业本科毕业生 54 人。经国家教委批准,自治区在统计、物价和人口专业的高等教育自学考试中试行专业证书制度,1992 年有 28 人获统计学专业证书,8 人获物价专业证书,8 人获人口学专业证书。

自治区第 10、第 11 次中等专业教育自学考试与高教自学考试同一时间进行。报名

2735人，报考5520科次。实际参加考试的3824科次，及格1011科次。1992年有233人获中等专业教育自学考试毕业证书，其中中等师范专业33人，金融专业200人。

三、职工教育

1992年，全区有61.6万职工在各级各类学校中学习，占全区职工总数的22.42%。其中，参加岗位培训的49.8万人，参加文化基础学习的10.1万人，参加继续学习的1.6万人。

为推动全区岗位培训工作的展开，4月，区教委分别召开了有部分厅局、企业主管教育工作的干部、职工学校校长参加的3个座谈会，就新形势下职工教育如何更好地为改革开放服务，如何加强学校管理工作，如何开拓前进等问题进行了研讨。6月，组织9名厅局、企业的职教干部赴广东、福建、上海、北京、天津、辽宁、黑龙江等省市考察职工教育；组织39名职教管理干部到内地参加职工教育理论研讨会和协作会议。考察和学习开阔了眼界，学到了经验。

1992年，部分地州市教育局按区教委的部署，对申办成人高中班的职工学校进行了检查评估，同意新疆燎原机器厂等13所职工学校办成人高中班。

四、扫盲与农牧民教育

经过修订的《新疆维吾尔自治区扫除文盲条例》，自治区人大常委会第27次会议通过后于7月13日重新发布。区教委于8月1日下发了《关于加快扫盲工作步伐的决定》、《新疆维吾尔自治区高标准扫除文盲单位考核办法》；3月10日，区教委、区妇联共同下发了《关于进一步加强扫盲工作的意见》。

1992年，全区参加扫盲学习的有22.6万余人，其中14.1万人脱盲。截止年底，全区15—40周岁青壮年文盲率由1990年全国第四次人口普查时的7.8%降到6%；文盲率由12.75%降到10.95%。经区教委检查验收，洛浦、喀什、英吉沙额敏四县(市)均达到国家和自治区规定的基本完成普及初等教育和基本扫除文盲任务的标准。至此，全区93个县(市、区)中已有76个完成了基本扫除文盲任务，占全区县(市、区)总数的81.72%。

9月8日，新疆扫盲工作荣获联合国教科文组织颁发的国际野间扫盲大奖，这是中国第一次获此大奖，区教委派员去西班牙领了奖。11月4日，自治区人民政府在阜康县隆重召开庆祝新疆荣获国际扫盲大奖表彰会，表彰了温宿县等17个扫盲先进集体，马万俊等32名扫盲工作先进个人。自治区副主席克尤木·巴吾东到会讲话，并和区教委副主任分别代表自治区政府和教委与全区16个地州、市分管教育的专员(州长)、教育局(处)长签订了1995年前限期扫除文盲责任状和合同书，落实了扫盲工作区、地、县、乡、村五级“双线”承包责任制。

1992年，全区乡镇农牧民文化技术学校由1991年的29所发展到46所，村级分校发展到1102所，有100多万农牧民参加了各种类型的实用技术和政治、文化等培训。11—12月，区教委在玛纳斯县召开自治区乡镇农牧民文化技术学校评估现场会；对7所乡镇农牧民文化技术学校进行了评估验收。玛纳斯县广东地乡、轮台县阳霞乡，温宿县托乎拉乡、莎车县衣干其乡、于田县科克亚乡农牧民文化技术学校被评为自治区一级乡镇农牧民文化技术学校。11月22日，国家教育委员会授予我区特克斯县人民政府、玛纳斯县教育局为全国扫除文盲先进单位，莎车县衣干其乡农牧民文化技术学校为全国农村成人教育先进学校。

撰稿人　周　越
审稿人　努尔提也夫

文件选编

综合部分

□国务院关于积极实行农科教结合推动农村经济发展的通知

（1992年2月12日）

几年来，不少地方和有关部门在科技、教育兴农工作中，积极实行农业（包括林业、水利等，下同）、科技、教育相结合，有力地推动了农业生产和农村经济的发展。农科教结合是广大干部、群众和科教人员在农村综合改革实践中创造的具有普遍意义的新鲜经验，使科教兴农找到了具体的实现形式。为深入贯彻党的十三届八中全会精神，使农科教结合工作在全国更好地开展起来，特作如下通知：

一、农科教结合是实现农业现代化的一个重要途径

农业发展靠科技，科技进步靠人才，人才培养靠教育，这是现代农业发展的客观规律。实行农科教结合，即在政府统筹协调下，使农、科、教等各有关方面形成强大合力，以促进农业和农村经济发展为目标，以推广先进农业科学技术为动力，以加强农村教育特别是职业技术教育和适用技术培训为基础，实现农业和农村经济的全面振兴。实践证明，实行农科教结合，能够有力地促进科技、教育更好地为农业和农村经济服务；能够富有成效地组织各有关方面的力量，克服部门分割、相互脱节的现象，做到扬长避短、优势互补，充分利用各方面的人力、财力、物力，提高科教兴农的整体效益；能够进一步充实健全农村科技培训与推广网络和加强服务基地的建设，不断提高广大农民的科学文化素质，增强以家庭联产承包为主的责任制的活力，巩固壮大集体经济，推动农业和农村经济向专业化、商品化、现代化发展。农科教结合，对于形成以教治愚、以科致富、以富兴科教的良性循环和农村经济发展的新机制，对于加强农村物质文明和精神文明建设，巩固农村社会主义阵地，都具有现实和深远的意义。农科教结合是农业和农村经济发展以及科技、教育事业发展的客观要求和必然选择，是把农业发展和农村经济建设转移到依靠科技进步和提高劳动者素质轨道上来的重大措施。

没有农业和农村经济同科技、教育的结合，就没有农村的现代化。把农业和农村经济开发同科技开发、智力开发有机地结合起来，建立有利于科技、教育进步，振兴农业和农村经济的新机制，是当前农村深化改革的迫切任务。各级政府要把实行农科教结合，推动农业和农村经济同科技、教育事业的协调发展，作为改革是否深入、是否收到实效的一个重要标志，切实抓好这件兴国利民、造福子孙后代的大事。

二、农科教结合要紧紧围绕振兴农业和农村经济这个中心

实行农科教结合，主要目的是推动农业、科技、教育事业的结合，建立相互促进、协调发展的运行机制，逐步实现农业和农村经济的现代化。农村科技事业要围绕农业生产和农村经济建设的发展规划和开发项目，开展适用技术研究，加快科技成果的转化，促进农村的科技进步。农村教育事业要围绕农村经济发展与科技进步的需要，在实施九年义务教育的同时，大力发展职业技术教育和农民适用技术培训，不断提高农村劳动者的素质。

各有关部门要紧紧围绕振兴农业和农村经济这个中心任务，通力合作，分工负责，各尽其力，形成振兴农业的“大合唱”。农业或农村工作的主管部门，要在政府领导下主动做好农科教结合的具体组织工作，密切依靠科技、教育等部门和行业，共同促进农业和农村经济发展目标的实现。同时，要进一步加强农业系统内生产管理部门与农业科研机构、农业院校的合作。科技、教育部门要继续抓好农村科技、教育体制改革。吸引和组织更多的科技人员，开展多种形式的科技服务，发展各种农民专业技术协会、研究会，以及科技示范户、示范村等。要使基础教育、职业技术教育和成人教育面向农村、协调发展，充分发挥农村学校人才、知识相对密集的优势，积极参与农业科技试验、示范、推广工作。

计划、财政、金融、商业、供销、物资、劳动、人事等各部门，都要从促进农业和农村经济发展的全局出发，积极参与和大力支持农科教结合，做好兴农的服务工作。要鼓励和支持民主党派和共青团、妇联、科协等群众团体，在当地政府统筹安排下，充分发挥自己的优势，积极开展科教兴农活动。农业、林业、水利、气象等大中专院校及有关的其他院校都要进一步改革教育内容、招生和分配制度，培养农村急需的各类人才，积极参与农业科技推广工作，更好地为农村社会主义建设服务。

三、加强政府统筹是推动农科教结合的关键

实现农科教结合，关键在于各级政府要树立总揽经济和社会发展全局的观念，加强对农业和农村经济、科技与教育事业发展的统筹规划，更好地把农科教等有关部门的力量组织起来。各级政府要抓住农业发展、科技进步、人才培养这条主线，统筹安排农业和农村经济、科技、教育的改革与发展任务，使农村科技和教育事业的发展目标同农业和农村经济发展目标紧密地衔接起来，更好地为其服务。在科教兴农中，各地应根据有利于农村社会生产力发展、有利于提高科教兴农的整体效益、有利于发挥各个方面积极性的原则，并按照隶属关系和职能不变、经费渠道和用途不乱的要求，统筹实施农业综合开发、扶贫开发和“丰收”、“星火”、“燎原”等计划项目，统筹制定人才培养和适用技术的培训方案，统筹组织各方面的技术力量，统筹使用各部门的实验基地和设施，以及统一筹措、合理安排科教兴农资金。

县、乡两级政府是农村经济建设第一线的指挥部，直接担负着本地区农业和农村社会经济发展的计划、管理、组织和协调的责任。当前，实行农科教结合要以县、乡为重点。各省、自治区、直辖市政府要鼓励和引导县、乡政府在实践中大胆探索，努力创造符合当地实际的统筹内容和结合形式。上级各部门要尊重和支持县、乡政府的统筹自主权，不要因县、乡实行统筹规划而削减正常下拨的经费、劳动就业指标和生产物资等。

四、充实和健全科技培训与推广网络是当前的重要任务

我国农村科技力量薄弱，培训与推广网络不健全，是制约农业和农村经济发展的一个突出矛盾。当前，农科教结合工作的一个重要任务，就是要根据农业和农村经济发展的实际需要，巩固壮大农村科技服务队伍，充实健全科技培训与推广网络，使科技成果尽快转化为生产力。

科技培训与推广网络是农业社会化服务体系中重要的组成部分。我国农村的科技推广机构几十年来为农业建设作出了重大贡献，但是随着农村经济体制的变化和农业综合开发的需要，必须通过改革加以充实和完善。要在农科教结合工作中，积极扶持、引导各种形式的技术推广体系的建立和发展，逐步形成以县科技培训与推广服务中心为龙头，以乡、村服务基地为网点，上挂大中专院校、科研院所和科技单位，下联专业组、户的农村科技培训与推广网络。各有关院校和科研单位，要主动联系，接受任务，做好工作。这个网络应承担技术培训和成果推广两个方面的任务，不仅要切实发挥现有科技推广机构的骨干作用，而且要充分调动各部门、各行业在科技培训与推广中的积极性，还要十分重视农村各级各类学校和回乡青年学生的作用，以及大力发展多种类型的农民科技组织，从而形成规模更大的专兼结合、专群结合的网络。

县服务中心和乡、村服务基地要在农业、科技、教育等部门紧密协作下，根据当地的实际，充分利用农业科技推广机构的站、场、所或各类学校以及其他设施进行建设，开展科技试验、示范、培训、推广的多功能综合服务。对中心和基地，县、乡要做好统筹安排，不要盲目铺新摊子，防止重复建设。县、乡政府可采取多渠道筹措资金的办法，增加对中心和基地建设的投入。这些中心和基地应逐步发展成以科技为先导的集体经营的经济服务实体，不断增强为农业生产服务和自身发展的能力。各级政府要按照《国务院关于完善化肥、农药、农膜专营办法的通知》(国发〔1989〕87号)和《国务院关于加强农业社会化服务体系建设的通知》(国发〔1991〕59号)文件规定的有关政策，给予扶持。

五、在农科教结合中大力发展农村职业技术教育

我国农民科学文化素质较低，吸收运用先进技术的能力不强，影响着农业和农村经济的进一步发展。大力改革和发展农村教育，特别是加强职业技术教育和适用技术培训工作，培养一大批扎根于农村的科技力量，提高广大农民的素质，是科教兴农的重要环节。农村职业技术教育要始终坚持为农业和农村经济建设服务的方针，贯彻因地制宜、按需施教、灵活多样、注重实效的原则。特别是适用技术培训更要有很强的针对性，把培训农民与技术推广紧密联系起来。发展农村职业技术教育和进行适用技术培训，必须要有农业、科技、教育等各部门的积极参与和密切配合。同时，县、乡政府要加强统筹规划，做到统一安排、合理布局，综合利用学校设施，发挥学校多种功能，提高办学的经济效益和社会效益。

当前，县(市)首先要集中力量办好一两所起示范和骨干作用的职业技术学校，并继续办好农村广播函授学校；乡(镇)要办好农民文化技术学校；村要逐步建立农民业余文化技术学校。农村中小学教育要在适当阶段引进职业技术教育内容和举办多种形式的职业技术培训班。农业、林业、水利、气象及有关的其他中等专业学校要在深化改革中进一步发挥骨干作用，为农村科技培训与推广网络不断输送技术人才。各地要采取有效措施，加强农村职业技术教育和适用技术培训的师资、教材建设。县、乡应选拔有一定实践经验的优秀教师和回乡青年学生，送到有关大中专学校定向培养为专业师资；农业、科技等部门要选派一批技术人员担任农村职业技术学校的兼职教师。县、乡要组织农业、科技、教育等有关部门的力量，根据当地农业开发的实际需要，共同编写富有特色的实用乡土教材。

六、进一步落实和采取发挥科教人员积极性和提高农民科学文化素质的政策

各级政府要认真落实“尊重知识、尊重人才”的方针和有关政策，并进一步研究制定有利于稳定和发展农村科教队伍，有利于科教人员下乡帮助农民致富，有利于农民学文化、学技术的政策措施。同时，要积极创造条件，吸引高级专门人才参加农业和农村经济开发工作。

对在农村科技开发与推广工作中成绩显著的科教人员，应以工作实绩作为职称评定、晋级的重要依据优先考虑；在农村职业技术学校连续兼任教师满三年以上并继续从事教学工作的科技人员可参加教师职称的评定，从事农业技术推广工作的学校教师也可以参加相关专业技术职称的评定，他们在岗期间可享受相应的待遇。各地还可根据自己的实际条件，对在乡、村从事农业技术培训与推广工作的技术人员和学校劳动技术课教师增发岗位或农业技术工龄补贴，对有突出贡献的科教人员给予重奖。

要积极鼓励和吸收农村职业技术学校毕业生参加科技培训与推广工作，并给他们提供必要的条件，以充分发挥他们的作用。要逐步建立和完善农民技术员职称制度和农民技术资格证书(绿色证书)制度。对获得技术员资格和获得技术资格证书的农民，应优先安排项目承包和贷款，以及给予其他必要的支持。

今后，农村基层干部的录用，要逐步做到从获得技术资格证书的优秀农民和回乡青年学生中选拔，以提高基层干部队伍的科技文化素质。

各级政府要认真研究和制定有关政策，积极培育农村技术市场，逐步实现科技有偿服务，并依法保障科教人员的合法权益。

七、必须树立适应现代农业发展需要的领导观念

实行农科教结合，把农业发展和农村经济建设转移到依靠科技进步和提高劳动者素质的轨道上来，是一场广泛而深刻的变革。这场变革不可避免地对领导观念和方式乃至管理体制提出新的要求。对此，各级领导干部应予以高度重视。应当看到，能不能把经济工作同科技、教育工作更好地结合起来，是对各级政府能否胜任领导现代化建设任务的重要检验。为适应农业和农村经济的转轨并主动地领导这场变革，各级领导干部必须转变传统农业的领导观念和方式，特别是转变只就农业抓农业、只就科技抓科技、只就教育抓教育的封闭的领导方式，树立现代农业的领导观念。要尊重群众的首创精神，运用唯物辩证法和现代系统科学的方法，积极探索符合经济发展规律要求的管理方式，在推动我国农村经济和社会全面发展中创造性地开展工作。

实行农科教结合，有许多问题需要在实践中不断认识和解决。各省、自治区、直辖市政府要切实加强领导，及时总结推广典型经验，做好分类指导工作。由于各地社会、经济发展不平衡，在工作中一定要从实际出发，因地制宜，讲求实效，不搞“一刀切”，不做表面文章，防止一轰而起、急于求成。要坚持自力更生、艰苦奋斗、勤俭办事业的原则，把这项工作做得更好。各级政府要根据当地的实际情况，制定实施农科教结合的具体方案，主要负责人要亲自动手，抓好抓实，使农科教结合工作健康发展。

□国家教委关于做好学校治安综合治理工作的几点意见

（1992年6月23日）

当前，我国政治稳定，经济发展，民族团结，社会安定，正抓紧有利时机，加快改革开放，加速经济发展。巩固和发展这一大好形势需要有一个良好的国内环境。但是社会治安形势仍然相当严峻，教育战线在社会治安方面所面临的问题也不少：一些地方冲击校园、滋扰教学、伤害师生以及拦路抢劫中小学生的财物等现象屡禁不绝；女学生和女教师被调戏、污辱的情况时有发生，个别地方甚至发生女大学生、研究生被拐卖的恶劣事件；有些地区青少年犯罪问题仍很突出；一些学校校园内盗窃等各类案件增多；一些学校学生打架斗殴，聚众群殴的现象时有发生。这些问题的存在严重地干扰了学校正常的教学、生活秩序，成为影响学校稳定的不安定因素。要从根本上解决社会上和校园内的治安问题，不仅要靠公安、保卫部门加强工作，更重要的是要靠全社会动员起来，加强思想教育，提高人们的道德素养，增强法制观念，创造良好的道德风尚和社会风气，搞好社会治安综合治理。

中共中央、国务院《关于加强社会治安综合治理的决定》指出，社会治安综合治理的根本任务是：在各级党委和政府的统一领导下，各部门齐抓共管，依靠广大人民群众，运用政治的、经济的、行政的、法律的、文化的、教育的等多种手段，整治社会治安，减少违法犯罪，保障社会稳定，为改革开放和四化建设创造良好的社会环境。

学校治安综合治理是社会治安综合治理的重要组成部分，学校在社会治安综合治理中有着不可替代的重要作用，要为加强社会治安综合治理做出积极的贡献。为此，提出以下几点意见：

一、加强对学校治安综合治理工作的领导

各省、自治区、直辖市教育主管部门要明确一名领导同志分管这项工作，落实相应的办事机构，具体负责学校治安综合治理的组织和实施。各级各类学校党政领导要提高认识，切实加强对学校治安综合治理工作的领导。学校治安综合治理绝不仅仅是保卫部门、保卫人员的事，必须在学校党政的领导下，将学校治安综合治理工作列入学校工作的重要议事日程，各部门、各单位互相配合，齐抓共管。高等学校要成立由党政主要领导及保卫、宣传、后勤、学生工作等部门和工会、共青团、学生会等群众组织负责人参加的学校治安综合治理委员会，设立相应的办事机构，负责提出本单位综合治理的具体意见并组织实施，协调各部门的工作。要按照“谁主管谁负责”的原则，落实目标责任制，做到各司其职，各负其责，齐抓共管。中小学可根据实际情况按照当地社会治安综合治理领导部门的要求，建立、健全相应的主管机构或指定专人负责。要建立学校治安综合治理的领导责任制。对工作卓有成效的单位和个人要进行表彰奖励，对因不重视学校治安综合治理而发生重大问题的单位和个人，要进行严肃批评或给予必要的处分。构成渎职罪的，要追究其刑事责任。

二、进一步加强对广大师生员工的思想政治教育工作，依靠全体师生搞好学校治安的综合治理

要进一步加强学校的思想政治工作，坚持不懈地对广大师生进行坚持党的“一个中心、两个基本点”的基本路线和建设有中国特色的社会主义的教育，以及理想教育、道德品质教育和法制教育。要认真贯彻实施中宣部、司法部联合提出的"二五"普法计划，把已经开设的大学法律基础课、中学思想政治课中的法制教育、小学思想品德课中的遵纪守法教育坚持下去，并不断加以完善。同时，要通过抓典型、树新风、学先进等活动，促使每个学生逐步养成文明的举止行为和习惯，增强遵纪守法的观念。

三、进一步加强对学生日常行为的教育和管理

近几年国家教委先后颁布了《高等学校学生行为准则》、《中学生日常行为规范》(试行稿)和《小学生日常行为规范》。各级各类学校都要认真贯彻准则和规范，并根据本校的具体情况制定出实施细则或校纪校规。在新生入学教育时，要集中一段时间对学生进行行为准则、行为规范及本校的校纪、校规的教育，并使这种教育经常化。学校应注意对行为准则、行为规范和校纪校规的贯彻情况进行检查，对违反者要进行严肃教育，并根据情况给予必要的行政处分。对触犯刑律的学生，学校要配合公安、司法部门进行处理。

四、进一步加强校园秩序管理

要认真执行国家教委颁布的《高等学校校园秩序管理若干规定》和《中小学校园环境管理的暂行规定》，进一步整顿和加强校园秩序的管理。要加强学校门卫制度，校外人员进入学校要履行登记手续，并遵守学校的规章制度，不得危害校园治安；要加强校内公共场所秩序的管理，建立健全必要的管理制度并切实执行；要加强和改进学生宿舍的管理。学生宿舍要有专门的机构或人员进行管理，建立健全学生宿舍的值班、会客、携物、安全等制度，学生宿舍一律不得留宿异性，特别要把女生宿舍的安全管理作为重点，学校有权规定女生宿舍男性不得入内；有外籍教师和外国留学生的学校要注意加强其驻地的安全保卫工作。

五、不断提高中小学生的入学率和巩固率，减少"流失生"，帮助"后进生"，防止在校学生犯罪

要在社会的支持下进一步改善中小学的办学条件，不断提高教育质量，提高中小学生的入学率和巩固率，把"流失生"减少到最低限度；要认真抓好"后进生"的辅导、教育工作，建立"后进生"工作的责任制，指定干部、教师对其进行具体帮助，力争不造成一名学生掉队；要办好工读学校，同时，推广一些地方实行的工读学校与普通学校挂钩，共同帮助"后进生"的经验。

六、加强学校内部的安全保卫工作和安全防范制度的建设

要健全学校保卫机构，加强保卫工作队伍的建设，不断提高保卫干部的政治、业务素质，注意改善保卫干部的工作条件和生活条件，充分发挥他们在治安综合治理工作中的骨干作用。要建立健全学校的安全防范制度，易燃、易爆、剧毒、放射性等危险物品仓库以及管钱、物、票证的部门要采取安全防范措施，同时，要加强教学楼、图书资料馆、实验室的管理，要建立健全以岗位责任制为中心的安全保卫制度，在重点部位安装必要的报警、灭火等技术防范设施，严防盗窃、破坏案件和治安、灾害事故的发生。同时，要依靠共青团、学生会、研究生会、工会等群众组织，发动广大教职工和学生积极参与治安管理，做到"管好自己的人，看好自己的门，办好自己的事"，教职工要教育好自己的子女模范遵守校纪校规。

七、加强对学生课余生活的组织和管理，促进校外教育场所的建设

要用积极、健康、丰富多彩的活动充实学生课余生活；要加强对学生社团活动的指导和管理；要积极争取社会的关心和支持，为青少年学生更多地开辟一些校外活动和教育场所;在寒暑假,中等以上学校要依靠工厂、企业、农村、部队等社会各方面的支持,组织、安排学生参加社会实践、军政训练、参观考察、远足拉练或义务劳动等有益的活动。要主动争取社会各方面和学生家长的支持配合,努力为学生成长创造一个健康有益的课余生活环境。

八、配合社会各界,共同做好保护青少年学生、防止青少年犯罪的工作

要积极贯彻《未成年人保护法》,配合社会各界,共同做好防止青少年犯罪的工作。学校、社会、学生家长要加强联系、相互配合、不断探索总结经验,形成全社会齐抓共管的局面。各级各类学校要实行目标管理,把降低青少年学生犯罪率作为一项重要指标列为学校管理考核的重要内容。要与学校周围地区的公安派出所密切配合,共同做好有轻微违法犯罪青少年的教育挽救工作。

□国家教委党组关于加快教育改革和发展的若干意见

(1992年9月)

邓小平同志重要谈话和中央政治局全体会议精神传达以后,我们立即组织全委干部认真学习。李铁映同志多次主持国家教委党组和党组扩大会,联系教育工作的实际,反复进行讨论领会;之后又连续召开了一系列工作会议,对教育战线贯彻落实邓小平同志重要谈话和中央政治局全体会议精神的工作做了具体部署。

大家一致认为,邓小平同志的重要谈话是一篇马克思主义的纲领性文献,对我国的社会主义现代化建设事业具有重大而深远的意义,同时,也为我国教育事业的进一步发展与改革指明了方向,提供了强大的思想武器。教育战线当前和今后一个时期的首要任务,就是认真落实邓小平同志重要谈话和中央政治局全体会议精神,坚定不移地贯彻执行党的“一个中心、两个基本点”的基本路线,进一步解放思想,转变观念,实事求是,放开手脚,排除各种干扰,抓住有利时机,加快教育事业的发展与改革,探索主动适应加快经济发展、科技进步和扩大改革开放需要的办学新路子,使全国的教育事业到2000年登上新台阶。近期,要努力抓好如下几项工作:

加快教育事业发展,全面深化教育改革

(一)根据小平同志重要谈话和中央政治局全体会议精神,进一步组织修订《中国教育改革和发展纲要(1992——2000年)》,报请党中央和国务院批准后发布实施,指导全国全面落实九十年代教育发展和改革的各项任务。

(二)基础教育,到本世纪末要在全国基本普及九年义务教育(包括初中阶段职业技术教育),大城市市区和有条件的沿海经济发达地区要普及高中阶段教育;同时,要全面贯彻教育方针,全面提高教育质量。

为此,要坚决贯彻“义务教育法”,加强分类指导,建立健全对中小学的督导检查制度;明年9月,在山东召开全面贯彻教育方针、全面提高教育质量现场会。今后,每年对基本普及九年义务教育、基本扫除青壮年文盲,实现全面贯彻教育方针、全面提高教育质量的县,要组织检查验收并采用“摘帽”的办法,在全国公布名单。

积极探索改革初中、高中和职业高中的办学模式与路子,加强全国1000万名教职工队伍和100万所中小学校的建设。集中力量办好1000所师范学校。

(三)动员一切可以动员的力量,多渠道、多层次、多形式地放手大力发展职业技术教育。

为此,要转变办学机制,充分调动企、事

业单位、行业和社会各界以及公民个人的办学积极性，鼓励行业协会加强管理；改进证书发放制度；积极吸引外资，建立长期职教贷款制度；实行“产教结合，企校合一”；集中力量办好 2000 所高水平的职业技术教育中心和起骨干示范作用的学校；建立并完善职业技术教育服务体系；发展外向型职业技术教育。

（四）根据地区、科类和学校的不同情况，积极发展高等教育。

到 2000 年，要集中力量办好 100 所左右的重点大学和一批重点学科，使高层次人才的培养立足于国内，使全国普通高等教育和成人高等教育的在校学生总和，与九十年代初相比，基本上翻一番。当前要抓紧制订加快高等教育发展与改革的政策和措施，今年年底前召开会议，做出具体部署。

（五）大力发展成人教育。

到本世纪末，要基本扫除青壮年文盲，使全国青壮年人口中的文盲比例下降到 5%以下，总人口中的文盲比例下降到 10%以下；为此，每年要坚持扫除 400—500 万青壮年文盲，同时坚决杜绝 15 岁以下青少年文盲的产生；把扫盲任务落实到村；设立国家扫盲奖；大力促进岗位培训和继续教育的发展，并使之制度化，网络化；进一步完善包括专科、本科、第二专业教育直至在职硕士、博士学位教育在内的成人高等学历教育体系；设立国家高等教育考试委员会，成立成人高等教育教学业务指导协调委员会，使成人教育逐步走上依法科学管理的轨道。年内召开全国成人高等教育工作会议，全面研究部署成人高等教育的发展与改革工作。

同时，继续大力加强电化教育，“八五”期间，争取发射一颗电视教育卫星，新开两个电视教育频道。

（六）积极鼓励、大力支持社会力量办学。

目前要特别鼓励、支持社会力量兴办以职业技术教育、基础教育、继续教育、社会文化生活教育和助学性质的高等教育为主的各类学校。今后，凡申请举办中等层次以下和各类非学历性质的学校，一律由地方教育行政部门负责审批和管理；同时，要完善有关政策、法规，对社会力量办学过程中出现的各种问题，正确引导，加强管理。

（七）进一步改革教育体制，确立中央与省（自治区、直辖市）分级管理、分级负责的教育体制。

除教育发展和改革的大政方针外，进一步扩大省、自治区、直辖市对本地区教育的决策权和统筹权；中等和中等以下教育及地方举办的高等教育，其领导权、管理权和相应的责任，交给省、自治区、直辖市。

同时，要加快建立并完善国家督导制度。

（八）进一步理顺国家教委与中央业务部门的关系。

中央业务部门所属学校的领导管理、招生规模、专业设置、经费筹措、学生就业等责任与权力归中央业务部门；同时积极探索中央业务部门转变机制和职能后，所属学校办学体制和管理体制的改革。

（九）在政府和学校的关系上，通过立法，逐步确立高等学校的法人地位。

明确学校的权利、义务和责任。近期，要尽快在招生、专业设置、机构编制和工资、教育经费和基本建设、对外交流等方面，扩大学校的办学自主权。与此同时，选择少数条件较好的高校，进行更大范围扩大学校办学自主权、逐步引导学校成为相对独立的办学实体的试点。

（十）积极推进以人事制度和分配制度为重点的高等学校内部管理体制的改革。

国家教委所属高校的这项改革年内全面展开；各地方、各部门也要选择条件比较成熟的高校进行试点，取得经验，逐步推开；继续深化高等学校的后勤管理改革，逐步改变学校办社会的状况。年底召开全国性会议，对上述工作进行全面部署。

（十一）改革高等学校科技管理体制。

促进高校科技工作面向经济建设主战场。积极改革科研经费投入体制，鼓励主要通过项目取得政府和企业的经费支持；努力争取扩大利用科技贷款；同时，学校科研机构的设置要打破固定化模式，委属各高校要集中优势，组建一批具有竞争能力和自我发展能力的研究所（室）、重点实验室、工程研究中心和高新技术产业；积极推动高校参与高新技术开发区的建设，认真搞好高校与大中企业、科研院所的合作，实施国家“产学研联合开发工程”；成立中国高科集团公司，组织高等学校积极投入浦东开发。

（十二）全面推进农村教育、城市教育和企业教育的综合改革。

继续抓好100个县和100个大中企业的教育综合改革工作，使其真正成为样板；大力推动并落实“农科教结合”、“三教统筹”的体制。到“八五”末期，实施“燎原计划”的范围，要扩展到全国三分之一以上的乡，企业教育综合改革要扩展到全国半数以上大中型企业；全国大部分中等以上城市均要全面推行教育综合改革。

（十三）加快改革初中、高中升学考试制度，研究解决高中阶段教育存在的问题。

“八五”期间，在已经普及初中教育的地方，初中招生全部实行“就近入学”；进一步完善高中毕业会考制度，大胆进行中学办学模式的改革试验，在高、初中普遍开展职业指导教育。

（十四）改革高等学校招生计划体制和研究生招生、培养制度。

高等学校招生实行国家任务计划和调节性计划相结合，逐步扩大计划外招收委托培养、自费生等调节性计划的比例；研究生招生制度，实行招收应届毕业生和在职人员相结合，国家计划、定向委托培养和自费生等多种形式相结合。进行研究生在学校学习期间兼任助教、助研和助理管理人员的试验。

（十五）改革高等学校毕业生就业制度。

逐步把毕业生由国家“统包统分”的就业制度改革为“国家指导、自主就业”的制度，即采取国家基本不包分配、少数人由国家安排就业，多数人在宏观计划指导下自主择业的做法。当前，除部分学校实行在国家方针、政策指导下的“双向选择”就业办法外，其余学校在国家计划范围内与用人单位“供需见面”，落实毕业生就业方案。

（十六）进一步扩大教育国际交流与合作。

参照国际惯例，采用国际上通用的一些作法，下放权力，简化手续；改革国家公费出国留学的派遣与管理办法，实行“支持留学，鼓励回国，来去自由”的方针。

当前，要抓紧进行调查研究，尽快制订有关政策和措施，明年适当时候召开全国教育外事工作会议，全面部署进一步加强和扩大教育对外交流与合作工作。

近期要采取的几项主要措施

（十七）加快教育立法工作。

继续抓紧审订“教育法”、“教师法”等法的同时，要集中力量，尽快制订出一批当前教育发展改革急需的法律和行政规章，如高等学校法、出国留学法、学校经费筹措法等。

（十八）努力提高教师待遇。

会同劳动人事部门制定体现教育系统特点的新的教师工资制度。在国家规定的教师工资基本原则和标准的基础上，允许各地、各部门自行确定本地区、本部门所属各类学校的工资标准。“八五”期间，要努力做到使教师平均工资高于当地全民所有制职工平均水平，在国民经济12个行业中居中等偏上水平(民办教师工资应与当地公办教师同工同酬)；通过改革解决好教师的住房、医疗、退休等问题。

(十九)继续认真抓紧抓好全国高等学校领导班子的建设和党建与政治思想工作。

到1993年，全国高等学校领导的调整充实工作要全部完成。1990年至今，已连续召开三次全国高校党建工作会议，明年要进一步总结经验，表彰一批在此方面做出突出成绩的高校。

(二十)采取强有力措施，解决高校青年教师、青年干部的成长和住房问题。

五年内，要切实解决好高校干部、教师队伍的新老接替问题；1995年前，要基本解决或缓解高校青年教师的住房问题。对此国家教委已发出有关文件，中央有关部委，省、自治区、直辖市政府，也应发出相应通知，提出明确要求。

(二十一)坚持多渠道筹措教育经费。

各级政府要按照"两个增长"的原则，逐年增加对教育的投入。同时，继续鼓励、提倡社会和个人捐资助学、集资办学；对非义务教育阶段要逐步实行收费制度；制订优惠政策，继续大力发展校办产业、勤工俭学和社会服务；建立教育金融机构和教育基金；进一步吸引和利用外资；争取国家大幅度增加对教育的贷款，并在利率上享受优惠待遇。

(二十二)国家教委要进一步转变职能，改变工作作风。

今后国家教委的主要任务是负责规划全国教育事业，制定教育的大政方针和掌握有关政策法规，加强监督、指导和协调。为此，必须进一步加强教委机关干部队伍建设，努力提高全体干部的政治素质；国家教委的全体干部必须识大局，学经济，抓改革，促发展；同时认真整顿作风，提高工作效率和工作水平。

□中国汉语水平考试(HSK)办法

(1992年9月2日国家教育委员会发布)

第一条　为了实施中华人民共和国汉语水平考试(han yu shui ping kao shi，缩写为HSK)，特制定本办法。

第二条　汉语水平考试(HSK)是测试母语非汉语者的汉语水平而设立的标准考试。

第三条　汉语水平考试(HSK)是统一的标准化考试，实行统一命题、考试、阅卷、评分，并统一颁发证书。

第四条　汉语水平考试(HSK)分为初等、中等汉语水平考试〔简称HSK(初、中等)〕和高等汉语水平考试〔简称HSK(高等)〕。凡考试成绩达到规定标准者，可获得相应等级的《汉语水平证书》。

第五条　《汉语水平证书》分为：初等水平证书(A、B、C三级，A级最高——下同)，中等水平证书(A、B、C三级)，高等水平证书(A、B、C三级)。

第六条　《汉语水平证书》的效力是：

(1)作为到中国高等院校入系学习专业或报考研究生所要求的实际汉语水平的证明。

(2)作为汉语水平达到某种等级或免修相应级别汉语课程的证明。

(3)作为聘用机构录用人员汉语水平的依据。

第七条　汉语水平考试(HSK)每年定期分别在国内和海外举行。

国内考试在指定高等院校设立考试点，每年六月和十月举行一次；国外考试委托当地高等学校或学术团体承办，每年六月或十月举行一次。

第八条 具有一定汉语基础，母语非汉语者均可向主考单位报名参加汉语水平考试。

申请考试者需向主考单位缴纳考试费。

考生持主考单位核发的“准考证”进入考场参加考试。

考生应遵守考试规则，违反者将由主考单位给以直至取消考试资格的惩处。

第九条 国家教育委员会设立汉语水平考试委员会，称国家汉语水平考试委员会，国家汉语水平考试委员会全权领导汉语水平考试，并颁发《汉语水平证书》。由国家对外汉语教学领导小组办公室和北京语言学院负责实施汉语水平考试（HSK）的考务工作。

第十条 国家汉语水平考试委员会聘请若干专家、教授组成汉语水平考试顾问委员会，负责汉语水平考试（HSK）的咨询工作。

第十一条 本办法自发布之日起施行。

□教师和教育工作者奖励暂行规定

（1992年10月26日国家教育委员会发布）

第一条 为了鼓励我国广大教师和教育工作者长期从事教育事业，奖励在教育事业中作出显著成绩的教师和教育工作者，制定本暂行规定。

第二条 国务院教育行政部门会同人事部门对长期从事教育、教学和管理、服务工作并取得显著成绩的教师和教育工作者，分别授予“全国优秀教师”、“全国优秀教育工作者”称号，颁发相应的奖章和证书；对其中有突出贡献者，授予“全国教育系统劳动模范”称号，颁发相应的奖章和证书，对获得“全国教育系统劳动模范”称号的教师，同时颁发“人民教师”奖章和证书。

第三条 各省、自治区、直辖市和国务院有关部门、解放军、武装警察部队可参照本暂行规定，结合实际情况，奖励所属学校和其他教育机构的优秀教师和教育工作者。其具体办法由各省、自治区、直辖市和国务院有关部门、解放军、武装警察部队自行制定。

第四条 “全国优秀教师”、“全国优秀教育工作者”相应的条件是：热爱社会主义祖国，坚持党的基本路线，忠诚人民的教育事业，模范履行义务，具有良好的职业道德，为人师表，并具备下列条件之一：

（一）全面贯彻教育方针，教育思想端正，关心学生全面成长，教书育人，在培养人才方面成绩显著；

（二）认真完成教育教学工作任务，在教学改革、教材建设、实验室建设、提高教育教学质量方面成绩优异的；

（三）在科学研究、教育教学研究、技术推广等方面有创造性的成果，具有较大的科学价值或者有显著的经济效益或者社会效益；

（四）在学校管理和服务、学校建设方面有突出成绩的。

第五条 奖励“全国优秀教师”、“全国优秀教育工作者”每两年进行一次。国务院教育行政部门每次按照教职工总数的千分之零点五左右分配给各省、自治区、直辖市奖励名额，名额中的百分之十为“全国教育系统劳动模范”。解放军、武警部队的奖励名额另行确定。“全国优秀教师”、“全国优秀教育工作者”、“人民教师”、“全国教育系统劳动模范”奖章和证书由国务院教育行政部门统一制作。

第六条 奖励“全国优秀教师”和“全国优秀教育工作者”、“全国教育系统劳动模范”的工作由国务院教育行政部门会同人事部、全国教育工会、中国中小学幼儿教师奖励基金会统一组织领导，负责评审和批准各省、自治区、直辖市申报的奖励人选。

各省、自治区、直辖市的教育行政部门会同当地人事部门、教育工会、教育奖励组织负责组织本地区"全国优秀教师"、"全国优秀教育工作者"、"全国教育系统劳动模范"的评审和申报工作。

解放军总政治部和武装警察部队总部政治部分别负责解放军和武装警察部队的"全国优秀教师"、"全国优秀教育工作者"、"全国教育系统劳动模范"的评审和申报工作。

第七条　"全国优秀教师"、"全国优秀教育工作者"、"人民教师"、"全国教育系统劳动模范"奖章和证书，由国务院教育行政部门会同人事部门授予，或由其委托省、自治区、直辖市人民政府、解放军总政治部、武装警察部队总部授予，并在当年的教师节举行颁奖仪式。

第八条　教师奖励工作应坚持精神奖励与物质奖励相结合的原则。国务院教育行政部门会同人事部、全国教育工会、中国中小学幼儿教师奖励基金会对"全国优秀教师"、"全国优秀教育工作者"给予物质奖励，享受一次性奖金，"全国教育系统劳动模范"享受省(部)级劳动模范的待遇，没有实行职务工资制度的民办教师，获得"全国教育系统劳动模范"称号时，适当提高其补助费或统筹工资，具体办法由各省、自治区、直辖市制定。

第九条　"全国优秀教师"、"全国优秀教育工作者"、"全国教育系统劳动模范"称号获得者的事迹，应记入本人档案，并作为考核、晋升工资、评聘专业技术职务的重要依据。

第十条　"全国优秀教师"、"全国优秀教育工作者"、"全国教育系统劳动模范"称号获得者有下列情形之一的，由所在省、自治区、直辖市教育行政部门，解放军总政治部、武装警察部队总部政治部报请国务院教育行政部门批准，撤销其称号，并取消相应待遇：

(一)在奖励活动中弄虚作假，不符合"全国优秀教师"、"全国优秀教育工作者"、"全国教育系统劳动模范"称号条件的；

(二)受到剥夺政治权利或者有期徒刑以上刑事处罚的；

(三)其他应予撤销称号的。

第十一条　本暂行规定适用于各级各类学校和其他教育机构中的教师和教育工作者，也适用于解放军、武警部队所属学校的教师和教育工作者。

第十二条　本暂行规定由国务院教育行政部门负责解释。

第十三条　本暂行规定自发布之日起施行。《嘉奖优秀教师和教育工作者暂行办法》同时废止。

基础教育部分

□国家教委关于加强和改善企事业单位兴办中小学工作的意见

(1992年2月21日)

企业、事业单位兴办的中小学，是我国社会主义初级阶段基础教育的重要组成部分。据统计，1990年全国有企事业办中小学2.58万多所，在校学生近900万人，教职工近90万人。多年来，企事业单位兴办中小学，对发展我国的基础教育和向高一级学校输送合格的毕业生，对提高企事业后备劳动力的素质，稳定企事业单位的职工队伍，促进企事业发展和社会主义“两个文明”建设，作出了贡献。在当前，搞好企事业兴办的中小学，从根本上提高一代新人的素质，对改善企事业的经营管理，提高效益，尤其具有重要的现实意义。但是，全国企事业中小学发展状况很不平衡，还有一些问题亟待解决，为了进一步加强和改善企事业单位兴办中小学的工作，现提出如下意见：

一、对企事业单位兴办中小学，要区别对待，分类指导。

我国城市的中小学，就全国总体数量而言，已能基本满足实施九年义务教育的需要。但我国地区之间，在人口、经济发展水平、企事业规模和效益、教育状况等方面，都存在很大差别，行业之间生产、职工居住的情况也有明显不同，因此，对企事业单位兴办中小学的工作，必须从当地实际情况出发，分类指导。

对规模较大，职工居住集中的工矿区、农垦区、林区，新建企事业单位较多的老城市郊区，现有学校设施不能满足企事业职工子女就学需要的，各级政府应积极鼓励和支持这些地区的企事业单位新办中小学。在那些现有中小学已能基本满足需要的地区和老市区，则要把工作重点放在进一步改善办学条件，提高师资队伍政治思想和业务素质，提高教育质量和办学效益上。对一些分散和职工流动性较大，规模很小，又不具备办学条件的企事业单位，其职工子女则应由当地政府教育部门负责，按户籍就近到地方学校入学，在招生、收费等方面，应与地方学生一视同仁。今后，随着经济和教育事业的发展，在办好现有普通中小学的前提下，当地政府应更多地鼓励企事业单位积极发展职业技术教育。

各级政府在鼓励企事业单位举办中小学时，要因地制宜，采取多种形式。大型厂矿企事业可单独举办中小学；中小型企事业单独举办有困难，可以提供经费，由企事业与企事业，企事业与社会团体、民主党派、地方政府联合办学。

二、加强各级政府对企事业兴办中小学工作的领导和管理，明确职责，健全和理顺管理体制。

企事业兴办的中小学，在管理上应实行地方政府统一领导和统筹规划，教育行政部门归口和各办学单位分工管理的体制。当地政府应把企事业办学成效作为考核企事业工作的重要内容。地方教育行政部门要把企事业单位举办的中小学作为当地发展基础教育的重要力量，加强领导、管理和统筹，促进企事业中小学提高质量，执行国家教育法规。在企事业单位举办中小学较多的地区，各级教育行政部门要有管理企事业中小学的机构或专人，积极协调办学单位、学校和下属教育行政部门各个方面的关系。地方教育行政部门在拟订基础教育发展规划时，应将企事业中小学纳入当地教育总体规划之中，要根据当地学校的整体布局和教育结构，统一规划企事业中小学的设置或撤并。企事业学校的招生，新教师分配，在职教师的培训、教学活动、考核和奖励，学校的评估督导，有关教育文件和会议精神的传达等，都应和当地中小学同样对待，切实予以关心和指导。地方教育行政部门在进行师资培训、教学研究和督导评估活动时，应注意吸收企事业学校的上级主管部门有关人员参与。

企事业及其主管部门要把所属的企事业中小学列入本单位的总体发展规划之中，作为企事业领导任期目标责任制的一项重要内容；要切实保证学校经费的稳定来源和基本需要，返还的教育费附加要用于学校建设，以不断改善办学条件。企事业要加强对所属中小学的管理，并由相应的管理机构负责管好。对由几个企事业联办的中小学，可建立学校管理委员会或类似机构，并应协商出一个主管单位，负责日常的管理工作。校管会要定期研究解决办学和管理中的有关事宜。

三、适时调整企事业学校的结构和布局，提高办学效益。

由于历史和办学体制等原因，目前一部分企事业中小学的办学效益不高，需要当地政府统筹加以调整。但由于这是一项涉及不同系统、多个部门的工作，因此，调整时原则上应采取积极而又慎重、逐步推进的做法，成熟一个调整一个，务必使企业、学校、政府三者都能从调整中得到互补、互惠，达到既可调动各方面的办学积极性，又能提高教育质量和规模效益的目的。在目前条件下，可以从改变地方学校和企事业学校之间相互隔绝的状况入手，互相就近吸收部分学生入学，扩大企事业中小学的生源。不具备办高中的要集中办好初中，办初中有困难的则可先办好小学。

四、加强企事业中小学师资队伍的建设。

解决企事业中小学的干部和教师问题，应当在当地政府统筹规划的前提下，按国家有关中小学校长、教师的规定标准，实行企事业自行招聘、培训、调任和政府分配安排相结合的原则。各级地方政府在规划培养本地区教师时，应把企事业中小学所需的师资列入规划，并按计划逐年给企事业学校分配大专院校毕业生。企事业的人事部门，不得中途截流，要保证新教师分配到位。对老少边山穷地区的企事业中小学，分配和培训教师时应予以照顾。

企事业主管部门要按国家规定标准，选用中小学校长；在选配学校领导干部时，还应尊重学校的意见，并向地方政府教育部门备案。企事业中小学也应实行校长负责制。要给学校以相应的办学自主权，对纯属学校内部管理的问题，企事业单位应尊重学校领导和教师的意见。要按教育教学规律来管理学校，防止照搬企业经济承包的方式。在选派企事业中小学教师时，要严格按国家规定的要求。对尚不符合标准的教师，要积极创造条件，组织培训和学习，对确实难以胜任教学工作的教师，要适时调整并妥善予以安排。

为不断提高企事业中小学干部和教师的管理和教学水平，企事业主管部门应支持所属中小学校长和教师积极参加地方教育部门或本系统举办的各种培训、学习和考核评比活动，鼓励他们开展各种教研工作，帮助校长和教师认真探索企事业办学的特点、规律，了解职工子弟的心理特征，充分挖掘和发挥企事业办学的有利条件，以利教育与生产劳动相结合，加强德育，深化教育改革，全面贯彻教育方针，不断提高企事业中小学的教育质量。

企事业中小学主办部门还要努力改善学校干部和教师的工作、生活条件。企事业中小学干部、教师的工资待遇一般不应低于当地教师工资的平均水平，经济效益较好的企事业兴办的中小学，其干部、教师的工资待遇，应和企事业科技干部水准相同。企事业学校教师在评定专业技术职务时，主管部门在指标分配上要和企事业科技人员同等对待，不应低于当地条件相当的学校的平均水平。地方政府和企事业及其主管部门要认真执行国家关于民办教师（包括大集体教师）转公办教师、教师家属由农村户口转城镇户口等有关规定，以排除教师的后顾之忧。企事业中小学的干部和教师应努力学习，提高自己的政治业务水平，教书育人，为人师表。

五、积极筹集办学经费，继续改善办学条件。

为了继续改善企事业中小学的办学条

件，主办的企事业单位，应在保证学校平均每生经费标准不低于当地同级同类学校平均水准基础上，为所属中小学提供更多的经费，要按国家和行业规定的办学标准，充实办学条件。企事业中小学所需经费，仍应执行中共中央、国务院1980年《关于普及小学教育若干问题的决定》所规定的："厂矿企业办学，所需的教职工可单列编制，不计入全员劳动生产率，经费列为企业营业外项目开支。扩大企业自主权以后，在利润留成中应当设立教育科学基金。"企事业单位还要积极支持和帮助所属中小学开展勤工俭学，兴办校办产业，还可从企事业的实际出发，鼓励职工自愿捐资助学。在当前搞活大中型企业时，尤应正确理解国务院领导在作义务教育法说明时所强调过的：企事业单位办学，同本单位的基本利益是一致的，不应视为不合理负担。应努力为学校创造更好的办学条件，把企事业的发展，转到真正依靠科技进步和提高劳动者素质的轨道上来。

各级地方政府应根据国务院有关规定，制定适合当地企事业办学实际需要的筹措教育经费的具体办法。对已经办了中小学和职业技术学校的企业，应将一定比例的教育费附加返还给企业学校。企事业中小学进行基本建设，购置教学仪器设备，举办校办产业，经过有关部门认定以后，在优惠政策上，应与地方中小学同等对待。企事业中小学毕业生报考地方学校，在录取条件和收费标准上亦应与地方学校一视同仁。有条件的企事业中小学在当地政府统筹规划下，应吸收企事业周围的部分居民子女入学，其收费标准亦应执行地方政府统一规定。

企事业兴办中小学是符合我国国情的一种办学形式，有关部委、地方主管业务部门以及各级地方政府和教育行政部门，要大力改善对企事业兴办中小学工作的领导和管理，及时研究解决办学中存在的问题，为企事业的繁荣和我国基础教育的发展作出新贡献。

□小学生体育合格标准实施办法

（1992年2月24日国家教育委员会发布）

第一条 为促进小学生认真上好体育课，积极参加《国家体育锻炼标准》的测验和课外体育活动，不断增强体制，增进身心健康，活跃课余文化生活，特制定本办法。

第二条 六年制小学从五年级开始、五年制小学从四年级开始实施本办法。

第三条 小学生体育合格标准及等级，采用百分制评定，60分以上（含60分，下同）为合格，75分以上为良好，90分以上为优秀。

评定体育合格的内容及其百分比：

1. 体育课成绩占60%；

2.《国家体育锻炼标准》测验成绩占30%；

3. 积极参加课间操、眼保健操及课外体育活动（以下简称"两操一活动"）占10%。

第四条 体育合格标准每一学年评定一次。体育课成绩按60%折算，计入总分；《国家体育锻炼标准》测验成绩，优秀以30分计入总分，良好以25分计入总分，及格以20分计入总分，不及格以10分计入总分；参加"两操一活动"的评定，每无故缺勤一次扣1分，全勤以10分计入总分。

第五条 对学年评定不合格者，给予一次补考（再评）机会，补考项目仅限于体育课和《国家体育锻炼标准》测验中的身体素质测试、运动技术达标等项目。补考仍不合格，则学年再评不合格。凡毕业学年再评不合格者，即为体育不合格。

第六条 "三好"学生的体育合格标准评定成绩不得低于75分，先进班级的学生体育合格率不得低于90%。

第七条 学校要建立"体育合格情况登记卡"。"登记卡"式样由国家教育委员会制定,由各县级教育行政部门统一印制。学校要指定专人妥善保管"登记卡",每学年由有关人员及时填写。学生毕业时,由学校加盖公章后,随学生转入高一级学校。

第八条 凡因病或残疾不宜执行体育合格标准的学生,可向学校提交免予执行体育合格标准申请书,填写有关表格,经学校核准后,可以免予执行体育合格标准,毕业时,所填表格随学生转入高一级学校。

第九条 学校要把实施体育合格标准,作为贯彻党的教育方针的一项重要工作,列入学校工作计划。体育教师负责体育课、《国家体育锻炼标准》测验成绩的评定及总分评定工作。班主任负责"两操一活动"评定工作。

学校要建立健全有关管理制度,表扬、奖励认真实施体育合格标准的教师。

第十条 本办法自发布之日起实施。各省、自治区、直辖市教育行政部门可根据本办法制定本地的实施意见、规划和检查评估办法。

各地(市)级和县级教育行政部门,要切实加强对本地各小学校实施工作的领导,并对施行本办法有困难的农村学校,给予必要的帮助,解决实际困难,在本办法颁发后的五年之内,做到全面实施本办法。

□中华人民共和国义务教育法实施细则

(1992年2月29日国务院批准。
1992年3月14日国家教育委员会发布)

第一章 总 则

第一条 根据中华人民共和国义务教育法(以下简称义务教育法)第十七条的规定,制定本细则。

第二条 义务教育法第四条所称适龄儿童、少年,是指依法应当入学至受完规定年限义务教育的年龄阶段的儿童、少年。

适龄儿童、少年接受义务教育的入学年龄和年限,以及因缓学或者其他特殊情况需延长的在校年龄,由省级人民政府依照义务教育法的规定和本地区实际情况确定。

盲、聋哑、弱智儿童和少年接受义务教育的入学年龄和在校年龄可适当放宽。

第三条 实施义务教育,在国务院领导下,由地方各级人民政府负责,按省、县、乡分级管理。

各级教育主管部门在本级人民政府领导下,具体负责组织、管理本行政区域内实施义务教育的工作。

第四条 省级人民政府根据本地区经济和社会发展状况,因地制宜,分阶段、有步骤地推行九年制义务教育。

第五条 实施义务教育,城市以市或者市辖区为单位组织进行;农村以县为单位组织进行,并落实到乡(镇)。

工矿区、农垦区、林区等组织实施义务教育的行政区划单位,由省级人民政府规定。

第六条 承担实施义务教育任务的学校为:地方人民政府设置或者批准设置的全日制小学,全日制普通中学,九年一贯制学校,初级中等职业技术学校,各种形式的简易小学或者教学点(班或者组),盲童学校,聋哑学校,弱智儿童辅读学校(班),工读学校等。

文艺、体育和特种工艺等单位,应当保证招收的适龄儿童、少年接受义务教育。上述单位自行实施义务教育教学工作,需经县级以上教育主管部门批准。

第二章 实施步骤

第七条 实施九年制义务教育,可以分为两个阶段。第一阶段，实施初等义务教育；第二阶段，在实施初等义务教育的基础上实施初级中等义务教育。初等教育达到义务教育法规定要求的，可直接实施初级中等义务教育。

第八条 实施义务教育，应当具备下列基本条件：

（一）与适龄儿童、少年数量相适应的校舍及其他基本教学设施；

（二）具有按编制标准配备的教师和符合义务教育法规定要求的师资来源；

（三）具有一定的经济能力，能够按照规定标准逐步配置教学仪器、图书资料和文娱、体育、卫生器材。

地方各级人民政府和其他办学单位应当积极采取措施，不断改善实施义务教育的条件。

第九条 直接实施初等义务教育有困难、需要分两步实施的，由设区的市级或者县级人民政府提出报告，报省级人民政府决定或者依照地方性法规规定办理。

第十条 各级人民政府应当努力在本世纪末普及初等义务教育。在全国大部分地区应当基本普及九年义务教育或者初级中等义务教育。

省级人民政府应当制定义务教育实施规划，规定实施义务教育的目标、完成规划期限和措施等。设区的市级或者县级人民政府应当根据省级人民政府的规划制定实施义务教育的具体方案。

第三章 就 学

第十一条 当地基层人民政府或者其授权的实施义务教育的学校至迟在新学年始业前十五天，将应当接受义务教育的儿童、少年的入学通知发给其父母或者其他监护人。

适龄儿童、少年的父母或者其他监护人必须按照通知要求送子女或者其他被监护人入学。

第十二条 适龄儿童、少年需免学、缓学的，由其父母或者其他监护人提出申请，经县级以上教育主管部门或者乡级人民政府批准。因身体原因申请免学、缓学的，应当附具县级以上教育主管部门指定的医疗机构的证明。

缓学期满仍不能就学的，应当重新提出缓学申请。

第十三条 父母或者其他监护人不送其适龄子女或者其他被监护人入学的，以及其在校接受义务教育的适龄子女或者其他被监护人辍学的，在城市由市或者市辖区人民政府及其教育主管部门，在农村由乡级人民政府，采取措施，使其送子女或者其他被监护人就学。

第十四条 适龄儿童、少年到非户籍所在地接受义务教育的，经户籍所在地的县级教育主管部门或者乡级人民政府批准，可以按照居住地人民政府的有关规定申请借读。

借读的适龄儿童、少年接受义务教育的年限，以其户籍所在地的规定为准。

第十五条 对受完规定年限义务教育的儿童、少年，由学校发给完成义务教育的证书。完成义务教育证书的格式由省级教育主管部门统一制定。

受完当地规定年限义务教育获得的毕业证书或者结业证书，可视为完成义务教育的证书。

第十六条 适龄儿童、少年因学业成绩优异而提前达到与规定年限义务教育相应的初等教育或者初级中等教育毕业程度的，视为完成义务教育。

第十七条 实施义务教育的学校可收取杂费。收取杂费的标准和具体办法，由省级教育、物价、财政部门提出方案，报省级人民政府批准。已规定免收杂费的，其规定可以继续执行。

对家庭经济困难的学生，应当酌情减免杂费。

其他行政机关和学校不得违反国家有关规定，自行制定收费的项目及标准；不得向学生乱收费用。

第十八条 依照义务教育法第十条第二款规定享受助学金的贫困学生是指：初级中等学校、特殊教育学校的家庭经济困难的学生，少数民族聚居地区、经济困难地区、边远地区的小学及其他寄宿小学的家庭经济困难的学生。实行助学金制度的具体办法，由省级人民政府规定。

第四章 教育教学

第十九条 实施义务教育必须贯彻国家的教育方针，坚持社会主义方向，实行教育与生产劳动相结合，对学生进行德育、智育、体育、美育和劳动教育。

第二十条 实施义务教育的学校必须按照国务院教育主管部门发布的指导性教学计划、教学大纲和省级教育主管部门制定的教学计划，进行教育教学活动。

第二十一条 实施义务教育的学校应当选用经国务院教育主管部门审定或者其授权的省级教育主管部门审定的教科书。非经审定的教科书不得使用。但国家另有规定的除外。

第二十二条 实施义务教育学校的教育教学工作，应当适应全体学生身心发展的需要。

学校和教师不得对学生实施体罚、变相体罚或者其他侮辱人格尊严的行为；对品行有缺陷、学习有困难的儿童、少年应当给予帮助，不得歧视。

第二十三条 实施义务教育的学校可根据城乡经济、社会发展和学生自身发展的实际情况，有计划地对学生进行职业指导教育和职业预备教育或者劳动技艺教育。

第二十四条 实施义务教育的学校在教育教学和各种活动中，应当推广使用全国通用的普通话。

师范院校的教育教学和各种活动应当使用普通话。

第二十五条 民族自治地方应当按照义务教育法及其他有关法律规定组织实施本地区的义务教育。实施义务教育学校的设置、学制、办学形式、教学内容、教学用语，由民族自治地方的自治机关依照有关法律决定。

用少数民族通用的语言文字教学的学校，应当在小学高年级或者中学开设汉语文课程，也可以根据实际情况适当提前开设。

第五章 实施保障

第二十六条 实施义务教育学校的设置，由设区的市级或者县级人民政府统筹规划，合理布局。

小学的设置应当有利于适龄儿童、少年就近入学。寄宿制小学设置可适当集中。普通初级中学和初级中等职业技术学校的设置，应当根据人口分布状况和地理条件相对集中。

盲童学校（班）的设置，由省级或者设区的市级人民政府统筹安排。聋哑学校（班）和弱智儿童辅读学校（班）的设置，由设区的市级或者县级人民政府统筹安排。

第二十七条 省级人民政府应当制订实施义务教育各类学校的经费开支定额，并制订按照学生人数平均的公用经费开支标准、教职工编制标准和校舍建设、图书资料、仪器设备配置等标准。

地方各级人民政府应当制订实施规划，使学校分期分批达到前款所列的办学条件标准，并进行检查验收。

第二十八条 地方各级人民政府设置的实施义务教育学校的事业费和基本建设投资，由地方各级人民政府负责筹措。用于义务教育的财政拨款的增长比例，应当高于财政经常性收入的增长比例，并使按在校学生人数平均的教育费用逐步增长。

社会力量举办实施义务教育学校的事业费和基本建设投资，由办学单位或者经国家批准的私人办学者负责筹措。

中央和地方财政视具体情况，对经济困难地区和少数民族聚居地区实施义务教育给予适当补助。

地方各级人民政府应当鼓励各种社会力量以及个人自愿捐资助学。

第二十九条 依法征收的教育费附加，城市的，纳入预算管理，由教育主管部门统筹安排，提出分配方案，商同级财政部门同意后，用于改善中小学办学条件；农村的，由乡级人民政府负责统筹安排，主要用于支付国家补助、集体支付工资的教师的工资，改善办学条件和补充学校公用经费等。

学校的勤工俭学收入，部分应当用于改善办学条件。

第三十条 实施义务教育各类学校的新建、改建、扩建，应当列入城乡建设总体规划，并与居住人口和义务教育实施规划相协调。

实施义务教育的学校新建、改建、扩建所需资金，在城镇由当地人民政府负责列入基本建设投资计划，或者通过其他渠道筹措；在农村由乡、村负责筹措，县级人民政府对有困难的乡、村可酌情予以补助。

第三十一条 地方各级人民政府应当采取切实措施，保证实施义务教育各类学校教科书和文具纸张按时、按质、按量供应。

第三十二条 省级人民政府应当制定规划、采取措施，加强和发展师范教育，并组织其他高等学校为实施义务教育培养师资。

盲、聋哑、弱智儿童学校的师资，由省级人民政府根据实际情况组织培养。

第三十三条 各级教育主管部门应当加强实施义务教育学校的教师培训工作，使教师的思想政治素质和业务水平达到义务教育法规定的要求。

各级人民政府应当加强培训工作，提高实施义务教育学校校长的思想政治素质和管理水平。

校长和教师的在职培训工作，由县级以上地方各级教育主管部门负责组织。

第六章 管理与监督

第三十四条 地方各级人民政府及其教育主管部门应当建立实施义务教育的目标责任制，把实施义务教育的情况作为对有关负责人员政绩考核的重要内容。

第三十五条 县级以上各级人民政府应当建立对实施义务教育的工作进行监督、指导、检查的制度。

第三十六条 实施义务教育的学校及其他机构，在实施义务教育工作上，接受当地人民政府及其教育主管部门的管理、指导和监督。

第三十七条 地方各级人民政府对为实施义务教育作出突出贡献的企业事业单位、学校、社会团体、部队、居(村)民组织和公民，给予奖励。

第七章 罚 则

第三十八条 有下列情形之一的，由地方人民政府或者有关部门依照管理权限对有关责任人员给予行政处分：

(一)因工作失职未能如期实现义务教育实施规划目标的；

(二)无特殊原因，未能如期达到实施义

务教育学校办学条件要求的；

（三）对学生辍学未采取必要措施加以解决的；

（四）无正当理由拒绝接收应当在该地区或者该学校接受义务教育的适龄儿童、少年就学的；

（五）将学校校舍、场地出租、出让或者移作他用，妨碍义务教育实施的；

（六）使用未经依法审定的教科书，造成不良影响的；

（七）其他妨碍义务教育实施的。

第三十九条 有下列情形之一的，由地方人民政府或者有关部门依照管理权限对有关责任人员给予行政处分；情节严重，构成犯罪的，依法追究刑事责任：

（一）侵占、克扣、挪用义务教育款项的；

（二）玩忽职守致使校舍倒塌，造成师生伤亡事故的。

第四十条 适龄儿童、少年的父母或者其他监护人未按规定送子女或者其他被监护人就学接受义务教育的，城市由市、市辖区人民政府或者其指定机构，农村由乡级人民政府，进行批评教育；经教育仍拒不送其子女或者其他被监护人就学的，可视具体情况处以罚款，并采取其他措施使其子女或者其他被监护人就学。

第四十一条 招用应当接受义务教育的适龄儿童、少年做工、经商或者从事其他雇佣性劳动的，按照国家有关禁止使用童工的规定处罚。

第四十二条 有下列行为之一的，由有关部门给予行政处分；违反《中华人民共和国治安管理处罚条例》的，由公安机关给予行政处罚；构成犯罪的，依法追究刑事责任：

（一）扰乱实施义务教育学校秩序的；

（二）侮辱、殴打教师、学生的；

（三）体罚学生情节严重的；

（四）侵占或者破坏学校校舍、场地和设备的。

第四十三条 当事人对行政处罚决定不服的，可以依照法律、法规的规定申请复议。当事人对复议决定不服的，可以依照法律、法规的规定向人民法院提起诉讼。当事人在规定的期限内不申请复议，也不向人民法院提起诉讼，又不履行处罚决定的，由作出处罚决定的机关申请人民法院强制执行，或者依法强制执行。

第八章 附 则

第四十四条 适龄儿童的入学年龄以新学年始业前达到的实足年龄为准。

第四十五条 本细则由国家教育委员会负责解释。

第四十六条 本细则自发布之日起施行。

□中小学校园环境管理的暂行规定

（1992年6月10日国家教育委员会发布）

第一条 为加强中小学校校园环境的管理，创设良好育人环境，保障学校和教职工、学生的合法权益，保证学校教育教学活动的正常进行，特制定本规定。

第二条 本规定适用于全日制普通中学、小学校内环境及所处周围环境的管理。

第三条 学校是教职工和学生工作、学习、生活的主要场所，应做到环境整洁优美，风气积极向上，设施完好，秩序正常，成为社会主义精神文明建设的阵地。

第四条 在学校创设良好的育人环境，建立正常的教育教学秩序，维护教职工和学生的合法权益，是校长工作的重要职责。校长应该负责将校园环境建设列入工作计划，采取措施，组织实施。

上级教育行政部门应将学校校园环境的管理状况列为对校长工作考核的一项重要内容。

第五条 校园内教学区、体育活动区、生活区和生产劳动区等布局应合理，避免相互干扰。

学校校舍应坚固、适用，并按有关规定加强管理和维修。

学校校园要绿化、美化。

第六条 学校要形成方向正确、健康文明、积极向上的校风。

教师要模范执行《中小学教师职业道德规范》，言行一致，以身作则，为人师表。

学校要严格按照中、小学生日常行为规范要求和训练学生。

第七条 校长要严格按照国家颁布的教学计划，建立正常的教育教学秩序。不经批准，不允许任何单位或个人组织学生停课参加社会活动。

第八条 要严格执行中小学升降国旗制度。

国旗要合乎规定，无破损、无污迹，旗杆直立，位置适宜。

第九条 学校要按规定悬挂领袖像，张贴中华人民共和国地图和世界地图，张贴中、小学生日常行为规范和守则，并积极创造条件设置板报、阅报栏、供展览用橱窗，开辟图书室、阅览室、团队活动室和教育展览室。

第十条 不允许任何单位或个人在学校中进行宗教活动，不允许在学校向学生宣传宗教。

第十一条 严禁宣传暴力、凶杀、色情、恐怖、迷信的图书报刊、音像制品在学校中传播。坚决抵制赌博、酗酒、不健康的歌曲和封建迷信活动对学生的影响。

第十二条 不允许任何单位或个人在校园内从事以师生为消费对象的盈利性活动。

第十三条 学校要建立安全教育制度。在教学设施，饮水饮食，取暖、用电，开展体育、劳动和其他集体活动等方面采取安全防范措施，保证师生安全。

学校要建立安全保卫制度。财务、档案、食堂、宿舍、各类专用教室、传达室等部门和场所要指定人员负责，建立岗位责任制，严格管理。节假日要安排人员值班、护校。

非学校人员未经许可不得进入学校。非学校及学校人员的车辆未经允许不得进入或穿行学校。经许可进入学校的车辆要按规定路线行驶，不得影响学校教育教学活动。

第十四条 学校要按照有关规定，建立公共卫生制度。

校园要整洁、有序。宿舍空气流通，被褥干净，物件安置有序。食堂卫生符合国家有关规定。厕所的设置应符合国家标准，保持清洁。

要严格执行《中华人民共和国传染病防治法》，预防传染病在校园内传播。

第十五条 不允许任何单位或个人依傍学校围墙或房墙构筑建筑物。

不允许校园周围的建筑影响学校教室采光、通风。对已经造成影响的，应要求有关单位或个人按当地政府有关部门规定的限期治理。

不允许任何单位或个人在学校周围从事有毒、有害和污染（包括噪声）环境的生产经营活动，或设立精神病院、传染病医院。对已经造成危害和影响的，应要求其按当地政府有关部门规定的限期治理或搬迁。

第十六条 执行文化部、公安部的规定，不允许任何单位或个人在学校门前200米半径内设置台球、电子游戏机营业点。不允许在学校门前和两侧设置集贸市场、停车场，摆摊设点，堆放杂物。

第十七条 不允许任何单位或个人在学校所属地域内放牧、种植作物、打场、堆物、取土、采石。

严禁在校园内建造、恢复祠堂、庙宇、坟茔等。

第十八条 违反本规定的，应依具体情况，按以下办法对有关责任人员进行处理：

(一)属学校行政管理不当的，当地教育行政部门应令其限期改正；工作中发生错误，造成一定影响的，当地教育行政部门应对校长及其他责任人员进行批评教育；因工作失职、渎职造成后果者，当地教育行政部门或上级主管部门应追究其行政责任，后果严重的，提请政法部门依法追究刑事责任。

(二)属工商管理范畴的，提请当地工商行政管理部门依有关法规处理。

(三)属民事范畴的，提请当地司法部门依法处理。

(四)属违反治安管理处罚条例的，报请当地公安部门依法处理。

(五)对构成犯罪的，交由政法部门追究刑事责任。

第十九条 认真执行和维护本规定成绩显著的单位或个人，由当地人民政府和教育行政部门予以表彰和奖励。

第二十条 本规定自公布之日起施行。

□国家教委关于加强中小学计算机教育的几点意见

(1992年7月3日)

1986年第三次全国中小学计算机教育工作会议以来，我国中小学计算机教育有了较大的发展，在师资队伍建设、教材建设、机器配置和软件研制等方面都取得了可喜的成绩。随着经济、技术的不断发展和教育改革的深化，九十年代我国的中小学计算机教育将进入一个新的发展阶段，为了今后更好地发展中小学计算机教育，特提出如下意见：

一、提高认识，明确指导思想

1. 计算机教育是一项面向未来的现代化教育，在中小学开展计算机教育是为了适应教育面向现代化、面向世界、面向未来的要求。实践证明，计算机教育对提高学生的科学文化素质，对促进教学内容和体系的改革、促进教育手段和管理手段的现代化，对提高教育质量和管理水平具有重要意义。

2. 中小学计算机教育主要包括计算机学科教学，计算机辅助教学，计算机辅助管理等内容，其中计算机学科应由当前的课外活动和选修课逐渐发展为中小学的一门必修课程。

3. 为了保证中小学计算机教育在原有基础上稳步发展，必须明确指导思想。根据已有的发展经验、我国基础教育发展的现状和未来发展趋势，近阶段中小学计算机教育发展的指导思想是：从实际出发，注重实效，巩固现有成绩，积极创造条件，分层次、有步骤、有重点地发展。

二、加强领导，加强研究

1. 为了加强对中小学计算机教育的领导，成立由国家教委一位副主任任组长，由基础教育司、师范司、电化教育司、条件装备司、财务司、人事司等有关司的负责人组成的全国中小学计算机教育领导小组。

2. 为了加强对中小学计算机教育的指导和研究，将全国中学计算机教育研究中心扩展为全国中小学计算机教育研究中心，由基础教育司领导，主任由国家教委任命。任务为：组织制定全国中小学计算机教育的发展规划、有关政策和实施措施，研究中小学计算机教育的理论和实践，指导和了解各地的中小学计算机教育工作，组织各种试验和推广交流经验。

3. 各级教育行政部门要积极采取措施，切实加强对中小学计算机教育的领导，各省、自治区、直辖市、计划单列市教委要有一位委主任负责计算机教育工作，领导和协调普(中、小)教处、装备处、教研室、电教处(馆)等部门分工合作，共同管好中小学计算机教育。

4. 理论研究和试验，是中小学计算机教育沿着正确方向高质量发展的重要保证。为了加强这方面的工作，国家教委的全国中小学计算机教育研究中心将分设两个研究部，分别挂靠在北京师范大学和华东师范大学；每个部各设四个研究室，分别负责对计算机辅助教育、计算机教育环境、计算机课程、教材、教法和计算机教育理论的研究和试验。各地应结合教育实践，以各种方式，多层次地开展计算机教育研讨与交流工作。

三、制订规划

1. 各省、自治区、直辖市、计划单列市应根据本地区经济和教育发展水平，制订出中小学计算机教育发展的三年规划和八年规划。规划应对中小学计算机教育发展的速度、规模、效益，对计算机辅助教学与辅助管理、教育软件的研制与开发、师资队伍建设、计算机课程设置等提出明确的要求和目标。

2. 全国中小学计算机教育研究中心在广泛调查研究的基础上，参考各地规划，制订出全国中小学计算机教育发展的三年规划和八年规划。

四、关于经费

1. 为了发展中小学计算机教育事业，必须保证投入必要的经费。各级政府或教育行政部门要根据财力情况，每年划拨一定数量的计算机教育专项经费，以确保计算机教育发展规划的实施。同时，可多渠道向社会集资，以增加投入。

2. 要合理安排经费，除了购置硬件设备外，每年应从总经费中拨出足够数量的专款，用于软件开发与推广、设备维护、师资培训和教学研究。

3. 经费的使用应由计算机教育管理部门统一掌握，定期检查，以保证投入的效益。

五、关于师资队伍的建设

1. 发展中小学计算机教育，教师是关键。各级教育行政部门和学校要统筹规划，有计划地培养、培训计算机课教师、辅助教学的教师、教育管理人员和机房管理人员，不断提高他们的政治和业务水平。

2. 对配有10台以上计算机的学校，应在不超出编制总额的前提下，配备计算机专职教师和管理人员。

3. 开展了计算机教学活动的省、自治区、直辖市进行教师职务评聘时，应根据需要设立计算机学科评审小组。鉴于计算机学科是一门新兴学科，在评聘职务时，对于计算机教师从事计算机教育的年限和学历，应从实际出发，合理要求。

4. 计算机教师若参加辅助教学软件开发、辅助管理软件开发、机房管理与维修等工作，应按一定比例折算成工作量。

5. 各省、自治区、直辖市教委可根据需要在若干师范院校设立计算机教育专业系、科，以保证计算机学科教师和管理人员的来源。同时，在所有师范院校逐步增设计算机应用课程，使学生毕业后能胜任使用计算机、参与计算机管理和进行辅助教学等工作。

六、关于教材建设

1. 国家教委制定“中小学计算机课程指导纲要”，作为计算机学科教学的依据和编写教材的依据。

2. 计算机学科教材采用“一纲多本”原则。除国家教委外，有条件的省、自治区、直辖市教委(教育厅、局)也可分别组织力量，依据“中小学计算机课程指导纲要”，结合教学实践，编写不同类型、不同特色的计算机教材。

3. 中小学计算机教材的管理与审定，按照国家教委有关教材的管理和审定办法执行。

七、关于硬件环境的选配

1. 各地教育行政部门对硬件环境的选配工作必须予以高度重视，应根据中小学计算机教育目的内容，结合本地区经济和教育发展的情况，考虑到计算机发展趋势，指导学校选配合适的硬件环境，国家教委将在充分调查研究的基础上，制订出不同类型的硬件环境选配标准，供各地选用时参考。

2. 对现有微机，应提高利用率，充分发挥其性能和效益，尤其要注意挖掘八位机的潜力，管好用好现有的八位机。有条件的地区和学校也可根据需要适当配置十六位机或更高档的微机。

八、关于教学软件的开发和管理

1. 教学软件是进行计算机辅助教学的必备条件，国家教委将制订中小学必修学科和有关选修学科的教学软件开发计划，并对教学软件的研制、试验、审定、推广等各个环节实行科学管理。

2. 对于必修学科的教学软件，采取国家教委与有条件的地区根据统一计划，分别组织开发的办法。同时，有条件的地区也可组织开发适合本地区教学用的各种学科教学软件。

3. 成立全国中小学计算机教学软件评审委员会，负责中小学计算机教学软件的评审工作。

4. 各种教学软件必须经过审查评定才能在一定范围内推广使用。在全国范围或跨省推广使用的教学软件，必须经全国中小学计算机教学软件评审委员会审查通过；在一个省范围内推广使用的教学软件，必须经省教委组织有关专家进行测查、鉴定。未经审查通过的教学软件只能试用，不得随便扩大使用面。

九、关于计算机学科教学的考核

为了提高教学质量，检查教学效果，开展计算机学科教学的学校，要建立计算机学科的考核制度，考核成绩记入学生学习档案。

□九年义务教育全日制小学、初级中学课程计划（试行）

（1992年8月6日国家教育委员会发布）

九年义务教育全日制小学、初级中学课程计划是依据《中华人民共和国义务教育法》制定的。

本课程计划遵循教育要面向现代化、面向世界、面向未来的战略思想，贯彻国家的教育方针，坚持教育为社会主义建设服务，实行教育与生产劳动相结合，对学生进行德育、智育、体育、美育和劳动教育，以全面提高义务教育质量。

本课程计划把坚定正确的政治方向放在第一位，以人类社会的优秀文化成果教育学生；面向全体学生，注重全面打好基础，因材施教，促进学生个性的健康发展；根据儿童、少年身心发展规律，合理安排课程，注意教学要求和课业负担适当；从我国实际出发，注意城乡和各类地区的不同特点，坚持统一性与灵活性相结合。

一、培养目标

按照国家对义务教育的要求，小学和初中对儿童、少年实施全面的基础教育，使他们在德、智、体诸方面生动活泼地主动地得到发展，为提高全民族素质，培养社会主义现代化建设的各级各类人才奠定基础。

小学阶段的目标：

初步具有爱祖国、爱人民、爱劳动、爱科

学、爱社会主义的思想感情，初步养成关心他人、关心集体、认真负责、诚实、勤俭、勇敢、正直、合群、活泼向上等良好品德和个性品质，养成讲文明、讲礼貌、守纪律的行为习惯，初步具有自我管理以及分辨是非的能力。

具有阅读、书写、表达、计算的基本知识和基本技能，了解一些生活、自然和社会常识，初步具有基本的观察、思维、动手操作和自学的能力，养成良好的学习习惯。

初步养成锻炼身体和讲究卫生的习惯，具有健康的身体。具有较广泛的兴趣和健康的爱美的情趣。

初步学会生活自理，会使用简单的劳动工具，养成爱劳动的习惯。

初中阶段的目标：

具有爱祖国、爱人民、爱劳动、爱科学、爱社会主义的思想感情，初步了解辩证唯物主义、历史唯物主义的基本观点，初步具有为人民服务和集体主义的思想，具有守信、勤奋、自立、合作、乐观、进取等良好的品德和个性品质，遵纪守法，养成文明礼貌的行为习惯，具有分辨是非和自我教育的能力。

掌握必要的文化科学技术知识和基本技能，具有一定的自学能力、动手操作能力，以及运用所学知识分析和解决问题的能力，初步具有实事求是的科学态度，掌握一些简单的科学方法。

初步掌握锻炼身体的基础知识和正确方法，养成讲究卫生的习惯，具有健康的体魄。具有初步的审美能力，形成健康的志趣和爱好。

学会生活自理和参加力所能及的家务劳动，初步掌握一些生产劳动的基础知识和基本技能，了解一些择业的常识，具有正确的劳动态度和良好的劳动习惯。

二、课程设置

根据九年义务教育小学阶段、初中阶段的培养目标和儿童、少年身心发育的规律设置课程。课程包括学科、活动两部分，主要由国家统一安排，也有一部分由地方安排。学科以文化基础教育为主，在适当年级，因地制宜地渗透职业技术教育；以分科课为主，适当设置综合课；以必修课为主，初中阶段适当设置选修课；以按学年、学期安排的课为主，适当设置课时较少的短期课。活动在实施全面发展教育中同学科相辅相成。学校在教育、教学工作中，要充分发挥学科和活动的整体功能，对学生进行德育、智育、体育、美育和劳动教育，为学生的全面发展打好基础。

(一)国家安排课程

学科：

小学阶段开设思想品德、语文、数学、社会、自然、体育、音乐、美术、劳动等九科，有条件的小学可增设外语；初中阶段开设思想政治、语文、数学、外语、历史、地理、物理、化学、生物、体育、音乐、美术、劳动技术等十三科，还开设短期的职业指导课。

所有学科都要加强基础知识和基本技能的教学，与此同时要重视培养和提高学生的能力，并根据各门学科的特色有机地渗透思想教育，促进学生个性心理品质的健康发展，全面完成学科教学的任务。

学科设置的基本要求：

思想品德　进行以“五爱”为基本内容的社会公德教育和一般的政治常识教育，教育学生心中有他人、有集体、有祖国，着重提高学生的道德认识，培养道德情感，指导道德行为，使学生初步具有分辨是非的能力。

思想政治　使学生初步明确社会主义道德的基本准则、公民的权利和义务，了解社会发展的一般规律，了解我国国情和建设有中国特色的社会主义的有关知识，使学生初步确立坚持中国共产党领导，坚持走社会主义道路的信念，初步树立道德观念、法制观念、国家观念以及阶级观点、劳动观点、群众观点、集体主义观点，初步具有社会责任感，提高分辨是非的能力。

语文　小学阶段使学生学会汉语拼音和2500个左右的常用汉字，掌握常用词语和一定的写字技能，会说普通话，会使用常用字典，打好听、说、读、写的基础。使学生从小热爱祖国语言文字，发展观察和思维能力，受到生动的思想、政治、品德教育和审美教育。

初中阶段使学生掌握现代语文的基础知识，学一点文言文，扩大识字量和常用词汇，较熟练地使用常用字典、词典等工具书。通过听、说、读、写的基本训练，提高理解和运用语言文字的能力，进一步发展观察和思维能力，受到较深刻的政治教育、思想教育和审美教育。

数学　小学阶段使学生掌握整数、小数、分数的基础知识和四则运算的技能，学一些简单的几何图形、简易方程和珠算知识，学一点简单的统计初步知识。培养初步的逻辑思维能力和空间观念，以及运用所学数学知识解决一些简单实际问题的能力。

初中阶段使学生掌握代数、平面几何的基础知识和基本技能，学一点统计初步知识、直观空间图形知识。进一步培养学生的运算能力、逻辑思维能力和空间观念，以及运用所学数学知识解决简单实际问题的能力。

外语　初中阶段开设英语或俄语、日语等，分两级水平：一级水平学习两年，掌握适量的基础知识，通过初步的言语训练，能进行简单的听、说、读、写活动；二级水平是在一级水平的基础上，继续学习一年或二年，掌握必要的基础知识，经过进一步的言语训练，具有初步的听、说、读、写能力，为继续学习外语打好基础。

社会　使学生初步认识常见的社会事务和现象，初步了解家乡的、祖国的、世界的历史、地理和社会生活等方面的常识，初步培养学生观察社会和适应社会生活的能力，使学生受到爱国主义教育和法制观念的启蒙教育。

历史　使学生掌握中国历史(包括乡土历史)、世界历史的基础知识和历史发展的基本线索，着重学习中国近、现代史的重要事件和主要人物，使学生受到爱国主义，社会主义和国际主义的教育，培养学生初步运用历史唯物主义基本观点分析问题的能力。

地理　使学生获得有关地球、地图的初步知识，掌握世界地理、中国地理(包括乡土地理)的基础知识，初步具有阅读和运用地图、地理图表的技能，初步理解人类活动与地理环境的关系，认识我国地理方面的基本国情，懂得有关人口、资源、环境等方面的基本国策，受到辩证唯物主义和爱国主义的教育。

自然　使学生初步认识自然界常见的物体和现象，初步了解人类对自然的利用、改造、保护与探索，培养学生爱科学、学科学、用科学的志趣和初步的观察、动手能力，使学生受到爱家乡、爱祖国、爱大自然和相信科学、破除迷信的教育。

物理　使学生在观察、实验的基础上，学习力学、热学、电学、光学等方面的初步知识，了解他们在实际中的应用，初步掌握一些力学、电学中的基本概念和规律。培养学生初步的观察能力、实验能力和运用所学物理知识解决简单实际问题的能力，以及实事求是的科学态度。

化学　使学生在观察、实验的基础上，初步掌握一些化学基本概念、基本原理和几种最常见的重要元素及其化合物的基础知识，初步了解他们在实际中的应用。培养学生初步的观察能力、实验能力和运用所学化学知识解决简单实际问题的能力，以及实事求是的科学态度。

生物　使学生在观察、实验的基础上，初步掌握关于植物、细菌、真菌、病毒和动物的形态结构、生理和分类等方面的基础知识，初步学习一些生物遗传、进化和生态等方面的基础知识并了解它们在实际中的应用，初步懂得人体形态结构、生理功能和卫生保健的基础知识。培养学生初步的观察能力、实验能力和运用所学生物学知识解决简单实际问题的能力，以及实事求是的科学态度。

体育　小学阶段使学生掌握体育、卫生、保健的基础知识，简单的体育运动技术。使学生养成锻炼身体、讲究卫生的习惯，增强体质，加强纪律观念，培养学生团结友爱、朝气蓬勃和勇敢顽强的精神。

初中阶段使学生掌握体育基础知识和体育卫生保健知识，初步掌握基本运动技能。使学生养成自觉锻炼身体的习惯，促进身体正常发育，增强体质，进一步加强纪律观念，培养学生团结合作的精神、竞争的意识和勇敢顽强的意志品质。

音乐　小学阶段主要学习我国优秀民族音乐作品，初步接触外国优秀音乐作品，使学生掌握浅显的音乐基础知识和基本技能。培养学生对音乐的兴趣以及对音乐初步的感受和表现能力，激发爱国主义情感和民族自豪感。

初中阶段主要学习我国民族优秀音乐作品，了解一些外国优秀音乐作品，使学生初步掌握音乐的基础知识和基本技能。增强对音乐的兴趣、爱好，进一步培养学生对音乐的感受、表现和鉴赏能力，以及爱国主义精神和民族自豪感。

美术　小学阶段初步接触我国民族民间的、国外的优秀美术作品，使学生掌握浅显的美术基础知识和简单的美术技能。增强学生对美术的兴趣和爱国主义情感，培养学生的观察能力、想象能力和美术欣赏能力。

初中阶段进一步了解我国民族民间的、国外的优秀美术作品，使学生掌握美术基础知识和基本技能。提高学生的观察能力、形象思维能力、美术欣赏能力和表现能力，陶冶学生高尚的情操，增强爱国主义精神。

劳动　通过自我服务劳动、家务劳动、公益劳动和简单的生产劳动，使学生初步掌握一些基本的劳动知识和技能。培养正确的劳动观念、良好的劳动习惯、热爱劳动和劳动人民的感情。

劳动技术　使学生掌握一些服务性劳动和工农业生产的基础知识与基本技能，也可使学生适当掌握某些职业的基础知识和基本技术。通过劳动培养学生具有正确的劳动观点和良好的劳动习惯，以及热爱劳动和劳动人民的感情。

职业指导　使学生了解关于就业和升学的方针政策，了解当地有关学校和主要职业的情况、职(专)业特点和不同职(专)业人员的素质要求，学习择业的一般常识。使学生能够根据国家需要及自身条件正确选择升学和就业的方向。

活动

本课程计划设置晨会(夕会)、班团队活动、体育活动、科技文体活动、社会实践活动和校传统活动等。

各项活动都要结合其特点，发挥学生的主动性和创造性，使学生受到政治、思想、道德教育，扩大视野，动手动脑，增长才干，发展志趣和特长，丰富精神生活，增进身心健康。

活动设置的基本要求：

晨会(夕会)　举行升旗仪式，进行时事政策和日常行为规范教育。教育学生热爱祖国，关心国家大事，遵守学生守则，养成良好的行为习惯。

班团队活动　有目的有计划地开展内容丰富、形式多样、生动活泼的集体活动。增强学生的组织观念和集体观念，培养学生自我管理和相互交往的能力。

体育锻炼　进行早操、课间操、眼保健操和其它体育锻炼。使学生增强体质，养成自觉锻炼身体的习惯。

科技文体活动　开展科技、文艺、体育等活动，由学生自愿参加。使学生增强兴趣，拓宽知识，增长才干，发展特长。

社会实践活动　参加社会生产劳动和社会服务、社会调查、参观访问以及军事训练等活动。引导学生接触工农，了解社会，认识社会主义制度的优越性，增强热爱劳动人民的感情和社会责任感。

校传统活动　从学校实际出发，因地制宜地组织有教育意义的活动，包括国家重大节日、纪念日和民族传统节日以及学校自定的科技节、体育节、艺术节、远足等活动。引导学生在丰富多采的活动中生动活泼地发展。

（二）地方安排课程

为了适应城乡经济文化发展和学生自身发展的不同情况，本课程计划设置了地方安排课程。地方课程由各省、自治区、直辖市教育委员会、教育厅（局）根据本地实际情况和需要制定。

（三）课程计划表

表一　　**学年时间安排表**

项目＼周数＼阶段	小学	初中	备注
上课	34	34	初中最后一学年第二学期上课减少2周，毕业复习考试增加2周。
校传统活动	1	1	
社会实践活动	1	1	
期末复习考试	2	3	
机动	1	1	
假期	13	12	包括寒暑假、农假、节日假，可组织有意义的活动，但不得用于集体上课。
总计	52	52	

九年义务教育“五·四”学制全日制小学、初级中学

表二　　课　程　安　排　表

周课时　课程　年级　学段		小学 一	小学 二	小学 三	小学 四	小学 五	初中 一	初中 二	初中 三	初中 四	九年 小学总课时	九年 初中总课时	合计
学科	思想品德	1	1	1	1	1					170		438
	思想政治						2	2	2	2		268	
	语文	11	11	9	9	9	5	5	5	5	1666	670	2336
	数学	5	6	6	6	6	5	4	4	4	986	570	1556
	外语（Ⅰ）						4	4				272	272
	外语（Ⅱ）						4	4	4	4		536	536
	社会			2	2	2					204		646
	历史						2	3	2			238	
	地理						3	3				204	
	自然	1	1	2	2	2					272		772
	物理								2	3		164	
	化学								2	2		132	
	生物						2	2	2			204	
	体育	2	2	3	3	3	3	3	2	2	442	336	778
	音乐	3	3	2	2	2	1	1	1	1	408	134	542
	美术	2	2	2	2	2	1	1	1	1	340	134	474
	劳动			1	1	1					102		370
	劳动技术						2	2	2	2		268	
	周学科课时	25	26	28	28	28	30	30	25*	22*	4590	3594	8184
活动	晨会（夕会）	每天10分钟											
	班团队活动	1	1	1	1	1	1	1	1	1	170	134	304
	体育锻炼 科技文体活动	3	3	3	3	3	3	3	3	3	510	402	912
	周活动课时	4	4	4	4	4	1	4	4	4	680	536	1216
地方安排课程		2	2	2	2	2	1	1	7*	10*	340	626	966
周课时总量		31	32	34	34	34	35	35	36	36	5610	4756	10366

* 表示外语课按水平Ⅰ开设的周学科时数和地方安排课程的时数；如果外语课按水平Ⅱ开设，则初中三、四年级的地方安排课程时数各减去4课时，分别为3课时和6课时。

九年义务教育“六·三”学制全日制小学、初级中学

表三　　**课　程　安　排　表**

课程	周课时（年级／学段）	小学 一	小学 二	小学 三	小学 四	小学 五	小学 六	初中 一	初中 二	初中 三	九年 小学总课时	九年 初中总课时	合计
学科	思想品德	1	1	1	1	1	1				204		404
	思想政治							2	2	2		200	
	语文	10	10	9	8	7	7	6	6	5	1734	568	2302
	数学	4	5	5	5	5	5	5	5	5	986	500	1486
	外语（Ⅰ）							4	4			272	272
	外语（Ⅱ）							4	4	4		400	400
	社会				2	2	2				204		608
	历史							2	3	2		234	
	地理							3	2			170	
	自然	1	1	1	1	2	2				272		702
	物理								2	3		164	
	化学									3		96	
	生物							3	2			170	
	体育	2	2	3	3	3	3	3	3	3	544	300	844
	音乐	3	3	2	2	2	2	1	1	1	476	100	576
	美术	2	2	2	2	2	2	1	1	1	408	100	508
	劳动			1	1	1	1				136		336
	劳动技术							2	2	2		200	
	周学科课时	23	24	24	25	25	25	32	33	27	4964	3074	8038
活动	晨会（夕会）	每天10分钟											
	班团队活动	1	1	1	1	1	1	1	1	1	204	100	304
	体育锻炼 科技文体活动	4	4	4	4	4	4	3	3	3	816	300	1116
	周活动课时	5	5	5	5	5	5	4	4	4	1020	400	1420
地方安排课程		2	2	3	3	3	3			5*	544	160	704
周课时总量		30	31	32	33	33	33	36	37	36	6528	3634	10162

* 表示外语课按水平Ⅰ开设的周学科时数和地方安排课程的时数；如果外语课按水平Ⅱ开设，则初中三年级的地方安排课程时数减去4课时，为1课时。

（四）说明

1．学科和活动都要根据各自的特点贯彻理论联系实际的原则，对学生由浅入深地进行辩证唯物主义、历史唯物主义和无神论的教育；进行热爱社会主义祖国、增强民族自信心、自尊心的教育；进行加强民族团结，维护祖国统一的教育；进行艰苦奋斗、自力更生和热爱家乡、建设家乡的教育。

2．小学语文课时中，各个年级每周设1课时写字课，一、二年级每周设1课时说话课，三年级以上各年级每周设作文课。

3．初中毕业年级的数学教学内容分必修与选修两部分。准备就业的学生，可以只学必修部分的内容。

4．初中二级水平的外语所需课时在地方安排课程中解决，一般按每周4课时安排。确实不具备师资条件的，经省一级教育行政部门批准，初中可以不设外语，课时由地方安排。根据需要并能解决师资和中小学教学衔接的地方，小学可在高年级开设外语，每周2或3课时，所需课时在地方安排课程中解决，小学阶段开设外语，使学生掌握所学语种的字母或少量的单词，培养简单的拼读能力，接触一定数量的短语和日常用语，打好语音、语调和书写基础，培养学生学习外语的兴趣，使学生敢于大胆说外语，为初中学习外语做好准备。

5．学校应积极创造条件开足3课时体育课，确有困难的学校，经县一级教育行政部门批准，可暂按2课时安排。在体育教学中，要根据学生的年龄特点进行卫生保健教育。

6．小学一、二年级可开设1课时劳动课，四年级以上各年级可增为2课时，所需时间从地方安排的课时中调整。农村小学的劳动课可与农忙假统一安排，根据需要与可能，高年级还可学习一些当地实用的生产技能。初中劳动技术课根据需要，可用适当时间进行职业技术教育或参加工农业生产劳动。要重视实践环节教育，注意培养学生的动手能力。

7．职业指导课一般是设在毕业年级的短期课，也可根据学生升学或准备就业的不同需要适当提前。所需课时在劳动技术课中安排。

8．人口教育可结合地理、生物、思想政治等学科有关内容讲解。小学自然、社会，初中物理、化学、生物、地理等学科应重视进行环境教育；国防、交通等教育渗透在相关学科和活动中进行。所有这些方面的教育均不单独设课，也不进行考核。

青春期教育，初中主要结合体育（卫生保健部分）和生物（生理卫生部分）进行，其任课教师由学校根据实际情况确定。小学高年级根据需要，可以安排青春期教育的短期课或进行个别指导。

9．思想品德、思想政治、语文、社会、历史、地理、自然、生物、音乐、美术等学科，都要在本学科总课时中留出适量课时给各地安排乡土教材的教学。

10．农村小学和初中的语文都应加强农村应用文和农村常用字的教学。农村小学可根据实际需要在高年级单设珠算课，还可适当补充计量、统计、记帐方面的基础知识，所需课时在数学总课时中调整。农村高年级的自然课要结合本学科特点联系当地生产实际。

11．为与学前教育衔接，小学一年级上学期的前两个月，每天上午安排4课时的学校，应该安排1课时的室外活动或体育、音乐、美术；在每节课中间再安排五分钟的休息或活动，也可提前五分钟下课，在教师指导下开展一些室外活动。小学低年级的音乐包括唱游，一年级的唱游可以多安排一些课时，低年级的各科教学要努力创造条件，改进教学方法，让学生学得更加生动活泼，同时要注意入学年龄和所受学前教育的不同，适当调整教学内容、要求和进度。

12．小学和初中一般每周按五天半安排课程。每节课时，小学一般为40分钟，初中一般为45分钟。小学、初中每天安排广播操20分钟；眼保健操上、下午各一次，每次5分钟。学校应统一安排体育课和体育活动，以保证学生每天体育锻炼1小时。

13．体育锻炼与科技文体活动课时的分

配，各地要从实际出发，做出明确的规定，其中科技文体活动每周不得少于1课时。

14. 小学一年级一般不留书面家庭作业，二、三年级家庭作业每天不超过30分钟，四年级不超过45分钟，五、六年级不超过1小时，初中不超过1.5小时。切实保证小学生每天睡眠10小时，初中学生每天睡眠9小时。

三、考试考查

1. 义务教育阶段的学期、学年和毕业的终结性考查、考试是对学生的合格水平的考核。考核要全面，要通过对学科和活动的有关知识和能力等方面的考核，促进学生整体素质的提高和特长的发展。

2. 小学毕业考核，语文、数学为考试学科，其它为考查科目。语文、数学考试合格，思想品德考查合格，达到小学生体育合格标准，允许毕业。小学毕业考试在县级教育部门的指导下，一般由学校命题，农村也可由乡、镇教育管理机构组织命题，在基本普及初中教育的地区，不另举行小学升学考试。

初中毕业考核，在国家统一规定的毕业年级文化学科范围内确定考试学科，要严格控制考试学科数。其它科目则实行结业考试或考查。考试学科命题权限由各省、自治区、直辖市教育委员会、教育厅(局)确定。考试合格，思想品德考查合格，达到初中学生体育合格标准，允许毕业。地方安排的学科考核要求，由各省、自治区、直辖市教育委员会、教育厅(局)决定。

3. 考试以每学期进行一次为宜，考查着重在平时进行。除毕业考试外，各级教育部门要严格控制统一考试。

4. 考试、考查可采取闭卷、开卷的书面方式，也可以采用口试、操作等方式。成绩评定可以采用百分制，也可以采用等级制、评语制。

5. 考试命题要以教学大纲为依据，体现教学的目的和要求。要建立必要的审题制度。

四、实施要求

1. 本课程计划国家安排课程所规定的课程门类、教学内容、教学要求和课时分配，体现了国家对义务教育的基本要求，是各级教育部门和小学、初级中学组织安排教学活动的依据，是编定教学大纲和编写教材的依据，也是督导、评估学校教学工作的依据。各省、自治区、直辖市教育委员会、教育厅(局)在本计划的指导下，可结合本地区的实际情况进行适当调整，并对地方安排课程的课程设置、课时分配等做出明确规定。调整后的课程计划，报国家教育委员会备案，各地学校必须严格执行。

2. 本课程计划适用于全日制小学和初中，包括小学五年、初中四年的“五·四”学制，小学六年、初中三年的“六·三”学制和九年一贯制，也适用于小学五年、初中三年的过渡学制。

九年一贯制的课程安排，可参照“五·四”学制执行；“五·三”学制的课程安排，可参照“五·四”学制的小学部分和“六·三”学制的初中部分执行。

3. 各地在实施本课程计划时，要认真组织指导学制、课程、教材、教学方法和考试、考查的改革试验。承担县(区)以上改革实验任务的学校，确需变动课程计划，须经批准。批准权限由各省、自治区、直辖市教育委员会、教育厅(局)规定。

4. 初级中等职业技术学校的课程计划，由各省、自治区、直辖市教育委员会、教育厅(局)根据不同职业技术的需要另行制定。

民族小学、初级中学的课程计划，由有关省、自治区、直辖市教育委员会、教育厅(局)

参照本课程计划的精神，结合民族地区的实际自行制订，并报国家教育委员会备案。

5. 农村复式教学点（班）、简易小学和非全日制小学，按本课程计划全面开设各学科尚有困难的，可适当减少学科门类，或只开设思想品德、语文、数学、常识，或只开设语文、数学，但都必须加强德育，积极创造条件开展文娱、体育活动。各级教育部门要根据本课程计划的精神采取切实措施对这些学校、教学点（班）进行指导和管理。

□国家教委、国家计委、人事部、财政部关于进一步改善和加强民办教师工作若干问题的意见

（1992年8月6日）

民办教师是我国特定历史条件下形成的中小学教师队伍的重要组成部分，是我国农村普及九年制义务教育的一支重要力量。几十年来，广大民办教师热爱党，热爱社会主义，献身于人民的教育事业，在条件艰苦的情况下，忠于职守，辛勤工作，任劳任怨，为我国农村教育和农村社会发展做出了不可磨灭的贡献。党和国家历来十分重视和关心民办教师，特别是近十年来，党中央、国务院为提高民办教师的地位和待遇进行了不懈的努力。许多地方政府积极采取措施，解决民办教师问题，做了大量工作，摸索出了一些好的经验。但是，目前民办教师在工作和生活方面还存在许多实际困难，亟待解决，认真总结经验，制定符合我国国情的稳定的民办教师政策，改善和加强民办教师工作，统筹解决民办教师问题，是我国农村教育发展改革中一项紧迫的任务。

根据党中央、国务院有关民办教师工作的一系列方针政策和我国中小学教师队伍建设的总体规划，当前和今后一定时期内民办教师工作总的指导思想是：适应教育事业发展的需要，减少数量，提高质量，改善待遇，加强管理，统筹解决民办教师问题，进一步调动广大民办教师教书育人的积极性，促进我国农村基础教育事业的发展。根据这一指导思想，现就改善和加强民办教师工作若干问题提出如下意见：

一、进一步搞好民办教师队伍的调整整顿，逐步减少数量，提高总体素质

80年代以来，经过几次全面整顿，民办教师总量减少1/3，队伍的总体素质有了明显提高。各地要认真总结经验，从当地实际情况出发，制定中小学教师队伍建设的长远规划，在大力发展师范教育补充合格师资的同时，“八五”期间要继续着重抓好民办教师队伍的调整、整顿和提高。

民办教师队伍的调整整顿工作要继续坚持“关、招、转、辞、退”统筹安排，配套实施，综合治理。要坚决控制并通过多种渠道进一步减少民办教师数量，任何单位都不能以任何理由再行吸收新的民办教师；在此前提下，通过师范学校定向招生和“民转公”，逐步将一部分优秀民办教师选招为公办教师；对经过培训仍不合格的民办教师要坚决、妥善地予以辞退，对超编人员也要辞退或者将其调整到缺编单位；要认真执行年老病残民办教师离岗制度。在千方百计保证农村学校师资需求的同时，坚决清退未经县以上教育行政部门批准，乡村自行录用的所谓“计划外民办教师”和代课教师。辞退不合格民办教师和清退“计划外民办教师”后，短时间补充不上公办教师的，可以由县以上教育行政部门进行严格考试，聘请具有高中毕业以上文化程度，具备教师资格的人为临时代课教师。聘请临时

代课教师要签订合同，明确规定聘期、权利、义务和待遇。通过调整整顿，逐步增大公办教师的比重，减少民办教师数量，进一步提高队伍的整体素质。

调整整顿工作要同合理调整学校布局、定编定员以及民办教师职务评聘工作结合起来，统筹考虑，相互促进。要根据就近上学的原则，在保证农村小学合理的服务半径的前提下，调整学校布局，精简人员，提高办学效益。要加强学校编制管理，按照学校规模和教学任务，核定教师工作量，定编定员。根据编制状况，有计划地调整或精简多余人员。

调整整顿工作要在稳定队伍、调动积极性的前提下，从当地实际出发，因地制宜地进行，不搞一阵风、一刀切。要做好调整整顿中的思想政治工作。对辞退的民办教师，由当地政府协调做好善后工作，尽量推荐他们到乡镇企业等单位工作。对年老病残的离职民办教师，要根据有关规定给予适当补助，使终身从事教育事业的民办教师老有所养，安度晚年。

二、加强制度建设，改善管理，使民办教师工作规范化

在调整整顿的基础上，要加强民办教师工作的制度建设，进一步完善民办教师的资格认定和考核制度、任用制度和档案管理制度。经考核合格的民办教师，由县以上教育行政部门发给《民办教师任用证书》。要建立健全民办教师档案，人事档案由县以上教育行政部门管理；业务档案由乡(镇)政府教育部门或中心校管理。

要完善现行民办教师的管理体制。民办教师原则上由县(市)教育行政部门统一管理，或县乡共管、以县为主。县(市)教育行政部门负责审定民办教师的任职资格并任用民办教师。乡镇教育部门负责民办教师的考核、培训、奖惩、待遇和乡(镇)内调配等方面的日常管理工作。未经县以上教育行政部门批准，乡村和学校不得擅自任用或随意辞退民办教师。因自然减员、选招、考学等因素出现的编制缺额，由县(市)教育行政部门调配师范毕业生或从公办教师中调剂补充，任何单位不得补充新的民办教师。

三、大力加强民办教师培训，不断提高民办教师的政治思想和业务素质

有计划地对在职民办教师进行培训，是提高民办教师政治业务素质和农村教育质量的根本途径。要把民办教师的培训工作纳入整个中小学师资队伍培养、培训总体规划统筹安排，采取有力措施，使这一工作落到实处，抓出成效。民办教师的进修培训要从农村的实际出发，多种形式并举，以在职自修和短期集中培训为主。通过函授、广播、电视、自学考试、专业合格证书考试、进修和教研活动等多种渠道、多种形式，培训提高民办教师。培训的重点是中青年民办教师。要在资格考核认定、晋级、选招公办教师以及专业技术职务评聘等环节，体现正确的政策导向，促进民办教师积极参加进修提高 。

民办教师培训工作要坚持政治、业务并重的原则。在业务培训中，要搞好基本功训练；在政治培训中，要对广大民办教师进行广泛深入的马克思主义教育、社会主义和爱国主义教育，以及师德教育，努力培养又红又专、为人师表的乡村教师。

各级政府、各有关部门要在培训基地和物质条件等方面为民办教师培训工作提供方便。要帮助民办教师解决进修学习的实际困难，从政策上鼓励民办教师积极参加在职自学和短期离职进修。对由教育部门安排在职进修的民办教师，要照发工资，报销入学和结业的往返差旅费，符合探亲条件的，可报销探亲路费。对于自修提高成绩优异者给予适当奖励。

四、进一步提高民办教师的地位和待

遇，逐步实现与公办教师同工同酬

民办教师和公办教师同是人民教师，同样履行教书育人的光荣职责，在政治待遇和社会地位上，没有公办民办之分。他们目前在经济待遇上的差别，要逐步缩小，逐步实现同工同酬。各级政府和教育行政部门对民办教师和公办教师要真正做到“四个一样”：政治上一样待遇、工作上一样要求、组织上一样管理、生活上一样关心。在入党、评选先进、晋升职务、加入工会组织等方面，对民办教师和公办教师要一视同仁。要大力表彰优秀民办教师，宣传他们教书育人，为人师表，无私奉献的感人事迹，增强广大民办教师教书育人的历史责任感和荣誉感，让全社会更多地了解和理解民办教师。

基础教育的责任在地方，地方各级政府要进一步采取有效措施，保障民办教师获得劳动报酬的合法权益，改善民办教师的工资福利待遇。(1) 在国家调整公办教师工资时，应相应增加民办教师工资，由各地政府根据实际情况作出具体规定；(2) 民办教师较多的地区，在一定时期内，可实行以县为单位的民办教师国家补助费(应扣除民办教师转为公办教师的部分)总额包干制，精减民办教师数量，不减补助费，节余部分专项用于提高在职民办教师工资待遇；(3) 各省区要分别规定不同经济水平地区民办教师工资的最低保证数。目前，原则上以县(市)为单位，民办教师的工资收入(包括国补部分和集体自筹部分)不得低于该县公办教师平均工资额(按国家统计局工资总额构成的口径)的2/3。有条件的地方，尤其是富裕地区应该解决得更好一些，实现与公办教师同工同酬。

目前一些地方拖欠民办教师工资甚至国家补助费的问题比较严重。要进一步完善教育事业费附加征收办法和民办教师的工资管理体制，保证民办教师工资来源稳定可靠，按时足额兑现。要从当地的实际情况出发，改进和完善民办教师工资的统筹办法。有条件的地方可逐步实行“乡筹县管”或全县统筹、按月兑现。在确保民办教师工资及时兑现的前提下，一些地方行之有效的筹资形式和支付办法可以继续试行，不强求一律。征收教育事业费附加数额较少，解决民办教师工资福利待遇确有困难的地方，可由地方财政给以适当补助。民办教师工资的国家补助部分，除按国家规定由县统一提取一定比例的福利基金外，要全部直接发给本人，不能挪作他用。任何单位任何人不能以任何理由拖欠民办教师工资，以往拖欠的要作出保证限期付清。

要认真做好民办教师职务聘任工作。在民办教师中实行教师职务聘任制，是加强民办教师管理，提高队伍素质，调动民办教师教书育人的积极性的重要措施。尚未开展这项工作的地区要抓紧部署。今后，民办教师职务聘任工作要和公办教师同步进行。

随着民办教师职务聘任制的实行，改革民办教师工资分配制度已具备条件，也势在必行。要克服工资待遇上的“大锅饭”弊端，按照按劳分配和逐步实现与公办教师同工同酬的原则，根据能力、贡献和教龄，合理拉开档次。

为了保证集中精力教书育人，民办教师不承担任何形式的义务工，各地还可以根据实际情况适当减少其家属的义务工，各地政府应从当地实际出发，在民办教师福利、医疗保健、建房、粮食供应、购买生产生活资料等方面，制定体现尊师重教的优惠政策。要积极开展对民办教师家属的扶贫工作，在资金、技术、信息等方面，为他们脱贫致富提供帮助。

要进一步改进和完善民办教师老有所养办法，探索符合中国国情的民办教师社会保险福利制度。有条件的地方应逐步提高现行年老病残民办教师离岗后生活补助费标准。各地应积极创造条件，逐步建立民办教师保险福利资金。资金可以通过从民办教师工资总额中按规定比例提留、从教育事业费附加中提留、财政补助、中小学勤工俭学收入、社会捐资以及民办教师个人少量交纳等多种渠道筹集，由县(市)教育行政部门统一管理，用于解决民办教师养老保险、医疗保健、生育、困难补助、死亡抚恤、丧葬费等开支，使年老病残民办教师得到有效的社会保障，解除他们的后顾之忧。有条件的地区可在社会保障福利方面逐步缩小民办教师同公办教师的差别，参照公办教师的有关规定办理。

五、认真做好从优秀民办教师中选招公办教师的工作

通过多种渠道，有计划地从优秀民办教师中选招公办教师是统筹解决民办教师问题的重要环节，也是稳定民办教师队伍，保护和调动民办教师工作积极性的重要措施，要坚持不懈，认真抓好，做到长流水，不断线。“八五”计划期间，要认真贯彻执行国家计委、人事部、国家教育委员会《关于从优秀民办教师中选招公办教师问题的通知》，做好选招工作。地方各级政府要在每年国家下达的增人计划中，尽量调剂一部分指标用于“民转公”。自然减员指标和新增劳动指标的使用，要统筹安排，突出重点，向老少山边穷地区倾斜，并对民办教师调整整顿和管理工作成绩显著的地区、单位体现鼓励。

从优秀民办教师中选招公办教师，要着眼于提高中小学教师队伍的政治思想和业务素质，优化队伍的年龄结构、学历结构、职务结构。要坚持政治思想考核和业务考试考核相结合，坚持正确的政策导向，严格掌握选招条件，贯彻公开公平原则，择优录用，真正把忠诚于人民的教育事业，坚持四项基本原则，教书育人成绩显著的优秀民办教师选招为公办教师。对获得特级教师、省部级以上劳动模范、优秀教师、先进工作者等荣誉称号的民办教师，受聘中小学高级教师以及中学一级教师职务的民办教师，一般可以免试选招为公办教师。受到地市级表彰的先进教师，受聘小学一级教师职务、担任校长多年的骨干和取得大专以上学历的民办教师，在同等条件下应优先选招为公办教师。选招工作的具体政策，由各省区按照两委一部《关于从优秀民办教师中选招公办教师问题的通知》有关规定，结合当地实际情况制定。为了保证农村中小学教师队伍的稳定和优化，各地要根据当地实际情况对民办教师被选招为公办教师后的最低服务期作出规定。

师范学校定向招收民办教师，是提高民办教师素质的有效措施，也是统筹解决民办教师问题的重要途径。要进一步扩大高师和中师定向招收民办教师的数量，民办教师比较集中、生源质量有保证的地区要争取做到将中师招生计划的30%左右用于定向招收民办教师。要在总结经验的基础上，进一步完善招考办法，制定符合当地实际情况的录取标准，在年龄方面要适当放宽。要改进课程设置和教学方法，既要从民办教师的实际出发，又要切实保证毕业生质量。

解决好民办教师问题，事关我国农村普及九年制义务教育的大局。各级政府要把民办教师工作提到重要议事日程，切实加强领导。要对本地区民办教师工作，有一个从总体上解决问题的通盘考虑和切实可行的规划，并扎扎实实地付诸实施。全社会都要关心民办教师，了解他们的疾苦，倾听他们的呼声，帮助他们排忧解难。教育、人事、计划、财政等各有关部门要从农村发展的战略高度认识民办教师工作，相互支持，通力协作，共同研究统筹解决民办教师问题的政策和措施，促进农村中小学教师队伍的长远建设，推动农村基础教育事业的发展。

□国务院办公厅转发国家教委等部门关于“八五”期间解决城市中小学教职工住房问题意见的通知

（1992年9月19日）

国家教委、建设部、全国教育工会《关于“八五”期间解决城市中小学教职工住房问题的意见》，已经国务院批准，现转发你们，请贯彻执行。

关于“八五”期间解决城市中小学教职工住房问题的意见

国家教委　建设部　全国教育工会

（1992年7月29日）

1982年以来，解决城市中小学教职工住房的工作取得了很大的成绩。据统计，自1981年至1990年，全国城市共投资近五十亿元，建成中小学教职工住房二千一百一十一万多平方米（建筑面积），计四十多万套。城市中小学教职工的住房状况已有了明显的改善。约有四十万户乔迁新居，并有约相等的教职工户数扩大了住房面积，改善了居住条件；教职工家庭人均居住面积已由1981年末的三点八平方米，提高到了1990年末的六点一二平方米。但是，由于历史上欠账太多，城市中小学教职工的住房问题还未得到根本的解决。据统计，1990年底，全国城市中小学教职工家庭中还有缺房户三十七万多户，其中无房户十六万多户，困难户二十多万户，分别占城市中小学教职工总户数的27.58%、12.09%和15.49%；此外还有等房结婚的大龄青年教职工六万余人，占教职工总人数的3.25%；教职工家庭人均居住面积比全国城镇居民仍低1平方米。

一、“八五”期间解决城市中小学教职工住房问题的意见

在“八五”期间，争取城市中小学教职工的住房达到全国城镇居民人均居住面积七点五平方米及成套率40—50%的水平。各省、市、自治区“八五”期间要以解危解困为主，重点解决无房户及人均居住面积在三至四平方米以下的困难户。凡是目前中小学教职工住房水平低于当地城镇居民平均水平的，“八五”末要争取达到当地居民平均水平。部分经济困难的边远省、自治区及少数内地条件较差的城市，可以推迟达到国家目标的时间。

为实现这个目标，采取如下具体措施：

（一）提高认识，加强领导。解决中小学教职工住房困难是贯彻落实党的知识分子政策，尊师重教，推进实施九年义务教育的重要措施。根据现行管理体制，解决城市中小学教职工住房的责任在地方政府，建设住房所需资金也应由各级地方政府负责筹集解决。各级政府的领导同志要象抓学校危房改造一样抓教职工住房，把城市中小学教职工住房问题列入议事日程，采取行之有效的措施，逐步解决他们的住房问题。

（二）制定规划。各级政府和教育部门，要本着积极的态度，认真制定所辖范围内的城市中小学教职工住房建设长期规划和年度计划，并负责组织实施。教职工住房建设规划要作为城市总体规划的重要组成部分，各级政府在城市规划中要为教育部门统筹安排中小学教职工住房建设用地。各地计委、财政、物资等部门对中小学教职工住房建设的基建计划，要优先安排，在资金材料的供应上予以照顾。

（三）解决城市中小学教职工住房问题要贯彻住房制度改革的精神，着眼于机制转换，坚持国家、集体、个人三者共同负担的原则。

在住房制度已进行改革的地区，在执行当地政府房改方案有关政策中，对教师可以优先照顾。在住房制度尚未改革的地区，应积极多渠道筹集资金，为教职工多建住房。

(四)多方面筹集住房建设资金。资金缺乏是当前解决中小学教职工住房的主要矛盾，因此，要根据国家、集体、个人共同负责的原则，多方面筹集建房资金。

1. 中央补助的教职工住房建设专款，主要用于补助困难，鼓励先进。

2. 各级地方政府在每年年度基建投资计划中，要安排一定比例的中小学教职工住房建设专款；还应从地方机动财力、预算外收入等费用中安排一些资金用于中小学教职工住房建设，地方统建统分住宅中也要给中小学一定比例的住房。

3. 从勤工俭学收入中，安排一些资金。

4. 通过各种不同方式如自建公助、公建民助、集资合作建房、有偿分房、部分产权出售等向学校和教职工个人筹集资金。

5. 银行在贷款上给予支持。

6. 当地政府同意的其它渠道资金。

(五)在中小学建房、分房中给予优惠政策，以促进中小学教职工住房问题的解决。

1. 各级政府应将中小学教职工住房，纳入当地住房解困规划，统筹考虑优先安排。

2. 中小学教职工住房建设按国家有关税费优惠政策执行。

3. 各单位分房时，对于配偶是教师的职工，予以优先照顾。

4. 中小学教职工从城市公管房迁居后的空房，仍交教育部门，分给中小学教职工居住。

5. 当地政府规定的其它优惠政策。

(六)各地教育部门要加强住房建设工作的管理，做到有规划、有布置、有检查、有总结、有交流、有奖励。

(七)国家教委要进一步加强调查研究，总结推广各地先进经验；适当调整、增加和分配好中央补助住房建设的投资；要注意加强基建干部的培训，对县以下从事基建管理工作的同志，进行必要的业务培训，提高其专业素质和工作管理水平以保证工程质量，提高投资效益。国家教委督导工作也要把中小学教职工住房作为普及九年义务教育的一项主要内容进行督导，对解决中小学教职工住房有突出成绩的城镇，应予以表彰。

二、解决城市中小学教职工住房工作中应注意的几个问题

(一)中小学教职工住房标准，应遵守国家有关规定。对在教学中做出突出贡献的中小学教师，其住房面积标准，可以略高于城市居民，但在近期内，仍应以解危解困为主，不宜追求高标准。

(二)城市中小学校园较狭窄，除边角隙地外，一般不宜在校园内建设住房。更不能因建住房而挤占教学和运动场地。

(三)已建在校园内的教职工住房，产权一律归教育部门所有，不能出售给教职工个人。

(四)分配住房要提倡领导和群众相结合的办法，注意发挥工会和教代会的作用，要首先解决无房户和困难户的需要，对无依靠的离退休教职工应给予关照，使其老有所归，要注意防止和减轻学校对社会所承受的住房负担。

(五)住房交付使用后，要按国家和当地政府有关规定加强维护管理，定期进行维修，以延长住房寿命。

□全面消除和杜绝中小学危房的规定

（1992年11月25日国家教育委员会发布）

第一条 为尽快全面消除中小学危房，杜绝新危房的产生，确保广大师生的生命安全和身心健康，保证教学工作的顺利进行，特制定本规定。

第二条 各级教育、财政、计划等主管部门要按照基础教育由地方负责，分级办学、分级管理的教育体制，采取切实措施，继续加快改善办学条件的步伐，并坚持不懈地把全面消除和杜绝中小学危房工作，当作大事认真抓紧抓实抓好。

第三条 各地要结合实际，尽快修订全面消除中小学危房的规划。在1994年前全面消除中小学危房。

第四条 各级教育行政部门要组织力量，每年对所属中小学校校舍进行严格检查，督促加强管理，及时维修，杜绝新危房的产生。

第五条 各地要把消除和杜绝危房的任务列入各级分管教育的领导及学校负责人的职责范围，作为日常工作抓好，各中小学校校长和教职工要增强安全意识，经常注意察看校舍等方面的安全状况，特别是在雨雪及灾害天气要坚守岗位，如发现问题，要及时采取防范措施。学校解决不了的，要及时报告当地政府和教育行政部门。

第六条 各省（区、市）要根据有关规定和本地实际，制定中小学校舍的维修标准、检查制度等文件，作为消除和杜绝中小学危房工作的行政、技术依据，并在执行中不断完善，使此项工作逐步走上规范化、法制化的轨道。

第七条 凡已确定为危房的校舍，要立即停止使用。并分别不同情况，采取措施，力争在当年解决。

第八条 坚持“百年大计，质量第一”的原则，严格把好新建及维修校舍的设计关、材料关、施工关和验收关，确保校舍修建的质量。

第九条 消除和杜绝中小学危房工作所需的经费，由地方政府负责筹措，并给以优先保证。

第十条 消除和杜绝中小学危房的工作，要实行目标管理责任制。对工作成绩显著的要给予鼓励；对工作不力的要予以批评，限期改进。工作失职致使校舍倒塌造成伤亡的，要从严追究有关人员和有关领导的责任，直至追究刑事责任。

第十一条 各级教育行政部门每年年终要进行一次消除和杜绝中小学危房工作的总结，书面报告当地政府和上级教育行政部门。各教育行政部门要把此项工作列入教育督导检查的内容。国家教委将及时通报各地消除和杜绝中小学危房工作的情况。

第十二条 本规定自发布之日起施行。

□关于加强全国中小学校长队伍建设的意见（试行）

（1992年12月10日中央组织部、
国家教育委员会发布）

中小学校长在发展我国社会主义教育事业中担负着重要责任。建设一支政治坚定、德才兼备、相对稳定的中小学校长队伍，是关系到我国中小学坚持社会主义办学方向，认真贯彻教育方针，培养千百万合格的社会主义事业建设者和接班人的战略任务。

现将加强中小学校长队伍建设的有关问题提出如下意见：

一、任免

要全面贯彻党的干部队伍"革命化、年轻化、知识化、专业化"的方针和德才兼备的原则，按照中央有关文件规定和《全国中小学校长任职条件和岗位要求（试行）》（教人[1991]38号），结合当地实际情况，选拔任免中小学校长。

校长任免一般经过如下步骤：(1)由教育行政部门和组织人事部门，根据校长任职条件，结合当地实际情况，经一定的民主程序，提出任免对象；(2)由教育行政部门和组织人事部门进行考察，在广泛听取群众意见的基础上，提出任免意见；(3)按当地规定的中小学校长任免权限审批。

凡校长任免权限不在教育行政部门的地方，校长的任免、调动须事先征求教育行政部门意见。

中小学校逐步实行校长负责制。根据学校工作特点，同时为保持校长队伍的相对稳定，中小学校长一般不实行任期制。

要选好中小学校长的后备干部。要善于发现政治坚定、德才兼备、工作成绩突出的优秀教师和行政干部，将其列为重点培养对象。校长一般应从后备干部中提拔任用。

二、培训

要认真贯彻国家教委《关于加强全国中小学校长培训工作的意见》（[89]教人字035号），"八五"期间，结合当地实际，采取行之有效的方法，对全体中小学校长进行一遍岗位培训。以后每五年轮训一次，形成校长培训制度。还应以多种形式组织接受过岗位培训的校长，结合工作实际继续深入学习、研讨，及时总结经验，以争取尽早培养出一批马克思主义理论水平较高和管理经验丰富、办学卓有成效的中小学教育专家。

要加强中小学校长后备干部的培训工作。今后新任命的校长，应取得岗位培训合格证书，持证上岗。

开展培训要与对校长的任用、考核、奖惩紧密结合。中小学校长参加岗位培训的成绩应存入本人档案，作为对其任用、考核、晋级的重要依据之一。中小学校长参加组织上安排的培训期间，其职务、工资和有关福利待遇不变。

各级教育行政部门都要重视和加强中小学校长培训工作，将其列入重要议事日程，并明确培训工作管理机构；要关心和加强中小学校长培训基地的建设，为其创造良好条件，充分发挥作用。要努力进行教育教学改革，改革教学方法，提高师资水平，不断提高培训质量。

三、考核

按照干部德才兼备的原则，全面考核校长的德、能、勤、绩。工作中，可根据《全国中小学校长任职条件和岗位要求（试行）》的规定，结合当地实际，制定中小学校长考核的具体标准和方法。校长主管部门除做好对校长平时工作的考察外，还应在教育督导机构的协同下，结合评估学校工作，定期对校长进行考核，并逐步健全考核制度。考核工作要深入群众，广泛听取各方面的意见，坚持实事求是的原则，做到客观、全面、公正。

经过考核，凡能胜任学校领导工作，并不断做出成绩的，均可连续担任校长职务；凡不能胜任和不宜担任校长职务的，应及时予以调整。

四、奖惩

对于在学校管理工作中，坚持社会主义办学方向，认真贯彻教育方针，努力深化教育改革，提高教育质量，为培养德智体全面发展的一代新人做出显著成绩的校长，各地要采取多种形式予以表彰、奖励。对其中有突出贡献、享有较高声誉的校长，国家教委授予"全国优秀校长"的称号，并颁发奖章、证书。要广泛宣传优秀校长的先进事迹和办学经验。

对因工作失职，或以权谋私，给国家、学校和群众利益造成损害的校长，视具体情况，按照有关规定，给予相应的处分；情节严重的，依法追究法律责任。

五、待遇

中小学校长在搞好学校管理工作的同时，一般应兼任一定的教学工作，并参加教师相应专业技术职务的评聘。在评聘教师专业技术职务时，应考虑校长从事学校管理工作的成绩。

各地要从当地的实际情况出发，及时解决校长工作、学习及生活中的实际困难。为体现按劳分配，鼓励中小学校长认真做好学校管理工作，应注意提高他们的待遇。今后逐步实行校长职务津贴制度。

根据学校管理工作的特点，中小学校长在阅读文件、参加会议等方面，应享受相应的待遇。

六、校长队伍建设工作的领导

各地党委、政府及其教育行政部门，要切实加强对中小学校长队伍建设工作的领导。明确负责校长队伍建设的管理机构，以指导和协调各有关方面的工作。应定期分析校长队伍的素质状况，制定校长队伍建设规划及具体落实措施。

要把是否重视校长队伍建设工作以及取得的实际成效，列为督导、评估当地教育工作的成绩，考核主管部门领导工作政绩的重要内容。

要重视校长管理工作的研究，总结中小学校长队伍建设的经验，积极探索优秀校长的成长规律，不断改进对校长的选拔、任免、培训、考核、奖惩等各项工作，逐步使校长队伍建设工作科学化、制度化、规范化，以适应基础教育事业不断发展和深化改革的需要。

以上意见适用于全国普通中小学校长队伍建设，中等专业学校、中等技术学校、中等师范学校、技工学校、职业中学、农业中学、工读学校、特殊教育学校以及成人中等学校、成人初等学校的校长队伍建设也可参照执行。

高等教育部分

□高等学校招生全国统一考试管理处罚暂行规定

（1992年2月2日国家教育委员会发布）

第一章　总　　则

第一条　为维护高等学校招生全国统一考试管理秩序，保证有关考试的顺利进行，保障考生和有关人员的合法权益，制定本规定。

第二条　本规定适用于普通、成人高等学校本、专科招生的全国统一考试（以下简称“全国统一考试”）。

第三条　参加全国统一考试的考生（以下简称“考生”）、从事和参与全国统一考试工作的人员（以下简称“考试工作人员”）及其他人员，必须遵守国家教育委员会颁发的《普通、成人高等学校本、专科招生全国统一考试工作规则》及其他有关全国统一考试工作管理的法规、规章。

第四条 考生和考试工作人员违反全国统一考试管理的，根据情节轻重，依照本规定给予处罚。

第五条 国家教育委员会在职权范围内主管全国统一考试管理处罚工作。国家教育委员会考试中心办理全国统一考试管理处罚的日常具体工作。

地方的考试管理处罚，由地方各级招生考试机构负责。

第六条 在职人员违反全国统一考试管理，需要给予行政处分的，由招生考试机构建议其所在单位给予相应的行政处分，或由行政监察机关依法查处；需要给予党纪处分的，移送党的有关纪检组织处理。

第二章 违反考试管理的行为和处罚

第七条 考生有下列情形之一的，扣除该科所得分的30%—50%：

(一)携带规定以外的物品进入考场的；

(二)开考信号发出前答题的；

(三)考试终了信号发出后继续答卷的；

(四)在考场内吸烟、喧哗或有其他影响考场秩序的行为，经劝阻仍不改正的；

(五)在试卷规定以外的地方写姓名、考号的；

(六)用规定以外的笔答题的。

第八条 考生在两科以上考试中有第七条所列情形之一的，所考科目的考试成绩无效。

第九条 考生有下列情形之一的，取消当年考试资格，情节严重的，不准参加下一年度的全国统一考试：

(一)交头接耳，互打暗号、手势的；

(二)夹带的；

(三)接传答案的；

(四)交换答卷的；

(五)抄袭他人答卷的；

(六)有意将自己的答卷让他人抄袭的；

(七)考试期间撕毁试卷或答卷的；

(八)将试卷或答卷带出考场的；

(九)在评卷中被认定为雷同卷的；

(十)有意在答卷中做其他标记的；

(十一)有其他舞弊行为的。

第十条 考生有下列情形之一的，取消当年考试资格，并从下一年起两年内不准参加全国统一考试：

(一)扰乱报名站(点)、考场、评卷场及考试有关工作场所秩序的；

(二)拒绝、阻碍考试工作人员执行公务的；

(三)威胁考试工作人员安全或公然侮辱、诽谤、诬陷考试工作人员的；

(四)伪造证件、证明、档案以取得考试资格的。

第十一条 考生由他人代考的，或偷换答卷、涂改成绩的，取消当年考试资格，并从下一年起三年内不准参加全国统一考试；其中是在职人员的，依照本规定第六条处理。

第十二条 高等学校在校生代他人参加全国统一考试的，由其所在学校勒令退学或开除学籍；在校高中生代他人参加全国统一考试的，从该生毕业当年起两年内不准参加全国统一考试；在职人员代他人参加全国统一考试的，依照本规定第六条处理。

第十三条 考试工作人员有下列情形之一的，取消当年考试工作人员资格，并给予通报批评：

(一)监考中不履行职责，吸烟、看书、看报、打瞌睡、聊天、擅自离开岗位，经指出仍不改正的；

(二)在评卷、统分中错评、漏评、积分差误较多，经指出仍不改正的；

(三)泄露评卷、统分工作情况的。

第十四条 考试工作人员有下列情形之一的，取消当年及下一年考试工作人员资格，并视情节轻重给予行政处分：

(一)利用监考或从事考试工作之便，为考生舞弊提供条件的；

(二)考试期间，擅自将试卷带出或传出考场外的；

(三)擅自变动考生答卷时间的；

(四)提示或暗示考生答卷的；

(五)在监考、评卷、统分中，丢失、损坏考生答卷或有违反监考、评卷、统分工作规定，造成严重后果的。

第十五条 考试工作人员有下列情形之一的，给予行政处分，并调离考试工作岗位，以后不准再从事全国统一考试工作：

(一)伪造、涂改考生档案的；

(二)为不具备参加全国统一考试条件的人员提供假证明、证件、档案，使其取得报考资格的；

(三)在评卷中擅自更改评分标准的；

(四)指使、纵容、创造条件或伙同他人舞弊的；

(五)利用考试工作便利，索贿、受贿、以权徇私的；

(六)应回避考试工作却隐瞒不报，利用工作之便以权营私的；

(七)诬陷、打击、报复考生的；

(八)场外组织答卷、为考生提供答案的；

(九)偷换、涂改考生答卷、考试成绩的。

在职人员有上列情形之一的，依照本规定第六条处理。

第十六条 各级国家机关、企事业单位负责干部或其他在职人员有下列情形之一的，依照本规定第六条处理：

(一)指使、纵容、授意考试工作人员放松考试纪律，致使考场混乱、舞弊严重的；

(二)打击、报复、诬陷考试工作人员的；

(三)利用职务之便，胁迫他人舞弊的；

(四)利用职权，包庇、掩盖舞弊行为情节严重的。

第十七条 因考试工作人员玩忽职守，造成考点或部分考场纪律混乱，舞弊、抄袭严重，或一科三分之一以上答卷雷同，取消此考点下一年度举办全国统一考试的资格；撤销有关责任人员的考试工作人员资格，并给予行政处分；同时追究考区负责人的领导责任。

第十八条 有下列情形之一的，由公安机关依照《治安管理处罚条例》予以处罚；构成犯罪的，依法追究刑事责任：

(一)扰乱、妨害考场、评卷场及考试有关工作场所秩序的；

(二)侵犯考试工作人员、考生人身权利的；

(三)故意损坏考试设施的。

第十九条 有下列情形之一，构成犯罪的，依照《刑法》追究刑事责任：

(一)考试工作人员利用职务之便，收受贿赂的；

(二)向考试工作人员行贿的；

(三)以升学考试为名，进行诈骗的；

(四)考试工作人员由于玩忽职守，致使考试工作遭受重大损失的。

第二十条 盗窃未经启用的全国统一考试试题、参考答案及评分标准(包括“副题”)和盗窃、损毁在保密期限内的考生答卷、考试成绩的，依照《刑法》第一百六十七条，追究其刑事责任。

第二十一条 国家工作人员违反保密规定，造成全国统一考试的试题、参考答案及评分标准(包括“副题”)泄密，或使考生答卷在保密期限内发生重大事故，依照《刑法》第一百八十六条的规定追究刑事责任；不够刑事处罚的，依《中华人民共和国保守国家秘密法》第三十一条规定，给予行政处分；对当地招生考试机构负责人，视具体情况，追究其领导责任。

非国家工作人员，有前款行为的，依照《刑法》第一百八十六条的规定，酌情处罚。

第二十二条　任何组织或个人，擅自编写、出版、印刷、销售为参加普通高等学校招生全国统一考试使用的复习资料、辅导材料、习题集、模拟题等，按国家教委、国家出版署、国家工商行政管理局(86)教中小材字001号文件规定处理。

未经国家教委考试中心批准，翻印、出版、销售全国统一考试的试题、参考答案及评分标准(包括"副题")的，依照前款规定处理。

第三章　处罚程序

第二十三条　违反全国统一考试管理的行为，除其他法律、法规和本《规定》另有规定外，由招生考试机构给予处罚。

第二十四条　违反全国统一考试管理的行为，由当地招生考试机构作出考试处罚管理决定，并报省级招生考试机构备案；发生第十七、二十、二十一条所列重大案件由省级招生考试机构会同有关部门共同处理，并报国家教育委员会备案；必要时，可由国家教育委员会参予查处。

第二十五条　国家教育委员会和作出处罚决定机构的上一级招生考试机构可以撤销或变更下一级招生考试机构所作的处罚决定。

第二十六条　有关单位对违反考试管理的在职人员作出的处理结果，应抄送提出处分建议的招生考试机构。

第二十七条　对违反考试管理行为的人给予的处罚，处理机关应通知被处罚人。

第二十八条　被处罚人对处罚决定不服的，在接到处罚决定的十五天内，可以向上一级招生考试主管部门提出申诉。

第四章　附　　则

第二十九条　(88)教学字006号《普通高等学校招生管理处罚暂行规定》中有关考试管理处罚的规定同时失效。

第三十条　本规定自发布之日起施行。

附：

《刑法》

第一百六十七条　伪造、变造或者盗窃、抢夺、毁灭国家机关、企业、事业单位、人民团体的公文、证件、印章的，处三年以下有期徒刑、拘役、管制或者剥夺政治权利；情节严重的，处三年以上十年以下有期徒刑。

第一百八十六条　国家工作人员违反国家保密法规，泄露国家重要机密，情节严重的，处七年以下有期徒刑、拘役或者剥夺政治权利。

非国家工作人员犯前款罪的，依照前款的规定酌情处罚。

《中华人民共和国保守国家秘密法》

第三十一条　违反本法规定，故意或者过失泄露国家秘密，情节严重的，依照刑法第一百八十六条的规定追究刑事责任。

违反本法规定，泄露国家秘密，不够刑事处罚的，可以酌情给予行政处分。

□普通高等学校学生安全教育及管理暂行规定

(1992年4月15日国家教育委员会发布)

第一章　总　　则

第一条　为了加强高等学校管理，维护正常的教学和生活秩序，保障学生人身和财物的安全，促进身心健康发展，特制定本暂行规定。

第二条 高等学校学生安全教育及管理的主要任务是,宣传、贯彻国家有关安全管理工作的方针、政策、法律、法规,对学生实施安全教育及管理,妥善处理各类安全事故,引导学生健康成长。

第三条 高等学校学生安全教育及管理,要以预防为主,本着保护学生、教育先行、明确责任、教管结合、实事求是、妥善处理的原则,做好教育、管理和处理工作。

第四条 本暂行规定所称学生指在普通高等学校学习取得学籍的全日制学生,即按国家任务、用人单位委托培养、自费三种计划形式录取的学生。

第二章 安全教育

第五条 高等学校应将对学生进行安全教育作为一项经常性工作,列入学校工作的重要议事日程,加强领导。学校各部门和有关群众团体或组织要相互配合,积极开展安全教育,普及安全知识,增强学生的安全意识和法制观念,提高防范能力。

第六条 学生安全教育应根据不同专业及青年学生的特点,从学生入学到毕业,在各种教学活动和日常生活中,特别是节假日前适时进行,并善于利用发生的安全事故教育学生,防患于未然。

学校应根据环境、季节及有关规律进行防盗、防火、防特、防病、防事故等方面的教育,并使之经常化、制度化。

第七条 高等学校对学生进行安全教育须注重心理疏导,加强思想政治工作,教育学生注意保持健康的心理状态,帮助学生克服因各种原因造成的心理障碍,把事故消除在萌芽状态。

第三章 安全管理

第八条 高等学校要做好学生日常安全管理工作,加强安全防范,建立和健全规章制度,严格管理。学校要把安全教育及管理工作纳入领导任期的责任目标,落实到年级、班主任。学校应由一名校领导主要负责。

第九条 高等学校应确定学生安全教育及管理工作的主管部门,明确其职责,具体组织实施安全教育及其管理工作。各有关部门应分工协作,积极配合。

第十条 全体教职工要从关心学生、爱护学生出发,树立安全思想,努力做好本职工作和改善环境与条件,保护学生人身和财产安全。

第十一条 学生发生意外事故以及学生要求保护人身或财物安全等情况时,学校应迅速采取有效措施。

第十二条 学生必须严格遵守国家法律、法规和学校的各项规章制度,注意自身的人身和财物安全,防止各种事故的发生。

第十三条 学生在日常教学及各项活动中,应遵守纪律和有关规定,听从指导,服从管理;在公共场所,要遵守社会公德,增强安全防范意识,提高自我保护能力。

第十四条 学生组织集体课外活动,须经学校同意,按学校规定进行。学校须认真进行安全审查,条件不具备时不得批准。

第十五条 学生应严格遵守宿舍管理的规定,自觉维护宿舍的安全与卫生,提高自我管理能力。

第十六条 发现刑事、治安案件或交通、灾害等事故,在场学生应保护现场,及时报告学校或公安部门并协助处理。在学校范围内的,学校应迅速采取措施,控制事态发展,减轻伤害和损失。

第四章　事故处理

第十七条　学生人身和财产发生一般伤害后，学校要及时调查处理，根据当事人或他人的过错，责令其赔偿损失，并给予批评教育或相应的行政、纪律处分。

在校园内，发生学生非正常死亡、重伤或被窃、失火等造成财产重大损失事故后，学校应迅速采取措施进行抢救、保护现场，同时加强思想政治工作，稳定情绪，恢复秩序，并协同地方有关部门妥善处理。

第十八条　学校对事故调查后认为涉及追究刑事责任的，要及时与公安部门联系，协助调查处理。

重大事故学校有关领导应亲自参与调查工作，并认真研究调查报告，及时处理。

第十九条　在安全管理或事故处理过程中，学校认为有必要需搜查学生住处，须报请公安部门依法进行。调查处理案件中要以事实为依据，不得逼供或诱供。

第二十条　重大事故发生后，学校应在一天内向所在省（自治区、直辖市）有关主管部门报告，并及时通知学生家长。事故处理结束后一周内书面报告有关主管部门。

第二十一条　学生在教学、实习过程与日常生活中，因学校或有关单位责任发生死亡、重伤或残疾，由学校或有关单位承担责任，做好处理及善后工作。

在教学、实习过程与日常生活中，学生因不遵守纪律或不按要求活动而发生意外事故，学校不承担责任。

第二十二条　因忽视安全生产，管理不善；工作不负责任，违章指挥；玩忽职守，徇私舞弊等，对学生造成严重的人身、财物损害的，由其所在单位或上级主管部门，视具体情况对有关责任人员分别给予责令检查、赔偿损失、行政处分，直至依法追究刑事责任。

第二十三条　学生未经批准擅自离校不归发生意外事故的，学校不承担责任。

对擅自离校不归，学校不知去向的学生，学校应及时寻找并报告当地公安部门，及时通知学生家长。半月不归且未说明原因者，学校可张榜公布，按自动退学除名。

第二十四条　学生假期或办理离校手续后发生意外事故的，学校不承担责任。

第二十五条　在校内正常生活及由学校在校外组织的活动中，由于不能避免的原因或自然灾害而发生的事故，由学校视具体情况处理。

第二十六条　有条件的高等学校可为学生办理人身保险。

第二十七条　凡经学校指定的专业医院确诊为精神病、癫痫病患者的学生，应予退学，由其监护人负责领回。学生及其监护人不得无理纠缠，扰乱学校教学、生活秩序。

第二十八条　因事故伤残的学生，经治疗后病情稳定，学校认为生活能自理，能坚持在校学习，可留校继续学习；不能坚持在校学习者，应予退学，由学校按其实际学习年限发给肄业证书，并根据事故性质和伤残程度一次性给予适当经济补助。退学学生回其监护人所在地，当地民政等有关部门应协助做好接收、落户等工作，由当地劳动部门按国家关于残疾人劳动就业有关规定安置。

第二十九条　学生因病死亡和责任不由学校承担的意外死亡，学校不承担丧葬费。如家庭确有困难者，学校可酌情予以一次性经济补助。

第三十条　因责任不在本人的意外死亡学生，由学校或有关单位参照国家关于事业职工死亡丧葬有关规定处理，负担丧葬费的全部，学校可一次性给予适当经济补助。

无论何种情况（事故）给予的经济补助，一般不超过国家规定的学生在校期间（以四年计)的平均奖学金数。

凡是事故责任由学校以外的其他单位、个人承担的,学校不再给予经济补助。

第三十一条 因保护国家财产和他人人身安全,见义勇为而致残或英勇牺牲的学生,学校应报请所在省(自治区、直辖市)人民政府授予荣誉称号,并给予相应的待遇。

第三十二条 对事故处理不服或持有异议者,可向学校或学校上一级部门申诉,或者依法向人民法院提起民事诉讼。

第五章 附 则

第三十三条 普通高等学校研究生事故处理,参照本办法执行。

第三十四条 本暂行规定结合《普通高等学校学生管理规定》、《高等学校校园秩序管理若干规定》试行。

第三十五条 各省、自治区、直辖市教育行政部门和各高等学校可根据本暂行规定制定实施细则。

第三十六条 本暂行规定由国家教育委员会解释。

第三十七条 本暂行规定自发布之日起试行。

□关于加强高等学校科学技术成果推广应用工作的决定

(1992年4月20日国家教育委员会、国家科学技术委员会发布)

为贯彻落实党中央、国务院关于"加快科技成果向现实生产力的转化,充分发挥科学技术作为第一生产力的作用,为经济和社会发展作出更大贡献"的指示,推动高等学校教育、科技的发展和改革,现特就加强高等学校科学技术成果推广应用工作,作如下决定:

一、高度重视科学技术成果推广应用,把它作为一项重要任务切实抓好

近几年来,高等学校科技成果日益增多,推广应用工作有所加强,在传播世界科学前沿知识、引入国外先进技术、转化国内科技成果等方面做了大量工作,取得了显著成绩,对社会主义现代化建设和高等教育产生了很大影响。但还不能适应国家需要,相当部分成果推广应用不够,还有很大潜力应当发挥。

科技成果推广应用是科技工作的组成部分,是发挥科学技术第一生产力作用的重要环节。科技成果转化为现实生产力,是科技工作的出发点和归宿,它关系到我国经济振兴和实现第二步战略目标的大事,是我国科技工作的重大任务。高等学校是科技成果的一个主要发源地,也是推广应用工作的重要依托单位,应当而且也能够为此作出较大贡献。要从思想上高度重视,把它作为一项重要任务切实抓好。

不同层次、不同类型的高等学校,要在总结经验的基础上,因校因地制宜,根据各自的实际情况,积极组织力量,努力开创科技成果推广应用工作的新局面。科研实力较强的学校,不仅要努力把自己研究开发的成果及时向生产应用转移,还应在引进和传播国外先进科学技术以及开拓高技术产业中发挥先导作用。一般高等学校,也应根据自已的特点,积极投入科技成果推广应用工作。

高等学校在积极向社会推广科技成果的同时,还要十分注意用最新科技成就不断充实、更新教学内容与手段。

二、积极争取各级政府的支持,把重大科技成果推广应用列入国家和地方的科技发展计划

在社会主义有计划商品经济的条件下,运用政府职能和国家计划,有组织、有计划、有重点地做好推广应用工作,是推动重大科技成果进行大面积推广,取得规模经济和社会效益的主要途径之一。各类高等学校要根据成果的不同情况，努力做好工作，积极争取分别纳入国家和地方的科技攻关计划、技术改造计划、火炬计划、国家科技成果重点推广计划、新产品试制试产计划、星火计划、丰收计划及其他有关计划。希望主持这些计划的政府部门，充分重视高等学校的科技成果推广应用工作，并提供一定的经费和支持条件。

国家教委在银行和有关部门的支持下，从“八五”计划开始，实施一项与国家计划相配合、主要起孕育、孵化作用的科技成果推广计划，利用银行贷款和可能筹集到的贴息资金，支持一部分发展前景较好的项目。

科技成果推广应用涉及到科技、经济、物资、金融等部门，需要多方面密切合作，组织制订规划，疏通渠道，筹措资金(包括贷款)，完善政策措施，为高等学校科技成果推广应用工作创造良好的环境和条件，并切实加强领导与管理。

三、积极开拓技术市场，采取多种方式推广科学技术成果

实行计划管理与市场调节相结合的机制，是科技体制改革的组成部分，也是科技成果推广应用的成功之路。各高等学校在运用计划渠道推广科技成果的同时，要主动适应技术商品发展的形势，充分运用技术市场的条件和机制，努力疏通技术成果流向生产的渠道，积极开展技术成果转让、技术承包、技术咨询服务等多种形式的转移活动。认真贯彻执行国家有关法规，充分运用法律手段，保护高校的知识产权和声誉。

在维护国家利益的前提下，鼓励高等学校有竞争力的技术成果出口，创汇收入主要留给学校，并尽可能予以简化商务和科技人员出国的手续。

要根据各类科技成果的特点和技术市场发展变化的实际，采取多种行之有效的方式推广应用。要进一步认真总结经验，不断探索创新，逐渐形成适合我国社会主义现代化建设的推广机制。

四、大力加强与产业界的密切合作，共同转化科学技术成果

高等学校与产业界密切合作，实行优势互补，是科技与经济结合、转化科技成果的主要途径。经济主管部门和科技主管部门要大力协同，采取有力的经济杠杆、政策措施和行政手段推进产学合作，发展多种形式的联合，如建立教学、科研、生产联合体，合办研究开发机构，联办科技企业；合作进行科技攻关、技术改造、技术推广，引进项目消化、吸收与创新；学校为产业界培训技术人员，转让技术成果，开展咨询服务，进行技术承包；产业界给学校提供资金和试验场所，为学生参加生产实习提供方便，等等。高等学校要鼓励教师和科技人员投身到工农业生产第一线，联系实际，增长才干，作出贡献。

实践证明，教学、科研、生产联合体是促进教育、科技与经济结合的有效形式之一，是贯彻教育与生产劳动相结合方针的一个有效途径，要在总结经验的基础上不断改进和提高。联合体可以是长期的，也可以在一段时间围绕某一个目标组建。办联合体要坚持自愿平等、风险共担、利益共享的原则，在协商一致的基础上签订合同或协议，明确各方的责权利与制约条件等有关事项。

搞好国营大中型企业不仅有重要经济意义，还有重要政治意义，高等学校要为之尽力，以人才和技术优势为企业发展服务。

五、积极参与高新技术开发区和科技园区建设，促进高新技术产业的发展

创办高新技术产业开发区和科技园区，是推动高新技术成果产业化、促进经济发展的一项重大战略措施。高等学校要发挥学科众多、智力密集、高水平专家集中、富有创新精神等优势，采取多种形式积极参与建设，向开发区和园区转移高新技术成果，自办或合办高新技术企业，输送和培养人才，为办好开发区和园区贡献力量。在统筹兼顾的前提下，高等学校要支持与组织教师和科技人员到开发区兴办科技企业。

为了更有组织地推动这项工作，高教主管部门可视实际情况，主动与有关政府部门联合，因地制宜地采取各种有效方式，共同组织高等学校参与。

国家教委与浙江省政府合作创建的杭嘉湖科技开发试验区，是在地方政府直接领导和有关部门的大力支持下，充分发挥高等学校和企业的积极性，加强产学结合，推动科技成果转化与推广应用，促进地区经济发展的新尝试，已开始取得明显效益。这是一种值得倡导的模式，应当继续办好，发挥示范作用。

六、鼓励高等学校根据自身的特点，有计划、有重点地兴办科技企业

校办科技企业是高等学校科技工作的延伸和发展。其目的主要是充分发挥高校的科技优势，促进科技成果尽快转化为现实生产力，同时也为培养人才创造有利条件，弥补部分办学经费的严重不足。它与社会上的一般企业有原则区别，应享受国发[1989]10号文规定的有关校办工厂税收优惠待遇。高校在开发区兴办科技企业，原则上应享受国发[1989]10号文关于校办工厂政策和国发[1991]12号文关于高新技术产业开发区政策的双重优惠。

校办科技企业要与学校发展重点、学科建设和人才培养工作相结合，办成教育、科技、生产三结合的基地，成为开发、生产和经营技术商品的经济实体，并力争对社会上相关产业的发展起带动或促进作用。有条件的高校要着重发展社会上企业难以开发的高技术产品，并力争进入国际市场。

校办科技企业要根据国家需要和学校的实际情况，统筹规划，有计划、有重点地逐步发展。首先办好一二个能体现本校科技优势、形成一定规模效益的科技企业。要讲求实效，注重综合效益。

主管部门和学校要给科技企业一定数量的人员编制，并配备能坚持社会主义方向、懂技术、善经营管理的带头人。在管理体制上，实行所有权和经营权分离的原则，进行现代化的科学管理。

七、创建一批工程研究中心和中试基地，提高科技成果的开发和转化能力

为强化实验室成果流向生产应用的中间环节，把技术开发得更加成熟，有必要利用高等学校已有的基础，择优选点，建立一批深化科技开发的基地，在一些重点领域，有计划地创建一批柔性基地，担负中试乃至小规模工业性试验任务。某些技术高度密集的领域，还要统筹规划布局，建设若干个进行工程基础研究、综合性关键技术开发和中间试验结合的工程研究中心。这些中心要面向行业开放，能不断推出新技术、新产品、新工艺，并及时向社会扩散。上述试验基地和中心，都应具备一定自我发展和自我扩散的能力，有的还可以兼办科技企业。

八、加强科学技术成果推广应用队伍的建设

为适应科技开发与成果推广工作的需要，应根据任务轻重给予一定数量的专职编制，建立一支政治业务素质好、结构比较合理、相对稳定的精干队伍。同时制定鼓励措施，动员教学和科研人员兼做推广应用工作。各高等学校要加强思想政治工作，关心和支持他们，以高度责任感，做好科技成果推广应用工作，为社会主义事业奉献力量。

从事开发和推广工作的人员，其专业技术职务要根据他们的工作特点评定，妥善解决相应的待遇，兼职从事开发与推广工作的人员，专业技术职务仍按原系列评定，但要适当考虑兼职工作的特点与贡献。科技成果的推广应用工作要有相应的鼓励政策。国家教委从1990年起，在科技进步奖中增设面向全国高等学校的科技成果推广应用奖。各校及主管部门可根据国家教委的有关规定，结合实际情况，自行确定相应的奖励政策和措施，以提高科技成果推广应用工作的地位和调动有关人员的积极性。

□中共中央宣传部、国家教委、共青团中央关于进一步组织高等学校青年师生学习马克思主义理论的通知

（1992年6月18日）

1989年下半年以来，高等学校一些青年师生中出现了认真学习马列主义、毛泽东著作和邓小平等老一辈无产阶级革命家著作的可喜现象，并形成了一定规模，涌现出一批先进典型，产生了积极的影响。但是总的来看，这项活动还处于刚刚起步的阶段，发展不平衡。为进一步推动高校青年师生学习马克思主义理论活动健康、深入、持久地开展下去，现将有关意见通知如下：

一、要充分认识青年师生学习马克思主义理论的重要意义。坚持用马列主义、毛泽东思想教育青年，不断提高他们的思想政治素质和理论水平，是加强高等学校党的建设和思想政治工作，培养面向21世纪、坚持党的基本路线的社会主义事业建设者和接班人的一项长期的根本性措施，对于抵御和平演变，坚持和发展社会主义现代化事业具有重大的战略意义。

二、要理论联系实际，重点解决立场、信念和人生观、价值观问题。高校青年师生学习马克思主义理论活动，要着眼于培养一支骨干队伍，并努力在他们中造就一批青年马克思主义者。要教育和引导青年师生在学习马列主义、毛泽东思想的过程中注重理论联系实际，通过学习和实践，帮助他们逐步掌握马克思主义的基本原理，了解这些原理在中国革命和建设实践特别是在改革开放实践中的丰富和发展，运用马克思主义的立场、观点、方法分析风云变幻的国际形势，全面准确地理解党的“一个中心，两个基本点”的基本路线，正确看待改革开放和现代化建设中遇到的新情况、新问题，指导自己的思想、学习、工作和生活，从理论上划清马克思主义与反马克思主义、社会主义与资本主义、科学社会主义与民主社会主义的本质界限，坚定社会主义信念，树立无产阶级世界观和全心全意为人民服务的人生观、价值观。

三、要组织青年师生认真精读原著，务求实效。学习马克思主义理论，要倡导青年师生扎扎实实地精读几本有代表性的马克思主义经典著作，特别要结合中国实际，学习《毛泽东选集》第二版、《邓小平文选》，以及其他老一辈无产阶级革命家的著作。可以把《马列著作青年读本》和《毛泽东邓小平著作青年读本》作为青年师生学习马克思主义理论的基本教材，辅以《马克思主义著作青年读本导读》。在学习内容的安排上，应将学习马克思主义著作与学习小平同志关于建设有中国特色的社会主义理论结合起来，与学习中共党史、党建理论和中国近现代史结合起来，与学习时事政策结合起来。学习要由浅入深，循序渐进，务求取得实效。

四、要制定学习规划，采取有力措施，狠抓落实。各高校要根据青年师生的实际，制定出学习马克思主义理论活动的规划，提出有

针对性的要求和达到要求的具体措施，并且要狠抓落实工作。要在发挥马克思主义理论课教学主渠道作用的同时，充分发挥课余马列学习小组、党章学习小组和高校党校（业余党校）、业余团校的作用。学生学习小组要以班级为依托，学生党组织、班级团支部和班主任、辅导员要共同加强组织和指导。要认真总结现有的马列或党章学习小组的经验，巩固和扩大学习骨干队伍，选派一批马克思主义理论水平较高又热心青年师生工作的马列主义理论课教师和政工干部加强对学习小组的学习辅导。要注意把学习马克思主义理论与在青年师生中发展党员工作结合起来。学习骨干的培训可采取集中办培训班的方式进行，可利用暑期组织他们走向社会，深入基层，为他们提供运用所学的基本原理去分析和解决实际问题的机会，使他们“受教育、长才干、做贡献”，在社会实践中得到锻炼和提高。学习小组的活动可以采取灵活多样的学习方式，使学习活动既生动活泼，又扎扎实实，切忌形式主义。

五、要加强对青年师生学习马克思主义理论活动的领导。各省（区、市）党委的宣传（教育）部门、教育行政部门和共青团组织要对学习活动发展趋势认真研究，从宏观上加强指导，并在政策导向上给予保证。高校的党、团组织要把这项活动列入工作日程，加强对各种学习组织的领导和管理，帮助他们解决教材、学习条件等一些实际问题，不断改进学习方法，提高学习效果，保证学习活动正常地开展。

要努力为青年师生学习马克思主义理论创造良好的舆论环境。要利用广播、报刊、宣传橱窗和讲坛等多种形式宣传青年师生学习马克思主义理论活动的情况、经验和效果。对那些学习活动搞得好的先进集体以及学习成效显著的先进个人要进行表彰。各地要定期对高校青年师生学习马克思主义理论活动进行检查和总结，召开经验交流会和表彰会，宣传和推广典型经验，把高校青年师生学习马克思主义理论的活动不断向前推进。

□国家教委、财政部、国家物价局关于进一步改革和完善普通高等学校收费制度的通知

（1992年6月23日）

1989年国家教委、财政部、国家物价局联合制定了《关于普通高等学校收取学杂费和住宿费的规定》。近三年的实践证明，高等教育收取适当的办学费用已为越来越多的人所理解和接受，对发展高教事业，鼓励学生努力学习都起到了积极的作用。

由于我国地域辽阔，各地经济发展很不平衡，全国制定统一的普通高等学校收费标准和办法，已不能适应改革开放的新形势和各地各校的具体情况，普通高等学校收费制度需要进一步改革和完善。为此，现作如下通知：

一、普通高等学校可根据本地区、本校和学科特点研究拟定学杂费、住宿费、委托培养费，函授、夜大学及短训班培训费等收费标准，并按行政隶属关系，地方所属普通高等学校报省（自治区、直辖市）人民政府批准；中央各部门所属普通高等学校报中央主管部门批准，抄报财政部、国家物价局备案。

二、普通高等学校、地方政府和中央主管部门，在研究制定收费标准时，一定要从学校办学的实际情况出发，根据全国和本地区的经济发展水平，大多数群众的经济收入水平和经济承受能力，实事求是，统筹考虑，制定

合理的收费标准。收费标准的制定,要区别办学质量的高低和同一地区同类型院校大体平衡的原则。

三、高考(含成人高考)报名考务费,大学英语四、六级考试费,研究生报名考务费等收费标准,由各省、自治区、直辖市教育行政部门研究制定,报同级财政、物价部门备案。

四、在进一步改革和完善普通高等学校收费制度和办法的同时,普通高等学校、地方政府和中央主管部门必须建立健全与之相配套的政策和措施。学校应大力组织学生参加校内勤工俭学活动,减轻学生的经济负担,鼓励学生勤奋学习。国家将研究改进现行奖学金和学生贷款的发放办法。

五、各项收费的使用管理,仍按有关规定执行。

六、1992 年学年度以前入学的在校学生,仍按照原规定收费标准执行。

七、本通知自下发之日起执行。过去凡与本通知相抵触的有关规定同时废止。

□中共中央办公厅、国务院办公厅关于转发中宣部、国家教委、共青团中央《关于广泛深入持久地开展高等学校学生社会实践活动的意见》的通知

(1992 年 6 月 25 日)

现将中宣部、国家教委、共青团中央《关于广泛深入持久地开展高等学校学生社会实践活动的意见》转发给你们,请认真贯彻执行。

培养社会主义事业的建设者和接班人,是全党、全社会共同承担的重大责任。社会实践活动是在新的历史条件下贯彻教育与生产劳动相结合的方针、加强教育实践环节的一条有效途径,对于帮助大学生深刻了解国情,增强改革开放意识,提高坚持党的基本路线的自觉性,走与实践相结合、与工农群众相结合的成长道路,提高全面素质尤其是思想政治素质具有重要的意义。大学生社会实践活动是社会主义高等教育的重要组成部分。各级党委、政府应从培养社会主义事业建设者和接班人的战略高度予以足够的重视,把社会实践活动列入议事日程,切实加强领导。企事业单位和农村要积极支持大学生社会实践活动,并提供必要的条件。要通过各方面的共同努力,使大学生社会实践活动形成制度,长期坚持下去。

中宣部、国家教委、共青团中央
关于广泛深入持久地开展高等学校学生
社会实践活动的意见

为了使高等学校学生社会实践活动广泛、深入、持久地开展下去,需要进一步提高认识,加强领导,形成制度,落实措施。为此,提出以下意见:

一、充分认识社会实践活动的重要意义

高等学校学生社会实践活动经过近十年的发展已逐步纳入教育计划,并日益受到社会各方面的重视。实践证明,社会实践活动是在新的历史条件下贯彻教育与生产劳动相结合的方针、加强教育的实践环节的有力措施,是推动青年学生走与实践相结合、与工农群众相结合道路的有效途径。它对于帮助学生了解国情,增进与工农的感情,加强与社会的联系,接受思想、政治、实践能力等多方面的实际锻炼,增强改革开放意识,提高坚持党的

基本路线的自觉性，培养全面素质，尤其是思想政治素质，具有重要作用。因此，要从长期坚持党的"一个中心，两个基本点"的基本路线，培养社会主义事业的建设者和接班人，造就改革开放生力军的战略高度，把社会实践活动作为我国社会主义高等教育不可缺少的重要组成部分，广泛、深入、持久地开展下去。

二、依靠地方各级党委、政府的领导，充分发挥各级党委宣传和教育工作部门、教育行政部门和共青团组织在社会实践活动中的作用

培养社会主义事业的建设者和接班人是全社会的共同责任。高等学校学生社会实践活动尤其需要得到全社会的大力支持。高等学校在假期只能组织一部分学生参加较集中的社会实践活动，多数学生要在回家度假期间就近就便参加社会实践活动。这都需要依靠地方各级党委、政府的领导，充分发挥各级党委宣传和教育工作部门、教育行政部门、共青团组织的作用，以保证社会实践活动广泛、深入、持久地开展。

省、地（市）、县（市）党委、政府要加强对本地区社会实践活动的领导；根据全国统一要求，从本地实际和大学生思想出发，组织本地区高校重点社会实践活动和回家度假的大学生的社会实践活动；接待有组织的大学生来本地开展社会实践活动。要把开展社会实践活动列入工作日程，领导同志应亲自过问。党委宣传部门和教育工作部门、教育行政部门、共青团组织应在党委和政府的统一领导下，负责组织和协调本地区的大学生社会实践活动。

各省、自治区、直辖市党委宣传和教育工作部门、教育行政部门、共青团组织应本着有利于开展社会实践活动、有利于地方和企业发展的原则，通过充分协商，征得地方和企业同意后，报请所属党委和政府批准，确定一批县（市）和大、中型企业作为社会实践基地。各大中城市及在校大学生人数较多的地（市）、县（市）党委和政府也应根据上述原则，确定一批区（县）、乡（镇）、村和企事业单位作为回家度假的大学生开展实践活动的基地。各高等学校应努力按照"双向受益"的原则，发挥学校的专业、学科的优势，主动同地方、企事业单位建立相对稳定的关系，建立本校教学、科研、社会实践相结合的活动基地。

大学生社会实践活动基地应当有比较充实的教育内容、较强的领导班子，配备具有一定的工作经验和较高的政治思想水平的工作人员。社会实践活动基地的主要任务是有计划地接待和安排有组织的大学生社会实践活动。地方党委和政府部门应加强协调，根据对学生进行教育的要求和各基地的接收能力，安排好活动计划。高校组织学生到非本校建立的社会实践活动基地开展实践活动，应提前与基地所在地方党委和政府有关部门联系，取得同意，安排好活动计划。全国性或跨省（自治区、直辖市）开展的社会实践活动，组织单位应事先与当地党委和政府有关部门联系。

三、切实把社会实践活动列入高等学校的教育计划

各高等学校要把社会实践活动列入教育计划。对学生参加社会实践活动要有整体规划和年度计划，并对不同年级学生提出不同的要求。今后每个本科生在校学习期间，利用课余时间参加社会实践活动的时间累计不能少于四周；研究生、大专生不能少于两周；文科学生还可以多些。学生参加社会实践活动应填写《社会实践活动登记表》，记录参加活动的时间、项目、成果等，并由接受单位填写意见。《社会实践活动登记表》载入学生本人档案。学校要考核学生参加社会实践活动的成绩，作为对学生进行考评，评定奖学金，评选"三好"学生、优秀学生干部、优秀团干部、优秀团员，推荐研究生和毕业分配的依据之一。

各高等学校要加强对社会实践活动的领导。党委书记和校长要研究社会实践活动问题。要成立由校领导牵头，学生工作、团委、教务等有关部门负责同志参加的社会实践活动领导小组，负责制定学校社会实践活动的规划和具体计划，及时研究、解决社会实践活动中的重要问题，开展好社会实践活动。各高等学校组织开展社会实践活动的情况，要作为评估高校工作的依据之一。

要充分发挥教师的作用。学校有组织的社会实践活动一般都应配备指导教师。指导教师的主要任务是做好学生的思想政治工作，同时进行必要的组织指导工作。教师参加指导学生社会实践活动同参与组织教学计划内的实习享受同等待遇，纳入教师晋升职务的考核内容。

四、多渠道解决社会实践活动经费

社会实践活动经费应根据勤俭节约的原则，通过国家、地方、学校、接受单位和学生个人等多渠道解决。

各高等学校要把社会实践活动经费列入预算，保证参加社会实践活动必需的开支。回家度假学生参加当地组织的社会实践活动，食宿一般自理；地方组织活动所需经费要列入预算。要鼓励学校和地方、企事业单位根据"互惠互利，双向受益"的原则开展社会实践活动，学校为地方和企事业单位提供科技文化服务，开展非学历人才培训活动等，地方和企事业单位为学校开展社会实践活动提供便利。同时，企业也要从全局出发，在不影响生产经营的前提下，积极支持并妥善安排社会实践活动。除少量具有独特教育作用的活动外，社会实践活动一般应就近就便安排。

五、精心指导社会实践活动

要按照"受教育、长才干、作贡献"的指导方针来组织社会实践活动，把思想政治教育放在首位。要结合活动对学生进行正确处理理论与实践、个人与人民群众关系的教育及阶级观点、劳动观点、群众观点和辩证唯物主义观点的教育。要根据思想政治教育的重点和学生的思想实际，有针对性地设计社会实践活动的内容和主题。要发挥革命纪念馆、革命历史纪念地进行革命传统教育的作用，激发学生爱国热情和民族自豪感。要让学生多参观考察一些在坚持改革开放方面取得成效的地方和单位，增强他们对社会主义现代化建设的信心和信念。要重视引导青年学生了解中国农村，从而真正认识我国国情。有条件的学校和专业，也可以把社会实践活动同学生的专业实习，同地方和企事业单位的"两个文明"建设结合起来，发挥学生的专业特长，为社会作力所能及的贡献，使学生在参与实际工作的过程中，既受到具体深刻的思想教育，又增长才干。

社会实践活动的形式应当适合学生特点。几年来的经验证明，社会考察、科技文化服务、救灾防疫、劳动锻炼、挂职锻炼等形式都是深受学生欢迎的形式，应当根据情况加以提倡，并不断探索新的形式。

要逐步使社会实践活动规范化。每学年放暑假前各高校都要对学生进行社会实践活动的目的、意义的教育，并提出要求，特别是要注意引导学生以自觉自愿和积极主动的态度参加社会实践活动，虚心向人民群众学习，正确分清社会现象中的主流和支流。学校组织的社会实践活动，要认真选择好实践地点，周密制定方案，认真实施，防止形式主义。对于回家度假的学生，学校应主动与地方或有关的大中型企业取得联系，通报学校对学生参加社会实践活动的要求和回家参加社会实践活动的学生名单。每年秋季开学初，学校应安排一定的时间，专门进行社会实践活动的总结表彰工作。中宣部、国家教委、团中央将定期对有影响的省级社会实践活动和社会实践先进单位，特别是对关心和做好接受工作的先进单位和地方党政部门进行表彰。

新闻单位应当加强对社会实践活动的宣传，除在假期进行较为集中的报道外，还应当经常宣传一些社会实践活动的典型经验和典型个人，刊登一些关于社会实践活动的理论文章，为社会实践活动创造更好的舆论环境。

以上意见，各中等专业技术学校可参照执行。

□高等学校实验室工作规程

（1992年6月27日国家教育委员会发布）

第一章 总 则

第一条 为了加强高等学校实验室的建设和管理，保障学校的教育质量和科学研究水平，提高办学效益，特制定本规程。

第二条 高等学校实验室（包括各种操作、训练室），是隶属学校或依托学校管理，从事实验教学或科学研究、生产实验、技术开发的教学或科研实体。

第三条 高等学校的实验室，必须努力贯彻国家的教育方针，保证完成实验教学任务，不断提高实验教学水平；根据需要与可能，积极开展科学研究、生产试验和技术开发工作，为经济建设与社会发展服务。

第四条 实验室的建设，要从实际出发，统筹规划，合理设置。要做到建筑设施、仪器设备、技术队伍与科学管理协调发展，提高投资效益。

第二章 任 务

第五条 根据学校教学计划承担实验教学任务。实验室要完善实验指导书、实验教材等教学资料，安排实验指导人员，保证完成实验教学任务。

第六条 努力提高教学质量。实验室应当吸收科学和教学的新成果，更新实验内容，改革教学方法，通过实验培养学生理论联系实际的学风，严谨的科学态度和分析问题、解决问题的能力。

第七条 根据承担的科研任务，积极开展科学实验工作。努力提高实验技术，完善技术条件和工作环境，以保障高效率、高水平地完成科学实验任务。

第八条 实验室在保证完成教学或科研任务的前提下，积极开展社会服务和技术开发，开展学术、技术交流活动。

第九条 完成仪器设备的管理、维修、计量及标定工作，使仪器设备经常处于完好状态。开展实验装置的研究和自制工作。

第十条 严格执行实验室工作的各项规范，加强对工作人员的培训和管理。

第三章 建 设

第十一条 高等学校实验室的设置，应当具备以下基本条件：

（一）有稳定的学科发展方向和饱满的实验教学或科研、技术开发等项任务；

（二）有符合实验技术工作要求的房舍、设施及环境；

（三）有足够数量、配套的仪器设备；

（四）有合格的实验室主任和一定数量的专职工作人员；

（五）有科学的工作规范和完善的管理制度。

第十二条 实验室建设、调整与撤销，必须经学校正式批准。依托在高等学校中的部门开放实验室、国家重点实验室的建设、调整与撤销，要经过学校的上级主管部门批准。

第十三条　实验室的建设与发展规划，要纳入学校及事业总体发展规划，要考虑环境、设施、仪器设备、人员结构、经费投入等综合配套因素，按照立项、论证、实施、监督、竣工、验收、效益考核等“项目管理”办法的程序，由学校或上级主管部门统一归口，全面规划。

第十四条　实验室的建设要按计划进行。其中，房舍、设施及大型设备要依据规划的方案纳入学校基本建设计划；一般仪器设备和运行、维修费要纳入学校财务计划；工作人员的配备与结构调整要纳入学校人事计划。

第十五条　实验室建设经费，要采取多渠道集资的办法。要从教育事业费、基建费、科研费、计划外收入、各种基金中划出一定比例用于实验室建设。凡利用实验室进行有偿服务的，都要将收入的一部分用于实验室建设。

第十六条　有条件的高等学校要积极申请筹建开放型的国家重点实验室、重点学科实验室或工程研究中心等实验室，以适应高科技发展和高层次人才培养的需要。

第十七条　高等学校应通过校际间联合，共同筹建专业实验室或中心实验室。也可以同厂矿企业、科研单位联合，或引进外资，利用国外先进技术设备，建立对外开放的实验室。

第十八条　凡具备法人条件的高等学校实验室，经有关部门的批准，可取得法人资格。

第四章　体　　制

第十九条　高等学校实验室工作，由国家教育委员会归口管理。省、自治区、直辖市、国务院有关部委的教育主管部门负责本地区或本系统高等学校实验室工作。

第二十条　高等学校应有一名校(院)长主管全校实验室工作，并建立或确定主管实验室工作的行政机构(处、科)。该机构的主要职责是：

(一)贯彻执行国家有关的方针、政策和法令，结合实验室工作的实际，拟定本规程的实施办法；

(二)检查督促各实验室完成各项工作任务；

(三)组织制定和实施实验室建设规划和年度计划，归口拟定并审查仪器设备配备方案，负责分配实验室建设和仪器设备运行经费，并进行投资效益评估；

(四)完善实验室管理制度。包括：实验教学、科研、社会服务情况的审核评估制度；实验室工作人员的任用、管理制度；实验室在用物资的管理制度；经费使用制度等；

(五)主管实验室仪器设备、材料等物资，提高其使用效益；

(六)主管实验室队伍建设。与人事部门一起做好实验室人员定编、岗位培训、考核、奖惩、晋级及职务评聘工作。

规模较大的高校，系一级也可设立相应的实验室管理岗位或机构。

第二十一条　高等学校实验室逐步实行以校、系管理为主的二级管理体制。规模较大、师资与技术力量较强的高校，也可实行校、系、教研室三级管理。

第二十二条　实验室实行主任负责制。高等学校实验室主任负责实验室的全面工作。

第二十三条　高等学校可根据需要设立实验室工作委员会，由主管校长，有关部门行政负责人和学术、技术、管理等方面的专家组成。对实验室建设、高档仪器设备布局及科学管理、人员培训等重大问题进行研究、咨询，提出建议。

第五章　管　　理

第二十四条　实验室要做好工作环境管理和劳动保护工作。要针对高温、低温、辐射、病菌、噪声、毒性、激光、粉尘、超净等对人体有害的环境，切实加强实验室环境的监督和劳动保护工作。凡经技术安全和环境保护部门检查认定不合格的实验室，要停止使用，限期进行技术改造，落实管理工作。待重新通过检查合格后，才能投入使用。

第二十五条　实验室要严格遵守国务院颁发的《化学危险品安全管理条例》及《中华人民共和国保守国家秘密法》等有关安全保密的法规和制度，定期检查防火、防爆、防盗、防事故等方面安全措施的落实情况。要经常对师生开展安全保密教育，切实保障人身和财产安全。

第二十六条　实验室要严格遵守国家环境保护工作的有关规定，不随意排放废气、废水、废物，不得污染环境。

第二十七条　实验室仪器设备和材料、低值易耗品等物资的管理，按照《高等学校仪器设备管理办法》、《高等学校材料、低值易耗品管理办法》、《高等学校物资工作的若干规定》等有关法规、规章执行。

第二十八条　实验室所需要的实验动物，要按照国家科委发布的《实验动物管理条例》，以及各地实验动物管理委员会的具体规定，进行饲育、管理、检疫和使用。

第二十九条　重点高等学校综合性开放的分析测试中心等检测实验室，凡对外出具公证数据的，都要依照国家教委及国家技术监督局的规定，进行计量认证。计量认证工作先按高校隶属关系由上级主管部门组织对实验室验收合格后，部委所属院校的实验室，由国家教委与国家技术监督局组织进行计量认证；地方院校的实验室，由各地省级政府高校主管部门与计量行政部门负责计量认证。

第三十条　实验室要建立和健全岗位责任制。要定期对实验室工作人员的工作量和水平进行考核。

第三十一条　实验室要进行科学管理，完善各项管理规章制度。要采用计算机等现代化手段，对实验室的工作、人员、物资、经费、环境状态等信息进行记录、统计和分析，及时为学校或上级主管部门提供实验室情况的准确数据。

第三十二条　要逐步建立高等学校实验室的评估制度。高等学校的各主管部门，可以按照实验室基本条件、实验室管理水平、实验室效益、实验室特色等方面的要求制定评估指标体系细则，对高等学校的实验室开展评估工作。评估结果作为确定各高等学校办学条件和水平的重要因素。

第六章　人　　员

第三十三条　实验室主任要由具有较高的思想政治觉悟，有一定的专业理论修养，有实验教学或科研工作经验，组织管理能力较强的相应专业的讲师（或工程师）以上人员担任。学校、系一级以及基础课的实验室，要由相应专业的副教授（或高级工程师）以上的人员担任。

第三十四条　高等学校的实验室主任、副主任均由学校聘任或任命；国家、部门或地区的实验室、实验中心的主任、副主任，由上级主管部门聘任或任命。

第三十五条　实验室主任的主要职责是：

（一）负责编制实验室建设规划和计划，并组织实施和检查执行情况；

（二）领导并组织完成本规程第二章规定的实验室工作任务；

（三）搞好实验室的科学管理，贯彻、实施

有关规章制度；

（四）领导本室各类人员的工作，制定岗位责任制，负责对本室专职实验室工作人员的培训及考核工作；

（五）负责本室精神文明建设，抓好工作人员和学生思想政治教育；

（六）定期检查、总结实验室工作，开展评比活动等。

第三十六条 高等学校实验室工作人员包括：从事实验室工作的教师、研究人员、工程技术人员、实验技术人员、管理人员和工人。各类人员要有明确的职责分工。要各司其职，同时要做到团结协作，积极完成各项任务。

第三十七条 实验室工程技术人员与实验技术人员的编制，要参照在校学生数，不同类型学校实验教学、科研工作量及实验室仪器设备状况，合理折算后确定。有条件的学校可以试行流动编制。

第三十八条 对于在实验室中从事有害健康工种的工作人员，可参照国家教委（88）教备局字008号文件《高等学校从事有害健康工种人员营养保健等级和标准的暂行规定》，在严格考勤记录制度的基础上享受保健待遇。

第三十九条 实验室工作人员的岗位职责，由实验室主任根据学校的工作目标，按照国家对不同专业技术干部和工人职责的有关条例规定及实施细则具体确定。

第四十条 实验室各类人员的职务聘任、级别晋升工作，根据实验室的工作特点和本人的工作实绩，按照国家和学校的有关规定执行。

第四十一条 高等学校要定期开展实验室工作的检查、评比活动。对成绩显著的集体和个人要进行表彰和鼓励，对违章失职或因工作不负责任造成损失者，进行批评教育或行政处分，直至追究法律责任。

第七章 附 则

第四十二条 各高等学校要根据本规程，结合本校实际情况，制定各项具体实施办法。

第四十三条 本规程自发布之日起执行。教育部1983年12月15日印发的《高等学校实验室工作暂行条例》即行失效。

□关于国家教委直属高校内部管理体制改革的若干意见

（1992年8月21日国家教育委员会发布）

为全面贯彻党的教育方针，深化高校综合改革，推动学校办学的整体水平再上一个新台阶，适应国家经济和社会发展的需要，国家教委直属高校要积极稳妥地推行校内管理体制改革。

一、改革的指导思想和目的

1. 校内管理体制改革的指导思想是在党的基本路线指引下，逐步建立和完善学校能主动适应国家经济和社会发展的学校内部管理体制和运行机制，积极探索建设有中国特色的社会主义大学的路子。

2. 校内管理体制改革是学校综合改革的重要组成部分，应充分运用正确的政策导向、思想教育和物质激励手段，最大限度地调动广大教职工的积极性。通过深化改革，调整结构，转换机制，优化队伍，增强活力，改善办学条件和教职工待遇，达到不断提高教育质量、科研水平和办学效益的目的。

二、改革的基本思路

3. 逐步理顺学校内部的管理体制，依据学校教学、科研、科技开发、后勤服务等方面所承担任务和工作性质的不同，建立不同的管理体制和运行机制。学校以教学、科研为主，要进一步完善事业化的管理体制；学校的校办产业则应以生产经营为主，实行企业化管理；学校的后勤及部分直属单位应以服务于学校的中心工作为自己的重要职能，推行事业单位企业化管理，有条件的要逐步转向社会化。

4. 进行校内管理体制改革要依据学校事业发展的实际需要，调整学校队伍的整体结构，实行人员的合理分流。学校要建立一支精干优化的教学、科研和管理的骨干队伍，保证学校教学、科研任务的完成。同时通过调整队伍结构，加强校办产业、科技开发和后勤服务等系统的队伍建设，充分发挥高等学校多功能的作用，增强自我发展能力，不断提高学校的整体办学水平。

5. 校内管理体制改革，要有利于不断改善办学条件和提高教职工的生活待遇。直属高校应争取在今后几年内，通过国家教师工资制度改革和校内管理体制改革，使学校教职工的实际收入和生活条件能达到或超过当地全民所有制职工的中上水平，创造一个良好的办学环境，努力使教师能集中精力教书育人，不断提高教学质量和科研水平。

6. 校内管理体制改革是学校人事、分配、住房、医疗、退休保险制度诸方面改革相互制约、相互启动的系统工程。当前，以人事、分配制度改革为重点，与其它几方面改革统筹考虑，配套实施，充分调动学校各方面人员的积极性，挖掘潜力，增强活力。

三、校内人事制度改革

7. 学校要实行多种形式的用人制度，逐步建立固定编制与流动编制、事业编制与企业编制相结合的用人制度，实现校内人才资源的合理配置，逐步减少固定编制和事业编制，形成有效的自我发展和自我约束的机制，不断提高工作效率和办学效益。

8. 确保建设一支相对稳定、具有较高水平的办学骨干队伍。学校要加强学科带头人、教学骨干和后备干部队伍的建设，注重中青年教师、干部的选拔和培养。要积极推行研究生兼任助教、助研、助管制度，逐步形成一支骨干人员相对稳定、其他人员相对流动、结构趋向合理、充满生机和活力的队伍。

9. 学校专业技术职务的评聘是校内人事制度改革的一个重要方面。学校要依据事业发展和队伍建设的实际需要，完善教师及各类专业技术职务的岗位设置和职务评聘工作，以平等竞争、按需择优的原则聘任上岗，逐步形成竞争、激励的机制。

10. 学校校办产业、后勤服务的人员实行企业化的合同聘任制。任期或合同期限可依据实际需要采取定期、不定期以及完成单项任务为期限等多种形式，其受聘人员待遇同经济效益挂钩。

11. 在定编、定岗、定职责的基础上，推行目标管理和岗位责任制，建立和完善考核评估制度。对校内单位和个人要进行定期评估、考核，实行民主评议与领导考核相结合、定性考核与定量考核相结合的考评办法。考评结果作为评估单位工作业绩和各类人员的聘任、职务晋升、工资晋级的依据。对未受聘人员，要根据不同情况妥善安置，其工资和待遇要随岗位变动。

四、校内分配制度改革

12. 在国家进行工资制度改革和逐步提高工资水平的同时，建立校内津贴制度。逐步理顺教职工实际收入的结构，规范奖酬金的发放，要把一部分隐性收入转到明处，逐步形成适应高校特点的国家工资和校内津贴双轨运行的校内分配模式。

13. 校内分配要贯彻按劳分配原则，以不同岗位所要求的业务水平、工作能力和承担责任大小等要素为基础，依据个人实际业绩及对国家、学校的贡献进行分配，拉开差距，强化分配的激励机制，充分发挥工资和校内津贴的使用效益。

14. 校内分配的主体应该是学校，要妥善处理好校、系两级筹资、分配的关系。校内津贴提高的幅度要因地因校而异，可以随学校财力增减而浮动，要留有余地，保持能长期稳定地增长。

五、校内住房、医疗、退休保险制度的改革

15. 改革现行的住房制度，逐步改善现有教职工的住房条件，建立由国家、集体、个人相结合筹建住房的新机制。学校应参照所在省、市政府房改政策，结合学校实际情况制定校内房改实施方案。要调整校内住房分配的政策导向，住房条件的改善要向对国家、学校做出突出贡献的教职工倾斜，扩大奖励分房的比例。

16. 改革公费医疗制度，变暗补为明补，由国家、集体、个人三者合理负担。学校要建立由国家公费医疗定额补助、学校自筹和集体福利经费构成的校内公费医疗基金，逐步提高学校对教职工的医疗保健能力。

17. 建立校内退休养老保险基金，逐步形成学校补充保险和个人储蓄性保险相结合的校内退休保险体系。加强对退休保险基金的管理，确保基金的保值、增值，随着退休保险社会化程度的提高，学校应积极创造条件，逐步向社会化过渡。

六、学校内部管理的权限

18. 国家教委直属高校是由国家教委直接管理的教育实体，具有法人地位。学校应以国家赋予的权力，有效地管理学校内部事务，同时也要承担相应的义务和责任。国家教委有关职能部门不对学校自主办学权范围内的事务进行行政干预。

19. 除中央和国务院明确规定学校必设的机构外，学校有权依据实际需要确定校内机构的设置及其人员的配备，可不参照主管部门对口设置校内机构。

20. 学校有权依据校内各方面承担的任务和工作性质的不同，选择不同的用人制度和管理体制。有权在国家核定的编制总数内，确定校内各类人员构成比例，可在选留毕业生的五年规划内，调剂各年度选留毕业生的人数。

21. 学校有权依据教学、科研任务和师资队伍建设的需要，设置和调整专业技术职务岗位，有权依据有关规定自主进行专业技术职务评聘工作。

22. 学校在执行国家工资法规和实行工资总额包干的前提下，有权确定适合本校实际的校内分配办法和津贴标准。在国家核定的工资总额内，因精简人员提高效益而结余的工资总额，可与学校自有基金合并用于提高校内津贴标准，用于校内津贴部分不计作奖金。

23. 学校有权拒绝任何机关和单位向学校摊派人力、物力、财力。除国家法律、法规另有规定外，任何机关和单位以任何方式要求学校提供人力、物力、财力的，均属于摊派。

24. 直属高校在自主办学中凡属扩大国家指令性规模、需要社会外部环境配套、依靠增加国家投入方可解决的问题，其权力仍归国家教委。

七、改革工作的领导和实施

25. 进行校内管理体制改革的学校应具备坚强的领导核心，党政领导干部和教职工对改革应具有共识，并具备相应的物质条件。改革要取得学校所在省、市人民政府的领导和支持。

26. 校内管理体制改革要同学校深化教育改革结合进行，形成相互配合、相互促进的格局。要制定学校改革的总体方案,统筹规划,分步到位。改革要瞻前顾后,要充分体现尊重知识,尊重人才的精神,既要注意保证各项改革政策的稳定性和连续性,又要鼓励从实际出发,大胆探索,积极试验。

27. 加强党对校内管理体制改革的领导,改革的重大措施由学校党委和校长集体讨论决策,校长组织行政部门实施。党委要把握改革方向,多做调查研究,并有针对性地开展思想政治工作。学校要重视发挥教职工代表大会的作用,发动群众积极参与改革,在改革实施过程中,要注意建立健全审议、监督制度,保证改革预期目标的实现。

28. 直属高校校内管理体制改革的方案,报国家教委备案,同时抄报学校所在省、市人民政府。在实施过程中遇到有关超出学校管理权限的问题,应采取一事一报的方式,由国家教委审批。

□关于国家教委直属高校深化改革,扩大办学自主权的若干意见

(1992年8月21日国家教育委员会发布)

随着我国经济体制改革的深化,高等教育体制也必须进行相应的改革。改革的重要方面是理顺政府与学校之间的关系,转变政府职能,扩大学校办学自主权,逐步确立高等学校的法人地位,进一步明确学校的权利和义务、利益和责任,以利于增强学校办学活力,主动适应和服务于国家经济建设和社会发展需要。现根据国务院1986年发布的《高等教育管理职责暂行规定》中确定的高校管理权限,结合当前委属高等学校的实际,提出国家教委直属高校深化改革,扩大办学自主权的意见。

一、学校可根据学科发展和社会需要的变化,在学校现设置的本、专科专业内确定与调整专业方向;在学校现有学科范围和核定的专业总数内,可依据国家教委制定的高校专业目录设置、调整本科专业;设置、调整与学校现有本科专业相近的专科专业。专业变动报国家教委备案。

二、学校可适当增加调节性的招生计划,可在年度本、专科招生计划总数的25%以内,招收委托培养和自费生,委培生和自费生比例可打通使用。国家教委不因此减少事业经费拨款。

三、学校在办学条件允许的前提下,可依据经济建设和社会发展需要,在国家教委核定的学校年度本、专科招生计划总数的基础上增招5%的委托培养和自费生,增招自费生需征得地方同意。学校可接受地方划转的本专科委托培养招生计划,为地方培养急需人才。

四、在年度研究生招生计划数内,学校可根据实际情况调整在职研究生、定向研究生的比例;学校在办学条件允许的前提下,可依据社会需要,适当招收符合国家录取标准的计划外委托培养、学校自筹经费研究生和自费研究生,国家不负责安排工作。

五、学校可依据国家经济建设和社会发展需求,在不增加国家事业编制和科学事业费的前提下,根据学校所承担的科研任务,自行确定和调整校内科研机构和专职科研编制,创办科技产业实体。学校可用国家教委下拨的部分科学事业费自行确定科研课题。

六、学校可依据社会需要举办多种形式和层次的继续教育及岗位培训等非学历教育;成人高等学历教育在办学条件允许和适当提高录取标准的前提下,可在年度招生计划数的20%以内增加计划外招生人数。

七、在基建投资总额包干的前提下,经国

家教委批准授权，学校可以根据批准的设计任务书自行审定生活用房及部分教学用房的设计文件。学校可利用自筹资金适当调整建房标准，有条件的学校可利用贷款解决某些基建项目的急需。

八、学校可根据办学的实际需要和所在地经济发展与群众收入水平的情况，提出年度学杂费、委培生、自费生等收费的标准，报国家教委核批。

九、学校按照"包干使用，超支不补，结余留用，自求平衡"的经费预算管理原则以及有关法规，自主统筹安排使用学校的预算内事业经费和预算外经费。

十、学校在执行国家工资法规和实行工资总额包干的前提下，有权确定适合本校实际的校内分配办法和津贴标准。在国家核定的工资总额内，因精简人员提高效益而结余的工资总额，可同学校自有资金合并用于提高校内津贴标准，用于校内津贴部分不计作奖金。

十一、学校有权依据校内各方面承担的任务和工作性质不同，选择不同的用人制度和管理体制。有权在国家核定的编制总数内，确定校内各类人员的构成比例。在国家不增加投入的前提下，学校可根据事业发展的需要，增设部分流动编制，根据校办产业发展的需要，设立企业编制。

十二、学校有权依据教学、科研任务和师资队伍建设的需要，设置和调整专业技术职务岗位，有权依据有关规定自主进行专业技术职务评聘工作。有教授审定权的学校可自主聘请名誉教授，并报国家教委备案。

十三、除中央和国务院明确规定的必设机构外，学校有权依据实际需要确定校内机构的设置及其人员的配备，可不参照主管部门对口设置校内机构。

十四、学校可按有关规定，提名并考察副校长人选，报国家教委批准任免。学校有权任免副校级以下干部。

十五、学校可根据国家教委的委托和有关规定，由党委书记和校长代行审批出国留学人员；代行审批副校长以下出国进行合作科研、参加国际会议以及校际交流等活动的人员；代行审批来华讲学的外籍人员。

十六、在国家分配下达的来华留学生经费及来华留学生计划指标内，学校可直接录取来华留学生；在办学条件允许的前提下，可直接招收录取自费来华留学生，并规定其学费标准。

在扩大委直属高校办学自主权的同时，学校要转变观念和做法，充分发挥主动性和创造性，实现权限与职责的统一，学校要建立健全校内管理的规章制度和审议、监督、考核、评估制度，形成自我发展和自我约束的良性循环机制。在实施扩大办学自主权的过程中，学校要积极主动争取当地政府的领导和支持，注意与社会其他方面的改革相互协调，逐步形成国家宏观管理和高校自主办学相结合的运行机制，促使学校的教育质量、科研水平和办学的整体水平再上新台阶。

□普通高等医学院校临床教学基地管理暂行规定

(1992年11月15日国家教育委员会、卫生部、国家中医药管理局发布)

第一章　总　　则

第一条　为建设并管理好各种临床教学基地，特制订本暂行规定。

第二条　临床教学基地分附属医院、教学医院和实习医院三种类型。

第三条　承担一定教学任务是各级各类

医疗单位的职责和应尽的义务。

第二章 附属医院

第四条 高等医学院校的附属医院(以下简称“附属医院”)是学校的组成部分。承担临床教学是附属医院的基本任务之一。附属医院的设置、规模、结构及其工作水平,是对高等医学院校进行条件评估的重要依据之一。

第五条 附属医院的主要教学任务是临床理论教学、临床见习、临床实习、毕业实习。

第六条 附属医院应具备的基本条件是:

1. 综合性附属医院应有500张以上病床(中医院应有300张以上病床),科室设置应该齐全,其中内、外(中医含骨伤科)、妇、儿病床要占病床总数的70%以上。口腔专科医院应有80张以上病床和100台以上牙科治疗椅。

2. 具有本、专科毕业学历的医师占医师总数的95%以上,其中具有正、副高级职称的人员占25%以上。

3. 应具有必要的临床教学环境和教学建筑面积,包括教学诊室、教室、示教室、学生值班室、学生宿舍和食堂等。

按全国医院分级标准,本科院校的附属医院应达到三级甲等水平,专科学校的附属医院应达到二级甲等以上水平。

第七条 附属医院病床总数应不低于在校学生人数与病床数1∶0.5的比例。

附属医院的医疗卫生编制按病床数与职工1∶1.7的比例配给。学校按教职工与学生1∶6—7的比例配置附属医院教学编制。

第八条 附属医院应保证对教学病种的需要,内、外、妇、儿各病房(区)应设2—4张教学病床,专门收治教学需要病种病人;在不影响危重病人住院治疗的前提下,尽可能调整病房中的病种,多收容一些适合教学的患者住院治疗。

第三章 教学医院

第九条 高等医学院校的教学医院(以下简称“教学医院”)是指经卫生部、国家中医药管理局和国家教育委员会备案的,与高等医学院校建立稳定教学协作关系的地方、部门、工矿、部队所属的综合医院或专科医院,承担高等医学院校的部分临床理论教学、临床见习、临床实习和毕业实习任务。

第十条 教学医院应具备的基本条件是:

1. 综合性教学医院应有500张以上病床(中医院应有300张以上病床),内、外、妇、儿各科室设置齐全,并有能适应教学需要的医技科室。专科性教学医院应具备适应教学需要的床位、设备和相应的医技科室。

2. 有一支较强的兼职教师队伍,具有本、专科毕业学历的医师占医师总数的70%以上。有适应教学需要的、医德医风良好、学术水平较高的学科带头人和一定数量的技术骨干,包括承担临床课理论教学任务的具有相当于讲师以上水平的人员,直接指导临床见习的总住院医师或主治医师以上人员,直接指导毕业实习的住院医师以上人员。

3. 应具有必要的教室、阅览室、图书资料、食宿等教学和生活条件。

按照全国医院分级标准,教学医院应达到三级医院水平。

第十一条 教学医院的教师应能胜任临床课讲授、指导实习、进行教学查房、修改学生书写的病历、组织病案讨论、考核等工作,并结合临床教学开展教学方法和医学教育研究。

第四章　实习医院

第十二条　高等医学院校的实习医院(以下简称"实习医院")是学生临床见习、临床实习、毕业实习和接受医药卫生国情教育的重要基地。

实习医院是经学校与医院商定，与高等医学院校建立稳定教学协作关系的地方、部门、工矿、部队所属的医院，承担高等医学院校的部分学生临床见习、临床实习和毕业实习任务。

实习医院由学校分别向学校主管部门和医院主管部门备案。

第十三条　实习医院应具备的基本条件是：

1. 综合性实习医院一般应内、外、妇、儿各科设备齐全，并有能适应各种实习需要的医技科室。专科性实习医院要具备适应学生实习所必需的床位、设备和相应的医技科室。

2. 有一支较强的卫生技术队伍，有一定数量的适应教学需要的技术骨干，能保证直接指导毕业实习的住院医师以上人员。进修医生不宜承担临床带教任务。

3. 具备必要的图书资料、食宿等教学和学生生活条件。

第十四条　实习医院的教师应能胜任指导毕业实习、进行教学查房、修改学生书写的病历、组织病案讨论等工作。

第五章　管　　理

第十五条　附属医院、教学医院和实习医院(以下简称"三类医院")必须坚持教书育人，培养学生具有良好的医德医风；坚持理论联系实际，重视医疗卫生的预防观念和群体观念教育，确保教学质量。

三类医院均必须执行国家有关部门颁发的《全国医院工作条例》，加强领导，不断提高医疗、护理水平。

三类医院中承担教学的医务人员应在品德修养、医德医风、钻研业务、尊重同道、团结协作诸方面做学生的表率。

第十六条　附属医院直属于高等医学院校领导与管理，完成教学任务；同时，接受卫生行政部门的医疗卫生方面的业务指导。

第十七条　附属医院数量不足的高等医学院校，各有关部、委、省、自治区、直辖市应根据具体情况，新建、划拨改建、或在不改变原有领导体制及经费渠道的情况下，选择一部分条件及水平较好的教学医院划为附属医院。

对目前尚未达到标准条件的附属医院，学校主管部门应与当地卫生行政部门及有关部门共同协商，予以充实完善，限期改进，或进行调整。

第十八条　附属医院的卫生事业经费(包括经常费、基建费、设备费、维修费等)由学校的主管部、委或学校所属的省、自治区、直辖市的卫生主管部门下拨，并由卫生主管部门负责解决附属医院建设和发展所需的投资。

附属医院的一般教学仪器设备和按接纳每名学生 8—10 平方米核算的教学用建筑面积，由学校主管部门解决。

第十九条　附属医院一般应实行系、院合一的管理体制。临床医学系(院)的主任(院长)、副主任(副院长)应兼任附属医院的院长、副院长，并由学校任命。附属医院应设有专门的教学管理处、室，并配备足够数量的专职教学管理干部；医学院校的临床各科及医技各科教研室应设置在附属医院内，各教研室主任兼任临床科室或医技科室主任。

第二十条　附属医院可根据教学情况，为具有各级医疗卫生职称的人员评定或报请相应的教学职称。

第二十一条 非高等医学院校直接领导的附属医院，教学机构的设置、教学管理、职称评定等，参照附属医院领导与管理的有关规定执行。

第二十二条 被批准为教学医院和实习医院的各医院，原隶属关系不变，医疗卫生、科研任务不变。

各省、自治区、直辖市教育、卫生行政部门要扶持教学医院和实习医院的建设，并监督和检查教学医院和实习医院的教学质量和教学管理工作。

第二十三条 教学医院和实习医院应有一名院领导负责教学工作，并设立教学管理机构，配备专职及兼职教学管理、学生思想政治教育和生活管理的人员。

第二十四条 被批准的教学医院和实习医院，张挂教学医院或实习医院院牌，并可在国内外的交流中使用此称号。

教学医院和实习医院可根据国家有关文件规定，与学校主管部门协商，优先选留优秀毕业生。

教学医院享有国家政策给予的在人员编制、经费补贴、师资培养和经学校办理教学设备免税进口等方面的优惠待遇。

第二十五条 教学医院和实习医院应把教学工作列入医院人员考核的重要内容；医院的收入，应有一定比例用于教学及教学管理人员的教学补贴。

学校对教学医院中承担教学任务的教师，应根据应聘期间的教学能力及临床教学的情况，评审及晋升其兼职教学职称。

教学医院和实习医院的教学人员，享有在高等医学院校借阅图书资料、进行科研协作和参加各种学术活动的权利；可参与高等医学院校有关科室组织的教材与实习指导的编写工作，享有评定优秀教师、获得有关教材和教学资料的权利；教学医院的教师可享有教学休假。

第二十六条 高等医学院校的上级主管部门，应定期拨给学校专项实习经费，以教学补贴费的形式统筹拨发教学医院，用以购置一般常用教学仪器、设备。学校按标准向教学医院、实习医院支付学生实习经费。

高等医学院校对教学医院和实习医院的教学工作应加强管理、指导、监督和检查。

高等医学院校有责任通过多种形式对教学医院和实习医院进行人员培训、教学和医疗指导，安排专题讲座、示范性教学查房和教学交流活动，帮助教学医院和实习医院切实提高教学和医疗水平。

第二十七条 教学医院和实习医院在基本建设中，应修建必要的教学专门用房(教学医院按每生 4 平方米、实习医院按每生 2.5 平方米核算)，所需经费主要由高等医学院校的上级主管部门拨款解决，同时教学医院或实习医院的上级主管部门应给予适当的投入。教学医院和实习医院的教学、学生生活用房只能为教学专用。

现有教学用建筑面积不足者，应设法予以补足。

第六章 三类医院的审定认可

第二十八条 国家教育委员会、卫生部、国家中医药管理局联合公布《全国高等医学院校附属医院名册》、《全国高等医学院校教学医院名册》。

第二十九条 各省、自治区、直辖市教委、高教局、教育厅(局)、卫生厅(局)、中医药管理局联合组成本省、自治区、直辖市高等医学院校附属医院和教学医院审定工作组。有关部委参加其所辖高等学校所在地的工作组。工作组的职责是：

1. 负责所辖高等医学院校附属医院和教学医院管理的协调工作，指导附属医院、教学医院和实习医院的发展建设；

2．审定位于本省、自治区、直辖市内高等医学院校附属医院并报国家教育委员会备案，同时按医院类别抄报卫生部或国家中医药管理局；

3．负责位于本省、自治区、直辖市内高等医学院校教学医院的审定工作，将审定意见及有关资料按医院类别报卫生部、国家中医药管理局备案，同时抄报国家教育委员会。

第三十条　申报教学医院应与协作的高等医学院校先签署正式协议，待履行审定、备案手续后执行。解除协议亦要履行同样手续。

第七章　附　　则

第三十一条　本规定主要适用于临床医学类、口腔医学类、中医学类各专业，原则适用于医科类其它专业的临床实习基地的管理工作。

高等医学院校与基层医疗卫生机构协作建立的预防医学实习和社会实践基地的建设和管理，可参照本规定有关精神，由高等医学院校与当地卫生行政部门协商解决。

预防医学类、法医学类、药学类等专业实习基地的建设和管理亦可参照本规定的原则执行。

第三十二条　本规定所列临床见习，指临床课程讲授过程中，以达到理论与实践相结合为主要目的的临床观察与初步操作实践，包括现有的课间见习及集中见习等教学形式；毕业实习指以培养临床医师为目的的各专业，在毕业前集中进行的具有岗前培训性质的专业实习；临床实习指专业实习以外的与专业培养目标密切相关的、集中的临床实践教学，适用于基础医学类、预防医学类、法医学类专业及医学影像学、医学检验、医学营养学、麻醉学、护理学、妇幼卫生等专业。

第三十三条　本规定由国家教育委员会负责解释。

第三十四条　本规定自发布之日起执行。

职业技术教育部分

□职业高级中学学生学籍管理暂行规定

（1992年3月12日国家教育委员会发布）

第一章　总　　则

第一条　为做好职业高级中学（以下简称“职业高中”）学生学籍管理工作，制定本规定。

第二条　学校应建立健全学生学籍管理制度。职业高中学生应建立学生档案。

第三条　本规定适用于职业高中和职业高中班。

第二章　入学与注册

第四条　职业高中按省（自治区、直辖市）、地（市、州）教育行政部门的有关招生规定录取新生，由学校发给录取通知书。

第五条 凡被录取的新生，须持录取通知书和有关证件，按学校规定到校，办理入学手续。因故不能如期报到者，须凭有关证明向学校申请延期报到。未经批准逾期二周不报到者，取消其入学资格。

第六条 新生入学后，学校应在三个月内按照招生规定复查。复查合格者，注册后，取得学籍；不合格者，由学校依有关规定处理，并报上级教育行政主管部门备案。

第七条 每学期开学时，学生要按期到校办理注册手续。因故不能按期注册者，应事先请假，未经批准逾期二周不注册者，按自动退学处理。

第三章 成绩考核

第八条 学校对学生进行德、智、体等方面考评、考核，成绩和评语记入本人档案。

第九条 德育考评的内容，包括学生的政治觉悟、思想意识、道德品质、组织纪律以及学习和劳动中的表现等。学校每学期均要对学生进行操行评定，毕业时进行毕业鉴定。

第十条 考核分为考试和考查两种，成绩评定采用百分制或四级(优秀、良好、及格、不及格)分制。考试、考查课的成绩是学生升、留级的依据。

学业考核，要根据教学计划的规定，对学生的文化知识、专业知识、专业技能等进行考核。

体育考核要结合考勤对课内学习成绩及课外体育锻炼活动的情况进行综合评定。

第十一条 有条件的地方，学校要组织学生参加专业技术和工人技术等级考核。

第十二条 学生因故不能参加考核，需事先提出申请，经批准后缓考。

第十三条 学期考核不及格的课程(包括实践课程)，可在下学期开学前补考一次。其成绩按及格不及格评定，并应注明“补考”字样。

第十四条 无故不参加考核或考核作弊者，该课程成绩以零分计，不准参加补考，并视情节轻重，给以纪律处分。对确有悔改表现者，经学校批准，在毕业前可补考一次。

第四章 纪律考勤

第十五条 学生要严格遵守国家法律、法令和学校的各项规章制度、纪律。

第十六条 学校要建立严格的考勤制度。学生上课、自习、实习、实验、公益劳动、集体活动、军训等，都要考勤。因故不能参加者，必须请假。学校应对超假或无故旷课的学生，视情节给予批评教育或处分。

第五章 升级与留级

第十七条 学生每学年学完教学计划规定的课程，经考核成绩及格者或只有一门课程不及格者，准予升级。

第十八条 非毕业学年第一学期经补考后仍有二门及二门以上课程不及格者，可随班试读，学年结束时需再补考一次。

第十九条 在同一学年内，经补考后，累计仍有二门及二门以上课程不及格者，应予留级。该生所学专业如无后续班级，应服从学校安排。

第二十条 学生留级超过二次者令其退学。

第二十一条 毕业学年学生不准留级。

第六章 休学与复学

第二十二条 学生因病或其它特殊原因不能坚持学习，以及请假缺课一学期内累计超过二个月，跟原班学习确有困难者，可准予休学或令其休学。

第二十三条 学生休学，要递交休学申请书(因病休学的学生须持县级以上医院出具的诊断证明),经校长批准后,办理休学手续。学生在休学期间,其学籍予以保留。

第二十四条　学生休学,以一年为期,学制为二年的,一次为限,学制为三、四年的,二次为限。

第二十五条　学生休学期满后,应及时申请复学(因病休学的学生须持县级以上医院出具的病愈证明),经学校审查批准后复学,随原专业的下一年级学习或服从学校安排。逾期不申请复学者,按自动退学处理。

第七章　转学与转专业

第二十六条　学生一般不得转专业。对个别学生因身体或其它特殊原因需要转换专业的,须持县级以上医院证明或其它有关证明,向学校提出申请。经学校和联办单位同意后,办理转专业手续,并报地、市、州教育行政部门备案。

第二十七条　学生一般不得转学。因家庭居住地迁移(户口非同一市县),或其它正当理由需要转学的学生,需向学校提出申请,经学校审查,并征得转入学校及其联办单位的同意,报地、市、州教育行政部门批准后,办理转学手续。

第二十八条　转学、转专业,原则上不得从招生录取分数低的学校或专业转入录取分数高的学校或专业。毕业年级的学生不得转专业,转学要严格控制。

第八章　退　　学

第二十九条　具备以下情况之一的学生,学校可准予退学或令其退学:

1. 留级、休学次数超过规定者;

2. 休学期满仍不能复学或复学后不能坚持正常学习者;

3. 经指定医院诊断,患有精神病、癔病及其他严重疾病,意外伤残,不能坚持或不宜在校学习者;

4. 有正当理由,学生家长或监护人提出申请退学者;

5. 未经批准逾期二周不注册者;

6. 因旷课受到处分后,仍不改正的。

就学一年以上而退学的学生,学年成绩合格者,学校应发给肄业证书,并报地、市、州教育行政部门备案。

第三十条　学生非正常死亡或失踪,所在学校需及时向教育行政主管部门报告。

第九章　毕业与结业

第三十一条　在籍学生,思想品德合格,学完教学计划规定的全部课程,考核成绩及格,准予毕业,发给地、市、州教育行政部门验印的毕业证书。

第三十二条　毕业时,学完全部规定课程,经补考后学科成绩仍有不及格或操行总评不合格者,发给结业证书。毕业后一年内经补考(限一次)成绩全部及格或由用人单位(户口所在地区)作出鉴定,证明操行评定达到合格者,可换发毕业证书,并注明“补发”字样,其毕业时间自换发毕业证时算起。

第十章　奖励与处分

第三十三条　对德、智、体、美、劳全面发展表现突出及有某方面突出事迹的学生,学校可分别授予“三好学生”、“优秀学生干部”称号或单项荣誉称号,记入学生档案。对各学年均被评为“三好学生”的应届毕业生,可授予“优秀毕业生”称号,颁发《优秀毕业生荣誉证书》。

第三十四条　对极少数犯有严重错误或多次犯错误而又屡教不改的学生,要给以批评教育或纪律处分。处分为:警告、严重警告、记过、留校察看、勒令退学、开除学籍六种。受上述处分的学生，除勒令退学和开除学籍者外，有显著悔改表现的，可以撤销处分。受留校察看处分，一年内经教育仍不悔改者，应勒令其退学或开除学籍。学生处分决定等有关材料应存入学生档案。警告、严重警告、记过处分撤销后，应将有关材料从学生档案中取出，存入学校文书档案。

第三十五条 对学生作出勒令退学或开除学籍的处分需经校务会议讨论通过，报地、市、州教育行政部门批准后生效。勒令退学的学生可发学历证明，开除学籍的学生不发学历证明。

第十一章 附 则

第三十六条 各省、自治区、直辖市教委、教育厅(局)，各计划单列市教委、教育局可根据本规定，结合实际情况制定实施细则，统一印制毕业证、结业证、肄业证等有关证件及表格。

第三十七条 本规定自颁发之日起施行。

第三十八条 本规定由国家教育委员会负责解释。

□中医药中等专业学校开办农村青年不包分配班试行办法

(1992年12月31日国家中医药管理局、国家教育委员会发布)

一、招生与录取

中医药学校开办的农村青年不包分配班必须面向农村，坚持招生来源与毕业去向、培养与使用紧密结合的原则。在完成国家任务外，应进一步扩大招生。招生对象为农村户口的初、高中毕业生、乡村医生和有实践经验的卫技人员。招收初中毕业生学制一般为3至4年，高中毕业生学制一般为2年。对于革命老区、贫困地区和农村中医工作试点县，立志扎根农村为家乡人民服务的农村青年、乡村医生和有实践经验的卫技人员，条件可适当放宽，同等条件下优先录取。招生指标纳入国家中等专业学校招生计划，注明不包分配。不包分配班实行单独招生，由省、市中医管理局或卫生厅(局)会同当地教育部门安排进行。有关命题、考试录取等具体工作由省、市中医管理局或卫生厅(局)负责组织。新生录取名册由省中医管理局或卫生厅(局)审核后，报省教委批准。

二、经费

地方财政部门在拨给业务主管部门中专教育经费时，应按国家教育委员会、财政部(86)教计字111号《关于中等专业学校经费问题几项原则规定的通知》精神，对纳入国家招生计划内不包分配的学生，均按在校生计算，统一核拨学校经费。学校可根据实际情况向学生合理收取学杂费，学生在校期间与国家任务班的学生享受同等待遇。属于联合办学和委托培养的学生，按财政部门的有关规定或由双方协商收取一定的费用。

三、户口和粮食关系

凡纳入国家统一招生计划内的不包分配的农业户口学生，在校学习期间登记临时户口，不转粮食关系，其食用粮、油及副食补贴由学校所在地粮食、商业部门按当地中等专业学校学生的定量标准和品种平价供应，或按规定给予补贴。学生所在学校应在学生录取后，凭学校主管业务部门(省、市中医管理局或卫生厅(局))证明，向当地公安部门办理临时户口后，分别向当地粮食、商业部门报送学生名册(注明学习年限)，办理粮、油、副食等供应手续。学生毕业或休、退学终止学习时，由学校到报送学生名册的粮食、商业部门办理注销粮、油、副食供应手续。具体办法由有关省、市粮食、商业部门制定。各地供应此项用粮、用油和亏损款在粮、油财务包干数内调剂解决。

四、毕业生待遇与去向

不包分配班学生毕业后，国家承认中专学历，回乡、村两级卫生机构从事中医药工作，或经中医药、卫生主管部门批准，在当地农村个体开业。工作五年以后，表现优秀且确因工作需要者，也可招、聘到县及县以下全民所有制中医、卫生机构工作，但需经县人事、卫生部门批准。公安、粮食等部门凭人事部门录用（聘用）证明办理有关手续。

不包分配不等于政府有关部门不管毕业生的从业和发挥作用。各地中医、卫生行政部门要把不包分配班毕业生的去向与发展农村中医药事业和初级卫生保健结合起来，坚持乡来乡去，村来村去的原则。各有关部门也应采取相应措施，使不包分配班学生能直接回到农村，并为他们创造一定的条件，充分发挥他们的作用。

五、教学与管理

中医药学校招收农村青年不包分配班，是解决中医、卫生专业技术人才通向农村的重要措施，是中医药中专招生分配制度的重大改革。由于涉及面广、政策性强，各地要加强领导与协调，大力宣传有关文件精神，切实帮助解决招生、培养以及毕业回乡后的实际问题，促进此项改革的顺利进行，以便更好地为广大农民的健康和农业经济的发展服务。

各有关中医药学校要根据不包分配班的特点，在教学和管理方面进行相应改革。要在保证中专培养目标和教学质量的前提下，按照理论与实践相结合的原则，改革教学内容和教学方法，加强实践教学环节，突出技能培养。为适应学生将来在农村从事疾病防治工作的需要，开办的专业针对性、适应性要强，办学形式、教学计划和课程设置可以适当灵活。

成人教育部分

□国家教委关于加强成人高中教育的意见

（1992年5月13日）

教育部《关于职工高中文化教育若干问题的暂行规定》[（85）教成字005号，以下简称《规定》]下发以来，对“双补”后高中文化教育的发展和全国职工队伍文化水平的提高，起到了积极的指导作用。但《规定》是在开展“双补”后的特定历史条件下，对职工进行高中文化教育的一种过渡性措施。随着我国现代化建设和科学技术的不断发展，对人才的培养及知识结构应有更高的要求，才能适应社会、经济发展的需要。为进一步加强成人高中教育工作，提高教学质量，保证规格要求，现提出如下意见：

一、培养目标

成人高中教育的任务是使已经具有初中毕业文化程度的从业人员和社会青年，经系统学习，基本达到高中毕业水平。要求学员初步掌握马克思主义、毛泽东思想的基本知识，有理想、有道德、有文化、有纪律，热爱社会主义祖国，具有为现代化建设事业艰苦奋斗的精神；掌握高中必备的文化基础知识，为进一步学习技术、业务或接受岗位培训、高等教育打下文化基础。

二、课程设置及课时安排

（一）成人高中课程由文化课和专业课或职业技术课两部分组成。

1. 从业人员分文、理科设置课程。文科班文化课开设政治、语文、数学、历史、地理、自然科学基础；理科班文化课开设政治、语文、数学、物理、化学、史地知识基础。在学好上述6门课程的基础上，开设2门专业课，必修课程8门。

2. 社会青年参加成人高中学习，不分文理科，开设政治、语文、数学、物理、化学、历史、地理，在此基础上再设2至3门职业技术课程，必修课程不少于9门。

3. 必修课中的专业课、职业技术课具体开设哪些课程，由学校根据办学条件或生产、工作需要确定，并报地、市教育行政部门备案。社会青年是否开设外语、生物等课程，由办学单位酌定。

（二）课时安排（见下表）

课程 / 低限课时 / 类别		政治	语文	数学	物理	化学	历史	地理	自然科学基础	史地知识基础	专业课 职业技术课	总学时数
从业人员	文科	140	300	320			130	100	180		300	1470
	理科	140	300	320	200	150				100	300	1510
社会青年		140	300	320	200	150	130	100			300—500	1640—1840

成人高中可采取业余、半脱产、脱产等学习形式。课程安排可单科独进、双科或多科并进。业余学习年限一般为3年。

三、教学大纲和教材

成人高中9门文化课程的教学大纲由国家教委负责组织编写，人民教育出版社出版发行。在新大纲颁发前，各地仍沿用原教育部颁发的职工高中教学大纲和人民教育出版社或上海教育出版社出版的各科教材组织教学。1993年秋季始，各地就严格按照新编教学大纲的要求组织教学。

四、办学审批和招生

（一）各地教育行政部门，应对举办成人高中教育的学校（班）进行一次检查，并进行适当调整。今后申请举办成人高中教育的学校（机构），须经地、市以上（含地、市，下同）教育行政部门批准，并报省、自治区、直辖市及计划单列市教育行政部门备案。

（二）成人高中主要招收具有初中毕业文化程度的从业人员，也可招收社会青年。具体招生（考试）办法，由省、自治区、直辖市及计划单列市教育行政部门制订。

五、结业考试和毕业证书

（一）课程结业考试要严格按照教学大纲的要求进行，保证教学质量。文化课的结业考试由地、市以上教育行政部门组织统一命题、统一考试、统一阅卷。专业课、职业技术课的结业考试办法，由省、自治区、直辖市及计划单列市教育行政部门制订。采取自学或其他途径学习的成人，也可参加地、市以上教育部门统一组织的课程结业考试。

（二）学员学完教学计划规定的全部课

程，各科结业考试成绩及格者，发给成人高中毕业证书，承认其高中毕业学历。考试成绩载入档案。单科成绩及格者发给单科结业证书。

（三）成人高中毕业证书由地、市以上教育行政部门统一印制并验印，学校颁发。

课程结业考试是确保成人高中教育质量的重要环节，各地应严格把关、统一要求、加强管理。具体实施办法由省、自治区、直辖市及计划单列市教育行政部门制订。

□扫除青壮年文盲单位考核验收办法（试行）

（1992年10月22日国家教育委员会发布）

为保证扫盲教育质量，推动扫盲和扫盲后继续教育的深入发展，根据国务院《扫除文盲工作条例》（以下简称《条例》）中关于“扫除文盲实行验收制度”的规定和我国扫盲教育的实际情况，特制订本办法。

一、扫除文盲单位标准

1. 基本扫除青壮年文盲单位的标准和要求是：1949年10月1日后出生的年满15周岁以上人口中的非文盲人数，在农村达到85％以上，在企业、事业单位和城镇达到90％以上；组织脱盲人员继续学习提高，防止出现复盲现象，最近三年以来的脱盲人员复盲率低于10％；符合基本普及初等教育的要求；所辖的农村行政村、城镇的居民委员会及同级的企业、事业单位均应达到上述标准。

2. 高标准扫除青壮年文盲单位标准和要求是：1949年10月1日后出生的年满15周岁以上人口中的非文盲人数，在农村达到95％以上，在企业、事业单位和城镇达到98％以上；建立乡（镇）、村农民文化技术学校（教学点），组织脱盲人员继续学习提高，防止出现复盲现象，最近三年以来的脱盲人员复盲率低于5％；符合基本普及初等教育的要求；所辖的农村行政村、城镇的居民委员会及同级的企业、事业单位均应达到上述标准。

二、申报、验收制度

基本或高标准扫除青壮年文盲单位在自验基础上向上一级人民政府或政府派出机构申报，同时抄送上一级教育行政部门。

基本或高标准扫除文盲的县（市、区）向地区行政公署、市人民政府申报，经审核同意后，再向省、自治区、直辖市和计划单列市人民政府申报，由省（区、市）和计划单列市人民政府组织验收。

基本或高标准扫除青壮年文盲的乡（镇）、城市的街道，由县（区、市）人民政府验收；企业、事业单位，由所在地人民政府验收。

基本或高标准扫除青壮年文盲的农村行政村、城镇的居民委员会及同级企业、事业单位由上一级人民政府或政府派出机构验收。

三、验收的组织领导

扫除青壮年文盲单位由各级人民政府组织验收。

上级人民政府向申报验收的单位派出由扫除文盲工作协调领导小组有关部门组成的验收工作组，进行考核验收。各级教育行政部门在政府领导下，要积极做好验收的组织实施工作。

四、验收的内容、方法

验收的重点是农村的行政村、城镇的居民委员会及同级的企业、事业单位。要严格按照基本或高标准扫除青壮年文盲单位标准、考核验收办法和省（区、市）制订的统一试卷逐一考核认定。

1. 听取被验单位的政府负责人对扫盲工作情况的汇报，了解基本情况。

2. 核查有关档案材料：上级单位认定的普及初等教育资料；所辖基层单位基本扫除青壮年文盲合格证书；1990年人口普查青壮年人口文化状况，文盲、半文盲登记卡及丧失学习能力人员名册;最近三年以来脱盲人员花名册、脱盲考试试卷、作业等有关扫盲教学和考核资料;脱盲学员巩固提高,防止复盲的资料;乡(镇)、村农民文化技术学校(教学点)情况,年度统计报表和有关文件档案资料等。

高标准扫除青壮年文盲单位验收时,要核查基本扫除青壮年文盲单位验收资料。对一些具备条件的单位,也可以不经过基本扫除青壮年文盲单位验收而直接开展高标准扫除青壮年文盲单位验收。

3. 验收工作人员深入基层单位,通过座谈、家访、测试等形式核实有关情况。

4. 省验收基本或高标准扫除青壮年文盲县(市、区)时,采取随机抽样的方法,对所辖乡(镇)、街道不足 30 个、30—49 个、50 个以上的被验县(市、区)应分别抽验1/3、1/4、1/5左右的乡(镇)、街道的各 3 个以上行政村或居民委员会。

被抽验行政村或居委会 1949 年 10 月 1 日后出生的 15 周岁以上人口中,最近三年以来的脱盲人员,除了已具有小学毕业以上程度和正在接受普通小学和业余小学教育、脱盲后巩固提高班结业的人员外,都应参加验收考试。无资料证明其未复盲而未参加验收考试的按文盲、半文盲计算。要通过查验身份证、花名册、学员作业等方法核实其应试资格,防止弄虚作假。

5. 考试:验收考试一般以行政村为基本单位,有条件的地方也可以乡(镇)为单位集中考试。

基本或高标准扫除青壮年文盲乡(镇)的脱盲和验收考试由县(市、区)或地(市、州)教育行政部门命题;省(区、市)和计划单列市政府组织的基本或高标准扫除文盲县(市、区)验收考试,由省(区、市)或计划单列市教育行政部门命题。

省、自治区、直辖市应逐步建立扫盲考试题库。各县(市、区),乡(镇、街道及同级企业、事业单位)、行政村(居民委员会及同级企业、事业单位)考核验收要采用省、自治区、直辖市统一命题试卷或经过上述教育行政部门认可的试卷。用省(区、市)和计划单列市统一试卷参加过脱盲和扫盲后教育考试,成绩合格者,在本学年度内可免于重复考试。

验收评卷工作由验收工作人员组织实施。

6. 确定是否达到扫除青壮年文盲单位标准,不仅要以教育部门统计的数字为依据,还要以人口普查资料为依据。计算非文盲率和巩固率的公式为:

$$\text{青壮年非文盲率}=\frac{\text{青壮年非文盲人数(受完小学四年教育以上人数+验收合格人数)}}{\text{青壮年人口总数}}$$

注:(1)受完小学四年教育以上人数包括上完五年制小学三年级以上或简易小学毕业人数。

(2)青壮年指 1949 年 10 月 1 日后出生的 15 周岁以上的人口。

$$\text{脱盲人员巩固率}=\frac{\text{脱盲后已巩固提高人数+验收考核合格人数}}{\text{最近三年以来脱盲人员总数}}$$

注:脱盲后已巩固提高人数包括:(1)业余小学毕业人数;(2)目前在小学就读人数;(3)巩固提高班结业人数;(4)本学年度内参加过用省(区、市)或计划单列市统一试卷考试合格者。

五、验收的发证、备案

经验收合格的,由组织验收的单位发给基本或高标准扫除青壮年文盲单位证书、备案,并给予表彰奖励。对基本或高标准扫除青壮年文盲县(区、市)要报国家教育委员会备案。国家教委每年公布一次高标准扫除青壮年文盲县(市、区)名单,颁发荣誉证书,以资鼓励。

六、严格验收制度

地方各级人民政府和有关部门应认真组织实施,严格要求,保证质量,防止走过场和弄虚作假现象发生。在验收过程中如发现问题,验收工作组有权中止验收;验收后发现问题,应根据情况或取消其扫除青壮年文盲单位资格,或给予通报批评,或追究有关人员责任。

七、验收工作和奖励所需费用按国务院《条例》等有关规定落实。负责组织验收和被验收单位的人民政府或派出机构应拨出相应的经费。验收工作应本着勤俭节约原则,生活上严格执行国家规定标准。

八、各省、自治区、直辖市教育部门可以根据本办法,结合当地情况,制定具体实施办法。

九、本办法从公布之日起施行。

□高等教育自学考试命题工作规定

(1992年10月26日国家教育委员会发布)

第一章 总 则

第一条 为组织和管理高等教育自学考试命题工作,确保考试质量,根据国务院发布的《高等教育自学考试暂行条例》,制定本规定。

第二条 高等教育自学考试的命题与普通高等学校相应学历层次水平和质量要求相一致。

第三条 高等教育自学考试命题应体现专业和课程的特点,考核应考者系统掌握课程基础知识、基本理论、基本技能和分析问题、解决问题的能力,正确引导个人自学和社会助学,树立良好学风。

第四条 命题必须以国家教育委员会批准颁发试行的或省、自治区、直辖市高等教育自学考试委员会(以下简称"省考委")颁布的课程自学考试的大纲(以下简称"考试大纲")为依据。

第五条 加强命题工作的总体规划,统一领导,严密组织,严格管理,逐步实现命题工作的科学化、标准化和管理手段的现代化。

第六条 命题应按照标准化、科学化的要求进行,内容稳定、考试次数多、规模大的课程以建立题库为主的方式组织实施。

第七条 命题与辅导相分离。建立健全命题工作保密制度。

第八条 命题经费列入有关教育行政事业部门的年度预算;业务部门委托考试的专业和课程,命题经费由业务部门承担。

第二章 命题组织与管理

第九条 高等教育自学考试命题工作由全国高等教育自学考试指导委员会(以下简称"全国考委")统筹安排,分级管理,实行全国统一命题、省际协作命题、省级命题三级命题体制。

凡全国统一命题的课程,省考委不得另行安排和自行命题考试。

使用全国统一命题和省际协作命题试卷,省考委不得进行改动。

第十条 命题工作应在全国考委或省考委领导下,由考委及其办公室负责人、课程主命题教师组成课程命题领导小组负责实施。

第十一条 省考委办公室(以下简称"省考办")应设立命题管理工作的专门机构。开考专业十个以下(含十个)的,专职命题工作管理人员应不少于五名,每增设五个专业增加一至二名专职管理人员。

第十二条 全国统一命题的课程命题教师，由全国考委办公室（以下简称“全国考办”）或委托省考办商其所在学校，经资格审查合格后，由全国考委聘任。省际协作命题、省级命题的课程，命题教师由省考办商其所在学校，经资格审查合格后，由省考委聘任。

第十三条 全国统一命题每门课程的命题教师一般应不少于十人；省际协作命题每门课程的命题教师一般应不少于七人；省级命题每门课程的命题教师一般应不少于五人。

每门课程组配试卷或入闱命题的教师应为二至三人。

命题教师选聘应有地区和高等学校的代表性。被聘教师所在学校应对聘任工作予以协助。

第十四条 编制试题、审题、组配试卷、题库建设等必须符合有关的技术要求。

第十五条 全国统一命题题库的使用由全国考委决定；协作命题题库的使用由协作省考委协商确定；省级命题题库的使用由省考委决定。

题库的贮存、保管、使用等应符合《中华人民共和国保守国家秘密法》的规定。

题库在使用过程中，应不断修改、补充和完善。省考办应具备贮存题库的设施和用房，建立题库的技术档案，配备专人负责，并积极创造条件利用计算机等现代化手段进行题库管理。

第十六条 命题经费的开支标准应按国家有关规定执行。

第三章 命题人员及职责

第十七条 课程主命题教师是课程命题的业务负责人。课程主命题教师应是在本学科领域内业务水平较高、教学经验丰富、治学严谨、作风正派、善于合作、身体健康并热心自学考试工作的普通高等学校的教授或副教授。

课程主命题教师的职责是：

（一）负责提名和推荐本课程命题教师人选；

（二）起草课程命题实施意见，设计课程试卷蓝图；

（三）协助全国考办或省考办组织全体命题教师学习、讨论有关命题文件，实施命题；

（四）协助全国考办或省考办组织审题教师对所命试题进行审定；

（五）协助全国考办或省考办组织试卷组配工作，并对题库和考试试卷质量负责；

（六）参与课程试卷的质量分析。

第十八条 命题教师应是在本学科领域内业务水平较高、教学经验丰富、治学严谨、作风正派、善于合作并热心自学考试工作的普通高等学校的教授或副教授，也可以有少量在教学第一线的讲师。

命题教师必须服从安排，保质保量按时完成命题任务。

第十九条 命题工作管理人员应是坚持原则、遵守纪律、作风严谨、有独立工作能力、熟悉命题工作和教育测量学等有关知识、具有大学本科以上学历的全国考办或省考办正式干部。

命题工作管理人员的职责是：

（一）制定高等教育自学考试的命题规划和工作安排；

（二）组织课程主命题教师制定课程命题文件，设计试卷蓝图；

（三）组织实施命题，指导和参与命题、审题、组卷工作，协调和处理命题中的有关问题；

（四）组织实施试题的质量分析；

（五）负责题库的管理和使用。

第四章　命题程序

第二十条　课程命题领导小组在命题前应对命题教师进行教育测量学理论、自学考试的性质与特点等有关知识的培训，并组织试命题。

第二十一条　命题组应在熟悉考试大纲的基础上制定下列文件：

(一)命题实施意见；

(二)试卷蓝图；

(三)命题教师任务分工表；

(四)样题。

第二十二条　按照考试大纲和教育测量学的要求编制试题。编制的试题应做到科学、合理、不超纲；题意明确、文字通顺、表述准确严密；标点符号无误，图表绘制规范；不出现政治性、科学性错误；避免学术上有争议的问题。

试题的答案应准确、全面、简洁、规范，主观性试题应规定评分要点和评分标准。制定评分标准，需包括对应考者的逻辑思维、综合应用和语言表述能力的要求。

第二十三条　按考试大纲、命题实施意见和试卷蓝图的要求审定试题。审定合格的试题应按科学的分类方法贮入题库。

第二十四条　按照试卷蓝图的规定组配试卷。

每份试卷要突出课程的重点内容，覆盖考试大纲的各章。

组配的试卷须使不同能力层次试题的分数和不同难易程度试题的分数比例适当。

每次考试必须组配若干套平行试卷，由全国考委或省考委随机确定考试试卷。

第二十五条　考试结束后，全国考办及省考办应组织力量对试卷进行评估和分析，并将结果贮入题库。

第五章　保密纪律

第二十六条　试题、试卷、答案及评分标准在使用前均属绝密材料，任何人不得以任何方式泄露。

第二十七条　凡本人或有直系亲属参加本课程自学考试的人员不得参加该课程的命题工作。

第二十八条　所有参加命题工作的人员不得公开其命题人员身份，不得以任何形式泄露有关命题工作的文件或情况。

第二十九条　课程主命题教师、组配试卷教师、命题教师在聘期内不得参与任何形式的与该课程自学考试有关的辅导活动(包括担任助学单位的职务或名誉职务)。

第三十条　所有命题教师不得以任何形式向其所在单位汇报命题工作情况。

第三十一条　所有参加命题工作的人员必须遵守命题工作纪律。凡违反者，取消其命题人员资格，视情节轻重给予行政处分，触犯法律的依法追究其法律责任。

第六章　附　　则

第三十二条　全国考委、各省考委可根据本规定结合工作实际，制定具体实施的办法。

第三十三条　本规定由国家教育委员会负责解释。

第三十四条　本规定自公布之日起执行。

原公布的有关命题规定凡与本规定相抵触的，以本规定为准。

□国家教委关于普通高等学校函授、夜大学办学资格审批和专业备案工作的通知

（1992年12月7日）

根据全国成人高等教育工作会议精神，我委决定恢复函授、夜大学办学资格审批工作。按照分级管理、分级负责的原则，进一步下放审批权限，改革办学资格审批和专业备案工作。现将有关事项通知如下：

一、审批权限

省、自治区、直辖市及计划单列市和国务院有关部委教育主管部门审批所属普通高等学校举办函授专科和夜大学本、专科的办学资格。国家教委审批普通高等学校举办函授本科的办学资格。国家教委以公布名单的形式确认函授和夜大学本、专科的办学资格。未确认资格的，学校不得安排招生。

二、资格审批和专业备案的原则

教育主管部门在审核、批准普通高等学校函授、夜大学本、专科办学资格和专业备案时，应根据我委颁发的《普通高等学校函授教育暂行工作条例》[（87）教高三字002号]、《关于下放普通高等学校举办函授、夜大学专科教育审批权限的意见》[（88）教高三字013号]、《关于普通高等学校举办函授、夜大学专科教育审批权限下放后有关问题的通知》[（89）教成字007号]的有关规定，认真审核学校的办学条件和对函授、夜大学的投入。要根据统筹规划、合理分工、合理布局的原则，确定各校函授、夜大学的服务方向、任务及专业设置。省、自治区、直辖市、计划单列市所属学校建立函授站和招收函授生的地区，一般不得超出学校所在的省、自治区、直辖市、计划单列市。举办函授、夜大学本科的学校，应为普通本科院校。其所设专业应是本校全日制现有本科专业。

对教育主管部门超越审批权限，扩大批准范围和降低审批条件批准的函授、夜大学，国家教委将不公布其名单。

三、对申报、批准办学资格文件和专业备案材料的要求

学校拟举办函授本科办学资格的申报材料和增设、调整函授本科专业备案材料的格式及项目，分别按国家教委《关于办理普通高等学校举办函授和夜大学审批手续的通知》[（87）教高三字012号]的附件1、3填写。

学校拟举办函授专科、夜大学本、专科办学资格的申报材料和增设、调整专业备案材料的格式及项目，教育主管部门可参照该通知及附表格式制定。

教育主管部门批准函授专科和夜大学本、专科办学资格的文件应包括：学校全称、办学形式和层次、专业设置（名称、学制）、发展规模、招生对象和地区、开办时间以及要求等内容。

教育主管部门向我委报送函授专科和夜大学本、专科专业备案材料应包括：学校全称、专业名称、学制、办学形式和层次、招生对象和地区等内容。

四、申报时间

教育主管部门应将学校举办函授本科的申报材料和教育主管部门的审核意见、教育主管部门批准函授专科和夜大学本专科的文件以及专业备案材料于举办函授、夜大学前一年10月31日前报至国家教委。在暂停函授、夜大学审批备案期间（1990年1月到1991年12月），向我委报送的函授、夜大学办学资格的有关资料应重新办理手续。

五、审批函授、夜大学办学资格审批和专业备案工作是函授、夜大学管理的基础工作，与招生、颁发证书等工作密切相关，教育主管

部门应切实负起责任，严肃、认真地做好这项工作。在实施过程中所遇到的问题，请及时报告我委。

□成人高等专科教育制订教学计划的原则意见

（1992 年 12 月 17 日国家教育委员会发布）

为了加强对成人高等专科教育的宏观管理，使各类成人高等学校在制订高等专科教学计划时在总体要求上有所遵循，现对成人高等专科教育制定教学计划的有关问题提出如下原则意见：

一、培养目标与基本要求

成人高等专科教育主要是对需要接受高等文化和专业技术教育的在职从业人员，系统地进行高等文化、科学基础知识、专门知识和技术技能教育，培养和造就为社会主义建设服务，德、智、体全面发展，毕业后能较快地适应生产和岗位工作需要的应用型或技艺型高级技术人才和管理人才。

毕业生要热爱社会主义祖国，拥护党的基本路线，懂得马克思列宁主义、毛泽东思想和建设有中国特色社会主义理论的基本原理，具有事业心、责任感和良好的道德品质；具有为社会主义现代化建设而奋斗的精神，掌握本专业所必需的基础理论知识，具有较强的专业理论知识和实际工作的能力；具有健康的体魄。技艺性较强专业的毕业生，应具有较高的职业技能。

二、基本原则

1. 德、智、体全面发展。制订教学计划必须全面贯彻党和国家的教育方针，要安排必要的马克思、列宁主义理论和建设有中国特色社会主义理论课程，加强对学员进行马克思列宁主义、爱国主义、艰苦奋斗、实事求是和职业道德等教育，使学员自觉地坚持党的基本路线，树立为社会主义现代化建设而勤奋学习、努力工作的思想。在业务教育方面，各类学校和办学形式都要严格执行教学计划，注重教学质量，严格各项管理和考核制度，切实保证高等专科教育的培养目标和规格要求。

2. 处理好基础理论与专业知识的关系。教学计划中的课程可分为公共基础课、专业基础课和专业课。基础理论和专业基础理论教育以应用为目的，以必需、够用为度，以掌握概念、强化应用为教学重点。专业课教学内容要加强针对性、实用性或技艺性。

3. 处理好理论与实践的关系。教学计划的制订，要从各校及各专业的具体情况出发，在保证必需的理论知识教育的同时，各类课程应减少理论的推导，重点加强各种实践教学环节。实践教学（尤其是专业实践）要在教学中占有较大的比重，使学生有针对性地获得较为系统的专业技术训练和实践动手能力的培养，把传授知识和培养能力有机结合起来，引导学生把所学专业理论知识应用到实践中去，做到学以致用。

4. 教学计划的制订既要保证高等专科教育规格要求，又要体现成人教育的特色，注重教学计划的完整性和整体优化。

5. 教学计划的制订应根据各类成人高等教育形式的实际情况，在课程设置和教学要求、内容上有所侧重，充分体现各自的办学优势和特点。制订各专业教学计划时，要根据上述要求规定本专业具体的培养目标。

三、教学计划的构成与原则安排

1. 成人高等专科教育教学计划是专科教学工作的总体设计和实施计划，是安排教学内容、组织教学活动及有关工作的基本依据。教学计划的内容应当包括：(1)本专业的具体培养目标和规格要求；(2)课程设置、教学环节及时间分配；(3)教学进程表；(4)必要的说明。

2. 教学分为课堂理论教学和实践教学。理论教学包括课堂讲授、习题课、实验课、辅导等教学环节；实践教学包括生产实习、课程设计、毕业设计、论文答辩等教学环节。用广播电视、函授形式教学的，要加强对学员的面授辅导，认真做好学员自学的指导工作。技艺性较强的专业，要切实加强和保证专业技艺训练。专业课理论教学时数应不低于总理论教学时数的35%。

3. 理工、医药、政法类专业理论教学总学时数控制在1800—2000学时，实践教学时间一般安排20—25周，脱产学习的学制不得低于三年，业余(包括函授教育)学习的学制不得低于四年；文科、师范、农林、财经、管理类专业理论教学总学时数控制在1400—1600学时，实践教学时间一般安排10周左右，脱产学习的学制不低于两年，业余(包括函授教育)学习的学制不得低于三年。技艺性较强的专业课堂理论教学时数可适当减少，实践教学时间应按达到技艺水平的要求相应增加。

4. 每年一般按40周安排教学。每周理论教学时间脱产学习为20—22学时，业余学习为12学时左右。

5. 成人高等专科教育无论实行学年制或学分制，其理论教学总学时数不得低于上述第三条的规定。函授教育的具体学时安排和实行学分制教育的有关要求另行规定。

四、教学计划的制订、审批及适用范围

1. 省、自治区、直辖市及计划单列市或国务院有关部委教育行政部门应按上述原则负责制订本地区本部门所属成人高校典型专业的指导性教学计划，抄报国家教委；成人高等学校应根据本《原则意见》和指导性教学计划，制订或修订本校各专业实施性教学计划，并按隶属关系报省、自治区、直辖市及计划单列市或国务院有关部委教育行政部门批准。教学计划一经确定就要严格执行，并保持相对稳定。凡教学计划有较大变动，或试办高等技艺型专业，须经过充分论证并报经国家教委批准。广播电视大学专科专业审批权限，仍执行我委(87)教电字008号文的规定。

2. 本《原则意见》适用于各类成人高等学校，包括广播电视大学、职工高等学校、农民高等学校、管理干部学院、教育学院、独立设置的函授学院和普通高等学校举办的函授、夜大学等开办的成人专科教育。

3. 成人高等学校和普通高等学校举办的成人专科教育已制订有教学计划的，凡不符合本《原则意见》的，应重新进行修订。

□关于《成人高等学校设置的暂行规定》中有关问题的补充规定

(1992年12月18日国家教育委员会发布)

为了加强成人高等学校的建设，切实保证教学质量，提高办学效益，促进成人高等学校更好地为经济建设、社会发展服务，现对《成人高等学校设置的暂行规定》中有关问题作如下补充规定(本规定所指成人高等学校仅限于职工高等学校、农民高等学校及教育学院、管理干部学院)：

一、学校专业设置和规模

成人高等学校应当根据其服务地区和行业对人才的需要，合理确定专业和规模。学校的专业数应当在3个以上，在校学生规模应达到800人以上，其中高等学历教育在校学生规模应不少于300人。

对于有特殊情况的学校，经国家教育委员会批准，可以不受此限。

计算学校在校生规模按下列办法折算：

学历教育：

全脱产专科生按实际人数计算，本科生1人折专科生1.5人，研究生1人折专科生3人。

业余教育按专业全脱产专科生计算，其公式如：

计入规模数＝业余在校生人数×业余教育年学时数/全脱产年学时数

非学历教育：

计入规模数＝(招生人数×学时数/全脱产相应专业年学时数)×1.1

(大学后继续教育其系数可按1.5定)

二、学校领导班子

成人高等学校应当配备具有大学本科以上文化程度，有较高政治素质和管理成人高等教育工作能力的专职校(院)长一人，副校(院)长一至三人。

三、教师队伍

成人高等学校的教师队伍应由具有较高政治素质和业务水平的专任教师和兼任教师组成。

专任教师是指在教学岗位上专职从事教学工作的人员，包括以从事教学工作为主兼做党政或其他工作的教师。虽有教师系列职称，但主要不是从事教学工作的党政干部及其他人员，不计算在专任教师之内。

兼任教师队伍应由热爱成人教育、具有较强教学能力和丰富实践经验，并具备中级以上职称的人员组成，兼任教师应相对稳定。

兼任教师人数应当不超过本校专任教师人数的2/3，其中专科或本科专业的兼任教师人数，应当不超过本专业专任教师人数的1/3。

要按学校规模核定学校的人员编制，其中，专兼任教师总数与在校生规模之比按1∶6～8计算，专兼任教师总数应不少于100人，其中专任教师不得少于60人。

具有副教授或相当于副教授任职资格以上的专任教师人数，应当不低于本校专任及兼任教师总数的5%。

学校所开设的每个专业至少应配备具有副教授或相当于副教授任职资格的专任教师一人。

四、校舍场地

成人高等学校须具有与学校类型规模和任务相适应的专用校舍。

专用校舍是指学校所必须具备的教室、图书馆、实验室实习场所(含语音室、计算机房)及附属用房、校系行政用房、学生宿舍、学生食堂、教工食堂、生活福利及其他附属用房共八项。

具体校舍规划建筑面积指标(平方米/生)如下：

成人高校类别	理工类	文法财经类
八项指标总计	32.16	21.28
1. 教室	3.53	2.28
2. 图书馆	2.23	2.42
3. 实验室实习场所及附属用房	11.07	1.27
4. 校系行政用房	2.64	2.62
5. 学生宿舍	6.50	6.50
6. 学生食堂	1.41	1.41
7. 教工食堂	0.25	0.25
8. 生活福利及附属用房	4.53	4.53

注：1. 业余、走读办学形式对其中第5、6、7、8、项可根据实际需要核定；

2. 工科类学校对其中第3项可按学历教育最低限300人规模核定其总建筑面积额度。

学校应具有满足学生体育活动的运动场地和器材、设施。具体标准参照《普通高等学校建筑规划面积指标》的要求。

五、教学仪器设备

教学仪器设备应基本满足教学要求，实验自开率应达到80%以上。

六、图书资料

学校应配备适用的图书资料。理工类学校不少于6万册；文法、财经类学校不少于7.5万册。

七、基建投资与教育事业费

成人高等学校所需的基本建设投资和教育事业费必须有稳定来源，保证教学需要。学生人均经常费开支标准及使用办法，按照本地区、本部门普通高等学校同层次、同科类的经费标准执行。

八、学校从批准建立之日起5年内须达到计划规模。逾期没建成的学校，由国家教育委员会会同成人高校上级主管部门，区别情况，进行调整。

少数民族教育部分

□关于加强少数民族与民族地区职业技术教育工作的意见

（1992年4月8日国家教育委员会发布）

为贯彻落实《国务院关于大力发展职业技术教育的决定》，大力发展少数民族和民族地区的职业技术教育，促进这些地区的经济建设和社会发展，特提出如下意见：

一、高度重视职业技术教育在少数民族和民族地区经济建设和社会发展中的战略地位和作用

近年来，在《中共中央关于教育体制改革的决定》精神指引下，少数民族和民族地区的职业技术教育已呈现出可喜的发展势头，涌现出一批有较大影响，能起示范作用的职业技术学校。但是从总体上看，由于历史、社会和自然条件等方面的原因，对职业技术教育在社会主义建设中的地位和作用，还缺乏应有的认识，职业技术教育与经济建设和社会发展的要求仍然有较大差距，教育结构不尽合理，教育的着眼点还往往只放在少数学生身上，致使占同龄人中90%以上的回乡中小学毕业生，既缺乏必要的建设家乡的思想准备，又不具备致富的技术和技能。有的地方即使办了职业技术学校，也未能摆脱普通教育的模式，不能培养大批合格的技术人才和劳动大军，严重地制约了这些地区经济建设和社会发展的步伐。

我国共有55个少数民族，少数民族贫困县就有143个。为加快少数民族与民族地区的经济开发，必须在提高劳动者素质，增强吸收运用科学技术能力上下功夫。要在努力提高基础教育普及程度的同时，大力发展职业技术教育。这是直接关系到这些地区经济振兴、社会安定和民族团结的重大问题。各级领导一定要进一步提高对发展少数民族与民族地区职业技术教育战略地位和作用的认识，制订可行规划，采取有力措施，认真落实《国务院关于大力发展职业技术教育的决定》，加大改革力度，加快改革步伐，使少数民族与民族地区的职业技术教育在今后十年内得到更加迅速、健康的发展。

二、进一步明确少数民族与民族地区职业技术教育改革与发展的方向和路子

发展少数民族与民族地区的职业技术教育,既要符合职业技术教育的基本特点和规律,又要注意切合这些地区的实际,不能简单照搬城市和发达地区的做法,要努力探索符合民族特点与地区实际的发展路子。

1. 坚持德育为首,始终把牢办学的社会主义方向。

德育为首是我国各级各类学校必须遵循的办学原则。当前,国际形势剧烈变化,作为地处边陲的民族地区,更应切实加强对学生进行坚持党的基本路线的教育、国情教育和近现代史教育,提高学生的爱国主义、社会主义、集体主义思想,增强抵制西方敌对势力的"和平演变"和资产阶级自由化影响的能力;要加强职业自豪感、职业道德和职业纪律的教育,养成良好的行为习惯,促进社会主义文明风尚的形成;要进行党的民族政策、宗教政策、艰苦奋斗的教育,使新一代能继续坚持维护我国的民族团结和统一,热爱家乡,立志为改变家乡的落后面貌贡献青春。

2. 坚持主要为当地经济建设和社会发展服务的办学方向,培养素质较高的新型农(牧)民。

目前,少数民族与民族地区的生产力发展水平还比较低,经济结构一般仍以农(牧)业为主,职业技术教育的发展必须面向农(牧)业生产、面向农村经济建设和社会发展,面向农(牧)民脱贫致富的需要。在办学方向和培养目标上,应把培养有较高政治、文化和技术素质的新型农(牧)民和农(牧)业技术骨干作为主要任务;在专业设置上,要首先注重办好直接为农、牧、林业服务的专业。同时,根据当地经济建设和产业结构调整的需要,逐步发展为第二、三产业服务的有关专业。

要加强与当地经济建设和社会发展的联系,职业技术学校应积极向周围农村和农户推广科学技术,积极参与农村社会生活的变革,为科教兴农贡献力量。县办职业技术学校要坚持人才培养、科技实验、生产示范、技术推广和经营服务相结合,发挥上挂横联下辐射(即挂靠有关高等院校和科研单位,横联有关业务部门和企事业单位,向广大农村和农户推广技术)的作用。

3. 坚持多层次、多规格、灵活多样的办学形式,建立职业技术教育和培训网络。

根据条件和需要,职业技术教育应采取更为灵活的办学形式。在教育层次上,多数地区目前应以中等职业技术教育为骨干,以初等职业技术教育为主体,广泛开展各种实用技术短期培训;在学制上,可长可短;在招生上,既可招职前的,也可招职后的,可采取定向及推荐与考试相结合的招生办法;在教学内容和方法上,要加强针对性和适用性,加强实践性教学环节和职业技能的训练,并适当拓宽专业知识面,以适应农(牧)区的需要。"八五"期间,每县要首先办好一所示范性职业技术学校。个别人口稀少,居住分散、交通不便的地方,可由地(州)集中办好职业技术培训中心,统筹为各县培养初、中级技术人才。地(州)教育行政部门要加强对职业技术学校的布局、规格、专业设置及招生等的统筹管理。少数民族与民族地区的职业技术教育,当前应强调大力发展,在发展的基础上逐步改善办学条件,提高办学水平。

要搞好"三教"统筹。普通中小学在传授文化基础知识的同时,应在适当阶段引进职教因素,注意同职业教育的早期结合。县级政府应加强对整个职业技术教育工作的统筹管理,按照"三教统筹"的原则,各类职业技术学校、农民文化技术学校及开展"三后"教育、分流教育的普通中学要密切配合,共同形成技术培训网络，提高教育的整体效益。

4．加强农科教结合，依靠社会各方面力量兴办职业技术教育。

农科教结合是使农村经济建设转到依靠科技进步和提高劳动者素质、实现农业现代化的重要措施，也是调动各方面力量，推动职业技术教育发展，促进科技、教育与经济结合的有效途径。要充分发挥各级政府对农科教的统筹决策权，积极发展各种形式的联合办学，统筹解决经费、师资、教材、基地、仪器设备和培训项目等问题。

5．积极发展校办产业，开展勤工俭学，走产教结合、以厂养校的道路。

经营并管理好生产实习基地，开展勤工俭学，不仅是提高教育质量的必需手段，也是运用学校自身技术优势，增强自我发展活力的主要措施。对校办厂和实习基地在起步资金、项目选择、产品供销渠道等方面的困难，需争取各地政府和有关部门的支持，切实加以解决，还可通过银行为开展这项活动筹措部分贷款。

三、采取特殊政策和措施，推动职业技术教育的发展

要采取多种措施，扩大职业技术教育经费的来源渠道，使职业技术教育的经费每年都有一定的增长。中央拨给各省、自治区的城乡职教补助费、民族教育专项补助费，要划出一定比例用于少数民族与民族地区发展职业技术教育。

要规划、解决好职业技术教育的师资问题。有关高等院校，要在地方有关部门的统筹安排下，承担起为职业技术学校培养专业课师资的任务；在大、中专毕业生分配时要对少数民族与民族地区适当照顾；对一些急需的专业课师资，可请联办单位派兼职教师；对一些技艺性较强的专业课师资，还可聘请能工巧匠担任。各地还可从职业教育专项补助经费中划拨适当比例，用于专业课教师的培训。要加强电教设备建设，充分发挥现代化教育手段在职业技术教育和专业课师资培训中的作用。

采取国家和地方相结合的办法加强教材建设。各地有关部门要根据当地需要，组织编写部分乡土教材，并在经费上给予支持。

地方政府和有关部门要帮助职业技术学校配备和建设好生产实习基地，兴建有关专业的实验室，就近划拨一部分土地、山场、水面或小型企业；或帮助学校租赁、承包、领办有关企业或田产；或与科技、经济实体联合经营，建立相应的生产实习基地。业务主管部门或联办单位要支持、帮助职业学校建立好校外实习工厂（场），确定一些条件较好的企业、单位作为职业学校的校外实习基地。学校要加强对实习基地的管理，做到人才培养和社会、经济效益双丰收。

各级政府和有关部门要进一步落实“先培训，后就业”的方针，逐步实行技术证书制度，各单位录用或聘用工作人员时，必须优先录用职业学校毕业生和经过其他职业技术培训的人员；对回乡参加农业生产的职业学校毕业生，在贷款、农用生产资料供应、科技承包等方面要给予优惠和照顾，帮助他们尽快成为专业户、科技示范户。对成绩突出者，应给予表彰和奖励。

四、加强对少数民族与民族地区职业技术教育工作的领导

各级政府要把职业技术教育纳入当地经济和社会发展的总体规划，努力创造一个有利于职业技术教育发展的良好社会环境。要加强政府统筹，搞好教育、计划、劳动、人事、财政等部门的分工协作，加强教育部门的具体指导。县一级政府应成立职业技术教育领导小组，或建立联席会议制度，定期研究制订发展职业技术教育的规划、政策、措施，并认真检查实施，及时解决职业技术教育工作中遇到的问题。

要调整、充实、配备好职业学校的领导班子，选拔既懂教育，又懂经济、德才兼备，有开拓进取精神的同志担任学校校长。要对学校校长和教育管理干部分期分批进行培训，以提高他们的政治、业务和管理水平。要加强学校内部管理，建立健全学校的规章制度，明确职责分工，严格执行各项规章制度，做到奖惩分明。有关管理部门要认真抓好典型，不断总结和推广先进经验。

□关于加强民族教育工作若干问题的意见

（1992年10月20日国家教育委员会、国家民族事务委员会发布）

民族教育是我国整个教育事业的重要组成部分，也是民族工作的重要内容。建国后，特别是党的十一届三中全会以来，在党和政府的关怀与扶持下，民族教育事业取得了显著的成绩，少数民族在校学生和教师数均以高于全国平均速度大幅度增长。少数民族和民族地区教育程度有很大提高。四十多年来，各类学校培养了大批少数民族干部和专业技术人才，造就了一代新型的少数民族知识分子队伍，他们中的绝大多数人已成为民族地区乃至全国社会主义现代化建设的骨干，为民族地区乃至全国的经济发展与社会进步、增强民族团结、巩固边防和维护祖国统一做出了重大贡献。

但是，由于历史、社会和自然条件等多方面的原因，当前，我国大多数少数民族和民族地区教育事业发展的总体水平，与内地相比，仍然较为落后，特别是与当前加快改革开放的形势和当地社会主义建设事业的发展很不适应；大约占少数民族人口2/3的地区，教育发展水平明显低于内地，其中占少数民族人口近1/3的地区的教育发展尤为困难。

为继续巩固和发展我国平等、团结、互助的社会主义民族关系，实现各民族共同繁荣，保持国家的长治久安，顺利进行社会主义现代化建设，我们要根据邓小平同志南巡重要谈话和中央民族工作会议精神，认真总结发展民族教育的经验，并在已有成就的基础上，抓住当前有利时机，进一步解放思想，加快改革开放的步伐，努力把我国民族教育提高到一个新的水平。

一、要充分认识发展民族教育的重要战略意义

我国是一个统一的多民族社会主义国家。55个少数民族有9120万人口，占全国总人口的8%，民族区域自治地方的面积占全部国土的64%，地域辽阔，资源丰富。加快少数民族和民族地区的经济和社会发展，维护全国各民族的大团结，不仅关系到少数民族的繁荣和幸福，而且关系到我国现代化建设的全局。中央民族工作会议指出，根据党的“一个中心、两个基本点”基本路线的要求，加快改革开放步伐，尽快把少数民族和民族地区的经济搞上去，是当前民族工作的基本任务，而要完成这一任务，就必须依靠科技和教育，从培养民族人才、提高少数民族劳动者的素质入手。这是少数民族和民族地区经济振兴的必由之路，也是维护民族团结和祖国统一，建设有中国特色的社会主义的根本大计。各级党委、政府以及广大干部和群众，要提高对这一重要战略意义的认识，切实采取有力措施，加速我国民族教育事业的发展。

二、民族教育必须坚持社会主义办学方向

民族教育作为我国社会主义教育的重要组成部分，必须坚持党的领导，为社会主义现代化建设服务，培养德、智、体全面发展的建设者和接班人；必须在马克思主义的指导下，从少数民族和民族地区的特点出发，结合各民族学生的思想实际，联系国内外形势特别是改革开放的大好形势，加强对他们进行党的基本路线教育，进行增强民族团结、维护祖国统一和近、现代史以及国情教育，不断增强学生热爱党、热爱社会主义的感情和信念。

全国中等和中等以上的各类学校，要根据学生年龄特点，采取多种形式，结合学校教学实际，充实马克思主义民族理论和党的民族政策的教学内容，加强民族平等、团结、互助、反对民族歧视的教育，进行无神论和科学世界观的教育，引导学生逐步树立马克思主义的民族观和宗教观。要有针对性的对学生进行反对国内外敌对势力挑动民族矛盾、制造民族分裂的教育，提高学生抵制民族分裂活动的自觉性。

要认真执行《宪法》规定的教育与宗教分离的原则，任何人不得利用宗教干预学校教育和社会公共教育，更不能利用宗教进行妨碍实施义务教育的活动；不得在校内进行宗教活动。

发展民族教育，必须充分调动社会各方面的力量。在多数人信教的民族地区，要注意发挥宗教界爱国人士在动员适龄儿童入学、募集办学资金、改善办学条件等方面的积极性。

三、发展民族教育必须坚持从实际出发，充分考虑民族特点和地区特点

我国的民族教育，就其范围来说，是指对汉族以外的55个少数民族成员所实施的教育。要在党和国家统一的大政方针指导下，把贯彻执行党和国家统一的教育方针同贯彻执行党和国家的民族政策有机地结合起来，坚持从少数民族的特点和民族地区的实际出发，发展民族教育事业。各地要根据当地经济、教育发展的不同程度，合理确定和调整本地区各级各类民族教育事业发展的规模、速度以及教育结构和办学形式。把提高劳动者素质，培养初、中级技术人才，全面提高教育质量，增强办学效益，为当地的经济和社会发展服务，作为现阶段民族教育改革与发展的重点。从实际出发，制定好“八五”计划和今后十年教育发展规划。

九十年代，是我国加快改革开放步伐，实现第二步战略目标的关键时期，也是民族教育发展的重要时期。各级党委和政府，要努力完成“八五”计划和十年规划所确定的教育发展任务。民族教育的发展一要打好基础，在数量和质量上有一个新的发展和提高；二要坚持改革开放，进一步明确办学的路子，使民族教育更好地为当地经济建设和人民群众的富裕文明服务；三要努力缩小目前困难较大的民族地区同全国教育发展平均水平的差距，使民族教育的发展与全国教育的发展相适应，与少数民族和民族地区的经济、社会发展相适应。

要大力加强基础教育，积极创造条件，实施九年制义务教育。目前，初等义务教育没有普及的地方，要抓紧普及初等义务教育，杜绝新文盲的产生；在少数办学确有困难的地方，可以先普及初等义务教育，至少先做到一户有一个合格的小学毕业生；同时要调整好初中的布局，有计划地办好所有初中。

积极发展多层次、多种形式的职业技术教育和成人教育。“八五”期间，少数民族较多的县(旗)，要集中力量办好一所起骨干示范作用的中等职业技术学校，人口稀散的地方，可办在地区(州、盟)所在地；同时，要重视举办比较切合民族地区经济发展水平的初级职业技术教育；少数民族人口较多的乡(镇)，要办好农(牧)民文化技术学校，积极开展短期实用技术培训。要加强普通中小学的劳动课和劳动技术课教学，并有计划地将一部分民族中学和普通高中改办成职业中学或综合中学。力争把民族地区的中小学办成具有传授科学文化知识、传播现代文明和推广实用技术等多种功能的中心。

在一些经济教育发展水平较低的民族地区，从小学高年级开始引入职业技术教育的因素，把学文化和学技术早期结合起来。有些地区还要根据实际需要，对学生进行家庭经营、家庭理财以及改变落后习俗所需要的教育。民族地区的县、乡两级政府，要积极实行“三教统筹”和“农科教结合”，实施“燎原计划”，通过多种形式的实用技术培训，大面积提高劳动者的科学文化技术素质，增强他们吸收运用科学技术的能力，落实“科教兴农”战略，充分发挥科技、教育在推动民族地区社会主义“两个文明”建设中的作用。

要优先办好民族师范学校，尽快提高民族教师队伍的水平。要改革招生与分配办法，定向为山区、牧区、有特殊困难的边远民族地区，单独举办师范班。注意加强热爱家乡、建设家乡的教育，并根据民族地区的实际需要，改革教学内容，使毕业生能够理论联系实际，不仅能教文化课，还能掌握一两项当地生产适用的技术，做到一专多能。有条件的民族地区师范专科学校，经省、自治区人民政府批准后，可办成以培养师资为主，多科类、综合型的师范专科学校，为当地经济建设培养部分迫切需要的专门人才。

民族地区的办学形式，力求符合当地的实际与需要，灵活变通，既要考虑学校的规模效益，又要适合当地自然环境和各民族生产生活的特点，以方便少数民族子女入学。人口稀少、居住分散的地方或经常流动的牧区，学校的布局要相对集中，从一定年级起举办寄宿制学校。在民族杂居地区，提倡不同民族学生合班或合校分班上课，风俗习惯不同的，可以分餐、分宿。对风俗习惯有特殊要求的少数民族，可以采取一些特殊措施，提高女童的入学率。对散杂地区的少数民族教育，各级政府要给予足够重视，切实帮助解决办学中的实际困难。

要利用广播电视等手段，促进少数民族和民族地区教育的发展，提高民族教育质量。“八五”期间，国家教委要争取安排卫星转发器，开通民族教育专用频道，建立民族文字音像教材编译室，编制与民族文字配套的音像教材。

重视和发挥民族地区高等院校在当地经济和社会发展中的重大作用。“八五”期间，要把工作重点放在适度发展、优化结构、改善条件、深化改革、提高质量上。要特别重视培养少数民族地区迫切需要的大专层次的经济、科技、管理方面的人才。国家教委和中央部委以及省、自治区、直辖市所属的高等院校，要有计划地招收少数民族学生，继续办好民族班和民族预科班；每年都要坚持选拔一定数量的有实践经验的少数民族优秀青年到高等院校学习，为把他们培养成各项建设事业的骨干，打好坚实的基础。在一定时期内，高等学校和中等专业学校招生，对少数民族考生仍需继续实行同等条件下优先录取和适当降分录取相结合的办法，尽量多为少数民族和民族地区培养一定数量的中、高级专门人才。

民族学院在历史上为培养民族干部发挥了重要作用，在新形势下应继续办好。当前除重点办好具有民族特色的学科、专业和对少数民族干部进行培训外，还要办好大学预科。民族学院现有的专业，要根据社会需要积极改善办学条件，深化改革，提高质量；民族地区急需的一些专业，要在统筹规划的基础上，努力创造条件，有计划地设置。

四、发扬优秀传统，扩大开放交流，鼓励相互学习，促进共同繁荣

发展民族教育要在继承发扬本民族优秀文化传统的同时，积极扩大民族间、地区间的交流，大胆吸收和借鉴人类社会所创造的一切文明成果。在使用民族语言文字教学的地区，要因地制宜地搞好双语文教学，大力推广普通话。民族学校的教学语言文字政策的具体实施，主要由各省（区）遵照《宪法》、《民族区域自治法》的有关规定和有利于民族的长远发展、有利于提高民族教育质量、有利于各民族的科学文化交流的原则，根据多数群众的意愿和当地的语言环境决定。要提倡汉族青年学习少数民族的语言文字、文学艺术、历史、医学等，以利于各族学生增进了解，广交朋友，团结互助，共同进步。

要加强民族教育的理论研究，不断扩大同国内外的学术交流。

五、坚持国家扶持与自力更生相结合的原则，多渠道增加民族教育的投人

各级党委和政府要把民族教育摆在优先发展的战略位置，认真抓好。要广泛深入宣传“依靠人民办教育，办好教育为人民”的思想，做艰苦细致的思想工作，把群众发动起来支持教育。根据民族地区的实际，基础教育要实行由地方负责、分级办学、分级管理的体制，以充分调动广大群众艰苦奋斗、自力更生办学的积极性。各级各类民族学校要充分利用当地资源，因地制宜，广泛开展勤工俭学活动。

西藏教育有特殊困难，全国要给予支援，要认真办好内地西藏班（校）。困难较多的一些省（区）的民族教育，中央和地方各级政府都要给予必要的扶持，首先要逐步增加地方财政支出中对民族教育的投资比例，力争做到“两个增长”。中央和省（区）财政要按照《民族区域自治法》的有关规定，设立民族教育专项补助经费。国务院决定中央财政每年拨给民族教育的专项补助经费由现在的二千万元随着经济的发展逐步有所增加；各省（区）民族教育专项补助经费数额，由省（区）根据实际情况确定。国家拨给民族地区包干经费中的“三项”补助经费（民族地区机动金、边境地区事业建设补助费、不发达地区发展资金），各省（区）要增加用于发展民族教育的比例。

目前，全国尚有143个少数民族贫困县，有关省、自治区、直辖市要采取切实措施，帮助这些地方发展教育事业，国家教委和国家民委也要通过多种形式重点扶持这些地方的教育事业，使其逐步改变落后状况。除国家给予一定的支持外，各级政府要动员本省（区）的力量，参照“智力援藏”的办法给予扶持，包括选择一些办学条件较好的中等学校招收少数民族学生入学，为经济落后、教育发展有特别困难的少数民族和民族地区多培养一些质量较高的人才。要鼓励和组织内地省、市对部分省（区）一些少数民族贫困县实行对口支援协作；同时，鼓励和组织本省（区）内经济、教育较发达的县、市同本省（区）少数民族贫困县对口支援协作，以加快贫困地区民族教育的发展，走共同富裕的道路。

要认真抓好民族文字教材编译出版和审定工作。民族文字教材的编译出版，除省（区）财政拨专款给予支持外，要改革管理体制，按照“以教材养教材”的原则以盈补亏（即用出版汉文中小学教材的盈利补贴出版民族文字中小学教材的亏损）。跨省（区）使用的教材，由国家教委组织审定。本省（区）使用的教材，由省（区）教委组织审定。未经审定，不得作为教材。

六、大力培养少数民族的教育行政管理干部

从长远考虑，民族教育要发展，必须培养本民族的教育行政管理干部。各地要加强民族教育行政管理队伍的建设，要有计划地逐步培养一批有共产主义觉悟、坚持党的基本路线、维护祖国统一和民族团结、熟悉教育规律、善于从本地区本民族实际出发、能够创造性地发展民族教育事业的民族教育行政管理干部，这是加强民族教育工作的一项重要措施。目前，要采取学习进修、挂职锻炼、干部交流、参观考察等形式，抓紧培养各级民族教育干部，尽快提高他们的管理水平和决策能力，并把锐意改革、政绩突出的干部充实到各级教育部门的领导岗位上来，从中造就一批少数民族的教育家。

七、加强党和政府对民族教育工作的领导，做好民族教育的立法工作

各级党委和政府要高度重视民族教育工作，进一步加强领导，这是搞好民族教育工作的根本保证。

各地党委和政府的主要领导，特别是民族区域自治地方的主要领导同志，要亲自过问民族教育工作，把民族教育纳入当地经济和社会发展的总体规划，摆在优先发展的战略地位。有关领导同志要及时研究民族教育中的新情况、新问题，努力探索教育与经济相互促进的发展新路子。

要根据《宪法》、《民族区域自治法》、《义务教育法》等有关法律、法规，抓紧拟定《民族教育工作暂行条例》，在总结经验的基础上，再制定《民族教育法》，使我国民族教育工作逐步走上依法治教的轨道。

外事工作部分

□接受外国来华留学研究生试行办法

（1992年6月22日国家教育委员会发布）

为开展国际教育交流与合作，做好接受来华留学研究生的工作，特制定本办法。

一、接受外国来华留学研究生的院校及学科、专业

经国家教委、国务院部委或省、自治区、直辖市人民政府批准接受外国留学生的高等学校中，凡具有博士、硕士学位授予权、可对外开放的学科、专业均可接受外国来华留学博士生或硕士生。

二、申请人资格

1. 申请在华攻读硕士学位者，年龄一般在35岁以下，具有我国的学士学位或与我国学士学位相当的学历。

申请在华攻读博士学位者，年龄一般在40岁以下，具有我国硕士学位或与我国硕士学位相当的学历。

2. 身体健康状况符合国家教委颁布的“外国来华留学生健康检查标准”。

3. 品德良好、愿意遵守中国的法律、法规及学校纪律和尊重中国人民的风俗习惯。

三、申请办法

1. 政府计划内的来华留学研究生

（1）我驻外使领馆向所在国主管派遣部门提供我接受计划后，由该派遣部门根据我政府计划和我对来华留学研究生的资格要

求，择优选拔。经我使领馆初审同意后，将申请人有关材料报回。

(2)在华学习的符合来华留学研究生资格的申请者，应首先与所在国政府驻华使领馆联系，再持其使领馆出具的同意报考的函件到申请报考院校办理申请手续。研究生申请人经其驻华使馆确认纳入政府奖学金计划后，方可享受我国家教委的奖学金。

2. 政府计划外的来华留学研究生

(1)根据校际间或两国其他部门间的交流计划拟来华攻读研究生学位者，按校际或其他部门间达成的协议办理申请手续。

(2)在国外或已在华的符合来华留学研究生资格的个人，申请自费攻读研究生学位者，应直接向接受学校提出申请。除本文规定的其他条件外，还需提供担保机构出具的在华事务、经费担保证明，并应有在华常驻机构的委托人。

3. 申请人应缴验的材料

(1)“外国留学生来华学习申请表”。

(2)“外国人体格检查记录”。

(3)经公证后的学位证书及最后学历阶段的学业证书、所学课程及成绩表(复印件)。

(4)两名副教授(或相当职称)以上专家、学者的推荐信。

以上所有材料均应是中、英、法三种文字之一或附有此类文字的译本(经公证后的)。

4. 申请时间

(1)政府计划内的申请人的申请材料，必须于入学当年的5月31日前送抵国家教委国际合作司。已在华学习者申请时间按国内研究生报考规定或学校规定办理。

(2)政府计划外的申请人的申请材料根据接受学校要求的时间送抵学校。

四、录取办法

录取外国来华留学研究生，要根据我入学的基本要求并结合我对外政策和具体国家的经济、文化教育发展水平的不同情况等方面综合考虑。对纳入政府计划的第三世界国家来华留学研究生的录取，应适当照顾。

1. 纳入我政府计划并经我驻外使馆受理申请的，根据申请人的志愿和实际情况，由国家教委统一商接受院校。接受院校根据申请材料等情况提出录取意见。政府计划内接受的来华留学研究生由国家教委根据接受院校的录取意见进行审批。

2. 纳入我政府计划的已在华的申请人，应参加我国研究生统一的入学考试或参加接受院校为外国留学生专门组织的考试。免考政治理论及外语。初试时硕士生考生须应试三门业务课，博士生考生业务课考试门数与相应中国学生相同。每门考试时间为3小时，初试合格后，应参加面试。由学校决定录取。

3. 在华留学的应届本科毕业生符合我国推荐免试为硕士生条件的，由学校按我国推荐免试生办法录取。不受推荐免试生名额的限制。

在华留学的硕士生符合提前攻读博士条件的，可以按规定提前攻读博士学位。

4. 政府计划外的申请人的录取办法同2条。

5. 各接受单位一律于规定的时间按规定的格式将所有录取名单报国家教委和上级主管部门备案。

6. 政府计划内录取的来华留学研究生的名单由国家教委于7月31日前通知我驻外使领馆和接受院校，由我驻外使领馆发给来华学习签证(X签证)和“录取通知书”已在华的被录取人员的录取通知书由接受学校直接交留学生本人，并向有关驻华使馆寄送一份复印件。政府计划外录取的来华留学生的“录取通知书”由接受学校直接寄留学生本人，并办理JW202表。被录取新生凭此表向我驻外使领馆领取X签证。

五、报到注册

被录取的来华留学研究生持来华学习签证和录取通知书在规定的时间内到接受院校报到。报到时由学校按规定进行健康复查，不符合要求者，取消入学资格。逾期不报到者，除特殊情况经接受院校同意外，均作自动放弃处理。

六、学习期限

来华留学研究生专业学习期限一般为二至三年。

七、学位授予

来华留学研究生的学位授予按国务院学位委员会发的《关于普通高等学校授予来华留学生我国学位试行办法》办理。

凡按规定未获得参加论文答辩资格或未获得学位者，改作进修生结业。

用外语授课的学科、专业，留学研究生的论文可用外语撰写和答辩。

八、国务院有关部委和各省、自治区、直辖市政府教育主管部门和有关高等院校，可根据本办法补充制定实施细则。

□国务院办公厅关于在外留学人员有关问题的通知

（1992年8月12日）

广大留学人员热爱祖国，愿意为中华民族的繁荣富强做出贡献。他们在外努力学习，许多人取得了可喜的成就，赢得了荣誉。留学人员是国家的宝贵财富，党和政府一贯热情关怀、团结教育广大在国外留学人员，祖国期望他们早日学成回国，建功立业。为贯彻落实党中央关于出国留学工作的指示精神，适应改革开放形势发展的需要，进一步做好出国留学工作，更好地为我国社会主义建设事业服务，现就在外留学人员的有关问题通知如下：

一、欢迎留学人员回国工作。公派在外学习人员有义务在学成之后回国服务。所有在外学习的人员，不论他们过去的政治态度如何，都欢迎他们回来，包括短期回国进行学术交流合作，以及探亲、休假。对在国外说过一些错话、做过一些错事的，一律不予追究。即使参加了反对中国政府的组织、从事过危害国家安全、荣誉和利益的人员，只要他们退出这些组织，不再从事违反我国宪法和法律的反政府活动，也都一律欢迎回国工作。

二、对持过期因公普通护照或一次性出入境因公普通护照的留学人员，可为他们办理护照延期或换发新护照；对要求将因公普通护照换为因私普通护照的，也可给予办理；已取得外国国籍的人员应提出退出中国国籍，依照我国国籍法的规定办理，按外籍华人对待。

三、留学人员申请办理护照延期、换发新护照，以及退出中国国籍手续时，应予办理。如与原派出部门或单位有经济及其他未了事宜，应与这些部门或单位协商解决，不影响上述手续的办理。

四、留学人员短期回国后，只要他们持有我国有效护照和外国再入境签证，无须再履行审批手续，即可随时再出境。

五、派出单位应加强与在外留学人员的联系，主动关心他们的工作和生活。留学人员回国后，按“双向选择”的原则，可回原单位工作或自行联系工作，也可以进入“三资”企业工作或自行开办企业等。要鼓励促进国际交流和合作，经所在单位同意，可以在国外兼职。

六、留学人员的家属申请出国探望留学人员，应当允许，由公安机关依照《中华人民共和国公民出境入境管理法》审批。

七、各地区、各有关部门按照本通知精神落实具体措施，方便在外留学人员回国，简化入出境手续，妥善解决留学回国人员工作、生活上的具体问题。

八、在留学回国人员较集中的地方，可由当地政府、有关部门或社会团体根据需要建立留学服务机构，帮助留学人员办理有关事宜，为他们提供各种服务。

九、我国驻外使领馆代表国家管理留学事务，应保护我留学人员的合法权益，对他们的学习研究工作和日常生活给予帮助，为他们排忧解难，并及时向他们介绍我国内情况。要教育他们遵守所在国的法律，努力学习，自尊自爱，与当地人民友好相处，热爱祖国，维护祖国的荣誉和利益，为国争光。

国家教委办公厅档案处 整理

审稿人 郑树山

1992年教育大事记

1月1日 国务院总理李鹏写信给北京二龙路中学，对学校利用校史向学生进行近现代史和国情教育的做法，给予充分肯定，并向在教育岗位上无私奉献的教师表示崇高敬意。

1月4日 国家教委在北京召开实施《中华人民共和国未成年人保护法》座谈会。国家教委副主任柳斌出席座谈会并讲话。

1月6日 国家教委召开农村教育综合改革和“燎原计划”实施情况的新闻发布会，通报了检查贵州、河南、福建、江西、宁夏、山西、河北等7省(区)的农村教育综合改革实验县基本情况、基本估价和基本经验及全国实施“燎原计划”三年来所取得的成效。

△国家教委发布《高等师范专科学校体育教育专科教学计划》。

1月7日～10日 国家教委1992年工作会议在北京举行。会议总结交流了近几年各地教育改革和发展的经验，研究落实了教育事业“八五”计划和十年规划，部署了1992年的教育工作。会议期间，国务委员兼国家教委主任李铁映和部分省市负责人进行了座谈，听取了他们的意见，并就进一步强化教育的战略地位等问题讲了话(讲话摘要发表在7月18日《中国教育报》上)。李鹏、姚依林、田纪云、邹家华、朱镕基等领导同志出席了闭幕大会。李鹏总理在闭幕会上作了重要讲话。2月24日，国家教委印发1992年工作会议文件和领导讲话。

1月8日 国务委员兼国家教委主任李铁映、国家教委副主任何东昌、柳斌、邹时炎与国家教委新近聘任的25位督学座谈，并为他们颁发了督学证。李铁映在座谈会上讲话。

△李铁映与国家高级教育行政学院第一期高校党政干部培训班学员举行座谈。

1月8日～11日 国务院办公厅和国务院研究室联合在北京召开农科教三结合工作座谈会。国务委员陈俊生出席会议并讲话。国家教委副主任王明达出席。

1月9日 全国中小学教材、电教教材、电教设备展览在北京开幕。国务委员兼国家教委主任李铁映为开幕式剪彩。展览会展示了我国近年来中小学教材和配套音像教材建设及各级各类电化教育工作取得的成果。

1月11日 国家教委在北京召开全国升学、考试制度改革工作会议，就小学、初中升学制度改革和实行普通高中毕业会考制度的问题进行了研讨。国家教委副主任何东昌、滕藤、邹时炎出席会议并讲话。2月11日，国家教委发出《高中会考工作会议纪要》。

△国家教委发出《关于进一步在中小学校开展群众性歌咏活动的意见》。

△国家教委发布《关于表彰首届全国中小学生歌咏(录像)比赛获奖学校的决定》。4月28日，国家教委基础教育司、社会科学研究与艺术教育司、中国教育电视台等单位联合召开首届全国中小学生歌咏比赛颁奖暨全国连环画展评活动总结大会。

△经人事部批准，我国第一家设在企业中的“留学回国人员工作站”在首都钢铁总公司成立。

1月11日～13日 中国教育国际交流

协会在杭州召开中国传统文化与中外文化关系国际研讨会，中外学者 80 余人到会。

1 月 13 日 国家教委和上海市人民政府联合发出《关于积极组织高等学校参与浦东开发的意见》。

△国家教委关心下一代工作委员会、艺术教育委员会、中国教育学会、中国音乐家协会等 9 单位就举办全国青少年优秀新歌比赛举行新闻发布会。

1 月 14 日～17 日 第二届全国教学仪器标准化技术委员会成立会在哈尔滨召开。1 月 25 日，国家教委办公厅印发《全国教学仪器标准化技术委员会章程》、《教学仪器订标补助费使用管理办法》、《全国教学仪器标准化技术委员会会费管理暂行办法》和成立会议纪要。

1 月 15 日 国家教委在北京召开关于培养专科程度小学教师试验工作会议，就“八五”期间进行此项试验的布点、招生和计划等问题进行了研讨。国家教委副主任邹时炎到会讲话。

1 月 16 日 国家教委发出《全国教育事业十年规划和“八五”计划要点》。

△国家教委发出《关于在普通高等学校充实整顿工作中加强学校布局结构调整工作的通知》。国家教委于 3 月、4 月、7～9 月，分别对辽宁、广东、广西、湖南、河南、安徽、吉林、黑龙江、福建和陕西等省普通高校充实整顿情况进行检查验收。

△国家教委办公厅印发何东昌在天津市加强高中学生政治方向教育工作座谈会上的讲话。

1 月 16 日～19 日 全国教育审计工作会议在昆明举行。会议就 1992 年及“八五”期间如何充分发挥审计监督作用，为提高教育系统财经管理水平和奖金使用效益，优化育人环境，促进教育事业的改革和发展服务等问题进行了讨论，并制定了相应的措施和规定。

1 月 16 日～20 日 国家教委在南京举行直属高校 1992 年工作会议。国务委员兼国家教委主任李铁映到会听取了代表们的发言，并就当前国际国内形势、高等教育战线的形势等问题讲了话(4 月 1 日印发讲话摘要)。国家教委在会上部署了 1992 年直属高校要重点抓好的六项工作。国家教委副主任何东昌、滕藤、朱开轩到会并讲话(2 月 25 日印发)。2 月 26 日，国家教委办公厅印发国家教委直属高校 1992 年工作会议文件：《关于国家教委直属高校 1992 年工作的几点意见》和《关于加强国家教委直属高校青年教师工作的意见》。

1 月 17 日 国家教委发出《关于 1992 年部分普通高等学校试验招收先进模范青年的实施意见》，随文公布了试点学校名单。

1 月 18 日 国家教委发出《关于国家教育委员会直属高等学校发展科技产业的意见》。

1 月 18 日～21 日 全国学校体育卫生管理工作研讨会在天津举行。会议就如何提高学校体育卫生工作管理水平交流了经验，提出 1992 年学校体育卫生工作的主要任务是狠抓落实、提高质量。国家教委副主任邹时炎到会并讲话。

1 月 20 日 国家教委、解放军总参谋部联合发布《北京大学、复旦大学学生军政训练期间学籍管理暂行规定》。

1 月 21 日 中共中央总书记江泽民在江苏常州市考察刘国钧职业培训中心，指出办职教中心的方向是对的，今后就是要多培养应用性技术人才和管理人才。

1 月 21 日～24 日 中央宣传部、国家教委、团中央联合在北京大学召开高校青年师生课余学习马列主义理论经验交流会，全国

40多所高等院校近60人参加会议。李铁映与到会代表进行了座谈。

1月21日～28日 原苏联国家教委副主任、中苏教育合作小组苏方组长舒克舒诺夫应邀访华。朱开轩与舒氏共同签署了原教育合作小组双方组长会谈纪要。

1月23日 中国联合国教科文组织全国委员会第15次会议在北京举行。会议总结了1991年全委会工作，提出了1992年工作要点。国家教委副主任、全委会主任滕藤和中国社会科学院副院长、全委会副主任任汝信出席会议并讲话。

△《中国教育报》报道：国家教委副主任柳斌就社会上拉中小学生参加各种社会活动问题发表谈话，要求维护学校正常的教学秩序，严禁乱拉学生"公差"。

△国家教委在北京召开中央部委教育司、局长联席会议。

1月24日 全国高等教育自学考试指导委员会召开在京委员座谈会。全国考委主任何东昌到会并讲话。

1月25日 国家教委发出通知，号召在教育系统开展向青岛海洋大学青年教师、在执行海岛资源综合调查任务时不幸牺牲的王成海、叶立勋同志学习。5月5日，国家教委、人事部作出《关于追授王成海、叶立勋同志"全国教育系统劳动模范"称号的决定》。

1月27日 国家教委发出《关于修订普通中等专业学校专业目录的通知》，附发中等专业目录修订工作委员会和协调小组名单及普通中等专业学校专业目录(1984年初稿)。

1月28日 国家教委发出《关于印发全国各类成人高等学校招生有关规定的通知》。

△国家教委在中国教育电视台举行"采用现代技术，促进教育事业发展"为主题的座谈会。国家教委副主任邹时炎以及北京部分教育界知名人士出席会议。

1月29日 国家教委发布全日制聋校、盲校和弱智学校的教学仪器配备目录(试行草案)。

1月30日 国务委员兼国家教委主任李铁映、国家教委副主任柳斌慰问北京市特殊教育学校的师生员工，向大家拜年。在参观了西城区培智中心学校、北京第三聋哑学校后，李铁映同有关特殊教育学校的教师代表进行座谈，并就特殊教育工作发表了重要讲话。5月5日，国家教委印发《李铁映同志在北京市特殊教育学校教职工座谈会上的讲话》。

△国家教委与全国教育工会第三次联系会议在北京举行。

△国家教委发出通知，批准在北京大学等15所高校建立文科文献资料情报中心。

△国家教委办公厅印发《本科专业设置清理工作遗留问题处理意见》。

1月 经新闻出版署批准，中国教育电视台主办的《中国教育电视报》创刊，李鹏、李铁映题了词。

2月2日 李铁映主任签署国家教委第18号令，发布《高等学校招生全国统一考试管理处罚暂行规定》，自即日起施行。

2月10日 国家教委发出《关于表彰国家教委委属高校专利工作先进集体和先进个人的通知》。

2月10日～11日 国家教委职业技术教育司先后召开中专专业目录修订工作委员会第一次会议和由国务院48个部委中专(职教)处长出席的会议，部署普通中等专业学校专业目录的修订工作。

2月11日 国家教委发出通知，要求做好1992年中小学教师《专业合格证书》文化专业知识考试的工作。

△国家教委、共青团中央、文化部、新闻出版署联合发出《关于开展"全国红领巾读书

读报奖章活动”十周年纪念活动的通知》。

2月12日 国务院发出《关于积极实行农科教结合推动农村经济发展的通知》。

△国家教委发出《关于做好1992年高等学校毕业生和毕业研究生思想教育工作的通知》。

△国家教委发表《1991年全国中小学近视眼防治工作公告》。

2月15日～17日 全国举行1992年度硕士生招生的入学考试。

2月16日 国务院发布《九十年代中国儿童发展规划纲要》。

2月19日 国家教委、农业部转发《关于嘉兴农校改革招生分配制度为科教兴农服务情况的报告》。

△国家教委发出通知，印发中学思想政治、中小学语文、历史、地理学科教育纲要的实施意见。

△国家教委发出《关于对中小学德育工作有关法规、文件落实情况进行督导检查的通知》。

△国家教委发出通知，印发《小学、初中国防教育纲要(试行)》和《学校国防教育常规》，要求各地从实际出发，在抓好试点的基础上逐步推广，力争在“八五”期间扩大至乡中心小学以上的完小及所有初级中学。

△国家教委办公厅发出《全国中小学勤工俭学“八五”期间发展计划要点》。

2月19日～21日 1992年教育监察工作会议在北京举行。会议提出1992年教育监察工作的指导思想和工作任务是：继续坚定不移地贯彻党的基本路线，全面贯彻国家的教育方针，全面发挥监察职能作用，加强执法监察，坚持反腐败斗争，推进廉政建设，加强教育监察机构的自身建设，为维护政治稳定，促进经济发展与教育的改革和发展服务。

2月20日 国家教委副主任柳斌就张家口市三位小学生家长给李铁映写信，反映小学生课业负担过重问题向新闻界发表谈话，重申必须采取有效措施，切实解决小学生课业负担过重的问题，保证学生德、智、体、美、劳全面发展。

△中国出版协会教育图书理事会在人民大会堂举行全国优秀教育图书发奖大会。柳斌到会讲话。

2月20日～25日 国家教委副主任、中国联合国教科文组织全委会主任滕藤出席在泰国曼谷举行的亚太地区教育问题研讨会。

2月20日～28日 根据国务院总理办公会决定，国家教委组织48所高等学校121名专家、教授和大学生代表，由中央顾问委员会委员周林率领对三峡工程进行考察。

2月21日 《中国高等教育》编辑部举行复刊10周年座谈会。国家教委副主任何东昌出席并就教育改革问题发表了意见。

△国家教委发出《关于加强和改善企事业单位兴办中小学工作的意见》。

2月22日 国家教委发出《关于国家教委直属高等学校监察工作若干问题的意见》。

2月23日～3月8日 国务委员兼国家教委主任李铁映率领中国教育代表团访问老挝、印度和斯里兰卡三国。与印度人力资源开发部签署了1992～1993年教育合作议定书。

2月24日 国家教委发布《小学生体育合格标准实施办法》。

△国家教委发出《关于将全国中学计算机教育研究中心改名为全国中小学计算机教育研究中心的通知》。

2月25日 国家教委召开全国省、自治区、直辖市教委、高教(教育)厅(局)人事处长工作会议，研讨教师和教育系统干部队伍建设有关问题，部署1992年教育人事工作。

△国家教委发出《1991年全国研究生工作座谈会纪要》。

2 月 26 日　国家教委发出《教育审计工作"八五"计划要点》。

2 月 26 日～29 日　1992 年全国普通高校招生计划与招生工作会议在沈阳举行。会议确定 1992 年普通高校计划招生 62.6 万人，停招和减招的学校共 67 所。会议布置了 1992 年招生工作中重点抓好的改革工作，表彰了全国普通高校招生工作先进集体和先进个人。3 月 31 日正式下达 1992 年普通高校招生计划，共招收 62.48 万人；同时公布了建议暂停或减少安排招生的长线专业名单，共计 81 个专业，124 个专业点。

2 月 28 日～3 月 2 日　国务院学位委员会办公室在西安召开 1991 年度在职人员以同等学力申请博士、硕士学位工作汇报验收会。

2 月 29 日　国家教委发布《中、小学校及中等师范学校电化教育设备配备标准》。

2 月 29 日～3 月 4 日　全国教育科学"八五"规划重点课题"高等学校德育大纲研究"子课题研讨和总课题开题会在上海举行。

3 月 1 日～8 日　国家教委师范教育司在北京举办《教育学教学指导纲要》高级研讨班。5 月 16 日，国家教委办公厅印发了研讨班情况通报和何东昌、邹时炎在开班式上的讲话。

3 月 4 日　国家教委发布《全日制中学思想政治课教学大纲(试用稿)》。4 月 15 日～20 日，国家教委基础教育司在天津召开新大纲、新教材培训会，80 余人参加，何东昌作了报告。

3 月 8 日　师范院校教育学系列教材编写委员会在北京成立，并召开首次工作会议，研究制定了编委会的工作条例。何东昌到会讲话。5 月 16 日，国家教委办公厅印发了编委会工作条例、编委会名单和何东昌的讲话。

3 月 9 日　国家教委召开电视大会，部署 1992 年在全国范围内开展关于加强中小学德育工作有关法规文件贯彻落实情况的督导检查，国家教委副主任邹时炎出席会议并讲话。

3 月 10 日　国家教委发出《关于建设国家理科基础科学研究和教学人才培养基地的意见》。

3 月 12 日　国家教委发布《职业高级中学学生学籍管理暂行规定》。

△国家教委办公厅发出《关于延长使用〈全国各类成人高等学校招生复习考试大纲〉的通知》。

3 月 12 日～15 日　国家教委、国家语委联合在哈尔滨召开全国小学语文"注音识字、提前读写"教改经验推广工作座谈会。国家教委副主任何东昌出席会议并讲话。会议总结交流了 10 年来开展"注音识字、提前读写"的教改经验，并研究了进一步推广的方针和措施。

3 月 14 日　经国务院批准，李铁映主任签署国家教委第 19 号令，发布《中华人民共和国义务教育法实施细则》。4 月 1 日，国家教委举行新闻发布会，国家教委副主任柳斌就有关问题发表谈话。

3 月 15 日～18 日　国家教委、国家民委联合在北京召开全国民族教育工作会议。会议的主要任务是学习邓小平同志关于建设有中国特色的社会主义的重要论述，贯彻中央民族工作会议精神，总结交流民族教育工作的经验，明确今后改革和发展民族教育的方针和任务。国务委员兼国家教委主任李铁映在会上作了题为《大力改革和发展民族教育，促进各民族共同繁荣》的讲话。全国政协副主席、国家民委主任司马义·艾买提，国家教委副主任何东昌也在会上讲了话。会议表彰了 109 个全国民族教育先进集体和 218 名先进个人。4 月 20 日，国家教委、国家民委联合印发李铁映、司马义·艾买提和何东昌在全国民族教育工作会议上的讲话。

3月17日 国家教委、国务院学位委员会联合发出《研究生教育和学位工作"八五"计划和十年规划要点》。

△国家教委发出通知，认定第二批省级重点职业高级中学249所。

3月18日 国家教委发出《关于1992年普通高等学校招生工作的通知》。

3月19日 国家教委学校体育卫生司在北京召开学校民族传统体育工作研讨会。7月23日，国家教委办公厅发出会议纪要。

3月20日 国务院总理李鹏在七届人大五次会议开幕式上作政府工作报告。强调发展科技事业，提高劳动者素质，基础在教育。教育也要深化改革。

3月22日～25日 国家教委在杭州市召开普通高等学校1992年本专科和研究生毕业生分配计划协调会。

3月23日 国家教委发出《关于表彰全国普通高等学校招生工作先进集体、先进个人的决定》。

3月23日～24日 国务院学位委员会办公室和国家教委研究生工作办公室在北京召开学位和研究生教育研究"七五"成果表彰及"八五"工作座谈会。

3月24日 国家教委召开"进一步提高师范生源质量，加强师范生和中小学教师职业技能训练"电话会议。要求各地全面提高师范教育质量，为中小学教育培养和培训出政治、业务素质合格的教师。

3月25日～27日 中国高教学会在长沙市召开第七次秘书长会议，总结1991年工作，安排1992年学会工作。

3月27日 民政部、卫生部、国家教委、国家计委、财政部、全国妇联、中募委、总后勤部、国务院贫困地区经济开发领导小组、中国残疾人联合会、全国残疾人康复工作办公室联合发出《关于下发全国残疾人重点康复项目"八五"实施方案的通知》。

△日本政府对华文化无偿援助换文签字仪式在北京举行。国家教委副主任滕藤、日本驻华大使桥本恕分别代表本国政府签署换文。

3月28日 国家教委办公厅发出《关于普通高等学校授予名誉教授称号的补充通知》。

3月29日～4月1日 职业技术教育中心研究所在上海召开"借鉴德国'双元制'经验，促进我国职业技术教育改革的研究与实验"课题开题会。

3月30日 国家教委发出《关于女教师产假有关问题的复函》。

4月1日 国家教委发出《关于调整北京电力专科学校等普通高等专科学校校名的通知》，公布第一批65所普通高等专科学校的校名。

4月1日～4日 全国中小学教师培训工作研讨会在武汉举行。会议主要议题是如何加快中小学教师培训工作的改革步伐。1992年国家教委将扩大小学教师进修专科班试点，并将对初中教师培训工作进行较大改革。国家教委副主任邹时炎到会讲话。

4月2日 国家教委发出《全国高等师范学校师资培训"八五"计划要点》和《关于加强各级高师(高校)师资培训中心建设的意见》。

△白俄罗斯教育部副部长基什库尔诺·彼得率领教育代表团来华访问。

4月2日～6日 国家教委在山东省昌乐县召开全国弱智儿童随班就读现场研讨会。

4月3日 国务院学位委员会办公室、国家教委研究生工作办公室召开会议，请国务院有关部委教育司(局)负责人参加,通报了1992年学位和研究生教育工作要点,讨论了委托部委进行学位和研究生教育质量检查和评估工作等问题。

△国家教委办公厅发出《关于加强普通高中教学管理的几点意见》。

4月6日　国家教委发出《关于批准部分省(直辖市)进行培养专科程度小学教师试验工作的通知》。

△国家教委发出《关于做好1992年内地西藏班高中毕业生升学有关工作的意见》。

4月6日～11日　第四届南太平洋地区中学生运动会在澳大利亚达尔文市举行。来自中国等22个国家和地区的2300多名运动员参加了田径、游泳、体操3个项目的比赛。中国19名运动员参赛,获19枚金牌、8枚银牌、5枚铜牌。

4月7日　国家教委、共青团中央联合发出《关于在全国中小学深入开展学雷锋活动的意见》。

△国家教委图书馆工作委员会在北京举行实施“源泉工程”首届赠书仪式暨中小学图书馆工作研讨会。国家教委副主任柳斌出席会议并讲话(国家教委办公厅5月27日印发)。“源泉工程”旨在通过赠送图书和业务培训,推动贫困地区的中小学图书馆建设。

4月8日　国家教委发出《关于加强少数民族与民族地区职业技术教育工作的意见》。

△国家教委留学生司和《神州学人》杂志社在北京召开中国近代留学教育120周年座谈会。

4月9日～11日　中央宣传部、国家教委和共青团中央在河南省安阳市联合召开高等学校学生社会实践活动联系点经验交流会。8月29日,转发了河南省安阳市开展高校学生“我把知识献家乡”社会实践活动的经验。

4月10日　为确保1993年全国小学一年级、初中一年级使用义务教育课程计划、教学大纲和教材,国家教委在北京召开九年义务教育文科教学大纲教科书审查会议,何东昌、柳斌到会讲话。

△国家教委发出《关于成立高等学校出版社自然科学优秀学术专著评选委员会的通知》。

△国家教委办公厅发出《关于严肃查处参与滥编滥印乱用复习资料人员的通知》。

4月11日　国务委员兼国家教委主任李铁映在北京会见并宴请了德国联邦经济合作部前国务秘书冷格尔博士一行。双方对两国合作,尤其在职业技术教育领域合作所取得的成绩给予积极评价,并愿进一步巩固与发展这一合作。

△国家教委副主任何东昌、滕藤在北京会见了应邀来华访问的保加利亚副总理兼教育科学部部长尼·瓦西列夫一行。双方签署了中保1992～1995年教育合作协议。

4月13日　公安部、国家教委联合发出《关于加强中小学生旅游活动中交通安全工作的通知》。

4月13日～23日　以国家教委副主任滕藤为团长的中国中小学幼儿教育工作者访日代表团一行126人对日本进行考察访问,并参加了中日邦交正常化20周年纪念活动。

4月15日　国家教委发出通知,试行《普通高等学校学生安全教育及管理暂行规定》。

4月15日～5月1日　由朱开轩副主任率领的中国信息技术教育代表团先后访问美国、法国和日本。

4月17日　国家教委发出《电教教材专项经费及贷款管理办法(试行)》。

4月19日～30日　经国务院批准,国家教委组织亚非拉（巴基斯坦、斯里兰卡、尼泊尔、加纳、喀麦隆、博茨瓦纳、墨西哥）驻华使馆外交官考察团，赴山东省和上海市了解我国高等教育、基础教育、农业职业技术教育和当地经济发展情况。

4 月 20 日 国家教委、国家科委联合发布《关于加强高等学校科学技术成果推广应用工作的决定》。

4 月 21 日 中央宣传部、国家教委、共青团中央联合发出《关于 1992 年暑期高等学校学生社会实践活动的意见》。

4 月 21 日～24 日 国家教委在天津市召开全国教育规划工作会议。各省、自治区、直辖市、计划单列市、新疆生产建设兵团和部分部委等部门的代表近百人出席会议。会议总结了教育事业十年规划和“八五”计划的编制工作，研究部署了下一步规划工作任务，对师资需求预测和师资教育规划方法进行了培训，讨论了乡镇企业人才需求和培养途径等有关问题。

4 月 22 日 中央教育科学研究所召开座谈会，纪念国务院批转国家教委《关于改革和发展成人教育的决定》发表 5 周年。

△国家教委、国家计委、财政部联合发出《关于 1992 年内地西藏班初中毕业生分流工作的通知》。

4 月 23 日 国家教委、全国教育工会联合发出《关于做好退（离）休教师管理服务工作的几点（试行）意见》。

4 月 23 日～26 日 中国教育学会数学教育研究发展中心在上海市召开学习上海市青浦县数学教改经验现场研讨会。国家教委副主任柳斌到会讲话。5 月 8 日，国家教委办公厅转发了研讨会纪要。

4 月 24 日 国家教委发出《关于做好 1992 年硕士生录取工作的通知》。

4 月 25 日 国家教委召开电视会议，就学习和贯彻《中华人民共和国义务教育法实施细则》问题作出具体部署。国家教委副主任邹时炎主持会议，全国人大教科文卫委副主任委员张承先、国家教委副主任柳斌到会讲话。

4 月 25 日～5 月 2 日 应国家教委邀请，乌克兰教育代表团访华。滕藤与乌克兰教育部副部长维·维·索科尔签署了两国教育合作会谈纪要。

4 月 25 日～5 月 11 日 中国教育国际交流协会会长黄辛白应邀访问美国，5 月 12 日～21 日顺访香港。

4 月 27 日～5 月 3 日 西藏人才预测规划工作研讨会在北京举行。西藏 7 个地市、自治区交通、卫生、农牧、教育、商业、邮电、工业电力、广播电视、旅游 9 大行业，国务院有关部委和北京市高教局的有关负责人及专家组全体成员共 57 人出席研讨会。

4 月 30 日 《中国教育报》报道：五一国际劳动节前夕，全国 60 名教育工作者荣获全国总工会授予的 1992 年“五一劳动奖章”；2 个先进集体、4 个先进班组获全国“五一劳动奖状”。

5 月 3 日～5 日 国家教委、农业部联合召开的农业院校评聘推广型教师职务工作座谈会在北京农业大学举行。7 月 17 日，国家教委办公厅、农业部办公厅联合发出《农业院校评聘推广型教师职务工作座谈会纪要》和国家教委办公厅副主任朱开轩、农业部副部长洪绂曾讲话。

5 月 4 日 国家教委发出通知，试行高等教育自学考试经济管理类专业考试计划。

5 月 5 日 何东昌应邀参加了中央各部委教育司局长联席会议。

△国家教委办公厅发出《关于在幼儿园加强爱家乡、爱祖国教育的意见》。

5 月 6 日 中华职业教育社在北京召开

建社 75 周年纪念会。国家教委副主任王明达到会祝贺，并介绍了我国职业教育的发展形势。

△国家教委办公厅发出《1992 年需由国家教委审批的专业目录内本科专业名单》。

5 月 7 日　国家教委和中央宣传部联合组织的“理想、奋斗、成才——优秀大学毕业生先进事迹报告团”分南北两路进行巡回报告活动。

5 月 7 日～13 日　受国家教委主任李铁映的委托，全国人大常委会委员杨海波代表国家教委率工作组对安徽省重灾县进行工作考察。

5 月 9 日　国家教委、全国教育工会联合发出《关于贯彻中共中央〈关于加强和改善党对工会、共青团、妇联工作领导的通知〉的几点意见》。

△国家教委发布《师范专科学校教学仪器设备配备方案》。

△国家教委发出《关于在部分高等工程专科学校进行招收有一定生产实践经验人员试点工作的通知》。

5 月 9 日～10 日　全国进行成人高等教育招生考试。

5 月 9 日～24 日　全国人大组织对河南省实施《义务教育法》情况进行了检查。

5 月 11 日～12 日　国务院学位委员会办公室在北京召开地方学位委员会工作座谈会，批准建立江苏、四川、上海、陕西等省市地方学位委员会。

5 月 11 日～6 月 5 日　全国人大常委会委员陈舜礼率领的人大义务教育检查组，对江苏、浙江省贯彻实施义务教育法情况进行检查。

5 月 12 日　国家教委、中国残疾人联合会印发《残疾儿童少年义务教育“八五”实施方案》。

5 月 13 日　国家教委中小学教材审定委员会办公室在北京召开九年义务教育理科教学大纲、教材审查会议。何东昌、柳斌到会讲话。

△国家教委发出《关于加强成人高中教育的意见》。

△国家教委办公厅发出《关于搞好城市教育综合改革试点工作的意见》。

5 月 13 日～21 日　国家教委、中国教育记者协会和河南省教委联合邀请新华社、人民日报、光明日报、中国青年报、农民日报、文汇报、中国教育电视台等 10 余家首都和河南省的新闻单位的 30 余名记者，前往河南省采访多渠道筹措资金，改善办学条件的情况。

5 月 14 日　国家教委副主任朱开轩与吉尔吉斯外交部副部长伊玛纳里耶夫共同签署《中国国家教委和吉尔吉斯教育部 1992～1994 年教育合作协议》。

5 月 15 日～27 日　滕藤赴法国巴黎出席联合国教科文组织执行局会议。期间率中国教育代表团访问了埃及和苏丹。

5 月 16 日　国家教委举行新闻发布会，公布国家教委、国家体委、卫生部、国家民委、国家科委联合进行的 1991 年全国学生体质健康监测结果：“七五”期间，我国学生体质健康水平又有明显提高。国家教委副主任邹时炎在讲话中就进一步加强学校体育卫生工作提出了八点意见。9 月 7 日，国家教委、国家体委、卫生部、国家民委、国家科委联合发出《关于进一步加强学校体育卫生工作，提高学生体质健康水平的意见》。

△国家教委发出通知，成立高等学校出版社社会科学优秀学术专著评选委员会。

△国家教委作出《关于表彰全国中小学德育工作先进市的决定》。

5 月 17 日～18 日　国家教委财务司在北京召开国家教委直属院校附属中小学财务

工作座谈会。6月12日,国家教委办公厅印发了纪要。

5月19日 国家教委发出《关于加快中学教师学历培训步伐的意见》和《邹时炎同志在全国中小学教师培训工作研讨会上的讲话》。

5月20日 中共中央总书记江泽民与首都应届高校毕业生代表在中南海怀仁堂座谈。他在讲话中指出,党和人民对知识分子队伍的新鲜血液——大学毕业生十分信任,相信他们一定会继承和发扬我国知识分子的优良传统,投身改革开放的伟大洪流,在加快经济建设和社会发展中发挥重要的作用。5月27日,92位首都高校应届毕业生举行座谈会,畅谈与江泽民总书记座谈后的收获和体会,并向全国高校应届毕业生发出倡议,号召全国高校应届毕业生积极投身改革和建设伟大实践,为建设有中国特色社会主义贡献力量。

5月21日 国家教委发出《关于教育系统开展绿化工作的意见》。

△国家教委发出《关于1992年全国各类成人高校招生录取工作有关事项的通知》。

5月21日～25日 由中宣部、国家教委联合召开的全国中小学德育工作会议在福建三明市举行。会议着重学习和贯彻邓小平同志南巡谈话精神,贯彻国家教委有关中小学德育工作的文件,研究改进重点高中德育工作的措施,奖励和表彰在中小学德育工作方面做出突出成绩的城市。原中宣部副部长曾德林、国家教委副主任何东昌、柳斌到会讲话。6月15日,中宣部办公厅、国家教委办公厅印发了上述三位领导同志的讲话。

5月22日 全国总工会、国家教委转发全国教育工会《关于全国退(离)休教育工作者工作研讨会的情况报告》。

5月25日 国家教委发出《关于重申对师范院校非师范专业的学生收取学杂费和住宿费的通知》。

5月27日 《中国农村教育年鉴》编纂出版工作会议在北京举行。

5月28日 由清华大学、北京大学、复旦大学、上海交通大学等60多所高校集资组建的股份公司——中国高科集团公司在上海浦东新区正式注册成立,投入浦东开发。

5月31日 霍英东教育基金会第三次高等院校青年教师基金及青年教师奖颁发仪式在北京举行。本次颁奖全国有81人获青年教师基金,150人获青年教师奖。国家主席杨尚昆、全国人大常委会副委员长雷洁琼等到会祝贺,国家教委副主任滕藤在颁奖仪式上讲话。

5月 "六一"国际儿童节前夕,由国家教委副主任柳斌带队,慰问了北京市第一聋哑学校、宣武区青少年科技馆、北京第四幼儿园、通县幼儿园、通县运河小学、北京小学、北京市复兴门第一小学等园、校的师生。

6月1日 首都举行庆祝"六一"国际儿童节联欢活动。国务委员兼国家教委主任李铁映等领导接见了北京市"十佳"少先队员,并观看了孩子们的演出。

△国家教委、文化部、全国总工会、团中央、全国妇联、中国科协在北京联合作出《关于表彰全国少年儿童校外教育工作先进集体、先进工作者的决定》,并联合召开表彰大会。

6月2日 国家教委发出《1992年全国普通高等学校毕业生分配计划》。

6月4日 江泽民总书记会见著名数学家陈省身教授及夫人郑士宁女士和著名物理学家杨振宁教授。国务委员兼国家教委主任李铁映也曾会见了他们。

6月5日 国家教委发出《关于认真做好1993年全国普通高等学校优秀教学成果

奖励工作的通知》。

6月5日～8日　国家教委在徐州市召开全国农村学校人口教育经验交流会，江苏省教委及铜山县介绍了开展人口教育的情况。

6月6日～21日　国家教委副主任柳斌率领包括兼职督学、离退休司局长、中央教育科学研究所人员和机关干部共69人分赴山东省16个地市考察教育工作。

6月10日　国务委员兼国家教委主任李铁映出席国家高级教育行政学院举办的第四期高校领导干部马克思主义理论进修班和第二期高校党政干部培训班结业式，并讲话。

△国家教委发布《中小学校园环境管理的暂行规定》。

△国家教委发出《全国优秀幼儿读物、教育挂图、音像制品推荐目录》。

6月11日　国务委员兼国家教委主任李铁映会见潘宗光院长率领的香港理工学院访问团。

6月11日～14日　国家教委在安徽颍上、霍邱两县召开全国灾区教育恢复重建工作现场会。

6月12日～22日　以全国人大常委会委员杨海波为首的人大义务教育法检查组对黑龙江省进行了检查。

6月13日　《中国教育报》报道：国家教委第二届高等学校优秀教材评审会结束。269种教材被评为国家教委优秀教材，其中一等奖133种，二等奖133种，中青年奖3种。

6月14日　国家教委发出1992年暑期全国毕业研究生分配计划。

6月16日　国家教委、共青团中央联合发出《关于评选、表彰"三好学生"、"先进班集体"的通知》。

6月16日～20日　全国电教综合实验县工作研讨会在福建邵武市举行。

6月17日　国家教委副主任邹时炎在北京会见东盟五国（印度尼西亚、新加坡、泰国、马来西亚和文莱）主管体育教育的副部长访华团，向他们介绍了中国学校体育教育40多年来的发展情况及成就。

6月18日　中共中央宣传部、国家教委、共青团中央联合发出《关于进一步组织高等学校青年师生学习马克思主义理论的通知》。

△《中国教育报》报道：以全国人大教科文卫委员会副主任委员刘冰为组长、国家教委专职委员郭福昌为副组长的全国人大义务教育法检查组，结束对河南省历时10天的检查。

6月18日～20日　国务院学位委员会第三届学科评议组召集人会议在北京召开。

6月18日～21日　高等学校科研处长会议在深圳举行。会议重点研讨了高校科技成果转化问题。

6月19日～20日　国家教委在济南召开"办好教育为人民研讨会"。国务委员兼国家教委主任李铁映到会并讲话。7月21日，国家教委办公厅印发了研讨会有关文件。

6月22日　国家教委发布《接受外国来华留学研究生试行办法》。

6月23日　国家教委发出《关于做好学校治安综合治理工作的几点意见》。

△国家教委、财政部、国家物价局联合发出《关于进一步改革和完善普通高等学校收费制度的通知》。

6月24日　最高人民法院、国家教委、人事部联合发出《关于加强法院系统成人高等教育〈专业证书〉教学班管理的通知》。

6月24日～28日　卫生部、国家教委在北京联合召开全国学校卫生防病工作会议。

6月25日　中共中央办公厅、国务院办公厅转发中央宣传部、国家教委、共青团中央

《关于广泛深入持久地开展高等学校学生社会实践活动的意见》。

6 月 27 日　李铁映主任签署国家教委第 20 号令，发布《高等学校实验室工作规程》，自即日起施行。

△国务委员兼国家教委主任李铁映在北京会见了应邀访华的日本文部大臣鸠山邦夫一行。宾主就两国教育交流与合作等事宜进行了亲切友好的交谈。

△国家教委、财政部、人事部、劳动部联合发出《关于普通高等学校招收先进模范青年试点工作有关问题的补充通知》。

△国家教委办公厅发出《关于今年高等学校招生计划执行和管理有关问题的通知》。

△首届高校出版社自然科学优秀学术著作评选会结束，共评出 75 种优秀著作，8 种优秀著作特等奖。

7 月 1 日～4 日　中组部、中宣部、国家教委党组联合在北京召开 1992 年全国高等学校党的建设工作会议。中央政治局委员、国务委员兼国家教委主任李铁映在开幕式上作了题为《加强党的建设，深化高教改革，为经济建设服务》的报告。6 月 30 日，中共中央总书记江泽民、国务院总理李鹏等领导同志会见了会议代表。会议期间，中共中央政治局常委宋平同部分与会代表进行了座谈。会议的主要任务是学习、贯彻邓小平同志重要谈话和中央政治局全体会议精神，总结交流近几年的工作经验，明确在新形势下进一步加强高校党的建设和思想政治工作任务，研究在党的领导下深化高教改革的指导思想和基本方针，促进高教事业更好地为以经济建设为中心的社会主义现代化建设服务。

7 月 2 日　国家教委批复华中师范大学，同意将武汉教学仪器厂下放给该校管理。

7 月 2 日～4 日　首届高校出版社社会科学优秀学术著作评选会在北京召开。评出特等奖 10 种，优秀奖 73 种。

7 月 3 日　国务院召开常务会议，讨论《中国教育发展和改革纲要(草案)》。

△国家教委发出《关于加强中小学计算机教育的几点意见》。

7 月 4 日　国家教委发出《关于加强高等学校实验室工作的意见》。

7 月 5 日　国务委员兼国家教委主任李铁映在北京会见应邀来访的斯里兰卡民主社会主义共和国司法兼高教部长哈米德一行，就两国教育交流与合作等事宜进行了交谈。

7 月 6 日～9 日　国家教委政策法规司在哈尔滨召开各省、自治区、直辖市和计划单列市教育政策法规处处长座谈会。

7 月 6 日～13 日　应朝鲜民主主义人民共和国国家教委的邀请，国家教委副主任邹时炎率领中国教育代表团对朝鲜进行了友好访问。

7 月 7 日、10 日　北京大学、复旦大学 1991 级新生军政训练结业典礼分别在石家庄、信阳、大连、南昌四所陆军学院举行，李铁映出席了大连陆军学院的结业典礼并讲话，7 月 1 日，国家教委作出《关于表彰四所陆军学院在承担北大、复旦 1991 级新生军政训练工作中成绩突出的工作人员的决定》，附石家庄、信阳、大连、南昌四所陆军学院受表彰人员名单。

7 月 7 日　《中国教育报》报道：全国人大常委会委员许嘉璐率领的人大义务教育法检查组，结束对湖南的检查。

△《中国教育报》报道：国家教委副主任柳斌发表谈话，要求各地教育行政部门和中小学校做好暑期工作。

7 月 7 日～9 日　全国举行普通高等学校招生统一考试。

7 月 8 日　国家教委发出《关于在全国教育系统女教职工中开展“巾帼建功”活动的

通知》。同时成立全国教育系统“巾帼建功”标兵表彰工作领导小组。

7月9日　国家教委发出《关于调整上海医疗器械专科学校等普通高等专科学校校名的通知》，公布第二批45所普通高等专科学校的校名。

7月10日　国家教委发出《关于深入学习邓小平同志重要谈话的通知》。要求各地、各高校认真组织广大师生深入学习，联系实际，全面深刻领会邓小平同志重要谈话的精神实质，并认真部署和组织，注重实效。

△国家教委发出《关于加强高等学校思想政治教育课程教材建设的管理的意见》。

7月11日　国务委员兼国家教委主任李铁映在北京会见了朝鲜金日成综合大学总长官朴官伍一行。

7月12日～20日　第4届国际信息学奥林匹克竞赛在德国波恩举行。中国代表队4名中学生获3枚金牌、1枚银牌，团体总分名列第一。他们是：华中师范大学一附中的陈杲，福建师范大学附中的吴兴，上海延吉中学的杨云，北京十二中的孙燕峰。

7月14日　中国科协和国家教委在北京召开座谈会，欢迎参加在芬兰举行的第23届国际物理奥林匹克竞赛的中国代表队载誉归来，李铁映致信祝贺。在第23届国际物理奥林匹克竞赛中，中国代表队5名中学生全部获得金牌，居团体总分第一名。他们是：广东江门一中的陈涵，河南开封高中的石长春，湖南师范大学附中的李翌，湖北潜江江汉油田广华中学的张霖涛，湖南沅江一中的罗卫东。

7月15日　内地西藏班首届优秀毕业生表彰会在中国人民大学召开。

内地中专、中师和普通高中西藏班的39名首届优秀毕业生受到表彰。国家教委副主任柳斌、中央统战部副部长蒋民宽、国家民委副主任伍精华、图道多吉、西藏自治区党委副书记丹曾等到会祝贺。

7月15日～16日　第33届国际数学奥林匹克竞赛在莫斯科举行。中国代表队6名中学生全部获得金牌，团体总分名列第一。他们是：南京师范大学附中的沈凯，河南郑州一中的杨保中，哈尔滨师范大学附中的罗炜，四川成都七中的章寅，安徽安庆一中的何斯迈，北京大学附中的周宏。

7月16日～19日　国家教委直属高校工作咨询委员会在天津召开第三次全体（扩大）会议。会议的中心议题是学习领会、贯彻落实邓小平同志南巡重要谈话、中央政治局扩大会议和江泽民同志在中央党校重要讲话的精神，研究、探讨高校改革与发展的新思路。国务委员兼国家教委主任李铁映出席会议并讲话。国家教委副主任朱开轩在会议结束时讲了话（国家教委办公厅于8月21日印发）。

7月17日　国家禁毒委员会、国家教委联合发出《关于将〈禁毒教育读本〉列为中学生课外读物的通知》。

7月18日　国家教委办公厅发出通知，下达全国教育科学“八五”规划各级各类研究课题。

7月20日　国家教委作出《关于表彰全国普通高等学校体育课程评估优秀学校和优秀老体育教师的决定》。9月30日，国家教委在武汉表彰清华大学等106所全国普通高校体育课程评估优秀学校和王士林等50位优秀老体育工作者。

7月21日　国家教委、国家计委、人事部联合发出《关于编制1993年研究生招生计划的通知》。

△第24届国际化学奥林匹克竞赛在美国结束。中国代表队4名中学生获得3枚金牌、1枚银牌，团体总分名列第一。他们是：北

京四中的郑页，上海华东师范大学二附中的沈琚，合肥六中的杨志浩，山东实验中学的林熹晨。

△在匈牙利举行的世界中学生排球赛上，中国男女中学生队双双夺取冠军，邹时炎参加7月21日下午为他们举行的庆功会。

7月21日～23日 国家教委奖励工作办公室在西南交通大学分校召开1993年全国普通高等学校优秀教学成果奖励工作座谈会。9月9日，国家教委办公厅发出座谈会纪要。

7月22日 国家教委发布1992年《中国留学人员外语水平考试报考简章》。

7月24日 国家教委发出《关于推广小学语文"注音识字，提前读写"教改经验的若干意见》，附发《小学语文"注音识字，提前读写"教学改革实验纲要(试用稿)》。

△国家教委办公厅发出《关于全国高等学校毕业生就业指导中心兼负中等专业学校毕业生就业指导工作业务的通知》。

7月25日 李铁映代表国务院、国家教委致信，向在国际中学生数学、信息学、化学奥林匹克竞赛中取得优异成绩的中国代表队及有关人员表示祝贺；中国科技发展基金会、国家教委、国家自然科学基金会联合举行庆祝会，参加国际数学、物理、化学、信息学奥林匹克竞赛取得优异成绩的19名中学生获得中国科技发展基金会颁发的振华奖。10月23日，中国科协、国家教委联合作出《关于表彰参加1992年国际数、理、化、信息学奥林匹克竞赛国家集训队主要教练人员和组织工作者的决定》。

△国家教委发出《关于成立全国高等学校设置评议委员会及有关事宜的通知》。《通知》指出，设置评议委员会旨在加强对高等教育的宏观管理，提高重大决策的科学性和民主性，保证我国高等教育事业持续、稳定、协调发展，不断提高教育质量和办学效益。

7月26日～30日 全国教育督导评估研讨会在辽宁沈阳举行。国家教委副主任邹时炎出席会议并讲话。9月3日，国家教委办公厅印发了研讨会纪要。

7月27日～31日 国家教委在成都召开1992年内地西藏班招生工作会议。就内地西藏班办学的有关改革问题进行研讨并交流了办学经验。

7月28日 国务委员兼国家教委主任李铁映在北京会见美国新闻署长亨利·卡托一行。双方就进一步加强中美教育交流交换了意见。

7月29日 共青团中央、国家教委、全国双拥办公室联合作出《关于表彰先进少年军校、学军活动先进单位的决定》。

8月4日 国务委员兼国家教委主任李铁映同参加河北省高校暑期领导干部读书班的高校党委书记、校长进行座谈，就高校的改革和发展、创办高新技术产业、加强思想工作等问题讲了话。

8月4日～6日 亚洲中学体育联合会成立大会在中国广州市举行。大会通过了联合会章程，选举产生了领导成员，国家教委学校体育卫生司司长宋尽贤任联合会第一届主席。国务委员兼国家教委主任、中国中学生体育协会名誉主席李铁映向大会发了贺电。

△国家教委副主任滕藤应美国教育部长邀请，赴美国华盛顿出席亚太经济合作会议教育部长会议，讨论面向21世纪的教育标准。

8月4日～7日 国家教委关心下一代工作委员会和中国关心下一代工作委员会联合在大连市召开高等学校关心下一代工作座谈会。11月14日，国家教委印发国家教委机关工委《关于高等学校关心下一代工作情况的报告》。

8月5日　国家教委致电最近遭受暴雨、台风、山洪等自然灾害袭击、中小学损失严重的江西、湖南、福建、广西、浙江等省、自治区教委、教育厅，要求采取切实措施，彻底排除一切隐患，秋季按时、全面、安全开学，并就恢复校舍，落实受灾公办、民办教师的救济与安置等有关工作做出安排。

△国家教委发出《全国普通高等学校体育课程教学指导纲要》。

8月6日　国家教委发布《九年义务教育全日制小学、初级中学课程计划(试行)》和24个学科教学大纲(试用)。

8月6日～9日　由亚洲中学体育联合会主办的亚洲中学生羽毛球比赛在广州市举行，有11个国家和地区的代表参加比赛，由广东省组成的中国中学生代表队囊括了女子单打、女子双打冠亚军，还获男子单打第二、第三名。

8月7日　国家教委在北京召开座谈会，纪念邓小平同志关于招生改革的讲话发表15周年。恢复高考制度15年来，全国高校已累计培养人才近500万。

△国家教委、国家计委、人事部、财政部联合发出《关于进一步改善和加强民办教师工作若干问题的意见》。

△国家教委发布修订后的《全日制民族中小学汉语文教学大纲》。

8月8日　国家教委、财政部、国家计委联合作出《关于表彰多渠道筹措教育经费改善办学条件先进单位的决定》，对北京、天津、河北、山西、吉林、黑龙江、上海、浙江、安徽、福建、广东、四川、陕西、青海等14个省、市人民政府予以表彰和奖励。

△国家教委副主任朱开轩会见哈萨克斯坦共和国教育部副部长阿伯博卡里莫夫。10日，中国外交部长和哈萨克斯坦共和国外交部长分别代表本国政府签署两国政府教育合作协议。

8月9日～11日　国家教委社会科学研究与艺术教育司在甘肃省酒泉市召开了国家教委直属高校和各省、自治区、直辖市教委(高教局)主管文科科研的处长会议。成立了高校社会科学科研管理研究会。

8月10日～13日　国务院经贸办、国家教委、中国科学院联合召开的第一届产学研联合开发工程工作会议在北京举行。会议的中心议题是动员、部署实施“产学研联合开发工程”，交流产学研合作方面的典型经验。

8月11日　国家教委作出《关于表彰全国成人高等、中等专业先进学校和全国普通高校成人高等教育先进单位的决定》，对80所成人高等学校、40所普通高校成人高等教育办学单位和180所成人中等专业学校授予先进学校和先进单位称号。

8月11日～14日　全国成人高等教育工作会议在北京举行。会议总结了十一届三中全会以来成人高等教育的成绩和基本经验；贯彻落实邓小平同志重要谈话和中央政治局全体会议精神，研究并确定在加快经济建设和改革开放的新形势下，进一步改革和发展成人高等教育的指导方针及改革措施，并表彰成人高(中)等教育先进院校和办学单位。

国家教委副主任朱开轩在开幕式上作了主题报告。国务委员兼国家教委主任李铁映在闭幕式上发表讲话。9月24日，国家教委办公厅印发朱开轩在全国成人高等教育工作会议上的总结。11月21日，国家教委印发李铁映在闭幕式上的讲话、朱开轩在开幕式上的报告。

8月12日　国务院办公厅发出《关于在外留学人员有关问题的通知》。

8月13日～18日　国家教委社会科学研究与艺术教育司在长春市举办全国高校马

列(社科)部主任暑期培训班。国家教委直属高校和各省、自治区、直辖市部分高校的马列(社科)部主任近 80 人参加,研讨马克思主义理论课特别是中国社会主义建设课的教学与改革问题。

8 月 14 日～18 日　由国家对外汉语教学领导小组办公室和北京语言学院联合举办的首届汉语考试国际学术讨论会在北京举行,参加会议的有 11 个国家和地区的 98 位代表。国家教委副主任滕藤出席开幕式并讲话。李铁映会见了与会代表。

8 月 14 日～19 日　国家教委高等教育司在甘肃省酒泉市召开部分高校教务处长研讨会,研究普通高校中国语言文学、历史学、哲学、经济学、法学、艺术等文科 13 类本科专业目录方案,并就如何深化文科教育改革等问题进行研讨。

8 月 17 日　国家教委发出《关于初中毕业生升学考试体育试点工作的意见》。

8 月 17 日～21 日　中国少数民族地区教育国际交流协作会第二届第一次年会在青海省西宁市召开。四川、云南、贵州、新疆、青海、宁夏、内蒙古、广西、海南、西藏 10 省区的 27 名代表参加。

8 月 17 日～22 日　由国家教委与世界银行合作在大连举办中国教育筹资改革国际研讨会。与会代表就中国的教育投资政策、教育资源的配置等问题进行了研讨。

8 月 18 日　国家教委发出《关于中小学教育工作两项督导检查的通知》。10 月下旬,国家教委先后对北京、上海、河北、山东、辽宁、陕西、广东、广西、福建和四川 10 个省(区、市)进行了督导检查。

△人事部、国家教委发出《关于进一步争取优秀留学博士回国做博士后的通知》。

8 月 18 日～21 日　全国中学生田径赛在湖南岳阳举行。

8 月 20 日　最高人民检察院、国家教委、人事部联合发出《关于在全国检察系统继续实行〈法律(检察)专业证书〉制度的通知》。

8 月 20 日～24 日　全国企业教育综合改革经验交流会暨中国成人教育协会企业教育研究会首届年会在大庆举行。国家教委副主任王明达出席会议并讲话。

8 月 21 日　国务院召开常务会议,讨论并原则通过了《中国教育发展和改革纲要(草案)》。

△国家教委发出《关于国家教委直属高校内部管理体制改革的若干意见》和《关于国家教委直属高校深化改革,扩大办学自主权的若干意见》。

8 月 23 日　国务委员兼国家教委主任李铁映在长春邀请吉林大学、东北师范大学等 6 所高校的干部和教师进行座谈,就新学年深入学习邓小平同志重要谈话、加快教育改革和发展、活跃校园文化生活和鼓励留学生学成回国建功立业等问题作了讲话。

8 月 25 日　国家教委发出《关于学习、贯彻邓小平同志重要谈话精神,加强和改进教育内部审计工作的意见》。

8 月 25 日～28 日　全国九年义务教育教学工作会议在北京举行。国家教委副主任柳斌出席会议并讲话。

8 月 26 日　国家教委在北京召开驻外教育参赞会议,讨论进一步改革和加强教育国际交流与合作工作的思路和设想。

8 月 27 日　国家教委副主任柳斌在新学年开学之际发表谈话,对中小学的工作作出部署。

8 月 28 日　国家教委、财政部发布《外国来华留学生经费开支标准及管理办法》。

8 月 29 日　中央宣传部办公厅、国家教委办公厅、共青团中央办公厅联合转发河南省安阳市开展高校学生“我把知识献家乡”社会实践活动的经验。

△国家教委印发全国高等教育自学考试指导委员会《关于修订高等教育自学考试课程自学考试大纲的几点意见》。

9月2日 李铁映主任签署国家教委第21号令，发布《中国汉语水平考试(HSK)办法》，自即日起施行。

9月3日～9日 国家教委、财政部和国家计委在河南省联合召开全国多渠道筹措教育经费改善办学条件现场会。与会代表参观了河南"最好的房子是学校"的现场，听取了河南的经验。会上，向多渠道筹措教育经费改善办学条件成绩突出的北京、天津、河北等14个省、市人民政府颁发了锦旗和奖金，并对在这项工作中取得新成绩，创造了新经验的河南省人民政府予以嘉奖。国务委员兼国家教委主任李铁映等出席会议并讲话。9月8日，国家教委发表《关于多渠道筹措教育经费改善办学条件的公告》。公布了1981～1991年全国分省(区、市)的多渠道筹资改善办学条件的情况。

9月4日 国家教委发出《关于职业高中执行〈全日制中学思想政治课教学大纲〉(试用稿)的意见》。

9月4日～7日 国务委员兼国家教委主任李铁映先后考察了河南省开封、新乡、焦作、郑州4个市及其所属9个县(市、区)的筹资兴教情况，并看望、慰问了教师。

9月4日～7日 中央纪委驻国家教委纪检组在北京召开全国教育系统纪检工作会议。以邓小平同志重要谈话和中央政治局全体会议精神为指针，总结工作，交流经验，进一步明确纪检工作的指导思想和今后任务。各省、自治区、直辖市高校纪工委、教委纪检组和部分高校纪委负责人85人出席。

9月6日 国家副主席王震致信向全国教师和广大教育工作者祝贺教师节。

△北京第一实验小学集会庆祝建校80周年。国务院总理李鹏为学校80周年校庆题词："园丁勤耕耘。桃李满天下"。

9月7日 国家教委、中国国土资源开发利用促进会在北京联合召开1992年全国普通高等师范院校优秀新生表彰会。

9月9日 中共中央总书记江泽民到北京师范大学慰问教师和学生，向全国教师祝贺节日。

△全国尊师重教先进集体、先进个人代表会议在北京召开。国务委员兼国家教委主任李铁映等出席会议。会上向85个先进集体和50位先进个人颁发了证书和奖牌。国家副主席、中国中小学幼儿教师奖励基金会理事长王震会见了部分代表，向他们以及全国的教师致以热烈的节日祝贺。

△党和国家领导人分别为中国中小学幼儿教师奖励基金会题词。中共中央总书记江泽民的题词是：弘扬中华民族尊师重教的优良传统。国家主席杨尚昆的题词是：尊师重教，希望所在。国务院总理李鹏的题词是：尊重人民教师，发展教育事业。

9月10日 深圳大学举行江泽民总书记题写"深圳大学"校名的揭幕仪式。5月12日，江泽民为这所大学题写了校名。

△国务委员兼国家教委主任李铁映到北京大学向教师致以节日祝贺，并与北大老中青三代学者的代表进行了座谈。

△国务委员兼国家教委主任李铁映在北京会见应邀来访的德国大学校长代表团，介绍了我国改革开放的形势和近年来教育发展的情况，并希望两国高等学校进一步加强校际之间的交流与合作。

△国家教委办公厅发出通知，印发《关于进一步加强内地西藏班工作的意见》和《内地西藏中学班(校)管理实施细则》。

9月11日 全国妇联和国家教委联合

在人民大会堂召开大会，表彰100个全国家庭教育工作先进单位、50所“全国优秀家长学校”和100名全国家庭教育先进工作者。

9月12日 国务委员兼国家教委主任李铁映在北京会见并宴请应邀来访的科特迪瓦共和国高教和科研部长恩迪亚耶一行。宾主就两国的教育交流与合作交换了意见。

9月12日～16日 中国教育学会在大连市召开了第六次全国学术讨论会。

9月14日 中央宣传部、国家教委和全国教育工会转发何东昌、刘忠德、朱开轩1991年12月在全国高校教书育人座谈会上的讲话和座谈会纪要。

△国家教委发出通知，公布首届高等学校出版社优秀学术著作评奖结果。

9月14日～19日 联合国教科文组织召开的国际教育大会第43届会议在瑞士日内瓦举行。国家教委副主任邹时炎率中国代表团出席并在大会上发言。

9月14日～20日 第九届世界大学生乒乓球锦标赛在法国里昂举行。中国派出6名运动员参赛，获得混合双打银牌，男子团体、女子团体、混合双打三枚铜牌。

9月15日 全国千名优秀体育教师暨“十佳体育教师”评选活动颁奖仪式在北京举行。北京四中韩茂富等10名成绩卓著的优秀体育教师获“十佳体育教师”称号。

△国家高级教育行政学院举办的第五期高校领导干部马克思主义理论进修班和第三届高校党政干部培训班举行开学典礼。两个班学员共85人，培训时间为13周。

9月15日～18日 国家教委、国家民委和新疆维吾尔自治区人民政府在乌鲁木齐联合召开内地高等学校支援新疆第二次协作会议。10月22日，国家民委印发了国家教委副主任朱开轩，国家民委副主任图道多吉，新疆维吾尔自治区党委书记宋汉良，新疆维吾尔自治区人民政府主席铁木尔·达瓦买提、副主席克尤木·巴吾东和国家教委专职委员郭福昌在此会议上的讲话。

9月16日 由《大学生》杂志社主办的“大学生看中国”浪潮奖学金征文竞赛发奖座谈会在北京举行。国务委员兼国家教委主任李铁映出席座谈会并讲话。

9月19日 国务院办公厅转发国家教委、建设部、全国教育工会《关于“八五”期间解决城市中小学教职工住房问题的意见》。

9月21日 国家语委、国家教委联合发出《关于对高等师范院校普及普通话工作进行检查评估的通知》。

△国家语委、国家教委联合发出《关于公布全国中等师范学校普及普通话工作抽查结果的通知》，同时公布抽查合格的60所学校名单。

△国家语委、国家教委发出《关于进一步做好中等师范学校普及普通话工作的通知》，附发《全国中等师范学校普及普通话检查验收工作总结》。

△国家教委办公厅公布第二届全国基础教育教学仪器优秀研究成果评选结果。

9月23日 国家教委办公厅发出《关于加强内地中专、高中西藏班(校)首届毕业班工作的通知》。

9月24日 国务委员兼国家教委主任李铁映在北京会见了应邀来访的苏丹高教科研部长奥马尔一行，双方就进一步加强两国在教育领域的合作进行了亲切友好的谈话。

9月24日～28日 全国高等学校第二届优秀教材评审会议在北京召开。207种教材被评为“国优教材”，其中21种教材被授予特等奖，8种教材被授予中青年奖。11月5日，国家教委印发朱开轩在评审会议上的讲话，并公布优秀教材评奖结果。

9月25日 国务委员兼国家教委主任

李铁映主持召开国家教委办公会议，分析教育形势，研究深化教育改革思路。会议号召教育战线的广大干部和师生员工，以加快改革、加快发展的优异成绩，迎接党的十四大的召开。

9月26日～30日 国家教委和国务院贫困地区经济开发领导小组联合在陕西商洛地区召开全国贫困地区农村教育综合改革工作会议。国家教委副主任王明达在会上作了题为《加快发展与改革贫困地区教育，为脱贫致富多作贡献》的报告。

9月29日～10月4日 第四届全国大学生运动会在湖北省武汉市举行。国务委员兼国家教委主任李铁映在开幕式上致词，代表党中央、国务院向大会祝贺。

10月4日 国家教委发出《关于扩大城市教育综合改革试点工作的通知》。

10月5日 国家教委发出《关于今年普通高等学校招生计划执行情况的通报》。

△国家教委发出《关于颁发生产许可证的通知》，附发1991年生产许可证获证工厂名单(第一批)。

△国家教委发出通知，公布教学仪器设备生产首批定点厂14个，同时附发《教学仪器设备生产首批定点厂验收工作总结》。

10月5日～9日 全国高等教育自学考试指导委员会和中国教育国际交流协会在南京举办中国高等教育自学考试国际学术讨论会。

10月7日 国家教委发出《关于做好1993年从香港、澳门、台湾人士中招收研究生工作的通知》。

10月7日～11日 全国民办教师工作座谈会在江西九江举行。会议研究部署贯彻落实《关于进一步改善和加强民办教师工作若干问题的意见》，讨论了师资队伍建设、教师退休养老保险、医疗制度改革以及中小学内部管理体制改革等问题。国家教委副主任邹时炎出席会议并讲话。

10月8日 国家教委办公厅发出《举办成人高等教育非师范类专科起点本科班招生计划管理的暂行办法》。

10月9日～13日 《人民教育》杂志社在江苏南京市召开1992年度全国教育期刊社长、总编辑会议及《人民教育》通联工作会议。会议要求教育期刊要加强指导作用和导向作用，推动教育改革，重视教育理论研究，推广先进经验，为读者提供更多的信息。

10月10日 《中国教育报》报道：江泽民总书记日前为母校扬州中学90周年校庆题词："怀念前贤激励后昆，继往开来团结奋进"。

国务院总理李鹏为北京师范大学90周年校庆题词："坚持社会主义办学方向，吸收和借鉴人类文明一切优秀成果，办好北京师范大学，为发展我国教育事业做出新贡献"。

10月10日～15日 中国教育国际交流协会、中国教育学会学校体育研究会在上海举办1992年中日学校体育国际研讨会。

10月11日～14日 中国宇航学会和国际宇航学会联合在北京举行空间活动经济效益国际研讨会。国家教委电化教育司和中国电视师范学院的负责人，分别发表了题为《中国卫星教育的发展现状》和《卫星电视在培训中小学教师中的效益》的专题报告。

10月12日 中国共产党第十四次全国代表大会在北京开幕。江泽民总书记在报告中阐述九十年代任务时重申，要加速科技进步，大力发展教育，充分发挥知识分子的作用。

10月13日 国务委员兼国家教委主任李铁映在北京会见了以田中一郎为团长的日中教育交流协会代表团。双方就加强中日民间教育交流进行了亲切友好的谈话。

10月13日～16日 国家教委计划建设司与国家计委社会事业司在山东青岛市召开高等教育2000年发展目标暨1993年计划工作会议。

10月15日～19日 中国教育国际交流协会和中国教育学会在北京联合举办中学校长国际研讨会。

10月16日 国家教委办公厅发出《关于招收少数民族优秀青年进入高等学校学习的意见》。

10月19日 国家教委办公厅发出《关于对全国143个少数民族贫困县实施教育扶贫的意见》。

10月20日 国务委员兼国家教委主任李铁映给成人高校代表复信，就成人学校教学、科研、生产的结合问题作了重要指示。最近，281所成人高校的代表联名写信给国务院和国家教委领导同志，汇报工作并反映有关问题。

△国家教委、国家民委联合发出《关于加强民族教育若干问题的意见》。

△国家教委发出《关于巩固和发展高校劳动服务公司的若干意见》。

10月21日 国家教委发出通知，试行农村成人初等文化技术教育"实用语文"、"实用数学"、"实用科技"三科教学大纲。

10月22日 国家教委发出通知，试行《扫除青壮年文盲单位考核验收办法》。

10月24日～26日 张志公语言和语文教育思想研讨会在河北石家庄市举行。全国人大常委会副委员长雷洁琼到会祝贺。国家教委副主任兼国家语委主任柳斌向大会发贺电。

10月26日 李铁映主任签署国家教委第22号令，发布《高等教育自学考试命题工作规定》，自即日起施行。

△李铁映主任签署国家教委第23号令，发布《教师和教育工作者奖励暂行规定》，自即日起施行。

△国家教委发出《关于制订中等专业教育自学考试课程自学考试大纲的意见》。

10月27日 国家教委发出《关于在部分省开展中专自学考试改革试点工作的几点意见》。

10月29日 中央政治局常委会讨论《中国教育发展和改革纲要(草案)》。

△国家教委发出通知，试行《扫除文盲教育教学大纲》。

10月31日 国家教委职业技术教育司会同中华职业教育社、中国职业技术教育学会、《中国教育报》社联合在北京举行座谈会，纪念《国务院关于大力发展职业技术教育的决定》发布一周年。全国人大、全国政协、国务院经贸办公室、劳动部及有关民主党派和群众团体及经济界、职教界的代表共40多人参加。

10月下旬～11月下旬 国家教委组织6个招聘团，先后赴美国、英国、法国、瑞典、德国、比利时、瑞士、日本和澳大利亚9个国家招聘留学人员回国参加社会主义建设。

11月1日 中国人民大学集会庆祝建校55周年。国务委员兼国家教委主任李铁映、国家教委副主任柳斌等参加校庆活动。党和国家领导人江泽民、杨尚昆、李鹏分别题词祝贺该校校庆。中国人民大学建立55年来共培养14万名毕业生。

11月1日～7日 全国教育科学信息工作暨学术年会在北京举行。中宣部副部长刘忠德、全国人大教科文卫委副主任委员张承先出席会议并讲话。

11月2日 国务委员兼国家教委主任李铁映在北京会见应邀来华访问的联合国教科文组织执行局委员、澳大利亚工党全国主席巴里·琼斯。国家教委副主任、中国联合国教科文全国委员会主任滕藤参加会见。

△国家教委发出《关于支持中国青少年发展基金会实施"希望工程"的通知》。

△国家教委办公厅发出《关于加强民族散杂居地区少数民族教育工作的意见》。

11 月 3 日　国家教委办公厅发出《关于加强民族地区教育行政管理干部培训工作的意见》。

11 月 3 日～21 日　国务院学位委员会和国家高级教育行政学院联合举办首届学位和研究生管理干部研修班，全国 31 所高等学校和部分省、市有关人员 34 名学员参加研修学习。

11 月 6 日　国务院批转国家语委《关于当前语言文字工作的请示》。

△"中国大学生实用科技发明大奖赛"成果展览暨技术交易会在北京开幕。国务委员兼国家教委主任李铁映参观展览并题词。

11 月 6 日～7 日　国家教委直属高校工作咨询委员会在上海市召开师范大学分组会。

11 月 7 日　国务院总理李鹏会见印度人力资源开发部部长辛格。国务委员兼国家教委主任李铁映与辛格部长举行了工作会谈。

△国家教委对北京市高等教育自学考试委员会《关于对社会力量举办的高等教育进行国家考试的试点方案》作了批复。

11 月 9 日～10 日　国务院学位委员会第 11 次会议在北京举行。会议就我国学位与研究生教育改革和发展问题，增列博士生指导教师和部分博士、硕士学位授权点的审核工作及 1993 年学位工作的重点进行了讨论。国务院学位委员会主任委员何东昌出席会议并作了工作报告。

11 月 10 日～13 日　中国教育国际交流协会、中国科协国际会议中心联合举办的中美教育问题研讨会在北京开幕。国家教委副主任滕藤、美国驻华大使芮效俭出席开幕式。美方组织 230 多名教育工作者来华与会。

11 月 12 日　国家教委办公厅发出《关于认真进行新生资格审查的通知》。

11 月 13 日　国家教委、卫生部发出《关于改革西医类专业成人高等学历教育招生考试科目及"生理学"、"人体解剖学"复习考试大纲有关问题的通知》。

11 月 14 日　全国高等学校设置评议委员会在北京成立。该委员会由有关教育行政部门、高等学校、教育科研机构、国家综合部门的专家和学者组成。今后，高等学校的新设、改名、升格，都要经该委员会依法评审。经民主选举，何东昌任主任，王学珍、张玉玑、徐敦潢任副主任。

△国家教委向国务院报告 1992 年全国普通高等学校毕业生和毕业研究生分配工作情况。

△国家教委发出《关于九年义务教育小学、初级中学教材选用工作的意见》。

11 月 14 日～18 日　全国普通高等教育工作会议在北京举行。会议的主要议题是学习党的十四大精神和邓小平建设有中国特色社会主义的理论，提高对高等教育面临的形势和任务的认识；总结交流各地区、各部门、各高等学校在高等教育改革和发展方面的经验；研究在新形势下高等教育如何深化改革、进一步发展、全面提高教育质量和办学效益。国家教委副主任朱开轩在开幕式上作了题为《认真贯彻十四大精神，加快改革和积极发展高等教育》的报告。国务委员兼国家教委主任李铁映在闭幕式上发表了重要讲话。会议期间，邹家华、李铁映、王丙乾等领导同志与部分代表进行了座谈。会议主文件《关于加快改革和积极发展普通高等教育的意见》，由国务院于 1993 年 1 月 12 日转发。会议 6 个子文件,由国家教委、国务院学位委员会于1993年2月8日印发。

11月14日~12月5日 国家教委副主任柳斌率领中国教育代表团访问毛里求斯、博茨瓦纳、纳米比亚和加纳四国。

11月15日 国家教委、卫生部、国家中医药管理局联合发布《普通高等医学院校临床教学基地管理暂行规定》。

11月16日 国家教委发出关于组织实施《九年义务教育全日制小学、初级中学课程方案(试行)》的意见。

11月16日~20日 全国城市教育综合改革交流研讨会在四川自贡举行。全国50多个城市的有关负责同志出席会议。会议交流了一年来城市教育综合改革的经验,研究了适应建立社会主义市场经济体制的需要,进一步深化城市教育综合改革的思路。

11月17日 国家教委办公厅发出《关于加强普通高等学校少数民族预科班工作的意见》。

11月18日~20日 全国高等学校基础实验教学仪器十年规划会议在北京召开,邹时炎到会讲话。

11月19日~21日 国家教委成人教育司在湖北宜昌召开农民教育联系点会议及扫盲、农村成人教育研究会年会。

11月19日~12月1日 国务委员兼国家教委主任李铁映率中国教育代表团访问荷兰、葡萄牙和奥地利。

11月20日 国家教委、总参谋部、总政治部、总后勤部联合发出《关于做好1993年军队院校优秀教学成果奖励工作的通知》。

11月20日~23日 国家教委出国留学预备人员培训部工作会议在广州举行。

11月22日 国家教委作出《关于表彰全国扫除文盲先进单位、先进工作者和农村成人教育先进学校的决定》。

△全国妇联、国家教委作出《关于授予全国扫除妇女文盲先进个人和先进集体"巾帼扫盲奖"荣誉称号的决定》。

11月22日~26日 全国扫盲及农村成人教育工作会议在湖北宜昌举行。国家教委副主任王明达出席会议并讲话。会上,国家教委表彰了1992年度全国50个扫盲先进单位、50个扫盲先进个人和81所先进农村成人教育学校;并与全国妇联联合表彰了获第二届"巾帼扫盲奖"的30个先进单位和100名先进个人。

11月23日~30日 国家教委在江苏召开全国师范专科学校加速建设、深化改革座谈会。国家教委办公厅于1993年1月29日发出座谈会纪要。

11月25日 国家教委发出通知,公布全国小学、初中部分学科电教教材审查与评奖结果。

△国家教委、财政部、国家计委联合发布《全面消除和杜绝中小学危房的规定》。

11月25日~27日 国家教委直属高校工作咨询委员会邀请8所综合改革试点学校的咨询委员在杭州市召开直属高校综合改革专题咨询会。

11月27日~29日 中国成人教育协会在厦门召开1992年年会暨第二届理事会。

△中国教育国际交流协会在海口召开全国地方高校为地方经济建设和社会发展服务研讨会。

11月30日 国家教委发出《关于在全国普通中小学校试用普通中小学公用经费实物消耗参考定额的通知》。

△国家教委办公厅、国家民委办公厅联合发出《关于内地高等学校招收新疆少数民族学生及管理工作的暂行规定》。

12月1日 国家教委转发全国高等教育自学考试指导委员会《关于制定高等教育

自学考试专科专业考试计划的几点意见》。

12月4日～9日 国家教委在江西省南昌市召开全国城市中小学教职工住房建设工作会议。建设部、全国教育工会派人出席会议并讲话，国家教委副主任邹时炎到会讲话。

12月7日 国家教委发出《关于普通高等学校函授、夜大学办学资格审批和专业备案工作的通知》。

12月9日 国家教委发布《幼儿园玩教具配备目录》。

12月10日 中央组织部、国家教委联合发出《关于加强全国中小学校长队伍建设的意见(试行)》。

12月10日～11日 世界银行贷款“重点学科发展项目”专家组成立暨第一次工作会议在北京召开。国家教委向专家组成员颁发聘书。

12月12日 国家教委召开主任办公会议，再次专门研究制止在教育方面出现的少数乱收费问题。会上通报了国家有关部门和国家教委有关司局对最近一个时期教育方面乱收费问题的调查处理情况，研究了进一步采取的制止措施。

12月13日 国家高级教育行政学院隆重庆祝学院复办10周年。刘忠德、张承先、何东昌、滕藤、邹时炎等出席了庆祝大会。

12月16日 国家教委发出通知，决定成立高等学校理科大气科学和地质学教学指导委员会。通知附发《国家教育委员会高等学校理科学科教学指导委员会章程》(试行)。

12月16日～18日 国家教委艺术教育委员会1992年年会在北京举行。会议总结了工作，就如何贯彻十四大精神，进一步发挥艺术教育委员会作用进行了深入讨论。国家教委副主任滕藤到会讲话。

12月17日 国家教委副主任柳斌在1993年《世界儿童状况》报告新闻发布会上提出90年代我国基础教育发展的四项目标。

△国家教委发出《成人高等专科教育制订教学计划的原则意见》。

△国家教委办公厅发出《关于加强普通高等学校少数民族预科班工作的意见》。

12月18日 国家教委发出《关于〈成人高等学校设置的暂行规定〉中有关问题的补充规定》。

12月20日～22日 国家教委、共青团中央、文化部、新闻出版署联合召开纪念“全国红领巾读书读报奖章活动”10周年先进集体、先进个人表彰会和经验交流会。全国有两亿少年儿童参加此项活动，会上有500个先进集体、1000名先进指导者、10000名读书积极分子受到表彰奖励。12月30日，国家教委、共青团中央、文化部、新闻出版署联合发出《关于表彰全国红领巾读书读报奖章活动先进集体先进个人的决定》。

12月20日～24日 国家教委社会科学研究与艺术教育司在上海市召开高校“八五”人文、社会科学研究规划项目评审会，确定824个资助课题。

12月21日 由香港金利来集团有限公司董事局主席曾宪梓先生捐赠一亿港元设立的曾宪梓教育基金会在北京成立。国务委员兼国家教委主任李铁映会见曾宪梓先生，对他表示衷心感谢。

12月21日～23日 国家教委在天津召开出国留学计划选派工作会议。

12月21日～24日 中国大学生民族传统体育协会在北京成立，邹时炎任名誉理事长，南开大学副校长朱光华任理事长。

12月24日 国务委员兼国家教委主任李铁映在国家高级教育行政学院与在该院学习结业的部分学员代表座谈。

12月25日～29日 国家教委直属高校基建计划工作会议在广州举行。国家教委副主任朱开轩出席会议并讲话。

12月26日 国家教委发出《关于加强普通高等学校招生计划管理工作的通知》。

12月28日 中央政治局会议讨论并原则通过了《中国教育发展和改革纲要(草案)》,并决定以党中央、国务院名义印发。

△国家教委在北京召开全国贯彻落实《国务院关于大力发展职业技术教育的决定》情况电视交流会。国家教委副主任王明达就贯彻党的十四大精神、落实国务院决定所提出的目标和任务,加快职业技术教育改革与发展步伐的问题发表了讲话。

△国家教委发出《关于印发1993年全国各类成人高等学校招生有关规定的通知》。

△国家教委批复北京师范大学,同意将沈阳教学仪器厂下放给该校管理。

12月30日 国家教委、共青团中央、文化部、新闻出版署联合发出通知,公布1993年"全国红领巾读书读报奖章活动"的推荐书目。

12月31日 国家教委印发《1993年全国普通高等学校招生统一考试范围》。

△国家中医药管理局、国家教委联合发出《关于中医药中等专业学校开办农村青年不包分配班试点工作的通知》。

△国家教委办公厅发出《1993年试行国家教委高考新科目组考试的方案》。

△国家教委办公厅发出《关于切实做好教育收费工作的通知》。

△国家教委办公厅印发中国电视师范学院中学教师进修高等师范专科12个专业教学计划。

撰稿人 吴伯康 喻晓宪
审稿人 郑树山 荣文珂

《中国教育年鉴》编辑部

主　编　张保庆

副主编　郭振有　郑树山

王庆林　荣文珂

吴伯康

编　辑　陈　陵　喻晓宪

孙溶溶